刑法学之求索

70年

人民教育家高铭暄先生文选

高铭暄——著

赵秉志　阴建峰　编

法律出版社
LAW PRESS·CHINA

北京

图书在版编目(CIP)数据

刑法学70年之求索：人民教育家高铭暄先生文选 / 高铭暄著；赵秉志，阴建峰编. -- 北京：法律出版社，2024

ISBN 978-7-5197-8662-5

Ⅰ. ①刑… Ⅱ. ①高… ②赵… ③阴… Ⅲ. ①刑法-中国-文集 Ⅳ. ①D924.04-53

中国国家版本馆CIP数据核字(2023)第247763号

刑法学70年之求索
——人民教育家高铭暄先生文选
XINGFAXUE 70 NIAN ZHI QIUSUO
—RENMIN JIAOYUJIA GAOMINGXUAN XIANSHENG WENXUAN

高铭暄 著
赵秉志 阴建峰 编

策划编辑 张 岩
责任编辑 程鹏瑶
装帧设计 李 瞻

出版发行 法律出版社
编辑统筹 重大项目办公室
责任校对 裴 黎
责任印制 吕亚莉
经　　销 新华书店

开本 787毫米×1092毫米 1/16
印张 48 **字数** 800千
版本 2024年1月第1版
印次 2024年1月第1次印刷
印刷 北京建宏印刷有限公司

地址：北京市丰台区莲花池西里7号(100073)
网址：www.lawpress.com.cn
投稿邮箱：info@lawpress.com.cn
举报盗版邮箱：jbwq@lawpress.com.cn
销售电话：010-83938349
客服电话：010-83938350
咨询电话：010-63939796

书号：ISBN 978-7-5197-8662-5
定价：398.00元
凡购买本社图书，如有印装错误，我社负责退换。电话：010-83938349

95载风雨兼程人生路

70年上下求索学术情

恭贺“人民教育家”

高铭暄先生

95华诞暨执教70春秋

高铭暄

教授简介

高铭暄，中国当代著名法学家和法学教育家，新中国刑法学的主要奠基者和开拓者，新中国培养的第一代法学家，唯一全程参与我国1979年刑法典起草和1997年刑法典修订工作的学者，“人民教育家”国家荣誉称号获得者。

高铭暄1951年毕业于北京大学法律系，1953年毕业于中国人民大学法律系刑法研究生班，日本早稻田大学名誉法学博士学位（2016年授予）。1953年起任教于中国人民大学法律系（现为法学院），历任讲师（1956年）、副教授（1980年）、教授（1983年）。1983～1986年担任中国人民大学法律系主任。1984年经国务院学位委员会批准，成为新中国刑法学专业第一位博士研究生导师。1984～2001年担任中国法学会刑法学研究会总干事（会长），1985～2003年担任国务院学位委员会学科评议组成员暨法学评议组召集人，1986～2003年担任中国法学会副会长，1996～2011年担任国际刑法学协会中国分会主席，1999～2009年担任国际刑法学协会副主席，2003～2013年担任中国法学会学术委员会副主任。2012年被中国法学会授予“全国杰出资深法学家”称号。2014年被聘为国家教育考试指导委员会委员。2021年被聘为全国师德师风建设专家委员会总顾问。1991年起享受国务院政府特殊津贴。曾获得国家级“有突出贡献的中青年专家”（1984年）、“全国优秀教师”（1995年）、“全国师德先进个人”（2001年）、“切萨雷·贝卡里亚奖”（国际社会防卫学会2015年授予）、全国“最美奋斗者”（2019年）等荣誉称号。

现任中国人民大学荣誉一级教授，北京师范大学“京师首席专家”暨刑事法律科学研究院名誉院长、特聘教授、博士生导师，兼任中国刑法学研究会名誉会长，国际刑法学协会名誉副主席暨中国分会名誉主席。

主要教学研究领域为刑法学、刑事政策学、国际刑法学等，曾指导培养了一大批高层次刑法理论与实务人才。研究成果丰硕并有广泛的学术与实务影响，出版个人著作9部，主编、合著（译）专业书籍近百部，发表文章近400篇。部分著作曾获得国家图书奖、教育部人文社会科学研究优秀成果奖一等奖、全国普通高等学校优秀教材特等奖等。

高铭暄：我的基本刑法理念（代序言）

一、坚守现代刑法法治理念与基本原则不动摇

刑法基本原则是社会主义核心价值观，特别是其中的自由、平等、公正、法治价值，在刑法典上的一种宣示，是中国化马克思主义刑法理论体系及其学说的浓缩与精华。刑法基本原则的纲领性、全局性以及贯穿性之基本特质，使其被赋予指导司法实践的重大使命。刑法基本原则的司法指导意义具有一般的常态实现机制，而三大基本原则也各有其特殊的指导体系，继而织建起丰盈而广博的理论图景。回顾我国刑事司法实践的历程，积极贯彻刑法明文规定的三大基本原则并充分发挥指导司法实践的功能是主流，但司法背离的现象也屡有所见，这是多方面因素造成的。在大变革时代，应当回溯司法背离的主要致因，理清司法背离中的真实问题，前瞻地列明刑法基本原则未来发展的主要清单。应当积极培育刑法基本原则的司法化能力，与时俱进地推动刑法基本原则的发展与进步，从多维度持续优化刑法基本原则指导司法的功能。此外，虽然刑法并未

明文规定，但从世界潮流与刑罚的本义看，刑罚人道主义也应当作为刑法的基本原则，贯穿刑法始终，以彰显现代刑法的文明底蕴。

故而，我国刑法始终坚持并倡导罪刑法定、罪责刑相适应、适用刑法人人平等、刑罚人道主义等基本原则。这也是我国刑法现代化所应秉承的基本理念

二、积极妥当的刑法功能观

《刑法》第2条规定了刑法的任务是惩罚犯罪和保障人权。惩罚犯罪是为了保护社会，保障人权是刑法的终极使命。人权保护是刑事法治理念的基础性要求，是当代刑法机能所蕴含的重要内容。应当秉承人权保障之宪法精神，进一步强化刑法对人权全面而有效的保护。同时，刑法治理犯罪的功能仍需夯实与巩固。

整体地看，社会历史的变迁决定刑法制度的进化命运，全球风险社会与网络社会的交替交织孕育了当代刑法积极预防风险的时代任务。因应当代社会风险的预防性刑法理念呼之欲出，以犯罪化、危险犯配置、安全价值优位、刑罚积极预防等为特征的预防性立法是集中具象。应当正视刑法工具属性的客观性与刑法功能主义的发展性，以比例原则控制极端工具化的异变。应当体认社会变迁引发犯罪形态结构变化的基本规律，联动犯罪学与规范刑法学，以刑事政策的理性化推动刑法参与社会治理的科学性。应当重新认识刑法谦抑精神，倡导刑罚有效的必要制裁功能观，适度松绑刑法保障法和释放刑罚有效性的预防潜质。

当前，风险社会的安全形势愈演愈烈，安全政策日益强化，安全价值地位提升，进一步促使当代刑法更积极、主动地保障国家总体安全。安全刑法是随着安全政策发生变动，显示刑法功能投放的侧重点。但是，也应当警惕并消解与自由刑法的紧张一面。预防性刑法观念应运而生，为当代刑法功能的适度扩张提供新的理论导向，但应审慎把握。特别是总体国家安全观勾勒当代刑法重构安全保障体系的基本线索，当下需围绕热点、重点安全等课题，有序构建反应机制。

因此，中国式刑法的现代化要求之一就是坚持刑法保护社会和保障人权并重的职能。无论面临何种安全挑战，均不能松动人权保障的红线与底线。

三、综合的犯罪概念

犯罪概念是各国刑事立法与理论体系的一个非常重要的基本问题。它要解决“什么是犯罪”的问题，并对犯罪构成理论等产生直接影响。历史地看，犯罪的概念主要分为形式、实质以及混合三种情形。形式概念仅从犯罪的法律特征上下定义，并未揭示法律何以将该行为规定为犯罪。实质概念不强调犯罪的法律特征，而试图揭示犯罪的本质特征，即犯罪行为之所以被刑法规定为犯罪的根据和理由。混合概念融合了二者，既揭示犯罪的本质特征，又指出犯罪的法律特征。

《刑法》第13条规定了法定的犯罪概念，既是对我国犯罪的高度概括与凝练，也是认定犯罪、划分罪与非罪界限的基本依据。根据我国《刑法》第13条的规定，可以看出，犯罪这种行为有以下三个基本特征：（1）犯罪是危害社会的行为，即具有一定的社会危害性。行为具有一定的社会危害性，是犯罪最基本的特征。所谓社会危害性，即指行为对刑法所保护的社会关系造成或可能造成这样或那样损害的特性。我国《刑法》第13条通过列举犯罪所侵犯的客体，揭示了犯罪的社会危害性在各个方面的表现。社会危害性的轻重大小，主要取决于以下几个方面：一是取决于行为侵犯的客体，即行为侵犯了什么样的社会关系。二是取决于行为的手段、结果以及时间、地点。三是取决于行为人的情况及其主观因素。此外，对于社会危害性的判断，要用历史的观点看问题、要有全面的观点、要透过现象抓住事物的本质。（2）犯罪是触犯刑律的行为，即具有刑事违法性。违反刑法即触犯刑律的行为，是刑事违法行为。违法并不都是犯罪，只有违反刑法的才构成犯罪。只有当危害社会的行为触犯了刑律时，才构成犯罪。行为的社会危害性是刑事违法性的基础；刑事违法性是社会危害性在刑法上的表现。（3）犯罪是应受刑罚处罚的行为，即具有应受惩罚性。对于违反刑法的犯罪行为，要承担刑罚处罚的法律后果。犯罪是适用刑罚的前提，刑罚是犯罪的法律后果。因此，应受刑罚处罚也是犯罪的一个基本特征，我国采取了混合概念。

犯罪的以上三个基本特征是紧密结合的。一定的社会危害性是犯罪最基本的属性，是刑事违法性和应受惩罚性的基础。社会危害性如果没有达到违反刑法、应受刑罚处罚的程度，也就不构成犯罪。因此，这三个特征都是必要的，是任何犯罪都必然具有的。而其他违法行为，则不具备这样三个基本特征。

因此，坚持实质和形式相统一的犯罪概念，是中国刑法学的重要特色之一。

四、中国式四要件犯罪构成理论

中国刑法学犯罪构成理论体系是在学习借鉴苏联刑法学犯罪构成理论成果和总结中国社会主义刑事法制科学经验基础上形成、发展和完善起来的，对于中国刑法学术研究和司法实践都产生了重大而积极的影响。因此，中国刑法学中的四要件犯罪构成理论不是照抄照搬的产物。不久前有人主张彻底否定中国刑法学犯罪构成理论转而全面移植德日刑法学犯罪论体系，这种“移植论”是缺乏严谨性和务实性的。

我国四要件犯罪构成理论是一种历史性的选择，具有历史合理性；符合中国国情，具有现实合理性；逻辑严密、契合认识规律、符合犯罪本质特征，具有内在合理性；与德日三阶层犯罪论体系相比，相对稳定，适合中国诉讼模式，具有优势。中国刑法学中犯罪构成理论同样能够反映定罪过程，兼容出罪功能，只是在思考逻辑上与德日刑法学犯罪论体系有所区别。主张对我国通行的犯罪构成理论推倒重来，以日本的三阶层犯罪成立理论取而代之者，曲解并漠视了四要件犯罪构成理论所具有的现实合理性，人为地强行切断新中国刑法理论的历史赓续，是不可取的。在坚持中发展完善，不折腾，是每一个有社会责任感的刑法学者都必须恪守的基本学术规范和准则。当前，还应继续坚持罪—责—刑的中国刑法学体系；同时，也应改变静态的研究方法，加强刑事责任理论的探索，注重具体问题的解决，进一步促进中国刑法学体系的完善。不断完善是四要件犯罪构成理论的生命力所在。

客观地讲，坚持主客观要件有机统一的犯罪构成理论是中国式刑法学最基本的底色与最根本的前提。

五、依法定罪、归责、量刑

时至今日，以罪—责—刑为基本模式的中国刑法学体系已获得了广泛认同。认定犯罪、确定犯罪人的刑事责任、裁量犯罪人应受刑罚轻重，无论在世界上哪种刑法学体系中，都是三个绕不开的中心问题。在中国刑法学体系中，认定犯罪的任务是由以四要件犯罪构成理论为中心的犯罪论完成的，而确定刑事责任大小则由刑事责任论完成。因此，相对独立的刑事责任论是中国刑法学体系的重大特色。中国刑法学体系的基本形态应当是这样的：罪（犯罪论认定犯罪）—责（刑事责任论确定责任）—刑（刑罚论决定刑罚）。在习近平新时代中国特色社会主义思想指导下的中国刑法学体系中，犯罪论依据犯罪构成理论认定一个行为是否成立犯罪，为确定刑事责任提供基础；刑事责任是介于犯罪与刑罚之间的桥梁和纽带，对犯罪和刑罚的关系起着调节作用；刑罚论决定构成犯罪应负刑事责任的犯罪人如何处罚。罪—责—刑的逻辑结构，乃是整个刑法内容的缩影。认定犯罪—确定责任—决定刑罚，完整地反映了办理刑事案件的步骤和过程。当前，罪—责—刑的中国刑法学体系虽存在某些不足，但基本上是科学的、合理的。这确立了中国刑法学的真实运作逻辑及其比较性优势。

定罪、归责、量刑既是刑法运作的基本内容，也是刑事司法的基本任务。实体上欲完成定罪、归责以及量刑，还必须通过刑事诉讼予以实现。这就是实体法与程序法之间的辩证统一关系，也是我国刑事法运作的基本原理和经验。根据《刑事诉讼法》的规定，案件事实清楚，证据确实、充分，依据法律认定被告人有罪的，应当作出有罪判决。证据确实、充分，是指定罪量刑的事实都有证据证明，据以定案的证据均经法定程序查证属实，综合全案证据，对所认定事实已排除合理怀疑。这为定罪、归责、量刑所需的诉讼规则提供了合法根据。

概言之，应当让定罪、归责、量刑做到事实清楚、证据确实充分、程序合法、裁量适当。

六、刑法治理犯罪的现代化

刑事治理现代化乃国家治理现代化的核心组成，是衡量新时代国家治理水平以及经济社会现代化程度的重要参考。我国犯罪结构正在经历重大变动，重罪案件占比不断降低，轻微犯罪占比持续升高，犯罪治理的供需迎来新的情况，分类治理是必然选择。科学的犯罪治理体系与治理能力是刑法高质量发展的重要内容与表现。在此背景下，加快建立健全犯罪治理能力与治理体系是尤为紧迫的课题。

在新时代，犯罪治理的起点不再只是发挥刑法的惩罚作用，简单地试图消灭犯罪，而应当是全面保障人民的生命财产安全，持续供给强劲有力的社会安全感。在兼顾安全与发展下，充分保障人权是以人民为中心思想在刑法治理中的具体表现。以人民为中心在犯罪治理上体现为一种辩证的关系，既要积极治理犯罪，也要保障人权，做好二者价值权衡。不能片面地强调人权保障，弱化犯罪治理的必要性，更不能一味地从宽处理。为此，要坚持宽严相济，以发展的眼光应对问题。

在治理能力的建设上，可主要聚焦在如下方面：（1）根据罪责刑相适应原则，突出抓好刑罚部分的制度完善，尤其是要加强刑罚的有效性，使刑事制裁体系能够满足犯罪治理的需求。（2）在总体国家安全观下，可以将积极刑法观作为犯罪治理的重要理论参考。积极刑法观是当前刑法治理所需要依仗的重要理念，它较好地扭转了刑法始终要保持事后干预的消极立场。强调根据犯罪态势等需求，适度提前介入和积极干预，以满足人民群众的社会治理需求。其中，通过适宜的积极立法，可实现更加主动的预防性保障和规制。（3）培育相对独立的轻微犯罪治理体系。重罪体系长期“一家独大”，由此形成了以重罪为基本对象的传统“单一”犯罪治理体系。另外，针对以轻微犯罪为主的犯罪结构，以重罪体系为前提的知识经验和模式等，必然无法继续完全套用。对此应作出针对性调整，培育相对独立的轻微犯罪治理体系，旨在促成重罪体系与轻微犯罪体系在治理上的精准区分，强化类型化治理，达到高质量发展的目标。

基于此，坚持治理犯罪的现代化必须运用综合手段，刑法是必要的，但又是有限的、谦抑的，刑法的干预要适度。

七、理性的刑罚有效性立场

刑罚是由国家最高权力机关在刑法中赋予刑罚名称的，用以惩罚犯罪人的，由人民法院依法判处并由特定机关执行的最严厉的强制方法。通常认为，刑罚具有剥夺或者限制再犯、一般与个别威慑、教育以及矫正、安抚、鼓励等功能。

基于此，刑罚还被赋予特殊的目的，旨在实现国家治理犯罪的终极目的。通行的理论认为，刑罚的目的由特殊预防与一般预防组成，是双面预防。特殊预防，是指通过对犯罪分子适用刑罚，惩罚矫正犯罪，预防重新犯罪。一般预防，是指通过对犯罪分子适用刑罚，威慑、警诫潜在的犯罪人，防止他们走上犯罪的道路，包括危险分子、不稳定分子等。在一般预防的实现上，需强调刑罚的适当性、公开性以及及时性等。特殊预防和一般预防是刑罚目的的两个方面，二者之间是对立统一的关系。之所以二者具有对立性，是由预防对象的差异化所致。同时，二者的目的是完全一致的，均是为了预防犯罪，本质上都需要依赖刑罚的功能等予以实现。这是我国刑罚目的的一般理论。

此外，刑罚还应当体现社会伦理。在基本途径上，主要有政策调适、立法确认和司法强化等。在新的犯罪结构下，基于治理需求以及刑罚有效性的内涵等，有必要通过在总体的刑罚政策上树立刑罚轻缓化的认识等措施，使得现行的刑罚政策朝刑罚应有的伦理方向进行调适，包括通过限制死刑、对老年人免除死刑和无期徒刑等规定使得刑罚更加充分体现社会伦理。譬如，在中华人民共和国成立70周年之际再次实行特赦，具有重要的政治与法治意义。立足于新时期两次特赦的相关实践，还有必要适时制定“中华人民共和国特赦法”，采用附条件特赦之形式，适度恢复赦免性减刑制度。新时期两次特赦所确定的九类适用对象还可以在整体上保留，但也需要根据特赦的具体实践状况适当予以调整，并适当扩大其适用的对象范围。

在中国特色刑法学的框架内，应当坚持刑罚的目的是通过惩罚和矫正，实现特殊预防和一般预防。

八、倡导审慎有序的死刑限制适用与逐步废止政策

在世界范围内，废除死刑的国家数量大幅增加，而且这样的国家目前在世界上占明显多数。相应地，各国废除死刑的途径、从保留死刑到废除死刑的速度、相关的政治改革进程以及用以替代死刑的刑罚探索等，都具有不同程度的启示意义。

我国立法机关先后两次削减死刑罪名。该立法举措意义非凡。它充分表明国家决策机关在死刑问题的认识上更加理性、冷静，对于推进死刑制度改革有着积极的作用。同时，它也是对宽严相济基本刑事政策的积极贯彻，有助于我国刑事法治的进步。更为重要的是，它还体现出国家对公民生命权利这一基本人权的充分尊重，有利于促进社会治理机制健全和我国社会的文明进步。

在死刑改革上，还可以探讨死刑替代措施。它是在不适用死刑的情况下应该采取的、用来代替死刑的刑罚方法。死刑替代措施应以现行刑罚体系为基础，以废除或限制死刑实际适用为前提进行考察，选择能够直接担当“最严厉”法定刑角色的和能保持足够威慑力的刑种。当前，我国通过立法规定了不得减刑、假释的终身监禁，就是有益的探索。这为死刑改革提供了更加丰富多元的本土路径。

总之，应当坚持从中国国情出发，严格控制和慎重适用死刑，逐步减少死刑，直至最后废除死刑。这是比较符合新时代我国死刑改革的基本要求与规律的。

目录

Contents

第一编　刑法立法

专题五　刑法立法的新发展

第二编　刑法总论

专题六　刑法理念与基本原则

专题七　犯罪概念和犯罪构成

专题八　正当行为

专题九　共同犯罪

专题十　罪　数

专题十一　刑事责任与刑罚

第三编　刑法分论

专题十二　危害公共安全犯罪研究

专题十三　经济犯罪研究

专题十四　财产犯罪研究

第一编
刑法立法

专题一 刑法立法理念与原则

《刑法》的产生及基本原则*

一

《刑法》是在总结我国同犯罪作斗争的经验基础上制定出来的。

早在中华人民共和国成立初期,我国就制定了《惩治反革命条例》《惩治贪污条例》《妨害国家货币治罪暂行条例》等单行刑事法规。这些法规在同反革命和贪污等刑事犯罪作斗争中起了重大的作用。在颁布实施单行法规的同时,我国也开始了《刑法》的起草准备工作。

最初,《刑法》的起草准备工作是由前中央人民政府法制委员会主持进行的。从 1950 年到 1954 年 9 月,法制委员会写出两个稿本:一个叫《刑法大纲草案》(共 157 条);一个叫《刑法指导原则草案(初稿)》(共 76 条),均因条件不成熟而未予公布。

1954 年 9 月召开的第一届全国人民代表大会第一次会议,通过了我国第一个宪法和《人民法院组织法》《人民检察院组织法》等法律,这对《刑法》的起草工作是一个很大的推动。此时,《刑法》的起草工作由全国人大常委会办公厅法律室负责,法律室从 1954 年 10 月开始起草,到 1957 年 6 月 28 日,已经写出第 22 个稿本。这个稿本在第一届全国人民代表大会第四次会议上,发给全体代表征求意见。这次会议曾作出决议:授权全国人大常委会根据全国人大代表和其他方面所提的意见,将稿本修改后,作为草案公布试行。后来,由于一些原因,《刑法》草案并没有公布,甚至有三四年时间,连起草工作也停下来了,一直到 1961 年 10 月,才又开始进行一些座谈研究。

1962 年 3 月 22 日,毛泽东主席就法律工作明确指出:“不仅刑法要,民法也需要,现在是无法无天。没有法律不行,刑法、民法一定要

---

* 本文原载于《深圳大学学报》1984 年创刊号。

搞。不仅要制定法律,还要编案例。”这个指示对《刑法》起草工作是个很大的鼓舞。从1962年5月开始,全国人大常委会法律室在有关部门的协同下,对第22稿进行全面修改工作,经过多次的重大修改和征求意见,到了1963年10月9日,写出第33稿。这个稿本,也曾考虑过要公布,后来因为在全国范围内进行“社会主义教育运动”,接着又进行“文化大革命”,也就被束之高阁了。

粉碎“四人帮”以后,第五届全国人民代表大会第一次会议通过了我国第三个宪法。叶剑英同志在《关于修改宪法的报告》中说:“我们还要依据新宪法,修改和制定各种法律、法令和各方面的工作条例、规章制度。”从1978年10月开始,我国组成《刑法》草案的修订班子,对第33稿进行修订。在这个过程中,中共中央召开了有历史意义的党的十一届三中全会,提出解放思想、开动脑筋、实事求是、团结一致向前看的方针,并且明确指出:“为了保障人民民主,必须加强社会主义法制,使民主制度化、法律化,使这种制度和法律具有稳定性、连续性和极大的权威,做到有法可依,有法必依,执法必严,违法必究。”党的十一届三中全会的精神,对于《刑法》起草工作,无疑是重要的指导和强有力的推动。1979年2月,全国人大常委会法制委员会宣告成立,同年3月开始,加紧《刑法》起草工作的步伐。以第33稿为基础,根据新的经验和情况,起草出新稿本,经过法制委员会全体会议和第五届全国人大常委会第八次会议审议以后,提交给第五届全国人民代表大会第二次会议进行审议,最后于1979年7月1日获得一致通过,同年7月6日正式公布,1980年1月1日起施行。

这部《刑法》是新中国第一部系统的刑法典。1979年《刑法》的公布,对中国社会主义法制建设来说是一件大事。它的重大意义就在于:

第一,有了《刑法》,可以使人们更清楚地知道什么是犯罪,什么不是犯罪,什么是刑法保护的,什么是刑法禁止的,这样有助于提高人们的法律知识水平和遵纪守法观念,创造出一种抵制、谴责犯罪的气氛,从而可以预防犯罪,减少犯罪。

第二,有了《刑法》,可以打击敌人、惩罚犯罪,使国家和人民利益得到强有力的保护,从而为“四化”建设创立一个安全的社会环境,使人民群众能更好地“聚精会神搞四化”。

第三,有了《刑法》,可以给司法机关处理刑事案件提供强大法律武器,在划清罪与非罪界限、此罪彼罪界限,以及如何定罪量刑等方面,为司法工作人员树立明确的标准,这就有助于克服罪名分歧、量刑畸轻畸重的混乱现象。

第四,有了《刑法》,可以从一个方面堵塞林彪、“四人帮”一类野心家、阴谋家利用无法状态来进行反革命活动的漏洞。林彪、江青反革命集团做了大量坏事,受到了人民的正义审判,受到了这部《刑法》的惩罚,得到了应有的下场。

第五,有了《刑法》,大大推动了我国刑法学的教学和研究工作。我国所有法律院校和大学法律系,都开设以讲授这部《刑法》为中心内容的刑法学课程,深受广大学生的欢迎和重视。围绕《刑法》的实施,从理论和实践的结合上展开了广泛的研究,出版了一批刑法学教科书、讲义和专著。特别是法学期刊上不断登载刑法学方面的研究文章,活跃了学术空气,推进了刑法研究的深入发展。

所以,这部《刑法》的公布施行,意义是重大的、深远的。

当然,《刑法》制定出来以后,并不是一成不变的,随着形势的发展和同犯罪作斗争的需要,《刑法》将不断得到修改、补充和完善。1981 年 6 月 10 日第五届全国人大常委会第 19 次会议通过的《惩治军人违反职责罪暂行条例》,是《刑法》的补充和续编。1982 年 3 月 8 日第五届全国人大常委会第 22 次会议通过的《关于严惩严重破坏经济的罪犯的决定》,对《刑法》的一些有关条款作了相应的补充和修改。1983 年 9 月 2 日第六届全国人大常委会第 2 次会议通过的《关于严惩严重危害社会治安的犯罪分子的决定》,对触犯法律的某些严重刑事罪犯规定可以加重处罚,还新规定了传授犯罪方法罪,这也是对《刑法》所作的补充和修改。由于《刑法》不断得到调整和充实,就使它更好地适应形势发展的需要,而成为广大司法干部和人民群众同犯罪作斗争的不可缺少的强大法律武器。

二

《刑法》包含有几个基本的原则。这就是:

(一)罪刑法定原则

《刑法》明确规定了什么是犯罪,有哪些犯罪,各种犯罪的构成要件是什么;又规定了有哪些刑种,各个刑种如何适用,以及各种具体罪的具体量刑幅度如何等,这就说明它是实行罪刑法定原则的。但是,《刑法》没有把这个原则绝对化,而是从中国实际情况出发,还规定有类推制度。《刑法》第 79 条规定:"本法分则没有明文规定的犯罪,可以比照本法分则最相类似的条文定罪判刑,但是应当报请最高人民法院核准。"这就是《刑法》中的类推制度。由于类推制度适用的条件极为严格,而且必须报经最高人民法院核准,因此在司法实践中适用类推定罪判刑只是极个别的。因此,这种情况并不能排除罪刑法定原则是我国《刑法》的基本原则这一点。

实行罪刑法定原则是我国刑事立法健全的一个标志。在《刑法》公布施行以前很长时间内,我国并没有能够实行罪刑法定原则,以致被林彪、"四人帮"钻了空子。他们制造种种莫须有的"罪名",任意抓人捕人,滥施残酷刑罚,制造了大量冤假错案。因此我们要十分珍惜罪刑法定原则,用它来同各种非法现象作斗争,这对于进一步加强社会主义民主和社会主义法制是大有裨益的。

(二)罪刑相适应原则

罪刑相适应原则,就是指犯多大的罪,便判多重的刑,重罪重判,轻罪轻判,罪刑相称,罚当其罪,反对重罪轻判,轻罪重判,畸轻畸重,罚不当罪。只有坚持罪刑相适应的原则,才能使犯罪分子受到公正合理的处罚,从而使刑罚达到应有的效果。

罪刑相适应原则是确定《刑法》分则中每一具体罪的法定刑的指针:罪重,法定刑也重;罪轻,法定刑也轻。例如,危害公共安全罪比妨害婚姻、家庭罪的社会危害性大,所以法定刑也比后者重;同是侵犯人身权利罪,故意杀人比故意伤害重,故意杀人比过失杀人重,所以分别规定了轻重不同的法定刑。不仅如此,罪刑相适应原则也是确定《刑法》总则中某些规范的依据,比如:预备犯、未遂犯、中止犯的处罚原则,各种共同犯罪人(主犯、从犯、胁从犯、教唆犯)的处罚原则,累犯的处罚原则,数罪并罚原则等,都是体现罪刑相适应原则的。我国司法机关严格地依照《刑法》的规定，掌握罪刑相适应的原则，力求做到适应刑罚公正合理，达到最佳效果。

（三）罪责自负、反对株连的原则

罪责自负、反对株连的原则就是说，一人犯罪一人当，谁犯了罪，就由谁承担刑事责任；只处罚有罪的个人，不连累那些与犯罪人仅有家属、亲戚、朋友、邻居等关系而并没有犯罪的人。

中国古代社会，长期实行株连法，即一人犯罪，与罪犯有一定关系的人也连带治罪、连带判刑。株连是剥削阶级刑法的特点，它与社会主义刑法的本质是格格不入的。我国司法机关同犯罪作斗争，是要依靠广大人民群众来进行的，其中也包括犯罪分子的家属亲友。犯罪分子的家属亲友，只要没有因参与犯罪活动而构成共同犯罪，就不应受任何惩罚。

《刑法》第22条第1款规定："共同犯罪是指二人以上共同故意犯罪。"构成共同犯罪的只能是与犯罪分子有故意和共同的犯罪活动的人，所以这一规定也就包含了反对株连的无辜原则。《刑法》还规定，"没收财产是没收犯罪分子个人所有财产的一部或者全部"，"不得没收属于犯罪分子家属所有或者应有的财产"（第55条）。《刑法》分则某些条文，如第121条（偷税、抗税罪）、第126条（挪用救灾救济款物罪）、第127条（假冒商标罪）等，明确规定只处罚"直接责任人员"。这些都是实行罪责自负、反对株连的原则的明证。

（四）惩罚与教育相结合的原则

惩罚与教育相结合，就是说《刑法》不仅是惩罚犯罪的武器，而且也起着教育的作用。《刑法》的教育作用，一方面通过《刑法》的公布和宣传发挥出来，另一方面则是通过《刑法》的执行，即通过对犯罪分子适用刑罚来达到的。《刑法》规定什么是犯罪，什么不是犯罪，打击什么，保护什么，这本身就包含着对公民的法制教育，教育他们遵守法律，并监督法律的执行。《刑法》明白地告诉我们：一个人只要遵纪守法，勤勤恳恳地从事生产、工作和学习，他的一切权利就是受《刑法》保护的；相反地，谁要是胡作非为，以身试法，触犯刑律，不管他职位多高，资格多老，功劳多大，出身多好，都要受到《刑法》的制裁。这对广大群众是鼓舞，对少数不安定分子是警告，有利于动员人民群众同违法犯罪现象作斗争，制止犯罪，预防犯罪。同时，对犯罪分子运用刑罚，除极少数处死刑的以外，着眼点都是为了教育改造犯罪分子，使其改恶从善，悔罪自新，重新做人。我国对劳改罪犯的方针是"惩罚管制与思想改造相结合，劳动生产与政治教育相结合""改造第一，生产第二"。人民政府历来强调，劳改工厂、劳改农场要以思想改造为第一，要做人的工作。劳改生产可以为社会创造财富，但其根本目的是为改造犯人服务的。惩罚与教育相结合原则的贯彻，充分显示了作为人民民主专政工具的我国刑法的强大威力。

刑法特别法规的立法原则初探*

刑法特别法规是我国刑法体系中的重要组成部分。根据我国现阶段的政治、经济、治安形势所发生的变化，国家立法机关颁行的一系列刑法特别法规，对于及时、准确、有效地打击犯罪，保护社会主义建设，特别是经济体制改革的顺利进行，发挥了巨大的作用。但是，也应该指出，这些特别法规的立法技术尚有一些欠缺，给理论研究和司法实践带来一定的困难。因此，研究和明确刑法特别法规的立法原则，对于完善我国的刑事立法，具有极为重要的现实意义。

一

刑法特别法规，也称刑事特别法规或者特别刑事法规，不过，“刑事”的范围比较宽泛，也包括刑事诉讼的内容。所以，本文使用刑法特别法规一语作为刑法普通法律的对称，似乎更为确切。

长期以来，刑法学界对刑法特别法规存在一种误解，认为刑法特别法规是指刑法典以外的一切刑法规范的总和。其实，这种概括失之于宽，不尽合适。我们认为，刑法特别法规是指修改或补充刑法典的一切刑法规范的总和，因此，刑法特别法规才有别于刑法典即刑法普通法律，成为它的对称。质言之，刑法特别法规不是因表现形式与刑法典有异而作出的分类，而是由具体内容与刑法典不同而确定的分野。例如，《全国人民代表大会和地方各级人民代表大会选举法》第 43 条第 1 项指出，“为保障选民自由行使选举权和被选举权，对有下列违法行为的，应当依法给予行政处分或者刑事处分：（一）用暴力、威胁、欺骗、贿赂等非法手段破坏选举或者妨害选民自由行使选举权和被选举权的”。这一条款的规定与《刑法》第 142 条破坏选举罪的罪状完全相同，没有普通与特别之分，所以，这一条款虽是刑法规范，但不属于刑法特别规范。又如：《专利法》第 63 条指出：“假冒他人专利……，情节严

---

* 本文原载于《法学评论》1986 年第 6 期，由高铭暄教授与姜伟合作完成。

重的,对直接责任人员比照刑法第一百二十七条的规定追究刑事责任。”我国刑法本来没有规定关于假冒专利的犯罪,现在为了有效地保护专利权益,新设了这一犯罪,这一条款才叫作刑法特别法规。

刑法特别法规具有三个基本特征:第一,在表现形式上,由刑法典以外的法律、法规规定。其具体形式,一是单行刑法法规,主要是针对一定时期的某类严重犯罪颁行的;二是非刑事法律中的附属刑法规范,直接由行政法规、经济法规、民事法规加以规定。第二,在具体内容上,与刑法典的有关规定不同,有的罪状有别,有的是法定刑相异。第三,在适用范围上,只对特定地区、特定人员或特定犯罪有效,并不适用于一切犯罪。正是由于这三个基本特征,才有必要将刑法划分为普通法律和特别法规两大类。可见,从实质上讲,刑法特别法规是补充和修改刑法典的一种立法形式,由此,才在适用刑法的问题上,提出“特别法优于普通法”的原则。

诚然,刑法典是专门规定犯罪与刑罚的法律,如1979年7月6日颁布的《刑法》。然而,面对极其复杂且不断变化的社会生活,刑法典不可能详尽无遗地罗列出当时业已发生和将来可能发生的一切犯罪现象,也不可能准确无误地规定出各种犯罪的适当刑罚。一劳永逸的刑法典是根本不存在的,随着社会的发展,必然会出现刑法典没有规定的新的犯罪现象,也可能产生需要改变某种犯罪的法定刑的现实问题。对此,古今中外的统治阶级主要采用三种方式弥补刑法典的缺陷:一是直接修改刑法典,增设有关犯罪或修改某种犯罪的法定刑;二是针对特定的某类犯罪颁布单行刑法法规;三是在非刑事法律中设置有关特定的刑法规范。一般说来,直接修改刑法典有利于维护刑法的统一性和严肃性,但频繁改动刑法典又破坏了法律的相对稳定性,容易失信于民,因此,在一定时期内,不便采用这种方式。为了解决现实需要与法典稳定的矛盾,刑法特别法规应运而生。单行刑法法规既可以规定新的犯罪,又可以修改刑法典中的法定刑,对于打击某类犯罪具有直接作用,是一种重要的立法形式。不过,单行刑法法规不宜制定得过多、过细,也存在一定的局限性,所以,非刑事法律中的附属刑法规范便成为一种灵活、简便的立法形式。众所周知,犯罪现象发生在社会生活的各个领域,某种行为是否具有社会危害性及其社会危害性的大小,往往与一定时期的政治、经济、治安等方面的形势联系在一起的。由于我们国家正处于经济体制、政治体制改革时期,某些行为的是非界限、罪与非罪的界限将会发生某些变化。为了向广大公民提供明确的行为规则,在非刑事的专门法律、法规中设置刑法规范,确切规定该领域内的犯罪行为,以补充刑法典的不足,是完全必要的。

由此可见,刑法特别法规是刑法体系中不可缺少的组成部分,对于弥补刑法典的局限性和维护刑法典的相对稳定性具有重要意义。它不仅是对刑法典的必要补充和修改,而且是完善刑事立法的有益形式,可以为将来修改刑法典提供立法经验和实践根据。随着经济体制、政治体制改革的深入进行,我国的刑法特别法规必定会越来越多,因此,研究刑法特别法规的立法原则,已成为刑法学界亟待解决的课题。

二

刑法特别法规的立法原则应有哪些？目前尚无定论。我们试提出如下四个原则，作为抛砖引玉的建议。

（一）立法权限的集中性原则

《刑法》是国家的基本法律之一，其制裁手段的严厉性直接关系到个人的基本权利乃至生命权利的剥夺问题，所以，应该严肃、慎重。刑法特别法规既然是对刑法典的修改或补充，立法权限必须集中于国家的中央权力机关，即全国人民代表大会及其常务委员会。我国《宪法》第62条规定，全国人民代表大会"制定和修改刑事、民事、国家机构和其他的基本法律"；第67条指出，全国人大常委会"在全国人民代表大会闭会期间，对全国人民代表大会制定的法律进行部分补充和修改"。这些规定反映了社会主义法制的严肃性、统一性的基本要求，也是既积极又慎重的立法政策的具体体现。立法权限的集中，是维护社会主义法制原则的根本方面之一，所以，除全国人民代表大会及其常务委员会以外，任何机关、组织都无权颁行刑法特别法规。各立其法、法出多门的现象与社会主义刑法的尊严是格格不入的，如果允许其他机关任意颁行特别法规，势必使刑法体系杂乱无章，不仅广大公民难以遵循，司法机关也无所适从。

但是，坚持立法权限的集中性原则，并不排斥照顾地方的特点和差别。我国是一个多民族的国家，幅员辽阔，人口众多，各地的政治、经济、文化的发展很不平衡。因此，完全由中央权力机关制定刑法特别法规，强行统一地解决各地问题，也是不合适的。"一刀切"的做法"就会犯官僚主义集中制的毛病和其他毛病，就会妨碍地方工作人员估计地方的差别，而这种估计是进行合理工作的基础"[1]。所以，对刑法特别法规的立法权力的行使既要集中统一，又不能统得过死。在个别情况下，经全国人民代表大会在基本法律中明文授权，地方的权力机关也可以制定刑法特别法规，但应当遵守必要的条件。例如，我国《刑法》第80条指出："民族自治地方不能全部适用本法规定的，可以由自治区或者省的国家权力机关根据当地民族的政治、经济、文化的特点和本法规定的基本原则，制定变通或者补充的规定，报请全国人民代表大会常务委员会批准施行。"

应该说明的是，全国人大常委会授权国务院在经济体制改革和对外开放方面可以制定暂行规定或者条例，并不包括制定刑法特别法规。全国人大常委会法制工作委员会主任王汉斌同志曾说明："上述授权国务院可以对现行法律的某些具体规定制定灵活性的、变通的暂行规定或者暂行条例的范围只限于经济体制改革和对外开放方面的问题，其他不属于这两方面的法律问题，如涉及刑法、刑诉法的问题等，不包括在内。"[2]

当然，我们强调刑法特别法规的立法权限的集中性原则，并不意味着其他国家机关就根

---

〔1〕《列宁全集》(第33卷)，人民出版社1984年版，第326页。

〔2〕王汉斌：《〈关于授权国务院在经济体制改革和对外开放方面可以制定暂行的规定或者条例的决定〉的说明》，载《人民日报》1985年4月4日。

本无权在非刑事法规中设置刑法规范，只是这种刑法规范须与刑法典的有关条文相呼应，而不得补充和修改刑法典的内容，例如，国务院颁布的《测量标志保护条例》第13条后半分句指出："损毁或擅自移动永久性测量标志的，由司法机关依法处理。"这一条款就是《刑法》第175条破坏永久性测量标志罪的具体化，不属于刑法特别法规。可见，其他国家机关在必要的情况下，也可以在非刑事法规中设置呼应性的刑法规范，这与刑法特别法规的立法权限的集中性原则并不矛盾。

（二）立法思想的一致性原则

恩格斯指出："法不仅必须适应总的经济状况，不仅必须是它的表现，而且还必须是不因内在矛盾而自己推翻自己的内部和谐一致的表现。"[1]我国的刑法体系就是根据一定的原则组成的有机整体。为了维护刑法体系的统一性和完整性，刑法特别法规的内容不得有悖刑法的基本原则。我国《宪法》第67条规定，全国人大常委会有权"对全国人民代表大会制定的法律进行部分补充和修改，但是不得同该法律的基本原则相抵触"。这是刑法特别法规的核心的立法原则。

坚持立法思想的一致性原则，并不是强调形而上学的绝对同一，而是主张唯物辩证法的相对统一，不是说刑法典规定的内容一点不能改动，而是要求只能根据《刑法》的基本原则补充或者修改刑法典中非根本性的内容。一般说来，刑法特别法规主要补充和修改《刑法》的分则部分，特殊情况下，也可变动《刑法》的总则部分。我国《刑法》第89条规定："本法总则适用于其他有刑罚规定的法律、法令，但是其他法律有特别规定的除外。"这说明刑法特别法规基本上适用《刑法》的总则部分，虽有例外，但根据《宪法》的有关规定，也不能与刑法的基本原则抵触。可见，在坚持立法思想的一致性问题上，我们要注意原则性与灵活性相结合的原则。毛泽东同志说过，"我们的原则性是坚定的，我们也要有为了实现原则性的一切许可的和必需的灵活性"[2]。原则性是前提，是首要的，是不可动摇的。违背刑事立法基本原则的刑法特别法规是万万要不得的。没有原则性，必然损害刑法体系的统一性，而灵活性是实现原则性的必要措施和保证，没有灵活性，原则性就无法全部实现。所以，刑法特别法规虽然可以补充或修改刑法典的有关内容，包括总则部分，但是，必须服从刑事立法的基本原则，以实现基本原则为目的。我国已颁行的刑法特别法规有过补充和修改《刑法》总则的先例，如增加了我国《刑法》本来未规定的"加重处罚"等，就是符合罪刑相适应等基本原则的。

首先，坚持立法思想的一致性，要注意立法宗旨的一致性。一切为了人民，这是社会主义法制原则的根本要求，是我们国家一切立法活动的出发点和归宿。刑法特别法规没有自己独特的任务，它和刑法典一样，也是以刑罚为手段，保护人民，打击敌人，惩治犯罪。全国人大常委会先后颁行的三个打击犯罪的单行刑法法规，即《关于处理逃跑或者重新犯罪的劳改犯和劳教人员的决定》《关于严惩严重破坏经济的罪犯的决定》《关于严惩严重危害社会治安的犯罪分子的决定》，在新的历史条件下，有力地打击了直接或间接地破坏经济体制改

---

〔1〕《马克思恩格斯全集》（第4卷），人民出版社1958年版，第483页。
〔2〕《毛泽东选集》（第4卷），人民出版社1967年版，第1437页。

革、危害社会治安的犯罪,创造并维护了安定团结的政治局面和社会环境,收到良好的效果,充分体现了社会主义法制的人民性。

其次,坚持立法思想的一致性,要重视基本原理的一致性。我国刑法是"以马克思列宁主义毛泽东思想为指针,以宪法为根据,依照惩办与宽大相结合的政策,结合我国各族人民实行无产阶级领导的、工农联盟为基础的人民民主专政即无产阶级专政和进行社会主义革命、社会主义建设的具体经验及实际情况制定"的,刑法所规定的有关犯罪与刑罚的一般原理和基本原则是与犯罪作斗争的指针,不能擅加改变。只有坚持了刑法基本原理的一致性,才能保证刑事立法体系内部的系统性和统一性,使各种刑法规范相互协调,保持平衡,成为一体。刑法特别法规如果脱离了罪刑法定主义、罪刑相适应、罪责自负、惩罚与教育相结合等原则以及犯罪的实质概念、犯罪构成等学说,便会导致刑法体系的内部相互脱节,甚至发生矛盾。在制定《环境保护法》期间,曾有人提议,我国应当学习外国的立法例,规定无罪过的污染环境的犯罪,这种客观归罪的见解显然与刑法的主、客观相一致的原则相抵触,是决不能采用的。

最后,坚持立法思想的一致性,还要强调刑法特别法规之间的一致性。刑法特别法规,特别是非刑事法律中的附属刑法规范,往往跨越不同的法律部门的界限,略显零散,如果处理不当,忽视立法思想的统一,很容易出现不同的特别法规相互矛盾的现象。现在,有些刑法特别法规对同一问题的规定就不尽一致,应该引起立法机关重视。全国人大常委会颁行的三个打击犯罪的单行刑法法规,在溯及力原则问题上与《刑法》第9条的规定有所不同,而且,三者之间又有差别。《关于处理逃跑或者重新犯罪的劳改犯和劳教人员的决定》采用从旧原则;《关于严惩严重破坏经济的罪犯的决定》采用附条件的从新原则;《关于严惩严重危害社会治安的犯罪分子的决定》采用从新原则。刑法特别法规之间的这种不协调容易在理论研究和司法实践中引起不必要的分歧,影响社会主义法制的严肃性和权威性。因此,制定刑法特别法规时,要注意研究邻近的特别法规的内容,加强整体观念,统一立法规划,尽量保持刑法特别法规之间的协调一致,以维护刑法体系的统一性、完整性和系统性。

(三)立法内容的必要性原则

由于刑法特别法规是对刑法典的补充和修改,所以,应该采取既积极又慎重的态度,只有根据当时的政治、经济、治安等社会形势,确有必要并有条件补充或修改刑法典时,才可以制定刑法特别法规。制定刑法特别法规时,要注意以下几个问题。

刑法特别法规的内容必须有创新性,就是说,应与刑法典的有关规定有所不同,没有创新性,就不能称其为刑法特别法规,也无必要制定刑法特别法规。刑法特别法规的创新性可以表现在许多方面:第一,可以增设新的犯罪,如《关于严惩严重危害社会治安的犯罪分子的决定》第2条规定了"传授犯罪方法罪",这是刑法典中未规定的;第二,可以修改刑法典规定的某种犯罪的法定刑,如《关于严惩严重破坏经济的罪犯的决定》将走私、投机倒把、盗窃等犯罪的法定刑提高到死刑;第三,可以补充或修改刑法总则的个别规定。如前所述,《关于处理逃跑或者重新犯罪的劳改犯和劳教人员的决定》增加了刑法典没有的"加重处罚"的规定;第四,扩大了刑法典中某些犯罪的适用范围,如《文物保护法》第31条第3款指出:"将私人收藏的珍贵文物私自卖给外国人的,以盗运珍贵文物出口论处。"

刑法特别法规的内容必须具有成熟性。马克思主义认为,"无论是政治的立法或市民的立法,都只是表明和记载经济关系的要求而已"[1]。刑法特别法规也应该从我国的实际出发,以社会主义建设发展的需要为根据,在现有的条件下,把成熟的东西制定成法。如果对认定某些行为的社会危害性及其程度的经验不足,条件尚不具备,就不能忙于制定刑法特别法规,因为不成熟的法是行不通的。彭真同志在关于刑法问题的一次讲话中说:"刑法只能解决成熟的东西。对那些不成熟的、没有把握的、不能保证执行的问题没有写入刑法。"[2]这段论述完全适用于刑法特别法规。例如污染空气问题,我国现在一方面要大力发展工业生产;另一方面,暂时又缺乏条件彻底解决工业污染的问题,所以,当前不宜专门设置污染空气的犯罪。

刑法特别法规所涉及的行为必须具有一定的严重性。毋庸赘述,只有相当严重的危害社会的行为才能构成犯罪。如果一种行为的社会危害性尚未达到需要用刑罚制裁的程度,那就没有必要制定刑法特别法规,而要采用其他法律制裁方法。因为对未达到犯罪程度的危害社会行为一味采取刑罚处罚,过于严厉,可能会妨碍国家经济体制、政治体制改革的正常发展和社会主义现代化建设的顺利进行。只有当某种行为的危害社会程度达到犯罪或者刑法典规定的法定刑不足以制裁时,才有必要制定刑法特别法规。例如,从《水污染防治法》第六章可以看出,对违反该法的行为一般采用行政处分和经济制裁的方法予以惩罚,只有当情节严重时,才适用第43条规定:"违反本法规定,造成重大水污染事故,导致公私财产重大损失或者人身伤亡的严重后果的,对有关责任人员可以比照刑法第一百一十五条或者第一百八十七条的规定,追究刑事责任。"

(四)立法方式的多样性原则

刑法特别法规作为一种立法形式,不可能也无必要千篇一律,而应该从实际需要出发,针对不同的问题用不同的方式,作出不同的规定。

在表现形式上,刑法特别法规不外乎两大基本类型:一是单行法规;二是非刑事法律中的附属刑法规范。从名称上看,有暂行条例,如《惩治军人违反职责罪暂行条例》,是刑法的续编;有专门规定,如《关于严惩严重破坏经济的罪犯的决定》;有规定在行政法规、经济法规、民事法规中的刑法规范。今后,根据新情况也可能会采用更多的名称。有人提出,我国应当仿效联邦德国、荷兰等国家,制定经济刑法或经济犯罪法,这种见解值得研究。既然我国已颁行了普通的刑法典,把与经济有关的犯罪完全包括在内,那么,再另外编纂经济刑法,在理论上是否讲得通,于实践是否有益?这个结论不言自明。试想,如果都从专门刑法的角度考虑立法,那不仅经济刑法有必要制定,而且行政刑法、人身刑法、教育刑法等都有必要制定。很明显,把刑法分得这么细并编纂各种法典,势必有碍刑法体系的统一性和完整性,也会给司法实践带来混乱。

---

〔1〕《马克思恩格斯全集》(第4卷),人民出版社1958年版,第121~122页。

〔2〕吴大英等:《中国社会主义立法问题》,群众出版社1984年版,第146页。

在立法方式上,刑法特别法规一般采用如下几种:(1)创制的方法,就是描述新的犯罪构成既罪状,规定新的罪名和法定刑,如《关于严惩严重危害社会治安的犯罪分子的决定》第2条的传授犯罪方法罪;(2)类推的方法,就是规定新的罪状和罪名,比照《刑法》分则最相类似的犯罪条款予以处罚,如《专利法》第63条规定,假冒他人专利,情节严重的,比照《刑法》第127条假冒商标罪处罚;(3)修改的方法,就是明文规定对刑法典中的某项内容予以修改,如《关于严惩严重破坏经济的罪犯的决定》第1条明确指出:"对刑法有关条款作下列补充和修改",提高了走私、投机倒把等经济犯罪的法定刑;(4)解释的方法,就是把某种严重的危害社会的行为直接解释为刑法典中的某一犯罪,如《文物保护法》第31条第2款指出:"私自挖掘古文化遗址、古墓葬的,以盗窃论处。"(5)援引的方法,就是明确规定某种犯罪依照另一犯罪的法定刑处罚,如《森林法》第34条第3款指出:"盗伐林木据为己有,数额巨大的,依照刑法第一百五十二条的规定追究刑事责任。"

在立法内容上,刑法特别法规主要增设新的犯罪,扩大某种犯罪的适用范围,修改某种犯罪的量刑幅度等。至于刑法特别法规能否直接规定刑罚的问题,对于单行法规,人们没有异议,认为可以直接规定新的犯罪及其法定刑,立法实践中也有这种先例,而对于非刑事法律中的附属刑法规范,法律学界尚存在不同的认识,未形成统一的结论。很多同志认为,根据外国立法例,非刑事法律也可以直接规定刑罚。我们认为,认识这个问题应该从我国的国情出发,不能生搬硬套外国的经验。如果仅仅考虑实用的功利性,非刑事法律直接规定刑罚也未尝不可,但是,为了维护刑法典的权威性和严肃性,非刑事法律直接规定刑罚弊多利少。特别是我国现阶段的立法水平还不很高,制定非刑事法律的人员大多缺乏刑事立法的经验,而刑罚又直接关系到一个人的基本权利的剥夺问题,如果允许非刑事法律直接规定刑罚,一方面打乱了部门法之间应有的界限,在理论上不免产生混乱;另一方面也容易在犯罪的处罚方面出现轻重失衡的现象,令司法机关无所适从。我们担心,在司法实践中脱离了刑法典而直接援用非刑事法律对某人的行为定罪量刑,会不会有损刑法典的权威性和严肃性?其实,在现有的条件下,不在非刑事法律中直接规定刑罚也完全可以解决罪与刑的问题。我国刑法典的条文虽然不多,但规定了一百多种犯罪及其法定刑,基本囊括了社会各个领域内的各类犯罪。由于我国刑法典对各种犯罪规定的都是相对确定法定刑,有一定的裁量幅度。所以,非刑事法律的附属刑法规范有条件根据罪刑相适应的原则,采用类推、援引等方式,利用刑法典对某种犯罪所规定的法定刑处罚新的犯罪行为。这种方法简便、灵活,行之有效,有利于保持刑法体系的统一性和完整性。因此,在当前的条件下,我们倾向于非刑事法律不能直接规定法定刑的见解。直到现在,我国的非刑事法律也没有规定刑罚的先例,可见,国家立法机关对这个问题也是非常慎重的。

三

毋庸讳言,我国已颁行的一系列刑法特别法规在立法技术上也经历了一个不断提高的过程:由当初"追究刑事责任"的笼统规定,发展到具体指明依照刑法的哪一条款定罪量刑,直至比较完整地在非刑事法律中集中设置刑法规范,并在特别法规之后附载刑法的有关条

文。但是,总结已有的经验,我们认为有必要强调以下几个应予注意的问题:

1. 表述要明确。刑法特别法规是对刑法典的补充和修改,是追究行为人刑事责任的法律根据,其内容一定要具体、明确。法律不仅是司法机关定罪量刑的准绳,而且是广大公民的行为准则和权利、义务的根据。因此,立法者要考虑到人民群众文化水平、法制观念的程度,明确规定犯罪行为的具体特征。当增设新的犯罪时,应尽量采用叙明罪状规定该种犯罪,划清罪与非罪的界限。如果表述的不明确,就容易引起混乱。如《关于严惩严重危害社会治安的犯罪分子的决定》第2条的传授犯罪方法罪的表述似乎就过于简单,在理论上和实践中都产生了歧义。

2. 内容要可行。立法的目的是执行,所以,制定刑法特别法规时,应当考虑到诉讼上的要求,重视法律实行的效果。众所周知,刑罚目的的一般预防和特殊预防是通过有效的刑事追诉和迅速的刑事审判表现出来的,如果某项立法规定无法实行,便丧失了立法的意义。在立法实践中,个别刑法特别法规不够完整,存在缺陷,有章难循,如《海洋环境保护法》第44条第1款规定:"凡违反本法,污染损害海洋环境,造成公私财产重大损失或者致人伤亡的,对直接责任人员可以由司法机关追究刑事责任。"显然,这一条文补充了刑法典的内容,设置了有关污染海洋环境的犯罪。但是,根据《刑法》的哪一条款定罪判刑呢?该条并未说明,因此令司法机关无所适从。可见,虽有立法条款,若不落到实处,也会影响实际效果的发挥。为了减少司法机关在追诉与审判中的困难,提高办案效率,刑法特别法规的内容一定要切实可行。

3. 界限要分清。非刑事法律的附属刑法规范应当独立设置条款,以便明确一般违法行为与犯罪的界限。例如《环境保护法(试行)》第32条第2款规定:"对严重污染和破坏环境,引起人员伤亡或者造成农、林、牧、副、渔业重大损失的单位的领导人员、直接责任人员或者其他公民,要追究行政责任、经济责任,直至依法追究刑事责任。"这种规定方式由于界限不清,给党政机关、有关部门,司法机关的工作带来诸多不便。当发生事故时,各个单位或机关似乎都有权管辖,又好像皆不能干预,容易产生相互推诿或者处理不当的现象。所以,一般违法行为与犯罪行为应该分别条款专门规定。而且,对于不同性质的犯罪也应该尽可能地在不同的条款中分别规定,以便划清罪与罪之间的界限。例如《兵役法》就比某些非刑事法律好一些,其将预备役人员和办理兵役工作的国家工作人员的犯罪行为由第61条和第62条分别做了规定。不过,第62条把国家工作人员在兵役工作中的受贿行为和玩忽职守行为规定在一起,也不足取,还得改进。

4. 术语要统一。立法的语言应该概念清晰,含义确切,统一规范,简明易懂。刑法特别法规要尽量使用统一的刑法语言,避免使用民俗用语。除增设新罪名和必要的用语外,应一律使用刑法典已有规定的罪名和用语。有些特别法规先后使用过"依法惩处""给予刑事处分""追究刑事责任"等用语,不尽一致,建议立法机关统一使用"追究刑事责任",摒弃其他用语。再如《关于严惩严重破坏经济的罪犯的决定》所使用的"投机倒把牟取暴利罪""刑法第一百五十七条妨害社会管理秩序罪"等罪名,与刑法典相比,也不协调。此外,将套汇与走私、将索贿与受贿并列也不规范。这些问题都应尽量避免。

《刑法修正案(九)》立法理念探寻与评析*

一、引言

2014年10月,全国人大常委会对《刑法修正案(九)(草案)》进行了一次审议,并于11月在“全国人大网”上全文公布,以向社会公开征求意见。2015年6月全国人大常委会对草案进行了二次审议,结合相关意见,对一审稿进行了修改完善并再次全文公布,向社会公开征求意见。2015年8月全国人大常委会第十六次会议对草案进行了三次审议,结合相关意见,对二审稿进行了修改完善并于8月29日表决通过,决定自2015年11月1日起施行。

在本次刑法修改过程中,社会各界广泛关注,热度不减,受益于全媒体时代的便利,无论个人抑或团体、行业,都得以通过自己的渠道,基于自己的判断,发出自己的声音。这是法治进步的表现,“只有加强民主立法,集中民意、汇集民智、凝聚共识,才能更好地发挥立法的引领和推动作用”[1]。公众对于立法的积极关注和参与,有些是基于朴素情感、爱恨情仇的表达,如不久前朋友圈被“拐卖儿童判死刑”疯狂刷屏;有些则是基于行业发展切身利益的考虑,如律师界、网络界对本次修改相关内容的严重关切,这也恰恰说明我国立法博弈时代的到来。“立法是分配正义的平衡之艺术。立法原本就是要在权力与权力、权力与权利的矛盾焦点上,找出最佳的结合点。”[2]因此,不论是朴素的情感,还是博弈的诉求,立法者都应该给予认真的关注,并进行审慎评判与取舍,争取最大限度地实现刑法的公众认同,这也是立法目的的应有之义。“刑法应根据经济社会发展的需要及时修改、补充和完善以因应经济社会的变化,而这一过程通常是在一定的刑法理念的指导下完成的。”[3]

---

* 本文原载于《法治研究》2016年第2期,由高铭暄教授与李彦峰合作完成。

〔1〕 丁祖年:《运用法治思维和法治方式推进全面深化改革——兼论增强立法引领和推动作用的路径》,载《法治研究》2014年第2期。

〔2〕 艾文波:《立法博弈必须保障民众话语权》,载《检察风云》2006年第14期。

〔3〕 高铭暄、曹波:《当代中国刑法理念研究的变迁与深化》,载《法学评论》2015年第3期。

正如美国法学家弗里德曼所言“法典背后有强大的思想运动”[1]。可见,秉持何种立法理念直接关涉刑事立法的合理性与效用性,直接影响公众对刑事立法的认同感和尊重度,据此,刑事立法理念的研究颇具价值。

二、《刑法修正案(九)》立法理念探寻

理念(ideal),源自古希腊文“Eidos”,原意是指所见事物之形象,现常用来指“指导思想”。[2] 对于理念的哲学解读林林总总,且相当抽象,而在“指导思想”的层面似乎更易让人理解。我国刑法学者对刑法理念从多层次多角度进行了研究,既有刑法理念变迁深化、前沿审视、时代更新这样综合性的分析,[3]也有在国际化、国际人权公约、宪法指导、网络时代、环境刑法、劳动刑法、民间融资等视野中进行的具体考察,[4]既涉及刑事立法理念,[5]也涉及刑事司法、刑事执法理念,[6]其观点异彩纷呈,各有千秋。“刑法理念是法律理念在刑事领域具体化的产物,是刑事法治实践的灵魂,它不仅深刻地影响着刑法制度的具体实施和刑法技术的实际运用,成为实现法律目的、弘扬法律价值的重要力量,而且还从反思性的角度审视刑事法治建设中存在的各种缺陷与弊端,为刑法制度、刑法技术乃至刑事法治实践方式的进化和发展指引方向并提供动力。”[7]本文将刑法立法理念界定为立法者在刑法立法时对所欲解决问题的基本认识和刑法功能的总体把握,对刑法立法理念的研究从实然考察到应然评判两个层面展开,以实现对刑法立法从反思性的角度进行审视的目的。本次刑法修改包含罪与刑两方面内容,本文主要从罪的角度展开研究。通过在犯罪圈视角下对《刑法修正案(九)》相关内容的梳理可知,在实然层面,《刑法修正案(九)》的立法理念主要表现为下述两个方面。

(一)以保障公共安全、维护社会秩序为主要问题导向

通过对《刑法修正案(九)》中能够引起犯罪圈变化的内容进行梳理,以修改后形成的刑法典法条(包括法条之一、之二等)为统计单位进行综合分析,可以得出以下结论:本次刑法

---

〔1〕[美]劳伦斯·M. 弗里德曼:《法律制度——从社会科学角度观察》,李琼英、林欣译,中国政法大学出版社 2004 年版,第 241 页。

〔2〕参见卢建平、姜瀛:《论犯罪治理的理念革新》,载《中南大学学报(社会科学版)》2015 年第 1 期。

〔3〕参见高铭暄、曹波:《当代中国刑法理念研究的变迁与深化》,载《法学评论》2015 年第 3 期;闻志强:《中国刑法理念的前沿审视》,载《中国刑事法杂志》2015 年第 2 期;陈兴良:《当代中国的刑法理念》,载《国家检察官学院学报》2008 年第 3 期。

〔4〕参见苏彩霞:《刑法国际化视野下的我国刑法理念更新》,载《中国法学》2005 年第 2 期;肖怡:《“国际人权两公约”与我国刑法在制度理念上的比较》,载《中共中央党校学报》2005 年第 4 期;喻贵英:《论国际刑法中个人负刑事责任的行为——以〈罗马规约〉第 25 条为视角》,载《法治研究》2014 年第 5 期;赵秉志、王鹏祥:《论我国宪法指导下刑法理念的更新》,载《河北法学》2013 年第 4 期;肖中华、孙利国:《当代中国宪法的发展与刑法理念的更新》,载《人民检察》2012 年第 13 期;张明楷:《网络时代的刑法理念——以刑法的谦抑性为中心》,载《人民检察》2014 年第 9 期;王秀梅:《环境刑法价值理念的重构——兼论西部开发中的环境刑法思想》,载《法学评论》2001 年第 5 期;姜涛:《劳动刑法:理念转变与立法完善》,载《法学论坛》2009 年第 2 期;孙丽:《刑法规制民间融资的理念和限度》,载《人民论坛》2015 年第 2 期。

〔5〕参见冯军:《刑法再修改的理念与规则——以现今的议论为根据》,载《河北大学学报(哲学社会科学版)》2007 年第 6 期;杨兴培:《〈刑法修正案(八)〉修改指导思想的解读与论析》,载《中州学刊》2011 年第 3 期。

〔6〕参见张明楷:《刑法解释理念》,载《国家检察官学院学报》2008 年第 6 期;袁林:《以人为本:从抽象走向现实的刑法解释理念》,载《社会科学》2011 年第 3 期;赵长青:《树立当代刑法新理念》,载《现代法学》1997 年第 2 期。

〔7〕高铭暄、曹波:《当代中国刑法理念研究的变迁与深化》,载《法学评论》2015 年第 3 期。

修正案通过后,刑法典中涉及犯罪圈变化的法条共计32条[1],均为犯罪化方向,分布在5大类犯罪中,按照条文数量从多到少依次排列分别为,妨害社会管理秩序罪(18条)[2]、危害公共安全罪(7条)[3]、侵犯人身权利、民主权利罪(4条)[4]、贪污贿赂罪(2条)[5]、侵犯财产权利罪(1条)[6]。可见,站在刑法犯罪圈变化的角度考察,从本次修改涉及的法条数量来看,有关社会管理秩序与公共安全犯罪的占到了全部修改的约80%。如果按照侵犯个人法益、社会法益、国家法益的标准对犯罪进行划分,则本次修改涉及国家法益、社会法益的法条数量已超80%。若进一步分析,从相关法条修改涉及的具体行为类型来看,妨害社会管理秩序罪中至少有6条、危害公共安全罪中至少有4条,为一个法条修改涉及两种以上不同的具体行为类型,而其他大类犯罪的修改基本表现为一个法条仅涉及单一的具体行为类型。可见,从对具体行为类型进行刑法规制的角度来看,有关妨害社会管理秩序与危害公共安全的内容在本次修改中的比例要远远高于80%,占据本次修改的绝对主导地位。此外,对特定犯罪的修改较为密集,且该类犯罪也主要集中于公共安全领域和社会秩序领域。在上述32个法条中,涉及恐怖活动犯罪的有8条,涉及扰乱社会秩序类犯罪的有12条,其中网络犯罪方面占3条,涉及妨害司法类犯罪的占3条。恐怖活动、扰乱社会秩序、妨害司法三类特定犯罪的修改占据了全部修改的70%之多。综上所述,本次刑法修正保障公共安全、维护社会秩序的导向较为明显。

(二)以刑法功能的积极发挥为基本价值指引

1.犯罪社会危害性标准呈降低趋势

基于我国《刑法》第13条但书的规定,我国刑法对犯罪采取了定性加定量的立法模式,由此形成了我国法律对违法犯罪行为实行行政制裁与刑事制裁的二元体制。因此,我们通常认为作为犯罪本质的社会危害性必须达到一定程度,从立法角度而言,就是应受刑罚处罚的程度。但对这一程度的判断显然并非纯粹的事实判断与客观判断,而是一个充满价值衡量与主观评判的过程。不可否认,社会危害性的内涵在不断变化,要用历史发展的观点去看待,但这并不能完全解释这一立法现象,即某一行为从历史发展的观点来看,其社会危害性并不一定有显著变化,却被刑法立法予以犯罪化处理。能解释这一现象的较有说服力的理由应该是,在这种情况下,刑法立法所持的犯罪社会危害性标准有所降低,也被有些学者形象地称为犯罪门槛下降[7]。犯罪社会危害性标准降低反映了刑法立法对刑法功能

---

〔1〕 仅增加单位可以成为犯罪主体的修改未计入统计;组织、强迫卖淫罪与嫖宿幼女罪的修改因没有引起刑法规制的行为类型发生实质变动而未计入统计。

〔2〕 对《刑法》第280条修改;新增第280条之一;对《刑法》第283条修改;新增第284条之一;新增第286条之一;新增第287条之一;新增第287条之二;对《刑法》第288条修改;对《刑法》第290条修改;对《刑法》第291条之一修改;对《刑法》第300条修改;对《刑法》第302条修改;新增第307条之一;新增第308条之一;对《刑法》第309条修改;对《刑法》第311条修改;对《刑法》第322条修改;对《刑法》第350条修改。

〔3〕 对《刑法》第120条之一修改;新增第120条之二;新增第120条之三;新增第120条之四;新增第120条之五;新增第120条之六;对《刑法》第133条之一修改。

〔4〕 对《刑法》第237条修改;对《刑法》第241条修改;对《刑法》第253条之一修改;新增第260条之一。

〔5〕 对《刑法》第390条修改;新增第390条之一。

〔6〕 对《刑法》第267条修改。

〔7〕 参见卢建平:《犯罪门槛下降及其对刑法体系的挑战》,载《法学评论》2014年第6期。

更加积极的定位，是刑法立法理念更新的显著表达。在本次刑法修正中出现的诸多将原行政违法行为犯罪化的现象是这一理念更新的具体表现，主要包括：从事校车业务或者旅客运输以及危险化学品运输的危险驾驶行为的犯罪化（对《刑法》第133条之一修改）；多次抢夺行为的犯罪化（对《刑法》第267条修改）；买卖身份证件行为的犯罪化（对《刑法》第280条修改）；使用伪造、变造的身份证件行为的犯罪化（新增的第280条之一）；考试作弊相关行为的犯罪化（新增的第284条之一）；多次扰乱国家机关工作秩序行为的犯罪化（对《刑法》第290条修改）；泄露、公开披露、报道依法不公开审理的案件中不应当公开的信息行为的犯罪化（新增的第308条之一）；侮辱、诽谤、威胁司法工作人员或者诉讼参与人行为的犯罪化（对《刑法》第309条修改）。以上行为并不一定随着社会的发展而使其社会危害性显著变化，在传统观念当中，更倾向于将其纳入行政制裁范围，但近些年来，开始出现将此类行为纳入刑法规制的趋势，表明其入罪所持的社会危害性标准确实有所降低。[1] 除此之外，本次修正中还有一些将原行政违法行为犯罪化的修改内容，[2]但本文认为这些修改主要源于随着社会发展，相关行为本身具有的社会危害性增大，按照传统观念也达到了刑法规制的程度。因此，这些行为的犯罪化并不能体现刑法立法社会危害性标准降低的趋势。

2. 刑罚积极一般预防目的突出

首先，拟制实行行为大量存在。我国《刑法》分则条文采取了“一人一罪既遂”的设立模式，正如有学者所言，“刑法分则是以一人犯一个既遂罪为标本的，这里的一人犯一个既遂罪就是指实行行为，他排除了共犯行为、预备行为以及未遂行为。这样一种刑法分则的立法模式被称为是限制的正犯概念与犯罪的既遂模式”[3]。当然，不难发现，在我国《刑法》分则条文中，的确存在一些将共犯行为、预备行为实行行为化的情形，有学者将其称为拟制的实行行为，与普通的实行行为相对应。[4] 拟制的实行行为是指《刑法》分则将在一般社会观念上不具有实行性质的行为规定在《刑法》分则中成为特定犯罪实行行为的情形。具体来说，这

---

〔1〕 如前所述，行为社会危害性程度的判断并非纯粹的事实判断与客观判断，而是一个充满价值衡量与主观评判的过程。因此，对于某一行为的入罪，有人会认为是基于犯罪社会危害性标准下降所致，有人会认为是该行为本身社会危害性随着社会的发展而升高到了应受刑罚处罚的程度，而犯罪社会危害性标准并未降低，可谓仁者见仁智者见智。可见，对于本次刑法修正，究竟应将哪些行为的入罪归入刑法立法所持的犯罪社会危害性标准降低的范围存在争议。但范围的争议并不能否定我国刑法立法中存在犯罪社会危害性标准呈现降低趋势的事实，对于我国刑法立法中犯罪社会危害性标准呈降低趋势究竟是真实还是假象的问题，在后文有专门论述。

〔2〕 如强制猥亵男性（男童之外）行为的犯罪化（对《刑法》第237条修改）；编造和故意传播虚假信息行为的犯罪化（对《刑法》第291条之一修改）等。

〔3〕 陈兴良：《教义刑法学》，中国人民大学出版社2010年版，第189页。

〔4〕 参见何荣功：《实行行为研究》，武汉大学出版社2007版，第81页；陈兴良：《教义刑法学》，中国人民大学出版社2010年版，第189、190页。该学者指出普通的实行行为，或原始的实行行为，是指《刑法》分则将在一般社会观念上具有实行性质的行为规定在《刑法》分则中成为特定犯罪实行行为的情形。所谓拟制的实行行为，是指某些本来并不属于犯罪的实行行为，而是属于共同犯罪的组织行为、教唆行为、帮助行为以及犯罪阶段性形态中的预备行为，由于《刑法》分则的特定规定而成为另一犯罪的实行行为的情形。该学者提出的普通实行行为与拟制实行行为的划分为我们研究刑法立法对实行行为的选择及其背后反映的立法理念问题提供了观察视角。当然，该学者对于拟制的实行行为的界定在本文看来存在不周延之处，需要厘清。因为在《刑法》分则当中，有些被拟制为实行行为的组织行为、帮助行为、教唆行为，由于其作用的对象行为并未被《刑法》分则规定为犯罪，进而使其并非必然属于共同犯罪行为。所以，对于拟制的实行行为的界定，仍然应该坚持该学者在界定普通的实行行为时所依据的是否“在一般社会观念上具有实行性质”的标准。由此，本文对拟制的实行行为进行了后述的重新定义。

种拟制的实行行为主要包括组织行为实行行为化、教唆行为实行行为化、帮助行为实行行为化及预备行为实行行为化四种。一般而言,《刑法》分则以规定普通的实行行为为原则。因为,按照我国现行立法及理论通说,需要刑罚处罚的组织行为、教唆行为、帮助行为、预备行为通常情况可以从属于其作用的实行行为依据共同犯罪或者犯罪预备的总则性规定而得以惩处,无须专门在《刑法》分则中予以规定。之所以《刑法》分则中又有拟制的实行行为作为例外,主要有两方面情况:第一,有些组织行为、帮助行为、教唆行为因其所作用的对象行为并未被《刑法》规定为犯罪,使其无法通过总则性规定予以惩处,必须在《刑法》分则中设立新罪予以实行行为化,这种"追责外围行为、放宽对象行为"的立法情形本身反映了《刑法》立法者一定的刑事政策思想;第二,基于强化规范意识、积极一般预防,从防患于未然,全方位治理的角度,将预备行为、共同犯罪中的共犯行为单独设罪,实现预备行为、共犯行为实行行为化。在本次《刑法》修正中,拟制实行行为大量存在,分布于恐怖活动犯罪、网络犯罪、聚众扰乱社会秩序犯罪、考试作弊相关犯罪当中。[1]

其次,行为犯、举动犯设置较多。我国通说理论从犯罪既遂形态类型的角度将犯罪划分为结果犯、危险犯、行为犯、举动犯。可以看出,刑法立法对四类犯罪社会危害性评价的侧重有所不同,从结果本位向行为本位逐渐倾斜。行为犯、举动犯带有明显的行为本位色彩,反映到该类犯罪设立的刑罚目的上,表现为注重规范意识的树立,追求积极一般预防的效果。在本次《刑法》修正中,行为犯、举动犯设置较多,分布于恐怖活动犯罪、危险驾驶犯罪、强制猥亵犯罪、抢夺犯罪、扰乱公共秩序犯罪、妨害司法秩序犯罪当中。[2]

最后,特定条款的修改明显反映出刑罚目的向积极一般预防的转向。主要表现为对收买被拐卖的妇女、儿童罪中"可以不追究刑事责任"条款的修改以及行贿罪中免除处罚的限制。收买被拐卖的妇女、儿童罪与行贿罪本身属于行为犯,但在之前的《刑法》中由于存在特定情况下不追究刑事责任或者免除处罚的规定,使《刑法》对该行为的评价侧重于结果本

〔1〕 主要表现为:组织行为实行行为化,包括组织作弊(新增的第284条之一);教唆、煽动行为实行行为化,包括宣扬恐怖主义、极端主义或者煽动实施恐怖活动(新增的第120条之三),利用极端主义煽动破坏国家法律确立的制度实施(新增的第120条之四);帮助行为实行行为化,包括资助恐怖活动培训、为恐怖活动招募、运送人员(对《刑法》第120条之一修改),提供作弊器材或者其他帮助、非法出售或者提供考试的试题、答案(新增的第284条之一),为互联网犯罪提供互联网接入、服务器托管、网络存储、通讯传输等技术支持,或者提供广告推广、支付结算等帮助(新增的第287条之二),资助他人非法聚集(对《刑法》第290条修改);预备行为实行行为化,包括为恐怖活动准备工具、组织恐怖活动培训或者积极参加恐怖活动培训、为实施恐怖活动与境外恐怖活动组织或者人员联系、为实施恐怖活动进行策划或者其他准备(新增的第120条之二),利用互联网设立用于实施违法犯罪活动的网站、通讯群组、发布违法犯罪信息(新增的第287条之一)。

〔2〕 主要表现为:资助恐怖活动培训、为恐怖活动招募、运送人员(对《刑法》第120条之一修改),为恐怖活动准备工具、组织恐怖活动培训或者积极参加恐怖活动培训、为实施恐怖活动与境外恐怖活动组织或者人员联系、为实施恐怖活动进行策划或者其他准备(新增的第120条之二),宣扬恐怖主义、极端主义或者煽动实施恐怖活动(新增的第120条之三),利用极端主义煽动、胁迫群众破坏国家法律确立的制度实施(新增的第120条之四),强制他人在公共场所穿着、佩戴宣扬恐怖主义、极端主义服饰、标志(新增的第120条之五),从事校车业务或者旅客运输,严重超过额定乘员载客,或者严重超过规定时速行驶的(对《刑法》第133条之一修改),强制猥亵他人(对《刑法》第237条修改),多次抢夺(对《刑法》第267条修改),买卖证明身份的证件(对《刑法》第280条修改),非法生产、销售窃听、窃照专用器材(对《刑法》第283条修改),组织作弊、提供作弊器材或者其他帮助、非法出售或者提供试题、答案,代替他人或者让他人代替自己参加考试(新增的第284条之一),盗窃、侮辱、故意毁坏尸体、尸骨、骨灰(对《刑法》第302条修改),聚众哄闹、冲击法庭,殴打司法工作人员或者诉讼参与人(对《刑法》第309条修改),为参加恐怖活动组织、接受恐怖活动培训或者实施恐怖活动,偷越国(边)境(对《刑法》第322条修改)。

位，而本次修改恢复了其行为本位的属性，目的在于对收买行为与行贿行为本身给予彻底的否定评价，以扭转公众长期以来形成的错误思想，通过规范意识的树立，预防此类行为的发生。

三、《刑法修正案（九）》立法理念评析

（一）将保障公共安全、维护社会秩序作为主要导向的基本认识

1. 契合追求自由的法律价值具有价值合理性

首先，安全、秩序、自由的关系是法哲学中老生常谈，也最具本源性的问题。总体来看，秩序与安全、自由是两个层次的问题。秩序是事物组织化的状态，秩序本身是价值中立的，但秩序可以包含着其他多种价值，如自由、安全、公平或专制等，不存在不包含其他价值的抽象的秩序价值，秩序是其他价值存在和实现的基础。所谓某某价值与秩序的冲突，实际上是该价值与秩序中包含的其他价值追求的冲突，有关“好”“坏”秩序的评判也取决于它体现的价值追求。[1] 博登海默也从秩序与正义的关系角度对相关问题进行了论述，他认为正义包含安全、自由、平等三个基本的成分，法律制度若不能满足正义的要求，从长远来看，就无力为政治实体提供秩序与和平，而正义需要秩序的帮助才能发挥它基本的作用，因此，法律旨在创设一种正义的社会秩序。[2] 可见，秩序是一切法律价值得以存在和实现的基础与前提，刑法致力于社会秩序的维护并不必然损伤自由价值，相反，放任社会秩序的无序，则必然无法实现自由。

其次，安全与自由是秩序之下的两个不同的价值追求，“整个法律和正义的哲学就是以自由观念为核心而建构起来的”[3]，这反映了自由价值在法律体系中的核心地位，而“人民的安全乃是至高无上的法律”[4]又道出了安全价值在法律体系中的不可或缺。自由和平等作为正义观念的重要组成部分在法哲学理论中占有极为显著的地位，但人们却始终只是把安全视为实现正义价值的一个相关因素，这是因为安全在法律秩序中的作用具有从属性和派生性，促进安全具有实现自由价值的工具方面的效用。当然，安全价值如同自由价值一样都不具有绝对性，合理的稳定生活状况是必要的，但一味强调安全，只会导致停滞和衰败。[5] 可见，基于相对安全的价值追求而在一定程度上对自由进行限制是正当的，刑法致力于公共安全的保障在价值追求上是毋庸置疑的。

2. 基于社会形势的客观认识具有现实合理性

新情况、新问题的出现以及治理理念的更新往往是刑法修改的基本动力。具体而言，恐怖主义、极端主义全球蔓延给我国公共安全带来的严峻挑战，已随着近年来多起恐怖袭击事

[1] 参见龙文懋：《“自由与秩序的法律价值冲突”辨析》，载《北京大学学报（哲学社会科学版）》2000年第4期。

[2] 参见［美］E. 博登海默：《法理学：法律哲学与法律方法》，邓正来译，中国政法大学出版社2004年版，第330、339页。

[3] ［美］E. 博登海默：《法理学：法律哲学与法律方法》，邓正来译，中国政法大学出版社2004年版，第298页。

[4] ［美］E. 博登海默：《法理学：法律哲学与法律方法》，邓正来译，中国政法大学出版社2004年版，第317页。

[5] 参见［美］E. 博登海默：《法理学：法律哲学与法律方法》，邓正来译，中国政法大学出版社2004年版，第316～318页。

件的发生成为不争的事实,且这种态势会逐渐呈上升趋势。[1] 科技的发展与普及给安全和秩序带来的冲击已不容小视,难以回避。公众对通过互联网、伪基站等科技手段实施的违法犯罪行为已不再陌生,甚至很多人都有亲身体会。[2] 社会转型带来的机制转轨、利益调整、观念变化导致了传统的社会统制力下降甚至缺失,对人员的管理严重不足;利益多元,纠纷增多,矛盾凸显,基于一定诉求而发生的社会事件猛增;信仰危机、道德滑坡、诚信缺失,价值体系亟须重建。正是基于对上述社会形势的客观认识,本次刑法修正将重点放在了公共安全与社会秩序领域的犯罪,涉及内容也与上述问题相称。如包括恐怖活动犯罪;受科技发展、普及影响的网络、无线电、窃听窃照器材、编造传播虚假信息犯罪;与人员管理有关的身份证件犯罪;与特定诉求、社会事件有关的扰乱国家机关秩序、公共秩序犯罪;破坏公平诚信之本的考试作弊犯罪以及藐视作为社会问题核心处理机制的司法之权威的扰乱司法秩序犯罪。此外,近几年重大的校车事故、化学品运输事故的发生促使了刑法对公共安全领域危险驾驶罪的再次关注。总之,本次刑法修正的主要问题导向是基于对当前社会形势的客观认识,具有现实合理性,同时,也是对党和国家先后提出的"推进国家治理体系和治理能力现代化""改进社会治理方式""推进多层次多领域依法治理"等重大战略命题,以及对进一步深化司法体制和社会体制改革的具体部署的积极响应。

当然,刑法修正主要问题导向具有价值合理性与现实合理性主要说明本次刑法立法对所欲解决的主要问题有合理认识。至于在解决具体问题时所采取的手段是否适当,则取决于刑法立法对刑法功能是否进行了应然的把握,需要具体分析。

(二)对犯罪社会危害性标准呈降低趋势的综合分析

1. 犯罪社会危害性标准呈降低趋势:真实抑或假象?

犯罪社会危害性标准与有些学者提到的犯罪门槛[3]在含义上大体一致。卢建平教授对犯罪门槛下降趋势从立法与司法两个层面进行了翔实的论证,他认为,在立法层面,犯罪门槛下降始于《刑法修正案(六)》,如将以暴力、胁迫手段组织残疾人或儿童乞讨行为这一原本的治安犯升格为刑事犯;《刑法修正案(七)》将组织未成年人进行违反治安管理活动的行为入罪;而《刑法修正案(八)》下降犯罪门槛的力度更大,如设置危险驾驶罪、拒不支付劳

---

〔1〕 全球恐怖主义指数2014年报告显示,2013年共发生了近1万件恐怖袭击事件,比上年增长了44%。经济与和平学会(Institute for Economics and Peace)报告指出,2013年近1.8万人死于恐怖袭击,恐怖主义不仅强度增加,范围也扩大。一项针对国际恐怖主义的研究显示,2012年到2013年,恐怖主义导致的死亡人数增加了61%。参见《BBC报告:2013年全球恐怖袭击死亡人数增长61%》,载今日头条网2014年11月18日,https://www.toutiao.com/article/3669870354/。2014年我国各级法院审结煽动分裂国家、暴力恐怖袭击等犯罪案件558件,判处罪犯712人,同比分别上升14.8%和13.3%。参见《2015年最高人民法院工作报告(全文实录)》,载人民网,http://lianghui.people.com.cn/2015npc/n/2015/0312/c394473-26681821.html。

〔2〕 据统计,2011年7月到2012年7月,中国估计有超过2.57亿人成为网络犯罪受害者,直接经济损失达人民币2890亿元。同一时期,被网络犯罪侵害的在线成人达72%(每天有超过70万名中国网民遭受网络犯罪的侵害,每分钟有489名受害者),平均每位网络犯罪受害者蒙受的直接经济损失达到人民币1126元。参见中国人民公安大学警务改革与发展研究中心:《2012年中国互联网违法犯罪行为年度报告》,载道客巴巴网2015年1月9日,http://www.doc88.com/p-6731809099886.html。

〔3〕 卢建平教授认为犯罪门槛并非一个准确的法律概念,而是一个通俗用语,与立法标准、追诉标准、定罪标准、起刑点等专业术语相对应。参见卢建平:《犯罪门槛下降及其对刑法体系的挑战》,载《法学评论》2014年第6期。

动报酬罪,修改盗窃罪、敲诈勒索罪,这将很多危及民生的犯罪从结果犯或实害犯转变为行为犯或危险犯。在司法层面,司法解释是更为灵活有效地降低犯罪门槛的途径,其出现也明显早于立法上的犯罪门槛下降,如早期有关知识产权犯罪的司法解释,以及在《刑法修正案(八)》之后通过的明显降低盗窃罪、敲诈勒索罪、寻衅滋事罪犯罪门槛的司法解释也是适例。[1] 应该看到,近年来犯罪社会危害性标准出现降低趋势已经成为一个不争的事实,《刑法修正案(九)》正是对这一趋势的进一步延续。

2. 犯罪社会危害性标准呈降低趋势:如何评价?

犯罪社会危害性标准降低或犯罪门槛下降与犯罪化、犯罪圈扩张等概念有密切联系,但并不完全相同。犯罪社会危害性标准降低必然会引起犯罪化或犯罪圈扩张的结果,但犯罪化或犯罪圈扩张的出现却未必出于犯罪社会危害性标准降低的原因。行为的社会危害性是随着社会的发展而变化的,即使犯罪的社会危害性标准不变,原本属于普通违法的行为,其社会危害性程度也完全有可能随着社会的发展而增加到应受刑罚惩罚的程度,这已是人所共知的常识。可见,犯罪化或犯罪圈扩张的研究未必一定会涉及犯罪社会危害性标准降低的问题,犯罪化或犯罪圈扩张的前提也未必一定能得出犯罪社会危害性标准降低的结论。这是我们在研究犯罪社会危害性标准降低的问题时必须首先厘清之处。对于我国刑法在今后长久的时期内都应该保持适度的犯罪化为主的方向这一认知,刑法学界基本没有异议,在此不再作为问题进行讨论。

(1)国内刑法学者观点概要。刑法学者以"犯罪社会危害性标准降低"为题的专门研究并不多见,但在诸如犯罪圈扩张、刑法结构调整等主题的论文中往往会涉及这一问题。综合分析相关文献,笔者认为,刑法学者对于犯罪社会危害性标准降低的认识与评价,主要从法治国家建设与刑法结构调整两个角度展开,以下进行简要叙述。

第一,法治国家建设角度:认为在剥夺或限制人身、财产权利时,行使司法权比行使警察权更符合法治国家的要求,因此,犯罪社会危害性标准降低扩张了司法权、限制了行政权,符合法治国家建设的趋势。如陈兴良教授认为,一般来说,国家的刑事法治水平与警察的权力大小成反比,应当将实际上受到人身处罚或比较严厉的财产处罚的行为纳入刑法范围,按照刑事程序加以保障,以扩大司法权,限制警察权,实现刑事法治。[2] 张明楷教授认为,应当考虑对所谓"非犯罪行为"的处罚是否符合法治要求;应将各种严重的、轻微的犯罪行为纳入刑法进行规制,由法院依法适用制裁程度不同的刑罚,这是依法治国的要求,也是社会成熟的表现;应制定《轻犯罪法》,将《治安管理处罚法》、劳动教养法规所规定的各种危害行为,纳入《轻犯罪法》中,使各种犯罪行为得到法院的依法审理。[3] 卢建平教授认为,犯罪门槛降低的原因有三个方面,原因之一是宏观层面上法治国家方略的确立与推行导致国家权力的重新配置,尤其是警察权受到法律的严格制约。《刑法修正案(八)》对盗窃罪的修改、

---

〔1〕 参见卢建平:《犯罪门槛下降及其对刑法体系的挑战》,载《法学评论》2014年第6期。
〔2〕 参见陈兴良:《当代中国的刑法理念》,载《国家检察官学院学报》2008年第3期。
〔3〕 参见张明楷:《日本刑法的发展及其启示》,载《当代法学》2006年第1期。

醉酒驾车的入罪化处理、劳动教养制度废止,都是规范和限缩警察权的体现。原因之二是中观层面上刑事法治的日渐成熟与完善。在涉及限制、剥夺自由和财产权利这些公民基本权利的时候,刑事司法更具制度上的相对优势。原因之三是全球化背景下刑法国际化的结果。中国的知识产权犯罪门槛之所以在世纪之交开始下调、在21世纪又不断下调,这与中国"入世"前后与美国、欧盟等进行的贸易谈判、知识产权谈判所作出的承诺或达成的协议直接相关。[1]

第二,刑法结构调整角度:认为我国刑法结构存在不足(如将其称为重罪重刑的小刑法、厉而不严的刑法等),就犯罪结构而言,应该进行犯罪分层,通过降低犯罪社会危害性标准,将一些违法行为纳入刑法调整范围,使刑法结构更加合理。如卢建平教授认为,与国外刑法相比,我国刑法属于重罪重刑的"小刑法",优势在于可以集中有限资源以严厉打击严重犯罪,但也带来刑法过于严厉、刑法干预滞后、行政权膨胀、司法保障不足等弊端。[2] "在我国目前的刑法体系中引入犯罪分层的思路,增加'轻犯罪法'或'违警罪法',通过适当降低犯罪门槛,将部分治安管理处罚或者劳动教养的对象行为纳入犯罪圈,实行刑法干预。"[3]王志祥教授和韩雪认为,我国刑法典呈现重罪重刑的特点,这使得原本设定的限缩式的犯罪圈不断任意扩张,同时又陷入在重刑基础上继续加大刑罚投入量的恶性循环,需对刑法典进行轻罪化改造,适度扩张犯罪圈,将更多轻罪纳入刑法规制范围,形成"中犯罪圈",同时对法定刑作轻刑化改造。[4] 卢勤忠教授既不赞成过于严密刑事法网的做法,也不赞同保持小犯罪圈的意见,同样主张采用"中犯罪圈"的立场。[5] 刘仁文教授在刑法结构调整上似乎力度最大,认为我国三法分立(《刑法》、劳动教养法规、《治安管理处罚法》)局面存在立法、执法、理论研究三方面的不协调,严重影响了刑法结构的科学性,妨碍刑法机制的实现。刑法结构的统一化应是我国刑法未来发展的一个方向,应将治安管理处罚、劳动教养连同其他保安处分措施一并纳入刑法,分别由违警罪、轻罪、重罪和保安处分等几块内容组成。[6] 欧阳本祺教授则通过具体罪名的修改直接指明了犯罪社会危害性标准降低与刑法结构调整之间的密切联系,认为"轻罪的增多必然导致犯罪的分层化。危险驾驶行为入罪正是我国犯罪分层化的一个重要开端——刑法规定的犯罪不再仅限于具有严重社会危害性的重罪,还包括具有一般社会危害性的轻微罪"[7]。

(2)本文观点。法治国家建设与刑法结构调整是从不同角度对同一事实进行的分析,两者在价值取向上并不必然冲突,但考虑问题的广度有所不同。法治国家建设所要求的扩张司法权、限制行政权,外在表现必然伴随刑法结构调整;但刑法结构调整的价值追求却不仅限于法治国家建设所需的司法权、行政权的合理划分,除此之外,还会考虑犯罪的积极预

---

[1] 参见卢建平:《犯罪门槛下降及其对刑法体系的挑战》,载《法学评论》2014年第6期。

[2] 参见卢建平:《犯罪分层及其意义》,载《法学研究》2008年第3期。

[3] 卢建平:《法国违警罪制度对我国劳教制度改革的借鉴意义》,载《清华法学》2013年第3期。

[4] 参见王志祥、韩雪:《我国刑法典的轻罪化改造》,载《苏州大学学报(哲学社会科学版)》2015年第1期。

[5] 参见卢勤忠:《"中罪中刑"的刑法结构之提倡——对"严而不厉"的一点质疑》,载《当代法学》2012年第6期。

[6] 参见刘仁文:《关于调整我国刑法结构的思考》,载《法商研究》2007年第5期。

[7] 欧阳本祺:《危险驾驶行为入罪的刑事政策分析》,载《法商研究》2011年第5期。

防、刑罚的轻缓化、体系的协调统一、对外的合作交流等。任何一项价值追求都有可能引起刑法结构调整,刑法结构的某一调整也完全可能是基于多种价值因素的综合考虑,甚至始终都在追求多种价值的协调与平衡。可见,只有站在刑法结构调整的角度才能对犯罪社会危害性标准降低进行全面考察,仅仅站在法治国家建设的角度未必能得出全面的结论。比如,法治国家建设角度能够解释刑法对盗窃罪社会危害性标准降低的修改,因为,正是基于法治考虑废止了劳动教养制度,而劳动教养制度的废止是促成盗窃罪修改的重要因素。盗窃罪的修改将原先由劳动教养行政干预的一类行为移交刑事司法规制,以使对其的惩处获得司法程序的保障,但在处罚结果上却并不必然加大力度。因此,刑法对盗窃罪社会危害性标准降低的修改无论从起初动机还是最终结果来看均体现了法治的要求;然而,对非基于后劳动教养时代的制度应对或补缺目的而进行的刑法修改,法治的理由却无法给予合理的解释。如危险驾驶行为入罪,以提高处罚力度来换取程序保障并不符合法治的逻辑,也不可能被人接受,唯一的解释只能是此修改并非出于法治的考虑,而是基于犯罪积极预防等其他价值的追求。

对于犯罪社会危害性标准降低的趋势,笔者认为:第一,犯罪社会危害性标准降低与我国当前社会状况相适应,符合我国刑法改革的基本方向。刑法在塑造和强化规范意识、建立和维持特定秩序、预防和打击危害方面具有独特的、不可替代的作用。我国刑罚苛厉有久远的历史渊源和深厚的现实根基,而刑罚苛厉必然伴随法不责众的思想,[1]进而形成了我国刑法入罪门槛较高的传统。这种被我国学者称为“重罪重刑”或“厉而不严”的刑法结构在节约司法资源、追求刑法谦抑、实行区别对待的犯罪治理策略上有很大优势,但同时也不可避免地限缩了刑法的作用范围。在传统社会,刑法在某些违法领域作用的缺失可以通过特定组织或传统价值观念的约束来弥补。但在现代社会,个人自由的倡导、人员流动的加速、个人与组织之间联系的松散、利益与价值观念的多元、工业的发展、科技的普及等因素,或极大地削弱了传统的约束力量或增加了约束的难度使传统力量对其的约束力明显不足,以致失范行为猛增,刑法在这些违法领域作用缺失的消极影响得以显现,尤其在社会转型时期表现得最为严重。从这个意义上看,认为我国小犯罪圈治理模式取得较好社会效果的前提是需要有非正式的社会控制机制配合[2]的观点颇有道理。既然传统约束力量的缺失或不足已使我国社会面临安全和秩序上的严峻挑战,那么,通过降低入罪门槛使刑法介入某些违法领域就变得尤为迫切,这应该是我国犯罪社会危害性标准降低最基本的推动力与最主要的正当化根据。

第二,犯罪社会危害性标准降低应当尊重我国二元体制存在的现实,保持适度。重新定义犯罪与刑罚的含义,将所有违法行为均纳入刑法规制范围,取消行政制裁与刑事制裁二元制,将违法行为均通过司法程序进行处理,这是大刑法体系和一元制裁体制的观点。仅就法治建设和人权保障而言,大刑法体系和一元制裁体制突出司法的主导作用,无疑具有重要意

〔1〕 参见储槐植:《再说刑事一体化》,载《法学》2004年第3期。
〔2〕 参见刘强:《我国适当扩大犯罪圈的必要性及思路》,载《青少年犯罪问题》2014年第5期。

义。然而,搁置其他争议暂且不论,仅二元体制取消关涉国家行政权与司法权划分的重大体制变革问题,就使得该观点在一定程度上只具有理想主义的价值指引作用,而不能解决当前面临的实际问题。正因如此,前述多数学者在刑法结构调整的问题上,主张对犯罪圈的扩张要掌握"适度"的标准。坦率而言,何为"犯罪社会危害性标准的适度降低"本身就是一个难以言明的问题,在此,本文仅对确定"适度"时需要考虑的三个主要因素进行简述。一是动因评估。如前所述,犯罪社会危害性标准之所以降低是因为传统的约束力量缺失或不足,致使社会出现了严峻的问题,那么,评估现有社会约束力量能否有效预防和控制某违法行为就成为把握"适度降低"的主要考虑因素。二是刑法谦抑。犯罪社会危害性标准降低并非放松了刑法谦抑的要求,"降低"本身就是在再无其他可以约束违法行为的社会力量而亟须刑法介入的前提下进行的,因此,"降低"决不能违背刑法谦抑的精神。刑法的谦抑应包括质的谦抑与量的谦抑两个方面。质的谦抑是对刑法介入行为的性质上的要求,如对于公民行使民事权利、宪法权利而引发的纠纷,刑法应该保持谨慎态度;量的谦抑在此处是指由二元制裁体制决定的,犯罪社会危害性标准不能降低到普通行政违法的程度以下,应给行政制裁留出适用空间。针对某违法行为的社会危害性而言,如果在行政制裁的最高限度之内就能达到处罚的均衡,则刑法的干预显然违背了谦抑的要求。三是入罪后果。定罪与量刑对行为人带来的实质不利程度会影响犯罪社会危害性标准能够降低的程度,定罪、量刑对行为人带来的不利影响越小,犯罪社会危害性标准可适度降低的程度越大,反之亦然。为此,就要力求准确,既不能罚不当罪,更不能罚过其罪。总之,犯罪社会危害性标准降低的适度把握应结合各种因素在动态平衡中实现。

第三,理念更新与体系性配套是犯罪社会危害性标准降低在价值上能否得到认同、效果上可否达到预期的关键。犯罪社会危害性标准降低会带来很多挑战[1],这些挑战事实上就是犯罪社会危害性标准降低后对相关体系性配套提出的具体要求,每一项挑战都需要适当应对,本文仅就理念更新结合刑罚轻缓的体系性配套问题作简要分析。

理念更新主要是指,在犯罪社会危害性标准降低之后出现了轻微犯罪,立法、司法、执法各个环节都要树立"轻微犯罪、轻微刑罚、轻微标准"的理念。如果轻微犯罪不能通过相对简易的程序按照轻微标准进行轻微的处罚,则犯罪社会危害性标准的降低必然违背刑法谦抑,同时也无法取得良好的法律效果和社会效果。这就要求,在立法上,对于轻微犯罪必须配置轻缓化、多元化的刑罚或非刑罚处理方法,这是轻微犯罪能够入罪的前提条件。本次刑法修正在此方面表现明显,如对于使用伪造、变造的身份证件情节严重的行为,处拘役或者管制,并处或者单处罚金;新设的犯罪很多规定可以单处罚金;增设了禁止从事相关职业的非刑罚处罚措施等。相对而言,在理念更新上,立法机关走在了前列,而司法机关,尤其是司法行政机关可能需要更多的时间调整,同时,理论界也需要积极跟进。最为典型的事例便是

---

〔1〕 如卢建平教授提出以下问题:"犯罪数量会大幅攀升,司法机关能否应对?犯罪标签效应的增强,助长社会隔阂?犯罪圈扩大后对于社会治安、社会和谐稳定会产生什么样的影响?小恶与大恶的关系如何处理?犯罪圈的扩大是否会加剧对公民权利的限制与剥夺?"参见卢建平:《犯罪门槛下降及其对刑法体系的挑战》,载《法学评论》2014 年第 6 期。

《刑法修正案(八)》以来,对于醉酒驾驶和扒窃案件是否一律入罪的争议,争议的焦点就在于面对轻微犯罪时对《刑法》第13条但书如何理解与适用。支持一律入罪的观点或认为立法对醉酒驾驶和扒窃的规定方式已经很明显表达了此类行为一律入罪的立法意图,或认为立法在将两类行为入刑时已经对但书有所考虑,故在司法时不应再作区别对待。笔者认为,可以从两个方面对以上观点进行反思:一是,"法有限,情无穷",法律不可能将某一行为类型的所有具体行为情形都予以考虑,从人权保障的角度来看,"入罪合法,出罪合理"[1],司法机关在出罪上具有一定的自由裁量权,这是罪刑法定原则的基本要求,对任何犯罪都不存在例外。二是,支持一律入罪论者基本思维逻辑可能是:但书规定"情节显著轻微危害不大的,不认为是犯罪",而刑事立法将醉驾和扒窃入刑,恰恰是把通常观念下认为的"情节显著轻微危害不大"的行为划入了刑法规制范围,可见,立法对将此类行为评价为"情节显著轻微危害不大"持否定态度。笔者认为,这依旧是混淆了行为类型与具体行为情形两者的区别,一个行为类型背后会有成千上万社会危害性不同的具体行为情形,这是一个事实问题,不因法律规定而改变。《刑法》只能对行为类型作出规定,而对于具体行为情形需要区别对待。醉驾和扒窃入刑,只是按照降低后的犯罪社会危害性标准将两类行为归入了具有轻微社会危害性以上的行为类型之中,但不能因此而否定,个别情况下,低于该轻微社会危害性标准的,情节显著轻微的具体行为情形依然有可能存在。如同,《刑法》将抢劫罪规定为重罪,但这丝毫不妨碍具体抢劫行为中存在情节显著轻微,危害不大,不认为是犯罪的情形。可见,轻微犯罪仍然可以适用《刑法》但书的规定,只是因其犯罪社会危害性标准的下降,使其"情节显著轻微"的情形,比起其他轻罪或重罪来说,往往需要更加的"显著轻微"。同理,《刑法》第37条规定的"对于犯罪情节轻微不需要判处刑罚的,可以免予刑事处罚"中"情节轻微"的理解,也应该以轻微犯罪本身通常的社会危害性程度和行为情形为标准,具体分析是否具有"更加轻微"的情节。所有的犯罪,包括轻微犯罪,都存在较其通常情形而言"情节轻微"的样态,只不过各自轻微的标准不同,但不能因此而否定"轻微中的轻微"真实的存在,这同样是一个事实问题,在适用法律时应该给予尊重。所以,认为轻微犯罪不能适用《刑法》第37条,否则就会导致全部都不需要处罚的观点,是对法条的教条理解,也是缺乏"轻微犯罪、轻微刑罚、轻微标准"理念的表现。对于轻微犯罪进行轻微处罚丝毫不会影响刑法对于该类犯罪预防和打击目标的实现,因为在我国的语境当中,获罪对一个人的影响丝毫不亚于受刑,对于轻微犯罪行为人而言,更是如此。更何况,刑事司法程序的经历往往也能给轻微犯罪行为人以足够的教育。综上可见,轻微犯罪相关理念对于犯罪社会危害性标准降低在价值上能否得到认同、效果上可否达到预期具有关键性的影响。正因如此,储槐植教授认为《刑法修正案(八)》出台以来有关醉驾和扒窃案件处理的争议,与在理念上缺乏微罪概念关系密切。[2]

---

[1] 指入罪应坚持合法性为基本标准,而出罪应坚持合理性的原则。储槐植教授对出罪合理问题有过专门论述。参见储槐植:《出罪应注重合理性》,载《检察日报》2013年9月24日。

[2] 参见储槐植:《解构轻刑罪案,推出"微罪"概念》,载《检察日报》2011年10月13日。

(三)对刑罚积极一般预防目的突出的理性看待

《关于〈中华人民共和国刑法修正案(九)(草案)〉的说明》中指出,本次刑法修改的指导思想之一是:"坚持创新刑事立法理念,进一步发挥刑法在维护社会主义核心价值观、规范社会生活方面的引领和推动作用。"[1]可以看出,在刑事立法理念上,更加突出刑法功能的积极发挥,更加期待刑法在规范上的引领和推动作用。这种立法理念投射到犯罪和刑罚上就表现为对犯罪界定和刑罚目的的影响。在犯罪的界定上,适当降低犯罪社会危害性标准以使其能够在更广阔的范围内发挥其应有的作用成为价值追求,可见,犯罪社会危害性标准降低既有社会对规范的迫切需求为现实基础,也有期望刑法功能积极发挥的刑法理念作为推动。在刑罚的目的上,突出刑罚积极一般预防成为刑法立法的首要选择。拟制实行行为大量出现,行为犯、举动犯较多设置,特定条款朝预防导向的修改,正是刑罚积极一般预防目的在刑法立法技术上的外在表现。事实上,作为立法技术,在体现刑罚目的的同时,也会反映出犯罪社会危害性标准的状况,如将结果犯修改为行为犯,不仅体现了刑罚积极一般预防的取向,也反映了犯罪社会危害性标准降低的趋势。但是,以上立法技术与刑罚积极一般预防目的和犯罪社会危害性标准降低的关联程度不同,采取以上立法技术基本能够体现刑罚积极一般预防的目的,却不一定总是能够反映犯罪社会危害性标准降低的趋势,如对暴力恐怖犯罪预备行为的实行行为化,该预备行为本身具有严重的社会危害性,将其犯罪化并非源于犯罪社会危害性标准的降低,而是基于刑罚积极一般预防目的的实现。正因如此,本文通过特定立法技术的考察来探讨刑罚积极一般预防的目的,但涉及的刑法修改条文可能会与前文犯罪社会危害性标准降低的讨论存有交叉。

笔者认为,对于本次刑法修正中刑罚积极一般预防目的的突出应该给予肯定评价,但同时也需注意法条的具体内容不能突破法治原则的限制。

1. 刑罚积极一般预防的提倡与我国当前的国情相符

积极的一般预防论,是与特殊预防论、消极的一般预防论相对应的刑罚目的论上的概念。积极的一般预防论认为,刑罚的目的要凸显规范的意义,要引导公众按照行为规范行事,以促进刑法的公众认同,从而达到从规范上预防将来犯罪的效果,通过刑法对尚未发生的事件产生积极影响,最终有效地、周延地保护法益。其中,"积极"是指刑罚的效果不在于利用刑罚的恐吓,而在于引导公众形成规范意识和对法的认同。"一般"是指刑罚效果针对所有人群,对没有违反规范的一般民众有激励和肯定的效果,对违法行为的评价准确传递出一种信息:触犯规范的人是错的,坚持遵守规范始终是正确的选择。[2] "德国自20世纪70年代开始发展积极的一般预防理论,如今该理论在德国几乎处于支配地位;日本的中山研一、前田雅英、山中敬一等资深教授编撰的教科书均接受了积极的一般预防理论。"[3]我国当前处于剧烈的社会转型期,机制转轨、利益调整、观念变化,从外在的秩序到内在的信仰都

---

〔1〕《关于〈中华人民共和国刑法修正案(九)(草案)〉的说明》。

〔2〕参见周光权:《行为无价值论与积极一般预防》,载《南京师大学报(社会科学版)》2015年第1期。

〔3〕苏彩霞:《"风险社会"下抽象危险犯的扩张与限缩》,载《法商研究》2011年第4期。

处于破旧立新的过程，正因如此，国家层面对于“社会管理创新”“治理体系和治理能力现代化”“社会主义核心价值观”尤为重视。可见，规范的确立与信仰、秩序的构建与维护是我国当前面临的主要问题，而积极的一般预防突出规范的社会价值，注重规范的内在意识培育与外在行为养成，有利于解决我国当前面临的问题，值得提倡。

2. 刑罚积极一般预防的提倡是应对我国当前社会形势与犯罪态势的需要

共犯行为、预备行为的实行行为化以及行为犯、举动犯的设置体现了刑罚处罚早期化〔1〕的趋势。刑罚处罚早期化体现了我国刑法立法模式由结果本位〔2〕向行为本位的转向以及刑罚积极一般预防目的的突出。引起刑罚处罚早期化的原因主要在于社会形势、犯罪态势的要求和犯罪治理理念的变化。社会的剧烈变迁、工业的大规模发展、科技的极速普及、极端思想的爆发等因素一方面改变了传统犯罪的形态，另一方面也推动了新的犯罪治理理念的形成。在网络犯罪上，这一点表现得尤为典型。可见，仅仅依靠犯罪惩罚、罪犯处遇的刑事政策，难以真正达到刑法的目的。惩罚总是“向后看”的，预防却是“向前看”的。通过制度建设的强化来预防犯罪才可以有效地提前保卫社会。〔3〕正因如此，刑罚处罚早期化在国外刑法中也普遍存在，如通过对日本刑法的考察发现，“刑法原本以造成法益侵害的侵害犯、结果犯为基础，未遂犯、危险犯、预备犯只是修正的、例外的犯罪形态，但近年来的刑事立法增加了未遂犯、危险犯、预备罪的处罚规定，逐渐使例外成为常态”〔4〕，而“20世纪80年代世界上大多数国家刑事政策的重点从犯罪的事后惩治转移到事前的预防”〔5〕。

3. 刑罚积极一般预防本身具有的扩张性必须受到法治原则的制约

刑罚积极一般预防突出规范的意义，但也存在为了规范而过度利用刑罚的风险，故必须使其受制于法治原则。亚里士多德早在两千多年前就已揭示了法治的基本内涵：“已成立的法律获得普遍的服从，而大家所服从的法律又应该本身是制定得良好的法律。”〔6〕可见，法治原则要求刑罚积极一般预防目的的实现必须建立在“良法”的基础之上，否则，会使刑法沦为专制的工具。一部良好的刑法需要具备很多方面的条件，但笔者认为，正确的价值导向和遵从科学的精神是最为基础的要素。就价值导向而言，《刑法》应该惩罚犯罪、保障人权，保护广大公民的自由。“法律的目的并不是废除或限制自由，而是保护和扩大自由。”〔7〕我

---

〔1〕 预备行为实行行为化与行为犯、举动犯的设置是刑罚处罚早期化的典型表现，学者对此有不同的称谓，如法益保护早期化、刑法介入早期化等，但含义大体相当。将共犯行为实行行为化也作为刑罚处罚早期化的表现可能会存在争议，但本文认为，对组织、教唆、帮助行为单独设罪处罚，目的就是要通过规范的树立，明确行为的性质，以阻止组织、教唆、帮助行为实施。这体现了刑罚积极一般预防的目的，同时对于实行行为而言也是一种提前瓦解其外围行为的措施，从这个意义上，将其也视为刑罚处罚早期化的表现。当然，共犯行为实行行为化以后，在立法技术上不一定采取行为犯、举动犯的设置方式，结果犯的设罪方式也较为常见。

〔2〕 如卢建平教授认为“我国刑法是行为刑法，结果为本位的刑法。”参见卢建平：《国际人权公约视角下的中国刑法改革建议》，载《华东政法学院学报》2006年第5期。

〔3〕 参见周光权：《行为无价值论与积极一般预防》，载《南京师大学报（社会科学版）》2015年第1期。

〔4〕 张明楷：《日本刑法的发展及其启示》，载《当代法学》2006年第1期。

〔5〕 欧阳本祺：《危险驾驶行为入罪的刑事政策分析》，载《法商研究》2011年第5期。

〔6〕 ［古希腊］亚里士多德：《政治学》，商务印书馆1965年版，第199页。转引自周永坤：《社会优位理念与法治国家》，载《法学研究》1997年第1期。

〔7〕 ［美］E. 博登海默：《法理学：法律哲学与法律方法》，邓正来译，中国政法大学出版社2004年版，第298页。

国《刑法》通过设定犯罪而对某些个人的自由予以限制或者剥夺,其最终目的必然是更好地保护个人自由的实现。就科学精神而论,刑法必须有刑事一体化的思维,将刑法置于犯罪治理的大视野中进行考量。设定犯罪与刑罚时不能仅局限于规范性的报应、均衡、威慑等价值考虑,而应该同时吸收犯罪学中犯罪原因、犯罪对策的分析,刑罚执行学中刑罚效果的考察等知识养分,科学地制定刑法规范,合理地划定犯罪圈,合理地构筑刑罚体系和量刑、行刑制度,从而为推进国家的良法善治增光添彩。

专题二　刑法立法的发展与回顾

中国刑事立法十年的回顾与展望*

1978年12月召开的中国共产党第十一届三中全会，提出了加强社会主义法制的任务，从而引导我国社会主义法制步入了复苏、发展和全面繁荣的轨道。作为国家至关重要的基本法律部门之一的我国刑事立法，迄今已走过了创制新中国第一部《刑法》，以及逐步发展、不断完善的10年(1979年～1989年)。10年来，我国立法机关在社会主义刑法基本原理的指导下，从中国社会主义建设进程中同犯罪作斗争的实际情况和实际需要出发，逐渐探索和积累了一套较为切实可行的刑事立法经验，并付诸刑事立法实践，初步构建了我国现行的社会主义刑法的体系和基本格局，从而对惩治犯罪、保护人民和促进社会主义现代化建设，起到了积极的作用。另外，我们也应当看到，由于种种因素，我国刑事立法无论在内容上还是技术上，都还存在某些缺陷与不足，有完善甚至亟须完善的必要。鉴于此，对我国最近10年来的刑事立法进行深刻的反思，同顾总结既往，探讨展望未来，便成为我国刑法理论工作者所面临的责无旁贷的重要任务。

一

新中国刑事立法工作的创始，并不是10年前的事，早在新中国成立之初，根据当时政治经济形势的需要，立法机关就已制定颁布了《惩治反革命条例》《惩治贪污条例》《妨害国家货币治罪暂行条例》等单行刑事法规，这些法规在同反革命犯罪和贪污等刑事犯罪作斗争中起到了重要的作用。但是，由于是基于特殊形势的需要，这些法规不能不说是零散的、暂时的，它们与在全国范围内建立一套完整且相对稳定的刑法规定的要求，显然差距很大。我国刑法典的起草准备工作也在1954

---

* 本文原载于《中国法学》1989年第2期，由高铭暄教授与赵秉志、王勇合作完成。

年冬开始正式起草，到1963年拟出刑法典的第33个稿本。但是，由于种种因素，主要是由于接踵而至的政治运动及至后来的政治动乱，刑法的起草工作时上时下，中华人民共和国成立后29年间始终未获通过。正是在1978年党的十一届三中全会以后，我国的刑事立法工作才全面展开，逐步走上系统、稳定的发展道路，先后制定了刑法典和其他一系列的法规规范。所以，我们有理由从党的十一届三中全会，尤其是从刑法典的制定颁布起，对我国的刑事立法作一番反思。

刑法是我国的基本法律部门之一，而《刑法》则是我国刑事法律体系中的核心法律。这部法典是在党的十一届三中全会后不久，于1979年7月1日通过、7月6日颁布并于1980年1月1日起施行的。它包括总则和分则两编，共13章192条，对定罪量刑的基本原则和具体犯罪的构成条件以及量刑幅度都作了较为明确的规定，大体构筑了我国刑法体系的基本框架，为我国刑法规范的不断发展完善奠定了良好的基础。

刑法典颁行以来，根据完善刑法的要求和同犯罪作斗争的实际需要，全国人大常委会又陆续颁布了一些特别刑法规范（包括单行刑事法律和非刑事法律中的刑法条款），对刑法典作了必要的修改、补充和配合，从而使刑法得到了丰富和加强。

单行刑事法律是我国刑事法律体系中的一个重要组成部分。《刑法》颁布实施以来，我国人大常委会先后共制定颁布了7个单行刑事法律，即1981年6月10日通过的《惩治军人违反职责罪暂行条例》，1981年6月10日通过的《关于处理逃跑或者重新犯罪的劳改犯和劳教人员的决定》，1982年3月8日通过的《关于严惩严重破坏经济的罪犯的决定》，1983年9月2日通过的《关于严惩严重危害社会治安的犯罪分子的决定》，1988年1月21日通过的《关于惩治走私罪的补充规定》和《关于惩治贪污罪贿赂罪的补充规定》，以及1988年9月5日通过的《关于惩治泄露国家秘密犯罪的补充规定》。这些单行刑事法律对《刑法》作出补充和修改。它们补充规定了一些新的罪名，修改了某些犯罪的构成要件，并使一些较为抽象的犯罪构成更趋明确化、具体化，调整了一些犯罪的法定刑，从而进一步协调了刑法中罪与罪、罪与刑以及刑与刑之间的关系，使刑法更加适应我国社会主义现代化建设及同犯罪作斗争的需要。

非刑事法律中的刑法规范是我国刑事法律体系中的另一重要组成部分。它散见于非刑事的各种单行的经济法律、行政法律、军事法律和其他法律之中，如我国《商标法》《专利法》《森林法》等法律中，都规定有刑事责任条款。这些条款虽然在形式上附于非刑事法律，但从内容实质上讲，它们具有刑事法律的性质，是刑事法律体系中的重要组成部分。其主要功能，是对《刑法》的规定作出修改、补充和解释，以使刑法更好地适应社会主义建设事业发展的需要；同时，它们还兼具照应的功能，以使刑法与非刑事法律协调起来。可见，非刑事法律中的刑法规范对刑事法律的不断发展和完善，也起到了相当大的作用。

概览10年来我国刑事立法的基本情况，可以把我国刑事立法的主要特点归纳为以下八个方面。

（一）坚持马列主义、毛泽东思想的理论指导

马列主义、毛泽东思想的基本理论是科学的世界观和方法论，是我们一切工作当然也是

刑事立法工作的指南。在刑事立法中坚持马列主义、毛泽东思想，最首要的就是把马列主义的基本观点和方法加以贯彻。例如，实事求是是马列主义的一个基本观点和方法，这一观点和方法就充分反映在我国的刑事立法中，我国刑法无论是其制定的过程还是其所反映的内容，无不体现了实事求是的原则。其次，马克思主义关于人类社会发展运动规律的一些学说，也对我国的刑事立法起到了重要的指导作用。例如，关于阶级和阶级斗争的学说、关于国家和法的学说、关于上层建筑和经济基础相互关系的学说等，都成为我国刑事立法的理论基础，对我国刑法的形成和发展起到了不可低估的作用。最后，马列主义、毛泽东思想关于刑法的一些理论的学说，更直接影响了我国的刑事立法。例如，马克思、恩格斯关于犯罪实质概念的论述，在我国《刑法》第10条的规定中得到了直接贯彻；而我国《刑法》中的“死缓”制度，正是毛泽东同志所直接倡导的。

（二）立足于中国的国情

立足于本国国情，这既是辩证唯物主义对立法工作的一个原则要求，也是我国刑事立法的一个突出特点。这主要反映在以下三个方面：

第一，立足于我国社会主义的国家性质。我国刑法必须贯彻我国社会主义的国家性质，体现社会主义的一些基本原则。例如，保障社会主义公有制不受侵犯，是社会主义不可动摇的原则之一，我国刑法体现了这一点，对有关破坏社会主义经济秩序和侵犯公共财产的犯罪规定了严厉的刑罚。

第二，立足于我国幅员辽阔、民族众多、社会情况复杂的社会条件。这一条件要求刑事立法不能搞一刀切。为此，刑法规定民族自治地方可以根据当地民族的政治、经济文化的特点和刑法的基本原则，制定对刑法的变通或者补充规定，而我国刑法的某些规定比较原则和灵活，也正是符合我国社会情况比较复杂的这一条件的。至于刑法中的类推制度，当然也是这一社会条件下的特殊产物。

第三，立足于我国现代化建设的需要。在对内搞活、对外开放政策指导下加速社会主义现代化建设，是现阶段摆在全国人民面前的一项重要任务，其他一切工作都必须服务于这一中心任务，在此情况下，严惩严重经济犯罪和其他重大刑事犯罪分子，保障社会主义现代化事业的顺利发展，也就成为现时刑事立法的一个重要方面，据此，立法机关通过的几个单行刑事法律，尤其是关于严惩严重经济罪犯的决定以及关于惩治走私罪和惩治贪污罪、贿赂罪的两个补充规定，都反映了这一现实的需要。

（三）总结了我国同犯罪作斗争行之有效的经验

虽然我国在1979年才有了第一部刑法典，但我们党和国家同犯罪作斗争，却经历了一个较长的历史过程。早在新中国成立前的新民主主义革命中，党所领导的革命根据地就在同犯罪作斗争方面积累了不少行之有效的经验，其中的一些精华，如严肃与谨慎相结合，惩办与宽大相结合，缩小打击面、扩大教育面等，都在我国刑事立法中得到了很好的体现。此外，在同犯罪的长期斗争中，我国还创制了不少本国历史上和外国刑法中未曾出现过的一些制度，如“死缓”、管制等，这些制度都在我国刑法中得到了体现。实践证明，这些制度对于打击罪犯、教育罪犯、保护人民，具有十分重要的意义。

(四)吸收了刑法科学理论中正确的见解

我国刑法典的起草工作,自始至终是在有刑法学专家和学者的参加的情况下进行的,而且立法机关也比较注意研究刑法理论,因而刑法典的一些规定就必然体现了中华人民共和国成立以来我国刑法学研究的成果。例如,《刑法》颁行前,尤其是在中华人民共和国成立初期,刑法学界就曾经对我国刑法要不要把无期徒刑、管制、拘役作为一个刑种规定下来有过意见不同的争论。从争论总的情况看,赞成保留的意见较为有理并得到多数人的肯定。为此,《刑法》采纳了保留的意见。《刑法》制定颁布以后,我国刑法学研究得到了进一步的发展,这又反过来对我国刑事立法的进一步发展完善产生了巨大的影响。例如,近几年,挪用公款的情况大量出现,给公共财产造成了严重的危害,对此司法部门曾作出解释,要求对挪用公款的危害行为按贪污罪处理。刑法学界认为,对危害严重的挪用公款行为追究刑事责任是必要的,但以贪污罪论处却不妥当,因为挪用行为与贪污行为的主客观要件均不相同,导致二者性质有别,把挪用行为以贪污罪论处在理论上讲不通,在实践中也颇多弊端,因而不应以贪污罪论处,而应独立定罪。立法机关在制定《关于惩治贪污罪贿赂罪的补充规定》的过程中,经过反复研究,便采纳了这种主张,把挪用公款规定为一个独立的罪名。

(五)借鉴了国外刑事立法中的有益成分

法律文化在世界各国都有相通之处。一个国家的法律不可能建立于一片空白之上,它不仅要受到本国法律历史传统的影响,而且还要受到国外法律制度的影响。我国刑事立法就在一定程度上借鉴了外国刑法中的某些有益的经验。首先,从我国刑法体系上看,虽然它具有自己的特点,但从中仍然可以看到苏联刑法的一些影响。如《苏俄刑法典》总则分别对刑法的任务、效力范围、犯罪、刑罚、刑罚的运用(处刑和免刑)等问题进行了规定,我国《刑法》总则的体系也基本是这样安排的。其次,在一些具体条文的规定上,我国也参照了国外刑法的有关规定。例如,我国刑法关于故意犯罪和过失犯罪的规定,就与苏联等国刑法的规定大体相同。再次,我国刑法在某些问题的规定上,采取了大多数国家刑法所采用的通例,如关于刑事责任年龄的规定,我国刑法就与大多数国家刑法一样采取了三分制。最后,对于大多数国家所没有规定的某些情况,我们也未予规定,例如,我国刑法没有规定通奸罪,立法时的理由之一就是现代多数国家刑法都未把通奸再规定为犯罪。

(六)原则性与灵活性相结合

既坚持原则,又有一定的灵活性,这是我国刑事立法的一大特点。例如,刑法对什么是犯罪,有哪些犯罪,各种犯罪的构成条件是什么,有哪些刑种,各个刑种怎样适用等都有较明确的规定,因此,我国刑法是实行罪刑法定原则的。但这不是绝对的,我国刑法中还规定了有严格限制的类推制度,在现行立法条件下,类推便是对罪刑法定原则的必要补充,是刑法灵活性的一种表现。在一些罪与非罪的界限标准上,我国刑法也采取了原则性与灵活性相结合的方法,例如,盗窃罪只有达到"数额较大"才能成立犯罪,这是一个原则,但至于什么数额才算"较大",刑法则采取了灵活性的态度,没有作硬性规定,这便有利于司法根据不同地区、不同案件的情况作出正确的选择。

（七）及时与谨慎相结合

我国的刑事立法大多是为适应社会主义现代化建设的客观需要而创制的，比较及时。例如，《刑法》颁布实施后的一段时期内，经济犯罪十分猖獗，给我国的经济建设事业造成了严重的危害。在此情况下，立法机关果断制定了《关于严惩严重破坏经济的罪犯的决定》，对某些经济犯罪规定了较为严厉的刑罚，在一定程度上取得了有效的惩处和预防经济犯罪的效果。当然，在及时的同时，我国立法机关对刑事立法也采取了谨慎的态度。刑法与公民的利益紧密相关，立法上稍有疏忽，就有可能给千万个公民的利益带来损害，尤其还可能影响到社会秩序和社会主义的经济建设事业。因此，我国立法机关在进行立法时是严而又严，慎之又慎的。对于一些一时拿不准、缺乏立法经验的情况，就没有在刑法上勉强作出规定，例如，在制定《刑法》时，有人曾提出规定污染环境、侵犯著作权和发明权等犯罪，但立法机关考虑到这类情况比较复杂，我国司法机关处理此类问题还缺乏足够的经验，因而就未在刑法典中规定，而是留交单行的非刑事法律先行规定，准备条件成熟时再补充到刑法典中。

（八）立法方式、程序和技术有所发展

从立法方式上看，除了刑法典外，立法机关还采取了多种形式进行刑事立法，如单行刑事法律和非刑事法律中的刑法规范等。特别值得指出的是，有些单行刑事法律实际上就相当于我国的刑事立法中的刑法修正案，而以这种方式对刑法进行修正，具有及时性和针对性很强的特点，因而是十分可取的。全国人大常委会就曾于1983年9月5日通过《关于惩治泄露国家秘密犯罪的补充规定》，这一补充规定的意义不仅在于对泄密罪犯予以惩治，而且对将来刑事立法的方式将产生重要的影响。

从立法程序上看，刑事立法工作也日趋民主化，例如，立法机关在进行刑事立法时总要事先广泛征求各界人士和群众的意见，进行反复的修改。在进行法律审议时，立法机关现在也开始不再是一提出草案即予通过，而是予以认真地审议，提出修改意见，草案吸收了合理意见后，才予通过。例如，对关于惩治走私罪和惩治贪污罪、贿赂罪的两个补充规定，立法机关通过前就曾对草案的一些内容作出过修改。

从立法技术上看，立法机关对刑事法律采取了逐步完善的方法。由于一些原因，我国刑法典在制定过程中曾遇到过挫折，几度中断，这就影响到立法经验的积累。立法机关不可能在第一部刑法典中把所有情况都规定得十分完美、具体和明确，而要借助以后的各种立法形式逐渐地把有关情况明确化、具体化，完整化。例如，《刑法》对走私罪、贪污罪、贿赂罪的规定比较系统和原则，但一旦时机成熟，立法机关就颁布了两个补充规定，对此作出了较为具体和明确的规定。

另一方面，我们也应当清醒地看到，我国现行的刑事法律还存有这样那样的不足之处，刑事立法还不能完全适应当前改革开放的形势需要。这都有待于立法机关进一步地予以发展和完善。

二

最近一个时期，刑法界要求修改《刑法》的呼声日渐高涨，许多专家学者就这个问题在一些报刊上发表了各自的看法,立法机关的有关机构也正在为解决这个问题作各方面的准备。本文在对新中国最近10年刑事立法回顾的基础上,也就刑法的修改和完善问题谈一谈看法,对我国刑事立法的未来发展前景予以概略的展望。

(一)关于完善《刑法》的必要性和可行性

完善现行《刑法》的必要性何在?我们认为,从宏观上加以考察,主要是基于以下几点原因:

首先,现行《刑法》同日益发展的社会主义商品经济已经不能相适应。从社会主义的所有制关系上看,除公有制继续占主导地位外,社会主义的商品经济还要求存在大量的私有经济等所有制形式。它们是社会主义公有制的必要补充。但是,我国现行《刑法》并没有把保护公有制以外的经济形式作为一项重要任务来加以规定,也没有设立相关的规范性条款,以致我们目前在这方面处于无法可依的局面。再从社会主义的商品流通领域来看,商品经济要求我们千方百计地开拓各种流通渠道,促进商品交换,这就要求放宽这方面的各种法律上的限制。然而令人遗憾的是,由于现行《刑法》的不完善,一些在买卖双方之间牵头拉线、居间中介、收取一定报酬的人,往往会被定以投机倒把罪或受贿罪,而实际上,他们的行为对于促进商品流通在一定程度上是有益的。此外,在商品经济的其他许多领域和方面,也都存在刑法不能与之相适应的情况。这个问题并不是修改几条刑法条文就可以解决的,而要求从整体上对刑法作适当的修改。

其次,现行《刑法》同近年来已逐步展开的政治体制改革,以及同社会主义民主的日益发展,也是不相适应的。我们目前所进行的政治体制改革,同经济体制改革一样,是一场深刻的社会变革。政治体制改革所要铲除的就是官僚主义、权力过分集中、特权主义等这些存在于我国政治生活中的种种弊端,使我们的政治制度更趋民主化和科学化。但是,我们又不能不看到,由于《刑法》的不完善,对许多滥用职权、亵渎职务而给国家造成严重损失的危害行为,我们除了以官僚主义予以斥责、批评或给予行政上的处理以外,还无力追究其应负的刑事责任。如对于严重破坏国家财经制度,大肆挥霍浪费公共财产的行为;滥用职权,谋取私利,严重损害国家机关威信的行为等,都还无法使之受到刑法的制裁。这种状况,引起了群众的强烈不满,损害了刑法的公正性和科学性。在现实中,往往偷窃几百元就可定罪判刑,而有关领导因滥用职权或玩忽职守浪费几万,甚至几十万、几百万元,却可以以"官僚主义"为挡箭牌而不受刑罚制裁。可见,《刑法》不修改,就不足以保障政治体制改革的顺利进行,就不可能促进社会主义民主政治的进步发展。

最后,现行《刑法》同其颁行以后的其他特别刑法规范以及刑事司法实践也显得有些脱节。从刑事立法上来讲,我国最近几年相继制定、颁布了一些单行刑事法律,并在一些非刑事法律中规定了刑法规范以适应新情况、新问题的需要。这些特别刑法规范迫切需要与刑法典协调。例如,这些特别刑法规范补充了刑法典中没有的挪用公款罪、假冒专利罪等新罪名,修改或补充了一些犯罪的构成要件,提高了一些严重经济犯罪和严重危害社会治安的犯罪的法定刑,其中有些经过实践检验较为成熟的内容就应当被刑法典所吸收,有些与刑法典的基本原则不相协调或立法技术上存在明显缺陷的内容,则需要废除或修改。这些问题,都要通过修改刑法来解决。从刑事司法上讲,大量的情况证明,近年来司法实践中出现了许多不能为现行刑法所解决的问题,从而影响了司法工作的顺利进行以及司法的效能。因此可以说,现行刑法已经不能适应形势发展的需要,到了亟须修改完善的地步。

修改和完善现行刑法不仅势在必行,而且各方面的条件也已基本具备和成熟:

第一,现行刑法规范已经经过一定时间的付诸实践,作为其核心内容的刑法典已施行了近九年,通过这些年司法实践的反复检验,属于立法缺陷与不足的问题及其症结所在已经有了较为充分的显露,司法对立法完善的要求也日臻明确和具体。这就为立法的完善提供了实践根据。

第二,近年来,我国刑法理论开始注意从理论与实践的结合上,逐步开展对刑法修改与完善的研究,在宏观和微观问题上都提出了一些完善刑法的见解,其中不乏合理之处,而且这方面的研究还正在更加富于创造性地深入展开。这些研究,无疑为刑事立法的完善提供了理论方面的根据和参考意见。

第三,10年来,我国立法机关逐步摸索和积累了较为丰富的刑事立法经验,而且也注意调查研究,收集与整理了理论界与实际部门关于修改、完善刑事立法的不少意见材料、这就为刑法的完整提供了主体条件和资料准备。

第四,党的十三大明确了我国目前处于社会主义发展的初级阶段,强调要坚定不移地继续实行改革和开放的基本国策,提出了继续大力加强社会主义法制建设的要求,各项立法科学化的任务已逐步提出并将分批上马。这些情况,也为开始着手完善我国刑事立法提供了形势和氛围方面的条件。

(二)关于完善刑法的指导思想

要使对刑法的修改、补充真正成为对刑法规范的完善和科学化,应当明确其指导思想。我们认为,总的来说,刑法的修改和补充,要以适应我国现阶段社会主义商品经济和社会主义民主政治的发展需要为宗旨,要达到增强刑法对社会的调整与促进力量的效果。具体来讲,这种指导思想应当包含和突出地表现以下几个要点:

第一,在刑法锋芒所向上,应从反革命罪转向严重经济犯罪和严重危害社会治安的犯罪。党的十三大报告中指出,我国当前正处在社会主义的初级阶段,这一阶段的中心任务就是发展社会主义的商品经济。因此,刑事立法必须坚持为社会主义商品经济服务这一宗旨,重点应放在打击直接破坏社会主义经济建设的严重经济犯罪和妨害经济建设环境的严重危害社会治安的犯罪之上。从另一方面讲,随着我国人民民主专政的不断稳固,目前我国发生的反革命罪案件,已经大大减少,例如1983年至1987年这5年间,全国审结的反革命罪案件仅占审结的刑事案件总数的0.28%,而严重经济犯罪和严重危害社会治安的犯罪却在全部犯罪案件中占了突出的地位,尤其在大案要案中更是占了绝对的比重。如果我们无视同犯罪作斗争的主要矛盾这种客观现实的变化,把不到1%的反革命罪案件仍然列为我国刑法的主要打击重点,显然就不能适应客观情况的变化,在实际中势必会影响国家中心任务的完成,也不符合辩证唯物主义关于解决主次矛盾的基本原理。

第二,在定罪量刑的基础上,应由社会危害性中心论,转向以社会危害性为主、兼顾罪犯的人身危险性。现行的刑法基本反映了这样一个思想,即把犯罪的社会危害性作为定罪量刑的基础,不但在决定罪与非罪标准时基于这一基础,而且在决定刑罚的轻重时也是如此。这种指导思想在当今社会已不能完全符合刑法科学化的要求。我们知道,刑法存在的目的在于预防犯罪、减少犯罪以致最终消灭犯罪,而以社会危害性作为定罪量刑的唯一基础,乃是在相当的程度上包含有早在古代就已颇为流行的报应思想的因素。这种思想是以朴素的"恶有恶报"观念为基础的,没有充分考虑到预防犯罪的需要,如果我们在坚持以社会危害性为定罪量刑主要基础的同时,也注重考虑到罪犯的人身危险性(再犯可能性)就有可能对症下药,真正达到预防犯罪的目的。因而在修改刑法时,要充分考虑到这一点。

第三,在刑罚制度上,应由较严厉和较封闭的刑罚适当地向缓和与开放的刑罚转变。一方面,我国的刑罚制度,相对于现代世界多数国家而言,是比较严厉的。这不仅因为我国刑法规范中有 29 个条文规定有死刑,占刑法有处刑规定条文总数的 29%,在世界各国刑法中所占比例较高;还因为无期徒刑、长期徒刑的适用范围也比较广泛。另一方面,我国刑罚种类的五种主刑中,除管制外,其余的都是封闭型的刑罚,即这些刑罚都是以把罪犯同社会相隔离为条件的。所以难以否认,严厉性和封闭性乃是我国现行刑罚制度的两个特点。从预防犯罪的角度看,这样的刑罚既不利于罪犯的教育和改造,也不利于他们的再社会化。因此,应当在修正刑法时对这种情况加以必要的改变。

第四,在犯罪的范围上,应由只注重国内犯罪,向同时也注重国际犯罪和跨国、跨地区犯罪转变。1979 年《刑法》制定之时,我们的社会还是一个比较封闭的社会,国际犯罪和跨国、跨地区犯罪还非常少见,因而自然没有引起我国立法机关的足够重视。时至今日,随着我国对外开放政策的推行和国际交往的不断加强,国际犯罪和跨国、跨地区犯罪问题已日益成为我国社会所面临的一个重要问题,所以,我们有必要在修改刑法时对之予以足够的重视,以充分发挥刑法对我国开放秩序的有效保护,并适应日益扩大的国际社会刑事合作的需要。

(三)关于具体完善刑法的若干设想

应当如何完善我国的刑事立法?我们认为可以从以下 8 个方面入手。

1. 关于刑法的适用范围

我国近年来已先后加入《关于在航空器内犯罪和犯有某些其它行为的公约》《关于制止非法劫持航空器的公约》《关于防止和惩处侵害应受国际保护人员包括外交代表的罪行的公约》等。这些条约都规定,各缔约国对非法劫持航空器、危害民用航空安全的犯罪和侵害应受国际保护人员的犯罪等,不论犯罪行为或者结果发生在何地,只要罪犯在本国境内,都应对其行使罚法管辖,予以刑事追诉和制裁。我国全国人大常委会于 1987 年 6 月 23 日也曾作出明确规定:"对于中华人民共和国缔结或者参加的国际条约所规定的罪行,中华人民共和国在所承担条约义务的范围内,行使刑事管辖权。"但是由于刑法典制定时条件的限制,在我国现行刑法中却没有规定相应的条文来管辖这类国际犯罪。因此,建议立法机关在修改刑法时要充分考虑到这一点,补充我国刑法对有关的国际犯罪应行使普遍刑事管辖权的条款。此外,我国最近与部分国家缔结了有关刑事的司法协助条约,规定了有关引渡的内容,在修改刑法时也要相应增加这方面的规定。

2. 关于《刑法》与《宪法》的协调

宪法是制定刑法的根据,刑法的内容必须符合宪法的规定和精神。但是,《刑法》的发展却没有跟上《宪法》的发展,以致《刑法》中出现了许多与《宪法》规定不相符合的情况。例如,《刑法》第50条第2项规定的剥夺政治权利的内容,实际上是指1978年《宪法》第45条规定的内容。在1982年《宪法》颁布后,《宪法》的有关条文就应当是第35条,而不是第45条了,但《刑法》对此迄今仍没有作出修正,给人以明显失误之感。又如,根据《宪法》的规定:宅基地和自留地、自留山属于集体所有,应列入公共财产范围,而《刑法》第82条第2项却把自留地划入公民私有的合法财产之列,这显然与宪法的规定相违背。再如,1988年4月12日全国人大通过《宪法修正案》,对《宪法》第11条增加规定:"国家允许私营经济在法律规定的范围内存在和发展……国家保护私营经济的合法的权利和利益……"但《刑法》中只有保护公有制的破坏集体生产罪,却没有保护私营经济的破坏个体生产罪的规定。这样,《宪法》的规定就未能在《刑法》中得以体现,"私营经济的合法权利和利益"又如何能得到切实的保障呢?可见,在我国《刑法》中还存在许多与《宪法》不协调之处,对这些问题应当在修改《刑法》时予以高度重视。

3. 关于"一国两制"方面的刑事立法

我国政府"一国两制"的科学构想和我国宪法对"一国两制"的法律保障,加速了祖国内地(大陆)与港澳台地区统一的进程。我国政府于20世纪末对香港地区和澳门地区恢复行使主权后,将根据"一国两制"的方针,在港、澳依法设置特别行政区,在相当长的时期保留其现行的资本主义制度和生活方式,法律也基本不变。台湾地区与祖国大陆和平统一的步伐也正在迈进,近期台湾当局放宽了对大陆的政策,允许台湾民众到大陆探亲和参加学术会议等,"一国两制"也将是实现台湾地区与大陆统一的较好方案。目前,随着内地(大陆)与港澳台地区关系的进一步发展,双方交往不断增加,这也就产生了刑法上的一系列问题。例如,我国内地(大陆)刑法与港澳台地区"刑法"的关系如何?承不承认其效力?对于在我国港澳台地区犯罪后跑到内地(大陆)的人,应当如何处置?若其所犯之罪依我国刑法规定并不构成犯罪,又如何处置?罪犯在台湾地区受到了刑事制裁,刑满释放回大陆后,还要不要对其追究刑事责任?因历史问题而产生的一些刑事犯罪,如去台人员在大陆有妻子,却在台湾地区另娶妻结婚的,是否要追究刑事责任?对于在港澳台地区发表旨在推翻我国社会主义制度的言论者,在其赴内地(大陆)时是否要按反革命罪论处?对于港澳台地区居民来内地(大陆)犯罪后离开内地(大陆)回到港澳台地区或者前往外国的,如何适用我国刑法?等等。这些问题不少已在现实生活中发生,但由于在法律上没有明确的规定,使司法人员感到十分难办。随着内地(大陆)与港澳台地区关系的进一步密切和发展,这类问题将会越来越多,若不解决,就会有碍于双方关系的发展,有碍于"一国两制"政策的进一步实施。因此,立法机关在立法时也应对此有一个基本的对策。此外,由于港澳地区回归祖国的日期已逐渐迫近,在将来的"一国两制"时期,不可避免地会发生港澳特别行政区的刑法与全国性刑法的冲突问题。"凡事预则立,不预则废。"对"一国两制"下港澳刑法与内地刑法的关系,立法机关现在就要开始进行研究,以便将来及时制定这方面的法律。

4. 关于刑罚体系和刑罚制度

我们认为，完善我国的刑罚体系和刑罚制度，主要应当考虑以下几个方面的问题：

第一，扩大罚金刑的适用范围。主要理由：(1)同我国目前的商品经济的状况相适应。因为在商品经济条件下，金钱利益对人们的影响很大。正确地适用罚金，能够产生与其他刑罚同样的威慑和惩罚作用。(2)罚金是一种经济的刑罚方法，它不仅能增加国库收入，弥补犯罪造成的损失，而且还能减少国家因监狱建设、管理而付出的开支。(3)当今世界上绝大多数国家，包括一些社会主义国家，对罚金刑规定的适用范围，都较为广泛，而且实践效果不错，可资借鉴。(4)扩大罚金刑的适用范围，尤其使之适用于那些犯轻微犯罪或人身危险性不大的罪犯，有助于罪犯的教育、改造和再社会化。此外，建议对罚金刑规定一定的数额标准和几个数额幅度，以便于司法人员在适用上贯彻法制的统一和罪刑相适应的原则，避免产生因司法人员个人好恶而出现滥罚和各地数额不统一的状况。

第二，增设资格刑。我国《刑法》中所规定的资格刑，只有剥夺政治权利和专门适用于军职罪的剥夺勋章、奖章、荣誉称号的刑罚。这些资格刑尚不足以剥夺某些特定情况下罪犯犯罪的条件和能力，达不到预防犯罪的目的。现代世界不少国家的刑法中，都规定有种类较为广泛的一定时期剥夺罪犯某种资格的刑罚种类，如禁止从事车辆驾驶或其他特定职业，剥夺担任特定职务的权利，禁止从事特定的活动，禁止出入公共场所等，这些刑罚方法增加了刑罚的开放程度，而且实践证明，如果运用得当，也能够达到有效地预防犯罪的目的。这些成功的立法经验，值得我们结合本国实际情况加以借鉴，在我国《刑法》中也增设一些剥夺资格的刑罚使刑罚体系丰富，种类多样化，以有效地防止罪犯再犯同样犯罪。

第三，逐步缩小死刑的适用范围。限制、减少乃至废除死刑，是当今世界刑法发展的趋势。虽然笔者不赞成我国在现阶段废除死刑，但笔者认为总的策略还是“少杀”为好，应当在刑事立法的完善中逐步地缩小、限制现有的死刑适用范围，而不要再漫无边际地扩大其适用范围。例如，有些同志从协调的角度出发，认为既然盗窃罪可以适用死刑，诈骗罪有时更为严重，为何不能对之也适用死刑？因而主张诈骗罪的法定刑也应提高到死刑。对此，笔者不认同其观点。协调并不是只有把轻刑提高为重刑，由轻刑向重刑看齐一条途径，也可以从轻的方面，即从取消盗窃罪的死刑方面，来达到协调相近犯罪刑罚的目的。为何不考虑从轻的方面，而一定要从重的方面来选择呢？这说明重刑主义、死刑万能的传统思想在我们的头脑中根深蒂固了，以至于考虑问题时总习惯于从重刑的角度出发。采取重刑方法，扩大死刑的适用范围，其实际的效果又会怎样呢？根据经济的规则，如果采用轻刑和重刑方法所达到的效果一样，倒不如选择轻刑。当然，这里并不是绝对地反对重刑，更不是主张要废除死刑，尤其是对于现阶段严重经济犯罪、重大刑事犯罪中罪大恶极的犯罪分子。笔者旗帜鲜明地认为，我国刑法设立死刑的正确性是不容否定的，司法实践中也应当理直气壮地适用这一严厉的刑罚武器，以有效地保卫社会和人民的重大利益。但是，笔者还是要反对不加区别地搞重刑主义，主张对死刑的范围加以必要的限制。如果不这样，而是从“协调”等角度主张增加死刑，那就收不住底了。按有些同志的观点，为了和盗窃罪相协调，诈骗罪应增设死刑，那么，抢夺罪、敲诈勒索罪呢？我们并不能排除罪犯抢夺、敲诈勒索巨额财产的可能性，如果抢夺、敲诈勒索后果十分严重,是不是也存在与盗窃、诈骗相协调的问题呢？难道对这些罪也都应增设死刑？显然这是很值得认真考虑的。笔者认为,在未来的刑事立法工作中,应当注意防止重刑主义的倾向,并逐渐地适当缩小和严格限制死刑适用的范围。

第四,将坦白罪行规定为法定可以从轻的情节。“坦白从宽,抗拒从严”是我国同犯罪作斗争的一贯刑事政策,但这一政策并没有在法律上予以具体化、法定化,以致司法实践中有时会出现坦白者反而被处重刑的不正常现象,这不但与这项政策的精神相悖,而且不利于对罪犯的教育改造,更不利于分化瓦解犯罪集团。因此,必须对这个问题在法律上有一个明确的规定,以使司法人员在量刑时受到一定的约束,同时也使罪犯去掉思想顾虑,主动坦白交代自己的罪行。当然,为了适应犯罪和犯罪人复杂的情况,也为了防止有些犯罪分子钻法律的空子,坦白罪行宜规定为“可以”而不是“应当”从轻的法律情节,而且要与自首有所区别,其从宽的幅度原则上要小于自首。

5. 关于刑法分则体系

笔者认为,现行刑法的分则体系的安排基本是恰当的,但部分可作调整,主要包括以下两个问题:

第一,《刑法》分则第一章“反革命罪”宜改为危害国家安全罪。主要理由在于:(1)反革命罪是一个政治上的概念,而不是一个法律上的概念,因此使用这一罪名不符合法律的规范化;(2)反革命罪这一概念,尤其是反革命目的比较模糊,不易解释得清楚,容易导致主观归罪或客观归罪;(3)以危害国家安全罪取代反革命罪,有利于国际斗争的需要,因为反革命罪明显属于政治犯罪之范畴,根据“政治犯不引渡”的国际惯例,我们就很难惩处那些逃到国外去的危害了国家安全的反革命罪犯;(4)从国外立法发展情况来看,苏联等社会主义国家在革命胜利之初虽也规定有反革命罪,但后来一般都改为危害国家安全罪或国事罪,这种发展也值得我国借鉴。

第二,增设侵犯公民民主权利罪和妨害司法活动罪专章。《刑法》把侵犯公民民主权力的犯罪附在侵犯公民人身权利的犯罪之后,将这两类犯罪规定在一章中,这不够恰当。应当把侵犯公民民主权利的犯罪单列一章,并充实这方面的罪名。首先,二者的同类客体,一个是公民的人身权利,一个是公民的民主权利,有不同之处,应予分列。其次,这是为了更加有效地惩治严重侵犯公民民主权利的犯罪,突出对公民民主权利的保护,适应现阶段大力发扬社会主义民主的需要。最后,这样设立侵犯公民民主权利罪的专章,也可与其他有关各章协调起来,如第五章“侵犯财产罪”包括了对公民财产权利的保护,第七章“妨害婚姻家庭罪”则体现了对公民婚姻家庭方面权利的保护,而把侵犯公民人身权利和民主权利的犯罪分而立之,就可体现刑法对公民不同类型权利的重视和保护。

至于妨害司法活动方面的犯罪,在我国《刑法》中是散见于几章罪名之中的,如反革命罪一章中的组织越狱罪和聚众劫狱罪;侵犯公民人身权利罪中的刑讯逼供罪、诬告陷害罪和伪证罪;妨害社会管理秩序罪中的拒不执行法院判决裁定罪、脱逃罪和窝藏、包庇罪;渎职罪中的徇私枉法罪、体罚虐待被监管人罪和私放罪犯罪等。这些犯罪虽然具有不同的内容和表现,但妨害司法活动是它们共同具有的一个突出特征,把它们分散规定于其他数章,不符合我国《刑法》根据犯罪同类客体对犯罪作科学分类的立法原则,同时也不利于对司法活动的有力保护。在现代很多国家的刑法中,都专门规定有妨害司法活动的一类犯罪。笔者认为,我国《刑法》在完善时可以考虑借鉴外国的这一立法模式,专门设立妨害司法活动罪一章,把《刑法》中属于这方面的犯罪集中起来列入该章,并根据需要再增设若干种这方面的新罪名。这样不但有助于贯彻根据犯罪同类客体对犯罪作科学分类的原则,而且更为重要的是,加强了对应最具权威、最具强制性的国家司法活动和执法秩序的特殊保护,这是符合我国现阶段大力强化社会主义法制的客观要求的。

6. 关于某些罪名的修改或废除

这主要涉及以下几个罪名:

(1)破坏集体生产罪。为了保护私人企业的生产,建议将破坏集体生产罪改为破坏生产罪,使之包容破坏个体或私营企业的生产的情况。

(2)关于“打砸抢”罪。这一罪名是特定历史条件下的产物,实际上该罪并不能独立存在,定罪时仍定伤害罪、抢劫罪或故意毁坏公私财物罪,因此建议予以取消。

(3)贪污罪。建议取消该罪罪名,对之按其手段分别以盗窃罪、诈骗罪以及新设立的侵占罪论处。

(4)盗运珍贵文物出口罪。由于该罪的行为表现已为《关于惩治走私罪的补充规定》明确纳入走私罪,故其已失去独立存在的意义,建议予以取消。

(5)关于泄露国家机密罪。建议明确补充规定该罪的过失情况,以便于司法人员正确掌握。

7. 关于新罪名的增设

在这方面,许多同志都提出了不少有益的建议。我们认为,当前急需增设的新罪名,主要应当包括以下几条:

(1)劫持交通工具罪。包括劫持飞机、舰船、车辆等。司法机关对《刑法》上没有规定劫持交通工具罪而深感头痛。随着我国交通工具数量的骤然增长,出现了一些目的各异的劫持交通工具的情况,假若行为人不是以反革命为目的,而是以制造恐怖、实施犯罪或者逃越国境等为目的,就很难在刑法上找到对之定罪的根据。此外,我国已加入关于劫机的几个国际公约,等于承认劫机为犯罪,但在刑法上却没有相应的表现出来,这是不妥当的。

(2)挥霍浪费罪。浪费给国家带来的损失有时并不亚于盗窃、贪污,甚至更为严重,但我国刑法上却没有把这种行为纳入刑事惩治的范围,这不符合刑法为经济建设服务的要求。因此,建议在刑法中把破坏国家财经制度、挥霍浪费国家财产、情节严重或损失重大的行为规定为犯罪。

(3)绑架勒财罪。近年来实践中屡有绑架人质向其亲属等勒取赎金的案件发生。由于刑法上对此行为没有明文规定,因而在定罪上困难不少。有的同志主张对此定以抢劫罪,但它与抢劫罪在客观方面又有不同的表现,难以用抢劫罪解释通。为了便于对这种行为正确定罪,我们主张增设绑架勒财罪。

(4)侵占罪。所谓侵占罪,应当是指行为人以非法占有为目的,将他人所持有的公私财物转为己有的行为。在设立侵占罪后,我们就可以解决许多目前司法实践中无法解决的问题,如将拾得他人遗忘的物品归为己有的行为;私人企业中经管财物的人员侵吞所管钱财的行为等。此外,设立了侵占罪,还可填补因取消贪污罪所留下的空档。

(5)抢劫枪支弹药罪。我国《刑法》规定有盗窃、抢夺枪支弹药罪,但没有规定抢劫枪支弹药罪。对以暴力、胁迫或其他侵犯人身的手段夺取枪支弹药的行为,近年来理论上和实践中有不同的定罪主张和做法,有的主张定抢劫罪,有的主张定抢夺枪支弹药罪,但这些定性都难以符合这种行为的特征。为正确地解决这种行为的定罪问题,最好是增设抢劫枪支弹药这一新罪名。

(6)滥用职权罪。滥用职权是指国家工作人员滥用职权,徇私舞弊,给国家和人民造成严重损害的行为。这种行为因为行为人主观上是故意的(多为间接故意),难以纳入以过失为特征的玩忽职守罪,因而往往未予刑事惩治。将滥用职权危害严重的行为规定为犯罪,有利于对国家工作人员实施有效的监督,以有效地保护国家的利益,并保证各级行政首长负责制的顺利发展。

此外,还可以考虑在《刑法》中增设破坏矿产资源罪,非法制造销售劣质产品罪,严重污染环境罪,制造、贩卖有毒食品、饮料罪,医疗责任事故罪,破坏监管秩序罪,拒不作证罪,恐吓证人罪,侵犯公民隐私权罪和破坏计划生育罪等。

8.关于立法方式和立法技术

在立法方式上,应当继续坚持多样化的原则,除在必要时全面修改刑法典以外,在平时注意根据需要分别采取制定单行刑事法律、制定非刑事法律中的刑事条款以及发布刑法修正案、发布立法解释等多种立法形式对《刑法》进行修改和补充。这里尤其需要强调的是,应当加强使用刑法修正案的方式来对《刑法》进行修改和补充。这种方式既灵活又简便,有利于立法机关及时地对《刑法》中已经不符合当前形势的有关条文作出修正,或对当前迫切需要在刑事立法上加以解决的问题作出补充规定。如全国人大常委会最近颁布的《关于惩治泄露国家秘密犯罪的补充规定》,实际上就是一个刑法修正案。刑法修正案不但可以对刑法加以补充,而且可以修改或废除《刑法》中原有的条文。

一个国家的刑事法律体系一般总是以一个刑法典为中心,加上一些单行的或散见于非刑事法律中的刑法规范等法律、规范而组成的。刑法典具有一定稳定性,而其他的单行法律、规范却不断地在发展、变化和增加。因此,当这种发展、变化和增加达到一定程度,就该对此作一次大清理,即对刑法典进行一次修订,把那些行之有效的、经验已经成熟的单行法律、规范纳入刑法典,而对那些临时性的已经过时了的或实践证明是不恰当的法律、规范予以废除或修改。对刑法典进行修订,有助于司法人员和人民群众更好地掌握刑法的规定,使刑法体系更具系统性和科学性。当然,对刑法典进行修订,并不意味着其他刑事法律、规范就不存在了,那些具有临时性质且尚未过时的或某些特别的刑事法律和规范依然存在,更何况社会形势还在不断地发展变化,还将产生新的单行的刑事法律或规范。因此,刑法典不可能在任何情况下都能包容所有的刑事法律和规范,刑法典的修订工作也不是一次就能够解决的,而要随着实际情况的发展变化而不断完善。

关于刑法分则条文的结构,我们认为,最好是像有些国家的刑法那样,采取一个条文规定一种具体犯罪的方式。每一个条文都有自己独立的罪名、罪状和法定刑,并且都标明每一条文的罪名。采取这种方法,虽然可能增加分则条文的数量,但有助于正确定罪和贯彻罪刑相适应的原则,同时也能妥当地解决数罪并罚方面对数罪的认定。现代一些国家(包括资本主义国家和社会主义国家)的刑法分则即采取了一条一罪并标明罪名的立法方式,这种科学的立法技术值得我们借鉴。同时,在分则条文的结构上,还应当充分地运用设立基本构成与加重构成的立法技术,区分不同的犯罪情况,规定数个轻重不同的罪刑单位,以便利司法中在正确定罪的基础上,恰当地适用刑罚有效地贯彻罪刑相适应的原则和刑罚的目的。

循着我国刑事立法最近 10 年的历程认真反思与总结其经验和特点,结合司法实际情况和我国社会发展的客观需要来分析我国刑事立法的缺陷与不足,探讨和展望其发展完善的前景,是我国刑法学今天所面临的一项重大课题。本文概略地提出了我们的一些思考和认识,这一课题的圆满完成,还有赖于我国刑法理论界和司法实际部门广大同仁的共同努力。

我国刑法立法的回顾与展望*

——纪念中国共产党十一届三中全会召开四十周年

边沁曾言：法律的改革应着重改变法律的形式，即制定和编纂法典。[1] 刑法是国家基本法律，在整个法律体系中处于基础性地位。制定和颁行刑法典事关国家大事。1978 年 12 月，党的十一届三中全会胜利召开，我国由阶级斗争为纲转向以经济建设为中心。在此背景下，搁置已久的法制建设工作快马加鞭推进。其中，1979 年刑法典（以下简称 79 刑法典）的颁行无疑成为改革开放以来我国刑事法制建设的奠基之举，是我国具有开创意义的首部刑法典，而 1997 年刑法典（以下简称 97 刑法典）则是我国社会主义刑事法治建设的一座里程碑，是具有划时代意义的重大刑法立法成果，包括继承刑事法典的体例、确定罪刑法定原则并开拓科学立法时代等重大意义。97 刑法典颁行后，立法机关并没有故步自封，而是与时俱进，持续保持发展和完善的积极姿态，立法修改完善的成绩斐然，[2] 有效地满足了国家、社会以及人民群众日益增长的法治需求。97 刑法典的颁行及其 20 多年的发展与完善，充分见证了我国刑事法治不断健全的进程，也是我国刑事法治成果的集中展现。而今又站在新的历史起点上，应以党的十九大会议精神为基本坐标，不断推动 97 刑法典的完善和健全，保障当代刑法充分发挥法治建设的重要作用。

一、40 年来我国刑法立法的基本成就巡礼

回顾党的十一届三中全会以来我国刑法立法的发展历程，大体上可以分为以 79 刑法典的制定为重心、以 97 刑法典的制定为重心、以 97 刑法典的修改与完善为重心的三个阶段。这一系列进程积累了我国刑法立法的基本成就。

---

* 本文原载于《河北法学》2019 年第 5 期，由高铭暄教授与孙道萃合作完成。

〔1〕 参见何勤华：《西方法学史》，中国政法大学出版社 2000 年版，第 307 页。

〔2〕 参见郎胜：《我国刑法的新发展》，载《中国法学》2017 年第 5 期。

(一)迎来法典时代的新征程

自中国共产党成立之日起,在党领导中国新民主主义革命阶段、社会主义革命阶段和社会主义建设的早期阶段等,党通过制定各种政策引导刑法立法。[1] 新民主主义的刑法表现形式大多为单行刑法,也有一些刑事法律规范性文件采用了训令、命令、通令、决定、办法、指示等形式。在中华人民共和国成立后的头30年,我国处于无刑法典的时期,刑事法制建设明显滞后于现实需要,严重制约惩罚犯罪和保障人权的事业发展。直到1979年7月1日第五届全国人大二次会议通过了《刑法》,才正式告别了我国无刑法典的历史。

整体而言,79刑法典的制定虽经历曲折与坎坷,但它是一部保护人民、惩罚犯罪、维护社会秩序、保障改革开放和社会主义现代化建设的好刑法,是司法机关办理刑事案件的法律依据,是教育广大公民提高法治观念、预防违法犯罪的上好教材。然而,受当时历史条件和立法经验的局限,79刑法典制定得较为粗放、原则,不论在体系结构、规范内容还是在立法技术上都还存在缺陷,逐渐不能满足实践的需要。基于此,立法机关陆续地以通过单行刑法和附属刑法的方式对其进行实质上的修改和补充。这也是修订和通过97刑法典的事实基础与逻辑起源所在。

相比之下,97刑法典是一次大面积的修订,在内容与体系上已经相当完整,为我国刑事法治体系的发展和完善奠定扎实的立法基础。同时,立法机关又根据国家发展的实际需要,主要通过刑法修正案的方式,进行持续性的修改,增加体系的合理性,强化可操作性,使刑法典更趋于完备。这就决定了我国97刑法典是至今为止最完备、最系统且最具有时代气息的"发展型"法典。

我国现代意义上的刑法的法典化努力,真正地始于中华人民共和国成立之后,79刑法典是标志性成果,但相对粗略,形式上摆脱了"无刑法典"的时代,但离现代化的刑法典仍有一定的差距,97刑法典的颁行才真正实现当代中国刑法法典化的重大使命。20多年来的立法与司法实践已经充分证明,97刑法典是一部史诗级的现代刑法典佳作,至今仍保有生命力。当然,立法在任何时候都难免有一定的滞后性,受时代背景、思想观念、立法经验等多种因素的影响,97刑法典在制度设计、法条内容、立法技术等方面仍有一些疏漏和不足之处,但瑕不掩瑜。总之,我国刑法的制定、修改以及完善,走过了一段不平坦的艰辛道路。

(二)走向罪刑法定的法治时代

罪刑法定原则从其诞生之初,便将限制权力、保障人权视为己任,完全顺应近现代社会民主和法治的发展趋势。历经法律文明的反复淘洗以及历史的重重考验,罪刑法定原则已经被世界各国刑法奉为最基本的原则,并为社会制度不同的当代绝大多数国家的刑法乃至宪法所明文规定。罪刑法定是现代刑事法治的第一要义,而刑法典明确规定罪刑法定原则,是一项不可推卸的使命,是刑法典的立基之本。79刑法典并未一开始就明文规定罪刑法定原则,其中,第79条规定的类推制度横亘其中,成为79刑法典与罪刑法定原则相隔而望的

---

〔1〕 参见高铭暄:《中国共产党与中国刑法立法的发展——纪念中国共产党成立90周年》,载《法学家》2011年第5期。

滥觞之所在。尽管如此,79 刑法典的颁行,在很大程度上客观地将罪刑法定的精神融入其中,只是不够彻底。

97 刑法典明确规定罪刑法定原则,不仅具有重大的立法开创意义,更对我国刑事立法、刑事司法以及依法治国方略的大力推行产生了极其重要而深远的意义和价值。当然,罪刑法定原则对司法权力也具有限制性:将来遇有危害社会的行为,而刑法无明文规定的,司法机关将不能定罪处罚。这其实是明确性原则在各国刑法典运行中的"相似遭遇"。[1] 对此,在理解和贯彻罪刑法定原则时,应认识到罪刑法定主义存在一个从绝对的罪刑法定到相对的罪刑法定的嬗变过程;同时,应总结经验,通过立法作出修改补充即可。[2] 实际上,我国刑法修正案作为常态的立法完善模式,通过动态控制犯罪圈,已经很好地解决了明确性原则的同步更新问题。更重要的是,罪刑法定原则的生命力在于应用,97 刑法典规定的罪刑法定原则,绝非是高高在上的"宣言",而是以司法化为基本导向,具体地贯穿于定罪量刑这一核心的刑法运作体系。例如,基于形式的罪刑法定与实质的罪刑法定的区分观点,对形式解释与实质解释形成了不同的影响。[3] 这种实践化的解读且延伸到刑法解释论层面的司法化探索,是我国理论界和实务界广泛关注罪刑法定原则并将其付诸实践的具体表现,充分释放了罪刑法定原则的法治价值。

(三)共筑起人权保障的法治根基

人权保障是刑事法治理念的基础要求,也是当代刑事法治体系中的基础理念,更是当代刑法机能的基础内容,刑法典是这一切的规范依据之起点所在。

79 刑法典第 2 条规定:"中华人民共和国刑法的任务,是用刑罚同一切反革命和其他刑事犯罪行为作斗争,以保卫无产阶级专政制度,保护社会主义的全民所有的财产和劳动群众集体所有的财产,保护公民私人所有的合法财产,保护公民的人身权利、民主权利和其他权利,维护社会秩序、生产秩序、工作秩序、教学科研秩序和人民群众生活秩序,保障社会主义革命和社会主义建设事业的顺利进行。"这以叙事明理的方式,清晰地规定了 79 刑法典肩负着的惩罚犯罪和保障人权的基本任务,而且惩罚犯罪也是为了更好地保护人民的合法权益。[4]

与此同时,97 刑法典第 1 条规定:"为了惩罚犯罪,保护人民,根据宪法,结合我国同犯罪作斗争的具体经验及实际情况,制定本法。"这开宗明义地规定了刑法的立法目的。20 多年的实践不断证明,97 刑法典已经成为公安司法机关办理刑事案件的最权威的实体法准绳,是一部惩治犯罪、保障人权、保障经济社会发展的法典。尤应指出的是,97 刑法典废除了长期以来备受诟病的有罪类推制度,极大地增强了刑法规范的明确性和可操作性,扎实地推进以人权保障为价值底蕴的罪刑法定原则的广泛实践,使 97 刑法典真正成为现代法治社

---

〔1〕 参见张明楷:《明确性原则在刑事司法中的贯彻》,载《吉林大学社会科学学报》2015 年第 4 期。

〔2〕 参见高铭暄:《试论我国刑法改革的几个问题》,载《中国法学》1996 年第 5 期。

〔3〕 参见陈兴良:《罪刑法定主义的逻辑展开》,载《法制与社会发展》2013 年第 3 期。

〔4〕 参见高铭暄:《中华人民共和国刑法的孕育诞生和发展完善》,北京大学出版社 2012 年版,第 14 页。

会中的刑法,[1]筑起我国刑事法治体系的人权保障防线。同时,97 刑法典确立适用刑法人人平等原则、罪责刑相适应原则,逐步重视对被害人权益的保护。这些举措不仅使刑法典趋于完善,也使刑法法治体系中的保障人权观念得到逐步确立。《宪法修正案(2004 年)》第 24 条规定增加"国家尊重和保障人权"条款,标志着我国人权保障跃升到新境界,与 97 刑法典所筑起的人权保障体系相得益彰。

(四)协力开辟刑法理论研究的新局面

在成文法国家,法典化使法律规范进一步集中化、系统化和条理化,法典化的水平是衡量立法技术的发展水准的基本标尺。79 刑法典的创制,是建立有中国特色的刑法理论体系的结晶与重要标志;97 刑法典的颁行,充分证实了我国刑事立法的重大发展与刑法立法水平的显著提高,而其背后正是理论研究取得长足进展的真实写照。同时,立法水平的高度,往往直接关系到刑法理论研究的发展水平,对刑法理论体系的发展具有积极意义。回顾中华人民共和国成立以来,以 1957 年反右扩大化和 1976 年结束"文革"为历史边界,可以将刑法学发展进程划分为起步与草创、萧条与停滞、复苏与繁荣三个阶段。在这种演变的规律背后,79 刑法典的制定与颁行,是我国刑法学研究得以复苏的标志;97 刑法典的颁行,使我国基本上实现了刑法的统一性与完备性,是我国刑法学研究得以繁荣的前提。[2] 在此基础上,97 刑法典是我国刑事法学界的研究对象和立论根据。以刑法典为前提,我国刑法理论研究得以迅速发展和日益繁荣,取得非常丰硕的成果,并最终反哺刑法立法以及刑事司法。实际上,97 刑法典的颁行,正式开启了刑法立法与司法实践的对接,又客观上促使我国刑法学界步入理论更新与知识转型的变革时期。例如,犯罪构成体系的法定性、社会危害性理论的时代挑战与发展方向、但书条款的司法化难题及其完善、"立法定性 + 立法定量"模式的科学性等理论探索,都与立法息息相关。这些面向未来与源于实践的立法讨论,使我国刑法理论站在了更高的学术平台上,有助于深化和完善传统刑法理论体系。

(五)奠定了中国刑法学走向世界的基础

党的十一届三中全会以来,我国对外交流不断繁荣,外向型刑法的研究取得喜人的成绩,刑法典成为对外交流的重要窗口。在积极推动外向型研究的过程中,97 刑法典扮演极其重要的角色,不仅是比较研究的基本样本,也是比较研究的受益对象。进言之,97 刑法典扮演基础的作用,是推动刑法文化对外交往的"名片",是中国刑法学不断融入世界并且赢得尊重、取得话语权的前提,成为国际社会关注中国刑事法治走向科学化、民主化和现代化的有力支点,持续推动中国刑事法治走向现代化,促进与国际原则、司法标准以及人权、人道精神的协调互动。如果没有一部成熟的刑法典,则无法展开实质性的对外交流,国际社会也难以有效地通过这一最基础且最具含金量的通道来观察和了解我国刑事法治事业的进步。不容否认的是,97 刑法典已经受到国际刑法学界和外国一些刑法学家的高度重视。[3] 随着

---

〔1〕 参见马克昌:《罪刑法定主义比较研究》,载《中外法学》1997 年第 2 期。

〔2〕 参见高铭暄:《新中国刑法学六十年发展的简要历程和基本经验》,载《法学杂志》2009 年第 11 期。

〔3〕 参见蒋安杰、高铭暄:《耄耋之年荣获国际大奖实至名归——专访"切萨雷 · 贝卡里亚奖"获得者高铭暄教授》,载《法制日报》2015 年 4 月 22 日。

中国的大国地位的提升,中国刑法学事业正在走向世界,走向世界的中国刑法学事业也将更加繁荣,97刑法典仍将扮演最基础的作用。

二、我国刑法立法发展的基本经验

刑法典的完善是一个不断发展的过程。党的十一届三中全会以来,基于社会情况和犯罪形势的发展变化,以及对我国刑事法治经验的不断总结和立法认识的深化,国家立法机关逐步探索并确立了刑法修正案的立法完善模式,持续对刑法典进行贴合实际需要的修改与完善,从而促进刑法的发展,促进刑事法治和社会进步。

(一)始终坚持党领导立法完善

一个国家的政治属于上层建筑,立法作为法律体系的组成部分,往往深受政治因素的影响。任何立法,实际上往往都是各种政治力量博弈的结果,具有一定的从属性。我国刑法立法的发展历程表明,国家和社会政治直接决定刑法立法的走向。自中国共产党成立之日起,在党领导中国新民主主义革命阶段、社会主义革命阶段和社会主义建设的早期阶段等,党通过制定各种政策引导刑法立法。[1]

回顾我国刑法立法进程,1954年9月,国家召开了第一届全国人民代表大会第一次会议,此次会议通过了新中国第一部宪法和5个组织法,这对我国刑法典的起草工作是一个强有力的推动。同年10月,在全国人大常委会办公厅法律室的主持下,正式启动了新中国刑法典的起草工作。1978年2月26日至3月5日举行的第五届全国人民代表大会第一次会议对法制工作开始有所重视。1978年12月召开的十一届三中全会是我党历史上一个伟大的转折点,开始了我国改革开放的伟大征程,全党把工作重心由“阶级斗争为纲”转移到了社会主义现代化建设上来。[2] 党的十一届三中全会的公报明确指出:“为了保障人民民主,必须加强社会主义法制,使民主制度化、法律化,使这种制度和法律具有稳定性、连续性和极大的权威,做到有法可依,有法必依,执法必严,违法必究。”这是照耀我国法制建设迅速向前发展的一盏指路明灯,[3]是对刑事法制工作建设具有根本性意义的转变,真正使刑法典起草工作峰回路转。

79刑法典的创制过程,充分显示了党的领导对我国刑法立法的根本意义。97刑法典的颁布,以及十个刑法修正案的顺利通过,也都是在党的领导下完成的。事实证明,党在刑法典的孕育诞生和发展完善过程所发挥的领导作用,对于社会主义刑事法治建设事业具有极重要意义,这是我国刑法立法的首要经验。

(二)善用刑事政策指导立法修正

刑法立法深受诸多客观因素的影响,社会政治与经济的发展状况,往往决定刑法立法的基本走向。刑事政策作为对社会政治与经济发展的法定制度供给途径,对刑法立法有着直

[1] 参见高铭暄:《中国共产党与中国刑法立法的发展——纪念中国共产党成立90周年》,载《法学家》2011年第5期。

[2] 参见《中国共产党第十一届中央委员会第三次全体会议公报》(1978年12月22日通过)。

[3] 参见高铭暄:《十一届三中全会以来我国刑法的回顾和展望》,载公丕祥主编:《法制现代化研究》第5卷,南京师范大学出版社1999年版,第4页。

接的指导意义。回顾在党领导中国新民主主义革命、社会主义革命和建设的各个阶段，都通过制定各种政策引导刑法立法，并取得良好效应。[1] 79刑法典第1条明确规定“惩办与宽大相结合的政策”是立法依据，堪称刑事政策指导刑法立法的良好开端。在97刑法典的制定过程中，也充分贯彻党和国家的各项政策，并通过刑事政策这一制度通道，将党和人民的意志法定化，确保刑法典的修正契合人民群众的需要。在97刑法典的修改进程中，充分有效地贯彻刑事政策始终是一个基本的发展方向。[2] 尤其从《刑法修正案(七)》起，充分贯彻落实宽严相济刑事政策已经成为重要的立法指导思想。[3]《刑法修正案(八)》与《刑法修正案(九)》更进一步体现宽严相济基本刑事政策的立法指导意义。例如，《刑法修正案(八)》削减13个死刑罪名的意义非凡，表明国家决策机关在死刑问题的认识上的态度更加的理性、冷静，是对宽严相济基本刑事政策的积极贯彻，体现出国家对公民生命权的充分尊重与敬畏。而且，回顾整个《刑法修正案(八)》对《刑法》总则、分则，特别是刑罚制度、量刑规则的调整修正，总体上都坚持宽严相济的刑事政策这一指导思想。[4] 在起草《刑法修正案(九)(草案)》时，中央精神和宽严相济的刑事政策是最重要的立法根据与指导精神；[5] 通过的《刑法修正案(九)》也充分践行宽严相济刑事政策，实现区别对待的政策效果与立法意图。这些都充分证明刑事政策与刑法立法之间的良性互动关系。

(三)与时俱进引领立法进步

由于受当时历史条件和立法经验的限制，79刑法典无论是在体系结构、规范内容上，还是在立法技术上都存在一些缺陷。从历史条件来看，那时还没有脱离计划经济体制，虽然提出了改革开放，但还没有从体制的转轨上正式提出有计划的商品经济和后来的社会主义市场经济这样一些概念，所以，不可能在刑法典中反映出在社会主义市场经济体制建立当中可能出现的一些犯罪情况。从立法经验来看，尽管起草工作经历了25年，但是毕竟这部刑法典直到1979年7月1日才正式通过，还没有经过实践的检验，不能认为其立法经验是很丰富的，而且当时还有个指导思想：“宜粗不宜细”，看不准的，没有经验的，暂时就不要写进去。因而，立法经验也受到限制。因此，尽管79年刑法典是一部好的刑法典，但是缺陷也不少。[6] 97刑法典是一次大面积的修订，其在内容与体系上已经相当完整，并为刑事法治体系的发展和完善奠定扎实的立法基础。同时，立法机关又根据国家发展的实际需要，通过刑法修正案的方式，对刑法典进行持续性的修改，从而使现行刑法典更趋于完备。79刑法典到97刑法典这一过程鲜明地展示我国刑法立法不断完善的品格。究其内因，是因为刑法立

---

〔1〕 参见高铭暄：《中国共产党与中国刑法立法的发展——纪念中国共产党成立90周年》，载《法学家》2011年第5期。

〔2〕 参见赵秉志：《积极促进刑法立法的改革与完善——纪念97刑法典颁行10周年感言》，载《法学》2007年第9期。

〔3〕 参见赵秉志：《〈刑法修正案(七)〉的宏观问题研讨》，载《华东政法大学学报》2009年第3期。

〔4〕 参见郎胜：《〈刑法修正案(八)〉解读》，载《国家检察官学院学报》2011年第2期。

〔5〕 参见《关于〈中华人民共和国刑法修正案(九)(草案)〉的说明》(2014年11月7日)。

〔6〕 参见高铭暄：《十一届三中全会以来我国刑法的回顾和展望》，载公丕祥主编：《法制现代化研究》第5卷，南京师范大学出版社1999年版，第6页。

法深受诸多客观因素的影响。社会政治与经济的发展状况决定了刑法立法的走向。[1] 只有紧密围绕社会政治经济文化发展的趋势,刑法立法完善才富有生命力,才能真正发挥立法应有的积极作用。

97刑法典作为一部经典之作,客观地映射了在党的领导下国家经济、社会诸方面的发展。易言之,社会进步与经济发展,实质上催生了这部完备的97刑法典。同时,97刑法典颁行后,所处的国内外环境在不断变化,及时修正刑法典是完善我国刑事立法和司法实践的重要举措。刑法立法完善是一个循序渐进的过程,97刑法典的修正工作正是在这一观念指导下进行的:(1)在形式上,97刑法典颁行后,鉴于实践的需要,刑法立法保持十分活跃的状态。自1998年起,全国人大常委会先后通过1个单行刑法,10个刑法修正案,13个有关刑法的解释。截至目前,大概修改了97刑法典中的111个条文,新增39个条文,删除1个条文,总共涉及151个条文。现有条文数量为490条,相比于97刑法典刚颁布时的452条,有近1/3的条文发生变动。这就确保了97刑法典始终保持时代的适宜性。(2)在内容上,刑法修正案都在条件允许的范围内,有效地回应现实需要。到目前为止,10次刑法修正都高度聚焦《刑法》分则的章节,直面犯罪的新问题、新情况,通过科学的立法,正确指导司法实践。正是由于10个刑法修正案都对我国不同发展阶段所面临的犯罪问题,作出了及时且有效的回应,才确保实现了刑法规范的充足供给,并被实践证明是切实可行的立法举措。

（四）立法与理论、实践的协同发展格局

优良的法律只是法治的前提和基础,完善有效的司法运作才是关键和重点。回顾我国刑法立法过程,其整体显示出为刑法改革提供了理论准备,紧密联系刑事司法实践,使得注释刑法学与理论刑法学并存的格局逐步形成。[2] 79刑法典的创制,不仅解决了长期“无法典可依”的尴尬局面,也为刑事司法活动与理论研究打开局面。97刑法典的颁行,为刑事司法活动与理论研究提供了更丰富的素材。[3] 科学的立法应当将理论与实践连接在一起,形成一个具有功能性的整体。对总则的修改,是我国近些年刑法修正的一个重要趋势。《刑法修正案(八)》开先河,《刑法修正案(九)》则一以贯之。例如,《刑法修正案(九)》在法教义学的基础理论层面,涉及批判性的法益概念、以预防为中心的刑罚目的理论以及行为人刑法的观念;在法教义学的中层理论层面,涉及预备行为的实行化、帮助行为的正犯化、共同犯罪与监督过失理论。[4] 这种观察反映了立法与理论之间的真实互动关系。当前,立法机关启动并有序修改《刑法》总则规定,彰显我国刑法理论体系研究硕果累累,可以为总则的修改提供理论支撑;说明我国刑法立法技术取得巨大进步,可以从容地驾驭“牵一发而动全身”的重大事项。例如,《刑法修正案(九)》以保障公共安全、维护社会秩序为主要问题导向,以刑法功能的积极发挥为基本价值指引,一改既往的报应刑为主导的基本立法理念,呈现出鲜

---

[1] 参见赵秉志、阴建峰:《论新中国刑法立法的客观影响因素》,载《南开学报(哲学社会科学版)》2010年第4期。

[2] 参见高铭暄、赵秉志:《改革开放三十年的刑法学研究》,载《中国刑事法杂志》2009年第3期。

[3] 参见高铭暄:《十一届三中全会以来我国刑法的回顾和展望》,载《法制现代化研究》第5卷,南京师范大学出版社1999年版,第17页。

[4] 参见车浩:《刑事立法的法教义学反思——基于〈刑法修正案(九)〉的分析》,载《法学》2015年第10期。

明的预防性立法思维,引发犯罪圈的动态变化。对于风险刑法观与预防性的刑法立法之间的互动性问题:一方面,我国正在步入风险社会,社会发展日新月异。刑事立法应当紧跟社会形势,积极参与社会治理,适度扩张刑法的介入能力和范围。刑法应更理性地把握犯罪化与非犯罪化的界限,以必要的犯罪化来促进刑法典的完善,适当增设危险犯是积极预防不被允许的危险发生的需要。另一方面,刑法应当坚持人权保障的基本理念,必要的犯罪化作为今后立法的重要动向,旨在更好地保护自由和维持社会安定。风险刑法理论亦不例外,预防性立法仍应将自由作为基础价值,恪守人权保障与法治主义的基本原则。据此可见,这种颇具时代气息的立法观念及其举措,既得益于刑法理论的当代发展,也必将反哺我国刑法理论研究与实践。

三、我国刑法立法完善的宏观展望

党的十一届三中全会以来,刑法立法的发展与繁荣趋势不减,各界围绕刑法立法中的立法指导思想、立法体系、立法技术等基本问题进行了有益的研究。[1] 在新形势下,应以97刑法典为逻辑起点,持续推进我国刑法立法的进一步发展和完善。

(一)坚持党领导立法的基本道路

在新形势下,刑法立法完善的首要前提是坚持党的领导,选择具有中国特色的立法完善道路,持续推动刑法典的繁荣与进步,提高立法的科学性。

1. 党领导立法是根本保障

《中国共产党章程》(2017修改)在"总纲"中指出:中国共产党是中国工人阶级的先锋队,同时是中国人民和中华民族的先锋队,是中国特色社会主义事业的领导核心,代表中国先进生产力的发展要求,代表中国先进文化的前进方向,代表中国最广大人民的根本利益。改革开放以来我们取得一切成绩和进步的根本原因,归结起来就是:开辟了中国特色社会主义道路,形成了中国特色社会主义理论体系,确立了中国特色社会主义制度。坚定道路自信、理论自信、制度自信、文化自信。中国共产党的领导是中国特色社会主义最本质的特征,是中国特色社会主义制度的最大优势。《宪法》(2018修正)第1条规定:"中华人民共和国是工人阶级领导的、以工农联盟为基础的人民民主专政的社会主义国家。社会主义制度是中华人民共和国的根本制度。中国共产党领导是中国特色社会主义最本质的特征。禁止任何组织或者个人破坏社会主义制度。"这为党领导下的依法治国、立法工作等明确了政治方向。

回顾我国刑法立法的发展历程,不难发现,79刑法典以及97刑法典的颁行,都与党在某一历史时期的大政方针密不可分。以刑法起草工作为例,至少有以下几点:一是刑事立法的总体方针是由党中央制定的。二是刑法起草工作是在党中央书记处和全国人大常委会组织领导下进行的。三是一些重要的刑法草案稿,如1957年6月28日的第22稿,1963年10月9日的第33稿,1979年5月12日的第37稿,都是报经党中央审议并原则通过的,前面两个稿子,毛泽东还亲自审阅过。以上说明,新中国的刑事立法工作完全是在党的领导下进行

---

[1] 参见赵秉志、王燕玲:《改革开放三十年刑法立法基本问题研究述评(上)》,载《法学杂志》2009年第2期。

的。而且,党的政策思想在刑法立法中有全面的体现,如惩办与宽大相结合的刑事政策、宽严相济的刑事政策。此外,党在组织上、工作方法上对立法工作进行了领导,党的领导是立法工作取得成功的根本保证,是我国刑事立法不断发展、丰富与完善所必须坚持的基本原则。[1]

刑事法治道路的模式选择关系到刑事法治进程的速度,甚至刑事法治建设的成败。[2]党领导刑法立法工作,要求坚持正确的政治方向,坚信中国特色社会主义法治道路的优越性,并立足国情开展立法工作,摸索和健全刑法立法发展与完善的路径,推动中国刑法的现代化进程。[3]

2. 党领导立法的基本支点

《中共中央关于全面推进依法治国若干重大问题的决定》指出,完善立法体制。加强党对立法工作的领导,完善党对立法工作中重大问题决策的程序。要把公正、公平、公开原则贯穿立法全过程,完善立法体制机制,增强法律法规的及时性、系统性、针对性、有效性。这也是今后进一步修改97刑法典的基本准则,即应统合立法的民主性与科学性,以民主性为基础,健全立法科学化的具体措施。具体而言:(1)扎稳立法的民主性基础。坚持以人民为中心、发扬人民民主是推动刑法立法工作健康发展的基本力量。例如,自刑法起草准备到两部刑法典的出台,再到新刑法典的补充修改,历经半个多世纪。可以说,从刑法的起草到历次修改,立法机关都非常注意倾听来自方方面面的不同声音并给予尊重,从而较为充分地贯彻了我们党一贯倡导的民主立法原则。立法的民主性是确保立法科学性的政治基础,是刑法修正遵循科学性原则的重要前提。一方面,应健全社会各方有序参与立法的途径和方式,加强和健全立法机关与社会公众沟通机制,充分发挥人大代表、政协委员、民主党派、工商联、无党派人士、人民团体、社会组织在立法协商中的作用。另一方面,拓宽公民有序参与立法途径,健全法律法规草案公开征求意见和公众意见采纳情况反馈机制,广泛凝聚社会共识。例如,在制定《刑法修正案(八)》时,全国人大网收集社会公众意见7000多条;制定《刑法修正案(九)》时两次征求意见,累计收集意见16万多条。[4] 这确保刑法修正准确反映真实的民意,是真正的科学立法,进一步确保刑法修正对惩治和预防犯罪的针对性与有效性。(2)优化立法科学化的运行机制。应当加强人大对立法工作的组织协调,健全人大主导立法工作的体制机制;健全立法起草、评估、论证、协调、审议机制,推进立法精细化。完善立法项目的征集和论证制度,特别是健全法律起草征求人大代表意见制度,增加人大代表列席人大常委会会议人数,更多发挥人大代表参与起草和修改法律的作用。探索建立有关国家机关、社会团体、专家学者等对立法中涉及的重大调整予以论证咨询的机制,完善法律草案表决程序。

---

[1] 参见高铭暄、王俊平:《中国共产党与新中国刑法立法》,载《法学论坛》2002年第1期。

[2] 参见高铭暄、周洪波:《"九五"以来刑法学研究状况及发展趋势》,载《政治与法律》2000年第5期。

[3] 参见赵秉志:《中国刑法学研究的现状与未来》,载《学术交流》2009年第1期。

[4] 参见蒋安杰:《中国新刑法典走过二十年重要里程碑》,载《法制日报》2017年9月27日。

(二)科学有序地修正和完善97 刑法典

应当完善刑法修正案的立法模式,但当前全面修订97 刑法典仍为时尚早。

1. 修正案作为“新常态”模式及其改进

97 刑法典颁行后,刑法修正案逐渐成为刑法立法完善的基本方式。但应当看到刑法修正案模式的一些不足,并作出相应的改进。择要而言:(1)优化立法技术,提高立法修改的可操作性。历经了10 次修正后,涉及的刑法条文数量很大,直接导致97 刑法典的条文规定错综复杂,一定程度上打乱了刑法典的原有条文格局与体例。加之刑法修正案发布后的刑法典条文未能及时更新版式,导致刑法条文的表述在一定程度上缺乏体系性和适用不便。同时,刑法修正案通过后,罪名确定工作相对滞后,导致司法适用一时陷于被动。为了提高刑法典的体系结构合理性和司法适用的方便,立法机关应及时克服刑法修正案与刑法典在体例编排等立法技术层面上的脱节现象,责成“两高”尽快公布确立的新罪名,便于公民学习与司法适用。(2)公布立法理由,辅助法律适用。关于刑法修正案,官方一般通过“(草案)说明”的方式,介绍立法机关的修改背景。然而,“说明”并非完整的立法动因,也非具体的立法理由,不足以准确和全面理解立法原意,甚至徒增司法纷争。如果每个修正条文后附加“立法(修法)旨意(说明)”,言简意赅或特别地阐释立法的背景、原因及条文的基本含义,无疑会极大地增强立法的科学性,促进对法条的准确把握和正确适用。因此,今后宜考虑增设“立法(修法)旨意(说明)”,通过明确立法的真实意图来促进法条的正确适用。

2. 全面修订刑法典的时机尚未成熟

随着《刑法》分则经历几次大幅度的修改和《刑法》总则的修改日渐增量,97 刑法典的面貌已经“今非昔比”。有观点开始认为,不应过度依赖刑法修正案这一立法完善模式,刑法典的全面修改应纳入议程范围并考虑适时启动。这种看法并非空穴来风。但从79 刑法典到97 刑法典的全面修法规律看,当前全面修订97 刑法典并非“天时地利人和”之举。理由是:(1)国家经济社会以及刑法基本理念与制度尚未发生重大变化。例如,从肯定类推到确认罪刑法定原则、从“以阶级斗争为纲”到以经济建设为中心,都是促使97 刑法典颁行的重大变动因素。但是,党的十九大是在全面建成小康社会决胜阶段、中国特色社会主义发展关键时期召开的,在中国共产党的领导下,我国刑法理念或制度并不会在短时期内出现重大变化,因此,缺乏全面修订刑法典的迫切性。(2)97 刑法典仍能发挥举足轻重的实践作用。改革开放以来,我国经历了翻天覆地的变化,客观上导致97 刑法典在一定程度上的滞后,为此,我国确立刑法修正案模式,持续修正完善刑法,很好地维持了97 刑法典的生命力。当前,没有任何证据显示,97 刑法典已经陈旧到了不堪适用的地步,或严重脱离刑法理论体系,因而也就不存在全面修订的现实必要性。(3)立法准备工作尚未启动。全面修订刑法典是一项系统工程,涉及全方位,需要预先做好立法准备工作。目前,理论上并未真正讨论过全面修订问题,严格说,理论准备也并不存在。同时,立法机关也并未将全面修订《刑法》列为近期立法工作的议程。据此,目前将刑法修正案作为97 刑法典的修正方式,具有相当的合理性。当然,随着社会形势的发展和刑事政策的调整,全面修订刑法典也可能是未来某个时期必要的选择,但不可能是现在或近期内,一定要结合我国经济社会发展的实际情况,在条件成熟之际方可理性启动。

（三）刑法立法完善与理论发展的律动

进一步完善97刑法典，不应苛求面面俱到，而要主次有别。对于已经很成熟的部分，适时微调更为合适；对于一些97刑法典侧重不足的版块，或者是新型领域，鉴于其规范供给不足的问题较为突出的，应当重点关注。

1. 理论发展与立法完善的协同

理论发展既要引领立法，也要适应立法；同时，立法也要反映有益的理论研究成果，推动理论繁荣。这才是二者应有的内部关系。

宏观上而言，当前我国刑法学理论研究，应特别重视以下几个方面：一是在研究方向上，应当以习近平法治思想为指导，着力研究宽严相济的基本刑事政策如何在中国法治建设中真正予以贯彻落实，注重开展对改革开放40年来刑法学成果的总结性研究，大力开拓对刑法学交叉学科的研究，进一步丰富刑法学研究的时代内涵与价值。二是在研究方法上，既应倡导定性研究和定量研究的有机结合，形成定性与定量并重的研究格局；也要重视思辨研究和实证研究的合理并用，加强理论与实践的良性互动；同时，还应当繁荣和优化比较研究，合理借鉴并用于推动我国刑法学的现代化建设。此外，也应当根据研究的需要，合理借鉴引进其他社会科学和现代自然科学的某些研究方法，拓宽研究视野，丰富研究内容。三是在研究重点上，应加强中国刑法的解释性研究、体系性研究、现代化研究和国际化研究。在新时代背景下，中国刑法学要坚持与时俱进的精神，勇于创新敢于担当，积极作为。在此基础上，刑法立法工作也要紧密围绕理论发展的动态、需要以及目标等积极开展，推动刑法学理论的进步与繁荣。四是在研究立场上，刑法学研究应立足我国国情与现实情况，以国家的改革开放与经济发展、人民群众的时代需求为导向，要积极有效地回应刑事法治建设过程中的问题与挑战，形成有中国特色的方案。要树立制度自信、文化自信，坚持不懈地推动我国刑法学研究接轨世界与走向世界。

理论研究是先导，立法完善可以固化理论研究成果。同时，前瞻性、开拓性的立法成果，可以“反哺”和“倒逼”理论研究的进步。在明确了我国刑法学研究的未来布局与主要工作后，刑法立法完善也要齐头并进。对于97刑法典而言，更应当侧重《刑法》总则的立法工作，既与《刑法》分则的修订可以保持一致，也可以有效地指导《刑法》分则的修改，促进刑法典的体系结构趋于完善和健全。

2. 高度重视网络犯罪、人工智能犯罪等前沿立法问题

随着互联网的迅猛发展，我国网络安全问题日益严峻。这一新形势、新情况对中国刑法学研究提出了新的要求和任务。客观地讲，网络犯罪与传统犯罪在内容和形式上存在一定的差异，这就注定了运用传统刑法理论及其立法规定应对网络犯罪具有一定的滞后性，甚至会出现不适的现象。目前，网络刑法学的理论基础、价值趋向、制度建构、措施设计、法律含义等都还处在空白状态，[1]使得来势凶猛的网络犯罪与传统刑法体系及刑法典之间的“遭

〔1〕 参见孙道萃：《网络刑法知识转型与立法回应》，载《现代法学》2017年第1期。

遇”可能趋于白热化。为此，我国刑法学研究应当前瞻性地着力梳理网络刑法的任务、基本原则、效力范围、刑法解释、追诉时效等基本问题，以网络犯罪构成的体系重构、要件的重新安排为立足点，打造焕然一新的网络刑法知识结构，以更好地治理网络犯罪。相应地，对97刑法典及时进行“网络化”修正不仅势在必行，也是97刑法典保持时代生命力的重要增长点，应当成为刑法立法完善的重要内容。

与此同时，基于信息网络技术形成的人工智能，已处在下一个互联网时代的风口浪尖，对人类生产生活与交往方式产生颠覆性影响。具有超人类属性的人工智能可能隐藏着不可估量的重大制度性风险，甚至直接危及人类的自身安全与主体地位。现行刑法制度的社会基础、存在意义、任务安排、功能设定等内容，可能正在经历一场裂变，逐渐取而代之的可能是“人工智能社会与刑法”。当前，人工智能处于并将长期处于发展阶段，其仍然属于工具和产品的范畴，人工智能的工具化也必然是犯罪工具智能化的一个契机，这使得犯罪形式更加复杂，社会危害性更大，由此带来了许多犯罪智能化的演变。[1] 例如，人工智能产品的生产者、销售者应当履行保障产品安全的法定义务，生产、销售符合保障人身安全的国家标准、行业标准的人工智能产品，否则，造成严重后果的，可能触犯生产、销售不符合安全标准的产品罪；同时，人工智能产品的所有者、使用者应当严格遵守人工智能产品的安全操作、安全管理规范，未能有效履行合理的安全管理义务，造成严重后果的，相关责任人有可能承担相应的刑事责任。同样地，对于这些人工智能时代的新问题，刑法立法不能缺位，而应当及时应对。

---

〔1〕 参见孙道萃：《人工智能对传统刑法的挑战》，载《检察日报》2017年10月22日。

中国共产党与中国刑法立法的发展*

——纪念中国共产党成立90周年

今年(2011年)是中国共产党成立90周年。在我们党的领导下中国的刑法立法走过了不平凡的风雨历程。回顾我国刑法立法的历史发展轨迹,透视我们党在新中国刑法典的孕育与发展过程中的作用对于社会主义刑事法治建设事业无疑是有裨益的。

一、我国刑法立法的历史发展轨迹

(一)新民主主义的刑法立法

新民主主义的刑法立法是我们党在领导广大人民进行新民主主义革命的过程中逐步制定,用于保护人民合法权益、对敌人实行专政的刑事法律规范文件的总和。一般认为新民主主义的刑法立法经历了四个发展阶段:第一阶段是第一次国内革命战争时期,包括工农运动中制定的惩治反革命敌探和土豪劣绅的刑事法规以及第一次国共合作时期,广州、武汉国民政府的刑事立法这是我国新民主主义刑法的萌芽。第二阶段是第二次国内革命战争时期,各革命根据地工农民主政权制定的刑事法规构成了新民主主义刑法的基础。第三阶段是抗日战争时期,这是我国新民主主义刑法进入健全发展的阶段。第四阶段是第三次国内革命战争时期,也是新民主主义革命在全国取得胜利的阶段。

从革命根据地时期的刑法立法机关看,大量的刑事法律主要是由各革命根据地的边区权力机关讨论通过由政府加以公布,也有一些刑法立法是由中央一级的权力机关制定的,如1934年4月中华苏维埃共和国中央执行委员会通过并公布的《中华苏维埃共和国惩治反革命条例》等。[1]

新民主主义的刑法表现形式大多为单行刑法,也有刑法典,如《赣东

---

* 本文原载于《法学家》2011年第5期。

〔1〕 参见张希坡编:《中华人民共和国刑法史》,中国人民公安大学出版社1998年版,第7页。

北特区苏维埃暂行刑律》这是革命根据地时期人民政权在我们党的领导下制定的唯一的一部刑法典,还有一些刑事法律规范性文件采用了训令、命令、通令、决定、办法、指示等形式。

从立法的内容看革命根据地时期刑法立法的主要任务是打击国内外阶级敌人,惩治反革命分子,保卫革命的胜利果实;配合革命运动维护社会治安,同破坏社会秩序的犯罪分子作斗争,保护革命人民的人身权利、民主权利和财产权利;同一切贪污、浪费、行贿受贿等行为作斗争以纯洁革命队伍。

(二)新中国刑法典诞生之前的主要刑法规范

中华人民共和国成立初期为了稳固新生的政权,在我们党的领导下先后开展了"镇反"、"三反"和"五反"等群众性运动,当时的刑法立法主要围绕着这些运动而展开。

1950 年 7 月 23 日,政务院、最高人民法院经呈请毛泽东主席批准发布了《关于镇压反革命活动的指示》,这是镇压反革命运动初期审理反革命犯罪的主要法律依据。[1] 镇压反革命运动进入处理阶段以后,为了严肃公正地对反革命罪犯予以处理,1951 年 2 月 21 日,中央人民政府委员会公布施行了《惩治反革命条例》,这是中华人民共和国成立后颁布的第一个单行刑法。

在土地改革运动中各大行政区军政委员会为了保障土地改革的顺利开展和为惩治不法地主确定量刑标准,先后颁布了一系列惩治不法地主暂行条例。为了保护国家货币稳定金融秩序,政务院于 1951 年 4 月颁布了《妨害国家货币治罪暂行条例》。为了处理"三反""五反"运动中揭发出的问题,1952 年 4 月毛泽东主席签发公布了《惩治贪污条例》。这项法律对配合当时的"三反""五反"运动、纯洁革命队伍发挥了重要的作用。

我国从 1949 年起进入社会主义过渡时期并于 1953 年开始实行发展国民经济的第一个五年计划。为适应这一时期的政治、经济发展的需要,政务院先后颁布了一系列行政命令规定对投机倒把和造谣破坏统购统销政策的行为实行惩治。1956 年社会主义制度基本确立以后的最初两年,我国刑法立法工作的开展还算正常,出台了一些单行刑法,在颁布的一些非刑事法律中也包含有一些刑事罚则。

(三)1979 年刑法典的孕育和诞生

1954 年 9 月,国家召开了第一届全国人民代表大会第一次会议。此次会议通过了新中国第一部宪法和 5 个组织法,[2] 这对我国刑法典的起草工作是一个强有力的推动。同年 10 月在全国人大常委会办公厅法律室的主持下正式启动了新中国刑法典的起草工作,到 1957 年 6 月 28 日草拟出了第 22 稿。[3] 这个稿子曾经中共中央法律委员会、中央书记处审查修改又经过全国人大法案委员会审议并在第一届全国人大第四次会议上发给全体代表征求意见。这次会议曾作出决议:授权人大常委会根据人大代表和其他方面所提的意见将第 22 稿进行修改后作为草案公布试行。

---

〔1〕 参见高铭暄主编:《刑法学原理》(第 1 卷),中国人民大学出版社 1993 年版,第 50 页。

〔2〕 这 5 个组织法是:《全国人民代表大会组织法》《国务院组织法》《人民法院组织法》《人民检察院组织法》《地方各级人民代表大会和地方各级人民委员会组织法》。

〔3〕 参见高铭暄、赵秉志编:《中国刑法立法文献资料精选》,法律出版社 2007 年版,第 247 ~ 274 页。

决议作了,征求意见的工作也做了,但刑法典草案并没有公布,其原因是1957年下半年开始进行反右派斗争之后还有各种名目的政治运动,给立法工作带来不小的冲击,足足有三四年时间刑法典起草工作停顿了下来。直到1961年10月才又开始对刑法典草案进行一些座谈研究。从1962年5月开始对刑法典草案第22稿进行全面修改,经过多次重大修改和征求意见,其中也包括,中央政法小组的几次开会审查修改,到1963年10月9日拟出了第33稿。[1] 但是很快"四清"运动来了接着又是为期十年的"文化大革命"。

粉碎"四人帮"以后,1978年2月26日至3月5日举行的第五届全国人大第一次会议对法制工作开始有所重视。叶剑英委员长在会上作的《关于修改宪法的报告》指出:"我们还要依据新宪法修改和制定各种法律、法令和各方面的工作条例、规章制度。"[2]邓小平同志在1978年10月的一次谈话也特别指出:"过去'文化大革命'前曾经搞过刑法草案,经过多次修改准备公布。'四清'一来事情就放下了。"现在"很需要搞个机构集中些人着手研究这方面的问题起草有关法律"[3]。就在这次谈话以后不久,由中央政法小组牵头组成刑法草案修订班子以第33稿为基础进行修改工作,先后拟出两个稿本。[4] 1979年2月下旬全国人大常委会法制委员会宣告成立,在彭真同志主持下从3月中旬开始抓紧进行立法工作。刑法典草案以第33稿为基础结合新情况、新经验和新问题征求了中央有关部门的意见作了较大的修改,并先后拟了三个稿子。[5] 第二个稿子于5月29日获得中共中央政治局原则通过,接着又在法制委员会全体会议和第五届全国人大常委会第八次会议上进行审议,之后提交第五届全国人大第二次会议进行审议中又作了一些修改和补充,最后于7月1日获得一致通过,7月6日正式公布,自1980年1月1日起施行。由此中华人民共和国成立近30年第一次有了刑法。

1979年《刑法》和同年的《刑事诉讼法》都是改革开放之后第一批通过的法律。这两部法律的通过标志着新中国刑事法典从无到有,从此刑事立案、刑事侦查、刑事起诉、刑事审判由主要依靠政策转变为主要依靠法律。1979年《刑法》共有13章、192条,其中总则5章、89条,分则8章、103条,它是司法机关办理刑事案件的法律依据,也是教育广大公民提高法治观念、预防违法犯罪的上好教材。

(四)对1979年刑法典的局部修改补充

1979年刑法典从整体上说是一部保护人民、惩罚犯罪、维护社会秩序、保障改革开放和现代化建设的好法。但是由于受当时历史条件和立法经验的限制,这部刑法典不论在体系结构、规范内容还是在立法技术上都还存在一些缺陷,为了弥补这些缺陷,自1981年以后最

---

[1] 参见高铭暄、赵秉志编:《新中国刑法立法文献资料总览》(上册),中国人民公安大学出版社1998年版,第337～365页。

[2] 《中华人民共和国第五届全国人民代表大会第一次会议文件》,人民出版社1978年版,第132页。

[3] 高铭暄编著:《中华人民共和国刑法的孕育和诞生》,法律出版社1981年版,第4页。

[4] 参见高铭暄、赵秉志编:《新中国刑法立法文献资料总览》(上册),中国人民公安大学出版社1998年版,第365～434页。

[5] 参见高铭暄、赵秉志编:《新中国刑法立法文献资料总览》(上册),中国人民公安大学出版社1998年版,第435～490、496～524页。

高立法机关先后通过了24部单行刑法,并在107部非刑事法律中设置了附属刑法规范,对1979年刑法典作了一系列补充和修改,刑法的罪名由1979年刑法典的129个增加到262个。

(五)1997年刑法典的公布施行

由于在刑法典之外有这么多单行刑法和附属刑法,它们缺乏体系上的归纳,显得有些分散、零乱不便于全面掌握,特别是中共十四大召开以后,为了建立社会主义市场经济体制和实现体制转轨,各方面都发生了许多深刻变化,在犯罪现象上也出现了许多新情况、新特点、新问题。对市场经济发展过程中出现的不轨行为哪些应规定为犯罪?罪与非罪的界限如何划分?如何对社会上出现的各式各样的犯罪加以科学归纳和分类?这些都要作通盘考虑。因此为了更加有效地发挥刑法的社会调整功能,更好地保护社会和保障人权,刑法学界和司法实务部门都要求全面系统地修订刑法,把分散、零乱的规范加以整合。这个呼声反映到国家立法部门引起了立法部门的重视。

1988年7月1日《七届全国人大常委会工作要点》将刑法典的修订工作正式列入立法规划,之后即开始调查研究、开座谈会、汇编条文、征求意见、拟订刑法修订草案稿本等工作,其中关于反革命罪修改为危害国家安全罪、问题军人违反职责罪列入刑法分则作为一章等内容均报请中央审议批准。1996年12月立法工作机关将一部较为成熟的刑法修订草案提交第八届全国人大常委会进行审议。第八届全国人大常委会于1996年12月26日召开第23次会议、1997年2月19日召开第24次会议,审议了刑法修订草案并决定提交1997年3月召开的第八届全国人大第五次会议审议。

1997年3月14日第八届全国人大第五次会议经审议通过了修订的《刑法》即1997年刑法典,自1997年10月1日起施行。这是新中国历史上最完备、最系统、最具有时代气息并具有里程碑意义的刑法典。这部刑法典科学地概括了刑法的基本精神,明文规定了刑法的三大基本原则,即罪刑法定原则、适用刑法人人平等原则、罪责刑相适应原则;将1979年刑法典及其实施以后17年时间内的所有单行刑法和附属刑法经过研究、修改、整合后,编入刑法典有关部分,同时对于新出现的、需要追究刑事责任的犯罪行为增加到刑法典分则中去,这样就使刑法典的体系更加完整、此罪与彼罪的界限更加明确、具体法定刑之间更加平衡可操作性更强。1997年刑法典共有15章、452条,包含的罪名有412个,其中源自1979年刑法典的罪名有116个,源自单行刑法和附属刑法的罪名有132个,修订中新设的罪名有164个。1997年刑法典的公布施行基本实现了中国刑法的统一性和完备性,贯彻了刑事法治原则,加强了刑法保护社会和保障人权的功能,因此它受到了社会各界,特别是刑事法学界和实务界的高度评价,也受到了国际刑法学界的重视。

(六)对1997年刑法典进一步的局部修改补充

随着社会的改革和进步,根据同犯罪作斗争的需要,国家立法机关又对刑法典陆续作了局部性的修改补充。全国人大常委会于1998年12月29日通过《关于惩治骗购外汇、逃汇和非法买卖外汇犯罪的决定》,1999年12月25日通过《刑法修正案》,2001年8月31日通过《刑法修正案(二)》,2001年12月29日通过《刑法修正案(三)》,2002年12月28日通过

《刑法修正案(四)》,2005年2月28日通过《刑法修正案(五)》,2006年6月29日通过《刑法修正案(六)》,2009年2月28日通过《刑法修正案(七)》,2011年2月25日通过《刑法修正案(八)》对《刑法》总则以及分则的具体罪名作了一系列修改补充。这些修改补充使我国的《刑法》能保持与时俱进的步伐,更好地适应经济社会发展的需要。

二、我国刑法立法的健康发展离不开党的正确领导

(一)政策思想指导

回顾我国刑法立法的发展历程不难发现许多刑事法律的出台是与党在某一历史时期的大政方针密不可分的。党的政策思想在刑法立法中的体现很多,以下择其要者加以说明。

1. 关于从实际出发的思想

一切从实际出发的实事求是原则是马克思主义的核心,是辩证唯物主义的精髓。毛泽东同志指出,“马克思主义叫我们看问题不要从抽象的定义出发而要从客观存在的事实出发,从分析这些事实中找出方针、政策、方法来”[1],“按照实际情况决定工作方针这是一切共产党员所必须牢记的最基本的工作方法”[2]。制定方针、政策是这样,制定刑法也应如此。

事实上,刑法立法坚持一切从实际出发的原则是我们党和国家一再强调的。彭真同志立足于辩证唯物主义和历史唯物主义的立场特别强调,刑法立法要从我国的实际出发,他指出:“如果我们不根据中国情况今天抄了苏联的,明天全国人民代表大会通过实施,后天苏联修改了怎么办?是不是我们再召开全国人民代表大会也来个修改?六亿人民的中国我们能这样立法吗?”[3]因此“立法必须从中国的实际出发调查研究现实的实际和历史的实际”[4],首先“要从中国现实的实际情况出发,这是立法的根据”。其次“研究问题、立法不能割断历史”,“除研究现实的社会经济关系外还要研究我国历史的实际”[5]。这些论述无疑是我国刑法立法基本经验的总结。

刑法立法不能凭主观想象,也不能照搬前人或别人现成的东西,而是要系统深入地调查研究一切均应立足于我国的实际。就我国的刑法立法而言,每一次立法程序的启动事实上都体现了当时社会现实的需求,而且立法工作机关在刑法典起草和修订过程中总结了我国长期的司法实际经验,获得了大量的第一手实际资料,做了大量的调查研究工作。

2. 基本刑事政策:从惩办与宽大相结合到宽严相济

惩办与宽大相结合是中华人民共和国成立以来我们党对犯罪分子长期坚持的一项基本刑事政策。这一政策一方面要求对一切危害国家安全的犯罪分子和其他犯罪分子原则上必须依法加以惩办,罪恶重大的还要从严惩办;另一方面又要求根据犯罪分子的不同情况区别对待,做到原则性与灵活性相结合,以达到预防犯罪的目的。这一政策是1979年刑法典制

[1] 《毛泽东选集》(第3卷),人民出版社1991年版,第853页。
[2] 《毛泽东选集》(第2卷),人民出版社1991年版,第1308页。
[3] 高铭暄、赵秉志编:《新中国刑法立法文献资料总览》(下册),中国人民公安大学出版社1998年版,第1944页。
[4] 《彭真文选(1941—1990年)》,人民出版社1991年版,第421页。
[5] 《彭真文选(1941—1990年)》,人民出版社1991年版,第423页。

定的根据之一，明文载于该法典第 1 条。

从 20 世纪 80 ~ 90 年代我国的刑事司法实践来看，因强调“严打”，犯罪化、刑罚化比例偏高，重刑化趋势明显，某些情况下不但没有化解社会矛盾反而使社会矛盾更加紧张。因此，以建设社会主义和谐社会的理念为指导，中共中央在 21 世纪初提出了宽严相济的刑事政策。这一政策可以说是对惩办与宽大相结合政策的继承和发展，对当前我国的刑法立法以及刑事司法产生了深远的积极影响。

无论是惩办与宽大相结合的政策，还是宽严相济的刑事政策，其核心和灵魂都在于区别对待。从我国刑法典的规定来看，众多的处罚情节均体现了区别对待的精神，而且刑法对刑罚体系、刑罚制度以及具体犯罪法定刑的规定也都为刑事司法根据不同犯罪的具体情况实行区别对待留下了余地。特别是最近几年，随着中共中央关于宽严相济刑事政策的提出和深入贯彻，有关的刑法修正案也对这一基本刑事政策作出了积极回应。例如《刑法修正案（八）》在强化对弱势群体以及广大人民群众生命、健康的保护，从严惩处危害民生和社会治安犯罪的同时也进一步完善了从宽处理的法律规定，更好地体现了中国特色社会主义刑法的文明和人道主义。这些修改完善就是在新的社会形势下对宽严相济刑事政策的进一步贯彻落实，既有从严的一面又有从宽的一面。[1]

3. 关于死刑的思想

严格限制和慎重适用死刑是我们党对死刑的一贯态度，对此党和国家的领导同志曾有过许多专门的论述。毛泽东同志指出，“杀人要少但是决不废除死刑”[2]，我们“必须坚持少杀严禁乱杀。主张多杀乱杀的意见是完全错误的”[3]，“杀人越少越好”[4]，“凡介在可杀可不杀之间的人，一定不要杀，如果杀了就是犯错误”[5]，“对于有血债或其他严重的罪行非杀不足以平民愤者和最严重地损害国家利益者必须坚决地判处死刑并迅速执行。对于没有血债、民愤不大和虽然严重地损害国家利益但尚未达到最严重的程度而有罪该处死者应当采取判处死刑缓期二年执行强迫劳动以观后效的政策”[6]。

应当说，1979 年刑法典的死刑设置数量相对较少，罪种分布较为合理，这体现了我们党对死刑的基本思想和基本要求也符合当时社会犯罪的发生发展态势。尽管在“严打”过程中死刑的立法条款剧增，但在全面修订刑法典过程中，国家立法机关也尽量对死刑予以严格控制。特别是自中共中央提出深化司法体制和工作机制改革的要求以来，《刑法修正案（八）》取消了近年来较少适用或基本上没有适用过的 13 种非暴力犯罪的死刑，与此同时调整了死刑与无期徒刑、有期徒刑之间的结构关系。这些修改具有开创性，必将对我国的死刑立法及其发展走向产生深远的影响。

---

〔1〕 参见高铭暄、陈璐：《〈中华人民共和国刑法修正案（八）〉解读与思考》，中国人民大学出版社 2011 年版，第 7 页。
〔2〕《毛泽东选集》（第 5 卷），人民出版社 1977 年版，第 459 页。
〔3〕《毛泽东选集》（第 4 卷），人民出版社 1991 年版，第 1271 页。
〔4〕《毛泽东选集》（第 4 卷），人民出版社 1991 年版，第 1271 页。
〔5〕 毛泽东：《镇压反革命必须实行党的群众路线》，载《毛泽东选集》（第 5 卷），人民出版社 1977 年版，第 459 页。
〔6〕《毛泽东选集》（第 5 卷），人民出版社 1977 年版，第 40 页。

我们党的政策思想在立法中的体现除上述之外还有很多,例如法律平等的思想、原则性与灵活性相结合的思想、借鉴有益法律文化的思想、惩治腐败的思想、预防未成年人犯罪的思想以及正确区分犯罪与一般违法违纪界限的思想等,也都较为充分地体现在了我国现行刑法中。

(二)组织领导

我们党在组织上对立法工作的领导主要体现在以下几个方面:其一,在党中央的领导下成立了专门机构进行刑法起草工作。刑法的起草准备工作始于1950年,中央人民政府法制委员会为此专门成立了刑法大纲起草委员会。1954年第一届全国人大一次会议后刑法的起草工作受中央书记处和彭真同志的直接领导并由全国人大常委会办公厅法律室具体负责。党的十一届三中全会以后全国人大常委会专门成立了法制委员会(后更名为法制工作委员会)主持刑法的起草、补充和修改工作。其二,在立法过程中遇到疑难待决问题都及时向党中央报告请示。例如反革命罪罪名的修改问题曾引起较大的争议,在党中央的指示下反革命罪的罪名最终修改为危害国家安全罪。军人违反职责罪是用单行刑法发布还是统一规定在刑法典中也曾有过争论,最终报经中央批准列为1997年《刑法》分则第十章。其三,对于一些重要的刑法草案稿都报经中央有关领导审查或审议。例如1963年10月的刑法草案第33稿经过了中共中央政治局常委和毛泽东同志审查并原则同意。1979年5月的刑法草案第37稿经中央政治局原则通过,在修改以后提交五届人大二次会议审议并获得一致通过。

(三)工作方法上的指导

就一般法理而言法的创制过程实际上是发扬民主的过程,民主立法作为工作方法向来为我们党和国家领导人所重视。1954年毛泽东同志在谈到我国第一部宪法时指出原则基本上是两个:民主原则和社会主义法制原则[1],民主原则应贯穿在宪法中。彭真同志对民主立法问题有过大量的论述,他指出,"立法工作要坚持群众路线要反复从群众中来到群众中去反复用实践检验。不仅要集中委员们、代表们的意见而且要听取、反映和集中各方面的专家、实际工作者以及群众的意见"[2],"事物是在矛盾中发展的。要欢迎不同意见对不同意见要很好地听取认真地考虑。不同意见越多越好有不同意见就可以比较可以鉴别"[3],"法律是要十亿人遵守的,制定法律时只有把各方面的矛盾、问题、意见摆出来很好研究,吸收正确的,抛弃错误的,把正确的意见集中起来,才有可能使法律比较符合实际,能够行得通"[4],"经过广泛民主充分讨论,绝大多数人的意见一致了,极少数不同意见还是会有的怎么办? 进行表决少数服从多数。我们的宪法和法律都是高度民主基础上高度集中的产物。这样制定的法律、作出的决定虽然不能说尽善尽美,但总的讲是可以比较好、比较符合实际的,可以不出大的失误"[5]。

---

[1] 《毛泽东选集》(第5卷),人民出版社1977年版,第127页。
[2] 彭真:《论新时期的社会主义民主与法制建设》,中央文献出版社1989年版,第219页。
[3] 《彭真文选(1941—1990年)》,人民出版社1991年版,第423页。
[4] 《彭真文选(1941—1990年)》,人民出版社1991年版,第424页。
[5] 《彭真文选(1941—1990年)》,人民出版社1991年版,第614页及以下。

自刑法起草准备到两部刑法典的出台再到新刑法典的补充修改,历经半个多世纪,可以说从刑法的起草到历次修改,立法机关都非常注意倾听来自方方面面的不同声音并给予尊重,从而较为充分地贯彻了我们党一贯倡导的民主立法原则。

三、新中国刑法立法改革的一些思考

任何刑法立法都是一定时期特定物质生活条件的反映,随着社会客观条件的发展变化必然会产生新的刑法立法需求,这些需求的产生构成了刑法立法改革的内在动力。笔者认为未来我国的刑法立法改革应当至少注意以下几个问题。

(一)坚持刑法立法的必要性原则

刑法立法修改有无必要性取决于现有刑法资源的可适用性。对于司法实践中发生的严重危害社会的行为,如果通过刑法解释论的方式在刑法中可以找到处理的依据或者依照现行规定予以处理并不违背法理,那么针对这类行为启动刑法立法改革就没有什么必要。众所周知,成文法具有固有的内在局限性原则,而概括的成文法条与灵活而多样的社会现实之间必然存在或大或小的鸿沟,故在适用法条之前必须对其作合理的解释,以期在法律适用中的大前提与小前提之间取得一致性。就此而言,刑事司法适用法律的过程其实也是一个法律解释的过程,因此刑法立法的修改,特别是分则具体个罪的增删,应当优先考虑这种法律解释适用的可能性,否则刑法立法修改的结果必然会打乱原本和谐的刑法法条关系,要么法条关系模糊不清,要么诸法条之间矛盾冲突,这样的立法可能会留下刑事司法不规范操作的空间。

(二)进一步关注刑法总则的改革促进刑法立法的完善

在《刑法修正案(八)》出台之前,我国立法机关对刑法立法的改革始终是围绕着《刑法》分则具体个罪法条的完善而进行的,尽管此次修正案涉及了总则条文,但有相当一部分条文旨在配合死刑制度的改革,故此次修正力度依旧不够。笔者认为立法机关应当充分关注刑法理论,借鉴法治发达国家和地区的先进立法经验,进一步促进《刑法》总则与分则条文的协调完善。例如犯罪竞合问题、数罪并罚问题等,我国《刑法》总则对前者没有明确的一般性规定,而后者相较于我国刑罚种类的多样性以及犯罪的复杂性而言过于原则,不够精细。上述这些问题的存在势必会对司法实践造成一定的不利影响,建议立法机关对此予以适当的关注。

(三)全面贯彻党的基本刑事政策深化死刑立法改革

为了贯彻党中央关于深化司法体制和工作机制改革的要求,深入贯彻宽严相济的刑事政策,《刑法修正案(八)》削减了 13 种犯罪的死刑,并对相关的刑罚制度作了配套性的改革,这是中国共产党执政以来我国立法机关首次从立法上较大幅度地削减死刑,意义重大,但我们也要清醒地认识到目前刑法中仍有 58 种犯罪最高刑为死刑,而且以死刑的国际标准来衡量,有些死刑规定不一定合理。因此建议立法机关应以此为契机深入调查研究,力求从立法上逐步大幅削减死刑,在一定的时期将其控制在合理的范围内,从而为将来最终废止死刑创造条件。

(四)积极关注高新技术革命条件下的新型犯罪

在高度信息化的社会条件下,人们的行为很容易突破时间和地域的限制,而地球也因信息网络的存在变成了"村"。信息网络的高度发达一方面延长了人们认识社会、发现世界的手段,为人们的生活提供了传统社会所无可比拟的便利和舒适,另一方面也在一定程度上为犯罪分子提供了新型的犯罪手段和广阔的犯罪空间。我国立法机关应当充分吸收和利用犯罪学的最新科研成果,高度关注高新技术革命条件下衍生的新型犯罪现象,适时启动刑法立法对新型的犯罪现象作出回应。

本文对我国的刑法立法的发展轨迹作了回顾,在此基础上透视了我们党对刑法立法工作的领导作用并对我国刑事立法改革问题谈了一些粗浅的看法。在我们党的正确领导下刑法立法必将在继承本民族优良的刑法文化传统、注重刑法本土化建设、兼收并蓄外国刑法先进合理的文明成果的基础上,朝着更为科学、文明和人道的方向发展。

专题三　刑法改革与修订

试论我国刑法改革的几个问题*

1996 年 3 月 17 日，第八届全国人大第四次会议通过的《关于修改〈中华人民共和国刑事诉讼法〉的决定》，以其巨大的改革力度和雄健的前进步伐，赢得了国内外热烈的反响和广泛的好评。刑法和刑事诉讼法同属刑事基本法，二者互为表里，相辅相成。刑事诉讼法进一步走向现代化、民主化、科学化的改革实践，将为刑法的改革提供范例，成为推进刑法改革的一股强劲动力。刑法也应以此为契机，努力探求自己的改革使命，加快改革步伐，以适应社会主义市场经济发展的需要，更好地为贯彻依法治国，建设社会主义法制国家的伟大战略方针服务。下面仅就刑法改革中涉及的几个问题，谈一些个人的想法和意见。

一、关于罪刑法定原则的确立

罪刑法定原则是历经数百年历史的考验、至今仍被世界各国刑法奉为最基本原则的一项法治原则。罪刑法定原则的含义就是法无明文规定不为罪，法无明文规定不处罚。罪刑法定原则，一方面昭告了统治阶级依法治国、依法惩处犯罪的决心和意志；另一方面，也是基于保障人权的需要对司法权的行使作了一定的限制。所以，罪刑法定原则是国家维护社会秩序和保障公民合法权利的结晶，是刑事领域国家权力和公民权利的高度统一。

新中国刑法对罪刑法定原则未作明文规定，但我国刑法学界多数人认为，我国刑法是以罪刑法定原则为基础的，即罪刑法定原则是我国刑法的一项基本原则。因为，我国刑法对于什么是犯罪，有哪些犯罪，各种犯罪的构成条件是什么，有哪些刑种，各个刑种如何适用，以及各种具体罪的具体量刑幅度等，基本都有明文规定。当然，由于我国《刑法》第 79 条根据立法当时的实际情况规定有类推制度，尽管对适用类

* 本文原载于《中国法学》1996 年第 5 期。

推的条件作了极严格的限制，十几年来适用类推定罪量刑的案件也极少，但这毕竟是与罪刑法定原则不一致，所以，不能说我国刑法体现的罪刑法定原则是完全的，只能说是基本上实行了罪刑法定原则。

为了使基本上实行罪刑法定原则走向完全实行罪刑法定原则，笔者认为，在未来的刑法典中应当明确规定罪刑法定原则，并取消《刑法》第79条规定的类推制度。规定罪刑法定原则的条文可以考虑作如下表述：对于行为时法律没有明文规定为犯罪的行为，不得定罪处罚。这样的规定，自然就是对类推制度的一种彻底的否定。刑法规定罪刑法定原则，废除类推制度，有着重大的意义：其一，直接表明在刑法领域内坚持依法治国，建设社会主义法制国家的战略方针；其二，在坚决与犯罪作斗争的同时，更全面地保护公民的合法权利不受侵犯；其三，适应国际上的进步潮流，更好地体现我国刑法的民主性和进步性，提高我国刑事法治的国际威望。

当然，规定罪刑法定原则之后也可能带来一点负效应：将来遇有危害社会的行为而刑法无明文规定的，司法机关将不能对之定罪处罚。这也正是少数坚持不废除类推制度的同志所顾虑的。其实，这是任何实行罪刑法定原则的国家都会同样遇到的问题，其救济之道只能是总结经验，通过立法上的修改补充加以解决。综观我国《刑法》公布施行16年来的立法经验，最高权力机关已制定了24个单行刑事法律，并在80多个非刑事法律中设置刑事责任条款，对《刑法》作了大量的修改补充，光是增设的新罪名，就有130个（选择式罪名按一罪计），超过了《刑法》原规定的罪名总数一倍多。这些罪名囊括了社会生活特别是社会经济领域所发生的各种各样危害社会的行为，可以说是相当完备、相当周密。再加上吸收立法建议所预置的某些尚未公布的罪名，未来的刑法典至少在严重的罪行上已无无法可依之虞。至于有个别不严重的"罪"因始料不及而暂时漏网，比起实行罪刑法定原则所具有的巨大价值而言，实在是一个微不足道的代价。因此，我们不能因噎废食，因小失大。

也有人赞成废除类推制度，但不赞成在刑法中明文规定罪刑法定原则。笔者认为这是难以自圆其说的。废除类推，就意味着实行罪刑法定，实行罪刑法定，就应当在法律上明确加以宣示，这不仅可以达到法治思想原则的宣传教育效果，而且对于实际指导刑事立法、司法工作，促进刑事立法内容和技术上的完善，强化刑事司法工作人员的法治意识，乃至规范刑事司法解释等，都有不容忽视的重大意义。

在刑法上确立罪刑法定原则，除了废除类推制度外，还要求在刑法溯及力问题上坚持《刑法》第9条所体现的从旧兼从轻原则。从旧兼从轻，是罪刑法定原则的必然要求，因为罪刑法定原则是禁止重法溯及既往的。在20世纪80年代初，我国有个别单行刑事法律没有考虑罪刑法定原则的内在要求，在溯及力问题上采取从新或有条件从新的原则，这种做法实际效果并不好，在未来刑法典中应予防止，使之不再发生。

二、关于单位犯罪的立法完善

自1987年《海关法》规定单位可以成为走私罪的主体，从而开创了我国刑法中单位犯罪的先例以来，至今已经有12个单行刑事法律及个别非刑事法律如《铁路法》，分别作出了有关单位犯罪的规定。我国刑法从不规定单位犯罪到规定单位犯罪，这在犯罪和刑事责任问题上无疑是一个重大的突破,也是对法人能否成为犯罪主体这场在我国一度比较热门的学术争论从立法上作出了明确的回答。现在的实际问题是,法律上规定的单位犯罪的罪种不少(有50多个),而司法实践中判定单位犯罪的案例却极其鲜见。这一巨大反差到底是怎么形成的?值得深入调查研究。但至少说明一点:我国立法上对单位犯罪的规定还是不够完善。笔者认为,要想将单位犯罪纳入法制化的轨道,运用刑罚手段加以惩治,至少要解决以下几个问题:

第一,要对单位犯罪加以明确界定。单位犯罪比法人犯罪的外延要宽。单位既有法人单位,也有非法人单位,包括法人的分支机构以及某些经济实体等。现行刑事立法上使用的称谓都是单位犯罪而不是法人犯罪,如果在未来的刑法典中仍沿用单位犯罪的称谓,就应对"单位"一词作出较为明确的解释。所谓单位犯罪,应当具备以下特征:其一,犯罪必须是以单位名义实施的;其二,犯罪所追求的是本单位的不法利益;其三,犯罪是由本单位的领导集体或其负责人代表本单位策划决定的。只有将这几个特征加以结合,才能构成单位犯罪。因此,所谓单位犯罪,也就是指单位的法定代表人、负责人、代理人为了本单位的不法利益而以本单位名义决定实施的犯罪。

第二,要对单位犯罪的罪种范围加以限制。单位不能成为一切犯罪的主体。传统上所谓"自然犯",如杀人、伤害、强奸、抢劫、放火等罪,不可能有单位犯罪,过失犯罪也不应当有单位犯罪。《铁路法》第60条规定单位也可以犯《刑法》第115条规定的违反危险物品管理规定肇事罪(属过失犯罪),这一点恐怕值得研究。单位犯罪只宜限定为经济犯罪和妨害社会管理秩序罪中的某些犯罪以及贪利性的渎职罪。

第三,对单位犯罪一律采取"双罚制":既对单位判处罚金,同时追究直接责任人员的刑事责任。对单位犯罪的数额起点可高于自然人犯罪的数额起点,但对单位中直接责任人员刑事责任的标准应与自然人犯该种罪的刑事责任持平。

第四,对单位犯罪应采用总则与分则相结合的立法模式:在分则有关罪种中具体规定单位犯罪应处的刑罚(双罚制),并在总则中对单位犯罪及其处罚作出一般指导性的规定。

第五,对单位犯罪如何追究刑事责任,应当在刑事诉讼法上作出相应的规定。当前,关于单位如何作为犯罪嫌疑人、被告人,如何行使辩护权,对犯罪的单位可以采取哪些强制措施等问题,在修正后的刑事诉讼法中都没有规定。如果没有刑事诉讼程序上的配合,仅有实体法上的规定,势必无法贯彻落实。当前,实体法规定的单位犯罪相当多而实际判处单位犯罪的案例却极少,这恐怕是问题的症结所在。

三、关于死刑的缩减和限制

死刑是剥夺生命的刑罚,是刑罚体系中性质最为严厉的一个刑种。自近代刑法学创始人贝卡里亚在1764年的《论犯罪与刑罚》一书中首倡废除死刑以来,关于死刑的存废问题曾在世界范围内掀起过多次争论的热潮。尽管如此,但至今在全世界绝大多数国家中仍保留着死刑。在我国,不存在死刑存废的争论,但对死刑的适用是多些好还是少些好,应否加以必要的严格的限制,应否采取切实有效的措施大力减少死刑的适用,在认识上还是很不统一的。

关于死刑的适用,毛泽东同志有过精辟的指示,“杀人要少,但是决不废除死刑”[1];“必须坚持少杀,严禁乱杀”[2]。这就是我们党对待死刑的坚定不移的政策。中华人民共和国成立以来,为了坚持“少杀”政策,党和国家作了一系列的明确规定。例如,“凡介在可杀可不杀之间的人一定不要杀,如果杀了就是犯错误”;对于没有血债、民愤不大和虽然严重地损害国家利益但尚未达到最严重的程度而有罪该处死者,应当采取判处死刑,缓期二年执行,强迫劳动,以观后效的政策,等等。实践证明,这些规定是完全正确的。在保留死刑的前提下尽量少处死刑,不仅可以获得社会的同情,有利于分化瓦解敌人,有利于争取教育罪犯的家属子女,而且可以保存一批劳动力为社会创造财富,还可以保留一批活证据,有利于持续深入地开展同犯罪的斗争。1979年《刑法》对行之有效的“少杀”政策坚决加以贯彻,对死刑的适用作了严格的限制。《刑法》总则规定,“死刑只适用于罪大恶极的犯罪分子”,“犯罪的时候不满18岁的人和审判的时候怀孕的妇女,不适用死刑”。同时,还严格规定了死刑的核准程序,并继续保留了我国独创的“死缓”制度。这样就从立法的指导原则上为“少杀”政策的贯彻落实提供了保证。《刑法》分则贯彻总则的精神,对可处死刑的罪种作了极其慎重的选择确定。分则条文中规定可处死刑的罪种仅有28个,其中有15个是反革命罪,如背叛祖国罪、阴谋颠覆政府罪、持械聚众叛乱罪、间谍罪等,大部分是虚置的,备而不用或极少适用;13个属于普通刑事犯罪,如故意杀人罪、放火罪、爆炸罪、强奸罪、抢劫罪、贪污罪等。这些罪挂死刑,在实践中有所适用。其后,由于加强同严重破坏经济和严重危害社会治安的犯罪分子作斗争,国家立法机关先后通过一系列单行刑事法律,使可处死刑的罪种不断增加,至今已有66个罪种(选择式罪名以一罪计)在法律上规定可处死刑,为《刑法》原规定可处死刑罪种数的2.4倍,约占全部现行刑法(含特别刑法)罪种数的37%。这是一个令人震惊的数字,不仅在中华人民共和国成立以来的刑法史上是空前的,而且在当代世界保留死刑的各国刑法中也是“名列前茅”的。人民民主专政需要有死刑,我们决不废除死刑;但人民民主专政也需要“少杀”政策,我们决不能靠杀人来统治。死刑通过肉体消灭有彻底剥夺犯罪人再犯罪能力的功能;也有威慑、震慑社会上尚未归案的严重罪犯及潜在犯罪人的作用;此外,它也有平息民愤、安抚被害人或者其亲属激愤复仇情绪的优点。但是,除了第一项功能外,其他功能和作用都是相对的,不宜加以夸大,更不能绝对化。必须看到,死刑也有其消极的方面:剥夺一个人的生命,本来在强迫劳动下可以作为创造社会财富的劳动力,现在化为乌有了,这是不经济的;判处死刑,给罪犯的亲属带来极大的痛苦和刺激,在他们心中易于埋下对政府不满甚至仇恨的种子,成为社会上的消极抗拒力量。死刑越多,树敌就越多,特别是对独生子女判处死刑,这个问题尤其显得突出;再者,死刑一旦用错了,就会造成不可挽回的损失,对死者的亲属更是雪上加霜;死刑过多,也有损国家的形象,特别是当今世界各国刑法改革的潮流是刑罚趋于轻缓,而我们保留过多的死刑,形成强烈的反差,难免使人评头品足,望而生畏,这对社会主义制度的优越性的发挥无疑形成阻力。所以,对死刑的看法应该一分

---

〔1〕《毛泽东选集》(第5卷),人民出版社1977年版,第459页。

〔2〕《毛泽东选集》(第4卷),人民出版社1991年版,第1271页。

为二:既要看到它作为专政工具的凌厉作用,绝不能妄加废除;又要看到它的作用是有限的、相对的,适用一定要慎之又慎,只对极少数罪大恶极、实在非动用这种极刑不可的才动用这种极刑。总之,还是要贯彻坚持少杀,严禁滥杀,防止错杀的政策,把死刑的适用最大限度地加以缩减和限制。

在未来的刑法典中,对死刑的设置和限制应该有大的动作。一方面,重申现行《刑法》总则中有关的正确规定:其一,死刑只适用于罪大恶极的犯罪分子,并对"罪大恶极"具体表述为是指"犯罪性质和后果特别严重,而且犯罪人主观恶性特别巨大"的情形。其二,死刑不适用于犯罪的时候不满 18 岁的人和追诉审判的时候怀孕的妇女,删去关于对已满 16 岁不满 18 岁的人可以适用"死缓"的规定。其三,死刑除依法由最高人民法院判决的以外,都应当报请最高人民法院核准。建议将 1980 年以来先后下放的部分死刑核准权,一律予以收回,让最高审判机关来把死刑关,可以统一平衡适用死刑的标准,避免最高人民法院上诉审和复核审合二为一的流弊,保证判处死刑质量,从而有效地贯彻"少杀"政策。顺便指出,在封建社会,有些人命关天的案件连皇帝都要过问。如唐代对即决(立即处决)之囚,均行三复奏的制度。明代、清代所谓朝审、秋审,也都是中央司法衙门如刑部等经手参办的。资本主义国家一般实行三审终审制,死刑案件都可上诉至最高法院。我们是社会主义国家,更加重视人的生存权(包括集体生存权和个人生存权),死刑案件由最高人民法院判决或核准是顺理成章、天经地义的。对部分死刑核准权的下放,只能是权宜之计,不可成为长久之规,否则《刑事诉讼法》和《刑法》关于"死刑由最高人民法院核准"的规定岂非形同具文!其四,继续保留并完善死刑缓期执行制度,原则上与 1996 年修改后的《刑事诉讼法》第 210 条保持一致。另一方面,在分则条文中要对挂死刑的罪种做出审慎的筛选。死刑主要适用于危害国家安全、危害国防、危害公共安全、使用暴力严重侵犯人身权利和财产权利的某些故意犯罪以及重大的毒品犯罪和贪利型渎职犯罪。对于非暴力性的财产犯罪和经济犯罪,原则上不挂死刑。只有这样,才能在罪种上把死刑大大压缩下来,而且这样做与国际通例也是吻合的。因为财产权利、经济利益与人的生命是不等价的,用死刑的方法来维护财产权利、经济利益,不仅有悖罪刑相适应的原则,而且其收效也是甚微的。

四、关于罚金刑的扩大适用

罚金是一种财产刑,是强制犯罪分子向国家缴纳一定数额货币的刑罚方法。我国《刑法》分则规定可以判处罚金的有 20 个条文,主要适用于贪财图利的犯罪,如投机倒把罪,假冒商标罪,盗伐、滥伐林木罪等;同时也适用于少数妨害社会管理秩序的犯罪,如妨害公务罪,赌博罪,窝赃、销赃罪等。近年来,随着加强同经济犯罪作斗争的需要,以及承认单位可以成为某些犯罪的主体,单位刑事法律中规定罚金的条文已呈显著增加之势。据统计,新设可处罚金的条文已达 85 条之多,为《刑法》原设可处罚金的条文数的 4.25 倍。诸如走私犯罪,毒品犯罪,淫秽物品犯罪,拐卖、绑架妇女、儿童犯罪,卖淫嫖娼方面犯罪,偷税抗税犯罪,假冒注册商标犯罪,生产、销售伪劣商品犯罪,组织、运送他人偷越国(边)境犯罪,侵犯著作权犯罪,违反公司法犯罪,破坏金融秩序犯罪以及虚开、伪造和非法出售增值税专用发票犯罪等,都有关于适用罚金的规定。罚金刑适用规定的增加,反映了维护社会主义市场经济秩序和社会管理秩序的迫切需要，也表明罚金刑是对付经济犯罪、妨害社会管理秩序犯罪以及其中所包括的单位犯罪的有效方法。判处罚金刑，对于国家来说无疑具有很佳的经济性；同时对于谋取非法经济利益的犯罪人也是一剂苦药，给予他们一定的金钱上的剥夺，可使他们在经济上不仅捞不到便宜，而且有可能丧失再犯罪的“资本”。因此，罚金刑也具有重要的预防犯罪的作用，对其价值不可低估。

当然，我国《刑法》规定的罚金刑，绝大多数是“并处”，即附加于自由刑适用，而较少规定“单处”，即独立适用。这一点在未来的刑法典中确有改进的必要。罚金固然主要附加适用于像经济犯罪等性质的犯罪，但与此同时，由于罚金的数额幅度伸缩性很大，又可以其适当的数额幅度适用于情节较轻的犯罪。笔者认为，凡是挂拘役的法定刑中，一般都可考虑增设单处罚金作为供选择的刑种，这样可以使拘役有所分流，既可以少关一些人，减少自由刑场新的开支，同时也可以避免在某种场合下短期自由刑所带来的“交叉感染”的弊端。有人主张把罚金提升为主刑，以便强化罚金刑的功能和扩大罚金的适用范围。这固然也有其合理性，不过这涉及对主刑概念的重新界定，即主刑也可附加适用。我国刑法是否有这个大转弯的必要？况且这种意见的宗旨，是把以自由刑为中心的刑罚体系改造成为以自由刑和罚金并立为中心的刑罚体系，这在我国当前是否现实可行，也是值得研究的。维持罚金作为附加刑的地位，但在立法上注意增设“单处”的机会，这样是否更简便可行？效果更好些？笔者是倾向于这种做法的。

关于罚金的数额问题，现行刑法的立法模式不太统一。1979 年《刑法》和其后相当一段时间内公布施行的一批单行刑事法律未指明数额；从 1991 年 9 月 4 日《关于严禁卖淫嫖娼的决定》和《关于严惩拐卖、绑架妇女、儿童的犯罪分子的决定》开始，才有了具体数额的规定（指明上限或指明上下限）。其后有的有数额，有的仍无数额；有的采取比例罚金制（如并处偷税数额 5 倍以下的罚金；并处虚报注册资本金额 10% 以下的罚金等），当然比例罚金制也表示一种数额。在未来的刑法典中应取消无数额的规定。至于具体数额，罚金制和比例罚金制都可继续采取。对罚金的数额规定，应采取总则和分则相结合的方式：总则规定下限，即不得低于多少；分则规定上限。罚金的数额反映在罪种上，对经济犯罪和非经济犯罪应有较大区别；反映在刑事责任主体上，对单位犯罪和自然人犯罪也应有所不同。

五、关于三个“口袋罪”的分解

《刑法》中有三个被认为是“口袋式”的犯罪，罪状简略，而包容甚多，有人形容其“像个大口袋，什么都往里面塞”，这指的就是投机倒把罪、流氓罪和玩忽职守罪。对这三种罪，在修订新的刑法典时应采取分解罪名、充实罪状的方法予以解决。

（一）关于投机倒把罪

投机倒把罪是计划经济体制下的产物。从市场经济观点看来，这个罪名本身就是不科学的。因为市场经济条件下允许某种投机（如证券市场的买进卖出就要看准机会），也允许某种倒把（如长途贩运以及某种中介服务等），所以，这个罪名对市场经济来说名不正言不顺，应当予以取消。当然，这个罪名所包含的有些内容，是社会主义市场经济公平、有序进行所必需的，故仍应保留。实际上，最近几年公布实施的一些单行刑事法律，已将这种罪中的某些内容剥离出来，另立为犯罪，如生产、销售伪劣商品的犯罪，侵犯著作权的犯罪，虚开、伪造和非法出售增值税专用发票的犯罪等。剩下的内容已残缺不全也不多了，所以，不必再以不科学的投机倒把罪称谓，经过梳理，可分别规定为非法经营罪、扰乱市场罪、非法出版罪等。

（二）关于流氓罪

《刑法》第160条规定的流氓罪，罪状中列举了“聚众斗殴”“寻衅滋事”“侮辱妇女”三种行为方式，此外还保留了一个“或者进行其他流氓活动”的模糊用词，遂使这种罪成了一大“口袋”，人为地把一些仅有下流作风的行为也网罗进去，这不利于人民内部矛盾的正确处理。因此，对这个罪也可考虑予以分解：比如，分别规定为聚众斗殴罪、寻衅滋事罪、强制猥亵罪、聚众淫乱罪等。“侮辱妇女”与侵犯人身权利罪中的侮辱罪很难区别，可不再列入。

（三）关于玩忽职守罪

《刑法》第187条规定的玩忽职守罪，本来主体仅限于国家工作人员，主观方面应属于犯罪过失，但由于条文对“玩忽职守”这一客观行为未加描述，加之刑法中应规定滥用职权等罪而未加规定，因此实践中经常把一些属于滥用职权、超越职权或者故意放弃职责的行为，也依照或比照《刑法》第187条玩忽职守罪来追究刑事责任。例如，1984年《森林法》第35条规定：“违反本法规定，超过批准的年采伐限额发放林木采伐许可证或者超越职权发放林木采伐许可证……情节严重，致使森林遭受严重破坏的，对直接责任人员依照《刑法》第187条的规定追究刑事责任。”1991年《未成年人保护法》第52条第6款规定：“明知校舍有倒塌的危险而不采取措施，致使校舍倒塌，造成伤亡的，依照刑法第187条的规定追究刑事责任。”1982年通过，经1991年修改后的《文物保护法》第31条第2款规定：“全民所有制博物馆、图书馆等单位将文物藏品出售或者私自赠送给非全民所有制单位或者个人的，对主管人员和直接责任人员比照刑法第187条的规定追究刑事责任。”第3款规定：“国家工作人员滥用职权，……造成珍贵文物损毁的，比照刑法第187条的规定追究刑事责任。”从上述引证的规定可以看出，明明是滥用职权，超越职权或者故意放弃职责的行为，但都一概依照或者比照《刑法》第187条玩忽职守罪来追究刑事责任，这样便使玩忽职守罪也成了一个“大口袋”。从司法实践来看也是如此。1987年8月最高人民检察院发布《关于正确认定和处理玩忽职守罪的若干意见（试行）》，其中列举玩忽职守行为的表现形式多达13个方面、64种。其中不少讲的是滥用职权、擅自行动、超越职权、超越批准（或审批）权限、拒不办理应办的业务等，但一概纳入“玩忽职守”名下。由此可见，无论是立法规定还是司法实践，都没有使玩忽职守罪保持一个清晰的状态，这种情况在未来的刑法典中应力求避免。笔者认为，在渎职罪中，除了玩忽职守罪以外，还应增加滥用职权罪、逾越职权罪、故意放弃职责罪等罪名。上述这些罪名在行为的客观表现上是不同的，罪过形式也是有区别的。把行为方式和罪过形式分析清楚，在立法上对罪名一一作出明确的界定，就不会使玩忽职守罪显得臃肿膨胀，将有利于加强同渎职犯罪作斗争。

我国刑法修正模式辨正*

自1997年《刑法典》颁行以来，我国紧跟社会发展状况和刑事犯罪态势，相继通过1部单行刑法与10部刑法修正案，对刑法进行修正。刑法修正案的不时适用，在不断克服刑法滞后性的同时，保证了刑法的完整与统一，体现了刑法的法典化趋向。近年来，刑法修正模式的研究日趋深入，多元化的刑法修正模式受到部分人的推崇，单行刑法与附属刑法重获部分人的青睐，甚至有学者对刑法法典化提出了质疑。其实，刑法修正模式的选择与法治传统、社会形势及立法技术息息相关，应全面看待各种修正模式的效能，进而通过价值判断与衡量，选择现阶段最适合的修正模式。

一、刑法法典化传统与质疑

法典是依照各自制度目的，按照科学、逻辑或实际、方便的顺序分类排列，以“编”为单位系统组织起来的成文法规的整体。[1] 法典化则是将特定领域的法律编纂为法典的过程，表现为一种趋势或潮流。法典化是大陆法系的法律文明传统，《汉穆拉比法典》《十二铜表法》《国法大全》等一系列法典的问世，不断推进法典化进程，使法典成了理性、荣光与伟大的象征。启蒙运动影响下的古典自然法学派，将法典化与成文法主义推向极致。该学派认为，人们所要求的所有东西都可以由理性独立地完成，唯一需要做以下三件事：第一，调动国内最强有力的理性；第二，通过运用这种理性去建构一部完美的法典；第三，使那些具有较少理性的人臣服于该法典的规定。[2] 对此，博登海默指出：通过运用理性的力量，人们能够发现一个理想的法律制度。因此很自然，他们都力图系统地规划出自然法的各种规则和原则，并将它们全部纳

* 本文原载于《法学杂志》2018年第12期，由高铭暄教授与郭玮合作完成。

〔1〕 参见[日]我妻荣编：《新版法律学辞典》，董璠舆译，中国政法大学出版社1991年版，第877页。

〔2〕 参见[美]罗斯科·庞德：《法律史解释》，邓正来译，商务印书馆2013年版，第21页。

入一部法典之中。[1]

（一）我国具有刑法法典化传统

我国刑法法典化传统历史悠久，自春秋时期郑国"铸刑鼎"始，我国就进入成文法时代。其后的《法经》《秦律》《九章律》《北齐律》《唐律》《宋刑统》《大明律》《大清律例》等法典代表了特定时期法治水平的高峰。这些法典的内容虽涵盖了民事、行政和诉讼等方面的规范事项，但由于"重刑轻民"的传统，大都以刑罚制裁作为其法律效果，故在性质上均属"刑法典"。[2] 近代以来，受到西方法律文明影响，加之我国法脉相承的律典传统与大陆法系的成文法传统不谋而合，一系列修律工作相继展开，《大清新刑律》《暂行新刑律》《中华民国刑法》等法典代表着西方法律文明本土化的成果。

1949 年中华人民共和国成立后废除了国民政府时期的"六法全书"并制定了大规模的法律文本，至今已经颁布上千部法律和行政法规，已形成中国特色社会主义法律体系。正如有学者指出的："在社会变革过程中，是法典编撰，也只有法典编撰能够保证人民民主法制作为一种新型的社会主义法律的进步作用。"[3] 在此过程中，刑法法典化的努力从未间断。1979 年，我国颁布了第一部刑法，之后为了适应不断变迁的社会形势，立法机关先后通过了 25 部单行刑法，并在 107 个非刑事法律中设置了附属刑法规范，形成了刑法典、单行刑法、附属刑法共存的格局。然而，这种刑法规范格局的缺陷日益暴露，如刑法的内容不完善、罪刑关系规范不协调、刑法规范过于粗略、刑事立法缺乏总体规划、立法解释极为欠缺等，打破了 1979 年《刑法》的完整体系，导致刑法规范的零乱。为了顺应历史发展与刑事法治的需要，立法机关通过了 1997 年修订的《刑法》，该部法律全面系统地吸收了之前的单行刑法与附属刑法规范，结束了刑法规范的杂乱局面，法典化进一步加强。之后，立法机关通过 1 部单行刑法与 10 个刑法修正案对刑法进行补充修正，逐步确立了以刑法修正案为主的修法模式。这使得刑法形成一个内容完整、形式统一的规范体系，克服因立法上的过度分散而导致的混乱、重叠和冲突。[4] 同时也保留了必要的灵活性，能够及时应对犯罪态势的变化。

（二）对刑法法典化的质疑

在法典化进程中，也遇到了挑战和质疑。意大利民法学者那塔利诺·伊尔蒂在其论文《解法典化的时代》中提出了"解法典化"（decodificazione）概念，用以描述"二战"后意大利民法典逐步被大量特别立法侵蚀的状况。[5] "解法典化"趋势逐步蔓延至刑法领域，如德国刑法的轮廓开始变得模糊，刑法逐渐融入广泛意义上的"安全法"，其涵盖警察法直至社会法。此外，出现越来越多的跨学科领域，如信息刑法和生物刑法。这种发展是否会导致刑法的解体，就像刑法自启蒙运动以来的发展状况一样，仍需观察。[6] "解法典化"引发了学界

---

〔1〕 参见[美]E. 博登海默：《法理学：法律哲学与法律方法》，邓正来译，中国政法大学出版社 1999 年版，第 64 页。

〔2〕 参见黄源盛：《中国法史导论》，广西师范大学出版社 2014 年版，第 82 页。

〔3〕 [美]H. W. 埃尔曼：《比较法律文化》，高鸿钧等译，清华大学出版社 2002 年版，第 42 页。

〔4〕 参见刘之雄：《单一法典化的刑法立法模式反思》，载《中南民族大学学报（人文社会科学版）》2009 年第 1 期。

〔5〕 参见瞿灵敏：《从解法典化到再法典化：范式转换及其中国启示》，载《社会科学动态》2017 年第 12 期。

〔6〕 参见[德]埃里克·希尔根多夫：《德国刑法学：从传统到现代》，江溯、黄笑岩等译，北京大学出版社 2015 年版，第 42 页。

对法典功能的质疑，如有论者认为，成文法典不可能满足当代所有主体、所有事物、所有行为、所有空间的价值需求。[1]

深受大陆法系影响的我国，也受到“解法典化”概念的波及，有的学者对以刑法修正案为主导的刑法法典化表示质疑，主张打破刑法修正案模式，重特别刑法功能的发挥。这些质疑主要包括以下几方面：

1. 刑法修正案难以应对动态的犯罪形势。有论者认为，在新型犯罪所侵犯的客体已超出刑法典犯罪分类的客体体系范围时，将其强行纳入《刑法》分则体系某一章节势必会造成刑法法条逻辑关系的混乱。[2] 还有论者认为，刑法典具有稳定性，不能朝令夕改，而社会政经状况导致的犯罪形势在不断变化，新型犯罪不断涌现，而单一法典模式的刑事立法对此会一筹莫展。[3] 上述质疑针对法典的迟缓性、滞后性与有限理性，提出应尊重法典的稳定性，刑法修改不等于刑法典修改，当前的刑法修正案过多，已经对刑法典的稳定性、完整性造成损害。

2. 刑法修正案难以进行综合制度设计。有论者指出，由于风险社会的到来，刑法触角一再延长，新型犯罪逐渐增多，且相互之间差异巨大。其实有些犯罪侵犯的法益具有较强的独立性，如恐怖犯罪、环境犯罪等，将其纳入刑法典会淡化其特殊性，与普通犯罪无异，进而损害立法效果，故立足于理性与普遍性基础之上的大一统的法典化思维已无法应对该局面。特别是对于黑社会性质组织犯罪、恐怖犯罪等有别于传统犯罪的犯罪形式，应采取有针对性的刑事政策，如在刑罚、追诉时效等方面作出特别规定。若以刑法典对此作出有针对性的规定，会造成立法体例的混乱。[4]

3. 刑法修正案导致刑法典臃肿。有论者认为，随着法定犯、行政犯时代的到来，传统上以自然犯为主体的犯罪结构，已经逐渐被以法定犯、行政犯为主体的犯罪结构所取代。如果继续采刑法典单轨模式，将大量的法定犯、行政犯纳入刑法典予以统一规制，可能导致刑法典臃肿肥大，功能失调，[5] 而法典编纂的焦点在于对法律体系进行系统化与简易化，以消除普通法框架的复杂性。[6] 对于立法激增现象，单一刑法典化模式不具备规制全部犯罪的能力，[7] 应寄托于“解法典化”，即另立一套立法思想、逻辑方式及方法论迥异于刑法典的法律体系，如特别刑法。

二、特别刑法的全方位审视

为应对刑法法典化的上述不足，有学者提出建立刑法典与特别刑法相结合的立法模式，即刑法典与单行刑法、附属刑法相互补充、彼此配合，以刑法立法多元化取代刑法法典化。

---

〔1〕 参见汤唯：《大陆法系法典化之理性》，载《外国法制史研究》2009年期。

〔2〕 参见郭泽强：《从立法技术层面看刑法修正案》，载《法学》2011年第4期。

〔3〕 参见柳忠卫：《刑法立法模式的刑事政策考察》，载《现代法学》2010年第3期。

〔4〕 参见刘之雄：《单一法典化的刑法立法模式反思》，载《中南民族大学学报(人文社会科学版)》2009年第1期。

〔5〕 参见梁根林：《刑法修正：维度、策略、评价与反思》，载《法学研究》2017年第1期。

〔6〕 参见[秘鲁]玛丽亚·路易莎·穆里约：《大陆法系法典编纂的演变：迈向解法典化与法典的重构》，许中缘、周林刚译，载《清华法学》2006年第2期。

〔7〕 参见童德华：《我国刑法立法模式反思》，载《法商研究》2017年第6期。

笔者认为,单行刑法与附属刑法确实有着诸多优点,如灵活、及时、专业性强等,但根据对立统一辩证法,缺点常与优点并存。这些优点能否弥补修正案的不足,优势与劣势如何衡量,值得仔细斟酌与探讨。

(一)单行刑法价值衡量

1979年《刑法》颁行之后,为了适应急遽变革的社会,我国颁布了一系列简便、灵活的单行刑法,有力地应对了当时的犯罪浪潮,维护了社会秩序。单行刑法的优点体现在:一方面,单行刑法简便、灵活、及时,能够适应变化的犯罪态势,克服刑法典的滞后性,使刑法典稳定性免遭破坏;单行刑法独立性较强,无立法臃肿之忧,可及时针对新型犯罪立法,充分发挥风险刑法的法益保护功能。另一方面,单行刑法具有专业性、专属性,可针对某一类型犯罪进行综合制度设计,防止刑法典抹杀该类型犯罪的特殊性以及外在形式的格格不入。

然而,1997年《刑法》颁行之后至今,我国只通过了一部单行刑法,单行刑法已逐渐退出历史舞台。这种做法并非空穴来风,而是因为单行刑法本身也存在重大弊端:

1. 立法随意性较大,易造成刑法滥用。刑法修改关系重大,需要谨慎细致的态度。单行刑法的制定多为应对一时一事之需,比刑法典的修改相对容易。单行刑法的立法动议往往由个别部门或领域的人员提出,容易受到部门利益的影响,立法民主性与科学性较难保证。此外,单行刑法专业性较强,不易受到监督与制约,立法阻力较小,这给了利益相关部门扩张立法的机会。博登海默指出:在危机或社会变革时期,利益不同的新集团或联盟都会要求法律承认他们的主张。法律力图给赤裸裸的权力统治设置障碍,而同时我们也必须认识到,权力有时也趋向于给法律在使社会生活具有合理稳定性并使社会生活免遭破坏性变化的侵扰方面的企图设定限制。[1]

2. 实质上损伤刑法稳定。有学者认为,为了有效应对新型犯罪,刑法典必须及时修改,这影响了刑法典的稳定性,而单行刑法较为及时、灵活,可针对特定犯罪适时规制。[2] 其实,刑法典的适时修改并不会破坏其稳定性,为了解决生活变动的要求和既定法律之间的矛盾,法律必须及时完善。刑法典稳定性与灵活性必须得到兼顾,牺牲了灵活性的刑法典会变得僵化、刻板,违背刑法典编纂的初衷,而单行刑法与刑法典同属刑法规范,过于频繁地制定、颁行单行刑法,会破坏刑法整体的稳定性。尤其在风险社会中,刑法以对抗风险为己任,保护触角由法益侵害阶段前移至危险形成阶段。立法决策也越来越受政治与政策因素影响,决策者偏好创设新罪名所带来的政治上的象征性后果,给人以问题已被认真对待且业已适当处理的印象。[3] 可见,若不能准确把握犯罪化的"度",单行刑法的灵活性就会掩盖被滥用的可能,易沦为象征性刑法。因此,刑法稳定性的捍卫不能依赖于刑法规范形式的变更,而应着眼于犯罪化的精准把握及立法技术的提升。

3. 单行刑法与刑法典不易协调。首先,"特别法优于普通法"原则的适用会造成尴尬局

---

〔1〕 参见[美]E. 博登海默:《法理学:法律哲学与法律方法》,邓正来译,中国政法大学出版社1999年版,第361~362页。

〔2〕 参见利子平:《风险社会中传统刑法立法的困境与出路》,载《法学论坛》2011年第4期。

〔3〕 参见劳东燕:《风险社会中的刑法:社会转型与刑法理论的变迁》,北京大学出版社2015年版,第65页。

面。如单行刑法规定的构成要件与刑法典规定的构成要件之间存在交叉,或者单行刑法规定的构成要件包括了刑法典规定的构成要件时,单行刑法是否应认定为特别法?应当依据何者作出决断?其次,单行刑法与刑法典中规定的罪名与法定刑难以协调。刑法典分则依据分类客体的不同划定了社会危害性不同的类罪,单行刑法的罪名究竟属于哪一类罪,侵犯了何种客体,与刑法典罪名之间是何关系等问题会造成不必要的纷争。加之单行刑法的立法理念或制度设计与刑法典迥异,冲突会更激烈。另外,相近罪名法定刑的平衡在刑法典内部尚且不易做到,单行刑法罪名的法定刑与刑法典相近罪名的法定刑之间更容易失衡,违背了罪责刑相适应原则。在脱离刑法典之后,单行刑法容易自行其是而"因例生例",[1]损害了刑法典的权威,导致刑法典"空心化"。

(二)附属刑法价值衡量

目前,我国所谓的附属刑法只有宣示性的规定,而没有具体罪状与法定刑。有学者认为,要使附属刑法名副其实,真正起到刑法的作用,必须在宣布某种行为是犯罪行为的同时,规定相应的罪状和法定刑,如日本附属刑法。[2] 附属刑法的确存在一些优点,具体体现在以下几个方面:(1)附属刑法能够将刑法与前置规范紧密连接,进而更直观地反映出前置规范的调控功能以及刑法对前置规范的补充。同时,由于附属刑法将前置法与刑法条文合二为一,避免了二次立法,节约了立法成本。(2)附属刑法条文依附于行政法、经济法,而行政与经济法律对于社会变迁较为敏感,修正较为频繁,这使得附属刑法条文能够与时俱进。(3)立法模式灵便。附属刑法毕竟属于行政法或经济法,其立法重心与刑法典不同,并不需要专门的刑法立法机构,只是在行政法或经济法立法时附带添加刑法条款,这使其比刑法典修正更加简便灵活。(4)对从业人员的预防效果较好。附属刑法条文所在的行政法或经济法其专业性较强,属于特定领域的职业规范,刑法条文将职业行为与刑罚后果相连接,对从业人员起到了警示作用。

但与此同时,附属刑法也存在显著的、不可忽视的弊端:(1)衔接不畅,造成司法适用困惑。从立法目的、立法技术、立法程序等维度分析,附属刑法立法不同于刑法典修改,上述因素的综合作用使得附属刑法的立法风格迥异于刑法典,而这不可避免地导致了附属刑法与刑法典之间的衔接出现问题,给司法适用造成困惑。比如,为了传承和弘扬英雄烈士精神与爱国主义精神,《英雄烈士保护法》于2018年4月通过,该法第27条第2款规定:亵渎、否定英雄烈士事迹和精神,宣扬、美化侵略战争和侵略行为,寻衅滋事,扰乱公共秩序,构成违反治安管理行为的,由公安机关依法给予治安管理处罚;构成犯罪的,依法追究刑事责任。对于上述违法行为的惩治,全国人大常委会法工委的解释是"适用刑法、治安管理处罚法关于寻衅滋事的规定进行处罚"。也就是说,如适用刑法,即按寻衅滋事罪定罪处罚。但该附属刑法的罪状与刑法典中寻衅滋事罪的罪状相差甚远,如"美化侵略战争"这一情形基本不符合《刑法》第293条所规定的寻衅滋事罪的四种情形。衔接不畅容易导致附属刑法虚置化,

[1] 参见时延安:《刑法立法模式的选择及对犯罪圈扩张的控制》,载《法学杂志》2013年第4期。
[2] 参见柳忠卫:《刑法立法模式的刑事政策考察》,载《现代法学》2010年第3期。

或者刑法不恰当地扩大适用。(2)刑法立法分散,辐射面较窄,不便于公众知法、守法。附属刑法分散在非刑事法律中,除特定领域从业人员之外,其他公众甚至一般刑事司法人员难免疏漏不知。虽然"不知法不免罪",但不利于规则意识、法律观念的形成,也会影响法律和司法的权威性。德国法学家魏德士指出:法对"法律意识"的形成作用,远远超出法律规范的强制力。[1] 附属刑法规范淹没在非刑事法律中,起不到刑事法治的教育作用,何况依照非刑事法律的条文来定罪量刑,也不符合中国几千年来形成的犯罪是"触犯刑律"的历史传统。

三、刑法修正案模式应予坚持

法典化为社会生活引入了行为导向的安定性和稳定性,在何为正义与公道的多元化的观念冲突当中,法规范提供了可靠的、可贯彻的行为指南。尽管法具有稳定化的功能,但是法不能仅仅被看成是"静态的"要素,法也可以成为目的导向的行为控制机制和社会变迁的工具,即社会可用以"在其力量所及范围内按照其意志对事物加以形塑的"手段。[2] 我国刑法修正案也不例外,自1999年开始,我国已通过了10个刑法修正案,法典化进程有条不紊。对此,有学者认为,当前的刑法修正是对刑法典多频次、大范围的修改,很难说刑法典现在有完整性、稳定性和连续性。因此,要破除单一法典化的立法方式,将刑法典、单行刑法与附属刑法相结合。[3] 上述观点对刑法典稳定性的理解较为片面,没有充分认识到刑法修正案的功能。实际上,适度的刑法修正并不会破坏刑法的稳定性,刑法修正案也足以应对动态的犯罪形势并进行专门的制度设计。我国法治进程放弃了单行刑法,将附属刑法限制在宣示性层面无异于名存实亡,只运用刑法修正案模式进行刑法修正,而该模式经受了历史考验,我们应客观公正地评价刑法修正案模式的作用。

(一)刑法修正案维护了法治统一

在一国之内,当存在多个地方惯例等之时,主治者执行中央集权政策,而统一全国之法律。或者因各州的法律之不同,产生不公,产生不和谐之弊端,而依所谓的"一国一法"之主义编纂法典,此为统一策略的法典编纂。[4] 成文法主义决定了法律的形式特征,法为了有效规范人们的行为,必须通过系统化的成文形式表现出来。法典作为成文法的高级形式,逻辑体系严密,规范明晰全面,推动了统一法律体系的形成。完备且统一的法律体系,对于法治传统相对欠缺、法治理念相对落后且实行单一制的我国也具有重要意义。划一的制度、统一的管理、通行的语言、规范的法律是具有号召力的文化力量,也是造成共同法律文化的有利因素。[5] 我国素有法典化传统,从古至今,法典化进程从未间断,刑法修正案顺应了这一趋势,通过修改、补充刑法典条文,自动融入刑法典成为其有机组成部分,这是法典化进程中不可或缺的环节,而特别刑法有违法典化传统,与普通民众对法律规范的认知相悖,不利于

---

〔1〕 参见[德]伯恩·魏德士:《法理学》,丁晓春、吴越译,法律出版社2013年版,第40、44页。

〔2〕 参见[德]莱因荷德·齐佩利乌斯:《法哲学》,金振豹译,北京大学出版社2013年版,第79~80页。

〔3〕 参见童德华:《当代中国刑法法典化批判》,载《法学评论》2017年第4期。

〔4〕 参见[日]穗积陈重:《法典论》,李求轶译,商务印书馆2014年版,第33页。

〔5〕 参见汤唯:《大陆法系法典化的本土资源及其考证》,载《社会科学辑刊》2010年第2期。

民众法律信仰的生成。此外，与西方国家后法典化、解法典化的阶段不同，现阶段我国仍处于前法典化阶段，很多领域尚“无法可依”，法律体系不完备，法治发展水平不高，仍需要借助法典化不断完善中国特色社会主义法律体系，罔顾国情盲目照搬西方模式，并不可取。总之，无论从法律文化传统还是从现实可操作性而言，统一的刑法典更有利于刑法功能的发挥，即便在特别刑法林立的德国与日本，刑法典仍然维持了相当的篇幅和容量。〔1〕

（二）刑法修正案有助于权力限制

近代以来，法典作为资产阶级革命及高度理性的产物，致力于推进刑法确定性，反对司法擅断与权力滥用。在启蒙时代，编纂法典的原因很多，但最主要的还是人们怀有使法律明确和使全国的法律保持统一的愿望。〔2〕成文的刑法典与习惯法、单行刑法、附属刑法、判例法等相比，其优越性主要体现在超强的稳定性、明确性与统一性，这些特性使刑法典能够更加有效地限制权力。在形式上，刑法典的稳定性与明确性，使其与变动、模糊且多元的习惯、伦理、道德、宗教等社会控制因素相分离而获得统一的形式，进而成为法治国的象征。同时，刑法典将刑事立法权集中于同一立法主体，在我国即全国人大及其常委会，杜绝了“法出多门”，统一了立法标准，加强了立法监督。在内容上，刑法典的成文化、明确性与体系化催生了罪刑法定原则，成为刑法典的核心精神。狄骥认为，制定法当然是必要的，而同样明确的是，附着在制定法之上的普遍性特征构成了个人所能够用以抵制专断行为的最好保障。〔3〕对于我国这样一个重刑轻民，且人治传统浓厚的法治后发国家而言，刑法修正案模式中的法典编纂就是公众民主精神与法治意识培养的过程，理性、集中、明确、确定的刑法典会促进司法适用的协调统一，防止司法擅断。这些都有助于司法公正及罪刑法定原则的实现，进而在适当程度上限制公权力。有学者认为，美国为应对“9.11”之后的恐怖犯罪激增，出台了一系列法案，但实行单一法典化的国家，对这种激增的犯罪的刑事立法就会因刑事立法程序等原因而迟缓和滞后。〔4〕笔者认为，这种情形恰恰暴露了特别刑法潜在的人权侵犯基因，美国在动用特别刑法打击恐怖犯罪的同时，发展了一套以反恐战争为名，实质上造成政府滥权、人权遭受严重侵害的反恐法系统。其中，侵害隐私、侵害移民人权、人身自由的剥夺是最严重的措施。当政府将反恐行动说成战争时，其实只是在诉求权力——给我权力，去做我想要做的事情，而且不可以挑战我。〔5〕美国多元化的反恐立法使刑法在某种程度上沦为旨在扩大政治利益的象征性刑法，可为殷鉴。

（三）刑法修正案有利于公民认知与司法适用

毛泽东同志曾经指出：应打开民智以确立良法。民众意识是否智明，对于良法的确立和

---

〔1〕参见李怀胜：《刑事立法的国家立场》，中国政法大学出版社2015年版，第247页。

〔2〕参见［法］勒内·达维：《英国法与法国法：一种实质性比较》，潘华仿等译，清华大学出版社2002年版，第25页。

〔3〕参见［法］狄骥：《公法的变迁》，郑戈译，商务印书馆2013年版，第67页。

〔4〕参见柳忠卫：《刑法立法模式的刑事政策考察》，载《现代法学》2010年第3期。

〔5〕参见廖元豪：《多少罪恶假“国家安全”之名而行？——简介美国反恐措施对人权之侵蚀》，载《月旦法学杂志》2006年第131期。

实现起到催化作用。[1] 法典具有普遍性与统一性,承载了人类理性、正义等普遍性价值,较为明确、准确、可把握。[2] 因此,法典能为人们提供比较完整而又具体可见的法律规范,避免了司法神秘主义,培育了公民法治意识,启迪了民智,有助于法典本身即"良法"的进一步完善。法典体现了法律的普遍性特征,是法的形式中尤具沟通性能的一种形式,更能承载人类理性、正义等普遍性价值,较为明确、准确、可把握。[3] 因此,法典能为人们提供比较完整而又具体可见的法律规范,避免了司法神秘主义,培育了公民法治素养,提升了一般预防效果与法律权威性。如法国大革命时期的法典编纂者旨在建立简单与通俗易懂的法律制度,使《拿破仑法典》成为摆在家庭书架上《圣经》之侧的广为流传的书籍,成为公民手册,它具有清楚的条理和易懂的语言,使公民能够自己确认其法律权利与义务。[4] 与使用刑法修正案模式下的刑法典相比,一方面,单行刑法与附属刑法的零散性、即时性、片段性导致法条泛滥,具文横生,多数公民甚至司法相关人员都无法及时、全面了解立法内容与立法精神,造成公民法律认知与司法适用的障碍;另一方面,特别刑法的规定极易与刑法典相冲突,不同的立法理念、立法精神与立法方式,会导致刑法体系内部矛盾迭出,如特别法与普通法的选择适用问题,给公众与司法相关人员造成了困惑。我国台湾地区特别"刑法"的泛滥即为明证,"台湾当局"为了维护统治秩序与社会经济秩序,曾颁行了大量单行"刑法"与"附属刑法",患上了"特别刑法肥大症",与之相伴的是台湾居民的无所适从与重刑化趋势。最终,"台湾当局"转向了刑法修正案模式。

(四)刑法修正案兼顾了刑法典灵活性与稳定性

刑法修正案模式下的法典化所遭受的最大非难在于:刑法典自身应有的稳定性无法应对瞬息万变的社会形势,但若频繁动用刑法修正案加以完善,又破坏了刑法典的稳定性。笔者认为,这看似悖论,实则不能成立。刑法典在应然与实然层面均兼具稳定性与灵活性,刑法修正案是一条有效的实现路径。

1. 必要的修正无损刑法典稳定性。庞德指出:法律秩序必须稳定而同时又必须灵活,人们必须根据法律所应调整的实际生活的变化,不断对法律进行检查和修改。如果我们探寻原理,那么我们既要探索稳定性原理,又必须探索变化原理。[5] 卡多佐也指出:"法律无论是静止不变,还是变动不居,如果不加调剂或不加以制约,都同样具有破坏力。"[6]一部滞后、僵化的刑法典无法适应现代社会发展的需要,刑法典过频修改与其适应性迥异,必要的修正不会损害刑法典的稳定性,主要在于如何把握"度"。我国刑法典并没有过度修正,而是在不断适应刑事政策与犯罪态势的变化。如《刑法修正案(九)》不仅较好地贯彻了宽严相济和对恐怖犯罪从严惩处的刑事政策,还有力地回应了不断升级的恐怖犯罪,将反恐斗争

---

〔1〕 参见王耀海:《社会转弯期的良法机理——毛泽东〈商鞅徙木立信论〉中的良法观》,载《浙江工商大学学报》2016年第2期。

〔2〕 参见周少华:《刑法之适应性——刑事法治的实践逻辑》,法律出版社2012年版,第276页。

〔3〕 参见周少华:《刑法之适应性——刑事法治的实践逻辑》,法律出版社2012年版,第276页。

〔4〕 参见[美]约翰·亨利·梅利曼:《大陆法系》(第2版),顾培东、禄正平译,法律出版社2004年版,第28页。

〔5〕 参见[美]罗斯科·庞德:《法律史解释》,曹玉堂、杨知译,华夏出版社1989年版,第1页。

〔6〕 [美]本杰明·N.卡多佐:《法律的成长法律科学的悖论》,董炯、彭冰译,中国法制出版社2002年版,第4页。

纳入法治轨道。刑法修正案所遭受的非难很大一部分来自犯罪化，犯罪圈的不断扩张使得刑法典修改稍显频密，故而被视为是对刑法典稳定性的破坏。然而，犯罪化是否恰当，取决于现实国情以及犯罪态势。与国外不同，我国刑法仅将具有严重或比较严重的社会危害性的行为纳入犯罪圈。在风险社会背景下，基于社会治理的需要，人们对安全与秩序的渴望，以及对失范行为容忍度的降低，使适度犯罪化成为刑法发展必不可少的历史担当。实际上，刑法调控范围的大小不是由立法者的主观意志决定的，而是由许多客观因素所决定的，其中最主要的因素就是社会抗制犯罪的客观需要。[1] 刑法修正案一直将社会客观需要作为立法的基本标准，这突出体现在经济犯罪、公共安全犯罪、腐败犯罪、环境犯罪等类罪的立法中，逐渐扭转了我国刑事领域在某些方面“无法可依”的状况。

2. 刑法修正案兼具及时性与包容性。如果制定法变更不能、变更迟缓或放任法与社会的偏离，其结果也一定是法规范与社会的偏离。而且，由于社会构成的多样化与流动化，决定了即使形成了实定法规范，其内容也未必会毫无差别地为社会中的人们所接受。[2] 反法典论者认为，法典往往给人一种僵硬、刻板、滞后的印象。实际上，法典的概括性与原则性规定使其具备了相当的灵活性与变通性。法典编纂者清楚地意识到，立法者即使尽其最大努力也不能认识到所有问题的案件类型并予以判断，因而必然要给司法判决留有余地，即法律在不可预见的个别情况下的具体化和它对变化的社会需要的适应。[3] 为了缓解法典的原则性给司法带来的不便，大陆法系国家充分运用了法官的司法解释、司法判例以及法律学说。在我国，立法解释与司法解释则扮演了补充角色，指导性案例也在近年来发挥越来越大的作用。法典的概括性与原则性决定了及时性与包容性，并集中体现于刑法修正案。一方面，刑法修正案敏锐地察觉到犯罪态势的变化以及公众要求改进立法的愿望，及时修正刑法典。若修法幅度很大，会提请全国人大表决通过，若修法幅度不是很大或比较小，提请全国人大常委会表决通过。区别对待的方式使修法克服了不必要的烦琐，具有及时性。尤其是全国人大常委会表决通过的途径，较为简便快捷，其灵活性不逊于单行刑法与附属刑法。另一方面，刑法修正案给予刑法典足够的张力以涵盖新型犯罪。有论者认为，当新型犯罪的客体不能融入刑法分则现有客体类型中时，就不应运用刑法修正案模式。其实这种忧虑是多余的，概括性规定是法典生命力的重要来源，规则必须有弹性，才能将不断变化的事物囊括其中。[4] 法律规范、法律术语的语义开放性和结构空间开放性，已经给法律适用过程中不同社会主体之间的商谈和利益权衡提供了极大可能。[5] 客体无非是个人法益、社会法益和国家法益几种类型，一部成熟的刑法典必然要将这些法益纳入保护范围，故具体犯罪所侵犯的客体均能被刑法典涵盖。[6] 即便新型犯罪所侵害的客体具有复杂性，一时难以被现行

---

〔1〕 参见赵秉志：《刑法调整范围宜适度扩大》，载《检察日报》2004年3月25日。

〔2〕 参见[日]六本佳平：《日本法与日本社会》，刘银良译，中国政法大学出版社2006年版，第289页。

〔3〕 参见[德]K. 茨威格特、[德]H. 克茨：《比较法总论》，潘汉典等译，法律出版社2003年版，第139页。

〔4〕 参见[美]本杰明·N. 卡多佐：《法律的成长法律科学的悖论》，董炯、彭冰译，中国法制出版社2002年版，第115页。

〔5〕 参见李俭：《法律术语的社会符号学阐释——以“通常居住”为例》，载《浙江工商大学学报》2017年第4期。

〔6〕 参见赵秉志：《刑法立法研究》，中国人民大学出版社2014年版，第100页。

《刑法》分则所接纳,我们可以增设新的犯罪类型。如果条件成熟,还可以在全面修订刑法典时对《刑法》分则的客体类型进行重新梳理、安排,以适应新时代的要求。

四、余论

"在千百年的历史长河中形成的一个民族的法律观念或法律意识不可能在一夜之间发生质的改变,即使承认法律文化随着时代的变迁和社会的发展逐渐发生变化,但同时也不得不承认其变化十分缓慢。"[1]刑法修正模式的探讨应扎根于法律文化传统与现实国情。我国有悠久的刑法典编纂传统,且当前的刑法典足以应对急遽的社会变迁,故没有必要在"解法典化"的影响下盲目采用特别刑法模式,更何况一些国家已出现了从"解法典化"到"再法典化"的循环往复。当然,刑法修正案模式并非十全十美,仍存在一些瑕疵有待进一步完善,如立法与立法解释混淆、内部协调性欠缺、犯罪化标准需进一步明确等。但瑕不掩瑜,刑法修正案在刑法稳定性、统一性、体系化、权力限制以及法律普及方面远胜于特别刑法,而且亦拥有与特别刑法相当的灵活性、及时性,故应予坚持并逐步完善。

---

〔1〕 华夏、赵立新、[日]真田芳宪:《日本的法律继受与法律文化变迁》,中国政法大学出版社2005年版,第271页。

略论修订后刑法的“三严”*

通过学习和研究，笔者认为1997年修订后的《刑法》有“三严”，那就是严密法网、严格制度、严惩有方。

一、严密法网

1979年《刑法》在“宜粗不宜细”的思想指导下，规定的罪种比较粗疏，整个分则只有103条。如将选择式罪名按一罪计算，分则全部罪名只有110多种。1981年以来，国家最高权力机关通过单行刑事法律和附属刑法规范的方式，对刑法作了一系列的补充，新增的罪名约有150多种，虽然超过了刑法原有罪种数一倍多，但还不足以概括社会上新出现的许多犯罪。

这次对刑法的修订，分则条文增至350条，规定了许多过去从未规定的新罪，如恐怖活动组织犯罪（第120条），证券欺诈犯罪（第180条至第182条），洗钱犯罪（第191条），侵犯商业秘密犯罪（第219条），非法转让、倒卖土地使用权犯罪（第228条），煽动民族仇恨、民族歧视犯罪（第249条），计算机犯罪（第285条、第286条），黑社会性质组织犯罪（第294条），等等；加上对原来一些“口袋”罪（如投机倒把罪、流氓罪等）予以分解而重作规定的犯罪，共计新设的犯罪约有100种左右。这样，修订后刑法的罪种，总数达到360种以上，可以说是比较全面地反映了社会政治、经济、军事、教育、科技、文化卫生、婚姻家庭各个生活领域内所发生的形形色色犯罪的实际情况。特别是分则第三章破坏社会主义市场经济秩序罪有92个条文，分为生产、销售伪劣商品罪（11条），走私罪（7条），妨害对公司、企业的管理秩序罪（12条），破坏金融管理秩序罪（22条），金融诈骗罪（9条），危害税收征管罪（12条），侵犯知识产权罪（8条），扰乱市场秩序罪（11条）八节；第六章妨害社会管理秩序罪有91个条文，分为扰乱公共秩序罪（28条），妨害司法罪（13条），妨害国（边）境管理罪（6条），妨害文物管理罪（6条），危

---

* 本文原载于《政法论坛（中国政法大学学报）》1997年第2期。

害公共卫生罪(8 条),破坏环境资源保护罪(9 条),走私、贩卖、运输、制造毒品罪(11 条),组织、强迫、引诱、容留、介绍卖淫罪(5 条),制作、贩卖、传播淫秽物品罪(5 条)九节,其内容相当细致和周到。至于其他八章,虽未分节,但在各该类别犯罪的范围内,其罪种也相当完备。这样严密的法网,不仅符合罪刑法定原则的要求,也为废除 1979 年《刑法》第 79 条所规定的类推制度提供了充足的条件。我们相信,法网严密之后,如果司法工作进一步跟上,那么,任何敢于以身试法的犯罪嫌疑人、被告人,都将难以逃脱刑法的制裁。

二、严格制度

1997 年修订后的《刑法》,在总结 1979 年《刑法》实施 17 年经验的基础上,对一系列制度特别是属人管辖制度、正当防卫制度、量刑制度和行刑制度,作了更加严格的规定。

在属人管辖制度方面,1979 年《刑法》是采取有重点、有选择地管辖的做法。该法第 4 条规定:中华人民共和国公民在中华人民共和国领域外犯下列各罪的,适用本法:(1)反革命罪;(2)伪造国家货币罪,伪造有价证券罪;(3)贪污罪,受贿罪,泄露国家机密罪;(4)冒充国家工作人员招摇撞骗罪,伪造公文、证件、印章罪。第 5 条规定:"中华人民共和国公民在中华人民共和国领域外犯前条以外的罪,而按本法规定的最低刑为三年以上有期徒刑的,也适用本法;但是按照犯罪地的法律不受处罚的除外。"1997 年修订后的《刑法》,根据改革开放以来变化了的情况,即出国人员大大增多,侨居国外的人对祖国的法律也有进一步了解,及时对属人管辖的范围作了扩张的调整。1997 年《刑法》第 7 条规定,"中华人民共和国公民在中华人民共和国领域外犯本法规定之罪的,适用本法,但是按本法规定的最高刑为三年以下有期徒刑的,可以不予追究","中华人民共和国国家工作人员和军人在中华人民共和国领域外犯本法规定之罪的,适用本法"。

在正当防卫制度方面,主要是对防卫过当的构成条件作了更有利于防卫人的严格限制。按照 1979 年《刑法》第 17 条第 2 款的规定"正当防卫超过必要限度造成不应有的危害的",即属防卫过当,应负刑事责任。这个规定比较笼统,实践中常因对"必要限度"掌握得过严而将本来属于正当防卫的行为定成防卫过当,使防卫人的正当权益得不到应有的保护,并使见义勇为者望而却步。这不利于发扬正气,打击邪气。现实中对部分此类情况,由于是非不分,使得好人受气,坏人神气,有鉴于此,修订中对该条款作了较大的修改。1997 年《刑法》第 20 条第 2 款规定:"正当防卫明显超过必要限度造成重大损害的,应当负刑事责任,但是应当减轻或者免除处罚。"增加"明显"和"重大"的字样,防卫过当就不会轻易地构成。特别是 1997 年《刑法》第 20 条增设了第 3 款:对正在进行行凶、杀人、抢劫、强奸、绑架以及其他严重危及人身安全的暴力犯罪,采取防卫行为,造成不法侵害人伤亡的,不属于防卫过当,不负刑事责任。这就为正当防卫者尤其是见义勇为者撑了腰打了气,鼓励他们大胆放手地进行防卫反击,从而有利于动员社会力量加强同违法犯罪作斗争。

在量刑制度方面,对酌情减轻和累犯制度作了较大的修改;对缓刑的考察和撤销作了适当的修改补充。1979 年《刑法》第 59 条第 2 款规定:"犯罪分子虽然不具有本法规定的减轻处罚情节,如果根据案件的具体情况,判处法定刑的最低刑还是过重的,经人民法院审判委员会决定,也可以在法定刑以下判处刑罚。"1997 年《刑法》第 63 条第 2 款则规定:"犯罪分子虽然不具有本法规定的减轻处罚情节,但是根据案件的特殊情况,经最高人民法院核准,也可以在法定刑以下判处刑罚。”一是将“具体情况”修改为“特殊情况”,二是将“人民法院审判委员会决定”修改为“最高人民法院核准”,这样就使酌情减轻改变为特定减轻,当然在制度上也就严格得多了。有关累犯制度,1979年《刑法》第61条第1款规定:“被判处有期徒刑以上刑罚的犯罪分子,刑罚执行完毕或者赦免以后,在三年以内再犯应当判处有期徒刑以上刑罚之罪的,是累犯,应当从重处罚;但是过失犯罪除外。”1997年《刑法》第65条第1款则将其中“三年以内”修改为“五年以内”,使累犯从重的面有所扩大,这也是严的表现。1979年《刑法》第70条规定:“被宣告缓刑的犯罪分子,在缓刑考验期限内,由公安机关交所在单位或者基层组织予以考察,如果没有再犯新罪,缓刑考验期满,原判的刑罚就不再执行;如果再犯新罪,撤销缓刑,把前罪和后罪所判处的刑罚,依照本法第六十四条的规定,决定执行的刑罚。”1997年《刑法》第75条至第77条则规定,“被宣告缓刑的犯罪分子,应当遵守下列规定:(一)遵守法律、行政法规,服从监督;(二)按照考察机关的规定报告自己的活动情况;(三)遵守考察机关关于会客的规定;(四)离开所居住的市,县或者迁居,应当报经考察机关批准”,“被宣告缓刑的犯罪分子,在缓刑考验期限内,由公安机关考察,所在单位或者基层组织予以配合,如果没有本法第七十七条规定的情形,缓刑考验期满,原判的刑罚不再执行,并公开予以宣告”,“被宣告缓刑的犯罪分子,在缓刑考验期限内犯新罪或者发现判决宣告以前还有其他罪没有判决的,应当撤销缓刑,对新犯的罪或者新发现的罪作出判决,把前罪和后罪所判处的刑罚,依照本法第六十九条的规定,决定执行的刑罚”,“被宣告缓刑的犯罪分子,在缓刑考验期限内,违反法律、行政法规或者国务院公安部门有关缓刑的监督管理规定,情节严重的,应当撤销缓刑,执行原判刑罚”。从以上新旧规定的对比中可以发现:一是增设了被宣告缓刑的犯罪分子应当遵守的规定;二是把“由公安机关交所在单位或者基层组织予以考察”改为“由公安机关考察,所在单位或者基层组织予以配合”,增强公安机关的职能;三是把撤销缓刑的条件由“再犯新罪”一个条件修改补充为犯新罪,发现漏罪和严重违法三个条件;四是在缓刑考验期满要公开予以宣告。这些修改补充说明,缓刑制度确实趋于严格化了,这对于纠正社会上一些人所谓“判缓刑没事了”的观念是大有裨益的。

在行刑制度方面,严格化主要表现在以下几处:

首先,对管制、剥夺政治权利两种刑罚的执行作了从严的补充。1979年《刑法》第34条第1款规定:“被判处管制的犯罪分子,在执行期间,必须遵守下列规定:(一)遵守法律、法令,服从群众监督,积极参加集体劳动生产或者工作;(二)向执行机关定期报告自己的活动情况;(三)迁居或者外出必须报经执行机关批准。”1997年《刑法》第39条第1款则修改补充为:“被判处管制的犯罪分子,在执行期间,应当遵守下列规定:(一)遵守法律、行政法规,服从监督;(二)未经执行机关批准,不得行使言论、出版、集会、结社、游行、示威自由的权利;(三)按照执行机关规定报告自己的活动情况;(四)遵守执行机关关于会客的规定;(五)离开所居住的市、县或者迁居,应当报经执行机关批准。”其中第1、3、5项是修改;第2、4项是补充。从补充的两项内容来看,对管制刑的执行是明显从严了。这也是为了解除一部分人认为“管制管不住”的疑虑。1979年《刑法》对剥夺政治权利是指剥夺哪些权利作了规定(见该法第50条),但并未规定在剥夺政治权利期间应当如何执行。1997年修订后的《刑法》,除对剥夺政治权利所剥夺的权利内容略加修改外(见第54条),更重要的是增设了如下执行的条款:“被剥夺政治权利的犯罪分子,在执行期间,应当遵守法律、行政法规和国务院公安部门有关监督管理的规定,服从监督;不得行使本法第五十四条规定的各项权利。”(见第58条第2款)这说明,被剥夺政治权利的犯罪分子,不仅不得行使法律指明的那些权利,而且还须承担遵守有关监督管理规定、服从监督的义务。这当然也是更严了。

其次,关于减刑制度,1979年《刑法》第71条仅笼统地规定“被判处管制、拘役、有期徒刑、无期徒刑的犯罪分子,在执行期间,如果确有悔改或者立功表现,可以减刑”;1997年《刑法》第78条第1款则对“可以减刑”和“应当减刑”予以严格区别:“被判处管制、拘役、有期徒刑、无期徒刑的犯罪分子,在执行期间,如果认真遵守监规,接受教育改造,确有悔改表现的,或者有立功表现的,可以减刑;有下列重大立功表现之一的,应当减刑:(一)阻止他人重大犯罪活动的;(二)检举监狱内外重大犯罪活动,经查证属实的;(三)有发明创造或者重大技术革新的;(四)在日常生产、生活中舍己救人的;(五)在抗御自然灾害或者排除重大事故中,有突出表现的;(六)对国家和社会有其他重大贡献的。”1979年《刑法》对减刑的程序未作任何规定;1997年《刑法》第79条则对减刑的程序作了严格的规定:“对于犯罪分子的减刑,由执行机关向中级以上人民法院提出减刑建议书。人民法院应当组成合议庭进行审理,对确有悔改或者立功事实的,裁定予以减刑。非经法定程序不得减刑。”

再次,关于假释制度,与1979年《刑法》相比,1997年《刑法》有五处较大的修改:其一,严格限制突破实际执行刑期的最低限。1979年《刑法》第73条规定:“被判处有期徒刑的犯罪分子,执行原判刑期二分之一以上,被判处无期徒刑的犯罪分子,实际执行十年以上,如果确有悔改表现,不致再危害社会,可以假释。如果有特殊情节,可以不受上述执行刑期的限制。”1997年《刑法》第81条除将其中的“如果确有悔改表现,不致再危害社会”修改为“如果认真遵守监规,接受教育改造,确有悔改表现,假释后不致再危害社会的”外,更重要的是将“如果有特殊情节,可以不受上述执行刑期的限制”修改为“如果有特殊情况,经最高人民法院核准,可以不受上述执行刑期的限制”。这样,就从程序上对突破实际执行刑期的最低限作了极严格的限制。其二,针对某些危险的罪犯,作出了“不得假释”的新规定。1997年《刑法》第81条第2款规定:“对累犯以及因杀人、爆炸、抢劫、强奸、绑架等暴力性犯罪被判处十年以上有期徒刑、无期徒刑的犯罪分子,不得假释。”这是对1979年《刑法》无此限制的一个很大的修改。其三,1997年《刑法》第82条规定,假释的程序与减刑的程序一样进行。非经法定程序不得假释。其四,1997年《刑法》第84条新规定:“被宣告假释的犯罪分子,应当遵守下列规定:(一)遵守法律、行政法规,服从监督;(二)按照监督机关的规定报告自己的活动情况;(三)遵守监督机关关于会客的规定;(四)离开所居住的市、县或者迁居,应当报经监督机关批准。”这是对1979年《刑法》笼统规定被假释的犯罪分子“由公安机关予以监督”的一个具体化。其五,与缓刑的撤销一样,假释的撤销也不限于1979年《刑法》第75条规定的“再犯新罪”一个条件,如果发现漏罪或者具有严重违法行为,也应当撤销假释(见1997年《刑法》第86条)。

以上对减刑、假释制度所作的严格规定,目的是更好地维护人民法院判决的严肃性和稳定性,防止实践中可能出现的徇私滥用或草率适用减刑、假释的弊端。

最后,对时效制度中不受追诉期限限制的规定也作了修改补充。1979 年《刑法》第 77 条规定:“在人民法院、人民检察院、公安机关采取强制措施以后,逃避侦查或者审判的,不受追诉期限的限制。”1997 年《刑法》第 88 条则规定:“在人民检察院、公安机关、国家安全机关立案侦查或者在人民法院受理案件以后,逃避侦查或者审判的,不受追诉期限的限制。”“被害人在追诉期限内提出控告,人民法院、人民检察院、公安机关应当立案而不予立案的,不受追诉期限的限制。”这一方面是对逃避侦查、审判的犯罪嫌疑人、被告人的严厉警示;另一方面也是为了加强保护被害人,防止官僚主义和官官相护对被害人造成不利影响。

三、严惩有方

我国刑法是人民民主专政的工具,它的打击锋芒主要指向那些严重危害国家安全、严重危害社会治安和严重破坏经济的犯罪。这些犯罪属于刑法严惩的对象。

首先,刑法把背叛祖国,分裂国家,武装叛乱或暴乱,投敌叛变,间谍行为,资敌行为以及为境外的机构、组织、人员窃取、刺探、收买、非法提供国家秘密或情报等危害国家安全的犯罪,置于分则的首位,规定了较重的法定刑,对国家和人民危害特别严重、情节特别恶劣的,甚至可以判处死刑。1997 年《刑法》第 56 条第 1 款前半分句还规定,“对于危害国家安全的犯罪分子应当附加剥夺政治权利”;第 66 条第 1 句规定:“危害国家安全的犯罪分子在刑罚执行完毕或者赦免以后,在任何时候再犯危害国家安全罪的,都以累犯论处。”可见,危害国家安全罪作为性质最危险的一类犯罪,乃是我国刑法严惩的对象。严惩此类犯罪是为了保卫国家的主权、领土完整和安全,保卫人民民主专政的政权和社会主义制度,这是我国人民最根本的利益所在。

其次,故意杀人,抢劫,强奸,爆炸,放火,破坏交通工具、交通设施,劫持航空器,非法制造、买卖、运输、邮寄、储存枪支、弹药、爆炸物,拐卖妇女、儿童,绑架勒索,贩卖毒品等犯罪,严重破坏社会治安秩序,危害广大人民生命财产的安全,也是我国刑法严惩的对象。这些犯罪,法定刑一般都在 3 年有期徒刑以上,情节特别严重的,也规定有死刑。严惩这些犯罪,是为了维护社会的稳定和秩序,保护公民的人身权利、财产权利和切身利益。这也是广大人民迫切要求的。

再次,重大走私,伪造货币,生产、销售假药、有毒有害食品,集资诈骗,金融票据诈骗,信用证诈骗,虚开增值税专用发票以及重大的贪污受贿等严重破坏经济的犯罪,大挖社会主义的墙角,破坏社会主义市场经济秩序,有的还严重危害国家廉政建设,亵渎职务的廉洁性。对这些犯罪,刑法也规定了较重的刑罚,数额特别巨大或有其他特别严重情节的,也不排除有适用死刑的可能性。严惩这些犯罪,是为了维护社会主义市场经济秩序,保障改革开放和社会主义现代化建设事业的顺利进行。这是发展社会生产力的需要,是提高广大人民物质和文化生活水平的需要,是完全符合人民意志和利益的。

明确严惩的对象,有利于加大刑法打击的力度。当然,刑法不仅严惩那些应该严惩的犯罪,同时对一般性犯罪也要予以严肃对待,给予适当的惩罚。比如,对妨害婚姻家庭,交通肇事,重大责任事故,过失致人死亡,滥用职权或玩忽职守,以及一般性地侵犯公民财产权利等犯罪,刑法也都根据它们不同的社会危害程度规定了不同的法定刑。当然,与严惩的对象相比,它们的法定刑相对要低些,而且适用缓刑的可能性也更大些。这说明,严惩是有其范围的,不是对一切犯罪都要严惩。

最后,即使属于严惩的对象,也还有程度的差别。1997 年《刑法》第 5 条规定:“刑罚的轻重,应当与犯罪分子所犯罪行和承担的刑事责任相适应。”第 61 条规定:“对于犯罪分子决定刑罚的时候,应当根据犯罪的事实、犯罪的性质、情节和对于社会的危害程度,依照本法的有关规定判处。”严惩应该是惩罚力度和适度的统一。同是严惩的对象,由于犯罪的性质、情节和社会危害程度不同,由于罪前表现(如是否累犯)和罪后态度(如有无自首和立功表现)不同,落实到被判处的刑罚上也就可能有所不同。这正是严惩题中应有之义。

为了指明何种情况下量刑应当从严,修订后的《刑法》除了在总则设置教唆未成年人犯罪和累犯两个从重处罚的情节外,还在分则 26 个条款中,根据犯罪对象、犯罪主体、犯罪手段、犯罪时间等具有更大社会危害性的事实特点,设置了 26 个从重处罚情节。用设置法定从重处罚情节来规范量刑,无疑是严惩有方的直接体现。

论国家政治决策与刑法的变革*

一、历史回顾:国家政治决策与刑法变革关系之曲折历程

中华人民共和国成立前夕,中共中央于1949年2月22日发布了《关于废除国民党的六法全书和确定解放区的司法原则的指示》,指出:"国民党的六法全书应该废除。人民的司法工作,不能再以国民党的六法全书为依据,而应该以人民的新的法律作依据。"从此,新中国的刑法变革便开始了它曲折的历程。

(一)中华人民共和国成立初期(1949~1956年):国家的一些政治决策转化为刑法

1949年10月1日,中华人民共和国宣布成立,标志着中国的政权建设和法制建设进入了一个新的历史时期。新中国成立后,最初几年的主要任务,是有步骤地为实现从新民主主义到社会主义的转变而创造条件,没收官僚资本的企业并把它改造成为社会主义国营企业,统一财政,稳定物价,迅速恢复和发展国民经济,完成新解放地区的土地改革,镇压反革命活动,开展反贪污、反浪费、反官僚主义的"三反"运动,以及打退资产阶级进攻的反行贿、反偷税漏税、反盗骗国家财产、反偷工减料、反盗窃国家经济情报的"五反"运动。[1] 这些政治运动和政治决策,催生了一批单行刑法和一些附属刑法规范。运用这些刑法武器,有效地保证并推动了各项政治运动的开展和政治决策的贯彻实施。

在镇压反革命活动中,中央人民政府政务院、最高人民法院于1950年7月23日联合发布了《关于镇压反革命活动的指示》,对镇压反革命的基本方针、反革命犯罪及其处罚作出了规定。[2] 这是中华人民共和国成立初期处理反革命案件的主要法律根据。1951年2月20

---

* 本文原载于《法学杂志》2009年第1期,由高铭暄教授与孙晓合作完成。

〔1〕 参见高铭暄、赵秉志:《中国刑法立法之演进》,法律出版社2007年版,第31页。

〔2〕 参见中共中央文献研究室编:《建国以来重要文献选编(第1册)》,中央文献出版社1992年版,第358~360页。

日中央人民政府委员会通过了《惩治反革命条例》,该条例全文共有21条,对反革命罪的基本概念、具体罪名、相应的刑罚、从宽处理的情节、数罪并罚的原则、溯及既往原则以及类推制度等作了规定。

为了在全国范围内完成土地改革的任务,防止不法地主的破坏活动,为给惩治不法地主的犯罪活动提供量刑的规格和标准,新中国成立前后,实行土地改革的各大行政区的军政委员会先后颁发了惩治不法地主的单行条例,各地人民法庭依照这些规定,审理了一批破坏土地改革的不法地主案件,有力地保障了土地改革的顺利实施。

在"三反"运动中,为惩治贪污分子提供法律依据,中央人民政府委员会于1952年4月21日公布施行了《惩治贪污条例》,对贪污罪的概念、惩治贪污犯罪的政策原则、刑罚、法定情节等作了规定。[1]

1956年11月16日,为了给残余的反革命分子悔罪自新的机会,进一步孤立和肃清残余的反革命分子,动员一切可能动员的力量参加社会主义建设,全国人大常委会颁布了《关于宽大处理和安置城市残余反革命分子的决定》;[2]同日,全国人大常委会还公布了《关于对反革命分子的管制一律由人民法院判决的决定》,该决定对管制的判决和执行作了统一规定。[3] 除此之外,我国还颁布了其他包含刑事罚则的非刑事法律,例如,《消防监督条例》《爆炸物品管理规则》《国境卫生检疫条例》等。[4]

总体而言,这一时期,国家的政治决策推动了刑法立法和刑法变革,而刑法立法与刑法变革保障了国家政治决策的顺利贯彻实施,国家的政治决策和刑法变革之间基本上处于良性的互动关系之中。

(二)1957~1977年:国家政治决策代替刑法变革

自1958年以后,刑法立法和刑法变革受到了削弱,除了几个特赦令外,没有颁布单行刑法,即使在颁布的非刑事法律中,也极少包含刑法规范。

1966年以后,"文化大革命"的疾风骤雨,中国的法制建设遭到无视和践踏。"文化大革命"结束以后,在一段时间里,中国社会主义道路何去何从,尚处于困惑阶段。在这一阶段,国家立法机关没有颁布单行刑法规范,[5]刑法的变革无从谈起。

卢建平教授从政策与刑法关系的角度对这一时期进行了回顾,认为由于当时我们党对法律、法治的认识局限和制度缺陷,中华人民共和国成立初期那种"通过法律的统治"的努力很快就直接被党的政策甚或个人的命令所取代,从而走上了"通过政策的统治"或"通过

---

〔1〕 参见高铭暄、赵秉志:《新中国刑法立法文献资料总览》(上册),中国人民公安大学出版社1998年版,第108~111页。

〔2〕 参见高铭暄、赵秉志:《新中国刑法立法文献资料总览》(上册),中国人民公安大学出版社1998年版,第121页。

〔3〕 参见高铭暄、赵秉志:《新中国刑法立法文献资料总览》(上册),中国人民公安大学出版社1998年版,第123页以下。

〔4〕 参见高铭暄、赵秉志:《中国刑法立法之演进》,法律出版社2007年版,第37页。

〔5〕 参见高铭暄、赵秉志:《中国刑法立法之演进》,法律出版社2007年版,第37~38页。

运动的统治"之路。[1] 我们认为,这一判断是实事求是的。具体到国家政治决策和刑法变革的关系这一问题,可以认为,这一时期,国家的政治决策不再通过法律,包括刑法的变革去实施,而是本身代替了法律,可以想见,失去了法律的保障,国家的政治决策是难以得到正确贯彻实施的。

总体而言,这一时期,国家政治决策和刑法变革处于一种不正常的关系之中。受"左倾"思想的干扰,国家的一些政治决策不能顺应时代的潮流,而国家的政治决策的贯彻实施更是撤去了法律(包括刑法)这一有力的屏障,国家和民族的灾难成为必然。由此可知,历史的教训是深刻的。

(三)1978年至今:国家政治决策与刑法变革良性关系的逐步回归

1978年12月,中国共产党召开了具有历史意义的十一届三中全会,会议明确指出:"为了保障人民民主,必须加强社会主义法制,使民主制度化、法律化,使这种制度和法律具有稳定性、连续性和极大的权威,做到有法可依、有法必依、执法必严、违法必究。"[2] 党的十一届三中全会的精神,对于刑法变革无疑是极重要的指导和强有力的推动。1979年7月1日新中国第一部《刑法》获得第五届全国人大第二次会议的一致通过,中国1979年《刑法》宣告诞生。这也是中华人民共和国成立近30年第一次有了《刑法》。这不仅是新中国刑法史上的里程碑,同样也是新中国国家政治决策与刑法变革关系史的里程碑。从整体上说,1979年《刑法》确是一部保护人民、惩罚犯罪、维护社会秩序、保障改革开放和现代化建设的有力武器。但是,由于受当时历史条件和立法经验的限制,这部《刑法》不论在体系结构、规范内容还是在立法技术上,都还存在一些缺陷。为此,自1981年至1997年《刑法》通过前,全国人大常委会先后通过了24部单行刑法,并在107部非刑事法律中设置附属刑法规范,对1979年《刑法》做了多方面的修正完善,直至更为完善的1997年《刑法》的通过实施。

然而,国家政治决策与刑法变革的关系在此后的发展并不是一帆风顺的。特别是在"严打"期间,违背法律精神的现象并不罕见。

进入21世纪以后,依法治国、执法为民、以人为本的呼声日益高涨,法治文明不断发展,贯彻落实科学发展观,构建和谐社会成为时代的主旋律。2004年9月,中共十六届四中全会第一次把建设"和谐社会"放到与经济建设、政治建设和文化建设同等突出的位置,构建"和谐社会"已成为执政党社会建设的新理念,也成为在转型时期整合社会各种矛盾的新思路。[3] 这些顺应时代潮流的国家政治决策,必将对刑法的变革,对国家政治决策与刑法变革之良性互动关系起到极大的推动作用。

总体而言,这一时期,尽管有过曲折,但国家政治决策与刑法变革的良性互动关系逐步恢复和确立,国家日益昌盛,刑事法治日益发展。

---

〔1〕 参见卢建平:《新中国刑事政策与刑法关系的历史演变》,载赵秉志、郎胜主编:《和谐社会与中国现代刑法建设》,北京大学出版社2007年版,第230页。

〔2〕《中国共产党第十一届中央委员会第三次全体会议公报》,人民日报出版社1978年版,第12页。

〔3〕 参见卢建平:《新中国刑事政策与刑法关系的历史演变》,载赵秉志、郎胜主编:《和谐社会与中国现代刑法建设》,北京大学出版社2007年版,第237~238页。

回顾新中国国家政治决策与刑法变革关系之曲折历程,笔者感触良多。历史的经验告诉我们:国家的政治决策是国家顺应时代发展而作出的国家发展的宏观战略决策,它必然推动包括刑法在内的一系列方面的变革。政治决策是否顺应了时代的发展,政治决策是否良好,对刑法的变革至关重要;而政治决策是否依法(包括通过刑法变革)而推动,即国家政治决策是否在宪法和法律的框架下去贯彻实施,是国家政治决策能否顺利贯彻实施的关键所在。

二、现实分析:国家政治决策与刑法变革之关系中的问题

(一)国家政治决策的科学化、民主化需进一步加强

正确的国家政治决策是国家沿着正确方向发展的基础,也是刑法变革的前提。党的十六大报告全面阐述了政治建设和政治体制改革的主要任务,提出要改革和完善决策机制,提出,"正确决策是各项工作成功的重要前提",必须积极"推进决策科学化民主化"。各级决策机关要通过建立一系列制度规范来保证科学决策,"防止决策的随意性",而正确的政治决策离不开决策的科学化、民主化。我们的国家政治决策的科学化、民主化已经取得了巨大的进步,但与时代的发展和要求之间还存在一定差距。现实中还存在一些非民主、非科学的决策。有的地方和部门的个别领导们的"拍脑瓜"决策,由于缺乏民主基础和科学依据,有时尽管出发点是好的,但是,由于背离人民长远利益和违反科学规律,具有随意性和盲目性,因此,须进一步加强国家政治决策的科学化、民主化,以构筑刑法变革的稳固前提。

(二)刑法立法和刑事司法尚需进一步完善和改进

正确的国家政治决策推动下的刑法变革,应该在相对完善的刑法立法和刑事司法的基础上展开,而目前的刑法立法和司法中还存在许多问题。就"刑法"立法而言,刑法的基本原则还未得到深入的贯彻,有部分条文的设计并不符合罪刑法定原则的要求,而这极大地妨碍了罪刑法定原则在司法实践中的落实,甚至蕴含着从根本上动摇罪刑法定原则的危险。如某些犯罪具体构成要件的设计存在着结构性缺损,从而在《刑法》中留下了无法妥当处理的"规范真空地带",例如《刑法》仅仅把劫持航空器或者汽车的行为作为犯罪加以规定,而对实践中可能出现的劫持火车的行为却没有规定;罪名还未立法化;犯罪圈的划定还不尽合理;某些犯罪法定刑的配置缺乏合理性;《刑法》在相当一部分具体犯罪罪状特征的描述上,存在用语模糊不清的缺陷;刑罚之明确性方面也有许多不足。一些具体的制度,如单位犯罪制度(如国家机关作为单位犯罪主体的问题)、未成年人犯罪特殊处遇制度、正当行为制度尚需完善,还有刑种和刑罚结构的调整完善问题、死刑条款过多的问题、保安处分制度之建构问题,[1]等等。这些问题需要我们在以后的刑法立法工作中研究解决。

刑事司法中也存在诸多问题,如刑事司法不公正而引起当事人不满、不服,甚至引起群体性事件;违反现代刑事司法文明的刑讯逼供、轻信口供等现象还大量存在。这些现象,严重阻碍了现代刑事司法的文明进步,也动摇了刑法进一步变革的基础。

---

〔1〕 参见高铭暄、赵秉志:《中国刑法立法之演进》,法律出版社2007年版,第37~38页。

(三)国家政治决策推动刑法变革的主动性需进一步增强

从根本上讲,刑法的变革离不开国家政治决策的推动。在推动刑法变革方面,国家政治决策的推动力有着广阔的发挥空间。国家应通过政治决策而积极地、主动地推动刑法的变革。比如,在签署、批准国际公约之后,如何在国内刑法立法方面加以体现;又比如,在死刑的严格限制和部分废止方面,赦免制度的构建等方面,都有大量工作可做。国家政治领导人的审时度势、果敢、睿智,将在政治决策推动刑法的变革中起到至关重要的作用。

三、未来展望:国家政治决策与刑法变革之良性互动

在未来的国家政治决策与刑法变革之关系中,我们必须使两者处于良性的互动关系之中,即通过科学化、民主化的程序制定出符合时代和国际潮流、符合国家发展方向的政治决策,以此推动刑法的变革,并通过刑法的变革,使正确的国家政治决策得到有力的贯彻实施。

(一)国家政治决策的科学化、民主化

要健全民主制度,丰富民主形式,拓宽民主渠道,依法实行民主选举、民主决策、民主管理、民主监督,保障人民的知情权、参与权、表达权、监督权。推进决策科学化、民主化,完善决策信息和智力支持系统,增强决策透明度和公众参与度,在制定与群众利益密切相关的法律法规和公共政策原则上要公开听取意见,[1]这已成为执政党的一项政治宣言和政治决策。国家政治决策必须科学化、民主化,发挥普通民众和专家学者在国家政治决策中的作用,构建科学化、民主化的国家政治决策程序,从而为刑法变革铺设良好的前提条件。

(二)科学的刑法、和谐的刑法、人本的刑法

笔者认为,未来呈现于我们眼前的国家政治决策推动下的刑法变革的成果应是科学的刑法、和谐的刑法、人本的刑法。

1.科学的刑法

科学发展观指导下的刑法首先应是科学的。为此,我们须在刑法的科学性上下功夫。要追求刑法立法的科学性,要使刑法立法既具有现实性,又具有前瞻性;既具有概括性,又具有精密性;既具有传统性,又具有时代性;既具有民族性,又具有世界性;使我们的刑法立法成为世界各国刑法立法中的一道亮丽的风景线,一个可资借鉴的楷模。要顺应现代刑事司法文明的发展趋向,构筑既能够充分保障人权,又能够保护社会的现代刑事司法制度。科学发展观,第一要义是发展,为此,我们不能满足现状,实践永无止境,创新永无止境。要坚持解放思想、实事求是、与时俱进,勇于变革、勇于创新,永不僵化、永不停滞,[2]要不断进行刑法的变革,以时不我待之精神,审时度势,密切关注国家的政治、经济和社会的发展趋向,顺应世界文明发展的潮流,适应国际社会的要求,对刑法进行稳妥而又积极的变革。当然,前文已述,刑法的变革需要国家政治决策的主动性、积极性,但不可否认,刑法变革自身也有一个积极性和主动性的问题。我们要以更为积极、更为主动的姿态去推动刑法自身的变革,这是国家政治决策得到深入贯彻实施的保障,也是我们刑法学者义不容辞的使命。

---

[1] 参见胡锦涛:《在中国共产党第十七次全国代表大会上的报告》,载《人民日报》2007年10月15日。

[2] 参见胡锦涛:《在中国共产党第十七次全国代表大会上的报告》,载《人民日报》2007年10月15日。

2. 和谐的刑法

胡锦涛曾在党的十七大报告中指出，既要通过发展增加社会物质财富、不断改善人民生活，又要通过发展保障社会公平正义、不断促进社会和谐。要按照民主法治、公平正义、诚信友爱、充满活力、安定有序、人与自然和谐相处的总要求和共同建设、共同享有的原则，着力解决人民最关心、最直接、最现实的利益问题，努力形成全体人民各尽其能、各得其所而又和谐相处的局面，为发展提供良好的社会环境。和谐社会的构建离不开也必然要求和谐的刑法。在笔者看来，首先，和谐意味着平衡、协调，因此，和谐的刑法首先应是公平的、公正的、正义的刑法。不公正的刑法是不得人心或者说是难以深入人的心灵深处的刑法，因而也就不会是和谐的刑法。其次，和谐意味着内敛、比例和尺度，因而须有刑法有限论的观念，刑法应具有谦抑精神。最后，和谐还意味着事物各个部分本身的协调和各个部分相互之间的协调，因而，和谐的刑法要求有适中的犯罪圈；要求适度的刑罚化；要求协调的刑罚结构和体系；要求健全的保安处分制度；要求人权保障和社会保护之刑法机能的协调；要求注重环境犯罪，以求人与自然之和谐；要求关注区域刑法，以求中国各法域之间的和谐；要求关注外国刑法和国际刑法，以求中国与国际社会之和谐。刑法必须在上述诸方面作出深刻的变革。和谐社会的理念或曰政治决策，必将在未来的刑法变革和和谐刑法中得以充分体现和诠释。

3. 人本的刑法

科学发展观的核心是以人为本。必须坚持以人为本，全心全意为人民服务是党的根本宗旨，党的一切奋斗和工作都是为了造福人民。要始终把实现好、维护好、发展好最广大人民的根本利益作为党和国家一切工作的出发点和落脚点，尊重人民主体地位，发挥人民首创精神，保障人民各项权益，走共同富裕道路，促进人的全面发展，做到发展为了人民、发展依靠人民、发展成果由人民共享。[1] 这是对以人为本理念或曰决策的深刻而具体的阐释。以人为本要求人本的刑法，人本的刑法要求刑法关注民生，关注百姓疾苦，要求将刑法保护人权这一现代刑法的永恒机能始终放在重要的位置。要构筑能够切实保障人权的现代刑事法制度。司法工作人员要秉持正义和司法为民的理念，在刑事立案、侦查、起诉、审判、执行诸环节真正关注、关怀刑事侵害人和被害人。总之，我们的刑法立法、刑事司法既要合法，又要符合人性、常理。违反人性和常理，不符合人本的刑法立法和刑事司法绝不是优良的刑法和司法，是刑法变革的必然对象。

（三）符合中国国情而又走向世界的刑法

笔者还认为，科学的刑法、和谐的刑法、人本的刑法，最终应该是既符合中国国情而又能够走向世界的刑法。这应是我们衡量由国家政治决策推动以及刑法自身积极变革所共同取得的刑法变革之成果的最终标准，应使我们的刑法成为世界了解中国的一个窗口，使我们的刑法成为中国与世界对话沟通的一个广阔的平台。我们的刑法变革应立足中国土壤而又走在世界的前列，而这样的刑法变革和这样的刑法，又最终能够有力推动国家政治决策的贯彻实施。

---

〔1〕 参见胡锦涛：《在中国共产党第十七次全国代表大会上的报告》，载《人民日报》2007年10月15日。

四、结语

国家政治决策与刑法变革之关系问题既是一个政治问题,也是一个刑法问题。国家政治决策与刑法变革关系之历史告诉我们,两者必须要处于良性的互动关系之中。现实中两者关系存在的问题也使我们倍感协调两者关系的重要性和迫切性。国家政治决策要科学化、民主化,通过科学化、民主化的程序制定出符合时代和国际潮流、符合国家发展方向的政治决策,以此推动刑法的变革,使刑法成为科学的刑法、和谐的刑法、人本的刑法,最终是符合中国国情而又能够走向世界的刑法,从而使正确的国家政治决策得到有力的贯彻实施。

专题四　死刑的立法改革

当前中国死刑制度改革若干重大问题的建言*

在当代中国刑法制度中，从来没有哪一个问题如死刑一般受到如此大的重视，引起如此多的争议。有关死刑存废、死刑罪名设置、死刑适用程序、死刑复核等死刑制度中的许多问题，不仅在学术界激起了广泛的讨论，而且，在司法实务界、政治决策层乃至普通民众中，都受到了极大的关注。

然而，虽然对于死刑这样一个涉及最根本人权、触及最深层人性的问题，任何一个人都可能有不同的看法，但学术界近年来的研究还是逐渐达成了共识——中国当前应当严格限制死刑，并为将来的废除死刑作好铺垫，在此前提下，应当尽快实现死刑制度中一系列重大问题的改革。

我们对此表示赞成，并认为，在这一共识下，基于刑事法学者的职业责任，当前最需要做的，就是务实地对死刑制度中一个个具体问题展开研究，以为理论发展丰富内容，为实践完善建言。因此，我们不揣浅陋，在本文中对当前中国死刑制度中若干重大而亟须解决的问题提出我们的观点。

一、设置死刑的罪名应逐步减少

在新中国第一部刑法，1979 年《刑法》中，立法机关对死刑罪名的设置是相当慎重的，整部刑法共设置了 27 个死刑罪名，[1]其中，反革命罪 14 个，普通刑事犯罪 13 个。其后，1981 年通过的《惩治军人违反职责罪暂行条例》对军职罪规定了 11 个死刑罪名。因此，两者相加，可以认为，我国刑法在创制之初，死刑罪名为 38 个。

死刑罪名的膨胀始于 20 世纪 80 年代初，当时，由于改革开放及随

---

* 本文原载于《刑法评论》2006 年第 2 卷。

〔1〕 奸淫幼女与强奸妇女按强奸罪一罪名计算。

之而来的国内政治,经济、文化等各领域的深刻变化,各种严重扰乱社会治安、严重破坏经济秩序的犯罪骤然上升。出于打击犯罪的需要,国家颁布了一系列单行刑法,增设了大量死刑罪名。根据我们的统计,在1997年修订《刑法》之前,我国刑事立法中涉及死刑的罪名已达71个。[1]

在1997年修订《刑法》时,虽然许多学者疾声呼吁应当缩减死刑罪名,但立法“考虑到目前社会治安形势严峻,经济犯罪的情况严重,还不具备减少死刑的条件”。因此,对死刑罪名采取了“原则上不减少也不增加”的态度。[2] 虽然由于对某些罪名作了分解、合并或删除,减少了一些死刑,但同时也增设了某些新罪的死刑,因而从总体上说,死刑罪名并没有明显减少,1997年修订的《刑法》一共设置了68个死刑罪名。

(一)死刑罪名应当减少的理论辨析

在当前这样一个人权受到高度重视的国际国内环境中,我国刑法如此宽泛地设置死刑,明显不合时宜,成为《刑法》的一个最大缺陷。

死刑作为一种最严厉的刑罚措施,只能在极端的情况下适用,换言之,按照罪刑相适应原则的要求,能够适用死刑的罪名只能是性质极为严重的犯罪。因而,如果将死刑作为常规的刑罚手段,大面积地适用于各种犯罪,不符合死刑作为最严厉、最极端的刑罚措施的本质要求。

一方面,死刑的适用,意味着罪犯生命的丧失,因而,如果国家以剥夺罪犯的生命为代价,将死刑适用于过多的犯罪,必然无形中诱导漠视人的生命价值的社会理念,这显然也是现代法治国家不愿意看到的。

另一方面,虽然我国1997年修订《刑法》之前死刑罪名的膨胀与立法者希冀通过死刑的适用来控制犯罪、扭转社会秩序密切相关,但实践已经证明这种愿望并不切合实际。相反,当代越来越多的刑法学家开始认可这样的观点:死刑并不是预防犯罪的最佳手段。而我们认为,至少对于经济犯罪等许多非暴力犯罪而言,由于诱发犯罪的原因是多方面的、深层次的,因而,简单地对其配置死刑,并不能有效地遏制这些犯罪的发生,从而,在这些犯罪中设置死刑,其必要性也就存在置疑。

而从国际环境看,我国已于1998年签署了《公民权利和政治权利国际公约》。该《公民权利和政治权利国际公约》明确倡导废除死刑,对于保留死刑的国家,《公民权利和政治权利国际公约》第6条第2款规定:“在未废除死刑的国家,判处死刑只能作为对最严重的罪行的惩罚……”所谓“最严重的罪行”,按照《关于保证面临死刑者权利的保护的保障措施》(联合国经济与社会理事会1984年5月25日第1984/50号决议)所限定的标准,是指“有致死或者其他极其严重之后果的故意犯罪”。因此,我国当前宽泛地设置死刑罪名,尤其是对经济犯罪等非暴力性质的犯罪设置死刑,明显与国际人权公约的要求相冲突。

---

[1] 具体罪名参见高铭暄:《我国的死刑立法及其发展趋势》,载《法学杂志》2004年第1期。

[2] 参见王汉斌:《关于中华人民共和国刑法(修订草案)的说明》,第八届全国人民代表大会第五次会议,1997年3月6日。

此外,从国际社会其他国家的情况看,截至2003年底,83个保留死刑的国家中[1],绝大部分国家死刑罪名都在20种以下,并且许多国家的死刑仅仅适用于谋杀、叛国等重罪。如日本刑法中的死罪是18种;《韩国刑法典》中死罪有17种;美国的死刑罪名如果不重复计算,数量不过9种,并且有29个州的死刑仅适用于谋杀罪。拥有十多亿人口的印度也仅将死刑适用于对印度进行战争罪,帮助军人叛变罪、谋杀罪、无期徒刑犯在刑罚执行期间又犯谋杀罪、土匪犯谋杀罪等几种严重谋杀罪和两种军事犯罪。[2] 因此,与其他存在死刑的国家和地区相比,我国死刑罪名无论是绝对数量还是相对比例,都“位居榜首”。这显然也在一定程度上有损于我们树立社会主义法治国家的形象。

(二)死刑罪名减少的步骤分析

值得注意的是,基于我国死刑罪名趋多现状的忧虑,我国已经有许多学者开始了减少死刑罪名的努力,并提出了许多切实可行的减少死刑罪名的方案。例如,以赵秉志教授为代表提出的在现阶段废除非暴力犯罪的死刑,就是一条具有创见而又非常务实地减少死刑罪名的途径。

我们对此表示赞同,并认为,为有效地减少死刑,当务之急是必须废除经济犯罪中的死刑。当前,在我国死刑罪名中,经济犯罪的死刑罪名占有相当大的比重。仅《刑法》分则第三章破坏社会主义市场经济秩序罪一章就有16个死刑罪名,占死刑罪名总数近1/4,而一些学者进一步指出,《刑法》68个死刑罪名中,非暴力犯罪为44种,占所有死刑罪名的64.7%。[3]

因此,如果当前能有效地废除经济犯罪中的死刑,并以此为契机,进一步完全废止所有非暴力犯罪中的死刑罪名,就可以使我国《刑法》中的死刑罪名大致控制在20个左右,从而基本上与国际社会相协调,较好地实现限制死刑的目的。

二、适用死刑的标准应严格统一

死刑适用标准的不统一,已成为我国死刑制度中一个相当严重的问题。正如某资深法官曾忧心忡忡地指出:“(当前),将大部分死刑案件的核准权下放至31个高级人民法院和一个解放军军事法院行使,就有32个适用死刑的标准。”[4]

当然,值得肯定的是,最高人民法院已经下决心重新收回死刑复核权,这就意味着今后所有死刑案件都必须由最高人民法院最终裁量把关,毫无疑问,这对于死刑适用标准的统一是大有裨益的。

然而,我们又必须正视的是,即使最高人民法院收回了死刑复核权,但死刑的初审权却仍然归属于地方法院。因而,对于各行使死刑初审权的法院来说,仍然存在如何统一死刑适

---

〔1〕 参见大赦国际组织网站:www.web.amnesty.org/rmp/dplibrary,转引自梁根林:《中国死刑控制论纲》,载陈兴良、胡云腾主编:《中国刑法学年会文集(2004年度)第一卷:死刑问题研究(上册)》,中国人民公安大学出版社2004年版,第435页。

〔2〕 参见钊作俊:《中国死刑制度改革论纲》,载《甘肃政法学院学报》2005年第2期。

〔3〕 参见赵秉志:《论中国非暴力犯罪死刑的逐步废止》,载《政法论坛》2005年第1期。

〔4〕 周道鸾:《论从立法上和司法上严格限制死刑的适用》,载陈兴良、胡云腾主编:《中国刑法学年会文集(2004年度)第一卷:死刑问题研究(上册)》,中国人民公安大学出版社2004年版,第522页。

用标准的问题。如果不能实现初审法院死刑适用标准的统一,一方面就可能造成各地适用死刑的大量案件由于量刑过重需要纠正,最高人民法院不堪重负;另一方面又可能使许多应当判处死刑的案件在初审时由于量刑畸轻而未判处死刑,违背刑法面前人人平等的基本原则。因此,在最高人民法院即将收回死刑复核权的情况下,我们讨论死刑适用标准的统一,仍具有重大的现实意义。

当然,必须明确的一个前提是:我们之所以讨论死刑适用标准的统一,其根本出发点在于严格限制死刑的适用。因此,司法者应当牢固树立的一个理念是,对于死刑适用标准,应当是“宁紧勿松,从严掌握”。在此前提下,方可展开死刑适用标准统一的讨论。

我们认为,为实现死刑适用标准的严格统一,当前,应当从以下两个方面着手。

(一)明确死刑适用概括性标准的含义

对于死刑适用的标准,我国《刑法》第48条概括地规定为:“死刑只适用于罪行极其严重的犯罪分子……”这是适用死刑标准严格统一的立法基点。我们认为,《刑法》所规定的“罪行极其严重”,应当包括以下几个方面的含义:首先,从主观方面看,“罪行极其严重”意味着行为人的罪过必须是故意,并且,一般情况下,还应当伴有某种卑劣的犯罪动机或犯罪目的。其次,从客观方面看,“罪行极其严重”意味着行为人所造成的客观后果应当特别严重,即行为人必须造成了他人死亡或与此相当、相近的后果。最后,“罪行极其严重”应当还具有第三层次的含义,即必须是根据罪前、罪中、罪后的一系列因素,行为人的人身危险性极大。只有结合以上三方面考虑得出的都是肯定结论后,才能认为行为人的“罪行极其严重”。

然而,“罪行极其严重”还只是适用死刑的必要条件,并非充分条件,如果存在《刑法》总则中规定的死刑适用的某些消极条件,如犯罪时不满18周岁的未成年人或审判时怀孕的妇女等情节,同样不应当适用死刑。

(二)具体把握死刑适用的司法标准

在明确了刑法适用概括性标准的含义后,我们可以进一步讨论司法实践中具体案件的死刑适用标准。

立足我国当前司法体制,对于死刑适用标准的统一,最高人民法院具有不可替代的作用。在我国,历来存在最高人民法院通过司法解释指导下级法院的做法,并且,其实际效力也为下级法院所承认。而且,最高人民法院颁布司法解释,通常比立法机关制定法律时间更短、环节更加简单。因此,我们认为,对于死刑适用标准统一这样一个迫在眉睫的问题,比较可行而又最有效率的解决方法是:由最高人民法院以司法解释的形式颁布统一的死刑适用规则,同时辅以典型判例加以示范。

具体来说,根据我们的设想,由最高人民法院确立相对统一的死刑适用标准,可以通过以下途径进行:

对于死刑案件,我们大体上可以分为数额犯与非数额犯两类。所谓数额犯,也就是指刑法明文规定以一定的经济价值或者行为对象的物理量作为犯罪构成要件的一类犯罪形态。[1] 对于数额犯的死刑，犯罪数额理所当然地具有重要的作用，如毒品犯罪中的毒品数量、财产犯罪中的违法所得数额等。然而，数额又不能成为决定是否适用死刑的唯一标准，否则就会蜕变为"唯数额论"，陷入死刑适用标准中的误区。

也就是说，对于数额犯的死刑，必须既重视数额的作用，又不唯数额是从。在此基础上，本着严格死刑适用标准的目的，我们建议：最高人民法院可以对每一种常见的数额犯，都确定一定的数额基点，一旦低于该基点，就绝对不适用死刑；如果在这一犯罪数额基点之上，则有可能适用死刑，但也不一定适用死刑，是否适用死刑，还需要结合案件中的其他具体情节考虑。对此，最高人民法院可以以判例的形式加以具体指导。

而对于非数额犯的死刑，涉及的问题比数额犯更为复杂，不过，已经有司法实践工作者指出，当前适用死刑最多的案件主要是故意杀人案、故意伤害致死案、抢劫案。[2]（实际上，抢劫案件中，也涉及数额的问题，但由于刑法并没有规定以数额为成立犯罪的条件，因此，我们不将其视为数额犯）对于这些经常判处死刑的案件，我们建议，最高人民法院可以在对既有死刑判决进行分析、概括的基础上，归纳出一些常见的犯罪情节，明确在具有这些情节时，不判处死刑。这样，就以消极条件的形式，为不适用死刑划定了清晰的界线，防止死刑适用标准不统一而导致量刑畸重判处被告人死刑，[3] 而在死刑适用的消极条件确定后，最高人民法院同样可以以司法解释的形式，概括出一些常见的能够适用死刑的积极条件，并以司法解释的形式加以公布。例如，对于故意杀人罪适用死刑的积极条件，一般就可以从以下几个方面进行归纳：故意杀人造成1人以上死亡或者造成其他特别严重后果（如虽未造成他人死亡，但致使数人重伤或严重残疾的）；为实施其他严重犯罪而故意杀人或者故意杀人后再次实施其他严重犯罪的；故意杀人虽未造成他人死亡，但手段特别残忍的；采取危险性极大的方法故意杀人，致人死亡或者多人重伤等特别严重后果的；多次实施故意杀人，严重危害他人人身安全和社会治安秩序的；故意杀害尊亲属，社会影响恶劣或造成其他严重后果的；故意杀人后焚毁、肢解尸体的等。[4] 而对于这些积极条件、消极条件的具体应用，最高人民法院同样可以公布一些典型的判例，对其进行阐释、说明，以作为下级法院科处死刑时的参照。

综上所述，我们认为，在明确立法中死刑适用概括性标准的含义后，通过最高人民法院颁布死刑适用规则的方式，进一步将死刑适用的积极条件与消极条件具体化，并辅以典型判例阐释参照的形式，有可能最终实现死刑适用标准的相对严格统一。

三、二审死刑案件应一律开庭审理

死刑案件的二审程序，是死刑适用程序中的一个极为重要的环节。对于死刑案件的二审程序，最为重要的完善措施就是必须完全实现开庭审理。

---

〔1〕 参见唐世月：《数额犯论》，法律出版社2005年版，第22页。

〔2〕 参见王志辉：《审理死刑案件的若干问题》，载陈兴良、胡云腾主编：《中国刑法学年会文集（2004年度）第一卷：死刑问题研究（下册）》，中国人民公安大学出版社2004年版，第628～629页。

〔3〕 例如，1999年10月27日最高人民法院颁布的《全国法院维护农村稳定刑事审判工作座谈会纪要》中规定的"对于被害人一方有明显过错或对矛盾激化负有直接责任，或者被告人有法定从轻处罚情节的，一般不应判处死刑立即执行"，就较好地起到了限制故意杀人罪中死刑适用的作用。

〔4〕 参见赵秉志主持：《当代中国死刑问题聚焦》，最高人民法院中国应用法学研究所委托课题结题报告，第49页。

由于意识到死刑案件二审开庭审理的重要性,我们早在2004年5月湖南湘潭举行的"死刑正当程序"学术研讨会上,就提出了死刑案件二审必须一律开庭审理,并对此进行了详细的论证,认为对死刑案件实行二审开庭审理,有利于限制司法人员滥用权力,使司法公正最大化;有利于保障被告人的诉讼权利,使其完全充分地行使辩护权;有利于发现、纠正一审的错误裁判,有效地避免死刑错案的发生。[1] 该观点得到了学界的广泛认同。

令人欣慰的是,学者的呼吁得到了司法实务界的重视,在我们进行本文写作时,2005年12月7日,最高人民法院发出了《关于进一步做好死刑第二审案件开庭审理工作的通知》(以下简称《死刑二审开庭通知》),规定自2006年1月1日起,各高级法院在继续坚持对人民检察院抗诉的死刑第二审案件开庭审理的同时,对案件重要事实和证据问题提出上诉的死刑第二审案件,一律开庭审理,并积极创造条件,在2006年下半年对所有死刑第二审案件实行开庭审理。由此可见,根据《死刑二审开庭通知》的精神,死刑案件二审开庭审理的完全实现将指日可待。

对于刑事诉讼中二审案件的审理方式,我国《刑事诉讼法》第187条第1款规定:"第二审人民法院对上诉案件,应当组成合议庭,开庭审理。合议庭经过阅卷,讯问被告人、听取其他当事人、辩护人、诉讼代理人的意见,对事实清楚的,可以不开庭审理。对人民检察院抗诉的案件,第二审人民法院应当开庭审理。"但《刑事诉讼法》并没有对死刑案件的第二审作出特别规定,因此,在我国以往的司法实践中,对于死刑案件的第二审,除人民检察院抗诉案件之外,既可以开庭审理,又可以不开庭审理。

这种方式已经带来了很大的弊端,在一定程度上,正如我们已经分析指出的,某些影响很大的死刑冤假错案的发生,也与死刑二审的不开庭审理密切相关。[2]

因此,最高人民法院按照2005年发布的《人民法院第二个五年改革纲要(2004—2008)》的目标和要求,终于决定在2006年内全部实现死刑案件二审的开庭审理,可谓意义重大。

关于死刑二审的具体进行方式,最高人民法院还在《死刑二审开庭通知》第3条中指出:"各高级法院开庭审理死刑上诉、抗诉案件,应当重点审查上诉、抗诉理由以及法院认为需要查证的与定罪量刑有关的其他问题。在此基础上,严格依照刑事诉讼法的规定对第一审判决认定的事实和适用法律进行全面审查。要根据死刑案件第二审开庭的特点,完善第二审程序和开庭审理方式,确保案件质量,提高办案效率。"

此外,有关死刑案件证人、鉴定人的出庭,最高人民法院在《死刑二审开庭通知》第4条规定:"开庭审理死刑第二审案件,下列情形的证人、鉴定人应当出庭:(一)控辩双方对证人证言、鉴定结论有异议,该证言、鉴定结论对定罪量刑有重大影响的;(二)其他法院认为应当出庭作证的。"

对此,我们认为,虽然我国《刑事诉讼法》并没有强制所有证人都出庭作证,但由于死刑

---

[1] 参见高铭暄、朱本欣:《论二审死刑案件的公开审理》,载赵秉志、邱兴隆主编:《死刑正当程序之探讨》,中国人民公安大学出版社2004年版,第124~130页。

[2] 参见高铭暄、朱本欣:《论二审死刑案件的公开审理》,载赵秉志、邱兴隆主编:《死刑正当程序之探讨》,中国人民公安大学出版社2004年版,第124~125页。

案件关系到人的最重要的生命权利,而证人证言对于案件审理具有非常重要的作用,鉴定人的鉴定结论更是在某些情况下可能直接影响到被告人是否构成犯罪、是否应当判处死刑(如鉴定被告人是否具有刑事责任能力,是否为怀孕妇女等)。因此,在死刑案件二审程序中,证人、鉴定人除某些极为特殊的原因之外(如重病、死亡、因不可抗力无法出庭等),都应当出庭,接受控辩双方的询问、质证。当然,由于死刑案件往往涉及对一些极为凶残的暴力性犯罪的审判,因此,为尽可能实现死刑案件证人、鉴定人的出庭,必须加大力度保护证人、鉴定人及其近亲属的人身、财产安全,消除证人出庭作证的顾虑;并且,还应当确立对证人、鉴定人出庭给予一定经济补偿的制度。特别值得指出的是,由于鉴定人是经国家审核具有一定从业资格的人员,因此,一旦鉴定人无正当理由拒绝出庭,还可以视情节对其进行轻重不同的处罚。[1] 最终,通过各种配套措施的完善,使证人、鉴定人出庭得到充分实现。

四、死刑复核程序应当合理设计

死刑复核程序,同样是我国死刑制度改革中一个重要而敏感的问题。近年来,党和国家领导人以及最高人民法院负责人多次在正式场合表示,近期,最高人民法院将重新收回死刑复核权。[2] 因此,我们完全有理由相信,在不久的将来,下放20多年的死刑复核权,将重新由最高人民法院执掌。这将是我国近年来死刑制度改革最为重要的举措之一。

然而,当前面临的问题是,虽然死刑复核权重新回归最高人民法院大局已定,但由于死刑复核权下放太久,因而,一旦收回,一系列的具体制度、操作环节都需要重新理性设计。然而对于其中许多问题,学界并未取得一致的看法,因此,基于对死刑复核权回收进程的关切,我们有必要针对其中几个重要而又争论激烈的问题阐明我们的观点,并予以适当论证。

(一)死刑复核程序的审理内容

有关死刑复核程序审理的内容,当前学界主要讨论的是:死刑复核是仅进行法律审查还是既进行法律审查又进行事实审查?死刑复核是仅审查当事人及检察院、辩护律师提出的疑点、争议点还是全面审查?以下,我们分别谈谈自己的建言:

首先,死刑复核是仅进行法律审查还是既进行法律审查又进行事实审查?

我们认为,最高人民法院在进行死刑复核时,应当既审查事实问题,又审查法律问题。

诚然,如果死刑复核时仅仅进行“法律审”,可能使整个死刑复核程序更具有效率,但实际情况是,一些案件中,当事人争议或存在疑点的恰恰就是案件的事实问题,例如,在故意杀人案件中,被判处死刑人究竟有没有实施杀人行为,就很大程度上属于事实问题。此外,正如一些学者所指出的,在死刑案件中,很多事实问题与法律问题,往往是纠缠不清、难以分开的[3],例如,当事人对一审、二审采信的证据存在争议,并进而对证据所证明的案件事实存

---

〔1〕 参见施敏、黄晓华:《构建我国司法鉴定人出庭作证制度》,载《中国司法鉴定》2005年第5期。

〔2〕 例如,2005年3月14日,十届人大三次会议闭幕后,温家宝总理在答记者问时说道:“中国正在着手进行司法制度的改革,包括上收死刑的核准权到最高人民法院。但是出于我们的国情,我们不能够取消死刑。世界上一半以上的国家也还都有死刑制度,但是我们将用制度来保证死刑判决的慎重和公正。”此外,在该次人大会议上,最高人民法院院长肖扬也明确表示:死刑复核权要由最高人民法院收回。

〔3〕 参见《中国法学》杂志社、中国人民大学诉讼制度与司法改革研究中心举办“死刑复核程序专题研讨会”上,陈卫东教授的发言。

在不同意见,就很难说究竟是事实问题还是法律问题。

其次,死刑复核是仅审查当事人及人民检察院、辩护律师提出的疑点、争议点还是全面审查?

对于这个问题,一些学者主张,死刑复核在审理范围上应当仅限定在"被告人申请或人民检察院抗诉范围内",因为全面审查可能导致法官"走马观花、难以发现案件的疑点和错误"[1]。但是,我们认为,在死刑复核中,应当贯彻全面审查原则,即最高人民法院既应当审查案件中当事人及控辩双方提出的疑点、争议点,又应当对案件的其他问题进行审查。

贯彻全面审查原则并不意味着不让控辩双方提出案件的疑点及争议点所在,法官完全可以在倾听双方意见,并在双方充分阐述案件疑点和争议点的情况下,进行全面审查。实践中,案件的争议点、疑点也可能与某些并没有被双方视为争议点、疑点的地方密切相关,因此,在法官业务素质高的情况下,进行全面审查,不仅不会导致"走马观花、难以发现案件的疑点和错误",而且,更有利于法官综合全案发现案件事实与法律方面的疑点和错误。

(二)死刑复核的具体进行方式

死刑复核的具体进行方式,包括死刑复核究竟是采用开庭审理的方式还是不开庭审理,死刑复核中应当有哪些人员参与,各参与人员具体应当履行哪些职责等一系列问题,对此,我们从以下三个方面进行分析。

首先,死刑复核是否采用开庭审理的方式?

我们认为,死刑复核目前还不宜采取开庭审理的方式。这主要是因为,死刑复核,就其本质而言,是"核",不是"审"。因此,在死刑复核中,采用开庭审理的方式,似乎与"复核"的本意不符。不仅如此,更重要的原因在于,当前我国死刑案件数量较大,如果全部采取开庭的方式进行复核,有可能导致最高人民法院审判力量、工作安排等许多相关设施都不能保障,最终不堪重负。

其次,死刑复核是否需要人民检察院、辩护律师的参与?

对于死刑复核中是否需要人民检察院、辩护律师参与的问题,我们主张采取分别对待的做法,即对于检察院而言,由于检察院主要行使控诉的权力,因此,如果一审、二审检察院对案件事实与适用法律都没有异议,则死刑复核时,检察院可以仅提供书面意见,而不再出席复核程序。然而,如果检察院或律师任一方对案件事实或适用法律存在异议,检察院就应当出席死刑复核程序,陈述意见、接受辩方律师的询问并予以答复。对于律师而言,因为死刑复核是死刑执行程序之前的最后一环,因此,为保障被判处死刑人辩护权的充分实现,我们主张,在死刑复核中,必须有律师的参与,即在最高人民法院进行死刑复核时,必须为被判处死刑人提供具有一定执业资格、执业经验的律师,随时为被告人提供法律帮助,即使当事人因为经济贫困等原因无力聘请律师,也应当为其免费配备律师。

最后,死刑复核中是否需要提审被判处死刑人?

对于这个问题,我们认为,最高人民法院在进行死刑复核时,必须提审被判处死刑人。

---

〔1〕 参见樊崇义主编:《刑事诉讼法实施问题与对策研究》,中国人民公安大学出版社2001年版,第583、585页。

这应当是死刑复核程序公正的基本要求，如果在进行死刑复核时，不能提审被判处死刑人并对本人进行当面讯问，则整个死刑复核程序的公正性与必要性都将大打折扣。当然，在实践中，出于长途押送被判处死刑人可能造成安全方面隐患的考虑，可以采取由最高人民法院派人员到地方面见死刑犯，进行当面讯问的方式。

（三）死刑复核程序裁定结论终局性的问题

死刑复核程序裁定结论终局性的问题，即在最高人民法院经过死刑复核程序，对被判处死刑人作出死刑立即执行或不执行死刑的裁定时，人民检察院是否可以进行抗诉或当事人是否可以申诉的问题。

我们认为，任何案件，包括死刑案件，都必须存在一个终局裁判，即使死刑案件，也不能无休止地反复折腾。在中国现行司法体制下，最高人民法院作为最高审判机构，其作出的判决裁定当然具有终局性，因而，即使检察院或当事人对裁定结果存在异议，也不能再进行抗诉或提出申诉。

死刑替代位阶上无期徒刑的改良*

死刑"由于其所具有的天然特性,能广泛地满足执政阶层和普通民众的政治需求、报复情感和心理要求,因而具有至为久远的生命力"[1]。随着社会的进步和人权意识的加强,废除死刑已经成为一种国际趋势。中国也在为死刑的废除进行积极的努力。在立法上减少死刑和司法上限制死刑的适用,已成为国人的重要话题。经验表明,在立法上减少死刑罪名是渐进式废除死刑的根本措施;在司法中控制死刑的适用是实际上废除死刑的务实态度。然而,在尽量减少死刑适用的现实任务面前,需要有死刑的替代措施才能保证在死刑不适用的前提下,不至于无法处置"最严重的罪行"。死刑替代措施只有在这个层面上,也只能在这个层面上进行选择和构建。

一、死刑替代措施的概念及其定位

(一)死刑替代措施的概念

死刑替代措施,简单来说,就是在不适用死刑的情况下,应该采用来代替死刑的刑罚方法。从实质上看,死刑替代措施是对那些值得配置死刑的罪名,在不配置、不适用死刑的情况下,采用的可以起到替代死刑功能的措施。"如果某种犯罪原本就不是最严重的犯罪,但刑法却对该种犯罪规定了死刑,在废除该罪的死刑后所采用的相应的处罚措施,就不属于死刑替代措施的范畴,从而不是死刑替代措施这一课题研究的范围。"[2]

上述概念,说明了以下几层含义:

首先,死刑替代措施存在的前提,必须是"死刑"。这里的"死刑"从逻辑角度讲,是指《刑法》第33条第5项的全部内涵,它包括《刑法》

---

* 本文原载于《现代法学》2010年第6期,由高铭暄教授与楼伯坤合作完成。

[1] 肖世杰:《死刑立即执行制度替代措施初论——我国现阶段限制死刑的司法途径》,载《江淮论坛》2007年第2期。

[2] 李希慧:《论死刑的替代措施——以我国刑法立法为基点》,载《河北法学》2008年第2期。

第48条的死刑立即执行和死刑缓期执行。如果从特定国家的实际情况分析，中国与其他国家不同的是，在中国的《刑法》中规定了死缓，因此，从另一角度也可以把这里的“死刑”理解为“死刑立即执行”，即出现了可能适用死刑立即执行的罪名和可能判处死刑立即执行的罪犯时，如何从限制死刑的目的出发，以其他严厉刑罚措施来替代死刑。在此种情形下的死刑替代措施，可以包括死缓。它属于已经法定化、制度化了的死刑替代措施。本文侧重于从刑罚种类的角度考察死刑替代措施的含义。

其次，死刑替代措施存在的环境，是《刑法》中仍然有死刑刑种的规定，即在目前保留死刑的前提下，如何从立法与司法两个层面进一步限制死刑的适用。就立法层面而言，所要解决的是，在修改刑法立法、完善刑罚体系的视角下，如何以其他适当的刑罚措施来替代死刑，构建不规定死刑情况下的刑种设置和刑度配置；就司法层面而言，要求在制度上保障对于论罪本该处死的罪犯，如何尽可能不判处死刑，而代之以其他严厉刑罚措施。比较而言，在立法上对死刑替代措施的选择确立比在司法中运用死刑替代措施控制死刑适用更为重要。

最后，死刑替代措施不是孤立地存在的，无论是在立法上还是在司法中，死刑替代措施的设计及适用，都是与特定犯罪的性质及具体犯罪中的情节联系在一起的，这是保证死刑替代措施生命力的必要条件。死刑替代措施与特定犯罪性质的紧密联系，意味着当前主要应解决特定种类犯罪中的死刑替代问题。在立法上明确规定对哪些犯罪不适用死刑，而代之以其他刑罚措施；在司法中，对于特定的犯罪，出现了影响社会危害性和犯罪人人身危险性的某些法定、酌定从宽处罚情节时，不宜适用死刑立即执行，而应尽可能代之以其他刑罚处罚方法。

因此，在不规定死刑的情况下，用来替代死刑对付“最严重的罪行”的刑罚措施，与在规定死刑的情况下，为限制死刑的实际适用而可以用来对付“最严重的罪行”的刑罚措施，二者的实质是一样的。

(二)死刑替代措施的定位

1. 以刑罚体系为基础

刑罚体系是刑法规定的刑罚种类并按刑种轻重程度组成的序列。我国刑罚体系的确定，经历了一个刑罚种类由少到多，由不统一完备到统一完备，由不区分主刑和附加刑到区分主刑与附加刑，由分散规定到在各个单行刑法中规定再到集中统一规定于刑法典的发展过程。[1]

针对死刑缩减的现实需要，首先需要考察的是现行刑罚体系是否完善，足以胜任对不配置死刑的罪名和虽然配置了死刑但需要限制适用的场合，起到与死刑类似的刑罚效果。我们认为，中国刑法刑罚体系中主刑的规定是比较完善的(当然附加刑的种类还有待进一步完善)，从管制刑到死刑的刑种配备符合中国司法对付各类犯罪的需要。当前学界关于设置终身监禁、不定期刑的观点，其实就是“无期徒刑”的翻版，可以在无期徒刑的改革和完善中解决。

---

〔1〕 参见高铭暄：《中国刑法学》，中国人民大学出版社1989年版，第236～237页。

其次是对各刑种的完善。从死刑替代角度看,涉及需要完善的无非无期徒刑,在一定条件下也包括死缓。无期徒刑的完善将在本文第三部分详细论述。在此谈谈死缓的完善问题。有学者提出将死缓改成不得减刑、不得假释的终身监禁。[1] 我们认为不妥。一是死缓的存废是死刑的"内部问题",不涉及刑种的调整;二是死缓在中国贯彻"少杀、慎杀"的死刑政策中发挥着重要的作用,也为国际社会所称道,应当继续保留,不能被取消;三是死缓是给人以出路的有效措施。尽管实践中执行死缓制度存在这样那样的问题,尤其是认为死缓执行十余年后就使罪犯获得了自由,无威严可言。然而,这正是死缓制度存在的合理之处。如果将其改为"不得减刑、假释的终身监禁",反而扼杀了罪犯生存的希望,也不利于社会的和谐进步。

2. 以废除或限制死刑实际适用为前提

死刑替代话题的统一平台是"不适用死刑"。它包括两个方面:一是犯有"最严重的罪行",本应配置死刑,为履行联合国《公民权利和政治权利国际公约》的义务,立法上不配置死刑,直接确立替代死刑的刑罚措施,从而实现不适用死刑。据此,可以将我国现行刑法规定的68个死刑罪名分为三种情况处理:第一,对于传授犯罪方法罪和组织卖淫罪这两个罪,由于配置死刑明显不当,只要直接废除即可,而不需再设置替代措施;第二,对于背叛祖国罪、放火罪、决水罪、爆炸罪、投放危险物质罪、以危险方法危害公共安全罪、劫持航空器罪、故意杀人罪、绑架罪、抢劫罪、军人叛逃罪、战时残害居民罪等12个罪,与联合国《公民权利政治权利国际公约》的规定基本一致,属于"最严重的罪行",应当继续保留;第三,对其余54种犯罪的死刑应当废除,并以其他刑罚方法替代。[2] 二是"最严重的罪行"配置了死刑,但从控制死刑适用的刑事政策要求出发,司法上尽量不适用死刑,改处其他刑罚。此等意义上,无期徒刑是当然的替代措施,但从司法实际执行的意义上讲,死缓也是替代措施。

3. 在死刑不适用时,能够直接担当"最严厉"法定刑的角色,保持足够的威慑力,起到相当于"死刑"威慑力的作用,但不以剥夺生命为内容

在死刑不适用的前提下,什么刑罚是最能够担当"最严厉刑罚"的角色,各国的规定不完全相同。国外大多数废除死刑或实际不适用死刑的国家,其立法例中大致有两种措施:一是不得假释的终身监禁,其中又分有条件的终身监禁和无条件的终身监禁。有条件的终身监禁是指服刑满了一定的期限(如意大利规定为26年、加拿大规定为25年、德国规定为15年)才可以假释。二是无条件的终身监禁,即在刑法上没有假释可能性的终身监禁(当然可以通过大赦或者特赦赦免其罪或刑)。[3]

在我国,除了《刑法》第81条第2款规定的情形外,不仅没有不得假释的终身监禁,反而在无期徒刑有假释可能性之外,还规定对无期徒刑可以进行减刑,因此引发学者们的大胆设想,试图在无期徒刑之上再创设一个什么刑种。我们认为,这种愿望是好的,出发点也是正

---

〔1〕 参见辛科:《我国刑罚体系的重构》,载《江西公安专科学校学报》2007年第6期。
〔2〕 参见李希慧:《论死刑的替代措施——以我国刑法立法为基点》,载《河北法学》2008年第2期。
〔3〕 参见李希慧:《论死刑的替代措施——以我国刑法立法为基点》,载《河北法学》2008年第2期。

确的,但是,我们并不赞同。因为,在威慑刑时代,刑罚严厉性的比较可以通过对犯罪人生与死,或者在同样生的情况下,何者对其更能起到“痛苦”的作用程度来比较。而在法治进程到了较高文明阶段,在教育和预防为刑罚重要功能的今天,不能纯粹以罪犯的生死和痛苦作为唯一的甚至主要的考量因素。在某种情况下,给予希望的大小是改造罪犯的重要因素,它能够起到“弃暗投明”的效果。换言之,除实际执行死刑而被直接打入“黑暗地狱大门”的罪犯以外,对其他所有的罪犯都为其开启重新获得自由的大门,只是这个大门开启的程度不同,对犯有重罪、处在地狱与人间边缘的罪犯,为其开启的自由之门比犯有轻罪的罪犯小一些而已。因此,用一定的实际执行期来控制这个大门的缝隙是上佳的选择。由此,我们认为,在死刑实际不适用的情况下,“最严厉”的刑罚只能针对控制自由而为,只要具备严格控制自由的功能,就能够起到替代死刑的作用,而不是“准剥夺生命”的“关到死”。

二、无期徒刑是中国死刑替代的唯一刑种

(一)替代死刑的必须是死刑以外的最严厉的刑罚

联合国大会1966年12月16日第2200A(XXI)号决议通过的《公民权利和政治权利国际公约》第6条第2项第1句规定,“在未废除死刑的国家,判处死刑只能是作为对最严重的罪行的惩罚,判处应按照犯罪时有效并且不违反本公约规定和防止及惩治灭绝种族罪公约的法律”。该规定的宗旨是倡导各成员方均不规定死刑,这是原则。作为例外,死刑也只能对“最严重的罪行”适用。何谓“最严重的罪行”,该公约并未规定,结合中国实际,“最严重的罪行”可以指剥夺人的生命价值的杀人罪和可能致人于死的危害公共安全方面的犯罪,以及有可能直接致人死亡的危害国家安全方面的犯罪。

在罪刑等价、罪责刑相适应的原则指导下,选择合理的死刑替代措施,应当做到在严厉性程度上尽量与死刑匹配,只有这样才能够使司法者在作出判决时无须因量上过于悬殊而左右为难,也使得普通民众易于接受。[1]

(二)死缓不是刑罚种类意义上的死刑替代措施

死缓是我国的独创,它是死刑的执行制度,在死刑适用中发挥着重要的作用。这种认识无疑是正确的。在现实中,“单从刑罚的表面分类看,死缓与死刑立即执行同属于死刑,二者并没有多大差别,但是从执行的本质上分析,二者却存在着天壤之别”[2]。这种分析有一定的合理性。因为死刑缓期执行,确实在实质上起到了替代死刑立即执行的效果。“正是从此意义上说,为了能切实有效地落实我国‘少杀、慎杀’的死刑政策,严格限制死刑立即执行的适用,就有必要在刑事司法活动中尽可能较多地为死刑立即执行制度寻求功能性替代。显然,死缓制度完全满足这一条件,将之作为死刑立即执行制度的一种替代措施不但可行,而

---

〔1〕 参见赵秉志、郑延谱:《美国刑法中的死刑限制措施探析——兼及其对我国的借鉴意义》,载《江海学刊》2008年第1期。

〔2〕 张会清:《试论死刑的存废及我国刑罚体系的完善》,载《河北青年管理干部学院学报》2007年第1期。

且可取。"[1]我们先前把死缓纳入死刑替代措施就是从这个意义上说的。[2] 无视这一点也是不对的。当然,"将死缓作为死刑(立即执行)的替代措施只是一种权宜之计而已"[3]。

然而,从刑罚种类与刑罚制度的角度进行深层次分析,二者是不同的。讨论死刑的替代措施,不是讨论死刑的执行措施。这是逻辑思维概念统一的必然要求。有学者尖锐地指出,"尽管多数学者并非不了解死刑与死缓的关系,但是在限制死刑这个问题的表述上,'适用死缓以限制死刑'却是一种明显的错误表述"。[4]

同时,任何替代措施都应当具有独立性,当处于被替代物被替代的场合,被替代物就不再出现了。在死刑与死缓的关系上,如果死缓作为死刑的替代措施,那么当死刑被全部废除了以后,死缓是否还能够存在呢?答案是否定的。因此,在刑罚种类体系意义上,死缓是限制死刑适用的措施,而不是替代死刑适用的措施。这一点与无期徒刑不同,无期徒刑既是限制死刑适用的措施,也是替代死刑的措施。

(三)不得假释的终身监禁不符合"人总是可以改造的"的基本理念,也不符合"废除或限制死刑"的目的

因为废除或限制死刑,除了尊重生命不得人为处置的自然法则外,还在于"人是可以改造的"。当人的生命被消灭后,自然不存在"改造"的问题;适用死刑消灭生命,是漠视人性的弱点和人受社会环境因素影响的反映。

(四)无期徒刑是中国刑罚体系中仅次于死刑的刑种

无期徒刑是死刑废除讨论中特别予以关注的刑种,它属于与死刑相衔接的次位阶刑种。[5] 在讨论中国死刑替代措施的过程中,有一些学者看到了现行无期徒刑有期化的现象,认为其不足以与"高高在上"的死刑相衔接,在废除死刑或实际不适用死刑后,无期徒刑的威慑力及其刑罚效果与死刑根本无法比拟。这种担心是有一定道理的。

然而,任何一项刑罚措施的确立,都是有利有弊的。因为刑罚的功能不能完全排除报应的成分,而报应主义的施行,实质上就是"以恶制恶"的反映,恶报来自设置和采用报应手段的主体思想。因此,正视刑罚措施本身的弱点,是唯物主义和科学主义思想的必然要求。我们认为,替代措施的选择和设置要从本国的刑罚体系性结构中来考察,考察"各种刑罚方法在刑罚系统中的组合形式"[6]。从我国1979年《刑法》到1997年《刑法》适用的现状分析,我国规定的无期徒刑的适用总体效果是好的,它实际承担着死刑减轻处罚所赋予的重任,具有较强的威慑力。因此,只要通过适当改良,就能够产生足够的类似于死刑的威慑力。

---

〔1〕 肖世杰:《死刑立即执行制度替代措施初论——我国现阶段限制死刑的司法途径》,载《江淮论坛》2007年第2期。

〔2〕 参见高铭暄:《略论中国刑法中的死刑替代措施》,载《河北法学》2008年第2期。

〔3〕 肖世杰:《死刑立即执行制度替代措施初论——我国现阶段限制死刑的司法途径》,载《江淮论坛》2007年第2期。

〔4〕 黄伟明:《限制死刑与适用死缓关系之论辩》,载李洁等主编:《和谐社会的刑法现实问题(2007年度)》,中国人民公安大学出版社2007年版,第1157页。

〔5〕 参见高长富:《废除无期徒刑的思考——兼论相对不定期刑的替代性价值》,载《行政与法》2008年第6期。

〔6〕 赵秉志:《当代中国刑罚制度改革论纲》,载《中国法学》2008年第3期。

三、无期徒刑适应替代死刑需要应作的改良

（一）现行无期徒刑存在体系性缺陷

无期徒刑通常可以与终身监禁、无期惩役相提并论，[1]它是剥夺罪犯终身自由并监禁于一定场所的刑罚。随着死刑的限制乃至废除，无期徒刑作为一种选择或者替代的刑种，受到人们的重视。

在我国刑法中，无期徒刑是仅次于死刑的一种严厉的刑罚方法。它一方面作为分则中与死刑并列的选择刑，凡是规定了死刑的条款同时都规定了无期徒刑，以减少死刑的适用；另一方面，它又是某些严重犯罪的最高刑。无期徒刑是废止死刑后惩罚性最重的刑种。因此，在死刑减少甚至废止后，无期徒刑应充分显现其威慑力与优越性。然而，由于我国无期徒刑及其执行制度设计中固有的缺陷，不可避免地会引发人们对无期徒刑科学性的怀疑。

1. 无期徒刑缺乏应有的严厉性

如果废止死刑或者实际不适用死刑，那么，无期徒刑就成为最具威慑力的刑种。但是，我国现行的无期徒刑缺乏应有的严厉性。根据我国刑法，在无期徒刑执行期间，罪犯确有悔改或立功表现，可以减为有期徒刑，但屡次减刑后，实际执行的刑期不得少于 10 年；在实际执行 10 年以后，如果有悔罪表现，不致再危害社会，可以假释。因此，无期徒刑的罪犯经过减刑，相当于执行有期徒刑 10 年以上 22 年以下；或者无期徒刑的罪犯，除《刑法》第 81 条第 2 款规定的情形外，服刑 10 年后，如果没有再犯的可能性，就有假释的机会。这样设置虽然给罪犯一定的改过自新的机会，但是对于许多放火、投放危险物质等重大犯罪分子来说，他们只要经过 10 年的刑罚执行期，就可能通过假释等渠道重获自由。这 10 年的时间与约 79 岁的平均寿命相比是非常短暂的，而且年轻时犯罪的人到了中年可能就可以假释出狱，这对被害人及其家属来说是不容易接受的。因此，我国现有的无期徒刑制度不但不符合相应的责任刑罚，不利于实现惩罚功能，还违背一般国民的法律情感，大大降低了无期徒刑应有的威慑力，缺乏应有的严厉性。尽管这种后果一定程度上是由执行制度造成的，但它们无期徒刑现实应用的必要组成部分，属于无期徒刑体系内的范畴。

2. 无期徒刑缺乏应有的平等性

在现有无期徒刑制度下，贪污贿赂型犯罪分子相对于杀人、爆炸、放火等普通暴力型犯罪分子更容易取得减刑、假释的机会，从而产生无期徒刑执行上的“贫富差距”。因为在实践中，“确有悔改表现”或者“立功表现”和“不致再危害社会”仅是司法人员的一种判断，随意性较大，易于暗箱操作。贪污贿赂型犯罪分子更容易利用案发前的关系网或巨额的不法收入，千方百计地拉拢腐蚀管教干警，以达到减刑、假释的目的。换句话说，这些严重侵犯了国家廉政制度和公共财产权的犯罪分子，通常只经过短短 10 年的执行期就可以获得自由，重返社会，相比于其他普通的犯罪分子，贪污贿赂型犯罪分子的处境可能非常优越，这显然失去了同一无期徒刑执行上的平等性。

---

〔1〕 无期惩役是日本刑法规定的两种终身自由刑之一，另一种为无期监禁。

(二)无期徒刑的改良方案

无期徒刑的改良可以从多角度进行,[1]本文囿于主题的需要,仅从其在死刑替代位阶上进行论述。

1. 中国学界的观点

(1)设立无减刑、无假释的绝对性无期徒刑或终身监禁。有学者认为,"设立不可减刑、不可假释的终身自由刑是均等划分刑格的要求,能够缩小死缓和死刑立即执行之间过于悬殊的刑罚差距"[2],"对本该适用死刑的某些极其严重的犯罪情形,在废止其死刑后,禁止适用减刑或者假释。立法机关也可以在必要时,授权法官可根据犯罪人之罪行排除减刑、假释的适用"[3]。

(2)延长使用减刑、假释时无期徒刑实际执行的期限。如有学者认为,我国的死刑替代措施应是25年不得假释或者减刑后服刑期不得少于25年的无期徒刑;[4]或者认为无期徒刑经过一次或多次减刑后,其实际执行刑期不能少于20年,且其无期徒刑第一次减为有期徒刑的期间应为25年至35年;被判无期徒刑的犯罪分子必须实际服刑20年后才可以被假释;[5]涉及人身权利的犯罪,法院判处无期徒刑的,至少应当关押25年,[6]《刑法》第81条第2款规定的内容应保留,即对累犯以及因杀人、爆炸、抢劫、绑架等暴力性犯罪被判处十年以上有期徒刑、无期徒刑的犯罪分子,不得假释。[7]

(3)对无期徒刑设立15年左右的先予关押期。[8]

2. 对上述方案的评析

绝对性无期徒刑或终身监禁的方案取消了减刑、假释制度在无期徒刑中的适用,值得商榷。第一,绝对性无期徒刑的残酷性未必逊色于死刑。以绝对性无期徒刑取代死刑是在人的终身自由与生命之间画上价值等号,对于那些更崇尚自由的罪犯而言,无疑是加重了处罚。第二,有侵犯人权之嫌。现代文明条件下的刑罚所追求的人权保护要求国家在惩罚犯罪的时候,以一种人性的态度来对待罪犯,保障犯罪人应有的权利。国际社会各个人权文件几无例外地规定,任何死刑犯均有权请求减刑或者赦免,这是死刑犯的基本权利,因此,无减刑、无假释的绝对性无期徒刑不利于保障罪犯的基本权利。第三,片面地强调报应和惩罚,忽视对罪犯的改造。以"人本位制"的矫正主义取代"刑本位制"的报应主义是刑罚发展的方向。传统意义上的终身监禁的终极目的仅在于单纯地惩罚罪犯,带有明显的复仇与报应论倾向,不利于刑罚预防、矫正目的的实现。

---

[1] 如设置无期徒刑缓刑制也是学者提出的完善无期徒刑的观点。参见邱兴隆等:《刑罚学》,群众出版社1988年版,第205~206页。

[2] 赵琳、高蕴昕:《国际视角下的限制死刑论》,载《佛山科学技术学院学报(社会科学版)》2005年第2期。

[3] 邱兴隆等:《刑罚学》,群众出版社1988年版,第205~206页。

[4] 参见李希慧:《论死刑的替代措施——以我国刑法立法为基点》,载《河北法学》2008年第2期。

[5] 参见欧锦雄:《论死刑废止过渡期的刑罚阶梯》,载《浙江工商大学学报》2005年第3期。

[6] 参见张军:《中国现阶段很难全面废止死刑》,载搜狐新闻网,http://news.sohu.com/20050117/n223970063.shtml。

[7] 参见郑艳霞:《论死刑废止过渡期的刑罚体系改革》,载《法制与社会》2007年第8期。

[8] 参见王洪芳、静之:《无期徒刑取代死刑的思考》,载《四川警官高等专科学校学报》2002年第3期。

提高有期徒刑的最高刑,或者在整个无期徒刑设定固定的25年或者35年的实际关押期,都是改革完善刑罚体系的重要建议,有参考的价值。但是在不改变中国刑罚体系的大框架的背景下,比较务实的态度是只改良无期徒刑。因此,我们基本赞同第三种方案。为了弥补由于废除死刑所造成的刑罚严厉性下降的缺憾,确有必要延长减刑后、假释前无期徒刑实际执行的期限。但是提出该方案的学者们尚未对延长期限的现实性展开充分的论证,而且实际执行期究竟延长至多少年才合适,尚未达成共识,有待进一步的完善。这里着重需要解决以下两个问题:第一,无期徒刑中的减刑、假释制度有否使用之必要?第二,若有必要,则减刑后、假释前无期徒刑实际执行的期限究竟多少为适?只有明确完善无期徒刑的前提条件,才能正确提出解决问题之方案。

3. 我们的主张

由于死刑制度的反人权性和反价值性,从应然层面看,死刑应当被替代是不可避免的,并且其重要性也是非常大的。作为替代死刑的方法,本文提出设置无期徒刑先予关押期的方法:先予关押期的期限为10年,在这个期限内,罪犯一律不得被减刑或假释,待关押期届满后,再根据罪犯的悔罪、立功情况和人身危险性强弱综合考虑是否给予减刑、假释。理由主要有以下几点:

(1)能够保持无期徒刑的严厉性,真正发挥无期徒刑"无期"的威慑力。因为无期徒刑的威慑力在于其可以剥夺犯罪分子的终身自由,如果无期徒刑事实上不具有无期性,无期徒刑的威慑力也就得不到发挥。"如果要将无期徒刑真正作为减少死刑或作为死刑替代措施的刑种,保持无期徒刑的无期性就值得给予考虑。只有这样,将不是罪大恶极的犯罪人判处无期徒刑,其无期徒刑的这种严厉性才可以作为死刑的替代措施而较容易得到国民的认可,这样的无期徒刑的适用,才可以成为死刑的替代而真正减少死刑的适用。"[1]为此,有学者提出"在一般情况下对被判处无期徒刑的犯罪分子不允许减刑,假释;或者在对其减刑,假释时延长其服刑的期限,严格其减刑,假释的程序"[2]。根据我们的设想将被判处无期徒刑的罪犯在获得首次减刑或者假释之前先予关押10年,10年以后才可考虑按照减刑制度予以减刑,即减刑后实际执行期限为20年以上30年以下,或实际执行至少20年后才能假释。这样就能更好地剥夺和限制罪犯的再犯能力,确保法律威慑力的持久性,有利于一般预防,减少犯罪。

(2)有利于与有期徒刑的衔接。根据《刑法》的规定,有期徒刑的期限为6个月以上15年以下,数罪并罚不得超过20年。而无期徒刑减为有期徒刑的最少执行期为10年,低于最初判处的有期徒刑的刑期,不符合刑罚无期徒刑高于有期徒刑的梯度。笔者主张先予关押10年,将无期徒刑减为有期徒刑后的最少执行期提高到20年,略高于有期徒刑最高的15年,既区别于有期徒刑,又能与有期徒刑顺畅地衔接。

---

〔1〕 李洁:《死刑限制:中国必需的观念转变与制度调整论纲》,载李洁等主编:《和谐社会的刑法现实问题》,中国人民公安大学出版社2007年版,第753~754页。

〔2〕 张会清:《试论死刑的存废及我国刑罚体系的完善》,载《河北青年管理干部学院学报》2007年第1期。

(3)维护无期徒刑执行上的平等性。将罪犯先予关押10年,在这个期限内,罪犯一律不得被减刑或假释,这就避免了罪犯,尤其是贪污贿赂型犯罪分子因权势或金钱,将减刑、假释作为减轻逃避法律制裁的路径,从而使每一名罪犯平等地接受应有的惩罚。

(4)10年的先予关押期具有科学性与合理性。第一,一个国家关于无期徒刑假释最低服刑期限的规定要受该国法律文化传统,人均寿命及改造犯人的综合水平等诸因素影响。过短,有损法律的尊严,难以达到刑罚惩罚罪犯之目的;过长,虽然可以长期剥夺犯罪能力,但限制了减刑、假释的适用率,不利于罪犯的改造及重返社会。10年的关押期不长不短,是实现惩罚与教育目的之方法的辩证统一。第二,根据《刑法》,无期徒刑只有在实际执行10年以后才能假释或者屡次减刑后实际执行刑期不得少于10年,假释后的考验期也规定为10年。可见,立法者倾向于将10年视为处理无期徒刑的一个门槛,这固有其选择上的合理性。所以将先予关押期的期限设置为10年,在立法思路上具有延承性。

有学者提出以犯罪人入狱时的年龄为基点,规定相应的关押期。但是考虑到不同年龄段的罪犯再犯可能性或再犯能力及其改造所需时间的长短不一定不同,而在同一年龄段也不一定相同,个体间的差异较难把握,因此,以统一的10年作为关押期,便于司法操作。

至于设立10年的关押期,罪犯出狱后会不会不适应社会,笔者认为这要做好罪犯回归社会的一系列工作,如对其进行有针对性的、适应社会发展需要的文化知识教育和技术技能培训。毕竟,我们对罪犯执行无期徒刑的目的不只是保留其生命,让其简单地活着,更强调的是建立一种改造氛围,让其看到重获自由的希望,自觉接受教育改造,并尽可能地使其在出狱后与时代的变化相适应。

四、适应无期徒刑改良的配套制度完善

(一)调整无期徒刑的减刑、假释制度

减刑、假释制度的设立和调整主要涉及四个问题:一是什么刑种可以减刑、假释;二是何时可以开始减刑、假释;三是减刑、假释应当具备什么条件;四是减刑、假释的限度。

根据我国《刑法》第78条、第81条的规定,无期徒刑是被纳入减刑、假释的刑种范围的。在减刑、假释的其他条件上与有期徒刑相同,所不同的是限度。无期徒刑减刑、假释后实际的执行刑期不能少于10年,有期徒刑是原判刑期的1/2。如果按照有期徒刑减刑、假释实际应执行刑期的计算方法反推,刑法寓含无期徒刑的刑期为不低于20年。因此,有学者提出应以25年为宜。

就减刑来说,国外有立法可资借鉴。如越南刑法规定,对于单独科处终身监禁者应当在执行12年以后才可以进行首次减刑;对于合并执行刑期为终身监禁者,应当实际执行20年后才可进行减刑。保加利亚刑法也规定,对于被判无期监禁者,必须实际执行的刑期不少于20年时,才可以减刑。我们认为,如果将我国无期徒刑首次减刑的时间确定为实际执行10年之后,那么就是先予关押10年,然后根据表现进入减刑程序。根据最高人民法院《关于办理减刑、假释案件具体应用法律若干问题的规定》,被判处无期徒刑的罪犯在执行期间,如果确有悔改表现或者有立功表现的,服刑2年以后,可以减刑,根据不同的情况可以减为20年有期徒刑或者18年有期徒刑或者15年有期徒刑。由于每次减刑都是经过一段时间的监管

考察的,当第二次减刑时,至少已经执行刑期13年~14年了,而罪犯的余刑还有18年或16年或13年,因此,即使减刑次数最频繁,一般无期徒刑实际执行的刑期也在22年左右。考虑到适用无期徒刑的对象不同,有的是罪该处死的犯罪不适用死刑立即执行,从死缓减为无期徒刑或直接适用无期徒刑的,有的是法定最高刑就是无期徒刑的,这表明配置死刑的犯罪比不配置死刑的犯罪的社会危害性要大,因此,我们建议在立法上对减刑制度作修改,将其规定为:对因故意杀人、抢劫、强奸、绑架、放火、爆炸、投放危险物质或者有组织的暴力犯罪以及累犯,被判处死刑缓期2年执行的犯罪分子,在死缓减为无期徒刑后10年内不得再减刑;对于犯有最严重的罪行而被判处无期徒刑的犯罪分子应当在先予实际执行10后始能减刑,经过减刑实际执行的刑期不得少于25年;其他被判处无期徒刑的罪犯,先予执行10年始能减刑,经过减刑实际执行的刑期不得少于20年。这样做,可以确保无期徒刑的威慑力不至于被减刑所弱化。

就假释来说,我国《刑法》第81条第1款规定:"……被判处无期徒刑的犯罪分子,实际执行十年以上,如果认真遵守监规,接受教育改造,确有悔改表现,假释后不致再危害社会的,可以假释。如果有特殊情况,经最高人民法院核准,可以不受上述执行刑期的限制。"这一规定表明,即使严格按照"被判处无期徒刑的犯罪分子实际执行10年以上才可以假释"掌握,也不能体现立法设置无期徒刑这一刑种的初衷。按照我们的设想,如果对无期徒刑的犯罪分子先予关押10年,再按照现行的假释程序,实际执行的刑期在20年以上,相对能够保证无期徒刑不至于因假释而丧失应有的威慑力。为此,需要对假释条款作出修改,"对于犯有最严重的罪行因限制死刑适用而被判处无期徒刑的犯罪分子,或者被判处死刑缓期二年执行减为无期徒刑的犯罪分子,应当先予执行10年始能进入考察程序,如果认真遵守监规,接受教育改造,确有悔改表现,假释后不致再危害社会的,再执行15年后可获准假释;其他被判处无期徒刑的罪犯,再执行10年后可获准假释。如果有特殊情况,经最高人民法院核准,可以不受上述刑期的限制"。与此相适应,在立法上应当删除《刑法》第81条第2款"对累犯以及因杀人、爆炸、抢劫、强奸、绑架等暴力性犯罪被判处十年以上有期徒刑、无期徒刑的犯罪分子,不得假释"的规定。

上述为"犯有最严重的罪行"而被判处无期徒刑罪犯设置的减刑、假释制度的内容,是基于死刑替代的立场考虑的,也可以说是在死刑还存在的情况下的一种特别处理办法。等将来死刑彻底废除了,这种带有替代性质的无期徒刑的减刑、假释制度也就不需要存在了。

(二)完善死缓制度

死缓是无期徒刑可能适用的前提之一。因此,要使改良后的无期徒刑发挥作用,必须改善死缓制度,使死缓的最终归宿尽可能多地向无期徒刑(甚至有期徒刑)发展,少向实际执行死刑的方向发展,共同担负缩减死刑的重任。

根据我国《刑法》第50条的规定,判处死刑缓期执行的犯罪分子,在死刑缓期执行期间,应当分三种情形处置:(1)没有故意犯罪的,在缓期执行2年期满以后,减为无期徒刑;(2)如果确有重大立功表现,在缓期执行2年期满以后,减为15年以上20年以下有期徒刑;(3)如果故意犯罪,查证属实的,由最高人民法院核准,执行死刑。但实际操作中,这样的规定也还存在一些问题，为此，建议对刑法条文作出修改：

1. 将死缓执行死刑的前提条件"故意犯罪"修改为"故意犯应处三年以上有期徒刑之罪的"。这样，对虽然是故意犯罪，但处刑不满3年有期徒刑的罪犯，仍然可以减为无期徒刑，而不适用立即执行死刑的规定，避免死缓期间故意犯罪被"一刀切"全部执行死刑。

2. 将死缓期间"没有故意犯罪并有立功表现的"，作补充规定，减为18年以上20年以下有期徒刑，以与单纯"没有故意犯罪"减为无期徒刑和单纯"有重大立功表现"减为15年以上20年以下有期徒刑所减的刑期相区别。

3. 增加规定死缓期间"既有严重的故意犯罪，又有重大立功表现的"规定。可以分别情况先考虑重大立功的情况，将其刑期减为15年～20年有期徒刑；再对故意犯罪与死缓减刑后的刑期按照《刑法》第71条的规定执行，以鼓励立功，并减少死刑的执行。

专题五　刑法立法的新发展

风险社会中刑事立法正当性理论研究*

正当性是指某种事物存在的合理根据。刑事立法的正当性，是指立法者对某种危害社会的行为作犯罪化与非犯罪化的设定时，应当符合正义观念、具有内在合理性的根据。目前，我国刑法学界形成的关于风险社会刑法立法比较一致的合理原则是：现代刑法面对危及社会安全的风险行为应当有积极的反应，必须进行自身调整，包括定罪标准、归责原则、刑罚功能等，即在社会整体的变迁过程中重新定位科技进步、文明发展与刑事立法的协调互动关系，并经由这样的调整，使得刑法立法一方面坚持传统刑法的基本品质，另一方面又眷顾社会发展，在体现刑法惩罚害恶、恢复公平正义的同时，发挥现代刑法维护社会安全秩序的控制目的。这样的道理表述出来似乎是一个完满的理论命题，然而刑法对风险社会的干预如何获得正当性，最终还是要通过刑事立法表现出来并得以实现。在立法实践中，如此完满的理论逻辑带来的直接后果是，刑事立法者在“自由与秩序之间”“报应与功利之间”的权衡中左右顾盼，在犯罪化与非犯罪化的抉择中焦灼不堪。因此，如何在立法上实现上述原则，恰当地处理刑法理论原则与维护社会安全秩序的对峙与矛盾、合理地划定犯罪圈，才是问题的关键。本文正是从我国刑事立法实践出发，在阐述风险社会刑事立法处境与回应的基础上，探讨刑事立法的正当性根据，即划定犯罪圈、区分犯罪化与非犯罪化的合理依据。

一、风险社会中刑事立法正当性概述

（一）刑事立法正当性问题的实质

风险社会中，刑事立法正当性问题的实质在于刑法将一个危险行为作入罪化处理或者使刑罚提前到来的合理依据，即在什么样的情形

---

* 本文原载于《法学论坛》2011 年第 4 期。

下,必须动用最严厉的刑法来保障社会安全;刑事立法在不得已突破刑法基本原则提早动用刑罚时,必须受制于哪些因素的制约。德国学者将刑事立法的正当性问题描述成这样一个命题:刑法在什么范围内处于这样一种境地,需要以其传统法治国的自由的全部手段,其中也包括法益概念,来克服现代生活的风险(例如,以核材料的、化学的、生物的或者遗传技术方式造成的风险)。学者普里查德(Prittwitz)指出,在运用刑法与风险作斗争时,必须保护法益关系和其他法治国的归责原则,在无法做到这一点的地方,刑法的干涉就必须停止。"为刑法提供的空间,仅仅是能够把风险决定看成是具体正义之处。"[1]学者施特拉腾韦特(Stratenwerth)认为,一种纯粹功能性的刑法是不可取的,这种刑法企图在忽视传统的法治国保障的前提下,仅仅实现一种最有效的防御威胁人类未来风险的目的,应当超越与人类中心思想紧密相连的法益保护观念,并且在诸如环境或者遗传技术的问题上,把生命关系当作这样一种利益来保护。[2] 德国刑法学者所说的法治国保障,其实就是指传统刑法理论的基本观念与原则,认为用刑法手段干涉社会生活不能肆无忌惮而不受基本原则的制约。在这里,学者把论证落脚在法益概念上,将法益侵害作为犯罪化正当性的依据,并将刑法保护法益的界限归结为刑事政策性准则,法益侵害与刑事政策共同构成了刑事立法正当性的依据。由此,立法的正当性问题最终求助了政策的正当性。在中国,有学者将传统刑法的基本观念与风险社会的刑法应对视为原则与例外的关系,认为刑事责任基本原则构成现代刑法的根基,有必要以此对当代刑事决策中日趋强烈的功利倾向予以抵制,但这不意味着有理由固守原则,原则不是神明也非生活世界的边界,它只构成法律运作中的决策基点。只要必需、可行并且结果好,任何原则都可以存在例外,对原则与例外之间的关系作这样的处理,将是风险社会刑法发展的合理选择。[3] 由此可见,对刑事立法的正当性的寻求必然不能脱离社会政策,当人类无法凭借技术手段获得正当性证明的时候,社会的需要就是一个软标准,只是这个软标准要受制于刑法基本原则的制约。刑法是社会的,必然要随着社会变迁而发生相应的嬗变,历史中的犯罪论表明,犯罪论的体系构建从来都不只是理想化的结果,而是时代的产物。刑法唯有满足并符合当时社会基本特征的要求,才能从社会中、从一般民众那里获得普遍遵守的力量。刑法也唯有时时关注民众的所思、所想、所愿,才能不断修正自己的方向,从而始终与社会同步。[4]

(二)刑事立法实现正当性的局限性

在风险社会中,刑事立法面临着诸多技术上的难题。例如,如何在刑法上定义行为或者产品的危险性,以便将其与一般违法行为的危险性相区别?刑法应当在行为的何种阶段介入其中?刑法惩罚的是危险的原因行为还是结果行为?责任由谁承担,是制造风险的人还是从中受益的人?对危险后果的补偿方式由什么决定?在一个关于环境风险充满盖然性的世界里,什么才是认定犯罪充分的证据……刑法立法正当性的获得必须仰赖对这些问题的

---

[1] Prittwitz, Strafrecht und Risiko, 1993, 384.

[2] See Stratenwerth, Zukunftssicherung mit den Mitteln des Strafrechts, ZStW105(1993), 679.

[3] 参见劳东燕:《公共政策与风险社会的刑法》,载《中国社会科学》2007 年第 3 期。

[4] 参见许发民:《风险社会的价值选择与客观归责论》,载《甘肃政法学院学报》2008 年第 9 期。

合理回答。但是应当认识到,上述技术问题并不是每一个都能够获得令人满意的回答,也就是说,刑事立法正当性的实现具有不可避免的局限性。首先,行为的危险很难认定。风险社会中遭受安全威胁的对象不仅包括不特定个人和不特定多数人,还包括后代的权益与自然生态的权益,而且当刑法对一种可能导致危险后果的行为进行处罚时,就意味着刑法要冒着"不分青红皂白"施以刑罚的危险去防护社会安全。其次,危险结果无法预见。就一般危险而言,例如醉酒驾驶,该种行为既可能不发生任何具体的危害后果,也可能发生重大的公共安全事件;就技术危险而言,例如,转基因食物、核辐射、环境污染等可能引发的危害,在当前的科技条件下往往无法估测。最后,传统因果关系的证明无法奏效。传统因果关系以条件说为基础,并通过相当性、客观归责等判断限制因果关系的成立范围。但是在风险社会中,个人行为难以从组织整体行为中抽离出来,要把结果与个人行为建立条件关系并不容易甚至不可能实现。风险本身是不可估计的,我们无法准确地预计风险是否发生以及发生的概率是多少,从而也很难把握引起风险的行为在多大程度上是可以犯罪化的。虽然西方有激进的学者主张"精算式司法",着力对可能风险的估算和对数据分配的分析,从注重社会实效和有效的管理出发,将犯罪和不文明行为都涵盖进需要管控的风险,控制的目标是潜在的犯罪团体而非罪犯。[1] 然而如此,刑法必将蜕变成为规制性的社会管理手段,那么,人类法治文明千百年的进化成果将在所谓后现代社会的顽疾中消解殆尽,从而促使践踏人权与自由的另一种更大的危险的产生。毫无疑问,刑法理性绝不会容许这样的倒退。当下,我们必须承认人类认识能力与实践能力的局限性,但是承认这种局限性并不意味着立法者可以在立法正当性的自我证明中消极懈怠,而是应当尽最大努力合理划定犯罪圈,在法理与政策、自由与秩序中寻求符合当下社会现实的规则之治。

二、风险社会中我国刑事立法的处境与回应

细致梳理风险社会中我国刑事立法的处境与回应,可以总结出刑事立法应对风险社会的一般规律,作为论证风险社会刑事立法正当性的经验论据。

(一)风险社会中我国刑事立法的处境

从我国刑事立法实践可以看出,刑事立法不完善的过程其实就是刑事法网逐步严密的过程,然而这个过程并不轻松,刑事立法从来没有像现在这样面对着如此分化的社会利益与如此发达的市民社会而处境艰难。一方面,刑法承担着保障公民自由与维护社会安全的双重任务,怠慢了任何一方,都会招致理性的批判与现实的灾难;另一方面,刑法面临着理论自足与社会政策的双重制约,它不可能视任何一方于不顾。从而在实践中,我们再也看不到公众为立法者痛快地宣布某种危害社会的行为为犯罪而欢欣鼓舞,我们看到刑事立法举步维艰,越来越多的声音为某种行为是否作犯罪化处理而争论不休。

1. 刑事立法的处境之一:社会利益的分裂与对立

现代社会分工的形成和发展导致个人利益和公共利益的分裂与对立,而个人利益与公

---

〔1〕 See Malcolm M. Feeley & Jonathan Simon. *The New Penology*: *Notes on the Emerging Strategy of Corrections and its Implications*, Criminology, 1992. Volume30. Issue4. p. 52 – 74。

共利益的分裂与对立则成为社会生活风险扩张和加剧的直接影响因素。这种分裂和对立越是发展,风险扩张和加剧的程度越是严重。在这种分裂与对立的现实下,个体活动与公共利益的要求就不可避免地出现差别,个体活动的首要价值是主体的个别利益而非公共利益,公共利益则或者被视为“虚幻的”或者被视为“异己的”而被置于一边。〔1〕环境犯罪即实例。在风险社会中,个人利益与社会利益如此对立,使得社会整体的安全处于极端不确定状态,公众的不安全感与日俱增。在群体性安全事件频发的今天,刑事立法如何作为才能既不辜负人们对其所怀有的权利保障的期望,又能充分发挥后盾法的功能为人们赢回社会安全的信心,这是立法获得正当性必须处理好的核心问题。

2. 刑事立法的处境之二:法理与政策的对立

刑法作为一门独立的科学,其本身具有成熟的理论体系与基本原则,例如,归责原则、因果关系准则等,刑事立法与定罪的过程必须在预先设定的概念、范畴、规范中进行,这是体系性思维方式的必然后果。而在风险社会中,社会政策已经渗透进刑事立法,为了避免风险造成的社会不安全性,刑法依照社会政策的选择创设了大量的新罪名,作为一种惩治性手段,现代刑法已经把对抗风险作为其任务之一。以政治、经济为核心的社会基本发展状况对于立法尤其是刑法立法具有非常直接的影响。就政治影响力而言,虽然同属于上层建筑,但是政治在其中占据非常突出的地位,而隶属于法律范畴的立法往往为政治所左右,表现出一定的从属性。〔2〕在以风险为特征的当代社会中,风险性质使得刑法变成管理不安全性的控制工具,风险成为塑造刑法规范与理论的重要社会力量,这种塑造往往以公共政策为中介,后者由此成为刑法体系构造的外在参数,风险社会的本质决定抽离公共政策的分析范式将无法真正认识现代刑法。〔3〕诚然,风险社会不仅要求国家,而且要求私有公司和各门学科开放其决策过程,它呼吁对风险冲突隐含的权力结构进行制度上的改革,这将促进环境的革新,并有助于构建一个更好的发达的公共领域,在这个公共领域中,人们可以讨论和判断支撑风险冲突价值的极为重要的问题。〔4〕但是,政策的介入不可避免地会使刑事处罚的时间提早到来,由此可知现代刑法本身就存在背离法理的巨大危险。

(二)我国刑事立法对风险社会的回应

经济的急速发展与社会关系的高度分化使社会呈现出风险的特征,刑事立法不得不紧跟社会形势频繁扩张,以应对风险社会隐藏的巨大危险。从1979年新中国第一部《刑法》颁布到2011年《刑法修正案(八)》发布的30余年间,我国刑事立法的总体趋势表现为犯罪扩大化。这虽然是我国刑事法网逐步严密、刑事立法逐步完善的过程,但是另一方面,立法的频繁使得我们必须保持足够的警惕防止刑法无节制地扩张。1979年《刑法》共192个条文,其中分则条文103条。从1979年到1997年《刑法》颁布前,全国人大常委会先后通过了25

---

〔1〕参见庄友刚:《跨越风险社会——风险社会的历史唯物主义研究》,人民出版社2008年版,第290~291页。

〔2〕参见赵秉志、阴建峰:《新中国刑法立法60年之观察——以影响刑法立法的客观范畴为视角》,载赵秉志等主编:《新中国刑法60年巡礼》,中国人民公安大学出版社2009年版,第24页。

〔3〕参见劳东燕:《公共政策与风险社会的刑法》,载《中国社会科学》2007年第3期。

〔4〕参见[德]乌尔里希·贝克:《世界风险理论》,吴英姿等译,南京大学出版社2000年版,第6页。

部单行刑法,在 107 个非刑事法律中设置了数量可观的附属刑法规范。1997 年《刑法》充分吸收了这些单行刑法和附属刑法的规定,共规定了 452 个条文,分则由原来的 103 条增加到 350 条。[1] 从 1997 年《刑法》颁布至今,我国立法机关根据社会发展的现实和同犯罪作斗争的需要,又对刑法典进行了局部的修改补充,对某些刑法条文涉及的问题作了立法解释,颁布了 1 个单行刑法,并先后出台了 8 个刑法修正案。从我国刑事立法的轨迹中可以总结出刑法应对风险社会的总体趋势。(1)立法体现了惩治犯罪、保障社会安全的旨趣。前 4 个刑法修正案都阐明了修改刑法的目的和意图,例如,2002 年 12 月 28 日全国人大常委会通过的《刑法修正案(四)》开头就申明:"为了惩治破坏社会主义市场经济秩序、妨害社会管理秩序和国家机关工作人员的渎职犯罪行为,保障社会主义现代化建设的顺利进行,保障公民的人身安全,对刑法作如下修改与补充……"以后出台的刑法修正案,虽然没有明确阐明修改刑法的目的,但是通过条文的内容不难看出,主要还是出于惩治犯罪、维护社会秩序的目的。(2)为应对风险社会的不安全因素,不断创设新的犯罪种类。主要表现为对一些社会危害严重,人民群众反响强烈,原来由行政管理手段或者民事手段调整的违法行为,规定为犯罪行为,加大对弱势群体的保护以及加强刑法对人民群众生命健康的保护。[2] 例如,2011 年 2 月 25 日全国人大常委会通过的《刑法修正案(八)》第 22 条规定,在《刑法》第 133 条后增加 1 条,作为第 133 条之一:"在道路上醉酒驾驶机动车的,情节恶劣的,或者在道路上醉酒驾驶机动车的,处拘役,并处罚金。"增加了醉酒驾车、飙车等危险驾驶的犯罪。而到目前为止,《刑法修正案(八)》也是最能体现刑事立法应对风险社会旨趣的立法。(3)犯罪标准前移,将危险犯改为行为犯、将实害犯改为危险犯。为了应对风险社会所带来的诸多不确定与危险,世界各国刑事立法的一致选择是将犯罪标准前移。《刑法修正案(八)》第 23 条规定,将《刑法》第 141 条第 1 款修改为:"生产、销售假药的,处三年以下有期徒刑或者拘役,并处罚金;……"原条文的表述为:"生产、销售假药,足以危害人体健康的,处三年以下有期徒刑或者拘役,并处或者单处销售金额百分之五十以上二倍以下罚金;……"由此可见,《刑法修正案(八)》将该罪由危险犯变为行为犯,即行为人只要生产、销售假药,即使没有达到足以危害人体健康的程度,也构成犯罪。《刑法修正案(八)》第 46 条规定,将《刑法》第 338 条修改为:"违反国家规定,排放、倾倒或者处置有放射性的废物、含传染病病原体的废物、有毒物质或者其他有害物质,严重污染环境的,处三年以下有期徒刑或者拘役,并处或者单处罚金;后果特别严重的,处三年以上七年以下有期徒刑,并处罚金。"与原条文相比,《刑法修正案(八)》着重修改了该罪犯罪构成的结果要件,即将原来的"造成重大环境污染事故,致使公私财产遭受重大损失或者人身伤亡的严重后果的"改为"严重污染环境的"。由此可见,《刑法修正案(八)》通过改变重大环境污染事故罪的结果要件,从而将该罪由实害犯变为危险犯。降低了入罪门槛,增强了可操作性。(4)扩张或者缩减构成要件要素,使得刑事规制的

〔1〕 参见高铭暄:《1997 年刑法典的全面修订及其整体评价》,载高铭暄:《高铭暄自选集》中国人民大学出版社 2007 年版,第 88 页。

〔2〕 参见全国人大常委会法制工作委员会主任李适时 2010 年 8 月 23 日在第十一届全国人民代表大会常务委员会第 16 次会议上所作的《关于〈中华人民共和国刑法修正案(八)(草案)〉的说明》。

视野更加广阔。例如,2001 年 8 月 31 日全国人大常委会通过的《刑法修正案(二)》将《刑法》第 342 条非法占用耕地罪修改为非法占用农用地罪,弥补了刑法对毁林开垦和乱占滥用林地、草地等危害行为无法规制的缺陷,更好地体现了刑法对土地和森林等资源的保护。2001 年 12 月 29 日全国人大常委会通过的《刑法修正案(三)》将《刑法》第 114 条、第 115 条中投毒罪修改扩充为投放危险物质罪(投放毒害性、放射性、传染病病原体等物质罪),同时删去了第 114 条原列举的破坏对象,即工厂、矿场、油田、港口、河流、仓库、住宅、森林、农场、谷场、重要管道、公共建筑物或者其他公私财产,从而使与投毒行为危害相当的其他投放危险物质的行为也受到刑法的制裁。

三、风险社会中刑事立法实现正当性必须处理好的几个关系

(一)犯罪化与非犯罪化的界限

随着工业文明的进步,一方面社会生活非常得益,文明惠及每个个人,而另一方面却充满着危险,只要一步不慎,就会给人的生命和财产造成意想不到的损害,高速交通部门、化学工业、建筑、医疗行为就是其典型例子。在诸如此类的对社会生活是有益的、不可缺的,但同时内部包含着重大危险的生活领域内,在使生活顺利进行的同时,应该怎样应对从中预想到的危险呢?这就构成了立法政策上的一个大问题。[1] 在实践中,一旦社会关系复杂化,便可看到作为社会控制手段而随便创设犯罪的倾向,对于这种过剩犯罪化(over criminalization)的现象,立法应当慎之又慎。[2] 关于犯罪化与非犯罪化的问题,日本学者指出,在实施犯罪化之际,应充分认清其保护的法益,只有在除了制定新的刑事法规、诉诸刑罚手段之外,别无其他保护方法可以选择的情况下,才可以进行犯罪化。犯罪化,仅有必要性尚不够,还应具有立足于刑法的补充性、不完全性、宽容性即"谦抑主义"精神的正当根据,如此,才能说为宪法所许可。[3] 我国学者甚至进一步将风险社会中超越刑事基本原则创设新罪名的必要条件细化为 7 个标准:(1)存在压倒性紧迫的公共利益;(2)没有合理的替代手段,且构建例外与惩罚的目的并非不一致;(3)非此不足以保护公共利益,或者保护成本太大,刑事司法体系不能承受;(4)构建例外不会压制社会可欲的行为;(5)存在提出积极抗辩的机会,且达到优势证据或者引起合理怀疑的证明程度即可;(6)有明确的适用范围限制;(7)可以无偏私、非歧视地进行处理,且在操作上可行。[4] 这些论述与设想的基本思想都是一致的,即刑法在应对风险社会带来新问题的同时必须接受基本原则的制约。笔者认为,从现代社会安全的角度来讲,刑事立法将犯罪标准前移是历史发展的必然,而刑法介入社会生活的力度必须以不违反经济发展的要求为限,不管在学理上刑法学多么努力地实现逻辑自足,但是在现实中还是自觉地采用与社会经济生产方式相适应的表现方式。现代社会的风险越来越呈现出"人类不能承受"的特征,正因为如此,公众对风险的反应才会如此强烈。在刑法理论上,一种行为的社会危害性越大,刑法介入的可能性就越大。对可能造成

[1] 参见[日]木村龟二主编:《刑法学词典》,顾肖荣、郑树周译,上海翻译出版公司 1991 年版,第 194 页。
[2] 参见[日]大谷实:《刑事政策学(新版)》,黎宏译,中国人民大学出版社 2009 年版,第 94 页。
[3] 参见[日]大谷实:《刑事政策学(新版)》,黎宏译,中国人民大学出版社 2009 年版,第 94 页。
[4] 参见劳东燕:《公共政策与风险社会的刑法》,载《中国社会科学》2007 年第 3 期。

巨大危害的风险行为进行刑事规制应该采取十分谨慎的态度，不仅要贯彻目的正当、手段必要、符合比例原则，还要具备辅助性，即刑罚作为最严厉的处罚手段只能适用于危害最严重的行为，只能是在没有其他合适方法的情况下最后采用的手段，这是现代法治国家对刑法的要求，也是刑法保障公民自由的要求。基于此要求，必须对风险进行严格鉴别，对公认的、具有严重危险的风险行为进行规制，而把具有争议的风险或为了社会的发展必须容忍的风险排除在刑法规制之外。在这一点上，刑法的反应应该是冷静的、稳妥的，对任何风险的刑事规制都必须以社会安全的急切需要为前提并由此可以及时挽救社会已经出现的巨大危险。在无法做到这一点时，刑法就要停止恣意的干涉。

（二）危险犯与实害犯的界限

当代社会的风险性质使得刑法承担了预防、惩治严重危险行为的功能和任务，风险成为塑造刑法理论、制定刑法规范的重要社会力量。因此，刑罚提前处置危险犯便成了刑法立法的必然选择。然而，任何偏离原则对某种行为予以犯罪化的做法，都需要提供特别的理由，立法者必须承担说明正当根据的责任：为什么将欠缺某种危害结果的危险行为科以刑事处罚？仅仅宣称出于公共利益的考虑，并不足以说明立法的正当性。与刑法例外地处罚过失犯一样，刑法例外地处罚危险犯必须遵循客观必要原则与主观特别过错原则。

1. 处罚危险犯必须具有立法上的急切必要性。古典刑法所强调的是侵害犯，在诸如杀人、伤害和盗窃的犯罪当中，犯罪分子给那些利益造成了某种程度的实际损害，事实侵害犯是古典刑法的核心。然而在风险社会中，刑法必须对超越可允许的危险行为进行规制。刑法中的危险，是指行为本身所具有的使刑法上的法益遭受侵害的可能性，或者行为所导致的刑法上的法益遭受损害的可能状态。〔1〕为了使工业文明的成果最大限度地惠及人们的生活，社会必须在一定程度上承受文明带来的危险，这在刑法理论上被称为被允许的危险。被允许的危险行为涵盖了当今公共交通、工业生产、有风险的体育表演、医生在医疗事故归责范围内采取的治疗措施等诸多领域。然而在当下的社会中，危险已经迅速扩张并在个人极端漠视公共利益的心态下演变为极大危害公共安全的危险，即刑法所不能容忍的禁止性危险。与此相对应，在德国，犯罪性质正在经历转变，危险犯处于刑法关注的中心地位，首先表现在那些具体危险犯身上。〔2〕刑法与法益保护的联系，并不要求只有在法益受到侵害的时候才能产生刑事可罚性，只要在具体危险犯罪（例如，《德国刑法》第315条规定的危害道路交通）中，符合刑事可罚性条件的行为构成本身具有对法益的危险就足够了，与此同时，在抽象的危险行为（例如，《德国刑法》第316条酒后驾驶）中，在行为构成中完全没有提到所要保护的法益，而是仅仅提到了制定该条刑法条文的动机。〔3〕在我国，以《刑法修正案（八）》第22条规定的危险驾驶罪为例，在道路上驾驶机动车即被允许的危险，醉酒驾驶即一种极端漠视公共安全、超过了可允许的风险的行为，从而对其作入罪化处理。然而，超过可允许

---

〔1〕参见王志祥：《危险犯研究》，中国人民公安大学出版社2004年版，第1页。

〔2〕参见薛晓源、刘国良：《法治时代的危险、风险与和谐——德国著名法学家、波恩大学法学院院长乌·金德霍伊泽尔教授访谈录》，载《马克思主义与现实》2005年第3期。

〔3〕参见［德］克劳斯·罗克辛：《德国刑法学（总论）》，王世洲译，法律出版社2005年版，第18页。

风险的行为绝不仅仅是醉酒驾驶,与醉酒相当的还有吸毒驾驶,立法将醉酒驾驶作入罪化处理,却未将吸毒驾驶作入罪化处理,其根本原因不是吸毒驾驶的危害比醉酒驾驶更小,而是因为吸毒驾驶这种行为不具有普遍性,而立法者只能决定将多发的严重危害社会的行为作犯罪化处理,醉酒驾驶与吸毒驾驶罪与非罪的区别在法理上没有任何依据,之所以在实践中出现这样的差别,则主要是受制于现实中该行为的多发性与立法的急切必要性。

2. 处罚危险犯必须是行为人主观上具有不可容忍的过错。提出不可容忍的过错的目的是把行为人主观方面的内容限定在合理的范围内,以防止刑法过于苛刻地追究危险行为的责任。不可容忍的过错主要是指其意志因素具有刑法所不可容忍的态度。首先,就危险故意来说:(1)行为人明知自己的行为会发生某种危险状态,这是构成危险故意的认识因素,即行为人对自己行为的内容、性质以及会对何种社会利益产生危险有明确的认识,这种认识能力的判断遵循主客观相统一并以客观标准为主的原则,即主要以社会一般正常人的认识能力为判断依据。例如,醉酒驾驶会对道路公共安全产生巨大危险,这是任何一个智力正常的人都能够认识到的,那么行为人也应该具有这样的认识能力。(2)行为人严重漠视公共利益而希望或者放任这种危险的发生,这是构成危险故意的意志因素。也就是说,刑法例外地苛责没有实际危害后果的危险行为,必须是行为人主观上具有特别的不为刑法所容忍的心理态度,这种心理态度就是行为人已经认识到行为会给公共安全造成严重危险,还极端漠视公共利益,希望或者放任该危险的发生。其次,就危险过失来说。传统的过失犯均为实害犯,因此刑法处罚过失危险犯是例外中的例外:(1)行为人应当预见自己的行为可能发生某种危险而没有预见到,或者已经预见到自己的行为可能发生某种危险却又否定了这种危险发生的可能性。这是危险过失的认识因素。这种认识能力的判断遵循主客观相统一并以主观标准为主的原则,即主要依据行为人自身的注意义务、业务水平等因素来判断认识能力的有无,因为在作为特别例外而处罚过失危险行为时,立法者不能提出过高的认识标准从而为社会一般人平添苛刻的义务负担。(2)行为人并不希望自己的行为发生危险,其没有预见到危险或者已经预见到却又否定危险发生的可能性是由于疏忽大意或者过于自信能够避免。这是危险过失的意志因素。一般来说,刑法将危险过失行为入罪化处理,要么是行为人负有业务上的特殊义务,例如,我国刑法规定的妨害传染病防治罪,要么是过失行为一旦发生严重危险,将是无可挽回的,例如,妨害国境卫生检疫罪。这里主要涉及行为人负有特殊业务义务的情形。这种业务上的注意义务事关公共安全的重大利益,行为人一旦疏忽大意导致危险发生将会对人民群众的生命健康和财产造成巨大灾难,因此法律为此类负有特殊义务的行为人设定了特殊的责任。如果行为人漠视这种责任而置公共安全于不顾,便是刑法所不能容忍的。

四、结语

当刑法观念在自由与秩序、权利与控制、报应与功利的两难中论争不休的时候,刑事立法不能优柔寡断,因为公众对社会安全的信心全部依赖于公布与实施的权威法律规则,没有规则,一切正义、秩序都将是个飘忽不定的东西。从某种意义上说,立法考量因素的加增直接导致了立法的艰难,正是在反复的考量与权衡中,具体的技术问题得以解决,立法从而收获了正当性以及公众的信赖认可。新中国刑事法治实践60余载,我们在刑法立法方面取得了显著的成绩,积累了丰富的经验。[1] 我们在充分肯定刑法之于保护社会秩序的价值的同时,又必须对其所潜在的忽视正义的危险有一清楚的认识,从而将刑法对保护秩序的价值追求严格控制在正义所允许的范围内,这才是刑事立法获得正当性的所有根据。

---

〔1〕 这些经验总结为:第一,刑法立法要从我国实际出发,立足于本国国情;第二,刑事立法要有理论依据、宪法依据和政策依据;第三,刑法立法只宜规定成熟的东西,不成熟的不要定,能写多少写多少,逐步完备;第四,刑事立法要能适应形势发展的需要,便于各地执行;第五,要做好立法前的充分准备工作;第六,实行民主立法程序;第七,要吸收各方面的专家参加立法工作;第八,要密切注意法律执行中的问题,适时进行修改、补充;第九,为搞好立法,必须学习法学理论。参见高铭暄:《刑法肄言》,法律出版社2004年版,第86~90页。

刑事合规的立法考察与中国应对*

一、问题的提出

习近平总书记指出,法治是最好的营商环境。企业治理是犯罪治理的重要内容,也是检验刑事治理体系的重要指标。在域外,针对企业犯罪治理问题,探索了企业合规制度。其中,1991 年,为解决自然人量刑与组织量刑的差异,美国联邦量刑委员会颁布《联邦组织量刑指南》,并正式引入企业合规。《联邦组织量刑指南》规定,企业合规计划是指"用于预防、发现和制止企业违法犯罪行为的内控机制"〔1〕。目前,经过较长期的发展,域外的企业合规制度相对比较充实和健全,实际效果也值得肯定。根据域外的经验,是否建立有效的合规计划,与企业犯罪后的刑法"(宽缓)待遇"差别甚大,这使涉案企业对合规计划趋之若鹜。这种规范联系可以概括为企业合规的多重法律激励机制,也是推动合规计划发展的基本逻辑索引。当前,刑事合规下的激励机制,主要包括以合规为根据作出不起诉、作为无罪抗辩事由、作为从轻量刑情节的模式、换取和解协议并进而换取撤销起诉结果、以对违法行为披露换取宽大刑事处理结果的模式等五种情形〔2〕,并支撑起刑事合规的实际运行动力及其合规效果。但从域外的做法看,仅从理论上确认合规计划的刑法激励机制显然不够,尚需从立法上予以规定,使其具有制度的刚性与效力的强制性,以及一套完整的刑事司法衔接配套措施。随着域外的合规计划以及刑事合规加速引入国内,理论上开始不断关注。

2020 年 3 月,最高人民检察院启动涉案违法犯罪依法不捕、不诉、不判处实刑的企业合规监管试点工作,并确定上海市浦东新区、金山区检察院,广东省深圳市南山区、宝安区检察院,江苏省张家港市检察院,

---

* 本文原载于《湖湘法学评论》2021 年第 1 期,由高铭暄教授与孙道萃合作完成。

〔1〕 万方:《企业合规刑事化的发展及启示》,载《中国刑事法杂志》2019 年第 2 期。

〔2〕 参见陈瑞华:《企业合规制度的三个维度——比较法视野下的分析》,载《比较法研究》2019 年第 3 期。

山东省郯城县检察院为试点单位。这意味着检察机关正式启动刑事合规制度的探索工作。试点检察院对民营企业负责人涉经营类犯罪,依法能不捕的不捕、能不诉的不诉、能不判实刑的提出适用缓刑的量刑建议,同时,探索督促涉案企业合规管理。2020 年 12 月 25 日,最高人民检察院召开企业合规试点工作座谈会,要求加强理论研究,深化实践探索,稳慎有序扩大试点范围,以检察履职助力构建有中国特色的企业合规制度。这不仅是建立完善现代企业管理制度的应有之意,也是国家治理体系和治理能力现代化的重要体现。2021 年初,最高人民检察院下发《关于开展企业合规改革试点工作方案》,宣布第二期企业合规改革试点工作已启动。根据试点工作方案,第二期改革试点范围较第一期有所扩大,涉及北京、辽宁、上海、江苏、浙江、福建、山东、湖北、湖南、广东等十个省(直辖市)。其中,上述省级检察院可根据本地情况,自行确定 1 至 2 个设区的市级检察院及其所辖基层院作为试点单位。根据方案的要求,检察机关对涉企案件,在依法贯彻相关检察政策的同时,督促企业建立合规制度,履行合规承诺;提出企业合规建设意见和建议,包括整改方向和意见,并促进"挂案"清理工作,依法平等保护企业合法权益;对符合刑事诉讼法规定的不起诉案件,做到应听证尽听证。同时,各试点单位应当结合本地实际,积极探索建立符合国情的企业合规第三方监管机制。

但是,在实践层面特别是立法化地点关键环节,尚且没有进入实质阶段。在刑法和刑事诉讼法领域引入合规激励机制,应当是企业合规计划中国化需要直面的最大制度性课题。一方面,在刑法领域,传统刑法观念可能成为障碍,涉及基于有效的企业合规计划确立企业的无罪抗辩事由和法定的减轻、从轻处罚情节以及从重情节等实体激励机制、单位犯罪理论的合规化改造等。另一方面,在刑事诉讼法中,包括司法机关如何审查合规计划的有效性、检察机关或人民法院如何根据刑事合规决定起诉与否、如何对涉罪企业予以从宽处罚等关键问题,目前仍几乎处于立法空白状态,司法实践中的"无法"可依问题仍较为突出。尽管最高人民检察院、司法部、财政部、生态环境部、国务院国有资产监督管理委员会、国家税务总局、国家市场监督管理总局、全国工商联、中国国际贸易促进委员会联合出台的《关于建立涉案企业合规第三方监督评估机制的指导意见(试行)》(2021 年 6 月)第 14 条规定,人民检察院在办理涉企犯罪案件过程中,应当将第三方组织合规考察书面报告、涉案企业合规计划、定期书面报告等合规材料,作为依法作出批准或者不批准逮捕、起诉或者不起诉以及是否变更强制措施等决定,提出量刑建议或者检察建议、检察意见的重要参考。但如何整体上从立法层面进行建构和落实刑事合规的制度价值仍是短板所在。有鉴于此,在借鉴域外立法经验的基础上,应当尽快明确我国刑事合规立法的未来方向与规范表达。

二、域外刑事合规的立法经验与启示

纵观域外立法,主要涉及刑法与刑事诉讼法领域,包括免责事由、减免处罚与极具特色的暂缓起诉制度等。这些立法活动及其经验给我国诸多的立法启示。

(一)实体法领域

关于刑事合规的刑法立法,美国作为该制度的发源地,是立法化的积极推动者,而且始终保持立法的更新。同时,欧美等发达国家也进行创造性的借鉴。

1.典型立法例。以美国为代表的西方发达国家,针对刑法领域的合规立法,涉及定罪(免责)方面,并以量刑减免为主要内容。这些典型国家的立法例具有共性、亦存在差异。具体而言:(1)美国。《联邦组织量刑指南》将企业合规规定为法官对犯罪企业减免罚金和适用缓刑的法定要素。有效的合规计划可以减轻企业的刑罚,最高幅度为95%的减刑。[1] 同时,建立起广泛的企业缓刑体系,组织(企业)缓刑逐渐发展成为罚金刑的主要替代方案。2002年7月,《萨班斯—奥克斯利法案》将监督企业合规的构建与实施规定为企业高管的强制性法定义务。2010年,《德—弗兰克法案》与最新的《联邦组织量刑指南》都规定,企业高管未能推动企业合规构建与实施的,应承担刑事责任。(2)英国。2010年,《反贿赂罪法》第7条规定"商业组织预防贿赂失职罪",是指企业组织不制定和实施预防与之相关的个人实施贿赂行为的适当程序,商业组织的"关联人员"为获取或保留该组织的业务,或为了获取或保留该组织的商业优势,而向他人行贿的行为。[2] 这防止企业以个人犯罪为由逃避公司应当承担的责任。第7条(2)规定,如果商业组织能够证明本身存在防止与之相关的个人实施贿赂行为的适当程序,则构成辩护理由,免于承担刑事责任。[3] 英国重大欺诈案件办公室在决定启动刑事诉讼时,应考察商业组织构建实施预防贿赂犯罪的内部合规程序情况。[4] 2017年,又增设"商业组织预防逃税失职罪",分公司、子公司、第三方或者员工有逃税行为,只要没有建立合规计划,就推定构成本罪。合规计划也是无罪抗辩的法定事由。[5] 先后两次罪名的设置,都将合规的有效性作为出罪的抗辩事由。(3)意大利。2001年,意大利第231号法令第6条规定,公司能够证明在犯罪行为发生之前,业已确立旨在防止该类犯罪行为的管理体制并且该体制得以有效运行,可以免于承担责任。同时,公司承担免除责任的证明责任。[6] 这开创性地规定法人刑事责任的一般模式,并在刑法中增设"结构性疏忽"责任。公司应当确立关系到犯罪行为实施风险的指导方针和管理体制,否则,可以追究企业因其下属成员为本企业利益实施行贿犯罪管理失当行为的刑事责任。2018年,意大利通过《反贿赂法案》,强化有效的合规计划与道德行为守则的重要性。新修正的《意大利刑法典》第25节第5条第2款规定,违法企业积极配合取证、调查,供述其他罪犯,采用及实施有效的合规计划和道德守则,消除企业内滋生犯罪的因素,防止在初审判决之前发生此类犯罪,针对企业的限制性制裁的最长期限将降至两年。[7] (4)澳大利亚。是否存在有效的合规计划,原则上应纳入量刑的考虑因素范围:仍发生犯罪的,可以适当减轻处罚;反之,则加重处罚。[8] 2017年,《澳大利亚刑法立法修正案(企业犯罪)》规定,除非企业能够证明已经构建

---

〔1〕 参见万方:《美国刑法中的合规计划及其启示》,载《人民检察》2018年第11期。

〔2〕 参见邓若迅:《英国贿赂罪改革研究》,载《中国刑事法杂志》2012年第3期。

〔3〕 参见周振杰:《英国〈2010年贿赂罪法〉评介》,载赵秉志主编:《刑法评论》2012年第2卷,法律出版社2013年版,第312页。

〔4〕 参见王君祥:《英国反贿赂法》,中国方正出版社2014年版,第60页。

〔5〕 参见陈瑞华:《企业合规的基本问题》,载《中国法律评论》2020年第1期。

〔6〕 参见范红旗:《意大利法人犯罪制度及评析》,载赵秉志主编:《刑法论丛》(第15卷),法律出版社2008年版,第298页。

〔7〕 参见万方:《企业合规刑事化的发展及启示》,载《中国刑事法杂志》2019年第2期。

〔8〕 参见周振杰:《企业适法计划与企业犯罪预防》,载《法治研究》2012年第4期。

和实施用以预防海外贿赂行为的“适当合规程序”,否则,应当承担刑事责任。对于“适当合规程序”,企业可以借鉴其他国家的做法。[1] 2018 年,澳大利亚通过加强打击公司犯罪的法案,修订有关跨国贿赂条款,仿效英国确立公司预防商业贿赂失职犯罪,确立公司的严格责任,并赋予公司以建立合规计划作为无罪抗辩的权利。[2] (5)奥地利。《奥地利组织责任法》第 5 条第 3 款第 1 项规定,组织在事前试图阻止相应的违法犯罪行为或促进员工对法的忠诚,在量定罚金时,应考虑企业内部内容管理系统的建立要素。即使是在犯罪行为发生后才被确立的合规系统,也会被认为是具有积极意义的事后行为而产生减轻处罚的作用。[3] (6)法国。2016 年,《法国关于提高透明度、反腐败以及促进经济生活现代化的 2016 - 1691 号法案》确立反海外腐败制度,首次规定强制合规制度,要求符合条件的企业承担建立合规机制的义务,否则,将承担法律责任。

2. 立法启示。概括地看,域外在实体法方面的激励性立法,涉及成熟的刑事合规立法例、有行之有效的具体规定、专门立法、法典修正、罪名增设、刑罚措施变更等,也就是说:(1)自然人犯罪与企业犯罪在定罪特别是量刑上的立法类型化、精细化思维。自然人犯罪与企业犯罪存在较大的差异,各自理论构造的不同,立法需要区别对待,特别是量刑上应当区分。这种缘起于美国的“组织量刑”指南,开启针对企业犯罪的特殊立法之先河。正是由于区分立法,才使得根据企业合规计划对涉罪企业进行刑罚激励变得可能。(2)有效企业合规作为免责事由或减免刑罚情节。刑事合规重在激励机制的有效贯彻,对于涉罪企业而言,在刑法框架内,无非就是作为免责事由,即不承担刑事责任;或可以减免刑罚,涉及从轻、减轻以及免除等量刑情节问题。这是刑事合规立法的重中之重。无论是美国,还是英国、意大利等国家,从罪名设置、量刑宽缓等方面,都作出了非常有益的立法例。(3)针对企业探索激励性立法内容。由于企业犯罪与自然人犯罪存在差异,在治理与定罪处罚上也不尽相同,立法也应当作出区分。针对企业的激励性立法,有以下积极尝试:在罚金适用上,进行较大幅度的减免,充分激活激励机制;设置企业缓刑,拓展缓刑制度的适用对象,为涉罪企业创造新的犯罪治理路径;创设暂缓起诉制度,并成为当前刑事合规发展中的最闪耀部分,等等。(4)企业合规义务或企业高管合规义务的法定化。对于刑事合规的执行与贯彻,主要依赖企业及其高管的自主、自觉行为。但考虑到刑事合规的激励机制不能被滥用,以及强化合规计划的执行力度,应当赋予企业高管执行合规计划的义务,强化合规制度对企业犯罪的治理意义。企业高管对合规义务的不作为,可能构成过失犯罪。包括英国、法国等国家作了很好的立法示范,使刑事合规制度步入刚性运行的状态。(5)合规计划的有效性及其指标。按照刑事合规的激励机制,必须以有效的合规计划为前提。这要求从立法上明确合规计划有效性的要素、指标等实施内容,它部分涉及实体法,部分涉及程序法。不少国家在刑事法中对此作了具体的规定。(6)立法夯实刑事合规的规范性与合法性。在刑事合规作为理念或

---

〔1〕 参见万方:《企业合规刑事化的发展及启示》,载《中国刑事法杂志》2019 年第 2 期。

〔2〕 参见陈瑞华:《企业合规制度的三个维度——比较法视野下的分析》,载《比较法研究》2019 年第 3 期。

〔3〕 参见[德]托马斯·罗什:《合规与刑法:问题、内涵与展望——对所谓的“刑事合规”理论的介绍》,李本灿译,载赵秉志主编:《刑法论丛》(2016 年第 4 卷),法律出版社 2017 年版,第 354 ~ 355 页。

制度时，更多是作为治理企业犯罪的刑事政策或策略，以此贯彻功利主义的治理观念。然而，通过立法使其进入刑事法体系后，则成为一项法律制度，不仅强化刑事合规的合法性与正当性，也使其规范性、操作性等不断增强。

（二）程序法领域

刑事合规的有效贯彻，也需要从程序法的角度，对如何启动、司法机关如何审查及标准、有效性的判断规则、考验期的检查等内容作出规定。美国作为该制度的发源地，不仅积累丰富实体法立法经验，也蕴藏精细的程序性立法内容，并对其他西方国家产生较为深远的影响，亦值得我国参考与借鉴。

1. 刑事诉讼的一般规则。纵观美国在刑事诉讼规则方面的立法，可以总结为：(1)1991年，《联邦组织量刑指南》赋予企业合规影响刑罚减免与企业缓刑适用的法律意义，威慑并激励企业构建实施企业合规。(2)1999年，《联邦起诉商业组织原则》（“霍尔德备忘录”）规定联邦政府起诉企业时应考虑合规因素。[1] 这确立企业合规影响检察官是否以及暂缓对企业提起刑事诉讼的法律意义。2003年，《联邦起诉商业组织原则》（“汤普森备忘录”）加强重视对企业合作调查真实性、企业治理与合规计划。并提供一项促进政府与企业合作的选择性替代方案，建议检察官使用审前分流协议（包括暂缓起诉协议或者不起诉协议）。[2] 2008年，助理总检察长马克·菲利普发布备忘录（“菲利普备忘录”）要求检察官在决定是否起诉企业时应考虑包括努力实施有效的企业合规计划（或改善现有合规计划）等因素。[3] (3)2003年，美国司法部通过“布鲁克林计划”，制定新的企业犯罪诉讼策略，检察官能够在不危及企业生存且在公众不知情的前提下调查和惩治企业犯罪。企业可以通过同意与政府合作、支付巨额罚款，进行自我改革、构建企业合规计划的方式，获得司法部提供的“有条件的不起诉承诺”。[4] (4)美国司法部已经就公司起诉政策发布过多份手册、指引或备忘录，将有效合规作为检察官是否起诉的重要因素。2017年，美国司法部刑事部门发布公司合规计划评价指引。2019年，美国司法部刑事部门发布《公司合规计划评价》。它整合美国司法部发布的各项手册、指引和备忘录，成为美国联邦检察官在作出起诉决定时评估公司合规计划是否有效的标准，也包括公司合规计划的有效性，包括公司的合规计划是否设计良好、计划是否得到认真、真诚地执行或该计划是否得到有效实施、在实践中公司的合规计划是否运作良好共三个方面。[5]

2. 立法启示。制定和完善与刑事合规相关的刑事诉讼规则显得尤为重要。以美国为代表的域外立法，不仅提供非常细致的规定，也提供有益的立法经验。主要包括：(1)审前阶段起诉原则的变更。在审前阶段，停止对涉罪企业的刑事诉讼，无疑是最大的诉讼激励机

---

〔1〕 参见万方：《企业合规刑事化的发展及启示》，载《中国刑事法杂志》2019年第2期。

〔2〕 参见万方：《企业合规刑事化的发展及启示》，载《中国刑事法杂志》2019年第2期。

〔3〕 参见万方：《企业合规刑事化的发展及启示》，载《中国刑事法杂志》2019年第2期。

〔4〕 参见万方：《企业合规刑事化的发展及启示》，载《中国刑事法杂志》2019年第2期。

〔5〕 参见陈瑞华：《有效合规计划的基本标准——美国司法部〈公司合规计划评价〉简介》，载《中国律师》2019年第9期。

制。这必须根据企业合规计划及其有效性,对原有的针对自然人犯罪的起诉制度、起诉原则等进行调整,否则,无法满足借助合规计划推动企业犯罪治理的目的。美国等国家不断调整对企业犯罪的起诉原则,总体坚持放松起诉原则,并通过不起诉或暂缓起诉等激励方式,导入刑事合规。(2)不起诉或暂缓起诉的考虑因素及其法定化。相比于一个国家刑事诉讼中的起诉制度,按照刑事合规的激励机制,不起诉或暂缓起诉是非常大的优惠,从程序分流的角度阻断进入审判阶段的可能。该做法是对起诉权、起诉制度以及不起诉制度的重要“变动”。因此,为了防止权力滥用与不当获利,必须明确规定可以对涉罪企业变更起诉的法定条件,舍此,暂缓起诉极可能是非法的。美国在实践中不断积累和总结相关审查原则,在作出不起诉或暂缓起诉上,形成非常成熟的司法适用路径。(3)制定合规计划有效性审查与判断的指导规则。与前述立法问题相关的是,司法机关如何审查、判断企业合规计划是有效以及在考验期有效地履行合规计划,是刑事诉讼立法的技术问题,也是尤为重要的部分。在这方面,域外非常重视合规计划有效性的要素与指标,并设定司法审查的程序与规则,从而确保在是否作出起诉等诉讼激励等方面,建立起一套严谨的法定基准,不至于滥用与随意。(4)强化检察机关的主导地位。在刑事合规的司法化上,美国确立检察机关的主导地位,可以与涉罪企业,就企业合规计划的有效性、程序上的宽缓处理,进行协商、达成协议、进行监管和考验等,因而具有实质的决定权。这与其他西方国家的做法有所不同,特别是在暂缓起诉制度的模式上。

(三)暂缓起诉制度

暂缓起诉(不起诉)制度无疑是域外刑事合规制度中最负盛名的激励机制,也是当下立法发展中最为迅猛的部分,当前更值得关注和借鉴。

1. 立法沿革与模式分化。暂缓起诉制度起源于美国,并形成一套颇具特色的立法生成路径。其他国家在借鉴的过程中进行各自的“内化”,[1]使该制度呈现出分流的演变趋势。具体而言:(1)美国。20 世纪 90 年代以来,美国联邦检察机关逐步将“审前转处协议”制度适用到公司涉嫌犯罪的案件。美国联邦检察机关通过与涉案企业达成“暂缓起诉协议”(deferred prosecution agreement,DPA)或“不起诉协议”(non-prosecution agreement,NPA),替代原来的提起公诉或者不起诉决定。[2] 企业签署协议以后,检察官将视涉罪法人在协议规定期间内履行表现作出下一步的决定:如果涉罪法人在规定期间内履行协议约定的义务,撤销起诉,诉讼终结;反之,恢复起诉,诉讼继续。[3] 与检察官达成辩诉交易的企业,最终仍然要被法院作出有罪裁决。尽管暂缓起诉协议要经过法官的审查和批准,但在实践中,完全由检察官控制协议内容、考验期的确定、协议的监控和最终决定,法官的审查和监控几乎形同虚设。不起诉协议制定赋予检察官近乎独断的权力,可以自主与涉案企业达成协议,不受任何形式的司法审查。[4] 联邦检察官完全自行决定对涉嫌犯罪的企业是否适用暂缓起诉协

---

〔1〕 参见陈瑞华:《企业合规视野下的暂缓起诉协议制度》,载《比较法研究》2020 年第 1 期。

〔2〕 参见叶良芳:《美国法人审前转处协议制度的发展》,载《中国刑事法杂志》2014 年第 3 期。

〔3〕 参见徐鹏博、黎宏:《美国法人犯罪刑事责任的认定及其启示》,载《人民检察》2017 年第 19 期。

〔4〕 参见郭林将:《论暂缓起诉在美国公司犯罪中的运用》,载《中国刑事法杂志》2010 年第 7 期。

议或不起诉协议，法官一般只在形式上对暂缓起诉协议进行审查或批准，而不具有实质性的意义。[1] (2)英国。有权与涉案企业达成暂缓起诉协议的主要是英国重大欺诈案件办公室和皇家检察署（CPS）。2013 年，《犯罪与法院法》正式确立暂缓起诉制度。检察机关对涉嫌犯罪的企业提起公诉后，在法官的监督下，可以与该企业达成附条件的暂停起诉协议。为避免检察官滥用权力，设立证据检验与公共利益检验。在签订协议前，检察官必须向法官证明，签订暂缓起诉协议可能更符合司法公正的要求，所有条款是公平、合理和相称的。在检察官提交协议后，法官会举行秘密听证会并审查协议条款。一旦接受协议，只有法官在公开的听证会上正式批准该项协议，检察官才可以公开暂缓起诉协议的内容。[2] 英国还确立DPA 适用程序的四个阶段，为最终签订暂缓起诉协议规定详细的流程。[3] 从 2014 年至 2018 年，英国检察机关共与四家企业成功达成暂缓起诉协议。(3)法国。2016 年，法国国会通过《关于提高透明度、反腐败以及促进经济生活现代化的 2016 - 1691 号法案》，确立法国式的暂缓起诉制度，允许检察机关与涉嫌犯罪的企业签订和解协议，确立 3 年的考验期。涉案企业缴纳罚款、赔偿受害者，制定或完善合规计划，在考验期满后，经审查确认履行协议内容的，检察机关撤销起诉。[4]

2. 立法启示。从域外关于暂缓起诉制度的立法看，其立法经验包括以下几点：(1)暂缓起诉制度起源于美国，其他国家先后借鉴并立法化。它以企业建立合规机制作为适用的前提，以企业完善合规计划作为协议的重要内容，容纳企业在重建合规体系方面接受全程监控的机制。目前，暂缓起诉制度因其激励程度较大，超过免责事由以及刑罚减免等既有的激励做法，也已经成为处理企业犯罪案件的重要方式。它的特别优势在于，通过考验期以及严格考验，真正强化合规计划的执行有效性，防止制度落空或被滥用，同时也强化检察机关或法院的实质引导、监督与审查。(2)立法明确暂缓起诉制度的基本适用要素。暂缓起诉制度的立法化具有重大意义，但关键是落到实处，规定相适应的刑事诉讼规则应当是重点。对此，域外在推动暂缓起诉制度的司法适用上，从立法层面做了以下工作：一是涉案企业建立合规计划，是与检察机关达成暂缓起诉协议的前提条件，如果没有合规计划作为前提，暂缓起诉则无从谈起。二是在暂缓起诉协议中，企业通常都要提出全面重建合规管理体系的具体方案以及实施方案，并承诺积极完善合规计划。这不仅是协议的核心内容，也是设定考验期并决定考验期满是否暂缓起诉的重要因素。三是在考验期内，检察机关会对企业重建合规计划的进展情况进行持续不断的监控，包括派驻独立的合规监督员进行持续不断的监督，或者由企业自行定期提交合规进展报告。这些实实在在的检查与监督，不仅是为了督促企业有效实施合规计划，也是确保暂缓起诉制度是有合法依据与预期意义。(3)两种模式的关联与演变。从域外看，由于各国的司法制度不同，检察机关与法院之间的权力结构有差异，因此，暂缓起诉制度主要分为两种模式：一是美国的检察官主导模式。关于检察官主导

[1] 参见陈瑞华：《美国暂缓起诉协议制度与刑事合规》，载《中国律师》2019 年第 4 期。
[2] 参见陈瑞华：《暂缓起诉协议的司法审查模式》，载《中国律师》2019 年第 10 期。
[3] 参见陈瑞华：《企业合规视野下的暂缓起诉协议制度》，载《比较法研究》2020 年第 1 期。
[4] 参见陈瑞华：《法国〈萨宾第二法案〉与刑事合规问题》，载《中国律师》2019 年第 5 期。

模式，与美国的司法体制有关。该模式的优势也是非常鲜明，即可以自行决定与企业的协议签订、考验以及最终是否作出暂缓起诉的决定权。二是其他一些西方发达国家的司法审查模式。检察机关与涉案企业达成暂缓起诉协议后，检察官需要将协议文本提交法院，法官在经过听证程序加以审查确认后，该项协议方才发生法律效力；在考验期之内，法院要对协议的履行情况，尤其是涉案企业重建合规计划的情况进行监控；在考验期结束后，检察官要向法院提出建议，由后者决定是否撤销案件，或者恢复法庭审理。英法等国的暂缓起诉协议制度有别于美国对暂缓起诉协议制度所采取的司法审查模式。可见，我国立法时，应根据本国现有的刑事法制度进行适当的鉴别与取舍。(4)与我国现行刑事诉讼制度的衔接问题。在域外刑事合规允许的"激励方式"中，暂缓起诉制度是目前最为"优惠"的激励机制，但也面临是否公正、执行效果如何等方面的隐忧。国家是否可以或应当探索暂缓起诉制度，它不仅是立法问题，也是社会问题，涉及企业治理水平、政府对企业的监管力度等内容。鉴于域外在设置并实施暂缓起诉制度上，充分结合各自的司法环境与刑事法律制度，使其在本国的法治环境下得以顺畅运行。故此，我国不妨通过试点予以逐步考虑。

三、单位犯罪规定的合规立法修正

顾名思义，域外刑事合规及其立法主要指向企业犯罪。在我国，刑事合规立法的重点便是单位犯罪。在暂且不考虑域外企业犯罪与我国单位犯罪的制度语境差异下，围绕单位犯罪，遵循刑事合规之精神与需要所展开的立法，不仅是刑事合规立法本体化的重头戏，也是检验刑事合规是否"水土不服"的重要标准。

(一)单位犯罪与刑事合规的理论契合

我国单位犯罪立法与域外企业犯罪规定颇为接近，但不能直接等同。尽管如此，在引入刑事合规的预设语境下，单位犯罪是绝对的首选适用对象。然而，由于理论构造与立法规定存在差异，二者之间尚需进行结构性的调试与衔接。

1. 单位犯罪理论与刑事合规的不适表现。域外企业合规以及刑事合规，基本上以企业犯罪为适用对象。在我国，与域外企业犯罪概念相对应的是单位犯罪。根据《刑法》关于单位犯罪的规定，以及理论上的一般看法，与域外刑事合规之间并非"无缝黏合"，其理论不适问题集中表现为：(1)根据罪刑法定原则、罪责刑相适应原则等基本理论，对有罪的单位主体，因有效的合规而不作为犯罪或减免处罚，在没有法律规定的情况下是几乎不可能，即会被认为是放纵犯罪，违背罪刑法定原则。这是当前我国刑事理论界所面临的头号难题。(2)我国《刑法》明文规定单位犯罪的成立条件以及处罚方式，以法定性为重要特征。由于自然人犯罪和单位犯罪在刑罚处罚上的实质差异，对单位仅设置罚金刑，从形式上看，对单位犯罪的独立处罚不足。同时，出罪、积极抗辩、减免刑事处罚等方面的规定非常单薄，且无法参照自然人犯罪规定，因此，缺乏充足的激励机制，无法与刑事合规直接进行对接。(3)我国刑法理论以及立法对域外的严格责任制度稍显抵触。域外的刑事合规制度之所以针对企业犯罪的适用成效不错，是因为在理论上承认或默认严格责任，[1]激励机制直

---

〔1〕 参见陈瑞华：《论企业合规的中国化问题》，载《法律科学(西北政法大学学报)》2020年第3期。

接作用于涉罪企业。然而，我国单位犯罪的刑事责任归责模式，与严格责任存在一定的差距，刑事合规尚未成为法定量刑情节，合规的有效性也无法成为检察机关不起诉的依据，都是制约刑事合规及暂缓起诉制度导入我国刑事法领域以及单位犯罪的制度障碍。(4)在单位犯罪的归责上，通常基于主要负责的责任人员或直接责任人员的行为之前提，才能延伸至单位本身。在实践中，司法机关由于主要是根据直接责任人员的行为和罪错并推论单位的行为和罪错，导致难以从单位自身的政策、规章、制度、行为规范等方面，独立确定单位的犯罪意志及其意图等。同时，由企业高层管理人员经无记名表决所实施的违法行为，以及直接责任人员难以确定的违法行为，往往难以认定为单位犯罪行为，以至于出现放纵犯罪或者使单位人员变相地承担单位的罪责。(5)我国《刑法》总体上以自然人的犯罪行为作为适用对象，处罚单位犯罪属于例外规定。实践中对单位成员在业务活动中实施违法犯罪行为，真正被作为单位犯罪处理的不多，多数情形被归为自然人犯罪，[1]这说明单位犯罪规定的司法操作性不强。在我国，作为公司治理方式的合规，暂时还没有与刑事法律建立制度联系，更没有转化成为刑法激励机制，立法方面更是处于空缺状态。(6)在刑事诉讼程序方面，对涉嫌犯罪的单位，检察机关往往作出提起公诉的决定，并对自然人采取强制措施，对企业采取财产方面的强制性侦查措施，相对不起诉或酌定不起诉的比例不高。这导致大量构成犯罪的企业单位，一旦被纳入立案侦查的轨道，很难脱逃被起诉、被定罪甚至受到严刑峻罚的命运。

2. 单位犯罪理论的"合规式"调试。我国《刑法》中的单位犯罪规定，与域外的刑事合规及其激励机制存在一定的差距。为了使二者可以相互融合，应当对我国单位犯罪进行一定的改造。具体而言：(1)单位犯罪的归责原理重塑。我国单位犯罪的归责原理与刑事合规的内容并不完全自洽。其核心问题是我国单位犯罪的规定在归责原理上，未能充分彰显单位的犯罪主体性，在一定程度上模糊或混同单位与单位成员在行为归责、结果归责上的应然关系。这不利于磨合刑事合规以凸显企业犯罪的主体地位及其归责的独立性。有观点认为，单位犯罪的刑事归责基础是单位的内部治理结构和运营方式。应将合规计划制定、实施与单位相联系，作为判断单位内部治理结构、运营方式的事实根据。单位具有良好的合规计划且付诸实施，可以认为该公司具有合理的内部治理结构和运营方式，可以作为单位阻却刑事归责的理由。[2] 也有观点认为，我国可以将包括企业合规建设在内的企业文化建设作为判断企业刑事责任的依据，决定犯罪企业的定罪和量刑。应当将《刑法》第30条、第31条的规定与责任原则相互结合，将企业合规建设纳入企业文化建设，作为判断企业刑事责任有无和大小的其一依据。[3] 上述两种看法都对将刑事合规引入单位犯罪治理上持开放的态度，差别在于是否基于合规计划的有效性重造单位犯罪理论体系及其改造的程度。按照第一种观点的主张，实际上是将刑事合规及其有效性作为归责的事实基础，反映在立法上就是作为

---

〔1〕 参见黎宏：《组织体刑事责任论及其应用》，载《法学研究》2020年第2期。

〔2〕 参见时延安：《合规计划实施与单位的刑事归责》，载《法学杂志》2019年第9期。

〔3〕 参见黎宏：《合规计划与企业刑事责任》，载《法学杂志》2019年第9期。

法定的成立条件,而在理论上或教义学上就是变成单位犯罪的归责要素。这种大胆的想法是对我国现行单位犯罪的革命性调试,也必然对我国刑事归责理论产生重大影响。然而其所可能引发的问题在于:一是我国单位犯罪归责理论是否与域外相比存在致命性缺陷,使其无法对涉罪单位进行独立且有效的追责。二是我国单位犯罪规定对单位的主体地位之独立性是否予以确认及其程度。三是将合规的有效性作为现行归责基础的替代物,是否就可以对单位犯罪的归责达到一劳永逸之效果。四是在我国对域外合规制度进行引介的初步阶段,直接推倒重来是否为最佳的选择。对上述问题的回答,可以为单位犯罪理论及立法与域外合规制度的"契合"之方案,提供有益的参考。很显然,完全重构单位犯罪理论体系以对接刑事合规制度并非当前的首选。(2)单位犯罪的概念重构与出罪机制。在我国,单位犯罪规定对单位责任与单位内部责任人员的责任区分不够。从世界范围来看,根据企业成员责任认定企业责任的刑事归责原则日益暴露缺陷,应当确立企业独立承担刑事责任的刑事归责理论。应当建立"企业独立意志理论",将单位视为独立的生命有机体,从单位行为上确定单位的独立意志。只有单位存在独立的犯罪意图或者对内部员工的犯罪行为存在失职或过失责任时,才能追究单位的刑事责任。若单位建立有效的合规计划,足以否定存在上述犯罪意图或失职、过失。这就能合理区分单位责任与单位内部员工、高管、第三方、客户的刑事责任。[1] 这种观点指出企业犯罪或单位犯罪归责是世界性难题,即单位作为"拟制"主体,在归责上,必然需要面对单位与单位人员之间的分担责任问题。如若二者的关系区分不当,以及在归责上轻纵单位,则可能出现替代责任以及单位归责的不充分等问题。在现阶段,我国单位犯罪理论也面临这一制度性困境。按照刑事合规激励机制的原理,应强化企业的主体性地位,激励机制必须直接作用于企业以及企业高管。刑事合规如若引入刑法,应当改革单位犯罪的概念。譬如,单位犯罪必须是在具有主观罪过的前提下进行的,这不仅凸显单位犯罪的独立主观罪过,也隐含合规有效性的客观判断要素。进言之,单位犯罪与自然人犯罪具有本质区别,单位具有独立的行为和意志、具有独立的主观罪过,才是单位构成犯罪的原因。[2] 从单位犯罪的独立性看,强调单位犯罪的独立主观罪过是可取的,也是强化单位犯罪独立性以及与自然人犯罪之区分的实际需要,但如何判断单位自身的主观罪过,尚需进一步讨论。刑事合规的导入不是最直接或最好的(唯一)方式,刑事合规及其有效性可以作为判断企业犯罪时的主观罪过的其一而非全部成立要素,否则,企业犯罪很可能基本上都会被认定为是过失犯罪。(3)单位犯罪的法定成立条件。为了与刑事合规制度对接,并将激励机制予以立法化,需要对我国单位犯罪的成立条件作出必要的调试。特别是应当强调单位犯罪的主体性地位,单位独立于单位成员,才能将激励机制的效果真正地"触及"涉罪单位,督促企业自主自觉合规经营。也应当重新规定单位的主观罪过,单位表达其认识、意图和意志的方式主要有"抽象"与"具体"表达,前者是通过所发布的章程、规范、行为守则、奖惩标准等规范性文件,后者是通过对员工的职务行为实施教育、培训、防范、识别、奖励、惩

---

〔1〕 参见陈瑞华:《合规视野下的企业刑事责任问题》,载《环球法律评论》2020 年第 1 期。

〔2〕 参见陈瑞华:《企业合规的基本问题》,载《中国法律评论》2020 年第 1 期。

戒等具体行为。[1] 这种观点强调单位犯罪的主观罪过之独立性,与强调单位犯罪的主体性地位一以贯之。单位犯罪的主观罪过与自然人犯罪的主观罪过存在差异,可以通过单位的章程等形式予以"体认"。在刑事合规的前提下,界定单位犯罪的主观罪过时,最核心的要素是单位有其独立的犯罪意志,而刑事合规及其有效性又是判断单位犯罪意志的重要因素,这应当是司法机关判断的应然标准。进而,也就厘清单位犯罪的独立主观罪过与刑事合规二者之间的关系。

(二)立法建言

以域外刑事合规的立法经验为参照,侧重于实体法角度而言,为了确立刑事合规的激励机制,有必要在理论调试的前提下,从立法层面做进一步的调整。

1. 出罪事由与减免情节。从刑事制裁的有效性看,刑事合规的激励机制不只是为了输出"优惠",更是为了提高制裁的有效性。经营者合理地制定和实施合规计划,尽到了监督义务的场合,可以对其免责。即便存在过错而不能免责的,也应当考虑其实施合规计划的事实,减少制裁额度,对其给予激励。[2] 正是基于这一功利主义的治理逻辑,域外一些做法是将刑事合规作为一种出罪的辩护事由或减免处罚的情节。在我国,针对单位犯罪的无罪事由中,刑事合规并不是法定的情形,实践中也基本没有考虑。[3] 在考虑刑事合规导入单位犯罪的治理问题上,必然涉及有效的合规是否可以作为单位的出罪事由。从刑法的激励机制看,如果将刑事合规设定为企业刑事责任的积极抗辩事由,既可能包括出罪问题,但也涉及刑罚减免的问题。易言之,刑法上的双重激励机制主要表现为:一是企业具有有效合规计划,犯罪情节不严重的,可以作出不起诉的决定,但前提是责令其重建合规计划。二是即便予以定罪,只要具备有效合规计划,也可以对其宽大量刑,将合规计划作为减轻处罚情节。只有确立定罪与量刑上的双重宽缓才是完整的激励机制。在此基础上,需要明确的问题是:一是出罪依据。在理论基础和依据上,可以考虑《刑法》第13条规定的但书条款,或《刑事诉讼法》(2018修正)第16条关于不追究刑事责任或不起诉的规定。在现阶段,《刑法》第13条或《刑事诉讼法》第16条都无须直接作出规定,《刑法》分则可以就具体的单位犯罪作出提示性规定。二是宽缓处罚的范围与幅度。是否仅限于从轻处罚,还是包括减轻处罚以及免除处罚。虽然性质上都是宽缓处罚,而从宽尺度上不一,也反映激励机制的价值预设上存在不同,对此,应当通过司法解释予以规定。在各方面条件成熟后,可以在《刑法》总则第四章第一节中予以明确规定,将有效的合规计划作为法定量刑情节。与之相关的问题是,疏于刑事合规的,是否也应当在归责上有所体现。有观点认为,疏于刑事合规的,可以作为对经济犯罪进行归责或加重处罚的依据,强化疏于合规的消极后果,通过可能的刑事风险以实现企业合规成本支出与收益的平衡。同时,增强刑罚处罚力度,大幅度提高企业和高管人员

---

[1] 参见陈瑞华:《合规视野下的企业刑事责任问题》,载《环球法律评论》2020年第1期。

[2] 参见[日]佐伯仁志:《制裁论》,丁胜明译,北京大学出版社2018年版,第47页。

[3] 但不乏例外,参见兰州市城关区人民法院刑事判决书,(2016)甘102刑初605号;兰州市中级人民法院刑事裁定书,(2017)甘01刑终89号。

违法犯罪成本。[1] 从形式上看,刑事合规的激励机制是正向的,鼓励企业自觉制定和实施合规计划。但是,在合规计划作为一项法定义务或被官方积极鼓励的情况下,企业也可能“阳奉阴违”。对此,应当承担激励机制的反向效应,需要承担罪责或加重的刑罚。

2. 刑罚裁量及其执行。在域外,虽然刑事合规的激励机制存在一些不同做法,但都包括量刑上的减免,这一点几乎是没有任何分歧的,立法上应当作出规定。我国《刑法》对涉及刑事合规的减免处罚问题缺乏明文规定,不利于刑事合规制度的导入。在量刑制度上的修改,应把握好以下几个方面:(1)有效合规计划作为量刑情节的法定化。企业的刑事合规运行情况,应当作为单位犯罪从宽或从重的法定量刑情节。一般而言,为了最大限度地实现激励机制,通常将有效的合规作为减免刑罚的情节,但是,对于部分犯罪的刑罚处罚已经较轻或企业合规态度不好的,可以进行反向的激励,也即加大白领犯罪以及财务人员、组织犯罪的刑事责任。只有减免与从重处罚齐头并行,才能真正使量刑激励效果落到实处。因此,在立法建议上,可以考虑在《刑法》第 30 条中增加第 2 款:“单位制定并实施有效的合规计划的,可以从轻、减轻或者免除处罚;情节显著轻微,危害不大的,可以不认为是犯罪。”同时,在《刑事诉讼法》中,可以在不起诉制度或附条件不起诉制度中作出相应的规定。(2)刑罚种类的补强。要改变仅对单位判处罚金的单一处罚模式,可考虑对单位增设“资格刑”的刑罚种类。针对单位的刑罚处罚,应当从刑事合规的激励机制出发,通过限制与剥夺企业的生产经营资格、竞争权限、营利能力等内容,真正实现以合规为激励要素强化对企业进行刑罚处罚的有效性。(3)罚金刑的完善。无论是单罚制还是双罚制,对单位只能适用罚金这一附加刑,而没有对应的主刑。这不免导致对单位的处罚不能相称。为了整体上强化罚金刑的激励效应,填补主刑设置不足的缺陷,可以考虑整体上提高罚金刑的处罚力度。建议上在《刑法》第 52 条中增加第 2 款:“对单位判处罚金的,应当根据其建立与执行刑事合规的有效性等情况,决定罚金数额。”(4)增设企业缓刑。在域外,针对企业的缓刑制度发展势头不错,起到激励企业主动合规经营的良好效果。我国《刑法》第 72 条规定的缓刑仅适用于自然人。从激励机制的建构看,有必要在单位犯罪的刑罚适用中设置对单位的缓刑制度。在立法建议上,可以在《刑法》第 72 条后增设 1 款:“企业积极实施建立并有效实施合规计划的,可以判处缓刑。”

3. 合规义务的法定化。按照刑事合规的激励机制之设想,企业高管负有监督管理企业合规的责任与义务,违反企业刑事合规义务的,需要承担刑事责任。为此,应当强化并规定单位负有监管其单位内部员工和单位代理人行为并避免其实施犯罪行为的注意义务。通过扩大企业高管发现和防止企业成员犯罪的保证义务,即确立企业及其高管的合规义务,实质上扩大企业的刑事责任范围。同时,监督并防止企业成员实施犯罪的法定义务,也成为公司企业犯罪的可罚性基础。在此前提下,相关的义务经法律确定后,企业是否积极采取必要的合规计划予以有效落实,反映企业对履行该义务的态度。实施适当与有效的合规措施,直接反映企业履行必要的监督义务,主动避免实施错误的风险管理。没有实施合规计划,可以成

---

[1] 参见孙国祥:《刑事合规的理念、机能和中国的构建》,载《中国刑事法杂志》2019 年第 2 期。

为监督义务的懈怠依据,进而可能成为企业对其成员经济犯罪的归责依据。在刑事合规义务的立法上,应当首先在刑法总则中予以规定,既需要将合规义务作为企业的基本责任,也要作为对企业高管作出刑罚处罚的情节。对此,可以考虑前述在《刑法》第30条中增加第2款的立法建议,使企业合规计划正式进入单位犯罪构成体系,发挥双重激励作用。同时,还应当确立企业高管负有合规构建与实施的法定义务,使其具有刚性。可以考虑在《刑法》第31条中增设第2款,并表述为:"单位负责的主管人员违反构建和实施合规计划义务的,依照前款的规定处理。"这从反面确认企业高管违反合规义务的法律责任。在此基础上,企业高管合规义务的法定化,也使刑法分则中的具体单位犯罪罪名,应当在罪状或处罚规定中"确认"合规计划的内容。

四、刑事诉讼的立法修正

域外刑事合规的程序立法已经显示,科学的诉讼激励机制,有助于通过程序分流等方式,更好地应对涉罪企业的刑事责任追究问题,并以暂缓起诉制度作为标志。相比之下,我国通过刑事诉讼程序激励企业构建合规和自觉实施合规的意识不强,不仅因实体法的压力不足,也包括程序方面的配套远未跟上。为此,应当结合我国刑事诉讼的一般原理及其规定,通过立法培育刑事合规的司法化土壤与契机。

(一)涉罪企业强制措施与侦查措施的激励性适用

对于涉案单位的强制措施或侦查措施上进行宽缓适用,是极为有力的刑事诉讼激励措施,也是刑事合规在诉讼程序上可以深入发挥作用的重要场域。

1.强制措施与侦查措施适用过严与改革契机。我国刑事诉讼对人的强制性措施的运用中,羁押率比较高,犯罪嫌疑人容易在审前会被采取拘留或逮捕等羁押性强制措施。同时,针对涉罪企业采取扣押、冻结等具有强制性的侦查措施也较为常见。一旦企业涉罪进入刑事诉讼程序,容易出现经营停滞等问题。尽管我国尚未专门建立企业合规下的程序宽缓之激励机制,有效合规不能直接左右强制措施与侦查措施的适用。但是,在现有立法规定与司法环境下,已经具备建立该机制的制度基础和实践基础,特别是我国不断强化羁押必要性审查、依法控制对物的侦查措施。在我国,以企业承诺建立或执行合规作为前提条件,降低具有高度强制性的强制措施或侦查措施的适用,对涉罪企业和企业高管人员均具有很大的正向激励作用,有利于引导企业主动进行合规建设。[1] 对于相对轻微的企业犯罪而言,强制措施或侦查措施的激励性适用,有助于扭转实践中对涉罪企业重惩罚而保经营不足、涉罪企业一旦入诉讼程序就容易被拖垮、涉罪企业的财产保护不周等问题,更好地平衡打击单位犯罪与保护企业发展。

2.强制措施与侦查措施的激励性适用。当前,一旦采取强制措施或强制性的侦查措施,则往往容易使刑事诉讼程序只能向前。对于涉罪企业而言,如果可以通过减少强制措施或强制性侦查措施的适用,作为一种激励涉罪企业更好地实施合规经营的诉讼策略,不仅使涉罪企业愿意接受,也使诉讼资源得到更有效配置。为了纠正实践中因诉讼程序的启动而导

---

〔1〕 参见李玉华:《我国企业合规的刑事诉讼激励》,载《比较法研究》2020年第1期。

致无法回转,防止出现一旦采取强制措施就往往搞垮企业等情况,慎重适用强制措施、强制性侦查措施的司法政策已是共识,从而可以充分保障企业产权、企业合法财产等。这种严中有宽的司法政策,为企业在涉案后是否必然进入诉讼程序及其今后的走向,提供积极向好的政策维度。党的十八大特别是十九大以来,尤为重视对非公有制经济的保护,不断强化对民营企业的司法保护,在刑事诉讼中已经形成激励导向的司法适用政策基础。涉罪企业如何适用强制措施及侦查措施的问题,已然具备刑事合规所需的激励场域、条件以及时机等。可以考虑通过是否采取强制措施、强制性侦查措施等做法,与涉罪企业就是否进入刑事诉讼程序以及如何处置等问题进行合规层面的"合作"。针对不同涉罪企业的犯罪情况、危害程度、犯罪后的表现等,根据在刑事合规方面的意愿、执行程度、合规计划的有效性等因素,司法机关决定是否作出变更或撤销强制措施、撤销侦查措施、终结侦查与撤销案件等"诉讼优惠"。应当出台专门的司法解释,就涉罪企业适用强制措施、侦查措施的问题,建立健全积极有效贯彻刑事合规激励机制的实施细则,促进企业积极自觉依法合规经营。

(二)暂缓起诉制度的本土化改造

在涉罪企业的起诉问题上,已有宽缓的政策动向。认罪认罚从宽制度完全适用于单位犯罪是最好的例证。特别是在我国起诉制度的规定下,结合刑事合规理念以及暂缓起诉制度的一般原理,可以尝试从立法上作出一定的微调。

1. 改造附条件不起诉下的检察机关参与模式。我国附条件不起诉制度是与暂缓起诉制度最接近的"同类"。其改造内容包括:(1)有观点认为,在审查起诉阶段,企业认罪且已经建立合规计划的,可以作出附条件不起诉。虽然已经建立合规计划,但尚不够完善的,可以要求企业交纳特定罚款,在3年考验期内重建合规计划。检察机关可以派驻合规监督员督促建立合规计划,[1]企业应定期报告进展。考验期满后,经过审查已经建立符合标准的有效合规计划的,可以作出不起诉决定。[2]尽管附条件不起诉制度是衔接暂缓起诉制度的最直接"窗口",但如果适用于企业,则需要扩大适用对象、适用范围以及条件。在立法建言上,可以考虑在《刑事诉讼法》(2018修正)第177条中增设第3款(原第3款变为第4款),并表述为:"企业建立并有效执行合规计划的,经考验期合格的,参照前款规定处理。"此外,考虑到第五编"特别程序"暨第一章"未成年人刑事案件诉讼程序"以及第282条的立法体例,不宜对涉罪企业的附条件不起诉问题作出规定,否则,容易导致立法章节的紊乱。通过立法将附条件不起诉制度的适用范围拓展到单位犯罪,直接"消解"合法性问题,扩大不起诉制度的适用对象,对探索我国单位犯罪领域的"中国式"暂缓起诉制度可谓意义非凡。(2)检察机关如何参与针对涉罪企业的附条件不起诉制度是接下来的难点。《人民检察院检察建议工作规定》第2条规定检察建议制度;第5条规定社会治理检察建议共五种类型;第11条第1项规定,人民检察院在办理案件中发现社会治理工作中,涉案单位在预防违法犯罪方面制度不健全、不落实,管理不完善,存在违法犯罪隐患,需要及时消除的,可以向有

[1] 参见石磊、陈振炜:《刑事合规的中国检察面向》,载《山东社会科学》2020年第5期。
[2] 参见陈瑞华:《企业合规的基本问题》,载《中国法律评论》2020年第1期。

关单位和部门提出改进工作、完善治理的检察建议。检察建议是相对软性的检察监督做法，与刑事合规的"合作"治理观念不谋而合。检察建议制度为检察机关在刑事合规语境下寻求自身的定位与角色提供一种出路。检察机关参与涉罪企业的刑事合规治理时，可以就企业合规管理制度及其完备程度、有效性等提出针对性的检察建议。在检察机关决定对涉案企业适用附条件不起诉制度的，涉案企业应当自愿签署"附条件不起诉协议"，构建有效完备的合规计划。检察机关负责对企业执行的监督。在约定的考验期限内，签署协议的企业未履行协议内容或不达标、实施新的犯罪、发现决定附条件不起诉以前还有其他犯罪需要追诉、多次违反考察机关有关附条件不起诉的监督管理规定的，人民检察院应当撤销附条件不起诉的决定，再次提起公诉；在期限届满时，涉案企业完成协议的内容并且达到标准，则应当作出不起诉的决定。

2. 认罪认罚从宽制度的嵌合思路。认罪认罚从宽制度建立"中国式"的控辩协商机制。[1] 从认罪认罚从宽制度蕴含独特的刑法激励机制看，与域外刑事合规存在异曲同工之妙。充分激活认罪认罚从宽制度等既有内容，结合刑事合规制度的内容与实质，可以为单位犯罪引入刑事合规提供积极的立法支撑与司法动能。进言之，二者对于自愿认罪认罚，以及事前实施有效的合规计划等相似的特殊行为，在刑事法上均可以作出宽缓的激励性处理。针对单位犯罪并借助认罪认罚从宽制度，就可以探索类似的暂缓起诉协议等制度。实际上，针对单位犯罪适用认罪认罚从宽制度，无论是试点期间，还是立法后的全面实施阶段，都是客观存在且效果不错的。在认罪认罚从宽制度与起诉制度规定的前提下，对于涉嫌犯罪的单位，可以引入中国式的暂缓起诉协议制度，允许检察机关与涉嫌犯罪的企业达成认罪协议，责令企业缴纳和解金，承诺建立或者完善合规管理体系，设置考验期。在考验期内，委派合规监督人员进驻企业，督促履行协议约定义务，建立健全合规计划。在考验期结束后，经检察机关评估验收，认为涉嫌犯罪的企业已经建立有效合规计划的，可以不再提起公诉。在此前提下，需要进一步讨论的问题包括但不限于以下几个方面：一是侦查机关是否可以参与以及权限等。按照我国《刑事诉讼法》对刑事和解程序、认罪认罚从宽制度的规定看，侦查机关的介入非常有限，主要是为了防止侦查阶段的权力滥用。检察机关是主要的参与主体，甚至是主导机关。二是审判机关的地位和作用。域外的暂缓起诉制度存在检察官主导与司法审查两种模式，各有优劣。鉴于我国在认罪认罚从宽制度的设计理念中，已经确立检察机关的主导地位与作用。[2] 在借助认罪认罚从宽制度嵌入刑事合规内容并适用于单位犯罪时，检察官主导模式更优于司法审查模式。但是，并不意味着脱离以审判为中心的诉讼制度，审判权的地位和作用不被动摇，而是充分发挥检察机关的审前作用，最大限度地发挥暂缓起诉制度的意义。三是通过认罪认罚从宽制度嵌入刑事合规，在现有情况下，只能限于量刑从宽，而不能突破定罪，也就不能作为免责的抗辩事由。这种严苛的规定不利于经由认罪认罚从宽制度导入刑事合规。但《刑事诉讼法》(2018 修正)第 182 条规定，在特殊情况下，

---

〔1〕 参见孙道萃：《论认罪认罚从宽协商的有效模式》，载《学术界》2021 年第 1 期。

〔2〕 参见孙道萃：《认罪认罚从宽制度研究》，中国政法大学出版社 2020 年版，第 125 页。

对认罪认罚案件,可以撤销案件或作出不起诉决定。这就为暂缓起诉制度与认罪认罚从宽制度的融合提供了变通的制度空间。故此,建议可以考虑在《刑事诉讼法》第 15 条中增加第 2 款:“企业认罪认罚并承诺建立和实施有效合规计划的,按照前款规定处理。”也就是说在适用条件上,不仅需要积极的认罪认罚行为作为前提条件,还需要承诺建立健全合规计划。同时,还可以考虑在第 182 条中增加第 2 款(原第 2 款变为第 3 款):“企业认罪认罚并承诺建立和有效执行合规计划的,经最高人民检察院核准,公安机关可以撤销案件,人民检察院可以作出不起诉决定,也可以对涉嫌数罪中的一项或者多项不起诉。”这一“嫁接性”的立法嵌入方式虽然有些“勉强”,但客观上可以为引入暂缓起诉制度提供立法空间。

五、结语

域外在刑事合规问题上“高歌猛进”,刑事合规在我国也不再陌生。然而,从法律借鉴与建构看,当下仍面临诸多制度性障碍与技术难题。通过立法体认刑事合规的激励机制,不失为“大刀阔斧”推进我国刑事合规探索的有益方式。它既为刑事合规的司法化提供依据,也反哺理论研究的深入。在如何形塑刑事合规的中国立法版图,尚需结合我国《刑法》《刑事诉讼法》的规定,进行精细化的设计。只有将刑事合规制度的内容充分嵌入我国刑事法体系内,使其内化为我国刑事法体系的有机组成部分,才能在合法性与有效性的维度构建中国版的方案。

第二编
刑法总论

专题六　刑法理念与基本原则

新时代“枫桥经验”与国家治理现代化：内在逻辑与实现进路*

2013 年 11 月，党的十八届三中全会提出，要创新社会治理，维护人民利益，维护国家安全，确保社会充满活力又安定有序；2019 年党的十九届四中全会审议通过的《中共中央关于坚持和完善中国特色社会主义制度 推进国家治理体系和治理能力现代化若干重大问题的决定》提出，要“坚持和完善共建共治共享的社会治理制度”，强调“基层治理”“四维治理”“网络治理”等；2020 年 10 月，党的十九届五中全会再次强调完善共建共治共享的社会治理制度，加强和创新社会治理；2021 年 11 月，党的十九届六中全会再次强调提出，全面深化改革的总目标是“完善和发展中国特色社会主义制度、推进国家治理体系和治理能力现代化”。社会治理无可争议地成了当代中国政治政策上的重要命题。“枫桥经验”是具有浙江特色的社会管理模式，先后经过毛泽东同志的亲自批示和习近平总书记的多次肯定性评价，经过历史考验和长期实践之后，现已成为全国推广学习的基层治理样板。“枫桥经验”主要是一种预防化解矛盾的经验，最脍炙人口的说法是“小事不出村，大事不出镇，矛盾不上交”，在社会治理方面不断取得显著成效。[1] 在中国特色社会主义新时代，“枫桥经验”已然成为有关社会治理且事关国家稳定发展的丰富宝藏，但如何深度挖掘“枫桥经验”的内涵，如何在治理现代化视域下促进“枫桥经验”的转型，以及如何重新释放新时代“枫桥经验”的活力等问题值得关注。

一、不同历史阶段“枫桥经验”的内涵嬗变

“枫桥经验”是党领导人民创造的一套行之有效的社会治理方案，

---

* 本文原载于《上海政法学院学报（法治论丛）》2022 年第 4 期，由高铭暄教授与傅跃建合作完成。

〔1〕 参见汪世荣：《枫桥经验：基层社会治理的实践》，法律出版社 2018 年版，第 2 页。

是有关基层治理的经验,尤为针对村镇治理相关问题,利于社会和谐稳定,更利于国家可持续发展。历经近60年的发展,“枫桥经验”从最初的对敌斗争,到社会治安综合治理模式,再到现在以预防调解纠纷为主的基层自治经验,[1]不断完善,与时俱进,使得“枫桥经验”的发展历程成了一部中国共产党领导下的群众路线发展史。

20世纪60年代,为有效实现对“四类分子”(没有改造好的地主、富农、反革命分子和坏分子)的社会主义改造和教育,化解基层矛盾,浙江省诸暨市枫桥镇创造性地形成了“矛盾不上交,依靠群众,以说理斗争的形式把绝大多数‘四类分子’改造成为新人”的经验,经毛泽东等中央领导批示推广,成为我国基层治理的重要样板性做法。[2] 其后,“枫桥经验”的历史定位不断发生变化,从最初的“调和阶级矛盾”的经验到20世纪八九十年代的“维护社会治安”的经验,再到新世纪“加强社会管理”的经验和新时代“创新社会治理”的经验,在不同历史时期都有着鲜明的工作定位和相应的工作方法。[3] “枫桥经验”内涵不断演变,其目标从促进发展、建设小康社会发展为共建共治共享,向综合治理方向发展,进行全方位转型升级。它在创新中得到充实、丰富和拓展,体现了传统的延续和与时俱进创新发展的统一。[4]

在中国基层治理实践中,“枫桥经验”一直备受关注,在不同的政治任务和时代需求下不断革新内涵、丰富内容,赢得了广泛赞誉。2003年,时任浙江省委书记的习近平同志在纪念毛泽东批示“枫桥经验”40周年之际,提出“把学习推广新时期‘枫桥经验’作为加强社会治安综合治理的总抓手”。2004年,习近平同志在全国社会治安综合治理工作会议上作《创新“枫桥经验”建设“平安浙江”》的交流讲话,提出“强化基层基础工作,进一步总结、推广和创新‘枫桥经验’”[5]。2013年,习近平总书记为纪念毛泽东批示“枫桥经验”50周年,再次就坚持和发展“枫桥经验”作出重要指示。[6] 习近平总书记的系列重要指示为新时代坚持贯彻和发展创新“枫桥经验”指明了新方向,提出了新要求,也为提升新时代我国现代化基层治理能力和现代化治理水平提供了行动指南和具体方案。

“枫桥经验”注重基层治理、坚持群众路线的核心要义,在治理功能上,具有社会基层治理的示范作用,承担着改革使命,而“枫桥经验”的演进和创新又随着国家治理目标的要求而变化。“枫桥经验”将地方性基层治理经验创造性转换,将地方文化传统创新性扩展,也在一定程度上将具有中国特色的社会治理经验发扬光大,贡献出符合国情、立足实践的特色方案。“在基层社会治理实践中产生并能适应我国主要矛盾转变的新时代‘枫桥经验’创造

---

[1] 参见马荣春、周建达:《“枫桥经验”:预防犯罪观的重要启示》,载《南昌大学学报(人文社会科学版)》2019年第1期。

[2] 参见徐忠友:《“枫桥经验”诞生前后》,载《党史纵览》2020年第2期。

[3] 参见卢芳霞:《走向“社会治理”的“枫桥经验”》,载《学习时报》2018年1月22日。

[4] 参见陈立旭:《现代治理与传统的创新性发展——“枫桥经验”的启示》,载《治理研究》2018年第5期。

[5] 习近平:《创新“枫桥经验”建设“平安浙江”——在全国社会治安综合治理工作会议上的讲话(节选)》,载《今日浙江》2004年第12期。

[6] 习近平总书记强调,各级党委和政府要充分认识“枫桥经验”的重大意义,发扬优良作风,适应时代要求,创新群众工作方法,善于运用法治思维和法治方式解决涉及群众切身利益的矛盾和问题,把“枫桥经验”坚持好、发展好,把党的群众路线坚持好、贯彻好。

出了一整套基层社会治理的科学方法和有益实践,成为打造共建共治共享社会治理格局的典型样本。"[1]党的十九届四中全会专门强调要坚持和发展新时代"枫桥经验",把这一基层治理经验上升到国家和社会治理的高度。2021 年 11 月,党的十九届六中全会延续了党的十九届四中全会的精神,再次重申"坚持和发展新时代'枫桥经验'"。因此,同国家治理现代化要求相比,"枫桥经验"所包含的枫桥特色自治方案、社会治安综合治理、社会基层治理体系等内生性制度与理论价值都亟待进一步挖掘和思考。

在中国特色社会主义新时代和国家治理现代化双背景下,基层治理正朝着自治、法治、德治相融合的社会治理机制方向调整。"枫桥经验"创新发展需有所转变,但在转变调整过程中不宜不加区别地机械推广或运用"枫桥经验",而应在明确"枫桥经验"内在精神与实质内容的基础上,有所区别地继承、借鉴和吸收。继承是创新的前提,创新是继承的目的,虽然创新"枫桥经验"应不忘传统文化与地方治理的根基,但过往经验在当下时代难免呈现出历史局限性,与当前社会治理的时代需要和期待存在客观差距。因此,以扬弃的目光对待"枫桥经验",赋予其符合时代要求的新内涵。

总之,"枫桥经验"的每次创新发展都赋予其新的历史价值,始终与国家社会治理任务保持一致,其历经了中华人民共和国成立后的站起来、改革开放后的富起来、党的十八大以来进入中国特色社会主义新时代的强起来。"枫桥经验"以习近平新时代中国特色社会主义思想为指导,促使传统文化与现代法治理念融合,增强社会治安与治理体系协调,时下正朝着理论化、制度化、时代化、法治化方向发展。不同历史阶段"枫桥经验"有着不同的、鲜明的工作定位和相应的工作方法,但无论在调和阶级矛盾、维护社会治安、加强社会管理方面,还是在创新社会治理方面,"枫桥经验"一直引领基层社会的治理方向,定分止争,解决矛盾。

二、新时代"枫桥经验"与国家治理现代化的逻辑契合

治理体系和治理能力现代化是一个创新概念集群,而"重视并积极推进国家治理体系和治理能力现代化是以习近平同志为核心的党中央在深刻总结古今中外治国理政经验与规律的基础上所选择的治国方略,标志着中国共产党执政理念的重大革新"[2]。国家治理体系和治理能力是新时代治国理政的重要方面,是对新时代我国经济社会发展所面临问题和挑战的积极应对,也是本着问题导向进行治理体系的自我变革,顺应时代发展,体现人民意愿。近 60 年的实践证明,"新时代'枫桥经验'已不限于矛盾纠纷化解的经验,不限于政法综治领域的经验,而成为新时代践行党的群众路线、推进基层治理现代化的经验"[3]。"枫桥经验"逐渐超越传统实践场域和作用范畴,成为新时代践行党的群众路线,促进基层自治的经验和模范,也成为极具中国特色的基层治理样板和典范,与党中央积极推进国家治理体系和治理能力现代化具有高度的契合性。

---

[1] 徐汉明、邵登辉:《新时代枫桥经验的历史地位与时代价值》,载《法治研究》2019 年第 3 期。

[2] 高铭暄、曹波:《新中国刑事治理能力现代化之路——致敬中华人民共和国七十华诞》,载《法治研究》2019 年第 6 期。

[3] 王昌荣:《新时代"枫桥经验"的深刻意蕴——赴诸暨蹲点调研报告》,载《浙江日报》2018 年 6 月 11 日。

（一）坚持和发展新时代“枫桥经验”是对习近平新时代中国特色社会主义思想的根本遵循

习近平总书记关于社会治理的重要论述是在系统总结以“枫桥经验”为标本的基层社会治理经验、科学凝练基层社会治理理论的基础上形成的，是习近平新时代中国特色社会主义思想的重要组成部分。[1] 前已述及，习近平总书记持续高度重视“枫桥经验”的创新发展，多次亲自实地考察，凝练经验，将“枫桥经验”学习推广到全国各地，不仅屡次在重要讲话和学习指示中强调丰富“枫桥经验”的理论内涵、抓住时代特征，而且多次全面详细阐述和系统总结“枫桥经验”的实践情况，将其纳入国家治理体系之中。

“枫桥经验”在21世纪的创新发展与习近平总书记长期的社会治理实践和理论创新密切相关。正是由于习近平总书记善于系统总结、全面推广、创新发展“枫桥经验”，才让其历久弥新，迸发活力，与时俱进。同时，也正是“枫桥经验”的实践成果和理论创新为习近平总书记关于社会治理的重要论述提供了扎实的基础，两者始终相辅相成、互相促进。

（二）“枫桥经验”以人为本的思想以及贯彻群众路线的方针同推进国家治理现代化具有高度一致性

国家治理能力现代化，本质上是人民高效参与治理能力的现代化。只有在人民当家作主的民主制中才能真正实现人民治理。[2] 随着我国进入中国特色社会主义新时代，我国社会主要矛盾的历史性变迁客观上要求将国家治理现代化顶层设计落实到基层，全力推动社会治理重心下移。作为党群众的路线的重要组成和模范典型，“枫桥经验”对化解新时代社会主要矛盾有重要的借鉴和指导意义。在党的群众路线指引下，“枫桥经验”随着时代的发展而不断创新，经过各级领导干部和各学科专家学者的总结、概括和提炼，积累了维护稳定、治理社会的一系列新概念，促进了经济发展和社会进步，每个概念都可在枫桥找到实际例子和生动故事。[3] “枫桥经验”在治理功能上的基层定位决定其将承担起社会治理的示范效应和改革使命，融合了就地化解社会矛盾、促进社会和谐发展、实现共建共治共享的治理目标，由此内在地决定了其能够发展成为保障人民利益、维护社会和谐的重要经验。

中国特色的治理观是要实现好、维护好、发展好最广大人民群众的根本利益，最大限度地保证民族独立、国家富强、人民幸福、社会和谐、公平正义、人与自然和谐。“新时代‘枫桥经验’的灵魂在于以人民为中心，其本质在于人民主体性。以人民为中心的思想赋予‘枫桥经验’本质特征，赋予‘枫桥经验’历史内涵、时代内涵。实现好、维护好、发展好最广大人民的根本利益，是‘枫桥经验’的灵魂所系、本质所在、生命所依。”[4] 人民主体是“枫桥经验”的核心价值，实现人民的利益是新时代“枫桥经验”的价值导向。纵观“枫桥经验”的发展历程，群众是其核心关键词，激发群众积极性，依靠群众维护社会治安成为重要举措，以更好地实现自我服务。人民的主体性和主体地位是新时代“枫桥经验”的核心价值，是社会治理现

---

〔1〕 参见张文显等：《新时代“枫桥经验”大家谈》，载《国家检察官学院学报》2019年第3期。

〔2〕 参见刘须宽：《国家治理体系和治理能力现代化》，人民日报出版社2020年版。

〔3〕 参见朱志华、周长康主编：《“枫桥经验”的时代之音》，浙江工商大学出版社2019年版。

〔4〕 张文显：《新时代“枫桥经验”的核心要义》，载《社会治理》2021年第9期。

代化的根本支撑和内生动力,“枫桥经验”始终坚持“以人民利益为中心”的初衷不动摇,将更好地促进社会和谐与稳定,推动国家治理现代化。

(三)新时代“枫桥经验”主动融入法治思维和法治元素,有力地保障其蕴含之社会治理价值的充分释放

社会主义法治思想与社会治理理念具有思想同源、价值同宗的特性,积极推进国家治理现代化必须同步推进落实全面依法治国战略。“枫桥经验”是中国本土的治理实践和法治实践,模范地积累了具有鲜明中国特色的基层法治经验,与国家治理现代化具有内在共通性。“枫桥经验”之所以被提出,即是为解决“四类分子”的法治化教育改造问题,并以“四类分子”的教育改造作为基点延展至整个基层矛盾纠纷的法治性化解,其后续发展、创新与推广均与法治相伴而行、彼此促进。毋庸讳言,在“枫桥经验”发展创新的全过程中,不论是其妥善处理“四类分子”的经验总结,还是其后经历从政治斗争和社会改造经验到群众广泛参与社会治安综合治理经验,再到村民自治、基层民主法治建设经验的迭代升级,法治属性始终是“枫桥经验”的重要特征。

地方政府基于基层治理能力现代化,积极探索有效治理方式,其中最为显著的创新和发展为法治化和信息化。以法治精神丰富和发展“枫桥经验”,在强调突出依靠人民群众化解基层矛盾纠纷的同时,更加凸显了运用法治思维和法治方式对社会矛盾和纠纷的治理。[1]法治是国家治理体系和治理能力的重要依托,社会治理同样需要以法治作为可预期的基本方式。新时代“枫桥经验”将中国传统社会治理经验创新表达,突出中国特色的文化底蕴,是运用中国特色社会主义法治体系治理基层社会的重要法宝。社会需要秩序,秩序需要法治予以保障,法治化的秩序才符合国家总体发展的要求。在从特殊的地方经验转化为一整套的国家治理方案过程中,“枫桥经验”蕴涵着许多值得借鉴的法治规则和法治方式,具有新时代中国法治发展和法治创新的普遍性意义。走向法治化也是其必然的趋势。[2] 新时代“枫桥经验”被学者认为是习近平法治思想的重大成果。“从社会管理到社会治理的转型跨越,‘枫桥经验’由社会管理经验转型升级为社会治理经验;法治国家、法治政府、法治社会一体建设,推动加快‘枫桥经验’的法治化进程。”[3]不可否认,习近平法治思想促进“枫桥经验”转变为新时代经验,使其成为兼具法治思维和法律理念的新方法,在基层治理中焕发了新活力。

总而言之,在习近平新时代中国特色社会主义思想的指引下,“枫桥经验”欲成为新时代治理法宝,仍需要继续坚定不移地走适应时代发展要求的法治之路,使“枫桥经验”革新化、时代化。坚持和发展新时代“枫桥经验”是推进国家治理体系和治理能力现代化的必然要求,是基层社会治理的新范本。

---

〔1〕 参见卜清平:《“枫桥经验”何以长青?》,载《开放时代》2020 年第 1 期。

〔2〕 参见李林:《推进新时代“枫桥经验”的法治化》,载《法学杂志》2019 年第 1 期。

〔3〕 徐汉明、邵登辉、孙逸啸等:《新时代“枫桥经验”是习近平法治思想的重大成果》,载《公安学刊(浙江警察学院学报)》2021 年第 4 期。

三、新时代“枫桥经验”助推国家治理现代化的时代意义

任何经验既是历史生动的社会反映，也是具体实在的历史产物，都会被烙上时代的印记。党的十八大以来，习近平总书记进一步对“枫桥经验”的时代意义给予充分肯定，并积极促成“枫桥经验”转型成为社会治理的核心经验，推动“枫桥经验”实现从“一镇之计”“一省之策”上升为“一国之治”。由此可见，“枫桥经验”在实践中创新、在创新中发展，内含强大的生命力，对推进国家治理现代化具有重要的时代意义。

首先，新时代“枫桥经验”着眼于习近平新时代中国特色社会主义思想，彰显和落实了该思想的显著经验，并将该思想在实践中进行了创造性的运用，从而提升了我国基层治理现代化的能力和水平。党的十九届四中全会明确将坚持和发展新时代“枫桥经验”作为推进国家治理现代化的重要依凭，正式将“枫桥经验”纳入国家现代治理体系建设之中。习近平新时代中国特色社会主义思想是基于我国进入新历史阶段而产生的，是我国社会发展和进步的重要指导方针，而“枫桥经验”是习近平总书记一直继承、发扬和重视的社会治理经验，并将其不断抽象上升至理论高度，成为国家治理理论。此外，新时代“枫桥经验”带有鲜明的中国文化特色，能够推动治理理论的丰富发展，其被正式纳入国家现代化治理体系建设中，将有力推动国家现代化治理落实到基层各处，加快国家治理现代化的实现。

其次，新时代“枫桥经验”为国家治理现代化提供了基层治理的成功典范，进一步促进社会治理朝现代化方向发展。党的十九大以来，该治理经验已经形成了较为完备的治安综合治理、矛盾纠纷多元化解、文化品位优先提高的治理新模式。[1] 基层社会治理与国家治理体系和治理能力现代化全局息息相关。“枫桥经验”借助政府引导和群众参与的力量，成功探索出政府管理与社会自治的良性互动模式，形成了具有中国特色的社会协同治理道路，具有明显的价值功能。通过党委政府引导，将人民群众的意思自治予以吸收，反映人民的意志，倾听人民的心声，在社会自治组织和人民群众参与下进行民主决策和有效管理，这不仅有效降低了国家治理成本，而且提高了矛盾纠纷化解的效率，同时也为新时期基层社会管理机制提供了有益的实践经验。

再次，新时代“枫桥经验”在社会治理中的成功彰显了文化自信，具有创新社会治理机制的作用，为探索自治、法治、德治的治理路径提供了有益借鉴。中国的国家治理体系和治理能力现代化是一个面向未来，对人民负责、对世界负责的善治追求，需要不断创新发展文化制度、增强文化自信。“枫桥经验”与时俱进，不断汲取民主公平的现代价值，重视践行社会主义核心价值观，使之内化于心、外化于行，从而使得国家治理体系朝着善治的方向发展，如此将会创造一幅人类发展的美好治理新图景。新时代“枫桥经验”在继承中华优秀传统文化基因的基础上创造了新的时代文化，以人作为中心，融合群众自主治理方式，结合德治与法治的理念，有效地增强了我国社会治理的软实力。这与人类治理文明价值理念相契合。作为文化治理理论的丰硕成果，“枫桥经验”生动彰显了中国的文化自信，为实现中华民族伟大复兴和助推国家治理现代化增添了新鲜经验。

---

[1] 参见褚宸舸：《基层社会治理的标准化研究——以“枫桥经验”为例》，载《法学杂志》2019 年第 1 期。

最后,新时代"枫桥经验"以人为本的内涵理念,是新时代以人民为中心思想的具体体现,有助于人民高效参与国家治理现代化建设。以人为本历来是中华民族社会治理思想的核心,其科学内涵彰显了对人的价值的一种肯定和尊重,围绕人的发展开展社会各项治理,才能有效促进国家提高社会治理的科学化水平。在推动经济社会发展与基层社会治理创新的过程中,以人为本是贯穿"枫桥经验"产生和发展的核心思想,只有坚持人民群众的主体地位,紧紧依靠人民群众,才能确保国家长治久安、人民安居乐业。"枫桥经验"在不同时代背景和社会治理场景应用中充分显示了其独特的历史贡献和社会价值。作为我国基层社会治理的样本和范本,新时代"枫桥经验"所具有的普遍性、包容性、强适应性等特征彰显出了旺盛的生命力,在新时代国家倡导创新社会治理体制背景下,已然成为推进社会治理现代化的宝贵财富。

四、新时代"枫桥经验"推进国家治理现代化的具体路径

国家治理体系和治理能力综合表现为一个国家的制度和制度执行能力,良好的制度优势必须依靠最优的执行能力来保障,而"枫桥经验"在基层社会治理的实践中依靠政府和群众合力产生出较强的执行能力,其实实在在的治理能力将极大促进国家治理现代化。基层治理是国家治理的基础,基层安,则天下安;基层善治,则天下善治。在中国特色社会主义发展的新阶段,"枫桥经验"高度契合了中国基层治理的现实需求,其蕴含的基层社会治理内在机理在于构建了国家权威主导下的多元治理体系,因此有必要加强"枫桥经验",推进和探究国家治理现代化的具体路径。

(一)始终贯彻"枫桥经验"中的首要原则,即坚持党的领导

党的十九届六中全会将"坚持党的领导"作为中国共产党百年奋斗取得一切重大成就的首要历史经验。新时代坚持和发展"枫桥经验",必须一如既往地坚持党的集中统一领导,深刻把握"枫桥经验"的精髓与实质,扎实推进基层社会治理现代化。"枫桥经验"发展历程久远,但无论什么年代,从未离开过党的领导,也从未缺少基层党员的身影。在基层治理中,"枫桥经验"将治理理念、方针和措施通过基层干部传达至每一位人民群众,既关注国家利益,也关注个人利益。正是坚持党的领导这一原则使得"枫桥经验"有了党组织的核心领导,从而为实现基层社会自治提供了有力保障。党的领导至关重要,健全党组织建设有利于依法规范党的领导,在当前推进国家治理现代化的进程中,发展"枫桥经验"的核心要义亦须将其全面贯彻。离开党的领导,即失去了政府支持,仅靠群众自治组织是难以调动丰富的社会资源来平衡社会纠纷解决过程中产生的权利救济的。[1] 因此,坚持党的领导是新时代发展"枫桥经验"和推进国家治理现代化的历史选择。

(二)坚持"枫桥经验"的人民主体地位,以人民为中心,充分发动和依靠群众,高效推进现代化治理

正确认识人民群众矛盾,才有利于解决矛盾,才有利于妥善处理复杂纠纷。这正是"枫桥经验"的珍贵之处。在近60年的演进中,"枫桥经验"时时刻刻坚持人民主体地位,与人

〔1〕 参见葛天博:《"枫桥经验"的回溯、重读与再兴》,载《领导科学论坛》2020年第7期。

民共命运。新时期社会主要矛盾的变迁,依然未改变将维护人民群众合法权益和根本利益作为化解社会矛盾纠纷、推进国家治理现代化的核心。“以人民为中心”是基层社会秩序自治的根本出发点和归宿点。“枫桥经验”作为群众路线最为典型的经验,仅仅依靠人民群众力量即可就地化解矛盾,实现社会和谐发展。如今,倡导国家治理现代化,其根本仍在于实现人与社会的协调发展,构建美好家园。人民群众是社会治理的参与者、监督者和受益者,治理效果直接影响人民群众的方方面面,故国家治理现代化发展必须坚持以人民为中心的发展思想,一切为了群众,一切依靠群众,才能更好地促进国家治理现代化的转变。

(三)汲取“枫桥经验”,注重构建自治、法治、德治的现代化治理格局

“党的十八大以来,基层社会治理的‘枫桥经验’实现创新和发展,形成了‘自治、法治、德治’统一的基层治理框架,全面推进基层治理现代化取得历史性成就。”[1]新时期社会治理理念以法治为核心,并与自治、德治融为一体,这同国家打造“枫桥经验”升级版“三治融合”的路径相一致。“枫桥经验”中自治、法治和德治融合的治理格局,有利于国家制度供给的上下互动,实现国家治理的有效性。

具体来说,自治是一种自我管理、自我治理的解决问题方式,在解决问题的过程中要遵循相应的规范,而法律和道德是自治过程中的重要支撑力量。法治是现代社会治理的基本原则,也是一个成熟社会的基本标志,坚持法治思维、运用法治手段推进社会治理是法治发达国家的共同经验凝练。然而,由于法治调整领域和调整方式的固有缺憾,重视并发挥德治,并以道德手段弥补法治之不足,巩固并深化法治的机能,已然成为当今世界众多国家的共同选择。推进国家治理现代化是一项系统性工程,依据单一治理手段或者机制不可能取得良好的治理效果。“枫桥经验”是自治、法治、德治有机融合的成果,因此,亟须把“枫桥经验”治理成果更好地转化为社会和谐稳定的坚实保障,把有益经验转化为治理效能。

(四)借鉴“枫桥经验”的多元主体治理方式,加快推进社会治理现代化,打造共建共治共享的社会治理格局

如今,世界愈加肯认民主共治的治理模式,社会多元主体参与治理利于整个社会有效和谐地发展,而构建一个动态的多元主体相互合作的平台对实现国家可持续发展和治理现代化目标不可或缺。因此,国家治理不再仅依靠政府行为,而是通过社会合作的形式,在群体间通过协调或协商,共同达成社会治理目标。“枫桥经验”是共建共治共享的治安共同体铸造的经验,其本身在历史发展过程中已发挥过强大的治理效能。蕴含丰富“共建共治共享”元素的“枫桥经验”,具有引领当代中国推进基层社会治理体系和治理现代化的普遍意义。[2] 在新时代,社会治理重视各方主体利益,而“枫桥经验”的工作格局体现了大社会观和大治理观,打开了共建共享的通道,形成了各方积极参与基层治理的强大合力。秉持人人有责、人人尽责、人人享有的理念,更能激发社会活力,化解社会矛盾,实现社会公正。国家治理现代化要求完善治理体系,建立符合时代要求的治理模式,调动多元主体协同治理,以

---

〔1〕 喻平:《中国共产党与基层社会秩序百年变迁》,载《中央社会主义学院学报》2021年第4期。

〔2〕 参见徐汉明:《“枫桥经验”的核心要义及启示》,载《政策》2019年第2期。

"共建是基础,共治是关键,共享是根本"为理念的"枫桥经验"模式的基层社会善治新体系,将成为治理现代化的重要发展方向。

(五)"枫桥经验"化解矛盾纠纷的方式是构建平安和谐社会的有效途径,也是实现国家治理现代化的必由之路

"枫桥经验"核心在于化解基层矛盾纠纷。依靠人民群众就地化解矛盾,既能减少社会治理成本,也能避免社会矛盾纠纷尖锐化,助推缓和矛盾双方的情绪,有利于构建人民群众的和谐关系,减少社会冲突的发生,有利于社会的和谐和稳定。因内含强大的生命力和重大的时代价值,新时代"枫桥经验"在基层治理中的适用场域不断拓展,在智能互联网时代的网络治理、[1]基层司法治理、[2]常态化机制建构、[3]犯罪预防[4]以及罪犯危机干预管理[5]等领域中,治理效能得到了充分释放。

妥善化解社会矛盾纠纷、实现社会平安和谐是国家治理最基本的目标。建立和谐关系须将各种关系中个体或群体之间的矛盾纠纷予以制度性、规范性地解决,而作为不同时代就地化解矛盾、维护社会稳定典范的"枫桥经验",将是确保社会平安和谐的理论机制源头。充分依靠和发动人民群众解决社会矛盾,坚持就地解决原则,增强人民群众安全感和幸福感,实现社会综治维稳的和谐局面,是国家治理现代化的追求目标。

五、结语

党的十八大以来,国家不断推进社会治理现代化,"枫桥经验"随着国家治理实践和需要的变迁而发展,其实质内涵不断向外延伸和拓展。现阶段作为社会治理创新经验的"枫桥经验"肩负着以人民为中心、加强和改进群众工作等时代重任,其内含之治理理念对推进当前国家治理现代化具有现实的参考价值,成为国家治理和社会治理的重要资源。坚持和发展"枫桥经验",充分释放"枫桥经验"的现代治理价值,坚定不移地走符合中国社会实际的社会治理道路,既是全面推进国家治理体系和治理能力现代化的必然选择,也是当代中国向世界提供的社会治理乃至国家治理的"中国经验"和"中国方案"。

---

〔1〕 参见张俊、洛绒四郎、李林骏:《论新时代"枫桥经验"与我国网络治理模式的转型》,载《公安学刊(浙江警察学院学报)》2021年第2期。

〔2〕 参见于浩:《推陈出新:"枫桥经验"之于中国基层司法治理的意义》,载《法学评论》2019年第4期。

〔3〕 参见杨云天:《新时代"枫桥经验"视域下扫黑除恶常态化机制建构研究》,载《铁道警察学院学报》2021年第1期。

〔4〕 参见冯树梁:《学习"枫桥经验"探究中国特色预防犯罪之路》,载《犯罪与改造研究》2020年第2期。

〔5〕 参见山东省聊城监狱课题组:《"枫桥经验"在罪犯管理中的应用》,载《犯罪与改造研究》2020年第3期;任淏旭:《论"枫桥经验"在罪犯危机干预工作中的实现途径》,载《中国监狱学刊》2021年第2期。

在整个改革开放过程中都要打击经济犯罪*

——学习《邓小平文选》的一点体会

邓小平同志一贯重视打击经济犯罪活动。他把打击经济犯罪提到与改革开放、搞活经济齐抓并举的高度。早在1982年他就指出："我们要有两手，一手就是坚持对外开放和对内搞活经济的政策，一手就是坚决打击经济犯罪活动。没有打击经济犯罪活动这一手，不但对外开放政策肯定要失败，对内搞活经济的政策也肯定要失败。有了打击经济犯罪活动这一手，对外开放、对内搞活经济就可以沿着正确的方向走。"〔1〕认真学习邓小平同志这一重要思想，对于我们深刻理解打击经济犯罪的必要性和重要性，在整个改革开放过程中始终坚持打击经济犯罪，保障改革和建设的顺利进行，有着十分重要的意义。

一、充分认识打击经济犯罪的必要性和重要性

为什么在整个改革开放过程中都要打击经济犯罪？

这首先是由经济犯罪的性质和危害所决定的。经济犯罪，通常是指在商品经济的运行领域中，行为人为谋取不法利益，违反国家经济法规，严重破坏社会经济秩序，依照刑法应当受到刑罚处罚的行为。经济犯罪的本质特征是发生于商品经济运行过程中的非法经济活动；其法律特征是违反了经济法规和刑事法律；其心理特征表现为犯罪的故意和谋取不法利益的目的。在我国，经济犯罪根据其具体犯罪目的的不同，大体上可以划分为五种类型：(1)营利型经济犯罪，即以营利为目的的侵害社会经济秩序的犯罪。包括走私罪，生产、销售伪劣商品的犯罪，假冒商标的犯罪，妨害税收的犯罪，以及伪造货币和有价证券的犯罪等。(2)欺骗型经济犯罪，即通过欺诈手段非法获取他人钱财、侵害社会经济秩序的犯罪。包括经济领域中的合同诈欺、信贷诈欺、保险诈欺、破产诈欺、招标投标诈欺等犯罪。(3)占有型经济犯罪，即以非法

---

* 本文原载于《求是》1995年第11期。

〔1〕《邓小平文选》(第2版第2卷)，人民出版社1994年版，第404页。

占有(包括占用)公私财产为目的的侵害社会经济秩序的犯罪。包括贪污罪,挪用公款罪,挪用特定款物罪等。(4)交换型经济犯罪,即以权换钱、权钱交易、危害社会经济秩序的犯罪。包括受贿罪,行贿罪,介绍贿赂罪等。(5)破坏性经济犯罪,即以破坏的目的和手段危害社会经济秩序的犯罪。包括破坏自然资源的犯罪,破坏生产的犯罪等。从当前情况看,我国的经济犯罪具有几个明显的特点:第一,从犯罪种类来看,走私犯罪十分猖獗;生产、销售伪劣商品犯罪屡禁不止;假冒商标犯罪愈演愈烈;偷税抗税犯罪层出不穷;贪污贿赂犯罪居高不下,特别是利用职务上的便利实施的贪污、受贿、挪用公款案件较多。据统计,1991 年我国法院共审结贪污案 18, 870 件,受贿案 7320 件,挪用公款案 2276 件。三类案件的结案数占经济犯罪案件结案总数的 70. 52%,比 1990 年上升 10. 39%。[1] 1992 年我国法院共审结贪污案 17, 406 件,受贿案 5846 件,挪用公款案 3498 件。三类案件的结案数占经济犯罪案件结案总数的 69. 62%。[2] 1993 年我国法院共受理贪污、贿赂、挪用公款案 18, 152 件,占受理的经济犯罪案件总数(27, 463 件)的 66. 09%。[3] 第二,从犯罪的轻重来看,大案要案不断增多。据统计,1991 年我国法院共判处 5 年以上有期徒刑、无期徒刑、死刑(包括死缓)的经济犯罪分子 8590 人,占经济犯罪分子总数的 25. 36%。在被判刑的经济犯罪分子中,有青海省人大常委会原副主任韩福才等省(部)级干部;还有司(局)级干部 10 人,县(处)级干部 126 人。[4] 1992 年被判刑的犯罪数额在万元以上的经济犯罪分子 11, 321 人,占经济犯罪分子总数的 34. 02%,其中 10 万元以上的有 1082 人;县(处)级以上干部 75 人,其中司(局)级干部 6 人,省(部)级干部 2 人。[5] 1993 年共审结犯罪金额万元以上的案件 7872 件,占经济犯罪案件总数的 54. 75%,比上年上升 10. 66 个百分点。其中,犯罪金额在 30 万元以上的案件 443 件。在判处的犯罪分子中,有县(处)级干部 69 人,司(局)级干部 7 人。[6] 第三,从发案的部门来看,经济罪案大多发生于财政、金融、建筑、物资、供销、商业、外贸等经济系统和管理部门。诸如银行贷款、工程承包、企业招工、征用土地、批准项目、物资管理、商品流转、铁路运输,乃至公司登记、审批执照等方面,都有过经济罪案的发生。第四,从犯罪手段来看,各类经济犯罪的手段更加隐蔽,更加狡猾,并向智能型、科技化的手段方向发展,增加了罪案查破工作的难度。以贿赂罪为例,花样不断翻新。有的以"搞活经济"为幌子,巧立各种名目,如劳务费、酬谢费、业务费、奖金、回扣、馈赠等,大肆进行行贿受贿活动。而且常常是在"三人不开包""两人不当面""天知地知你知我知"的心照不宣下进行权钱交易,活动十分隐蔽。从上述经济犯罪的性质和特点的分析中可以看出,经济犯罪对社会所造成的危害十分严重。据估计,我国每年因生产、销售伪劣商品造成的经济损失约达千亿元人民币;因假冒他人注册商标给企业和国家造成的损失也在千亿元以上;因偷漏抗税和各地越权减免税而

---

〔1〕 参见中国法律年鉴编辑部编:《1992 中国法律年鉴》,中国法律年鉴社 1992 年版,第 34 页。
〔2〕 参见中国法律年鉴编辑部编:《1993 中国法律年鉴》,中国法律年鉴社 1993 年版,第 82 页。
〔3〕 参见中国法律年鉴编辑部编:《1994 中国法律年鉴》,中国法律年鉴社 1994 年版,第 96 ~ 97 页。
〔4〕 参见中国法律年鉴编辑部编:《1992 中国法律年鉴》,中国法律年鉴社 1992 年版,第 34 页。
〔5〕 参见中国法律年鉴编辑部编:《1993 中国法律年鉴》,中国法律年鉴社 1993 年版,第 82 页。
〔6〕 参见任建新:《最高人民法院工作报告——1994 年 3 月 15 日在第八届全国人民代表大会第二次会议上》,载《最高人民法院公报》1994 年第 2 期。

流失的财政收入在千亿元以上。经济犯罪不仅危害改革开放,破坏市场经济秩序,破坏社会主义现代化建设,而且损害党和国家的肌体,腐蚀和葬送相当一大批人。对于党和国家工作人员来说,实施经济犯罪无疑是严重腐败的表现。因此,为了保持我们党和国家政权的纯洁性,保障改革开放和现代化建设事业的顺利进行,保证社会主义江山永不变色,必须同经济犯罪这种社会毒瘤作坚决的斗争。

在整个改革开放过程中,之所以要打击经济犯罪,是因为这是由经济犯罪产生的原因和条件所决定的。经济犯罪来源于商品经济社会,它是在商品经济运行过程中所发生的有少数人利用各种不正当的手段谋取超常的、不法的经济利益,从而破坏社会整体经济利益和经济秩序的犯罪行为。商品经济是由价值、价格、货币、利润、市场、竞争等一系列要素构成的。社会主义商品经济同样离不开这些要素。商品经济的本质特征是公平竞争、讲求效益。它根据社会对商品的需要,运用价值规律,在市场竞争中优胜劣汰,对生产起调节作用和促进作用。我国在改革开放前的几十年里,由于实行单一的计划经济体制,商品经济比较微弱,市场也不发达,束缚和限制了生产力的发展。改革开放以后,商品经济才开始有了较快的发展。实践证明,商品经济发展较快、市场活跃的地区,如广东及东南沿海一带,经济建设也出现了高速发展的势头,人民的生活水平也有了较大的提高。但是,在充分认识商品经济对社会生产力和人民生活水平的巨大推动作用的同时,还要看到商品经济自身的消极因素也会影响社会政治生活和经济生活,并诱发与此相关的各种经济犯罪。特别是在法制尚不健全、管理工作不善、社会控制机制削弱、对西方资产阶级腐朽思想和生活方式抵制不力的情况下,这些消极因素更容易显露出来。这些消极因素当然是通过人的主观心理活动从而对经济犯罪起诱发作用。这些消极因素主要表现为:其一,为追求最大的利润而不择手段。例如假冒商标,偷税骗税,生产、销售伪劣商品等经济犯罪,都是为达到获取非法利润的目的而实施的犯罪活动。其二,为获取物质和金钱而不惜以身试法。商品经济所带来的货币拜物教、金钱至上观念,使得一些人疯狂地追逐物质和金钱,而甘冒触犯法网的危险。贪污、受贿、挪用公款等经济犯罪,正是在这种观念支配下产生的。其三,为实现自身的利益而不惜损害他人的利益。在商品经济社会中,商品生产者和交换者都是为了实现自己的利益而涉足经济领域,但彼此都必须遵守公平竞争的法则,才能使商品经济得以正常运行。有的人利欲熏心,为了达到一己之利,不惜巧取豪夺,损害他人,坑害国家,诸如假冒型、伪造型、欺骗型的经济犯罪,无不是损人利己的典型。经济犯罪普遍地具有贪婪性。有的人只要能够捞到钱,可以肆意践踏人间任何道德准则,也根本不把法律放在眼里,公然摆出一副向社会和法律挑战的架势。由此可见,经济犯罪的存在和发展,是有其深刻的经济原因和心理原因的。当然,经济犯罪的产生,也不是某一项原因孤立地在起作用,而是社会上各种矛盾和消极因素的综合反映。比如,下列的一些因素也都是助长经济犯罪的条件:其一,官僚主义、不正之风和腐败现象的存在,客观上庇护、纵容和助长了经济犯罪活动。尤其是某些领导干部的腐化堕落,更为各种经济犯罪提供了极大的方便、极好的温床。其二,新旧经济体制交替过程中留下的真空和漏洞,为经济犯罪分子提供了可乘之机。有的人打着“改革”的旗号,实际上是钻改革的空子,玩弄手法,假公济私,进行各种经济犯罪活动。其三,经济管理工作中某些环节上的无法可依、有法不依和监督制约机制的无力,为经济犯罪大开了方便之门。比如有的单位领导求财心切,一听说某人拥有巨额资金,是外国公司的股东、经理,与海外富商巨贾是亲戚,不加审核,不取得资信证明,就奉为上宾,委以重任,结果大上其当,让这些人利用合法身份,大肆进行经济犯罪活动。其四,基层组织松散,对流动人口缺乏管理,社会控制能力减弱,为经济犯罪提供了可资利用的空间和环境。其五,司法机关对经济犯罪该判刑不判刑或重罪轻判以及因地方保护主义、部门保护主义等惩治不力现象的存在,助长了经济犯罪分子的嚣张气焰,使得一些人逍遥法外,更加肆无忌惮地进行犯罪活动,一些处于犯罪边缘的人,也心存侥幸,敢于以身试法。以上所分析的经济犯罪产生的原因,只要商品经济存在,就不可能完全消灭;助长经济犯罪的那些条件,也不是短时间内就能消除的。在整个改革开放的过程中,这些原因和条件都有可能在不同部位、不同程度上发生作用,所以,经济犯罪的存在将是长期的。打击经济犯罪的斗争也必然是长期的、艰巨的任务,对此我们决不可掉以轻心,稍有懈怠。

打击经济犯罪的必要性和长期性以及它对改革开放、经济建设的保障作用,已被越来越多的人所认识。但是,也还有一些人,包括某些领导干部,存在模糊观念,他们有意无意地把打击经济犯罪与改革开放对立起来。比如,1991 年初,当社会上出现市场疲软时,有人把责任归咎到打击经济犯罪上,说什么打击经济犯罪把厂子打垮了,把经济打软了。还有人认为,要改革开放、搞活经济,就应该对经济犯罪"松绑",否则会束缚改革者的手脚,影响经济的运行。甚至有人主张"先发展经济,后反对腐败",认为腐败是实现现代化的"必要成本"。这些错误的思想认识,不同程度地干扰了打击经济犯罪工作的顺利进行,不利于改革开放、经济发展和社会稳定。我们必须按照邓小平同志关于"两手抓""两手都要硬"的指示,彻底克服形形色色的错误思想,使全党、全社会充分认识到,打击经济犯罪是关系到执政党的生死存亡、关系到社会主义事业成败的大政策、大举措,决不能有丝毫的犹豫和动摇。在整个改革开放的过程中,为了维护社会政治、经济秩序的稳定,保障社会主义市场经济健康地向前发展,必须将打击经济犯罪的斗争持续不断地进行下去。

二、打击经济犯罪必须加强力度、讲求适度、符合法度

打击经济犯罪首先要有力度。所谓力度,就是要立场坚定,旗帜鲜明,行动坚决,不动摇、不含糊、不手软。要做到有罪必究,疾恶如仇,决不放纵任何一个经济罪犯。对危害严重、数额巨大、情节恶劣的经济犯罪,也即大案要案,要依法从严从重地打击,该判重刑的要判重刑,该并处财产刑的要并处财产刑,决不能让犯罪者在经济上占便宜。邓小平同志说:"对违法犯罪分子手软,只能危害大多数人民的利益,危害现代化建设的大局。"[1]特别是涉及党和国家工作人员腐败的那些经济犯罪,他多次指出,要加强打击力度,"是一就是一,是二就是二,该怎么处理就怎么处理,一定要取信于民。……要雷厉风行地抓,要公布于众,要按照法律办事。该受惩罚的,不管是谁,一律受惩罚"[2]。的确,我们不能低估贪污受贿等

---

[1] 《邓小平文选》(第 2 版第 2 卷),人民出版社 1994 年版,第 253 页。

[2] 《邓小平文选》(第 2 版第 3 卷),人民出版社 1994 年版,第 297 页。

既是腐败现象又是经济犯罪的严重性、危害性和危险性。正如江泽民同志所指出的："腐败现象是侵入党和国家机关健康肌体的病毒。如果我们掉以轻心，任其泛滥，就会葬送我们的党，葬送我们的人民政权，葬送我们的社会主义现代化大业。"〔1〕所以，我们要增强反腐败的紧迫感、使命感，坚决打击各种经济犯罪，突出重点，狠抓办案，既雷厉风行，又扎扎实实地把这项斗争坚持开展下去。

打击经济犯罪既要有力度，又要讲适度。所谓适度，就是要打得准、打得稳，要求办案做到事实清楚，证据确实充分，定罪准确，量刑适当，经得起历史的检验。如果搞的是冤假错案，那就根本谈不上力度，更不是适度。"一要坚决，二要慎重，务必搞准"的原则，深刻体现了打击力度和适度的统一。力度和适度是一个辩证的关系。一般说，没有力度，也就没有适度。比如，该捕的不捕，该杀的不杀，该判长刑的不判长刑，该剥夺政治权利的不剥夺政治权利，该并处财产刑的不并处财产刑，或者滥用免诉，滥用缓刑，甚至以党纪处分、行政处罚代替刑罚，等等，这些都是打击不力的表现；同时，因为这种做法是重罪轻判，甚至是有罪不判、有罪不罚、有罪不追诉，当然也谈不上是什么适度。所以，力度首先制约适度。但是，如果单纯强调力度，而不讲适度，有时也会走到另一面，这就是乱捕滥押，轻罪重判，量刑畸重，甚至滥用死刑，把不是罪大恶极的也当作罪大恶极的杀了，对于介于可杀可不杀之间的人，不是从挽救改造着眼，刀下留人，判处死缓或者无期徒刑，而是也一律杀了。这从形式上看好像有力度，但实际上是刑和罪不相适应或者叫罪刑失衡，并没有按正确的量刑原则办事，不讲究打击犯罪的适度，所以也不是真正的力度。可见，打击经济犯罪的力度和打击经济犯罪的适度是辩证统一的，是互相依赖、相互制约的。

在司法实践中，要做到对经济犯罪打击适度，就要很好地掌握罪刑相适应和刑罚个别化的原则。判案时主要看罪行本身的社会危害性程度，同时要看罪犯本身的一贯表现和犯罪后的态度。也就是说，要将犯罪的社会危害性与罪犯的人身危险性结合起来考虑。因为犯罪是适用刑罚的基础，而犯罪分子是适用刑罚的对象，适用刑罚不是单纯搞报复主义，不是把罪犯看成铁板一块，所以不能不把已经犯下的罪行和尚待处理的活生生的罪犯这个人的罪前表现和罪后态度加以结合，做到具体情况具体分析，区别对待，正确量刑。正如邓小平同志所指示的："对于罪大恶极的不能手软。当然还是要分别是非轻重，要以事实为根据，以法律为准绳，还是要讲坦白从宽抗拒从严的政策。手段还要是多种的，以体现我们的政策。"〔2〕这正说明，打击经济犯罪既要加强力度，又要讲求适度，以便完整地体现"惩办与宽大相结合"的区别对待的政策。

打击经济犯罪，除了要求力度、适度，还要符合法度，也即打击的力度和适度都要在法律范围内实施，要做到严格依法办事。经济犯罪是严重危害社会主义经济、触犯刑律、应受刑罚处罚的行为。是否构成经济犯罪，构成哪一种经济犯罪，要依据刑事法律的规定来判定；对经济犯罪分子是否判刑，判何种刑，判多重的刑，也要依据刑事法律来裁量。总之，定罪量

〔1〕 1993年8月21日在中共第十四届中央纪委第二次全体会议上的讲话。

〔2〕《邓小平文选》(第2版第3卷)，人民出版社1994年版，第314页。

刑都要以法律为准绳,不能搞法外论罪,也不能搞法外制裁。邓小平同志多次指示:“我们要学会使用和用好法律武器。”“公民在法律和制度面前人人平等,……任何人都不许干扰法律的实施,任何犯了法的人都不能逍遥法外。”[1]他语重心长地说,“要通过改革,处理好法治和人治的关系”,“还是要靠法制,搞法制靠得住些”[2]。所以,打击经济犯罪,必须贯彻法治原则,排除地方保护主义和部门保护主义等一切人为的干扰。办案中要求做到:第一,要准确适用刑法典和其他刑事法律有关犯罪构成要件和刑种、刑度的规定;第二,要严格遵守并切实执行刑法典及其补充规定上有关从重、加重、从轻、减轻、免除处罚的规定;第三,在运用刑法分则性规范时要以总则性规范为指导,做到总则和分则相统一,刑和罪相适应;第四,要遵守刑事诉讼法律有关收集证据、运用证据和办案程序的规定,做到不仅实体法上合法,程序法上也合法。

当然,如前所述,经济犯罪是社会经济矛盾和消极因素的综合反映。要减少、消除经济犯罪,仅仅依靠刑事法律的打击是不够的,还必须有各方面工作的配合,进行综合治理,搞好犯罪的预防。比如,大力发展社会生产力,不断提高人民生活水平和教育水平;积极推进政治体制改革,发展民主,健全法制,克服官僚主义,提高办事效率,防止以权谋私;发扬中华民族传统美德,针对商品经济消极因素所产生的负效应,大力提倡不损人利己、不损公肥私、艰苦奋斗、清正廉洁等高尚道德情操;增强广大公民的参与意识和监督意识,健全群众组织,加强基层工作;加强执法机关的建设,提高工作人员的素质,做到有法必依、执法必严、违法必究;做好对违法犯罪分子的教育改造工作,等等。这些都是预防和减少经济犯罪的有效途径。正如邓小平同志所指出的:“经济搞好了,教育搞好了,同时法制完备起来,司法工作完善起来,可以在很大程度上保障整个社会有秩序地前进。”[3]这段寓意深刻的至理名言,对于做好经济犯罪的预防工作有着重要的指导意义。

---

〔1〕《邓小平文选》(第2版第2卷),人民出版社1994年版,第253、332页。
〔2〕《邓小平文选》(第2版第3卷),人民出版社1994年版,第177、379页。
〔3〕《邓小平文选》(第2版第2卷),人民出版社1994年版,第255页。

社会主义商品经济与刑法观念的转变*

长期以来被视为社会主义“异端”的商品经济，正以壮阔的气派，在中国大地上勃然兴起，它如同一股强劲的冲击波怦然冲击着各种传统的观念。使那些旧的思想观念日益显示出落后和衰弱，放眼全国，从经济基础到上层建筑的所有领域几乎都因为商品经济的兴起而发生了或大或小的变化。这其中，就包括刑法制度和刑法观念上所发生的一些变化。为了使刑法更加适应社会主义商品经济发展的需要，为我国的刑事立法和司法工作提供理论上的根据，我们在此想就商品经济条件下刑法观念应作如何转变的问题谈一些粗浅的看法，并就此请教于刑法学界的同仁。

一

随着社会主义商品经济的发展，在刑法观念上最迫切需要加以转变的是有关经济犯罪的一些观念。

党的十三大报告中指出，社会主义初级阶段的主要任务是大力发展商品经济，促进社会生产力的发展，为社会主义进入更高一级的历史阶段创造物质条件。过去由于我们对社会主义认识不深、理解不够，忽视了商品经济在社会主义一定时期内的重要地位，超越生产力的发展水平去搞产品经济，但是，由于我们的生产力水平低下、生产技术落后，我们所搞的产品经济实际带有浓厚的自然经济的色彩。在这种情况下，也就产生了一种与这种经济形态相适应的刑法观念，尤其是在有关经济犯罪的一些问题上更是反映了这一经济形态的特点，例如把长途贩运看成是投机倒把犯罪等。现在，我们提出要搞商品经济，而商品经济无论是在性质还是表现形式上都是与产品经济和自然经济有很大区别的一种经济形态，因此，随着产品经济和自然经济的被摒弃和商品经济的确立，在刑法观念上，尤其是在经济犯罪的观念上也要确立一种能

---

* 本文原载于《政法论坛》1988年第5期，由高铭暄教授与王勇合作完成。

够反映当前商品经济特点的思想观念。我们认为,这种新的思想观念主要应当表现在以下几个方面。

1. 确立作为社会主义公有制经济之重要补充的私营经济也是我国刑法所保护的客体的观念。七届全国人大一次会议通过的《宪法修正案》第 1 条规定:“国家允许私营经济在法律规定的范围内存在和发展。私营经济是社会主义公有制经济的补充。国家保护私营经济的合法的权利和利益,对私营经济实行引导、监督和管理。”确立并保护社会主义条件下的私营经济,是我们发展社会主义商品经济必不可少的一环。因为我国目前生产力发展水平还比较低,在生产方式上既有现代化的大生产,也有落后的小生产,既有机械化、自动化操作,也有大量的手工劳动。即使就现代化生产力的发展来说,它也不是单纯朝着大规模统一集中的单一方向发展,而是出现了集中化与分散化的多种趋势。一般来讲,社会化、集中化程度较高的大生产适宜于采取公有制的形式,而分散化的小生产则比较适合于个体或私人经营。因此,一定程度的私有制的存在,在我国是具有其客观依据的。它对于促进生产、搞活经济、繁荣市场、方便人民生活、扩大就业门路、维护社会安定等都起着重要的推动作用。在此情况下,保护私有制的私营经济,尤其是保障这些私营经济组织的私有财产权,就应当成为刑法的一个重要任务。但是,应当看到,由于长期以来只保护公有制的思想观念已经在人们的头脑中深深地扎下了根,要想一下子转过弯来,把私有制也放到一个重要地位加以刑法的保护,就不那么容易。在实践中也常常发生私有制的个体经济得不到刑法保障的事例。例如,私人企业中的任职人员利用职权侵吞雇主或其他合伙人的财产,由于主体不符合贪污罪的要件,有时往往作为债务纠纷予以处理;又如,私人企业任职人员接受他人物质利益,利用职权为他人非法牟利,造成本企业财产严重损失,也常常得不到刑法上的处理;再如,破坏私人企业生产的行为,由于刑法无明确规定,有时也就不了了之。以上情况的发生,固然有法律不完备的原因,但更重要的是人的思想上的问题,即认为社会主义的刑法只应当保护公有制,而对于私有制,管不管都无所谓。这种认识是十分错误的,它对于发展我国社会主义的商品经济是十分不利的。因此,应当改变观念,把社会主义制度下的私有制也放到一个比较重要的地位,加以必要的刑法保护。

2. 为适应商品流通、搞活市场的需要,应当改变过去那种不分情况,把所有经济交易中的居间中介行为都视为投机倒把的观念。商品流通是商品经济的一个重要组成部分,是商品经济得以发展的中间环节。因此,商品流通渠道是否畅通,往往是决定商品经济能否得到进一步发展的重要因素。而要开拓流通渠道,促进市场交流,必要的商品中介活动是相当有益的。例如,目前我国社会上涌现了一大批在市场上穿针引线,帮助买卖双方实现各自目的,然后领取一定佣金的居间经纪人。这对于搞活流通、扩散商品信息、发挥市场的导向作用,无疑是具有很大意义的。但是,在司法实践中却常发生把这种人作为投机倒把犯论处的情况。这样的处理结果显然是与商品经济的发展不相符合的。当然,由于我们的商品经济发展起步较晚,加上法律又不完备,在经纪人的居间活动中也就难免会出现一些不道德的或违法的情况。但只要经纪人不进行买空卖空的投机诈骗活动,不采用行贿的手段拉拢企业采购人员,不逃避国家的税收或进行其他犯罪活动。我们一般应当给予积极的引导,而不宜动用刑罚予以处罚。因此,在商品经济条件下,我们必须摒弃那种把商品交换中的居间中介活动和投机倒把活动画等号的思想观念。

3. 在商品经济的条件下,市场的含义在扩大,商品的外延也在扩大,因此刑法观念必须与这种现象相适应。过去认为,社会主义经济中,只有消费品才是商品。实践中只有那些不是凭票证配给的消费品才受市场规则的支配;生产资料不是商品,不能进入市场,至于技术、图纸、房地产等更是绝对地被排斥在商品的范畴之外。因此,盗窃技术图纸、发明专利不构成犯罪,就成为当时条件下的一种观念。随着商品经济的发展,市场的概念在逐渐地扩大。现在,不仅消费品而且生产资料都被承认是商品;不仅承认作为商品的物品市场,而且承认资金、技术、房地产,甚至信息等也可以形成市场。在这种情况下,我们过去的那种旧的刑法观念就要自觉转变。否则,就有可能对商品经济的发展起阻碍的作用。例如,湖南衡阳市王某在大学读书时曾为某乡镇化工厂生产"氨基甲酸铵"提供技术服务,获得成功并领取了酬金780元,却被定为受贿罪(后来二审改判无罪)。又如,浙江晋云县江某通过调查和博览信息,把几十家厂家生产的二百多台需要调剂的设备编成一本目录,然后在需要和供应的厂家之间牵头拉线,并收取一定的酬金,结果被当成投机倒把起诉(一审法院宣告无罪)。很明显,之所以会出现这样的情况,主要是因为旧的思想观念在作怪。若是从商品经济的角度看,技术和信息本身就是商品,提供技术和信息就是一种劳动支出,理应取得报酬。所以,在这方面,我们的思想观念要来一个大的转变。

4. 摒弃"为富不仁"的观念,保障劳动者正当的合法利益。具有浓厚的自然经济色彩的产品经济在分配原则上是主张平均主义的。正是因为这一点,"大锅饭"制度在我国存在了三十余年。而在社会主义的商品经济条件下。分配原则必然由"大锅饭"转向劳动者有收入差别的"按劳分配"。这种收入上的差别正是社会主义根本原则的实现,符合邓小平同志所说的"提倡一部分人和一部分地方由于多劳多得,先富起来"[1]。但是,在我们某些司法人员的观念中,平均主义的思想并未完全克服,"为富不仁"的观念还常常使他们干出把无罪定为有罪的傻事。例如,四川德阳市某厂总工程师姜某根据合同承包某项工程,他按照合同规定履行了义务,并对承包所得的盈余作出了分配。在43,400元的盈利额中,自己分得9100元,结果差一点被定为贪污罪。为什么会出现这样的情况?主要是因为姜某既拿工资,又额外得钱,在某些人眼里看来,这有点"为富"了,是不公平的。这种思想不符合商品经济条件下"多劳者先富"这种客观规律,因此应当从我们司法人员的观念中彻底清理出去。只有这样,才能调动人民群众生产和工作的积极性,才能确保社会主义分配原则的实现。

总之,在经济形势发生变化的情况下,经济犯罪的概念也要随之发生变化。这是一个十分重要的问题。我们以上列举的几种观念的变化肯定是不全面的。从产品经济到商品经济,从经济领域中来讲,是一个翻天覆地的变化。它涉及社会经济的各个领域,因此,与此相适应,我们也应当对发生在社会经济各个领域的现象和活动,从发展商品经济的角度来确定

---

〔1〕 王珏、周勤淑等:《〈邓小平文选〉辅导讲座》,新华出版社1983年版,第222页。

其属于犯罪还是无罪，只有这样，才能真正确立符合社会主义商品经济的经济犯罪观。

二

在商品经济条件下，进一步树立社会主义民主的观念，不仅是商品经济自身的要求，而且是发展商品经济必备的条件。列宁曾经指出，自由、平等和民主实际上“反映着商品生产关系的概念”[1]。在社会主义条件下，由于公有制的建立，社会主义民主的实现有了可靠的保障，在此情况下，我们应当把民主的观念贯彻到社会生活的各个方面。在法律上，民主不仅应当同宪法紧密相关，而且应当同包括刑法在内的其他部门法紧密相关，因此，破除旧有的一些思想观念，树立社会主义民主的刑法观念也就成为不可避免的了。

从理论上来讲，我国刑法体现了社会主义的民主原则，并对社会主义民主起着一种保障和促进作用，这是毫无疑义的。但是，实际上，在我们许多同志的观念中，刑法的概念似乎应当是血淋淋的，似乎应当成为“专政”和“打击”的代名词。在我们中间，有相当一部分人只看到刑法在对敌专政和打击犯罪分子方面的作用，而忽视了刑法在反映和保障社会主义民主方面的作用。由于这种观念的影响，一旦某类犯罪上升，有的人首先想到的便是要求通过立法来狠打一次。而在执行法律时往往只顾打击的一面，忽视民主保障的一面，尤其是保障被告人合法权利的一面。于是，这就导致了侵犯公民民主权利的情况不时发生。这样一来，虽然犯罪状况有所改观，但在这种改观的同时，却在社会主义民主上付出了相当大的代价，这样的改观其社会效益又当如何？我们认为，打击犯罪和保障人民的民主权利应当是相互统一的，而不应当以牺牲一个方面去换取另一个方面。所以，应当转变那种只把刑法看成是“专政工具”和“打击手段”的观念，切实地把刑法在保障社会主义民主中的作用提高到一个应有的地位。

确立社会主义民主的刑法观，当然也应当利用刑法来同种种凌驾于法律之上的特权行为作斗争，并以此来保障公民民主权利的实现。因此，刑法对于国家工作人员的监督约束作用不仅不应被削弱，相反应当加强。从我国现行刑事立法来看，它贯穿了国家工作人员犯罪要从严惩治的精神。这是符合社会主义民主要求的。但是，我们也不能不看到，刑法对于某些发生在国家机关内部的有害行为还没有提到犯罪的高度，例如，有人提出立法建议，要求把情节严重的滥用职权的行为规定为犯罪就证明了这一点。再就是在我们的实际工作中，“以官当刑”“以罚代刑”的观念还没有消除干净。在这种思想的影响下，有一些领导干部犯了罪，往往只给予党纪政纪上的处分便草草了事，而没有使其受到应有的刑事上的追究。这些情况与发展社会主义民主的要求都是不相称的，应当引起我们的高度重视。

在刑法中牢固树立社会主义人道主义的观念，也是发展社会主义民主的必然要求。从总的情况来看，我国刑事立法和司法是体现了社会主义人道主义精神的。但是，也应当清醒地看到，在我们实行刑法人道主义的过程中还存在一些障碍。例如，在某些情况下，对罪犯

---

〔1〕 中共中央马克思恩格斯列宁斯大林著作编译局编译：《列宁全集》（第2版第30卷），人民出版社1985年版，第96页。

的人格尊严保护还不够,个别监管人员有打骂、虐待服刑犯人的情况;有的地方在枪决犯人时搞游街示众、暴尸等。这都是违背社会主义人道主义原则的,应当严加禁止。

在贯彻执行刑法的过程中,与社会主义民主的要求相违背的另一重要表现就是有些司法人员在解释刑法、适用刑法时,总是朝着不利被告人的方面进行解释。例如,对于扑克牌的计算,我们通常都是以副为单位的。但是,有些法院为了显示行为人行为社会危害性的严重并达到定罪的目的。在计算裸体扑克牌的数量时,竟以张为单位进行计算。这样,即使行为人只贩卖了一副裸体扑克,法院照样可以以他贩卖了54张裸体画为名而予以定罪。这种朝不利于被告人方面进行解释的情况,不仅在司法界存在,就是在刑法理论界也同样存在。例如,有些同志为了论证盗窃罪和诈骗罪在量刑上进行协调的必要,建议立法上对诈骗也规定可以判处死刑。那么,我们在此反问一下,为了协调量刑,为什么不建议立法上取消对盗窃罪的死刑?这种情况不是偶然的,它说明从不利于被告人方面解释刑法已成为某些人一种传统的习惯。解释刑法,应当根据立法精神,坚持实事求是,而不能只是从不利于被告人的方面来进行,否则就有可能使公民的人身权利得不到应有的保障,这对于贯彻社会主义民主是十分不利的。

三

刑事司法活动的两个中心环节是定罪和量刑,因此,定罪量刑活动应当以什么为基础也就成为一个十分重要的问题。过去,我们在这一方面的做法是不很稳定的。有时候,我们在定罪量刑时片面强调行为的社会危害性,而忽视了罪犯的人身危险性,使刑罚纯粹成为一种还报的手段;而在另外一些场合下,我们在定罪量刑时又注重罪犯的人身危险性,忽视了其行为对社会危害的程度,使刑罚变成一种仅仅为达到社会威慑效果而使用的工具。这两种绝对化了的倾向都是不正确的,都是同商品经济的要求相违背的。

在社会主义商品经济中,存在一条十分重要的规则。即等价交换规则。这一规则充斥在商品社会的每一经济领域之中。人的思想总是要受到其所处的社会经济状况的影响,因此等价交换规则也就必然在人们的思想上打下深深的烙印。使刑罚的严厉程度与犯罪行为的社会危害程度挂起钩来,做到罪刑的等价性,正反映了经济领域中等价交换这一客观规则。这种罪刑关系的等价性一般表现在两个方面:一是作为犯罪加以处罚的行为必须是达到一定社会危害程度的行为,假如行为没有达到这一危害程度或根本就不具备社会危害性,就不应对之施以刑罚;二是在对犯罪裁量刑罚时,应着眼于它的社会危害程度,一般来说,罪行越严重,所处的刑罚就应当越重,反之,则应当轻。但是,在我们的司法实践中有时却做不到这一点,例如,个别司法人员为了显示"政策攻心"的威力,把犯了较重罪行本应处以较重刑罚的罪犯处以轻刑或干脆免予刑事处分;或者为了达到"惩一戒百"的效果而把本应处以轻刑的罪犯处以了重刑,这都是不符合罪刑的等价性这一规则的,是同我们整个社会的反映商品经济特性的等价观念不相一致的。其结果,必定会增加群众和被告人对刑罚的不公正的感觉。因为在商品社会里,公正的概念一般是建立在等价的基础之上的。因此,按照行为的社会危害性来适用刑罚,坚持罪刑相适应原则,即罪刑的等价性原则,在当前来讲还是十分必要的。

当然,在坚持罪刑的等价性的同时,我们也不应忽视刑罚的有效性。坚持刑罚的有效性,也是商品经济的必然要求,因为在商品经济社会中,效益问题也是一个一切工作都必须考虑的重要因素。在刑法的问题上树立效益的观念,主要就是指刑罚的运用会带来一定的客观效果,即主要是能达到预防犯罪的效果。所以,我们在对罪犯定罪量刑的时候,也不应忽视罪犯的人身危险性,因为罪犯的人身危险性越大,就说明他再犯的可能性越大,对他的预防也就越困难,所以在量刑时可适当考虑从严,反之,则可适当考虑从宽。只有这样,才能最有效地显示刑罚存在的价值。

应当看到,罪刑的等价性和刑罚的有效性在一定程度上是一对矛盾的统一体。如果不能正确地处理好两者的关系,就有可能只偏重一个方面而忽视了另一方面。正确的做法应当是,在坚持罪刑的等价性的基础上考虑刑罚的有效性。也就是说,定罪量刑的基础是犯罪行为的社会危害性,但在此基础之上,还要考虑罪犯的人身危险性。只有这样,才能把两者很好地统一起来,使商品经济的观念在定罪量刑活动中得到全面的反映。

四

有一种观念在我们的头脑中已经根深蒂固,即刑法是国内法,因此不应当规定有关国际犯罪的任何条款。随着社会主义商品经济的不断发展和国际交流与合作的日益扩大,这种观念也应当被打破。

马克思曾经说过,在商品经济条件下,“过去那种地方的和民族的自给自足和闭关自守的状态,被各民族的各方面的互相往来和各方面的互相依赖所代替了”。因此,对外开放,促进国际的交流,并不是个人的主观愿望,而是商品经济发展的客观要求。在这样一种情况下,国际犯罪就有可能成为一个日趋严重的社会新问题。事实对此已经作出了证明。但是,我们现行的刑法和刑法观念却仍然停留在过去的那种闭关自守的经济条件之下。没有把国际犯罪问题作为一个商品经济条件下必然出现的新问题而在刑法观念上体现出来。

例如,我国早在1980年就加入了《关于制止非法劫持航空器的公约》和《关于制止危害民用航空安全的非法行为的公约》。这些条约都规定,各缔约国应将非法劫持航空器、危害国际民用航空安全等行为定为国内法上的罪行,并予以惩罚;有关缔约国应采取必要措施,对这种罪行行使管辖权,而不论罪犯是否其本国人、罪行是否发生于其国内。我国一旦加入这类公约,便承担了对犯有公约规定的罪行的罪犯实施管辖的义务。但,遗憾的是,我国目前的刑法并没有把这一点反映出来。首先,在我国《刑法》中只规定有反革命劫机罪,而没有明文规定一般的劫机罪;倘若罪犯劫机不是以反革命为目的,我们在法律上就很难找到对其定罪判刑的根据。其次,我国刑法所确立的刑事管辖原则是以属地原则为主,兼采属人原则和保护原则,这样一来,对于那些不在我国发生的、罪犯不属我国国籍的且也没有危害我国国家和公民安全的劫机行为,我们对其予以管辖就没有法律上的依据。可见,我国目前的刑法已经不能适应国际上日益扩大的刑事合作和交流以及国际刑事斗争的需要,应当加以改进。有鉴于此,我们提议应当注意解决以下几个问题。

第一,确立我国刑法的普遍管辖原则。对于某些我国承认的普遍危害国际和平与安全、破坏国际社会良好秩序和损害人类利益的罪行,不论罪行发生于何地,也不论犯罪人具有哪一国籍或者没有国籍,我国均有权对该罪行适用我国刑法予以惩罚。这一管辖原则在我国刑法学界曾长期被予以否定,理由就是,这是有利于帝国主义的一项原则。但在国际犯罪日趋严重的今天,我们应当重新来评价这项原则的价值。那种对国际犯罪视而不见、不加干涉的态度,实际是封闭和保守社会的一种普遍观念。它同我国目前开放的社会之要求是格格不入的,因此我们应当把普遍管辖原则提高到一个新的位置来加以认识。1987 年 6 月 23 日全国人大常委会已经作出《关于对中华人民共和国对于其缔结或者参加的国际条约所规定的罪行行使刑事管辖权的决定》,其中等于也承认了我国刑法的普遍管辖原则。所以,我们认为,今后在修改我国刑法条文时也应当体现这一原则。

第二,应当在我国刑法中规定引渡和司法协助等条款。引渡和司法协助均是与管辖密切相关的问题。许多国家都在自己的刑法中规定有引渡和司法协助的条款。例如,巴西在其《刑法典》第 7 条中就规定依一定条件承认外国的刑事判决,其条件之一就是"依据同发生判决书的司法机关的国家间的引渡协定"。为了保障我国刑法规定的管辖原则的实现,我们也应当考虑在刑法中对诸如此类问题作出确切的规定。

第三,在我国刑法中设立相应的国际犯罪。如果我国缔结或加入的国际条约的国际犯罪在我国刑法中得不到体现,那么我们也就无法对这类犯罪行使管辖权。例如,我国刑法没有明文规定一般的劫机罪。那么对于那些不以反革命为目的劫机犯,我们也就很难找到予以惩罚的法律根据。在没有办法的情况下求之于类推适用破坏交通工具罪的条文来对它判刑,比较牵强。可见,这也是一个十分重要的问题,应引起我们的重视。

总之,商品经济在发展,我们的刑法观念也应当随之而发展。如果商品经济发展了,而我们的刑法观念却仍在原地踏步,那么就无法使刑法和社会经济基础相适应并达到保障它的目的。

挑战与机遇：面对市场经济的刑法学研究*

随着我国经济体制改革市场取向的确立，引发了我国法学理论的深刻变革。在市场经济的条件下，刑法学研究应当如何发展，是一个关乎刑法学研究的根本性问题。我们认为，面对市场经济的刑法学研究，挑战与机遇同在。只要我们勇敢地迎接挑战，适时地抓住机遇，刑法学研究必将突破目前的理论格局并超越现有的学术水平，产生一个质的飞跃。本文拟对市场经济条件下刑法学研究中的五大新课题略加探讨，以期推进我国刑法学的理论研究。

一、刑法根基的本原思考

刑法的根基是指刑法存在的根据与基础，这是刑法学理论层次中的一个形而上的问题。在从计划经济体制向市场经济体制的转轨过程中，究根寻底地探究刑法根基这个本原问题，从而为刑法在市场经济中科学地定位，并为刑法学的发展在市场经济条件下寻找其理论的生长点，这尤其具有重大的现实意义。

应该说，在任何社会里，只要存在利益的冲突，必然存在规制人们行为、调整利益关系的法律，也就存在违反法律规范的行为，包括犯罪行为。因此，刑法的存在就有其现实的基础。但在社会制度中，尤其是经济体制不同的社会里，刑法存在的基础及其发挥作用的机制是有所不同的。从我国的情况来说，在经济体制改革之前，我国实行的是以高度集中的管理体制和高度统一的计划体制为主要内容的计划经济体制，这种体制在很大程度上排斥市场机制，国家对经济活动统得过多，管得过死。在计划经济体制下，经济运行主要依靠行政指令和行政管理加以控制、协调，企业的生产、经营、销售和产品的价格都由国家统一制定。因此，计划经济是一种行政经济，它是建立在经济主体之间具有隶属关系并且抹杀各经济主体的利益特殊性的基础之上的，因而行政手段是调整这种经济关系的主要方法。在计划经济体制之下，刑法以

---

* 本文原载于《中国法学》1993年第6期，由高铭暄教授与陈兴良合作完成。

其特有的国家强制力保障计划的落实。计划就是法律,违反计划就是违反法律,其中情节严重的构成犯罪,予以严厉的刑事惩罚。因而,在计划经济体制下,刑法存在的主要经济根据就在于以刑罚手段保护计划经济。关于这一点,在我国 1979 年制定的《刑法》中得到明确体现。例如,我国 1979 年《刑法》第 117 条关于投机倒把罪的规定,采取的是空白罪状,其具体投机倒把行为的确定要参照有关金融、外汇、金银、工商管理法规。而根据这些法规以及有关的司法解释,一切违反计划的经济行为都属于投机倒把行为,投机倒把罪往往与地下工厂、地下运输队、地下商店、地下包工队这样一些内容联系在一起。工农业生产资料的交易、长途贩运、经纪、转包等正常经济行为在当时都被视为投机倒把。在经济体制改革以后,引入了市场机制,某些在计划经济体制下被认为是犯罪的行为,在市场经济体制下不再认为是犯罪,而被认为是正当且有利于社会的经济行为。显然,建立在计划经济体制之上的刑法基础已经不复存在,刑法的根基面临挑战。因此,重建刑法根基成为刑法学研究的当务之急。这个问题的实质在于:刑法应当如何在市场经济中找到其存在与发展的立足点?回答这个问题,应当从分析市场经济的运行机制入手。

市场经济,是一种以市场机制为基础和主导的配置社会资源的经济运动形态。建立在市场经济基础之上的市场经济体制承认经济主体之间具有平等关系和各种经济主体的利益特殊性,其主要特征表现为:利益主体的多元化、经济产权的明晰化、资源配置的市场化、经济运行的规范化,从本质上说,市场经济是一种法治经济。因此,在市场经济条件下,刑法调整仍然是必要的,甚至比在计划经济体制下,其调整的广度与深度有过之而无不及。

第一,利益主体的多元化,必然要求刑法对各种经济成分予以平等的保护。计划经济体制是以“一大二公”为特征的,产权关系单纯,经济格局简单。概言之,公有制占绝对的主导地位。因此,刑法以保护国有和集体为已任。由于在计划经济体制下,其他经济成分所占的比重小得可怜,刑法并未予以必要的保护,甚至有的还在取缔之列。在我国刑法中,有破坏集体生产的罪名,而没有对破坏个体生产的行为治罪的条款。在经济体制改革以后,我国的市场经济,以公有制包括全民所有制和集体所有制为主体,个体经济、私营经济、外资经济为补充,多种经济成分长期共同发展,这就势必要求刑法予以平等保护。

第二,经济产权的明晰化,必然要求刑法对各种经济产权予以严格的保护。在计划经济体制下,全民所有制企业的产权属于国家。但在概念上到底谁代表人民拥有产权模糊不清。在经济体制改革以后,通过引入市场机制,改革经济产权制度,逐渐使经济产权明晰化,理顺了产权关系,企业自主权得以落实,使企业真正成为自主经营、自负盈亏、自我发展、自我约束的法人实体,并承担国有资产保值增值的责任。在这种情况下,通过规制企业法人的行为,切实有效地保护国有资产就显得十分必要。例如,实行企业破产制度,运用刑法手段,惩治破产欺诈犯罪,对于保护经济产权就具有重大意义。

第三,资源配置的市场化,必然要求刑法加入经济运行流程中,对各种经济活动予以及时的保护。在计划经济体制下,以指令性方式分配资源成为经济中资源配置的基本方式。在市场经济体制之下,由于产权关系规范化,生产要素有可能在社会范围内重新组合,资源通过市场合理配置,从而实现资源配置的市场化。刑法介入各种生产要素而进入市场,提供及时的保护。以股票市场为例,它有着规范化的运作规则,对于那种操纵股市、徇私舞弊、私下交易、挪用股金等行为应当确认为非法,情节严重的应予以刑事惩罚。

第四,经济运行的规范化,必然要求刑法保护市场经济秩序,净化经济环境。市场经济的运行,主要是在竞争中实现的,市场经济要求各个商品生产经营者平等地开展竞争。市场竞争是在一定的运行秩序以及相当的市场结构中展开的,因而必然要求建立良好的竞争秩序。而这种公平竞争的秩序,不能离开刑法的有效保护。对于那些操纵市场、哄抬物价、不实广告、假冒商标、生产销售伪劣商品等严重违反市场运行规则,破坏公平竞争的行为,刑法应当予以惩治。

综上所述,我们认为,在市场经济体制下,随着经济关系的多元化,刑法调整的广度有所扩张;随着经济关系的复杂化,刑法调整的深度有所提高。概言之,刑法可以从市场经济中汲取生命力,在市场经济中大显身手。因为刑法植根于市场经济运行机制的内在要求。同样,市场经济也只有在刑法的切实保护下,才能有条不紊地正常运行。基于对刑法根基的这一立论,可以断言,随着市场经济的发展,刑法学的理论研究必将迎来一个黄金时代。

二、刑法观念的根本转变

在市场经济大潮的强烈冲击下,一切既存的制度、政策、法律和观念都面临着严峻挑战。刑法观念也是如此,只有完成从计划经济的刑法观念到市场经济的刑法观念的根本性转变,我国刑法学理论研究方能适应经济体制改革的需要,与时代脉搏的跳动相合拍。计划经济的刑法观念是以计划为价值取向,以保护计划为中心的刑法观念。市场经济的刑法观念则是建立在市场取向基础之上的,它体现并反映了市场经济的文化价值观念。随着经济体制改革的深入发展,市场经济体制的逐步确立,文化价值观念必将发生重大变革。市场经济的文化价值观念的重要内容表现为:(1)变革的观念;(2)开放的观念;(3)平等的观念;(4)民主的观念。市场经济的刑法观念,作为市场经济的文化价值观念的重要内容之一,必然贯穿着市场经济文化价值观念的基本精神,并以刑法的独特方式体现与实现着市场经济的文化价值观念。

首先,市场经济的犯罪观的根本内容就是要科学地确立犯罪的认定标准。根据刑法学原理,一定的社会危害性是犯罪的本质特征,因而也是犯罪的认定标准。但行为的社会危害性及其程度不是一成不变的,而是与社会的政治、经济生活息息相关,并随之而变化的。在计划经济体制之下,在认定行为的社会危害性的时候,主要注重行为是否与计划相冲突,注重行为的政治影响,注重行为对社会利益的侵害。随着从计划经济体制向市场经济体制的转轨,犯罪的认定标准也会发生重大的变化。在市场经济条件下,认定行为的社会危害性,主要应当以三个“有利于”为标准。这三个“有利于”就是:是否有利于发展社会主义社会的生产力,是否有利于增强社会主义国家的综合国力,是否有利于提高人民生活水平。这三个“有利于”标准的实质是生产力标准。以它作为认定犯罪的标准,就把考察某一行为是否有社会危害性放到一定的社会历史条件下,看这一行为是否对人类进步与社会发展起积极作用,在此基础上,予以肯定或者否定的法律评价,包括刑法评价。例如,在市场经济条件下,对于经济行为的合法与非法包括犯罪的评判,应当以市场经济运作的内在要求为标准,因为它是生产力标准的具体表现。我们认为,市场经济运作的内在要求可以概括为经济自由、公平竞争、诚实信用三大原则。经济自由原则旨在保证最大限度地发挥经济活力,提高经济效益。公平竞争原则旨在为经济主体提供参与经济活动的平等地位与均等机会。诚实信用原则旨在保障契约的被遵守,防止对合法经济权益的侵犯。三大原则均致力于维护市场经济秩序,保障市场经济运行。[1] 据此,凡是违背这三大原则的经济行为,应在法律上评判为非法;危害严重的,则应认定为经济犯罪;否则,就应在法律上评判为合法。根据上述原则,犯罪观的转变面临着犯罪化与非犯罪化的双向观念更新。[2] 所谓犯罪化,就是应将在计划经济条件下不以犯罪论处的,却严重违背社会主义市场经济的经济运行规律和经济行为规则的某些非罪行为,明确规定为犯罪行为。反之,所谓非犯罪化,就是应将以计划经济为基础而认定的某些犯罪行为,由于其与社会主义市场经济体制下的经济运行规律和经济行为规则并不相悖,转为以非罪行为或合法行为对待,不再由刑事法律进行调整,而改由其他部门法律予以调整。无论是犯罪化还是非犯罪化,都与犯罪观念的转变有着直接联系。例如,根据计划经济的价值观,经济投机行为是破坏计划的非法行为,予以严厉禁止,直至以犯罪论处。但根据市场经济的价值观,投机是事先预测将来价格变动趋势以谋取利润,它向未来不确定的价格进行挑战,促使市场富有流动性和具有朝气。因此,投机被认为是一种积极的攻击性的经济行为。

其次,市场经济的刑罚观的根本内容就是追求刑罚的社会效果。刑罚的社会效果是通过刑事法律活动所要达到的社会功能,主要表现为一定的刑罚目的的实现。在计划经济体制下,往往片面强调刑罚的政治功能,使刑罚处于纯粹工具的地位,较少顾及刑罚本身所具有的特点与性质,从而在一定程度上影响了刑罚的社会效果。在市场经济体制下,更新刑罚观念,要注重刑罚社会效果的整体实现。一方面,在商品社会里,等价交换原则仍然是通行的社会准则,公正性应当是市场经济刑罚观念的题中应有之义。只有公正的刑罚,才能为社会所接受并达到预期的社会效果。另一方面,按照市场经济的内在要求,刑罚应当注重功利性,即通过刑罚的适用,其中包括注重发挥财产刑(主要是指罚金)的作用,在经济上补偿社会与被害人,并使犯罪人受到经济上的惩治。因此,功利性同样是市场经济刑罚观念的不可或缺的内容。公正性与功利性,应该是市场经济体制下刑罚的价值取向。也只有坚持公正性与功利性的统一,才能使刑罚实现最佳的社会效果。

最后,市场经济的刑法观的根本内容就是注重刑法的社会保护机能与人权保障机能的统一。在计划经济体制下,社会利益、国家利益得到充分的强调,而在一定程度上忽视或者漠视个人利益。反映在刑法观念中,就是过于强调刑法的社会保护机能,而未将人权保障机能放在一个同等重要的应有的位置上。在市场经济体制下,个人的权利与利益日益受到重视与保护。只有这样,才能形成一个既有宏观调控又比较宽松的社会环境,使市场经济得以顺利发展。因此,刑法机能应当从社会保护机能向人权保障机能倾斜,加重法的人权蕴含。

---

〔1〕 参见陈兴良、刘华:《经济领域中失范行为的评判及其法律抗制》,载《中外法学》1993 年第 3 期。

〔2〕 参见黄京平:《社会主义市场经济与法制建设座谈发言》,载《中外法学》1993 年第 2 期。

我们认为,刑法中的人权有其特定的蕴含,它主要是指被告人的人权,即通过刑事法律活动,确保无罪的人不受刑事追究。反映在刑法中,就是要严格实行罪刑法定原则,即罪之法定化与刑之法定化,以限制司法擅断可能对公民造成的侵害。当前,应当调整刑法的社会保护机能与人权保障机能之间的关系与比重,对人权保障机能予以适当的强调。只有这样,才能在刑法中科学地确定个人与社会和国家的关系,避免不适当地限制公民的自由,以赋予公民个人最大限度的活力。

三、刑事控制的模式选择

任何阶级社会都面临着犯罪的压力,刑罚就是为弹压犯罪而设置的法律手段。由刑事体制和刑事设施构成一个国家的刑事控制模式。从计划经济体制向市场经济体制的转轨,社会的经济关系发生了剧烈的变动,并引发了社会全方位的变化。为适应这种情势,刑事控制模式应当考虑改建,其基本思路是由理想型的刑事控制模式向现实型的刑事控制模式转变。

在计划经济体制下,以"一大二公"为特征的单一经济产权关系塑造了比较呆滞的社会面貌。基于生产资料私有制是犯罪的总根源这样一个命题,希冀生产资料公有制的建立能够彻底铲除犯罪存在的根源,从而出现一个没有犯罪的大同世界。表现在刑法上,就是以消灭犯罪作为刑事控制的目标模式。并且,为实现这一目标而不惜成本,导致刑罚的超量投入。事实已经证明,这种理想型的刑事控制模式并不是成功的,主要表现为犯罪率并未如所期望的那样大幅度降低,大案要案居高不下,更遑论消灭犯罪。而过多地使用刑罚特别是重刑使得刑罚在无形之中发生了效果的贬值。在此,有两个问题值得深思。

首先是犯罪的社会功能问题。以往,我们习惯于将犯罪只视为阶级斗争的表现,从政治意义上界定犯罪,并予以否定的政治评价;或者将犯罪视为一种恶,从伦理意义上诠释犯罪,予以否定的道德评价。其实,这种观点未必是全面的。犯罪作为一种社会现象,是社会、心理与生理诸种因素互相作用的产物,其存在具有某种社会必然性。因而,在这种社会必然性消失之前,完全消灭犯罪只是一种不切实际的幻想。不仅如此,从功能分析的意义上说,犯罪的存在还有其一定的合理性,它为社会提供一定的张力,从而使社会在有序与无序、罪与非罪的交替嬗变中跃进。正如法国著名社会学家杜尔凯姆所言,就犯罪行为的产生而言,犯罪是正常的,就是说社会不能强迫全体社会成员一致服从社会指令,否则社会就会抑制个人对社会的贡献。社会要保持一定的灵活性,要适应新的变革,就必然会出现违反社会规范的现象。[1] 尤其当社会体制或者价值规范落后于社会生活的时候,作为违反这种社会体制或者价值规范的所谓犯罪往往成为要求社会变革的先兆,以其独特的形式影响社会的发展,最终引起犯罪观念的变化,并将自身从法律规范意义上的犯罪桎梏中解脱出来,完成从罪到非罪的历史性飞跃。例如,在计划经济体制下,长途贩运、私人开设工厂被视为投机倒把罪;科技人员业余兼职收受报酬被视为受贿罪,受到法律制裁。正是大量这种所谓犯罪行为不断

---

〔1〕 参见[美]刘易斯·A.科瑟:《社会学思想名家:历史背景和社会背景下的思想》,石人译,中国社会科学出版社1990年版,第160页。

冲击着计划经济体制,在从计划经济体制向市场经济体制的转换过程中,起着催化作用。所以,正确地评价犯罪的社会功能,应该彻底摆脱以阶级斗争为纲的错误思想的羁绊,坚持以唯物辩证法为指导去理解和分析犯罪,树立犯罪的相对性观念。

其次是刑罚的社会成本问题。刑罚作为对犯罪的惩治手段,需要一定的物质支撑:刑事体制(包括立法与司法)的运行需要投入大量的人力与物力,而刑事设施的维持更离不开一定的物质条件。例如监狱,就是国家权力(这里主要是指刑罚权)的一种物质体现。因此,刑罚抑制犯罪虽然可以产生积极的社会效益(这里暂且不谈刑罚的负面效果),但刑罚的这种社会效益的取得又不是无本万利的,需要一定社会成本的支出。这里就存在一个刑罚资源的有效配置问题。美国学者罗伯特·考特、托马斯·尤伦通过对刑罚的经济分析指出:最优化的威慑效应并不是铲除所有的犯罪,因为这样做的代价很高,而且社会效益会不断降低。政策制定者需要对有限的资源加以配置,争取以最小的成本实现威慑目标,也就是说力求有效率地实现这一目标。由此可以说,在刑法中,我们的宗旨是使犯罪的直接和间接成本以及刑事审判制度的运转成本最小化。[1] 这实际上是一个刑罚的社会成本问题,就是要以最小的刑罚成本支出最大限度地遏制犯罪。而以前在把刑罚单纯视成专政工具的情况下,强调其政治职能,从而很少考虑到刑罚的社会成本问题,因此易于导致不正确适用刑罚甚至滥用重刑的做法。总之,刑罚作为一种社会投资,不仅具有生产性,而且具有消费性,所以应当建立刑罚的经济性观念。

根据以上两点考虑,可以合乎逻辑地引申出刑法的不完整性和最后手段性的结论,申言之,刑法作为一种社会控制手段,其功能是有限的,不可将维持社会秩序的任务完全指望刑法去完成。我们认为,刑事控制模式应以犯罪的相对性与刑罚的经济性为基本理念。不求彻底消灭犯罪,但求以最小的社会成本开支将犯罪最大限度地控制在社会能够容忍的限度之内。因此必须破除重刑主义与泛刑罚化的观念,建立一个实现刑罚资源的最佳配置并能取得遏制犯罪的最佳效果的刑事控制模式,这应当是我们的理性选择。

四、刑事政策的适当调整

刑事政策是刑法的灵魂与核心,刑法是刑事政策的条文化与定型化。因此,刑事政策对于刑法的制定与适用都有着直接的指导意义。刑事政策总是基于一定的犯罪态势提出来的,并且应当根据社会发展与犯罪变化的实际情况,及时地进行调整与校正,而不存在一成不变的刑事政策。

那么,我们当前抗制犯罪的主要刑事政策是什么?显然,是20世纪80年代初提出的从重从快政策。应该说,这一刑事政策的提出有其特定的历史背景及其在当时历史条件下的合理性。20世纪80年代初,在结束了长期政治动乱以后,我国进入了一个历史新时期,民主与法制得以加强与健全。但由于社会控制的相对减弱,一些地方杀人、放火、爆炸、强奸、抢劫等严重危害社会治安的犯罪活动十分猖獗。在这种情况下,中共中央政法委员会于1981年5月召开了全国五大城市治安座谈会,会议确立了对社会治安综合治理的基本方针,并提

---

〔1〕 参见[美]罗伯特·考特、[美]托马斯·尤伦:《法和经济学》,张军等译,上海三联书店1991年版,第755页。

出了依法从重从快惩处极少数杀人、放火、爆炸、强奸、抢劫以及其他严重危害社会秩序的犯罪分子的刑事政策。1983 年 9 月,根据中共中央的部署和全国人大常委会《关于严惩严重危害社会治安的犯罪分子的决定》,在全国范围内开展了依法从重从快,严厉打击严重危害社会治安的犯罪活动的斗争。应该说,依法从重从快刑事政策的提出并实施,对于维护当时的社会治安起到了一定的积极作用,使刑事发案率有所降低。但对于社会治安来说,刑事镇压毕竟只是治标的办法,而不能治本。而且,在当时提出争取社会治安的根本好转这一目标,从现在来看,也值得反思。事实上,社会治安应当争取的是一种动态的平衡。只要犯罪活动不造成社会动乱,社会变革与发展的活力仍然保持,社会治安就应当视为基本上正常。而根本好转缺乏量化的具体指标,同时不切实际,只是人们的一种主观愿望而已。实行依法从重从快的刑事政策已经十多年,现在应当从理论上反思这一刑事政策,并考虑刑事政策的适当调整。

首先,应当科学地认识我国当前的社会现状,正确地分析犯罪态势。随着我国经济体制的改革,市场经济的发展,我国社会进入一个转型期:从传统的农业社会向现代的工业社会转变,这也就是通常所说的现代化进程。美国犯罪学家路易丝·谢利指出:大量的证据证明,现代化进程对犯罪率和犯罪方式都有着明显的和普遍一致的影响。并由此得出结论:社会发展进程把犯罪从一个孤立的主要是影响城市中心的社会问题提高到现代社会的主要问题。由于社会日益城市化,曾经是一度影响城市居民生活的局部问题变成影响现代生存的性质和阻碍许多国家未来发展进程的问题。犯罪已成为现代化方面最明显和最重要的代价之一。[1] 我国刑法学界有人对现代化进程中的犯罪现象的一般演变规律作了具体分析:(1)现代化社会发展初期,由于新的社会变革迅猛地弱化着旧体制,引进并发展新体制,新旧体制相互碰撞、排斥,从而形成双轨体制混合并存的格局,并伴发体制缺口、体制倒错和体制逆转的特征。由于这种错综复杂的新旧制度、新旧体制和新旧社会结构之间的矛盾、冲突和对抗,势必引起社会环境的剧烈变动,进而导致社会治安秩序的重要变化。这种变化主要表现为,犯罪状况(主要是刑事案件立案数和立案率)不同程度地增长且增长速度不断加快,犯罪结构(主要是各种刑事案件所占比重)明显改变以及犯罪社会危害性日趋严重。(2)现代化社会发展中期,随着社会变革,社会各种矛盾的冲突甚至达到全面抗衡程度。在此过程中,犯罪案件的总量(包括绝对数和相对数)继续增长,明显呈递增态势,犯罪结构依然不断变化,犯罪现象对社会所造成的危害亦随之达到异常严重的顶点。(3)现代化社会发展进入成熟阶段之后,新的制度、体制和社会结构冲破并逐步摆脱了旧的制度、体制和社会结构的羁绊,开始稳定而持久地制约着社会各个领域的发展和变化。以此为前提,社会发展规模与水平趋于稳定,速度也逐步合理减缓,步入良性发展的状态。在这种社会发展变化趋于稳定的社会环境中,犯罪现象的增长速度处于相对减慢的状态,甚至在一定条件下呈下

---

〔1〕 参见[美]路易斯·谢利:《犯罪与现代化——工业化与城市化对犯罪的影响》,何秉松译,群众出版社 1986 年版,第 1、158 页。

降趋势,社会治安秩序的起伏波动亦随之减弱,重新得以稳定甚至趋向好转。[1] 我们认为,这一分析揭示了现代化进程与犯罪变化之间的关系,对于分析中国当前以及将来的犯罪发展态势具有启发意义。从某种程度上说,我国当前犯罪的大量增加是体制转轨、社会转型的必要代价。犯罪的发展变化有其自身规律,并且是不以人的意志为转移的。刑罚虽然能够在一定程度上影响与制约犯罪的发展态势,但不能指望通过严打可以从根本上消除犯罪对社会的消极影响。因此,我们同意以下观点:对于犯罪问题在心理的承受上应更强一些,容忍度应当放得大一点,把社会治安正常的标准定得宽一些。只要犯罪活动没有达到不可控制的程度,从而严重地影响经济的发展和社会的前进,那就是正常的情况。[2] 因此,从犯罪演变规律来看,从重从快严打的作用是有限的,只能作为一个时期内处理犯罪的具体方针,不能奉为解决社会治安和犯罪问题的永久性的万全良策。

其次,应当正确地认识刑罚的威慑效果。依法从重从快,从重是指刑罚上的严厉性,从快是指刑罚的及时性。实行从重从快,主要还是依赖于刑罚的威慑力以镇压犯罪。这里涉及对刑罚威慑效果的认识问题。我们认为,刑罚确实存在一定的威慑力,但这种威慑力本身又是有限的,不能过分地迷信与依赖。正如意大利刑法学家菲利所指出的,刑罚的效力很有限这一结论是事实强加给我们的,并且就像边沁所说的,恰恰因为从前适用惩罚性法规没有能够成功地预防犯罪,所以每一个惩罚性法规的适用证明了这一点。不过,这一结论与公众舆论,甚至与法官和立法者的观点直接对立。在犯罪现象产生和增长的时候,立法者、法学家和公众只想到容易但引起错觉的补救办法,想到刑法典或新的镇压性法令。但是,即使这种方法有效(很可疑),它也难免具有使人们忽视尽管更困难但更有效的预防性和社会性的补救办法。菲利强调,刑罚只是社会用以自卫的次要手段,医治犯罪疾患的手段应当适应导致犯罪产生的实际因素。而且,由于导致犯罪产生的社会因素最容易消除和改善,我们同意普林斯的观点:"对于社会弊病,我们要寻求社会的治疗方法。"[3] 同时,刑罚的严厉性不是无限的,而是要受到一定的伦理因素的制约。一般来说,刑罚与伦理应当是一致的,刑罚支持伦理道德并成为其后盾,即刑法承担着一定的道德使命。同样,伦理也维护刑罚并成为其道义基础。但只有适度的刑罚才能与伦理保持和谐。刑罚的过量与滥用,不仅不能起到支持伦理道德的作用,甚至会败坏社会伦理道德。正是在这个意义上,我们赞同苏联刑法学家列缅松的以下论断:不考虑方法的残酷,刑罚会破坏社会的道德基础,会给社会造成严重的损害,这是无法通过对某些不坚定分子采取更严厉的恐吓手段所能弥补的。[4] 依法从重从快的刑事政策,按照一般理解,其适用对象是有限的,并非对一切犯罪都适用。它主要适用于杀人、放火、抢劫、强奸、爆炸、投毒、流氓集团等严重危害社会治安的犯罪分子。此外的一

---

[1] 参见王智民、黄京平:《经济发展与犯罪变化》,中国人民大学出版社1992年版,第273~274页。

[2] 参见张镇:《关于"严打"的思考》,载《公安研究》1992年第1期。

[3] [意]恩里科·菲利:《犯罪社会学》,郭建安译,中国人民公安大学出版社1990年版,第70~71页。

[4] 转引自[苏联]Л.В.巴格里-沙赫马托夫:《刑事责任与刑罚》,韦政强、关文学、王爱儒译,法律出版社1984年版,第356页。

般犯罪分子,并不在从重从快打击之列。[1] 但犯罪是互相联系的,刑罚适用也是互相牵制的,这里存在一个水涨船高的问题。对于严重危害社会治安的犯罪分子实行从重从快,必然影响到整个刑罚适用趋向重刑化。这可以从我国实行从重从快刑事政策以后,刑事立法与刑事司法的发展状况中得到印证。从刑事立法来说,规定可以适用死刑的罪名不断增加。根据统计,1979年《刑法》分则规定的可处死刑的罪名有28个,而从1981年6月至1993年7月,通过单行刑事法律增加的可处死刑的罪名有32个,已经超过刑法分则中规定的死罪数。难怪有人发出"急剧膨胀的死刑立法"的惊呼,并且将其视为一种"危险的倾向"。[2] 从刑事司法来说,处刑普遍较重,尤其是死刑适用显著增加。而短期自由刑适用较少,缓刑适用更少。与此形成鲜明对照的是,刑事犯罪数量特别是大案要案居高不下,社会治安形势依然严峻。

根据以上对犯罪态势与刑罚效果的分析,我们认为,依法从重从快刑事政策已经实行十多年,虽取得一定效果,但并未达到理想的抗制犯罪的社会效果,似应考虑加以适当调整。从整体看,我国当前形势大好,并非"乱世",所以,我们应当摒弃"治乱世用重典"之类的古训,而代之以科学的刑事政策。尤其是我国当前处于体制转轨、社会转型的现代化进程中,更应从犯罪演变的客观规律出发,在对犯罪实行综合治理的前提下,坚持惩办与宽大相结合的刑事政策。所谓实行综合治理,就是预防与惩治并举,尤其注重对犯罪的预防。德国刑法学家李斯特曾言:"最好的社会政策,亦即最好的刑事政策。"当前我国从根本上抑制犯罪率激增的根本出路就是进一步推进经济体制改革,加速社会现代化进程;增加社会整合力,度过社会失衡期,从而为减少与控制犯罪创造社会环境。同时,在对犯罪的惩治上,一方面要严格,坚持法律面前人人平等,切实把握好刑事惩罚的范围;另一方面要具体分析,区别对待,量刑适当,注意全面贯彻惩办与宽大相结合的政策,尽量减少死刑的适用,注意克服重刑化的趋势。通过切实有效的刑事法律活动,力求将犯罪控制在社会所能够容忍的范围之内。

五、刑法机制的科学改革

刑法机制是指刑法运行的结构与机理。一般来说,机制是指事物的构造、功能及其相互关系。刑法作为一种社会事物,其存在与发展也有着内在机制。在这个意义上,我们可以将刑法机制视为刑事法律活动的各个阶段及其功能的互相配合协调的有机统一。

刑法机制的改革涉及刑事资源的合理配置问题,我们认为,刑法机制的改革,不仅涉及国家刑事司法范围内的力量分配,而且更重要的是涉及刑事立法与刑事司法之间的力量分配。刑事司法范围内的力量分配,当然应当考虑对重点对象(指严重犯罪)投入更多的刑事司法力量,但还涉及定罪、量刑与行刑等刑事司法阶段互相之间的衔接与协调问题。因此,刑法机制的科学改革,主要应当协调以下三对关系。

首先,应当协调刑事立法与刑事司法之间的关系。我国属于成文法国家,刑事立法与刑事司法之间有着较为鲜明的分野。刑事立法是刑事司法的前提,对于刑事司法具有重大的

---

〔1〕 参见周振想:《刑罚适用论》,法律出版社1990年版,第246页。

〔2〕 参见鲍遂献:《对我国死刑问题的深层思考》,载《法律科学(西北政法大学学报)》1993年第1期。

制约作用。同时,我国刑法根据国情,又给予了司法机关较大的自由裁量权,尤其是司法类推制度赋予了司法机关较大的权限,使之能够对那些刑法中没有明文规定的危害社会行为,比照刑法分则最相类似的条文定罪判刑。现行刑法颁行以来,我国的刑事司法有了很大的进展,但也面临着许多困难。尤其是由于刑事立法的不完善,刑事司法处于一种十分吃力的境地。随着社会生活的向前发展,刑事立法又不能及时跟上,出现许多法律盲区,司法机关无法可依但又不能不予以干涉,因而在无可奈何的情况下司法侵越立法权现象屡有发生。尤其是面对合法与合理的矛盾,使司法机关面临法与理的两难选择。而且,由于立法技术上的问题,出台了一些缺乏可操作性的法律,使司法机关有时有法难依。在这种情况下,引起我们对刑事立法与刑事司法之间权限、职能划分的思考。我国当前处于社会转型过程中,社会结构变动剧烈。在这种情况下,法律的滞后常常是不可避免的。正如意大利刑法学家菲利所指出:"法律总是具有一定程度的粗糙和不足,因为它必须在基于过去的同时着眼未来,否则就不能预见未来可能发生的全部情况。现代社会变化之疾之大使刑法即使经常修改也赶不上它的速度。"[1]由此可见,立法不可能一劳永逸,需要及时废、改、立。但是,即使废、改、立也难以及时地反映现实社会的变动情况。从这个意义上说,司法越权倒也是可以理解的。但是,与其暗度陈仓,不如明修栈道,应该从黑暗的公正变为阳光下的法律。这就是说,应该对刑事立法与刑事司法的权限重新界定。当前,司法机关虽然有类推权,但由于类推是自下而上,一案一报,而且程序繁杂,适用率很低。因此,类推并非良策。我们认为,可以考虑借鉴英美国家的判例法的经验,建立具有中国特色的判例制度,作为成文法的适度补充。这样,可以赋予司法机关更强的应变能力,以弥补刑事立法滞后之不足。值得注意的是,自1985年开始,最高人民法院在公报上先后刊载了大量的案例,包括刑事案例。最高人民法院在公告这些案例时往往提出可供各级人民法院借鉴的案例解释。我国法学界一般认为,这种案例解释只能是参考性的,而不是强制性的;案例的效力是借鉴,而不是遵行。如果引入判例法经验建立判例制度,则应当赋予判例一定的法律拘束力,并且可以成为下级法院承办类似案件时一体遵行的判案根据。当然,如果判例的内容属于对刑法的修改与重大补充,则应由立法机关授权才能颁布,并且应当遵循判例的法律效力不溯及既往的原则。在立法条件成熟以后,应当及时地将判例所确立的内容吸收到刑事法律中去,由此形成判例与法条之间的良性循环。在建立判例制度以后,最高司法机关就可以根据社会发展与犯罪变化的实际情况,敏捷地予以反映,并且通过判例的形式逐步为创制刑法规范积累经验,从而解决刑事立法与刑事司法脱节的问题。

其次,应当协调定罪与量刑之间的关系。定罪与量刑是刑事审判的两个基本环节。定罪是解决犯罪认定问题,涉及罪与非罪的界限,故一直受到司法机关的高度重视。尤其是在当前立法滞后的情况下,犯罪认定标准往往缺乏明确性与可操作性。为此,司法机关十分注重对定罪工作的指导。而量刑主要是指刑罚裁量,相对说来就不像定罪那样受到严格重视。二审法院在对上诉案件进行审理的时候,也往往注重定性是否准确;对于量刑,只有在畸重

---

〔1〕[意]恩里科·菲利:《犯罪社会学》,郭建安译,中国人民公安大学出版社1990年版,第125页。

的情况下才予以改判,至于一般的偏重则很少纠正。我们认为,定罪是否准确固然重要,量刑是否适当也具有同等重要的意义,两者不可偏废。在《刑法》颁行不久,由于司法经验不足,强调与重视定罪问题,是可以理解的。但随着民主与法制的发展,司法经验的积累,量刑的精确化问题应该提上议事日程,予以充分重视。尤其是在社会主义市场经济条件下,公正观念日益深入人心。反映在刑法上,公正性就表现为罪刑之间保持一种均衡关系,防止量刑的畸轻畸重,包括罪与罪之间刑罚的严重失衡、地区与地区之间刑罚的严重失衡以及此一时期与彼一时期刑罚的严重失衡。为此,应当改进当前量刑的经验型作业法,最高司法机关应当加强对量刑的科学指导与合理协调,并在条件成熟的情况下,引入数学量刑法、电脑量刑法,使量刑的综合平衡建立在科学的基础之上。

最后,应当协调判刑与行刑之间的关系。判刑必然导致一定刑罚付诸执行,因而就引申出行刑的问题。行刑的意义不仅在于消极地执行刑罚以实现刑法的惩治功能,而且在于实现刑法的矫正功能与威慑功能,即通过对犯罪分子执行各种刑罚,消除其人身危险性,实现刑罚的个别预防与一般预防的目的。在这个意义上,刑罚的效果,乃至整个刑法的功能,都主要是通过行刑得以实现的。但在我国目前行刑还未受到足够的重视,行刑的效果还远不尽如人意。甚至可以说,行刑是刑法机制中最为薄弱的环节。加强行刑工作,首先涉及行刑司法体制的改革。当前,我国行刑权由各机关分散行使,不利于行刑的规范化。我们认为,应当将行刑权统一交由司法行政机关行使。因为行刑权是相对于审判权与检察权而言的,它从本质上来说属于行政权的范畴,交由司法行政机关行使,可以形成公、检、法、司之间互相制约互相协调的完整的刑事司法体制。更为重要的是,行刑效果还在很大程度上有赖于社会的支持。因此,行刑应当社会化,破除过去封闭式行刑方式,而向开放式或半开放式的行刑方式过渡。并且吸引社会力量参与对罪犯的教育改造,以期达到最佳的行刑效果。

总之,通过刑法机制的科学改革,建立从立法到行刑的合理机制:犯罪情势制约着刑事立法,刑事立法制约着刑事司法,刑事司法制约着行刑效果,行刑效果又反作用于犯罪情势,如此循环往复,以至无穷,促使整个社会秩序和治安环境向更好更健康的方向前进,为改革开放和社会主义现代化建设的伟大事业作出应有的贡献。

宪法权利的刑法保护*

——以言论自由为例的解读

一、引言:作为宪法权利的言论自由

毫无疑问,自宪法出现以来,言论自由便成为重要的宪法权利。

在近代资本主义宪法最早发源地的英国,早在1688年“光荣革命”后通过的英国重要的宪法性文件《权利法案》(1689年)中,就以法律的形式对言论自由作出了规定:“议会内之演说自由、辩论或其议事之自由,不应在议会之外的任何法院或任何地方受到弹劾或讯问。”[1]而在第一部成文宪法诞生地的美利坚合众国,虽然1787年《美国宪法》没有对言论自由作出规定,[2]但在1787年《美国宪法》正式生效后不久,1791年的第一届国会会议上通过的十个宪法修正案中,第一修正案即对言论自由作出了明确的规定。[3] 此外,在欧洲大陆,法国大革命后制定的《人权宣言》第10条对言论自由作出了完善的定义:“意见的发表只要不扰乱法律所规定的公共秩序,任何人都不得因其意见,甚至宗教的意见而遭受干涉。”其后,以《人权宣言》为序的欧洲大陆第一部成文宪法——1791年《法国宪法》以“强有力的措辞”进一步确认:不得禁止……(任何人)传达其思想及意见。过往仍然现存的专制使得我们必须陈述这一权利。[4]

言论自由历来是我国宪法予以保障的公民的重要权利。中华人民

---

* 本文原载于《湘潭大学学报(哲学社会科学版)》2006年第6期,由高铭暄教授与张杰合作完成。

〔1〕 戴学正等编:《中外宪法选编》(下册),华夏出版社1994年版,第21~22页。

〔2〕 1787年美国宪法制定时,没有规定包括言论自由在内的任何人民的基本权利与自由,这是因为,汉密尔顿等宪法制定者认为,在宪法中规定权利法案不仅不需要,反而会给某些人侵犯人民权利带来借口。参见邱小平:《表达自由——美国宪法第一修正案研究》,北京大学出版社2005年版,第5页。

〔3〕 《美国宪法第一修正案》的内容为“国会不得制定关于下列事项的法律:确定宗教或禁止信教自由;剥夺言论自由或出版自由;剥夺人民和平集会和向政府请愿的权利”。

〔4〕 参见[法]莱昂·狄骥:《宪法学教程》,王文利等译,春风文艺出版社1999年版,第193~194页。

共和国成立后的四部宪法中，无论是1954年《宪法》，还是1975年《宪法》、1978年《宪法》，都对言论自由作出了明确的保护性规定。1982年制定的《宪法》第二章第35条规定："中华人民共和国公民有言论、出版、集会、结社、游行、示威的自由。"由此可见，在我国，言论自由也是公民的一项重要的宪法权利。

言论自由，即人们以言语表达思想意见的自由，一般认为，具体包含以下内涵：第一，每个公民都有平等的发言权；第二，只要公民的言论没有违反法律规定，就不能因发表了某种言论而给发言者带来不良结果（不受非法干涉）；第三，言论自由仅指口头的表达方式；第四，法律应对言论自由的范围作出明确的限制。[1] 但是，也有一些学者认为，言论自由的含义应当是双向的，即不仅包括发表意见的自由，还包括每个人的发言都必须有被倾听的机会。[2] 或者说，言论自由不仅包括告知信息和观点的权利，还包括接收信息和观点的权利。[3]

不管对言论自由作出何种界定，言论自由，乃是公民的"第一权利"，是"人类最重要的、潜力巨大的、活动的资源"，是宪法权利的重要内容。[4] 因此，对言论自由这一宪法权利进行保护应当是必然的结论。而在这一保护过程中，刑法具有不可替代的作用。

二、宪法权利刑法保护的一般性问题

国家通过政治的、法律的手段保护言论自由的实现，其中，刑法手段是必不可少的一个重要途径。实际上，不仅言论自由，在一切宪法权利的保护中，刑法都居于一种不可替代的地位，这是由宪法与刑法的法律特点及共同的价值追求所决定的。

1. 宪法权利刑法保护的必要性分析

在世界各国宪法中，有关公民基本权利的内容都占据着重要地位。在某种意义上，可以认为，宪法的本质，正如列宁所言："就是一张写着公民权利的纸。"

宪法对公民权利的规定，可能采取两种方式：一种方式为禁止性规范的形式，《美国宪法》即为典型。在《美国宪法》中，对公民权利的规定，一般都采取"不得……"的文法模式，例如，第一修正案对公民言论自由的规定，即"国会不得制定剥夺言论自由或出版自由的法律"。以禁止性规范的形式规定公民的基本权利，可以明确地宣示人的权利是与生俱来的，是造物主赐予的，人们依据契约建立国家只是为了保障和促进权利的实现，因而，国家与政府的权力不得侵犯公民权利。[5] 此外，宪法对公民权利的规定，还可以采取较为宽松的授权性规范的形式。例如我国现行《宪法》对公民言论、出版、集会、结社、游行、示威等权利的规定，即采取授权性规定的形式："中华人民共和国公民有言论、出版、集会、结社、游行、示威的自由。"授权性规定的形式最大的优点是可以以明确的方式确定公民宪法权利的内容，并

---

[1] 参见许崇德、张正钊主编：《人权思想与人权立法》，中国人民大学出版社1992年版；王世杰、钱端升：《比较宪法》，中国政法大学出版社1997年版，第59、84页。

[2] 参见[美]亚历山大·米克尔约翰：《表达自由的法律限度》，侯健译，贵州人民出版社2003年版，第82～83页。

[3] 参见[英]萨斯·斯皮尔伯利：《媒体法》，周文译，武汉大学出版社2004年版，第17页。

[4] 参见李忠：《论言论自由的保护》，载《法学论坛》2000年第2期。

[5] 参见张庆福：《宪法学基本理论》，社会科学文献出版社1994年版，第515～516页。

且可以明确地阐释国家保障公民基本权利实现的立场。

然而,无论采取何种方式对公民的基本权利进行规定,宪法都只能限于一种宣言式的宣告。由宪法的概括性、纲领性等特点决定,宪法对公民权利不可能规定强硬的制裁性保护措施。具体表现在宪法规范的构造上,一般而言,法律规范的构成要素应当包括适用主体、适用条件、行为模式、行为后果四个部分。[1] 但是,宪法规范中往往只存在规范的主体、规范的客体、规范的对象、规范的范围,[2]而缺少对于违反宪法规范所应承担法律后果的内容。因而,要实现宪法对于公民权利的保护,必须依赖于其他部门法的支撑,而刑法无疑是其中最为有力者。

刑法以使公民承担刑事责任并受到刑罚制裁为基本方法,对社会中各种重要的法益加以保护。在国家所掌握的社会关系调控工具中,最强有力者,莫过于刑罚。刑罚的施加,动辄剥夺公民的财产、自由乃至生命,给权利的侵犯者带来最大的不可欲的痛苦性后果。因而,基于人的趋乐避苦的本性,一旦某一法益被纳入刑法的范畴,就必然会对权利的可能侵犯者产生最大的威慑力,同时必然使权利受到最好的保护。而由言论自由等宪法权利的重要地位决定,它们理所当然地应当受到国家的重点保护,因此,也就毋庸置疑地涵摄于刑法的保护范围之内。

2. 刑法如何实现对宪法权利的保护

德国著名刑法学家李斯特认为:刑法是公民权利的大宪章。的确,正如李斯特所言,近代刑法出现以来,权利保障从来就是刑法的一个基本机能,而实现对宪法权利的保护,更是刑法机能的重中之重。

刑法对公民宪法权利的保护,主要是通过两种方式实现的。

首先,刑法以积极肯定的方式,对侵害宪法权利的行为科处刑罚,进行制裁,从而实现对宪法权利的保护。

在一个社会中,公民的宪法权利是重要的,但同时,公民的宪法权利又是异常脆弱的,强大的国家机器、行使国家权力的政府官员的任意,以及其他处于强势地位的公民甚至普通公民的无序行为,都随时可能对公民的权利造成侵害。因而,国家必须通过刑法手段,对这些行为进行严厉打击,才能一方面排除公民宪法权利实现过程中已经遭受的危险与阻碍,另一方面,又为防止公民宪法权利实现可能遭受的侵害起到积极预防的作用。

基于此,也就决定了公民的一切宪法权利都应当能够在刑法中找到相应的保护条款,也就是说,由宪法权利的重要地位决定,国家必须对于侵犯宪法权利的行为,在刑法中设置刑罚这一最后的屏障予以应对。这种方式应当是刑法对于公民宪法权利进行保护最直接、最明显的表现。

其次,刑法还必须以消极否定的方式,对滥用宪法权利的行为科处刑罚,间接实现对宪法权利的保护。

---

〔1〕 参见李步云:《法理学》,经济科学出版社2000年版,第243页。

〔2〕 参见莫纪宏:《现代宪法的逻辑基础》,法律出版社2001年版,第34页。

宪法权利是公民的重要权利，但是，一切权利都有可能被滥用，而如果公民可以无限制地行使宪法权利，那么，必然造成社会强者凭借优势地位，无限制地行使权利，弱者则任何权利都无从实现，最终导致整个社会陷入混乱的局面。

因此，刑法必须有效地在公民行使宪法权利时，为其划定界限。当然，这种界限的划定，并不意味着刑法应当解决不同个体之间宪法权利冲突的问题。因为权利冲突一般而言，是指两个或两个以上"合法的""正当的"权利之间的冲突，[1]因而宪法权利冲突一般可以通过民事、行政的手段进行解决，没有必要上升到刑法的范畴。但是，刑法必须禁止个体在主观上具有严重过错（罪过）的情况下，以严重侵害其他个体或超个体的利益为代价，来实现自己的宪法权利。

权利的行使必须具有一定的限度，即使行使宪法权利也如此，这是因为，人总是生活在人与人所形成的关系体系中，"人的本质是社会关系的总和"（马克思语），而权利本质上也是一个关系的范畴，一方权利的行使，必然以另一方义务的承担为代价。如果允许一方无限制地行使权利，必然也就意味着另一方无限制地承担义务，这显然违反公平的原则，不是法治社会的理想图景。因此，个体宪法权利的实现，必须存在相对于其他个体权利及超个体利益的界限。而在这一界限的确立过程中，首先当然必须依赖于民事、行政法律，但是，个人总是天然地具有试图使自己的权利最大化实现的欲望，有时甚至为达此目的而不惜以严重牺牲其他个体的利益为代价，因此，在权利界限的划定过程中，还必须存在刑法这一最为严厉的手段起着最大的制裁与威慑的作用。

在权利界限确定后，社会个体就可能在各自的限度内，最大化地实现自己的权利，同时在合理的限度内承担合理的义务，这样就有可能形成个体宪法权利和谐地、整体地、最大化地实现的局面，在这一过程中，刑法显然具有不可替代的作用。

三、言论自由：刑法的保护与规制

在对宪法权利实行刑法保护的一般性问题进行分析后，我们可以以言论自由为例展开分析，揭示言论自由这一宪法权利在实行刑法保护时的一些具体问题。

"在自由的民主政体中，言论自由不仅有助于自由和自我实现，而且也是社会民主进程的保证。"[2]因此，由言论自由的重要性及其宪法权利的地位决定，言论自由必须受到保护，并且，必须上升到刑法的范畴进行保护。

在刑法的视野中实现对言论自由的保护，正如我们前文所指出的一般性原理，存在对言论自由进行直接保护与通过规制言论自由的滥用以对其进行间接保护两条途径。

就对言论自由进行直接保护而言，刑法必须在其体系内设定单独的以言论自由为保护对象的犯罪，以彰显言论自由作为宪法权利的重要性及不可侵犯性。

然而，在当前我国刑法中，并不存在任何一条直接以言论自由为保护对象的刑法条文。

---

[1] 参见刘作翔：《权利冲突的几个理论问题》，载《中国法学》2002年第2期。

[2] [瑞典]格德门德尔·阿尔弗雷德松、[挪威]阿斯布佐恩·艾德：《〈世界人权宣言〉：努力实现的共同标准》，中国人权研究会组织译，四川人民出版社1999年版，第401页。

一些学者详细地分析了我国刑法中未对言论自由等宪法权利进行直接保护的原因，并认为，其中最重要的原因在于：这些权利的行使，通常用于表达公民某种强烈情绪，极易影响社会秩序；而当国家需要以强制力维持秩序时，往往要排斥和抑制这些权利的行使，统治者不希望刑法条文对此构成束缚。[1] 但实际上，这些原因是难以成立的，在这样一个“走向权利的时代”，在刑法中将言论自由等宪法权利加以直接保护，以彰显权利保障优于秩序维护的刑法价值，可以说是世界上许多国家的做法。例如，《德国刑法典》就在第201条明确规定了侵害言论秘密罪。

此外，国家又必须对言论自由的滥用加以规制，以实现对言论自由的间接保护。

为什么言论自由的限制是对言论自由进行保护所必不可少的内容，美国著名宪法学家欧文·M. 费斯教授作了最好的诠释。费斯指出，一味地放任公民自由地表达自己，并不能带来社会中各种成员获得平等保护自己的机会，对言论自由的过于放任只会带来某些弱势群体没有能力或没有机会发出自己的声音，最终造成所谓言论自由的“沉寂化效应”——以自由始，以压制终，形成“言论自由的反讽”[2]，因此，费斯教授认为，在言论自由的问题上，对言论自由的滥用进行限制是实现言论自由保护的必要途径。

在对言论自由进行限制性保护的问题上，还存在另外一种非常著名的观点，即美国著名的言论自由理论家亚历山大·米克尔约翰所提出的，公民的言论，应当区分为公言论领域与私言论领域进行区别对待，在私言论领域，公民对政治自由之外的问题的讨论，言论自由必须加以限制，但是，在公言论领域，公民对政治问题的讨论，言论自由不应当加以限制。[3]

我们认为，米克尔约翰的分析固然存在一定的道理，然而，对政治领域的言论自由，世界各国刑法的通例并不是完全不加以限制，原因是明显的，因为任何一项宪法权利的存在，都必然以现存的国家政治体制、法律体系为载体，而如果允许公民运用言论自由的宪法权利去推翻现存的国家机器，则最终必然使国家无休止地陷入一种动荡与混乱的状态。因此，“世界上没有哪一个国家的政府容忍任何人以言论或出版物公然煽动民众起来推翻自己，尤其是以暴力或其他违反宪法原则的方式变更国家的根本制度或推翻政府”[4]。

由此可见，为实现对言论自由的间接保护，国家必须通过刑法的手段对言论自由相对于国家政治利益、社会公共秩序、其他公民权利进行一定的限制。

这一点在我国刑法中得到了体现。对于公民言论自由相对于国家政治利益的限制，《刑法》分则在第一章危害国家安全罪、第七章危害国防利益罪、第九章渎职罪、第十章军人违反职责罪中分别规定了煽动分裂国家罪，煽动颠覆国家政权罪，煽动军人逃离部队罪，故意、过失泄露国家秘密罪，故意、过失泄露军事秘密罪等罪名。对于言论自由相对于社会公共秩序的限制，《刑法》分则在第六章妨害社会管理秩序罪中，规定了煽动暴力抗拒法律实施罪、伪证罪、传授犯罪方法罪等罪名。此外，2001年通过的《刑法修正案(三)》还增加了编造、故意

[1] 参见夏勇：《走向权利的时代》(修订版)，中国政法大学出版社2000年版，第436页。
[2] [美]欧文·M. 费斯：《言论自由的反讽》，刘擎、殷莹译，新星出版社2005年版，第3页。
[3] 参见[美]亚历山大·米克尔约翰：《表达自由的法律限度》，侯健译，贵州人民出版社2003年版，第82页。
[4] 夏勇：《走向权利的时代》(修订版)，中国政法大学出版社2000年版，第439页。

传播虚假恐怖信息罪。而对于言论自由相对于其他公民权利的限制,《刑法》分则在第四章侵犯公民人身权利、民主权利罪中规定了侮辱罪,诽谤罪,诬告陷害罪,煽动民族仇恨、民族歧视罪等罪名。可见,对于言论自由的规制,我国刑法中是相当完善的。

四、权利保护:宪法与刑法的最大交集

在将宪法权利实行刑法保护的一般原理运用于言论自由进行具体分析后,我们可以最终得出结论:权利保护,乃是宪法与刑法的最大交集。

虽然宪法在国家政治生活中,具有调整各种政治力量,确立国家基本政治制度等重要作用,但对于国家公民而言,宪法最大的作用则在于其是公民基本权利的最高法律保障书。1789 年法国《人权宣言》第 16 条明确宣布:凡权利无保障和分权未确立的社会,就没有宪法。马克思也指出:“法典是人民自由的圣经。”由此可见,宪法在限制国家权力,保障公民权利方面具有极为重要的作用,只有充分实现了公民权利保护的宪法才称得上真正意义的宪法。

而世界各国的刑法,在经历了罪刑擅断、刑罚残酷的专断刑法的时代后,也在近代启蒙思想家民主、人权思想的洗礼下,脱胎换骨成为公民权利的重要保障。现代法治国家刑法对公民权利的保障,首先表现为刑法通过罪刑法定、罪刑均衡、刑罚人道等基本原则实现对犯罪人权利的保障;其次,刑法在合理打击犯罪的同时,有效地维护社会秩序,最终实现对全社会公民权利的保障。这样,就对公民权利进行保障而言,宪法与刑法取得了最大的一致性,无论是宪法还是刑法,权利保障都是其第一要务。权利保障,应当当之无愧地成为宪法与刑法的最大交集。

不仅如此,由于宪法对公民权利的保护仅限于一种宣言式的宣告,宪法对公民权利保护的实现须臾也不能离开刑法强有力的支撑。此外,由于刑法是一种锐利的法律武器,也是一把双刃剑,随时存在被滥用吞噬公民权利的可能,因此,刑法对公民权利的保护也片刻不能离开宪法的监视与制约。最终,也就决定了在权利保障这一基本任务上,宪法与刑法相依相存,互不可缺,从而,宪法就成为刑法的最高纲领,而刑法则成为活的、实践的宪法保障法。

改革开放三十年的刑法学研究*

1978年党的十一届三中全会的召开，开启了中国刑法学研究事业及其发展的新时代。在这次全会作出的实行改革开放和加强社会主义法制建设战略决策精神的指引和推动下，我国制定并于1979年颁布了新中国成立以来的第一部刑法典。以1979年《刑法》的颁行为契机和标志，我国的刑法学研究和刑事法治建设事业迎来了发展和繁荣的春天。时至今日，新时期的刑法学研究事业已经进入第30个年头，并取得了全面的发展进步。值此纪念改革开放30周年之际，客观全面地审视近30年来我国刑法学研究的发展历程，梳理总结取得的成就，理性地展望其发展前景，对于把握未来所蕴含的发展契机，迎接新的挑战，努力开创我国刑法学研究的新局面，乃至推动我国整个法治建设和社会的进步，无疑都具有重要的意义和作用。

一、改革开放30年刑法学研究的发展进程

我国改革开放30年来的刑法学发展历程，根据研究的侧重点不同，以两部刑法典的先后颁布和其中1988年《刑法》的修订被提上立法工作日程为界点，大体上可以分为三个阶段。

（一）以1979年《刑法》为研究重心的阶段

我国1979年《刑法》的颁布，不仅确立了我国刑法立法演进的框架，为以后我国刑法的进一步发展完善奠定了基础，而且为我国的刑法学研究事业注入了新的活力，大大地推动了刑法学理论研究的发展繁荣，从而成为刑法学研究的一个里程碑。

为了全面宣传、阐释刑法的内容，确保刑法的规定在司法实践中得到准确适用，我国刑法学界围绕刑法文本，对刑法规范的注释性研究倾注了大量的精力。这些研究，不仅开启了新时期我国刑法学研究的序幕，也基本上确立了30年来我国刑法学发展的主要方向。

在关注刑法注释性研究的同时，我国刑法学界还将研究的视角转

---

* 本文原载于《中国刑事法杂志》2009年第3期，由高铭暄教授与赵秉志合作完成。

向刑法学基本理论和体系的初步建构方面，尽管在某种程度上这些研究明显带有初创阶段的痕迹，但仍然取得了一定的成果，特别是对于刑法学体系、犯罪构成理论等问题的研究，还奠定了今后很长一个时期我国刑法学理论研究的基础。

（二）以特别刑法的适用和刑法改革为研究重心的阶段

我国刑法学发展的第二个阶段以 1988 年 7 月国家立法机关决定启动刑法的全面修订工作为起点，以 1979 年《刑法》的颁布为圆满终结。这一时期的刑法学研究基本上是沿着以下三条主线发展的。

1. 围绕特别刑法对 1979 年《刑法》所作的补充修改而进行专题研究或综合研究。针对国家立法机关为适应实践需要而制定的单行刑法和附属刑法规范，我国刑法学界作出了积极反应，每一部特别刑法的出台，都伴随着大量论文的发表，甚至有专著出版。无疑，这些研究对于正确理解相关刑法立法和促进司法，都起到了直接的引导和促进作用。

2. 就我国刑法改革进行全面而深入的研讨。在这一阶段，我国刑法学界配合国家立法机关，对 1979 年《刑法》的修订进行全面研讨，提出了许多建设性的、务实的立法建议，积极地推动了我国刑法立法的进程。刑法的修改与完善是这一阶段刑法学研究极为重要的问题，不仅有数千篇论文发表，还有许多专著出版。这些研究丰富了刑法学内容，增强了刑法学的科学性，促进了刑法学的发展，更为重要的是直接推动了刑事立法的进程。可以说，1997 年《刑法》的出台与广大刑法学者的积极推动和参与是密不可分的。

3. 深化刑法基本理论研究，开拓新的研究领域。在这一阶段，对原来没有研究或很少研究的课题，如刑事立法、刑法解释、定罪、刑事责任、刑罚论、刑事政策等都进行了较为深入的研究，不仅填补了刑法学的研究空白，而且不少研究达到了较高的水平；对一些课题的研究，如法人犯罪、犯罪构成、共同犯罪、犯罪故意、罪数形态等问题都有所深化，不仅有大量的论文发表，还出版了一些有分量的专著。与此同时，不少学者还对刑法的公正、平等、自由、功利等刑法价值以及刑法哲学的其他基本问题给予了特别的关注。学者们从更高更深层次上来关怀刑法、洞察刑法，无疑是我国刑法学研究事业进步的重要体现。此外，在这一阶段，我国刑法学界对外国刑法、比较刑法和国际刑法的研究也取得了初步的进展。翻译了不少外国刑法学著作和刑法典，并出版了数部外国刑法、比较刑法和国际刑法著作。

（三）以 1997 年《刑法》为研究重心的阶段

以我国 1997 年《刑法》的颁布为标志，我国刑法学研究的发展进入了第三个阶段。这一阶段发展到今天，目前正处于研究的继续深化时期。这一时期的刑法学研究大体上是沿着以下两条主线展开的。

1. 以刑法文本为主要研究对象

以刑法文本为研究对象的刑法学不能不关注现行刑事立法和司法，应用性本来就应当成为刑法学的生命和灵魂，是刑法学得以发展和繁荣的源泉。这是刑法学的学科属性使然。正因为如此，每当新的立法出台后，我国刑法学界都会积极地予以关注。这种研究现象在我国 1997 年《刑法》颁行后表现得尤为明显。我国刑法学界围绕这部刑法典的贯彻实施问题发表了大量文章，出版了许多书籍。不仅如此，中国法学会刑法学研究会在 1997 年和 1998

年的年会也以1997年《刑法》的贯彻实施为议题。这些研讨对正确理解和实施刑法具有重要的意义。

2. 进一步深化刑法基本理论,并开拓新的研究领域

刑法基本理论是刑法学研究的本体,刑法基本理论的成熟与发展是中国刑法学走向成熟的关键和基础,因而应当成为我国刑法学研究的核心部分。从研究内容的具体情况分析,这一阶段的成果有些属于深化性研究,主要涉及刑法解释、刑法效力范围和原则、犯罪对象、不作为犯、共犯关系、共犯与身份、教唆犯、正当行为、单位犯罪、结果加重犯、过失危险犯、刑事责任、刑罚的一般预防、刑罚个别化、刑罚改革与完善、死刑的适用与废止条件等方面;有些属于批判性研究,主要涉及犯罪概念、犯罪定义与犯罪化、犯罪构成及其体系、主客观相统一原则、社会危害性理论等问题;有些属于拓展性研究,主要涉及刑法的基础观念、刑法方法等问题;还有些属于引介性研究,主要是对外国刑法或外国刑法学中某些基本理论的译介。此外,作为刑事一体化理论重要组成部分的刑事政策、国际刑法和区际刑法研究也在开拓研究领域,深化研究层次,从而呈现出繁荣发展的景象。我国刑法学界这一时期的研究提升了刑法学研究的水平。

二、改革开放30年刑法学研究的主要特点

综观改革开放30年来我国刑法学研究发展的历史轨迹,我们可以清晰地看到,刑法学研究的发展是一个循序渐进、不断进步的历史过程。在30年的发展中,刑法学研究坚持以解决中国现实的立法与司法问题、建构科学的与社会发展相适应的刑法理论体系为基本追求,在深入挖掘、理性分析中国传统刑法学资源的基础上,通过合理借鉴、广泛吸收国外先进刑法理论,在实现刑法理论为刑事立法与司法实践提供有力理论保障目标的同时,也完成了建构刑法学体系、开拓刑法学研究领域、深化刑法学研究层次、协调发展多元刑法学研究方法的使命,全面推进了刑法学研究事业的发展。

(一)刑法学研究为刑法改革提供了重要的理论准备

我国刑法的发展经历了一个长期的历史过程,其中既包括通过单行刑法和附属刑法模式对立法进行的局部修改补充完善,也包括1997年对刑法所进行的全面系统改革。在这一过程中,我国刑法学研究始终将全面解决刑法改革过程中所面临或者可能面对的现实的基本理论问题作为研究重点,广泛争鸣、深入研究,在通过为局部的立法完善提供理论支持积累经验的基础上,为全面的刑法立法改革进行了充分的理论准备。

刑法改革涉及一系列的刑法理论问题。既包括刑法修改的原则、体系结构的调整问题,也包括刑法内容和立法技术完善等方面,这些都需要刑法学界投入精力,进行全方位的理论准备。例如,1988年国家立法机关将全面修订刑法典列入立法规划后,为适应并配合刑法改革的需要,我国刑法学界曾围绕刑法基本原则、犯罪构成要件的完善、刑罚种类和刑罚制度改革、刑法分则体系的整合以及具体分则规范的修改补充等问题,开展了一系列的学术研讨,并出版和发表了多部著作和多篇论文。

刑法的立法改革不仅涉及具体刑法制度、罪刑规范的设计,也涉及刑法立法的基础性问题,如刑法立法的价值取向、刑法的观念更新等,这些问题同样会影响刑法立法的科学化程

度，并最终会影响到刑法立法的质量。鉴于这些问题的重要性，我国刑法学界对此也给予了较多的关注，围绕刑法立法政策思想的调整、刑法观念的更新以及刑法的价值等问题，进行了较为充分的讨论。由于刑法学研究对这些事关刑法的基础观念问题做了充分的知识准备，从而推动了我国1997年《刑法》在立法观念上的创新，在一定程度上有助于刑法实现保护机能和保障机能的有机统一。

(二)刑法学研究紧密联系刑事司法实践

改革开放30年来，我国刑法学研究始终将刑事司法实践中准确适用刑法、解决刑法适用中的疑难问题作为刑法学研究的基点，着力解决了刑事司法实践中的诸多理论与观念问题。

从我国的实际情况看，刑法学研究紧密联系刑事司法实践的方式和途径各有不同。一是对刑法规范的含义进行阐释，针对司法实践中需要解决的常见多发的疑难问题展开研讨，注释刑法学的发展最终促使以注释为主流研究方法的刑法学研究生态的生成。二是有些学者得以亲自参与刑事司法解释的起草研拟，而多数学者虽然不能亲自参与起草研拟，但可以通过报刊等针对刑事司法解释发表评论或提出建议，这些作为理论联系实际的一种表现形式，对于促进刑事司法的统一，推动司法实践的健康发展，具有重要的积极意义。三是针对司法实践中发生的典型刑事案件开展法理分析。为了刑法学教学和宣传普及刑法法理的需要，刑法学界还出版了一些案例教学类的著作。此外，有些院校刑法专业的硕士论文甚至开始尝试以某一典型的刑事案件为切入点，对该案件所涉及的法律适用问题进行法理分析。这些研究现象均凸显了我国刑法学主流研究的应用性和实践性。

(三)注释刑法学与理论刑法学并存的格局逐步形成

对刑法开展以超出刑法规范和传统刑法学体系的范围，采取与传统注释研究方法不同的方法加以研究，是我国一些刑法学者在20世纪90年代初期前后所进行的一种研究方式上的探索。起初，尽管这些研究从内容上分析，仅仅限于强调以罪刑关系为核心对刑法学体系进行合理的构建，但从研究方法上看，学者们已经开始突破传统的注释刑法学研究模式，因此在一定程度上标志着刑法学研究方法上创新探索的开始。

随着研究的深化，对刑法问题进行哲理思考的主张，逐渐受到刑法学界的关注和重视。例如，在对罪刑辩证关系进行哲理探索的基础上，有学者尝试从构建以犯罪本质二元论、刑罚目的二元论、罪刑关系二元论为基本命题的刑法研究体系入手，对刑法的本体内容进行研究，并将刑法整体纳入刑法哲学研究的视野。[1] 有学者以刑法精神的探寻为切入点，系统分析了刑法的道德性、自主性、公正性、经济性、宽容性、科学性等属性，并明确提出探讨刑法的精神，揭示刑法的价值；[2]有学者从刑法的精神、实体范畴和关系范畴三个基本方面为切入点，对刑法体系的构建进行研究；[3]还有学者从刑法的理性入手，系统地分析研究刑法理

〔1〕 参见陈兴良：《刑法哲学》，中国政法大学出版社1992年版。
〔2〕 参见陈正云：《刑法的精神》，中国方正出版社1999年版。
〔3〕 参见曲新久：《刑法的精神与范畴》，中国政法大学出版社2000年版。

性的基本内涵、刑法理性的彰显、刑法理性化的道路等问题。[1]

总之,这些以超越实定法规范并以探寻刑法的本原性和终极性价值为目标的理论刑法学研究方法,产生了一批科研成果,这标志着我国传统的以注释刑法学为主的研究格局已被打破,注释刑法学与理论刑法学并存共荣的新格局逐渐形成。

(四)国际刑法和区际刑法研究得以拓展

在我国,学界对国际刑法研究的真正起步应当说是在我国实行改革开放之后。在国际刑法研究的初期阶段即20世纪80年代,学者们主要围绕着国际刑法和国际刑法学的界定、国际刑法学的体系这样一些基本的问题进行拓荒性质的探索。到了20世纪90年代,国际犯罪的频发催生了像前南斯拉夫问题国际刑事法庭和卢旺达问题国际刑事法庭这样一些特设国际刑事司法机构的建立。1998年联合国通过《国际刑事法院罗马规约》,并据此于2002年建立了人类历史上第一个常设性的国际刑事法院。国际刑法领域这些新的立法和司法现象吸引着我国学者的注意力,学者们围绕国际刑事法院以及国际刑法的其他问题展开了深入的研究,发表和出版了许多论文和著作。我国学界对国际刑法的研究由少到多,由浅入深,由不完备到较为完备的这一客观事实说明,国际刑法学作为一门新兴学科在我国已初具雏形。

中国区际刑法学的诞生和发展也与我国实行改革开放的基本战略决策密切相关。20世纪80年代以来,随着我国改革开放的范围和程度的不断扩大,我国国内不同法域间互涉的犯罪案件也逐渐增多,对于这类区际互涉的刑事案件如何处理,也就成了摆在我国刑法学界面前的现实问题。尤其是香港地区和澳门地区回归祖国以后,了解、研究港澳刑法,探讨内地与港澳地区刑法制度的差异以及中国区际刑事司法管辖权的冲突与协调等问题,成为刑法学研究的迫切课题。对于这些问题,学者们积极探讨,先后发表和出版了一些论文和著作,为“一国两制”的贯彻作出了积极的贡献。

三、改革开放30年刑法学研究的重大问题及其进展

改革开放30年来,我国刑法学得以迅猛发展,所研讨的课题从基本理论到具体制度,从总论到各论,从理论到实务,几乎无所不涉。其中研究集中、取得较大进展的重大问题主要有以下16个。

(一)刑法观问题

刑法观是人们对刑事立法、刑事司法以及刑法规范、刑法功能等一系列问题的态度和价值取向的总称。我国刑法学界对刑法观问题的关注大体始于20世纪80年代中期,当时一些学者明确提出应当树立与社会主义有计划的商品经济以及与社会主义民主相适应的刑法观,认为在犯罪观上,应以是否有利于生产力和社会主义商品经济的发展,来作为评价经济活动是否具有社会危害性以及罪与非罪的根本标准;在刑罚观上,应在坚持罪刑等价性的基础上考虑刑罚的有效性。[2]

---

〔1〕 参见张智辉:《刑法理性论》,北京大学出版社2006年版。

〔2〕 参见高铭暄、赵秉志编著:《新中国刑法学研究历程》,中国方正出版社1999年版,第98~100页。

1992年党的十四大提出建立社会主义市场经济体制的目标以后,有学者提出,在社会主义市场经济条件下,应当树立经济刑法观、法制刑法观、民主刑法观、平等刑法观、人权刑法观、适度刑法观、轻缓刑法观、效益刑法观、开放刑法观以及超前刑法观,实现刑法观念的更新。[1]

1997年刑法典通过后,尤其是在我国加入世界贸易组织的情况下,应当树立并坚持什么样的刑法观问题,再次引起了刑法学界的广泛兴趣。例如,有学者认为,人权保障首先有赖于人权观念的变革,没有相应的人权观念为基础,人权保障根本不可能在刑事法治领域得到真正的贯彻。所以刑法对公民人权的切实保障离不开刑事司法观念的革新。[2] 有学者认为,在我国刑法已确立罪刑法定原则的情况下,有必要革新刑法价值观、刑法犯罪、刑事政策观和刑事司法观,以促进和推动罪刑法定原则的真正贯彻。[3] 也有论者认为,在我国这样一个具有浓厚刑法传统的国家进行法治的现代化,倡导和推进刑法的民法化尤显重要。[4]

(二)刑事政策问题

1978年改革开放以后,刑事政策研究在我国也逐步得以繁荣。特别是进入20世纪90年代以后,刑法学界发表出版了多部著作和多篇论文,[5]从而推动刑事政策研究的全面展开。这些研究主要探讨了刑事政策或刑事政策学的基本问题,厘清了刑事政策的含义,初步确立了刑事政策的概念、指导思想、原则、分类和体系,从而为刑事政策科学的构建以及宽严相济刑事政策的贯彻奠定了基础。

以2005年12月时任中共中央政法委员会书记的罗干同志在全国政法工作会议上提出"要认真贯彻宽严相济的刑事政策"为标志,拉开了刑事政策研究兴盛的序幕,并在许多问题的研究上取得了最大程度的共识。关于宽严相济刑事政策的内涵,学界较为一致地认为,包括"宽"和"严"两个方面,该宽则宽,该严则严,有宽有严,宽严适度;同时强调要严格依法根据具体的案件情况来惩罚犯罪。[6] 关于宽严相济刑事政策与惩办与宽大相结合刑事政策的关系,一种观点认为,二者之间是一脉相承的关系,宽严相济并不是一种新的刑事政策;[7]多数学者认为,宽严相济刑事政策是一项新的刑事政策,它继承了惩办与宽大相结合刑事政策的基本精髓,但同时根据新时期的社会背景作了创造性的发展。[8] 关于宽严相济

[1] 参见赵秉志:《刑法改革问题研究》,中国法制出版社1996年版,第31页以下。

[2] 参见赵秉志:《刑法基本理论专题研究》,法律出版社2005年版,第104~106页。

[3] 参见李晓明:《罪刑法定原则的确立与刑法观念的变革》,载《苏州大学学报特刊:东吴法学》2001年号。

[4] 参见姚建龙:《论刑法的民法化》,载《华东政法学院学报》2001年第4期。

[5] 其中,代表性的著作有:马克昌主编:《中国刑事政策学》,武汉大学出版社1992年版;杨春洗主编:《刑事政策论》,北京大学出版社1994年版;肖扬主编:《中国刑事政策和策略问题》,法律出版社1996年版;何秉松主编:《刑事政策学》,群众出版社2002年版;曲新久:《刑事政策的权力分析》,中国政法大学出版社2002年版;刘仁文:《刑事政策初步》,中国人民公安大学出版社2004年版;卢建平:《刑事政策与刑法》,中国人民公安大学出版社2004年版;等等。

[6] 参见高铭暄:《宽严相济刑事政策与酌定量刑情节的适用》,载《法学杂志》2007年第1期。

[7] 参见王顺安、刘艳萍:《论宽严相济与三个刑事政策的关系》,载《河北学刊》2008年第2期。

[8] 参见赵秉志:《和谐社会构建与宽严相济刑事政策的贯彻》,载《吉林大学社会科学学报》2008年第1期;刘华:《宽严相济刑事政策的科学定位与司法适用》,载《法学》2007年第2期。

刑事政策与“严打”政策的关系，一种观点认为，“严打”政策系宽严相济刑事政策的下位概念，它与宽严相济刑事政策中的“严”是同一含义；[1]而多数说则认为，“严打”不是常态法治社会应对严重刑事犯罪的有效措施，该政策不应长期存在，更不应纳入基本刑事政策。此外，刑法学界还研究了宽严相济刑事政策视野下刑种体系、刑罚裁量和执行、非刑罚处罚方法、非监禁刑、前科消灭等制度的立法完善以及有关司法适用等问题。

（三）刑法的模式问题

我国1979年《刑法》颁行后，为了适应惩治和防范犯罪的需要，国家立法机关先后通过一系列的单行刑法和附属刑法，对1979年刑法典做了许多补充和修改。随着立法和司法实践的逐步深入，对于特别刑法这种完善刑法的模式，我国刑法学界通说认为，特别刑法作为修改补充刑法典、创设新的刑法规范的常态工具，立法过于随意，而且立法内容缺乏理论的论证，既冲击了刑法典规范，使之失去应有的稳定性和可信度，也肢解了刑法典，导致刑法规范失去平衡，并阻止常态法的适用。[2] 而采取刑法修正案的方式对刑法典进行部分修改补充则具有无可比拟的优势：这种模式具有直接修改、补充刑法典的有关条文以及创设新的刑法条文并将之纳入刑法典的功能。发布刑法修正案的方法不但灵活、及时和针对性强，而且明确了其与刑法典的关系，载明了其对刑法典的某一条文作出什么修改，对刑法典某条文予以废除，或者对刑法典何处补充什么条款，一经颁行，其内容即被刑法典吸收。这样就避免了新的修改补充与刑法典有关内容的关系不明确的问题，既促进了立法的协调完善，又便于司法中对立法的正确适用。[3]

随着我国第一部刑法修正案的通过，又引起了我国学者对刑法修正案问题研究的兴趣。多数学者认为，刑法修正案应当成为我国刑事法治语境下常态的修法模式。但也有不同认识：一种观点认为，当要增加的新罪行为不能被纳入刑法典分则已有的罪名体系时，就不宜采用刑法修正案；目前刑法修正案单独颁布违背了我国《立法法》的规定；刑法修正案的新罪设定权侵袭了全国人大的立法权。[4] 还有一种观点认为，集中性、统一性刑法立法模式不利于刑事立法的协调性原则，不利于明确刑事处罚范围，以刑法修正案模式取代单行刑法、附属刑法来修正刑法典不足取。[5]

（四）刑法基本原则问题

对刑法基本原则问题的研究，历来为我国刑法学界所关注。我国1979年《刑法》虽然没有对此加以明确规定，但学界普遍认为我国刑法实际上坚持了刑法基本原则。只不过，由于对刑法基本原则的概念存在认识上的分歧，在基本原则外延的理解上也因此产生了不同观点。为了解决这一问题，我国刑法学界提出了界定刑法基本原则应当遵循的两个标准：一是

---

〔1〕 参见王顺安、刘艳萍：《论宽严相济与三个刑事政策的关系》，载《河北学刊》2008年第2期。

〔2〕 参见赵秉志：《刑法改革问题研究》，中国法制出版社1996年版，第308～309页。

〔3〕 参见赵秉志：《刑法改革问题研究》，中国法制出版社1996年版，第288页。

〔4〕 参见黄京平、彭辅顺：《刑法修正案的若干思考》，载《政法论丛》2004年第3期。

〔5〕 参见孙力、刘中发：《我国刑法十年回顾与展望》，载赵秉志、郎胜主编：《和谐社会与中国现代刑法建设——新刑法典颁行十周年纪念文集》，北京大学出版社2007年版，第205～207页。

这些原则必须是刑法所特有的,而不是和其他部门法所共有的;二是这些原则必须是贯穿于全部刑法的,而不是局部性的具体原则。[1] 据此,我国刑法的基本原则有罪刑法定原则,罪刑相适应原则,罪责自负、反对株连的原则以及惩罚与教育相结合原则。[2]

在全面修改研拟刑法过程中,有学者质疑我国刑法学界将"刑法部门所特有"作为确立刑法基本原则标准之一的传统观点,[3]认为凡贯穿我国刑法和刑事司法并体现我国刑事法制的基本性质与基本精神的准则,都应当是我国刑法的基本原则。[4] 基于这种理解,我国刑法的基本原则有罪刑法定原则、罪刑相适应原则、主观与客观相统一原则、罪责自负原则以及刑事责任的公正原则。[5] 但也有一些学者认为,除此之外,还应当包括刑事法制的统一原则、刑法面前人人平等原则、刑事责任的不可避免原则以及刑罚人道主义原则。[6] 关于类推制度的存废问题,在1997年《刑法》通过之前,曾产生激烈的争议。一些学者主张保留,[7]但绝大多数学者认为,类推制度与罪刑法定原则本质上是矛盾的,应当坚决果断地予以废止。[8]

以我国刑法学界对刑法基本原则的研究为基础,国家立法机关最终在1997年《刑法》第3条至第5条中规定了罪刑法定、适用刑法人人平等和罪责刑相适应三项原则。之后,刑法学界对刑法基本原则尤其是罪刑法定和罪责刑相适应原则表现出了极大的兴趣,发表了许多论文,甚至出版了若干部著作,对这两项原则的历史演进、理论基础、价值意蕴、基本内容以及立法和司法实践进行了全面的研究。此外,有些学者围绕刑法规定之外的其他原则,如主客观相统一原则等,进行了较多的探讨,有的还出版了著作。这些研究对于深化认识,丰富我国的刑法理论,具有重要的意义。

(五)刑法解释问题

刑法解释问题在我国1997年《刑法》通过后的一段时间里一直是一个冷门的话题。但到了20世纪80年代中期以后,这种状况发生了较大的变化。随着一些论文和有关著作的发表和出版,逐渐引起了学界对这一问题的思考和关注。尤其是近几年,刑法学界对刑法解

---

〔1〕 参见高铭暄主编:《中国刑法学》,中国人民公安大学出版社1989年版,第32页。

〔2〕 参见高铭暄主编:《中国刑法学》,中国人民公安大学出版社1989年版,第32~37页。

〔3〕 这种观点的主要理由是:国家法制的一般原则与部门法的基本原则是一般与特殊、抽象与具体的关系,法制一般原则指导和制约各部门法基本原则的确立,部门法的基本原则具体体现一般法制原则,二者之间相互依存密切关联。如果离开了各部门法基本原则的具体体现,法制一般原则就落不到实处而毫无意义。况且,从其他部门法的规定看,我国立法机关并不否认法制一般原则可以作为部门法的基本原则。参见赵秉志:《赵秉志刑法学文集Ⅰ:刑法总则问题专论》,法律出版社2004年版,第219页。

〔4〕 参见赵秉志:《刑法改革问题研究》,中国法制出版社1996年版,第347页。

〔5〕 参见赵秉志:《赵秉志刑法学文集Ⅰ:刑法总则问题专论》,法律出版社2004年版,第229页。

〔6〕 参见高铭暄主编:《新中国刑法科学简史》,中国人民公安大学出版社1993年版,第300页。

〔7〕 其中,有代表性的观点参见侯国云:《刑法中应继续保留类推制度》,载《人民检察》1991年第2期。我国1997年《刑法》通过之后,该学者又对刑法保留类推制度的必要性作了重新论证,认为,如果我们在规定罪刑法定的同时,仍保留类推制度,使我国刑法保留相对罪刑法定主义的色彩,那就再好不过了。参见侯国云、白岫云:《新刑法疑难问题解析与适用》,中国检察出版社1998年版,第35~54页。

〔8〕 其中,有代表性的论证参见赵秉志、肖中华:《刑法修改中类推制度存废之争的研讨》,载《法学家》1996年第4期;高铭暄:《试论我国刑法改革的几个问题》,载《中国法学》1996年第5期;马克昌:《罪刑法定原则立法化刍议》,载《检察理论研究》1997年第1期;陈兴良:《刑法修改的双重使命:价值转换与体例调整》,载《中外法学》1997年第1期。

释问题的研究取得了丰硕的成果,并出现了百家争鸣的学术观点。关于刑法解释的对象,通行的观点是"刑法规范说",即刑法解释是对刑法规范含义的阐明。[1] 但也有一些学者认为,刑法的内容包括规范性内容和非规范性内容,对于非规范性的刑法规定仍有解释之必要,因此刑法解释的对象是刑法规定。[2] 所谓刑法解释,就是对刑法规定含义的阐明。[3] 关于刑法解释的基本思想,我国刑法学界向来存在"主观说"、"客观解释说"和"折中说"的争论。近年来,有学者以宽严相济的刑事政策为视角,对刑法解释的目标作了全新的阐释,认为,不管是"主观说""客观解释说",还是"折中说",都有以偏概全之缺憾。究竟揭示和阐明刑法条文在何种层次和境况下的含义,要由解释主体根据宽严相济的刑事政策的精神要义以及对轻重不同的刑事犯罪问题予以区别对待的实际需要来确定。[4]

刑法立法解释也是我国刑法学界近年来探讨较多的问题之一。这些研究主要集中在:一是刑法立法解释的形式。对此,学界分歧较大,但多数学者倾向于认为,刑法立法解释专指全国人大常委会颁布的特别标明解释刑法条文的规范性文件。[5] 二是刑法立法解释的存废。废除说认为,立法解释虽名为解释,但实际上仍属于立法的范畴。而且,立法解释的"法律条文本身需要进一步明确界限"与司法解释的"具体应用法律"实质上很难区分;从内容上看,如按原意进行解释是同义反复,没有意义,如改变条文原意,作扩张解释和限制解释则是对法律的修改,是立法。[6] 故立法解释没有存在的必要。但多数说认为,在当前刑事司法解释越权现象非常严重的情况下,通过立法解释可以制约、监督司法解释,从而有助于将必要的司法解释限制在特定的范围之内。[7] 因而刑法立法解释有其存在的必要性。

(六)犯罪概念问题

在1997年《刑法》通过之前,我国刑法学界对犯罪概念的研究并不多,主要限于对犯罪的形式概念、实质概念以及混合概念的分析评价方面。多数学者认为,我国刑法采取混合方式界定犯罪,既揭示了犯罪的本质特征,又揭示了犯罪的法律特征,既回答了"什么是犯罪"的问题,又回答了"为什么是犯罪"的问题,比形式概念和实质概念都有优点。但也有学者认为,犯罪的混合概念存在逻辑上的缺陷,而形式概念和实质概念事实上具有十分重要的价

[1] 参见高铭暄:《刑法总则要义》(第2版),天津人民出版社1988年版,第61页;高铭暄主编:《中国刑法学》,中国人民大学出版社1989年版,第41页;陈兴良:《本体刑法学》,商务印书馆2001年版,第22页;高铭暄、马克昌主编:《刑法学》(最新修订版),中国法制出版社2007年版,第14页。

[2] 参见李希慧:《刑法解释论》,中国人民公安大学出版社1995年版,第48~49页。

[3] 参见赵秉志主编:《刑法争议问题研究》(上卷),河南人民出版社1996年版,第11页;马克昌主编:《刑法学》,高等教育出版社2003年版,第7页;张明楷:《刑法学》(第2版),法律出版社2003年版,第39页;赵秉志主编:《刑法总论》,中国人民大学出版社2007年版,第89页。但也有学者认为,"刑法解释的对象是刑法规定"的表述不够精确,"刑法条文说"更为合理些。参见张小虎:《对刑法解释的反思》,载《北京师范大学学报(社会科学版)》2003年第3期。我们认为,"刑法条文说"与"刑法规定说"实难认为有本质区别,不足谓一种新见解。

[4] 参见赵秉志主编:《刑法解释研究》,北京大学出版社2007年版,第20页。

[5] 参见吴大华、蒋熙辉:《论刑法立法解释》,载《贵州警官职业学院学报》2003年第6期;赵秉志主编:《刑法解释研究》,北京大学出版社2007年版,第58页。

[6] 参见袁吉亮:《论立法解释制度之非》,载《中国法学》1994年第4期;袁吉亮:《再论立法解释制度之非》,载《中国法学》1995年第3期;李国如:《罪刑法定原则视野中的刑法解释》,中国方正出版社2001年版,第155~157页。

[7] 参见李国如:《罪刑法定原则视野中的刑法解释》,中国方正出版社2001年版,第140~143页;赵秉志主编:《刑法解释研究》,北京大学出版社2007年版,第80页。

值，它们应当分别在刑事立法和刑事司法领域中发挥指导性功能。[1]

1997年《刑法》通过之后，我国刑法学界关于犯罪概念的研究主要集中在犯罪的社会危害性上：一是对传统学说认为社会危害性属于犯罪本质特征的批判和反思。对此，一种观点认为，社会危害性是一个内涵不清、外延不明的政治性概念，据此不能把犯罪同其他违法行为区别开来，即使在社会危害性前面加上“严重”二字，也只会使犯罪本质问题变得更为模糊，故社会危害性不能成为犯罪的本质特征。[2] 也有学者提出了犯罪本质二元论的观点：把应受刑罚惩罚性作为犯罪的主观特征，把社会危害性作为犯罪的客观特征，树立犯罪本质二元论的观点，这样不仅使犯罪三特征之间的逻辑关系更加严密，而且能科学地解释犯罪、犯罪构成、刑罚等诸范畴之间的关系。[3] 二是社会危害性与刑事违法性的关系。传统学说认为，一定的社会危害性是刑事违法性和应受惩罚性的前提和基础，刑事违法性是社会危害性在刑法上的表现，二者是有机统一的辩证关系。对于这种观点，一些学者认为，社会危害性是一个超规范的概念，而非刑法专属的概念，它不具有实体性，而是一个十分空泛的没有自身认定标准的东西；[4]对于犯罪概念，同时使用社会危害性和刑事违法性这两个互相冲突、排斥的标准来界定，势必影响罪刑法定原则在犯罪定义中的完全彻底体现，使犯罪定义的科学性大打折扣。[5] 也有观点认为，社会危害性和刑事违法性确实存在一定的矛盾，但从刑法理论、刑事立法以及刑事司法等三个层面可以调和这些矛盾。[6] 以上的争鸣深化了我们对犯罪概念中社会危害性特征的认识，对于推动刑法基础理论的发展完善具有重要的意义。

（七）犯罪构成问题

犯罪构成理论作为刑法理论的基石、核心和灵魂，是一块历久而弥新的研究领域。我国刑法学初步建立起犯罪构成理论体系以来，对它的研讨和争论就几乎没有停止过。我国1997年《刑法》通过之前，对犯罪构成理论的研讨主要集中在应当包含哪些要件的问题上。我国刑法理论的通说是四要件说，但在研讨过程中，又产生了二要件说[7]、三要件说[8]和五要件说[9]。并且随着研讨的深入，也有学者尝试运用系统论的方法建构犯罪构成体系，

---

〔1〕 参见赵秉志主编：《刑法争议问题研究》（上卷），河南人民出版社1996年版，第161～167页。

〔2〕 参见孟伟：《犯罪本质思辨》，载《江苏警官学院学报》2004年第3期。

〔3〕 参见王联合：《犯罪本质二元论新说》，载《河南社会科学》2008年第2期。

〔4〕 参见陈兴良：《社会危害性理论——一个反思性检讨》，载《法学研究》2000年第1期。

〔5〕 参见樊文：《罪刑法定与社会危害性的冲突——兼析新〈刑法〉第13条关于犯罪的概念》，载《法律科学》1998年第1期。

〔6〕 参见赵秉志：《赵秉志刑法学文集Ⅰ：刑法总则问题专论》，法律出版社2004年版，第341～353页。

〔7〕 二要件说又分为：一是把犯罪构成要件分为行为要件和行为主体要件，行为要件是主客观要件的统一。二是把犯罪构成要件分为主观要件和客观要件，认为犯罪主体是前提要件，犯罪客体是附属于行为的，因此二者都不是犯罪构成要件。参见高铭暄主编：《新中国刑法科学简史》，中国人民公安大学出版社1993年版，第85～86页。

〔8〕 三要件说可分为两种：一是认为犯罪构成由主体、危害社会的行为、客体三要件组成，而危害社会的行为是主观与客观的统一。二是认为犯罪构成分为犯罪主体、犯罪主观方面、犯罪客观方面三部分，犯罪客体反映的是犯罪的本质，不是犯罪构成要件。参见高铭暄主编：《新中国刑法科学简史》，中国人民公安大学出版社1993年版，第86页。

〔9〕 五要件说是在四要件说的基础上，将四要件说中的犯罪客观方面分为两部分：一是犯罪的行为，二是犯罪的危害结果及其与犯罪行为之间的因果关系。参见高铭暄主编：《新中国刑法科学简史》，中国人民公安大学出版社1993年版，第87页。

认为犯罪构成是一个由相互联系、相互作用的诸要件构成的有机整体,提出了一个“三位一体”的犯罪构成体系。[1]

1997年《刑法》通过之后,刑法学界对犯罪构成理论的争论更趋激烈。在呼吁改造我国犯罪构成理论体系的学者内部,有代表性的主张大体上可以分为三类:一是直接引进大陆法系国家的犯罪成立理论,以取代我国的犯罪构成理论,并且有的学者还在所主编的教科书中直接移植大陆法系的犯罪成立理论来建构刑法论体系。[2] 二是依托我国的犯罪构成理论进行改造,形成“新三要件说”。依据犯罪构成要件的排列顺序不同,该说又可分为两种主张:(1)按照犯罪的客观要件、犯罪的主体要件和犯罪的主观要件顺序排列;[3](2)按照犯罪的主体要件、犯罪的主观要件和犯罪的客观要件的逻辑顺序排列。[4] 三是依托域外犯罪构成理论来建构。例如,有学者主张在借鉴大陆法系三要件的基础上,以罪状为中心展开犯罪构成理论,认为犯罪是该当法定罪状、违法、有责(有罪过)的行为。[5] 也有学者在综合大陆法系和英美法系犯罪构成理论优势的基础上,提出了三层次的构成要件体系:第一个层次是事实要件,由行为的主观方面和行为的客观方面构成;第二个层次是违法性评价,并将正当防卫等置于其中,成为违法性阻却事由或者辩护事由;第三个层次是有责性评价,并将未成年、精神错乱等阻却责任事由或合法辩护事由放在本层次的评价中。[6]

在通说内部,如何排列四个方面的构成要件,也存在不同的认识。传统观点认为,犯罪构成要件应当按照犯罪客体、犯罪客观方面、犯罪主体和犯罪主观方面这一顺序加以排列。而另一种观点则认为,犯罪主体要件在整个犯罪构成体系中具有核心地位,故犯罪构成要件应以由主观到客观的顺序加以排列。[7]

(八)未成年人犯罪问题

我国1979年《刑法》通过之后的一段时间,刑法学界对未成年人犯罪问题的研究大多限于对1979年《刑法》第14条规定之法理的阐释方面。然而,在我国立法机关决定启动全面修订刑法工作以后,这种研究状况发生了很大的变化,对未成年人犯罪立法改革的研究,无论在广度还是深度上,都取得了丰硕的成果。概括而言,这些研究主要集中在:一是应否设专章规定未成年人犯罪的特殊处遇。对此,有学者认为,应该在我国刑法典总则“刑法用语”之前设专章规定未成年犯的刑事责任。这一专章规定的具体内容应当包括未成年人犯罪的特殊处遇原则、刑罚的适用以及保安措施。[8] 二是刑事责任年龄规定的完善。一些学者认为,立法应当明确刑事责任年龄的计算以“周岁”为基准;刑法应该把相对责任年龄负

---

〔1〕 参见何秉松:《犯罪构成系统论》,中国法制出版社1995年版,第112~119页。

〔2〕 参见陈兴良主编:《刑法学》,复旦大学出版社2003年版。

〔3〕 参见张明楷:《刑法学》(第2版),法律出版社2003年版,第136~139页。

〔4〕 参见肖中华:《犯罪构成及其关系论》,中国人民大学出版社2003年版。

〔5〕 参见阮齐林:《评特拉伊宁的犯罪构成论——兼论建构犯罪构成论体系的思路》,载陈兴良主编:《刑事法评论》(第13卷),中国政法大学出版社2003年版,第21页。

〔6〕 参见劳东燕:《刑法基础的理论展开》,北京大学出版社2008年版,第170~178页。

〔7〕 参见赵秉志:《刑法基本理论专题研究》,法律出版社2005年版,第274页以下。

〔8〕 参见赵秉志:《刑法改革问题研究》,中国法制出版社1996年版,第158~164页。

刑事责任的罪名具体化;修改刑法对未成年人可以适用死缓的规定。[1]

1997年《刑法》颁行后,我国刑法学界对未成年人犯罪问题的研究逐渐转向了如何准确适用刑法的有关规定上,并且随着研讨和实践的逐步深入,产生了一些引起广泛争议的热点问题:一是相对责任年龄者绑架并杀害被绑架人的,应否负刑事责任,对此学界和司法实务界存在肯定和否定两种针锋相对的见解。二是对犯罪的未成年人能否适用无期徒刑,通行的主张对此持否定态度。[2]

(九)刑罚目的问题

我国刑法学界对刑罚目的问题的研究始于20世纪50年代,但并未成为研究的重点。进入20世纪80年代,如何界定刑罚目的及其内容,成为我国刑法学界争论的热点之一。大致而言,对刑罚目的的研究主要集中在两个问题上:一是刑罚目的的内容。这主要存在直接目的与根本目的说[3],直接目的、间接目的与根本目的说[4],教育改造说[5],报应和预防统一说[6],实然与应然的刑罚目的说[7],刑罚目的三层次说[8]以及双面预防说的争论。其中,特殊预防和一般预防辩证统一的双面预防说是通行的传统观点,至今仍占支配地位。二是惩罚是不是刑罚的目的。这里存在肯定说和否定说之争。[9] 二者争论的实质在于刑罚目的与刑罚属性、目的和手段的关系。总之,改革开放30年来,我国刑法学界对刑罚目的的研究有相当的深度,并取得了丰硕的成果。

(十)死刑改革问题

我国刑法学界对死刑改革问题的探索始于20世纪80年代中期,对死刑进行改革的呼声之深层原因在于,当时"严打"方针确定后我国的死刑立法急剧扩张,司法机关定罪处刑时出现日益明显的重刑化倾向。在这种情况下,刑法学界多数学者均主张要严格限制死刑立法,而司法机关和普通民众则基本赞成较多适用死刑。由此引发了死刑限制与扩张的争论。[10]

---

〔1〕 参见赵秉志:《刑法改革问题研究》,中国法制出版社1996年版,第405~408页。

〔2〕 参见赵秉志主编:《刑法总论》,中国人民大学出版社2007年版,第166~167页。

〔3〕 这种观点认为,我国刑罚的直接目的包括惩罚犯罪,伸张社会正义;威慑犯罪分子和社会上不稳定分子抑止犯罪意念;改造犯罪分子,使其自觉遵守社会主义法律秩序。我国刑罚的根本目的则是预防犯罪、保卫社会。参见田文昌:《刑罚目的论》,中国政法大学出版社1987年版,第52页。

〔4〕 这种观点认为,刑罚的直接目的包括特殊预防和一般预防;刑罚的间接目的即堵塞漏洞,铲除诱发犯罪的外在条件;刑罚的根本目的就是我国1997年《刑法》第2条规定的刑法任务,简言之,就是惩罚犯罪,保护人民。参见何秉松主编:《刑法教科书》(修订版),中国法制出版社1997年版,第535~540页。

〔5〕 这种观点认为,刑罚目的是教育改造犯罪人,通过惩罚和制裁犯罪人来教育和改造他们。参见周振想主编:《中国新刑法释论与罪案》,中国方正出版社1997年版,第318页。

〔6〕 这种观点认为,刑罚目的是报应和预防的辩证统一,而且作为刑罚目的的预防既包括一般预防,也包括特殊预防。参见陈兴良:《本体刑法学》,商务印书馆2001年版,第637~653页。

〔7〕 这种观点认为,我国实然的刑罚目的是惩罚犯罪人;改造犯罪人,预防和减少犯罪;保护人民,保障国家安全和社会公共安全,维护社会主义秩序。我国应然的刑罚目的是惩罚犯罪人与防卫社会免遭犯罪侵害。参见谢望原:《刑罚价值论》,中国检察出版社1999年版,第120~132页。

〔8〕 这三个层次的刑罚目的分别是公正惩罚犯罪,有效预防犯罪和最大限度保护法益。参见韩轶:《刑罚目的的建构与实现》,中国人民公安大学出版社2005年版,第78~81页。

〔9〕 参见高铭暄主编:《新中国刑法科学简史》,中国人民公安大学出版社1993年版,第148~150页。

〔10〕 参见赵秉志:《死刑改革探索》,法律出版社2006年版,第87~99页。

到了20世纪90年代,我国全面修订刑法的工作进入了快马加鞭积极推进的时期,刑法学界围绕死刑改革问题作了许多研究,并产生了较为丰硕的成果。学者们普遍认为,为严格限制死刑的适用,未来的刑法典应当明确增设限制死刑适用原则;明确死刑适用范围条件中"罪大恶极"的含义;扩大死缓的适用范围,放宽死缓减为无期徒刑或者有期徒刑的条件;将死刑复核权恢复由最高人民法院统一行使;摒弃绝对死刑法定刑之立法;删除不必要的死刑条文;对于单纯性的财产犯罪和经济犯罪,原则上不适用死刑。[1]

"原则上既不增加也不减少死刑规定"的1997年《刑法》通过后,我国刑法学界将研究的重心转向了如何准确地适用死刑规定方面,相对而言,对死刑改革问题的研究则稍显沉寂。进入21世纪后,随着人权精神的进一步弘扬,加上我国司法实践死刑适用出现一些偏差的影响,促使刑法学界重新思考并探索死刑制度改革的必要性和可能性问题。自此以后,学者们以更为开阔的视野、更为全面的视角,把死刑制度改革的研究拓展到了前所未有的深度,产生了一大批科研成果。概而言之,这些研究主要涉及:(1)关于死刑的存废,存在死刑立即废止论、[2]死刑有限存在论、[3]逐步废止死刑论[4]之争。其中,根据不同的犯罪类型,区分不同的时段,严格限制并逐步推进死刑的废止,基本上是我国刑法学界共识。(2)死刑规范的立法完善。主要涉及如下问题:死刑适用总体标准的改进;死缓的法律地位、适用条件、法律后果以及死缓改为死刑立即执行的实质条件的完善;增加规定不适用死刑的特殊对象;取消绝对死刑等。(3)死刑替代措施研究。主要形成了无期徒刑替代死刑说、[5]死缓替代死刑说、[6]多元替代说[7]等三种有代表性的见解。(4)以国际公约的有关规定为参照而进行的死刑制度改革研究。我们相信,随着我国刑法学界关于死刑改革研究的逐步推进和不断深入,必将对我国死刑制度的发展完善产生深远的影响。

(十一)保安处分问题

我国刑法学界对保安处分问题的广泛关注不过20年的时间,而且由于种种原因的影响,最初多为批判性或介绍性研究。虽然研究的历程较短,但学者们围绕着保安处分的基本问题以及我国当代保安处分措施的有关问题展开了广泛的研讨,产生了丰硕的成果。大体

---

[1] 参见高铭暄:《论我国刑法改革的几个问题》,载《中国法学》1996年第5期;马克昌:《加大改革力度,修改、完善〈刑法〉》,载《法学评论》1996年第5期;赵秉志:《刑法改革问题研究》,中国法制出版社1996年版,第202~219页;赵秉志主编:《刑法争议问题研究》(上卷),河南人民出版社1996年版,第635~641页。

[2] 参见邱兴隆:《死刑的德性》,载《政治与法律》2002年第2期;邱兴隆:《死刑的效益之维》,载《法学家》2003年第2期。此外,中国政法大学曲新久教授也持这种观点。参见陈兴良主编:《法治的使命》(第2版),法律出版社2003年版,第218页。

[3] 这种观点认为,敌人是自己通过行为从根本上对现实社会的基本法规范进行破坏者。敌人不应该在现实社会中享有人类尊严,也不拥有现实社会所保障的基本人权。为了实现合法的目的,在采取剥夺生命的方法是最有效的手段时,可以对敌人适用死刑。但是,对于犯罪人,其存在宽恕的理由,再基于人道和误判的理由,应当废止死刑的适用。参见冯军:《死刑、犯罪人与敌人》,载《中外法学》2005年第5期。

[4] 参见赵秉志:《刑法基本理论专题研究》,法律出版社2005年版,第638~660页。

[5] 参见赵秉志:《中国逐步废止死刑论纲》,载《法学》2005年第1期;李希慧:《论死刑的替代措施——以我国刑法立法为基点》,载《河北法学》2008年第2期。

[6] 参见陈兴良:《中国死刑的当代命运》,载《中外法学》2005年第5期。

[7] 这种观点主张以严厉化后的死缓制度、无期徒刑、附赔偿的长期自由刑来替代死刑的适用。参见高铭暄:《略论中国刑法中的死刑替代措施》,载《河北法学》2008年第2期。

而言，这些研究主要集中在：一是保安处分的基本问题，包括保安处分的概念、原则、适用条件、种类、执行等。二是保安处分的刑法化问题。多数学者主张，为了完善我国的保安处分立法，应在刑法典中设立保安处分专章或专节。[1] 三是我国刑法应当规定的保安处分种类。对此，学者们的见解不一，其中，最为集中的有收容教养、强制医疗、强制禁戒、监督考察、驱逐出境等。四是劳动教养制度改革研究。关于劳动教养的何去何从问题，学者间展开了充分的讨论，形成了废除论、[2]保留论[3]和劳动教养保安处分化[4]三种见解。此外，刑法学界还研究了劳动教养的对象、期限、决定程序等问题。

（十二）反革命罪罪名的更改问题

我国刑法学界呼吁修改反革命罪罪名最早始于1981年。[5] 随着研究的进一步深化，呼吁反革命罪更名的建议得到了学者们的响应和支持，并被全国人大常委会法工委1988年的刑法修改草案所采纳。1989年以后，关于反革命罪应否更名为危害国家安全罪的问题，在我国刑法学界出现了不同意见，[6]并逐渐引起了广泛的关注。但绝大多数学者认为，反革命一词具有比较浓厚的政治色彩，法律强调构成此类犯罪必须具有反革命目的，而导致司法实践中往往难以认定，因此，有必要将反革命罪更名。[7]

这种见解后来得到了我国政治决策层和立法机关的肯定，在1997年《刑法》中将反革命罪更名为危害国家安全罪，同时立法还删去了此类犯罪反革命目的的要求，并按照危害国家安全的性质对此类犯罪作了修改和调整，将该章中实际属于普通刑事犯罪性质的罪行移入其他罪章。应当说，对反革命罪的这些修改是中国刑法致力于科学化和契合现代刑法之通例的重要举措，从而为海内外所瞩目。

（十三）责任事故犯罪问题

在1997年《刑法》通过以后相当长的时间里，责任事故犯罪问题的研究一直不温不火，并没有形成真正的热点争议问题。然而，自将责任事故犯罪作为一个罪群加以规定的1997年《刑法》通过后，这种研究状况发生了很大的变化。特别是2008年中国法学会刑法学研究会将责任事故犯罪作为年会的一个议题，更是将对这些犯罪的研究推向了高潮。

综合来看，我国刑法学界对责任事故犯罪的研究主要集中在：一是责任事故犯罪的一般理论问题，主要有业务过失的认定、监督过失以及信赖原则问题。二是交通肇事罪。研究的

---

〔1〕 参见赵秉志：《刑法改革问题研究》，中国法制出版社1996年版，第227页以下；马克昌：《加大改革力度，修改、完善〈刑法〉》，载《法学评论》1996年第5期。

〔2〕 参见赵秉志：《刑法改革问题研究》，中国法制出版社1996年版，第234页。

〔3〕 参见储槐植：《论教养处遇的合理性》，载《法制日报》1999年6月3日。

〔4〕 参见屈学武：《保安处分与中国刑法改革》，载《法学研究》1996年第5期。

〔5〕 参见徐建：《"反革命"罪名科学吗?》，载《探索与争鸣》1981年第1期。

〔6〕 参见陆翼德：《对反革命罪名存废的再认识》，载《法学内参》1989年第6期；何秉松：《一个危险的抉择——对刑法上取消反革命罪之我见》，载《政法论坛》1990年第2期；何秉松：《我国刑法为什么不应当取消反革命罪》，载《阵地》1991年第1期。

〔7〕 参见梁华仁、周荣生：《论反革命类罪名的修改》，载《政法论坛》1990年第4期；王勇：《危险何在?》，载《政法论坛》1991年第2期；侯国云：《一个科学的抉择——与何秉松教授商榷》，载《政法论坛》1991年第3期；赵秉志：《刑法改革问题研究》，中国法制出版社1996年版，第529页以下。

主要问题是本罪的存在范围、主体范围、交通肇事逃逸、因逃逸致人死亡的认定以及交通肇事逃逸的共犯等方面。尤其是刑法关于逃逸致人死亡的规定,学者间理解上的分歧颇不一致。争议问题主要涉及:逃逸致人死亡的规定可否适用于二次肇事的情况,因逃逸致人死亡的罪过形式可否包括间接故意,因逃逸致人死亡可否认定为不作为的故意杀人,等等。此外,也有学者质疑最高人民法院《关于审理交通肇事刑事案件具体应用法律若干问题的解释》中关于共犯的规定。[1] 三是重大责任事故罪。其中形成争议的问题主要有犯罪主体是一般主体还是特殊主体,本罪主观方面系过失还是复合罪过,"不服管理"与"违反规章制度"关系如何,等等。

(十四)侵犯著作权犯罪问题

侵犯著作权犯罪是1994年7月5日全国人大常委会通过的《关于惩治侵犯著作权的犯罪的决定》(已失效)新增设的一类犯罪。该决定通过以后,我国刑法学界对于这类犯罪的研究给予了较多的关注,围绕侵犯著作权罪和销售侵权复制品罪的犯罪构成、认定等问题进行了较为充分的研讨,也有一些研究涉及这类犯罪的立法完善问题。[2]

随着我国加入世界贸易组织,著作权刑法保护的重要性和紧迫性日益凸显。我国刑法学界对这类犯罪的研究也进入了一个全新的阶段,并取得了丰硕的成果。综合来看,刑法学界在这方面的研究主要集中在:一是侵犯著作权犯罪的认定问题,主要有本罪客体的界定、"复制发行"的理解、计算机软件最终用户的刑事责任、侵犯信息网络传播权行为的定性等问题。二是侵犯著作权犯罪的立法完善建议。研讨集中且基本形成共识的问题主要有:关于侵犯著作权犯罪中的"以营利为目的"的主观要素,通行观点主张予以取消,并认为这是适应现代科技的发展、加强对著作权保护的需要,是降低证明难度、严密惩治侵犯著作权犯罪形式法网的需要,也是与《与贸易有关的知识产权协议》有关规定相协调的需要。[3] 关于犯罪行为方式的完善,有学者主张增设商业性使用盗版软件的行为,增设出租侵权复制品的行为,并将1997年《刑法》第217条中的"复制发行"修改为"复制、发行"等。[4] 关于定罪情节的完善,通说主张取消"违法所得数额"的规定,以"非法经营数额""销售金额较大""侵权复制品数额较大"作为这类犯罪的定罪情节,并将"有其他严重情节"作为销售侵权复制品罪的兜底情节。[5]

(十五)黑社会性质组织犯罪问题

黑社会性质组织犯罪是我国1997年《刑法》新增的一类犯罪,自2000年中央决定开展"打黑除恶"专项斗争时起,黑社会犯罪问题逐渐成为我国刑法学界的热点话题。其中焦点

---

[1] 参见张明楷、黎宏、周光权:《刑法新问题探究》,清华大学出版社2003年版,第148页;冯金银:《交通肇事罪认定中的几个问题》,载《政法论坛》2004年第4期;张明楷:《刑法学》(第3版),法律出版社2007年版,第544页;李希慧:《略论与交通肇事罪相关的几个问题》,载中国人民大学刑事法律科学研究中心组织编写:《刑事法学的当代展开》,中国检察出版社2008年版,第862页。

[2] 参见赵秉志主编:《中国特别刑法研究》,中国人民公安大学出版社1997年版,第394~395页。

[3] 参见赵秉志主编:《侵犯著作权犯罪研究》,中国人民大学出版社2008年版,第213~217页。

[4] 参见赵秉志主编:《侵犯著作权犯罪研究》,中国人民大学出版社2008年版,第218~221页。

[5] 参见赵秉志主编:《侵犯著作权犯罪研究》,中国人民大学出版社2008年版,第225~230页。

问题集中在:一是黑社会性质组织的认定。这主要涉及黑社会性质组织是否以“保护伞”条件为必要,多数说对此持肯定态度;[1] 如何理解黑社会性质组织的本质特征,学者间存在“组织性说”[2]、“犯罪的社会化形态说”[3] 和“非法控制性说”之争,但多数学者认为,黑社会性质组织是对社会进行非法控制的组织的初级形态,非法控制性是黑社会性质组织的本质特征。[4] 二是黑社会犯罪与有组织犯罪的关系,通行见解认为,有组织犯罪包括有一定组织形式和组织关系的黑社会组织或者带有黑社会性质的组织所实施的犯罪活动。[5] 三是入境发展黑社会组织罪主要涉及黑社会组织的认定、本罪主体的理解以及发展对象的界定等问题。四是黑社会犯罪的立法完善。有学者主张制定单行的反黑社会立法;[6] 修改现行黑社会犯罪规定,启用“黑社会”概念,[7] 对这类犯罪增设免予追究刑事责任条款;等等。[8]

(十六)贪污贿赂罪问题

在20世纪80年代,我国刑法学界基本上是围绕着贪污罪和受贿罪的认定问题展开的,研究的问题主要涉及贪污罪的主体、利用职务上的便利之理解、特殊经济成分中贪污罪的认定、[9] 受贿罪的主体范围、受贿罪的客体、贿赂的范围、受贿罪既遂与未遂的界限等方面。[10]

到了20世纪90年代以后,我国刑法学界一方面继续注意研究贪污贿赂罪的司法认定问题,另一方面也开始研究探讨贪污贿赂罪的立法完善问题。贪污罪的立法完善主要涉及犯罪主体和起刑点数额的适当降低问题,也有学者主张分解贪污罪;[11] 受贿罪的立法完善主要涉及扩大贿赂的范围,将贪赃枉法列为从重处罚的情节,区别对待普通公务员和特殊公务员的受贿行为,建议将斡旋受贿、间接受贿、事前受贿、事后受贿规定为受贿罪的表现形式等。[12]

1997年《刑法》通过之后,我国刑法学界对贪污贿赂罪的研究转向解决司法实践认定这类犯罪的疑难问题方面。在这一时期,学者们对贪污罪研究的重点放在犯罪主体的认定方

---

〔1〕 参见赵秉志:《关于黑社会性质的组织犯罪司法解释的若干思考》,载赵秉志主编:《刑事法判解研究》总第1辑,人民法院出版社2002年版,第112页。

〔2〕 黄京平、石磊:《论黑社会性质组织的法律性质和特征》,载《法学家》2001年第6期。

〔3〕 蒋文烈、罗伟:《浅析黑社会性质组织的特征》,载陈明华、郎胜、吴振兴主编:《刑法热点问题与西部地区犯罪研究》(下),中国政法大学出版社2003年版,第1130页。

〔4〕 参见陈兴良:《关于黑社会性质犯罪的理性思考》,载《法学》2002年第8期;赵秉志、许成磊:《论黑社会性质组织的成立条件——以司法解释和立法解释为视角》,载陈明华、郎胜、吴振兴主编:《刑法热点问题与西部地区犯罪研究》(下),中国政法大学出版社2003年版,第1104页;赵长青:《认定黑社会性质组织犯罪中的几个问题》,载《云南法学》2002年第1期。

〔5〕 该说认为,有组织犯罪包括有一定组织形式和组织关系的黑社会组织或者带有黑社会性质的组织所实施的犯罪活动。参见邓又天、李永升:《试论有组织犯罪的概念及其类型》,载《法学研究》1997年第6期。

〔6〕 参见周心捷:《关于我国惩治黑社会犯罪法的立法思考》,载《政法学刊》2007年第6期。

〔7〕 参见房清侠:《关于"黑社会性质组织犯罪"法律适用的思考》,载《河南省政法管理干部学院学报》2002年第2期;张惠芳:《黑社会性质组织犯罪立法完善浅析》,载《时代法学》2004年第2期。

〔8〕 参见于改之:《我国关于有组织犯罪的立法与司法完善》,载《法学论坛》2004年第5期。

〔9〕 参见高铭暄主编:《新中国刑法科学简史》,中国人民公安大学出版社1993年版,第269~273页。

〔10〕 参见高铭暄主编:《新中国刑法科学简史》,中国人民公安大学出版社1993年版,第283~285页。

〔11〕 参见赵秉志:《刑法改革问题研究》,中国法制出版社1996年版,第662~667页。

〔12〕 参见赵秉志:《刑法改革问题研究》,中国法制出版社1996年版,第674~688页。

面，而对贿赂罪的研究，领域宽，探讨深入，成果丰硕。涉及的疑难问题主要有：为他人谋取利益的要件属性，职务要件的界定，事后受贿问题，共同受贿犯罪的认定等。此外，近几年随着刑法学界对联合国国际公约贯彻落实问题研究热潮的兴起，我国有不少学者开始参照《联合国反腐败国际公约》的要求，研究探讨我国贿赂犯罪的立法完善，并取得了一定的成果。

四、刑法学研究发展之展望

回顾改革开放30年来我国刑法学所取得的成就，我们深感自豪；展望新的历史使命，我们信心百倍。我们认为，在今后的刑法学研究中，应在以下几个重大方面坚持理论创新，继续推进我国刑法学术的深入发展和繁荣。

（一）坚持研究方法的多元化

今后的刑法学研究应该在传统注释刑法和刑法哲学的基础上，进一步吸纳关系学科的研究方法来拓宽刑法学的研究思维。注意定性研究与定量研究的有机结合；针对不同的课题和问题，注意思辨研究与实证研究的正确选择与合理结合；进一步改进刑法解释方法，大力开展刑法解释学研究；进一步加大刑事学科交叉整合的力度，并根据课题研究的需要，注意借鉴、引进其他社会科学和现代自然科学的某些研究方法。这些研究方法的运用，对于促进刑法学研究的进一步发展繁荣具有积极的意义。

（二）密切关注我国的刑事法治实践

首先，要进一步加强对新型、热点疑难犯罪的研究。刑法学和其他部门法学一样，是应用性学科，是实践的学问。刑法理论工作者应善于对新型、疑难刑事问题进行研究，善于从复杂疑难案件中提升刑法理论规则，这是繁荣和深化我国刑法理论的一个不可偏废的途径。与此同时，也要注意传统犯罪在新的时代条件下的新变化。其次，要密切关注我国社会刑事法治领域的重大现实问题，坚持理论密切联系实践的研究道路，积极引导和促进我国刑事法治的健康发展。

（三）继续推进刑法基础理论的研究和创新

无论在什么样的时代背景下，刑法基础理论的研究都不能偏废。近年来我国刑法学界对刑法基础理论的研究一直保持着渐进、持续发展的良好态势。可以预见今后刑法犯罪论部分的研究将得到进一步的深化和改进，而刑罚基础理论的研究也会越来越受到学界的关注。

（四）加强外向型刑法的研究

我国的刑法学研究，由于多种因素的影响和制约，比较注重国内法的研究，而在外向型刑法的研究方面相对比较薄弱，在很大程度上阻碍了我国刑事法治与当代世界先进刑事法治的交流与衔接。几年来，学界对外向型刑法的研究有很大进展。但是从总体上看，在外向型刑法研究特别是区际刑法研究方面，以上不足还未得到根本克服。今后的刑法学研究中，拓宽刑法学研究的国际视野，加强区际刑法的研究，并努力开拓外国刑法、比较刑法和国际刑法的研究，仍应作为我国刑法学界努力的重要目标之一。

新中国刑法学六十年发展的简要历程和基本经验*

1949年中华人民共和国成立迄今已经走过了60个年头，新中国的刑法学也经历了一个轮回，进入了她的花甲之年。孔子曰："六十而耳顺。"这是讲60岁的时候个人修养已臻成熟阶段，能够兼容和善纳不同的思想观点，能够正确地认识自己和评价自己。对于新中国的刑法学来讲，站在60年的门槛上，检视中华人民共和国成立以来刑法学的发展历程，科学总结其经验得失，不仅是新中国刑法学发展成熟的应有内涵，而且对于把握中国刑法学未来所蕴含的发展契机，迎接新的挑战，努力开创我国刑法学研究的新局面，加速我国刑事法治的完善，乃至推动我国整个法治建设和社会的进步，无疑都具有重要的意义和作用。

一、新中国刑法学60年发展的简要历程

中华人民共和国成立迄今，中国刑法学研究的发展历程大致可以分为以下三个时期：第一时期，1949年10月至1957年上半年，此为中国刑法学研究的创立和初步发展时期；第二时期，1957年下半年至1976年10月，此为中国刑法学研究的萧条与停滞时期；第三时期，1976年10月至现在，此为中国刑法学研究从复苏到繁荣的时期。从总体上来看，这一时期又可以分为1977年至1978年的复苏阶段和1979年至现在的繁荣阶段。但是，复苏阶段时间太短。研究成果甚少，所以，本文将第三时期分为以下三个阶段加以论述，即1976年10月至1988年6月、1988年7月至1997年3月和1997年3月迄今。

（一）创立、发展时期（1949年10月至1957年上半年）

1949年10月1日中华人民共和国的成立也宣告了新中国刑法学的诞生。从此，新中国刑法学的命运就和共和国的命运联系在一起。从1949年10月到1957年上半年，是新中国刑法学史上极其重要的一

---

* 本文原载于《法学杂志》2009年第11期。

个时期，它为刑法学以后的发展奠定了基础。

在这一时期，刑法学的研究成果不多，主要是阐释有关法律的著作和教材。[1] 还翻译出版了一批苏联的刑法教科书，[2] 发表了一些刑法学论文，这些论文对刑法中的有关问题进行了初步的探讨，例如，刑法的溯及力问题、犯罪的概念问题、因果关系问题、刑罚目的问题、死缓制度存废问题以及反革命罪等问题。

纵观这一时期中国刑法学研究的状况，具有两个显著的特点：一是全面批判、彻底否定剥削阶级的旧法观点，介绍和引进苏联的刑法理论。这一时期的刑法学研究初步勾勒了我国刑法学特别是刑法学总论的轮廓，对我国刑法学总论和分论的一些问题有了具有一定深度的论述，为我国社会主义刑法学体系的初步建立奠定了基础。二是参与和配合刑法典的起草工作。在 1979 年《刑法》的最初孕育起草过程中，我国刑法理论工作者提出了一系列积极的立法建议，并从刑法理论上加以阐述。对一些问题还展开了激烈讨论，这些研讨无疑推动了刑事立法的发展进程。

（二）萧条、停滞时期（1957 年下半年至 1976 年 10 月）

随着 1957 年下半年反右派斗争的开始，1957 年上半年所出现的刑法学研究的繁荣现象如昙花一现，迅即消失，刑法学研究工作开始受到冷落。从 1966 年“文化大革命”开始，刑法学研究进入停滞、倒退时期，一直持续到“文化大革命”结束。这一时期由于此伏彼起、连绵不断的政治运动和社会动乱，刑法学研究从其中前 10 年（1957 ~ 1966 年）的逐步萧条、成果很少，到后 10 年（1966 ~ 1976 年）的偃旗息鼓、完全停止。

这一时期，由于轻视法制的“左”的思想抬头，刑法学研究基本上处于停滞状态。一些刑法上的重要理论，如刑法基本原则、犯罪构成等问题，人们不敢问津。各校编写的教材，也大都是适应政治运动需要的产物，过分强调政治性，专业内容大大压缩。当然，刑法学研究基本停滞并不等于完全停止。由于刑法起草工作在一度中断之后从 1962 年 5 月开始又恢复进行，刑法学的某些问题在客观上还需要研究，只不过这种研究主要是在内部进行，很少公开发表，这种状况使得对苏联刑法学著作以及外国刑法典的翻译，构成这一时期比较突出的研究成果。[3]

在这一时期发表的少量的刑法学论文中，犯罪与两类矛盾问题的研讨是引人注目的热点。这一问题是由 1957 年毛泽东同志发表《关于正确处理人民内部矛盾的问题》一文而引起的。这场关于犯罪与两类矛盾问题的讨论带有浓厚的政治色彩，但其对中国刑法理论的研究具有深远的影响。

这一时期的刑法学研究呈现以下特点：一是充满了浓郁的政治气氛。比较明显的除关

---

〔1〕 参见吴从云等：《惩治反革命条例讲解》，劳动出版社 1951 年版；中国人民大学法律系刑法教研室：《中华人民共和国刑法总则讲义》1957 年 2 月编印（初稿，上、下册）等。

〔2〕 参见[苏]孟沙金等编：《苏维埃刑法纲要》，王作富、高铭暄等译，中国人民大学出版社 1955 年版。

〔3〕 参见中国人民大学出版社编译室译：《〈苏联和各加盟共和国刑事立法基本原则及其他几项法律和决议〉（1958 年 12 月 25 日苏联最高苏维埃通过）》，中国人民大学出版社 1958 年版；[苏]特拉依宁：《犯罪构成的一般学说》，薛秉忠等译，中国人民大学出版社 1958 年版。

于犯罪与两类矛盾问题的讨论外，还有反革命罪有无未遂问题的研究。正是由于用简单的政治分析替代深入的法律分析，这一时期刑法学科政治化倾向明显。二是刑法学理论研究水平在个别领域内有所提高。最能说明这个问题的是李光灿所著的《论共犯》一书。三是从总体上看，这一时期刑法学研究逐步进入萧条、停滞状态，迟延了刑法学发展的进程。

（三）复苏、繁荣时期（1976 年 10 月至现在）

1976 年 10 月粉碎“四人帮”后，我国也迎来了法学研究的春天。我国刑法学研究经过近三年的复苏，逐渐步入全面发展的时期。1979 年我国第一部《刑法》的颁布为起步的刑法学研究注入了新的活力，大大推动了刑法学学科的发展，从而成为刑法学研究的一个里程碑。1997 年新修订的《刑法》颁布，同样给繁荣的刑法学学科带来了新的研究课题，输入了新鲜的血液，从而推动刑法学研究走向了新的高峰。

党的十一届三中全会以来，我国刑法学发展呈现崭新的局面，在学科建设、人才培养、科学研究诸方面都取得了丰硕的成果。这是中国刑法学发展最为显著、最为重要和最具总结价值的时期。新时期的刑法学研究，根据研究的侧重点不同，以两部刑法典的先后颁布和其中 1988 年将刑法典的修订提上立法工作日程为界点，大体上可以分为三个阶段。

1. 第一阶段（1976 年 10 月至 1988 年 6 月）

这一阶段主要是系统地宣传、阐释刑法典的内容，并对刑法中的某些重要问题开始进行专题学术研究。可以说，1979 年《刑法》是这一阶段刑法学研究的核心和支柱。

这一阶段的主要研究成果大致可以分为以下几个类型：第一类是中国刑法学教科书。教科书是学科理论研究成果的结晶，因而优秀的教科书也是学科基本水准的体现。这一阶段陆续出版了一些中国刑法学教科书。[1] 第二类是中国刑法学专著。专著是学科学术水平的显著标志和集中体现。[2] 第三类是中国刑法史学著作。第四类是外国刑法学、比较刑法学和国际刑法学著作。[3] 第五类是刑法论文。经粗略统计，这一阶段发表的刑法论文达 4300 余篇。论文的面很广，几乎涉及刑法领域的各个方面。随着我国于 1981 年开始推行学位制度，这一阶段已有相当一批刑法硕士学位论文问世，第一批刑法博士学位论文也开始诞生。这些学位论文，或拓展新的研究领域，或深化已有研究领域，极大地丰富了我国的刑法学研究。

本阶段主要研究了刑法的基本原则、犯罪概念、犯罪构成、因果关系、法人犯罪以及刑罚目的等问题。此外，对中国刑法史、外国刑法学、比较刑法学和国际刑法学的研究等亦有一定的进展。

纵观这一阶段的刑法学研究，具有以下几个显著特点：第一，注重理论为实践服务；第二，重视联系我国当时的经济体制改革和商品经济发展来研究刑法问题；第三，注意开展对我国刑事司法尤其是刑事立法完善问题的探讨；第四，开拓了一些新的研究领域。

---

〔1〕 参见高铭暄主编：《刑法学》，法律出版社 1982 年版。

〔2〕 参见高铭暄编著：《中华人民共和国刑法的孕育和诞生》，法律出版社 1981 年版；高铭暄主编：《新中国刑法学研究综述（1949—1985）》，河南人民出版社 1986 年版；等等。

〔3〕 参见甘雨沛、何鹏：《外国刑法学》（上、下册），北京大学出版社 1984 年、1985 年版；金凯编著：《比较刑法》，河南人民出版社 1985 年版；储槐植：《美国刑法》，北京大学出版社 1987 年版；等等。

2. 第二阶段(1988年7月至1997年3月)

这个阶段以1988年7月国家立法机关决定启动刑法的全面修订工作为起点,以1997年《刑法》的颁布为圆满终结,刑法学研究基本上是沿着以下三条主线发展的。

第一,围绕特别刑法对1979年《刑法》所作的补充修改而进行专题研究或综合研究。针对国家立法机关为适应实践需要而制定的单行刑法和附属刑法,我国刑法学界作出了积极反应,每一部特别刑法的出台,都伴随着大量论文的发表,甚至有专著出版。学者们从具体犯罪的概念、构成特征、罪与非罪的界分、此罪与彼罪的区别以及犯罪的未完成形态、共犯、罪数等方面阐释刑法立法含义和精神。无疑,这些研究对于正确理解相关刑法立法和促进司法,都起到了直接的引导和启示作用。

第二,就我国刑法改革进行全面而深入的研讨。我国刑法学界配合国家立法机关,对1979年《刑法》的修订进行了全面研讨,提出了许多建设性的、务实的立法建议,积极地推动了我国刑法立法的进程。刑法的修改与完善是这一阶段刑法学研究极为重要的课题,不仅有数千篇论文发表,还有许多专著出版。尤其是这一阶段中国法学会刑法学研究会每年的年会议题大都涉及刑法的修改与完善,而且1988年、1994年和1996年的年会还专门研讨了刑法完善问题。这些研讨不仅涉及刑法修改的指导思想和根据、刑法典体系结构、立法模式以及犯罪论、刑罚论方方面面的问题,而且涉及有关法条的具体设计、具体犯罪的增减或分合等问题。这些研究丰富了刑法学内容,增强了刑法学的科学性,促进了刑法学的发展,更为重要的是直接推动了刑事立法的进程。可以说,1997年《刑法》的出台与广大刑法学者的积极推动和参与是密不可分的。

第三,深化刑法基本理论研究,开拓新的研究领域。在这一阶段,对原来没有研究或很少研究的课题,如刑事立法、刑法解释、定罪、刑事责任、刑罚论、刑事政策等都进行了较为深入的研究,不仅填补了刑法学的研究空白,而且不少研究达到了较高的水平;对一些课题的研究,如法人犯罪、犯罪构成、共同犯罪、犯罪故意、罪数形态等问题都有所深化,不仅有大量的论文发表,还出版了一些有分量的专著。与此同时,我国刑法学界不少学者还对刑法的公正、平等、自由、功利等刑法价值以及刑法哲学的其他基本问题给予了特别的关注。学者们从更高更深层次上来关怀刑法、洞察刑法,无疑是我国刑法学研究事业进步的重要体现。此外,在这一阶段,我国刑法学界对外国刑法、比较刑法和国际刑法的研究也取得了初步的进展。翻译了不少外国刑法学著作和刑法典,并出版了数部外国刑法、比较刑法和国际刑法著作。

在这一阶段,出版的刑法学论著数以百计,大致可以分为以下几类。第一类是中国刑法教科书。[1] 第二类是中国刑法学专著。这方面的著作很多,可分为以下几个方面:一是对特别刑法进行专门研究的;[2] 二是就类罪、个罪进行综合研究或分而论述的;[3] 三是就刑法哲学、刑事政策进行深入研究的;[4] 四是对刑法基本理论进行综合研究或就刑法总则某一

---

〔1〕 参见赵秉志、吴振兴主编:《刑法学通论》,高等教育出版社1993年版。

〔2〕 参见周道鸾:《单行刑法与司法适用》,人民法院出版社1996年版。

〔3〕 参见陈兴良主编:《刑法各论的一般理论》,内蒙古大学出版社1992年版。

〔4〕 参见陈兴良:《刑法哲学》,中国政法大学出版社1992年版。

方面进行专题研究的;[1] 五是就刑法的改革、1979 年《刑法》的修改与完善专门进行研究,系统提出意见和建议的。[2] 第三类是中国刑法史学著作。[3] 第四类是外国刑法学、比较刑法学著作。[4] 第五类是国际刑法学著作。[5] 另外,这一阶段发表的刑法学论文数以万计,每年均有一千余篇论文发表,还有一大批硕士学位论文问世和几十篇博士学位论文诞生。这一阶段的刑法教学案例和实际案例的书也出版不少。

这一阶段刑法学研究的课题几乎涉及刑法学的方方面面,主要有刑法观念更新、法人犯罪、刑事责任、经济犯罪、刑法的修改和完善等问题。这一阶段刑法学研究所取得的成果基本上标志着刑法学科的成熟,也奠定了刑法学在我国法学体系中的重要地位。综观这一阶段的刑法学研究,具有以下显著特点:第一,对特别刑法(含单行刑法和附属刑法)进行了充分的研究和阐释。这些研究对于改善执法活动,增强刑事司法效果起到了直接的引导和促进作用。第二,配合国家立法工作机关,对 1979 年《刑法》的修订进行全面研讨,提出了系统的、有见地的、符合实际需要的建议,大大推动了刑事立法进程。第三,开拓了新的研究课题,深化了原有课题的研究,使刑法学研究在纵横方面都得到显著进展。第四,刑法基础理论研究有所进展。第五,外国刑法学、比较刑法学、国际刑法学的研究进展显著。

3. 第三阶段(1997 年 3 月迄今)

从 1997 年 3 月《刑法》颁布以来,刑法学研究基本上沿着两个方向展开。

(1)研究刑法文本。以刑法为研究对象的刑法学不能不关注现行刑事立法和司法,应用性本来就是刑法学的生命和灵魂,是刑法学得以发展和繁荣的源泉,离开应用性和实践性,刑法学的发展也就失去了生命力。这是刑法学的学科属性使然。正因为如此,每当新的立法出台后,我国刑法学界都会积极地予以关注。这种研究现象在我国 1997 年《刑法》颁行后表现得尤为明显。我国刑法学界围绕 1997 年《刑法》的贯彻实施问题发表了大量文章,出版了许多书籍。不仅如此,中国法学会刑法学研究会 1997 年和 1998 年的年会也以 1997 年《刑法》的贯彻实施为议题。这些研讨对正确理解和实施刑法具有重要的意义。

(2)进一步深化刑法基本理论,并开拓新的研究领域。刑法基本理论是刑法学研究的本体,它的成熟与发展是中国刑法学走向成熟的关键和基础,因而应当成为我国刑法学研究的核心部分。从研究内容的具体情况分析,这一阶段的成果有些属于深化性研究,主要涉及刑法解释、刑法效力范围和原则、犯罪对象、不作为犯、共犯关系、共犯与身份、教唆犯、正当行为、正当防卫、单位犯罪、结果加重犯、过失危险犯、刑事责任、刑罚的一般预防、刑罚个别化、刑罚改革与完善、死刑的适用与废止条件等方面;有些属于批判性研究,主要涉及犯罪概念、犯罪构成及其体系、主客观相统一原则、社会危害性理论等问题;有些属于拓展性研究,

---

[1] 参见高铭暄主编:《刑法学原理》(3 卷本),中国人民大学出版社 1993 年、1994 年版;马克昌主编:《犯罪通论》《刑罚通论》,武汉大学出版社 1991 年、1995 年版。

[2] 参见赵秉志:《刑法改革问题研究》,中国法制出版社 1996 年版。

[3] 参见张晋藩、林中、王志刚:《中国刑法史新论》,人民法院出版社 1992 年版。

[4] 参见何鹏编著:《外国刑事法选论》,吉林大学出版社 1989 年版。

[5] 参见张智辉:《国际刑法通论》,中国政法大学出版社 1993 年版;邵沙平:《现代国际刑法教程》,武汉大学出版社 1993 年版。

主要涉及刑法的基础观念、刑法方法等问题;还有些属于引介性研究,主要是对外国刑法或外国刑法学中某些基本理论的译介。此外,作为刑事一体化理论重要组成部分的刑事政策、国际刑法和区际刑法研究,也在开拓研究领域,深化研究层次,从而呈现出了繁荣发展的景象。我国刑法学界这一时期的研究全面提升了刑法学研究的水平。

这一阶段的研究成果无论是在数量还是质量上,均较以往有显著的提高。研究成果可分以下几类。第一类是中国刑法教科书。[1] 第二类是中国刑法学专著。其中又可分为以下几个方面:一是阐释1997年《刑法》的著作;二是对刑法理论问题进行综合研究的著作;三是就刑法理论进行专题研究的著作;[2] 四是就刑法分则问题进行研究的著作;[3] 五是其他关于刑法问题的著作。[4] 第三类是外国刑法、国际刑法、中国区际刑法等属于外向型刑法问题研究方面的著作。[5] 此外,这一阶段还发表了为数众多的论文,并有数以千计的硕士学位论文和博士学位论文问世。

这一阶段所涉及的课题很多,但形成争论热点的较少,主要有对1997年《刑法》的评价、关于1997年《刑法》的实施、刑法的价值、刑法的现代化、刑法基本原则、犯罪概念、犯罪构成以及刑罚基本理论等问题。

这一阶段的刑法学研究具有以下特点:第一,全面系统阐释、宣传1997年《刑法》;第二,关注香港地区、澳门地区回归,加强区际刑法的研究,为"一国两制"的贯彻作贡献;第三,重视刑法学基础理论的研究。

二、新中国刑法学60年发展的基本经验

(一)坚持马克思主义在刑法学研究中的指导地位

马克思、恩格斯所创立的辩证唯物主义和历史唯物主义为人类认识世界和改造世界提

---

〔1〕 参见高铭暄主编:《刑法专论》,高等教育出版社2006年版;赵秉志主编:《刑法总论》,中国人民大学出版社2007年版;张明楷:《刑法学》(第3版),法律出版社2007年版;等等。

〔2〕 参见黎宏:《不作为犯研究》,武汉大学出版社1997年版;张绍谦:《刑法因果关系研究》,中国检察出版社1998年版;邱兴隆:《刑罚理性导论——刑罚的正当性原论》,中国政法大学出版社1998年版;陈兴良:《刑法的价值构造》,中国人民大学出版社1998年版;谢望原:《刑罚价值论》,中国检察出版社1999年版;李洁:《犯罪既遂形态研究》,吉林大学出版社1999年版;胡云腾:《存与废——死刑基本理论研究》,中国检察出版社2000年版;周光权:《法定刑研究:罪刑均衡的建构与实现》,中国方正出版社2000年版;肖中华:《犯罪构成及其关系论》,中国人民大学出版社2000年版;田宏杰:《中国刑法现代化研究》,中国方正出版社2000年版;张明楷:《刑法的基本立场》,中国法制出版社2002年版;赵秉志:《犯罪未遂形态研究》(第2版),中国人民大学出版社2008年版;等等。

〔3〕 参见赵秉志总主编的《新刑法典分则实用丛书》(共25本),中国人民公安大学出版社1998年、1999年版;张明楷:《刑法分则的解释原理》,中国人民大学出版社2004年版;等等。

〔4〕 参见高铭暄、赵秉志编:《新中国刑法立法文献资料总览》(上、中、下册),中国人民公安大学出版社1998年版;鲁嵩岳编著:《〈慎刑宪〉点评:治国平天下之要》,法律出版社1998年版;高铭暄、赵秉志编著:《新中国刑法学研究历程》,中国方正出版社1999年版;高铭暄、赵秉志:《中国刑法立法之演进》(中英文本),法律出版社2007年版;等等。

〔5〕 参见赵秉志:《外向型刑法问题研究》(上、下册),法律出版社1997年版;宣炳昭:《香港刑法导论》,中国法制出版社1997年版;张明楷:《未遂犯论》,中国法律出版社、日本国成文堂1997年版;张明楷:《外国刑法纲要》,清华大学出版社1999年版;陈忠林:《意大利刑法纲要》,中国人民大学出版社1999年版;张旭:《国际刑法论要》,吉林大学出版社2000年版;薛瑞麟:《俄罗斯刑法研究》,中国政法大学出版社2000年版;等等。这一阶段也陆续翻译出版了许多外国刑法学专著,其中主要有:[德]弗兰茨·冯·李斯特:《德国刑法教科书》,徐久生译,法律出版社2000年版;[英]J. C. 史密斯、[英]B. 霍根:《英国刑法》,孙力等译,法律出版社2000年版;[日]大谷实:《刑事政策学》,黎宏译,法律出版社2000年版;[法]米海依尔·戴尔玛斯-马蒂:《刑事政策的主要体系》,卢建平译,法律出版社2000年版;[德]克劳斯·罗克辛:《德国刑法学总论》(第1卷),王世洲译,法律出版社2005年版;等等。

供了一个强大的思想武器。正是由于科学的马克思主义法哲学的方法论的确立,为真正科学的刑法学研究开拓了无限广阔的发展道路。辩证唯物主义和历史唯物主义是研究刑法学的根本方法。60 年来中国刑法学研究取得了丰硕成果,是我们坚持辩证唯物主义和历史唯物主义的结果。比如,我们在刑法学研究中所始终重视和运用的理论联系实际的方法,正是马克思主义所倡导的学风和研究方法,这一点后文还将有所论及。刑法学者在刑法学的研究中,还特别注意运用马克思主义所主张的一系列科学的方法论,如联系和系统的方法论、变化发展的方法论、本质的分析方法、必然和偶然的辩证关系的分析(如对于刑法因果关系的研究)、矛盾的分析方法,等等。

当前,中央从新世纪新阶段国家和社会发展全局出发提出了科学发展观的重大战略思想,新时期的我国刑事法治建设理当,也正在融入科学发展的理念。刑法学者们正在实践和贯彻科学发展的目标和要求,并按照科学、理性、务实的精神逐步推进刑法学的研究,正在进一步提高关于以科学发展观引领刑事法治建设意义的认识。[1] 科学发展观指导下的刑法首先应是科学的。为此,我们须在刑法的科学性上下功夫。要追求刑法立法的科学性,要使刑法立法既具有现实性,又具有前瞻性;既具有概括性,又具有精密性;既具有传统性,又具有时代性;既具有民族性,又具有世界性;使我们的刑法立法成为世界各国刑法立法中的一道亮丽的风景线,一个可资借鉴的楷模。要顺应现代刑事司法文明的发展趋势,构筑既能够充分保障人权,又能够保护社会的现代刑事司法制度。科学发展观,第一要义是发展,为此,应以时不我待之精神,审时度势,密切关注国家的政治、经济和社会的发展趋向,顺应世界文明发展的潮流,适应国际社会的要求,不断推进刑法学的发展变革。科学发展观的核心是以人为本。刑法学也必须坚持以人为本,全心全意为人民服务,实现党的根本宗旨。以人为本要求人本的刑法学。人本的刑法学要求刑法学关注民生,关注百姓疾苦,要求将刑法保护人权这一现代刑法的永恒机能始终放在重要的位置。要构筑能够切实保障人权的现代刑法学理论。

当然,我们在坚持马克思主义在刑法学研究中的指导地位的同时,必须摒弃教条主义,防止走向机械与僵化。不能以马克思主义代替刑法学研究本身,必须防止刑法学研究的泛政治化倾向。在这方面,新中国刑法学研究的第二个时期即萧条、停滞时期,有足够的教训可以吸取。这样的历史不能重演。

(二)坚持"百花齐放、百家争鸣"的学术方针

刑法学如同所有的学术研究一样,要坚持学术自由。学术自由是刑法学永不衰竭的生命源泉。新中国刑法学研究的历史表明,什么时候坚持了刑法学术自由,什么时候的刑法学术研究就能够不断向前推进和发展。在新中国刑法学研究的第一个时期即创立、发展时期和第三个时期即复苏、繁荣时期,我们坚持了"百花齐放、百家争鸣"的学术方针,使得这两个时期的刑法学研究呈现出勃勃生机,并最终出现当前的繁荣局面。而在第二个时期,我们没有坚持这一方针,刑法学研究便万马齐喑,并最终萧条、停滞。钳制刑法学术自由的历史

[1] 参见赵秉志:《中国刑法学研究的现状与未来》,载《学术交流》2009 年第 1 期。

不能重演,坚持刑法学研究的“百花齐放、百家争鸣”的学术方针,是尊重刑法学研究本身规律的体现,是刑法学研究的生命所系。

在刑法学研究中贯彻“百花齐放、百家争鸣”的学术方针,就是要允许不同的学术观点、不同的流派和谐共存,鼓励和激发不同的学术观点相互启发、相互借鉴、相互促进、共同成熟;就是要严防和禁止将学术问题政治化,将学术问题上纲上线,大帽子压人;就是要鼓励和培育不同的刑法学术观点发展为流派、学派,从而真正为刑法学术的繁荣奠定坚实的基础。

当然,“百花齐放、百家争鸣”不是说不分是非,不讲真理,不要组织领导。比如,国家有关部门组织编写的供资格考试用的考试大纲、辅导教材等,事关千百万人的择业方向和前途命运,对于一些有重大争论的重要学术观点,就不能不慎重鉴别筛选、严格审定。如果轻率地采用只是极个别人主张的而与我国国情和立法司法实际状况相违背的非主流非通行观点,将其强加给千百万考生,那就是一种错误的、有害的做法,是对“百花齐放、百家争鸣”方针的严重歪曲,应当迅即予以纠正。否则,其危害和流弊将是不可想象的。

(三)坚持完善中国刑法学的学科体系

中国刑法学的学科体系问题是关乎刑法学研究整体科学性的一个重要的宏观问题,是刑法学科建设的重中之重。中国刑法学者们为此付出了不懈的努力。早在20世纪50年代,我国出版的第一批刑法教科书,就尝试和探索建立中国自己的刑法学科体系。到了20世纪80年代,由于中国第一部刑法典生效实施,法律出版社于1982年出版的第一部统编教材《刑法学》,集中了当时中国刑法学界几乎所有重要刑法学家的智慧,因而更加科学、完整地建立了自己的学科体系。当然,中国刑法学的体系不是凝固不变的,而是随着时代的前进而不断完善的,虽然时至今日,以罪—责—刑为基本模式的中国刑法学体系已获得了刑法理论界和实务界的广泛认同,但这个体系也不是尽善尽美的,而是仍有待完善的。在我看来,中国刑法学体系目前存在的问题主要是静态性有余、动态性不足。认定犯罪、确定责任、决定刑罚,这是刑事诉讼的完整过程,也是刑法学需要解决的三个动态性中的任务。但是,在我国现行刑法学体系中,对这三大动态过程阐述不够。统编的刑法学教材章节设置如犯罪构成的整体介述、犯罪客体、犯罪客观方面、犯罪主体、犯罪主观方面,直至犯罪停止形态、共同犯罪、罪数等,基本上都是立足于静态描述犯罪,而比较缺乏动态性地研究认定犯罪、归结责任、量定刑罚的相关理论内容。再者,在中国刑法学体系的三大理论板块即犯罪论、刑事责任论、刑罚论中,犯罪论、刑罚论相对比较充实,而刑事责任论相对苍白,对于一个行为成立犯罪以后,如何判断其刑事责任大小缺乏应有的标准和依据。这就难以起到犯罪论与刑罚论之间过渡、缓冲的桥梁和纽带作用。有鉴于此,我们有必要加强对中国刑法学体系动态性任务即定罪、归责、量刑、行刑等的研究。特别是刑事责任论中,应加强对归责依据,即归责要素和归责体系的研究。总之,我们既要坚持又要完善中国刑法学的学科体系,以更好地服务于刑事立法和司法实践,进一步推动刑事法治事业的发展。

(四)坚持理论联系实际的研究方法

马克思主义哲学的一个重要方法就是理论联系实际,实事求是,具体问题具体分析。刑法学理论有它普遍性的一面,但中国有中国的国情,实践是检验真理的唯一标准,刑法学和其他部门法学一样,是应用性学科,是实践的学问。中国的刑法学必须服务于中国的刑事法治现实和实践,必须立足于解决中国刑事法治实践中出现的问题,必须从中国立法和司法的实际出发,分析和解决中国刑法中的犯罪、刑事责任和刑罚问题。

可以说,在中国刑法学发展的60年中的绝大部分时期,我们较好地坚持了理论联系实际的研究方法,我国刑法学研究始终将刑事司法实践中准确适用刑法、解决刑法适用中的疑难问题作为刑法学研究的基点,着力解决了刑事司法实践中的诸多理论与观念问题。从我国的实际情况看,刑法学研究紧密联系刑事司法实践的方式和途径可以多种多样:一是对刑法规范的含义进行阐释,针对司法实践中需要正确解决的常见多发的疑难问题展开研讨,并就刑法规范存在的缺陷提出修正和完善的建议。注释刑法学的发达最终促使以注释为主流研究方法的刑法学研究形态生成。二是理论联系刑事司法解释,有些学者得以亲自参与刑事司法解释的起草研拟,而多数学者虽然不能亲自参与起草研拟,但可以通过报刊等针对刑事司法解释发表评论或提出建议,这些理论联系实际的表现形式,对于促进刑事司法的统一,推动司法实践的健康发展,具有重要的积极意义。三是理论联系重大刑事法治现实问题,如对于死刑这一刑事法治重大现实问题,我国刑法学界进行了多方面的探索并取得了较为丰硕的成果。[1] 对于劳动教养这一中国特有的制度,学者们就劳动教养的存废、劳动教养的对象、期限、决定程序等问题展开了充分的讨论。[2] 学者们还进一步加强了对新型、疑难犯罪的研究,善于从复杂疑难案件中提升刑法理论规则,这是繁荣和深化我国刑法理论的一个不可偏废的途径。与此同时,我们也注意了传统犯罪在新的时代条件下的新变化。这方面的例子很多,如未成年人犯罪问题是我国刑法理论中的一个极其重要的课题。[3] 还有重大责任事故犯罪问题[4]、侵犯著作权犯罪问题[5]、黑社会性质组织犯罪问题[6]、贪污贿赂犯罪问题[7]。四是理论联系典型刑事案件,针对司法实践中发生的典型刑事案件开展法理分析。20世纪90年代以来,我国刑法学界就较为广泛地参与了一些广受关注的典型刑事案件的研究和讨论,例如"重庆綦江虹桥垮塌案""张子强案""足球黑哨案""许霆案"等,并出版和发表了一些有分量的紧密联系司法实践的论文和著作。为了刑法学教学和宣传普及刑法法理的需要,刑法学界还出版了一些案例教学类的著作。此外,有些院校刑法专业的硕

---

[1] 参见赵秉志:《死刑改革探索》,法律出版社2006年版;邱兴隆:《死刑的德性》,载《政治与法律》2002年第2期;冯军:《死刑、犯罪人与敌人》,载《中外法学》2005年第5期;等等。

[2] 参见赵秉志:《刑法改革问题研究》,中国法制出版社1996年版;储槐植:《论教养处遇的合理性》,载《法制日报》1999年6月3日;屈学武:《保安处分与中国刑法改革》,载《法学研究》1996年第5期;等等。

[3] 参见赵秉志:《刑法改革问题研究》,中国法制出版社1996年版。

[4] 参见张明楷、黎宏、周光权:《刑法新问题探究》,清华大学出版社2003年版。

[5] 参见赵秉志主编:《侵犯著作权犯罪研究》,中国人民大学出版社2008年版。

[6] 参见黄京平、石磊:《论黑社会性质组织的法律性质和特征》,载《法学家》2001年第6期;陈兴良:《关于黑社会性质犯罪的理性思考》,载陈明华、郎胜、吴振兴主编:《刑法热点问题与西部地区犯罪研究》,中国政法大学出版社2003年版;邓又天、李永升:《试论有组织犯罪的概念及其类型》,载《法学研究》1997年第6期;于改之:《我国关于有组织犯罪的立法与司法完善》,载《法学论坛》2004年第5期;等等。

[7] 参见赵秉志:《刑法改革问题研究》,中国法制出版社1996年版;肖介清编著:《受贿罪的定罪与量刑》(修订版),人民法院出版社2008年版;王俊平、李山河:《受贿罪研究》(修订版),人民法院出版社2009年版;孙国祥:《新类型受贿犯罪疑难问题解析》,中国检察出版社2008年版;等等。

士学位论文甚至开始尝试以某一典型的刑事案件为切入点，对该案件所涉及的法律适用问题进行法理分析。这些研究现象均凸显了我国刑法学主流研究的应用性和实践性。

总之，中国刑法学理论密切关注和联系我国社会刑事法治现实，坚持理论密切联系实际的研究道路，积极引导和促进了我国刑事法治的健康发展。

（五）坚持刑法学科的国际化

经济全球化推动了包括法律在内的一些上层建筑领域的全球化。在经济和法律全球化的今天，作为一个刑法学者，必须具有国际眼光和开放的思想和胸襟。必须利用多种方式，不断开展国际学术交流活动。以往我国的刑法学研究，由于多种因素的影响和制约，比较注重国内法的研究，而在外国法的研究方面则相对比较薄弱，很大程度上阻碍了我国刑事法治与当代世界先进刑事法治的交流与衔接。有鉴于此，近年来我国刑法学者着力拓宽刑法学研究视野，加强中国区际刑法的研究，努力开拓外国刑法、比较刑法及国际刑法的研究，取得了很大的成绩。比如中国学者较早关注刑法学科的国际化、现代化的努力可以从反革命罪的修改中得到说明。在1979年《刑法》的制定过程中，学者们根据变化了的实际情况，提出将反革命罪改为危害国家安全罪。[1] 1989年以后，关于反革命罪应否更名为危害国家安全罪的问题，在我国刑法学界出现了不同意见，[2]并逐渐引起了广泛的关注。绝大多数学者认为，反革命一词具有比较浓厚的政治色彩，法律强调构成此类犯罪必须具有反革命目的，司法实践中往往难以认定，因此，考虑到对外开放和促进国家和平统一的需要，以及刑法罪名的科学性与司法实务之可操作性的需要，有必要将反革命罪更名。[3] 这种见解后来得到了我国政治决策层和立法机关的肯定，在1997年《刑法》中将反革命罪更名为危害国家安全罪，并按照危害国家安全的性质对此类犯罪作了修改和调整，将该章中实际属于普通刑事犯罪性质的罪行移入其他罪章。应当说，对反革命罪的这些修改是中国刑法致力于科学化和契合现代刑法之通例的重要举措，从而为海内外所瞩目。

在区际刑法领域，“一国两制三法系四法域”的格局已在我国形成。由此决定了我国区际刑事法律冲突的不可避免性以及解决这一冲突的艰巨性和复杂性，因而区际刑法的研究将成为中国刑法学研究的一个重点领域。为此，需要大力加强各法域之间的学术交流，广泛开展学术研究合作，以促进各法域刑事法治的完善；建立富有中国特色的区际刑事司法协助，有效地惩治和预防跨地区犯罪，确保“一国两制”方针的顺利实现。全面地开拓和加强对外国刑法和比较刑法的研究，积极借鉴、吸收外国的有益经验，对于我国刑法理论的发展乃至刑法立法、司法实务的完善，都具有十分重要的意义和作用。近年来我国在这方面投入了较多力量，取得了一系列研究成果。在国际刑法研究领域，进入21世纪后，国际范围的交

---

〔1〕 参见徐建：《“反革命”罪名科学吗?》，载《探索与争鸣》1981年第1期。

〔2〕 参见陆翼德：《对反革命罪名存废的再认识》，载《法学内参》1989年第6期；何秉松：《一个危险的抉择——对刑法上取消反革命罪之我见》，载《政法论坛》1990年第2期；何秉松：《我国刑法为什么不应当取消反革命罪》，载《阵地》1991年第1期。

〔3〕 参见梁华仁、周荣生：《论反革命类罪名的修改》，载《政法论坛》1990年第4期；王勇：《危险何在?》，载《政法论坛》1991年第2期；赵秉志：《刑法改革问题研究》，中国法制出版社1996年版，第529页以下。

往将变得更为频繁,随着经济的全球化,法律国际化的进程也正在进一步加快。这种社会发展趋势,为国际犯罪的增长在客观上提供了条件。可以预言,21 世纪的国际犯罪将会更加猖獗,其对整个国际社会造成的危害也将日益严重。这样,国际犯罪的惩治与防范、国际范围内的刑事司法协助、国际刑法的中国化以及中国刑法的国际化等问题,都将成为我国刑法学研究亟待加强的领域。尽管国际社会已经成立了旨在审理诸如战争罪、危害人类罪、灭绝种族罪等严重国际犯罪的国际刑事法院,但在这些犯罪的认定与处罚、国际刑事责任的承担、国际刑事司法合作的机制等国际刑法理论的一些基本问题上,世界各国政府及学者们并没有完全或真正达成共识,国际刑法研究仍然需要进一步深入和加强,我国刑法学界也应当在这些崭新的领域有所贡献。

60 年弹指一挥间。中国刑法学的 60 年,是停滞、发展和繁荣并存、经验和教训兼有的 60 年。60 年间,我们有过挫折、彷徨和迷茫,也有过奋起、进展和昌盛,时至今日,我国刑法学随着整个国家形势的发展已进入盛世时期。历史的经验弥足珍贵,珍视历史的最好方法和态度是,惨痛的教训绝不能再犯,行之有效的经验必须坚持和发扬光大。中国的刑法学者在刑法学 60 年的发展中付出了艰辛的努力,在今后的刑法学发展中,也必将持之以恒,秉持保障人权和维护秩序并重的现代刑法理念,以开阔之眼界和胸襟,运用科学而人文的研究方法,为中国刑法学的持续发展不断书写辉煌。

刑罚体现社会伦理的基本途径*

刑罚体现社会伦理的基本途径，不外乎政策调适、立法确认和司法强化等，其他途径还可以包括观念普及、行刑实践、法学研究、自觉守法等。而这三个基本途径是刑罚在社会统治中体现和发挥应有的伦理道德性，以及证明其自身存在的正当性的主要方面。

一、刑罚体现社会伦理的政策调适

从我国的政治实践来看，政策总是法律的先导。因此，为了保证整个刑罚规范体系的价值取向一致性，确保整个刑罚规范体系的效用最大化，应当从刑罚政策的调整入手，逐步实现由政策到法律，由法律到实践的整个过程。这既是刑罚规范体系构成的必然，也是刑罚体现社会伦理的实践需要。

（一）现行刑罚政策的伦理基础考察

所谓"现行的刑罚政策"，既包含政治文件确定的现阶段的刑罚政策，也包含社会实践中实际发挥作用的刑罚政策。理解现行的刑罚政策，不能脱离社会实际得出新的政策已经取代原有政策的结论。

恢复法治伊始，我国实行的刑罚政策大抵有"少杀、慎杀""惩办与宽大相结合"等。从1981年开始，逐渐强调"严打"。进入21世纪后，开始提出宽严相济的刑事政策。由于"宽严相济"被公认为是我国的基本刑事政策，其涵盖面自然包含了刑罚领域，换言之，宽严相济也可以说是刑罚政策。宽严相济政策的提出，是对古今中外刑事政策的扬弃和借鉴，其社会背景是科学发展观的提出。科学发展观强调以人为本、构建社会主义和谐社会。"以人为本"昭示了执政阶层在新的历史时期处理国家与公民之间相互关系的基本行为规范，"和谐"则是国家处理自身与国民、国民与国民相互之间社会关系、政治关系的价值目标，因而属于政治伦理。这一政治伦理逻辑上包含了人道主义的伦理原则，而人道主义也是国民相互之间应当遵循的伦理原则，因而也是一

---

* 本文原载于《华东政法大学学报》2010年第5期，由高铭暄教授与曾粤兴合作完成。

种社会伦理。

如果把宽严相济政策之前的刑罚政策称为原有政策，那么，应当承认原有政策的痕迹至今仍存在于刑罚制度和刑罚适用之中。这是因为，原有政策在我国恢复法治30年来已经指导刑法立法、刑罚适用、刑罚执行近25年。25年来，报应主义的刑罚伦理观念根深蒂固，功利主义的刑罚伦理观念总是让主位于报应主义。报应主义的刑罚伦理观认为，人的故意犯罪以及某些过失犯罪是行为人基于自己的自由意志的选择，犯罪是一种恶害，行为人不选择善而选择恶，自然应当接受刑罚这种恶的回应，即惩罚，否则任何人都无法合理解释刑罚存在的必要。

然而，报应并不是也不应当是执政阶层制定刑罚、适用刑罚的目的，报应只是手段，其目的是矫正已然的犯罪人养成遵守社会秩序的习惯，同时引导蠢蠢欲动的潜在犯罪人遵守社会秩序，为社会和谐作出忍让。但是这对实施了极其严重的犯罪的行为人例外。对于实施了极其严重的犯罪的行为人，报应也就是目的，因此可以不吝惜死刑的适用。遗憾的是，我国原有的刑罚政策，要么过分张扬了报应，要么功利受制于报应，导致刑罚制度随着刑法的不断修改而迅速走向严厉化，司法官员尤其是不同层级的决策者已经形成"严打"和报应的惯性思维。因此，尽管在逻辑上，宽严相济与原有刑罚政策之间存在矛盾，应当取代原有刑罚政策，但宽严相济政策的实践，在制度上和司法上都远未消除原有政策的影响。可以说，现行刑罚政策是原有刑罚政策对新的刑罚政策的延续性渗透。

伦理学认为，保障人类社会和利益共同体的存在发展，最终目的在于增进每个人的利益。这一现代社会的伦理目标可以概括为"增进社会利益和个体利益"。从伦理学的角度看，社会利益是由无数个体利益组成的，个体利益得到发展，相应的社会利益也就会得到最大化；反之，个体利益被压抑，社会利益就无法实现利益最大化，社会利益的发展也会丧失动力，因此个体利益的发展是整个社会伦理目标实现的原动力和核心。那种只肯定社会利益而否定个体利益存在价值的社会伦理目标，由于看不到社会利益与个体利益之间的相互依存关系，注定是不能实现的。因此，越是强调社会利益发展，就越应该注重对个人利益发展的保护。

对此，马克思指出："从前各个个人所结成的那种虚构的集体，总是作为某种独立的东西而使自己与各个个人对立起来，由于这种集体是一个阶级反对另一个阶级的联合，因此对于被支配的阶级说来，它不仅仅是完全虚幻的集体，而且是新的桎梏。在真实的集体的条件下，各个个人在自己的联合中并通过这种联合获得自己。"[1]在虚幻的集体中，私人利益与公共利益常常是矛盾的，"正是由于私人利益和公共利益之间的这种矛盾，公共利益才以国家的姿态而采取一种和实际利益脱离的独立形式，也就是说采取一种虚幻的共同体的形式"[2]。换言之，马克思主义认为在虚幻的集体下强调整体主义、国家主义必然导致对个人

---

〔1〕《马克思恩格斯全集》(第3卷)，中共中央马克思恩格斯列宁斯大林编译局译，人民出版社1960年版，第37～38页。

〔2〕《马克思恩格斯全集》(第3卷)，中共中央马克思恩格斯列宁斯大林编译局译，人民出版社1960年版，第79页。

利益的扼制,因为它不能代表社会成员的根本利益。而在真实的集体中,个体利益是社会利益得以存在和发展的前提,社会利益的发展与个体利益的发展是社会伦理目标的完整组成,合乎社会伦理目标的政策应该是同时强调社会利益发展和个体利益发展的政策。当然,在某些情况下,社会利益与个体利益不可两得,因此牺牲某些个人利益,增进社会利益或实现他人利益,也具有伦理上"善"的意义;而在"无害他人"情况下即利益与利益之间不发生冲突的情况下,同时增进社会利益与个人利益的行为才具有"善"性。如罗尔斯所说:"对于某种社会基本结构的安排来说,如果没有别的可改善某些人的前景而不损害另一些人的前景的再安排方式,这种安排就是有效率的。"[1]如果在"无害他人"的情况下发生了只增进社会利益而减损个人利益或只增进个人利益而减损社会利益的行为,那么这就是"恶"而不是"善"。如此看来,判断一项政策的价值取向是否符合社会伦理目标,不能光看其在利益冲突时的抉择,还要看其在"无害他人"情况下的作为。

近几年来,我国发生的一些案件,如延安"黄碟案"、公民批评政府机关或其领导人而被追究诽谤罪案等,充分说明现行刑罚政策与刑罚制度、刑罚政策与社会伦理之间还存在矛盾冲突。在"黄碟案"中,夫妻两人在住所这一私密空间里观看黄色光碟就属于纯粹的"无害他人"情况。[2] 然而,以刑罚方式来介入公民私生活领域的政策往往只强调"社会利益发展"这一社会伦理目标。由于在结构上"个体利益"的缺失,其所导致的一个恶果就是大幅压缩个体利益存在空间,直接摧毁公民增进个体利益的发展信心,间接破坏社会生产力、创造力,间接毁灭社会利益共同体,从而无法实现社会伦理目标,甚至无法实现增进社会利益的政策初衷。

约翰·密尔曾指出:"人类之所以有理有权可以个别地或者集体地对其中任何分子的行动自由进行干涉,唯一的目的只是自我防卫。这就是说,对于文明群体中的任一成员,所以能够施用一种权力以反其意志而不失为正当,唯一的目的只是要防止他人的危害。"[3]也许有人会说,"黄碟案"毕竟只是我国刑事司法实践中的个别事例,并不能代表我国整个刑罚实践的总体价值取向。但笔者认为,这种认识并不妥当。原因在于:第一,"无害他人"是检验刑罚政策价值取向的最佳标准,如果政策在"无害他人"的情况下仍然会产生"恶行",那么不管这种"恶行"多么少见,多么微小,也表明支撑现有政策的价值导向存在问题。第二,在很多诸如"黄碟案"的"无害他人"情况下,我国的刑罚政策都宁肯减损个体利益也不愿意同时增进"社会利益和个体利益"。也许还有人会说,上述现象不能归结为刑罚政策,充其量只是执行政策的偏差。但是,笔者认为,它们实际上是原有政策的自然效应,是动用刑罚过程中体现出来的实然的刑罚政策。

(二)我国现阶段刑罚政策的调适

基于上述现实,笔者认为,现行的刑罚政策有必要朝刑罚应有的伦理方向进行调适。

---

〔1〕[美]约翰·罗尔斯:《正义论》,何怀宏等译,中国社会科学出版社2003年版,第71页。

〔2〕参见《夫妻家中看"黄碟"是否违法》,载南方网,http://www.southcn.com/news/community/shzt/db/200208271318.htm。

〔3〕[英]约翰·密尔:《论自由》,许宝骙译,商务印书馆1959年版,第10页。

第一,在总体的刑罚政策上树立刑罚轻缓化的认识。偏重社会利益的刑罚政策一般都认为犯罪是由犯罪人自身的原因所造成的,社会之于犯罪没有责任,所有犯罪的恶果(包括刑罚)都应该由犯罪人自己来承担。在此认识的基础上,这种政策认为刑罚,特别是重刑是对犯罪人进行报应,对潜在犯罪人进行威慑的最好的工具,而且刑罚来得越快、越重对犯罪的治理效果越好。对此有学者指出,在“从重从快”的刑事政策的驱动下,“不可多杀的死刑政策发生了动摇,死刑随之大量适用。从‘可杀可不杀的不杀’演化到了‘可杀可不杀的也要杀’”[1]。

这种政策由于没有看到个体利益在伦理目标实现中的地位和作用,是不全面的认识。如上所述,伦理目标在于同时增进社会利益和个体利益,因此如果每一项社会活动都能以实现伦理目标为最终目标,那么犯罪现象就不会发生;既然犯罪发生了,也就意味着伦理目标尚未实现,更进一步说,犯罪的产生源于社会和个人两方面原因的共同作用。因此,着眼于同时增进社会利益与个体利益,符合社会伦理要求的刑罚政策应当是既有能力、有胆识分担产生犯罪的社会责任的政策,又是专注于实现罪刑均衡,坚持人道主义行刑方式的政策。这就要求国家承担起自身应负的责任,将原来完全由犯罪人承担的犯罪责任分担出来,从而实现刑罚轻缓化。

第二,在死刑政策上树立限制死刑的认识。从伦理目标的实现上看,让人活总比让人死更符合伦理目标。但不可否认的是,对于那些极端恶劣的犯罪人来说,如果让其继续生存在社会上,其所带来的恶害将远远超过其所能带来的利益,特别是对于我国这样一个人口大国,现有的物力财力难以支撑将所有天生杀人犯予以终身监禁。因而死刑的适用对于中国来说不可避免。换言之,在社会利益与个体利益发生冲突且不可调和的情况下,牺牲个体利益,让杀人犯享受人道主义的死刑,这同样符合伦理目标。因此,在废除死刑尚不具备条件时,限制死刑就是一个次佳的方案。

对此,有学者指出,“中国现状不存在废除死刑的社会基础。当刑罚成为预防犯罪的最主要手段的时候,当不害人不能成为被社会公认的社会基本行为准则的时候,当每个人都为自己的生命安全担忧的时候,废止死刑是不可能的。保留死刑的根本原因是应对社会的基本行为规则丧失的情况”[2]。不过,应当指出的是,虽然保留死刑符合社会伦理目标,但与构建和谐社会的终极价值目标或者说政治伦理存在一定的矛盾——杀人越多,社会积怨和矛盾越多,社会就难以和谐,因此必须限制死刑。

从体现社会伦理的角度来看,限制死刑有两方面的意思。一方面,在犯罪总量一定的情况下,对于适用死刑的罪名应当严格控制,至少对于那些不以害人性命为目的的犯罪不应该配置死刑刑种,对于那些不以害人性命为目的的犯罪配置死刑将导致轻罪向重罪、牟利性犯罪向杀人犯罪转化的恶果。对此,孟德斯鸠曾指出,“在中国,抢劫又杀人的处凌迟,对其他

---

[1] 陈兴良主编:《中国死刑检讨:以“枪下留人案”为视角》,中国检察出版社 2003 年版,第 13 页。

[2] 此观点为陈忠林教授在 2002 年 12 月在《人民司法》编辑部组织召开的“关于刑罚适用及其价值取向问题研讨会”所作发言的观点。转引自李洁:《论罪刑法定的实现》,清华大学出版社 2006 年版,第 187 页。

抢劫就不这样，因为有这个区别，所以在中国抢劫的人不常杀人；而在俄罗斯，抢劫和杀人的刑罚是一样的，所以抢劫者经常杀人，他们说：'死人是什么也不说的'"[1]。孟德斯鸠的总结值得引起当代中国刑事政策制定者的高度重视。另一方面，绝对死刑应予修改，死刑的适用标准应该全国统一。

第三，在刑罚执行政策上树立行刑方式人道化的认识。从社会伦理的角度上看，人道的行刑方式由于将受刑人当人看，保存了受刑人最基本的人格尊严，比野蛮、残酷、冷漠的行刑方式更符合伦理目标。应当承认，我国在人道行刑方面已经探索出了许多值得立法肯定的做法，如在监狱建立学校、让罪犯学习回归社会所必要的知识和技能、让改造表现好的罪犯能够在春节与家人团聚、允许罪犯结婚、让已婚的罪犯能够定期享有天伦之乐、引入社区矫正制度等。当然，人道行刑的适用空间还有待于进一步拓展。

二、刑罚体现社会伦理的立法完善

立法是理论走向实践的第一环节，缺失立法支持的刑罚理论、刑罚政策，难以被社会大众所认识，理论只有被立法所采纳，才会获得普遍的实践生命力。

（一）我国《刑法》的刑罚立法现状分析

第一，死刑设置过多。我国现行《刑法》有68个罪名规定了死刑，导致死刑使用过滥，严重削弱了政府积极发展经济，努力改善民生的形象。

第二，没收财产制度不合理。没收财产，是指没收犯罪人本人财产的一部或者全部的刑罚。作为一种理想化的设计，没收财产被用来为达到彻底剥夺犯罪人再次犯罪的经济能力服务。然而，这一刑罚远未达到这样的目的。其中原因在笔者看来主要有两点。一方面，积累了一定财产的公民，往往已经组成自己的家庭，或者与自己的父母同财共居，除了动产，其有份额的不动产与家人的不动产形成不可分割的整体，导致其不动产无法没收；即使是动产，也可能是罪犯与其家人共同使用的生产资料和生活资料，如大型牲畜、车辆等，没收后必然影响罪犯亲属的正常生产与生活。另一方面，没收财产与《物权法》确定公民财产权属并予以保护的旨趣相冲突。

第三，剥夺政治权利的内容有失当之处。褫夺公权，曾经是全世界普遍采用的刑罚，至今还为许多国家所采用。然而，我国《刑法》所规定的剥夺政治权利的刑罚，是以剥夺罪犯的选举权、被选举权，言论、出版、集会、结社、游行、示威自由，以及担任国家机关职务，担任国有公司、企业、事业单位和人民团体领导职务的权利为内容的。反思该刑罚，我们不难发现，其剥夺罪犯言论自由、出版自由、集会、结社、游行、示威自由的做法，与国际法律文件中所确认的基本人权存在冲突。

第四，重刑色彩浓厚。我国《刑法》是一部重刑刑法，这是无须争论的事实。除死刑条款已经多至罕见之外，绝大部分条款都设置了10年以上有期徒刑、无期徒刑，即使过失犯罪，也有可能被判处7年以上有期徒刑，如交通肇事罪，执行判决、裁定失职罪，失职致使在押人员脱逃罪等。

---

〔1〕［法］孟德斯鸠：《论法的精神》（上），张雁深译，商务印书馆1961年版，第92页。

第五,在刑事责任上,没有明确规定对未成年人不得适用无期徒刑。无期徒刑又被称为终身监禁。无期徒刑的适用,将给未成年罪犯带来沉重的心理压力,同时,监狱的交叉感染很容易使可塑性很强的未成年人受到精神和心智的污染。

第六,没有明确规定对老年人免除死刑、无期徒刑,也没有明确规定人道行刑的内容。

(二)刑罚立法完善的建议

第一,将限制死刑的内容写入刑法。死刑虽然有报应主义的伦理基础,但泛滥的报应主义,既与功利主义的刑罚目的相冲突,也违背了人道主义的政治伦理。笔者认为,由于在当代中国并不具备废除死刑的社会基础,为了避免突然废除死刑可能会给社会带来情绪的爆发而急剧增加严重暴力犯罪的发生,我们可以按照联合国《公民权利和政治权利国际公约》的要求,把死刑保留在严重暴力犯罪范围内,并制定严格、统一的死刑适用指南,控制死刑适用的数量。同时,应规定人道的死刑行刑方式。一是规定对于即将被执行死刑的死刑犯,有与家属见面的权利,使死刑犯最后再感受一点亲情,这符合"无害他人"增加社会利益及个人利益的伦理目标。二是规定死刑宣判后的暂缓执行期。毛泽东曾说:"一颗脑袋落地,历史证明是接不起来的,也不像韭菜那样,割了一次还可以长起来,割错了,想改正错误也没有办法。"[1]因此,暂缓一段时间执行,用时间来检验一下判决结论的正确与否,符合伦理目标。三是规定对独生子女犯罪人一般不适用死刑立即执行。中国自20世纪70年代实施"计划生育"政策以来,整个社会的家庭结构逐渐呈现出"四二一"式的不稳定结构,这种家庭结构抗风险能力比较低下。特别是家庭内的独生子女因病、因灾、因罪而死亡后,整个家庭不仅"望子(女)成龙(凤)""传宗接代"的愿望破灭,而且影响到整个家庭的经济和生活保障,严重的还会造成家庭解体,增加社会不安定因素。因此,对于独生子女死刑犯,给予他们生的机会,让他们能够活下来,能够抑制因受刑人死亡所产生的不安定情绪的集聚和激化。

第二,在刑事责任上,明确规定对未成年人不得适用无期徒刑。未成年人不成熟的心智决定了国家应当对其采用以教育为主的刑罚手段。特别是在一个家庭只有一个孩子的情况下,孩子被判处无期徒刑,无疑意味着给其父母、家庭带来生活的绝望,激发他们对政府和社会的对抗心理,引发社会矛盾。因此,刑法应明确规定对未成年人不适用无期徒刑。

第三,废除没收财产刑。在一个法治社会里,公民私有合法财产神圣不可侵犯,是国家必须遵守的伦理原则。这一原则,与公共财产神圣不可侵犯具有同样的重要地位。作为没收犯罪工具和犯罪所得之外的制裁措施,没收财产具有侵犯公民财产权的不正当性。作为报应刑,它缺乏所对应的侵害事实和伦理基础;作为功利刑,它断绝了死刑犯以外的犯罪人回归社会的物质基础,与刑罚的功利目的相违背。因此,没收财产刑应予废除。

第四,修改剥夺政治权利刑的内容。《刑法》规定,对于被判处死刑、无期徒刑的犯罪分子以及危害国家安全的犯罪分子应当适用该刑罚,对于故意杀人、强奸、放火、爆炸、投放危险物质、抢劫等严重破坏社会秩序的犯罪分子,可以适用该刑罚。然而,笔者认为,即使该刑

[1] 《毛泽东选集》(第5卷),人民出版社1977年版,第281页。

罚对于危害国家安全的罪犯而言具有报应的根据,也缺乏功利主义的正当考虑。因为对于被处死的罪犯而言,剥夺其上述权利毫无意义;对于活着的罪犯来说,剥夺其言论自由和出版自由不仅缺乏现实性,而且具有不合理性——如果罪犯要出版文学作品(尤其是具有教育意义的忏悔录)、科技作品、具有历史价值的回忆录怎么办?对于非政治性的犯罪分子而言,剥夺其政治权利既无报应刑对应的行为事实,也无功利刑的正当理由。因此,剥夺政治权利的刑罚内容需要修改。

第五,将刑罚轻缓化的内容写入现行法律。构建和谐社会,必然要求刑罚轻缓化,因为严厉的刑罚容易树立社会对立情绪,普遍化的严刑峻法也将急剧累积社会矛盾,所以,从社会伦理的角度上看,刑罚轻缓化的主张远比重刑化的主张更符合和平时期、建设时期的社会伦理目标。

第六,规定对老年人免除死刑和无期徒刑。对老年人免除处罚,源自西周。《礼记·曲礼上》说:"悼与耄,虽有罪,不加刑焉。"这意指对80岁以上的老人和7岁以下的孩子,即使犯了罪也不加处罚。当今一些国家也在刑法中规定,对70周岁以上老人不适用死刑。这些规定,体现了人类矜老恤幼的共同伦理,值得继续传承和借鉴。笔者认为,我国已经逐步进入老年社会,更需要彰显尊老矜老之伦理。老年人随着生理功能的下降,再犯能力自然降低,也无处死或者终身监禁之必要。同时,老年人长期处于被监禁状态,除了监禁成本问题外,还有亲情疏远淡化,家人拖累增加等一系列问题难以解决。考虑到目前各地制定的有关老年人权益保障的地方性法规中,大多把70周岁作为老年人的标志,故宜将免除死刑和无期徒刑的年龄规定为70周岁以上。

三、刑罚体现社会伦理的司法实现

体现社会伦理的刑罚要由书面上的法向实践上的法转变,关键还在于司法环节。司法是刑罚立法走向刑罚实践的桥梁。由于刑罚司法并不涉及权利义务的分配、刑罚种类的创制,刑罚司法体现社会伦理的关键在于如何将刑罚立法中的伦理特征表现出来,从而实现法律效果、社会效果与政治效果的统一。

司法应当远离伦理道德评价,这是一部分国内学者盲目接受西方部分法学流派的观点而提出的主张。其理由是,如果司法掺入了司法官员的伦理道德评价,司法就会变得情绪化,法官就难以作出公正的审判。然而,人非草木,孰能无情?要求司法人员公正处理案件,不等于要求他们封闭其正常的伦理道德心灵。个案的审判,应当体现法律效果与社会效果、政治效果的高度统一,这是审判艺术实现刑法价值与刑罚目的的内在要求,因此,所谓"法网无情"之类的说法,只不过是文人吸引读者眼球的艺术表现。法网应当杜绝的是私情,因此才有回避制度,但法网不能割裂人类的美好情怀。情、理、法和谐一致的处理结果,方能让公民感受法律的脉脉温情和亲和力,才能使其真心信仰法律、自觉遵守法律。如果人类可以摆脱正常情感审理案件,那么根本无须人类充当法官,机器人会比人类更容易处在中立位置,会比人类更加胜任"无情"的裁判。我们经常说,司法是一门经验性的工作,英美法系国家的法官通常由中老年人担任,不仅仅因为司法要求专门的知识,更重要的是社会阅历的丰富,能够使年长者通晓人情世故。熟悉司法工作的人可能都会知道,人生经验是感悟法律的重要条件,酌定情节的灵活运用绝非来自法律的精确指导,而是依靠拥有丰富社会经验的法官的自由裁量。而如果没有蕴含美德的社会经验的指引,法官的自由裁量将会带来灾难性的后果。

从理论上说,刑事责任意味着国家对犯罪行为作出了否定性评判。这种评判具有伦理和法律的双重属性。伦理的评判,包含了道义和价值的内容。刑事责任的双重属性,决定了刑事司法不可能也不应当独立于伦理道德之外进行,也决定了刑罚适用的过程,应当注重刑罚的伦理效果——包括社会伦理效果和政治伦理效果——与法律效果的统一。当然,道德评判不应造成情绪化的判决结果。

在我国刑事司法实践中,伦理性的司法取得了许多进步,标志着中国刑事司法文明化程度大大提高,比如,宽严相济政策的提出,体现了惩办与宽大处理相结合的政治伦理;《律师法》关于律师辩护言论免受追究的规定,体现了国家尊重被告人辩护权和保障律师执业自由的伦理道德情操;允许被告人身穿体面服装接受审判,在一定程度上传达了无罪推定原则已经成为司法官员自觉遵守的伦理原则的信息;让被告人从离开看守所到进入法庭途中戴着头套,体现了司法官员尊重被告人人格尊严的伦理道德;刑事和解的试行,直接使"和谐"的伦理道德理想付诸实践。但我们也应看到,现实司法伦理性的程度还应得到进一步加强。

第一,法律没有规定非法证据排除规则,导致禁止刑讯逼供的规定停留在口号意义上。刑讯逼供获得的证据被赋予了定罪和施刑的效力,这与禁止刑讯逼供之间形成了制度上的断裂。因此,我们很有必要在将来《刑事诉讼法》的修改中规定非法证据排除规则。

第二,法律没有规定辩诉协商制度,导致检察机关基于法律之外的种种考虑而将证据上存在重大疑点的案件提起公诉,法院也基于此类考虑而作出有罪判决,以致错案不断发生。辩诉协商制度隐含了中庸思想,是侦查机关、公诉机关在缺乏定案的直接证据的情况下为了实现相对的公平正义而被迫作出的妥协。如果没有这种妥协,司法机关将陷入要么勉强作出有罪判决,要么释放犯罪嫌疑人、被告人的两难境地。选择前者,可能冤枉无辜,侵犯人权,即使日后正义得到伸张,被害人的亲属以及被冤枉的无辜者的亲属也早已经遭受了精神上、经济上的痛苦折磨,甚至家破人亡。此时到来的正义,对他们来说已经毫无意义。所谓"迟来的正义不是正义",就是这个意思。选择后者,则可能放纵犯罪,被害人失去的正义无法得到伸张,牺牲秩序维护价值。相反,辩诉协商制度有可能让心中无底,担心招致更严重处罚的犯罪嫌疑人、被告人主动坦白认罪,换取较轻处罚,实现相对的公平正义。同时,国家有限的司法资源还能得到节约,效率价值也能得到充分实现。因此,该制度具有合理的伦理价值,应该由《刑事诉讼法》予以明确规定。

第三,法律没有规定刑事和解制度。刑事和解是建立在恢复正义理论基础上的诉讼制度,是指特定范围内的犯罪的被告人在中立者的调停下,通过真诚的赔礼道歉和适当的经济赔偿取得被害人及其亲属的谅解,司法机关由此对犯罪嫌疑人、被告人作出不起诉决定或者从轻处罚、免除处罚判决,以尽快恢复正义的制度。这种制度不仅蕴含着效率价值、正义价值,更重要的是其所具有的和谐价值。因此,应当将刑事和解制度引入到我国《刑事诉讼法》中来。

第四,对"八议"制度予以扬弃。八议之制,即对亲、故、贤、能、功、贵、勤、宾等八种人中的犯罪者网开一面,始成于周代,延续于清末。自笔者记事以来,见到的都是批判该制度的文章,批判的理由都是谓之以封建特权。笔者认为这是片面的认识。法律面前人人平等的法治原则,其精髓是反对特权、反对歧视。基本道理在于反映特权与歧视的因素,与行为本身的社会危害性以及行为人的人身危险性没有直接联系,如宗教信仰、民族种族、出身贵贱、财富多寡、地位高低、党派属性、相貌美丑等,八议中的亲、故、贵、宾即属此类。而贤、能、勤、功表明行为人之人身危险性一般弱于不贤、无能、不勤、无功之流,改造余地也一般大于后者,对其在定罪或者量刑方面网开一面,既有法理支撑,也符合宽严相济政策,还有刑罚个别化原则作为依据。对其网开一面,实质上是对贤、能、勤、功行为表现的肯定,有利于鼓励公民平时积极建功立业、奋勇上进。若其与不贤、无能、不勤、无功之人犯同样的罪错,对两类不同的人作同样的处理,恰恰违背公平正义的要求。就定罪而言,从我国《刑法》第 13 条规定结合《刑事诉讼法》关于相对不起诉制度的规定来看,对贤、能、勤、功者实施情节轻微的犯罪行为者,也可以作出不起诉决定;就量刑而言,《刑法》第 61 条规定了量刑的原则,即"对于犯罪分子决定刑罚的时候,应当根据犯罪的事实、犯罪的性质、情节和对于社会的危害程度,依照本法的有关规定判处"。而犯罪的情节包括法定情节与酌定情节,几乎所有的刑法教科书都写明,行为人的"一贯表现"是量刑的酌定情节之一,都赞同对平时一贯表现好的人适当从宽处罚,对一贯表现差的人适当从重处罚。

从法理上说,刑法平等适用原则是法律面前人人平等原则的刑法化,刑罚个别化原则又是对刑法平等适用原则的具体化。因为平等适用刑法,要求对同样的事实作出同样的处理,用民间术语来说即"一碗水端平",用罗尔斯《正义论》中的话语表达即"(刑罚)分配结果公平",用刑法并合主义的刑罚观来概括,即已然之罪(指行为)加未然之罪(指人身危险性)与刑事责任及刑罚之间的均衡。详言之,对实施了同样的罪行(指行为),具备了同样的人身危险性的人,应当作出同样的处理;对实施了同样的罪行(指行为),但不具备同样的人身危险性的人,当然应当作出不一样的处理。这是一种法、理、情高度统一的选择,也是刑罚伦理性的合理选择。在刑罚领域反思传统的伦理规范,应当进行这样的选择。

第五,刑罚适用应当以中庸为常态。中庸即不偏不倚,不走极端。极端化的刑罚适用,必将衍生新的社会矛盾而导致社会不和谐,因此,和谐的政治伦理决定了社会治理中庸化的必要。中庸与相对的公平正义,与辩诉协商制度、刑事和解制度具有内在联系,在被告人与被害人之间,进而在社会利益与个人利益之间容易找到利益的平衡点,而这种平衡点,也就是法律效果与社会效果、政治效果相统一的连结点。因此,笔者认为:中庸守公平,人道出正义,和谐意味着秩序维护与人权保障中庸地得到并重。中庸之刑即公平之刑,人道之刑即正义之刑,秩序与人权并重之刑,乃社会和谐之促进手段。

论社会管理创新中的刑事法治问题*

2004年9月党的十六届四中全会提出"加强社会建设和管理,推进社会管理体制创新"的要求。2007年党的十七大报告提出要"健全党委领导、政府负责、社会协同、公众参与的社会管理格局"。2009年底全国政法工作电视电话会议强调将"社会矛盾化解、社会管理创新、公正廉洁执法"作为三项重点工作。社会管理创新作为新时期一项重要决策,如何发挥其在社会建设中的作用,成为摆在理论界和实务界面前的一项重要工作。

一、社会管理创新与刑事法治的契合

(一)刑法是社会管理创新的一个重要方面

法治国家,法律成为一切组织和个人的基本行为准则,承担起大量的社会管理职能,成为社会管理中最为重要的手段和工具。正如有学者指出:"法律是社会管理的制度基础,新的社会管理的理念、制度、体制机制、方式方法都要通过法律和多层次的规范性文件形式得以表现。"〔1〕因此,推进社会管理创新,关键在于认真贯彻各项法律制度和法律规范。社会管理的发展方向应当是与社会主义法治国家和法治政府的建设相结合,始终将社会管理置于法治化轨道上,以法治理念为指导,以法律程序和法律规范为支撑,依法管理。〔2〕从这个意义上来说,社会管理创新践行于刑法领域也是顺理成章的事情。

在现代社会,刑法发挥着保卫社会、保障人权的机能,我国现行刑法即"为了惩罚犯罪,保护人民","用刑罚同一切犯罪行为作斗争,以保卫国家安全,保卫人民民主专政的政权和社会主义制度,保护国有财产和劳动群众集体所有的财产,保护公民私人所有的财产,保护公民的人身权利、民主权利和其他权利,维护社会秩序、经济秩序,保障社会主义建设事业的顺利进行"。刑法通过惩罚犯罪维持社会的稳定,保障

---

* 本文原载于《中国法学》2012年第2期,由高铭暄教授与陈冉合作完成。

〔1〕 刘旺洪:《社会管理创新与社会治理的法治化》,载《法学》2011年第10期。

〔2〕 参见应松年:《社会管理创新引论》,载《法学论坛》2010年第6期。

民众的安全,这与社会管理的任务是一致的。面对社会发展变化所出现的环境犯罪、食品安全犯罪、网络犯罪、有组织犯罪等新型犯罪,亟须刑法的及时介入,合理利用刑罚手段予以打击,以此保障社会持续、健康、协调地发展,促进社会和谐及人与自然的和谐,维护国家安全和社会稳定,巩固中国共产党的执政地位。[1] 所以社会管理创新必然要求刑法随着社会情势的发展而发展,将社会中出现的新型犯罪行为及时从立法和司法上予以有效规制,更好地发挥刑法对社会安全的保护作用。

需要说明的是,刑法作为社会管理创新的一个重要方面与刑法坚持自身的原则并不相悖。现代社会,经济的急速发展与社会关系的高度分化使社会呈现出风险的特征,而刑法面对危及社会安全的风险行为必然需要有积极的反应,进行自身调整,包括定罪标准、归责原则、刑罚功能等,这是刑法的社会性所决定的。因为刑法的社会性,在立法和司法过程中,当缺乏先验的立法和司法技术手段时,社会的需要就成为一个软标准,成为最容易为立法者和司法者所感触的标准,但是这个软标准仍然需要受制于刑法基本原则。提出社会管理创新,并不是要突破刑法的基本原则,在刑事法治领域内回应社会管理创新,仍然需要坚持罪刑法定原则、罪责刑相适应原则、刑法适用人人平等原则。以罪刑法定原则来说,社会管理创新提出了如何运用刑法手段的问题,但是并不能简单地认为社会管理需要,刑法则介入,社会管理不需要,刑法则退出,而仍然需要通过"罪与非罪"的立法和司法进程来推进。再以罪责刑相适应原则来说,社会管理创新所提出的人性化管理与刑法对未成年人、老年人等特殊社会群体的人道刑罚处遇也是一致的。刑罚的轻重应当与行为人所犯罪行和承担的刑事责任相适应,不能借口所谓社会管理的需要就对没有责任的人科刑,或者对罪轻的人科以重刑。

因此社会管理创新只有在坚持刑法的基本原则的前提下,才能实现在刑法领域的真正展开,实现刑法作为社会管理创新重要方面的积极作用。

(二)刑法在社会管理创新中的作用是有限的

在传统社会结构中,受到重刑思想的影响,国家对犯罪的反应往往是积极主动的,每当犯罪态势严重、犯罪率上升,人们便会产生"治乱世用重典"的思想。突出表现在:通过大量的犯罪化和加重刑罚的惩处力度"以刑去刑"。这种刑法介入社会管理的模式简单而粗暴,为了追求理想中的"除恶务尽",动辄不惜一切代价消灭犯罪,这事实上是将刑法与社会管理的关系简单化了,正因为如此,刑法往往沦为百姓口中所谓"统治者的工具"。从刑法保护法益的角度来说,"惩罚犯罪"面对的是已然的犯罪,法益已经遭受侵害,事后过度或不力的惩罚反而有可能激发新的矛盾和犯罪,所以这种介入往往并非"善治"之所在,我们更应该关心犯罪的预防,在预防法益被侵害方面作出努力,而刑法的强制性和严厉性又使得其不能过早介入,这也就决定了刑法在预防犯罪中的作用是有限的。

随着犯罪学的发展,犯罪产生的原因逐渐被揭示,犯罪原因论由个人走向社会,正如意大利学者菲利指出的:"犯罪是由人类学因素、自然因素和社会因素相互作用而成的一种社

---

[1] 参见赵秉志:《现代刑事法治是和谐社会的基本保障》,载《中国特色社会主义研究》2006年第1期。

会现象。这一规律导致了我所讲过的犯罪饱和论,即每一个社会都有其应有的犯罪,这些犯罪的产生是由自然和社会条件引起的,其质和量是和每一个社会集体的发展相应的。"[1]科学研究一再证明,盲目的严刑峻法并不能达到预防犯罪的目的,刑法只能作为防治犯罪的一种手段。对犯罪原因的理性认识,使得人们的犯罪观发生了重大变化,从"消灭犯罪"转向了"控制犯罪"。这一时期,刑事政策也得到了较快的发展。刑事政策(criminal policy)的核心即防止犯罪,将危害社会秩序的行为、反社会的行为作为犯罪加以制止,包括犯罪预防和对犯罪人处以适当制裁的犯罪抑止,不仅要考虑犯罪人的重返社会,更须考虑刑罚的一般预防效果和以犯罪动向的预测为基础的预防犯罪组织活动,以及运用立法、司法和行政的策略等。[2] 刑事政策着眼于犯罪的综合治理,对犯罪的治理不仅包括预防犯罪方面的也包括处罚犯罪方面的,既包括刑罚方面的,也包括刑罚之外的,对犯罪的反应不再是事后惩罚为主,而是着眼于事前的预防,力求在刑法启动之前穷尽各种治理手段,把犯罪发生的概率以及对社会造成的不良影响降到最低。

事实上,刑罚作为一种来自外部的心理威慑力量,显然不可能与促成犯罪的基本矛盾等深层次原因相抗衡。[3] 也正是在这个基础上,社会管理创新与刑法具备了实质的结合点。只有在消除或者至少是减少社会矛盾与社会结构中导致犯罪的原因力的基础上,刑罚才能发挥其有限而短促的作用,正如安塞尔指出的,"刑法对犯罪现象、法学家对犯罪现象的研究以及所谓解决办法的专有权,这一刑法的垄断性正在逐渐消失"[4]。刑法并不再是治理犯罪的唯一手段,而是与其他经济手段、行政手段等相配合使用的治理犯罪的措施,而且该措施仅居于次要的辅助的地位。表面上刑法对社会管理的影响力似乎在减弱,从古代的"诸法合体,以刑为主"变为当今的"次要辅助",但是理性地来看,这种变化正是在合理地组织对犯罪的反应,并不是要削弱刑法的调控功能。对于刑法的调控功能的实现,笔者认为应当遵守下列几个基本原则[5]:(1)适度原则。包括广度和力度两个方面,前者在于划定罪与非罪的界限,后者在于对不同犯罪给予相应刑罚处罚。(2)预防原则。强调刑法不能局限于事后制裁,而应寻求发挥事前预防和减少犯罪的作用。(3)协调原则。刑法调控应当高度重视与其他法律调控机制整体运作的内在协调。从目前讨论热烈的醉驾问题来看,醉驾在《刑法修正案(八)》出台以前,只是一个行政处罚问题,而现在已经成为一个刑法问题。结合醉驾入罪的社会背景,对醉驾行为打击力度的升级,与近年来不断恶化的交通安全状况以及民众普遍对醉驾所形成的"风险"难以容忍有着密切关系。凤凰网曾就增设危险驾驶罪问题对16,341人进行了在线调查,结果显示:"支持的"15,042票,占92.1%。[6]

长期以来,我国刑法直接规定道路交通安全内容的仅有交通肇事罪,但该罪为结果犯,

---

[1] [意]恩里科·菲利:《实证派犯罪学》,郭建安译,中国政法大学出版社1987年版,第43页。

[2] 参见[日]大谷实:《刑事政策学》,黎宏译,法律出版社2000年版,第14页。

[3] 参见储槐植:《认识犯罪规律,促进刑法思想现实化——对犯罪和刑罚的再思考》,载《北京大学学报(哲学社会科学版)》1988年第3期。

[4] [法]马克·安塞尔:《新刑法理论》,卢建平译,香港天地图书有限公司1990年版,第30页。

[5] 参见高铭暄:《刑法肄言》,法律出版社2004年版,第60~61页。

[6] 参见叶良芳:《危险驾驶罪的立法证成和规范构造》,载《法学》2011年第2期。

而具有极高危险性的醉驾行为仅受到行政处罚，违法成本较低，在这种轻缓的处罚措施下，民众的交通安全无法得到切实的保障，严重影响了法律的权威以及人们对公平正义的信心。因此从立法层面来看，醉驾的入罪，是立法者在面对"风险社会"时，社会政策渗入刑事立法的一次理性回应。当"被允许的危险"理论成为风险社会中风险制造方的免死金牌时，我们并不能容忍极端漠视危险的肇事者。醉酒驾驶作为一种极端漠视公共安全的行为，已经超过了被允许的危险的范畴，为了保障道路交通安全，刑法的介入既有必要而且可行。从醉驾入罪的效果来看，据统计，截至2011年年底，全国醉酒驾驶机动车8756起，较上年同期下降33.6%。全国因酒后驾驶机动车造成交通事故死亡134人，较上年同期下降31%，其中，因醉酒驾驶机动车造成交通事故死亡人数较上年下降33.1%。[1] 立法所产生的积极效果是显著的。

但对于立法的这种介入，仍然需要把握刑法调控的力度。该罪的表述在审议过程中前后经历了一些变化。《刑法修正案（八）》草案第一次审议稿规定，在《刑法》第133条后增加一条，作为第133条之一："在道路上醉酒驾驶机动车的，或者在道路上驾驶机动车追逐竞驶，情节恶劣的，处拘役，并处罚金。"在第二次审议过程中，为了进一步明确醉酒后驾驶机动车的犯罪界限，法律委员会同有关方面研究，建议将这一条修改为："在道路上驾驶机动车追逐竞驶，情节恶劣的，或者在道路上醉酒驾驶机动车的，处拘役，并处罚金。"第三次审议稿以及最终通过的立法条文均保持了后者的写法。从法条表述顺序的变化，我们可以看出，立法者之所以作此调整，是为了避免产生对醉驾入罪以"情节恶劣"为限制的误解，影响该罪在实践中的具体把握，不利于有效地预防和减少道路交通安全事故的发生。

虽然立法对醉驾的入罪未以"情节"相限制，而且根据2011年4月22日所修正的《道路交通安全法》第91条的规定，醉酒后驾驶机动车的行为人处以拘留和罚款的规定被删除，而改为一律追究刑事责任。按照公安部的指示精神，对于醉驾案件，各地公安机关要一律立案。但笔者认为，"立案"只是刑事办案流程的开始，并非终结，对醉驾仍然可以在诉讼阶段包括审判阶段分情况处理。《刑法》总则第13条规定，"但是情节显著轻微危害不大的，不认为是犯罪"。《刑法》总则第13条的规定同样适用于《刑法》分则的各项条款。所以，对《刑法》分则中有关"醉驾入罪"的规定，也不能绝对排除《刑法》总则第13条"但书"的适用。对于醉驾中确属情节显著轻微、危害不大的仍然可以不作为犯罪处理。举例来说，醉驾者如果深夜行驶在远郊人车稀少的地方，而且里程短、速度慢，在当时也找不到他人代驾，那其危险性就比白天醉驾行驶在要道、闹市的要低很多。对这种情况，按照《刑法》总则第13条但书的规定不认为是犯罪，并无不妥。当然，这种情况在实践中是极个别的，醉驾原则上是要入罪的。

综上，刑法作为社会管理创新的一个方面，不仅表现在对法益的直接保护，还表现在借助刑事政策实现对犯罪的治理。前者着眼于刑法现实的保护层面和力度，后者则表现在与

---

〔1〕 参见《"醉驾入刑"元年　河南全省涉酒交通事故下降四成》，载大河网，http://news.dahe.cn/2012/01-20/101058574.html。

其他社会管理手段的配合，以此推动社会良性治理。良性治理不仅包含了目的之善，也包括了手段之善，在刑事司法中不能期望将法律无限精细化、绝对确定化，这种情况虽然在短时期可能起到一定的威慑作用，但从长远来看，必然会因为忽略了司法实践的现实情况而丧失刑法的公正，也终将使刑法因严苛而丧失公众的信赖。

（三）刑法是社会管理创新的最终保障

社会稳定是任何类型社会谋求发展的基础。我国改革开放三十多年来经济、社会的高速发展，在相当程度上得益于社会的基本稳定，而这离不开刑法在坚决、有力、有效地打击严重危害社会秩序的犯罪中所发挥的作用。当前提倡社会管理创新，自然需要创新经济手段、民事手段、行政手段介入社会生活的各种方式，但这种介入如果缺少了刑法的最终保障，必将使得创新动力不足，影响社会管理的最终效果。正如有学者所指出的，“在现代社会，刑法是一切法律（包括宪法）的保障法，在刑法‘缺席’的情况下，人们不能过一种安全、符合基本规则的社会生活和私人生活。有刑法保障的生活或许不是最自由的生活，但是，却不是境遇最差的而是可以大致预期自己行为的妥当性、他人在一定背景下应承受相应否定性评价的生活”[1]。

从我国当前改革的现实国情来看，中国的现代化建设取得了巨大的成就，但也付出了不小的代价。客观上我们的社会发展了，但人们之间的关系反而更加紧张。在富士康“十连跳”事件中，社会变迁时期被边缘化的劳动者不得不采取极端方式诉求自身利益，对于这一被边缘化的弱势群体，法律也被边缘化。正因如此，《刑法修正案（八）》开启了关注民生犯罪的动向，将危险驾驶行为、拒不支付劳动报酬行为规定为犯罪。对于该问题，立法审议中一度出现了争议，以拒不支付劳动报酬罪为例，有学者主张对此行为完全可以依照民事行为进行起诉，这种观点从表面看来并无错误，法律的确对该行为有所规制，但我们也应该看到民事手段介入的有限性，正是因为缺乏有效的制裁，这种恶意欠薪的行为才愈演愈烈，直至酿造出一幕幕严重危害社会的惨案。在我国从农业社会转向工业社会的进程中，劳动关系将成为社会稳定的一个重要方面，如果刑法不能提供有效的保障，所谓的“保民生”只能成为一句空谈，唯有刑法的最终保障才能使得“法益”保护的力度落到实处。

值得注意的是，对于该重要保障作用的发挥必须坚持最后性，“刑法是社会治安综合治理的庞大系统工程中的重要组成部分，但也只是其中一个重要手段，而不能把它的作用不科学地夸大和片面化，认为刑法是根本的或唯一的方法”[2]。现代社会是风险社会，食品药品安全、环境安全、公共卫生安全都直接涉及千家万户，这就要求对违法犯罪行为必须有效打击。针对社会发展所出现的新型危害行为，必须首先考虑使用民事、行政等法律规范对其进行调整，只有当这些民事、行政处罚手段无法有效遏制某种危害行为时，我们方可以启动刑法来寻求最终的保障。

刑法的天然属性使得其与社会管理存在紧密的互动关系，刑法的保障法地位，又决定了

---

〔1〕 周光权：《刑法学的向度》，中国政法大学出版社2004年版，第88～89页。

〔2〕 高铭暄：《刑法肄言》，法律出版社2004年版，第58页。

社会管理创新需要刑法作坚强的后盾,保障秩序稳定。在运用刑法——社会关系的最后调整利器的过程中,我们必须经常作经济分析,使实现刑事责任、惩罚犯罪的制度(包括立案、侦查、起诉、审判、执行等一系列司法制度)的运转成本实现最小化。在刑事法治的发展中既要发挥保障社会安全的机能,又要坚持人权保障的宗旨,在刑法与社会管理创新的契合点上积极寻求刑事法治的发展。

二、社会管理创新对刑事法治的要求

在社会主义法治国家,社会管理创新必须以法治观念为指导,各项创新措施都应当接受法治原则的检验。在社会管理创新中刑事法治也将面临一系列的改革,这些改革既不能脱离刑法的基本理论和原则,也要适应社会管理创新的要求。笔者认为,我国刑事法治发展需要在以下几个方面作出回应。

(一)关注社会情势,贯彻宽严相济刑事政策

构建社会主义和谐社会,是我国全面贯彻落实科学发展观,从中国特色社会主义事业总体布局和全面建设小康社会全局出发提出的重大战略任务。而犯罪则是构建和谐社会过程中最不和谐的因素。宽严相济刑事政策作为当前我国应对犯罪的基本方略,正是在构建社会主义和谐社会这一宏伟目标的前提下逐步确立的。社会管理创新作为实现和谐社会的重要手段,要求我们切实贯彻宽严相济的刑事政策,合理地组织对犯罪的理性反应。在当前我国社会、经济高速发展的时期,社会问题比较复杂,社会矛盾在一定程度上也比较突出。这就需要我们在运用宽严相济刑事政策时,根据社会形势和犯罪分子的不同情况,区别对待,当宽则宽,当严则严,从源头上最大限度地减少不和谐因素,不断促进社会和谐。

从宽严相济刑事政策与社会管理创新的关系来看,加强社会管理创新,除了继续坚持对严重刑事犯罪和人身危险性大、主观恶性深的犯罪分子依法从严处理,最主要还是要注意宽严相济刑事政策宽松方面的运用。侧重运用宽严相济刑事政策的宽松方面,可以充分发挥刑事法治的人权保障机能,从而营造宽松、理性、祥和的社会氛围。作为宽松的刑事政策的体现,在刑事立法方面,《刑法修正案(七)》首次打破了以往历次刑法修正都是强调扩大犯罪圈以及提高法定刑的立法惯例,注意入罪与出罪相结合、从严与从宽相协调。例如《刑法修正案(七)》第3条在《刑法》第201条中增设了第4款,规定“有第一款行为,经税务机关依法下达追缴通知后,补缴应纳税款,缴纳滞纳金,已受行政处罚的,不予追究刑事责任;但是,五年内因逃避缴纳税款受过刑事处罚或者被税务机关给予二次以上行政处罚的除外”。这样就通过非犯罪化的处理方式适当缩小了逃税罪的犯罪圈,在维护国家税收利益的同时对逃税行为的犯罪化进行合理的限制。

依笔者所见,对于经济领域的犯罪以及其他一些法定犯,在运用刑罚手段时应当更加谨慎。实践中不乏一些重大经济犯罪案件,在起诉或者定罪适用刑罚后,引发大型公司强制关闭、大规模失业等附带性结果,造成一系列社会问题。所以在对经济犯罪惩罚时,应当综合考虑社会效果和法律效果。这涉及经济犯罪行为责任问题与刑事司法行为社会成本控制问题。[1]

---

[1] 参见周永年、杨兴培、谢杰:《非刑罚处罚方法的现实化路径》,载《法学》2010年第2期。

目前我国刑罚体系中，对单位犯罪中单位的惩罚仅有罚金刑，而且对犯罪单位所规定适用的罚金刑大多是无限额罚金刑。无限额罚金刑赋予法官过大的裁量空间，这样的规定严格来说不仅违背了罪刑法定原则，而且容易造成法律适用不统一，可能导致罪刑擅断和罪刑不均衡，滋生司法腐败。无限额罚金刑缺乏上限的限制，司法实践中不乏出现动辄上亿元的罚金判决。过高的罚金数额有时不仅不能起到预防作用，还可能使得企业为了生存将损失再次转嫁给消费者，引发再次犯罪。因此，立法中无限额罚金刑的规定容易成为司法中随意裁判的根据，必须加以改革。在司法裁判中应当审慎掌握，尤其对于一些影响重大的经济犯罪案件，除了必须考虑受刑人财产的多寡、支付能力，在确定罚金数额时，还应当考虑其继续生存的问题（除非那些犯罪情节特别严重的），再考虑其继续经营与发展，法人内部职工的生活与情绪以及法人在社会经济生活中的作用和地位的前提下，审慎地决定罚金的适当数额。

2010年最高人民法院等部门出台了《人民法院量刑指导意见（试行）》《关于规范量刑程序若干问题的意见（试行）》等司法解释，从实体上、程序上对刑事审判中的量刑作出了明确的规定。基于目前财产刑执行中所存在的众多问题，尤其是罚金刑执行中存在的不规范、不统一现象，笔者建议依托量刑规范化改革，进一步规范罚金刑的量刑，确定无限额罚金刑的刑格，将罚金适用的幅度明确化，根据其所适用的犯罪类型如一般财产类犯罪、经济犯罪等不同犯罪的社会危害性建立一定的梯度，并结合未成年人、老年人等支付能力确立相应的量刑额度表，一方面保证法律适用的统一，另一方面充分体现罪责刑相适应。

此外，在1997年《刑法》修改中，为了有效遏制大量经济犯罪的涌现，对经济犯罪法定刑设置死刑的条文也相应较多。而事实上，经济犯罪作为法定犯，成因复杂，受到经济、政治、法律等各种因素的影响，靠死刑是无法有效遏制的。而且单纯的经济犯罪的社会危害性，一般都要低于侵犯他人生命权利、国家安全和公共安全的犯罪，对之适用死刑有过重之嫌。

因此，《刑法修正案（八）》首次从立法上废除了13个罪名的死刑，从此次所废除的死刑罪名的分布来看，第三章破坏社会主义市场经济秩序罪占了9个罪名，第五章侵犯财产罪占了1个罪名，第六章妨害社会管理秩序罪占了3个罪名。也就是说，分则死刑罪名的调整主要集中在经济犯罪领域。

在社会转型期间，刑法仍然是调控社会的重要手段，死刑作为刑罚中最严厉的惩罚措施，在威慑犯罪、稳定社会秩序方面仍有积极作用，但在限制和废除死刑的国际潮流下，我们虽然不可能一夜之间废除死刑，但限制和减少死刑的适用却是完全可能的，因此对于非暴力经济性犯罪的死刑限制和减少仍然需要在司法中进一步落实，统一司法中死刑的适用标准，切实贯彻“少杀、慎杀”的死刑政策。

（二）保障公民权利，重视民生犯罪

在我国，刑法长期以来被认为是人民民主专政的“刀把子”。[1] 从我国刑法分则体系来看，危害国家安全犯罪处于分则第一章，足见其重要性，而相比较其他国家刑法体系来看，大多将危害公民生命、财产安全的犯罪规定在第一章。从现实的法治状况来看，由于长期以来

---

〔1〕 参见刘仁文：《当代中国刑法的九个转向》，载《暨南学报（哲学社会科学版）》2009年第4期。

的“国家利益、集体利益高于一切”的认识,无形中使得我们在刑事立法和司法中相对忽视了对公民权利的应有保障。近几年来,随着改革的进一步深化,一方面,市场经济的逐利性深刻影响着人们的价值观念,追求财富成为当下国人重要的价值取向,另一方面,经济政策方面的不足使得社会利益分配不均,贫富差距不断被拉大。“我国基尼系数在10年前越过0.4的国际公认警戒线后仍在逐年攀升,贫富差距已突破合理界限”〔1〕。有学者研究表明,中国现代化的过程中,基尼系数的成长和犯罪的成长呈正相关。〔2〕“饥寒起盗贼”,对于这些因社会分化产生的潜在犯罪群体,如果不能在刑法上对其利益予以特殊的保护,必将诱发犯罪的大规模增长,刑法平等保护原则只能成为一句空谈。因此,有学者提出了“民生法治”的概念,认为法治不仅是一种形而上的价值诉求,还必须回应特定时空背景下特定民族的社会、政治诉求,要求法治对于转型期中国的民生难题作出自己的贡献。〔3〕刑法学界也有学者提出了“民生刑法观”〔4〕“民权刑法”〔5〕的概念。

笔者认为,无论是民生刑法还是民权刑法,都是要将公民权利的保障放在重要位置。从社会发展的历史来看,社会形态的不同,归根到底是由一定的社会性质和社会结构所决定的。在阶级斗争的时期,阶级矛盾无疑是社会中主要矛盾,所以为了维护政权稳定、保障社会秩序,选择国家为出发点的国权主义刑法也是由客观所决定的。〔6〕然而,随着社会发展,阶级矛盾消失,人民内部矛盾逐步凸显,保护国民利益遂成为刑法的重要任务。面对当前社会分层现象严重,强权与弱势的对立逐步加剧,司法信任危机已经渗透到社会管理的各个层面,一旦作为社会保护最后防线的刑事法治名存实亡,那么社会管理必将走入绝境。当下我国出现的很多影响社会稳定有序的群体性事件、严重社会冲突等,常常都是因为社会治理过程中公民的基本人身权、财产权、政治参与权利及自由得不到有效的保障而引起的。〔7〕因此,在未来的刑事立法和刑事司法中,应当侧重对权利缺失群体的利益保障,适当向弱势群体如向农民工群体、环境污染的受害者、食品安全的消费者等倾斜,从而将保障民生落到实处。这包含了立法中如何考虑民生的范畴,如何确定哪些危害民生的行为是需要刑法介入以及如何设置刑罚,司法中如何对民生犯罪进行定罪以及如何量刑等一系列的问题。

对于民生的刑法保护,从根本上来说就是保护民众的基本生活需要。这种基本需要随着社会发展水平和条件的提高也会发生变化,正如有学者形象地将工业社会物质短缺期的

---

〔1〕基尼系数是用来衡量社会总体财富分配不均的重要标准。参见新华社调研小分队:《内地贫富差距逼近社会容忍红线》,载《经济参考报》2010年5月10日。

〔2〕参见曹立群、周愫娴:《犯罪学理论与实证》,群众出版社2007年版,第232页。

〔3〕参见付子堂、常安:《民生法治论》,载《中国法学》2009年第6期。

〔4〕卢建平:《加强对民生的刑法保护——民生刑法之提倡》,载《法学杂志》2010年第12期。

〔5〕我国留德学者李海东把历史上的刑法,根据国家与公民在刑法中的地位划分为两种类型:国权主义刑法与民权主义刑法。

〔6〕国权主义刑法的基本特点是,刑法所要限制的是国民的行为,而保护国家的利益。而民权主义刑法,是指以保护国民的利益为出发点,而限制国家行为的刑法。参见李海东:《刑法原理入门(犯罪论基础)》,法律出版社1998年版,第4～5页。

〔7〕参见庞凌:《权利、自由与社会管理创新的切入点》,载《法学》2011年第10期。

需求比喻为“我饿”，将风险社会科技引发危险威胁期的需求比喻为“我害怕”。[1] 立法者和司法者只有把握了这种主流需求，才能使得刑法的发展满足社会发展的需要，成为一部真正保护民生的刑法。2010 年 2 月 8 日，最高人民法院发布了《关于贯彻宽严相济刑事政策的若干意见》，其第 4 条指出，要根据经济社会的发展和治安形势的变化，尤其要根据犯罪情况的变化，在法律规定的范围内，适时调整从宽和从严的对象、范围和力度。要全面、客观把握不同时期不同地区的经济社会状况和社会治安形势，充分考虑人民群众的安全感以及惩治犯罪的实际需要，注重从严打击严重危害国家安全、社会治安和人民群众利益的犯罪。随着我国在国际社会经济地位的提升，人们所面临“风险”也不断升级，食品领域、交通领域、医疗领域不断发生的恶性事件，使得刑法的介入日益提前，《刑法修正案(八)》可以说是目前为止最能体现刑事立法保护民众社会安全感的立法。不仅对一些社会危害严重，人民群众反响强烈，原来由行政管理手段或者民事手段调整的违法行为规定为犯罪，例如醉酒驾车、飙车等危险驾驶的犯罪，恶意不支付劳动报酬的犯罪，组织出卖人体器官的犯罪等，而且对一些有关重大民生的犯罪从实害犯提升为危险犯，例如调整了生产、销售假药罪，重大环境污染事故罪的构成要件，降低了入罪门槛。随着风险社会的到来，这种立法趋势还有可能在更多民生犯罪领域展开，这就涉及立法如何回应民生需求的问题。

对于传统犯罪如杀人、伤害、盗窃犯罪中，刑法强调的是实害结果，即犯罪分子给他人的利益造成了某种程度的实际损害。然而在风险社会中，科技的发展使得食品、药品以及交通都充满了更多不安全因素，等待实害结果发生再去惩罚，往往为时已晚，代价惨重，因此，刑法必须对超越可允许的危险的行为提前进行规制。但是即便如此，我们仍然需要坚持犯罪是一种严重危害社会的行为，在理性的立法中，仍然必须审慎考察某一行为是否具有严重的社会危害性，是否达到了犯罪化的程度。一般来说，当某一行为的社会危害性越大，刑法介入的可能性也就越大。在刑法的介入中，必须贯彻目的正当、手段必要、符合比例的原则，处理好个人自由与社会利益的关系。这二者并不冲突，为了保障安全，对个人自由的适当限制是必要的，但同时为了保证自由，限制也是有限度的，如“被允许的危险”理论，仍然赋予了个人在风险社会下的自由，对自由的限制不仅是为了社会利益的实现，也是对个人自由的一种保护。

此外，在对这些有关民生的犯罪予以犯罪化时，必须考虑立法上是否具有紧迫性。从醉驾行为的入罪来说，在道路上醉酒驾驶是一种极端漠视公共安全、超过了可允许的风险的行为，因此将其犯罪化处理是合适的。但是实践中仍然存在与醉酒相当的吸毒驾驶，立法将醉酒驾驶作入罪化处理，却未将吸毒驾驶作入罪化处理，其根本原因正在于吸毒驾驶这种行为不具有普遍性，而立法者只能决定将多发的严重危害社会的行为作犯罪化处理。[2]

(三)“刚柔并济”，坚持以人为本

社会管理的实质在于对人的管理和服务，依托法律的社会管理必须坚持以人为本。[3]

---

〔1〕 参见夏勇：《民生风险的刑法应对》，载《法商研究》2011 年第 4 期。

〔2〕 参见高铭暄：《风险社会中刑事立法正当性理论研究》，载《法学论坛》2011 年第 4 期。

〔3〕 参见庞凌：《权利、自由与社会管理创新的切入点》，载《法学》2011 年第 10 期。

加强社会管理创新,其宗旨在于更好地保障公民的权利。而刑法的根本在于惩治和预防犯罪,“犯罪是人实施的,刑罚是科于人的。因此,作为刑法的对象,常常必须考虑到人性问题”[1]。在现代法治语境中,刑法是具有强制力和暴力性的公法,但是单纯的强制力只会造成刑罚的残酷和无效,因此“刑事政策中的人道主义原则,作为刑事司法中的适当程序原则的保障、科学主义刑法的合理化及刑事政策中的法治主义的指针,已经成为现代刑事政策的指导理念”[2]。赋予刚性的刑事法治以强烈的人文关怀,可以强化公众对刑法规范的亲近感和认同感,奠定公众对刑法规范的内心忠诚而非心理恐惧,从而保证现代刑事法治在社会管理中发挥应有功效。我国刑法历来重视对犯罪人的人文关怀,在刑法中设立了一系列针对特殊群体的从宽制度。

1. 对未成年人犯罪的从宽

未成年人身心未成熟,社会经验不足,是各国法律保护的对象,因此,对他们不能采取和成年人同样的犯罪对策。刑法对未成年犯罪人往往给予从宽处理。我国历来对未成年的犯罪人无论是刑法规定,还是司法解释的具体操作,都体现了以教育为主,以惩罚为辅的刑事政策。根据我国《刑法》的规定,未满14周岁的人所受的教育有限,人格上、伦理上不够成熟,对行为后果的严重性不能领会,并非法律上的自由人,在刑法上属于无责任能力的人,对于这种年幼的人,只能基于防卫社会的考虑,以感化教育应对。对于已满14周岁而不满18周岁的未成年人,在构成犯罪的情况下,虽然应当作为罪犯处理,但是基于其尚处于性格形成期,心智还不完全成熟,在刑罚执行完毕后还要面对未来的生活,刑法也予以了特殊的从宽。我国对未成年人犯罪的从宽处理从1979年《刑法》已经有规定,至《刑法修正案(八)》出台后,对未成年人的保护更加全面,不仅排除了未成年人成为“累犯”的可能,还规定对未成年人在具备缓刑适用条件下应当适用缓刑,免除了未成年人前科报告的义务,使得对未成年人尽量采用非监禁刑的原则落到实处,最大可能降低刑罚对其带来不利后果。在刑事司法中,鉴于未成年犯罪人的可矫正性、可塑性、可教育性的特点,目前对未成年人所实施的犯罪行为一般较多采用刑事和解的方式结案,如轻罪不起诉、暂缓起诉等路径,贯彻教育、感化为主,惩罚为辅的刑事政策原则,通过未成年犯罪人、家庭、社区等形成立体式的帮教体系,以期未成年犯罪人早日回归社会。笔者认为,对未成年人从宽还可以在限制财产刑或资格刑的适用上有所发展,在减刑和假释制度方面的条件设计上可以更加宽松。

2. 对老年人犯罪从宽

尊老爱幼是中华民族的传统美德,在我国历史传统上即存在对老年人犯罪从宽处罚的规定。中国自古以来的宗族文化,老年人作为家庭的长者,一人犯罪往往影响到几代人的生活,对老年人犯罪给予过于严厉的惩罚,会使得老年犯罪人的家人产生对社会的离心倾向,诱发新的社会对抗情绪,所以从社会管理的角度来说,对老年人犯罪不宜过于严厉惩罚。从刑法理论来看,老年人犯罪虽然不像未成年人犯罪那样存在意识能力的欠缺,但随着老年人

---

〔1〕[日]大塚仁:《犯罪论的基本问题》,冯军译,中国政法大学出版社1993年版,第2页。
〔2〕[日]大谷实:《刑事政策学》,黎宏译,法律出版社2000年版,第17页。

身心机能的逐步衰退，其辨认能力和控制能力的减弱却是客观事实，对老年人犯罪从宽符合刑事责任减轻的理论。此外，老年人身体机能衰退，人身危险性也比较低，在行刑中也不必投入大量人力、物力监禁处理，这样不仅可以维护社会秩序，还可以促进社会和谐稳定。

目前我国刑法关于老年人犯罪从宽的立法规定有三处：其一，《刑法》第17条之一规定："已满七十五周岁的人故意犯罪的，可以从轻或者减轻处罚；过失犯罪的，应当从轻或者减轻处罚。"其二，《刑法》第49条第2款规定："审判的时候已满七十五周岁的人，不适用死刑，但以特别残忍手段致人死亡的除外。"其三，《刑法》第72条规定："对于被判处拘役、三年以下有期徒刑的犯罪分子，同时符合下列条件的，可以宣告缓刑，对其中不满十八周岁的人、怀孕的妇女和已满七十五周岁的人，应当宣告缓刑……"在刑事司法中也存在对老年人犯罪逐步从宽掌握的趋势，如2007年1月15日发布的最高人民检察院《关于在检察工作中贯彻宽严相济刑事司法政策的若干意见》中规定，对犯罪的老年人要慎用逮捕措施，符合法定条件的，可以依法不起诉。面对我国步入老龄化社会的现实，对老年人犯罪从宽处理既符合刑法基本理论，也有利于缓和矛盾，预防犯罪。但是在老年人年龄的界限上，笔者认为，根据我国2007年国务院批转的《卫生事业发展"十一五"规划纲要》披露的数据，中国人口平均年龄预期寿命到2010年达到72.5岁。[1] 对75周岁以上老人适用有期徒刑的话，如对其判刑15年（甚至数罪并罚时25年），刑期届满时寿龄至少90岁，此类老年人罪犯，在执行有期徒刑期间内可能大多数早已自然死亡，因此没有必要在排除死刑的适用时附加"特别残忍手段"的例外。[2]

3. 对精神病人、盲人、又聋又哑人的特殊保护

我国刑事责任能力判断的内容除了年龄还包括精神状况，达到一定年龄而精神健全的人，由于其知识和智力得到相应程度的发展，其辨认和控制自己行为的刑事责任能力就开始具备。但是，如果存在精神障碍尤其是精神病性精神障碍，即使其达到了应负刑事责任的年龄，也可能影响其刑事责任。因此，1997年《刑法》第18条对于精神病人之刑事责任进行了专门的规定：精神病人在不能辨认或者不能控制自己行为的时候造成危害结果，经法定程序鉴定确认的，不负刑事责任；间歇性的精神病人在精神正常的时候犯罪，应当负刑事责任；尚未完全丧失辨认或者控制自己行为能力的精神病人犯罪的，应当负刑事责任，但是可以从轻或者减轻处罚。这一规定考虑到了精神病人本身的特殊情况，有助于维护精神病人的合法权益。

近年来，由"邱兴华案"所引发的关于精神病人犯罪的争议引起了社会的广泛关注，虽然刑法对精神病人予以了从宽处理，但是这并不代表放任精神病人的管理。对已经犯罪的精神病人的处理，应当区别精神病人的精神状况。无刑事责任能力的精神病人造成危害结果，虽然不负刑事责任，但因其重复实施的可能性很大，所以应当予以强制治疗，而不能放走

---

[1] 参见《中国人口2010年平均预期寿命72.5岁　增加0.5岁》，载腾讯网，http://news.qq.com/a/20070530/001890.htm。

[2] 《刑法》第49条第2款。

了之。但是这种强制措施不是刑事处罚。在大陆法系国家它属于保安处分。我国对造成危害结果的无刑事责任能力的精神病人的处理,采取两种方式,传统的是责令家属看管,现在可以强制住院治疗。但实践中由于缺乏相关的制度保障,对精神病人管理体制的松散,使得部分精神病人逃脱强制治疗,不免使得刑法的人道也受到民众的苛责,所以为了保障对精神病人从宽制度的落实,应当改革现有对精神病人管理的相关制度,有效实现社会防卫。

此外,对于一些生理上有缺陷的人来说,由于重要的生理功能的丧失而影响其接受教育,其刑法意义上的辨认或控制自己行为的能力并不完备。对这类人群犯罪也应当适当从宽,我国《刑法》第19条即规定,又聋又哑的人或者盲人犯罪,可以从轻、减轻或者免除处罚。

4. 对妇女的特殊保护

我国刑法对妇女的特殊保护体现在两个方面:一是保障审判时怀孕的妇女受到适当的从宽处理;二是在妇女合法权益遭受侵害时,使其得到刑法的特殊保护。1997年《刑法》第49条关于"审判的时候怀孕的妇女,不适用死刑"的规定,以及《刑法修正案(八)》新补充的对符合缓刑条件的孕妇应当适用缓刑的规定,是人道主义在刑罚适用方面的起码要求,国际社会有关人权及妇女权利保障公约中,一再强调对怀孕的妇女不得执行死刑。[1] 这是对妇女作为母亲的尊重,也是对胎儿的保护。此外,我国1997年《刑法》也强化了对妇女合法权益的特殊保护。1997年《刑法》中关涉妇女合法权益特殊保护的罪名主要包括:强奸罪(第236条)、强制猥亵妇女罪(第237条)、侮辱妇女罪(第237条)、拐卖妇女罪(第240条)、收买被拐卖的妇女罪(第241条)等。上述罪名涉及妇女的性自由权利、人格尊严、人身不受买卖等多方面合法权益,架构起了我国刑法对妇女的特殊保护机制。

(四)革新纠纷解决机制,灵活多样化解矛盾

刑事纠纷的解决经历了从私力救济到公力救济的历史过程。在公力救济的情况下,国家取得了绝对的话语权。一般来说,犯罪分子由国家侦查机关进行侦查,检察机关提起公诉,法院对有证据证明有罪的犯罪分子判决有罪并对犯罪分子处以刑罚后交付国家执行机关执行,对没有证据证明有罪的犯罪人予以无罪释放,这样刑事纠纷也就解决了。但这种解决纠纷只是完成了法律程序,真正的纠纷双方之间的矛盾被替代了。积极化解社会矛盾,主动依法维护群众利益,是社会管理创新的重要举措。在刑事司法的过程中,事实层面上纠纷的主体是被害人和犯罪人,而由于刑法的公法性,被害人的追诉权被让渡给国家,这时国家成为被害人的代表直接与犯罪人对话打交道。这种纠纷解决方式忽视了被害人作为真正的纠纷主体的地位,事实上被害人和犯罪人的关系并不能因此得到改善,因此,当被害人发现公力救济无法充分满足其个人对争端解决的理想预期时,便再次将注意力转向私力救济,而有些犯罪人在刑罚执行完毕后仍然向被害人寻仇,造成暴力事件恶性循环。因此,为了有效化解矛盾,必须突出对被害人权利的保障,必须从抽象的法益保护转向具体的被害人保护,推动被害人的报应感情转向实际的利益恢复,一方面要处罚加害人,另一方面要使加害人赔偿被害人的损害,以调和犯罪人与被害人的利益冲突,从根本上解决其纷争。这种调解的纠

[1] 联合国《公民权利和政治权利国际公约》第6条第5款即明确规定,"对孕妇不得执行死刑"。

纷解决方式在我国传统社会中大量存在，由于其迎合了我国传统社会的需要，在诉讼中也得到了广泛的适用。时至今日，调解原则仍然是民事诉讼的主要原则，在解决民事纠纷中起着重要的作用，是解决民事纠纷不可或缺的一种方式。

在刑事诉讼中，以前人们认为不存在调解的空间，随着价值的多元化、司法资源的稀缺和对被害人权利的关注，人们的观念开始发生变化。事实上，公共利益在本质上可以说是个人利益的集合，犯罪作为反社会的行为也是对个人权益的侵犯，这就使得公共利益神秘化、抽象化的面纱被刺破，在解决方式多元化的社会环境条件下，恢复性司法走入人们的视野，人们日益认识到在刑事诉讼中对某些案件实行调解或和解也同样具有重要意义。刑事司法中被害人参与和解的方式突破国家追诉垄断的重围而兴起成为必然。最高人民法院《关于执行〈中华人民共和国刑事诉讼法〉若干问题的解释》第197条明确规定："人民法院对告诉才处理和被害人有证据证明的轻微刑事案件，可以在查明事实、分清是非的基础上进行调解……"2011年1月，最高人民检察院出台了《关于办理当事人达成和解的轻微刑事案件的若干意见》，也对刑事和解的适用范围和条件进行了详细的规定。

提出刑事和解，并不是简单地从公力救济回归到私力救济，并不是简单地回到原点，而是一种纠纷解决方式螺旋上升的理性的反思。我国的调解与和解制度在司法实践中发挥了重要功效：其一，强调自愿平等协商的方式解决纠纷，重视利益的协调，尊重了当事人的诉讼权利；其二，能够快速、低成本解决纠纷。[1] 目前实践中，针对轻微刑事案件，司法机关对经过双方当事人的充分交流和协商、自愿达成和解协议并履行完毕的案件，一般不再移送起诉，或者对犯罪人免予刑事处罚，采用非刑罚手段处理。刑事和解是为了更加有效化解矛盾，但并不能完全抛开事实来谈和解，所以在侦查阶段犯罪事实尚不能做到完全查清楚的情况下，刑事和解不宜过早介入，否则容易导致行政处罚权和司法权力的混淆。而且刑事和解在实际的适用中，司法人员在接受和促进刑事和解中拥有相当大的自由裁量权，严防"腐败"影响刑事和解中的司法公正也甚为关键，对刑事和解所适用的案件类型以及人员都必须有严格的规定，否则反而容易给民众造成"富人可以顺利逃避刑事处罚""花钱买刑"的印象，影响刑法的威慑力。基于以上考虑，相比较于国外，我国的刑事和解在适用范围和方式上还比较局限。在未来的发展中，面对刑事和解适用的扩张，如何把握案件性质、犯罪种类、犯罪主体以确保法律效果不受影响，仍然是需要进一步回答的问题。

此外，从司法技术层面出发，刑事和解作为一种协商程序，当然存在协商成功与不成功两种可能。这样，同样的犯罪行为可能得到完全不同的处理方法，这是否有违"法律面前人人平等"的法律原则，是否会影响罪刑法定所赋予人们的对"罪"与"刑"的预期心理？的确，根据罪刑法定原则，什么是犯罪，对犯罪如何处罚，必须以成文法明文规定。犯罪行为一旦发生，行为人依法受追诉科刑，这是法律的明文规定，也是行为人自由意志选择的结果。而刑事和解是在刑事诉讼中由加害人以认罪、赔偿、道歉等形式与被害人达成谅解，国家专门机关不再追究加害人的刑事责任，或者对其从轻处罚。在刑事和解的模式下，加害人对行为

---

[1] 参见陈晓明：《修复性司法的理论与实践》，法律出版社2006年版，第225页。

是否将受到惩罚以及如何惩罚不再具有明确的可参考的成文法依据,“罪刑”的预测可能性明显削弱。

然而,笔者认为,犯罪是触犯刑律、应受刑罚处罚的行为。“应受刑罚处罚”暗含了行为人应当承担刑事责任,刑事责任的基础不仅包括了犯罪行为,而且包括行为本身反映出来的行为人的人身危险性和反社会性。在刑事和解中,赔偿问题仅仅是民事部分的问题,之所以不追诉或免除处罚,是因为行为人真诚认罪、积极赔偿的行为也反映了其“人身危险性”较低。在轻微刑事案件中,从犯罪行为来看,犯罪性质本身就已轻微,而行为人的人身危险性又较低,对其完全可以按照我国刑事诉讼法中“不起诉”的规定或者《刑法》第 13 条“但书”中“但是情节显著轻微危害不大的,不认为是犯罪”的规定和第 37 条“对于犯罪情节轻微不需要判处刑罚的,可以免予刑事处罚”的规定,对行为人予以从宽处理。这不能与“用钱买刑”画等号,也并不会真正削弱罪刑法定的可预测性。因为经过刑事和解所处理的这些轻微刑事案件,本身就应当是社会可以内部化解的一些矛盾,这与司法上的“非犯罪化”是一致的。从罪刑法定原则产生的背景可知,它产生于对中世纪刑罚擅断的斗争之中,所以,罪刑法定最基本的价值在于对“入罪”的限制,即追诉与定罪的限制,而不是对“出罪”的限制,这与刑事和解有利于行为人“出罪”的价值取向是一致的。

但必须承认的是,恢复性司法存在的空间是有限的,即便是在恢复性司法兴起较早的西方发达国家,恢复性司法也没有完全取代现行刑事司法而成为一种全新的模式,成为刑事司法的主流。[1] 对于一些严重犯罪如危害国家安全、公共安全的犯罪及贪污、受贿犯罪、毒品犯罪以及累犯等则应排除适用。在刑事司法领域,刑事司法仍然需要体现其威慑力和权威性,在不能找到全新的替代模式之前,我们一方面要坚持和完善现行传统的刑事司法模式,另一方面也应适当地在刑事司法中注入恢复性元素,形成恢复性司法模式,建立二者良性互动、功能互补的发展格局。

(五)落实行刑社会化,契合多元治理理念

现代刑事法治,不仅仅以惩罚犯罪人作为目标,更重要的是提倡通过刑罚来教育改造罪犯,促使他们回归社会,重新成为社会的善良公民。实际上,行刑中对犯罪分子的管理,正是社会管理创新与刑法紧密联系的一个重要方面。面对监禁刑在执行中所形成的“交叉感染”“监狱人格”等弊端,行刑社会化已经成为刑法发展的潮流。在传统的社会管理中,国家主导是基本模式,所有社会问题无不求助于权力的运作。而随着社会管理理念的革新,如何借助于社会的力量开展社会管理成为当下讨论的热点。结合我国的现实情况来看,“社区”[2] 管理已经初具规模,[3] 长期以来,如何优化社会参与,拓宽社会参与的渠道,发挥社会组织和社

---

[1] 虽然有学者如霍华德在 20 世纪 90 年代就认为“恢复性司法可以成为现行刑事司法的全功能替代模式”,但这只是学者的激进观点,并未曾付诸实践。

[2] “社区”这个概念是一个舶来品,最初由德国社会学家滕尼斯提出。在滕尼斯看来,“社区”是由具有共同价值取向的同质人口组成的关系密切、守望相助、富于人情味的社会共同体。

[3] 1993 年到 2003 年之间,各种城镇社区服务机构(社区服务中心和便民利民网点)从 8.9 万个增加到 19.6 万个。参见李培林:《重视推进社会管理体制改革》,载《人民论坛》2005 年第 10 期。

会成员在社会管理中的作用成为亟待解决的问题。而结合行刑制度来看,行刑的过程是实现犯罪人再社会化的一个过程,发动社会力量对犯罪分子进行矫正,不仅可以节约司法成本,也可以通过犯罪分子与社会互动实现更好的矫正效果。

我国刑法虽然在刑罚制度上设立了缓刑、假释、管制等开放性刑罚措施,但由于立法设计不完善、执行机制不健全,管制、缓刑、假释等非监禁性刑罚及执行措施,在一个相当长的时期内存在"无人监督""无人考察"等现象,甚至于许多人误认为被告人被判处管制、缓刑就"没事了"。在这种情况下,社会化的行刑方式一直处于一种"司法机关不敢用""用了白用"的状况,使得行刑社会化成为一句无法落实的口号。

在此背景下,借鉴国外先进经验,2003 年,社区矫正在我国部分地区开始试点,2009 年 10 月在全国开始试行。社区矫正,通过综合运用社会力量对社区矫正人员进行监督管理、教育矫正和社会适应性帮扶,丰富了刑罚执行的手段和方式,提高了刑罚执行的效果。在我国自开展以来,以"严"济"宽",有效发挥了社会力量,使得非监禁刑罚执行的惩罚性具备了实质内容,有效改善了以往社会化行刑无人管的状况。在完善我国非监禁刑罚执行制度方面作出了有益探索,积累了丰富经验,在提高对非监禁刑罪犯的教育改造质量,促进社会治安秩序的良性循环上发挥了巨大作用。[1] 尤其是社区矫正在实践中所呈现出的刑罚执行与社会服务的有机结合,特殊人群管理模式和服务方式的有机结合,对于社会管理创新的践行是一个重要的体现。因此,2011 年《刑法修正案(八)》正式将其写入刑法,这标志着社区矫正制度的正式确立。现行《刑法》规定,对判处管制、宣告缓刑、裁定假释的犯罪分子依法实行社区矫正,其中被判处管制、宣告缓刑的,还可以根据犯罪情况,同时禁止犯罪分子在刑罚执行期间或者缓刑考验期间从事特定活动,进入特定区域、场所,接触特定的人。被判处管制的犯罪分子违反禁止令的,由公安机关依照《治安管理处罚法》的规定处罚;被宣告缓刑的犯罪分子违反禁止令,情节严重的,撤销缓刑,执行原判刑罚。立法的确认使得社区矫正的宽和严均有了保障,尤其是禁止令的规定,有效发挥了社会监督的作用,大大改善了管制和缓刑在执行中流于形式的弊端。

禁止令制度在司法实践中运用以来,也出现了一些问题,如"进入"的具体含义,禁止令的内容如何告知公众,对于犯罪分子的日常行为如何监督,娱乐场所工作人员在被禁止人进入娱乐场所是否具有报告义务等。而且禁止令是对犯罪分子权利的限制,但是立法却并未设立相应的权利救济程序,这些都需要在今后的立法中予以明确。此外,如何具体开展社区矫正,仍然亟须一系列相应制度的保障。2012 年 1 月 10 日,最高人民法院、最高人民检察院、公安部、司法部联合出台了《社区矫正实施办法》,2012 年 3 月 1 日起在全国实施。自此,社区矫正的实施有了全国性的法律规范依据。该办法明确了社区矫正的对象以及相关部门的权责,还专门对"帮困扶助"作出规定,要求司法行政机关应当根据社区矫正人员的

---

[1] 据有关部门统计,截至 2010 年年底,全国 31 个省(自治区、直辖市)有 258 个地(市)、1998 个县(市、区)已全面开展社区矫正工作,乡镇(街道)覆盖面达 57%,北京等 11 个省(自治区、直辖市)已经实现辖区全覆盖。全国累计接收社区服刑人员 57.7 万人,累计解除矫正 30.7 万人。据统计,在矫正期间再犯罪率仅为 0.21%,远远低于在监狱服刑罪犯 8% 左右的再犯罪率。参见黄太云:《〈刑法修正案(八)〉解读(一)》,载《人民检察》2011 年第 6 期。

需要,协调有关部门和单位开展职业培训和就业指导,帮助落实社会保障措施。这从法律规范上解决了社会管理创新理念如何在社区矫正中予以践行的问题,解决了社区矫正工作具体实施上的一些问题,有利于进一步规范社区矫正工作,加强和创新特殊人群管理。但该办法在上述禁止令的问题以及社区矫正项目设置等问题上仍然没有明确的规定。根据该办法,社区矫正是作为与监禁矫正相对应存在的刑罚执行方式,与监禁矫正相辅相成,其适用对象除了刑法中被判处管制、宣告缓刑、裁定假释的犯罪分子外,还包括了监外执行的人员以及被剥夺政治权利的人员。以上五种人员,不同的矫正人员需要不同的矫正方法,这将涉及具体矫正项目的设置以及矫正工作人员的配备等问题,这些问题还有待实践中积极地探索。但从目前的进展情况来看,面对社会各界对社区矫正制度运行的积极支持和热情期待,我们相信,一部更具可操作性的较为完善的社区矫正法一定会在不远的将来得以出台。*

随着改革的推进,通过完善相关经济制度、社会制度、政治制度,避免因制度漏洞诱发犯罪,实现刑法介入的最后性,这就在一定程度上减轻了刑法的负担,这样,死刑的减少适用和逐步废除也就有了一定的社会基础。但从长远来看,死刑的废除是一项牵一发而动全身的工程,死刑所体现出的朴素的公平正义理念使得公众对其仍有较强的依赖心理,为了尊重和引导民意,这就需要在立法上及时通过刑罚量上的补偿来保证刑罚的威慑力保持在相对稳定的水准,积极对死刑替代措施以及刑罚体系的重构进行论证。[1] 目前从刑罚结构的整体调整来看,[2]死刑设置有所减少,刑罚梯度更为明显,《刑法修正案(八)》对死缓限制减刑的规定以及有期徒刑数罪并罚刑期的提高,在一定程度上分解了死刑废除的压力。对于立法领域的这一改革,司法领域也需要进一步贯彻落实。相较于立法领域的改革,死刑的司法改革是在司法领域中由司法机关进行的,并不涉及复杂的立法程序。很多问题在司法实践领域作出积极的探索,有可能取得较好的效果。从目前立法所废除的 13 个罪名的经济性以及非暴力性来看,对于没有规定绝对法定刑的非暴力犯罪的死刑,从限制、减少死刑的立场出发,司法机关就可以基于情节尚未达到适用死刑的程度的理由尽可能对非暴力犯罪不适用

---

* 现已于 2019 年 12 月 28 日颁布。

〔1〕 参见高铭暄、苏惠渔等:《从此踏上废止死刑的征途——〈刑法修正案(八)草案〉死刑问题三人谈》,载《法学》2010 年第 9 期。

〔2〕《刑法修正案(八)》对刑罚结构的调整主要表现在以下四个方面:(1)适当削减死刑罪名。《刑法修正案(八)》取消了近年来较少适用或基本未适用过的 13 个经济性非暴力犯罪的死刑,占死刑罪名总数的 19.1%,这是我国 1997 年《刑法》颁行以来第一次在立法上正式削减死刑罪名。(2)限制对某些被判处死刑缓期执行犯罪分子的减刑,延长其实际服刑期限。据此,《刑法修正案(八)》将死缓犯确有重大立功表现的减刑幅度由"十五年以上二十年以下有期徒刑"修改为"二十五年有期徒刑"。对被判处死刑缓期执行的累犯以及因故意杀人、强奸、抢劫、绑架、放火、爆炸、投放危险物质或者有组织的暴力性犯罪被判处死刑缓期执行的犯罪分子,人民法院根据犯罪情节等情况可以同时决定对其限制减刑。(3)适当延长有期徒刑数罪并罚的刑期。原《刑法》第 69 条的规定总体上是适当的,但实践中有一些犯罪分子一人犯有较多罪行,被判处有期徒刑的总和刑期较高,如果最高只判处 20 年有期徒刑,难以体现罪刑相适应的原则,应当适当提高这种情况下有期徒刑的上限。据此,《刑法修正案(八)》规定,有期徒刑总和刑期不满 35 年的,决定执行的刑期最高不能超过 20 年,总和刑期在 35 年以上的,决定执行的刑期最高不能超过 25 年。(3)完善减刑的规定。将被判处无期徒刑的罪犯减刑后实际执行的刑期由"不能少于十年"改为"不能少于十三年";对限制减刑的死缓犯,缓期执行期满后依法减为无期徒刑的,再减刑以后实际执行的刑期不能少于 25 年,缓期执行期满后依法减为 25 年有期徒刑的,实际执行的刑期不能少于 20 年。(4)完善假释的规定。将被判处无期徒刑的犯罪分子假释前的实际执行期限由原来的 10 年以上改为 13 年以上;对累犯以及因故意杀人、强奸、抢劫、绑架、放火、爆炸、投放危险物质或者有组织的暴力性犯罪被判处 10 年以上有期徒刑、无期徒刑的犯罪分子,不得假释。

死刑，通过司法手段达到严格控制死刑数量之功效。经过立法修正，目前相对确定的死刑，即"……情节特别严重的，处死刑"，这种死刑的适用涉及暴动越狱罪、聚众持械劫狱罪、贪污罪、受贿罪和战时造谣惑众罪。选择适用的死刑，立法一般表述为"……的，处十年以上有期徒刑、无期徒刑或者死刑"或者"……的，处无期徒刑或者死刑"，这种死刑的适用涉及剩余的48个罪名。刑法上别无选择必须判处死刑（包括死缓）的实际上只有2个罪名，其余的53种罪名，都存在法官运用自由裁量权不予判处死刑的巨大空间。[1] 这就为死刑的适用与否留下了巨大的选择空间。笔者认为，在司法实践中进一步统一死刑适用标准，对于通过司法严格控制死刑至关重要。为此，2010年11月26日最高人民法院印发了《关于案例指导工作的规定》，2011年12月20日发布了第一批指导案例，其中包括了"王志才故意杀人案"中死刑适用的有关意见，明确了适用死缓并限制减刑的具体条件。立足我国当前司法体制现状，通过最高人民法院作出司法解释或运用典型案例的方式加以指导，统一死刑适用标准，这对于司法中限制和减少死刑无疑具有重大现实意义。由此，通过司法机关对死刑适用的严格控制，达到司法中对某些犯罪的少用、不用，以此倒推立法的最终确认，是我国一条较为可行的死刑废除路径。需要说明的是，虽然当前我国以13个在司法中不常用的死刑罪名为突破口，完成了死刑废除从理论到实际的华丽转身，但死刑废除之路任重道远，仍需"仰望星空，脚踏实地"。

社会管理创新是一个宏大的社会命题，社会管理创新与法治建设有着内在的密不可分的联系。本文仅从刑事法治对社会管理创新如何回应进行了一些初步探索，内容还很不成熟。另外本文着眼于从宏观上的刑法发展方向提出建议，对于刑法理论和实务中的某些具体问题，如对于网络犯罪特殊犯罪手段的规制、有组织犯罪的分化打击、罚金刑的扩大适用以及监狱管理的科技化等，这些也都属于社会管理创新需要进一步思考的问题，本文尚未能涉及。希望学界同仁给予批评指正，共同为推动社会和谐发展贡献自己的聪明才智和绵薄之力。

---

〔1〕 参见高铭暄、王秀梅：《论死刑控制的路径选择》，载[美]杰罗姆·柯恩、赵秉志主编：《死刑司法控制论及其替代措施》，法律出版社2008年版，第9页。

"互联网+人工智能"全新时代的刑事风险与犯罪类型化分析*

一、人工智能的刑法前沿问题提出

(一)提出背景:"互联网+人工智能"的全新时代

1. 人工智能的第三次发展浪潮

在互联网、大数据、云计算等的共同驱动下,人工智能迎来了第三次发展浪潮。[1] 2016年谷歌公司的Deep Mind团队研发出的Alpha Go Tools在韩国首尔举行的人机围棋大战中,以4:1的绝对优势击败了世界围棋第一人李世石,吸引了全世界的目光重新聚焦在人工智能这个热门的前沿科技上。各国政府、高校、大型互联网企业纷纷加大项目政策支持和资金人才投入,以抢占人工智能技术的全球制高点。在美国白宫2016年10月发布了《为人工智能的未来做好准备》和《国家人工智能研究和发展策略规划》两份重要报告后,我国政府也于2017年7月印发了《新一代人工智能发展规划》,部署了我国人工智能国家发展战略。谷歌公司和苹果公司竞相收购最有潜力的人工智能初创企业,微软宣布投资5000万美元用于地球人工智能计划,Facebook则成立了两个独立的人工智能研究实验室。中国的科技三巨头阿里巴巴集

---

* 本文原载于《暨南学报(哲学社会科学版)》2018年第9期,由高铭暄教授与王红合作完成。

[1] 人工智能(Artificial Intelligence, AI)这一术语是1956年由以约翰·麦卡锡(John McCarthy)、马文(Marvin)、明斯基(Minsky)、纳撒尼尔·罗切斯特(Nathaniel Rochester)、克劳德·香农(Claude Shannon)等为首的一批年轻计算机科学家在美国达特茅斯学院召开的夏季学术会议上首次提出来的,这次研讨会标志着人工智能作为一门新兴学科正式诞生,也推动了人工智能的第一次发展浪潮。在之后长达十余年的时间里,不仅计算机算法和方法论有了新的进展,科学家们还制造出了可以证明数学代数、几何应用题的STUDENT机器和可以实现简单人机对话的ELIZA机器。但是随着人工智能所基于的数学模型和算法手段的缺陷被发现,以及受制于计算机本身性能的不足,无法完成复杂性以指数程度增加的计算任务,人工智能在早期的发展过程中遇到了瓶颈。1980年卡耐基·梅隆大学设计制造出的具备完整知识库和经验推理能力的XCON"专家系统"推动了人工智能的第二次发展浪潮,日本、美国等都再次投入巨资研发第五代人工智能计算机。然而仅仅维持了7年之后,苹果和IBM公司生产的第一代台式机(PC)性能就已远超人工智能专家系统,人工智能的寒冬再次降临。

团、百度公司和腾讯科技则投以巨资分别在新加坡、美国建立人工智能应用联合研究机构和实验室,以加快推进中国的人工智能产业创新。

2. 人工智能与互联网的关系

网络化、数字化和智能化是计算机互联网发展的三个阶段。从 Web1.0 时代的"人机互动"到 Web2.0 时代的"人人互动"再到 Web3.0 时代的"空间互动",[1]可以说互联网的上半场首先解决了"网络化"的问题,计算机与人、计算机与计算机、人与人之间利用互联网技术建立了相互之间的有效联系。随着网络用户规模的急剧扩张和互联网的极速发展,在线数据呈指数性爆发增长,大数据技术将在网络交互过程中获取的庞大数据信息依托云存储和分布式数据库进行管理分析和深度挖掘,实现了互联网的"数字化"。互联网、大数据为人工智能技术的应用奠定了在线平台和数据源基础,是人工智能再次崛起的三大基石之一。[2] 进入互联网的下半场,人工智能作为主角即将登上时代的舞台。人工智能不仅使计算机信息系统升级为人工智能系统,成为智能计算机,还凭借其三大技术支撑(大数据、新算法、超级计算能力)和六大主要应用(自然语言处理、语音识别、计算机视觉、图像识别、机器人、无人驾驶汽车)在传统互联网与工业物联网之间架构"类互联网大脑"模型。总之,人工智能技术在互联网"网络化""数字化"的滋养下逐渐走向成熟,反过来又哺育推动着互联网进一步向"智能化"迈进。

(二)问题的提出

1. 范围的限定

人工智能根据智能水平的高低可以分为弱人工智能(weak artificial intelligence)、强人工智能(strong artificial intelligence)和超强人工智能(super artificial intelligence)。弱人工智能是指具备了一定推理能力和解决特定问题能力的智能机器或者系统,由于弱人工智能的技术发展水平尚没有达到模拟人脑意识思维的程度,其仍然属于"工具"的范畴,与传统的"产品"在本质上并无区别。如果说弱人工智能仅是"类人"级别的人工智能,强人工智能则属于真正意义上"人类"级别的人工智能,即强人工智能能够像人一样独立地进行认知、思考、推理、创造和解决问题等,正如电影《人工智能》中的小男孩大卫和《机械姬》里的艾娃。超强人工智能则是指人工智能已经跨过"奇点",打破了人脑受到的维度限制,其计算和思维能力远超人类,在所有领域都比最聪明的人类大脑更智能。

显然,我们当下正处于人工智能发展的初级阶段,即弱人工智能的阶段。中国人工智能学会理事、南京大学计算机科学与技术系副主任高阳教授指出:"弱人工智能距离强人工智能还有相当漫长的一条路,我们距离图灵刻画的人工智能依然十分遥远。"[3]因此本文仅在

[1] 参见吴尚聪:《我国网络犯罪发展及其立法、司法、理论应对的历史梳理》,载《政治与法律》2018 年第 1 期。

[2] 除互联网、大数据之外,云计算和深度学习算法也推动了人工智能的再次崛起。云计算平台利用成千上万台的机器并行计算,可以快速处理海量数据,极大地提高了单位时间内数据吞吐的效率。以人工神经网络理论为基础的深度学习算法使得机器学习能够实现更多的应用,促成了人工智能与商业场景的结合。

[3] 人工智能之父艾伦·麦席森·图灵在 1950 年发表的论文《计算机与智能》中提出了著名的"图灵测试",并指出如果第三者无法辨别人工智能机器与人类反应的差别,就可以论断该人造机器具备了人工智能。应当说,能够通过"图灵测试"的机器所具备的人工智能相当于"人类"级别的人工智能,即强人工智能。

弱人工智能的范畴下讨论人工智能可能涉及的刑事犯罪与刑事责任问题,至于对可能产生自主意志、人格独立的强人工智能甚至是超强人工智能则不予分析评价。法律,特别是作为最严厉的、最后手段的刑法,还是应当在前沿科技的狂热中保持一些冷静和克制。

2. 人工智能可能涉及的刑事犯罪问题

人工智能这一新技术革命在深刻地改变人类的生活方式和社会秩序的同时,带来了新的法律风险与挑战。比如沙特阿拉伯在授予世界上首位“女性”机器人索菲亚“公民”身份后便引发了对人工智能有限法律电子人格与机器人权利的争论。对于人工智能可能涉及的刑事犯罪问题,目前刑法学界开展的研究少之又少,作为前沿中的前沿问题,仅华东政法大学法学院的刘宪权教授率先发表了《人工智能时代的“内忧”“外患”与刑事责任》和《人工智能时代的刑事风险与刑法应对》两篇新作,刘宪权教授大胆地设想了具有辨认能力和控制能力的强人工智能产品在设计和编制的程序范围外进行自主决策并实施犯罪的情形,[1]提出了要从源头防控人工智能产品在研发和使用过程中存在的多重刑事风险的规制建议。[2]本文也尝试探索人工智能可能涉及的刑事犯罪与刑事责任问题,但基于我们当下处于并将长期处于弱人工智能的发展阶段,认为仍然作为“工具”和“产品”属性的弱人工智能可能涉及的刑事犯罪主要有以下两种情形。

第一,行为人利用人工智能实施其他犯罪,造成了严重危害社会的结果。在这种情形下,由于第三方行为人才是实施犯罪行为的主导者,人工智能产品仅因作为犯罪工具才直接作用于被害人,因此本文称之为“工具利用型”犯罪类型。第二,人工智能产品自身的缺陷,特别是智能系统的运行故障导致严重危害社会的结果发生。在“产品缺陷型”犯罪类型下,虽然人工智能产品直接作用于被害人,但是由于人工智能产品作为“物”不能为此结果承担责任,通常情况下我们会考虑认定产品的设计者、生产者、所有者、使用者或者管理者作为危害结果的责任承担者。

二、人工智能的技术风险与刑事风险

(一)人工智能的技术风险

1. 风险社会中的技术风险

自1986年德国社会学家乌尔里希·贝克(Ulrich Beck)在其著作《风险社会——通往另一种现代性》(*Risk Society——Towards a New Modernity*)中第一次使用“风险社会”这个表述后,“风险社会”这个词便“火”了,风险社会理论建构的现代社会结构模型所产生的巨大影响力已经远远超出了社会学的范畴,政治学、哲学、伦理学、心理学、法学等领域开始广泛

---

[1] 刘宪权教授将人工智能产品分为弱人工智能产品和强人工智能产品。强人工智能产品具有辨别能力和控制能力,能在设计和编制的程序范围外实施危害社会的行为,具有独立人格和刑事责任能力,可以将其实施的严重危害社会的行为认定为犯罪并给予刑事处罚。针对强人工智能产品实施的犯罪,有必要在刑法中增设删除数据、修改程序、永久销毁等刑罚措施。参见刘宪权:《人工智能时代的“内忧”“外患”与刑事责任》,载《东方法学》2018年第1期。

[2] 刘宪权教授在人工智能时代的刑法完善中谈到三点建议:第一,从源头防控风险,增设滥用人工智能罪;第二,确立严格责任,增设人工智能事故罪;第三,适时考虑赋予人工智能机器人刑事责任主体的地位。参见刘宪权:《人工智能时代的刑事风险与刑法应对》,载《法商研究》2018年第1期。

使用这个概念。[1] 通过该书还原风险社会中的风险景观有助于我们对风险进行准确地定位与解读。人类早期农耕社会面临的风险主要来源于自然界,比如洪水、干旱、雷电、地震等。然而进入工业革命[2]以后的工业社会、后工业社会,科学技术彻底改变了人类的生活方式和社会秩序。一方面,它们为人们提供了传统社会所无法想象的物质便利,将人类从自然力的奴役状态中解放出来;另一方面,它们也创造了众多新生的危险源,导致技术性风险的日益扩散。[3] 除技术性风险之外,政治、经济与社会风险等制度化风险也是人类社会风险的重要组成部分,[4]但是应当说技术性风险仍然是首要的、基础性的风险。[5] 从历史唯物主义角度分析,技术革命作为新的生产力从旧的生产关系中发展而来,反过来又推动生产关系和上层建筑新的变革,因此所谓的政治、经济和社会风险等制度化风险其实可以视为技术性风险的泛化、延展和突变。

技术风险是以科学技术的发展为前提的,作为第一生产力的科学技术何以会引发未知性、复杂性、危害性甚至是全球性的风险?从人的存在这一阿基米德支点哲学考察科学技术与人类社会的关系,追问技术的本质,或许可以揭开技术风险的面纱。技术具有自然性和反自然性、人化和反人化、社会化和反社会化的本质属性。[6] 由此可以逻辑推演出技术风险的三大表现形式:第一,技术的反自然性与自然生态层面的技术风险。技术代天工以开物,往往与自然生态的自我运行相对立,例如水电站的修建阻断了鱼类的洄游造成水生态的危机,采用核裂变技术发电的核电站发生核泄漏造成环境污染和辐射危害。第二,技术的反人化与人本层面的技术风险。作为工具的科学技术通常情况下都大幅改善了人们的生活,但同时存在"伤害倍增"的效果,[7]最典型的就是计算机互联网的发展在增加生活便利性的同时催生了日益猖獗的网络诈骗、网络传播虚假信息、网络侮辱诽谤、网络恐怖主义等网络犯罪。第三,技术的反社会化与社会层面的技术风险。这与泛化的制度性风险相类似,例如大规模杀伤性武器(核武器、化学武器、生物武器)的使用可能会加剧贫富分化、极权主义、民族种族仇恨和极端恐怖主义等问题。总的来说,技术风险的成因除了科学技术自身的不确

---

[1] 参见[德]埃里克·希尔根多夫:《德国刑法学:从传统到现代》,江溯、黄笑岩等译,北京大学出版社2015年版,第238~239页。

[2] 这里泛指第一次(机器化)工业革命、第二次(电气化)工业革命和第三次(信息化)工业革命。

[3] 参见劳东燕:《风险社会中的刑法:社会转型与刑法理论的变迁》,北京大学出版社2015年版,第16页。

[4] 德国的乌尔里希·贝克和英国的安东尼·吉登斯是风险社会理论在20世纪80年代几乎同时兴起的代表人物。他们把风险社会与现代制度紧密结合起来,以探讨资本主义社会面临的问题。贝克强调技术性风险,比如电子病毒、核辐射污染、交通事故、转基因食品等;吉登斯则强调制度化风险,比如贫富分化、种族歧视、极权主义、金融危机等。

[5] 参见陈兴良:《风险刑法理论的法教义学批判》,载《中外法学》2014年第1期。

[6] 技术具有自然属性是指技术从自然的环境中发展而来,必须遵循自身固有的规律;技术的反自然性是指技术作为人造物不是自然界自然而然产生的,而且技术的表现多是对自然内容、结构和进程的否定。技术的人化与反人化体现在技术对人的生理性、精神性和社会性的构造与反构造中:首先,技术是以人为模型发展起来的,是人体器官的延伸,弥补了人生理能力的不足,同时技术的运用限制了生理进化的可能,甚至可能出现生理萎缩和退化;其次,技术满足了人的需求和欲望,同时带来了技术迷恋和技术恐惧等;最后,技术作为人的作品展示了人的力量和智慧,同时人也在技术中直观自身。技术的社会属性是指技术是从人类的社会活动中产生和发展起来的,并且严格地受到各种社会条件的制约;同时技术作为生产力这一决定性的力量推动社会关系的变革。参见王世进:《多维视野下技术风险的哲学探究》,复旦大学2012年博士学位论文,第27~29页。

[7] 参见陈景辉:《捍卫预防原则:科技风险的法律姿态》,载《华东政法大学学报》2018年第1期。

定性和复杂性,最为关键的还是介入了人类的因素,人类的决策和行为作用于科学技术的运用过程之中,这才带来了技术衍生风险。从某种意义上说,技术风险是“被制造出来的风险”,即被“自身”制造出来的风险和被“人为”制造出来的风险。

2. 人工智能在发展、应用过程中产生的技术风险

伟大物理学家、宇宙学家史蒂芬·霍金在生前的最后几年对人工智能十分关注,他曾表示:“人工智能的崛起是人类历史上最好的事情,凭借这场新的科技革命,我们或许可以挽回上一场工业革命给自然界和人类社会带来的破坏,然而人工智能在未来可能对人类生存带来毁灭性的威胁,除非我们学会如何规避、控制风险。”霍金的“人工智能威胁论”在目前的弱人工智能阶段听起来似乎有些危言耸听了,但是警惕人工智能可能产生的风险是十分必要的。

人工智能自身的风险主要是技术不足风险,即受现有技术发展水平的制约,人工智能技术自身仍然具有许多不确定性和复杂性。谷歌旗下公司(Waymo)最早从2009年开始无人驾驶汽车项目研究,为了测试无人驾驶系统的准确性还专门建立了Castle结构化测试区,通过栅栏分割设置了规模庞大的测试路口和交叉路口,然而结果证明无人驾驶汽车即便能完全掌握Castle模拟测试区所学的驾驶技能,在没有司机的情况下,仍然无法通过安全路上测试,最主要的原因还是在于发挥人类眼睛作用的多方传感器系统仍然无法对复杂多变的路况环境进行精准地感知和定位,这可能给无人驾驶汽车路上行驶的安全性带来致命性的打击。人工智能自身的风险还表现在它的反自然性。按照器官投影学说的观点,技术是人体器官的延伸,人工智能不正是机器对人类大脑的模拟吗?然而进化的同时也是退化的开始,人工智能技术可能会封闭人类的一些器官经验,造成某种程度上人类大脑或者其他器官的生物退化。

应当说人工智能技术最大的生存威胁还是在于人为制造的风险,尤其是人工智能与互联网、大数据的结合,促使人工智能的技术使用风险变得更为紧迫,由此带来的严重危害后果也更加难以防控。浙江绍兴破获的全国首例利用人工智能打码平台侵犯公民个人信息案,就是先利用人工智能技术识别图片验证码再通过撞库软件非法获取公民的个人信息。黑客杨某搭建的“快啊”打码平台运用人工智能机器深度学习训练机器,可以快速有效地识别图片验证码,轻松绕过互联网公司设置的账户安全登录保护,给网络诈骗等网络黑产提供了犯罪便利和犯罪工具。此外,霍金对人工智能的过度担忧还缘于人工智能技术向军事领域的渗透,特别是美国、俄罗斯、韩国、乌克兰、以色列等国家对“杀人机器人”[1]的研发。大国之间展开的人工智能军备竞赛可能叩开智能化战争的大门,给人类带来毁灭性的灾难。在2017年人工智能国际会议上,上百名人工智能专家发布联名公开信,呼吁联合国采取行动禁止在战争中使用致命的自主武器和杀人机器人,并抵制与任何国家合作研发人工智能

---

[1] 杀人机器人,全称致命性自主机器人,是一种能代替士兵自动杀伤敌人的全自动智能机器人。这种机器人通过计算机软件和传感器装置控制,进而全自动完成识别敌人、判断敌情和杀死敌人等任务。这种机器人可能无法辨识伤员、俘虏和平民,因此更具有战争危害性。

武器的计划。

(二)人工智能的刑事风险

1. 风险与危害、危险

风险社会中的风险区别于刑法规范中的危险、危害,二者不可等同而视。"风险"一词属舶来品,考究其由来,有一种说法是来源于远古时期渔民的捕鱼活动,海上的风总是会给渔民带来诸多不确定的偶然性的危险,因此"风"即意味着"险",于是渔民在每次捕鱼之前都要祈祷神灵保佑出海风平浪静、满载而归。据能考证的词源意大利语 risque 本身就包含暗礁(reef)或礁石(rock)的含义,是 17 世纪欧洲大陆的航海术语,特指在航海中遭遇雷电、飓风等恶劣天气或者船只触礁沉没等事故。风险即未来不确定的危险,不可知、或然性是风险的特质。

然而作为刑法规范意义上的危险则是由传统概念"社会危害性"展开的,这种"危害性"包括两种情况:第一,造成实际损害(危害);第二,具有造成实际损害的现实可能性(危险)。[1] 刑法规范意义的危害必须是客观的、现实的,即实实在在造成了损害结果,但是风险社会中风险是建构的、虚拟的。虽然贝克也强调风险的实在性,但是"它们的实在性是通过根植于前进中的工业和科学生产与研究程序的'冲突'而喷发出来的,社会感知和结构使风险成为'现实'"[2]。"风险归根结底不是具体的物,它们是看不见、感觉不到的东西,它们是一种社会构想,只有当人们相信它时,它才会因此而真实有效。"[3] 正如无人驾驶汽车可能在未来使得人们逐渐失去驾驶操控汽车的能力,或者阻碍人脑和其他器官的生物进化,这些担忧其实都不是客观的现实状态,而仅仅是未来的一种或然性。

应当说作为可能发生危害的"风险"其实更接近刑法规范中"危险"的概念,二者都具有不确定性,既可能造成实害结果也可能最后没有造成实害结果。风险刑法论者在"拿来主义"的风险理论语境下企图将传统刑法转向积极预防的安全轨道,这实际上是将刑法中具有规范限缩意义的危险概念外延泛化为社会学意义上的风险表现出来的过度忧虑。风险理论中所论及的技术风险,只有在满足了"侵害的现实紧迫性"这一条件下才能实现从社会学意义的风险到刑法学意义的危险的实质性跨越。"侵害的现实性"指风险可能发生的危害必须是合乎必然性的存在,或许在未出现危害结果时还不是现实的,但是根据发展的客观必然性或早或迟一定会变成现实。例如智能机器人脱离人类控制杀死科学家毁灭人类的场景只存在于科幻电影之中,事实上,智能机器人因为深度学习而产生意识思维并在自主意志的支配下实施不在人类设计和编程范围内的犯罪行为,这种风险不具有现实性。"侵害的紧迫性"是指风险可能发生侵害的危险正在逼近、非常接近、迫在眉睫或者正在发生。例如器官移植技术可能会带来非法买卖器官的风险,由于我国法律规定人体器官可以捐赠但不允许买卖,如果行为人组织他人出卖人体器官,或者未经他人同意摘取其器官、摘取不满十八周

---

[1] 参见夏勇:《"风险社会"中的"风险"辨析刑法学研究中"风险"误区之澄清》,载《中外法学》2012 年第 2 期。

[2] [德]乌尔里希·贝克:《风险社会再思考》,郗卫东编译,载《马克思主义与现实》2002 年第 4 期。

[3] [德]乌尔里希·贝克、[德]约翰内斯·威廉姆斯:《关于风险社会的对话》,载薛晓源、周战超主编:《全球化与风险社会》,社会科学文献出版社 2005 年版,第 12 页。

岁的人的器官,又或者强迫、欺骗他人捐赠器官,就构成对公民人身权利侵害的紧迫性危险。

总而言之,风险不等于危险,更不等于危害。在风险社会背景下分析人工智能的技术风险,最终还是为了回归到刑法的视域下讨论究竟哪些可能的风险才是具有刑法规范意义上的危险和危害。只有当这些风险现实地造成了损害或者具有造成损害的现实紧迫性,人工智能的刑事风险才正式拉开帷幕。

2. 人工智能的刑事犯罪风险展开

"互联网+人工智能"的全新时代,正如狄更斯所言:这是个最好的时代,也是个最坏的时代。人工智能的技术应用范围十分广泛,包括工业生产、汽车制造、通信运输、医疗临床、教育培训、金融会计法律、个人家庭生活等各个领域。工业机器人替代流水线工人进行全自动化机械生产,无人驾驶汽车给谷歌的多个数据中心送货,达芬奇手术机器人协助医生开展高难度、更精密的手术治疗,智能律师 Ross 可以识别当事人的自然语言、根据自身系统的法律知识储备回答问题、提出解决方案并记录法律系统的变化,人脸识别技术应用到银行金融账户管理、铁路机场安检,甚至是大学上课签到和宿舍管理……这些人工智能真正实现了"人工智能,让生活更美好"的期许。

然凡世间物,皆有两面性。就以无人驾驶汽车为例,一方面可以减少因驾驶者错误操作或者长途疲劳驾驶所带来的交通事故,另一方面也有可能增加因自动驾驶系统发生故障或者人为入侵破坏自动驾驶系统而引发的交通事故。风险社会理论的一个重要意义是让人们重视人为制造的风险,[1]人为制造出来的风险也正是人工智能刑事风险的主要来源。具体而言,本文认为涉及人工智能的刑事犯罪风险大致可以分为三类。

第一,对人工智能的智能系统实施犯罪。这是对人工智能本身实施的犯罪。人工智能的智能系统是指能够产生人类智能行为的计算机系统,所谓的智能在现阶段至少应具备自动获取信息、自动学习知识、逻辑推理演绎、应用解决问题等多方面的能力。其实人工智能的智能系统在本质上属于计算机信息系统的较高级别,对人工智能的智能系统实施的犯罪即对计算机信息系统的犯罪。智能系统的运作过程大致可以简单地看作是"输入—输出"的流水作业,输入的是智能系统的处理对象,包括大数据和知识等,按照机器深度学习算法的方法论将存储的数据和知识通过云计算平台进行计算分析,最后输出处理结果、结论。不难发现,在人工智能的智能系统中存储了大量的数据和信息,如果这些可能涉及身份隐私、财产安全,甚至是国防军事利益的数据和信息被恶意入侵、破坏智能系统的犯罪分子非法获取并利用,进而实施侵犯公民个人信息、诈骗、窃取国家秘密或者其他犯罪,就会发生严重的社会危害后果。对于行为人实施的针对人工智能的智能系统的犯罪,本文认为可以适用《刑法》第 285 条、第 286 条和第 287 条的相关规定。

第二,利用人工智能技术实施传统犯罪。随着人工智能的飞速发展,犯罪技术也变得更高级起来,犯罪工具将与人工智能一同进化。美国国家情报局局长克拉珀(James R. Clapper)就曾警告过关于人工智能技术的恶意使用问题,人工智能在给人们生活带来便捷

---

[1] 参见张明楷:《"风险社会"若干刑法理论问题反思》,载《法商研究》2011 年第 5 期。

的同时扩大了在线世界的漏洞,使得网络和我们都变得更易受攻击。2003 年卡耐基·梅隆大学年仅 22 岁的研究生路易斯·冯·安设计出了"全自动区分计算机和人类的图灵测试"方案,即我们熟知的验证码技术以阻止自动程序盗取在线账户,然而除了人工智能的普通研究者,犯罪分子也一直都在部署计算机视觉软件以对抗验证码技术,2011 年就颠覆了验证码技术的安全保护功能。"如果你两年没改验证码了,它就会被一些机器视觉算法操控。"美国加州大学圣迭戈分校的计算机安全员斯特凡(Stefan Savage)表示说。

人工智能技术作为高级犯罪工具给犯罪分子带来了很大的犯罪便利。首先对于初次或者准备进入网络犯罪这一行但是没有技术经验的犯罪分子来说,可谓搭上了高科技的"顺风车"。曾经火爆地下市场的 Black shades 程序软件就被形象地称为"盒子里的刑事特权",它能让完全不懂技术的犯罪分子在计算机上轻松地部署一个勒索程序或者通过鼠标点击来进行视频或者音频窃听。人工智能提供的这项技术便利可能会因此增加初次网络犯罪的概率。除此之外,人工智能技术还在一定程度上帮助消除了犯罪的障碍,降低了犯罪的难度,扩大了传统犯罪的社会危害性。例如在电信诈骗中,犯罪分子通常在要"猜猜我是谁"的骗术中存在声音被识别、骗局穿帮的风险。谷歌公司旗下的人工智能研究部 Deep Mind 团队开发出的新程序可以模仿任何人的声音,并且听起来比任何语音系统生成的声音都要自然,大幅缩小了自然语言与人类语言的差距。人工智能的这项语音伪装技术在电话中就极易被犯罪分子用来伪装身份实施诈骗,并且还有助于降低诈骗失败的概率。

第三,对人工智能产品未尽安全生产、管理义务的犯罪。人工智能产品发生致人死伤的严重危害后果多发生在工业机器人和无人驾驶汽车领域。美国职业安全健康管理局的统计数据显示,在过去 30 年间大约发生了 30 多起与机器人相关的死亡事件。最近一次是 2015 年的 7 月,在密歇根州的一家汽车零配件制造商厂内,维修技师万达·霍尔布鲁克在执行日常保持机器人工作秩序的职责时,突然被装配线上的机器人抓住,机器人像装载拖车悬挂装置组件一样对被害人的头部进行操作,导致被害人头骨被压碎身亡。被害人的丈夫将这家工厂和为这家工厂提供机器人配件及安装的 5 家机器人厂商一并诉至法庭,并在诉中表示:"机器人没有被正确设计、制造或测试,才导致安全系统和设备突发故障(未尽安全生产的责任义务);并且 130 区域的机器人不应当进入 140 区域,也不应当尝试在已经装上挂接组件的夹具内加载挂接组件(未尽安全管理的责任义务)。"工业机器人通常被用于执行高危、高强、高重复性的任务,因此如果机器人厂商设计研发、生产制造出来的机器人不能符合保障人身、财产安全的国家、行业标准,机器人的所有者、使用者或管理者在超出安全操作、管理规范外使用机器人,就有很大可能发生严重的危害后果。

由于工业机器人、无人驾驶汽车在本质上没有超出"物"的范畴,不过是植入智能系统的"智能产品"罢了,这些"用于销售"的工业机器人、无人驾驶汽车必须符合《产品质量法》第 13 条的规定,即"可能危及人体健康和人身、财产安全的工业产品,必须符合保障人体健康和人身、财产安全的国家标准、行业标准;未制定国家标准、行业标准的,必须符合保障人体健康和人身、财产安全的要求"。特别是工业机器人、无人驾驶汽车的硬件设备均受整个智能系统的控制,因此确保智能系统的稳定、安全是实现工业机器人、无人驾驶汽车整体安全性的关键因素。这是赋予人工智能产品的生产者安全生产义务的法律依据，如果生产者制造出来的机器人或者无人驾驶汽车不能符合保障人身、财产安全的国家标准或者行业标准，并且造成严重后果，相关的责任人就可能触犯《刑法》第146条规定的生产、销售不符合安全标准的产品罪。

人工智能产品除了在生产环节可能涉及产品生产安全带来的一些刑事风险，进入流通使用环节，由于人工智能产品具有很多新技术的不确定性和复杂性，作为人工智能产品的所有者、使用者或者管理者可能还需要遵循一定的安全操作、管理规定或要求，例如工业机器人被投入工厂的生产流水线上作业，对生产负有组织、指挥或者管理职责的负责人、管理人就必须按照机器人的安全操作、管理规定以保障机器人和普通工人的生产工作安全，如果未尽安全管理义务造成严重后果，相关负责人还可能承担其他过失责任。

三、人工智能的犯罪类型之一："工具利用型"

历史上每一次技术革命都是工具的进化史，从石器、铁器到蒸汽机、电气化，再到计算机、互联网和人工智能，科技的发展从根本上改变了人们的生活方式。然而这种改变总是喜忧参半的，以计算机与犯罪的关系为例，在以"联"为主的Web1.0时期，计算机犯罪尚停留在将计算机信息系统作为犯罪对象的前期发展阶段，进入以"互"为主的Web2.0时期，网络的工具化使得传统犯罪发生了网络异化，到了Web3.0时期，网络平台思维和网络犯罪空间的生成，带来了犯罪的全面网络化演变。人工智能与计算机、互联网的关系就像鱼与水的关系，一方面人工智能依托互联网平台和大数据技术兴盛而发展，另一方面又推动传统互联网和工业物联网进一步向智能化迈进。同计算机、互联网的命运一样，人工智能很有可能被犯罪分子工具化，所谓工具化即违背某物的用途或者违背某人的自身利益、意志，将其作为手段加以利用。[1] 人工智能的工具化是网络工具化升级进化的必然结果，由此可能会带来犯罪全面"智能化"的危险。

（一）利用人工智能的智能技术实施其他犯罪

2017年9月，浙江绍兴警方破获的全国首例利用人工智能侵犯公民个人信息一案是行为人利用人工智能技术帮助实施其他犯罪的最新实例。在该案中，非法入侵网站、利用人工智能技术识别图片验证码、制作撞库软件、非法买卖数据、实施网络诈骗组成了一条完整的互联网黑色产业链。黑客杨某搭建的"快啊"打码平台运用人工智能机器深度学习方法训练机器，让其可以自动有效地识别图片验证码，从而轻松绕过网络服务提供者设置的账户安全登录保护。借助"快啊"打码平台提供的这项技术服务，以黄某为首的数据买卖团伙便利用网站漏洞侵入计算机信息系统，在非法获取了网站后台用户的注册信息后以10万组数据为一个单位卖给了制作撞库软件的团伙。吴某、魏某等撞库人员在获取数据后直接与"快啊"打码平台对接进行批量撞库匹配，将各类账户与密码匹配成功的账户信息打包卖给网络诈骗团伙。最后以郑某为代表的诈骗团伙利用非法获取的个人信息实施各类诈骗活动。不

---

〔1〕 参见［德］埃里克·希尔根多夫：《德国刑法学：从传统到现代》，江溯、黄笑岩等译，北京大学出版社2015年版，第120页。

难发现,黑客杨某利用人工智能的图像识别技术所搭建的"快啊"打码平台,为非法侵入计算机信息系统、非法获取系统数据的数据买卖团伙突破验证码的防护策略提供了犯罪工具,进而为侵犯公民个人信息和实施网络诈骗等犯罪活动提供了极大的犯罪便利。

目前,人工智能技术比较成熟的应用主要集中在语音识别、自然语言理解、图像识别、人脸识别、手写识别、语音和文字的自动转化等,由于人的语言声音、面部特征和文字笔迹均具有极强的身份性和一定的隐私性,如果这些技术一旦被犯罪分子与互联网平台、大数据技术相结合利用,就特别容易威胁计算机信息系统的安全,造成公民个人信息的泄露,加剧网络诈骗的严峻态势。应当说,人工智能技术在计算机、网络犯罪中的工具化不仅加快了整个互联网黑色犯罪产业链的进程,还催生了更大的社会危害后果。据办案警方透露,在"快啊"打码平台被打掉的前3个月,就已经提供验证码识别服务259亿次,被盗公民个人信息竟有10亿余组,受骗金额多达2000余万元。

行为人利用人工智能的智能技术实施犯罪是犯罪工具智能化的突出表现,这可能使得部分传统犯罪的危害性发生"量变"。[1] 对于行为人利用人工智能技术实施的计算机、网络相关的犯罪,本文认为可以适用《刑法》第285条、第286条、第287条之一、第287条之二的规定定罪处罚;对于行为人利用人工智能的智能技术实施诈骗、盗窃、窃取国家秘密或者其他犯罪的,可以适用《刑法》第287条的规定定罪处罚。事实上,上述案例中的杨某即以提供侵入计算机信息系统工具罪被浙江绍兴警方予以逮捕的。

(二)故意破坏人工智能的智能系统实施其他犯罪

故意破坏人工智能的智能系统实施其他犯罪是指行为人首先通过远程侵入的手段对人工智能的智能系统进行删除、修改、干扰等破坏,然后利用人工智能的不正常、不安全运行达到实施其他犯罪的目的,造成了严重的危害后果。例如,远程侵入从事高危高强工业生产的机器人的智能系统,故意删除、修改机器人的安全生产范围,结果导致工业机器人将原本在安全生产范围之外的工人错误当作生产对象进行操作;又如,远程侵入无人驾驶汽车的智能系统,干扰、破坏其车载传感器系统,结果导致汽车在无人驾驶的行驶过程中因传感器失灵无法精准感知行人和障碍物信息进而发生撞车、翻车等事故。在故意破坏人工智能的智能系统实施其他犯罪的复杂情形中,存在几个疑难问题需要予以厘清。

1. 实行行为着手的认定

所谓牵连犯,是指行为人实施某种犯罪(本罪),而方法行为或者结果行为又触犯其他罪名(他罪)的犯罪形态。[2] 根据这一定义,行为人远程侵入、破坏人工智能的智能系统与实施其他犯罪之间即存在手段与目的的牵连关系。对这类手段行为与目的行为结合的犯罪,着手的认定需要着重解决的问题就是依哪个行为来确定。由于双重行为同属犯罪构成所要求的实行行为,而着手是实行行为的起点,因此开始实行第一行为即手段行为就是犯罪的"着手"。当然,手段行为本身也包括一系列具有内在联系的动作,而不只是一个动作。

---

〔1〕 参见刘宪权:《人工智能时代的刑事风险与刑法应对》,载《法商研究》2018年第1期。

〔2〕 参见高铭暄主编:《刑法专论》(第2版),高等教育出版社2006年版,第392页。

例如,《刑法》第263条以暴力为手段行为的抢劫案中,就可以按顺序出现逼向被害人、追赶被害人、抓住被害人、殴打乃至伤害被害人等一系列动作,这些动作都是暴力手段行为的内容。行为人实施其中最初的动作即开始实行手段行为,就应认定为抢劫罪的着手。[1] 因此,行为人在实施远程入侵、删除、修改、干扰等破坏人工智能的智能系统的手段行为时即为实施其他犯罪的着手。

2. 故意内容的认定

以无人驾驶汽车为例,A远程侵入、破坏了B无人驾驶汽车的智能系统,导致B汽车在行驶过程中因摄像头传感器故障撞上了C,造成B重伤和C死亡的严重后果。危害结果,从广义上说即行为在客观上给某种社会关系造成危害或者可能造成危害的结果,既包括已经发生的危害结果,也包括尚未发生但可能发生的危害结果,是一切犯罪故意的认识内容。[2] 由于B无人驾驶汽车的智能系统被破坏,既有可能发生伤害的危害结果,也有可能发生死亡的危害结果,应如何认定A在实施侵入、破坏B汽车的智能系统时主观故意的具体内容,即A是基于伤害的故意还是基于杀人的故意去实施破坏B汽车的智能系统的行为?本文认为:如果可以查明A是基于伤害的故意,却发生重伤、死亡的危害结果,则成立故意伤害(致人重伤、致人死亡)罪(结果加重犯);如果可以查明A是基于杀人的故意,却发生重伤、伤害的危害结果,则成立故意杀人罪(未遂);在无法查明的情况下,根据"存疑有利于被告人原则",宜认定A仅基于伤害的故意。

行为人认识到结果发生是确实的,但结果发生的行为对象不特定,即行为对象的个数以及哪个行为对象发生结果是不确定的,这是概括的故意。无人驾驶汽车作为私人的交通工具进入公共的道路交通领域,其自身的不正常、不安全运行也会给不特定的其他人的生命和财产安全构成一定的威胁。因此A在实施侵入、破坏B汽车的智能系统时,是应当能够预见到B汽车可能会发生翻车撞车事故,从而可能造成不特定第三人伤亡的危害结果的,因此,A对任何第三人C所持的放任心态是基于概括的故意。此外,如果智能系统被破坏的无人驾驶汽车,其不正常、不安全的行驶状态足以达到危害公共安全的程度,则还可能触犯以危险方法危害公共安全罪。

(三)利用人工智能的"不智能"实施其他犯罪

利用人工智能的智能技术实施其他犯罪是利用人工智能的"智能"去犯罪,故意破坏人工智能的智能系统实施其他犯罪是破坏人工智能的"智能"去犯罪,反其道而行之,所谓利用人工智能的"不智能"实施其他犯罪是指行为人首先采取手段行为使得人工智能机器或者系统陷入错误的状态,然后利用人工智能的错误运行去实施目的行为。

关于"机器能否被骗"这一命题曾引发了不小的争论,有的学者坚持主张"机器不能被骗,欺骗必须作用于被害人的大脑"[3]。修正的观点则指出"机器本身并不能被骗,但是机

[1] 参见高铭暄主编:《刑法专论》(第2版),高等教育出版社2006年版,第305页。

[2] 参见高铭暄主编:《刑法专论》(第2版),高等教育出版社2006年版,第258页。

[3] 张明楷:《也论用拾得的信用卡在ATM机上取款的行为性质——与刘明祥教授商榷》,载《清华法学》2008年第1期。

器背后的人可能受骗,使用计算机诈骗实质上是使计算机背后的人受了骗"[1]。还有的学者认为"随着科技的发展,通过电脑的作用,机器也可以接受人所传递给它的信息并作出预期的反应,因缺乏人的灵活性,反而更容易成为欺骗的对象"[2]。本文认为,"欺骗"所强调的是一种"陷入错误"的状态,理性自然人会因为受骗而陷入错误的认识状态,机器即便不能被骗但也会因为其他原因而陷入错误的运行状态。不可否认,人尚且会出错,机器当然也会出错,机器出错即机器陷入了错误的系统操作运行状态。承认"机器会出错"或许可以为我们思考"机器能否被骗"这一命题提供新的方向和路径。

事实上,人工智能也不是完美的,人脸识别系统就时常出错。伦敦警方在利用人脸识别系统搜寻犯罪嫌疑人时,大约发生了35次错误的身份匹配,并导致其中一人被错误地"逮捕"。一般而言,换了发型、戴了眼镜、女生的彩妆、男生的胡子、面部整容、双胞胎等因素都会影响系统的识别,美国麻省理工学院某项研究结果还显示,肤色越暗,人脸识别系统发生的错误率越高。现在人脸识别这项人工智能技术被大规模应用在以银行、保险为代表的金融领域,国内多家银行推出"身份验证""刷脸取款""刷脸支付"的试点,开启密码与人脸同步验证,实现用户无卡取款。应当说,在人脸识别系统智能的情况下,通过客户刷脸和银行卡密码双重身份的核验可以帮助解决银行卡被盗和密码泄露带来的财产安全风险,但是如果行为人采用人脸伪装技术使得人脸识别系统陷入了错误的状态,并基于错误的运行"交付"了财产,造成了被害人的财产损失,即利用人脸识别系统的"不智能"和错误实施的盗窃。

四、人工智能的犯罪类型之二:"产品缺陷型"

所谓"产品缺陷",根据我国《产品质量法》的规定,是指产品存在危及人身、他人财产安全的不合理的危险,简言之,即产品具有不合理的欠缺安全性的状态。[3] 如果人工智能产品比如无人驾驶汽车存在智能系统故障或者刹车离合器失灵等情况,即属于产品缺陷。缺陷人工智能产品致人死伤最为典型的案例就是机器人"杀人"事件,1978年日本广岛一家工厂的切割机器人在切割钢板时突发异常,将一名值班的工人当作钢板操作,这是世界上第一例机器人"杀人"案;1989年也是在日本的一家无人工厂里,机器人将一名维修工人强行拖入转动的机器中绞死。粗略统计,日本已有10余名工人惨死于机器人的"手"下,致伤残的多达7000余人。

(一)产品的刑事责任

1. 从产品的侵权责任到产品的刑事责任

各国的立法与实践对缺陷产品致人死伤的责任追究都经历了从民事赔偿到刑事制裁的过程。作为世界上产品责任法最完善、最发达的美国,基本上将产品缺陷致人死伤的案件作为民事侵权案件来处理,直至1980年的印第安纳州诉福特汽车公司疏忽大意杀人案(State of Indiana v. Ford Motor Co.)才改变了这一固有的状况,该案中3名被害人因其驾驶的福特

---

[1] 刘明祥:《用拾得的信用卡在ATM机上取款行为之定性》,载《清华法学》2007年第4期。
[2] 赵秉志、许成磊:《盗窃信用卡并使用行为的定性分析与司法适用》,载《浙江社会科学》2000年第6期。
[3] 参见[日]吉村良一:《日本侵权行为法》,张挺译,中国人民大学出版社2013年版,第207页。

汽车油箱漏油而被烧死,虽然最后法院仍将该起事故认定为侵权,福特公司无罪,但是在此之后联邦与各州有关产品缺陷刑事责任的立法逐渐增多起来。[1] 德国亦将其产品责任限定于民事侵权领域,刑法对于产品的生产者与销售者所负的责任一直以来都没有给予很高的关注,后来在毛拉赫(Maurach)与施罗德(Schroeder)撰写的第5版《德国刑法教科书》中这才明确地提到了产品刑事责任的概念,[2]并且在20世纪90年代发生的"皮革喷雾剂案"(BSHSt. 37,106)和"木材防腐剂案"(BSHSt. 41,206)中,德国最高联邦法院最终判决生产企业的负责人成立过失伤害罪。日本对于缺陷产品的刑事责任追究则相对晚了许多,2000年之后发生的著名案例有三菱汽车公司隐瞒汽车质量问题致人死亡事件。当时三菱汽车公司不仅没有根据法律向国土交通省报告其生产的载重汽车离合器系统零部件质量问题,也没有采取将问题车辆召回检修等必要措施,最终导致又一名司机因卡车离合器系统质量问题发生重大交通事故而身亡。事后日本警方以涉嫌业务过失致死罪逮捕了三菱汽车公司前总经理何添克彦等6人。

2. 建立产品刑事责任的必要性

缺陷产品致人死伤事件的法律定性从民事侵权发展为刑事犯罪最直接的原因是行为的违法程度和社会危害性超越了刑法的容忍边界。刑法作为保障法、补充法和事后法已经成为共识,"所有部门法所保护和调整的社会关系,都会同时借助刑法的保护与调整,刑法是其他部门法的保障法,是其他部门法的保障和后盾,如果将其他部门法比作第一道防线,刑法则是第二道防线"[3]。所以,当且只有当"前置法对违法行为的管控无效或违法性程度已经超出前置法的管辖,这类行为才有交由刑法接管的资格"[4]。在缺陷产品致人死伤的责任认定中,由侵权责任向刑事责任的演变也正是行为的违法程度和社会危害性不断累积的结果。如果说因福特汽车油箱漏油而导致三名受害人被烧死还勉强符合一般违法的程度,社会危害性较轻,法院判决承担民事侵权责任也是恰当的,那么日本三菱公司在明知其生产的载重汽车离合器系统零部件存在质量问题的情况下,故意隐瞒汽车质量问题并且未采取任何召回、检修等必要措施,最终导致又一名司机发生交通事故身亡的严重社会危害后果,事实上,早在1998年由于类似质量问题就曾引发一起事故,应当说日本三菱公司的行为性质更恶劣,给社会造成的危害后果更严重,已经具有相当程度的违法性和社会危害性。

另外,建立产品的刑事责任是民、刑不同责任功能互补的结果。法律责任的功能主要有三,即惩罚、救济和预防,民事责任和刑事责任作为法律责任的具体表现形式必然都秉承着这三项功能,但二者各有侧重。[5] 民事侵权责任关注已然受损的受害人,遵循"无损害则无赔偿"的一般原则,侧重对受害人损害、损失的赔偿和权利的恢复救济,"损害赔偿的最高指

---

[1] 参见吕英杰:《风险社会中的产品刑事责任》,载《法律科学(西北政法学院学报)》2011年第6期。

[2] Maurach/Schroeder/Maiwald, StrafR BT, Bd. 2: Straftaten gegen Gemeinschaftwerte, 1981, S. 57.

[3] 高铭暄、马克昌主编:《刑法学》(第5版),北京大学出版社、高等教育出版社2011年版,第8页。

[4] 杨兴培、田然:《刑法介入刑民交叉案件的条件——以犯罪的二次性违法理论为切入点》,载《人民检察》2015年第15期。

[5] 参见张旭:《民事责任、行政责任和刑事责任——三者关系的梳理与探究》,载《吉林大学社会科学学报》2012年第2期。

导原则在于赔偿受害人所受之损害,俾于赔偿之结果,有如损害事故未曾发生者然"〔1〕。刑事责任的主要特色则在于惩罚功能和预防功能。首先,刑事责任突出地表现为对犯罪的惩罚,如果说民事侵权责任是通过赔偿来直接救济受害人的利益,那么刑事责任则是通过对犯罪人的惩罚来间接地保护被害人的利益。〔2〕此外,刑法不仅关注已然受损的特定被害人,更着眼于未来可能受损的一般人,应当明确,国家制定刑罚、适用刑罚和执行刑罚所追求的,乃是以刑罚作为手段同犯罪作斗争,从而最终实现预防犯罪的目的。〔3〕建立产品的刑事责任可以弥补民事责任在惩罚、预防功能上的薄弱和不足,对于具有相当违法性和严重社会危害性的侵权行为有必要升格为犯罪,科以刑罚。此外,随着民众对食品、药品、汽车等与日常生活密切相关的商(产)品与日俱增的安全需要,刑法是控制风险、安抚民众不安情绪最有力的预防手段。

(二)人工智能产品的责任形式

1. 生产阶段:研发生产者保障产品安全的义务与故意责任

(1)保障产品安全的义务

人工智能产品的设计者、生产者应当确保其设计、制造的产品安全、可靠,"安全性"不仅是社会公众对技术尚未成熟的人工智能产品的首要关注,也是我国《产品质量法》的法中之义。《产品质量法》第26条第1款及第2款第1项的规定:"生产者应当对其生产的产品质量负责。产品质量应当符合下列要求:(一)不存在危及人身、财产安全的不合理的危险,有保障人体健康和人身、财产安全的国家标准、行业标准的,应当符合该标准。"由此可见,保证人工智能产品的质量安全是生产者的一项法定义务,即"保障产品安全的义务"。

判断产品是否安全存在两个标准,即"不合理危险"标准和国家、行业标准。由于目前人工智能产品制造业,比如在机器人、无人驾驶汽车等领域,均未正式制定统一的国家、行业标准,因此现阶段用来判断人工智能产品是否存在缺陷就只剩下"不合理危险"标准了。所谓"不合理危险",按照《美国第二次侵权法重述》第402A条的解释,是指产品的危险性超出了具有一般社会认知水平的普通消费者对产品安全性的合理预期。比如智能汽车主要是依靠摄像头和雷达配合组成的多方位传感器系统来感知车身的具体位置和外界的障碍物情况,从而实现无人驾驶的目的,如果智能汽车其中之一的摄像头传感器存在质量问题,即经常发生故障或者失灵,则属于不合理的危险。

产品存在不合理的危险或者不符合强制性的国家、行业标准即为"缺陷产品"。人工智能产品的缺陷主要体现在两个方面:第一,设计上的缺陷。产品设计是产品制造的前置阶段,任何产品都需要经过设计才能投入生产、制造。〔4〕人工智能产品的设计除了包含一般产品在外观和硬件设备上的设计,还包括最为关键的软件程序的开发和智能系统的设计。由于人工智能产品的硬件设备完全是被智能程序所操控的,人工智能产品的整体安全性在

〔1〕曾世雄:《损害赔偿法原理》,中国政法大学出版社2001年版,第16页。

〔2〕参见王泽鉴:《损害赔偿法之目的:损害填补、损害预防、惩罚制裁》,载《月旦法学》2005年第8期。

〔3〕参见赵秉志主编:《当代刑法学》,中国政法大学出版社2009年版,第323页。

〔4〕参见冉克平:《论产品设计缺陷及其判定》,载《东方法学》2016年第2期。

很大程度上取决于智能系统的安全性、可靠性。第二,制造上的缺陷。广义的制造包括生产、加工、装配、调试等环节,人工智能产品如果在生产、加工环节"与设计有所偏离",即多了不该多的东西、少了不该少的东西、用了不该用的东西,即会被认定为存在缺陷。特别是人工智能产品在安装、调试等非常规操作过程中,应当特别注意由于智能系统的不稳定性可能产生的危险,事实上,机器人在安装、调试阶段就特别多发系统故障致人意外死伤事件。人工智能产品如果在测试、安装阶段被发现可能存在不合理危险,应当立即停止产品的全面流通和使用并及时报告。

(2)生产不符合安全标准的产品罪

人工智能与工业物联网的结合开启了制造业全面智能化的时代,工业机器人不仅帮助实现了工厂的无人化生产,人工智能产品还越来越多地走进了人们的家庭生活中,比如智能彩电、智能冰箱、智能空调、无人驾驶汽车等。目前人工智能产品正在被如火如荼地进行研发、设计、生产和测试,有鉴于这些人工智能产品与我们的人身权利和财产权利密切相关,本文建议应当加快推进人工智能产品的国家、行业标准的制定与实施,一方面有助于保障人工智能产品的安全性,进而保护公民的人身健康和财产利益,消除社会民众对人工智能产品质量的不安感;另一方面,制定国家、行业标准可以为违反"保障产品安全义务"、生产具有不合理危险的人工智能产品成立"生产不符合安全标准的产品罪"提供主观上"明知"的依据。

我国的产品刑事责任集中规定在《刑法》分则第三章破坏社会主义市场经济秩序罪中的"生产、销售伪劣商品罪"一节,共有 9 个罪名 11 个法律条文,其中就有 7 个罪名涉及对缺陷药品、食品、医用器材、农药、兽药、化肥、种子、化妆品等特殊产品的规制,对一般产品的规制仅有第 140 条生产、销售伪劣产品罪和第 146 条生产、销售不符合安全标准的产品罪。生产、销售不符合安全标准的产品罪的主观罪过形式是故意,即生产者在明知其生产的产品存在国家、行业标准的情况下还生产不符合保障人身、财产安全的、有违国家标准、行业标准的产品。制定人工智能产品的国家、行业标准,实际上是将设计者、生产者"保障产品安全的义务"具体化,为认定设计者、生产者是否履行这一法定义务提供衡量尺度和判断标准。如果人工智能产品的设计者、生产者设计、生产的人工智能产品不符合国家、行业标准,即违反了"保障产品安全的义务",造成缺陷产品致人死伤等严重危害后果,设计者、生产者即有可能触犯生产不符合安全标准的产品罪。

总之,人工智能产品的设计者、生产者应当在研发设计、生产制造人工智能产品的过程中履行法定的"保障产品安全的义务",以保证人工智能产品在硬件设备和智能系统上的双重安全性,人工智能产品的设计者还应当注意其研发的智能系统的可行性、可靠性。为了全面促进人工智能技术在智能制造业的长足、良性发展,需要尽快制定人工智能产品的国家标准或行业标准。如果人工智能产品不符合保障人身、财产安全的国家、行业标准,并且造成严重后果,设计者、生产者即有可能触犯生产不符合安全标准的产品罪。

2. 流通阶段:生产者的召回义务、所有者或使用者的安全管理义务与过失责任

(1)生产者的召回义务与过失责任

与我国刑法专章建立产品的刑事责任不同,德国和日本在其刑法典中没有专门的法律

条文来规定产品的刑事责任,一般是按照故意杀人罪、故意伤害罪来处理故意的刑事产品责任,以过失杀人罪、过失伤害罪来处理过失的刑事产品责任,并且以过失的刑事产品责任更为多见,正如前文所述,在德国的"皮革喷雾剂案"中企业的负责人即成立过失伤害罪,日本三菱公司的前总经理等人也是成立业务过失致死罪。然而在我国并没有过失的刑事产品责任,《刑法》分则第三章第一节规定的"生产、销售伪劣商品罪"均为故意犯罪,司法实践中对于此类案件大多是作为民事侵权的案件来处理的。因此以下不妨以德国著名的"皮革喷雾剂案"为例,深入讨论产品投入流通使用后生产者的后续召回义务以及过失责任的承担。

"皮革喷雾案"的基本案情如下:X有限责任公司是一家生产皮鞋及其他皮具护理用品的公司,其产品中包括一款作为护理剂和染料剂的皮革喷雾剂,由旗下的子公司E和S负责推销。1980年秋,该公司收到了用户的投诉报告,称其在使用皮革喷雾剂后出现了咳嗽、寒战、发热、呼吸困难等严重的健康损害,部分甚至有生命危险。公司对此进行了内部调查并改变了配方,但并未达到理想的效果。1981年5月12日,X公司主管人员就此召开了特别会议,与会人员包括S、Sch博士、R、O及公司的首席化学家B博士。B博士提出根据现有的调查并没有足够的证据证明皮革喷雾剂中存在有毒物质。据此公司的董事会作出决定,在日后的调查能够确定产品确实存在缺陷、对消费者产生危险之前不召回产品也不停止销售产品,同时不采取警告行动,而只是对产品外包装上的提示进行完善。E公司和S公司的负责人在各自的主管范围内执行了董事会决议。之后,大量的消费者在使用皮革喷雾剂之后仍然出现了身体损害的情况。最后,德国联邦卫生健康部介入并对产品进行了召回。[1]

德国一审法院直接从民法上产品的"安全确保义务"以及召回义务引申出刑法上的作为义务,认为X公司既没有生产安全的产品,也没有在损害事件发生后采取召回等必要措施以回避危害结果的扩大,因此X公司的两名董事成立过失伤害罪(不作为)。一审法院的判决招致了一些批判,"将民事义务直接拿来作为刑事义务的根据并不充分,而且还有扩大刑事责任的危险"。许乃曼教授认为生产者对于已经进入市场流通的产品不具有事实上、实质性的支配权,不能对产品施加影响,从而否认了生产者的保证人地位,生产者、销售者对于已经投入流通的产品都不具有召回的作为义务,由此引发的产品致人损害不承担伤害罪(不作为)的刑事责任。德国联邦最高法院则以"先行行为说"肯定了生产者的召回义务,生产者将危险产品置于流通领域的行为是一个危险的先行行为,因此X公司负有召回已经销售出去的皮革喷雾剂的作为义务。本文赞成德国联邦最高法院的最终判决意见,认为如果生产者已经知道或者应当知道其生产的产品可能因为缺陷发生致人损害的结果,应当采取必要的召回措施以防止损害结果的进一步扩大,从而保护其他社会民众免受缺陷产品的再次侵害;如果生产者未履行结果回避义务,造成扩大的结果发生,生产者对扩大的危害结果应当承担过失责任。

人工智能产品相较于一般产品显得更为复杂、特殊,由于人工智能技术自身的不确定

---

〔1〕 参见[德]埃里克·希尔根多夫:《德国刑法学:从传统到现代》,江溯、黄笑岩等译,北京大学出版社2015年版,第252页。

性,人工智能产品的智能系统并不是完全安全、可靠的。人工智能产品的设计者、生产者不仅要在生产阶段履行保障产品安全的法定义务,在产品投入流通使用后,更是要对产品的智能系统进行跳跃式的跟踪观察,一旦发现产品的智能系统存在异常、故障的情形,应当立即采取警示、召回等必要的措施,以避免缺陷产品致人死伤结果的发生。人工智能产品的生产者在知道(自己发现)或应当知道(被告知)其生产的人工智能产品可能存在缺陷,仍未履行召回义务,造成危害结果的进一步扩大,对于扩大的结果生产者应当承担过失致人伤害、过失致人死亡的刑事责任。

(2)所有者、使用者的安全管理义务与过失责任

人工智能产品的所有者、使用者应当严格遵守人工智能产品的安全操作规范,以保障人工智能产品的安全、有序运行。由于人工智能产品的智能系统是有严格的编制程序的,未遵循人工智能产品的安全操作规范很可能会导致人工智能产品出现异常的情形,比如在前文所述案例中,工厂将原本应当在130区域工作的机器人放置在140区域,并且让机器人尝试在已经装上挂接组件的夹具内加载挂接组件,不仅变更了机器人的安全工作区域,还变更了机器人的工作程序和工作任务,从而导致机器人突发异常,将保持机器人正常工作的工人错误操作致其死亡。因此,人工智能产品的所有者、使用者应当特别注意遵循人工智能产品的安全操作规范,如违反安全管理义务而发生严重后果,应当由所有者、使用者或者管理者承担相应的刑事责任。

五、结语

人工智能的新问题并不高深,我们对待新问题并不必心生畏惧,不敢触碰。面对这一新技术对于传统刑法提出的种种挑战,我们首先需要探讨的是人工智能与传统刑法如何对接的问题。在过去的30年里,我们在遇到新情况的时候,更多地倾向于通过立法来解决问题,典型的在应对网络犯罪、恐怖主义的问题上,通过大量增设新的罪名将预备行为正犯化、帮助行为正犯化,或者是扩大犯罪构成要件,降低犯罪门槛;又比如通过立法对生物医疗、基因科学等新技术、新情况予以规制。应当说,我国的立法还是非常积极主动的。但是,对于人工智能、自动系统等带来的新问题,本文认为可以通过旧的教义学解决的,就不必要再通过增设新的罪名或者刑罚来应对人工智能产生的新挑战和安全威胁。任何问题的讨论都必须基于特定的时代背景,既不能太保守落后,也不必过于超前,牢牢把握当下我们所处于并将长期处于的弱人工智能的发展阶段,才能打开人工智能刑法的理性视域。

当代中国刑法理念研究的变迁与深化*

一、引言

在由法律理念、法律制度与法律技术构筑的现代法律控制系统中，法律理念是对法律的本质及其发展规律的宏观、整体的理性认知、把握和建构，是隐藏于表层的法律规范与原则之下的一种有深度的、更高层次的，对法律规范等具有控制影响作用的一个集法律信念、理想与精神等于一体的有机整体。[1] 其作为一种基础性、本源性和纲领性的法治元素贯穿于法治实践的全过程，被法理学家尊奉为“法律最高的价值”[2]，是“真正的正义的最终的和永恒的形态”[3]。刑法理念是法律理念在刑事领域具体化的产物，是刑事法治实践的灵魂，它不仅深刻地影响着刑法制度的具体实施和刑法技术的实际运用，成为实现法律目的、弘扬法律价值的重要力量，而且从反思性的角度审视刑事法治建设中存在的各种缺陷与弊端，为刑法制度、刑法技术乃至刑事法治实践方式的进化和发展指引方向并提供动力。然而，囿于历史局限性，刑法理念的价值长期未得到应有的重视，刑法理念的理论探讨的阙如致使刑事法治建设在迷雾中艰难摸索。这种局面直至20世纪80年代晚期才得到改善，刑法理念伴随着刑法哲学研究的勃兴而渐入学者眼帘。只是在取得令人欣喜的丰硕成果的同时，当代中国刑法理念的研究仍存在诸多需要进一步厘清并深化的地方。

二、当代中国刑法理念的生成

刑法理念作为受到相应社会生活条件制约的观念上层建筑，不同历史条件下所培植出的刑法理念呈现出承袭却又各异的特性，具有鲜明的时代特征。当代中国刑法理念发轫于20世纪80年代晚期，是在

---

* 本文原载于《法学评论》2015年第3期，由高铭暄教授与曹波合作完成。

〔1〕 参见李双元、蒋新苗、沈红宇：《法律理念的内涵与功能初探》，载《湖南师范大学社会科学学报》1997年第4期。

〔2〕 [德]阿图尔·考夫曼：《法律哲学》（第2版），刘幸义等译，法律出版社2011年版，第175页。

〔3〕 [德]H. 科殷：《法哲学》，林荣远译，华夏出版社2003年版，第10页。

反思近代刑法学忽视刑法理念研究的基础上,受益于刑法哲学的深入探讨,在与中国当代经济社会发展相契合的过程中逐渐生成并更新的。

清末修律运动以降,在“西学东渐”的历史浪潮中,我国刑事法治的建构大抵依赖于对外国刑事法治经验的借鉴,而这种借鉴又总是显得过分功利化,往往偏爱并局限于对刑法具体制度与刑法条文本身的直接移植,自觉或不自觉疏漏了内涵于其中的刑法理念的培植。受其影响,彼时刑法学研究的重心也通常集中在注释刑法条文或者简单阐释刑法条文的合理性上,致力于从实然层面对刑法制度和刑法条文进行存在论意义上的剖释,而对蕴含于条文背后的刑法理念的研究则仅是极个别学者的贡献。〔1〕 诚然,注释法学的研究进路因为在相当程度上有助于方便人们理解刑法条文、普及刑法典的具体规定而有其特定的历史价值,但是其不可避免招致方法过于单一、视野过于狭隘的诟病,也极易陷入克里施曼教授所言的“立法者修正了三个字眼,整个藏书就变成废纸一堆”〔2〕的尴尬境地。更为严重的是,对刑法本身的性质与功能以及刑法条文存在根据和内在价值的理性探讨的缺失,不仅导致刑法学研究未能为刑法典的完善提供足够的理论资源及智力支持,也很大程度地制约了刑法规范在社会生活中的实践效果。没有刑法理念的刑法实践犹如灵魂出窍后的肉身,空具形体而无实质,刑法本身也容易沦落为“统治工具”而被滥用。

为突破刑法学研究困境并创新研究方法,在“应加强刑法哲学的研究”〔3〕的感召下,不少学者开始提倡从“刑法之上”的视角“对刑法现象进行哲理思考和总体社会价值判断”〔4〕,并疾呼“刑法学如欲无愧于这个时代的重托与厚望,必须提高自身的理论层次,引入哲学思维,使刑法的理论思辨成为对时代本质的思维,与时代变革的脉搏跳动合拍”〔5〕。刑法哲学的研究成为当时中国刑法学的学术时尚,一时间吸引了大批学者投身其中。刑法哲学研究的兴起不仅是研究方法的转型、研究视野的拓展、研究内容的丰富,更是对刑法的内在价值、存在基础、基本范畴以及研究方法等一系列根本问题深层次的哲理思考,而这种思考对于重新界定刑法在法律控制系统中的地位,理性审视刑法的价值和功能,科学指导刑法修改以及刑法实施等具有比较重要的启示作用。由于刑法理念本身属于刑法哲学的范畴,刑法哲学的发展必然有助于反思并批判传统刑法观念,继而推动当代中国刑法理念的生成。

刑法理念乃潜藏于公众法律意识之中的形而上的价值观念,其生成虽然直接得益于刑法哲学的深入研究,但根本上还是取决于一定的经济社会基础和社会结构形态,与当时的经济社会发展状况相适应。各种刑法理念的提出都紧扣时代脉搏,与当代中国经济社会的变革保持高度一致,是经济社会变革过程在法律意识中的直接映射。20世纪80年代中期,在经济体制改革过程中,有计划的商品经济的提出标志着计划经济体制寿终正寝,我国经济发

---

〔1〕 如民国时期著名刑法学家蔡枢衡就在其所著的《刑法学》中对刑法学之概念、方法、任务、目的以及刑法在法律体系中的地位等问题进行了专门研究,其中即涵盖了不少刑法理念的思考。参见蔡枢衡:《刑法学》,中国民主法制出版社2011年版,第2页以下。

〔2〕 [德]卡尔·拉伦茨:《法学方法论》,陈爱娥译,商务印书馆2003年版,第117页。

〔3〕 韩修山:《应加强刑法哲学的研究》,载《社会科学评论》1988年第1期。

〔4〕 储槐植:《刑法研究的思路》,载《中外法学》1991年第1期。

〔5〕 陈兴良:《刑法哲学》(修订3版),中国政法大学出版社2004年版,第736页。

展不再完全依赖于国家的各种经济指令，而是开始注重市场机制的作用，强调市场的平等性、民主性、自由性、开放性。当时就有学者明确提出应当树立与之相适应的刑法理念，认为在犯罪观上，应以是否有利于生产力和社会主义商品经济的发展，来评价经济活动是否具有社会危害性以及成为区分罪与非罪的根本标准；在刑罚观上，应在坚持罪刑等价性的基础上考虑刑罚的有效性。[1] 尽管以现在的眼光看，此种刑法理念的形成仍然非常仓促且有诸多不甚合理之处，譬如，它忽视了犯罪行为与经济活动之间应当具有的质的差别，而径直将衡量经济发展的标准克隆为犯罪评价机制以及刑罚量定标准，但是其已然冲淡了阶级斗争时代刑法的意识形态色彩，弱化了计划经济时期刑法的政治职能，跳出了服务并服从于政治目的的窠臼，突显了刑法所固有的社会属性。正是在这个意义上，此种刑法理念的提出在中国刑法理念的孕育中有着相当重要的价值，意味着当代中国刑法理念的初步生成，也昭示着中国刑法学开始步入理性探讨当代刑法理念的正途。

随着社会的转型和改革的深化，刑法理念在不断自我更新中日臻完善。20 世纪 90 年代，建设社会主义市场经济体制目标的正式确立激发了刑法理念的重大更新。有学者提出，在社会主义市场经济条件下，应当树立经济刑法观、法治刑法观、民主刑法观、平等刑法观、人权刑法观、适度刑法观、轻缓刑法观、效益刑法观、开放刑法观以及超前刑法观。[2] 正是在这些刑法观念的熏陶和指导之下，我国 1979 年《刑法》迎来首次全面修改。本次修改中最引人注目的是，作为现代刑法不可撼动之“铁则”的罪刑法定原则在刑法典中得以明确规定。罪刑法定原则是以自由和民主为思想内核，旨在通过限制国家刑罚权的方式来实现保障人权的目的，它对于革新中国刑法价值观、刑法犯罪观、刑事政策观以及刑事司法观都有比较深远的影响。[3] 21 世纪初，我国成功加入世界贸易组织，以更为自主的身姿投身国际贸易与投资，国内市场机制、体制建设不断成熟，市场的自由化、便利化显著提升。有学者适时提出“我国刑法理念再次维新”的命题，认为“由经济入世而引发的法律入世，对刑法理念带来激烈冲击，中国刑法需要改革。应当树立刑法的开放理念、国际化理念、平等理念，重塑刑事政策理念，并以新的犯罪观、刑罚观作支撑”[4]。而在全面深化改革的历史进程中，经济体制的改革要点与焦点在于市场机制的改革，即建设统一开放、竞争有序的现代市场体系，“使市场在资源配置中起决定性作用”，确保市场机制在经济社会发展中的作用能够充分发挥。在现代市场经济中，对市场机制作用重视必然深刻影响人们的犯罪观、刑罚观，进而推动刑法任务、性质以及功能的更新与转换，可以期待当代中国刑法理念必将在全面改革的浪潮中迎来新一轮的重大革新和发展。

三、当代中国刑法理念研究的繁荣

得益于刑法理念在当代刑事法治建设中所突显的举足轻重的意义以及因此所激起的研究者全方位、多面向研究刑法理念的热情，当代中国刑法理念的研究呈现出一派前所未有的

---

〔1〕 参见高铭暄、赵秉志编著：《新中国刑法学研究历程》，中国方正出版社 1999 年版，第 98 页以下。

〔2〕 参见赵秉志：《刑法改革问题研究》，中国法制出版社 1996 年版，第 31 页以下。

〔3〕 参见李晓明：《罪刑法定原则的确立与刑法观念的变革》，载《苏州大学学报特刊：东吴法学》2001 年号。

〔4〕 肖乾利：《入世与我国刑法理念之再次维新》，载《社会主义研究》2005 年第 3 期。

繁荣景象。

(一)当代中国刑法理念的基本内涵

当代中国刑法理念究竟应该包含哪些内涵？这是研究当代中国刑法理念必须首先回答的问题。有学者以批判和创新为角度，认为应当在着力批判"阶级斗争为纲"和计划经济时期形成的刑罚工具主义，彻底破除中国封建社会延续的刑法万能主义和重刑主义的观念的基础上，树立起符合现代法治精神和社会主义市场经济需要的人权保障观、刑法谦抑观、社会防卫观。[1] 也有学者明确指出在法治现代化中，必须确立两个基本刑法理念，即刑法作为公法，维护秩序是其第一要义，但它也具有天然的剥夺属性，故在呵护秩序的同时，必须警惕和提防它对公民权利的不当侵害。此外，刑法具有残缺性，是二次规范，它本质是一种保障法，不可能也不应当全面干预社会生活，只有在其他手段包括其他法律手段仍不能解决行为对社会的侵害，或者只有用刑罚的手段对付侵害行为才符合社会的正义观念时，才可以动用刑法。[2] 陈兴良教授则围绕"当代中国需要一种什么样的刑法理念"展开研究，认为当代中国刑法理念应当包括刑法谦抑理念、人权保障理念以及形式理性理念三大内容。[3] 还有学者综合了以上看法，认为在现代法治社会中，我国应当致力于破除传统刑法理念，树立人权保障观、刑法谦抑观、社会防卫观、刑法理性观等现代刑法理念，并以此指导开展刑事立法、司法工作，以进一步推进我国的刑事法治建设。[4]

从总体上看，纵使论者对当代中国刑法理念的内涵与外延有不完全相同的理解，但是对于刑法应当保障人权、保护社会，应当具有谦抑性(或者辅助性)以及刑罚人道化则不持异议，并且在承认要对个体和集体利益的损害形式用适当的、现代化的刑法规范予以反应的同时，也肯定要将刑法限制在绝对不再能够容忍的行为方式的领域范围并要避免它的滥用。[5] 唯其存在争议的是：对于社会正处在激烈转型，刑事立法日渐活跃、刑事法网日趋严密的当代中国来说，刑法在维持社会秩序方面到底应该发挥何种作用以及何种程度的作用，也即如何运用"适当的、现代化的刑法规范"对各种损害法益的行为作出反应，又如何避免刑法规范被滥用而将其妥当地限制在"绝对不再能够容忍的行为方式的领域范围"，则是关涉"自由与秩序"的根本性问题，而具体如何适当地使刑法的自由保障机能和秩序维持机能相调和，正是刑法理论和实践的核心。[6] 可以说，当代中国刑法学人对刑法理念的研究恰恰是从不同的路径解答上述问题，将刑法理念的研究引向繁荣。

(二)当代中国刑法理念研究的主要路径

当代中国刑法理念研究的繁荣主要体现在研究者的研究路径十分广泛、视野十分开阔、成果十分丰富。本文仅择其要者客观地介绍当代中国刑法理念研究的盛况。

---

〔1〕 参见严励：《刑事法律观念的转换》，载《政治与法律》2000年第6期。

〔2〕 参见蔡道通：《当代刑法的两大基本理念及其意义》，载《南京师大学报(社会科学版)》2003年第4期。

〔3〕 参见陈兴良：《当代中国的刑法理念》，载《国家检察官学院学报》2008年第3期。

〔4〕 参见叶洪和：《现代法治社会的刑法理念》，载《行政与法》2006年第12期。

〔5〕 参见[德]魏根特：《论刑法与时代精神》，樊文译，载陈兴良主编：《刑事法评论》(第19卷)，北京大学出版社2007年版，第305页。

〔6〕 参见[日]大塚仁：《刑法概说(总论)》，冯军译，中国人民大学出版社2003年版，第23页。

1. 创新社会治理与刑法理念的更新

改革开放以来,我国社会建设的理念实现了从传统社会管理到现代社会治理的演变和升华,折射出我国社会治理模式的重大变革,促进了当代中国刑法理念的不断更新。在2004年党的十六届四中全会提出"加强社会建设和管理,推进社会管理体制创新"后,特别是2011年以来在中央频繁强调之下,"加强和创新社会管理"成为新的政治话语和执政理念,社会管理创新成为当时党和国家治国理政的主要方略以及民主政治建设与精神文明建设的指导纲领,也引发了刑法学界就社会治理模式变迁推动刑法任务、功能和性质等基础理论发展的深思。当时,笔者立足于社会管理创新中的刑事法治问题,指出刑法与社会管理创新的任务具有一致性,即都需要通过惩罚犯罪维持社会的稳定,保障民众的安全。面对社会发展变化所出现的新型犯罪,亟须刑法的及时介入,合理利用刑罚手段予以打击。与此同时,还必须清晰认识到刑法在社会管理创新中的作用是有限的以及时刻牢记刑法乃社会管理创新的最终保障。在刑事法治的发展中,既要保障社会安全的机能,又要坚持人权保障的宗旨,在刑法与社会管理创新的契合点上积极寻求刑事法治的发展。[1] 王文华教授在探讨社会管理创新与刑法理念发展的具体关系时,也认为刑法作为其他法律的"保障法",同样承担着创新社会管理的重任。在当前特定的社会发展时期和历史背景下,我国刑法理念的发展应当包括但不限于刑法的处罚范围适当;"维稳"与"维权"并重;宽严相济,充分体现罪责刑相适应的原则;刑事立法、司法理念的国际化。只是在刑法领域,加强和创新社会管理必须建立在法治的基础上,要严格遵循罪刑法定等刑事法治的原则不动摇并时刻受到宪法的制约。[2] 随着在社会管理理论和实践方面的新探索、新发展、新要求,党的十八届三中全会通过的《中共中央关于全面深化改革若干重大问题的决定》明确提出"创新社会治理体制""提高社会治理水平"并将建立"科学有效的社会治理体制"作为我国全面深化改革的核心内容之一。据此,有学者适时探究了在创新社会治理语境下刑法理念发展的问题,认为社会治理模式的转变将推动我国刑事法治理念的发展,在创新社会治理语境下,刑事法治要注意把握有限刑法理念、人权保障理念以及形式与实质相统一的理念。[3] 事实上,犯罪现象乃是众多社会现象之一种,治理犯罪现象本身属于社会治理的重要方面,而在社会工作的普遍参与之下,综合利用宗教、道德、习惯以及非刑法法律规定等各种社会规范实现社会治理的良好愿景是最为理想的状态。因此,不论社会管理创新还是创新社会治理模式都必然要求治理犯罪现象冲破单纯拘泥于刑罚的藩篱,力求实现治理理念的更新和治理手段、方式的多元化,以最大限度遏制泛刑主义与重刑主义。

2. 宪法发展与刑法理念的更新

宪法是国家的根本大法,在一国法律体系中居于最高的法律地位,拥有最高的法律权

---

〔1〕 参见高铭暄:《论社会管理创新中的刑事法治问题》,载贾宇主编:《社会管理创新与依法治国:第二届中国法学名家学术论文集》,法律出版社2013年版,第86页。

〔2〕 参见王文华:《社会管理创新与刑法理念的发展》,载《东方法学》2011年第6期。

〔3〕 参见张慧:《创新社会治理语境下刑法理念的发展——以十八届三中全会深化改革为背景》,载赵秉志、张军、郎胜主编:《现代刑法学的使命》(上卷),中国人民公安大学出版社2014年版,第45~53页。

威,具有最高的法律效力,是制定其他一切法律的当然根据。包括刑法在内的各个部门法都奉宪法为"母法",均属于在不同的领域对宪法所蕴含之精神的贯彻以及对宪法确立的基本制度和原则的引申和具化,故宪法的发展必然带动刑法的进步以及刑法理念的更新。有学者深入探讨了我国宪法指导下刑法理念的更新,指出:由于宪法所蕴含的控权思想和人权保障价值被贯穿于整个中国刑事立法之中,对我国的刑罚制度产生了深远的影响,使我国刑法理念发生了深刻的变化。目前我国刑法理念的更新主要体现在基本树立了罪刑法定的理念,适度犯罪化的理念,保障人权的理念和注重刑罚效果的理念。[1] 也有学者在研究当代中国宪法的发展与刑法理念的更新中认为,在宪法发展背景下,我国刑法理念不断更新,实现了在人权保障前提下的秩序维持,在公正理念下平等保护各类主体的法益,在谦抑观念下的适度犯罪化。[2] 还有论者明确主张,我国应在宪法发展的指引下,提升刑法理念,促进刑法宪法化、宪法刑法化、刑法法典化。[3] 我们认为,在党的十八届四中全会作出"全面推进依法治国"重大战略决策的时代背景下,结合宪法的发展探讨当代刑法理念尤其具有重要意义。《中共中央关于全面推进依法治国若干重大问题的决定》明确指出"坚持依法治国首先要坚持依宪治国",强调依宪治国既必须维护宪法的尊严和权威,又应当通过各种方法加强宪法实施、弘扬宪法精神。除健全宪法解释程序机制外,加强宪法实施的重要内容就是保证内含于各部门法中的宪法规范能够充分实现,恰是在这一点上,刑法具有独特的价值。这是考虑到,如果单纯以法律调整的社会关系的范围为视角,法律体系可以划分为三个层次:最上层是作为"根本法"的宪法,这是法律体系的"统帅";中层则为除刑法以外的诸如民法商法、行政法、经济法以及社会法等调整某部分社会关系的法律,此乃法律体系的"主干";而处在最底层的是对普通部门法所调整的社会关系都要进行调整与保护的刑法,其在"整个法律体系中具有了一种不同于其他部门法的独特地位"[4]。此种独特地位决定了在法律体系中,刑法是能够直接与宪法全方位对接的法律部门。刑法所调整的对象、所保护的社会关系虽然表面上看似乎都是已经被其他部门法所调整的社会关系,但归根到底都可以且必须在宪法中找到具体依据,均应是对宪法所调整的社会关系的直接保护或者保障,因此,与其说刑法是其他部门法的保障法,毋宁说刑法是宪法的保障法,而且是最全面、最彻底保障宪法有效实施的法律部门。虑及于斯,全面推进依法治国(特别是依宪治国)必然要求刑法学的研究以宪法为指导并且以宪法为最终归依,这无疑是当下我国刑法学研究的重中之重,也必将成为当代中国刑法理念研究的重大课题。

3."市民社会"研究与刑法理念的更新

市民社会是与政治国家相对的一个范畴。按照邓正来先生的界定,市民社会是指"那些源出于个人自由的思考以及反对政治专制的近代自由主义政治思想,源出于对市场经济的弘扬以及对国家干预活动的应对的近代自由主义经济思想的基础上,逐渐产生的相对于国

---

[1] 参见赵秉志、王鹏祥:《论我国宪法指导下刑法理念的更新》,载《河北法学》2013年第4期。
[2] 参见肖中华、孙利国:《当代中国宪法的发展与刑法理念的更新》,载《人民检察》2012年第13期。
[3] 参见赵秉志、袁彬:《论宪法发展与刑法进步》,载《法学杂志》2012年第10期。
[4] 赵秉志、袁彬:《刑法与相关部门法关系的调适》,载《法学》2013年第9期。

家以外的实体社会"[1]。市民社会理论肇端于社会学以及政治学领域,但因其涵盖了国家权力产生根源与行使界限、国家与社会关系等与法治关联的基础理论,逐渐获得法学界的青睐与重视,成为研究法的起源及其本质、权力与权利、人治与法治等法学议题的理论背景与独特视角,也为刑法学者探讨当代刑法理念提供了路径。有论者即主张,市民社会语境中的刑法应当体现契约刑法、社会刑法和人文刑法三大理念。契约刑法为现代刑法找寻到了正当性根据;社会刑法为实现国家对秩序的维护和再生提供了现实性的保障;人文刑法为形塑刑法的品格导出了价值准则。[2] 还有学者认为,我国的社会结构正处在转型之中,基于法治国家的需要,刑法应倚重以人为本的精神理念,对人文关怀作出回应,借助其形式理性,将蕴涵在其中的平等、自由、人道、正义、谦抑等观念,注入刑法的血脉之中,将惩罚犯罪与保障人权在制度上整合为一个有机整体,以推进我国刑事法治的科学化和现代化的进程,最终实现法治国家的宏伟战略。[3] 应当说,市民社会是介乎于国家权威与个人自由的缓冲地带,其存在与发育必然激发作为推动法治进步之内在精神力量的市民主体意识、权利意识和自治意识,在相当程度上防范包括刑罚权在内的国家权力的恣意扩张,抵御国家权力的不当渗透,进而最大限度维护社会自身的独立和利益并保障公民享有充分的自由与权利。只是在我们看来,且不论时下中国市民社会尚未发育成熟这一客观现实,市民社会自身也有可能滋生极端个人主义,可能导致社会两极分化以及其并非民主政治的充要条件等内在局限性,[4]市民社会并不必然拒斥国家权力的行使,也不必然意味着刑法的柔化与弱化,相反,在常态的、成熟的市民社会中,国家权力理应作为市民社会存在和发展的外部保障和坚强后盾,而那些属于威胁政治国家主权、安全和发展利益的行为(如间谍情报机关对涉及国家安全和利益的情报窃密、对重要涉密人员的渗透策反活动)抑或破坏市民社会存续基底的行为(如社会上存在的各类暴力恐怖行为),也必然呼吁刑法的及时介入以及刑罚权的正当且充分行使。

4. 刑法修改与刑法理念的更新

法律具有稳定性,但绝非一成不变。"法律必须巧妙地将过去与现在勾连起来,同时又不能忽视未来的迫切要求。"[5]它应当随着所调整的社会关系的变化而变化,在不断满足社会发展对其提出的新要求并回应社会需要的过程中,求得自身的发展和完善。而"刑法的历史是其从来就没有终结的历史"[6],刑法应根据经济社会发展的需要及时修改、补充和完善以因应经济社会的变化,而这一过程通常是在一定的刑法理念的指导下完成的,因而剖析刑法修改的具体内容能够折射出刑法理念的更新与转型,民生刑法理念的提出即实例。从根

---

〔1〕 邓正来:《国家与社会——中国市民社会研究的研究》,载王铭铭、[英]王斯福主编:《乡土社会的秩序、公正与权威》,中国政法大学出版社 1997 年版,第 627 页。

〔2〕 参见石聚航:《市民社会视域中的现代刑法理念》,载《江西公安专科学校学报》2010 年第 3 期。

〔3〕 参见杜宝庆:《市民刑法的价值理念分析》,载《暨南学报(哲学社会科学版)》2007 年第 6 期。

〔4〕 参见伍俊斌:《市民社会与政治国家的限度和互动分析》,载《理论与改革》2013 年第 5 期。

〔5〕 [美]E. 博登海默:《法理学——法哲学与法律方法》(修订版),邓正来译,中国政法大学出版社 2004 年版,第 39 页。

〔6〕 转引自[德]阿耳宾·埃斯尔:《二十世纪最后十年里德国刑法的发展》,冯军译,载《法学家》1998 年第 6 期。

本上讲,民生刑法理念的提出有其特定的时代背景,是党和国家将保障和改善民生放在更加突出的位置催生了法学界对民生法治的研究,民生刑法系对民生权益予以保障和救济的刑法规范,是在刑事领域探讨民生保障的问题。卢建平教授是民生刑法观的力倡者,他将民生刑法概念的诞生视为我国刑事法治发展的历史标志,指出民生刑法观的提出反映了我国刑法正在由传统的国家专政机器、“刀把子”向法益保护工具的角色转变,反映了刑法从单纯强调打击犯罪、惩罚犯罪人向保护社会、保障人权的功能转变。刑法理论界关于刑法从国家本位向社会本位转化、从国权刑法向民权刑法演进的说法,诠释着刑法这个原先血淋淋的以刑为主的惩罚法,正在日益变成一个温情脉脉的、以保护为主的保障法。[1]

民生刑法理念的提出在学界引发了激烈讨论,其中不乏对民生刑法的机能和价值予以高度评价,认为民生刑法立足于人本刑法观,以尊重人性、弘扬人道、保障人权为价值内涵,以社会权利及其他民生权益的刑事保障为基本内容。国家需要制定和完善与民生问题紧密相关的法律,完善民生权利救济的法律途径,来进一步促进民生问题的解决。刑法作为法律体系中的“保障法”“后盾法”,应当确立以人为本的价值理念,要以保障民生为核心内容,对民生权益给予最坚实、最有力的保障和救济,以提炼和塑造人本主义价值和品格。[2] 民生刑法理念以刑法保障民生为出发点,体现了党和国家“保民生”的具体要求,具有牢固的刑事政策根基,也因在相当程度上契合了普通公众维护权益的需要而得到广泛支持。但是也有学者明确主张要慎重对待民生刑法观,认为面对我国传统的社会治理模式和当前的法治环境,考虑到民生问题的社会属性,立足于刑法的应有机能,而对民生刑法观不得不持“纠结”的态度。[3] 学者就“民生刑法”所存在的歧见反映出人们对刑法应当在当代中国社会中发挥何种作用有着不同的认识,而这种对刑法任务和机能的不同认识在相当意义上助推了刑法理念研究的深入。

(三)当代刑法理念研究繁荣的动力简析

晚近三十多年以来,我国刑法学界对刑法理念的研究经历了从无到有,从有到繁的转变。当下,刑法理念的研究得到前所未有的重视。应当说,当代中国刑法理念的生成与繁荣都紧跟我国社会现代化和刑法现代化的步伐,是对不同历史时期我国刑事法治实践的生动而深刻的写照。即便各种刑法理念可能因为论者立场不同、视野各异而呈现差别,但它们的提出无疑都丰富了当代刑法理念的内涵,构成了当代刑法理念研究的重要成果。我们认为,推动当代刑法理念更新,造就当代刑法理念研究的繁荣主要有以下三种动力。

首先,就研究的方法而言,既有学者从正面通过探讨刑法理念应当具有的内涵以及对刑事法治实践各阶段不同的指导作用,对刑法理念展开体系化的研究,也不乏研究者另辟蹊径,从反面就现行刑事立法以及刑事司法中存在的各种“悖刑法理念”的不合理现象进行反

---

〔1〕 参见卢建平:《加强对民生的刑法保护——民生刑法之提倡》,载《法学杂志》2010年第12期。

〔2〕 参见张勇:《民生刑法的品格:兼评〈刑法修正案(八)〉》,载《河北法学》2011年第6期。此外,夏勇教授也曾主张“我国刑法对民生的保护才刚刚进入理性阶段,可谓任重而道远。民生刑法应当在《刑法修正案(八)》的基础上继续发扬光大”。参见夏勇:《民生风险的刑法应对》,载《法商研究》2011年第4期。

〔3〕 参见何荣功:《要慎重对待“民生刑法观”》,载《中国检察官》2014年第3期。

思性的批判研究,来阐述刑法理念的应然内涵以及作用机制。如此,“一正一反”、互为映衬,协力推动刑法理念研究向前发展。

其次,在研究的路径选择上,当代中国刑法理念的研究者不满足于单纯局限在狭义刑法学内部的研究路径,而是积极开拓视野,大胆吸收关联学科研究的有益成果。一方面,当代中国刑法理念的研究富有时代意识和国际意识,既注重从最新的刑事立法动态以及刑事政策的变化中窥探刑法理念的更新,又与域外新兴刑法理念保持了足够的联系,主动借鉴“他山之石”为我所用;另一方面,其还密切关注其他诸如社会学、政治学等非刑事法学科以及犯罪学、刑事诉讼法学、监狱学等刑事法学科群的最新研究成果,为刑法理念的研究寻求更为广泛和深厚的理论基底。

最后,在研究的内容方面,正如刑法理念本身是观念上层建筑,学者对刑法理念的认识因立场的差别而各有不同,但在事关刑法理念基本内核的认识上还是达成了主流共识,比如必须始终秉持刑法谦抑性的理念,严格限制刑法介入社会生活的范围;始终坚守罪刑法定的理念,确保刑法“大宪章”功能的有效发挥;始终怀抱刑罚人道主义的理念,清晰认识刑罚在预防和控制犯罪方面存在的短板。当然,在现行刑事立法犯罪化趋势逐渐明晰的现实中,如何平衡刑法的自由保障机能和秩序维持机能以及如何妥当划定刑法规制的边界、科学确定犯罪圈的大小等方面还存有较大争议,不过正所谓“灯越拨越亮,理越辩越明”,恰是学者间观点的争锋和思想的碰撞促进了刑法理念的深入研究,铸就了当代中国刑法理念研究的繁荣。

四、当代中国刑法理念研究的深化

繁荣的背后往往蕴藏着某种值得警惕的危机,当代中国刑法理念的研究也不例外。总体上看,当代中国刑法理念的研究存在研究者的主体性意识不强,研究的自主性、自觉性不够,研究成果转化为具体实践不足等亟待解决的问题。在全面推进依法治国的进程中,解决当代中国刑法理念研究所存在的上述问题应当坚持从中国实际出发,汲取中华法律文化精华,借鉴国外法治有益经验,但绝不照搬外国法治理念和模式。具体来说,若欲真正发挥刑法理念对刑事法治的引领和促进作用,深化刑法理念的研究至少需要把握以下四个方面。

(一)着力发掘刑法理念传统资源

“法律就像语言,乃是民族精神的表现物。”[1]中华法治文明源远流长、绵延数千年,中华法律文化博大精深、内涵丰富,充满了中华民族的智慧和创造性,形成了一个汇集无数先贤哲人思想的巨大思想宝藏,其中不乏诸如“明德慎罚”“矜老恤幼”“宽刑重教”“宽猛相济”等值得后世传承的刑法理念。令人遗憾的是,近代以来,我国法治建设从一开始就轻视甚至是无视了对传统资源的发掘而始终将目光投向域外,先是效仿德日刑法,后是师法苏联刑法,近年来又萌生一种奉德日刑法为圭臬的倾向。虽然借鉴法治先进国家的法律制度、法律条文,甚至法律理念是法治后发国家法治建设的重要方面,也是快速实现法治现代化的捷径,但是这并不意味着可以罔顾本国悠久的传统法治资源在培植当代刑法理念中的价值。正如沈

---

〔1〕 梁治平:《法意与人情》,中国法制出版社2004年版,第233页。

家本所言:“推崇西法而不探讨中法,则法学不全,又安能会而通之,以推行于世?”[1]诚哉斯言。一国的传统法治资源是在千百年历史中经过反复涤荡与锤炼而形成的,早已深深地沉淀于该国民众的意识之中,成为国家法治建设最为坚实的根基,任何试图撇清与传统的种种联系、摆脱传统对当下的影响的努力都被证明是徒劳的。“传统的法的精神总是具有很强的生命力的东西,在历史惯性的作用下,它会在相当长的时期内存续、延展,并在意识的深层影响人们的法律思维方式与日常的法律生活方式和行为的同时,直接对法律制度发生作用和影响。”[2]如果赞同耶塞克教授关于“刑法在某种程度上是我们文化状态最忠实的反映并表现着一国占主导地位的精神状态”[3]的论断,那么,从历史和传统文化中汲取营养,着力发掘刑法理念传统资源,就理应成为当代中国刑法理念研究之必然抉择,而如若忘却刑法理念传统资源,刑法理念的研究则势必漂若浮萍,研究所得的刑法理念之价值必将大打折扣。

(二)彻底清算传统落后刑法观念

所谓“传统落后刑法观念”,主要是指形成于漫长的封建社会的刑法万能主义、刑法工具主义以及重刑主义,这三种刑法观念要不是误解了刑法(刑罚)的性质与任务,就是对刑法功能不切实际的期待,让刑法背负难以承受之重。当代中国刑法理念的研究是在现代刑法理念与传统刑法落后观念的激烈对抗中生成并繁荣的,但传统刑法落后观念既没有因为封建制度的解体而消解,也没有因为现代刑法理念的塑造就绝迹,而是作为一种强劲的“暗流”,以更为隐蔽的形式继续存在于中国当代社会,并深刻地影响着普通公众。这突出表现为刑法在现实生活中积极充当着“消防员”的角色,但凡社会出现“险情”,人们第一时间能够想到的就是刑法介入,热切希望并且坚信刑法(刑罚)能够化解此种“险情”,并且重刑主义在伸张社会正义的裹挟下随着汹涌的“民意”侵入刑事法治实践(包括刑事立法和刑事司法)的事例也屡见不鲜。然而,“刑法对外行人来说通常是法的全部,但它绝不是法的全部,甚至也不是法的最重要部分”[4]。它仅仅是法律控制系统的重要组成部分而非系统本身,是“所有其他一切法律背后的制裁措施”[5],刑法的任务限于辅助性的法益保护,是保护法益的最后手段。[6] 只要树立科学的犯罪观、刑罚观,将犯罪视为“一种人们虽不愿意但又不可避免的现象……是公共健康的一种因素,是社会健康整体中的一个组成部分”,认识到犯罪“根本不是一件与社会不相容的事,也不是社会上一种离奇的、不可思议的寄生因素,而是社会生活的调节者”[7],清楚犯罪现象既是法律现象,更是正常的社会现象,预防和控制犯罪行为的视野就不能仅仅停留在法律领域,也不能仅仅停留在刑法领域,更不能迷恋重刑的作用,而应当秉承“最好的社会政策就是最好的刑事政策”的理念,综合运用各种正式和非

---

[1] (清)沈家本:《薛大司寇遗稿序》,载(清)沈家本撰:《历代刑法考》,中华书局1985年版,第2223页。

[2] 吕世伦、姚建宗:《略论法制现代化的概念、模式和类型》,载南京师范大学法制现代化研究中心编:《法制现代化研究》(第1卷),南京师范大学出版社1995年版,第13页。

[3] 李海东:《刑法原理入门:犯罪论基础》,法律出版社1998年版,第7页。

[4] [美]罗斯科·庞德:《通过法律的社会控制:法律的任务》,沈宗灵、董世忠译,商务印书馆1984年版,第31页。

[5] [法]卢梭:《社会契约论》,钟书峰译,法律出版社2012年版,第50页。

[6] 参见[德]克劳斯·罗克辛:《德国刑法学总论》(第1卷),王世洲译,法律出版社2005年版,第23页。

[7] [法]埃米尔·迪尔凯姆:《社会学方法的规则》,胡伟译,华夏出版社1999年版,第54页及以下。

正式的社会治理手段。有鉴于此,当代中国刑法理念的研究应当彻底清算传统刑法落后观念,这既是刑法理念研究的重要路径,也是其必须实现的目标。

(三)审慎对待域外新兴刑法理念

在当代中国刑法理念的研究过程中,长期存在一种将域外刑法理念直接转化为中国刑法理念的不值得肯定的倾向。它基本上忽视了中外社会的发展状况以及法律文化传统所存在的巨大差异,试图通过对刑法理念的普适性进行深入阐述来论证其在中国刑法制度的设计以及刑法技术的操作中全面贯彻的合理性,其典型如我国对风险刑法理念的引入。在西方社会由古典工业社会向现代社会转型的过程中,传统刑法在防范和化解由现代化高速发展带来的大量社会风险的过程中表现出“疲软”之势,风险刑法应运而生。风险社会及其刑法理念一经传入中国,旋即引起刑法学界的研究热潮,其中就有大量学者直接引用风险社会理论论证风险刑法时代已经来临,出于风险社会的安全需要,刑法成为国家对付风险的工具,逐渐蜕变成一项规制性的管理事务。[1] 刑法体系也面临着由罪责刑法到安全刑法的转变,刑法应当将安全作为基本的价值取向,考虑法益保护的早期化和处罚的预防性以发挥其控制风险的功能。[2] 在学者对风险社会理论以及风险刑法理论进行冷静而深入的思考后,风险刑法理念才最终显露出其“庐山真面目”,各种反思、质疑与批判也就随之而来。[3] 产生于西方社会的风险刑法理念在中国的离奇命运雄辩地证明了:刑法理念作为扎根于本国刑事法治实践的价值观念,在具有普适性的同时,也具有极强的地域性特征,不能因为过分推崇其普适性而湮没其地域性。诚然,解决中国的问题必须要有世界的眼光,而刑法又是除国际法以外对各国具体政治和社会文化特征方面的差别最不敏感的法律科学,不同历史形态的刑法的基本理论范畴和法律制度方面有共同的基础,[4]刑法研究也必须要避免沦为耶林所谓的“国土法学”的田地,[5]但是必须清晰地认识到,“本本主义”不足取,教条主义应摒弃。域外新兴刑法理念是萌生于域外当代刑事法治实践,是与其经济社会背景发展相适应的,其是否合致于当代中国的国情、社情,能否真正引领中国刑事法治实践还需要审慎剖析,必须警惕并抵制那种不加辨别而全盘吸收的“拿来主义”,这在法律全球化以及刑法国际化不断深入的时代背景下,对于塑造当代中国刑法理念富有现实意义。

(四)积极落实当代中国刑法理念

“理念,不只是口号,需要变成自己内心深处的真实想法才有用……当一种刑法理念成为人们内心深处的真实想法,而不只是停留在口头表述或者书面文字时,这种理念必然对他

---

〔1〕 参见劳东燕:《公共政策与风险社会的刑法》,载《中国社会科学》2007 年第 3 期。

〔2〕 参见郝艳兵:《风险社会下的刑法价值观念及其立法实践》,载《中国刑事法杂志》2009 年第 7 期。

〔3〕 对风险刑法的反思、批判与质疑,参见刘艳红:《风险刑法理论不能动摇刑法谦抑主义》,载《法商研究》2011 年第 4 期;张明楷:《风险社会若干刑法理论问题反思》,载《法商研究》2011 年第 5 期;南连伟:《风险刑法理论的批判与反思》,载《法学研究》2012 年第 4 期;利子平、石聚航:《我国风险刑法理论研究中的三大误区》,载《北京理工大学学报(社会科学版)》2013 年第 4 期;陈兴良:《风险刑法理论的法教义学批判》,载《中外法学》2014 年第 1 期;付强、孙利:《风险刑法质疑》,载《中国刑事法杂志》2014 年第 1 期。

〔4〕 参见[意]杜里奥·帕多瓦尼:《意大利刑法学原理(注评版)》,陈忠林译评,中国人民大学出版社 2004 年版,中文序言,第 1 页。

〔5〕 参见米健:《比较法·共同法·世界主义》,载《比较法研究》2011 年第 1 期。

解释刑法、适用刑法起重要的指导作用。"[1]理念是行动的先导,而行动则是理念的载体,是践行理念的方式。在现代刑事法治系统中,刑法理念是对刑法的性质、地位、机能、犯罪以及刑罚等基本问题的理性认知,虽然它能够直接对公众的思想产生强烈的影响,但若欲实现其对刑事法治建设更为重大的价值,就应在修改刑法典,理解与适用刑法时,谋求通过相宜的媒介积极落实当代中国刑法理念,真正推动当代中国刑法理念客观现实化。具体来说,刑法理念在刑事法治实践中所具有的价值决定了当代中国刑法理念的落实是全方位、多维度、深层次的,但是作为内存于人脑中关于刑法基本问题的思想或者看法,刑法理念本质上又只是一种需要通过刑法制度与刑法技术予以呈现并反映的不具有实体性的主观印象,其价值的最终实现也必须借助于刑法制度与刑法技术,亦即刑法制度与刑法技术乃刑法理念的存在载体和现实化的媒介。"一种刑法理念如果缺乏制度性的支撑,那么这种理念就没有办法在现实生活中得到切实落实和贯彻",并且也"只有通过有效的法律技术才能使法治理念在个案当中得到有效的贯彻"[2]。职是之故,在当代中国刑法理念的理论研究已经取得一定成果之后,我国刑法理念的研究就应该将精力更多地放在探讨如何在刑法制度的具体建构以及刑法技术的实际运作中积极体现并落实当代中国刑法理念。唯其如此,通过理论研究所获得的理论成果才能够转化为具体的实践,进而实实在在地推动中国特色社会主义法治建设。

---

[1] 张明楷:《网络时代的刑法理念——以刑法的谦抑性为中心》,载《人民检察》2014年第9期。
[2] 陈兴良:《当代中国的刑法理念》,载《国家检察官学院学报》2008年第3期。

刑法基本原则的司法实践与完善*

一、问题的提出

近现代刑法诞生以来,大陆法系和英美法系分别通过刑法典与判例法予以确认和发展。在法典化国家,刑法典不仅是近现代刑法理论体系及其学说、立法原意的高度浓缩平台,也是指导刑事司法实践的首要规范依据。刑法基本原则作为刑法学说与立法的"璀璨明珠",是指导刑事司法实践的主题曲与"灵魂"。

刑法典中的基本原则,是具有纲领性、全局性以及贯穿性的基本思想、理念等在立法层面的反映。依照刑法基本原则指导司法实践,不仅是基本原则的内在旨趣使然,也是刑法典实现有序、协调适用的基本要求。然而,回顾我国刑法三大基本原则的司法化过程与效果,仍存在不少问题。这既表现为刑法基本原则指导司法实践的观念不够深入,也表现为刑法基本原则的司法指导意义挖掘不足,还表现为贯彻落实刑法基本原则存在司法误区与偏差。尤为突出的是,刑事判决书援引刑法基本原则作为裁判或说理依据的做法寥寥无几,无疑显示了刑法基本原则的司法化能力培养相对不足。尽管严格依法司法是我国一贯以来的法治精神与要求,依法并尊重刑法基本原则适用法律是常态。但刑法基本原则指导司法实践的意义偏于乏力,不仅有损刑法基本原则的法治生命力,弱化刑法典的立法地位与司法衍生价值;也必然有损刑事司法实践的高效运行,甚至诱发适法不当、适法错误等。鉴于此,应当阐明刑法基本原则指导司法本体内涵、意义及其运行机制,充分研判、评估实践中贯彻与背离刑法基本原则的两种司法生态与利弊问题。在新时代背景下,持续完善我国刑法三大基本原则的司法指导意义之实现机制。

二、刑法基本原则的司法指导意义及实现机理

近现代刑法诞生以来,为了真实反映并有效实现近现代法治精神,

---

* 本文原载于《国家检察官学院学报》2019 年第 5 期。

刑法典往往规定刑法的基本原则,以此固化、彰显并贯彻近现代刑法的基本任务,更好地惩罚犯罪和保障人权。更重要的是,刑法基本原则的确立,也为刑法典由理论、立法走向司法实践供给了极为重要的指导纲要,为刑事司法提供基本准绳。

(一)司法指导意义的逻辑演绎

我国传统理论认为,刑法基本原则,是指贯穿于全部刑法规范,具有指导和制约全部刑事立法和刑事司法的意义,并体现我国刑事法治的基本精神的准则,是刑事立法与刑事司法中一个带有全局性、根本性的问题。[1] 由此可见,刑法(刑法典)基本原则内在的本质特征与内容,使其具有鲜明和显著的司法指导意义。

1. 刑法基本原则的本质特征

在我国,刑法理论层面或法典层面的刑法基本原则,是刑法理论体系及其学说的浓缩精华,具有纲领性、全局性与贯穿性三大基本特征。而这些基本特征的存在,孕育并持续夯实刑法基本原则的司法指导意义及其司法化能力的实践。

具体而言,我国刑法三大基本原则具有以下共同的基本特征:(1)纲领性。任何一部刑法典中规定的基本原则,都是法典的灵魂与纲领所在。刑法基本原则具有提纲挈领的重大基础作用,主要表现为:一是明确划分封建社会的刑法与近现代社会的刑法,突显近现代刑法的法治精神。二是突出强调并反映近现代刑法的理论基础、价值取向、功能设定、制度安排等一系列基础问题。三是对于刑法典的规范适用,刑法基本原则发挥根本性的指导意义。刑法基本原则既是可以直接适用的总则核心条文,也是指导其他条文理解与适用的基本依据。(2)全局性。在法典化国家,刑法典的制定与颁行,是为了依法解决繁纷复杂的刑事法问题。刑法典在布局上遵循"抽丝剥茧"的工匠精神,反映了刑法典的立法精细化特征。但也需要超越具体、个别的思维,从全局的高度规划与设计刑法典及其内容。刑法基本原则无疑被委以重任,成为统揽全局的最佳平台。在立法体系上,很多国家的刑法典往往在总则中明确规定基本原则。这充分说明基本原则具有全局性的特征。而且,全局性的基本特征,也使刑法基本原则被赋予指导总则其他规定、全面指导分则的功能潜质,是基本原则发挥全局性司法指导的重要保障。(3)贯穿性。无论是英美法系的判例法制度,还是大陆法系的法典化体系,刑法中的基本原则不仅是立法化的纲领性、全局性内容,也是贯穿整个法典或刑事司法的基本内容。这就是基本原则的贯穿性特征。它不仅表现为内容上的前后逻辑贯穿,使法典的整体内容相互协同、构成一个整体,也表现为形式与体例上的联络性,基本原则对刑法总则的其他内容、分则的犯罪规定,都渗入其中。

2. 司法指导意义的核心要素

刑法基本原则的司法指导意义,并非虚无的口号,亦非空洞的实体概念,而是由一系列要素、机制以及逻辑组成,从而建构自成体系的司法指导之图景。

从我国刑法理论、立法与司法的互动模式看,基本原则的指导意义体系可以呈现为如下格局:(1)总则指导分则是基本模式。刑法理论的核心问题与立法的重点,通常在立法体系

〔1〕 参见高铭暄、马克昌主编:《刑法学》(第7版),北京大学出版社、高等教育出版社2016年版,第25页。

层面上,均落在了刑法典总则。相比之下,分则作为承接的载体与平台,发挥更具体、直观的作用。刑法基本原则坐落于总则,而且位居前列,凸显其重大地位与根本作用。正是这种逻辑与格局,逐步形成了通过总则指导分则这一基本模式,来实现刑法基本原则的司法指导意义。(2)指导定罪量刑活动是主体内容。在传统的报应性司法模式中,定罪与量刑是两项最基本的刑事司法活动,也是刑法理论体系与立法最终聚焦的场域。在实践中,重定罪轻量刑的不良倾向长期存在。但随着量刑规范化改革以及《刑事诉讼法》(2012 年修正)明确了量刑程序的同等地位,已经显著扭转了这一局面。当前,定罪与量刑,集中汇集了司法实践中的绝大多数疑难问题与适法争议。这正是刑法基本原则发挥其司法指导意义的核心场域,担负起指导定罪与量刑的“规范”“疏解”“统一化”等作用。(3)间接而非直接干预是基本准则。刑法基本原则承继于刑法理论,反映近现代刑法的理论基础、法治精神与法律价值等内容,因而,在内涵上偏于抽象、宏观。相比于总则的其他罪责规定、分则的具体规定,基本原则的规范表述在法律适用上显得“不具体”。但基本原则的指导意义丝毫不受影响,只是在指导的方式上,通常采取间接干预,而非直接干预。采取直接干预,往往需要取代刑法典中的具体罪责规定,有架空具体规定的嫌疑。但基本原则的适法能力相对偏弱,也并不被实践所重视。(4)统一适法标准是主要目的。理论或立法层面的刑法基本原则的价值与意义,尽管表现为很多方面,但首先是在刑事司法过程中,通过使司法指导意义具体落地,服务于刑法的保障机能与保护机能。刑法基本原则的核心特征,使其面对千变万化的司法指导情形万变不离其宗的主线之一,就是竭力统一刑事司法中的适法标准,从而更好地实现司法公正,并主要表现为同案同判、类案类判。(5)作为刑法理论体系及其教义学的说理机制而存在。刑法基本原则在内容与表述上,具有较为突出的抽象性、概括性以及原则性,不像总则其他规定或分则规定,一般具体涉及罪责刑的内容。这决定刑法基本原则的司法指导意义,可以并往往表现为刑法说理机制,既是对立法原意的释明,也是对适用刑法中罪责刑规定的阐明。刑法基本原则作为刑法说理机制,使司法指导意义、司法化能力、运行机制更契合其本质特征。

3. 司法指导功能的基本理路

刑法基本原则的司法指导意义并非孤立存在的。易言之,刑法基本原则的司法指导功能,是在综合的刑事法治环境与格局中实现的。更准确地讲,司法指导功能是在刑法理论、刑法立法以及刑事司法的运行体系中予以实现和完善的。

展开地讲,刑法基本原则的司法指导意义遵循以下实现逻辑:(1)刑法理论固化的映照与反哺。一方面,刑法基本原则的确立,离不开刑法理论体系,反而,是对近现代刑法基本观念的正式反映,而且是以高度浓缩的方式予以立法化。因此可以认为,刑法基本原则是对刑法基本理论及其观念不断成熟、固化后的客观写照。而且,刑法基本原则的使命与任务就是予以贯彻和落实。这种属性是刑法基本原则在司法环节发挥指导作用的重要基础。另一方面,刑法基本原则作为独立的本体范畴,其内在的根基、动能以及要素是发展和变化的。更重要的是,犯罪现象、态势以及规律始终变化,刑事司法的对象不断翻新,持续挑战刑法基本原则中被立法者预设的正当性、合法性以及有效性。刑法基本原则在变动的格局下,基于谋求时代适宜能力的需要,必然需要作出调整,进而冲击背后的刑法理论体系及其学说。因此,刑法基本原则在发挥司法指导作用之际,必然衍生"反哺"刑法理论体系及其学说的积极效应。(2)立法规定的缘起与验证。从逻辑顺序看,刑法理论体系层面的基本原则,并不必然与刑法典所确立的基本原则完全一致。但被立法者最终认可的基本原则,无疑是刑法理论体系的最核心、最璀璨的部分。刑法典中的基本原则,作为具体的立法规定,与刑法理论体系及其学说高度相关,此乃刑法基本原则的立法缘起,也是立法原意的集中区域。但相比于刑法典中的其他规定,刑法基本原则有比较特殊的本质特征与属性,与刑法典的刑法规范之间,并不必然表现为"贴合"或"顺应"的立场。进一步地讲,刑法基本原则的指导意义,决定其不仅发挥"适法"的作用,以保持刑法典的安定性,维护立法的正当性与合法性,也必然孕育出"批判"的理性精神,通过司法指导的实践路径,验证刑法典中的规范是否继续有效且正当。刑法基本原则在指导司法适用时,绝不是被动的"演绎者",而是扮演主动的"验证者"。这赋予刑法基本原则的司法指导意义更积极、能动的改革属性。(3)司法适用的调试与修正。刑法基本原则的司法指导意义得以充分展示和落实,是由基本原则的调试功能与修正功能完成的。一般而言,由于刑法基本原则负载的内容过于根本性、基础性、宏大性,在具体的适法过程,往往无法发挥直接的干预作用。而间接干预方式的"加持",使其在指导司法适用的问题上,更多地表现为温和的"调试"角色,也即"救火队员"。譬如,在刑法解释的限度上,究竟是扩张解释还是限缩解释,刑法基本原则发挥"调试"的作用,具体是作为一种"说理机制"存在的。但基于刑法基本原则内在的"理性批判"精神,也对刑事司法过程中的偏差现象,发挥着"修正"的作用,防止个案的法律适用走向不公正的境地。

(二)司法指导意义的具体展开

我国刑法中的罪刑法定原则、适用刑法人人平等原则、罪责刑相适应原则,因其立法旨趣、理论基础、功能设定存在差异,因而,在司法指导意义的征表、载体、通道、机制、实施等方面,均各有千秋。应逐一释明各自的运行体系。

1. 罪刑法定原则的司法指导意义

在刑法实践的道路上,刑事司法是罪刑法定主义走向现实化的必由之路。[1] 1997年《刑法》第3条规定:"法律明文规定为犯罪行为的,依照法律定罪处刑;法律没有明文规定为犯罪行为的,不得定罪处刑。"这是罪刑法定原则孕育并发挥其司法指导意义的前提和依据。从广泛的刑事司法实践看,罪刑法定原则主要通过以下常态的运行机制,从不同层次来发挥指导司法适用的功能。

初步看来:(1)犯罪构成的立法法定化。对于刑法总则与分则的司法实践,其逻辑起点与核心内容是犯罪构成及其认定问题。通常认为,罪刑法定原则包括明确性原则、禁止溯及既往、禁止类推制度等一系列内容。其中,最重要的内容是明确性原则,反映了罪刑法定原则贯彻落实法治国家精神与理念的实际行动。按照明确性原则,是否构成犯罪及其依据、标

---

〔1〕 参见陈兴良:《罪刑法定的当代命运》,载《法学研究》1996年第2期。

准等,必须由法律明确规定,特别是刑法必须明确规定。这客观上形成了犯罪构成的法定化效应。对于类罪或个罪的犯罪构成要件及其要素,应当坚持"明确性"原则的基本要求。在此基础上,也与《刑法》第13条关于犯罪的概念共同细化了刑法分则的犯罪构成问题。(2)罪与非罪的界限。罪刑法定原则的条文表述,非常明确地显示了其在决定是否构成犯罪问题上的法治权威性与标准唯一性地位。宏观地看,罪刑法定原则是犯罪构成法定化的最重要依靠因素,罪与非罪的界限,应当围绕罪刑法定原则的精神来落实。从实践看,在罪与非罪的界限问题上,刑法分则的规定是最直接的规范依据,也包括总则中的其他涉及罪责内容的规定。但罪刑法定原则的地位及其作用,决定了其在罪与非罪的界限上发挥不可或缺的作用。这里特别需要讨论两个关联议题:一是但书条款的适用。关于但书条款的性质及其适用,理论上历来有诸多的争议。但通常认为,符合但书条款的,最终"不认为是犯罪"。这显然是刑法的规范评价结果,是解决罪与非罪的问题,而不是解决论处的界限问题,更不是单纯的"唯结果论"做法。[1] 这涉及罪刑法定原则的宽严掌握。二是疑罪从无理念的贯彻。疑罪从无理念同时是刑法与刑事诉讼法中的概念,是指对于事实不清、证据不充分、无法排除合理怀疑的案件,按照疑罪从无的精神,不能认定构成犯罪。这涉及罪刑法定原则的司法贯彻,也即罪与非罪的司法界限。(3)刑法解释的限度标准。在刑事司法过程中,刑法解释是常态活动,是刑法适用的常规内容。任何刑法实践活动,都必然涉及刑法解释问题。对于刑法解释问题,解释限度及其法治标准是最具争议性的问题,也直接关系到刑法适用的结果。更进一步地讲,一方面,刑法解释的限度及其法治标准的选取,以及由此得出的解释结论,罪刑法定原则可以起到"说理"的作用,为刑法解释提供重要的依据。另一方面,对于刑法解释限度、标准及其结论,罪刑法定原则还负有"审查"或"纠偏"的任务,以确保不僭越罪刑法定原则的藩篱。(4)刑法与刑事政策关系的科学化。刑法典及其规定是相对封闭的,但个案却始终是开放的。依法适用刑法典的规定,不仅需要立足刑法理论体系及其学说,坚持严格司法;也需要回到适法的原点,充分考虑案件的内外情况,实现法律效果与社会效果的高度合一。现代刑事政策是指导刑法适用的重要依据,但介入不当,则可能适得其反。罪刑法定原则的理论基础、基本内涵以及法治旨趣,使其可以在实践中调和刑法与刑事政策的关系趋于科学化,在规范刑法学与刑事政策之间有序往返。

2. 适用刑法人人平等原则的司法指导意义

1997年《刑法》第4条规定:"对任何人犯罪,在适用法律上一律平等。不允许任何人有超越法律的特权。"这是适用刑法人人平等原则的基本内涵。与罪刑法定原则的司法指导意义不同,该原则以"平等"作为功能导向的首要标准。

在实践中,适用刑法人人平等原则的司法指导意义主要表现为以下内容:(1)法律适用的平等。平等是近现代社会的基本价值追求。平等原则对于近现代刑法而言,它的意义不仅在于消除了特权等不公现象,更在于创造了法治社会下的平等适用刑法的底线正义环境。

---

〔1〕 参见高铭暄:《中华人民共和国刑法的孕育诞生和发展完善》,北京大学出版社2012年版,第11页。

对于刑法的适用而言,应当坚持平等原则,而且,与刑法立法原意上的平等精神是相互契合的。根据《刑法》的规定,平等原则主要指向适用环节,而不涉及立法领域。这是更务实的立法态度,因为平等原则需要通过刑法的适用才能得到有效实现。(2)区别对待与个别正义。在法治社会,平等原则是相对的,而非绝对的。在适用刑法时,平等原则的要求是相对意义上的平等,包括了区别对待的精神,强调兼顾一般正义与个别正义。“世界上没有完全相同的两片叶子。”完全相同的案件几乎是不存在的,同案同判、类案类判是相对意义上的无限接近之要求。正是由于刑法适用面临千变万化的实践情况,区别对待是必要且常态的内容。所谓区别对待,是指在平等原则的基本要求下,尊重个别性、特定性、具体性以及类型化问题,使其与平等原则的普适性、一般性相互协调。特别是在类案上,可以通过总结司法经验等方式,竭力实现法治的统一,夯实平等适用的基础。(3)主体身份与平等适用。在现代刑法体系中,犯罪主体是逻辑起点,不仅是实施犯罪的主体,也是承担刑事责任的主体,还是接受刑罚处罚的主体。其中,人作为犯罪主体具有天然的共识性,但单位(法人)也随后被立法确认为犯罪主体。在二元制的犯罪主体格局中,因主体身份差异,在适用刑法时,客观上存在差异,一是在自然人作为犯罪主体中,由于刑事责任年龄、生理欠缺、醉酒、国家工作人员身份、负有作为义务的主体等因素存在,刑法适用存在明显的差异化。二是在单位作为犯罪主体中,尽管国家机关也被《刑法》第30条规定为单位犯罪主体的类型之一,但实践中追究刑事责任并不现实、也难以实现。[1] 同时,在单罚制中,仅处罚单位主要责任人员或直接责任人员,而不处罚单位,也是差异适用的表现。刑法主体身份的客观差异,既是刑法差异适用的影响性因素,也是在实践中真正实现适用平等的重点区域。

3. 罪责刑相适应原则的指导意义

1997年《刑法》第5条规定:“刑罚的轻重,应当与犯罪分子所犯罪行和承担的刑事责任相适应。”这是罪责刑相适应原则发挥司法指导意义的规范依据。而且,罪责刑相适应原则是我国罪责刑作为核心标志的刑法学体系在基本原则层面的集中体现。[2] 它反映了犯罪、刑事责任与刑罚之间的理性关系与功能结构,也即犯罪、刑事责任和刑罚三者之间要保持内在的、对应的均衡关系。[3]

在司法实践的情况下,指导意义的要素主要包括:(1)以罪制刑与以刑制罪的呼应。在罪责刑关系中,居于首要位置的是罪刑关系,其是罪责关系、责刑关系的前提和基础。在动态层面,可以认为,罪刑关系表现为以罪制刑与以刑制罪两大主体部分。前者是指,犯罪范畴在内容、功能等方面,对刑罚范畴具有前提性与决定性意义;[4] 后者是指,刑罚范畴虽处于末端,但对犯罪的理解与定罪活动,均存在正向的“反制”功能,也即检验与修正的作

---

[1] 参见马克昌:《“机关”不宜规定为单位犯罪的主体》,载《人民检察》2007年第21期。

[2] 参见孙道萃:《罪责刑关系堪当刑法学体系的核心范畴》,载《检察日报》2016年5月11日。

[3] 参见赵秉志等:《论罪责刑相适应原则》,载《郑州大学学报(哲学社会科学版)》1999年第5期。

[4] 参见孙道萃:《以罪制刑的理论视域及反思》,载赵秉志主编:《刑法论丛》(2014年第1卷.总第37卷),法律出版社2014年版,第74~75页。

用。[1] 以罪制刑与以刑制罪作为相互依存的部分，对定罪量刑活动均有直接意义，是罪刑关系相适应在动态运作层面的基本实践模态。(2)罪刑均衡或罪刑对称。罪刑关系相适应，是罪责刑关系在各方面相适应的重要保障。从价值导向与目标看，罪刑关系的相适应，通常被认为是罪刑均衡或罪刑对称，反映了犯罪与刑罚两大前后高度关联的基本范畴在定罪与量刑上的"正当性"逻辑关系，也即定罪正确、量刑规范，并且定罪与量刑之间是"等值"的。既不存在罪重而轻罚，也不存在罪轻而重罚，而是罪刑适当。(3)刑事责任范畴的地位与作用。罪责刑相适应原则是对罪刑相适应原则的发展与超越。刑事责任范畴的导入与贯彻，不仅与我国罪责刑关系的刑法学体系高度契合，也丰富了我国刑事责任范畴。更重要的是，在犯罪与刑罚之间打通了沟通的平台与通道，从而优化了罪刑关系的运作模式，更能对现代社会的刑法问题予以全面、整体的分析与判断。在罪责刑相适应原则中，刑事责任范畴不仅发挥沟通的桥梁作用，也是独立的刑法基本范畴，与犯罪、刑罚之间是相互分工、配合与制约的协作关系，其目的是使由犯罪(定罪)到是否承担刑事责任(归责)以及应否、如何刑罚处罚(量刑)的办案逻辑更通畅。这里，还特别需要注意两点：一是人身危险性的定罪与量刑意义。关于人身危险性在刑法中的定位、意义及其功能实现等问题，理论上有不同的看法。[2] 客观而论，人身危险性是现实存在的内容，对定罪量刑活动均有不同程度的影响，也对罪责刑相适应的实现有不同的"化学反应"，并以可量化的科学评估机制为前提。[3] 二是风险社会、网络时代、智能时代的新挑战。随着风险社会、网络时代、智能时代接踵而至，不仅侵蚀传统刑事责任范畴的生存根基，也冲击刑事责任范畴的基本观念及其内容，还对刑事归责体系产生显著的影响。(4)刑罚有效性与刑罚个别化。罪责刑相适应原则的司法化，其核心目标落在"相适应"；从终端载体与形式看，主要是刑罚(宣告刑等)是否真正有效。因此，罪责刑相适应原则的司法化及其指导意义，可以根据刑罚有效性命题予以实现、检验和完善。刑罚有效性，意在强调犯罪、刑事责任对刑罚的前提性、基础性作用，在结果层面得到正确、积极和完整的体现，最终达到刑事制裁的预期目标。而且，在刑罚有效性的命题中，刑罚个别化是重要的子要素。刑罚个别化有助于弥补严格规则主义指导下的罪刑法定主义的不足，促进刑罚的个别正义。[4] 刑罚个别化是刑罚有效性命题的存续、运行及其实施的标志性内容，决定刑罚的目的、功能是否可以实现及其程度。

三、刑法三大基本原则的司法贯彻与背离

刑法基本原则不是摆设，而应通过在司法实践中的贯彻予以落实。实践证明，我国刑事司法实践一直都高举刑法基本原则的司法指导意义，在具体的办案过程中充分发挥刑法基本原则的积极作用。但实践中也存在一些背离的情况，既是诱发冤假错案的导火索，也严重侵蚀了刑法基本原则的司法生命力与意义。

---

[1] 参见孙道萃：《以刑制罪的知识巡思与教义延拓》，载《法学评论》2016 年第 2 期。

[2] 参见游伟、陆建红：《人身危险性在我国刑法中的功能定位》，载《法学研究》2004 年第 4 期。

[3] 参见陈伟：《认真对待人身危险性评估》，载《比较法研究》2014 年第 5 期。

[4] 参见翟中东：《刑罚个别化的蕴涵：从发展角度所作的考察——兼与邱兴隆教授商榷》，载《中国法学》2001 年第 2 期。

（一）罪刑法定原则的司法贯彻与背离

罪刑法定原则位居我国刑法基本原则之首，凸显其重大地位。贯彻罪刑法定原则始终是我国刑事司法实践的首要任务。从实践的情况看，积极有效贯彻是主流，可使罪刑法定原则的司法指导意义得以实现。但也有背离的一面。

1. 司法贯彻

从刑事司法实践看，我国司法机关从多方面贯彻和实现罪刑法定原则，主要表现为：(1)通过刑法修正案强化明确性原则。罪刑法定原则最重要的任务是杜绝封建社会的“原心定罪”“天子定罪”“宗教定罪”等做法。这也是明确性原则作为核心要素的缘由所在。1997年《刑法》奠定了我国罪刑法定原则的新时代。[1] 然而，随着社会经济的发展以及犯罪态势的变化，倒逼刑法典必须保持适度的灵活性，立法完善成为延续刑法典生命力的基本途径。为此，我国在2019年前先后主要通过刑法修正案的方式，共10次对刑法典进行修正和完善，不断优化、升级并巩固明确性原则的覆盖面、更新度以及适宜能力。这是罪刑法定原则提升司法化能力并指导司法实践的最可持续性方式。(2)明确废止刑法中的类推制度及具体落实。1979年《刑法》规定了类推制度，但1997年《刑法》明确废止了类推制度。从立法上废除类推制度并不复杂，但实践中充分贯彻好才是挑战。简单地讲，对于法律没有明文规定的但社会危害性客观存在的，是否作为犯罪论处是棘手难题。立法没有作出明确规定，原则上不能基于刑事政策等的需要，通过“类推解释”的方式作为犯罪处理，而应通过刑法修正案解决立法上的缺漏问题，实践中也是一以贯之的。(3)坚持并完善四要件犯罪构成体系的司法地位与功能。犯罪构成体系以及定罪量刑活动是罪刑法定原则指导司法实践的基本要素。在我国，四要件犯罪构成体系是历史发展与现实选择的产物，被证明是行之有效的理论体系与学说。[2] 面对阶层式犯罪构成体系的渐入性反思[3]，笔者认为坚持并完善四要件犯罪构成体系，是建设中国特色刑法理论体系的必然要求。在犯罪构成法定化的前提下，四要件犯罪构成体系具有合法性，是定罪量刑的法定依据。当然，四要件犯罪构成的司法认定也存在不足，包括对正当化事由的体系定位、共同犯罪的认定等。但不能以此推翻罪刑法定原则在确立、贯彻与完善四要件犯罪构成体系上的重要意义。(4)严格依法办案是罪刑法定原则指导司法实践的最朴素形式。现代罪刑法定原则最重要的法理基础是法治国家精神。除非法律规定是犯罪，否则，不能定罪处罚。在刑事司法环节，严格依法办案作为最高准绳，是贯彻和落实罪刑法定原则的最朴素形式，也是最基本、最重要的保障机制。按照司法体制改革的精神，严格依法办案是重要的法治建设指标，也成为罪刑法定原则充分发挥司法指导作用的政治保证与制度基础。严格依法定罪量刑，也需要程序法的衔接与配套。(5)建立和发展刑事案例指导制度。案例指导制度是具有我国特色的判例制度，促成

〔1〕 参见高铭暄、孙道萃：《97刑法典颁行20年的基本回顾与完善展望》，载《华南师范大学学报(社会科学版)》2018年第1期。

〔2〕 参见高铭暄：《关于中国刑法学犯罪构成理论的思考》，载《法学》2010年第2期。

〔3〕 参见陈兴良：《刑法阶层理论：三阶层与四要件的对比性考察》，载《清华法学》2017年第5期。

了由法律—司法解释—案例指导规则组成的多元化法律规则体系。[1] 从已经发布的刑事指导性案例看,对司法实践活动的作用,主要体现为司法规则的创制功能、条文含义的解释功能、法律规定的释疑功能、刑事政策的宣示功能、刑罚制度的示范功能等方面。[2] 由此可见,刑事案例指导制度是对刑法典的补充与发展,是对罪刑法定原则的"积极补充",可以更好地满足实践中对"明确性原则"的及时性、具体性或类型化的诉求,提高了罪刑法定原则的司法指导效果。

2. 司法背离

尽管罪刑法定原则的司法化无处不在。而且,罪刑法定原则通过指导司法实践,发挥着"定海神针"的重大作用。但司法背离的问题仍存在。

目前,比较突出地表现为:(1)兜底条款与"口袋罪"的泛化迹象。1997 年《刑法》对"口袋罪"的立法分解,是实现罪刑法定原则的重要举措,投机倒把罪与流氓罪从此消亡。然而,分解后的具体罪名,由于刑法规定了兜底条款,在实践中有时沦为"口袋罪",并且随着犯罪态势的复杂而暴露出泛化适用的不良倾向。遏制"口袋罪"的司法化亦迫在眉睫。例如,非法经营罪是备受质疑的"口袋罪",尤其是 2017 年修正的《刑法》第 225 条第 4 项的规定是罪魁祸首。[3] 在实践中,对于该罪的司法适用,呈现出尽量扩张而非限制适用的态势,[4]导致行政违法与犯罪之间的界限被压缩,反映了司法实践对罪刑法定原则的"功利性"定位。又如,寻衅滋事罪也是典型的"口袋罪",对起哄闹事行为的理解,实践中存在扩大化的迹象。[5] 还如,以危险方法危害公共安全罪是现行《刑法》中又一典型的"口袋罪",因行为要件的开放性及缺乏必要的形式限定等,适用频率不断提高,呈现不断扩张的趋势。[6] 然而,按照同类解释规则的逻辑,应严格限缩适用,否则,有突破罪刑法定原则边界的风险。当前,"口袋罪"的制度根源是"明确性不足",而司法中的"明确性"是相对的,理解和贯彻是常见的解释难题。(2)法定犯时代及刑事违法性的司法认定。刑事违法性是社会危害性这一犯罪本质特征的法律表现。罪刑法定原则是刑事违法性的立法体认,也是判断刑事违法性的首要依据。然而,在刑事司法实践中,不乏将一般行政违法作为犯罪处理的现象,而未能严格遵循罪刑法定原则是主要诱因。[7] 行政立法及其刑法规定的变动性、复杂性骤增,不仅加大刑事违法性判断的难度,也使罪刑法定原则的贯彻面临多重价值交错的情况。特别是现代社会中的法定犯数量骤增,法定犯有取代自然人主导地位与结构的趋势。由于公众的非理性情绪、对法定犯双重违法性的认定偏差等因素的作用,法定犯的"刑事违法性"之认

[1] 参见陈兴良:《案例指导制度的法理考察》,载《法制与社会发展》2012 年第 3 期。

[2] 参见陈兴良:《刑法指导案例裁判要点功能研究》,载《环球法律评论》2018 年第 3 期。

[3] 2017 年修正的《刑法》第 225 条第 4 项规定,从事其他非法经营活动,扰乱市场秩序,情节严重的行为构成非法经营罪。

[4] 参见欧阳本祺:《对非法经营罪兜底性规定的实证分析》,载《法学》2012 年第 7 期。

[5] 参见陈兴良:《寻衅滋事罪的法教义学形象:以起哄闹事为中心展开》,载《中国法学》2015 年第 3 期。

[6] 参见陈兴良:《口袋罪的法教义学分析:以以危险方法危害公共安全罪为例》,载《政治与法律》2013 年第 3 期。

[7] 参见张明楷:《避免将行政违法认定为刑事犯罪:理念、方法与路径》,载《中国法学》2017 年第 4 期。

定成为违反罪刑法定原则的“重灾区”。[1] 譬如,王力军无许可证收购玉米改判无罪案强调了办案机关在行政违法与刑事违法的区分上,应当坚持罪责的实质评价。社会危害性是行为实质违法的评价,刑事违法性是行为触犯刑罚法规并具有构成要件符合性在法条文本层面的评价,应受刑罚惩罚性是对触犯刑法的危害行为可谴责性的评价。危害性和可谴责性是在刑事违法性基础上的实质评价,认定的犯罪必须违法、有害、有责。[2] 在实践中,法定犯的定罪必然涉及刑事违法性的认定问题。但难题在于,法定犯具有变动性,刑事违法性的判决依据与基准具有不确定性。法定犯的刑事违法性之判断,直接决定罪与非罪的界限,更反映了罪刑法定原则的实际贯彻程度。(3)空白罪状与“违反国家规定”的认定。空白罪状是立法发展性的使然,但对罪刑法定原则也是一种“消解性”体现,有弱化“明确性”的作用,使罪状的认定处于可能突破罪刑法定原则的边缘。以“违反国家规定”的理解尤为典型。“违反国家规定”客观上对明确性原则有双重要求,既是“开放性表述”并预留了适用空间,也要求“严格解释”以防止“违法”。立法总是相对滞后的,使解释“违反国家规定”成为不得已之举,是否符合罪刑法定原则的争议客观存在。例如,在污染环境罪中,“违反国家规定”的含义不明确,直接影响了罪质设置的合理性与可操作性。[3] 在大变革时代,由于立法规范供给能力下降,明确性原则的司法适用面临前所未有的调整,对“违反国家规定”等空白罪状之表述,由于涉及刑事违法性之认定,在法定犯扩张的时代,处于容易突破罪刑法定原则精神的“高发区域”。(4)扩张解释与类推解释的模糊。在刑法适用的过程中,刑法解释的限度及其标准问题一直处于决定刑法解释是否正当、合理以及有效的最前端。其中,扩张解释作为激活并充实刑法规定的常态做法,其与类推解释的界限一直都是实践中的难题,[4]处理不当的结果就是滑向类推制度的老路子。例如,对于刑法中的“性交行为”是否包括“口交”“鸡奸”“手淫”等特定形式之理解,不仅影响实践中对卖淫行为的理解,也涉及对强奸行为的理解。又如,关于网络财产性利益的刑法性质问题,我国刑法中的财物完全能够涵盖虚拟财产这一财产性利益的概念以及对具有财产价值的虚拟财产应当按照财物予以刑事保护[5]、将虚拟财产解释为刑法上的财物不会侵害国民的预测可能性且没有违反罪刑法定原则[6]、网络财产性利益同时兼具刑法中的财产与网络数据的性质[7]等观点纷争不下。不同的解释结论及其纷争,不仅显示扩张解释与类推解释的区分难题,也暗示禁止类推解释的“乏力”一面。(5)禁止溯及既往或从旧兼从轻的适用。我国刑法立法处于明显的活性发展态势,而且刑事司法解释处于密集颁行的状态,贯彻从旧兼从轻原则是“大规模”司法适用现象,司法解释的溯及力问题便是焦点。按照从旧兼从轻原则的内容,即使采取从旧

---

〔1〕 参见刘艳红:《法定犯与罪刑法定原则的坚守》,载《中国刑事法杂志》2018年第6期。
〔2〕 参见阮齐林:《刑事司法应坚持罪责实质评价》,载《中国法学》2017年第4期。
〔3〕 参见田国宝:《我国污染环境罪立法检讨》,载《法学评论》2019年第1期。
〔4〕 参见冯军:《论刑法解释的边界和路径——以扩张解释与类推适用的区分为中心》,载《法学家》2012年第1期。
〔5〕 参见陈兴良:《虚拟财产的刑法属性及其保护路径》,载《中国法学》2017年第2期。
〔6〕 参见张明楷:《非法获取虚拟财产的行为性质》,载《法学》2015年第3期。
〔7〕 参见孙道萃:《网络财产性利益的刑法保护:司法动向与理论协同》,载《政治与法律》2016年第6期。

兼从轻原则导致量刑畸轻,也不得以不符合罪刑相适应原则为由,采取更重的规定。[1] 例如,《刑法修正案(九)》针对贪污贿赂犯罪增设了终身监禁制度,与总则中的死缓变更规定之间,引发了从旧兼从轻原则的理解与适用问题。根据1997年《刑法》第12条的规定,对《刑法修正案(九)》颁布前的贪污、受贿犯罪,不应当适用终身监禁的规定。[2] 依据《刑法修正案(九)》颁布前《刑法》规定,应判处死刑立即执行还是应判处死缓,判断终身监禁新规是否具有溯及力,更符合罪刑法定原则。刑法立法始终在发展,实践中违背从旧兼从轻原则的现象仍有不少,司法机关应依法认定。

(二)适用刑法人人平等原则的司法贯彻与背离

适用刑法人人平等原则,是近现代社会所推崇的平等价值在刑法典中的立法反映。法律平等是社会主义法治的一项重要原则,是绝对性与相对性的统一,"平等"不是"等同","等同"也未必是"平等",法律面前不平等与不平等的法律亦不同。[3] 适用刑法人人平等原则是绝对与相对的统一,并允许区别对待与差异化处理。回顾刑事司法实践,积极贯彻是司法的主要面,但仍应警惕背离现象。

1. 司法贯彻

从司法实践看,在适用刑法人人平等原则的指导下,司法机关一直努力根据刑法典的规定依法办案,在实质平等与区别对待之间谋求最佳的结合点。

主要表现为:(1)特殊主体的区别对待。刑法主体身份的差异决定了在平等原则下,应当进行必要的区别对待,以真正实现适用刑法的实质平等效果。择要而言,一是未成年人。对未成年人的限制处罚,是基于其刑事责任能力相对不足的考虑。与成年人的差别化待遇,才是真正的平等适用。例如,《刑法修正案(八)》规定了前科消灭制度,随后《刑事诉讼法》(2012年修正)规定了犯罪记录封存制度;在死刑适用、缓刑适用上,也予以特殊照顾。二是老年人。按照《刑法修正案(八)》的规定,对老年人的死刑适用采取一定的限制立场;在缓刑适用上,予以特殊照顾。三是婴幼儿及儿童。1997年《刑法》规定了猥亵儿童罪、虐待罪、遗弃罪、拐卖儿童罪等。四是幼女、妇女与孕妇。对于幼女,1997年《刑法》规定了嫖宿幼女罪,但鉴于实践中该罪的保护力度明显不足且容易引发定罪上的分歧,《刑法修正案(九)》废除了嫖宿幼女罪。奸淫幼女的,一律按照强奸罪论处。对于妇女,1997年《刑法》规定了拐卖妇女、强制猥亵妇女、侮辱妇女等犯罪规定,对妇女予以特殊的照顾。对于孕妇,根据1997年《刑法》的规定,符合条件的,免于判处死刑。五是军人。1997年《刑法》规定了破坏军婚罪,还规定了"战时缓刑"制度等。六是少数民族。1997年《刑法》分则第四章着重对少数民族的各项民主权利进行了特殊保护,坚决维护国家的民族政策,实现民族大团结。七是国家(机关)工作人员。国家(机关)工作人员实施的一些犯罪,往往予以从重处理,也是对平等原则的有效落实。(2)共同犯罪人及其刑事责任分担的区别对待。共同犯罪是高级与

[1] 参见张明楷:《终身监禁的性质与适用》,载《现代法学》2017年第3期。
[2] 参见商浩文、赵秉志:《终身监禁新规法理争议问题论要》,载《现代法学》2017年第4期。
[3] 参见李步云、刘士平:《论法律平等》,载《湖南社会科学》2004年第5期。

复杂的自然人犯罪形态。在共同犯罪中,绝非简单的“多人”犯罪问题,不同共同犯罪人的地位与分工各有差异,各自的危害行为及其结果表现不一。因此,区分共同犯罪人的类型及其刑事责任边界,是共同犯罪定罪处罚的重要难题,也是贯彻适用刑法平等原则的重要内容。但是,胁从犯的立法意义有所递减,适用范围明显不足;正犯、主犯与从犯的区分意义有所下降,在网络犯罪领域尤为突出。这些都说明在共同犯罪中,进一步优化平等适用的现实需要。(3)正当防卫、紧急避险的价值优位。正当化事由是对包括正当防卫等一系列正当行为或情状予以“合法化”的制度依托,意在强调“正邪不两立”与“充分的优位保护”等价值取舍立场。正当防卫是公民行使防卫权的行为。1997年《刑法》第20条第1款明文规定正当防卫的,不负刑事责任。在司法实践中,正确划分正当防卫与防卫过当以及一般犯罪之间的界限比较复杂。〔1〕 尽管如此,规定正当防卫制度并确认公民的正当防卫权,不仅在不法侵害与合法防卫之间作出了价值判断,也在不法侵害人与防卫人之间作出了区别化保护,是更为实质的平等。同时,紧急避险制度在合法利益之间,优先保护更大的利益。不仅反映刑法在避险人、第三人的保护问题上作出差别的安排,也赋予紧急避险人按照“法律理性人”行事的法律依据。〔2〕 对危害行为与正当行为的“差异对待”,是适用刑法平等的重要体现。(4)民生的特别刑法保护。在党和国家的领导下,以人民为中心思想成为新的行动纲领。当代刑法作为社会治理的重要手段,肩负保障社会和谐、保障民生、保护弱势群体利益等新任务,刑法机能重点关注民生并强调保民生、改善民生。这使法律制度处于新的挑战下,“民生刑法”现象正是这一时代发展的必然要求。〔3〕 在此语境下,民生刑法反映了当代刑法侧重保护民生内容的专属性与特定安排,彰显适用刑法的区别对待基本精神,在特定历史背景下更接近实质正义。但应当反思以弱者保护为主题的民生法治建设可能存在理论误区与“矫枉过正”倾向。〔4〕

2. 司法背离

“同行为不同(定)性”“同罪不同罚”“罪刑不均衡”等司法不公问题,有违宪法上的平等原则,背离了平等保护法益的原则。〔5〕 在刑事司法实践中,适用刑法人人平等原则的背离现象确实存在,如贪污罪与盗窃罪等的追诉数额标准存在巨大差距、“无能力赔偿”作为交通肇事罪的追诉情节等问题。

当前,主要表现为以下情况:(1)单位犯罪与自然人犯相同罪的处罚均衡。在经济犯罪领域,当单位与自然人实施相同的犯罪,对单位按照双罚制论处的,单位的主要责任人员与直接责任人员的刑罚,明显低于自然人的刑罚,如此是有失公允的做法。〔6〕 这种“不对等”

---

〔1〕 参见陈兴良:《正当防卫如何才能避免沦为僵尸条款——以于欢故意伤害案一审判决为例的刑法教义学分析》,载《法学家》2017年第5期。

〔2〕 参见高铭暄:《中华人民共和国刑法的孕育诞生和发展完善》,北京大学出版社2012年版,第201~202页。

〔3〕 参见卢建平:《加强对民生的刑法保护——民生刑法之提倡》,载《法学杂志》2010年第12期。

〔4〕 参见何荣功:《要慎重对待“民生刑法观”》,载《中国检察官》2014年第3期。

〔5〕 参见于改之、吕小红:《刑法解释中平等原则的适用》,载《比较法研究》2017年第5期。

〔6〕 参见孙道萃:《单位犯罪成立范围“法定”原则的逻辑证伪与立法超越——以“〈刑法〉第30条的解释”为切入点》,载《江苏大学学报(社会科学版)》2017年第1期。

的做法，可能造成放纵单位犯罪的主要责任人员与直接责任人员的风险。认识偏差是症结所在。“人人平等”不能局限于自然人，而应当理解为刑法主体，应包括单位。(2)行贿犯罪与受贿犯罪定罪量刑的对等性。通常认为，行贿犯罪与受贿犯罪是“对向犯”。但“重受贿轻行贿”的做法长期存在，导致对行贿犯罪的处罚力度不足，整体上不利于治理受贿犯罪。[1] 为此，《刑法修正案(九)》予以调整，严厉打击行贿犯罪，转向对称性、预防性的贿赂犯罪规范体系。但总体看，“重受贿轻行贿”问题仍然存在。(3)非公有制经济保护的平等保护。非公有制经济的刑法保护不足，在经济发展与全面深化改革的背景下越发凸显。2018年11月，习近平总书记在民营企业座谈会上指出，纪检监察机关在履行职责过程中，有时需要企业经营者协助调查，既要查清问题，也要保障合法的人身和财产权益，保障企业合法经营。对一些民营企业历史上曾有过的一些不规范行为，要以发展的眼光看问题，按照罪刑法定、疑罪从无的原则处理，让企业家卸下思想包袱，轻装前进。这为依法保护非公有制经济和民营企业家的合法权益指明方向，明确政策与法律的边界，澄清司法机关介入的底线，更强调“平等保护”的底线要求。但这项工作仍有很大的作为空间。

(三)罪责刑相适应原则的司法贯彻与背离

罪责刑相适应原则是以罪责刑为核心标志的刑法学体系在刑法基本原则层面的立法体现。在我国罪责刑关系的刑法学体系下，罪责刑相适应原则的司法指导意义有着得天独厚的条件，也取得了喜人成绩，但也有相应的不足。

1. 司法贯彻

罪责刑相适应原则的司法贯彻，核心任务是在定罪、归责与刑罚三个动态的基本范畴之间，实现内容、价值、功能以及体系的前后呼应与协调一致。

在发挥罪责刑相适应原则的司法指导意义上，集中表现为以下几个方面：(1)报应性司法模式、恢复性司法模式以及预防性司法模式的交替发展。近现代刑法体系在实践层面的规律与特征可以概括为报应性司法模式，罪行是前提，追究刑事责任是基本活动，刑罚的报应目的是基础。这与罪责刑相适应原则是契合的，反映了最朴素的刑法正义观。随着域外恢复性司法理念的发展，我国也逐步探索刑事和解制度，《刑事诉讼法》(2018年修正)正式确立了认罪认罚从宽制度，逐渐孕育了恢复性司法模式。[2] 在恢复性司法模式中，虽然罪行、定罪、归责以及刑罚等核心要素均有所“柔化”或“缩减”，但仍未根本上动摇罪责刑相适应原则及其所推崇的正义、公正价值。在风险社会背景下，网络犯罪、智能犯罪等新因素的增量，预防性刑法观呈发展趋势，[3]刑罚的一般积极预防功能得到重视，[4]但仍然是对罪责刑相适应原则的进一步发展。(2)人身危险性、行为人刑法、预防刑法的有益摄入。仍在争议中的人身危险性的刑法意义及其作用，已然涉及定罪、刑事责任以及刑罚的重要内容，体现了对行为人的刑法学意义的重视，对罪责刑相适应原则的贯彻具有积极的拓展意义。当

[1] 参见何荣功：《“行贿与受贿并重惩罚”的法治逻辑悖论》，载《法学》2015年第10期。
[2] 参见樊崇义：《2018年〈刑事诉讼法〉修改重点与展望》，载《国家检察官学院学报》2019年第1期。
[3] 参见周光权：《积极刑法立法观在中国的确立》，载《法学研究》2016年第4期。
[4] 参见孙道萃：《积极一般预防主义的理论逻辑与中国话语》，载《河南财经政法大学学报》2016年第2期。

前,立足人身危险性而展开的关于行为人刑法的讨论则更进一步,并在立法中有所体现,譬如《刑法修正案(九)》将一些预备行为予以实行行为化。[1] 在此大背景下,关于预防性刑法的倡导与实践也被理论界所认同。[2] 这些新情况的出现,不仅为罪责刑相适应原则增加了新元素,也为其司法贯彻与指导意义的发挥提供了新的舞台。(3)定罪与量刑的诉讼程序分离。[3] 长期以来,重定罪轻量刑是刑事司法实践中的"顽疾"。这不仅剥离了实体法与程序法之间的紧密联系,违背刑事一体化的实践逻辑,也导致"头重脚轻"的结构性弊端,忽视量刑的地位和作用,不利于充分实现刑罚目的及其功能,在根源上不利于实现"定罪"的预期目标。定罪量刑活动的"人为合一"以及过度侧重定罪的"偏离"现状,对罪责刑相适应原则的负面作用是明显的。《刑事诉讼法》(2012年修正)明确规定了独立的量刑程序,倒逼实体法与程序法更理性地区分定罪与量刑及其功能配置关系。这无疑对进一步贯彻和落实罪责刑相适应原则提供了更好的制度环境。量刑地位的提高,不仅提升刑罚作为末端范畴的反思性、批判性能力,也迫使罪责刑关系的流程趋于"双向反馈与多项交互"。(4)量刑规范化改革。罪责刑相适应原则在终端的落脚点是量刑结果与罪责一致。量刑活动应当遵循规范化的基本原则,努力实现"同案同判、类案类判"。规范量刑活动并将量刑纳入法庭审理程序是人民法院第三个五年改革纲要的重要内容。《人民法院量刑指导意见(试行)》(已失效)和《人民法院量刑程序指导意见(试行)》正是落实改革的重大举措,对改变现行刑罚制度的粗放、提升法官量刑的科学和精细及确保量刑的公平公正等方面具有重大的意义。[4] 2011年,最高人民法院出台《人民法院量刑指导意见》[5],并对其进行持续性的修正与完善,各地也纷纷出台实施细则,为我国量刑规范化提供了最直接、全面和具体的"操作指引"。这无疑是发挥罪责刑相适应原则指导刑罚裁量活动的体现与保障条件。

2. 司法背离

在罪责刑相适应原则的司法化能力培养及其实践方面,仍存在以下较为突出的问题:(1)罪刑关系实践的内在协同不足。在罪刑关系的实践内部,犯罪与刑罚之间的协同性不充分,既表现为静态的犯罪概念,对静态的刑罚概念缺乏直接有力的作用通道,单纯的决定与被决定关系既不完整也不合理,也表现为动态的定罪与量刑活动,相互之间的"对话"机制并不明确,只是理所当然地确立学理共识,具体的运行逻辑并不清楚,特别是刑事责任的角色更不明确。这种宏观且基础层面的背离,既可能助长一些司法惯性,如重定罪轻量刑、量刑根据不完整、量刑基准不统一等,也可能使一些良性的运作机制陷入困境,如以刑制罪的思维及其实践不足、宣告刑与罪质轻重的均衡性有偏差[6]等。(2)刑事责任的司法化不足。在罪责刑三个基本范畴中,刑事责任范畴的研究与实践是相对薄弱的环节。[7] 从罪责

---

[1] 参见车浩:《刑事立法的法教义学反思——基于〈刑法修正案(九)〉的分析》,载《法学》2015年第10期。
[2] 参见高铭暄、孙道萃:《预防性刑法观及其教义学思考》,载《中国法学》2018年第1期。
[3] 参见陈瑞华:《论相对独立的量刑程序——中国量刑程序的理论解读》,载《中国刑事法杂志》2011年第2期。
[4] 参见高憬宏、黄应生:《积极稳妥推进量刑规范化改革》,载《法律适用》2009年第8期。
[5] 参见戴长林、陈学勇:《量刑规范化改革与实践》,载《法律适用》2011年第9期。
[6] 参见白建军:《中国民众刑法偏好研究》,载《中国社会科学》2017年第1期。
[7] 参见高铭暄:《论四要件犯罪构成理论的合理性暨对中国刑法学体系的坚持》,载《中国法学》2009年第2期。

关系的角度看,“犯罪构成是决定刑事责任的唯一(法律)根据”[1]长期占据认识论的高地。由于刑事责任的司法化机制不足,罪责关系的发展不均衡,刑事责任范畴如何反应并作用于刑罚范畴的重大问题有待明确。基于刑法学的“体系性思考”,应肯定刑事责任范畴与罪责关系命题的理论意义与现实价值,兼顾静态研究与动态研究并强化动态研究,特别重视刑事责任的动态归责体系的理论建构,及时关注恢复性刑事责任观念与预防性刑事责任观念的新近变化,充实刑事责任范畴的实体内核及地位,延续刑法理论的生命力。[2] 同时,从责刑关系的角度看,刑事责任对刑罚适用的指引功能虽是理论共识,但具体实现机制相对模糊。[3] (3)刑罚结构与刑罚体系的终端供给乏力。犯罪的地位尤为凸显,而刑事责任范畴的司法化相对不充足,共同使刑罚范畴的地位与内容处于相对“式弱”状态;同时,刑罚范畴及其要素主要是被动服务于前端范畴,对刑罚裁量等本端、刑罚执行等后端均缺乏足够的关注。这导致犯罪与刑事责任等前端范畴的变化,与刑罚执行等后端的新情况“不一致”;而刑罚结构、刑罚体系以及刑种等末端要素的“滞后不前”,引发刑罚范畴的制度供给能力不足的问题。尽管《刑法修正案(八)》[4]《刑法修正案(九)》[5]已经开始从立法上扭转刑罚范畴修改相对滞后的被动局面,但总体仍未触及刑罚范畴的根本问题,刑法体系、刑罚结构的调整尺度与效果仍有待深挖。从罪责刑关系的动态结构与运行看,刑罚范畴的优化与完善,是保障罪责刑相适应原则落到实处的基本动能。

四、刑法三大基本原则的司法指导之完善

在大变革时代,刑法三大基本原则的司法化能力有待提升,以提升司法指导意义。这要求首先澄清司法实践中的背离现象及其致因,摆正认识论基础。同时,从宏观上予以疏解,围绕三大基本原则的特质,逐一“精准”改良与升级。

(一)司法背离的现实致因及其制度性消解

对于刑法三大基本原则的司法背离问题,要追根溯源地进行反思,以求对症下药。进而,从思想认识、基本观点等角度,有效清除实践中的负面因素和阻力。

1. 现实致因的主要表征

导致刑法基本原则的司法指导功能出现偏差与误区的原因主要有:(1)基本原则指导司法的意识薄弱。从刑法三大基本原则的立法溯源看,其立法价值更侧重宏观层面,既服从于国家刑法立法的基本规律,也服务于依法治国的基本精神,以及满足政治、经济、文化等需要。这从本源上造就一种固化的认识,刑法基本原则是刑法典的基本纲领,但不具体指导司法实践,立法者也并未预设指导司法实践的原意与赋予其能力。如此一来,容易使刑法基本原则的司法化意识偏于不足,甚至阙如。在实践中,刑事判决书几乎不援引《刑法》第3条、第4条、第5条作为判决依据,无疑是最直白的反映。(2)刑法基本原则的司法化能力培育

---

[1] 陈兴良:《从刑事责任理论到责任主义——一个学术史的考察》,载《清华法学》2009年第2期。

[2] 参见孙道萃:《罪责关系的当代命运》,载《云南社会科学》2016年第2期。

[3] 参见孙道萃:《罪责刑关系论》,法律出版社2015年版,第267页。

[4] 参见黄太云:《〈刑法修正案(八)〉解读(一)》,载《人民检察》2011年第6期。

[5] 参见赵秉志:《中国刑法的最新修正》,载《法治研究》2015年第6期。

不足。刑法学理层面的基本原则,其司法化潜质相对而言不是重点,立法层面的宣示意义往往才是重点。但立法层面的基本原则不应止于立法原意的宣示意义,也应包括释放指导司法实践的基础功能,盘活整个刑法典的适法价值。但在我国适法框架下,刑法基本原则并不能直接作为适法依据,客观上限制了司法化能力的体认与培育。在实践中,司法机关未能主动培育刑法基本原则的司法化能力体系,逐渐禁闭了该项潜能的成长与发挥。当刑事司法实践出现涉及罪责刑层面的疑难问题时,不首选刑法基本原则作为说理机制,而优先考虑刑事政策的宽严相济精神等路径,无疑在一定程度上反映了刑法基本原则司法化能力的不足或失衡。(3)与刑事政策的关系不协调。刑法适用与刑事政策的理解紧密联系,刑法是刑事政策不可逾越的藩篱,刑事政策蕴含指导刑法运作的功能。[1] 在刑法实践中,刑事政策是指导刑法适用的基本影响因子,刑法基本原则的司法化无法绕道而行。通常而言,刑事政策的刑法化涉及立法与司法层面,司法层面集中于刑法解释等问题。[2] 在实践中,刑事政策的司法化容易滋生政策替代法律、政策过度扩张等问题。这既可能突破罪刑法定原则,也可能引发"过于严厉"的治理倾向。例如,三次"严打"已经暴露了该问题。[3] 2018 年 1 月,中共中央、国务院《关于开展扫黑除恶专项斗争的通知》要求,政法各机关坚持依法严惩、打早打小、除恶务尽,始终保持对各类黑恶势力违法犯罪的严打高压态势。正在进行的扫黑除恶斗争中,严厉、高压的雷霆之势,既有"打早打小"的积极旨趣,也可能使"宽严相济"偏离正确的方向。"扫黑除恶"不能脱离犯罪学原理,不能跳出相对中立主义的犯罪观,不能抛弃犯罪治理与有效控制的基本理念。(4)对刑法立法、司法解释体系的不当依赖。在刑法适用问题上,除刑法典之外,刑法立法解释、司法解释大量存在,成为"隐性"的刑法典实施细则。在刑法规范的理解与适用上,基于"立法定性 + 立法定量"的模式等因素,立法解释、司法解释在很大程度上取代刑法典,成为司法机关及人员直接依赖的"操作细则"。这架空了刑法典的地位与司法适用价值。更为甚的是,不能完全杜绝立法解释、司法解释违背刑法典的规定,冲破刑法基本原则的现象屡见不鲜。例如,如何处理法无明文规定的单位犯罪,一直以来是我国刑事立法与司法关注的重点,该问题经历了无罪论到有罪论的发展变化与理论争议。按照单位犯罪的立法解释[4],刑法领域法无明文规定的单位犯罪作为有罪对待,是对刑法规范的消解,迁就了功利主义与实用主义,但违背了规则主义与法实证主义。[5] 这涉嫌违背了罪刑法定原则的"明确性"原则。而有罪论的做法,难免成为诟病"有罪类推"的新标靶。同时,关于交通肇事罪的司法解释[6],客观上确立了过失共同犯罪的司法规则。其与总则的规定冲突,也涉嫌违背罪刑法定原则。(5)刑法解释体系的运用有所偏差。在刑法基本原则的司法化过程中,刑法解释是重要的实现通道。但相对"僵硬"的规

---

〔1〕 参见卢建平:《刑事政策与刑法关系论纲》,载《法治研究》2011 年第 5 期。

〔2〕 参见陈兴良:《刑法的刑事政策化及其限度》,载《华东政法大学学报》2013 年第 4 期。

〔3〕 参见贾宇:《从"严打"到"宽严相济"》,载《国家检察官学院学报》2008 年第 2 期。

〔4〕 全国人民代表大会常务委员会《关于〈中华人民共和国刑法〉第三十条的解释》(2014 年)。

〔5〕 参见刘艳红:《"规范隐退论"与"反教义学化"——以法无明文规定的单位犯罪有罪论为例的批判》,载《法制与社会发展》2018 年第 6 期。

〔6〕 最高人民法院《关于审理交通肇事刑事案件具体应用法律若干问题的解释》(2000 年)第 7 条。

定,与千差万别且不断翻新的个案、类案相比,立法的滞后性是必然的。同时,刑法解释需要考虑的因素纷繁复杂,基本原则的指导作用可能因此流于形式,也可能因司法化能力培育不足而确实无以为继。总体看,根据刑法基本原则的内容及其精神,指导刑法解释的观念并不普及,而实践上的忌惮等迟延现象,都可能削弱刑法基本原则的司法化效能及其结果。(6)刑法基本原则的内容与地位存在变动性与发展性的制度性危机。尽管刑法三大基本原则已经是立法事实,但刑法三大基本原则的内容、地位并非“稳如泰山”,而始终处于理论争议、立法分歧与司法博弈的复杂环境,从本源上增加了发挥指导意义的难度。对于罪刑法定原则而言,绝对与相对、形式与实质、消极与积极的罪刑法定等重大理论争议问题日益凸显。[1] 不仅动摇罪刑法定原则的传统认识,也对司法贯彻与指导具有非常直观的影响。例如,罪刑法定原则中的“法无明文规定不为罪”,能否反向理解为“法有规定即为罪”。但积极的罪刑法定之命题有扩张的风险。对于适用刑法平等原则而言,作为“刑法知识”的地方性与专属性相对不足,立法平等的讨论仍在继续,[2]“平等”与“区别”的博弈并非“真实的对立”,均降低了该原则的存在意义,也必殃及对司法适用的指导意义。对于罪责刑相适应原则而言,其与罪刑相适应原则的优劣之分并未停止。罪责刑相适应原则的自立性、自持性仍有待强化。显然,刑法三大基本原则的内在危机,也无形中加剧了司法贯彻不足或司法指导走向误区的可能性。但这不是主要问题,更不是“借口”。

2. 负面因素的一般性消解

对于刑法三大基本原则的司法化不足及其问题,从一般性层面看,可以从以下几个方面着手:(1)强化基本原则指导司法的办案理念。观念是行动的先导,对于刑法基本原则的性质而言,既要强调其纲领性、全局性、贯穿性等基本特征,凸显基本原则在刑法典中的基础地位,也要充分肯定基本原则的司法指导意义,激活刑法基本原则的司法化能力,防止刑法基本原则被“束之高阁”。刑法基本原则应当可以自主释放其价值与意义,指导司法实践是其基本“输送”方式。不断完善基本原则的司法化能力建设是重要工作。(2)强化基本原则的法律援引与说理机制。从目前的刑事司法大数据看,鲜有刑事判决书援引刑法基本原则作为定罪量刑依据的做法。这是我国刑法三大基本原则司法化不足的真实写照。之所以刑法基本原则可以指导司法实践,其优势在于,相比具体的罪责规范,可以提供基础性、本源性的说理机制,对个案正义、类案处理以及“大是大非”等问题,输出“立法原意”一般的支撑。这不仅可以补强刑事判决说理机制的内容,也可以避免直接触发基本原则与具体规定的正面冲突。因而,以刑法基本原则的说理功能为导向,可以丰富并优化刑法基本原则的司法指导途径。(3)强化刑法立法解释、司法解释的合法性审查机制。刑法立法解释、司法解释发挥重大的适法功能,弥补了立法规定的滞后性、不完整性、不精细化等缺陷,不应否认其司法功能,但一些具体内规定存在突破刑法典的嫌疑,必然与刑法基本原则相抵牾。为了从源头强化刑法基本原则指导司法实践的合法性与正当性,可以围绕基本原则的统领地位,建立合法

[1] 参见陈兴良:《罪刑法定主义的逻辑展开》,载《法制与社会发展》2013 年第 3 期。

[2] 参见赖早兴:《刑法平等原则辨析》,载《法律科学(西北政法学院学报)》2006 年第 6 期。

性审查机制。与基本原则冲突的立法解释、司法解释及其规定,可以借助基本原则的说理机制,禁止援引并作为司法适用的依据,强化合法性基础。(4)摆正刑法基本原则与刑事政策的理性关系。刑法适用不完全是刑法典的"演绎",而要解决与案件相关的所有因素。这既是刑事政策应当导入的缘由,也是刑事政策指导刑法适用的难点。刑法基本原则是"立法原意"的忠实载体,但基本原则的内容是发展的,应当反映规范本体在新时代的"客观意思"。刑法基本原则的司法指导意义,在功能导向上与刑事政策的立意不谋而合。但刑事政策的张力呈开放性,在结果上具有显著的功利导向、应急性等问题。此乃刑事司法实践不能"全盘接收"的禁区。刑法基本原则的司法适用意义,应当是在刑法典的适用与刑事政策的指导之间,设置一道"阻拦索"并实现理性交互。

(二)刑法基本原则司法指导功能的具体完善

刑法三大基本原则在内容上各有千秋,相互构成一个整体。在进一步完善刑法基本原则的司法指导能力、水平及效果上,需要因地制宜,具体问题具体分析。

1. 罪刑法定原则的司法化纠偏与完善

针对罪刑法定原则在司法实践中的误区与问题,应从以下几个方面予以完善:(1)保持刑法典的持续修正态势。罪刑法定原则及其内容跟随时代的进步而发展。罪刑法定原则的合法性、有效性,是在立法变革与内容更替的变迁中得以保障的。例如,明确性原则是立法原则与司法原则,而司法中的明确性原则必须保持发展的姿态,在不同方面保持与时俱进。[1] 回顾地看,改革开放以来的刑事立法经验之一,就是积极保持刑法典的适时修改与完善,夯实刑法典的时代生命力与适宜能力。[2] 罪刑法定原则的首要内涵是明确性原则,在推进全面依法治国的背景下,适度灵活的刑法立法不仅是保障明确性原则的前提,也是发挥罪刑法定原则指导司法意义的基础。而且,刑法典的持续完善,是克制类推制度、防止溯及既往等偏差的良方。当前,仍应以刑法修正案这一常态模式,推进刑法典的可持续性完善。而且,应特别推进新的立法任务,一是刑事责任范畴的立法化。1997 年《刑法》对刑事责任范畴的立法作出了尝试,但显然不足。特别是在动态的刑法运作过程中,刑事责任的立法薄弱已经暴露诸多问题。这既是罪刑法定原则的"内在缺失",也是罪责刑相适应原则指导司法适用的"本体软肋"。基于罪责刑关系的基本结构,应当专章规定刑事责任范畴,对刑事归责体系及其要素等予以明确化。二是网络犯罪时代已经到来,并逐步成为主要的犯罪形态。针对传统刑法规范供给不足问题,应当推动刑法立法的网络化转型,提高刑法典应对新型犯罪的能力与水平。[3] 三是智能技术及其应用的迅猛发展,已经开始动摇当代刑法体系及其立法规定的有效性,并涉及犯罪、刑事责任以及刑法三大基本范畴。[4] 关于智能时代的立法完善,已经包括增设滥用人工智能罪、人工智能产品事故罪等新罪名的构想,[5]

[1] 参见张明楷:《明确性原则在刑事司法中的贯彻》,载《吉林大学社会科学学报》2015 年第 4 期。
[2] 参见赵秉志:《改革开放 40 年我国刑法立法的发展及其完善》,载《法学评论》2019 年第 2 期。
[3] 参见孙道萃:《网络刑法知识转型与立法回应》,载《现代法学》2017 年第 1 期。
[4] 参见孙道萃:《人工智能对传统刑法的挑战》,载《检察日报》2017 年 10 月 22 日。
[5] 参见刘宪权:《人工智能时代的刑事风险与刑法应对》,载《法商研究》2018 年第 1 期。

也包括增设删除数据、修改程序、永久销毁等刑罚措施的设想。[1] (2)刑法解释的新课题与理性应对。罪刑法定原则的司法指导意义,既主要取决于立法层面的明确性原则,也取决于个案的定罪量刑活动没有脱离刑事法治精神的边界。在刑法适用的过程中,为了探究"罪"与"刑"的"法定",以刑法解释为常态的刑法适用活动全程覆盖,是理解、认知与实现罪刑法定原则的基本途径。在变动不居的时代,扩张解释的运用及其风险克制问题尤为凸显。在适用刑法规定时,当刑法规定得不够明确、具体,但社会危害性客观存在,解释限度究竟"限制"还是"扩张",对解释结论有直接的影响。对于传统犯罪,应严格限制解释;对于网络犯罪等新型犯罪,则可以适度扩张解释。在网络犯罪背景下,运用扩张解释激活传统罪名的网络化适用能力,已经被公认为是较为可取的做法。[2] 但应警惕的是,此举在实践中很可能异化为类推解释或新的兜底罪名。

2. 适用刑法人人平等原则的司法化纠偏与完善

适用刑法人人平等原则的司法指导功能仍遇到不少阻力,从平等价值的实质有效看,仍需作出以下完善:(1)坚守区别对待与遏制"例外的一般化"。适用刑法的平等原则,必然要求区别对待。"一刀切"是不切实际的朴素"平均主义",只能是形式而非实质的平等。区别对待作为对实质平等的一种通俗表述,是指在刑法适用过程中,应当允许特殊的例外情况出现,在一般性之外容忍特殊性的存在。但在实践中,特殊的例外作为实质平等的应然内容,也可能在操作中异化为"一般性的例外",从而打破"特殊的例外"与"一般的普通"之间的良性关系。这种"例外的一般化"做法,从根本上违背了区别对待的本意,是一种新的不平等,对刑法适用而言是危害极大的。(2)超越主体身份的"平等适用"之旧区域,深挖适用平等的新领域。从平等适用的逻辑看,往往首先指向主体身份差异,1997 年《刑法》也确实着力于此。但是,刑法适用的平等还有广阔的领域有待开拓。例如,一是地域差异的平等。我国幅员辽阔,民族众多,各地经济发展水平不一,风俗习惯有异。刑法典在不同地域的适用,应坚持实质的平等,注重合理的差异对待,如授权各地设定财产犯罪的追诉标准。二是不同管辖权的平等。我国作为世界第二大经济体,正在深入推进全面改革开放,与全球经济紧密联系,对外交往日益扩大。在属地管辖、属人管辖、保护管辖原则的适用上,贯彻落实平等保护是一项新的挑战。三是经济主体的平等保护。当前,党和国家高度重视非公有制经济、民营企业家的刑法保护,也是平等适用刑法的薄弱环节。在实现中华民族伟大复兴的宏伟目标下,刑法平等保护非公有制经济、民营企业家的合法权益,应当成为平等原则在刑事司法实践中的新生板块。

3. 罪责刑相适应原则的司法化纠偏与完善

罪责刑相适应原则的司法贯彻所遭遇的现实阻击,既有内因的掣肘,也有外部环境的干扰。应从以下几点进行优化:(1)激活并完善刑事责任的司法化机制。罪责刑相适应原则

---

[1] 参见卢勤忠、何鑫:《强人工智能时代的刑事责任与刑罚理论》,载《华南师范大学学报(社会科学版)》2018 年第 6 期。

[2] 参见张明楷:《网络时代的刑事立法》,载《法律科学(西北政法大学学报)》2017 年第 3 期。

是罪责刑关系作为我国刑法学体系核心标志在基本原则层面的集中体现。罪责刑相适应原则的司法指导意义及其实现,必然取决于罪责刑关系的动态化运作。从定罪到归责以及量刑的动态流程看,定罪与量刑是传统司法的基本活动,有其独立且成熟的司法运行体系。相比之下,刑事责任范畴的司法内涵及其归责体系相对薄弱。这既表现为刑事责任的内涵并不明确或过于抽象,以至于显得空洞,客观上降低了罪责刑相适应原则的本体要素及其科学基础,也表现为刑事归责的动态体系,在协调罪责关系、责刑关系以及呼应罪刑关系上,仍有不少问题,无法使罪、责、刑之间实现可视化的相适应过程,实现功能相互协同的相适应结果。因此,应当从理论上充实刑事责任范畴的本体内容,建构动态的刑事归责体系,彻底打通刑事责任的司法化机制,确保罪责刑相适应原则的内部要素与结构趋于完整与协调。(2)树立和发展罪责刑均衡理念。罪责刑相适应原则作为基本原则,在司法指导上,因涉及刑法学体系的三大基本范畴,所需解决的关系协调、功能配置等问题非同寻常。由于一些配套制度的不到位,如罪责刑的内容不协调、刑事归责不详尽等,在司法环节暴露了一定的"司法适用空间有限"的隐忧,并集中反映为"相适应"的具化陷入困境。在"相适应"的目的达致问题上,之所以出现"无所适从"的制度困境,是因为缺乏刑法理念的配套、刑法机制的衔接。进言之,罪责刑相适应原则的司法化,旨在实现罪责刑三大基本范畴之间的均衡性,以及刑法公正价值。将罪责刑均衡作为罪责刑相适应原则在司法环节的终极目标,不是取代罪责刑相适应原则,而是为其司法指导意义指明坐标,也回应罪责刑关系作为刑法学体系核心内容在价值层面的追求。譬如,将罪责刑关系作为刑法解释的对象,[1]蕴含罪责刑均衡作为目标取向的意图,对解决刑法解释的目的及限度等问题具有非常积极的指导意义;同时,罪责刑均衡理念的树立,也必然消解罪刑均衡的内在缺陷,突显重视行为人的刑法学意义,[2]这是对行为人刑法、风险时代刑法的有益体认。(3)推进罪责刑关系及其内涵的与时俱进。在风险社会,近现代刑法遭受前所未有的冲击,立法者已经通过刑法修正案的方式予以回应,以期有效缓解刑法规范供给不足的现实挑战。[3] 这已经鲜明地传递罪责刑关系作为刑法学体系的核心内容,在风险社会时代,应当积极变革,增加新的元素,剔除不适宜的内容。实际上,网络犯罪时代的到来、人工智能技术及其应用的加速发展,使推动罪责刑的时代发展变动尤为迫切。概言之,需要对传统刑法体系中的犯罪概念、刑事责任概念、刑罚概念作出网络化与智能化的前瞻性调试。目前,网络刑法立法已然启动,为罪责刑关系注入新的元素,也为罪责刑相适应原则的司法指导意义提供新的素材与方向。今后,不仅要继续推动网络化的修正,还要兼顾智能化的修正,确保罪责刑相适应原则在发挥司法指导功能之际,不至因理论学说、规范依据的滞后而陷入被动。

五、结语

在很长一段时间,刑法理论体系下的基本原则一旦被立法化并纳入刑法典后,往往就认

---

[1] 参见孙道萃:《论罪责刑关系作为刑法解释对象》,载《中国刑事法杂志》2013年第4期。

[2] 参见郑延谱:《从罪刑均衡到罪责刑相适应——兼论刑法中"人"的消隐与凸显》,载《法律科学(西北政法大学学报)》2014年第6期。

[3] 参见赵秉志:《中国刑法立法晚近20年之回眸与前瞻》,载《中国法学》2017年第5期。

为“大功告成”,殊不知仍是“未竟”的实践。我国刑法三大基本原则的司法实践及其指导意义,虽是刑法典自发自觉面向实践的最重要内容,却并不理所当然地充分“贯彻”,实际情况仍有不少问题。在刑事司法实践走向日益精细化作业的时代,充分发挥刑法基本原则的司法指导功能具有极其重要的意义。刑法基本原则指导司法实践,有其一套自成体系的法理基础、运作机理以及具体措施,而且三大基本原则各有千秋。应当提升司法实践的意识与能力,围绕三大基本原则的一般与具体机制,从宏观与微观层面,深度落实指导意义的展开。

总体国家安全观下的中国刑法之路*

一、问题的提出

党中央提出总体国家安全观，旨在建立健全新时代我国国家安全保障体系。在全面依法治国和积极推进国家治理现代化建设的背景下，社会主义法律体系是推动贯彻与落实总体国家安全观的重要法治力量。当代刑法基于其自身特殊的法治定位，更应敢于并善于合法、正当地作为。然而，在如何通过刑法落实总体国家安全观的问题上，缺乏刑法理论的释明、相互衔接的基本理念和政策、行之有效的有组织应对体系。刑法法理是刑法理论中的最高层次的理念和学说，由本原论、价值论和知识论组成。价值论主要涉及罪刑法定主义及其包含的人权保障价值内容和形式理性，在很大程度上影响刑法思维方法论。[1] 当代刑法肩负积极有效贯彻安全政策、保证国家总体安全的特殊使命。但尚需澄清包括安全价值的地位及其保障位阶、安全与自由及发展的关系、刑法工具主义属性及其功能的释放等基本理论问题，科学营造罪刑法定原则下安全保障与人权保障理性共生的法治生态，形塑积极能动，但又不失审慎适度的刑法保障安全之逻辑与方案。

二、安全保障是当代刑法直面的重大课题

在风险社会中，不确定性风险呈几何级增长态势，安全跃升为公众的首要关注点。现代刑法与风险社会的交互持续深入，刑事风险防控的压力剧增，诸多新的安全保障课题跃然而上。这策动刑法积极面向安全刑法作出结构性的调试。

（一）安全政策、安全价值的地位提升与总体国家安全观

非传统安全因素交错出现，使安全诉求接近峰值。安全、发展、自由等问题已经成为刑法必须直面的重大挑战。这也宣告安全议题整体上浸入当代刑法体系。

---

* 本文原载于《东南大学学报(哲学社会科学版)》2021 年第 2 期，由高铭暄教授与孙道萃合作完成。

〔1〕 参见陈兴良：《刑法法理的三重语境》，载《中国法律评论》2019 年第 3 期。

1. 不确定的安全隐患陡增。进入后工业革命时代以来，风险社会日益真实化和迫近，衍生一系列新兴社会风险与法律危机。特别是现代信息网络技术、大数据技术、区块链技术、人工智能技术的迅猛发展，导致大量非传统安全危机或隐患接踵而至。当前，新的安全问题主要表现为：(1)风险社会中的风险之新常态化。风险社会是对后工业革命时代的社会形态的一种描述，旨在强调技术变革使整体社会不断面临各种新的挑战与风险，传统社会制度与体系的撕裂和解构日益加剧，以及引发传统社会的结构性危机。这种持续的不确定性风险，使公众的集体安全感受到严重的冲击，也销蚀传统社会的信任体系、连接纽带以及有序状态。在风险社会全球化下，刑法作为法秩序及整体安全的最有力保护者，成为应对风险社会的重要方式。(2)非传统安全类型的大量滋生。晚近以来，我国的非传统安全问题日益严峻。2017 年 11 月，长春长生生物科技有限公司的"问题疫苗"事件不断发酵，导致出现重大的社会信任危机与社会恐慌。从严治理假劣疫苗承载公众对社会有序与身心健康的强烈追求。《刑法修正案(十一)》严惩疫苗安全犯罪。又如，2018 年 11 月，南方科技大学副教授贺建奎宣布一对基因编辑婴儿在中国健康诞生，最后被判处非法行医罪。现代生物科技风险的防控，既需要社会整体参与，也需要国家的统筹应对。《民法典》第 1009 条已经作了明确规定。刑法也不能袖手旁观，《刑法修正案(十一)》着重强化生物安全保障。[1] 在新形势下，翻陈出新的安全挑战使刑法保障安全的任务变得更加繁重和迫切，需要投放更多的刑事司法资源，以更好且预先地积极防控不确定的风险。刑法不得不更侧重实现预防效果，评价的对象或标准也从已经出现的实际危害转向潜在或高度的刑法危险，以形成早期保护效应。这也正是安全刑法观的肇始之源。

2. 总体国家安全观应时而出。2014 年 4 月，"总体国家安全观"的正式提出具有划时代的意义。这不仅更加丰富并全面地阐明我国国家安全的基本内容及其要素，也为如何在新时代更好地维护国家总体安全设定主要方向与基本要求。党的十九大报告强调，要统筹发展和安全。中国特色社会主义法律体系必须紧密围绕总体国家安全观而展开实践。各部门法应当立足自身特色与功能定位，积极参与总体国家安全观的实践。当代刑法肩负保障国家安全的重大使命，特别是应当积极保障"11 种安全"。虽然总体国家安全观对我国当代刑事法治体系提出更高、更新的要求，但也为刑事治理能力与体系的现代化建设注入新能量与新指标。党的十九届四中全会指出，我国国家治理体系和治理能力是中国特色社会主义制度及其执行能力的集中体现。面对突如其来的新冠疫情与前所未有的重大国家安全、公共安全挑战，2020 年 2 月，中央全面依法治国委员会《关于依法防控新型冠状病毒感染肺炎疫情　切实保障人民群众生命健康安全的意见》要求坚持运用法治思维和法治方式，从立法、执法、司法、守法各环节，全面提高依法防控与治理安全的能力。这是通过刑事治理现代化实现总体国家安全观的具体体现。

(二)刑法是安全保障体系的中流砥柱

近现代刑法的任务是惩治犯罪与保障人权。刑法在机能上肩负保障自由、安全、秩序等

---

〔1〕 参见孙道萃：《关于〈刑法修正案(十一)〉新增罪名的立法建议》，载《青少年犯罪问题》2021 年第 1 期。

价值。当前,刑法有效保障安全价值处于空前的重要程度。这既是当代刑法体系遭遇的新挑战,但也是刑法可以更好地平衡自由与安全等价值的契机。

1. 安全维系国家与社会总体稳定。法律是人类社会的价值调节剂与平衡器。近现代刑法的价值构造一般是以公正为基石的。刑法的公正性往往表现为个人自由与社会秩序的高度统一,并映衬刑法的人权保障机能与社会保护机能的内在统一。[1] 在现代社会,安全观念及其保障体系成为维系国家总体稳定的关键力量。在法治国家,通过刑法保障总体国家安全是基本共识与实践经验。这正是"安全刑法"观念的内在缘起,也充分反映当代刑法积极保障安全价值的优先需求具有正当性。尽管国家任何时候都应当保障安全,但安全刑法也必须满足自由法治对刑法应当蕴含的诸多正当性要求,包括对自由的合理与充分保障、证据规则、罪责原理以及罪刑法定原则、类推的禁止等。自由刑法的基础观念与正当化要求应当发挥对安全刑法潜藏的恣意性、过度灵活性与裁量的扩大化等的限制作用。[2] 进言之,当代刑法在认同安全的适度优先之际,也应当使自由、发展与秩序、安全之间保持良性的互通关系,寻求刑法保障不同法律价值的最大"合约化"。其关键在于:(1)安全与发展的协同。既要安全,也要发展。当代刑法应当在安全与发展之间建立有序的互动机制。例如,在数据安全问题日益凸显之际,数据具有国家、公共、人身、财产等多重属性,关系国家安全、社会安全以及个人权益。数据安全保障及其立法完善,应当在自由与安全之间实现平衡,既要关注安全,也要兼顾自由。应当建立以行政法、刑法、民法为主,行业规范为辅的多层次法律保障体系,实现数据安全的多元法律"共治"与协同保障。(2)安全与自由的并重。安全与自由是法律价值体系中的一对"矛盾体"。当代刑法在转向"安全刑法"的过程中,必然会增加与传统"自由刑法"之间的不适,对当代刑事治理体系提出更高的调和要求。例如,《反恐怖主义法》的颁行,以及我国近些年刑事立法加大恐怖犯罪的犯罪化,虽与安全价值的地位相互呼应,但各界对自由的威胁之隐忧亦未止。总体国家安全观可以作为刑法观念指导,在自由与安全的和谐共存模式下,将以自由为考量因素的安全观植入全球反恐法治模式与我国恐怖犯罪刑事立法中,可以确保对恐怖犯罪的治理遵守人权保障的法治底线,在充分保障国家安全与社会安全之际也能有效保障自由。

2. 刑法是安全保障的常态动能。公众对不确定性的恐惧,使公众的安全感降低;安全诉求的攀升,又强化安全的地位。这使刑法不得不接受由罪责刑法到安全刑法的转变。它表现为风险社会的刑法将安全作为基本的价值取向,强调法益保护的早期化和处罚的预防性。但安全刑法应建立在总体国家安全的基础上,才能实现自由的保障与刑法的发达。当代刑法之所以应当且能够维系现代社会的新型安全需求,特别是作为落实总体国家安全观的治理手段,能够有效融入全面依法治国进程中,主要理据在于:(1)刑法工具主义的有序释放。刑法是社会治理工具。这是刑法的基本定位与发挥功能的逻辑起点。工具主义思维是对刑

---

〔1〕 参见陈兴良:《刑法的价值构造》,载《法学研究》1995年第6期。

〔2〕 参见[德]乌尔斯·金德霍伊泽尔:《安全刑法:风险社会的刑法危险》,刘国良编译,载《马克思主义与现实》2005年第3期。

法性质的本质回归之概况，反映刑法功能的选取、定位以及价值预设等问题。刑法工具主义思维本身是客观且中立的，但社会变动加快，工具主义变得越发灵活与能动，引起各界的关注和警惕。"新刑法工具主义"容易使立法变得过于功利，忽视人权保障与自由价值，使刑法功能出现异化。[1] 这种看法失之偏颇。对于刑法工具主义属性，应当秉持中立且审慎的立场，不能只看到功能扩张及其潜在的危险一面，而忽略有效发挥刑法功能的重大意义。从现代法治与刑事治理的场域看，法律工具主义有其合理性、正当性，但决不能走向绝对或过分的工具主义。应当禁止的是过度犯罪化、司法裁量权与解释权的过度扩张，以防止国家刑罚权的恶性膨胀、公民个人权利与自由的严重萎缩。[2] 该看法更为可取。只有理性接纳并正确释放刑法工具主义属性，才可以充分发挥刑法机能。这对维系安全以及自由价值等至关重要。(2)正确看待刑法功能的局限性。在法治建设与刑事治理的进程中，应看到法治是有局限性的，法律功能的实现会打折扣。刑法也不是万能的，刑法功能也是存在局限的。在安全、自由等价值的纠葛下，刑法功能的局限性问题有所加剧。在现代风险社会，安全价值的地位虽然迅速攀升，但自由仍然是人类最孜孜以求的内容，两者的紧张关系乃至对立性明显增强。对于当代刑法所裹挟的制度瓶颈与功能局限乃至法治"副"成本，应当秉持趋利避害的科学立场，充分释放刑法的正向规范功能，以此为驱动力来不断削减负面效果的滋长。

三、现代刑法应答安全保障的基本理念

当代刑法比任何时期都更需要充分和全面保障安全。这奠定了安全刑法观的社会基础与观念肇始。预防性的刑事政策与活性化的刑法立法呈现出显著的增量态势。不仅叠加于当代刑法面向安全维度的切换中，也勾勒现代刑法积极有效应答安全课题的基本轮廓。遵循上述理念，可以支撑总体安全的刑法保障之基底。

(一)安全刑法观的知识生成场域

安全政策是一种社会表达，以支撑安全政策强势浸入刑法体系的社会基础与价值动能。安全刑法作为一种功能发展趋势，是安全政策在刑法中的规范体现，也俨然成为当前刑法凸显安全价值地位与安全保障功能后的"知识图像"。在总体国家安全观下，应设定科学的安全刑法观，推动安全刑法的有序演进与发展。

1. 安全刑法的自由基础与"反哺"逻辑。在安全刑法中，刑法功能的扩张问题日益暴露。在过去几十年中，刑法已经变成保障安全的"工具"。[3] 但是，近现代刑法对自由的尊崇达到前所未有的高度。如何在安全刑法的框架下继续有效保护自由价值的难题由此而来。安全刑法应当以自由为基础，旨在更好地实现自由。自由的行使不应当与国家安全、公共安全之间出现明显的冲突或决裂，甚至破坏与威胁总体国家安全。总体国家安全观下的安全刑法与自由刑法之间的关系应当为：一是法治国家下的手段与目的的合一。在法治国家中，安全刑法显示对安全价值的适度侧重。强化安全的保障不是为了削弱自由和人权，而

---

[1] 参见魏昌东：《新刑法工具主义批判与矫正》，载《法学》2016年第2期。
[2] 参见谢望原：《谨防刑法过分工具主义化》，载《法学家》2019年第1期。
[3] 参见[德]汉斯·约格·阿尔布莱希特：《安全、犯罪预防与刑法》，赵书鸿译，载《人民检察》2014年第16期。

是为了更好地保障人权和自由。二者之间存在手段与目的的关系,也是刑法工具主义属性的具体体现。二是法治国家下的形式与实质的合一。总体国家安全观旨在更积极主动地应对风险社会以及非传统安全。安全刑法是总体国家安全观植入当代刑法后的内容及其征表,以呼应有效保障安全的迫切性与重大性。总体国家安全观导入当代刑法后,并不会改变现代刑法的基本属性、功能定位、价值多元化的立场。反而,更加严峻的安全形势迫使刑法对法律价值排序及其内部结构作出新的调试与部署,以更好地全面权衡安全、自由、秩序、公正等多元价值的全新博弈问题。

2. 安全刑法的克制。安全刑法与自由刑法在诸多方面存在紧张的一面,尤其是二者价值冲突时的取舍成为交锋的争点。安全刑法更推崇安全价值及其保障的相对优位性,自由刑法秉承近现代刑法固守的自由至上。从刑法工具主义属性看,刑法是社会治理与实现社会保障功能的法治手段。在人类社会的价值场域中,自由往往更具有优位性,并以正义作为重要的存在根基。安全刑法对自由价值的地位可能造成一定的冲击,对自由权限的削减亦成为公众的担忧。为了消除自由刑法与安全刑法之间的"摩擦"乃至"敌意",应当对安全刑法进行必要的"克制"。在"克制"安全刑法的功能异化上,应当着重从以下几个方面出发:一是坚守罪刑法定原则和保障人权的底线,不能无限扩大刑法立法权与司法权。二是国家出于防控社会风险的考虑,可以制定具有前期化或早期化的法律,严密法律规制体系,强化国民的尊法认同感与规范"合规"的意识。三是自由刑法与安全刑法各自的实践体系之间应当秉持比例原则,维系自由与安全之间的权衡。在冲突无法消解的情况下,应当由宪法这一根本法进行审查与最终决定取舍。

3. 风险刑法理论的定位。风险刑法理论尽管仍处于起步状态,但对传统刑法理论的广泛影响正在叠加。全盘否定风险刑法理论的立场并不可行。这无异于忽略安全政策与安全形势对传统刑法已经产生量变乃至质变的现实,也不利于通过刑法的保障功能增强社会安全感的司法预期,对国家安全和社会稳定有害而无利。风险刑法理论对贯彻和落实总体国家安全观具有积极的承载意义,既巩固刑法侧重安全价值的新动向,也迫使刑法及时作出调整。同时,安全刑法的政策属性较强,安全刑法观的规范化与教义学化是迫切需要完善的地方,以澄清刑事政策与刑法之间的法治边界。这也需要与风险刑法理论的定位相互联动,也即应确认风险刑法是发展的,在功能上可以与现行刑法体系齐头并进。风险刑法既是趋势,也是新的"风险"。自我克制"风险"是安全刑法实现自持的发展出路。

(二)预防性刑法理念的渐入

安全政策是社会治理政策的体现。安全政策承载公众对安全的法治期盼。总体国家安全观作为我国安全政策的基础指引,是国家治理能力与治理体系现代化以及推进全面依法治国的积极力量。在刑法衔接上,有必要倡导适度的预防性刑法理念。[1] 在功能上,与传统刑法主要专注"事后反应"机制不同,适度转向"事前反应"的积极预防机制,以塑造具有前瞻性、早期化的预防性能力,从而将部分潜在或迫近的刑事风险遏制在异变之前,但也应

---

〔1〕 参见高铭暄、孙道萃:《预防性刑法观及其教义学思考》,载《中国法学》2018年第1期。

遵循审慎、必要的渐入路径。

1. 刑事政策刑法化限度的合法、正当。总体国家安全观可以视为我国当前的基本安全政策，对安全保障的法律体系建构具有直接的指导作用。而且，刑法与刑事政策之间的往返交互关系，也为安全政策"进入"刑法体系提供制度通道。一般认为，刑法的刑事政策化包括立法和司法两个维度。在相互转化时，既应当尽可能地消解刑法的稳定性与刑事政策的变动性之间的矛盾，实现刑法的延续性，也应当协调刑法的规范性与刑事政策的价值性，还应当妥善处理刑法的公正性与刑事政策的功利性，使刑事政策对功利性目的的追求受到刑法的限制。[1] 上述观点对刑法与刑事政策之间的关系进行全面阐述，涉及价值权衡、目的与手段的一致、功利性与公正性的协同等方面。当代刑法在与安全政策的规范性衔接上，应正视刑法工具属性的客观性与刑法功能主义的发展性。在安全与自由、人权保护与安全保障之间，激活比例原则的润滑与修正作用，从而控制极端工具化的异变，防止安全刑法被套上"极端工具"的牢笼，遏制"预防性"功能的恣意化。

2. 预防性刑法治理功能的理性定位。传统理论认为，刑法是"事后法"（保障法），是在其他部门法不便或不能调整的情况下，才予以介入的第二次规制。在风险社会，刑法仍然只能担当"最后法"（ultima ratio）的角色。欲以刑法为"急先锋"来抗制风险，非但不能保卫社会，实现社会保护的功能，反而会牺牲社会及其成员的权益，丧失人权保障的功能。[2] 诚然，应当时刻警惕刑法乃至刑事政策本身的风险。特别是在预防性理念的引导下，刑法功能是扩张的，强调早期化、前置化的干预，与刑法"保障法"之定位相抵牾。然而，从认识论上，不能根据刑法是最严厉的部门法，而得出刑法只是"事后法"的结论。[3] 在风险社会，刑法所处的背景、需求出现新情况。刑法介入社会生活应该更加积极。采纳积极主义刑法观，既与现代社会发展的情势变化相关联，也部分地得到立法实践的印证，还和刑法谦抑原则不冲突。[4] 应当确认刑法的（一般）独立性地位。它与其他部门法之间是平等关系。应重新认识刑法谦抑精神，倡导刑罚有效性的必要制裁功能观，松绑刑法保障法，释放刑罚有效性的预防潜质。同时，刑法始终应当秉持保护自由与保障人权的底线正义。安全刑法也不能僭越该底线。

3. 新时代刑事一体化治理观的贯通与嵌入。安全刑法是安全政策的法律形式，是在犯罪学、刑事政策以及刑法学相互贯通后，对日益严峻的安全问题与安全犯罪的规范应答产物。应当体认社会变迁引发犯罪形态结构变化的治理规律，联动犯罪学与规范刑法学，以刑事政策的理性化为依据，推动刑法参与社会治理的科学性。例如，面对新冠肺炎引发的重大突发公共卫生事件，传统安全政策以及法律无所适从。基于新冠疫情期间的安全政策之根本性、重大性与安全保障对总体国家安全的基础意义，刑法应同时关注犯罪成因与法教义

---

〔1〕 参见陈兴良：《刑法的刑事政策化及其限度》，载《华东政法大学学报》2013 年第 4 期。

〔2〕 参见卢建平：《风险社会的刑事政策与刑法》，载《法学论坛》2011 年第 4 期。

〔3〕 参见孙道萃：《反思刑法保障法》，载《国家检察官学院学报》2012 年第 5 期。

〔4〕 参见付立庆：《论积极主义刑法观》，载《政法论坛》2019 年第 1 期。

学,探索宽严相济的刑事政策的精准化实现途径。[1] 总体国家安全政策顺势而入,为刑法在应急或突发状况下的理性与积极应对提供价值共识、社会认同以及个体遵从感等社会治理条件,也为出台司法解释等孕育合法性基础,还为严厉打击破坏新冠疫情期间的各类违法犯罪行为提供正当性依据。必要的限制行动自由旨在真正达致人权保障。这是刑事治理思维的具体体现,也是犯罪学、刑事政策与刑法学互通的示范路径。

(三)立法活性化与适度的犯罪化

刑法秉持适度的立法活性是依法落实总体国家安全观之必然选择,以维持刑法规范的新旧更替并确保刑法机能的完整性与有力性。但应当审慎进行犯罪化。

1. 域外立法活性化是趋势。在域外,面对诸多安全议题与实际需求,刑法立法的活性化日渐成为常态。一是德国。由于"刑法具有作为最后手段之功能"的观念日渐淡薄等原因,德国刑法典不得不作出频繁的修改。自1969年德国刑法大改革至今,德国的刑事立法活动非常频繁。不但对总则的犯罪论部分的规定进行彻底的修改,也对犯罪的法律后果、刑法分则乃至附属刑法中的诸多罪名进行持续的改革。特别是近几年,《德国刑法典》先后经历6次修正,涉及犯罪与刑罚等诸方面的内容,以满足不断变化的需求。[2] 这种日趋侧重功能主义的积极刑事立法观,导致德国刑法逐步从传统法治国家背景下的法益保护法和市民防御法转向以社会控制为主导的国家干预法和社会防卫法,处罚范围的扩张与严惩化倾向甚至被认为是"象征性立法",也造成诸多难以与现有法律体系和学说理论相协调的地方。二是日本。到目前为止,刑法典已经被修改多次,单行刑法与附属刑法的制定和修改频率也明显增高,甚至将刑法典中的危险驾驶等犯罪纳入单行刑法。在犯罪化上,既涉及增设新类型犯罪,如买卖人身的犯罪、破坏计算机信息系统的犯罪、共谋罪等,也大幅度修改性犯罪。在刑罚上,创设了部分缓刑制度。频繁的修改不仅使刑法典的安定性受到影响,也在法益保护与自由保障的权衡、类型性与具体性的关系、重刑化与正当化的关系方面兼有得失。[3] 可见,虽然对立法活性化持有不同看法或报以担忧,域外刑法立法的活性化是社会高速变迁后的经验性产物。刑法保持积极的反应姿态,并以活性的立法修正来应答不断涌现的需求,不仅延续刑法功能的时代有效性,也大幅地克减刑法规范供给不足的当下难题,是当代刑法实现自主进化的重要生长模式。

2. 我国晚近以来的刑法立法发展与完善。从《刑法修正案(七)》起,我国刑事立法越发活跃,集中在恐怖犯罪、网络犯罪、环境犯罪等领域,以积极应对日益突发的各类风险。在立法的活性化趋势下,刑法的功能扩充、主动干预等姿态越发明显。这种安全刑法观念的实践,很好地回应国民的"体感治安"与民众的安心感。我国晚近40年的刑法立法经历也表明,刑法是社会治理不可缺少的法律手段,对于惩治犯罪和保障人权具有重要作用。[4] 立

---

〔1〕 参见车浩:《刑事政策的精准化:通过犯罪学抵达刑法适用——以疫期犯罪的刑法应对为中心》,载《法学》2020年第3期。

〔2〕 参见王钢:《德国近五十年刑事立法述评》,载《政治与法律》2020年第3期。

〔3〕 参见张明楷:《日本刑法的修改及其重要问题》,载《国外社会科学》2019年第4期。

〔4〕 参见陈兴良:《回顾与展望:中国刑法立法四十年》,载《法学》2018年第6期。

法保持适度的活性化是社会发展与社会治理的必然要求。虽然在刑法扩张下难免出现个别立法的应急性、情绪性等问题，但总体上不存在过度或错误的犯罪化以及纯粹的象征性立法。实践证明，持续有效的刑法修正，不仅填补规范供给不足问题，也为司法应对提供更加全面的对策路径，可以更灵活地保障各类新型安全法益。我国刑法应当坚持必要且适度的活性立法观，合理回应重大社会关切。《刑法修正案（十一）》正是我国刑法立法保持适度活性化的最新体现。[1] 同时，既要坚持适度的犯罪化与必要的非犯罪化，也要坚持刑事制裁的相对轻缓化与制裁措施的多元化。

3. 安全政策与象征性立法的辨正。在立法呈现活性化之际，立法的象征化问题也随之而起。立法的象征化或象征化立法，无非指立法扩张的无效或不正当，只发挥规范宣示作用，甚至导致刑法立法扩张功能的异化，最终侵犯人权。在安全政策与刑法立法的互动中，象征性立法容易成为"众矢之的"。立法的定位与属性决定其外在的象征主义是与生俱来的。但是，明显过度的象征性立法，使立法成为政策表达的工具，可能引发过多地服务于安全目的而损害刑法的法益保护功能、因谦抑不足而损害刑法的人权保障功能、因执行不足而损害刑法的实用功能等疑问，[2] 也即过度化容易降低立法的正当性与犯罪治理的效果。现象立法很可能绕过通过既有理论解决社会问题，直接将社会现象抽象为犯罪构成要件，以现象的整体危害程度和预防必要性为根据设置法定刑，导致罪刑设置与处罚的实质根据之间只有临时的关联性。[3] 极端的现象立法超越刑法本身，将社会政策的需要直接变成规范，作为刑法干预的依据。这是必须反对的。现象立法的"越轨"隐忧源自刑法对社会需求与安全政策的不当"转码"，在强化安全刑法时，可能威胁自由刑法的根基。但任何法律都是社会的产物，以社会为存在基础和前提。脱离社会政策的刑法，不仅缺乏回应社会的属性，也失去刑事政策的外部配合。立法活性化与立法的象征化，都不应背负过重的"法治污名"。在合理的限度内，法治本应担负规范宣示与一般预防的作用，刑法立法亦是如此。在安全政策的立法化上，应当基于工具主义属性，积极宣导规范遵从的意识，明确规范遵守的依据与尺度，强化积极的一般预防效果，提高刑法干预的精准性与有效性。

四、迈向国家总体安全治理的刑法发展方向

总体国家安全观经由刑法的深度参与才能更好地实现。刑法积极回应总体国家安全观有助于保持适宜性与生命力。应当从重点难点问题出发，推送整合性的治理清单，全面推进刑法通过积极应答总体国家安全观的治理任务来实现发展与完善。

（一）总体国家安全的刑法应答理路

总体国家安全观宏观地勾勒当下安全课题及其主要类型。如何建立健全安全政策的刑法应对机制，尚需根据安全形势的演变，区分主次，有序应答。

1. 总体国家安全观的有序贯彻。总体国家安全观的提出，宣示我国法律意义上的"国家

---

〔1〕 参见高铭暄、孙道萃：《〈刑法修正案（十一）（草案）〉解读》，载《法治研究》2020年第5期。

〔2〕 参见刘艳红：《象征性立法对刑法功能的损害——二十年来中国刑事立法总评》，载《政治与法律》2017年第3期。

〔3〕 参见陈金林：《现象立法的理论应对》，载《中外法学》2020年第2期。

安全”由“传统(政治)安全”迈向“总体国家安全观”。在总体国家安全观指引下,相关法律体系的建构、阐释与有机衔接等问题亟待解决。[1] 总体国家安全观是总括概念,是对我国当下面临的新型安全问题的归结与提升。总体国家安全观明确列举的“11 种安全”是高度凝练与类型化的产物,基本上囊括了我国安全政策、安全问题。同时,总体国家安全观是与时俱进的,其内容与形式随着安全形势而更迭与进化。在总体国家安全观作为刑法建立健全安全保障体系的指导方针之前提下,仍应当秉持刑法的基本理念与价值,积极调试内部结构或功能序列,创新的制度设计,通过必要的立法修正、司法反应等方式,在法治语境下进行应答,而非毫无条件、毫无保留地简单重复或教条式地确认,防止安全政策在未经法治过滤后直接作为刑法实施的依据。1997 年《刑法》对传统安全价值的保护,分别体现在总则与分则的规定中。近些年,刑法修正案加大网络信息安全、公共安全、生物安全等方面的立法力度,基本上涉及总体国家安全观确认的 11 种主要类型,确保不滞后于最新的安全政策与安全形势动向。随着总体国家安全观的具体内容与形式等持续演变,在如何与时俱进地维护总体国家安全观问题上,刑法有必要区分主次与缓急,综合运用立法等途径予以有效贯彻。

2. 重点热点安全问题的保障。应加快填补漏洞、强化短板、夯实优势,整体上提升总体国家安全观的保障效能。当前的重点热点问题包括:(1)信息网络安全。《网络安全法》(2016 年)的颁行,使刑法保障网络安全、维护网络空间主权的任务进入新阶段。《刑法修正案(九)》新设 3 个纯正网络犯罪罪名,加强维护信息网络安全。信息网络安全已经成为刑法保障的主要对象,直接关涉到网络空间安全、国家网络主权。而且,网络安全法益正整体嵌入和覆盖传统刑法法益,网络空间社会日益真实客观化,安全刑法观推动网络刑法学知识形态的蜕变,网络刑法立法迎来活性化时代。[2] 应当加快整合实体法与程序法资源,推动刑法与刑事诉讼的网络知识转型,聚焦刑法理论升级换代与刑事诉讼模式重塑,逐一落实刑法解释与立法修正的协同等具体任务清单。[3] (2)数据安全。在信息网络时代,数据安全问题日益凸显。《数据安全管理办法(征求意见稿)》在数据收集、处理使用、安全监督管理等方面作了具体规定。2020 年,《数据安全法(草案)》提请全国人大常委会审议。面对新型涉数据安全犯罪,传统刑法存在立法思维脱节、数据保护依据过于单一、范围过于狭窄等缺陷的问题。特别是数据的法益定位与权属相对不明确,导致数据犯罪的司法应对效果不好。关于数据的刑法保护范围及其保护方式,尚需在财产化保护与网络化专门保护之间作出取舍,网络化专门保护应当作为首要选择。[4] 同时,应当根据数据安全立法的最新进展,及时补充刑法保障的力度。(3)人工智能安全。人工智能技术及其应用的迅猛发展,不仅深刻改变人类的生产生活方式,也引发一系列制度冲击,并裹挟诸多安全隐患。现行刑法制度的社会基础、存在意义、任务安排、功能设定等均可能正在经历一场裂变,“人工智能社会与刑

---

[1] 参见肖君拥、张志朋:《中国国家安全法治研究四十年:回眸与展望》,载《国际安全研究》2019 年第 1 期。

[2] 参见孙道萃:《网络时代的中国刑法发展研究:回顾与展望》,载《华南师范大学学报(社会科学版)》2021 年第 1 期。

[3] 参见高铭暄、孙道萃:《网络时代刑法解释的理论置评与体系进阶》,载《法治研究》2021 年第 1 期。

[4] 参见孙道萃:《网络财产性利益的刑法保护:司法动向与理论协同》,载《政治与法律》2016 年第 6 期。

法”可能逐渐取而代之。这不仅是刑法转型的重大危机,也是刑法保障功能的重大挑战,并以人工智能安全为落脚点。应当高度重视并积极防控人工智能的安全问题,人的主体性地位首先应予以考虑。[1] 例如,智能驾驶测试加速到来冲击传统驾驶理念、法律安排、规范体系,特别是在刑法领域,智能驾驶测试加剧传统交通安全犯罪规定的供给难度与理论危机。对于人工智能安全,当代刑法基本上缺乏事前准备和知识“前见”。应当设计有针对性的立法修改、司法适用以及理论提升的综合性改良机制。[2] (4)狭义的国家安全及公共安全与公共秩序。近年来,国际安全态势日趋严峻,导致危害国家安全犯罪的情形日益复杂化。在国家安全问题上,“预防优于打击”的逻辑日益深入人心。这形塑刑法因应国家安全的转变轨迹,强化刑法作为社会治理工具所应恪守安全保障的原则和底线。在新时代,我国国家安全领域立法明显加快,国家安全法律制度体系正在形成。恐怖主义已成为影响世界和平与发展的“毒瘤”,是全人类的共同敌人,为此,《反恐怖主义法》(2018 年修正)将反恐纳入国家安全战略。2014 年全面修订《国家安全法》时,先单独出台《反间谍法》;2015 年,《国家安全法》作为国家安全法律领域的基本法正式颁行。侮辱国歌的行为,不仅危害社会公共秩序,还危及国家主权和政治安全、文化安全,为此,2017 年通过《国歌法》,此外,《刑法修正案(十)》修改第 299 条并增加第 2 款,罪名为侮辱国歌罪。这些及时的立法反映了刑法积极保障狭义的国家安全及公共安全与公共秩序。在新时代,公共安全、公共秩序与国家安全更紧密相连,我国现行危害国家安全犯罪的规范供给日渐不足。基于国家安全法益的重大性与保障的迫切性,应当及时修改《刑法》危害公共安全罪一章,全面提高刑法规范供给的有效性,以更好地维护好国家安全。(5)政治安全、国家主权、国家统一。《反分裂国家法》为有效遏制“台独”“港独”分裂势力提供法治保障。党的十九大以来,祖国统一已是民族复兴的重要内容。全国人民代表大会《关于建立健全香港特别行政区维护国家安全的法律制度和执行机制的决定》(2020 年 5 月)严厉打击反中乱港势力,有力遏制分裂国家的活动,维护国家统一。《香港特别行政区维护国家安全法》(2020 年 6 月)作为一部兼具实体法、程序法和组织法内容的综合性法律正式通过。但是,新冠疫情后的国际政治安全形势日益复杂多变,在总体国家安全观的指导下,刑法应当更积极保障国家政治安全等核心利益。

(二)总体国家安全的应急保障机制

新冠疫情暴发严重危及总体国家安全。刑法积极保障疫情防控安全是总体国家安全观的最新实践。这既丰富总体国家安全观的贯彻路径,也强化刑法的应急能力。对于重大公共卫生等引发的新型国家安全挑战,刑法应建构常态反应体系。

1. 新冠疫情、重大公共卫生安全与应急治理。新冠疫情全面影响正常的生产生活秩序,疫情期间的犯罪严重妨害公共卫生安全与社会经济秩序,刺痛社会公众的敏感神经。为此,先后出台政策文件与法律规定,既明确刑事法治的基本政策,也对疫情期间的犯罪治理提供具体规则。主要有:(1)中央全面依法治国委员会《关于依法防控新型冠状病毒感染肺炎疫

---

〔1〕 参见孙道萃:《人工智能主体的刑法地位之积极论》,载《法治社会》2021 年第 2 期。
〔2〕 参见孙道萃:《智能时代的刑法立法——人类中心主义与现实功利主义的取舍》,载《学术交流》2020 年第 4 期。

情　切实保障人民群众生命健康安全的意见》要求，疫情防控越是到最吃劲的时候，越要坚持依法防控。(2)最高人民检察院《关于认真贯彻落实中央疫情防控部署坚决做好检察机关疫情防控工作的通知》要求，严厉打击疫情防控期间的相关违法犯罪活动。最高人民检察院《关于在防控新型冠状病毒肺炎期间刑事案件办理有关问题的指导意见》要求，依法从严从重打击危害疫情防控相关犯罪。最高人民法院党组会议强调，充分发挥审判职能作用。最高人民法院、最高人民检察院、公安部、司法部《关于依法惩治妨害新型冠状病毒感染肺炎疫情防控违法犯罪的意见》(法发〔2020〕7号)要求，依法严惩妨害疫情防控的各类违法犯罪，保障社会安定有序与疫情防控秩序。纵观上述政策文件与法律规定的主要内容，对于疫情防控期间的国家安全以及公共(卫生)安全的应急性保障，基本上在实体上可以总结为"从重从严"，在程序上可以归纳为"从快从简"。严格依法从严从宽、从快从简打击各类犯罪，本质是始终把人民群众生命安全和身体健康放在第一位，充分保障疫情防控秩序与公共安全。这凸显对重大公共卫生安全的优先保障，以及对个体自由的依法限制，具有历史与现实的合理性。

2.宽严相济与总体疫情安全。新冠疫情使整个社会的流动处于"封闭"，甚至"停顿"状态。其中，报告旅行史与接触史、居家隔离、集中隔离等防控措施，必然增加对自由的限制，以求对公众安全的高度负责，但也引发不少质疑乃至反对。根据最高人民法院、最高人民检察院、公安部、司法部《关于依法惩治妨害新型冠状病毒感染肺炎疫情防控违法犯罪的意见》的相关规定，重大疫情所直接关涉的公共卫生安全，已经远超出"社会管理秩序"的层面，事关政治安全、国家安全、公共安全、经济安全等全方位的国家总体安全。由于重大疫情防控关系国家总体安全状况，既需要政府积极统筹，也需要社会积极参与，更需要公民依法遵从。应当秉持宽严相济的刑事政策，既要抓好"严打"不放松，也要始终坚持法治和理性，保持必要的审慎和克制。对于疫情防控期间的犯罪，从行为及其后果的客观危害、行为人的主观恶性和人身危险性等看，都具有从重处罚的充分现实根据。而其合理性与必要性在于：在疫情防控的非常时期，对涉疫情犯罪依法从严从重处罚，虽是宽严相济刑事政策"从严"一面的体现，但最终还是为了保障人民群众的生命安全、自由与国家总体安全。在强调"从严从重""从快从简"的前提下，亦不能忽视对自由与人权的保障，包括个人信息的保障、轻微行为的非犯罪化、个体极度恐慌情绪的合理关照等。面对重大公共卫生疫情，刑法应当立足总体国家安全观的客观需求，满足应急状态下的从严从重、从快从简需求，以提供精准的常态保障机制。我国新冠疫情防控取得的重大胜利成果，既充分肯定积极防控政策的必要性与合理性，也显示遵循依法防控的现代治理观，巩固了总体国家安全观的贯彻。[1]

(三)刑法衔接与保障《民法典》的全面实施

《民法典》是国家与社会运行的基本法，涉及国家安全政策的各个方面。《民法典》的通过具有划时代的意义。总体国家安全观已经导入《民法典》的制定与实施中，《民法典》的规定也全面体认总体国家安全观的理念与要求，《民法典》是贯彻总体国家安全观的最新立法

〔1〕 参见孙道萃：《刑法积极应对疫情防控的治理进阶》，载《西南政法大学学报》2020年第3期。

典范,《民法典》及其全面实施是落实总体国家安全观的最新实践场域。刑法应当重新审视其与《民法典》的内在关系,积极与《民法典》实现全面衔接,消除刑民的不一致现象,并及时通过理论、立法等维度回应民法典的最新规定。

在新时代,确保刑民关系持续的良性运行,应注意以下几点:(1)重新审视刑民关系。民法与刑法作为基本的部门法,二者的定位与功能等存在差异。民法的重要特征是任意性规范的比例非常高,强制性规范的比例相对较少。刑法规定的社会危害性严重的犯罪,是最严厉的部门法。在处理新时代的刑民关系上,应当秉持宪法统摄各部门法、各部门平等有序运行的基本原则。这既反对一律将民刑交叉问题都作为民商事法律关系,要求刑法只能"事后"介入,任由市场主体处置,也反对刑法过度介入民商事法律关系,防止刑法不当介入与干预民事法律关系。《民法典》第680条第1款规定:"禁止高利放贷,借款的利率不得违反国家有关规定。"但对于情节严重的行为,刑法应当介入。没有管控的民间借贷如同脱缰的野马,将严重危害市场秩序、经济安全,是对总体国家安全观的"背离"。(2)法人主体与单位犯罪的创造性转换。《民法典》重新规定法人制度,并分为营利法人、非营利法人、特别法人(机关法人、农村集体经济组织法人、城镇农村的合作经济组织法人、基层群众性自治组织法人)与非法人组织。我国刑法规定的单位犯罪制度,在主体类型与构成要素的表述上,"话语体系"滞后问题依然严峻。由"单位犯罪"到"法人犯罪"的转变正成为立法与实践的新方向。(3)新型民事权利的保障。民法典规定诸多新的民事权利。《民法典》第111条规定,自然人的个人信息受法律保护。《民法典》第127条规定,法律对数据、网络虚拟财产的保护有规定的,依照其规定。《民法典》已经明确规定上述新兴民事权利。但是,1997年《刑法》却没有完全相对应的罪名设置,导致民刑衔接不畅,刑法保障出现制度空缺。对于这些《民法典》规定的新权利,刑法急需在今后的立法上予以必要的衔接。

习近平法治思想指导下中国特色刑法学高质量发展论纲*

中华人民共和国成立以来，在几代刑法学者的艰苦努力、辛勤耕耘下，逐步建立健全了有中国特色的刑法学体系及其知识结构、话语体系等，形成了独立自主发展而来的、有别于域外其他的刑法学的中国特色刑法学。回顾中国特色刑法学的历史进程，不仅取得了重大成就，也积累了重要的发展经验。总体上讲，中国特色刑法学是中国特色社会主义法律体系的基本组成部分，也是全面依法治国的中流砥柱。当前，我们应充分认识到我国刑法学正处在前所未有的攻坚机遇期，仍需全面深化改革和完善，促进现代化建设。以中国特色社会主义理论体系为根本出发点，全面贯彻党的二十大精神为指引，中国特色刑法学应当循着高质量发展的战略规划，既全方位融入和助推全面依法治国建设，也与国家经济社会的进步保持同步同频。习近平法治思想深刻回答了新时代为什么实行全面依法治国、怎样实行全面依法治国等一系列重大问题，为全面依法治国提供了根本遵循。这也必将为中国特色刑法学的迭代与升级供给持续发展和完善的动能，[1]应当是中国特色刑法学实现高质量发展的根本纲领。继而，围绕中国特色刑法学如何实现高质量发展的核心使命，增强刑法理论自信、优化犯罪治理体系与夯实科学立法等重大课题扑面而至，既是当前和今后在高质量发展上应当优先发力的场域与阵地，也是中国特色刑法学全面主动与习近平法治思想互通共融的有益增长支点。由此，也必然会推动中国式刑法的现代化建设。

一、以高质量发展统领中国特色刑法学的新进展

中国特色刑法学进入了全面发展和完善的新时代，这不仅得益于国家高质量发展的基本国策，也直接受益于习近平法治思想的底层逻

---

* 本文原载于《中国应用法学》2023 年第 2 期。

〔1〕 参见胡云腾：《习近平法治思想的刑事法治理论及其指导下的新实践》，载《法制与社会发展》2022 年第 5 期。

辑与精准引领。以高质量发展统领中国特色刑法学的未来发展方向,确保了可持续性、稳定性和有效性。

(一)中国特色刑法学高质量发展是时代需要

中国特色刑法学历经百年沧桑,在刑法学者的集体努力与共同参与下,从无到有,从有到优,取得了举世瞩目的历史成就,积累了丰富的发展经验。[1] 其中,有三个非常重要的时间节点,相继见证了中国特色刑法学的成立、发展以及迭生:一是中国共产党的成立,正式宣告了中国特色刑法学的启航。在法律性质上,这是有别于资本主义社会的刑法学。二是中华人民共和国的成立,意味着中国特色刑法学进入快速发展时期,而且是完全独立自主的发展模式。其中,以"苏俄为师"是特定历史背景下的政治选择,有其历史必然与合理性。但不是照抄照搬,而是秉承中国化的基本要求,独立自主发展中国刑法学。三是党的十一届三中全会召开后,进入了全面发展和完善时期。这一时期既重视独立自主发展,也重视改革开放。[2] 在兼容并蓄的精神指导下,我国刑法学研究呈现"百家齐放、百家争鸣"的盛况景象。特别是党的十八大以来,党和国家高度重视依法治国建设,继续推进全面改革开放,刑事法治建设进入新的攻坚期与高速发展期。这些都共同确保中国特色刑法学始终处在高速发展的轨道,也逐步走向国外、迈向世界。

党的十九大报告指出,我国社会主要矛盾已经转化为人民日益增长的美好生活需要和不平衡不充分的发展之间的矛盾。不平衡不充分的发展,就是发展质量不高的直接表现。为更好满足人民日益增长的美好生活需要,必须推动高质量发展。党的十九大报告首次提出"高质量发展"的新表述,反映出党和国家对经济社会发展提出了新的要求。党的十九届五中全会提出,"十四五"时期经济社会发展,要以推动高质量发展为主题。这是根据我国发展阶段、发展环境、发展条件等变化作出的科学判断。十三届全国人大四次会议通过的《关于国民经济和社会发展第十四个五年规划和 2035 年远景目标纲要的决议》进一步明确了推动高质量发展的主题。党的二十大报告强调,实现高质量发展是中国式现代化的本质要求,高质量发展是全面建设社会主义现代化国家的首要任务。高质量发展已是全面的贯通性理念,嵌入我国建设的各个方面。法治的高质量发展是题中之义,全面依法治国也应当是高质量的发展形式。

中国特色刑法学自身存在的一些发展问题、面临的一系列挑战,其根源完全可归结为日益增长的刑事法治需求与刑法制度供给之间的不充分、不均衡。在推进全面依法治国及其具体议题的贯彻落实上,"高质量"的法治发展应当成为确定核心任务与根本方向的总体逻辑。其中,中国特色刑法学的高质量发展也是必然要求。通过转向高质量发展的目标以及具体实施,对于中国特色刑法学而言,可以获得以下积极的正动能:(1)以质量发展为导向,就要反思过往的发展质量偏低等问题以及背后的致因,从而整体上提升刑法学研究与实践

[1] 参见姜敏:《论中国特色刑法学话语体系:贡献、局限和完善》,载《环球法律评论》2022 年第 4 期。

[2] 参见高铭暄、孙道萃:《我国刑法立法的回顾与展望——纪念中国共产党十一届三中全会召开四十周年》,载《河北法学》2019 年第 5 期。

的水平。经此,既满足人民群众对刑法的新需求,也通过更加科学的实践,强化人民群众对刑法的信任。(2)以高质量为重要的考察标准,就必须重新优化刑法发展的诸多方面,按照循序渐进的原则,可以对理论、立法以及实践中的短板、不足等问题,进行全局性调整、具体性修正、阶段性调试等。只要不利于实现高质量发展的一些传统理论桎梏、司法误区等,都需作出调整。(3)以中国特色刑法学的历史成绩作为基础,按照高质量发展的道路,理论、立法与司法都实现了同步、均衡的质变,满足了日益增长的刑事法治需求,便可作为核心标志,并宣告中国特色刑法学进入新的历史纪元。有高质量作为保障,中国特色刑法学也是习近平新时代中国特色社会主义思想在刑法领域的最新进展与成果。

综上,回顾中国特色刑法学的主要历程、基本成就与重要经验,遵照习近平法治思想的基本要求,以党的二十大报告提出的中国式现代建设为纲目,中国刑法学应当全面进入高质量发展的新阶段,以满足人民群众日益增长的刑事法治需求。

(二)应以习近平法治思想为根本遵循推动中国特色刑法学高质量发展

中国特色刑法学迈向高质量发展是其现代化的必由之路。立足全面依法治国建设的总体背景,在指导思想与发展动力上,应当以习近平法治思想为根本遵循。在此基础上,从宏观上统筹布局,夯实高质量发展的根基与条件等。

1. 习近平法治思想是中国刑法学高质量发展的重要动力

承上所述,改革以来,中国特色刑法学取得了举世瞩目的发展成就,同时面临一定的发展困难和挑战。在如何实现高质量发展上,当前还存在一些认识不清楚之处。概言之,就是没有很好地从独立自主的角度出发,以中国发展为参照系,求真务实地面向我国犯罪治理的实际情况,真正走出一条中国特色的发展之路。反而,一定程度上出现了过度推崇域外刑法理论的比较优势,单方面强调推倒重来。但是,世界上没有放之四海而皆准的法治模式,也没有通用各国的刑法学理论体系。在推进中国特色刑法学高质量发展的路径上,必须从中国实际出发,尤其应当以习近平新时代中国特色社会主义思想这一中国当代马克思主义理论指导中国的实践,通过最广泛的实践发展和完善中国自有理论。只有这样,才能真正沿着高质量发展的路子,持续推动全面完善中国特色刑法学。

在中国共产党首次召开的中央全面依法治国工作会议(2020年11月)上,正式将习近平法治思想明确为全面依法治国的指导思想。习近平法治思想这一重大理论创新成果,是马克思主义法治理论中国化的最新成果,是习近平新时代中国特色社会主义思想的重要组成部分,是全面依法治国的根本遵循和行动指南。习近平法治思想全面融合了法治的一般基本原理、中国特色社会主义法治的基本理论内核以及全面依法治国的基本观点要素。[1] 以人民为中心是新时代坚持和发展中国特色社会主义的根本立场,习近平法治思想的根本立足点就是坚持以人民为中心,坚持法治为人民服务。这体现了中国共产党人对法治基础、法律目的、法律效果的深刻认识。[2] 这就从正面回答了在全面依法治国背景下,中国特色

〔1〕 参见张文显:《习近平法治思想的理论体系》,载《法制与社会发展》2021年第1期。

〔2〕 参见胡玉鸿:《"以人民为中心"的法理解读》,载《东方法学》2021年第2期。

刑法学谋求高质量发展的终极归宿与所应秉持的关键立场、基本方式等,尤其是所需遵从的根本指导思想与理论体系。进一步讲,以习近平法治思想为根本遵循,基本上阐明了中国特色刑法学何以实现全面高质量发展和完善的思想根源、动力来源以及主要标志等问题,那就是必须坚持从中国国情出发,在全人类最广泛的实践中发现问题、研究问题、解决问题,努力构建体现中国特色、中国风格、中国气派的刑法学理论体系,不断推动中国刑事法治创新发展。[1] 只有对中国特色刑法学报以充分的信心,才能坚守并释放"中国特色"的整体优势。对于国际标准和域外刑法学等,也会在更加理性的轨道上予以尊重,以及善用差异化,实现求同存异。

2. 中国特色刑法学高质量发展的宏观面向

以习近平法治思想为根本遵循,在不断开拓和深入中国特色刑法学的高质量发展上,就必须以党和国家的重大战略部署为基本参照,置身于中国特色社会主义法律体系的伟大发展进程中,以我国刑事法治的实际需求为出发点,做好顶层设计,做优实施机制,实现高质量发展。为此,当前应当从宏观上予以呼应。

首先,夯实中国特色刑法学的理论自信,做好新时代的法学教学教育工作。当前,对中国特色刑法学的历史贡献、基本经验以及未来前景等,存在一些消极的看法,甚至主张"全面推倒重来"。这反映出对中国特色刑法学缺乏足够的理论自信。中国特色刑法学坚持独立自主的发展道路,立足国情,扎根实际。这决定了不只简单照抄照搬、不盲目自我否定、不单方面封门自闭的"本色"。其中,四要件犯罪构成体系就是例证。[2] 而且,对于一个有着十几亿人口的大国而言,庞杂的刑事法治需求不断叠加,在复杂多变的国内外形势下,中国特色刑法学始终积极作为,以最广泛的司法实践保障供给端。坚信中国特色刑法学的历史合理性与现实合理性,不应只是"口号",而应是基本共识下的一致行动。夯实中国特色刑法学的自信体系,特别要从源头抓起。其中,做好法学教育的基础工作显得尤为重要。2022年4月25日,习近平总书记在中国人民大学考察调研时强调,"为谁培养人、培养什么人、怎样培养人"始终是教育的根本问题。[3] 对此,要坚持党的领导不动摇,坚持马克思主义指导地位不放松,充分传承红色基因。具体地,应当认真贯彻落实2023年2月26日中共中央办公厅、国务院办公厅印发的《关于加强新时代法学教育和法学理论研究的意见》,在中国特色刑法学的教学与教育上,坚持以人民为中心的根本使命,坚持党的领导不动摇,秉承中国特色社会主义思想,以此传承刑法的"红色基因",丰富中国特色的时代内涵与刑法要义。其中,传承"红色基因"很好地概括了法学教育教学以及研究的根本准则与内在底色,即发扬、传承和创新"中国特色",积极展示制度优势。在发展中谋取高质量,以高质量显现中国特色的优势。

---

〔1〕 参见贾宇:《以习近平法治思想为引领　推动新时代中国刑法学研究实现新发展》,载《人民检察》2021年第23期。

〔2〕 参见高铭暄:《论四要件犯罪构成理论的合理性暨对中国刑法学体系的坚持》,载《中国法学》2009年第2期。

〔3〕 参见《习近平在中国人民大学考察时强调 坚持党的领导传承红色基因扎根中国大地 走出一条建设中国特色世界一流大学新路 王沪宁陪同考察》,载《党建》2022年第5期。

其次,秉承"中国特色"法治建设不动摇,坚持全面深化中国特色刑法学的理论与实践,培育"中国问题、中国方案"的学派风格。中国特色刑法学之所以独立于世界之林,既与其坚持"中国特色"的秉性不动摇有关,也与其兼容并蓄的开放精神有关。针对如何进一步发展和完善中国特色刑法学所需坚持的正确道路等问题,应当纠正以下认识误区:坚持中国特色刑法学,就是"闭关锁国",孤芳自赏,一律排外,缺乏国际视野与胸怀。这些都是极端的认识,也并不代表中国特色刑法学的实际立场。反而,历史经验显示,中国共产党人愿意且善于学习域外经验,但始终以中国国情为出发点。这也是最具"中国特色"的发展经验。中国特色刑法学的百年发展历程也充分显示:坚持独立自主是不可动摇的"底色",中西借鉴是积极有益的"添色"。在新时代,按照中国特色刑法学的布局与统筹,重在坚持全面深化中国特色刑法学的理论与实践,培育"中国问题、中国方案"的研究气息与实践品格,而不是简单地"推倒重来",也不是毫无章法地"小修小补"。概言之,(1)坚持"中国特色",必须以人民为中心。依法保障人民权益是司法的根本目的,加强权利的司法保护也是习近平法治思想的重要内容。[1] 中国特色刑法研究、刑法理论体系等,都必须根植并服务中国实际。(2)坚持"中国特色"的终极目的是建立健全独立自主的刑法学体系。这与中国刑法学走向世界并不冲突。反而,中国刑法学也以走向世界为己任。输出中国刑法学的知识成果,也是"中国特色"的应然一面。(3)坚守中国特色刑法学的制度优势与合理性,必须以"中国方案"的最佳实践结果予以呈现。中国特色刑法学源自国内实践,却不疏于回应国际情势。(4)以习近平法治思想的"十一个坚持"为具体纲目,可以为中国特色刑法学的高质量发展提供更加明确的方向。具体上,按照刑法理论、立法以及司法所涉的主要场域及其发展任务、改革要求等,依次分类,科学"分解"当前突出的犯罪治理问题,对症下药,以此更加具体地夯实和完善"中国特色"的刑法理论体系、实践体系、发展逻辑等。

以高质量发展为主轴线,遵照习近平法治思想的具体要求,还有必要勾勒当前全面发展和完善中国特色刑法学的要务。为此,可通过任务清单的方式,描绘我国刑法理论研究与实践的主要分工,以夯实中国特色刑法学的内涵与效能。在此基础上,根据犯罪治理的实际供需,按照轻重缓急原则,有序推进和落实。

二、统筹做好做优刑法现代化并服务于犯罪治理体系和治理能力现代化

新时代的犯罪形势出现了前所未有的复杂多变。这对刑法科学、高效治理犯罪提出了更加严苛的要求。抓好犯罪治理体系和治理能力现代化建设是统筹推进刑法现代化关键的"牛鼻子"。以此为基本纲目,有助于澄清和明确刑法学因何、为何以及如何展示"中国特色"。

(一)构建符合新时代要求的犯罪治理体系和治理能力

我国犯罪结构正在经历重大变动,重罪案件占比不断降低,轻微犯罪占比持续升高,犯罪治理的供需迎来新的情况。科学的犯罪治理体系和治理能力是刑法高质量发展的重要内容与表现。加快建立健全犯罪治理体系和治理能力是尤为紧迫的课题。

---

[1] 参见陈柏峰:《习近平法治思想中的加强权利司法保护理论》,载《法学家》2022年第5期。

1. 建构新时代语境下的犯罪治理体系和治理能力的现实意义

坚持在法治轨道上推进国家治理体系和治理能力现代化是习近平法治思想的明确要求。犯罪治理体系和治理能力现代化是国家治理体系和治理能力现代化的核心组成，是衡量新时代国家治理水平以及经济社会现代化程度的重要参考。当前，中国特色刑法学在实践中面临的困难与痛点，皆与犯罪治理体系和治理能力的不足有关。刑法要积极发挥各项功能和机能，必须与其他相关法律保持协同与协作，以最大限度克制自身的局限性，因为刑法不是孤立的，刑法也不是万能的。在犯罪的综合性、整体性、协同性等科学理性的认识基础上，逐步健全犯罪治理体系和治理能力，有别于过往只强调单纯打击犯罪之做法，刑法不再是“刀把子”；也有别于除恶务尽的犯罪消除观，不再片面提出全面消除犯罪现象的单一诉求。继而，在犯罪惩治、人权保障之间，要实现动态性的均衡、有序与最优化结果，以契合现代犯罪治理的应然规律与实际需要。在方法论上，按照刑法治理体系和治理能力的一般安排，刑法不只依靠最严厉的刑事制裁来实现预设任务和目标；而应整合刑事法治资源，打通刑法的上下、内外、前后等关联环节，理性扩充刑法干预的范围、力度和形式等，以求最佳的犯罪治理效果。这是刑法现代化的应然方向，也是实现刑法目的和任务的必由之路。例如，应当确立相对主义的网络犯罪观，倡导科学的犯罪控制观，综合运用治理手段，依法精准治理。

2. 以人民为中心作为起点和归宿

在新时代，犯罪治理的起点不再只是发挥刑法的惩罚作用，简单地试图消灭犯罪，而应当是全面保障人民的生命财产安全，持续供给强劲有力的社会安全感。相应地，犯罪治理的归宿亦是如此。犯罪治理效果的好与坏，应当由人民群众的安全感、获得感与幸福感来决定。这意味着刑法的犯罪治理体系和治理能力建设，必须全面围绕以人民为中心展开，回溯到人权保障之上，并设置好相应的实施机制等。具体讲，(1)人权保障理念的坚守。以人民为中心是习近平法治思想的重要基础。对于刑法而言，在犯罪治理上，就必须坚守人权保障的基石不动摇。在犯罪治理体系和治理能力建设上，亦是如此，不脱离人权保障这一关键词。其核心要点在于：从人民群众的实际需求出发，按照全面依法治国的精神和内在要求，树立新型的犯罪观、立足犯罪特征与态势制定治理政策，同时从理论安排、立法规定、司法实践等方面，进行人性化的服务，凸显人本主义的精神，以此实现更好的保障人权。(2)人权保障与犯罪治理的辩证关系。充分保障人权是以人民为中心思想在刑法治理中的具体表现。但是，刑法也担负治理犯罪的重大使命。以人民为中心在犯罪治理上是辩证的关系，既要积极治理犯罪，也要保障人权，做好二者价值权衡。不能片面地强调人权保障，弱化了犯罪治理的必要性，更不是一味地从宽处理。为此，要坚持宽严相济，以发展的眼光看问题。[1] 例如，疫情防控使刑法呈现积极主动干预姿态，既必然，也必要，有助于充分释放刑法保障功能与伸张积极一般预防。此举既强化了犯罪治理的力度，又保障了最广泛人民群众的基本人权。(3)刑法治理体系和治理能力的科学评价。科学的犯罪治理体系和治理能

[1] 参见姚建龙：《习近平法治思想中的刑事法要义》，载《政治与法律》2021年第5期。

力是刑法高质量发展的重要表现。刑法治理体系和治理能力的好与坏,唯一的评价主体应当是人民,唯一的评价标准是人民群众的满意度,唯一的评价体系是人民群众对刑法的信仰和遵从。以上述系列指标为准,就是高质量的犯罪治理体系和治理能力。

3. 以中国特色刑法学为理论指导

理论是行动的先导。对于刑法治理体系和治理能力建设而言,中国特色刑法学是重要的理论指导,为治理能力的科学培育、治理体系的有效建立等,提供了科学的理论依据和基础,这也应当是确保我国犯罪治理体系和治理能力凸显中国特色的基本原则。舍此,不仅会脱离以人民为中心的根基,也恐难以供给最佳的“中国方案”。当前,应统筹好以下几对关系:一是刑事治理体系和治理能力建设,需遵照但不只是服从刑法理论体系。应以犯罪的实际情况为首要考虑,不断调试现有刑法理论,也不能简单参照域外的理论体系,实现刑法理论与犯罪治理的动态呼应。二是刑法理论体系指导但不应禁锢治理体系和治理能力建设。犯罪形势是动态的,刑法理论往往具有滞后性。刑法治理体系有必要保持适度的前瞻性,但不可过度超前。三是治理体系和治理能力建设可以且应当推动理论创新与变革,不可阻碍或者迟滞理论发展。理论发展不能脱离治理问题而要支撑犯罪的治理工作。

4. 刑法治理体系和治理能力建设的主要内容

遵循习近平法治思想的基本要求,结合我国犯罪的态势,以中国特色刑法学为基础,应突出做好以下工作:(1)搭建立体联通的治理体系。一是刑法与刑事政策的关系,这是内外的关系。二是刑法与犯罪学的关系,这是前后的关系。三是刑法与刑事诉讼法的关系,这是左右的关系。四是国家改革、社会发展与刑法的关系,这是上下的关系。只有理顺上述关系,才能优化犯罪治理的顶层设计,实现协同治理效果。其中,以刑法为原点打造治理体系是基本立场,与全面依法治国的国策相呼应。(2)在治理能力的建设上,可主要聚焦在一是根据罪责刑相适应原则,突出抓好刑罚部分的制度完善,尤其要加强刑罚的有效性,使刑事制裁体系能够满足犯罪治理的需求。长期以来,实践中存在“重定罪轻量刑”的问题。这种不对称的结构是刑法治理体系的潜在短板和隐患。二是在总体国家安全观下,可以将积极刑法观作为犯罪治理的重要理论参考。积极刑法观是当前刑法治理所需要依仗的重要理念,它较好地扭转了刑法始终要保持事后干预的消极立场。强调根据犯罪态势等需求,适度提前介入和积极干预,以满足人民群众的社会治理需求。其中,通过适宜的积极立法,可实现更加主动的预防性保障和规制。三是要及时总结和归纳刑法理论体系的最新进展、问题以及经验等,推动刑法理论的持续发展和完善。这是刑法治理体系和治理能力建设进入制度化、规范化的重要标志,也是可持续发展的重要保障。

(二)轻微犯罪的精准治理

近年来,我国刑事犯罪结构发生显著变化。根据2020年最高人民检察院工作报告[1],重罪案件占比持续下降,轻微犯罪案件占比快速攀升。这动态显示犯罪结构发生了实质的

---

〔1〕 重罪案件从1999年的16.2万人下降到2019年的6万人,占比从19.6%下降至2.7%;判处3年有期徒刑以下刑罚的人数占比从1999年的54.6%上升至78.7%,最高刑为拘役的醉驾案件占比达到近20%。

变动。而且,重罪下降、轻微犯罪继续增加的基本态势仍在持续中。[1] 然而,我国犯罪治理的任务有增无减,甚至会变得更加繁重。[2] 因此,虽然重罪案件占比仍在下降,但案件总数及轻微犯罪仍呈递增趋势。犯罪治理的实际任务以及数量有增无减。因此,无论从质还是量看,新时期的犯罪治理任务变得更加繁重、复杂和多变。其中,轻微犯罪的治理已变成全新的课题。

在可以预见的今后一段时期,刑法治理的主要对象是体量庞大的轻微犯罪。围绕轻微犯罪设计科学的刑事治理路径是尤为关键的一环,也是统筹推进刑法现代化的重要体现。

1. 轻微犯罪治理的特性、规律以及需求

轻微犯罪是微罪和轻罪的概称。二者相比于重罪体系,可以视为一个整体。轻微犯罪相比于重罪,有其特殊性,集中表现为犯罪门槛的降低、法定犯的性质、危险犯与行为犯的常规配置、法定刑不高、基数庞大且案件占比较高等。这些特征决定了轻罪治理应当遵循不同的规律。主要涉及刑法保护的前置化与必要性、犯罪圈扩大与部门法的调试关系、案多人少的供给矛盾、公平与效率的诉讼立场对立。基于上述轻微犯罪治理的特性和规律等,可进一步明确特定的需求,包括积极扩大刑法干预的边界之下限、以法定犯为主要的立法和规制对象、刑事制裁变得相对轻缓化、刑事诉讼改革的全面配套等。这些特殊需求对刑法理论体系产生了同步同频的策动效应。只是当前缺乏相适应的理论指导,导致实施环节出现抵牾现象。根据轻微犯罪治理需求,具体调试刑法理论体系以及制裁体系是提高轻微犯罪治理效果的内在要求。其中,强化溯源治理尤为重要,[3]这既关涉宽严相济的落实,也事关治理效果的好坏。

2. 培育相对独立的轻微犯罪治理体系

重罪体系长期"一家独大",由此形成了以重罪为基本对象的传统"单一"犯罪治理体系。而且,针对以轻微犯罪为主的犯罪结构,以重罪体系为前提的知识经验和模式等,必然也无法继续完全套用。对此应作出针对性调整,培育相对独立的轻微犯罪治理体系,旨在促成重罪体系与轻微犯罪体系在治理上的精准区分,强化类型化治理,达致高质量发展的目标。为此,应明确的是:(1)重罪和轻微犯罪在犯罪性质等方面的不同,决定了重罪体系和轻微犯罪体系存在实质上的差异。因而,应当区别对待各自的治理体系和治理能力建设。必须积极构建独立的轻微犯罪治理体系,在目标、对象、功能、措施上加以区分。(2)轻微犯罪治理体系的相对独立性,主要体现在治理对象的特殊性、治理手段的特定性、治理任务和目标的差异性等方面。例如,轻微犯罪的占比居高不下,程序分流与保障不可或缺。又如,轻微犯罪主要是针对法定犯以及行为犯、危险犯的立法。在司法认定特别是在出罪上,会出

---

〔1〕 根据2022年最高人民检察院工作报告,与2020年相比,起诉涉黑涉恶犯罪下降70.5%,杀人、抢劫、绑架犯罪下降6.6%,聚众斗殴、寻衅滋事犯罪下降20.9%,毒品犯罪下降18%。2021年认罪认罚从宽制度适用率超过85%。

〔2〕 2022年最高人民检察院工作报告显示,全国检察机关共办理各类案件363.7万件,同比上升20.9%。2021年最高人民法院工作报告显示,审结一审刑事案件111.6万件,判处罪犯152.7万人。2022年最高人民法院工作报告显示,各级法院审结一审刑事案件125.6万件,判处罪犯171.5万人。

〔3〕 参见万春:《宽严相济刑事政策创新发展的检察实践》,载《中国刑事法杂志》2022年第4期。

现功能、范围、路径上的不同,需要进行差异化的处理。(3)轻微犯罪与重罪体系的界限仍未确定,各自范围具有一定的开放性,甚至有继续扩大的可能。因此,轻微犯罪体系及其治理结构也不断变动。其中,微罪体系的不断扩充,会出现微罪体系逐渐脱离轻微犯罪与日益独立的趋势、肢解轻微犯罪治理体系等问题。[1] 在微罪体系应当独立的特定框架下,需另行讨论微罪的治理体系和治理能力建设。

(三)对新兴犯罪的前瞻性管控

当前,新兴科技及其广泛应用所带来的刑事风险,是刑法治理所面临的新课题与新挑战。特别是现行刑法所处的社会背景具有天然的"延后性"。这决定了刑法面对技术性的刑事风险时,会出现规范供给不足、理论体系的代际分离等问题。对此,必须统筹管控好新兴犯罪及其刑事风险。通过前瞻性研究建立科学的有组织的应对体系。唯有如此,才能彰显中国特色刑法学的时代适宜性、与时俱进的理论品格与积极实践等优势。其中,有两类新兴犯罪是颇为特殊和典型的。

1. 网络犯罪

当前,电信网络诈骗、网络传销、网络赌博、网络黑客、网络谣言、网络暴力以及网络黑灰产业链犯罪愈发频繁,显示了网络犯罪是演变势头最为严峻的犯罪类型,甚至会成为未来第一大犯罪类型。对于网络犯罪的治理方式与效果,无疑成为评价、验证刑法治理体系和治理能力的关键要素。为此,应当根据网络犯罪的特性与规律等,做好以下方面:(1)认真对待当前积极援引现行规范、运用扩张解释解决新型网络犯罪治理的做法及其现实合理性与制度供给瓶颈。针对规范供给的有效性问题,应做好立法修正,缓解刑法规范供给不足问题,实现刑法解释理论与规则的网络化转型等。[2] (2)鉴于网络刑法理论研究存在碎片化问题,特别是关于中国特色网络刑法(学)的渐进式建构仍存在意识淡薄、共识匮乏、独立性不足等问题,有必要在总结立法与司法经验的基础上,积极探索中国特色的网络刑法(学)的学科建设。(3)有必要根据网络犯罪(案件)的体量等,结合网络刑法的理论进展,以立法修正为前提,在未来可考虑融实体与程序为一体的网络刑事法典的创制问题,从根本上解决网络刑事法规范供给失衡问题。

2. 数字经济犯罪

数字经济发展速度之快、辐射范围之广、影响程度之深前所未有,正在成为重组全球要素资源、重塑全球经济结构、改变全球竞争格局的关键力量。《2020 年国民经济和社会发展统计公报》显示,我国数字经济取得了快速发展,规模达 39.2 万亿元人民币。习近平总书记在中共中央政治局就推动我国数字经济健康发展进行第三十四次集体学习上的重要讲话(2021 年 10 月)明确了发展数字经济的指导思想,国务院还出台《"十四五"数字经济发展规划》(国发〔2021〕29 号),指出加强对数字经济等新技术、新应用研究并妥善审理好相关案件是未来司法工作的重点。当前,刑法治理数字经济犯罪的重点难点主要包括:(1)界定数字

---

〔1〕 参见李翔:《论微罪体系的构建——以醉酒驾驶型危险驾驶罪研究为切入点》,载《政治与法律》2022 年第 1 期。
〔2〕 参见高铭暄、孙道萃:《网络时代刑法解释的理论置评与体系进阶》,载《法治研究》2021 年第 1 期。

经济安全及其保护的范围等，厘定数字经济犯罪的类型及其本质特征。可将数字经济犯罪单列，从而作为刑法治理的特殊对象。鉴于数据要素是数字经济的核心引擎，数据犯罪是关联最为密切的规制对象。经此，既不破坏刑法治理体系的整体性，又有助于提高刑法治理的特定性与专属性，这更好地回应了保障数字经济安全的迫切需求。(2)应当从立法、司法以及理论等多方面，建立更加综合的应对体系以及措施。其中，特别需审慎处理好传统经济犯罪与数字经济犯罪在治理上的差异化与特殊化。[1] (3)有必要根据实际需求，逐步探讨数字刑法的基本理论问题及其与网络刑法(学)之间的具体关系等，以此推动中国特色刑法学在理论体系层面的增量发展。(4)《关于构建数据基础制度更好发挥数据要素作用的意见》[2]强调了数据要素是数字经济的关键引擎之地位与作用，将数据视为数字化、网络化、智能化的基础，并作为新型的基础生产要素。因此，在针对数字经济的刑法规制上，要围绕数据要素展开。数据要素应用所引发的刑事风险以及犯罪，可归属于数据犯罪，与广义的网络刑法相关，也是数字刑法规制的重要内容。

三、全面系统推进中国特色刑法立法的科学化

我国刑法立法已经进入了全面的“活性化”阶段。现行刑法典应否进入全面修订阶段、当前刑法修正的重难点以及优化上的供需调剂等相关重大问题随之出现。这直接关系到刑法立法的科学性以及有效性。更重要的是，面对日益复杂的犯罪态势、犯罪结构的深度调整和新型的“技术型”犯罪不断涌现等情况，刑法立法切实做好做优、实现高质量发展的任务变得尤为艰巨和迫切。

(一)树立科学的刑法立法观

面对复杂多变的犯罪态势与情势，根据刑法治理的供需矛盾，在刑法立法的科学上，需优先澄清突出的问题，做到有的放矢。

1.立法活跃与犯罪化、非犯罪化

在犯罪治理的实际供需上，刑法立法现处在并仍会维持日益活跃的状态。[3] 这既与前端的犯罪态势与犯罪结构调整直接相关，也与其他领域立法的活跃状态有关。由此，我国刑法立法正处于更加繁杂且体量总体仍然比较巨大的多法衔接状态。[4] 它是指其他行政或者民事法律的同步积极修改，大幅扩充了刑法之外的规范体系。基于法体系内在的有机衔接与法治统一等需要，刑法立法也变得活跃和积极。而且，立法的活跃与多法衔接的内在联系，也决定了刑法立法在结果上仍会以犯罪化为重要内容或者标志。从立法结果看，犯罪化的立法保持增量，会加深对“非犯罪化”的误解乃至恐慌，甚至据此否定我国刑法存在非犯罪化功能及其独立的出罪体系等。对于犯罪化主导下的立法活性化问题，应当认识到：并非客观上没有出现非犯罪化的立法，而是呈现方式不够有力、充分和有效，反而，犯罪化的主导

---

〔1〕 参见贾宇：《数字经济刑事法治保障研究》，载《中国刑事法杂志》2022年第5期。

〔2〕 中共中央、国务院2022年12月2日印发。

〔3〕 参见高铭暄、孙道萃：《〈刑法修正案(十一)(草案)〉的解读》，载《法治研究》2020年第5期。

〔4〕 参见高铭暄、孙道萃：《总体国家安全观下的中国刑法之路》，载《东南大学学报(哲学社会科学版)》2021年第2期。

性一定程度上遮蔽了非犯罪化的立法进程与结果。在积极刑法观下,出现犯罪化过度的难题有一定客观现实性。不过,坚持科学立法,有助于维系动态、均衡的犯罪化与非犯罪化。

2. 法典化问题

随着《民法典》的颁行,理论上出现了刑法应当法典化的讨论。甚至不乏观点认为,我国需要创设一部刑法典。[1] 对此,需要明确的是:(1)我国1997年《刑法》无论从立法体例还是具体内容,实质上都是典型意义上的法典。因而,我国不存在"刑法的法典化"之立法问题。不能因为刑法没有"典"的文字表述,误认为我国还没有刑法典。[2] (2)真正需要讨论的问题是,在犯罪态势发生重大变动后,1997年《刑法》是否进入需要全面修订的阶段。[3] 这会对刑法立法产生整体的重大影响。如需进行全面修订,应当做好顶层规划,分阶段、分批次有序完成;如不需要,如何有效地应对不断出现的立法需求,并且维持好法典的稳定性与统一性等是需要考虑的问题。(3)完善刑法典的相关议题集中在刑法立法完善模式。当前,是坚持统一法典的单一体例,还是允许特别刑法、单行刑法等模式,理论上有不同的看法。[4] 这也关涉坚持"法典化"与"解法典化"的双重"反向"问题。在现阶段,面对日益活跃的立法与更加复杂的犯罪治理任务,"法典化"模式仍能继续保持有效。补充刑法的法源,不必通过特别刑法等方式。[5] 破坏法典的统一性,虽会满足个别的规范供给问题,却会加大刑法规范的不统一。不过,刑法修正案作为目前唯一、法定的立法完善模式,其合理性之争也会有所显现。因为如果仅从刑法规范的统一性、体系性上进行宏观论证会显得乏力和不足。

3. 立法的重点

刑法治理体系和治理能力建设是现代刑法实现转型与进化的重要支点。但是,刑法治理不是恣意的"框",不是所有问题——即使是犯罪问题,都需要通过刑法即刻介入与规制。在立法上,刑事政策的落实有一个轻重缓急之别。这不只是立法策略,更是立法的顶层设计问题。因此,应当突出抓好当前与今后的立法重点,明确基本共识:(1)刑法总则的主次与幅度。刑法总则的规定"牵一发而动全身"。要区分主次,合理排列,确保理论体系发展的适度性。总体看,第一,犯罪论部分。该部分自1997年《刑法》施行以来,几乎没有经历立法修正。但是,高质量发展需求与中国特色刑法学研究成果的固化,都需要考虑应否以及如何启动立法完善。例如,近些年,正当防卫的司法在个案中取得了突破性进展,我国正当防卫制度在教义学上取得了巨大的发展与深化。[6] 尽管如此,正当防卫制度在实践中的"条款僵尸化"问题仍旧存在。这既与我国法定出罪机制理论与机制的不足有关,也与但书条款、四要件犯罪构成体系安排有关。这就催生了总则规定的立法完善问题。第二,刑事责任部

---

〔1〕 参见吴亚可:《在理论与实践之间:刑法再法典化的正当性根据检视》,载《中外法学》2023年第1期。
〔2〕 参见张明楷:《刑法的解法典化与再法典化》,载《东方法学》2021年第6期。
〔3〕 参见周光权:《法典化时代的刑法典修订》,载《中国法学》2021年第5期。
〔4〕 参见张明楷:《刑法修正案与刑法法典化》,载《政法论坛》2021年第4期。
〔5〕 参见卢建平:《刑法法源与刑事立法模式》,载《环球法律评论》2018年第6期。
〔6〕 参见陈兴良:《正当防卫教义学的评析与展开》,载《中国刑事法杂志》2021年第2期。

分。这是立法的薄弱环节，也是急需强化的部分，以夯实刑事责任的司法化。第三，刑罚部分。这部分既包括刑罚结构的调整，如主刑、附加刑的修改，是否增设新的刑种，以及犯罪附随法律后果的立法等，[1]也包括量刑规范化改革成果的立法回应等。(2)刑法分则的节奏与频次。刑法分则始终是立法的重点区域。除了待决的老问题，还需集中关注新问题。立法既要满足现实需要，也不能总是“亦步亦趋”，走入“消防员式”的短期立法。概言之，第一，自然犯的立法修正。当前，自然犯仍占据刑法分则的绝大部分。随着社会发展等，自然犯的立法修正会成为重点。例如，在总体国家安全观下，对数据主权、数据流动安全、生态安全等新型国家安全、公共安全加强刑事保护等。第二，网络犯罪的立法。网络犯罪处于快速演变期，网络犯罪会成为我国犯罪结构中的主要部分，引发一系列理论课题。[2] 围绕网络犯罪的立法是今后的主要内容，立法难度也不言而喻。第三，新兴犯罪的立法。例如，我国正在大力发展数字经济，涉数字经济犯罪的特别立法值得关注，如数据犯罪。第四，轻微犯罪等法定犯的立法。在犯罪结构发生重大调整的背景下，轻微犯罪立法仍处于增量状态。

4. 高质量立法的指标评价体系

立法的科学与民主，是立法获得合法性、正当性的保障。而且，民主的立法，才会产生科学的立法。科学的立法，会进一步夯实立法的民主基础。刑法立法的科学化之路，在末端还可建立高质量的指标体系作为评价参照。在此基础上，可以更好地以人民为中心，将科学性予以具化与指标化。高质量的刑法立法，在结果上，可通过以下因素加以综合测评：(1)立法过程的合法与民主，包括立法参与方式、立法内容的公开程度等。(2)立法完善机制的不断健全，如立法评估体系等。(3)立法内容的实质正当与有效，如不会出现“僵尸条款”或者加剧犯罪竞合等，也包括不会异化新的“口袋罪”等。

(二)刑法立法的科学化展开

遵循习近平法治思想的基本要求，根据我国当前和今后的立法重点、难点以及基本议题等，应从几个关键方面发力，全面做好新时代的刑法立法完善工作。

1. 动态、均衡的犯罪化与非犯罪化立法

从结果上看，犯罪化是常见的立法结果，这就造成了“立法往往就是犯罪化”的僵化认识。实际上，刑法立法变得更加活性化，以及犯罪化成为立法的主要内容，是由社会治理任务的繁重、社会发展形势越加复杂多变、刑法的工具属性一面被进一步释放、刑法治理功能的扩充等因素造成的。尽管积极立法仍会是未来的主要动向，但也需更加动态、均衡的犯罪化和非犯罪化立法，具体包括：(1)完善犯罪化的立法程序公开与实体公正说理。对于犯罪化的立法，其合法性、正当性以及合理性是需由程序公开与实体公正说理共同实现的。程序公开是全过程人民民主的内在要求与具体体现，包括立法背景公开、立法理由公开、立法过程的公众参与和监督等内容。实体公正说理是由一系列说理机制组成的，以论证立法的必要性，保障底线正义或者终极正义。以刑法理论体系作为根基，在说理机制上，应当优化立

---

〔1〕 参见彭文华：《我国犯罪附随后果制度规范化研究》，载《法学研究》2022年第6期。

〔2〕 参见陈兴良：《网络犯罪的刑法应对》，载《中国法律评论》2020年第1期。

法机构的审议情况、修改理由、通过依据以及官方对立法原意的阐明等。其中,立法原意是最核心的内容,也是刑法解释的基本准则,最需要予以阐明与公开化。(2)强化立法中的非犯罪化表达方式。一是及时公布刑法修正中出现的非犯罪化立法的研讨情况,以及选择非犯罪化或者犯罪化的特定理由等,逐渐梳理出我国立法中的非犯罪化规律、逻辑以及经验等。建立全流程下透明的公开机制,加强公众对非犯罪化立法的正确认识和感知度等。二是对于刑法分则中的"僵尸条款"与"僵尸罪名"等留而不用情形,应当全面清理。将一些确实没有社会危害性或者刑法不需要再规制的犯罪行为,通过非犯罪化的方式予以废止,为刑法分则"瘦身"。

2. 优化可持续性的理论与立法"反哺"模式

评价立法是否科学的重要指标就是刑法立法与刑法理论的良性、有效互动程度。只有理论和立法在同一轨道上前行,才是科学立法的最佳表现样态。当前,立法与理论之间的互斥、对立、不同步等问题在一定程度和范围上还存在,如预备行为实行行为化、帮助行为正犯化等。为此,有必要建立健全理论与立法之间的"反哺"机制。其具体要点为:(1)总则修改事关基础理论,尤需遵从"反哺"机制。从现有的刑法修正案看,对刑法总则的修改幅度明显小于刑法分则。而且,对刑法总则的修改主要集中在刑罚部分。今后对刑法总则的修改,须与刑法理论体系保持协同,既能维护现行理论的合理性与稳定性,也能促进理论的发展。例如,对犯罪概念、犯罪构成、共同犯罪、正当防卫等犯罪论的核心问题进行修改,必须立足中国特色刑法学,直接转向三阶层犯罪论体系不可取。又如,强化刑事责任的立法,也需与我国刑事责任理论进行匹配,而不能简单移植域外刑法中的罪责理论,否则会引发重大的不适现象。[1] 而且,刑事责任的立法也要兼顾司法化的便捷性与可操作性等。(2)分则修改应作为通行刑法理论的最广泛检验场。犯罪态势决定了刑法分则仍然是修改的主要阵地。采用无论是修改原有规定,还是增设新规定的方式,都会成为检测或验证通行刑法理论是否适宜、是否可行的场域,也会酝酿理论变革的因子。例如,增设危险驾驶罪等新的罪名,会引发广泛的理论讨论,甚至推动理论进步。(3)立法修改肩负理论创新的特殊使命。立法不应只是对现有理论的简单确认或者规范的反映,也应当肩负推动理论创新的特定使命。诚然,刑法立法虽然应当是对犯罪客观实际与社会治理需求等方面的最佳反映和直接体认,但是,立法是政策制定者的能动化制度,也具有相当的自主性和创造性。无论是犯罪化还是非犯罪化,或者是重刑化、轻刑化,这些立法成果都会对犯罪治理体系和治理能力产生不同程度的影响,对某些犯罪治理措施形成相当的"反制力",要求重新配置制度资源等,乃至会超越犯罪的现状趋势,实现立法的前瞻性规制,以此策动刑法理论上的同步应变等。这是立法修改积极主动推动理论创新的动力所在。例如,针对网络犯罪的修改活动,就很好地展示了上述逻辑,有关网络刑法学与网络刑法典的理论研讨已然成为新的关

---

〔1〕 参见车浩:《责任理论的中国蜕变——一个学术史视角的考察》,载《政法论坛》2018 年第 3 期。

注点。[1]

3. 聚焦立法重点

在考虑立法重点时,应着重围绕犯罪态势、犯罪结构的重大调整等因素,精准预测我国未来犯罪治理的重点板块,确保立法没有偏离以人民为中心的根本宗旨,也符合党和国家对犯罪治理的总体安排。当前刑法立法重点内容可考虑:(1)在总则中,可适时启动修改重大、基础的立法规定,以此推动刑法理论与时俱进,从整体上扭转过往刑法修正案侧重实践经验总结而弱化理论发展的偏一现象。例如,在激活正当防卫制度的适用下,其他正当化事由的立法化工作应当提上议程,适当扩充法定的出罪事由,强化法定的出罪体系。又如,在网络犯罪的作用下,共同犯罪规定可择时进入实质的"调整期",有必要启动立法修改,消除《刑法》第287条之二引发的理论争论。再如,伴随着企业刑事合规改革试点工作全面推进,包括单位犯罪刑事责任在内的刑事立法完善也应积极跟进。当然,总则规定的修改牵一发而动全身,应审慎,不可盲动,既不能过度超前理论的一般预期与接受度,削弱立法的科学度,也要及时引导公众提高容忍度和包容度,积极储备理论发展的潜质与契机。(2)在分则中,宜审时度势,因地制宜,把握好灵活性与有效性。可聚焦以下方面:一是传统自然犯的修改。我国正在加速进入法定犯时代,自然犯也会进入相对集中的调试期。需要调整的罪名,主要可能涉及国家安全、公共安全、公共秩序等领域。二是网络犯罪的局部性立法。目前,对网络犯罪的立法是碎片化的,缺乏整体性和全局性。需要根据网络犯罪的态势,做好整体规划,梳理总结网络犯罪刑事责任特点与得失,通过专门立法或者立法解释等形式,提升立法的体系性与内部协调性,不断提升刑法典的生命力。三是其他新兴或新型犯罪应当是开放式立法的重点区域。新型领域的犯罪会持续到来,开放式立法成为积极应对的实际产物。在这些动态的板块中,立法尤为活跃,且往往蕴含实质的变革性力量。例如,在人工智能时代,随着人工智能主体刑法地位问题逐渐突出,人工智能犯罪现象开始出现,也正在颠覆以人的主体性地位为根本前提的刑法立论逻辑,[2]倒逼启动相适应的超前立法。

4. 完善立法技术及其配套

立法是否科学,也取决于精良的立法技术与完整的配套措施。现阶段,刑法修正案是主要的立法完善模式。在立法技术上,需做好:(1)改进立法技术,使立法过程或者结果更加精细化、人性化,真正做到以人民为中心。例如,刑法修正案通过后,应由立法机构及时公布新增罪名或者调整后的罪名,并重新调整刑法条文序列。又如,立法机构可以根据信息公开的具体要求,及时公布立法资料、立法理由等,明确立法原意的内容,减少法律适用的困惑与矛盾。(2)完整的立法评估体系,应当包括事前的立项调研、立法过程中的质量把关、立法后的评估与修正等环节。目前,立法评估体系和运行机制尚不健全,削弱了刑法立法的科学性、民主性。在一些个别立法中,甚至会引发立法与民意的脱节、立法后的消极附随效应突

[1] 参见孙道萃:《网络时代的中国刑法发展研究:回顾与展望》,载《华南师范大学学报(社会科学版)》2021年第1期。

[2] 参见孙道萃:《人工智能刑法研究的反思与理论迭进》,载《学术界》2021年第12期。

出等问题。例如,醉驾入刑后,引发了行政处罚明显高于刑罚处罚、犯罪标签化等突出的社会问题。为了减少社会对立面,增加和谐度,有必要重启醉驾犯罪的立法完善,消解社会疑虑。(3)做好试验性立法。为了与日益活跃的刑事司法改革相互衔接、实现同步配套,有必要建立健全常态化的试验性立法,促进刑法与刑事诉讼的立法同频性,提高立法治理。例如,在认罪认罚从宽制度试点期间,刑法的试验性立法已经滞后。认罪认罚从宽制度正式引入刑事诉讼法后,相关程序方面的规定、改革不断翻新,而刑法的相关立法衔接工作尚需尽快跟进,以形成改革的合力。又如,企业刑事合规改革试点工作全面铺开,刑法可启动试验性立法的准备工作,让此项利国利民的改革于法有据。总之,积极筹划面向试验性司法改革所需的试验性立法机制,可以优化两法衔接,增强刑法立法的活力和适宜性,最终真正实现立法为人民的根本宗旨。

专题七　犯罪概念和犯罪构成

论社会危害性概念的解释*

在我国刑法学理论中，关于社会危害性的研究主要围绕对其内涵、地位、功能以及与其他概念之间关系的解释展开。作为我国刑法学理论的基本范畴，社会危害性理论从一开始就饱受非难，至今仍然是学界争鸣的焦点所在，这种争论甚至火药味十足，社会危害性俨然成了理论上的一个高地，论者必争。近来，这种争论稍显冷静，冷静之中，我们得以平复心态，摒弃偏见，回归问题的本源对社会危害性概念这个老问题重新作出中肯、客观的解释。在行文开始之前，我们首先需要扪心自问几个问题：第一，我们秉承什么样的立场解释社会危害性概念？也就是说，我们是面对犯罪这种社会现实在谈论社会危害性，还是仅仅纠结于概念本身；我们是努力朝着一种合理的方向进行解释，还是下意识地在人为安插该概念的缺陷？第二，我们是否真正弄清了一些最基本的理论问题？例如，形式理性果真就比实质理性更优越吗？社会危害性概念果真就是一种政治性评价吗？阻却犯罪行为必须放在犯罪构成理论体系内才能发挥作用吗？第三，我们在刑法学研究中是否遗忘了辩证唯物主义的认识论与方法论，遗忘了主客观相统一原则？……笔者希望对这些问题的反思能使学界同仁有所动容，共同审视对社会危害性概念解释存在的误区，本文也正是循着对这些问题的回答尝试对社会危害性概念进行辨明。

一、解释社会危害性概念的基本立场

对社会危害性概念进行解释要树立两个最基本的立场：第一，必须面对犯罪事实。任何科学研究都必须直面事物最本质的事实，犯罪是一种社会现象，这种社会现象最真实、最本质的表现就是对社会的危害，而社会危害性正是对行为具有危害性这一事实的抽象表述和概括

---

* 本文原载于《刑法论丛》2012年第3卷，由高铭暄教授与陈璐合作完成。

反映。[1] 刑法理论和司法实务不应当也不可能脱离社会危害这一事实。[2] 第二,必须尽量朝着合目的的方向进行解释。“法条自身具有实现法律价值的性质,因此,在解释论中,也必须进行保护法益、维持社会秩序以及保障人权等内容的目的论的解释。”[3] 而解释者完全可以朝着理想的方向得出解释结论,事实上,解释者的智慧表现在既遵守罪刑法定原则,不超出刑法用语可能具有的含义,又使解释结论实现正义理念、适合司法需求。所以解释者要以善意解释刑法,而不能像批评家一样,总是用批评的眼光对待刑法。[4] 只有坚持这两个最基本的解释立场,对社会危害性概念的解释才能合理适当,既立足于犯罪本质,避免对社会危害性的解释沦为纯概念的形式逻辑,又关照我国的立法、司法实践,使经过解释的社会危害性理论真正能够发挥促进刑事法治的功能。

(一)对社会危害性概念的内涵进行解释的基本立场

对社会危害性概念的内涵进行刑法学上的解释,除了坚持以上两个立场之外,还应当正确处理历史与逻辑的关系,立足于该时代的法治现实与需求对社会危害性进行研究。由于不同历史时期的法治观念与发展水平存在差异,社会危害性概念在不同时期便具有不同的内涵并且是该历史时期的反映与写照,切不可拿着社会主义国家法治建设之初的不成熟经验来诟病当前的刑法理论。应当承认,在那个阶级分明的年代,意识形态赋予了社会危害性太多它本身不该承载的政治意义,主要表现为将犯罪概念的实质方面规定为阶级斗争与政权建设。例如,1922 年《苏俄刑法典》第 6 条规定,目的在于反对苏维埃制度或者破坏工农政权在向共产主义过渡时期所建立的法权秩序的一切作为或不作为,都是犯罪。[5] 我国 1950 年《刑法大纲草案》第 7 条规定,凡反对人民政权及其所建立的人民民主主义的法律秩序的一切危害社会行为,均为犯罪。[6] 我国 1979 年《刑法》第 10 条规定,一切危害国家主权和领土完整,危害无产阶级专政制度,破坏社会主义革命和社会主义建设,破坏社会秩序,侵犯全民所有的财产或者劳动群众集体所有的财产,侵犯公民私人所有的合法财产,侵犯公民的人身权利、民主权利和其他权利,以及其他危害社会的行为,依照法律应当受刑罚处罚的,都是犯罪;但是情节显著轻微危害不大的,不认为是犯罪。[7] 毋庸讳言,当社会的大环境为革命政权建设的时候,社会科学理论便很容易被意识形态的色彩所渲染,从而失去本来的面目,而当意识形态的阴影逐渐褪去,在国家确立了依法治国理念的今天,社会危害性概

---

[1] 参见高铭暄主编:《刑法学原理》(第 1 卷),中国人民大学出版社 2005 年版,第 385 页。

[2] 有学者认为,社会危害性并非行为的固有属性,它本身是一个价值判断,我国刑法学将社会危害性界定为犯罪的本质属性,是一种抹杀事物本体论的观念,这将导致研究者无意识地在事实与价值之间自由自在地来往,是事实与价值的一元论。参见冯亚东:《理性主义与刑法模式》,中国政法大学出版社 1999 年版,第 25 ~ 26 页。笔者认为,对问题的讨论必须处理好历史和逻辑的关系,这也是本文反复强调的观点。论者所持的是一种历史的观点,很好地回答了为什么在不同历史时期人们对同一行为的社会危害性有不同的判断。但是,当我们讨论当下刑法学上的社会危害性概念的时候,始终是在规范的范围内讨论,它是一个稳定的、受制于刑法规范的明确概念。也只有把社会危害性当成一个相对稳定的逻辑前提,规范刑法学的研究才能有明确稳定的对象,否则研究便无法展开。

[3] [日]大谷实:《刑法总论》(新版第 2 版),黎宏译,中国人民大学出版社 2008 年版,第 57 页。

[4] 参见张明楷:《刑法学研究中的十关系论》,载《政法论坛》2006 年第 2 期。

[5] 参见[苏]特拉伊宁:《犯罪构成的一般学说》,薛秉忠等译,中国人民大学出版社 1958 年版,第 51 页。

[6] 参见高铭暄、赵秉志编:《中国刑法立法文献资料精选》,法律出版社 2007 年版,第 200 页。

[7] 参见高铭暄、赵秉志编:《中国刑法立法文献资料精选》,法律出版社 2007 年版,第 336 页。

念的内涵也在转变，它摆脱了意识形态的政治干扰，在罪刑法定、人权保障的语境下得以还原其科学的内涵，即对社会秩序与公民权利的侵害。最直接的表现就是社会主义国家犯罪概念的实质方面不再以阶级斗争和政权建设为主要内容，而把对国家、社会、公民利益的侵害作为犯罪概念的实质方面。例如，1960年《苏俄刑法典》第7条规定，凡刑事法律所规定的侵害苏维埃的社会制度、政治和经济体系，侵害社会主义所有制，侵害公民的人身权利和自由、政治权利和自由、劳动权利和自由、财产权利和自由及其他权利和自由的社会危害行为，都认为是犯罪；形式上虽然具有本法典分则规定的某种行为条件，但是由于显著轻微而对社会并没有危害性的作为或不作为，都不认为是犯罪。苏联解体以后，1996年《俄罗斯联邦刑法典》第14条仍规定，本法典以刑罚相威胁所禁止的有罪过地实施的危害社会行为，被认为是犯罪；行为（不作为）虽然形式上含有本法典规定的某一行为的要件，但由于情节显著轻微而不具有社会危害性的，不是犯罪。[1] 我国《刑法》第13条规定，一切危害国家主权、领土完整和安全，分裂国家、颠覆人民民主专政的政权和推翻社会主义制度，破坏社会秩序和经济秩序，侵犯国有财产或者劳动群众集体所有的财产，侵犯公民私人所有的财产，侵犯公民的人身权利、民主权利和其他权利，以及其他危害社会的行为，依照法律应当受刑罚处罚的，都是犯罪，但是情节显著轻微危害不大的，不认为是犯罪。

从社会主义国家犯罪概念的演变可以看出，作为犯罪实质方面载体的社会危害性的内涵并非一成不变。正如学者指出，社会危害性的内容在四部苏俄刑法和《俄罗斯联邦刑法典》中始终是随着这一或那一时期犯罪的客观现象和对犯罪的刑事政策观念而发生变化的，经历了一个从社会阶级评价到纯社会评价的过程。[2] 在中国，虽然1979年《刑法》第79条规定了类推制度，社会危害性正是为类推制度的存在提供了理论支持，但是随着类推制度的废除、罪刑法定原则的确立，社会危害性的内涵在罪刑法定原则的规制下得到了进一步的澄清，它终于可以不再为过分关注犯罪实质方面的那种错误的定罪量刑制度提供注脚。从中华人民共和国成立到改革开放再到今天，刑法从一开始为革命政权建设服务到今天真正成为公民权利的保障，社会主义国家法治建设进步与人权观念勃兴的艰难过程承载了每一个刑法学者的热切期盼。不可否认，我国在法治建设上还有很长的路要走，但是我们怎能无睹国家60余年的法治进程，将社会危害性理论纯粹视为一种宏大政治叙事的观点显然无视了社会主义国家半个多世纪的法治进步事实，是一种还停留在革命时代的僵化观点。

（二）对社会危害性概念的功能进行解释的基本立场

社会危害性概念的功能主要体现在定罪中。对社会危害性功能的解释要站在有利于被告人的立场厘清社会危害性与犯罪构成的关系，既要与我国通行刑法理论保持一致，又要充分发挥社会危害性理论阻却犯罪、保障人权的功能。

首先，对社会危害性功能的解释不能背离我国现行刑法理论。我国刑法通说认为，社会

---

〔1〕 参见《俄罗斯联邦刑法典》，黄道秀译，中国法制出版社2004年版，第5页。

〔2〕 参见［俄］Н. Ф. 库兹涅佐娃、［俄］И. М. 佳日科娃主编：《俄罗斯刑法教程（总论）》，黄道秀译，中国法制出版社2002年版，第133页。

危害性是犯罪构成的实质与基础，而犯罪构成是社会危害性的具体化、类型化，两者在定罪中各自发挥着实质判断与形式判断的作用，并且相互补益。这是对社会危害性概念的功能进行解释必须遵循的逻辑前提。从刑法学科自身的理论发展来讲，学者们从危害社会的事实行为中提取出构成犯罪必备的共同要素，把这些要素整理归纳形成类型化概念并按照一定的逻辑顺序将这些类型化概念排列组合成一个相互联系、相互制约的有机整体，作为司法实践中定罪的标准，即形式模型来源于行为实质；从刑事立法来讲，社会危害性是立法者在类型化犯罪要素时所参照的根本标尺，是犯罪化与非犯罪化的依据。不同法系国家的刑事立法均是如此。由于历史背景、阶级立场以及思维习惯的不同，社会主义国家和资本主义国家分别强调犯罪的实质方面和形式方面，资本主义国家的立法者认为行为具有社会危害性是一个简单的、不言自明的知识，在规范的更高层次上没有必要再重申这个不言自明的问题，而社会主义国家的立法者则认为这是回避事物本质的做法，从而将社会危害性置于无比崇高的地位，但是无论如何，行为的危害性都是立法者设立刑法时笃定内心确信的根本标尺；从定罪的司法实践来讲，法官并不单纯凭借直观观念和道德水准所感知的社会危害性去判断行为是否是犯罪，而是严格按照规范性的犯罪构成去操作，也就是说，形式操作模型虽然来源于行为实质，但是一旦进入司法视野，形式判断就是主要的入罪标准，而社会危害性的实质判断主要体现在出罪功能上，即实质判断补益着形式判断。应当承认，实质正义从来都是不能舍弃的标准，它要求现代文明人超越形式的不当束缚而自觉地追求实质正义，因此，社会危害性理论作为实质判断的载体在定罪中的作用不能动摇，否则定罪过程将严重脱离实践，沦为形而上学的概念游戏。

其次，社会危害性具有阻却犯罪的功能，这种功能并不必须在犯罪构成理论体系内实现。社会危害性的范围比犯罪构成要大，也就是通常我们所说的危害社会的行为不一定就是犯罪行为，行为具有社会危害性只是在一般法律秩序中对行为本质属性的评价，这种评价并不意味着所有具有社会危害性的行为都要受到刑事处罚。社会危害性理论旨在站在有利于被告人的立场宣布：一方面，它服从罪刑法定原则的制约，只有那些符合刑法分则规定的具体犯罪构成的危害社会的行为，才是可罚的；另一方面，如果行为阻却社会危害性，也就阻却犯罪构成所体现的社会危害性，即阻却行为符合犯罪构成，也就是阻却犯罪。因此，社会危害性并不会为法外施刑提供任何依据，其在定罪体系中更突出的功能是阻却犯罪。正当防卫、紧急避险等正当行为正是因为阻却了行为的社会危害性而并不符合犯罪构成。成立犯罪与阻却犯罪是原则与例外的关系，无论哪一种犯罪构成理论都必须处理好这种关系。德、日的三阶层理论正是由于旨在妥善安置构成要件符合性与阻却违法、阻却责任的关系而被推崇为层层出罪的犯罪论体系，然而处理好原则与例外的关系并不必须在犯罪构成体系内。我国有的学者苦恼于正当防卫和紧急避险等刑法规定的正当行为在犯罪构成中没有体系性地位，认为正当行为游离于体系之外不但破坏了体系应有的完整性，更重要的是有损构成要件保障人权的机能，从而认为只有将阻却犯罪行为植入犯罪构成理论才能使犯罪构成理论发挥出罪功能。笔者认为，这实际上是一种似是而非的伪判断。阻却犯罪行为置于犯罪构成体系之内还是之外，只是刑法学体系叙述的问题，并不能影响其出罪功能的发挥。中国刑法学之所以将阻却犯罪行为置于犯罪构成之外加以研究,完全是因为中国刑法学中的犯罪构成是承载社会危害性的实质构成,所以没有阻却犯罪行为的托足余地。而正是由于中国刑法学将阻却犯罪行为置于犯罪构成之外,反而促成了阻却犯罪行为构成要件的独立性,这应该说是中国刑法学区别于德、日刑法学的一大特色。[1]

二、解释社会危害性概念必须处理好的两个关系

要对社会危害性概念给予公允而准确的解释,还要厘清以下两个重要的基本关系。

(一)实质理性与形式理性的关系

形式合理并不比实质合理更具优越性,如何实现形式理性与实质理性的统一才是犯罪论体系的根本问题,这也是犯罪论演变的动力。在我国刑法理论中,社会危害性与刑法学其他基本范畴之间的关系问题其实大抵都可以归结为实质理性与形式理性的关系问题。例如,犯罪的实质定义与形式定义的关系、社会危害性与犯罪构成的关系、社会危害性与刑事违法性的关系等。

1. 实质理性与形式理性。就实质理性而言,理论家对犯罪行为实质的探究从来就没有止歇。1764 年贝卡里亚在其著名的《论犯罪与刑罚》一书中提出,犯罪的真正标尺是它们对社会造成的损害,这是一条显而易见的真理。[2] 1789 年法国的《人权宣言》也揭示了违法行为的实质特征,指出违法行为是危害社会的行为。1813 年费尔巴哈为巴伐利亚王国编纂的刑法典中第一次在犯罪概念中规定了犯罪的实质方面,即所有故意违反法律的行为,如因其性质和恶意定向的尺度而受到刑罚威胁,叫作犯罪。[3] 1885 年加罗法洛在其《犯罪学》一书中又进一步将危害延伸到道德层面,认为犯罪是一种既对社会有害又侵害了一种或两种最基本怜悯和正直情感的行为。[4] 在立法上,1922 年的《苏俄刑法典》即规定了犯罪的实质定义:目的在于反对苏维埃制度或者破坏工农政权在向共产主义过渡时期所建立的法权秩序的一切作为或不作为,都是犯罪。以此为蓝本,我国的犯罪概念也采用了犯罪的实质定义。而 1992 年《法国刑法典》在其草案由司法部部长提交参议院时也被认为是对犯罪作实体理解的一部法典,它规定对社会所造成损害的严重程度是决定犯罪行为法律实质的东西。例如,只有对社会价值的侵害才构成重罪和轻罪。[5] 就形式理性而言,受古典刑法理论的影响,以德国和日本为代表的大陆法系大都采用了犯罪的形式概念,并醉心于构造犯罪成立的精密模型,作为在司法中认定犯罪的依据。自贝林于 1906 年在《犯罪原理》中首次提出"行为构成"的概念开始,对"犯罪构造阶段"指导形象的研究就不断推进,经由李斯特、M. E. 迈耶、麦兹格、威尔哲尔、罗克辛的持续推动,形成了不同的理论体系,与此相对应,犯罪论体系也经历了古典犯罪论体系——新古典犯罪论体系——目的行为论的犯罪论体系——目的理

---

〔1〕 参见高铭暄:《关于中国刑法学犯罪构成理论的思考》,载《法学》2010 年第 2 期。

〔2〕 参见[意]贝卡里亚:《论犯罪与刑罚》,黄风译,中国大百科全书出版社 1993 年版,第 67 页。

〔3〕 参见[俄]Н. Ф. 库兹涅佐娃、[俄]И. М. 佳日科娃主编:《俄罗斯刑法教程(总论)》,黄道秀译,中国法制出版社 2002 年版,第 131 页。

〔4〕 参见[意]加罗法洛:《犯罪学》,耿伟、王新译,中国大百科全书出版社 1996 年版,第 67 页。

〔5〕 参见[俄]Н. Ф. 库兹涅佐娃、[俄]И. М. 佳日科娃主编:《俄罗斯刑法教程(总论)》,黄道秀译,中国法制出版社 2002 年版,第 130 ~ 131 页。

性的犯罪论体系的演变。贝林主张为了保证方法论的明确性,不能将行为的“内在要素”塞入构成要件之中,否则这种不纯粹的构成要件将不可能再发挥其作为客观方面与主观方面共同指导形象的功能,从而认为构成要件是记叙性的、纯客观的东西。[1] 麦兹格则认为构成要件并不是纯粹记叙性的,而是特殊的、类型性的不法。日本刑法理论通说进一步认为,构成要件不仅是违法类型,同时也是责任类型,符合构成要件的行为原则上就是违法、有责的行为。由此可以看出,德、日三阶层犯罪论体系是以犯罪的法律概念为研究对象的理论,这个体系永远无法解决的问题是构成要件客观要素与主观要素的归属与地位,永远无法回避的问题是实质违法与形式违法的关系,而不认识犯罪的实质,就不可能正确地制定和适用犯罪规范。必须承认,资产阶级理论家受历史局限性的影响没有认识到理性、概念之外的现象本质与社会因素,因此只能在形式上进行严格限制。正如苏联刑法学家特拉伊宁指出,古典学者们不仅把阶级斗争和犯罪的阶级性问题置于刑法科学的范围之外,而且连作为实际生活现象的犯罪问题也置于刑法科学的范围之外。正因为如此,所以在古典学派的学者们看来,刑法科学具有概念法学的一切特征。他们维护“法无明文规定不为罪,不受处罚”的口号,可是由于他们没有回答什么是作为实际生活现象的犯罪问题,所以也只是在形式上维护这一自由主义的口号而已。[2] 虽然特拉伊宁关于阶级斗争的观念在今天看来显得陈旧了,但是他揭示的形式理性的局限性在今天看来仍然精准。在德、日三阶层犯罪论体系一个多世纪的发展过程中,主观要素和客观要素的归属、形式违法与实质违法等的矛盾从来就没有停止过,到今天我们可以清晰地把握这些矛盾的“统一”趋势,即客观要素与主观要素的统一以及形式判断与实质判断的统一。在德、日犯罪论体系经历了漫长的演变正朝着形式与实质相结合的趋势发展的时候,我国刑法学界有学者却要极力讴歌形式理性的优越性,从而试图将实质判断与形式判断分割开来,这不能不说是一种不理智的理论认识。

2. 如何实现形式理性与实质理性的结合。在刑法学中,形式理性与实质理性的关系可以表述为:在刑事立法阶段,实质理性决定、派生了形式理性;在刑事司法阶段,实质理性受制于形式理性,作为例外,实质理性发挥阻却犯罪的功能并补益着形式理性的局限。正是由于关注犯罪的形式特征才产生了刑法学的概念、范畴和规范,从而使刑法学成为一个逻辑完整的理论体系。体系性的思维方式面临的最大危险是唯体系化倾向,“会过分拘泥于概念的明确化和体系的整合性,推导出游离于现实的结论来。……但是,没有体系就不可能有学问,在重视具体的妥当性的时候,也容易忽视刑法的保障机能”[3]。因此,如何实现形式理性与实质理性的统一才是犯罪论体系的根本问题。在我国刑法学界,有学者认为,社会危害性之判断是一种实质判断而非形式判断,在苏联及我国刑法学中,社会危害性是放在犯罪构成之外的,没有纳入犯罪构成之中,将社会危害性视为犯罪构成的一个独立要件,是贬低社会危害性之于犯罪构成的意义。在这种情况下,实质判断与形式判断就成为“两张皮”,由

---

[1] 参见[德]恩施特·贝林:《构成要件理论》,王安异译,中国人民公安大学出版社2006年版,第16~17页。

[2] 参见[苏]特拉伊宁:《犯罪构成的一般学说》,薛秉忠等译,中国人民大学出版社1958年版,第14页。

[3] [日]大谷实:《刑法总论》(新版第2版),黎宏译,中国人民大学出版社2008年版,第85~86页。

此形成独立与冲突，其结果往往是实质判断取代形式判断。[1] 笔者认为这样的观点是对社会危害性理论的曲解。罪刑法定原则的确定意味着我们已经接受了形式束缚，选择了犯罪的形式判断优先的立场，但这并不能得出在任何情况下形式必须先于实质判断的结论。形式化的思维是一种原则，而具体案件事实各异，有时候存在例外。这种例外表现为在形式理性与实质理性发生冲突的情况下，应当坚持有利于被告人的原则作出判断，发挥社会危害性阻却犯罪的功能：如果行为人的行为具有社会危害性但是不具有刑事违法性，那么按照罪刑法定原则当然不构成犯罪；如果行为人的行为不具有社会危害性或者社会危害性显著轻微，那么即使形式上具有刑事违法性，按照《刑法》第13条但书规定也不构成犯罪。正如有学者指出，1997年《刑法》已经明文废止类推并确立了罪刑法定原则，作为社会危害性载体的但书只具有出罪功能，罪与非罪的判定，既未采用纯粹的社会危害性标准，也未采用完全的刑事违法性标准，而是刑事违法性和社会危害性相互结合、互为补充的复合标准。社会危害性概念与罪刑法定原则并不矛盾，如果说罪刑法定原则为缩小刑法打击范围、保障人权作了第一重限定，那么社会危害性就是对罪刑法定原则的一种增补，形成了在罪刑法定原则制约下的社会危害性格局，即双重制约格局，既可以保证一般公平，又可以实现个别公正，使犯罪的实质内容受到规范内的关照。[2] 因此，当我们对刑事法治怀着一种善良的期望并对其基本概念进行合乎目的的解释时，一些担心自然就可以消除了，我国以社会危害性为基础的犯罪论体系能够实现形式判断与实质判断的结合，从而实现形式合理与实质公正的理想，那种认为在我国现在法治语境下，必须将形式判断与实质判断分离的观点，无疑是对我国法治自我矮化的结论。

（二）社会危害性与法益侵害的关系

由于对社会危害性概念的种种误解，有学者曾经撰文鲜明地提出要将社会危害性概念驱逐出注释刑法学领域，同时为了避免注释刑法学堕入形式法学的泥潭，主张用法益侵害概念取代社会危害性概念，认为法益侵害具有规范性、实体性和专属性，因而比社会危害性概念更为优越。[3] 甚至更进一步认为，“对社会危害性理论进行批判，是我国刑法知识之去苏俄化的一个重要切入点，唯有如此，才能在彻底清算苏联刑法学影响的基础上，为我国刑法学期许一个美好的未来”[4]。果真如此吗？笔者并不赞同。在前文中，笔者已经从解释刑法学的角度从正面澄清了诸多对社会危害性概念的种种误读，这里从反面论证一下，其他概念并不比社会危害性更具优越性。

1.社会危害性与法益侵害是何关系。社会危害性是一个主客观相统一的范畴，法益侵害仅仅是社会危害性的客观方面，因此，法益侵害是社会危害性的下位概念。首先，法益侵

---

〔1〕 参见陈兴良：《社会危害性理论：进一步的批判性清理》，载梁根林主编：《犯罪论体系》，北京大学出版社2007年版，第48页。

〔2〕 参见储槐植、张永红：《善待社会危害性观念——从我国刑法第13条但书说起》，载《法学研究》2002年第3期。

〔3〕 参见陈兴良：《社会危害性理论——一个反思性检讨》，载《法学研究》2000年第1期。

〔4〕 陈兴良：《社会危害性理论：进一步的批判性清理》，载梁根林主编：《犯罪论体系》，北京大学出版社2007年版，第48页。

害旨在说明犯罪行为社会危害性的客观表现或者结果。例如俄罗斯刑法学者认为,行为的社会危害性亦即有害性,表现为对刑法典所保护的利益造成损失或构成损失的威胁。[1] 德国学者李斯特认为违法性具有二重含义:违反国家的规范及法秩序的命令、禁止的行为,是形式的违法;具有社会危害性即反社会的或非社会的行为,是实质的违法。所谓社会危害性,就是指对法规范所保护的个人或者全体的生活利益的侵害或者威胁,故侵害法益或者导致法益危险的行为,是实质的违法。[2] 我国台湾地区学者蔡墩铭认为,犯罪之结果为有害之结果,是以其发生于一定之行为客体时,结果发生之行为客体,遂不免遭受损害,法律以保护社会上各种有价值之客体为其任务,是以各种行为客体莫不含有法律所保护之利益,即法益。[3] 在中国,最初的通说认为社会危害性是指行为对社会秩序和社会关系造成这样或那样损害的事实特征。[4] 后来有学者认为社会危害性是指行为对国家、社会或个人利益的有害性。[5] 也有学者将社会危害性与法益侵害直接等同,认为社会危害性是指行为对法益的侵犯性(包括侵害与侵害的危险或威胁)。[6] 由此可见,法益侵害的含义已经被社会危害性所涵盖,从我国刑法关于犯罪概念的规定也可以看出,社会危害性与法益侵害在客观方面所描述的其实是同一现象,即行为对国家、社会、个人利益的侵害。只是社会危害性更具抽象性,它将行为对国家、社会、个人利益的侵害概括为对社会关系的侵害,而法益侵害则更具具体性、直观性。其次,法益侵害的概念并不能说明犯罪的主观方面。放弃社会危害性,便立即从刑法典中排除了实践中非常重要的关于情节显著轻微的行为不是犯罪的规范,改变罪过的结构和罪过的形式,刑事责任能力和无责任能力以及其他制度,有害只是反映客观上造成损失,而社会危害性则是一个主客观的范畴。[7] 因此,在我国以社会危害性为基础的主客观相统一的刑法理论中,以法益侵害取代社会危害性不仅没有必要,还会引起理论本身的混乱。当然,由于社会危害性在阶级斗争年代毕竟承载过阶级斗争和政权建设的内容,所以也有国家曾经为了澄清该概念的内容而试图使用其他概念,例如《俄罗斯联邦刑法典(草案)》(1994年)提出了这样一个犯罪定义:刑事法律所禁止的,对个人、社会或国家造成损害的行为(作为或不作为)是犯罪。该草案说明书所举出的理由是,指出"损害",而不使用"社会危害性",这是符合作者拒绝政治印记以及强调刑法不仅保护社会利益,而且保护每个人的权利和合法利益不受犯罪侵害的这样一个意图的。[8] 但是学者立即指出,这种论据很难

---

〔1〕 参见[俄]Н. Ф. 库兹涅佐娃、[俄]И. М. 佳日科娃主编:《俄罗斯刑法教程(总论)》,黄道秀译,中国法制出版社2002年版,第130页。

〔2〕 参见[日]奈良俊夫:《李斯特的法益论及其现代的意义(一)》,载《法学新报》1977年第84卷第1、2、3合并号,第70页以下。转引自张明楷:《刑法的基本立场》,中国法制出版社2002年版,第153页。

〔3〕 参见蔡墩铭:《刑法精义》(第2版),台北,翰芦图书出版有限公司2005年版,第80~81页。

〔4〕 参见高铭暄主编:《刑法学原理》(第1卷),中国人民大学出版社2005年版,第383页。

〔5〕 参见赵秉志主编:《当代刑法学》,中国政法大学出版社2009年版,第91~92页。

〔6〕 参见张明楷:《刑法学》(第2版),法律出版社2003年版,第96页。

〔7〕 参见[俄]Н. Ф. 库兹涅佐娃、[俄]И. М. 佳日科娃主编:《俄罗斯刑法教程(总论)》,黄道秀译,中国法制出版社2002年版,第137页。

〔8〕 参见《俄罗斯联邦刑法典总则(草案)说明》,莫斯科1994年版,第4页。转引自[俄]Н. Ф. 库兹涅佐娃、[俄]И. М. 佳日科娃主编:《俄罗斯刑法教程(总论)》,黄道秀译,中国法制出版社2002年版,第136页。

被认为是站得住脚的。刑事法律修订的唯一标准是它在同犯罪作斗争方面不够有效。无论是在理论上还是实践中,任何人任何时候都不曾建议放弃社会危害性,"宣言性""政治化""意识形态印记"等都是学术辩论的材料,而不是用来排除犯罪的核心和本质属性的材料,立法者用"社会危害性"这一要件来界定犯罪是正确的。[1]

2. 社会危害性同样具有规范性。笔者认为,对社会危害性概念的规范性质要分两个层次进行讨论,即刑事立法层次和刑事司法层次。社会危害性的规范性质只能在刑事司法过程(定罪过程)中显示,如前文所述,在定罪过程中,社会危害性接受罪刑法定原则的约束,以犯罪构成的评价为前提,因而本身具有规范的性质;在刑事立法过程中,社会危害性是犯罪化与非犯罪化的标尺,立法产生规范,在规范产生之前,在逻辑上社会危害性无法接受规范的评价,而一旦产生规范,社会危害性就理应接受规范的约束了。正如有学者指出,刑事立法不等于刑事司法,它是先于刑事司法而出现的主观活动,它根据以往的社会生活经验,通过价值判断和价值选择对具有社会危害性的行为进行遴选后设立犯罪构成,一种行为之所以被刑事立法者通过设立犯罪构成规定为犯罪,是因为这种行为具有严重的社会危害性,犯罪构成设立后,又是被用来在刑事司法中运用的,它所面对的违法的行为事实符合了犯罪构成自身的要求,行为具有了社会危害性就成了一种规范评价,即有刑事违法性的行为必定具有社会危害性。[2] 因此,社会危害性并不是一个能够被随意扩张的概念,与法益侵害概念一样,它本身受到罪刑法定原则的约束,具有规范的性质。

以上是笔者对我国刑法中社会危害性理论进行解释的基本观点。行文至尾,笔者认为有必要再强调一下一个老生常谈的方法论问题,即在刑法学研究中要坚持辩证唯物主义理论联系实践的认识论与方法论。这个基础的原则虽然被教科书反复申明,然而我们似乎已经快将它遗忘了。当下规范刑法学的研究在对一些基本问题进行解释的时候之所以会走得过远,就是因为偏离了这一基本的立场,在那里拼概念、倒逻辑,这样的研究对司法实践又有什么实际意义呢?因此,在这里重新强调这一方法论原则并不多余。以社会危害性理论为基础的犯罪论体系与德、日侧重犯罪形式方面的犯罪论体系客观上存在差异,它们分别植根于各自的法文化土壤,各有其特色和优势,很难说哪一种理论就是绝对真理或者具有绝对优势。相对而言,德、日刑法学犯罪论体系的优势在于追求哲理的周密性和体系的严谨性,中国刑法学犯罪构成理论的优势则在于蕴义的稳定性和操作的明快性。[3] 而这种优势正是我们的理论生命力的源泉。我们应该有这样的自信,随着法治观念的普及与法治水平的提高,形式与实质相结合的犯罪构成理论体系会越来越显示其优越性,我们要做的是完善现有理论体系并提高法律共同体的整体素质,而不是容忍人性的弱点,满足于形式合理却忽视实质判断,那无疑是法治的倒退。

---

〔1〕 参见[俄]Н. Ф. 库兹涅佐娃、[俄]И. М. 佳日科娃主编:《俄罗斯刑法教程(总论)》,黄道秀译,中国法制出版社2002年版,第137页。

〔2〕 参见杨兴培:《犯罪构成原论》,中国检察出版社2004年版,第180~181页。

〔3〕 参见高铭暄:《关于中国刑法学犯罪构成理论的思考》,载《法学》2010年第2期。

犯罪构成的概念和意义*

犯罪构成的理论在社会主义刑法理论中占有突出的地位，刑法中几乎所有的问题都与犯罪构成问题有着紧密的联系。犯罪构成是犯罪概念的具体化。犯罪概念回答的问题是：什么是犯罪？犯罪有哪些基本的属性（特征）？而犯罪构成则是在犯罪概念的基础上进一步回答：犯罪是怎样成立的？它的成立需要具备哪些法定的要件？所以犯罪构成与犯罪概念是两个既有密切联系又有所区别的概念。研究刑法，不能不研究犯罪概念，同样，也不能不研究犯罪构成。

一

犯罪构成的概念早在中世纪的欧洲就已产生，但当时只有诉讼上的意义。确定犯罪构成乃是司法机关——宗教裁判所的任务。封建国家把犯罪构成看作是那些能够证明犯罪事件发生的证据的总和，以证明犯罪事件的发生，同时作为提起刑事追诉的充分理由。这样的犯罪构成概念，是完全符合封建特权阶级对劳动人民镇压的任务的。这是因为当时在诉讼上采取"形式证据"的标准，认为证人的身份及社会地位不同，证言的价值也就不同。同时，当时的犯罪构成不是由法律明文加以规定，而是由法官来确定，这就大大便利了封建法院的专横。

资产阶级在与封建法院的专横作斗争时，曾提出了"法无明文规定者不为罪"的原则，在刑事立法中详细地规定了每一犯罪构成。例如1810年《法国刑法典》以及初期的其他资产阶级国家刑法典，都是如此。由于刑法典规定了犯罪构成，那么犯罪构成就不再是诉讼上的概念，而是移到实体刑法中来了。

在资本主义胜利与确立时期，首先对犯罪构成学说加以研究的是刑事古典学派。德国刑法学家A.费尔巴哈在1813年所制定的《巴伐利亚刑法典》第27条专门作了以下规定："当违法行为包含依法属于

---

* 本文原载于《法学》1982年第1期。

某罪概念的全部要件时,就认为它是犯罪。”

但是,刑事古典学派学者对犯罪构成要件的认识并不是完全一致的。有些刑法学家只把那些说明犯罪行为本身的客观要件列入犯罪构成之内,而把罪过(故意、过失的总称)等主观要件排除在犯罪构成之外。例如A.费尔巴哈就是这样。他给犯罪构成下了如下的定义:“犯罪构成乃是违法的(从法律上看来)行为中所包含的各个行为的或事实的诸要件的总和。”虽然他并不忽视罪过在追究刑事责任中的意义,但他把犯罪构成看成是负刑事责任的客观基础,把罪过看成是负刑事责任的主观基础,这样就把作为主观、客观要件总和的犯罪构成的统一概念,人为地割裂开来了。也有一些刑法学家把犯罪构成理解为犯罪的一切主观、客观要件的总和。例如,德国的贝尔聂尔就是这样。这种表现资产阶级法治的观点,比起封建擅断主义来是有相对进步意义的。

资本主义发展到了帝国主义阶段,资产阶级时而继续利用,时而又不断破坏从前建立起来的形式民主原则和法制原则。与此相适应,资产阶级刑法学中除了古典学派(旧派)外,也出现了新的流派——刑事人类学派和刑事社会学派。他们重视的不是犯罪行为,而是所谓“犯罪人”。

刑事人类学派超时间超空间地提出了“犯罪人”的问题,把他看成是在任何时间内任何条件下都必然实施犯罪的某种生物学上的东西。容许对没有实施具体犯罪的人适用刑罚,也就是把作为刑事责任基础的犯罪构成问题抛弃在视线之外。

刑事社会学派把所谓人对社会的“危险状态”提到首位,他们认为主体比犯罪行为本身要危险得多,行为仅仅是表现人的“危险状态”的一种征兆。德国刑事社会学派学者李斯特在1882年宣布一个口号:“应受惩罚的不是行为,而是行为人。”因此,在他们看来,人的“危险状态”“固有特性”就代替了犯罪行为,成为刑事责任的基础。

总之,刑事人类学派是以“天生的犯罪人”来代替犯罪行为,刑事社会学派则是以人的“危险状态”来代替犯罪行为。他们就是这样把犯罪构成的学说变成了“犯罪人”的学说。

英美的刑法理论,比较注意分析刑法分则的规范,而很少研究犯罪构成的一般学说。例如,肯尼的巨著《刑法纲要》,用了很大篇幅来论述“犯罪本质”,但对犯罪构成的概念却只字未提。当然,对于犯罪意图、犯罪行为这些犯罪的主客观方面,英美的刑法理论也是注意研究、有所分析的,但是没有综合成系统的犯罪构成学说,则不能不认为是理论上的匮乏。现代美国的某些法学家,坚持和发挥了刑事人类学派、刑事社会学派的“犯罪倾向”论、“潜在犯罪”论、“个人危险状态”论,认为人们的行为究竟是否成立犯罪,不应当依照法律来决定,而应当从“违法者的社会地位”出发来决定。还提出刑罚应当以确定罪犯的危险性和倾向性为基础,而不应当以犯罪被审判的个别犯罪行为的严重性为基础。所有这些理论,都是赤裸裸地否定犯罪构成,而为资产阶级破坏法制、加强司法镇压和法外制裁服务的。

俄国十月社会主义革命以后,在列宁、斯大林领导的时期,有一些刑法学者如A.H.特拉依宁等,对犯罪构成的基本理论进行了比较系统深入的研究,提出了一些有价值的见解。例如,明确指出犯罪构成是主客观要件的有机统一;犯罪构成不能脱离犯罪的实质概念;犯罪构成是负刑事责任的唯一基础;确定犯罪的因果关系和罪过必须以辩证唯物主义的哲学为指导，等等。这些见解对于我们进一步深入探讨犯罪构成的学说、解决刑事立法和司法工作中的实际问题，有一定借鉴意义。

中国封建时代的刑法理论，局限于对律条进行注疏，对具体罪作一些说明，而没有提出犯罪构成的概念问题。近代以后，接受欧洲大陆法系的刑法观点，开始在刑法著作中对犯罪构成的各个要件有所阐述，但是没有制定出关于犯罪构成的一般概念。中华人民共和国成立以后，在马克思列宁主义、毛泽东思想的指引下，我们的刑法学界在20世纪50年代曾致力于对犯罪构成的理论进行研究和探讨。司法机关也努力运用犯罪构成的理论来分析确定各类犯罪案件。后来由于法律虚无主义和"左倾"思潮的干扰，工作受到很大挫折。正确的理论遭到错误的批判，犯罪构成问题竟成了法学中的一个"禁区"。理论上的混乱必然导致实践上的错误。"文革"期间之所以发生那么多的冤假错案，除了林彪、江青反革命集团及其帮派体系有意诬陷这个主要原因以外，也同长时期内否定犯罪构成理论这个不正常的状况分不开。在党的十一届三中全会以后，党和国家大力加强社会主义民主和社会主义法制。《刑法》《刑事诉讼法》等重要法律陆续公布施行。法学界在党的正确路线指引下，打破一个又一个的"禁区"，犯罪构成的理论于是获得了新生命，又开始活跃在刑法科学的舞台上。

以上我们简要地回顾了一下犯罪构成理论产生和发展的历史概况。从这里我们可以得到深刻的启示：无论是中国还是外国，犯罪构成问题总是与法治问题紧密联系在一起的。凡是强调法治的时候，犯罪构成的理论就受到重视、获得发展，反之，就遭到批判和反对。因此，我们在总结历史经验，维护和加强社会主义法制的同时，一定要注意犯罪构成理论的研究，要使这个理论在贯彻执行我国刑法，依法从重从快惩处重大现行刑事犯罪以及提高司法机关的办案质量方面发挥其应有的作用。

二

我国刑法中的犯罪构成，就是我国刑法所规定的，决定某一具体行为的社会危害性及其程度而为该行为成立犯罪所必要的一切客观和主观要件的总和。主要有以下几点：

第一，犯罪构成乃是一系列要件的总和。例如，《刑法》第120条规定伪造、倒卖计划供应票证罪时，明文指出了构成这种罪的要件：(1)伪造、倒卖行为；(2)伪造、倒卖的是计划供应票证；(3)主观上有营利目的；(4)情节严重。将这些要件以及总则规定的普遍适用的一些要件(如达到法定年龄、具有责任能力)结合在一起，就形成伪造、倒卖计划供应票证的犯罪构成。又如，《刑法》第148条规定的伪证罪，其构成要件是：(1)对与案件有重要关系情节作虚假证明、鉴定、记录或翻译；(2)犯罪行为发生在侦查、审判期间；(3)犯罪人是证人、鉴定人、记录人或翻译人；(4)主观上出于故意，并有陷害他人或者隐匿罪证的动机。将这些要件与总则规定的要件结合在一起，就形成伪证罪的犯罪构成。

第二，任何一个犯罪，都可以用很多事实特征来表明，但并非每一个事实特征都是犯罪构成的要件，而只有对行为的社会危害性及其程度具有决定意义而且是成立犯罪所必需的那些事实特征，才是犯罪构成的要件。举例说，许某是一个矮胖男青年，21岁，在国庆节晚上，隐藏在小桥附近，一个中年妇女肩挎黑色皮包，从桥那边过来，他突然窜出，一拳将那妇女击倒,抢得皮包后撒腿就跑。在这样一个案例中,表明犯罪的事实特征是很多的。例如,犯罪人是男青年,身体矮胖;犯罪发生在国庆节的晚上,在小桥旁;被害人是中年妇女;被抢去的是一个皮包,皮包的颜色是黑的;等等。但是对于行为成立犯罪(抢劫罪)来说,不是一切事实特征而是只有以下几个才有决定意义:(1)使用暴力;(2)夺取;(3)他人的财物;(4)行为人达到法定年龄;(5)行为人有认识和支配自己行为的能力;(6)故意。因为这几个事实特征结合起来,就使得行为具有成立犯罪(抢劫罪)所必要的社会危害性。因此,只有这几个事实特征才是犯罪(抢劫罪)构成的要件。至于其他一些事实特征,如在国庆节晚上,侵犯的对象是妇女等,在人民法院对犯罪分子量刑时,可适当加以考虑;犯罪分子的身材,皮包的颜色等,则只是证明许某实行犯罪的证据。但是它们对于确定人的行为成立犯罪(抢劫罪)来说,不是犯罪构成的要件。由此可见,事实特征能否成为犯罪构成的要件,有一项客观的标准,这就是看这些特征对于决定行为的社会危害性有无意义,以及这些特征结合在一起能否使行为的社会危害性达到成立犯罪所必要的程度。如果不能体现出已达到成立犯罪所必要的程度,那么就不能形成任何犯罪构成,而该行为也就不是犯罪行为。由此可见,行为的社会危害性达到成立犯罪所必要的程度,乃是犯罪构成的基本属性。没有达到必要程度的社会危害性,也就没有犯罪构成。

第三,行为成立犯罪所必须具备的诸要件,是由我国刑法加以规定的。这是罪刑法定原则的直接体现。任何犯罪都是违反刑法规范的行为,也就是指行为具备了刑法所规定的犯罪构成的诸要件。因此,行为是否具备犯罪构成要件与行为是否违反刑法是完全一致的。行为的刑事违法性也是犯罪构成的基本属性。没有刑事违法性也就没有犯罪构成。《刑法》分则在规定各种具体犯罪时,通常都指出犯罪成立所必需的要件,例如《刑法》第125条的破坏集体生产罪,第185条的受贿罪,第120条的伪造、倒卖计划供应票证罪,第148条的伪证罪,等等。但是,分则条文并不把具体犯罪构成的所有要件都列举出来。尤其是简单的罪状,只是写罪名,而不写犯罪构成的要件。这时,从《刑法》总则有关犯罪的规定出发,以犯罪构成的一般理论为指导,按照犯罪客体、犯罪客观方面、犯罪主体、犯罪主观方面的要求,将该具体犯罪构成的诸要件一一加以阐明,就成为刑法学者和司法工作者的任务。

三

研究犯罪构成的基本理论,有着重大的意义。这首先是因为犯罪构成是使行为人负刑事责任的基础。犯罪构成通俗地讲,也就是构成犯罪的规格和标准。毛泽东同志在讲到镇反工作时曾指出,“要注意讲规格,没有规格那是很危险的,要合乎标准才叫反革命”。[1] 反革命罪有反革命罪的规格和标准,其他刑事犯罪也都有各自的规格和标准。追究任何一个人的刑事责任,都必须根据这个规格和标准,查明在该人的行为中具有法律所规定的某种犯罪构成,这也就是“事实是根据,法律是准绳”这个司法工作基本原则在定罪问题上的具体贯彻。没有犯罪构成,就意味着该人不成立犯罪,不是有罪的人,从而也就不负刑事责任,不

〔1〕《毛泽东选集》(第5卷),人民出版社1977年版,第200页。

受刑罚处罚。反过来说,不根据犯罪构成来追究公民的刑事责任,那就是对宪法和法律所保障的公民基本权利的严重侵犯,就是违法,就是破坏社会主义法制。所以正确地查明人的行为中有没有犯罪构成,是同准确、合法、及时地与犯罪作斗争密切相关的,是同切实保障公民的人身权利和民主权利密切相关的,是同提高司法机关的工作质量,正确行使侦查权、检察权和审判权密切相关的。

其次,犯罪构成的基本理论就像解剖刀一样,可以帮助我们剖析刑法上规定的每一个具体犯罪构成的要件,把罪与非罪及罪与罪之间的界限明确划分开来。因此,掌握犯罪构成的理论乃是正确认定犯罪的重要保证。只有定罪正确,才能量刑适当,才能做到不枉不纵、不错不漏。这对于加强社会主义法制,保障四化建设,保护公民的合法权利和利益,无疑是十分必要的。

最后,研究犯罪构成的基本理论对于推进刑法科学本身的建设也非常必要。犯罪构成理论是马克思主义刑法学极其重要的组成部分。刑法科学中的许多重要问题如共同犯罪、犯罪的阶段、刑法分则的体系、类推、数罪并罚等,都与犯罪构成的基本理论息息相关。如果没有很好地研究犯罪构成的基本理论,对上述这些问题也就不能作出深刻的分析和正确的论断。

关于中国刑法学犯罪构成理论的思考*

犯罪构成理论体系作为犯罪判断与证成的思维作业模式,乃是整个刑法学体系的基石,并为近代刑事法治文明的支柱。中国刑法学犯罪构成理论体系在过去60年间,不仅作为中国刑法学术研究的基础平台,产生了深远的理论价值,而且成为中国刑事司法实践的操作指南,发挥了积极的实践意义。但是,近年来,这一理论体系备受争议,甚至饱受责难,面临着严峻的挑战,从而引发了笔者对其命运的密切关注和严肃思考。

一、中国刑法学犯罪构成理论体系的基本架构和内容

关于中国刑法学犯罪构成理论体系的主体架构和基本内容,遵循中国刑法学界的主流共识,大体可以归结为以下三点:

第一,关于犯罪构成的概念。中国刑法学关于犯罪构成的通行定义是:犯罪构成是刑法所规定的,体现和决定某一行为的社会危害性及其程度,而为该行为成立犯罪所必需的一系列主客观要件的有机统一整体。根据这一经典定义,犯罪构成具有以下三个基本特征:其一,犯罪构成具有法律实定性。犯罪构成是刑法所规定的,包括刑法总则和分则的结合规定。因此,犯罪构成乃是罪刑法定原则的坚实保障。其二,犯罪构成具有价值承载性。犯罪构成体现和决定某一行为的社会危害性及其程度,各个犯罪构成要件本质上都是对犯罪社会危害性的不同侧面的表达。因此,犯罪构成乃是犯罪本质的构成系统。其三,犯罪构成具有有机统一性。犯罪构成是由一系列主客观要件相互联系、相互作用组成的统一整体。因此,犯罪构成是主客观相统一的定罪基本原则的忠实体现。

第二,关于犯罪构成的框架。中国刑法学犯罪构成理论体系在整体格局上表现为两大块四要件耦合式的结构。两大块就是根据主客观相统一原则将犯罪构成整体上划分为客观要件和主观要件两个板块。

---

* 本文原载于《法学》2010年第2期。

四要件就是对两大块进行二次析分之后形成犯罪构成的四大基本元素即四大构成要件，依次包括：犯罪客体—犯罪客观方面—犯罪主体—犯罪主观方面。一个行为如欲认定其成立犯罪，必须同时具备上述犯罪构成的四大要件，缺失其中任何一个要件，都不可能成立犯罪。

第三，关于犯罪构成的意义。一方面，从刑事法治建设角度而言，犯罪构成理论乃是刑事法治的支柱。近代以来的刑事法治文明的标志性成果就是罪刑法定原则，犯罪构成理论给罪刑法定原则提供了实质性的支撑和实体性的依托，因而成为刑事法治文明的一个重要支柱。另一方面，从刑法学科体系角度而言，犯罪构成乃是整个刑法学体系的基石，因为：其一，犯罪构成是犯罪概念的延伸。犯罪构成以犯罪成立要素系统的形态对犯罪概念进行了实证解读，因而犯罪构成成为犯罪概念的延伸。其二，犯罪构成是犯罪本质的构成。犯罪构成要件从主客观不同侧面对犯罪的社会危害性进行全方位多侧面的诠释，因而犯罪构成与实施犯罪互为表里也就成为犯罪本质的构成。其三，犯罪构成是刑事责任的根据。启动刑事追究的前提和基础是行为符合犯罪构成，因而犯罪构成也成为刑事责任的根据。可见，犯罪构成上接犯罪概念问题，下引刑事责任问题。如是，以犯罪构成理论为基石，就形成了以"罪—责—刑"一条龙为基本秩序的具有中国特色的刑法学体系。中国刑法学体系的逻辑运动秩序也就是：首先，犯罪论研究"罪"的问题，以认定犯罪为核心任务；其次，刑事责任论研究"责"的问题，以确定刑事责任为核心任务；最后，刑罚论研究"刑"的问题，以决定刑罚为核心任务。一言以蔽之，"罪—责—刑"乃是中国刑法学的研究逻辑，"认定犯罪—确定责任—决定刑罚"乃是中国刑事司法的作业逻辑。

二、中国刑法学犯罪构成理论体系当下所面临的挑战

对于中国刑法学犯罪构成理论体系进行批判和质疑的声音，并非今日始有，而是由来已久，并且愈演愈烈。但是，这种声音在过去30年间并非一个调子。笔者认为，大体上可以以新旧世纪交替为界，分为以"改造论"为主旋律和以"移植论"为主旋律的两个不同时期。

所谓"改造论"，也可以称为"改良论"，盛行于20世纪八九十年代，其基本诉求是在维护中国刑法学犯罪构成理论传统框架和格局的基础上，进行技术性的修正改造，其基本方法大多是对犯罪构成要件体系进行拆解重组或者置换位移。作为"改造论"的成果，刑法学界提出了"两要件说"、"三要件说"和"五要件说"甚至"新四要件说"，但终成过眼烟云。

所谓"移植论"，实质上就是"革新论"，在进入21世纪之后渐成气候。随着中外刑法学术交流活动的日益勃兴，德日刑法学成果广泛传入中国并且迅速获得青睐，某些刑法学者主张以革故鼎新的立场彻底推翻以四要件为特征的苏联式传统体系，以直接"拿来"的方法全面移植以三阶层为特征的德日刑法学犯罪论体系，从而实现中国刑法学犯罪构成理论体系所谓国际化的目标。

"移植论"的立论基础是对中国现行犯罪构成理论体系的彻底否定，其理由颇为纷繁，笔者认为根据其方法论整体上可以归结为以下两点：

第一，从历史学和价值学的角度。"移植论"者认为，中国刑法学犯罪构成理论体系是移植和拷贝苏联刑法学成果的产物，而苏联刑法学是在阶级斗争政治哲学基础上建立起来的，是纯粹意识形态的产物，缺乏基本的学术质量，已被实践所弃用，因此当代中国刑法学应当彻底“去苏俄化”。德日刑法学犯罪论体系被公认为当代世界最为精美、最为缜密的犯罪论体系,在大陆法系国家产生了深远影响。这就决定了中国刑法学犯罪构成理论体系追随德日的必要性。同时,撇开意识形态色彩不论,单纯就成文法传统、法官职权主义和演绎思维模式这三个基本文化特质而言,包括中国和苏俄在内的社会主义法系广义上都可以归入大陆法国家谱系,中国在法律文化、司法体制、诉讼模式等方面与德日等大陆法系国家具有亲缘性,而且20世纪前半叶民国时期的中国刑法学即完全移植了德日刑法学知识体系,今日我国台湾地区刑法学沿袭了以德日为师的民国刑法学传统,可见德日刑法学成果植入中国刑法文化土壤并不存在因水土不服而引发“南橘北枳”之问题。这也就表明了中国刑法学师法德日的可行性。

第二,从逻辑学和功能学的角度。“移植论”者认为,中国刑法学犯罪构成理论体系在逻辑构造与体系功能上存在无法解决的内在缺陷和固有局限,与德日刑法学犯罪论体系相较优劣分明,并主要集中为两点:一是中国刑法学犯罪构成理论体系表现为静态的平面耦合结构,四个要件之间是一种“一存俱存,一无俱无”的循环依赖关系,而非依次推进、逐步收敛的位阶关系,因此仅仅揭示定罪结论而未体现定罪过程,实质上是在构成犯罪的先验认知下去做要件拼图工作,体现有罪推定之思维,容易酿造冤假错案;相反,德日刑法学犯罪论体系表现为动态的立体递进式结构,在构成要件、违法和责任三个评价环节依次逐层实现犯罪过滤功能,不仅揭示定罪结论,而且展现定罪过程。二是中国刑法学犯罪构成理论体系只研究犯罪构成的积极要件而不研究犯罪构成的消极要件,或者说只设置入罪路径而不配置出罪路径,将正当防卫、紧急避险等阻却犯罪行为放在犯罪构成体系之外进行孤立的个别的研究,造成犯罪构成理论仅含入罪机制而不含出罪机制,只突出社会保护机能而缺失人权保障机能;相反,德日刑法学犯罪论体系在违法和责任两个要件中架设违法和责任阻却事由的判断机制,将犯罪成立的积极要件和消极要件进行一体化考量,实现入罪功能与出罪功能的和谐配置,更符合制约国家刑罚权、保障人权的要求。

三、中国刑法学犯罪构成理论体系的现实思考

笔者一直认为,批判是学术成长不竭的动力。改革开放30年来中国刑法学犯罪构成理论体系成熟的过程,实质上也是一个不断开展批评和自我批评的过程。正是中国刑法学界谦虚面对各种批判声音,并以此为契机开展深刻反思,才促成了犯罪构成理论体系的发展和完善。但同时笔者也认为,学术批判应当遵循两点基本规则:一是必须建立在对被批判对象严肃、深刻的理解基础之上;二是必须运用学术的方式开展学术批判。基于这两点,笔者对于当下刑法学界“移植论”者就现行中国刑法学犯罪构成理论体系给予彻底否定的见解,不敢苟同。

对于“移植论”所持的第一点理由的质疑,需要强调两个方面:

第一,苏联和新中国的刑法学犯罪构成理论体系虽然都孕育于阶级斗争年代,但并非如“移植论”者所责难的是基于政治需要的产物,而是刑法学界严谨诚挚探索研究的成果。没有一项理论是没有历史脉络而横空出世的。苏联的犯罪构成理论追根溯源,还是对19世纪大陆法系刑法学犯罪论体系的继承。19世纪后半期乃是大陆法系刑法学犯罪论体系的草创阶段,当时的主流风格乃是受黑格尔辩证法思想的影响,从犯罪主客观要素的平面析分和统合上去论证犯罪成立,如德国具有代表性的贝克迈耶体系将犯罪成立要件划分为"客观构成要件"和"主观构成要件"。[1] 意大利流行的由卡尔拉拉所倡导的"两分"的犯罪概念将犯罪成立要件析分为"物理力"和"精神力"。[2] 日本早期较有影响的刑法学家胜本勘三郎的犯罪论体系则由"犯罪主体"、"犯罪客体"、"犯罪行为"和"责任"(主观罪过)四项要件组成。[3] 这也直接影响了当时的俄国刑法学犯罪论体系的风格。十月革命之后,苏联刑法学家们批判了肇始于贝林格、以新康德主义为哲学根据、以形式主义构成要件理论为基石的犯罪论体系(今日德日刑法学犯罪论体系的源头),继受了革命前俄国的塔甘采夫的犯罪论体系模式,并且以马克思主义哲学为指导进行了价值改造,经过诸多刑法学家的激烈交锋争鸣,最终形成了以社会危害性为价值内容、以四要件结构为格局形式的犯罪构成理论。这个犯罪构成理论体系是苏联刑法学界以特拉伊宁为代表的诸多刑法学家集体学术智慧的结晶,是客观历史传承和严肃现实选择的结果,而并非政治冲动或者阶级斗争的产物。当下中国刑法学界有的学者戴着意识形态的有色眼镜去看待这一理论体系,不仅是对苏俄刑法学历史的无知,而且是对学术成果简单的妄断。从历史来看,四要件犯罪构成理论不论是在苏联还是在新中国,都是作为刑事法治建设的积极力量而存在的,从中我们可以看到其成长命运多舛。

第二,中国刑法学犯罪构成理论体系虽然取法于苏联刑法学界,但并非如"移植论"者所指责的纯属苏联刑法学犯罪构成理论的简单复制,而是在学习苏联刑法学犯罪构成理论的基础上进行中国本土化改造的成果。考察中外法律进化史可知,但凡成活并且生机勃勃的法律移植,不可能不包含"水土调适"的过程。就"移植论"者所支持的德日刑法学犯罪论体系而言,继受德国的日本刑法学犯罪论体系也作了相当的发展和创新,最突出的两点贡献就是由小野清一郎倡导的"违法责任类型说"和藤木英雄等人推出的"可罚违法性"理论,这两点理论创新又反哺影响了德国刑法学,从而构成了德日刑法学青蓝互动的局面。同样,中国刑法学犯罪构成理论体系在移植苏联体系的过程中也作了一定的发展和创新。应当说,20世纪50年代,在当时向苏联"一边倒"的特殊历史环境下,加之中国社会主义新刑法学团队尚未成形,翻版苏联刑法学犯罪构成理论体系势所难免,但是,很快随着反右运动的开始而夭折,之后长达20年成为不敢问津的理论禁区。中国刑法学犯罪构成理论体系真正成型发展是在改革开放之后,当时一些刑法学人在刑法学春天来临的时刻,以维护和发扬社会主义法制的崇高热忱,以20世纪50年代学到的苏联刑法学犯罪构成理论为蓝本,构建了中国刑法学犯罪构成理论体系,并且发展了苏联刑法学犯罪构成理论的知识内涵。其中最典型的就是中国刑法学犯罪构成理论强调犯罪构成不仅决定社会危害性的存在,而且决定社会危害性的程度,从而在犯罪构成要件中引入定量因素,将对犯罪构成的认识提升到社会危害

---

[1] 参见洪福增:《刑法理论之基础》,台北,刑事法杂志社1977年版,第3页。
[2] 参见陈忠林:《意大利刑法纲要》,中国人民大学出版社1999年版,第76~78页。
[3] 参见李海东主编:《日本刑事法学者》(上),中国·法律出版社、日本国·成文堂1995年版,第6~7页。

性的质与量统一的高度。

关于“移植论”者所持的第二点理由的质疑,笔者也强调两个方面:

第一,中国刑法学犯罪构成理论同样具有过程特征。中国刑法学犯罪构成理论运用于定罪过程,并非如有的学者所言没有位阶性和层次感,一次作业、一步到位,而是同样具有过程性。只是笔者认为,德日刑法学犯罪论体系的过程性体现为在三个阶层之间逐步过滤,后一阶层的否决并不抵消前置阶层的成立,而我国刑法学犯罪构成理论的过程性则体现为在四个要件之间逐项筛选,并且任何一项要件的否决都足以抵消其他要件的成立。逐步过滤和逐项筛选之间只是方法论的区别,很难说哪一种方法就绝对合理。至于有的刑法学者将中国刑法学犯罪构成理论诟病为“引向有罪推定思维”“酿造冤假错案”,其荒谬性自不待言,不消辩驳。

第二,中国刑法学犯罪构成理论同样具有出罪功能。四大犯罪构成要件既是积极要件又是消极要件,当完全充足四个要件而确证犯罪成立时,即发挥了入罪功能,反之,当缺失其中任何一个要件而否决犯罪成立时,即发挥了出罪功能,这应当是不言而喻的基本常识。而且,从学理意义来讲,中国刑法学犯罪构成理论在出罪功能上较之德日刑法学犯罪论体系更加干净利落而不拖泥带水,因为只要否决其中一个要件,就可以省略对其他要件的审视。故此,怎么能说中国刑法学犯罪构成理论不具备“出罪功能”呢?照此逻辑,中国法院根据现行犯罪构成理论判决的刑事案件岂非都是有罪结论?所以,稍加推敲便可发现“移植论”者的这一诘难根本无法成立。“移植论”者认为,只有将阻却犯罪行为[1]植入犯罪构成理论才能使犯罪构成理论发挥出罪功能,这也是似是而非的伪判断。阻却犯罪行为置于犯罪构成体系之内还是之外,只是刑法学体系叙述的问题。中国刑法学之所以将正当防卫、紧急避险等阻却犯罪行为置于犯罪构成之外加以研究,完全是因为中国刑法学中的犯罪构成是承载社会危害性的实质构成,所以没有阻却犯罪行为的托足余地。饶有趣味的是,正因为中国刑法学将阻却犯罪行为置于犯罪构成之外,反而促成了阻却犯罪行为构成要件的独立成型。我们在中国刑法学教科书中可以看到正当防卫、紧急避险都各自具备其不同的严密的主客观构成要件,这应该说是中国刑法学区别于德日刑法学的一大特色。这样,在中国刑事司法的犯罪认定实践中,也就形成了与德日刑事司法迥然不同的思维逻辑:对于某些具有正当防卫等犯罪阻却可能的案件,首先是根据正当防卫等构成要件对行为性质加以判断,在充足构成要件的情况下即径行认定正当防卫等阻却犯罪行为的成立,犯罪构成理论则无须登场,只有在正当防卫等构成要件不充足的情况下才需要启动犯罪构成理论进行罪与非罪、此罪与彼罪的厘定。因此,尽管阻却犯罪行为理论被置于犯罪构成体系之外,但并不影响其实际功能的发挥。“移植论”者关于中国刑法学犯罪构成体系不兼容阻却犯罪行为致其出罪功能缺失的批判,是纯粹技术思维引发的误读,并且也无视中国刑事司法的实况。

中国刑法学犯罪构成理论体系和德日刑法学犯罪论体系分别植根于各自的法文化土壤,各有其特色和优势,很难说哪一种理论体系就是绝对真理或者具有绝对优势。相对而

[1] 或称阻却违法行为、排除社会危害性行为、正当行为,笔者认为以阻却犯罪行为表述较为妥当。

言，德日刑法学犯罪论体系的优势在于追求哲理的周密性和体系的严谨性，而中国刑法学犯罪构成理论的优势则在于蕴义的稳定性和操作的明快性。第一，就蕴义的稳定性而言，德日刑法学犯罪论体系自贝林格以来的100年间，体系模式不断翻新，在"构成要件—违法—责任"的三阶层体系之外，还有"行为—不法—责任"的三阶层体系，以及"行为—构成要件—违法—责任"的四阶层体系，等等，不下十数种，令人眼花缭乱。即便是最为通行的"构成要件—违法—责任"的三阶层体系，也是在不断流变之中。关于构成要件、违法和责任内部的具体要素配置，见解纷呈，莫衷一是。反观苏联和中国刑法学犯罪构成理论体系，50年来一直维持其基本架构和主体内容不变，应当说是其优势。犯罪构成理论作为犯罪认定的思维作业模式在刑事司法界具有根植性，犯罪构成理论的稳定性对于促进刑事司法的统一性与安定性具有重要意义。试想，如果犯罪构成理论动辄推陈出新，会给刑事司法作业带来多大的困扰甚至危害？第二，就操作的明快性而言，今天的德日刑法学犯罪论体系可以说是叠床架屋，单就其主观故意（过失）的判断而言，就形成了所谓构成要件故意（过失）、违法故意（过失）和责任故意（过失）。对向来作为责任专属要素的故意（过失）分别在构成要件、违法和责任三个阶层上重复给予检讨，认为构成要件故意（过失）和违法故意（过失）乃是一种类型性检讨，责任故意（过失）乃是个别性检讨，但又认为构成要件故意（过失）对于违法故意（过失）和责任故意（过失）具有推定机能，真令人有云雾缭绕之观感。反观中国刑法学犯罪构成理论体系，四个要件之间对应工整，界限清晰，简洁明快，具有鲜明的可操作性。

犯罪构成理论应当是志向现实的学问，应当追求现实的妥当性和实践的可操作性，具有鲜明的实践品格或者说务实风格。德日刑法学犯罪论体系自贝林格以来100年间的发展历程，为了理论而理论，为了体系而体系，沉湎于理论创新，失落为概念游戏，已经走上了一条纯粹理性主义的道路，和刑事司法实践的期待与需求渐行渐远。事实上，在德日刑法学界，许多刑法学者也对其犯罪论体系展开了深刻的批判性反思。如德国刑法学家雅科布斯认为，德国学说争辩因果行为论或目的行为论何者为佳，以及争辩阶层构造理论，纯粹是"二战"之后，刑法学者逃避政治压力（作为战败国的知识分子，谈规范的目的或规范的本质会有自我否定的压力），把精力放在这种技术问题上所致。区分构成要件合致性、违法性和有责性，或区分不法和罪责，都是没有意义的。归根结底，只是一个行为人要不要负责的问题。[1] 日本刑法学者也认为，日本的犯罪论体系由于受德国刑法学的绝对影响，采用的是"构成要件""违法性""责任"这种观念的、抽象的犯罪论体系，因为必须考虑什么是构成要件，构成要件和违法性、责任之间处于什么样的关系，所以具有强烈的唯体系论的倾向。结果不仅一般国民而且其他法律领域的人也因为刑法体系过于专业而难以接近。不仅如此，这种体系，使得无论在战前还是在战后，都难以自下而上地对刑罚权的任意发动现象进行批判，并为这种批判提供合理根据。[2] 德日刑法学家们都能够有一份清醒客观的自我认识，为什么中国的某些刑法学者却一味地讴歌和礼赞呢？

---

〔1〕 参见许玉秀：《当代刑法思潮》，中国民主法制出版社2005年版，第53页。

〔2〕 参见日本刑法理论研究会：《现代刑法学原论（总论）》，三省堂1989年版，第317页。

当然，我们指出德日刑法学犯罪论体系的缺陷，并不意味着中国刑法学犯罪构成理论体系已经尽善尽美或者较之高出一筹，从而抱持敝帚自珍的心态拒绝任何批评的声音。刑法学界对于现行犯罪构成理论体系的许多批评是值得我们反思和检讨的。我们的犯罪构成理论体系确实也存在静态性有余而动态性不足、封闭性有余而开放性不足等不少问题，而这恰恰是我们努力的方向。

四、结语

犯罪构成理论不仅仅是刑法学术研究的基石，而且是刑事法治建设的基石。笔者衷心希望刑法学界一切学人积极参与犯罪构成理论体系的发展和完善，笔者也认为在这一过程中积极借鉴包括德日刑法学在内的域外先进刑法学术成果是必要且有益的。但是，这一切应当建立在对中国刑法学的深刻理解和对中国刑事司法实务的现实把握的认识基础之上，建立在“体系的思考”和“问题的思考”互补的方法基础之上。

论四要件犯罪构成理论的合理性暨对中国刑法学体系的坚持*

近年来，学界出现了一种质疑中国刑法学理论的声音，某些刑法学者认为，中国刑法学中的四要件犯罪构成理论需要“全面清理”；中国刑法学体系需要按照德日刑法学递进式三阶层犯罪论体系“推倒重建”。如何看待这种对四要件犯罪构成理论批判的观点？如何正确评价现行中国刑法学体系及传统的刑法学理论？在此，笔者结合个人思考，谈谈对这些问题的看法。

一、四要件犯罪构成理论的合理性

笔者认为，四要件犯罪构成理论并不存在某些学者所认为的诸多缺陷，相反在目前中国的国情下，四要件犯罪构成理论具有相当的合理性。

（一）四要件犯罪构成理论的历史合理性

四要件犯罪构成理论的形成是一种历史性的选择，具有历史必然性；同时，四要件犯罪构成理论又经受住了历史的考验，具有历史合理性。

20 世纪 50 年代，新中国成立之初，以俄为师、取法苏联是当时党和国家的政治决策。大批苏联专家来到中国讲授刑法学理论，笔者也在那时跟随苏联刑法学家贝斯特洛娃教授等开始学习社会主义刑法学。在当时的历史条件下，国民党时期已经介绍进入中国的以德日刑法学为蓝本的递进式三阶层犯罪论体系随着旧法统被一起废止，苏联专家讲授的是社会主义国家通用的完全不同的四要件犯罪构成理论。一新一旧，一为社会主义刑法学的理论创造，一为资本主义刑法学的产物，对比鲜明，政治色彩也极为鲜明，新中国刑法学没有别的选择余地。中国的四要件犯罪构成理论确实来源于苏联，但这种学习具有历史必然性，是特定历史条件下必然的唯一选择。

---

* 本文原载于《中国法学》2009 年第 2 期。

以四要件犯罪构成理论为核心,新中国刑法学体系就建立起来了。1957 年《中华人民共和国刑法总则讲义》等最初的几本教材重点介绍的就是四要件犯罪构成理论。特别值得一提的是,1982 年法律出版社出版的《刑法学》,作为新中国第一本刑法学统编教材,几乎凝集了当时中国刑法学界所有重要刑法学家的智慧。当时大家一致的看法是,中国刑法学理论应当以四要件犯罪构成理论为基本框架,可见四要件犯罪构成理论对新中国刑法学理论影响之深,也可见四要件犯罪构成理论地位的确立是经过了新中国第一代刑法学家集体研讨的。

以四要件犯罪构成理论为核心的新中国刑法学建立迄今已 50 余年,在这几十年的时间里,刑法学界对四要件犯罪构成理论进行根本性质疑的并不多见,学界存在的一些异议至多只是"犯罪客体是否必要""四要件排列顺序如何"等技术性问题。而且更为重要的是,在刑事司法实践中,给予四要件犯罪构成理论的评价基本上是肯定的。实务界普遍的观点是四要件犯罪构成理论方便、实用。目前尚未见到有实务界的人士明确提出,运用四要件犯罪构成理论导致重大冤案、错案的发生。由此看来,四要件犯罪构成理论确实凝结了刑法学家的智慧,能够经受得住历史的考验,并不是一个纰漏百出、完全经不起任何推敲的政治性产物。

(二)四要件犯罪构成理论的现实合理性

四要件犯罪构成理论之所以具有强大的生命力,不仅由于其具有充分的历史必然性,更在于其具有明显的现实合理性。中国走的是社会主义道路,我们建设的是中国特色社会主义国家。由此决定,我们的法学理论必然也是具有鲜明社会主义特色的法学理论。从更具体的情况看,四要件犯罪构成理论之所以具有现实合理性,一个更重要的原因在于,中国并无大陆法系或英美法系的历史传统。而以四要件犯罪构成理论为核心的中国刑法学体系早已建立数十年,深入人心。大陆法系中的德日刑法学,虽曾在民国时期得到过短期传播,但很快随着新中国的成立而销声匿迹,英美刑法学则更是根本未在中国铺开,两者均未在历史上产生重大影响。只有以四要件为核心的中国刑法学体系,随着法学教育的蓬勃发展,扎根开花,广为传播。在这样的现实面前,强行掐断已经生机勃勃的中国刑法学,再移植进一个完全没有生存土壤的德日犯罪论体系或其他什么体系,是否有舍本逐末之嫌?

一些学者可能认为,我国台湾地区与大陆同样原属中华法系,但我国台湾地区现今通行的刑法学体系却是以三要件递进式犯罪论体系为基本模型的,大陆为什么就不行?这一问题涉及一系列复杂的历史、政治、社会因素。单就现实情况而言,有两点值得特别注意:一是我国台湾地区存在一个广泛的有着留学德日背景的刑法学知识阶层。在我国台湾地区,司法人员很多有留学德日的背景,刑法理论研究人员更是几乎人人曾留学海外,这样一个刑法学知识阶层对传播、介绍、研究三阶层犯罪论体系起到了至关重要的作用,成为德日刑法学理论在我国台湾地区生存、成长的重要土壤。而目前大陆尚不存在这样的知识阶层,大陆无论是司法人员还是理论研究人员,主要是依托国内教育,学习中国刑法学理论成长起来的,不具备学习、研究德日刑法学理论的语言基础、知识结构。在这种现实面前,强行要求大陆刑法学者放弃已耕耘多年的中国刑法学理论,转而移植德日刑法学,很难说不是一厢情愿。另外,我国台湾地区毕竟人少地窄,知识传播很快。而大陆人多地广,各地刑法学研究水平高低不一,司法人员素质参差不齐,在这样的情况下,将一种广为传播、久为人知的理论予以“清除”,而“重建”一种所谓的新的知识体系谈何容易。因此,立足现实,运用比较的方法得出的同样是四要件犯罪构成理论具有合理性的结论。

(三)四要件犯罪构成理论的内在合理性

深入四要件犯罪构成理论内部进行研究可以看出,四要件犯罪构成理论具有逻辑严密、契合认识规律、符合犯罪本质特征等内在的合理性。可以说,四要件犯罪构成理论并不是毫无法理基础的特定政治条件下冲动的产物,而是经过了审慎思考、反复论辩形成的理论精华,其精致程度足可媲美世界上任何一种犯罪论体系。四要件犯罪构成理论由犯罪客体、犯罪客观方面、犯罪主体、犯罪主观方面四大要件耦合而成。在四大要件之下,又分别包括特定的组成要素。如犯罪客观方面就包括危害行为、危害结果、因果关系等,基于各个犯罪行为的具体情况各异,犯罪构成要素又有必要性要素和选择性要素的区别。要素组成要件,要件耦合而成整体,整个四要件犯罪构成理论内部逻辑极为严密,层次界分相当清晰,恰当地实现了对一个犯罪行为从粗到精、由表及里以及从整体到部分、由部分回归整体的剖析。

同时,四要件犯罪构成理论还符合人们的认识规律。虽然对于四个要件如何排列还存在不同的看法,但不管何种观点都承认一个事实:客体、客观方面、主体、主观方面四个要件的排布不是随意的,而是遵循一定的规律。我一直坚持客体、客观方面、主体、主观方面的传统排列,始终认为这种排列方式准确地遵循了人们的认识规律。一个犯罪行为发生后,人们首先意识到的是“人被杀死了”“财物被盗了”,这揭示了犯罪客体的问题。随后,人们要思考的问题是,人是怎样被杀死,财物是怎样被盗的;谁杀死了这个人,谁盗走了这些财物。这就涉及犯罪客观方面和犯罪主体的问题。当然,最后犯罪分子被发现或被抓获之后,人们还要进一步审视这个人实施犯罪行为时的内心状况,这就是犯罪主观方面要解决的问题。因此,我认为四要件犯罪构成理论客体、客观方面、主体、主观方面的排布并不是杂乱无章的,而是符合人们的认识规律的,是一个有机统一的整体。

实际上,无论是中国刑法学的耦合式四要件犯罪构成理论还是德日刑法学递进式三阶层犯罪论体系,所解决的问题无非都是要为认定犯罪提供一个统一的抽象模型。这一模型来自对实际生活中千姿百态、形形色色的犯罪行为的概括、总结。而模型一旦形成后,以之框定任何一种犯罪行为,便都应是普遍适用的。因此,犯罪模型必须概括了各类犯罪的共性,提炼了各个具体犯罪行为共同的本质构成因素。而笔者认为,我国的四要件犯罪构成理论完全符合这一标准。任何犯罪行为,最本质的方面无非就是客体、客观方面、主体、主观方面四大块。这四大块,足以涵括任一犯罪行为的各个具体构成要素。进一步,在四大块中,通过必要性要素的提炼和选择性要素的过滤,又能够准确地划分犯罪行为与非罪行为的界限。由此笔者认为,四要件犯罪构成理论完全、准确地反映了犯罪行为的客观本质和内在构造,是犯罪行为社会危害性、刑事违法性、应受刑罚惩罚性三大特征的具体印证,是准确认定犯罪的有效标尺。

(四)四要件犯罪构成理论的比较合理性

四要件犯罪构成理论的比较合理性是指四要件犯罪构成理论与其他犯罪认定理论相

比,具有比较上的优势,更具相对合理性。由于当前争论主要集中在是否要以德日刑法学的递进式三阶层犯罪论体系取代耦合式四要件犯罪构成理论,因而在此主要侧重于将四要件犯罪构成理论与三阶层犯罪论体系进行比较。

四要件犯罪构成理论的合理性首先表现在它是一个相对稳定的理论体系,而三阶层犯罪论体系则变动不居,常使人产生无所适从之感。四要件犯罪构成理论在我国自建立至今,虽已逾半个世纪,但老中青刑法学者都很少提出伤筋动骨的变动,即使有学者提出去除犯罪客体的主张,也很快就受到质疑,发现总是存在或此或彼的难以解决的理论难题。至于犯罪构成要素,更是鲜有学者提出哪个要素不应存在、何种要素必须补充。这足以说明,四要件犯罪构成理论相对稳定、成熟。而反观德日刑法学,有关犯罪论体系的争论长达数百年。各家学说各执一词,歧见纷呈。即使就李斯特－贝林格创立的最为经典的"构成要件符合性—违法性—有责性"三阶层体系来说,其内部各要素的排布也是极不统一的。以主观方面的故意、过失为例,最初,贝林格主张构成要件是无色的、中性的,自然不包括主观要素、规范要素,因此,故意、过失被置于责任论中加以研究,有责任故意、责任过失之称。然而,随后很快发现,构成要件中不加入主观要素、规范要素,难以实现其对行为客观印证的"模型化"作用。于是,故意、过失又不得不加入构成要件中,出现了作为构成要件要素的故意、过失与作为责任要素的故意、过失的区分。但是,在实质内容并无变化的情况下,将故意、过失分居两个层次,除了体系建构的需要之外,又还有什么必要?一些日本刑法学家自己也提出:必须警惕日本刑法学唯体系论的倾向。〔1〕另外,三阶层犯罪论体系建立之初曾提出过"违法是客观的,责任是主观的"说法,试图通过违法论实现对行为客观上是否值得处罚的利益衡量,而通过责任论考察行为人具体的主观情况,确定是否应该处罚及如何处罚。但很快发现,违法性中如果不考虑主观因素,根本无从体现出其在体系中应有的实现利益衡量的作用。于是,一些学者便主张,在违法性中也需要考虑主观因素。但如此一来,违法性与有责性的区别何在呢?总之,深入德日刑法学理论内部便会发现,递进式的三阶层犯罪论体系并不是无懈可击的,其自身实际上也存在很多矛盾、冲突之处。由此笔者认为四要件犯罪构成理论也好,递进式三阶层犯罪论体系也好,没有哪一种理论是绝对合理、完美无缺的。单就稳定性及体系内部统一性而言,四要件犯罪构成理论反而更具有相对合理性。

其次,这一理论符合诉讼规律,非常方便实用。我对德日刑事诉讼法不是特别了解,不知道在"构成要件符合性—违法性—有责性"的三阶层犯罪论体系中,司法机关是如何分别承担证明任务的。同时,如果这一体系移植到中国后,在现行中国司法体制下,公、检、法三机关又如何分配各自的证明责任?我感觉,我国现有的四要件犯罪构成理论是符合我国现行公、检、法三机关分工协作、互相配合、互相制约的司法体制的。公安机关侦查、检察机关公诉、人民法院审判实际上都是围绕犯罪构成四个要件逐一核实、筛查、证明四要件中具体各要素,如客观方面实行行为究竟是作为还是不作为,主观方面究竟有无特定犯罪目的,等等。当然,对各个要素考察的重点不同,有些要素,如行为方式、因果关系,是要重点查实的;

---

〔1〕 例如平野龙一等的观点,参见黎宏:《我国犯罪构成体系不必重构》,载《法学研究》2006年第1期。

也有些要素,如犯罪时间,在一些犯罪中显得无足轻重。但不管怎样,各个司法机关是有共同的目标的,是有明确的证明责任和证明程度的。进而言之,四要件犯罪构成理论也是为司法机关所认可的。近年来,理论界对犯罪论体系、刑法学体系的争论十分激烈,而实务界却反应冷淡,一个重要原因恐怕就在于实务工作者并未感觉到四要件犯罪构成理论存在司法障碍。

二、中国刑法学体系的基本型态及得失分析

在论述四要件犯罪构成理论的合理性之后,需要进一步考虑中国刑法学体系的问题。这是一个更大的问题,需要从中国刑法学体系的基本型态谈起。虽从建立之初,对中国刑法学体系如何构建就存在争论,但时至今日,以"罪—责—刑"为基本模式的中国刑法学体系已获得了广泛认同。我认为"罪—责—刑"的中国刑法学体系虽存在某些不足,但基本上是科学的、合理的。

(一)"罪—责—刑"的中国刑法学体系基本型态

认定犯罪、确定犯罪人的刑事责任、裁量犯罪人应受刑罚轻重,无论在世界上哪种刑法学体系中,都是三个绕不开的中心问题。只不过在德日刑法学体系中,通过三阶层的犯罪论体系,同时就认定了犯罪、确定了犯罪人的责任,而在中国刑法学体系中,认定犯罪的任务是由以四要件犯罪构成理论为中心的犯罪论完成的,而确定刑事责任大小则由刑事责任论完成。因此,相对独立的刑事责任论是中国刑法学体系的一大特色,而如何确定刑事责任的理论地位也就成为科学建构中国刑法学体系的重大问题。在这一问题上,存在过三种不同的观点:第一种观点认为,刑事责任论应当居于犯罪论、刑罚论之前,中国刑法学体系应当是"刑事责任论—犯罪论—刑罚论"。[1] 第二种观点认为,刑事责任论应当取代刑罚论,中国刑法学体系的结构是"刑罚论—犯罪论—刑事责任论"。[2] 此外,第三种观点认为,刑事责任论应当与犯罪论、刑罚论并列,中国刑法学体系为"犯罪论—刑事责任论—刑罚论"。[3]

在上述三种观点中,我历来主张第三种观点,在我主编的教材中采用的都是这种"罪—责—刑"的基本模式。并且,"罪—责—刑"的刑法学体系也获得了大多数刑法学者的认可。在我看来,中国刑法学体系的基本型态是这样的:"罪(犯罪论认定犯罪)—责(刑事责任论确定责任)—刑(刑罚论决定刑罚)"。

(二)中国刑法学体系的得失分析

我一直认为,中国刑法学体系基本上是科学的、合理的。在四要件的中国刑法学体系中,犯罪论依据犯罪构成理论认定一个行为是否成立犯罪,为确定刑事责任提供基础;刑事责任是介于犯罪与刑罚之间的桥梁和纽带,对犯罪和刑罚的关系起着调节作用;刑罚论决定构成犯罪应负刑事责任的犯罪人如何处罚。"罪—责—刑"的逻辑结构,乃是整个刑法内容的缩影。"认定犯罪—确定责任—决定刑罚"完整地反映了办理刑事案件的步骤和过程。

---

〔1〕 参见张智辉:《刑事责任通论》,警官教育出版社1995年版,第15页。
〔2〕 参见张明楷:《刑事责任论》,中国政法大学出版社1992年版,第152~153页。
〔3〕 参见杨春洗、杨敦先主编:《中国刑法论》,北京大学出版社1994年版,第158~173页。

当然,对这一体系,包括作为体系核心内容的四要件犯罪构成理论也存在一些批评的声音。在我看来,这些批评观点中确实不乏真知灼见,对进一步完善中国刑法学体系有很大的参考价值。但是,也存在某些观点时常让人有妄自菲薄之感。例如,某些观点立足于德日刑法理论,批评中国刑法学体系,让人产生的感觉是,某些学者确实对德日刑法学有着精深的理解,但对中国刑法学却缺乏透彻的认识。过于武断地以德日刑法学为样板衡量中国刑法学中的某些问题,却忽视了中国刑法学自身也是一个整体,某些问题虽然不是以与德日刑法学同样的地位,同样的方式解决,但却可能在另外一个位置,以另外一种方式加以解决(如正当行为的体系地位问题)。没有对两种刑法学体系进行深入理解和思考就发表某些观点,常不免使人产生“想当然”的妄下结论之感。

当然,中国刑法学体系也不是尽善尽美的,我个人认为,中国刑法学体系目前存在的问题主要有以下两个方面:(1)我国刑法学体系整体来说静态性有余,动态性不足。认定犯罪、确定责任、决定刑罚,这是刑事诉讼的完整过程,也是刑法学需要解决的三个动态性中心任务。但是,在我国现行刑法学体系中,对这三大动态过程阐述不够。通行的刑法学教材章节设置如犯罪构成的整体介绍、犯罪客体、犯罪客观方面、犯罪主体、犯罪主观方面,直至犯罪未完成形态、共同犯罪、罪数等,都是立足于静态描述犯罪,缺乏动态性地认定犯罪、归结责任、量定刑罚的相关理论内容。(2)在我国刑法学体系——犯罪论、刑事责任论、刑罚论的三大板块中,犯罪论、刑罚论都比较充实,但刑事责任论却相对空白,缺少实质性的内容,这就导致在一个行为成立犯罪后,如何判断其刑事责任大小缺乏应有的标准和依据。在我国刑法学体系中,犯罪论依据四要件犯罪构成理论认定犯罪,四要件主要是围绕对已发生的犯罪行为的评价而展开。然而在某些时候,可能出现一个行为虽构成犯罪,但根据行为人的主观认识,对其进行严厉处罚明显不合适的情况(如许霆案)。在这种情况下,由于刑事责任论缺乏实质性的判断内容,没有很好地起到犯罪论与刑罚论之间过渡、缓冲的桥梁和纽带作用,导致在某些特殊案例中,根据我国刑法学体系得出的结论可能与实际情况不符,不能很好地实现法律效果和社会效果的统一。

三、完善和坚持中国刑法学体系

尽管中国刑法学体系还存在一些或此或彼的问题,但这些问题是可以通过完善加以解决的。就中国刑法学体系而言,目前最重要的不是以一套其他体系加以替代,而是需要充分认识其合理性,正视其不足之处,认真研究、完善,在改革中继续加以坚持、发展。

(一)完善中国刑法学体系的几点构想

1.加强对中国刑法学体系动态性任务的研究。正如前文指出的,目前中国刑法学体系对犯罪论、刑事责任论、刑罚论三者动态性任务即定罪、归责、量刑、行刑等体现不够,今后要加强这方面的研究,使中国刑法学体系既生动地描述犯罪构成、刑事责任、刑罚本质、刑罚目的等静态理论内容,又充分地展示认定犯罪、确定责任、决定刑罚等动态过程。目前量刑论的研究应该说还是比较充分的,在体系中也有一席之地,但对于定罪、归责、行刑等,通行的刑法学教材都难觅踪迹或语焉不详,将来是否可以考虑在体系中为它们设专章予以阐明,值得进一步研究。

2. 加强对刑事责任的研究。在目前犯罪论、刑事责任论的研究是最为薄弱的。一定意义上可以说,刑事责任的基本理论范畴还没有建立起来。我十分注重对刑事责任问题的研究,早在20世纪90年代初就曾多次撰文研究刑事责任问题。同时,我也指导博士生进行过刑事责任的专题研究。在现有的研究成果中,我觉得有以下一些观点是值得重视并可以考虑在今后的刑事责任论中加以吸收的。首先,与犯罪论侧重于评价已经发生的行为不同,刑事责任的评价对象应当是实施了犯罪行为的人。通过对犯罪人的研究,考察其主观方面的特殊情况,在罪行决定刑事责任的基础上,进一步综合犯罪人的主观特殊情况,对刑事责任大小进行调整和修正。其次,与犯罪论的中心任务是定罪相比,刑事责任论的中心任务是归责,即在罪行确定后,国家再考虑如何归属犯罪人刑事责任的问题。最后,如同定罪必须以四要件犯罪构成理论为依据加以判断,量刑必须以量刑情节的运用为参考一样,归责也应当有自己的判断依据,即归责要素和归责体系。归责要素如何寻找值得进一步思考。有学者通过借鉴德日刑法学理论,结合中国的实际情况,提出归责要素包括刑事归责能力、违法性认识、期待可能性、人身危险性、犯罪人获得的社会评价等五个方面,并通过主次地位的区别,将五者排列为一种体系,称为刑事归责体系。[1] 这一思路很有启发性,当然,是否可行还值得进一步推敲。

3. 加强对体系中具体问题的思考。泛泛地空谈体系的优劣是没有意义的。对体系的考察,必须与对具体问题、实践中问题的研究结合起来,做到在体系中思考问题,通过问题的解决完善体系。在此试举例予以说明。例如,刑事责任能力问题。一些学者提出我国刑法中刑事责任能力的处理存在不当之处,认为,“既然是犯罪以后才产生承担刑事责任的问题,那么,刑事责任的能力问题当然也应当在犯罪之后才能论及。但我们的绝大多数教材在讲犯罪主体的成立条件时,就讲起了刑事责任能力的问题,而且是把它作为成立犯罪主体的条件”。“我国刑法理论是将辨认和控制自己行为的能力当成了承担刑事责任的条件”,“混淆了行为(犯罪)能力与刑事责任能力的界限”。[2] 我们确实有这方面的问题,目前我国通行的刑法学教材,都是在犯罪主体中谈刑事责任能力问题,但恐怕刑事责任论中,刑事责任能力也是一个绕不开的问题。又如,实践中,有刑事责任能力的人帮助无刑事责任能力的人实施犯罪,没有刑事责任能力的人不构成犯罪,有刑事责任能力的人如何处罚?1997年《刑法》修订之前,规定从犯比照主犯来决定处罚,遇到这种情况就很不好办。1997年《刑法》修订后,取消了对从犯“比照主犯”来决定处罚的规定,在法律上解决了这一问题,但在理论上,如何加以准确地解释,也还值得进一步思考。此外,还有期待可能性的问题。期待可能性是德国刑法学家借助“癖马案”提出的一个理论。近年来我国刑法学界对期待可能性理论相当关注,许多学者提出不借助期待可能性,一些实践中的问题无法解决。是否真是这样?不借助期待可能性,是否可以运用我国刑法学体系中的其他理论加以解决?诸如此类问题,都值得深入思考。

---

〔1〕 参见张杰:《刑事归责论》,中国人民公安大学出版社2009年版,第五、六章。

〔2〕 侯国云:《当今犯罪构成理论的八大矛盾》,载《政法论坛》2004年第4期。

(二)在改革中坚持中国刑法学体系

在当前有关犯罪构成理论及中国刑法学体系的争论中,我认为,要以实事求是的态度对待中国刑法学体系,充分肯定其合理性,认真对待其不足之处,并加以完善。在改革中要继续坚持现行的四要件犯罪构成理论和“罪—责—刑”的中国刑法学体系。“推翻重建论”的观点是不可取的。我反复思考对于中国刑法学体系这样重大的问题,如果要全盘推翻现有体系移植另外一种体系,至少需要三个方面的理由:紧迫性、必要性、可行性。所谓紧迫性,是指中国刑法学体系已明显落伍于时代需求与世界潮流,德日刑法学体系或其他某种新的刑法学体系已成为大势所趋,不移植新的体系我们将受到世界各国刑法学者的一致责难,但目前显然没有出现这种局面;所谓必要性,意味着旧的体系和新的体系相比,新的体系明显优于旧的体系,旧的体系已不足以承载现有的理论成果或不足以解决现实中出现的新问题,但这点也是没有达成共识的;所谓可行性,是指对于移植新的体系,必须在国内已做好了充分的知识上的准备和智识上的训练,这一点目前也难以说已经具备。因此无论从哪一方面来说,“推翻重建”的观点都是不可取的。学习他人是必要的,但切不可在学习中迷失了自我,迷失了方向。

论新刑法规定的单位犯罪*

我国刑法学界对于单位能否成为犯罪主体曾经进行过激烈的争论,这大大加深了人们对于单位犯罪的科学认识。尽管还有许多关于单位犯罪的重要理论问题需要进一步探讨,但1997年修订后的《刑法》(以下简称新刑法)毕竟已经对单位犯罪作了全面系统的规定。从务实的原则出发,为了有助于新刑法的贯彻实施,本文试就如何正确理解新刑法对单位犯罪的规定作些研究。

一、单位犯罪的概念和特征

新刑法第30条规定:“公司、企业、事业单位、机关、团体实施的危害社会的行为,法律规定为单位犯罪的,应当负刑事责任。”对于应如何理解该条规定,意见不一。有的认为,本条是关于单位犯罪的概念的规定,[1]有的持否定态度,[2]还有的对此没有表明态度。[3] 笔者认为,对于该条是否是关于单位犯罪概念的规定,必须立足于立法当时的实际情况,才能作出正确的回答。回顾刑法修订的经过,可以看到,自1995年8月8日至1997年3月14日新刑法被通过,历次刑法修订稿(草稿)和修订草案关于单位犯罪的总则规定先后有两种写法,开始是“为企业、事业单位、机关、团体,为本单位谋取利益,经单位的决策机构或者负责人员决定,实施犯罪的,是单位犯罪”,后来逐步改为“公司、企业、事业单位、机关、团体为本单位谋取非法利益,经单位集体决定或者负责人员决定实施犯罪的是单位犯罪”。第八届全国人大第五次会议审议时,有的代表提出,上述单位犯罪定义的规定不够全面,尚不能完全包括分则规定的所有单位犯罪。因此,新刑法第30条对修订草案的这一规定作出了修改。这充分表明,直到刑法正式修订,我们无论在

---

* 本文原载于《法治研究》,杭州大学出版社1998年版,由高铭暄教授与刘远合作完成。

〔1〕 参见郎胜主编:《〈中华人民共和国刑法〉释解》,群众出版社1997年版,第35页;周振想主编:《中国新刑法释论与罪案》,中国方正出版社1997年版,第298~300页。

〔2〕 参见高西江主编:《中华人民共和国刑法的修订与适用》,中国方正出版社1997年版,第50页;陈兴良主编:《刑法全书》,中国人民公安大学出版社1997年版,第171页。

〔3〕 参见周道鸾等主编:《刑法的修改与适用》,人民法院出版社1997年版,第122页。

理论上还是立法上,对于单位犯罪的认识都还不够深刻,由此导致刑法修订过程中单位犯罪概念的写法不断变动,不像那些比较成熟的条文一样具有稳定性。追根溯源,上述情况的存在,是人们对于单位犯罪的认识还很不一致的表现,这反过来要求我们必须继续深化对单位犯罪的研究。正如有的同志所指出的,"由于目前正处于改革开放不断深入,经济不断发展的时期,有些规章制度尚不健全,哪些行为属于单位犯罪,有些情况还不够清楚:单位犯罪的情况也十分复杂"〔1〕。综上所述,新刑法第30条的规定,在刑法修订的最后时刻,避开了刑法理论上关于单位犯罪与自然人犯罪区别的纷争,本着务实的精神采取了纷争各方都能接受的写法,既界定了单位犯罪的主体范围,又强调了罪刑法定原则,同时给单位犯罪的理论研究和实践检验留下了空间,因而是现实条件下最好的写法。但是,这一规定毕竟没有揭示出单位犯罪的本质属性,因而不能算是单位犯罪的概念。

概念是反映对象特有属性或本质属性的思维形式,确定一事物的概念的方法便是下定义,即用简练的语句将这个概念的内涵揭示出来。新刑法第30条的规定,间接揭示了犯罪的内涵,即犯罪是具有社会危害性、刑事违法性、应受刑罚处罚性的行为,但这不是给单位下定义,因为没有定义项与被定义项。如果认为由此可以转换出单位犯罪的定义,那只能是"所谓单位犯罪,是指公司、企业、事业单位、机关、团体实施的危害社会的、违反刑法的、应当负刑事责任的行为"。我们可以看到,这个所谓"定义"只揭示了犯罪的本质属性,它也可以简化为"所谓单位犯罪,是公司、企业、事业单位、机关、团体所犯的罪"。可见,它没有揭示出单位犯罪之所以成为单位犯罪而不是其他犯罪的本质属性。

有些同志虽然也认为新刑法第30条不是单位犯罪的概念,但主张将单位犯罪界定为:企业、事业单位、机关、团体为本单位谋取非法利益,经单位集体决定或者由负责人员决定实施的犯罪,是单位犯罪。〔2〕我们认为,这是不正确的。首先,这个"定义"已经在刑法修订草案中被采用过,后来由于它不能概括刑法分则所规定的各种单位犯罪而被放弃了。其次,这个"定义"不符合定义的要求。从形式逻辑角度看,定义必须符合以下几项要求:(1)定义项的外延与被定义项的外延具有全同关系;(2)定义项中不得直接或间接地包括被定义项;(3)必须用肯定的语句形式和正概念;(4)定义必须清楚确切,简洁明了。上述"定义"虽然符合后三项要求,却不符合第一项要求。当然,上述"定义"来源于其作者认为单位犯罪只能是故意犯罪的观点。但我们认为,阐释刑法上的概念应以刑法的规定为准。

那么,根据新刑法的规定,应当怎样科学界定单位犯罪的概念呢?我们认为,所谓单位犯罪,是指公司、企业、事业单位、机关、团体为本单位谋取非法利益,经单位集体决定或负责人员决定,故意实施的危害社会的行为,以及不履行其法律义务,过失实施的危害社会行为。根据新刑法的规定,单位犯罪具有以下特征:

1.犯罪客体的广泛性。我国自1987年1月22日第六届全国人大常委会第十九次会议

---

〔1〕 胡康生、李福成主编:《中华人民共和国刑法释义》,法律出版社1997年版,第41页。

〔2〕 参见高西江主编:《中华人民共和国刑法的修订与适用》,中国方正出版社1997年版,第150页;陈兴良主编:《刑法全书》,中国人民公安大学出版社1997年版,第172页;等等。

通过《海关法》,在立法中首次规定单位犯罪以后,最高立法机关制定的多个单行刑法,都规定了单位犯罪。据粗略统计,截止到刑法修订前,特别刑法规定的单位犯罪罪名达60多个。新刑法在基本吸收的基础上又有较多增加。据统计,新刑法规定的单位犯罪涉及的罪名多达133个。[1] 这些罪名主要存在于危害公共安全罪、破坏社会主义市场经济秩序罪、妨害社会管理秩序罪、危害国防利益罪、贪污贿赂罪等类型的犯罪中。这种侵犯客体的广泛性,是由单位所从事的生产、流通、经营、管理活动范围广泛所决定的。当然,尽管新刑法第30条明确规定,单位负刑事责任的前提是“法律规定为单位犯罪”,但由于新刑法分则对各种具体单位犯罪的规定模式十分复杂,因而对单位犯罪的确切范围存有争议。鉴于此问题的特殊性,我们将在后面加以研究。

2. 犯罪主体的特定性。单位犯罪的主体是公司、企业、事业单位、机关、团体,而非自然人。所谓公司,是指依照《公司法》设立的有限责任公司和股份有限公司;所谓企业,是指没有公司化的国有企业、集体所有制企业、私营企业、联合企业、“三资”企业以及外国企业;所谓事业单位,是指从事公益性活动的非经营性组织;所谓机关,主要是指国家机关,根据1986年第六届全国人大第四次会议批准的《最高人民法院工作报告》的规定,党的机关也包括在机关内;所谓团体,是指社会团体。以上这些可以成为犯罪主体的单位,必须是合法成立的。单位犯罪主体的这一特定性,正是引发关于单位犯罪的长期争论的根源。用什么称谓来概括企业、事业单位、机关、团体实施的犯罪就是争论较大的问题之一。

在我国刑事立法和司法实践中,对非自然人犯罪一直使用“单位犯罪”的概念。在刑法修订过程中,一些同志认为“单位”的称谓不科学,主张用“法人犯罪”的提法,同时为弥补法人犯罪外延偏窄的缺陷,建议规定“非法人组织犯罪,以法人犯罪论处”。[2] 其主要理由是:(1)“单位”不是法律上的概念,含义模糊,不好界定。(2)“法人”是法律上的概念,我国其他法律都使用了“法人”一词,在刑法上使用“法人犯罪”的提法,可以使各部门法协调一致。(3)“法人犯罪”在国际上是通用的提法,在我国刑法中使用“法人犯罪”,有利于国际交流与合作。(4)使用“法人犯罪”,辅之以“非法人组织犯罪,以法人犯罪论处”,不会避漏犯罪。(5)使用“法人犯罪”这样有市场经济色彩的称谓,更符合我国经济体制改革的要求。

我们认为,新刑法之所以最终采用“单位犯罪”的称谓,主要考虑到:(1)“单位犯罪”这一概念符合我国现阶段非自然人犯罪的实际情况。非自然人实施犯罪的并非仅限于具有法人资格的单位,还有大量非法人团体、法人的分支机构,如果用“法人犯罪”来概括,名实不符;辅之以“非法人组织犯罪”的规定,不仅含义、范围不明确,而且很容易混淆单位犯罪与组织犯罪的界限,也不利于在公民中树立严格法律概念的意识。(2)我国有关刑事立法从来都是采用“单位犯罪”的提法,这一提法已经约定俗成,被引入法律,不能说不是法律上的概念,也不能说含义不明确。(3)各国非自然人犯罪的状况、特点不同,因而在法律概念上不能追求一致,况且国际交流与合作的前提就是各国存在差异,“单位犯罪”的提法不会给

---

〔1〕 按照我们的统计,新刑法分则中单位犯罪涉及的罪名共有133个。

〔2〕 参见高铭暄主编:《刑法修改建议文集》,中国人民大学出版社1997年版,第227页。

国际刑事交流与使用造成障碍。(4)使用“单位犯罪”的称谓,并不妨碍在法律中使用“法人”的概念,不存在刑法与其他法律的提法相矛盾的问题。这时应当指出,既然立法选择了“单位犯罪”的提法,今后无论在刑事立法、司法还是在刑法的教学和研究中,都应当严格区分单位犯罪与法人犯罪两个概念。否则,必定或多或少妨碍法律(包括非刑事法律)的正确实施(包括影响公民树立严格法律概念的意识)。概括地讲,根据新刑法的规定,法人犯罪只是单位犯罪的一部分,除法人犯罪以外,单位犯罪还包括非法人合法组织犯罪。

3. 主观罪过的全面性。单位犯罪的罪过形式是什么,这也是一个在刑法理论上争论颇多的问题。理论上主要有两种不同的观点,其分歧一直存在至新刑法出台后的今天,同时正是这种分歧最终导致了新刑法第30条的折中写法。第一种观点认为,单位犯罪在主观上具有为单位谋取非法利益的目的,由此也就决定,单位犯罪只能是故意犯罪。对于在单位发生的过失犯罪,应由有关个人负责,单位不应承担过失的刑事责任。为单位谋取非法利益是单位犯罪区别于自然人犯罪的主要之点,后者实施的一切犯罪行为都是为了给自己谋取非法利益。[1] 第二种观点认为,单位犯罪的主观罪过既可以是故意也可以是过失,只不过故意是主要表现形式罢了。[2] 我们认为,第一种观点显然无视了我国刑法上存在单位过失犯罪的现实,不能自圆其说。第二种观点是正确的。

我们认为,单位犯罪不仅包括故意犯罪和过失犯罪,而且在单位故意犯罪中还可以分为单位直接故意犯罪和单位间接故意犯罪,在单位过失犯罪中也可以分为单位疏忽大意过失犯罪和单位过于自信过失犯罪。因此,单位犯罪的罪过形式具有全面性。所谓单位直接故意犯罪,是指公司、企业、事业单位、机关、团体明知自己的行为会发生危害社会的结果,并且希望这种结果发生,由此而构成的犯罪。在意识因素上,单位对其行为具有社会危害性有明确的认识,这种认识虽然是通过单位内部的决策机关或者负责人员的认识表现出来的,但有关个人的认识一经上升为单位的认识,就不再是纯粹的个人认识。在意志因素上,单位希望其行为发生危害社会的结果。同理,单位的意志是通过有关个人的意志表现出来的,但有关个人的意志已不再是纯粹的个人意志。所谓单位间接故意犯罪,是指公司、企业、事业单位、机关、团体明知自己的行为会发生危害社会的结果,并且放任这种结果发生,由此而构成的犯罪。所谓单位疏忽大意过失犯罪,是指公司、企业、事业单位、机关、团体应当预见自己的行为可能发生危害社会的结果,因为疏忽大意而没有预见,以致发生这种结果,由此而构成的犯罪。所谓单位过于自信过失犯罪,是指公司、企业、事业单位、机关、团体已经预见自己的行为可能发生危害社会的结果,却轻信能够避免,以致发生这种结果,由此而构成的犯罪。如何理解单位过失犯罪涉及的单位犯罪的根据问题,我们将在后面加以分析。这里必须指出,持“单位犯罪是故意犯罪”论者认为,单位犯罪的主观方面是故意的,并且具有为本单位

---

〔1〕 参见高西江主编:《中华人民共和国刑法的修订与适用》,中国方正出版社1997年版,第156页;周振想编著:《刑法学教程》,中国人民公安大学出版社1997年版,第317页;陈兴良:《刑法疏议》,中国人民公安大学出版社1997年版,第115页。

〔2〕 参见娄云生:《法人犯罪》,中国政法大学出版社1996年版,第90页;何秉松主编:《法人犯罪与刑事责任》,中国法制出版社1991年版,第527页;等等。

谋取非法利益的目的。为本单位谋取非法利益,主要是为了将单位犯罪与个人犯罪加以区别。个人犯罪一般是为个人谋取利益,也就是所谓私利。而单位犯罪则是为单位谋取利益,这个单位利益与个人利益有所不同。[1] 应当说,以上见解在单位故意犯罪的范围内是正确的,如果就整个单位犯罪来说,这种见解就失之片面了。因为在单位过失犯罪中,不存在“为本单位谋取非法利益”的问题。因为在单位过失犯罪中,即使有为单位谋取利益的问题,所谋取的也很难一概说是“非法利益”。比如新刑法第338条规定的重大环境污染事故罪、第330条规定的妨害传染病防治罪等。

必须指出,新刑法规定的单位犯罪,大多数是故意犯罪,有的条文还明确规定仅处罚单位故意犯罪,对单位过失但未造成严重后果的不认为是犯罪,如第370条的规定。少数是过失犯罪,如第137条规定的工程重大安全事故罪,罪过形式只能是过失。

4. 客观行为的多样性。这与单位犯罪侵犯客体的广泛性是相辅相成的,由于前面已有所说明,这里不再赘述。

二、单位犯罪的范围和分类

单位犯罪的范围问题,首先是一个立法模式问题。从世界范围来看随着单位犯罪的日益严重,以往那种采用单行法形式规定单位犯罪,而在刑法典中不涉及单位犯罪的做法正在逐步改变,越来越多的国家出现了单位犯罪法典化的趋势。我国新刑法顺应世界潮流,开始了单位犯罪法典化的过程。英美法系单位犯罪法典化进程开始较早,其立法模式的特色在于通过专门的立法解释将法人和非法人团体包括在刑法上所谓“人”“者”“行为者”中,使单位刑事责任与自然人刑事责任彻底一体化。目前,英美法系的许多国家,除了诸如重婚等少数犯罪单位不能构成外,绝大多数犯罪可以由单位实施。大陆法系单位犯罪法典化进程可谓刚刚开始,1993年《法国刑法典》首次将单位犯罪予以纳入,这对大陆法系其他国家刑法的影响将是深远的。其立法模式的特色在于将单位犯罪及刑事责任与自然人犯罪及刑事责任分别规定,严格掌握单位犯罪的范围。在我国刑法修订过程中,有的同志认为,单位犯罪区别于自然人犯罪的特殊性,并不在于犯罪行为类型的不同,而是在于主体身份的差异。因此,凡是自然人可以构成的犯罪,只要单位能够实施,单位都可以成为其犯罪主体,没有必要人为地在适用范围上加以限定。[2] 多数同志则主张,设立单位的目的是进行管理、生产和经营,由单位实施的犯罪应与之相对应,限定于生产、流通和行政、社会管理领域,而不能将其无限扩大,因为从理论上讲,单位犯罪是法定犯,而非自然犯。[3] 这两种不同意见的争论,其实质是如何从我国情况出发,正确借鉴上述外国立法模式。立法机关经过认真研究,采纳了后一种意见。新刑法第30条明确规定:“……法律规定为单位犯罪的,应当负刑事责任。”尽管如此,由于单位犯罪的复杂性,新刑法规定的单位犯罪的具体范围到底多大,仍有很多争议。比较一致的看法是,单位犯罪的类型主要是危害公共安全罪、破坏社会主义市场

---

〔1〕 参见高西江主编:《中华人民共和国刑法的修订与适用》,中国方正出版社1997年版,第156页。

〔2〕 参见赵秉志主编:《新刑法全书》,中国人民公安大学出版社1997年版,第183页;周道鸾等主编:《刑法的修改与适用》,人民法院出版社1997年版,第122页。

〔3〕 参见周道鸾等主编:《刑法的修改与适用》,人民法院出版社1997年版,第122页。

经济秩序罪、妨害社会管理秩序罪、危害国防利益罪、贪污贿赂罪。侵犯财产、军人违反职责等犯罪类型中基本上没有规定单位犯罪。至于危害国家安全罪,侵犯公民人身权利、民主权利罪,渎职罪中是否规定有单位犯罪,认识则很不一致。

首先,危害国家安全罪中有没有单位犯罪?这里涉及的是如何理解新刑法第107条规定的资助危害国家安全犯罪活动罪。有些论著明确提出,该条犯罪的主体是自然人,如果境内外机构、组织实施这种行为,其犯罪主体应为直接责任人员。[1] 有些论著则认为,本罪主体包括境内外组织、个人。[2] 我们认为,后一种意见是比较正确的,但也存在问题。所谓境内机构,是指我国各种官方机构;境内组织,是指各政党、社会团体、企业、事业单位。所谓境外机构、组织,是指我国国(边)境外的国家和地区的官方机构、政党、社会团体、企业事业单位,以及这些机构、组织在我国境内设立的分支机构和分支组织。境内外机构、组织可以成为资助危害国家安全罪的主体,这可以从以下方面来理解:西方国家对我国实行"和平演变"战略以来,境外敌对机构、组织和个人对我国进行危害国家安全的犯罪活动的方式发生了较大的变化,主要特点是以合法掩护非法,以公开掩护秘密,有的机构、组织在我国通过各种手段取得了合法地位,比如以"公司"的名义出现。但实际上,它们一方面进行合法的业务活动,一方面进行地下活动,包括资助危害国家安全的犯罪活动。因此,对境内外机构、组织实施资助危害国家安全行为的,一概论罪是不现实的,也不符合法理。因为所谓单位犯罪,其主体必须是合法的组织,这是单位犯罪与有组织犯罪及其他共同犯罪的本质区别之一。而境内外机构、组织并不都能在我国取得合法地位,比如国外敌对组织。因此,一概说它们可构成单位犯罪是错误的。正确的做法是,不管境内外机构、组织,只追究直接责任人员的刑事责任,这里既包括了单位犯罪的情况,又包括了自然人犯罪的情况,后者还包括了应以自然人犯罪论处的情况。这里对单位犯罪之所以实行代罚制,是因为实施本罪的机构、组织并不是为了经济上的利益,而是为了政治利益,对单位判处罚金毫无意义。

其次,侵犯公民人身权利、民主权利罪中有没有单位犯罪?这里涉及的是如何理解新刑法第244条和第250条的规定。关于新刑法第244条规定的强迫职工劳动罪,很多同志认为本罪的主体是用人单位的直接责任人员,亦即本罪是自然人犯罪而非单位犯罪。[3] 笔者对此不能苟同。要弄清原因,就必须研究立法过程。在刑法修订之前很长时间内,立法上并无有关强迫职工劳动罪的明确规定,只是在1994年7月5日通过并自1995年1月1日生效的《劳动法》中才有类似规定。该法第96条规定:"用人单位有下列行为之一,由公安机关对责任人员处以15日以下拘留、罚款或者警告;构成犯罪的,对责任人员依法追究刑事责任:(一)以暴力、威胁或者非法限制人身自由的手段强迫劳动的……"据此,在刑法修订过程

---

〔1〕 参见周振想主编:《中国新刑法释论与罪案》,中国方正出版社1997年版,第5页;周振想编著:《刑法学教程》,中国人民公安大学出版社1997年版,第318页;等等。

〔2〕 参见胡康生、李福成主编:《中华人民共和国刑法释义》,法律出版社1997年版,第119页;孙建国、汤留生主编:《新刑法原理与实务》,四川人民出版社1997年版,第233页;等等。

〔3〕 参见高西江主编:《中华人民共和国刑法的修订与适用》,中国方正出版社1997年版,第569页;孙建国、汤留生主编:《新刑法原理与实务》,四川人民出版社1997年版,第427页;等等。

中,大家一致认为应增加“强迫劳动罪”,这是与劳动法中有关违反劳动法规的“法律责任”互相衔接的需要。这一立法意见被采纳。由此可见,本罪是作为《劳动法》有关规定的“制裁力量”而规定的。而《劳动法》第2条第1款明确规定:“在中华人民共和国境内的企业、个体经济组织(以下统称用人单位)和与之形成劳动关系的劳动者,适用本法。”所以,《劳动法》是调整用人单位与职工的法律关系的法律,而不是调整个人之间关系的法律。与此相关的强迫劳动罪自应是以用人单位为其犯罪主体。再者,从新刑法第244条规定的语法逻辑看,犯罪行为的实施者显然是用人单位,只是受处罚的是“直接责任人员”而已。对此,可以合乎逻辑地推论,本罪的犯罪主体是用人单位,而实行的是代罚制,即刑罚对象是“直接责任人员”。

关于新刑法第250条规定的出版歧视、侮辱少数民族作品罪,很多论著认为犯罪主体是自然人,包括有权刊载此类文章的编辑、总编辑、社长等出版社工作人员。[1] 有的论著则认为,本罪是单位犯罪,虽然条文中未明确本罪主体是单位,但对“直接责任人员”的处罚,即表明犯罪主体是单位。[2] 我们认为,上述两种观点都欠妥当。以仅对“直接责任人员”进行处罚为根据认为本罪主体是单位,理由不充分。事实上,1979年《刑法》第127条规定的假冒注册商标罪,就是“对直接责任人员,处三年以下有期徒刑、拘役或者罚金”。但1979年《刑法》不承认单位犯罪这一点,已是人们公认的。因此,是不是单位犯罪,不能仅从字面上分析,必须立足于立法的大背景、大环境,并结合语言逻辑,才能把握立法原意,这是历史与逻辑相统一的方法论的要求。新刑法增设这一犯罪,主要是基于近几年来,我国有极少数出版单位唯利是图,以致一些刊载歧视、侮辱少数民族内容的书刊得以出版发行,严重伤害了少数民族的感情,破坏了民族团结,影响极坏。因此,结合新刑法第250条规定来看,这一新罪不排除单位可以成为犯罪主体,不过在此种情况下,仅处罚直接责任人员。对此处的“直接责任人员”应作广义理解,即一方面是出版单位的编辑、总编辑、社长等直接负责的工作人员;另一方面,刊载歧视、侮辱少数民族的内容不一定都体现了出版单位的意志,有的是出版社疏于审查、放弃职责,致使出版社一些人员得以刊载这一方面的内容,这种情况则是自然人犯罪。因此,新刑法第250条规定之罪既可以由出版单位构成,也可以由自然人单独构成。

最后,渎职罪中有没有单位犯罪?这里涉及的是如何理解新刑法第403条第2款的规定。该条款规定:“上级部门强令登记机关及其工作人员实施前款行为的,对其直接负责的主管人员,依照前款的规定处罚。”这是不是单位犯罪呢?(1)从新刑法第403条第2款的立法方式来看,犯罪行为的实施者是国家机关,只不过受处罚的是其直接负责的主管人员。(2)通过对第403条第2款的立法方式与第167~169条的立法方式进行比较,就可得出第403条第2款规定的是单位犯罪的结论。(3)新刑法之所以对第403条第2款的单位犯罪规

---

〔1〕 参见周道鸾等主编:《刑法的修改与适用》,人民法院出版社1997年版,第551页;陈兴良主编:《刑法全书》,中国人民公安大学出版社1997年版,第861页;孙建国、汤留生主编:《新刑法原理与实务》,四川人民出版社1997年版,第434页;等等。

〔2〕 参见赵秉志主编:《新刑法全书》,中国人民公安大学出版社1997年版,第907页。

定代罚制，是因为这种单位犯罪只能由国家机关构成，而对于国家机关应否成为犯罪主体，包括对之应否判处罚金，尚有很大争议，立法机关对此也不能不在一定程度上存有疑虑。这从一个侧面反映了当前对单位犯罪主体研究的不成熟状况和立法机关的某种折中态度。但是，这毕竟已经说明渎职罪中有单位犯罪的规定。

对单位犯罪作分类研究，是廓清新刑法对单位犯罪的规定的好办法。根据不同的标准，可以对单位犯罪作不同的分类。

1. 根据单位犯罪侵犯的客体的不同类型，可以将刑法规定的单位犯罪分为危害国家安全的单位犯罪、危害公共安全的单位犯罪、破坏社会主义市场经济秩序的单位犯罪、侵犯公民人身权利和民主权利的单位犯罪、妨害社会管理秩序的单位犯罪、危害国防利益的单位犯罪、贪污贿赂的单位犯罪、渎职的单位犯罪等。

2. 根据犯罪是否只能由单位构成，可以将新刑法规定的单位犯罪分为纯正的单位犯罪与不纯正的单位犯罪。凡是只能由单位构成的犯罪，称为纯正的单位犯罪，如第 126 条规定的违规制造、销售枪支罪，第 137 条规定的工程重大安全事故罪等；凡是既可以由单位构成，也可以由自然人单独构成的犯罪，称为不纯正的单位犯罪，如第 363 条规定的制造、复制、出版、贩卖、传播淫秽物品牟利罪和为他人提供书号出版淫秽书刊罪等。应当指出，新刑法规定的单位犯罪，多数是不纯正的单位犯罪，少数是纯正的单位犯罪。

3. 根据单位犯罪主体的范围，可以将新刑法规定的单位犯罪分为一般主体单位犯罪和特殊主体单位犯罪，一般主体单位犯罪是指公司、企业、事业单位、机关，团体均可构成的犯罪，特殊主体单位犯罪是指只能由特定性质或类型的单位构成的犯罪。新刑法规定的单位犯罪，多数是一般主体单位犯罪，如生产、销售伪劣商品罪及走私罪中的单位犯罪，贪污贿赂罪、妨害社会管理秩序罪中的一些单位犯罪等；少数是特殊主体的单位犯罪，如逃汇罪，非法出租、出借公务用枪罪等。应当指出，传统刑法理论将犯罪主体分为一般主体和特殊主体，是在自然人犯罪范围内进行划分的，有不少论著在谈到犯罪的主体时，往往称本罪主体是特殊主体，包括某种特定人员和单位。笼统地把单位作为特殊主体，这是不恰当的。在新刑法对单位犯罪作出一般性规定后，对于自然人犯罪与单位犯罪并存的犯罪形态，即所谓犯罪的一般主体和特殊主体，应当首先确定涉及的范围。

4. 根据单位犯罪主观罪过形式的不同，可以将其分为单位故意犯罪和单位过失犯罪。新刑法规定的单位犯罪，大多数是故意犯罪，只有少数是过失犯罪。属于过失犯罪的单位犯罪有第 135 条规定的重大劳动安全事故罪，第 137 条规定的工程重大安全事故罪，第 138 条规定的教育设施重大安全事故罪，第 139 条规定的消防责任事故罪，第 330 条规定的妨害传染病防治罪，第 334 条第 2 款规定的采集、供应血液，制作、供应血液制品事故罪，第 363 条第 2 款规定的为他人提供书号出版淫秽书刊罪等。

5. 根据单位犯罪的客观行为的不同，可以将单位犯罪分为单位作为犯罪和单位不作为犯罪。总的来说，新刑法上的单位犯罪，多数是作为犯罪，但也有少数是不作为犯罪。

三、单位犯罪的认定和处罚

单位犯罪的认定，不仅要解决对单位的定罪问题，还要解决对单位成员的定罪问题，所以单位犯罪的认定必须分为两个步骤。

首先,根据案情事实和依照刑事法律,确定单位的行为是否符合犯罪构成,构成何罪,只有确定单位构成犯罪及其具体罪名,才能进一步解决对单位成员的定罪问题。为此,必须明确新刑法对单位犯罪的具体规定方式。从纯正的单位犯罪来看,其规定方式比较统一,即一概采用“何种单位犯何种罪,予以何种处罚”的规定方式,比如第 161 条、第 162 条、第 190 条、第 327 条、第 334 条第 2 款等的规定。从不纯正的单位犯罪来看,其规定方式则比较复杂,归纳起来有以下两种情况:一是将单位犯罪与自然人犯罪分别规定,这在新刑法中是大量存在的,容易把握;二是将单位与自然人犯罪一并规定,而且笼统规定“对直接责任人员”处何种刑罚,比如第 107 条、第 135 条、第 138 条、第 139 条、第 250 条等的规定。对于采用此种方式规定的犯罪,有的同志简单地认为其就是自然人犯罪,或者就是单位犯罪,这都失之片面。新刑法为什么采取这种方式规定这些犯罪?原因有二:一是这些犯罪都是不太严重的犯罪,其最高刑是有期徒刑,可以不分别规定单位犯罪与自然人犯罪;二是这些犯罪发生的领域较广或具体情况比较复杂,不便作出分别规定。比如,明知校舍或者教育教学设施有危险,而不采取措施或者不及时报告,致使发生重大伤亡事故的犯罪,不采取措施可以是单位,也可以是个人,而不及时报告则只能是个人,情况比较复杂;同时这是一种过失犯罪,所以一并对单位和自然人犯罪作了规定。对于这种规定方式,应加以注意。否则当单位犯这些罪时,只当作纯粹的自然人犯罪处理,则是不妥当的。

其次,当单位构成犯罪时,第二步就要解决对单位成员的定罪问题,也就是根据单位成员在单位犯罪中所处的地位和所起的作用,确定谁应对单位犯罪负刑事责任。根据新刑法第 31 条的规定,对单位犯罪负刑事责任的单位成员主要有两种:一种是单位直接负责的主管人员,这些人对单位犯罪负有直接领导责任;另一种是其他直接责任人员,他们虽然不是单位的负责人或者领导人,但直接参与单位犯罪的实施,对单位犯罪的发生负有直接责任。

对单位定罪,要同对自然人定罪一样,严格以犯罪构成为标准,坚持以犯罪事实为根据,以刑法规定为准绳的原则,做到事实清楚,证据确凿,定性准确,不枉不纵。

新刑法第 31 条规定:“单位犯罪的,对单位判处罚金,并对其直接负责的主管人员和其他直接责任人员判处刑罚。本法分则和其他法律另有规定的,依照规定。”这样的规定说明我国新刑法在处罚单位犯罪时,原则上实行“两罚制”,同时,不排除刑法分则和其他法律有特殊规定。

“两罚制”又称“双罚制”,是指对单位犯罪既要处罚单位,又要处罚单位的直接责任人员。直接负责的主管人员,通常包括单位犯罪的决策人以及对单位犯罪负有不可推卸的责任的领导人员。其他直接责任人员,一般是指直接实施单位犯罪行为的自然人。“两罚制”的意义在于,使犯罪的单位和促成单位犯罪以及具有实施单位犯罪行为的自然人共同为单位犯罪付出代价,从而通过惩治单位犯罪实现我国刑罚预防犯罪的目的。

新刑法分则对“两罚制”的规定主要有以下几种情况:(1)对纯正的单位犯罪,凡是适用“两罚制”的,在罪状之后直接规定“两罚制”的法定刑。例如,第 126 条规定的违规制造、销售枪支罪的法定刑。此外,第 190 条规定的逃汇罪,第 327 条规定的非法出售、私藏文物藏品罪,第334条第2款规定的采集、供应血液,制作、供应血液制品事故罪,第380条规定的战时拒绝、故意延误军事订货罪等,也属于这种情况。(2)对多数不纯正的单位犯罪,一是在各该罪的自然人犯罪后,以专款规定单位犯罪的"两罚制"中对直接责任人员的处罚直接援引前款关于自然人犯罪的法定刑。例如,第125条第1款和第2款分别规定了非法制造、买卖、运输、邮寄、储存枪支、弹药、爆炸物罪和非法买卖、运输核材料罪,第3款同时规定:"单位犯前两款罪的,对单位判处罚金,并对其直接负责的主管人员和其他直接责任人员,依照第一款的规定处罚。"此外,属于这种情况的还有第128条、第152条、第164条、第174条、第176条、第177条、第178条、第186条、第187条、第188条、第189条、第281条、第288条、第325条、第326条、第330条、第332条、第337条、第347条、第350条、第355条、第370条、第375条、第391条等规定的单位犯罪。二是所规定的"两罚制"中对直接责任人员另行规定较轻于自然人犯罪的法定刑。例如,第153条规定的走私普通货物、物品罪中第1款规定了自然人犯本罪的法定刑,第2款对单位犯本罪规定了独立的适用于直接责任人员的法定刑。第2款对直接责任人员适用的法定刑比第1款单纯自然人犯罪的法定刑相对要轻些。属于这种情况的还有第158条、第159条、第160条、第175条、第179条、第180条、第181条、第182条、第191条、第198条、第205条、第206条等规定的犯罪。(3)对几类不纯正的单位犯罪,用专门法条统一规定"两罚制"的罚则。这里也可以分为两种情况:一是所规定的"两罚制"中对直接责任人员的处罚直接援引自然人犯本罪的法定刑。例如,第150条规定:"单位犯本节第一百四十条至一百四十八条规定之罪的,对单位判处罚金,并对其直接负责的主管人员和其他直接责任人员,依照各该条的规定处罚。"此外,第211条、第220条、第231条、第346条、第366条等的规定,也是这种情况。二是所规定的"两罚制"中对直接责任人员的处罚,不适用自然人犯罪的法定刑,而适用专门规定的相对较轻的法定刑。例如,第200条规定:"单位犯本节第一百九十二条、第一百九十四条、第一百九十五条规定之罪的,对单位判处罚金,并对其直接负责的主管人员和其他直接责任人员,处五年以下有期徒刑或者拘役;数额巨大或者有其他严重情节的,处五年以上十年以下有期徒刑;数额特别巨大或者有其他特别严重情节的,处十年以上有期徒刑或者无期徒刑。"与第192条、第194条、第195条、第199条规定的自然人犯罪的法定刑相比,这里专设的法定刑显然是要排除死刑的适用。

所谓"本法分则和其他法律另有规定的,依照规定",主要是指关于"单罚制"的规定。"单罚制",是指对单位犯罪,只处罚单位的直接责任人员或者只处罚单位本身。只处罚直接责任人员的"单罚制"又称"代罚制",只处罚单位本身的"单罚制"又称"转嫁制"。代罚制和转嫁制,都存在严重的缺陷,如果对其适用不严格限制,就必然导致对单位犯罪打击不力的情况出现。从世界各国立法趋势来看,大陆法系原先多采用代罚制,英美法系原先多采用转嫁制,但现在都已由过去的单罚制逐渐转向两罚制的处罚原则。我国新刑法顺应历史潮流,对单位犯罪的处罚基本上采用"两罚制"。但由于单位犯罪的情况很复杂,为了适应不同领域发生的具有不同规律和特点的犯罪情况,不能绝对排除"单罚制"(仅限"代罚制",不包括"转嫁制")的规定主要有以下几种情况:(1)对纯正的单位犯罪,凡适用"单罚制"的,在各该罪的罪状后,直接规定“单罚制”的法定刑。这又有以下不同情况:一是规定“对其直接负责的主管人员和其他直接责任人员”进行处罚。例如,第161条规定:“公司向股东和社会公众提供虚假的或者隐瞒重要事实的财务会计报告,严重损害股东或者其他人利益的,对其直接负责的主管人员和其他直接责任人员,处……”第162条、第396条的规定也属于这种情况。二是规定只处罚“其直接负责的主管人员”。例如,第403条第2款规定:“上级部门强令登记机关及其工作人员实施前款行为的,对其直接负责的主管人员,依照前款的规定处罚。”三是笼统地规定对直接责任人员进行处罚。例如,第137条规定,“……降低工程质量标准,造成重大安全事故的,对直接责任人员,处……”。属于这种情况的还有第244条的规定。(2)对一些不纯正的单位犯罪,笼统规定“对直接责任人员,处……”。例如,第139条规定:“违反消防管理法规,经消防监督机构通知采取改正措施而拒绝执行,造成严重后果的,对直接责任人员,处……”这里包括了自然人犯罪的情况,又包括了单位犯罪的情况,而笼统规定“对直接责任人员,处……”,则法定刑对上述两种情况都适用。属于这种情况的还有第107条、第135条、第138条、第250条等的规定。

四、单位犯罪的根据和质疑

单位犯罪的根据问题,回答的是单位为什么会构成犯罪的问题。通过考察新刑法对单位犯罪的规定,我们认为可以从以下两方面理解单位犯罪的根据。

1. 关于单位故意犯罪的根据。1979年《刑法》没有规定单位犯罪,这反映了当时的犯罪情况。在计划经济体制下,单位缺乏应有的独立性,不存在单位特殊利益,也就不存在单位犯罪。国家进行经济体制和行政体制改革以后,单位摆脱了以往完全吃大锅饭的状况,实行了财政包干。除基本经费由国家下拨以外,往往还需要自筹资金。尤其是本单位工作人员福利待遇的改善,很大程度上依靠单位的创收。在这种情况下,企业、事业单位、机关、团体一方面有了自主权,另一方面也有了自身的特殊利益,一些单位为追求这种特殊利益而实施犯罪活动。因此,在刑法上规定单位犯罪及其刑事责任,正是统治阶级运用刑罚手段调整社会利益矛盾冲突的必然结果。

2. 关于单位过失犯罪的根据。随着经济和科技的发展,人们的生活水平有了很大提高。但与此同时,社会生活中的危险因素也越来越多。这要求人们对自己的行为予以更多的注意,以免给他人和社会造成损害。因此,法律对公民和社会组织的注意义务提出了更高的要求。特别是作为社会组织的公司、企业、事业单位、机关、团体,在生产、经营、管理等活动中稍有不慎,就可能给作为自然人的公民造成重大损害,比如环境污染已成为一大公害。也就是说,在自然人面前,单位是强大的,因而在社会生活中负有更高的注意义务,比如对环境保护负有重大义务。只有让单位对自己过失造成的危害社会的结果也负刑事责任,才能有效保障社会生活的安全。马克思指出:刑罚不外是社会对付违反它的生存条件(不管这是些什么样的条件)的行为的一种自卫手段。[1] 所以,有些学者指出,单位犯罪主要是法定犯。法

---

〔1〕 参见《马克思恩格斯全集》(第8卷),中共中央马克思恩格斯列宁斯大林著作编译局译,人民出版社1961年版,第579页。

定犯者,“大都为适应形势的需要,或为贯彻行政的措施,对违反法律规定者加以处罚。在学说上有人认为此种行为非当然的犯罪,仅为行政上的目的所特定的犯罪,故又称为行政犯”[1]。法国最高法院现任院长皮埃尔·特律什,以及巴黎第一大学教授米海依尔·戴尔玛-马蒂在为1993年《法国刑法典》在中国出版而作的序中也说:“一部新法典应当表达在特定时期一个国家里公认的根本价值。这些根本价值要得到充分保护,不遵守这些价值就要受到惩罚。在这方面,指出以下情况是有很大意义的:……由于法人在当今社会中所占有的重要地位,我们在规定法人领导人应当承担责任的同时,还规定了法人本身应负的刑事责任。”[2]这段话也可以印证,单位犯罪理应包括过失犯罪在内。

本文一开始就指出,关于单位犯罪的许多重要理论问题存在争议,虽然立法已对单位犯罪作了规定,但有些问题一时还没有圆满的答案。我们在本文最后提出来,希望能够推动对它们的研究:

其一,把机关作为犯罪主体,犯罪的机关还能对外执行公共职能吗?它还有什么资格和威信发号施令?

其二,我国刑事诉讼法没有专门规定对单位犯罪适用的诉讼程序,单位如何接受审判?如何行使诉讼权利?

其三,对单位判处罚金,罚金应从哪里支出?特别是机关,经费主要来源于国家拨款,应否靠国家拨款交付罚金?

---

〔1〕[日]福田平、[日]大塚仁编:《日本刑法总论讲义》,李乔等译,辽宁人民出版社1986年版,第279页。

〔2〕《法国刑法典》,罗结珍译,中国人民公安大学出版社1995年版,第1~2页。

专题八　正当行为

论正当防卫与防卫过当的界限*

正当防卫是最重要的正当行为，各国刑法对此都有专门的规定。但在正当防卫的本质、特征和适用条件上，又都存在一些差异。我国刑法中的正当防卫制度与其他国家相比，还是有所区别的：首先，正当防卫是法律赋予公民的一项权利，而非制止不法侵害的最后手段；其次，正当防卫是针对不法侵害实施的正当、合法行为，不仅不具有社会危害性，反而对社会有益。[1] 在实践中，如何正确适用正当防卫制度，特别是如何正确划分正当防卫与防卫过当以及一般犯罪之间的界限是一个较为复杂的问题。继而，如何确保司法裁判的法律效果和社会效果的有机统一，是摆在当前司法机关面前的一项重要课题。一段时期以来，正当防卫与防卫过当的司法区分问题纠葛不断且有加剧的态势，严重限制了正当防卫制度的正确运用，也严重影响了正当防卫的司法认定。近年来，"于欢案"等的发生，不仅将正当防卫制度的司法实践问题予以暴露，也进一步督促司法机关重新认真审视与制定区分正当防卫与防卫过当的司法逻辑与认定标准，更好地引导公民正确行使防卫权。在区分逻辑上，既要深究法理的逻辑，也要根据立法原意阐明规范的逻辑。

一、正当防卫与防卫过当的司法纠葛

1997 年《刑法》相比于 1979 年《刑法》，对正当防卫制度的规定，进行了如下修改：一是防卫限度的条件得以放宽。只要是为了制止不法侵害所必需，且防卫行为的性质、手段、强度和损害后果又未明显超过不法侵害的性质、手段、强度，或造成的损害虽然明显超过不法侵害，但

---

* 本文原载于《华南师范大学学报（社会科学版）》2020 年第 1 期。

〔1〕 参见高铭暄、马克昌主编：《刑法学》（第 7 版），北京大学出版社、高等教育出版社 2016 年版，第 129 页。

是实际造成的损害不算重大，均属于正当防卫。[1] 二是增设特殊防卫权的规定。其立法理由为：在司法实践中，许多正当防卫的案件都是针对暴力犯罪实施的，然而，由于1979年《刑法》对正当防卫限度的规定过于原则和笼统，更没有针对暴力犯罪而实施正当防卫的专门规定，导致在很多情况下，遭受严重暴力侵害的行为人不仅得不到保护，反而可能被以防卫过当追究刑事责任，显然不利于强化公民的正当防卫权利。三是防卫人因恐慌、激愤而超过防卫限度的问题，考虑到对这些主观状态的认定非常复杂，且关于防卫过当处罚的规定包含了"免除处罚"的内容，故不单独作出规定。[2]

由此可见，立法机关针对有关正当防卫的制度中防卫限度条件的两处重大修改，即进一步严格防卫过当的成立条件，并增设特殊防卫条款，其主要目的还是在于强化公民的正当防卫权利，鼓励公民在遭受不法侵害特别是严重暴力侵害时，敢于同违法犯罪行为作斗争。但是，在一段时期内，司法实践中却出现了意想不到的局面，司法机关对于正当防卫制度的整体适用仍然保守有余，法官不善于适用正当防卫制度，甚至在某种程度上，法官不敢适用正当防卫制度来保护公民的正当防卫权利，而是在防卫造成损害结果的情形下，选择将原本应当属于正当防卫的行为认定为防卫过当，甚至直接认定为普通的刑事犯罪。这就导致《刑法》第20条第1款规定的正当防卫条款、第20条第3款规定的特殊防卫条款长期处于一种"休眠"的状态，在一定程度上成了"僵尸"条款，未能得以适用发挥其积极保护公民正当防卫权利的作用。[3]

当前，正当防卫与防卫过当的界限区分问题，已经成为司法实践中正当防卫制度面临的首要难题，主要表现为：(1)防卫限度的认定过严。当前，司法实践存在"唯结果论"的明显倾向。[4] 对于防卫过当的判断，总体呈现为"谨慎出罪、量刑偏重"的倾向。[5] 在正当防卫案件的刑事审判中，轻易认定互殴、互殴基本排除正当防卫、被害人过错成为僵尸情节等"司法异化"现象，已经处于司法共识与异议的旋涡中心，刑事司法的公信力面临巨大挑战。[6] (2)正当防卫制度适用较少。有关调查数据显示，在中国裁判文书网中以"正当防卫"为辩护策略的刑事判决书数量多达12,346份，但法院最终认定成立正当防卫的仅有16份，以正当防卫进行辩护的成功率仅为0.13%。[7] 实践中之所以如此，既有法律价值与司法理念层面的原因，也有法律制度设计和司法技术层面的因素。但无论如何，都充分暴露了正当防卫制度的司法适用困境，不利于引导公民正确行使该权利。

正当防卫是国家法律确证的公民在公权力保护不能及时到达时的一种私力救济权。司法实践中适用正当防卫制度，应遵循鼓励和支持的价值立场。近年来，随着"昆山反杀案"

---

[1] 参见高铭暄：《中华人民共和国刑法的孕育诞生和发展完善》，北京大学出版社2012年版，第197页。

[2] 参见高铭暄：《中华人民共和国刑法的孕育诞生和发展完善》，北京大学出版社2012年版，第200~201页。

[3] 参见陈兴良：《正当防卫如何才能避免沦为僵尸条款——以于欢故意伤害案一审判决为例的刑法教义学分析》，载《法学家》2017年第5期。

[4] 参见尹子文：《防卫过当的实务认定与反思——基于722份刑事判决的分析》，载《现代法学》2018年第1期。

[5] 参见贺卫：《正当防卫制度的沉睡与激活》，载《国家检察官学院学报》2019年第4期。

[6] 参见王芳：《中国防卫权刑事审判共识度实证研究》，载《政法论坛》2018年第6期。

[7] 参见刘红宇：《法发于人间 当合乎人心》，载《人民政协报》2018年11月15日。

“赵宇案”“涞源反杀案”等典型案件相继出现,短时期内引起了极大的社会与学界反响,重新激活了正当防卫条款的司法适用机制,有效地纠正了防卫限度判断、防卫过当适用的认识误区,一改以往司法实践中存在的“好人受罚”的不公正处遇,着重体现了优先保护防卫人利益的新的政策导向。“法不能向不法让步”作为当前正当防卫机制的重要价值观基础,不仅是当前纠正防卫过当之司法认定误区的关键,更是重新激活正当防卫机制的根本内因。

二、区分正当防卫与防卫过当的法理逻辑

从民意诉求层面看,正当防卫权的扩大适用是趋势,但在立法层面暂时无法作出全面的调整。首先应在司法层面充分遵循立法原意,做出准确的认定。从法理层面看,要基于正当防卫制度的内在本质与立法精神,建构区分正当防卫与防卫过当的基础价值,从而为司法实践中区分二者提供基本的观念依托。

(一)防卫权优先的司法场域

在我国刑法中,正当防卫是国家确认并赋予公民的一项基本权利。公民正确行使正当防卫权,对正在进行的不法侵害人而言,具有天然的正当性与优位性。在区分正当防卫与防卫过当时,应当侧重防卫人的立场与视角,而不能强防卫人之所难。

1. 防卫权对不法侵害行为的优位性

通常认为,正当防卫是国家确认并赋予公民的一项基本权利。正当防卫是公民与不法侵害人违法犯罪行为作斗争的积极正当手段。正当防卫行为应当受到法律的优先保护。这种防卫权的基本定位与立基,充分彰显了防卫权的天然正当性及其对抗不法侵害的优位性。而且,防卫权的优位性,也是正当防卫制度内在的规范意蕴之所在。如此而论,在讨论防卫过当的界限时,也应当将价值与功能的优位性纳入其中。

具体而言:(1)立法原意的解读。《刑法》第20条规定,防卫行为明显超过必要限度,造成重大损害,是防卫过当。此外,《刑法》还规定了特殊防卫制度。由此可见,扩大正当防卫的适用力度是立法修改的初衷所在,旨在鼓励公民敢于和违法犯罪作斗争。1997年《刑法》相比于1979年《刑法》的规定,对正当防卫条款的规定与修改中,“放权”的色彩是较为明显的。原因在于:国家在某些情况下无力承担打击违法犯罪的重任,需要对正当防卫权的私力救济予以松绑,从而鼓励公民行使防卫权,对抗违法犯罪活动。这必然倾向于鼓励公民主动行使个人权利。正当防卫权相比于不法侵害,也就具有国家层面的优位性。防卫过当是以正当防卫权为前提的,在认定“过当”上,要考虑防卫权的优位性。(2)人性本能的“人道主义”之确证。正当防卫的最初形态是一种私力复仇形式,源于人类防卫的本能。近现代以来,才通过立法的方式,将正当防卫作为一项法定化的合法制度。赋予公民自我防卫权,彰显了人性的本能,体现了近现代刑事法治中的“人道主义”精神。实际上,我国刑法规定的正当防卫制度及其修改规定,也体现了这一立法精神的变迁过程。在认定正当防卫与防卫过当的问题上,要清醒地认识到防卫是经国家确认通过法律授予公民的权利,使他们在合法权益遭受到不法侵害时,可以实施防卫保全自己。这种立法价值的体认,就是对刑法人本主义的积极体现。对于是否属于防卫过当,从人道主义的立场看,就必然要求赋予一定的容忍度。(3)并非“不得已”的最后私力救济方式。正当防卫是法律赋予公民的一项权利,而且

作为公民的权利，为了鼓励公民正确行使，使其作为与违法犯罪行为作斗争的一种积极手段，应当强调当公民面对不法侵害时，正当防卫并非制止正在进行的不法侵害的最后手段，也即公民行使防卫权，并非一种“不得已”的应急措施。[1] 这对于防卫过当的认定而言，意味着防卫限度不是简单的“结果对比”，也不是简单的“形式匹配”，而必须考虑防卫人行使权力的优位性及其“自保”的特殊性。

但是，也应当明确，防卫权利不能被过度滥用，过犹不及。一方面，防卫行为明显超过必要限度，造成重大损害结果的，应当被追究刑事责任，另一方面，对于针对不法侵害所进行的及时反击，司法机关要大胆地认定正当防卫，不能对防卫行为作出过于苛刻和严格的要求。

2. 有利于防卫人的视角

我国刑法规定的正当防卫是作为公民的一项基本权利存在的，并不像国外刑法一样将正当防卫视为一种应对不法侵害的最后手段与措施，司法机关在认定防卫性质的时候，不能要求防卫人在当时的情形下，穷尽一切手段之后，迫不得已才实施正当防卫。即便防卫人在当时有其他办法躲避不法侵害，或者能够寻求旁边第三人、司法机关的帮助，仍然有权实施正当防卫。易言之，公民的防卫权，并非制衡不法侵害的“最后不得已救济手段”。这决定了公民行使防卫权，是从自身防卫的需求与现实情况出发进行判断的。由此，也意味着在判断是属于正当防卫还是防卫过当时，必须坚持有利于防卫人的分析立场。

在司法实践中，有利于防卫人的权利优先立场，不仅要求对正当防卫的认定不能过于严苛，也要求对防卫过当的认定不能过于严格。对此，需做好以下几个方面：(1)设身处地优先考量防卫人的正当利益。在面对正在进行的不法侵害时，是否以及以何种方式进行防卫，涉及防卫限度的具体把握问题。但是，我们不能单方面要求防卫人处于此情此景之下仍然保持绝对理性且冷静的状态，相反，我们更应当设身处地考虑防卫人所处的情况，换位思考，再来进行考虑与判断。防卫行为通常是公民的本能应急反应，强求防卫人在惊慌害怕、惶恐不安的情形之下，实施绝对精准、拿捏有度的防卫，正好对不法侵害行为予以制止。这不但是一个过高的要求，而且明显违背常理常情，不切实际，不符合人道主义的基本精神及其要求。(2)要适当作有利于防卫人的解释。“以正对不正”是正当防卫制度的实质属性，表现为“正义行为”对抗“不法侵害”。“邪不压正”是最朴素的社会常理与常情，判断防卫人的防卫行为是否合法与妥当，也即在防卫限度的判断与认定存在模糊、争议之际，应当倾向性地作出有利于防卫人的解释，以此伸张正义。特别是针对防卫人面对突然的、急促的不法侵害，在精神上恐慌、紧张，在情绪上处于激愤的状态下，如何认定防卫限度的问题，我们认为，更应当坚定不移地选择站在有利于防卫人的角度，包容防卫人在此情此景之下无法周全、谨慎地选择相应的防卫手段，从而作出符合法理和情理的判断。而其指导思想就在于，优先考虑防卫人的立场，对防卫限度予以“包容审慎性”认定。(3)不能预设“绝对理性人”的事后判断立场。在理解与掌握防卫限度的认定时，应当全盘考虑到防卫人如果遭受突然的不法侵害，不仅是四肢身体而且包括精神会陷入一种紧张、僵硬的状态，很有可能在惊恐害怕、慌

---

〔1〕 参见高铭暄、马克昌主编：《刑法学》(第7版)，北京大学出版社、高等教育出版社2016年版，第129页。

张无措的情况下实施防卫,而绝不可能对限度的拿捏具有冷静的把握。易言之,我们在对防卫限度进行认定的时候,不能假设防卫人是一个理性人,“事后诸葛亮”的判断是典型的事后“应然”判断立场。[1] 对于防卫人而言,不仅是一种苛求,而且也不是司法正义的应有之义。

(二)合法性的“底线”正当逻辑

“凡事皆有度,过犹不及。”既要鼓励公民积极行使防卫权,净化社会风气,也要在合法的范围内进行,防止权利滥用。因此,妥善处理鼓励正当防卫与防止滥用防卫权的关系,正是司法政策的平衡难点。当前,一方面,公民不知道如何正确行使正当防卫权利的问题比较突出,特别是不知晓在法律层面上,正当防卫的正确打开方式为何,因此,鼓励公民积极、正确地实施正当防卫是十分必要的。但决不能走向滥用防卫权的另一个极端,即不能以此助长甚至纵容公民在行使正当防卫权利时毫无顾忌、不计后果地滥用,毕竟一般不法侵害人的生命权和重大身体健康权也应受到法律保护。

1. 正“遏制”恶的价值定位

正当防卫行为针对的是不法侵害行为,因而,是正当与合法的自救行为。这是正与恶的对峙。正义战胜邪恶是正当防卫制度的基本价值取向。在这场事关合法与非法的较量中,充分考虑防卫限度的价值定位是区分正当防卫与防卫过当的基本凭据。

简单地讲:(1)私力救济的正当性。虽然法治社会并不提倡私力救济,但公权力提供的法律救济无法确保“随时在场”,也无法及时且有效地介入每一个特定时空范围。但是,公民时刻可能面临突如其来的不法侵害行为,需要作出是否以及如何实施防卫行为的决定。基于这种不确定性,正当防卫不仅在法律上和道义上都有其正当性,而且在防卫措施以及防卫限度等方面,也具有合法性基础作为兜底,使公民可以放下“限度”上的顾虑,敢于行使防卫权。(2)正当防卫的社会公益性。公民在受到不法侵害时,行使法律赋予的正当防卫权利予以及时的反击,这首先对于正在实施不法侵害的行为人而言就是直接的威慑,其次对于潜在不法侵害人而言还具有特殊的威慑作用。由此可见,正当防卫制度具有显著的“外溢”效益,具有社会公益性。在认定正当防卫的限度条件时,不宜过于严苛,要考虑其有益性的正能量。(3)正当防卫与对抗违法犯罪的公认合法性,是“以正对不正”。但是,这也绝不意味着,公民可以假借防卫的名义以新的暴力对抗已有的暴力,而只能是与不法行为作斗争的手段。[2] 虽然防卫过当也可以认为是一种非法侵害行为,但其是以正当防卫的合法性、正当性为前提的,在认定防卫限度条件时,不能忽视正当防卫内在的正当性基础。(4)正与恶的刑法价值取向。对于防卫人当时的实际情况要“设身处地”进行分析,权衡刑法保护价值及其利弊的取舍,从而判断是否超出了合理的限度。从制度的初衷看,公民积极与违法犯罪作斗争,敢于捍卫自身权益,才能真正有效减少与遏制违法犯罪现象。这是正当防卫制度的预期价值。法律的正义天平,应当向防卫人一方倾斜,不法侵害人的利益必须为正当防卫人

---

〔1〕 参见陈兴良:《赵宇正当防卫案的法理评析》,载《检察日报》2019年3月2日。

〔2〕 参见徐日丹:《正确理解和适用正当防卫的法律规定》,载《检察日报》2018年12月20日。

的合法利益作出一定的“让步”。

对于正义与邪恶之间的较量,在人类社会的道德伦理看来,法律必然是站在正义的一面。因此,必须鼓励公民行使防卫权,适度放宽防卫条件的认定,对防卫过当的判断也要保持一致,确保“正义”的一方,可以站在法理的制高点。否则,法律的道德性受到削弱,无疑是正当防卫制度走向“危机”的征兆。

2. 合法对不法的道义性

公民实施的正当防卫,反抗的是正在进行的不法侵害行为,是以“正”对“不正”,但它不是一般意义上的“以暴制暴”,反而实质上是正当、合法的行为,并且是对社会有益的行为。易言之,正当防卫是合法行为,是对不法侵害这种不法行为的“精准制衡”。在讨论防卫限度时,判断是否属于防卫过当,要充分考虑合法对不法的正当属性。只有立足正当防卫的正当性之基础,才能准确把握是否属于防卫过当。

具体而言:(1)正当防卫的合法性与引导意义。公力救济制度存在一定的局限性,不能随时随地有效“守护”公民的安全。公力救济的不足,要求私力救济的存在,而正当防卫是国家所鼓励和提倡的,对于遏制犯罪活动的发生与保护公民的合法权益以及惩恶扬善等,具有积极的意义。在此基础上,正当防卫是针对不法侵害行为而实施的正当、合法行为,不仅不具有社会危害性,反而对社会有益。[1] 正当防卫的合法性之特质,不仅使其可以依法对抗不法行为,也使正当防卫的行使具有天然的社会道义性、正当性。对于正当防卫与防卫过当的区分是在行为具有合法性基础上进行的。对防卫过当的限度条件进行认定时,不宜过于严苛,更不能扼杀司法层面的适用主动性。(2)生命权的特殊性与特殊防卫的合法性。当公民面临严重危害人身安全与生命安全的不法侵害时,防卫权相比不法侵害人的不法侵害行为,具有一定优位性。这是特殊防卫的合法性依据与基础。从对抗不法的威慑效果看,法律允许防卫行为对实施不法侵害行为的人造成伤害,甚至有时候伤害结果可能是重大损伤甚至是死亡。这就可以有效地震慑社会公众,不要轻易实施不法侵害同时也可以鼓励公民不惧怕违法犯罪,有能力、有条件的还可以同违法犯罪作积极的斗争,向社会释放正能量。

通过合法与不法的深度化学反应可以看出,正当防卫制度不仅是正当的,也是合法的。对于防卫限度的理解,也要立足于正当防卫的合法性基础。在认定防卫过当的具体情况时,不能忽视合法性的前提性,从而实现鼓励的规范引导意义。

三、区分正当防卫与防卫过当的规范逻辑

在立法无法在短时期内作出调整的情况下,区分正当防卫与防卫过当的原点仍然是刑法规范,从规范层面搭建区分二者的严谨逻辑体系更为务实和高效。对于正当防卫与防卫过当的区分,防卫限度是焦点所在。对防卫限度的理解与认定,不仅事关立法原意的法教义学之科学阐明,也关系刑法解释的司法功能取舍。从规范层面审视防卫限度之条件,是区分正当防卫与防卫过当的主要司法场域。

---

〔1〕 参见高铭暄、马克昌主编:《刑法学》(第7版),北京大学出版社、高等教育出版社2016年版,第129页。

（一）防卫限度的教义学审定

区分正当防卫与防卫过当的症结在于防卫限度的理解。从教义学的角度看，要破除当前盛行的唯结果论之做法，伸张综合判断的基本逻辑，充分根据正当防卫行为发生时的特殊情况，围绕实现个案正义，作出最终的实质权衡。

1. 唯结果论的纠正

《刑法》第20条第2款规定了防卫的限度条件，即“明显超过必要限度造成重大损害”。从语义上看，这存在客观主义的立法倾向。如果仅强调客观结果上法益的衡量，可能导致对防卫限度的把握不合乎情理。因为，防卫人实施防卫行为，总是与不法侵害人的不法侵害行为相对应的，不仅在客观行为上发生相互碰撞，在主观上也是双方互动的。

与此同时，在我国司法实践中，确实在一定程度上，仍然存在只看最后的损伤结果，而不区分防卫行为曲直的“唯结果论”的现象，从而导致一些案件被错误处理。“唯结果论”的司法现象，主要是指在司法实践中，只要发生死伤结果，就认为超过防卫的必要界限，属于防卫过当，构成犯罪。[1] 这种简单的逻辑在一段时间内盛行，导致司法机关在判断防卫限度时，总是直接把不法侵害行为所造成的损害结果与防卫行为所造成的损害结果进行横向简易比较，只要造成死伤等重大损害，就认定为防卫过当；反之，就是正当防卫。这无形中使司法实务往往倾向于故意犯罪或防卫过当等偏误之举。当前，清除“唯结果论”的司法误区，是澄清防卫限度之司法误区的重要着力点。

对此，最高司法机关作出了很好的适法指导。在赵宇正当防卫一案中，赵宇的防卫行为没有明显超过必要限度。一是在赵宇的防卫行为上，在制止不法侵害人李某正在实施的不法侵害行为之际，防卫人始终是赤手空拳，与不法侵害人进行扭打。赵宇实施的具体行为，主要是阻止或拉拽不法侵害人，并致不法侵害人倒地，在情急之下还踩了一脚。虽然造成不法侵害人重伤二级，但是，从防卫的手段、打击不法侵害人的身体部位、在不法侵害人言语威胁下踩一脚等具体情节看，防卫人赵宇的行为没有“明显超过必要限度”。二是在防卫行为的目的上，防卫人制止不法侵害人殴打他人时，双方的扭打行为是完整且连续的发展过程，赵宇一直以制止不法侵害为目的。不法侵害人在倒地后，仍然用言语威胁，第三人仍然面临再次遭到殴打的现实危险。有鉴于此，防卫人踩李某一脚，是在“必要的限度”内的防卫措施。基于此，最高人民检察院督导本案的审查，随后福建省人民检察院指令福州市人民检察院予以审查。经审查，检察机关认为，原相对不起诉决定存在适用法律错误，指令晋安区人民检察院撤销原不起诉决定。后经审查，以赵宇实施的是正当防卫，对赵宇作出无罪的不起诉决定。[2]

2. 综合判断的主客观统一立场

对正当防卫限度，理论界存在不同观点。无论是基本相适应说，还是必需说，以及其他看法，它们并非完全对立，而是相互契合的。正当防卫的必要限度，既指防卫行为是制止不

---

〔1〕 参见向青平：《激活沉睡中的正当防卫条款》，载《民主与法制时报》2019年3月31日。

〔2〕 参见陈菲、丁小溪：《最高人民检察院就“赵宇正当防卫案”作出回应》，载《检察日报》2019年3月2日。

法侵害所必需的，也要求防卫行为的性质、手段、强度及造成的损害，应与不法侵害行为的性质、手段、强度及可能造成的损害基本相适应。判断限度不能脱离每个案件的具体情况，要根据具体案件中双方行为的性质、手段、强度、人员多少与强弱、现场所处的客观环境与形势，进行全面的综合分析。

所谓综合判断的立场，实质是以主客观相统一为前提和基础，同时考虑防卫行为与防卫结果。对于某一具体的正当防卫行为，应当根据防卫时的全部客观情况与主观情况，综合判断实施防卫的行为是否必要且适当。从防卫限度的判断看，正当防卫与防卫过当的界限，涉及整个流程的所有变量情况，不宜做简单的整体判断，只通过加减法完成，反而要对具有持续性、独立性的完整流程，也即不法侵害行为的起始到防卫行为的实施中所涉行为要素、主观心态，进行实质的综合判断。易言之，应当结合案件的具体情况，逐一分析防卫人每一个具有持续过程又能独立存在的行为，是为保护合法利益所必需的还是多余的部分。

例如，在于欢防卫过当一案中，于欢在其母子人身自由遭受限制乃至剥夺，人格权遭受言行侮辱侵犯，身体健康权遭受轻微暴力侵犯，加害人人数众多、但未使用工具，警察到场后又离开但尚在附近的情况下，为制止不法侵害，摆脱困境，使用致命工具捅刺被害人，造成一死、两重伤、一轻伤的严重后果。其之所以是正当防卫但同时又防卫过当，是因为结合防卫人面临的冲突烈度和环境情势，对防卫行为的手段、方式和强度是否为制止不法侵害所必需进行了评判；同时，也对防卫行为所损害的法益与保护的法益种类、大小进行了权衡、比较。通过对防卫行为与防卫结果进行全面、客观的评价，二审法院认为，于欢的行为属于防卫过当。[1] 这种主客观相统一下的综合判断立场，对司法实践在认定正当防卫限度方面具有重要的借鉴价值，是对“唯结果论”等做法的拨乱反正之举。

3.个案正义的修正机制

“辱母杀人案”与“昆山反杀案”之所以引发各界的高度关注，并将正当防卫与防卫限度的区分之争论推向高潮，不仅是因为这类案件在实践中本就难以区分，更因为我国正当防卫案件的司法裁判存在个案正义困境与疑虑。

在防卫限度的认定标准上，要防止出现两个极端，既要避免对防卫行为作过苛、过严要求，也要防止“一刀切”与“简单化”的做法。它们都未能正确把握正与恶、合法与不法之间的实质界限，也未能充分考虑防卫权及防卫人利益之优位性。进一步讲：(1)不能滥用防卫权利，禁止“过”与“不及”的做法。司法机关对合法与不法之间界限明确以及反击型的防卫情形，应当大胆适用，防止对防卫行为作过苛或过严的要求，以至于人为地拔高正当防卫的标准。但是，也不能矫枉过正，防止“一刀切”等简单做法。(2)要注重区别对待的司法政策需求。在一般防卫案件中，要注意防卫措施的强度应当具有必要性。但是，对于因一般争执暴力程度逐渐升级进而演变为不法侵害的，应当查清案情的前因后果，分清双方的是非曲直，然后再做定夺。对于因一般矛盾引发的不法侵害，如果双方的身份涉及亲属、邻里、朋友关系，要谨慎认定防卫性质。但是对于主动挑衅、伺机报复的，要敢于认定防卫，依法保护防

---

〔1〕 参见高铭暄：《于欢案审理对正当防卫条款适用的指导意义》，载《人民法院报》2017年6月24日。

卫人的防卫权利。

在防卫限度的认定上，应当进行全面整体的考量，防止陷入“对等武装论”与“唯结果论”等形形色色的认识误区。应当全面分析不法侵害行为的强度、缓急与性质，结合侵害与防卫的力量对比、防卫时的现场情势等事实和情节，不能局部、孤立、静止看待，要做好综合判断，防止简单对比防卫行为与防卫瞬间的不法侵害。同时也要具体案件具体分析，既要整体考察不法侵害行为的情况，查明前因后果，也要考虑防卫人对持续侵害累积危险的直观感受。

（二）防卫限度的刑法解释规则

防卫限度条件，是指正当防卫不能明显超过必要限度，且不能对不法侵害人造成重大损害。这是区别防卫的合法与非法、正当与过当的标志。目前，理论上主要存在必需说、基本相适应说、相当说等不同看法。[1] 在实践中，“明显超过必要限度”并“造成重大损害”是规范释义与司法适用的焦点所在。如何理解并认定这两个核心规范要素的内涵，是解决司法判断难题的关键所在。

1. 行为与结果的双重判断

究竟是防卫行为还是防卫过当，可以根据防卫行为是否“明显超过必要限度”与防卫结果是否为“重大损害结果”进行依次判断。[2] 由此，在判断防卫限度时，应当对防卫过当的主观成立要件和客观成立要件进行体系性解释。不能只评价防卫的结果或防卫的行为，也要评价防卫行为与防卫结果之间的关系。甚至在个案中，应当明确“明显超过必要限度”和“造成重大损害”之间的具体关系，毕竟防卫行为与防卫结果的不同关系，也对整体判断防卫限度存在一定的影响。

易言之，认定正当防卫的限度条件，其规范解释的两个关键要素是行为限度与重大结果。对此，应当基于综合判断的立场，从防卫行为与结果层面，进行实质的判断：一是在判断防卫限度时不能脱离防卫行为的具体情况。防卫人对不法侵害的行为性质、行为强度、可能造成的危害后果的认识及防卫人的防卫目的等都是需要考察的因素。[3] 在实施防卫行为时，不能实施超过制止不法侵害所必需且被禁止的多余行为。在合理与适度的范围内，基于有利于防卫人的解释立场等，应从防卫权的优位性出发，对防卫行为的必要性进行相对宽松的认定。二是防卫的后果是以防卫行为为前提的，防卫行为是针对不法侵害的整体性制衡。只要没有明显超出有效制止不法侵害继续进行的限度，并造成不应或没有必要出现的重大损害[4]，就不属于“造成重大损害”的情形。在此基础上，在讨论正当防卫限度，对防卫行为与防卫结果是否都明显“不当”进行判断时，需要同时考虑行为与结果及其内部关系，克服“圣人标准论”“事后诸葛论”“对等武装论”“唯结果论”等惯性思维，根据社会一般人的通常理解与可能反应，站在防卫人防卫当时的立场，遵循“行为—结果”的逻辑进路，对防卫

---

〔1〕 参见高铭暄、马克昌主编：《刑法学》（第7版），北京大学出版社、高等教育出版社2016年版，第134～135页。

〔2〕 参见梁根林：《防卫过当不法判断的立场、标准与逻辑》，载《法学》2019年第2期。

〔3〕 参见冯军：《防卫过当：性质、成立要件与考察方法》，载《法学》2019年第1期。

〔4〕 参见刘宪权：《于欢行为属于防卫过当 应当予以减轻处罚》，载《人民法院报》2017年6月25日。

行为是否过当进行具体判断与实质判断。防卫措施明显超过必要限度、防卫结果造成重大损害这两个标准必须同时具备，才能认定为防卫过当。只是存在其一情形的，不能认为是过当。

2. 明显超过必要限度

《关于依法办理家庭暴力犯罪案件的意见》(2015 年)对家暴情形中的正当防卫与防卫过当之界限，作出了较为明确的规定。简单地说，既要以足以制止并使防卫人免受家庭暴力不法侵害的需要作为标准，也要根据施暴人正在实施家庭暴力的严重程度、手段的残忍程度，同时结合防卫人所处的环境、面临的危险程度、采取的制止暴力的手段、造成施暴人重大损害的程度，以及既往家庭暴力的严重程度等，综合判断是否"明显超过必要限度"。这无疑提供了启示意义。

我国刑法理论和司法实务一般认为，在"明显超过必要限度"的判断上，通常情况下，首先要求防卫行为可以对不法侵害起到制止作用，同时，还要求防卫行为与不法侵害行为在手段性质、激烈强度、造成损害等方面，不至于过于悬殊。面对具体的案件，如果防卫行为为制止不法侵害所必需，且手段性质、激烈强度与不法侵害基本相当，甚至小于，就没有"明显超过必要限度"，而不论最后是否造成十分重大的损害结果。如果防卫行为超出了制止不法侵害所必须，即本来采取较小强度的防卫行为就足以制止其面临的不法侵害，却采取了强度特别大的防卫行为，就属于"明显超过必要限度"。据此，明显超过必要限度主要为防卫方式、强度、手段不适当等情形，包括防卫行为人攻击部位的不适当、防卫工具的不适当、在防卫方人数或体能优于侵害方的情形下实施防卫行为等情形。

所谓"明显"，不是一般的超过，而是显著超过。在一般人看来，往往是一目了然或基本没有争议的。这是对防卫人有利的限度规定。基于此，在具体案件中，通过分析不法侵害人和防卫人双方的人数、力量对比、持有凶器等情况，以及当时的危险状况等所有案件情况，进行全盘考虑判断，再综合确定防卫人的防卫行为是否具有必要性、是否"明显超过必要限度"是非常正确的。对于见义勇为的，对"明显"的判断，更应有利于防卫人。

3. 造成重大损害

"造成重大损害"是防卫过当在结果形态上的成立条件。这一规定明确了是"重大"而非"一般"的损害，而"重大"的损害结果，显然不是制止不法侵害所必需且相适宜的程度，而是在防卫行为过当的前提下，所呈现出的一种结果过当。按照规定，只有两者同时具备的情况下，才能最终认定为防卫过当行为。[1]

应当综合不法侵害的行为性质、行为强度和可能造成的危害后果等因素，综合认定是否"造成重大损害"。特别是要防止唯结果论的做法，将出现死伤结果的防卫行为，一律认为是防卫过当。例如，于欢的防卫行为具有防卫的性质，采取的反制行为明显超出必要限度，又造成了伤亡后果，应当认定为防卫过当[2]，理由为本案属于违法逼债激发的防卫案件，不

---

〔1〕 参见陈兴良:《赵宇正当防卫案的法理评析》，载《检察日报》2019 年 3 月 2 日。

〔2〕 参见史兆琨:《于欢的行为具有防卫性质，但防卫过当》，载《检察日报》2017 年 5 月 29 日。

具备特殊防卫的前提条件。为了制止不法侵害,摆脱困境,防卫人于欢使用致命性工具刺向不法侵害人,造成1死、2重伤、1轻伤的后果,防卫行为与不法侵害之间明显不相适应,行为的结果明显是"重大损害"。通过该案与一般法理,可以总结:防卫行为所造成的损害与不法侵害可能造成的侵害相比明显失衡,就往往是"造成重大损害"。一般不包括造成被害人轻伤或财产方面的损失,而仅限于造成人身重伤或死亡。〔1〕

(三)特殊防卫与防卫过当的认定

特殊防卫的适用前提是防卫人面临严重危及人身安全的暴力犯罪。在司法实践中,准确把握这一前提条件是正确适用特殊防卫条款的关键所在。这种暴力犯罪的侵害程度,必须达到严重危及人的生命安全,如果不法侵害行为并未达到严重危及人的生命安全的程度,就只能进行一般防卫,而不能适用特殊防卫。这是《刑法》第20条第3款对适用特殊防卫作出的刚性规定,不能突破。对于特殊防卫的前提,应根据不法侵害人实际使用的暴力是否达到严重危及人身安全的危险程度进行判断。不法侵害行为的强度足以致人重伤或死亡的,应当认为是严重的暴力犯罪,符合特殊防卫的前提,可以实施特殊防卫。〔2〕 这种特殊防卫显然不再评价防卫限度,因为符合特殊防卫前提后,已经不能苛求防卫人考虑防卫行为是否必要、防卫结果是否严重。通说也认为,对于正在进行的严重危及人身安全的暴力犯罪,实行正当防卫行为的,是特殊防卫,不存在防卫过当的问题。〔3〕 但是,不乏观点认为,《刑法》第20条第3款不是特殊正当防卫。这既缺乏理论根据,也容易导致司法实践将正当防卫认定为防卫过当,故为我们所不取。

在认定特殊防卫的问题上,还涉及防卫人的"精神高度紧张,心理极度恐惧"情形。对于其究竟是属于特殊防卫还是存在防卫限度问题有一定的争议。〔4〕 例如,在轰动一时的"涞源反杀案"〔5〕中,检察机关经过审理后认为,本案中王某元夫妇的行为属正当防卫。其核心理由在于:在当时的情况下,王某元、赵某芝因受到惊吓,精神高度紧张,心理极度恐惧。在无法判断王某倒地后是否会继续实施侵害行为的情况下,要求防卫人即刻停止防卫行为,显然是不具有合理性和现实性。综合当时的不法侵害与防卫人的具体情况,防卫人王某元的行为,符合《刑法》第20条第3款的规定,属于正当防卫,不负刑事责任。这明确属于《刑法》第20条第3款规定的情况,不存在防卫限度的问题,是"无限"防卫,因而也被称为"特殊"防卫。对特殊防卫的适用,更应重视审慎的包容性立场,在充分顾及防卫权的优位、有利于防卫人的价值立场下,也要谨防脱离合法性的底线。

四、结语

对如何区分正当防卫与防卫过当的司法难题,既要从刑法理论出发,深挖正当防卫制度的立法原意、价值定位与公众认同立场;也要从规范要素出发,通过教义学的释明与刑法解

---

〔1〕 参见赵秉志:《于欢案防卫过当法理问题简析》,载《人民法院报》2017年6月24日。

〔2〕 参见赵秉志:《于欢案防卫过当法理问题简析》,载《人民法院报》2017年6月24日。

〔3〕 参见高铭暄、马克昌主编:《刑法学》(第7版),北京大学出版社、高等教育出版社2016年版,第135页。

〔4〕 参见黎宏:《事后防卫处理的日中比较——从"涞源反杀案"切入》,载《法学评论》2019年第4期。

〔5〕 参见李涛、戴幼卿、张夕:《"对涞源反杀案"当事女生父母不起诉》,载《北京青年报》2019年3月4日。

释学的张力，释放立法规定的应有能量。同时，特别值得强调的是，在司法方法论上，尚需对理论学说、司法经验予以深度的提炼，并以指导性案例等方式予以呈现，填补司法解释或立法修改未能出台前的制度性空缺。借此，可以统一正当防卫制度的法律适用标准。从长远看，制定和完善相关司法解释〔1〕，对统一正当防卫制度的法律适用标准，更具直接与系统性意义。对此，可以采取由最高人民法院发布指导意见和指导案例相结合的方式，具体地，指导意见主要对正当防卫的认定问题作出一些原则性、基础性的规定，更多地还是要发挥具有典型性和针对性的案例的指导作用，用典型的案例引导以后类似案件的处理，一方面，可以有效地限制司法的自由裁量权；另一方面，可以做到类案同判，使得司法适用得到统一。实际上，在最高人民检察院发布的第 12 批指导性案例中，正当防卫或防卫过当案件的数量为 4 个，包括“于海明正当防卫案”等。这对出台关于正当防卫适用法律的指导意见具有积极的积淀意义。当然，扩大正当防卫制度的适用空间，进一步优化正当防卫与防卫过当的边界，更需要立法完善。

---

〔1〕 参见汤瑜：《尚伦生：全国人大有必要立法解释正当防卫中的争议》，载《民主与法制时报》2019 年 3 月 31 日。

依命令之职务行为正当化研究*

职务行为，指公务人员根据法律行使职权或履行职责的行为，既包括基于法律的直接规定所实施的行为，也包括基于上级的职务命令所实施的行为。[1] 无论是直接以国家法律、法规或者规章为依据实施职务行为，还是以上级机关及其工作人员的命令为依据实施职务行为，都是直接或间接依法履行职责的行为，与国家公务人员的职务之间具有相关性。

以上级机关及其工作人员的命令为依据的职务行为正当化的依据在多数大陆法系国家或地区刑法中一般被涵盖在执行命令之中。如《意大利刑法典》第51条规定："行使权利或者履行由法律规范或公共权力机关的合法命令赋予的义务排除可罚性。"《法国刑法典》第122-4条第2款、我国台湾地区"刑法"第21条第1款也有类似规定。在《俄罗斯联邦刑法典》中公务人员依据上级的命令履行职责的行为是否应被涵盖在该刑法典第42条所规定的"执行命令或指令"之中则存在争议。[2] 《日本刑法典》对职务行为没有明确规定为排除违法性事由，但学界一般认为其属于该法第35条所规定的违法阻却事由之一的正当行为中基于法令而为的行为。但有人认为，在上级命令违法的情况下，依命令执行职务阻却犯罪性是责任阻却而非违法阻却。[3] 然而，作为正当化事由之一，无论是否被明确规定于刑法典之中，也无论认为其是违法阻却事由还是责任阻却事由，对该行为之排除犯罪性，学界鲜有异议。

一、依命令之职务行为正当化根据

关于依命令之职务行为正当化的原理，就所掌握的资料来看，国外

---

* 本文原载于《中国刑事法杂志》2003年第1期，由高铭暄教授与朱本欣合作完成。

〔1〕 参见张明楷：《刑法学》（上），法律出版社1997年版，第240页。

〔2〕 参见［俄］Н. Ф. 库兹涅佐娃、［俄］И. М. 佳日科娃主编：《俄罗斯刑法教程（总论）》，黄道秀译，中国法制出版社2002年版，第486页。

〔3〕 参见［日］野村稔：《刑法总论》，全理其、何力译，法律出版社2001年版，第256页。

鲜见特别论述者。从逻辑上分析,对违法阻却事由主张存在统一的原理的“目的说”与“优越利益说”,应当是认为依命令之职务行为的根据在于符合目的或者是优越利益的维护。因为,“目的说”认为实质的违法性是违反被国家承认的共同生活的目的,由这一思想出发,认为职务行为是为了达到被国家承认的共同生活的目的的适当手段,这是违法阻却事由的一般原理。“优越利益说”把违法性的实质解释为对法益的侵害,以这种思想为出发点,在价值不同的利益相对立的场合,为了价值大的利益牺牲小的利益,这是违法阻却事由的一般原理。[1] 由于“目的说”与“优越利益说”认为,其主张的原理是违法阻却事由统一的原理,因而也可以认为,从他们的观点来看,依命令之职务行为之所以阻却违法,其原理在于“行为是为了达到被国家承认的共同生活的目的的适当手段”,或者是“为了价值大的利益牺牲小的利益”。

但是作为统一的阻却违法的原理,“目的论”由于过于强调目的性,忽略正义价值且难以解释被害人承诺的情况而受到批评;“优越利益论”除被害人承诺外,还不能解释利益相当的情况,也受到了广泛的批评。

即使是只从依命令之职务行为的角度来考虑,“目的说”与“优越利益说”也不是对其正当化根据的完满解释。关于“目的说”,在命令违法而执行的公务人员并不明知的场合,将该行为非罪化,很难说符合“被国家承认的共同生活的目的”。因为,国家承认的共同生活目的的实现,有赖于公民对法律的遵守,公务人员执行违法的命令(虽然其并不明知)这种行为所体现的对法的违反本身是与法治国家对公民遵纪守法的基本要求相违背的,而不是符合“被国家承认的共同生活的目的”的。而“优越利益说”在命令合法的场合,同样难以解释依命令之职务行为正当化的根据。因为在这种场合,实际上可以说该执行命令的职务行为是一种依法令的适法行为。此时,不存在被牺牲的较小利益,因而也谈不上“为了价值大的利益牺牲小的利益”。

我国刑法界有一种主张认为,执行命令的行为排除社会危害性,其主要原因有两点:(1)实现国家职能的需要。命令是上级国家机关工作人员发布的,发布命令的目的在于实现国家职能。(2)下级国家工作人员有义务执行上级的命令。在其执行命令时,他在主观上并不是自由的,而要受到上级国家工作人员的制约,因而他就不能对其行为承担责任。[2] 应该说,论者从国家职能实现的角度出发,探讨依命令之职务行为正当化的根据,接触到了比较实质的东西。但是,其关于下级国家工作人员在执行命令时意志不自由的说法却难以成立。首先,公务人员在执行职务命令时,认为其意志完全不自由,与客观实际并不完全吻合。其次,完全丧失意志自由的行为,属于无罪过的行为,失去了在依命令之职务行为正当化根据中讨论的意义,直接根据我国《刑法》第16条关于“行为在客观上虽然造成了损害结果,但是不是出于故意或者过失,而是由于不能抗拒或者不能预见的原因所引起的,不是犯罪”的规定,即可否定其刑事责任。

---

〔1〕 参见马克昌:《比较刑法原理:外国刑法学总论》,武汉大学出版社2002年版,第326页。

〔2〕 参见王政勋:《正当行为论》,法律出版社2000年版,第288页。

我们认为,对依命令之职务行为正当化的根据,可以考虑根据行为根据的属性一分为二的认识。[1] 在命令合法的场合,作为违法阻却事由,其正当化的根据在于合乎国家职能实现的需要。而在命令违法的场合则可以考虑运用期待可能性的理论来解释。刑法中禁止性规范所规定的部分行为,可通过其他法规的例外规定而排除适用,因而该行为不具有刑事违法性。从实质意义上来看,统治阶级是否将某行为确定为违法,归根结底都是基于维护其统治的需要,将有利于其统治的行为排除违法,将不利于其统治的行为确定为非法,其中严重妨碍其统治秩序的行为则被确认为具有刑事违法性的行为。而执行合法命令的职务行为,由于是维护统治阶级统治的国家职能的正常发挥,因而不被认为具有违法性。

而公务人员在不明知命令违法的场合依据命令执行职务时,其对法的违反并不因行为人对行为违法性认识的欠缺而被阻却,在此场合是责任阻却而非违法阻却。下级公务人员在执行命令时不能认为其意志完全不自由,但也并不能因此否认在此场合行为人的意志仅具有相对的自由。一般而言,人的意志自由具有相对性,它不仅受到遗传等先天因素的影响,而且也受到后天外界因素的影响和制约。下级公务人员具有服从命令的义务,在其并不明知上级命令违法的场合,不可能要求其对上级的每一命令都进行审查并进而决定是否服从。况且,从客观实际来说,不服从上级命令可能给其带来诸多不利影响,人们不可能不加考虑。根据法不强人所难的一般原理,我们认为,在并不明知命令违法的场合,难以期待行为人作出不执行该命令的适法行为。

负有服从命令义务的公务人员在不明知命令违法的场合,责任阻却源于行为人意志的相对不自由,在于不强人所难的法律对于人性脆弱一面的一种无可奈何的认同,在哲学基础和条件上符合期待可能性的原理。"所谓期待可能性者,乃对于某一定之行为,欲认定其刑事责任,必须对于该行为人能期待其不为该行为而为其他适法行为之情形也。亦即依行为当时之具体的情况,如能期待行为人不实施犯罪行为,而为其他适法行为,其竟违反此种期待,实施犯罪行为者,即发生刑事责任……"[2]

二、正当化标准观点分歧

如大多数大陆法系国家一样,我国大陆多数学者也将以上级机关及其工作人员的命令为依据的职务行为包括在执行命令的行为中。但由于我国大陆犯罪构成理论通说为"四要件论",而非大陆法系通行的构成要件符合性、违法性、有责性三段论,因此在以上级机关及其工作人员的命令为依据的职务行为正当化上,不存在"违法阻却事由"与"责任阻却事由"之争,存在分歧的主要是正当化标准不同。

我国台湾地区学者对于依命令执行职务正当化之要件,大体有两种学说:

第一,三要件说。其中又有两种不同的观点:一种观点认为,依命令之职务行为不罚,应具备三要件:(1)须为上级公务员在其职权范围内所发之命令;(2)须为下级公务员在其职

〔1〕 作为正当化职务行为根据的命令,既可能是合法命令,也可能是违法命令。关于这一点,容后详述。

〔2〕 高仰止:《刑法总则之理论与实用》,台北,五南图书出版公司1983年版,第282页。

务范围内应为之行为;(3)须其命令之形式及内容并不违法。[1] 另一种观点则认为,依命令之职务行为阻却违法须具备:(1)所属上级公务员之命令须为其监督权范围内之事项;(2)所命令之行为须为下级公务员本身职务范围内应执行之事项;(3)须命令具备法定方式与程序。[2]

第二,六要件说。此说认为:(1)执行命令者必须具备公务员身份;(2)发布命令者必须为上级公务员,公务员若与发布命令者无上下直接隶属关系,自无服从其命令之义务,若仍执行其命令,自非依命令之职务行为;(3)命令之内容须属于上下级公务员之职权;(4)命令必须具备法定程式,即命令必须具有形式要件;(5)下级公务员须非明知命令为违法,只要上级公务员命令具合法形式,下级公务员据而执行,即可阻却违法;(6)下级公务员所执行行为不得逾越命令范围。[3]

我国大陆学者对于公务人员依据上级命令执行职务行为正当化的标准,主要有四要件说和五要件说。

第一,四要件说。其中又有三种不同的主张:

1.“明知命令为犯罪例外说”。持此说者认为,执行命令的行为排除社会危害性的条件是:(1)执行的命令是直属上级工作人员发布的;(2)发布的命令必须是属于上级国家工作人员的职权范围;(3)发布命令的形式和程序都不违法;(4)下级国家工作人员在执行命令时必须不知道该命令具有犯罪内容。[4]

2.“明知命令违法例外说”。该说主张,执行命令排除犯罪性的条件是:(1)执行的命令必须是所属上级国家工作人员基于职权所发布的;(2)上级国家工作人员命令下级国家工作人员所为的行为属于下级国家工作人员职务范围内的事项;(3)上级命令的发布形式和程序都不违法;(4)下级国家工作人员必须不明知上级发布的命令为违法。[5]

3.“命令违法说”。该说主张,下级国家工作人员执行上级的命令排除犯罪性应具备:(1)必须是合法公共机关发布的命令;(2)上级机关命令的形式和程序合法;(3)上级国家工作人员发布的命令内容必须违法;(4)下级国家工作人员必须不明知命令的内容会导致犯罪。[6]

第二,五要件说。持此说者认为,执行命令的行为必须具备下列条件,以排除社会危害性:(1)命令的来源为具有隶属关系的上级机关国家工作人员;(2)执行命令的主体合法;(3)发布命令的形式和程序合法;(4)部属不知道上级发布的命令具有犯罪的内容;(5)部属

---

〔1〕 参见翁国梁:《中国刑法总论》,台北,正中书局1960年版,第112~113页。

〔2〕 参见韩忠谟:《刑法原理》,台北,台湾大学法学院1981年版,第152~153页。

〔3〕 参见刘清景:《刑法总则》,台北,学知出版社1996年版,第160页。

〔4〕 参见高铭暄主编:《中国刑法学》,中国人民大学出版社1989年版,第160~161页;马克昌等主编:《刑法学全书》,上海科学技术文献出版社1993年版,第112~113页。

〔5〕 参见马克昌主编:《犯罪通论》,武汉大学出版社1999年版,第818~819页;谢望原主编:《台、港、澳刑法与大陆刑法比较研究》,中国人民公安大学出版社1998年版,第182页;陶驷驹主编:《中国新刑法通论》,群众出版社1998年版,第201~202页。

〔6〕 参见赵合理:《大陆与澳门刑法中排除犯罪性之执行命令事由的比较》,载《法律科学(西北政法学院学报)》2000年第3期。

在命令规定的事项范围内执行。[1] 另外,五要件说还有两种修正的观点,修正观点一将执行命令的形式、程序合法与发布命令的形式、程序合法并提而纳入[2],修正观点二在前一修正观点基础上,认为执行命令者的主观态度应为不明知上级的命令违法。[3]

三、主要争议问题探讨

纵观上述诸观点,关于对执行主体的合法性和命令形式的合法性的要求,学者们已经基本达成共识,故不赘述。然而,在下面几个问题上,学者们见仁见智。

1. 命令的属性。关于命令的属性,我国台湾地区"三要件说"中有人主张命令之形式及内容都要求不违法。[4] 这种主张与该学者在下级对上级职务命令的审查义务上采取实质说具有不可分割的联系,主要存在于对下级审查义务持实质审查说者之间。[5] 由于实质审查说对行政效率的妨碍,目前已不为我国台湾地区的通说所采。[6] 相应地依上级命令执行职务阻却违法,在命令的属性上也不再严格要求命令合法,而改为从主观上要求行为人不明知该命令违法即可。大陆学者有两种认识:占主导地位的观点认为,被执行的命令应当合法或者至少行为人不明知违法,且符合其他要件时,依据该命令执行职务造成损害的,得以排除犯罪性;而"命令违法说"认为,只有在命令违法的场合才能构成阻却犯罪性的执行命令,在命令合法的场合,根本不会进入刑法视野。笔者认为,后面这种说法实难苟同。诚然,公务人员具有遵从上级命令的义务,而每个公民也具有守法义务。两种义务相比较,显然法律被遵守的价值高于上级命令被遵守的价值,认为命令违法为公务人员执行命令排除犯罪性的必备要件在价值层面上不具合理性。该说认为在执行合法命令时,根本不会进入刑法的评价范围,这种说法也与事实不相符。事实上,依据上级的合法命令执行职务,也会造成他人严重损害,这种场合也需要判断该职务行为是否能作为排除犯罪性事由,并进而确定行为人是否承担刑事责任。如2000年7月16日,四川省威远县一位即将临盆的孕妇在丈夫的陪同下乘面包车向医院疾驶途中,交管所四名执法人员以查"黑车"为由,拒不放行,延误抢救时间,导致孕妇死亡。[7] 虽然该案例中这几名执法人员超越了其职权,但若将该案例稍加改动,将本案主体变更为具有该职权的公安人员,那么对该案例中的公安人员的行为性质的判断,即涉及该职务行为是否具备正当化的要件,虽然其所依据的命令为合法命令。

2. 关于执行上级命令的职务行为正当化在主观上的要件。明知命令违法则不能主张职务行为阻却犯罪性,这一点学界基本没有异议。但对于是否进而要求行为人不明知该命令为犯罪则认识不一。一种观点认为,仅要求下级国家公务人员必须不明知上级发布的命令为违法即可,而另一种观点则认为,下级国家公务人员必须不明知上级发布的命令为犯罪或"会导致犯罪"才阻却犯罪性。明知命令的内容为犯罪或者会导致犯罪,根据共同犯罪的理

---

〔1〕 参见高铭暄主编:《刑法学原理》(第2卷),中国人民大学出版社1993年版,第250~252页。
〔2〕 参见赵廷光主编:《中国刑法原理》(总论卷),武汉大学出版社1992年版,第386~387页。
〔3〕 参见赵秉志、吴振兴主编:《刑法学通论》,高等教育出版社1993年版,第289~290页。
〔4〕 参见翁国梁:《中国刑法总论》,台北,正中书局1960年版,第112~113页。
〔5〕 参见谢兆吉、刁荣华:《刑法学说与案例研究》,台北,汉林出版社1976年版,第62页。
〔6〕 参见林山田:《刑法通论》(上册),台北,三民书局1998年版,第245~246页。
〔7〕 参见《阻止孕妇分娩通行是秉公执法吗》,载新浪网2000年9月5日,http://www.sina.com.cn。

论,“可能与上级公务员成立共同正犯或帮助犯关系,自无阻却违法之余地”[1]。问题是如果行为人明知命令违法但并不明知犯罪,如何处理?根据前述两种不同主张,处理会有所不同。如有报道称福建省长乐市财政局局长王某,依据福州市委9号文件关于企业财政周转金的发放由企业所在地财政部门提供担保的规定,先后与27家企业签订周转金借款合同,并由企业所在地乡镇财政所担保。后这27家企业倒闭,财政周转金人民币745.8万元未能收回。该文件属于该地党委政策,而非地方性规章,因此可纳入上级命令而不能认为是依法令执行职务。本案中王某对该规定违反《担保法》的主观认识是明知的,但规定由国家机关为借款合同担保,却未必构成犯罪或者说会导致犯罪。因此,若主张明知命令违法不能排除犯罪性,则王某应当承担刑事责任,而若主张明知命令为犯罪或会导致犯罪,则不能得出这一结论。笔者赞同要求行为人主观上不明知上级命令违法而阻却犯罪性的主张。理由是:首先,罪与非罪的判断是一项极专业的工作,需人民法院经过认真审理方可得出结论,要求公务人员在执行职务之前先行判断上级命令的行为是否构成犯罪,在专业水平上难以达到;其次,若需公务人员经过罪与非罪的判断后方能执行职务,势必会影响到公务活动的效率;最后,如果说在主观上要求公务人员不明知上级命令的内容为犯罪或者会导致犯罪,由于罪与非罪判断的专业性和公务活动对效率的要求,不明知该命令的内容为犯罪或者会导致犯罪可能成为逃脱刑事制裁的最好借口,从而给公务人员在明知命令违法时执行违法的命令打开了缺口。

3.命令来源的范围。我国台湾地区持“三要件说”的部分学者,不强调命令限于直接隶属关系之上级,而持“六要件说”的学者则认为,命令之发出者与执行者之间必须具备直接隶属关系。大陆“四要件说”之“明知命令违法例外说”也认为,执行的命令应为直属上级工作人员发布的;“命令违法说”则强调命令由合法公共机关发布;而其他诸说基本认为命令的来源应为具有隶属关系的上级机关国家工作人员。上级公务员根据监督管理的权限命令所属公务员从事一定的职务行为,下级公务员有服从的义务。《国家公务员暂行条例》第6条在公务员的义务中明确规定“国家公务员必须……忠于职守,勤奋工作,尽职尽责,服从命令”,并在该条例第31条规定“国家公务员必须严格遵守纪律,不得……对抗上级决议和命令”。这里的“上级”也并非没有限制。公务人员遵从上级命令义务的产生缘由,在于上级对其职务行为具有管理、监督权。只有对自己职务行为具有管理、监督职责的上级的职务命令,下级公务人员才有遵从的义务。基于此,笔者认为,“命令违法说”仅强调命令来源单位的合法性,范围过于宽泛;而“明知命令违法例外说”又将命令来源机关限于直属上级机关,范围又未免失之过窄。通说认为命令的来源应为具有隶属关系的上级机关国家工作人员,较前两种观点具有合理性,但也并非无懈可击,因为在有些场合,不具有隶属关系的上级、其他机关的职务性命令也必须被遵守,如侦查犯罪中,检察官对司法警察的职务性命令。我国台湾地区学者褚剑鸿认为,命令的来源应注重上下级之间的监督关系。[2] 这与韩忠谟在依

---

[1] 林山田:《刑法通论》(上册),台北,三民书局1998年版,第244页。

[2] 参见褚剑鸿:《刑法总则论》,台北,三民书局1995年版,第149页。

命令之职务行为的命令来源上提出监督权的概念不谋而合,笔者以为然。

四、结论

综上,笔者认为,执行上级命令的职务行为正当化应具备以下要件:

1. 命令来源的特定性。即发布命令的应当是具有管理、监督关系的上级机关及其工作人员。

2. 命令发布形式和程序合法。下级公务人员虽然就其职务范围内事项有服从上级命令的义务,但若其命令不具备形式要件,即不得主张为执行上级命令的职务行为。

3. 执行命令的主体合法。执行具有公务性职务的主体必须是具有国家公务人员身份的人。职务行为的实施,是代表国家行使职权。这种职责的享有具有法定性,只能由国家依法赋予某些特定的群体,而不具有任意性。不具有该身份的人,即使出于维护社会的动机实施相关行为,也不能因此具有正当化事由而排除其犯罪性。

4. 主观善意。(1)合目的性,即行为人必须在主观上出于执行职务的意思而不能出于非法的目的。(2)不明知命令违法。在明知命令为犯罪而执行的场合行为人与命令发布者成立共同犯罪。即使在命令内容违法而未致犯罪的场合,行为人明知命令违法而实施,由于主观上具有罪过也不得排除犯罪性。

5. 职务行为客观上的合法性。这里说的合法性,既包括行为符合该职务行为所依据实体法的规定,也包括职务行为的实施在程序上的合法。程序不违法既包括不违反职权范围上的规定,也包括不违反其他程序性的规定。这里涉及两个问题:一是在公务人员的行为符合法律的实体规定,但程序不合法时,其行为是否排除犯罪性?譬如,公安人员在未根据正当程序办理逮捕令的情况下逮捕犯罪嫌疑人(非紧急情况)时,遭到犯罪嫌疑人武力反抗,为制止其反抗而将其打伤是否排除故意伤害罪之适用?笔者认为,在此类场合,不能以职务行为作为正当化事由而排除犯罪性。理由是:(1)程序正义与实体正义在法治社会具有同等价值。“程序正义”理念在不否认实体正义的价值的同时,强调程序优先,强调法律适用中操作规程的公平与规则所体现的形式合理性。根据许多法学家的论证,“程序正义”是法治国的标志,是从人治到法治、从传统法文化到法制现代化、从计划经济到市场经济的转变过程中至关重要的一种价值。当前法院提出以实现“程序正义”作为审判方式改革的目标正是在向重视程序正义价值的方向努力。(2)对犯罪嫌疑人的保护。刑法不仅是被害人的大宪章,同时也是犯罪嫌疑人的大宪章。相对于以国家强制力为后盾的国家司法机关而言,犯罪嫌疑人的力量无疑是微弱的。因此,国家对其合法权利的保护,应当给予足够多的注意。强调司法人员严格按照程序执行职务,正是对犯罪嫌疑人合法权利保护的一种保障。(3)出于防止权力滥用的考虑。“一切有权力的人都容易滥用权力,这是万古不易的一条经验。有权力的人们使用权力一直到遇有界限的地方才休止。”[1]绝对的权力导致绝对的腐败。为了防止权力腐败,需要对权力进行制约,既包括实体上的制约,也包括程序上的制约。二是公务人员是否有义务审查上级命令的合法性?关于下级对上级命令的审查义务,学界

---

〔1〕[法]孟德斯鸠:《论法的精神》,张雁深译,商务印书馆1961年版,第154页。

有绝对服从说、形式审查说、实质审查说与形式违法兼明显重大违法审查说。绝对服从说认为，长官之职务上命令，属员有绝对服从之义务，即使命令形式上不备或实质上违法，也无权审查而加以拒绝；形式审查说认为，下级公务人员对长官之命令，须审查其形式是否具备，若形式不具备，即无服从之义务，若形式具备，纵实质上违法，下级公务人员亦应据以执行，且该执行仍不失为依据命令执行职务；实质审查说认为，对长官之命令，除审查其形式是否具备外，亦应兼及其实质是否合法；[1]形式违法兼明显重大违法审查说，原则上以形式审查说为主，但长官命令显然重大违法时例外，此说为德国联邦宪法法院所采。由于绝对服从说完全忽视执行者主观能动性，失之僵硬；实质审查说又失之迂缓，有碍行政效率，我国台湾地区通说和判例采取形式审查说。[2] 我国大陆刑法理论界对此没有较大争议，几乎一致采取形式审查说。[3] 笔者赞同这种看法。若采取实质审查说，在命令违法的场合，完全排除依据该命令执行的职务行为正当化的可能，对行为人显然有失公正。因为在其并不明知命令违法的场合，由于公务人员负有服从命令的义务，要求其不实施该行为不具有期待可能性。

6. 目的与手段的相应性，即执行职务的方法、手段不得超过履行职务行为所需要的程度。如公安人员在执行逮捕遭到犯罪嫌疑人暴力反抗时，依法有权使用武力。但如果只需使用较小武力就能制服犯罪嫌疑人，而公安人员致使犯罪嫌疑人重伤，则其所使用手段的程度与逮捕犯罪嫌疑人的合法目的之间不具有相应性，因此不能以职务行为作为正当化的事由而免除其故意伤害的罪责。关于这一点在《俄罗斯联邦刑法典》中得到确认。《俄罗斯联邦刑法典》第 38 条第 1 款规定："为了将犯罪人押解到权力机关或为了制止犯罪人实施新的犯罪而拘捕犯罪人时对犯罪人造成损害的，如果不可能用其他手段拘捕犯罪人而且也没有超出为达此目的所必需的方法，则不是犯罪。"该条第 2 款规定："如果采取的方法显然与被拘捕人所实施犯罪的性质和社会危害性的程度及与拘捕犯罪人时的情况不相当而对被拘捕人造成显然过分的，并非情势所致的损害，则是超过被拘捕所必需的方法。只有在故意造成损害的情况下，才应对超过必需方法所造成的损害承担刑事责任。"虽然任何俄罗斯公民均享有拘捕犯罪人的权利，且根据苏联 1984 年 8 月 16 日最高法院全体会议《关于法院适用保障对抗危害社会侵害的正当防卫权的立法的决议》，拘捕犯罪人和押解犯罪人到有关权力机关，应当视为在正当防卫状态中实施的行为，但对于具有该职责的国家公务人员，譬如警察，其拘捕犯罪人即为职务行为，其在拘捕犯罪人时造成犯罪人损害的被排除犯罪性，则应当是以职务行为作为正当化依据而非正当防卫。因此俄罗斯刑法典的限制实际上也是对公务人员执行职务手段相当性的限制。我国台湾地区"刑事诉讼法"第 89 条也规定拘提或逮捕犯罪嫌疑人遭遇抵抗时，使用强制力不得逾越必要限度。

---

[1] 参见韩忠谟：《刑法原理》，台北，台湾大学法学院 1981 年版，第 152 ~ 153 页。

[2] 参见刘清景主编：《刑法总论》，台北，学知出版社 1996 年版，第 160 页。

[3] 参见高铭暄主编：《刑法学原理》（第 2 卷），中国人民大学出版社 1993 年版，第 250 ~ 252 页；马克昌主编：《犯罪通论》，武汉大学出版社 1999 年版，第 818 ~ 819 页。

专题九　共同犯罪

论共同犯罪人的分类及其刑事责任*

共同犯罪是刑法中比较重要也比较复杂的一个问题，我国《刑法》总则第二章第三节专门就这个问题作了详细的规定。本文不打算全面地论述这个问题，仅就下列两点谈一些体会。

一、两种分类方法的结合

关于共同犯罪人的分类问题，从中外刑事立法和司法实践来看，大致上有两种分类方法：

一是按照共同犯罪人行为的性质和活动分工的特点，把共同犯罪人分为三种或者四种：三种就是实行犯（也称正犯）、教唆犯、帮助犯，简称三分法；四种是加上一个组织犯，简称四分法。从国际上来看，现在资本主义各国刑法比较流行的是三分法。苏联和东欧某些国家原来也是三分法，后来感到这种分法不能完全适应要求，于是又另立一种组织犯。

二是按照共同犯罪人在共同犯罪中所起的作用，把共同犯罪人分为主犯、从犯、胁从犯等。我国封建时代的法律一向把共同犯罪人分为首犯、从犯。如唐律规定："诸共犯罪者，以造意为首，随从者，减一等。"明律、清律的规定也是这样。《晋书·刑法志》载："唱首先言，谓之造意。"造意也就是我们今天所说的教唆。以造意者即教唆犯为首犯，以其他实施犯罪者为从犯，这是我国封建统治阶级"诛心"思想的表现。一直到清末变法，于1910年12月公布的《大清新刑律》，才采用了德、日等资本主义国家立法上的三分法。《大清新刑律》后来被北洋军阀政府基本上沿用，改称《中华民国暂行新刑律》，三分法没有变动。国民党政府1928年和1935年的两部刑法，采用的也是三分法。三分法如上所述是第一种分类方法，但是从《大清新刑律》到《中华民国刑

---

* 本文原载于《法学论集》，北京市法学会1981年编印。

法》,它们都把帮助犯称为从犯,这里多少也体现一点主从的意思。

新中国成立以来的刑事法律、法令中,特别是司法实践中,对共同犯罪人的定性用语相当多,不太统一。例如“组织者”“主谋者”“指挥者”“罪恶重大者”“积极参加者”“直接参加者”“帮助他人者”,还有“主犯”“首犯”“首恶分子”“要犯”“骨干分子”“从犯”“胁从分子”等。这里有按分工的,也有按作用的,但主要还是根据所起作用来分,如首犯、主犯、要犯、从犯、胁从犯等。

在20世纪50年代后期和60年代初期我国刑法起草修订过程中,对共同犯罪人到底怎样分类,争论是比较大的,所提的方案也比较多。但是争论的焦点仍是按什么标准来分,基本上不外乎上述两种分类方法,因而主要有两种主张:

第一种主张是按犯罪分子在共同犯罪中的分工来分,也就是说分为实行犯、教唆犯、帮助犯、组织犯。其主要理由是:第一,犯罪分子在共同犯罪中的分工,明确地显示出每一种共同犯罪人在共同犯罪中的地位和所从事的活动,也就是说明了他们各自的犯罪事实;而确定每一犯罪分子所起作用的大小,是不能脱离分工的犯罪事实的。第二,根据犯罪分子分工从事的行为划分,可以较好地解决定罪问题。例如教唆他人杀人与本人故意实行杀人,行为是不同的,因而罪名也应有所不同:一是故意杀人罪,一是教唆杀人罪。单纯按作用分类,解决不了这样的定罪问题。定罪问题是非常重要的,“共同犯罪”之所以列入“犯罪”一章(《刑法》总则第二章),而不列入“刑罚的具体运用”一章(《刑法》总则第四章),就是因为首先要解决定罪问题。第三,按分工分类,可以较好地反映共同犯罪中的复杂情况,可以运用犯罪构成理论更好地分析研究每一种共同犯罪人的情况。

第二种主张是根据犯罪分子在共同犯罪中所起的作用分类,也就是说分为主犯、从犯、胁从犯等。其主要理由是:第一,这样分类符合我国的历史传统和司法习惯。自20世纪40年代以来,审判实践中主要是根据犯罪分子在共同犯罪中所起的作用确定各个犯罪分子的刑事责任的。第二,这样分类明确地体现出党和国家对犯罪分子区别对待的政策和原则,根据犯罪分子在共同犯罪中所起作用的大小,确定刑事责任和刑罚的轻重,策略性比较强。第三,对犯罪分子分清主次首从,便于分化瓦解犯罪集团,而犯罪集团是最危险的共同犯罪形式,一贯是我们打击的重点。第四,共同犯罪人分类的主要目的在于区分他们的刑事责任,便于分别量刑,而社会危害性的大小就是确定他们各自的刑事责任、对他们分别量刑的根据。犯罪分子在共同犯罪中的分工,虽然有的(如组织犯、帮助犯)也体现社会危害性的大小,但有的(如实行犯)就体现得不直接、不明确,不像按所起的作用分类,能直接、明确地体现出社会危害性程度,从而便于确定刑事责任和量刑。

上述两种主张代表了两种分类方法,各有理由,但也各有弱点。第一种分类方法解决定罪问题比较好,但是不能都体现出所起作用的大小,对解决量刑问题不够圆满。相反,第二种分类方法能体现作用大小,解决量刑问题,但对定罪问题不能很好解决;另外,只分主犯、从犯和胁从犯,把教唆犯放在哪里?教唆犯的情况很复杂,既不能一律列入主犯,更不能一律列入从犯。

因此,两种意见在争论过程中就互相吸收,取长补短,最后到1963年10月9日的刑法草案33稿，就把意见统一起来。统一以后采取的分类原则是：基本上按作用分类，但也适当照顾到分工；这样就把共同犯罪人分为主犯、从犯、胁从犯、教唆犯四种。这也就是现行《刑法》第23至26条的规定。现在这样的规定，比较符合我国的司法实际，能较好地体现党和国家的政策精神，特别是对集团性的犯罪来说，更是如此。条文的规定不仅明确地显示出从重、从轻、减轻、免除处罚等量刑问题，同时也适当解决了定罪问题。组织犯是主犯；帮助犯是从犯；教唆犯单独规定一条，实事求是地按照他在共同犯罪中所起的作用处罚；实行犯根据具体情况，或者属于主犯，或者属于从犯。此外、被胁迫、被诱骗参加犯罪的是胁从犯。这样就把共同犯罪中的定罪量刑问题基本上概括进去了。所以，我国刑法上对共同犯罪人的分类，是立足于本国实际，结合了上述四种分类方法的优点而作出的。从刑法理论和刑法史的角度看，这种分类方法具有一定的独创性，对于司法实践中处理共同犯罪案件必将起到良好的指导作用。

二、对各种共同犯罪人及其刑事责任的分析

我国刑法对各种共同犯罪人及其所负刑事责任都作了明确的规定，现逐一地进行一些分析和论述。

（一）主犯

《刑法》第23条规定："组织、领导犯罪集团进行犯罪活动的或者在共同犯罪中起主要作用的，是主犯。"依据这一条，并结合《刑法》第86条对首要分子所作的解释以及分则的有关条文，就可以知道，所谓主犯，是指有下列情况之一的犯罪分子：（1）组织、领导犯罪集团进行犯罪活动，或者说在犯罪集团中起组织、策划、指挥作用的犯罪分子。这种人叫作首要分子，也就是组织犯。（2）在聚众共同犯罪中起组织、策划、指挥作用的犯罪分子。这也是首要分子。（3）其他在集团犯罪或一般共同犯罪中起主要作用的分子或罪恶重大的分子。这实际上指的是一部分实行犯。

首要分子也即组织犯，是组织、策划、指挥犯罪的人。建立犯罪集团，领导犯罪集团，制定犯罪活动计划，组织实施犯罪计划，现场指挥，甚至电话指挥，等等，都是首要分子从事的活动。首要分子危害性最大，应当予以严厉打击。首要分子不管是否到现场指挥犯罪或者是否直接参加具体的犯罪活动，只要犯罪是包括在他参与领导制定的犯罪活动计划之内的，都要负刑事责任。最高人民法院特别法庭最近审判的林彪、江青反革命集团10名主犯，除个别外，都是这个集团里面的首要分子。当然同是首要分子，他们的罪行也有大小多少之分，不能一概而论。特别法庭不是笼统地让他们对这个集团所犯的一切罪行都负刑事责任，而是分析他们在集团中所处的地位和所起的作用，根据每个被告人参与组织、策划、指挥和直接参加的罪行的具体情况，分别予以论罪，并在所犯罪行事实的基础上，参照犯罪后的态度，分别处以不同的刑罚，这是完全正确的。但是有一点必须着重指出，这就是林彪、江青反革命集团组成的直接目的是推翻无产阶级专政的政权和社会主义制度，因此他们对包括在这个集团犯罪活动计划之内的阴谋颠覆政府罪，一般都要共同负刑事责任；对反革命集团罪，也要共同负刑事责任。10名主犯都触犯了《刑法》第98条，其中9名主犯都触犯了《刑法》第92条，正是由这个集团的反革命本质和共同的反革命活动计划所决定的。凡是称为犯罪集团的，总要有共同的犯罪活动计划，把各个犯罪分子主观上的犯罪故意和客观上的犯罪行为紧密联系在一起，而成为共同的犯罪故意和共同的犯罪行为。首要分子对于自己参与制定的共同犯罪活动计划内所包括的罪行，都要负刑事责任，不是在共同犯罪活动计划之内的罪行，谁犯了谁负刑事责任；而一般成员，则只对自己参加实施的罪行负刑事责任。可见，对首要分子和一般成员，虽然施行的都是个人责任原则，但在这个责任原则的具体运用上还是有其不同特点的。这一点在处理集团案件时是必须注意掌握的。

实行犯如果在共同犯罪中起主要作用或者罪恶重大，也是主犯。实行犯就是直接实施犯罪，完成刑法分则所规定的犯罪构成客观方面的人。例如甲教唆乙去杀丙，乙照着去做，把丙杀了，乙就是实行犯。实行犯通常是直接去实施刑法分则规定的犯罪构成的行为，但少数情况下也可能利用别人作为犯罪工具而间接造成犯罪结果。如在上述例子中，乙不是自己去杀丙，而是利用患有精神分裂症的丁，刺激他，让他去杀丙。丁因为是无责任能力人，不负刑事责任，他在这里充当了乙的犯罪工具。所以虽然是丁去杀丙，仍算是乙在杀人。这在刑法理论上叫作“间接正犯”，也就是间接实行犯。如果不是利用精神病人，而是利用未达刑事责任年龄的幼童，情况也是这样。

对于主犯的处罚原则，《刑法》第 23 条第 2 款作了规定：“对于主犯，除本法分则已有规定的以外，应当从重处罚。”分则条文对某些首要分子或罪恶重大的分子，已专门作了加重法定刑的规定，如第 95 条中的持械聚众叛乱的首要分子或其他罪恶重大的分子，第 96 条中的聚众劫狱、组织越狱的首要分子或其他罪恶重大的分子，第 118 条的走私、投机倒把集团的首要分子，第 160 条中的流氓集团的首要分子，等等，就属于这种情况。对于这种在分则中已作了加重法定刑规定的主犯，自然不能再引用总则第 23 条第 2 款予以从重处罚。有的首要分子，如第 158 条扰乱社会秩序罪的首要分子，第 159 条聚众扰乱公共场所秩序或交通秩序罪的首要分子，虽然形式上不是处以加重的法定刑，但由于本身已在分则中有专门规定，如果不属于首要分子，就不能构成这两条犯罪，因此对这样的首要分子，也不能再援用总则第 23 条第 2 款予以从重处罚。总之，只有在分则条文中没有专门规定的主犯，才能在据以定罪的分则有关条文的法定刑幅度内，依照总则第 23 条第 2 款的规定予以从重处罚。

（二）从犯

《刑法》第 24 条第 1 款规定：“在共同犯罪中起次要或者辅助作用的，是从犯。”从犯既存在于犯罪集团当中，也存在于一般共同犯罪当中。在犯罪集团中，除了主犯以外，就是从犯，有的还可能是胁从犯。犯罪集团中的从犯，从所处的地位来说是从属于首要分子的，从所起的作用来说是次要的、辅助的。这就是通常所说的罪恶不大的一般成员，也就是除开首要分子、骨干分子、罪恶重大分子等主犯之外的一般成员。对于犯罪集团中的从犯，依照《刑法》第 24 条第 2 款的规定，应当根据他参加该犯罪集团所实施的犯罪的性质和情节，比照主犯从轻、减轻处罚或者免除处罚。

一般共同犯罪中的从犯，通常是指帮助犯和次要的实行犯。帮助犯就是以提供建议、供给工具或排除障碍的方法帮助实施犯罪的人，以及事先通谋事后窝藏犯罪人、藏匿犯罪工具、湮灭罪迹或窝赃销赃的人。帮助行为可以是在实行犯着手实行犯罪之前，也可以是在实行犯罪过程当中。帮助犯与实行犯的区别就在于他没有直接参加实施刑法分则规定的犯罪构成的行为。帮助既可以是精神上、心理上的支持,如帮助实行犯出主意,想办法,撑腰打气,坚定他的犯罪决心;也可以是物质上、体力上的帮助,如提供犯罪工具,窥测被害人行踪,排除犯罪障碍(如事先打开库房,引开看门狗)等。次要的实行犯是指虽然直接参加了实施刑法分则规定的犯罪构成的行为,但衡量他所起的作用仍属于次要的犯罪分子。例如,甲、乙两兄弟为遗产纠纷经常吵架。甲怀恨在心,多次与其妻丙密谋,决定杀死其弟乙。他们唯恐力量不足,甲就去找表弟丁,要丁帮忙,丁害怕坐牢不肯答应,经甲一再恳求,并许诺事后给他一定好处,才勉强答应。某日,甲带着丙、丁闯入乙家,甲猛然将乙摔倒在地,丙、丁上前分别按住乙的手脚,甲便掏出绳子勒住乙的脖子,当场将乙勒死。在这个例子中,丁虽然参加了杀人,但他在整个事件中不起主要作用,故属于从犯。总之,次要的实行犯和帮助犯,都是从犯,对于一般共同犯罪中的从犯,也和犯罪集团中的从犯一样,依照《刑法》第24条第2款的规定,应当比照主犯从轻、减轻处罚或者免除处罚。

(三)胁从犯

这是指《刑法》第25条规定的被胁迫、被诱骗参加犯罪的人。胁从犯是在不愿意或不完全愿意的情况下参加犯罪的。他们在整个犯罪活动中所起的作用比较小,罪行比较轻,主观恶性也不大,因此条文规定,对于胁从犯,应当按照他的犯罪情节,比照从犯减轻处罚或者免除处罚。

(四)教唆犯

这是指唆使他人实施犯罪的人。这个“他人”必须是到达刑事责任年龄的、有责任能力的人,否则就不成立教唆犯,而是间接实行犯了。

教唆行为是十分危险的一种犯罪活动。我们固然不像封建社会的法律那样承认“造意为首”,但教唆行为确实是很危险的,因为他主动挑起别人犯罪的意图,激起别人犯罪的决心,特别是成年人教唆未成年人实施犯罪,危险性就更大了。

教唆行为必须是具体的。向谁教唆?教唆别人实施什么罪?这些都应当是具体的、明确的。而由于管教方法不当,使被管教者灰心丧气或自暴自弃,以致走上了犯罪道路,或者由于行为不检点,影响了别人,使那个人也羡慕这种生活方式,从而甘心堕落,触犯法网。这不能称为教唆行为,因为这里并没有具体唆使别人去实施什么具体罪行。对这种情况进行批评教育、总结经验教训是可以的,但当作教唆犯来处理则是错误的。此外,还有一种情况是,一个人向另一个人表示自己要去实施某种犯罪行为(犯意表示),但并没有选择对方为犯罪的伙伴,结果对方听了,产生犯罪念头,进而实施犯罪。前者的表示与后者的行为在客观上虽然有联系,但主观上并没有共同犯罪的故意,所谓言者无意(无意让人家参与犯罪),听者有心,这也不是共同犯罪,不能把那个作犯意表示的人当作教唆犯。

教唆行为的方式可以是各种各样的,如威逼、利诱、请求、说服、劝告、收买、命令等。这些都是积极作为的形式,不作为是不可能成为教唆行为的。教唆行为的主要内容是唆使他人实施犯罪,激起他人实施犯罪的决心。在教唆行为和被教唆者实施的犯罪之间有因果关系,而此项因果关系是教唆犯已经认识到的。他预见自己的教唆行为能够激起别人犯罪的决意，而且一般也希望看到别人去实施某种犯罪。因此教唆行为一般是以直接故意为前提的。

《刑法》第26条规定了教唆犯负刑事责任的原则，条文指出："教唆他人犯罪的，应当按照他在共同犯罪中所起的作用处罚……"这里首先要解决定罪问题。对教唆犯必须确定他是什么罪的教唆犯，例如是教唆杀人、教唆盗窃，还是教唆抢劫，等等，为此应引用分则相应条文来进行定罪，而不能笼统地定一个教唆罪。其次要弄清教唆犯的作用。一般来说，教唆犯的作用是恶劣的，所以对教唆犯通常是视同主犯，从重处罚。但是实践中也有复杂的情况，不能一概而论。有的教唆犯先是被别人教唆，然后又去教唆第三人。例如甲教唆乙去教唆丙实施盗窃行为，这在刑法理论上叫作教唆犯或者叫作教唆行为：第一个教唆犯是首倡的，第二个教唆犯是后续的，后者的教唆故意是由前者煽动起来的，因此，应当说前者比后者更危险，对后者就不一定按主犯那样从重处罚。另外，还有教唆帮助行为的，例如甲教唆乙向盗窃犯丙提供犯罪工具。乙是帮助犯，属于从犯。甲能否说相当于主犯？也未必，因为他并不是教唆别人直接去盗窃，而是教唆别人帮助盗窃。因此对甲也不一定从重处罚。由此可见，对教唆犯也要具体问题具体分析，不能一刀切。但就多数情况而论，教唆犯还是应当视同主犯从重处罚。《刑法》第26条第1款特别规定："……教唆不满十八岁的人犯罪的，应当从重处罚。"这更是没有疑问了。这样规定的出发点是为了更好地保护青少年，防止坏人唆使、利用青少年干坏事。当然，教唆者和被教唆者都是未成年人的，则另当别论，此时需要作具体分析，因为未成年人本身，依照《刑法》第14条第3款，是应当从轻或者减轻处罚的。

《刑法》第26条第2款规定："如果被教唆的人没有犯被教唆的罪，对于教唆犯，可以从轻或者减轻处罚。"这种情况在刑法理论上叫作未成功的教唆，也叫作教唆未遂。例如，甲教唆乙杀丙，乙拒绝这样做，甲构成教唆杀人未遂。教唆未遂，说明不是共同犯罪关系，对教唆者要单独加以处罚。怎样处罚？理论上有的主张这种情况相当于犯罪的预备（寻找共同犯罪人），应按预备犯的处罚原则加以处罚；也有的主张这种情况相当于犯罪未遂，应按未遂犯的处罚原则加以处罚。刑法草案33稿对此规定"可以从轻、减轻或者免除处罚"，相当于预备犯；公布施行的《刑法》对此规定"可以从轻或者减轻处罚"，相当于未遂犯。

既然有教唆未遂，当然也可以有帮助未遂（未成功的帮助）。例如提供犯罪建议，实行犯未加理睬；供给犯罪工具，实行犯拒绝使用等。但因帮助犯是从犯，本身就比较轻，帮助未遂就更轻了，所以刑法未加规定，不规定就意味着对这种行为一般不需要追究刑事责任。如果个别比较严重，非追究刑事责任不可，那么按照《刑法》第19条预备犯的处理原则加以处理，法理上也是说得通的。

教唆未遂与未遂的教唆犯在概念上是有区别的。所谓未遂的教唆犯，是指被教唆的人已经着手实行犯罪，但由于意志以外的原因而未完成犯罪的情况下的教唆犯。未遂的教唆犯与被教唆者有共同犯罪关系，他应该对实行犯的犯罪未遂负刑事责任。未遂的帮助犯，原则上也应这样解决。

最后，顺便谈谈与共同犯罪人责任有关的两个问题：一个是实行犯过限问题，另一个是共同犯罪人的自动中止问题。

实行犯过限就是实行犯实行了超出共同犯罪人预谋范围的行为。例如甲教唆乙去盗窃丙家,乙在盗窃过程中又实行了强奸行为。这里的强奸行为,就是实行犯的过限行为,对过限行为,由于它已超出了共同犯罪故意的范围,故应由实行犯单独负责,其他共同犯罪人不负刑事责任。在犯罪集团实施犯罪的过程中,个别成员实施了不是该集团预谋实施的犯罪,也就是说超越了犯罪活动计划范围,这时,超出计划的这个犯罪,也应由这个成员单独负责,其他成员对此不负刑事责任。

关于共同犯罪人的自动中止问题,仍然要按犯罪中止的原理去解决。也就是说,要做到中止犯罪,必须具备自动性(自动地而不是被迫地中止犯罪)、时间性(在预备或者着手实行阶段,也即在犯罪既遂之前中止犯罪)、有效性(有效地防止了犯罪结果的发生)。实行犯的自动中止,与单个人犯罪的自动中止一样解决。教唆犯、帮助犯、组织犯的自动中止就要复杂一些。由于他们本身的犯罪行为已经实施了或者大部分实施了,就等实行犯去实行犯罪了,因此,他们要自动中止,仅仅自己不继续下去还不行,还必须让实行犯也不要继续下去。这就需要在实行犯完成犯罪之前劝说实行犯放弃犯罪。如果实行犯接受了,当然很好;如果不接受,那么他们便必须采取其他办法,如把犯罪准备或进行的情况及时报告政法机关,或者通知被害人早作防备,最后把犯罪制止住了,危害结果没有发生,这才算他们的自动中止。如果没能防止犯罪,危害结果还是发生了,也就是说实行犯实行的犯罪既遂了,那么他们就不算是自动中止。当然对他们的这种努力,在量刑时可予以考虑。总之,他们的自动中止必须通过一系列积极的行动,不像单个人犯罪的自动中止那样,只要在预备阶段或未实行终了的行为阶段,消极不继续下去就行了,这些就是共同犯罪人自动中止所具有的特点。

论共犯关系脱离的具体认定与法律责任*

共犯关系的脱离理论最早由日本刑法学家大塚仁提出，该理论旨在解决虽为中止共同犯罪作出了努力但未能防止犯罪结果发生的共犯者的刑事责任问题。[1] 大塚仁教授发现，部分共同犯罪人虽为中止犯罪付出了真挚努力，却未能防止犯罪结果发生，不符合犯罪中止的构成而不能成立犯罪中止；若按既遂处理，不利于鼓励犯罪人为中止犯罪而作出努力，该理论可以说是主观主义刑法的产物，它主要是基于对犯罪人主观恶性降低的奖励，只要部分共同犯罪人为中止共同犯罪付出了努力，即使最终犯罪结果发生了，由于其主观恶性的降低也应对其从宽处理，从而为犯罪人在犯罪中止外架设了一座“后退的黄金桥”。

在我国刑法理论中，共犯脱离是在共同犯罪中，在共犯关系形成至共同犯罪既遂前的整个犯罪过程中，部分共同犯罪人自动放弃共同犯罪故意，实施了脱离行为，切断了自己和其他共同犯罪人及犯罪结果之间的因果联系，并为除去自己先前犯罪行为对犯罪结果所造成的原因力而付出与之相应的努力，从原来的共犯关系中解脱出来，从而对脱离后其他共同犯罪人实施的犯罪行为不承担刑事责任的情形，包括既遂责任与未遂责任。共犯关系的脱离有广义和狭义之分，前者是指共同犯罪中部分行为人切断共犯因果关系的一切现象，包括共犯中止、共犯的过限行为以及狭义的共犯脱离。搬弄是非者是指在共同犯罪中，部分行为人停止自身的行为并为阻止其他共犯犯罪事实的实现而作出努力者。[2]

一、共犯关系脱离的成立要件

（一）时空范围条件

脱离共犯关系的行为存在的时空范围是共犯关系存续期间，即从

---

* 本文原载于《法律科学（西北政法大学学报）》2016年第1期，由高铭暄教授与付晓雅合作完成。

〔1〕 参见张明楷：《外国刑法纲要》，清华大学出版社1999年版，第334页。

〔2〕 参见赵慧：《论共犯关系的脱离》，载《法学评论》2003年第5期。

共同犯罪开始至共同犯罪的最终完成,都可以实施脱离共犯关系的行为。关于脱离行为可以在哪些阶段实施,国内外学者还是存在分歧的。日本学者大塚仁教授认为脱离行为只能在着手实行之后的犯罪过程中实施,而西田典之教授则认为,脱离行为只能在着手实行之前的阶段实施,着手实行之后的阶段实施的行为涉及的是共犯中止的问题。日本学者大谷实教授和我国部分学者认为脱离行为在共犯关系存续的预备阶段、实行阶段、实行后阶段甚至犯罪既遂后的继续犯场合都可以实施。我国也有少数学者认为实行后阶段不能再成立脱离,理由是犯罪行为已经实施终了,单就行为而言,犯罪过程已然结束,引起结果的原因行为已经实施完毕,犯罪结果的发生只是犯罪行为进一步的自然延伸,行为人已无停止继续实施犯罪行为的可能,故也无脱离的可能。〔1〕 笔者同意后一种看法,如果犯罪达到既遂,则整个共同犯罪已然实施完毕,行为人再无切断共犯关系之可能,亦无法从共犯关系中解脱出来。因此,共犯脱离行为只可在共犯关系形成至既遂之前阶段实施。

(二)主观方面条件

成立共犯关系脱离的主观条件是脱离者必须基于自己的主观意志,彻底放弃继续实施共同犯罪行为,也就是具有放弃犯罪的决意。关于共犯关系的脱离者主观上是否必须具备"自动性",多数学者对此持肯定态度,但也有学者对此持否定态度。例如,有学者认为,"自动性只是中止犯的必要要件,而并非共犯脱离的必要要件,成立了共犯脱离的脱离者只有同时具备自动性才可能构成中止犯"〔2〕。对共犯脱离者提出主观上自动放弃犯意的要求,并没有对犯罪人提出苛刻的要求,因为只有自动放弃犯意的人,才值得刑法对其"架起后退的黄金桥",以鼓励更多的犯罪人自动放弃能够继续实施的犯罪行为。

关于"自动性"如何理解和认定,刑法理论界主要有以下几种观点:(1)主观说。该说认为"行为人中止的动机是基于对外部客观障碍的认识时,就是障碍未遂,反之则构成中止未遂"〔3〕。日本学者团藤重光指出:"'基于自己的意志'意味着行为人对放弃行为的积极的人格态度,但是,由于外部障碍妨碍犯罪的完成,以及对外部障碍的认识抑制了犯罪意思而停止犯罪时,不能视为行为人的积极的人格态度。"〔4〕"判断外部障碍是否足以促使行为人放弃犯罪行为,一般采用'弗兰克模式',该模式认为,能达目的而不欲时,属于中止未遂;欲达目的而不能时,属于障碍未遂。"〔5〕(2)限定主观说。该说认为行为人以自己不可实行犯罪之感情,亦即依否定自己行为价值之规范意识而中止时,才能成立中止犯。〔6〕 此说将行为人中止的动机限于广义的后悔,包括悔悟、改悔、怜悯、同情等对自己的行为持否定评价的规范意识、感情或动机。(3)客观说。该说认为"应当根据一般经验对行为人放弃犯罪的原因

〔1〕 参见谭劲松:《共犯脱离研究》,载高铭暄、赵秉志主编:《刑法论丛》第10卷,法律出版社2006年版,第80页。
〔2〕 王昭武:《我国"共犯关系的脱离"研究述评》,载赵秉志主编:《刑法论丛》第12卷,法律出版社2007年版,第140页。
〔3〕 赵秉志主编:《犯罪总论问题探索》,法律出版社2003年版,第463页。
〔4〕 李艳秋:《论共犯的脱离》,中国政法大学2004年硕士学位论文。
〔5〕 张明楷:《未遂犯论》,中国·法律出版社、日本国·成文堂1997年版,第357页。
〔6〕 参见赵秉志主编:《犯罪总论问题探索》,法律出版社2003年版,第463页。

进行判断”[1]。此说将行为人是否符合自动性建立于根据一般社会经验判断能否对行为人的意思产生强制性影响,只有没有产生强制性影响,才能判定是“基于自己的意志”。(4)折中说。该说主张“应该以行为人对外部事实的具体认识为基础,结合客观标准来判断外部障碍是否能对行为人意志产生强制性影响,如果行为人认识到了外部障碍,根据客观标准也可以实施,则构成中止未遂;而如果根据客观标准不能实施时,则构成障碍未遂”[2]。

对于上述四种学说,限定主观说将自动性的动机局限于广义层面的后悔,过多注入了伦理因素,加重了行为人承担的伦理责任。[3] 客观说将判断“自己的意志”的标准限定于行为人意志之外的“社会一般经验”即一般人的意志,明显不妥当。而折中说“兼顾了主客观两方面的标准,虽貌似公允,但它仍以客观标准来评价行为人对外部障碍的认识,以一般社会经验来代替行为人本人对外部障碍的认识,忽视了行为人个体差异导致的本人对外部事实的不同切身感受,因而与客观说犯了同一种错误”[4]。因此,笔者认为主观说更为科学,即“对外部障碍的认识并不取决于它是否客观存在,而是取决于行为人自己主观上的认识”[5]。在我国刑法理论界,学者对“自动性”的理解比较一致。首先,从认识因素上来说,脱离者自认为当时可以继续实施和完成犯罪。即使当时的客观因素导致犯罪根本不可能完成,但只要行为人并不知情而认为可以完成犯罪,也不妨碍对脱离者“自动性”的认定。其次,从意志因素上来说,脱离者放弃共同犯罪必须是基于自己的主观意志,即是一种主动型脱离。对于被动型脱离,虽然从客观层面来看也可能存在脱离共犯关系,也需要刑法一定程度上的肯定,但笔者认为,主动选择放弃继续实施犯罪行为是行为人对自己犯罪意志的一种自我否定和矫正,这才是刑法所应当鼓励的一种心态。同时应当注意的是,要区别行为人的意志因素与导致放弃犯罪的动机因素。行为人是出于真诚悔过、同情心,抑或是惧怕惩罚或者其他动机,都不影响行为人放弃犯罪的自动性,因为这些主客观因素对行为人来说不具有强迫性,不能对行为人形成压迫性的力量,行为人放弃犯罪是自己自由意志选择的结果。

另外,对于脱离者是否要求必须绝对彻底放弃犯罪,从此在任何时候、任何场合都不再实施犯罪行为,则涉及对“彻底性”的理解。对此有“绝对彻底”和“相对彻底”两种理解。所谓绝对彻底,是要求行为人除放弃本次犯罪外,以后任何时候都不能再实施犯罪。这显然对脱离者作出了过于苛刻的限定,有失偏颇。而所谓相对彻底,则意味着“这种彻底性是相对意义上的,而不具有绝对的意思,即行为人所彻底放弃的只是正在进行的某个具体的犯罪,而不是指行为人在以后任何时候都不再犯此种罪,亦不意味行为人在以后任何时候都不再犯罪”[6]。笔者认为应当具体问题具体分析,在本次犯罪中脱离者应彻底放弃此次犯罪意图,切断行为和后来的犯罪行为之间的连续性。但是,我们并不应该对其之后的行为一概而

---

〔1〕 赵秉志主编:《犯罪总论问题探索》,法律出版社 2003 年版,第 463 页。
〔2〕 赵秉志主编:《犯罪总论问题探索》,法律出版社 2003 年版,第 463 页。
〔3〕 参见张明楷:《未遂犯论》,中国·法律出版社、日本国·成文堂 1997 年版,第 364 页。
〔4〕 赵秉志主编:《犯罪总论问题探索》,法律出版社 2003 年版,第 464 页。
〔5〕 王亚军:《论共犯关系的脱离》,中南大学 2008 年硕士学位论文。
〔6〕 高铭暄主编:《刑法学原理》(第 2 卷),中国人民大学出版社 1993 年版,第 336 ~ 337 页。

论。如果脱离者只是认为此次实施犯罪的条件不够成熟,等下次时机成熟时再伺机犯罪,也只能算是暂时的中断,并不能认为行为人是彻底放弃了犯罪。

(三)客观方面条件

成立共犯关系脱离的客观条件是共犯人必须在共同犯罪过程中实施了脱离共犯关系的行为。我们认为,应以切断自己先前的加工行为与之后其他共犯人行为之间的心理性、物理性因果关系为基本原则,即脱离者只有消除先前实施的行为对其他共犯人之后的行为以及犯罪结果的积极影响,才可认定脱离共犯关系,无须对其他共犯人之后的行为及犯罪结果承担犯罪既遂的刑事责任,而只需对先前所实施的犯罪行为承担刑事责任。而根据不同的共犯者在共同犯罪中所处地位和所起作用的不同,以及共同犯罪所处的不同发展阶段,需要采取不同的脱离方式。

首先,在普通的共同实行犯中,即在共同犯罪中处于被动、消极地位的帮助犯、胁从犯,以及犯罪集团的一般参加者中,当共同犯罪尚处于犯罪的预备阶段或实行阶段时,平等性的共同犯罪人只需采取消极的脱离行为即可脱离共犯关系,无须实施积极的脱离行为;当共犯处于犯罪的实行后阶段时,则须实施积极的脱离行为才可能脱离共犯关系。其次,在支配性的共犯关系中,处于支配地位的共犯者,即在共同犯罪中起着组织、领导、指挥作用的共同犯罪人,如教唆犯、组织犯、犯罪集团的首要分子等,当共同犯罪处于犯罪的预备阶段时,一般通过消极的脱离行为即可成立脱离,如组织犯在组建犯罪集团的过程中,只要不再实施犯罪集团的组建行为,即可成立共犯关系的脱离;但当共同犯罪处于实行阶段或实行后阶段时,则必须采取积极的脱离行为才能脱离共犯关系。此外,脱离行为还必须达到解消既存的共犯关系的程度。从主客观相统一的共犯处罚根据来看,共犯行为引起法益侵害这一因果进程,可能会因其他因素的介入而中断,因此,脱离行为是否达到解消既存共犯关系的程度,可以采用因果关系遮蔽说来说明,即如果脱离行为使朝向结果发生的因果流程中断,其后发生的结果就是由新的因果流程所导致,那么脱离行为就解消了原来的共犯关系。[1] 这说明,要判断脱离行为是否中断了共同犯罪的因果流程,要分别从以下三个方面来进行:第一,判断既遂结果是否由新的因果流程所引起;第二,判断原来的共犯行为的因果流程是否止于脱离行为实施的时点;第三,既遂结果是否在排除了脱离者先前的参与行为之后,而由新的共犯行为所导致。

(四)共犯认知条件

脱离共犯关系不仅需要脱离者实施脱离共犯关系的行为,还需要其余共犯认识或者察觉到脱离者的脱离。当其他共犯认识或者察觉到脱离者的脱离时,若要继续实施犯罪,就不得不重新考虑在缺少脱离者的行为以后如何继续实行犯罪。这时,其余共犯就必须通过犯意的再确认而重新建立新的共犯关系才能继续实施犯罪。那么,如何判断其余共犯是否认识或察觉到脱离者的“脱离”?首先,脱离者应当向其他共犯进行了脱离的意思表示,这个意思表示可以采用明示的方式进行,也可采用默示的方式进行。但是一般而言,在共同犯罪

[1] 参见刘雪梅:《共犯中止研究》,中国人民公安大学出版社2011年版,第303页。

实行过程中，脱离者要脱离共犯关系，必须明确地告知其余共犯；而在共同犯罪着手实行之前，脱离者要脱离共犯关系，采取默示的态度也可以，这里的默示态度并不表示脱离者的脱离态度不明确，当采取默示的方式表示脱离时，其余共犯也能够认识到脱离者的脱离态度。其次，还需注意对于脱离的意思表示的对象范围是否应作限制。也就是说，是否需要对其他所有共犯都表示脱离的意思。笔者认为，应区别共犯者在共同犯罪中所处地位和所起作用来确定其表明脱离意思的对象范围。具体而言，对教唆犯、实行犯以及起重要作用的帮助犯而言，应向实施实行行为以及对共同犯罪的进行起决定性作用的人明确表明脱离的意思；对集团犯罪、聚众犯罪、有组织犯罪中的末端参与者、附和随从者、胁从者而言，只需向与自己犯罪行为直接相关的其他共犯表示脱离意思即可。如果脱离者采取了表示脱离的意思以外的脱离行为，如采取措施直接有效阻止其他共犯继续实施犯罪或者在阻止不奏效的情况下向国家有关机关告发、举报或向被害人通报等，也可认定其余共犯认识或察觉到脱离者的脱离。

二、共犯关系脱离的具体认定

（一）共同正犯关系的脱离

对于共同正犯关系的脱离，我国台湾地区学者李茂生认为："所谓共犯关系的脱离，顾名思义即是借共犯关系的切断，防止责任的扩散。既然共同正犯的人际关系的重点在于心理上以及物理上的犯罪能力的强化，则只要行为人能以真挚的意思切断心理及物理上的联系，则共同正犯的关系即从切断联系的时点时起消失，切断关系者只就切断前的行为负责。"[1]

所谓共同正犯，是指"二人以上共同实行犯罪的情形"[2]。"我国刑法理论称之为简单共同犯罪"[3]，也就是说，各个犯罪人实施的都是具体犯罪客观要件的行为。"要成立共同正犯，要求二人以上主观上有共同意思联络，客观上有共同实行的事实。"对于共同正犯如何认定，国内外刑法界仍存在很大争议。"共同正犯虽以共同实施共同犯罪行为为其客观要件，然在学说上共同正犯之意义向来有行为说（客观说）与意思说（主观说）之分，行为说认为共同正犯仅以参与犯罪行为之实行（即实施）为限，而依意思说则注重行为人之犯意，以为只需共犯间有共同之意思，亦即以他人行为视为自己行为之意思时，纵其行为之性质仅系帮助，未至参与犯罪之实行，亦成立共同正犯，依此说则共同实施即不必限于共同参与实行。"[4]依据意思说，日本刑法学者大谷实提出共谋共同正犯的理论。"所谓共谋共同正犯，是指二个以上的人共谋实现一定的犯罪，在共谋者的一部分实现了该犯罪的时候，包括没有参与实行行为的人在内，所有的共谋人都成立共同正犯的情况。"[5]共谋共同正犯是日本判例中的见解，我国现行刑法没有共谋共同正犯的概念。对于共谋共同正犯是否构成共同犯罪，笔者同意"凡是共谋已经等同于犯罪预备的情况，一律可以认定为共同犯罪"这一见解。

---

〔1〕 李茂生：《共犯关系之脱离》，载《月旦法学杂志》1997年第21期。

〔2〕 [日]大塚仁：《刑法概说（总论）》（第3版），冯军译，中国人民大学出版社2009年版，第286页。

〔3〕 张明楷：《刑法学》（第3版），法律出版社2007年版，第326页。

〔4〕 韩忠谟：《刑法原理》，中国政法大学出版社2002年版，第198页。

〔5〕 [日]大谷实：《刑法讲义总论》（新版第2版），黎宏译，中国人民大学出版社2008年版，第387页。

也就是说,在我国,如果犯罪人共同谋议并已经为犯罪准备工具、制造条件,即使未着手实行犯罪,按照我国《刑法》第22条的规定,也已经构成犯罪预备。但是,如果共谋只是一种简单的计划,属于产生犯意的预谋而尚未达到为实施犯罪具体性地准备工具或者制造条件,一般可以不认为构成共同犯罪。因此,我们可以将共同正犯关系的脱离分为共谋共同正犯关系的脱离与实行共同正犯关系的脱离。

1. 共谋共同正犯关系的脱离

我国有学者认为,迄今为止,共谋共同正犯的脱离这一概念在日本下级审之间已经确立,且一般以"脱离的意思表示(默示亦可)"与其他共犯对此的"认可"作为共谋关系解消的要件,这已成为日本高级裁判所的普遍认识。[1] 共谋共同正犯要脱离共犯关系,仅仅有脱离共犯关系的意思表示是不够的,还须向其他共犯人表明,让他们"了解"到不再存在合作,其不再参与共同犯罪才可。但是共谋者在共犯关系中的地位、作用不同,则对其成立共犯关系的脱离的要求也有所差异。如果在共谋关系中处于主导、支配地位,则首先须自己放弃共同犯罪的意图,向其他共犯人明示其脱离共犯关系的意思表示,其次须采取积极的措施努力劝说其他共犯人放弃犯罪或者阻止实行犯罪,以消除心理性影响力,解消共谋关系;在着手实行后也是如此。如果在共谋关系中处于次要或者平等地位,则有脱离的意思表示(明示或者默示)以及其他共犯人的"了解"退出即可消除自己的影响,也就是说,只需实施消极的脱离行为就能脱离共犯关系,而不必苛刻地要求共谋者解消整个共谋关系或者阻止实行犯罪。

2. 实行共同正犯关系的脱离

所谓实行共同正犯关系的脱离,一般是指在着手实行之后、犯罪既遂之前的脱离。与着手之前相比,在着手之后,法益侵害的危险性已发生质的变化,结果发生的盖然性更大,"着手实行"这一行为本身对结果具有强大的原因力,通常情况下,共同正犯之间会产生"既然事已至此,已再难回头"这样一种强烈的心理依存性、心理约束力,因而很难成立脱离。[2] 因此,实行共同正犯要脱离共犯关系,除自动放弃犯罪意图外,一般情况下,还必须劝说其他共犯人放弃犯罪或者阻止其他共犯人继续实行犯罪或者防止犯罪结果的发生,即实施积极的脱离行为,努力切断先前行为与其他共犯人的行为及犯罪结果之间的因果关系。对于因果关系是否切断,实践中虽然很难认定,但是不能过分遵从客观说的标准,要求完全切断因果关系,还应根据脱离时的客观环境等具体认定分析,如果行为人为消除其先前行为的积极加工影响,为阻止其他共犯人继续实施犯罪或者防止犯罪结果的发生作出了真挚的努力,即可认定成立共犯关系的脱离。[3]

(二)教唆犯关系脱离的认定

"教唆犯的特征在于制造犯意并通过他人实现其犯罪意图。""制造犯意表明教唆犯是以对他人灌输犯罪意图为己任的共同犯罪人,是犯意制造者,从而区别于其他共犯。""通过

---

〔1〕 参见金泽刚:《论共犯关系之脱离》,载《法学研究》2006年第2期。

〔2〕 参见金泽刚:《论共犯关系之脱离》,载《法学研究》2006年第2期。

〔3〕 参见倪文娟:《论共犯关系的脱离》,中国政法大学2012年硕士学位论文。

他人实现犯罪意图表明教唆犯本人并不亲自实行犯罪，而只是唆使他人去实行，是犯罪的幕后唆使者，从而区别于正犯。”[1]

1. 被教唆人着手实行前教唆犯的脱离

对于被教唆人着手实行前教唆犯的脱离是否存在，刑法学界仍有争议。持教唆犯独立性学说的学者认为，教唆行为本身即为实行行为，在被教唆者实施犯罪之前，教唆行为即具有可罚性，因此自教唆犯对被教唆者开始实施教唆行为时起，就可以成立共犯关系的脱离。持教唆犯从属性学说的学者认为，在被教唆者开始实行犯罪之前，不成立教唆关系，教唆犯的成立必须建立在被教唆者着手实行犯罪的基础上，因此，被教唆者实施犯罪的预备阶段无教唆犯成立问题，更无共犯关系脱离的问题。而根据我国刑法理论，预备行为具有可罚性，教唆他人犯罪的，自被教唆人接受教唆，实施被教唆罪的预备行为时起，教唆人与被教唆人就结成了共犯关系，此时就有可能存在教唆犯从共犯关系中脱离的情形，故教唆犯的脱离以共犯关系的成立为前提，在被教唆人着手实行犯罪行为之前的预备阶段，也是存在教唆犯脱离的情况的。

日本学者认为教唆犯脱离的要件主要有：脱离的意思表示，被教唆人了解或认可脱离，消除被教唆人的犯罪意思。而是否需要消除教唆者对被教唆人的心理影响力，是存在争议的。对此笔者认为，一方面，认定教唆犯对被教唆人心理的影响力是否已经消除非常困难，并且完全消除也是不可能的，但是至少须以改变被教唆人犯意为必要。另一方面，由于教唆犯是否能够成立脱离，并不仅仅在于认定被教唆人是否放弃犯意，而是应从共犯的处罚根据着手来认定教唆犯是否脱离原来的共犯关系，即认定教唆犯脱离共犯关系之后，被教唆人的行为与结果是否由被教唆人新的犯意所引起。这应区分两种情况来看待：一是被教唆人接受劝阻暂时停止犯罪，日后若再次基于自己的意思重新实施原来的犯罪的话，则需要原教唆犯消除被教唆人的犯罪意图，并积极劝阻被教唆人放弃着手实行犯罪。被教唆人接受劝说停止犯罪，其后又重新基于自己的意图而实施犯罪的，由于被教唆人接受劝说而使原教唆的效果消失，此时教唆犯与被教唆人已经不具备共犯关系，教唆犯的原教唆与被教唆人的后行为与结果之间已然没有因果关系，教唆犯成立脱离。二是被教唆人没有接受教唆犯的劝说，仍继续实施被教唆的犯罪行为的情况。此时需要教唆人采取积极的措施阻止被教唆人着手实行犯罪，该措施包括向公安机关举报或通知被害人及早防范等。采取这样的措施就表明教唆人主观上已经不再有与被教唆人共同实行犯罪的意思，在客观上已经解消了共犯关系，因此，此后被教唆人的行为及结果就应认定为新的因果流程，教唆犯对此不承担罪责。

2. 被教唆人着手实行后教唆犯的脱离

被教唆人着手实行犯罪行为后，教唆犯成立共犯关系脱离的要件，主要有以下两种观点：第一种观点认为，只要为阻止被教唆者的行为或防止结果的发生付出了真挚的努力，就可成立脱离。真挚的努力是判断教唆犯是否成立脱离的关键，如大塚仁教授所说，在被教唆人着手实行的阶段，教唆人撤回教唆，阻止被教唆人实行，付出真挚努力，以及在实行后的阶

[1] 陈兴良：《本体刑法学》，商务印书馆2001年版，第544页。

段，教唆者放弃犯意，为防止被教唆者的行为达到既遂结果而付出真挚的努力，但最后被教唆者还是达到既遂的情形下，对于脱离的教唆犯，能够理解为承担教唆犯的障碍未遂的罪责。[1] 第二种观点认为，只有消解了既存的共犯关系或者切断了因果关系才能成立脱离，付出真挚的努力并不是脱离的充分必要条件。被教唆人在着手实行之后，教唆人对被教唆人表示了脱离的意思，并用尽了各种方法来阻止其实行行为，而正犯仅仅是一时中止了实行，之后又实行了犯罪的情况下，对于被教唆人已经实施的实行行为，应当认定为教唆犯的中止犯。[2] 笔者认为，第一种观点立足于救济犯罪中止的策略来考虑，混淆了共犯脱离与共犯中止的界限，违背了中止犯的基本理论，因此是站不住脚的。第二种观点把教唆犯的脱离作为共犯特有的问题来看待，主张在不损害中止犯理论的基础上给脱离者架起"后退的黄金桥"。因此，着手后教唆犯的脱离要件与着手前的脱离要件基本相同，即要求教唆犯解消既存的共犯关系，此后被教唆人的行为及结果是被教唆人基于新的犯意而产生。一般来说，在被教唆人着手实行后，教唆人要解消既存的共犯关系要比着手之前付出更大的努力，必须积极劝阻被教唆人放弃犯罪，在被教唆人不听劝阻时，还要阻止被教唆人继续实施被教唆之罪，在被教唆人实行终了之后，则必须采取措施防止结果发生。

（三）组织犯关系脱离的认定

共同犯罪中的组织行为是非实行行为，从属于实行犯的实行行为，它在共同犯罪中组织、领导、策划、指挥他人进行犯罪活动，与实行行为之间存在制约关系，支配、控制着实行行为的实施和因果进程。组织行为与实行行为的这种制约关系，揭示了组织犯在共同犯罪中所起的主要作用以及组织行为与犯罪结果之间的因果关系。笔者认为，组织犯同样存在着手前和着手后的脱离。

1. 实行犯着手前的组织犯关系的脱离

在实行犯着手实行犯罪行为之前，组织犯都可以实施脱离共犯关系的行为。组织犯主要实施组织、领导、策划、指挥共同犯罪的行为。根据组织犯的相关特点，在实行犯实施犯罪的预备阶段，组织行为首先表现为组建犯罪集团，即网罗犯罪成员或挑选共同犯罪人，在此阶段，组织犯放弃犯罪集团的组建工作或者停止继续组建犯罪集团，即可成立组织犯关系的脱离，对其脱离后其他犯罪成员的犯罪行为与结果不负刑事责任，对其组建犯罪集团的行为，承担犯罪预备或犯罪预备阶段的犯罪中止的责任。如果组织行为表现为制定犯罪计划、选择犯罪客体、寻找犯罪工具、实施加强共同犯罪人内部联系的行为等，这种情况下的脱离就必须要解消共谋关系或者阻止实行行为，即组织者必须积极规劝其他成员放弃按原计划实施犯罪的意图，在其他成员一致同意放弃犯罪并就此解散时，组织者才可成立脱离。在组织犯脱离后，其他成员重新集结并实施了原定的犯罪的，即便其他成员是利用了组织犯原来所提供的信息才得逞，仍可认为组织犯关系已然解消，其他成员的行为是基于新的共谋而实施，不影响组织犯成立脱离。组织犯向其他成员表示了脱离的意思，并规劝其他成员停止着

---

〔1〕 参见[日]大塚仁：《刑法概说（总论）》（第3版），冯军译，中国人民大学出版社2009年版，第297页。

〔2〕 参见[日]大谷实：《刑法总论》，黎宏译，法律出版社2003年版，第352页。

手实行犯罪，但其他成员不听从劝告的，这时组织犯必须采取向有关机关报案或是告知被害人等阻止其他共犯实行犯罪的措施才可成立脱离。组织犯向有关机关报案之后，由于有关机关对犯罪人并未及时采取阻止措施，而发生了原犯罪计划的犯罪结果的，组织犯亦可成立共犯关系的脱离。

2. 实行犯着手后的组织犯关系的脱离

组织犯在实行犯着手后的组织行为主要表现在领导或是指挥共同犯罪人实行犯罪，具体包括安排犯罪分工、部署犯罪进程、规划如何逃避等。犯罪集团中的组织犯是犯罪集团的组织者、领导者，在犯罪集团中可能存在不同层次的组织犯，不同阶层的组织犯之间也存在领导与被领导的关系，处于领导地位的组织犯很难脱离共犯关系，必须采取有效措施阻止整个犯罪集团继续实行犯罪，才能成立脱离；处于被领导地位的组织犯只要消除自己的组织行为对其他被组织者继续实行犯罪的影响，就可成立脱离。在一般共同犯罪中，组织犯脱离共犯关系相对于集团犯罪来说会容易许多，组织犯只要放弃自己的组织行为，并阻止被组织者继续实行犯罪就可以成立脱离。在组织犯脱离后，如果其他共同犯罪人采取新的措施使犯罪行为继续进行，或是导致犯罪结果发生，仍可认为组织犯关系已经解消，其他成员的行为是基于新的共犯关系而实施，不影响组织犯成立脱离。

（四）帮助犯关系脱离的认定

帮助犯是指自己不实施构成要件行为，而是故意帮助他人犯罪的人。在我国刑法中，帮助犯包含在从犯之中。[1] 帮助犯并不直接侵害法益，他们在整个犯罪过程中起辅助作用，在对犯罪进程的影响中处于从属地位。对帮助犯进行处罚的依据是“其促进了实行犯的犯罪行为的实施以及具体犯罪结果的发生，‘促进了法益的侵害’”[2]。因此，成立帮助犯，要求有主观上帮助他人犯罪的故意和客观上帮助他人犯罪的行为。“所谓帮助，就是使已经具有犯罪意图的正犯的犯行易于得手的行为，帮助的方法，包括为正犯提供方便的‘物理帮助’以及强化正犯的犯罪心理的‘心理帮助’两种形态。”[3]也就是说，从帮助行为的形式来分，可以分为物理性帮助和心理性帮助。所谓物理性帮助，即有形的帮助犯，包括提供信息、工具，为犯罪排除障碍，为他人的犯罪行为提供协助等；所谓心理性帮助，即无形的帮助犯，是指“与正犯的主观内容有关的加功，指导、鼓励、策划、谋议，或以帮助逃走、隐藏犯人为约定，排除正犯的心理障碍，强化正犯的犯意”[4]。在这里须注意，精神上的帮助行为与教唆行为不同，须予以区分。区分的关键在于正犯是否已有犯罪的决意，如果正犯原本并没有犯罪意图，后因他人的诱导行为而产生犯罪意图，则这种诱导行为即为教唆行为，构成教唆犯。反之，如果正犯原本已有犯罪意图，后因他人的精神上的帮助、鼓励而增强其犯罪决意，则精神上的加功行为为帮助行为，构成帮助犯，而非教唆犯。相对而言，帮助犯的脱离共犯关系更容易实现一些。

---

〔1〕 参见马克昌主编：《犯罪通论》，武汉大学出版社 2000 年版，第 549 页。

〔2〕 杨钧元：《共犯关系脱离问题研究》，黑龙江大学 2009 年硕士学位论文。

〔3〕 黎宏：《刑法总论问题思考》，中国人民大学出版社 2007 年版，第 539 页。

〔4〕 李艳秋：《论共犯的脱离》，中国政法大学 2004 年硕士学位论文。

“在帮助犯的场合,如果其加功仅限于强化正犯的犯罪意思,其因果性也便限于心理因果性,如果帮助犯实施了诸如准备凶器、钥匙,或者望风等行为,则其因果性还同时具有物理因果性。”[1]因此,根据帮助加工行为方式之不同,帮助犯脱离共犯关系可以分为两种情况:第一种是在帮助犯提供有形帮助的情况下脱离共犯关系:(1)在提供物理帮助的场合,帮助犯必须切断自己先前的帮助行为对正犯行为的物理性因果影响,如必须收回提供的物资、器械、钥匙等犯罪工具。(2)在以提供被害人身份、住址等相关信息,以及提供技术性帮助的场合,“由于帮助行为是通过正犯的精神活动即记忆对犯罪行为产生影响的”[2],不可能通过简单的撤回就消除积极加工影响,因此,帮助犯除向其他共犯人表明自己放弃犯罪的意图之外,还必须采取劝说或者其他积极行为,即作出真挚的努力行为,使其他共犯人放弃犯罪行为或者阻止正犯继续实施犯罪行为。第二种是在帮助犯提供无形帮助的情况下脱离共犯关系。在提供心理帮助的场合,帮助犯要脱离共犯关系,必须消除自己的帮助行为所加功的强化正犯犯罪意图的影响。例如,约定帮忙,或者是帮助正犯逃跑或望风的约定等。在犯罪预备阶段,帮助犯只要撤销这些口头约定,其他共犯人了解,即可成立脱离;而在犯罪实行阶段,除取消这些口头约定外,还须努力劝说其他共犯人放弃犯罪行为。但是,由于帮助犯在共犯关系中毕竟只是处于从犯地位,起辅助作用,而且不可能对共同犯罪的进程和方向产生主导、支配等决定性影响,因此只要其作出真挚的努力来撤销帮助行为的积极加功影响,即使其他共犯人并没有放弃犯罪念头,即没有完全消除自己的无形帮助对其他共犯人心理上的影响,也可认定切断了帮助行为与其他共犯人行为及犯罪结果之间的因果关系,可以认定成立帮助犯关系的脱离。

三、共犯关系脱离的法律责任

(一)共犯关系脱离的处罚原则

1. 对脱离后的行为的处罚原则

如前所述,共犯人要成立共犯关系的脱离,就必须切断已经实施的加功行为与其他共犯人的行为及犯罪结果之间的因果联系,即在成立共犯关系的脱离的情况下,共犯人不仅主观上切断了与其他共犯人之间的共同犯罪意思联络,而且客观上也采取了积极的措施努力消除先前行为的积极加功影响,没有参与其后其他共犯人实施的犯罪行为。因此,虽然关于共犯关系的脱离理论的学说很多,但是,无论根据哪一种理论学说,比较一致的结论是部分共犯人对成功脱离共犯关系后其他共犯人的犯罪行为及犯罪结果不再承担既遂的刑事责任。对此,我国台湾地区学者甘添贵教授认为,“至承认共犯关系脱离之概念,乃在使该脱离仅负脱离前共犯之责任,至脱离后,因其他共犯所实行或发生之犯罪结果,则不再负责”[3]。日本学者野村稔教授认为,“尽管甲对于阻止乙的行为作出了真挚的努力,但却未能阻止住的场合下,虽然没有成立中止的未遂,但是作为共犯关系的脱离,他对于脱离之前的行为承担

---

[1] [日]西田典之:《日本刑法总论》,刘明祥、王昭武译,中国人民大学出版社2007年版,第281页。

[2] 黎宏:《刑法总论问题思考》,中国人民大学出版社2007年版,第539页。

[3] 甘添贵:《刑法之重要理念》,台北,瑞兴图书股份有限公司1996年版,第164页。

责任,而对于其后乙的行为以及由此发生的结果,不承担责任"[1]。笔者对此持赞成态度。马克昌先生认为,"共犯的处罚根据,应当依据主客观相统一的原则来寻求"[2]。虽然有学者对此提出批判,但笔者认为,借助于主客观相统一原则可以进一步说明脱离共犯关系的部分共犯人无须承担脱离后其他共犯人的行为所造成的犯罪结果的责任的理论基础。虽然共同犯罪是共犯人之间相互联系、相互作用并结为同心一体,但意图脱离共犯关系的共犯人主观上已经放弃犯罪,且客观上并未继续实施犯罪行为,因此,不能只偏重犯罪整体,而完全不考虑部分共犯人意图脱离共犯关系的行为。所以,应该从主客观两方面综合考虑,肯定脱离共犯关系者对脱离后的行为以及犯罪结果不承担责任。

2. 对脱离前的行为的处罚原则

脱离者对共犯关系脱离之前的行为须承担何种责任呢?笔者认为,不能一概而论,而应考虑脱离者脱离的犯罪阶段,即脱离的时点来具体认定比较妥当。首先,探讨部分共犯人在犯罪预备阶段脱离共犯关系的处罚原则。大陆法系国家刑法对于预备行为没有赋予其一般的可罚性,没有在刑法总则中原则性地规定处罚预备行为,只在刑法分则条文中对少数具有严重社会危害性的犯罪具体规定预备犯的处罚。而我国现行《刑法》第 22 条规定:"为了犯罪,准备工具、制造条件的,是犯罪预备。对于预备犯,可以比照既遂犯从轻、减轻处罚或者免除处罚。"也就是说,我国刑法规定不同于大陆法系国家刑法,是在刑法总则中概括性地规定处罚预备犯。因此,共犯关系的脱离者在犯罪预备阶段脱离共犯关系,消除预备行为的积极加工影响的,从主客观相统一的角度考察,属于主观上自动放弃共同犯罪的意图,主观恶性小,客观上实施了脱离行为,对其他共犯人实施犯罪行为及犯罪结果的影响程度比较小,笔者认为,在一般情况下,可以免于处罚。当然,共犯人的预备行为已经触犯了刑法分则规定的个罪的,则可以给予适当的处罚。例如,甲、乙为了抢劫成功,事先各自购买了枪支,但在实施抢劫前,甲因惧怕而放弃犯意,并没有参加抢劫,甲的行为构成非法买卖枪支罪。[3]其次,探讨部分共犯人在犯罪实行阶段脱离共犯关系的处罚原则。当共同犯罪进入实行阶段时,一般来说,对法益造成的侵害或者危险程度比较高,虽然共犯人努力消除先前行为的加工影响,成功脱离了共犯关系,但毕竟脱离前的实行行为已经造成了法益的部分侵害或者造成危险状态,因此,相比于在犯罪预备阶段脱离共犯关系的人来说,在犯罪实行阶段脱离共犯关系的部分共犯人理应承担更重的刑事责任。同时,笔者认为,相较于犯罪中止,由于共犯人并未有效阻止犯罪结果的发生,故应承担比犯罪中止更重的刑事责任;而相较于犯罪既遂,由于脱离者主观上自动放弃犯意,客观上实施阻止其他共犯人继续施行犯罪和防止犯罪结果发生的行为,应承担比犯罪既遂轻的刑事责任。

综上所述,笔者认为,共犯关系的脱离的处罚原则应为:共犯关系脱离者对脱离后其他共犯人的行为及犯罪结果不承担刑事责任,而对脱离前的行为,应该根据脱离者所处的犯罪

[1] 张玉兰:《论共犯关系的脱离》,吉林大学 2006 年硕士学位论文。
[2] 刘斯凡:《共犯界限论》,中国人民公安大学出版社 2011 年版,第 44 页。
[3] 参见刘凌梅:《论共同犯罪关系的脱离》,载《河南省政法管理干部学院学报》2003 年第 2 期。

阶段以及脱离者在共犯中所起的作用,具体情况具体分析,可以从轻、减轻或者免除处罚。

(二)共犯关系脱离的处罚规定

1. 按共犯中止处罚

很多国家刑法并未专门明确规定对共犯关系脱离的刑罚,但将共犯关系脱离的情形在刑法理论或实践上作为共同犯罪中的中止犯予以对待。《德国刑法典》第31条第2款规定,犯罪不是因为中止犯的行为而不发生的,或犯罪虽已发生但与中止犯以前参与的行为无关,如其主动努力阻止犯罪完成,则免除其刑罚。[1] 由此可见,在德国刑法中一般需行为人主动阻止犯罪结果的发生,而犯罪结果的未发生与行为人中止行为无因果关系或行为人虽做出努力仍未阻止结果发生的,为中止未遂,不予处罚,行为最终效果与中止犯相同。《俄罗斯联邦刑法典》第31条第4款规定:"组织犯和教唆犯,如果及时向权力机关报告或者采取其他措施阻止了实行犯将犯罪进行到底,不负刑事责任。"同时第5款规定,"如果本条第4款所规定的组织犯或教唆犯的行为未能阻止实行犯实施犯罪,则法院在处刑时可以将他们采取的措施视为减轻刑罚的情节"[2]。从上述两款规定的比较可见,《俄罗斯联邦刑法典》中共犯关系的脱离仅限帮助犯,只要帮助犯做出真挚努力阻止犯罪行为的进行,即使结果未能阻止实行犯实施犯罪行为,同样不负刑事责任,而以共犯中止论处。综上,德国和俄罗斯刑法规定中,更注重行为人主观方面的因素,即行为人将其之前实施的行为与后续共同犯罪完成间的联系消除,为防止犯罪结果发生付出了努力,便可以按共犯中止处罚,而不论事实上结果是否发生。

2. 按共犯未遂处罚

虽然共犯关系的脱离理论最早源于日本,得到不同学者的广泛研究,但日本仍未在刑法中作出明确的规定。在日本障碍未遂与中止未遂为犯罪未遂的两种分类:一个基于行为人意志以外的原因,一个出于行为人的自愿。根据《日本刑法典》第43条的规定,不管行为人做出怎样的努力,只要最终未阻止犯罪结果的出现,便无法成立中止未遂。为保障公平正义,此规定将做出努力而未阻止结果发生的情形,认定为障碍未遂,对共犯关系的脱离者在犯罪中止与既遂之间定罪量刑。根据"共犯关系解消说",行为人脱离共犯关系后,此时共同实行的犯罪事实结束,犯罪结果未发生,必然成立犯罪未遂。行为人于着手之前脱离则为预备罪的共同正犯,而对于着手后脱离,原则上适用未遂犯,须减免刑罚。可见,日本在刑法规定和理论上明显忽视了区分行为人的主观恶性和人身危险性,将此种情形一概以未遂处罚具有不合理性。

3. 按酌定情节考量

我国刑法与德国、俄罗斯刑法不同,更注重行为人客观方面的因素,共同犯罪的中止要求行为人须阻止犯罪的继续实施或有效避免犯罪结果出现。根据我国《刑法》第24条的规定,行为人以真挚的努力去阻止其他共犯或避免危害结果出现,最终仍未阻止结果出现的,

---

[1] 参见张智辉:《刑事责任通论》,警官教育出版社1995年版,第474页。

[2] 《俄罗斯联邦刑法典》,黄道秀译,北京大学出版社2008年版,第11页。

不是犯罪中止,仅能作为量刑情节予以减轻处罚。英国和美国刑法规定中也未明确规定脱离者的处罚条款,当出现共犯退出共犯协议这一合法辩护事由时,即起鼓励和帮助作用的共犯,采取措施消除其先前行为对主犯的影响,脱离其与主犯间的犯罪关系,此时可能会免除或减轻对共犯退出者的处罚。由此英美刑法中同样是按照酌定的量刑情节予以考虑脱离者的刑事责任问题。

笔者认为,共同犯罪中,对于如何认定脱离者的刑事责任,虽然各国给出了不同的处罚情形,但都有不尽合理之处。一方面,尽管脱离者为阻止犯罪实施做出了相当努力,但还是没有最终阻止危害结果出现,客观危害性重于中止犯。德国、俄罗斯等国家将脱离者的行为按照中止犯予以对待,显然减轻了行为人的刑事责任,有违罪责刑相适应原则。另一方面,由于行为人毕竟是非基于意志以外的原因而放弃犯罪,并且还为阻止犯罪结果的发生做出了相当的努力,具有较轻的人身危险性,如果将脱离者作为共同犯罪中的未遂犯处罚,无疑加重了行为人的刑事责任,显失公平,并且不利于鼓励行为人在共同犯罪中放弃、阻止犯罪,改过自新,打击、瓦解犯罪组织,从长远看加重了社会危害性。此外,像我国刑法及英美刑法中仅将共犯关系的脱离视为酌定量刑的情节,而让脱离者承担犯罪既遂的责任,不但不符合刑法的主客观相一致及罪责刑相适应的基本原则,而且严重打击了共犯关系脱离者的积极性,也不利于打击、瓦解犯罪组织。笔者认为共犯关系的脱离不同于共犯中止,也区别于共犯未遂,是独立的理论,在处罚上也应予以独立、分阶段考量。首先,关于行为人对脱离后其他共犯行为的刑事责任的承担的问题。按照我国刑法规定,共同犯罪中,不论脱离者的主观意志如何,都按照“部分行为,全部责任”的原则,对脱离后其他共犯的行为承担责任。而大多数国家的法律中,脱离者对脱离后的行为还是免于承担责任的。笔者赞同后一种说法,在脱离共犯关系后,对于其他共犯继续实施的行为及结果,脱离者无须承担共犯责任,而仅就脱离之前的行为担责。其次,就如何对脱离之前的行为负责,也存在不同的观点。笔者认为,应按照脱离之前实施的具体的犯罪,根据实施的不同阶段并且结合行为人的主观方面因素具体认定,且对不同犯罪的消极脱离者和积极脱离者予以区别对待。

四、结语

从立法和实践层面来说,目前我国刑法中没有对共犯关系脱离问题作出明确规定,而仅将其作为酌定从轻的量刑情节考虑,这种没有明文规定的现象很可能导致理论研究与司法实践的脱节及法官自由裁量权的无限膨胀;再者共同犯罪是社会危害性较大的犯罪,仅仅将其作为酌定量刑情节也有损刑法的严肃性。鉴于此,引入共犯脱离理论,才能保持我国犯罪论体系的统一性。因此,笔者认为目前最为有效可行的是,采用刑法修正案的形式对共犯关系脱离的具体含义和标准做出明确的界定,然后在司法实践中形成一套符合我国实际的、便于操作的统一的理论体系,确立独立的刑法处罚原则。根据我国目前现有的对预备犯、未遂犯及中止犯的处罚规定,结合相关的理论及实践,综合考虑,可规定:对于着手前的脱离,可以免除或者减轻处罚;对于着手后的脱离,可以从轻或者减轻处罚;客观紧迫威胁下的脱离,可比照任意脱离从重处罚;只中途退场的行为,仅作为量刑情节适用。

专题十　罪数

论我国刑法中的一罪和数罪*

确定行为人的行为究竟是构成一罪还是构成数罪,这是司法实践中经常遇到的问题,也是关系到是否运用数罪并罚的原则去处理的问题。因此是刑法中一个很重要的问题。

什么是一罪?什么是数罪?区分一罪和数罪的标准是什么?这在外国刑法理论中观点是存在分歧的。有的刑法学者强调主观,主张以行为人的犯意为标准:基于一个犯意的为一罪,基于数个犯意的为数罪。有的刑法学者强调客观,主张以客观表现的事实为标准:这中间有的主张以犯罪行为为标准,行为人实施一个行为的为一罪,实施数个行为的为数罪;有的主张以犯罪结果或者侵害的法益为标准,造成一个犯罪结果或侵害一个法益的为一罪,造成数个犯罪结果或侵害数个法益的为数罪。举个例子:甲在同时间、同地点用刀连续砍死三个人。按照主观说,这是基于一个杀人故意实施三个杀人行为,属于一个杀人罪;按照行为说,这是三个杀人行为,构成三个杀人罪,如果是一枪打出去打死了三个人,那才是一个杀人行为,构成一个杀人罪;按照结果说或法益说,一条人命就算一个结果或一个法益,三条人命就是三个杀人罪。上述种种说法,各执一端,都是孤立地、片面地强调某一点而不及其余,很难作为我们区分一罪和数罪的标准。

在我国,区分一罪和数罪没有别的标准,只能是以犯罪构成为标准,而犯罪构成乃是犯罪客观要件和主观要件的统一。这就是说,认定一罪和数罪,不能只抓住客观或主观一个方面,而要把客观要件和主观要件结合起来。例如,主观上有杀人的故意,客观上有杀人的行为,这就构成故意杀人罪;基于概括的杀人故意,连续杀死几个人的(如杀死他人一家数口),也只成立一个故意杀人罪,而把杀死多人作为犯罪的

---

* 本文原载于《北京政法学院学报》1982年第2期。

加重情节。又如,主观上有强奸的故意,客观上有强奸的行为,这就构成强奸罪;强奸以后,又起意杀死被害人的,这就构成强奸和故意杀人两个罪。如此等等。按照犯罪构成的观点,凡是行为人的行为具备一个犯罪构成的就是一罪,具备数个犯罪构成的就是数罪。基于一个犯意,实施一个行为,成立一个罪名的,是单一罪,此种情况不发生数罪并罚是毋庸置疑的。基于数个犯意,实施数个行为,成立数个罪名的,如既故意杀人,又强奸妇女,还盗窃财物,是实质上的数罪,此种情况要按数罪并罚的原则处理,也是很明显的。

比较复杂的是下面这样一些情况,这些情况不像单一罪那样一眼就可以看出是一罪,其中有的还包含数个犯罪行为,但是它们或者在刑事立法上不是作为数罪而是作为一罪来规定的,或者在司法实践中不是作为数罪而是作为一罪来处理的,称作非数罪并罚的几种情况或者不适用数罪并罚原则的几种情况。下面分三类谈谈这些情况。

第一类是一个行为在刑法上规定为一罪或处理时作为一罪的情况,其中包括继续犯、想象竞合犯、加重结果犯三种情况:

1. 继续犯。继续犯或称持续犯,是指犯罪行为在一定时间里处于继续状态。例如《刑法》第143条规定的非法拘禁罪,从行为人非法将他人拘禁起来的时候开始,到恢复他人人身自由的时候为止,此种行为一直处于继续状态,它可以是几个小时,也可以是十天半个月甚至更长的时间。这种犯罪只要实施了非法拘禁的行为就是既遂,但犯罪行为的状态在没有发生改变以前,都在持续之中。虽然犯罪已经既遂,但不管拘禁时间有多长,仍然是一个非法拘禁行为,构成的是一个罪,时间长短只是量刑情节问题。必须指出,继续犯的特点是犯罪行为的继续,而不仅仅是不法状态的继续,这点与某些犯罪仅仅是不法状态的继续而非犯罪行为的继续有所不同。例如,盗窃罪、诈骗罪、抢夺罪之非法占有赃物的状态,也可能维持相当长的时间,但对这几种犯罪来说,只要财物置于行为人的实际控制之下,行为就宣告结束,而不是处于继续状态。明确这点,对于计算追诉时效,以及在新旧法律交替时如何适用法律,都是有意义的。

2. 想象竞合犯。想象竞合犯或称想象并合犯,是指实施一个行为而触犯数个罪名的情况。例如偷割电话线的行为,既触犯了《刑法》第151条规定的盗窃罪,又触犯了《刑法》第111条规定的破坏通讯设备罪,这就是想象竞合犯。"想象"是和"实际"相对而言的。实际上的数罪应当是数个行为触犯了数个罪名,而这里却是一个行为同时触犯了数个罪名,虽然从表面上看它似乎具备了数个犯罪构成,但它不是真正的数罪,而只是想象的数罪。对想象竞合犯不按数罪并罚原则处理,而是按触犯的罪名中重的罪来定罪量刑。

3. 加重结果犯。加重结果犯或称结果加重犯,是指法律上规定的一种犯罪行为,由于发生了严重结果而加重了法定刑的情况。例如,《刑法》第134条规定的故意伤害罪,一般是处3年以下有期徒刑或者拘役,但如伤害行为致人重伤,就要处3年以上7年以下有期徒刑;致人死亡的,就要处7年以上有期徒刑或者无期徒刑。在这里,故意伤害致人重伤或者死亡,就是故意伤害罪中的加重结果犯。《刑法》第182条第2款规定的因虐待行为引起被害人重伤、死亡结果,也是加重结果犯。加重结果犯是由法律明文规定的。虽然由于危害结果发生变化而加重了法定刑,但犯罪的行为并没有增加,因此它是一罪而不是数罪。

第二类是存在数个行为而在刑法上规定为一罪的情况,包括两种情况:惯犯、结合犯。

1.惯犯。惯犯是指在相当长的时间内,多次实施某种犯罪,以犯罪所得为主要生活来源或腐化生活来源,犯罪已成习性的情况。在外国刑法理论中,有的认为惯犯和常业犯是两个概念:惯犯是指多次犯罪,犯罪已成习惯、习性的人;常业犯是指以犯罪为职业的人(在外国确有以犯罪为职业的,有的犯罪组织,专门从事暗杀、恐怖活动或者走私、贩毒等)。在我国刑法学界,一般认为二者的实质相同,所以统称为惯犯。不过从《刑法》条文看,两个词都有使用,如《刑法》第152条的"惯窃、惯骗",第118条的"以走私、投机倒把为常业",第168条的"以赌博为业";第171条第2款规定的"一贯"制造、贩卖、运输鸦片等毒品,实际上也具有惯犯性质。惯犯都是故意地很多次实施同种的犯罪行为,实际上是一人犯了多个同种罪,刑法上之所以把它规定为一罪,是考虑到这种犯罪的危害性较大,犯罪分子的恶性较深,人身危害性也较大,作为独立的犯罪,规定一定的量刑幅度,便于审判机关酌定刑罚,更好地同这种犯罪作斗争。所以,对惯犯的多次犯罪,不适用数罪并罚,而应当依照《刑法》分则的有关条文论罪科刑。

2.结合犯。结合犯是指法律上将两个本来独立的犯罪行为结合在一起,另规定为一个独立犯罪的情况。例如,《刑法》第191条第2款规定的犯罪,就是将破坏邮电通讯罪和盗窃罪结合起来,而按一个独立的贪污罪从重处罚的一种结合犯形式。有的同志认为《刑法》第150条规定的抢劫罪也是结合犯;我认为这个问题比较复杂,需要具体分析。抢劫罪确是由两部分行为结合而成的:一是抢夺;二是使用暴力、胁迫等方法。但将这两部分行为分开,是否都是独立的犯罪行为?那就不一定了。抢夺罪在刑法上有规定;使用暴力则是一个概括性的说法,它的内容可以是殴打,也可以是伤害,甚至还可以是杀害。殴打在刑法上没有规定为独立的犯罪;至于胁迫等方法,也没有规定为独立的犯罪。外国刑法中有殴打罪,也有胁迫罪(也称恐吓罪),所以外国刑法认为抢劫罪是结合犯一般不成问题。在我国刑法中,除非使用暴力是指伤害以上的暴力行为,否则说抢劫罪是结合犯还不能令人信服。因此,说抢劫罪是结合犯是在一定意义上说的,是有条件的。

结合犯与加重结果犯在概念上有区别:结合犯是法律上将两个本来独立的犯罪行为,结合在一起成为另一个独立的犯罪,而加重结果犯一般是同一个犯罪行为由于发生严重的结果而加重了法定刑。有的同志把《刑法》第136条刑讯逼供致人伤残,第143条第2款非法拘禁致人重伤、死亡,第182条第2款虐待家庭成员引起被害人重伤、死亡,都看成是结合犯,值得研究。我认为这几种情况,基本上是属于加重结果犯。当然,事物是很复杂的,不能一刀切。加重结果犯与结合犯有时也有交叉。例如以伤害事主的方法抢劫其财物,后来事主因伤重死亡,这是符合《刑法》第150条第2款构成要件的犯罪。在这里,既是结合犯,也是加重结果犯,可以说是二者的交叉。加重结果犯如上所述是一罪;结合犯由于法律明文规定将两个犯罪行为结合成为另一个独立的犯罪,因此也是一罪,而不是数罪。

第三类是存在数个行为而在处理时作为一罪的情况,包括三种情况:连续犯、牵连犯、吸收犯。

1.连续犯。连续犯就是行为人基于同一的或概括的犯罪故意,连续数次实施犯罪行为而触犯同种罪名的情况。例如甲因恨其妻与乙通奸,蓄意杀害其妻和乙进行报复,一天下午先在家中将其妻杀死,晚上又潜入乙家将乙杀死。这就是连续犯,应按故意杀人罪从重处罚。

连续犯具有以下几个特征:

第一,连续数次实施犯罪行为。析而言之,每次行为都单独构成犯罪。如上例,杀妻行为构成故意杀人罪,杀乙行为也构成故意杀人罪。如果数个行为分开不能单独在刑法上构成犯罪,则不能成立连续犯。例如某人多次进行盗窃活动,分开看,每次数额都比较小,都不能构成犯罪,但综合起来数额较大,构成了盗窃罪。这不能称为连续犯,而应称为徐行犯,也就是说,它是逐步地由几个行动形成一个独立的犯罪行为。像《刑法》第 182 条的虐待罪,是由一系的虐待行动构成一个虐待罪,也是徐行犯的适例。

第二,数个犯罪行为之间具有连续性。判断是否有连续性,要把犯罪行为的时间、地点、环境同犯罪人主观方面结合起来看。甲在 3 年前与邻居乙争吵,激动之下打伤了乙;3 年之后与自己的老婆打架,顺手抄起一根木棍又把老婆打伤了。这两个伤害行为各有起因,而且间隔时间如此之长,很难认为有连续性。这只能称为两次犯同种罪。对于其的处理放在本文最后讨论。另外,连续犯的数行为,是指在判决宣告以前实施的数行为,如果前罪已经宣判,后又实施同种犯罪行为,就不能叫连续犯,因为犯罪的连续性已被宣判所中断。这种情况只能依照《刑法》第 66 条的规定数罪并罚。

第三,数次犯罪行为是基于同一的或概括的犯罪故意。前者是指数次犯罪行为都在犯罪人预定计划之中;后者是指犯罪人虽无明确的、具体的犯罪计划,但有一个概括的犯罪意向,有一个总的犯罪意图。例如连续贪污的犯罪分子,有的有计划,打算分几次,每次贪污多少;也有的没有明确计划,只是想有机会就贪污,贪污到多少算多少。这两种情况都属于有连续犯罪的故意。

第四,数次犯罪行为触犯的是同种罪名。如果触犯的不是同种罪名,就不称其为连续犯。何谓同种罪名?这在多数情况下是容易确定的。例如第一次犯故意杀人罪,第二次又犯故意杀人罪,或者第一次犯贪污罪,第二次又犯贪污罪,这些无疑都属于同种罪名。但是在遇到条文具有“排列式罪名”的情况下,问题就要复杂一些。例如《刑法》第 151 条包括盗窃、诈骗、抢夺 3 个罪名;第 106 条包括放火、决水、爆炸、投毒、失火、过失决水、过失爆炸、过失投毒等至少 8 个罪名;第 167 条妨害公文、证件、印章罪包括伪造、变造、盗窃、抢夺、毁灭 5 种行为;第 171 条鸦片毒品犯罪包括制造、贩卖、运输 3 种行为;如此等等。对于这些排列式罪名,如果这次触犯这个,下次触犯那个,算不算触犯同种罪名?也就是说算不算连续犯?这确实是值得探讨的一个问题。对此我认为需要具体分析,不能一概而论。比如《刑法》第 151 条本来是 3 个罪,刑法草案 33 稿及以前诸稿,都是分 3 个条文来写的,后来考虑到它们的法定刑相同,轻重相近,为了简化,就归并为一条。这一条实际上是 3 个不同的罪名。因此,在一个时期内,又盗窃、又诈骗、又抢夺的,不能认为是连续犯,而应当数罪并罚。放火、决水、爆炸、投毒等也是如此。至于第 167 条的伪造、变造、盗窃、抢夺、毁灭公文、证件、印章,第 171 条的制造、贩卖、运输鸦片等毒品,如果兼有两种以上行为,就不是数罪并罚问题。

这些条文所规定的，严格来说不是几种独立的罪名，而是同种罪名包括几种可能有的犯罪行为和犯罪对象，是属于具有几种选择性行为和选择性对象的犯罪构成。我国《刑法》中这样的条文不少，如第112条、第120条、第121条、第122条、第124条、第126条等，都是例证。在上述条文中，选择性的行为或者选择性的对象，只需具备其一即可构成犯罪，而连续具备其二、其三甚至其四、其五，也只可认为是连续犯，而不能实行数罪并罚。总之，在排列式罪名中，有的是属于不同种罪名的，它们之间不能成立连续犯；属于同种罪名而有不同行为形式或者不同对象的，它们之间可以成立连续犯。

对连续犯如何处刑？现行《刑法》没有明文规定。原来在刑法草案22稿中曾经规定一条："连续几个行为犯一个罪名的，按照一个罪论处；但是可以从重处罚。"后来简化条文，把此条删除了。条文虽然删去，但这项处罚原则还是被刑法学界和司法实践所接受。不过需要指出，对连续犯不仅仅是酌情从重的问题，有时也可能涉及法定刑加重的问题。例如，盗窃枪支、弹药，依照《刑法》第112条的规定，一般的处7年以下有期徒刑；情节严重的，处7年以上有期徒刑或者无期徒刑。那么连续多次盗窃枪支、弹药，可不可以作为严重情节，按照后一段的法定刑来处罚呢？恐怕不仅可以，有时还应当这样做。可见对连续犯的处刑问题是比较复杂的。对连续犯按照一罪从重处罚，这是一般的说法；实际上有时还涉及法定刑的加重问题，这是不可不注意的。

2. 牵连犯。牵连犯在刑法草案22稿中也有过一条规定："一个行为触犯两个以上罪名或者犯一个罪而犯罪的方法、结果触犯其他罪名的，应当就最重的一个罪处罚。"这里所说的"一个行为触犯两个以上罪名"，就是上文介绍过的想象竞合犯；所说的"犯一个罪而犯罪的方法、结果触犯其他罪名"，就是指的牵连犯。牵连犯就是以实施某一犯罪为目的，而其犯罪的方法或者犯罪的结果又触犯其他罪名的情况。例如，犯罪分子王某，伪造周总理的批示，骗取银行20万元人民币。王某的犯罪目的是诈骗钱财，也就是说，他所实施的是诈骗罪，但是为了达到诈骗的目的，他使用的犯罪方法（伪造周总理的批示），又触犯了伪造公文罪。这两个罪之间有内在的密切联系，所以称为牵连犯。又如，一个盗窃犯在车站盗窃了军人的一个手提包，他原以为包里尽是财物，可是打开一看，不仅有钱有物，还有一支手枪，几颗子弹，于是他把手枪和子弹藏了起来，准备以后作案用。在这里，该犯不仅构成盗窃罪，而且其犯罪的结果又触犯了私藏枪支、弹药罪。这也是牵连犯。牵连犯必须是有牵连的方法行为或者结果行为触犯其他罪名，也就是说，目的行为和方法行为，或者目的行为和结果行为，都分别具备犯罪构成的要件，它们都是犯罪的行为。这是牵连犯的一个很重要的特点。如果仅仅行为之间有联系，但其中一个行为构成犯罪，另一个行为并不构成犯罪，这就不属于牵连犯。例如，一个人犯了盗窃罪之后，自己又将赃物拿到市场去卖，这种既盗窃又自行销赃的行为，并不是牵连犯，因为自行销赃的行为在刑法上并没有规定为犯罪。

牵连犯与结合犯是不同的概念，但不是截然对立的，二者有交叉。结合犯是将两个本来独立的犯罪行为结合在一起形成另外一个犯罪。但是为什么能将这两个独立的犯罪行为结合在一起呢？显然这不是随随便便地杂凑起来的，而是因为两个行为之间具有一定的牵连关系。例如《刑法》第191条第2款规定的犯罪，是结合私拆邮件和窃取财物两个犯罪行为而成的,难道这两个行为之间没有牵连关系吗?又如《刑法》第150条规定的抢劫罪,如果是使用伤害以上的暴力行为来夺取财物,也可以认为是结合犯,这个结合犯所结合的使用伤害以上的暴力行为与抢夺财物的行为之间,难道没有牵连关系吗?所以,大致可以这样看:结合犯原来基本上是牵连犯,只不过它是分则条文明文规定结合在一起的牵连犯,因为法律已明文规定将两个有牵连的犯罪行为结合在一起,所以就称它为结合犯,而非牵连犯;剩下的那些在犯罪事实上有牵连关系,但分则条文并没有把它们结合在一起形成另外一个独立犯罪的,我们才称为牵连犯。牵连犯与结合犯两个概念,笔者认为是处于这样的关系:如果广义地说,结合犯也可以说是牵连犯,牵连犯也包括结合犯;如果狭义地说,牵连犯与结合犯则是两个不同概念。本文在前面讲了结合犯,此处又讲牵连犯,平列为两种情况,显然是采取狭义的观点。

牵连犯从犯罪表现形式看本来是两种犯罪行为,是属于数罪,但由于犯罪行为之间有方法、结果的牵连关系,所以在处理上一般不按数罪实行并罚,而是按其中法定刑较重的那个罪定罪量刑。

3. 吸收犯。吸收犯是指一个犯罪行为为另一个犯罪行为所吸收,而失去独立存在的意义,仅仅以吸收的那个行为论罪,而对被吸收的行为不再予以论罪的情况。吸收犯通常有几种吸收的方式:一是重行为吸收轻行为。例如一个人先非法制造枪支,后将枪支私藏在家中,那么就以非法制造枪支论罪,而将私藏枪支的行为予以吸收。二是主行为吸收从行为。例如某甲先是教唆某乙去杀害某丙,后来又向某乙提供杀人工具,帮助某乙实行这个杀人行为。在这里,某甲既是教唆杀人,又是帮助杀人。教唆犯一般视同主犯从重处罚;帮助犯是从犯,应当比照主犯从轻、减轻处罚或者免除处罚。对某甲当然不能既按主犯、又按从犯处罚,只能按照主犯从重处罚,而将他的帮助杀人的行为吸收了。三是实行行为吸收预备行为。例如侵入他人住宅实行杀人行为,故意杀人罪就吸收了作为杀人预备行为的非法侵入他人住宅罪。总之,吸收犯是以高度行为吸收低度行为;由于低度行为被吸收了,所以处理上就只能论以一罪,而不实行数罪并罚。

以上3类8种情况都属于非数罪并罚的情况。一一弄清这些情况,就可以使我国刑法中的一罪和数罪问题迎刃而解。

最后,顺便谈谈不属于连续犯、惯犯的同种数罪要不要实行并罚的问题。一个人在两年前杀了一个人,两年后又杀了一个人,这是同种数罪;3年前贪污了一笔相当数额的公款,3年后又贪污了一笔相当数额的公款,这也是同种数罪。同种数罪是作为一罪从重处罚,还是作为数罪实行并罚?这在刑法学界是有争论的。有的同志强调同种数罪也是数罪,《刑法》第64条在规定数罪并罚原则时并没有说同种数罪不并罚,因此主张同种数罪也和异种数罪一样实行并罚的原则。有些同志不同意这种主张,认为同种数罪实行并罚没有必要,因为我国《刑法》条文法定刑幅度一般都比较大,而且许多条文都有"情节严重"或"情节特别严重"而将法定刑予以升格的规定,这完全可以包纳同种数罪的量刑问题,无须实行数罪并罚。还有一种意见是:同种数罪是否实行并罚要看情况,如果条文本身量刑幅度够用就不并罚,否则就并罚。这种意见既不是同种数罪并罚的原则,也不是同种数罪不并罚的原则,而是介乎二者之间。

上述几种意见都有一定道理,但都不太理想。第一种意见认为同种数罪是数罪而不是一罪,这并没有错;但同种数罪是不是并罚,这就值得研究了。就我国《刑法》分则绝大多数条文来说,同种数罪不并罚,就在条文本身的法定刑幅度内从重处罚或按"情节严重""情节特别严重"的加重法定刑来处罚,不会发生什么问题。特别是以当前从重从快惩处的那几种严重破坏社会秩序的犯罪即杀人罪、抢劫罪、强奸罪、爆炸罪、放火罪来说,同种数罪不并罚,就在各该条文的法定刑范围内来解决量刑问题,是完全可以的。但是对个别条文来说,同种数罪真的如第二种意见所主张那样一概不并罚,也可能会带来一些矛盾。最明显的是《刑法》第134条第2款故意伤害致人重伤罪,由于法定刑定得比较低(3年以上7年以下有期徒刑),有时犯一个故意重伤罪,尚且感到打击不够有力,如果犯了几个故意重伤罪,最多还只能处7年有期徒刑,不允许并罚实行限制加重原则,那问题就更大了。这样拘泥于"一概不并罚"的"原则",势必束缚手脚,而对打击犯罪、预防犯罪不利;况且,法律上确实没有明文规定同种数罪不可并罚,那么面临这种个别情况,为什么不可灵活一些呢?笔者认为,实行数罪并罚或者不实行数罪并罚,都要体现刑法上一个更加基本的原则,即罪刑相适应的原则。对同种数罪来说,有时不并罚,在本条文量刑幅度内解决,就可以体现罪刑相适应的原则,这是多数情况;但是,有时不并罚,就体现不了罪刑相适应的原则,虽然这是个别情况。因此,这就需要从实际出发,具体问题具体分析,不同情况区别对待,不搞"一刀切",不搞绝对化。总之,在同种数罪的量刑上,应当坚持原则性和灵活性相结合,原则上不并罚(这与上述第三种意见不表示原则倾向性是有区别的),就在规定该种罪的条文的法定刑内解决处罚问题。但对个别犯罪,为了弥补法定刑过轻的这个缺点,在法律没有禁止并罚的前提下,可以适当实行并罚,以便有限制地加重其刑。我认为这样做是不违背法律精神的,而且会更有利于同犯罪的斗争。

论牵连犯的几个问题*

牵连犯是一罪与数罪区分中涉及的一个比较重要也比较复杂的犯罪形态。如何对待这个犯罪形态问题，在我国刑事立法和司法上观点和做法先后不尽一致，刑法理论界也有分歧意见，加之从有的国家和地区的立法动态来看，也有些新情况需要研究。因此，本文拟就这个问题进行一些分析和探讨。

一、什么是牵连犯？

牵连犯，是指以实施某一犯罪为目的，而犯罪的方法行为或者结果行为又触犯了其他罪名的情况。例如，某人为了诈骗财物而伪造公文、证件，后来使用这个伪造的公文、证件进行诈骗，其目的行为构成诈骗罪，其方法行为构成伪造公文、证件罪，二者有方法和目的的牵连关系，所以是牵连罪。又如，某盗窃犯在火车站窃取了一个解放军干部的手提包，他原以为包内尽是财物，可是打开一看，不仅有钱有物，而且还有一支手枪和五颗子弹，于是他把手枪、子弹藏了起来，准备以后作案用。这个案件，目的行为构成盗窃罪，而盗窃结果实现后又实施了一个行为构成私藏枪支、弹药罪，这两个犯罪行为有原因和结果的牵连关系，所以也是牵连犯。

"牵连犯"这个法律术语是从外国传来的。据考证，在刑法学发展史上，最早对牵连犯的概念作出较为系统、完整的表述，并明确提出对牵连犯应适用"从一重处断"的原则的是德国的费尔巴哈（1755—1833）。费尔巴哈在他受命起草的1824年《巴伐利亚刑法典（草案）》中把牵连犯和想象竞合犯一起作了如下的规定："犯罪人（1）以同一行为违反不同的刑罚法规，或者（2）确以不同行为实行了不同的犯罪，但这一行为仅是实现主要犯罪的手段，或是同一主犯罪的结果，应视为附带的情形，可考虑不作为加重情节，只适用所违反的最重罪名之刑。"〔1〕

---

* 本文原载于《现代法学》1993年第6期。

〔1〕《1824年巴伐利亚王国刑法典费尔巴哈草案》，[日]关西大学出版部1980年版，附录第28页。

这就是最早见到的有关牵连犯及其处理原则的立法规定。

1907年(明治四十年)颁布的现仍在施行的《日本刑法典》是以《德国刑法典》为蓝本制定出来的。该法总则第54条也把牵连犯和想象竞合犯一起作了如下的规定:"同一行为触犯数个罪名,或者作为某一犯罪的手段或结果的行为,触犯其他罪名的,按照其中最重的罪所规定的刑罚处断。"

《日本刑法典》直接影响近现代中国的刑法。由日本刑法学者冈田朝太郎帮助起草的《大清新刑律》(1910年颁布)、以后被北洋政府更名为《中华民国暂行新刑律》(1912年颁行)的总则第26条规定:"以犯一罪之方法或其结果而生他罪者,从一重处断,但于分则有特别规定者不在此限。"这里仅规定牵连犯,而未规定想象竞合犯。到了1928年国民党颁布的刑法第74条,又和《日本刑法典》一样将牵连犯与想象竞合犯一起作了规定:"一行为而犯数项罪名,或以犯一罪之方法或其结果而犯他项罪名者,从一重处断。"1935年国民党颁布的刑法第55条继续作这样的规定,只是对个别文字作了改动:"一行为而触犯数罪名,或犯一罪而其方法或结果之行为犯他罪名者,从一重处断。"

我国刑法对牵连犯的概念和处罚原则未作明文规定。在刑法起草过程中有的草案稿曾经借鉴日本刑法和中国刑法的规定写了一条。例如刑法草案22稿第72条规定:"一个行为触犯两个以上罪名或者犯一个罪而犯罪的方法、结果触犯其他罪名的,应当就最重的一个罪处罚。"这就是有关想象竞合犯和牵连犯的规定。之后考虑到"这些情况不发生数罪并罚问题是容易理解的,不规定也不会发生问题",于是又删去了。[1] 当然,这个问题在当时想得简单了些,其实随着研究工作的深入,人们发现,牵连犯问题并不都是容易理解的,有时也容易搞错,如何处理也有分歧。这些还要在后文讲到,这里从略。

不过,尽管我国刑法未规定牵连犯的概念和处罚原则,但是22稿曾经作了规定,而这个稿子当时曾经过中共中央法律委员会、中央书记处审查修改,又经过全国人大法案委员会审议,并在第一届全国人大第四次会议上发给全体代表征求过意见,因此对中国法律学界和司法界是有影响的。我国刑法理论和司法实践一直承认牵连犯是犯罪的一种形态,并且一般认为对牵连犯应当"从一重处断"。这不能不说是受了22稿的直接影响,间接则是借鉴了日本和旧中国有关规定的结果。

牵连犯在刑事案件中占有一定的比例。对部分省市的基层法院所作的调查显示,"牵连犯案件占刑事收案率的3%至7%,在某些犯罪中,如诈骗、盗窃、投机倒把等,牵连犯占8%至15%"[2]。由于牵连犯涉及如何定罪量刑的问题,因此深入地分析研究牵连犯问题是有重要的理论和实践意义的。

二、牵连犯有哪些特征?

认识牵连犯有哪些特征,也就是掌握构成牵连犯需要具备哪些要件,这实际上也就是鉴别是否为牵连犯的规格和标准。

---

[1] 参见高铭暄编著:《中华人民共和国刑法的孕育和诞生》,法律出版社1981年版,第106页。

[2] 高铭暄、王作富主编:《新中国刑法的理论与实践》,河北人民出版社1988年版,第363、388页。

一般认为,牵连犯具有以下三个特征:

1. 实施数个犯罪行为。这里包括两层意思:首先,牵连犯不是由一个行为构成的,而是由数个行为构成的。如果实施的只有一个行为,就不称其为牵连犯。这一点是牵连犯与想象竞合犯的重要区别所在,后者只实施一个行为,而同时触犯数个罪名,如偷割正在使用中的电话线,行为只有一个,但触犯的罪名有两个:盗窃罪和破坏通讯设备罪。也有把这一点搞混了的。例如,某犯罪分子为了卖钱而盗窃铁路上的枕木,结果造成停车事件。有人认为这是牵连犯,是实施了盗窃行为,结果又牵连构成破坏交通设备罪。其实这个犯罪分子只实施了一个行为,但触犯两个罪名,即盗窃罪和破坏交通设备罪,因此不是牵连犯,而是想象竞合犯。其次,实施的数个行为都是构成犯罪的行为。如果数行为中只有一个行为构成犯罪,另外的行为不构成犯罪,即使行为之间有联系,也不属于牵连犯。例如,杀人之后遗弃尸体,盗窃之后自行销赃,由于我国刑法并未把弃尸行为、自行销赃行为规定为犯罪,因而不成立牵连犯。相反,有这样一个案件:张某盗窃了李某一个手提包,回家打开一看,里面不仅有3000 元人民币,而且还有鸦片 500 克,后来他又偷偷地把这 500 克鸦片卖掉了。在这里,张某就不是一般的自行销赃的问题,而是贩卖毒品的问题,因此张某除构成盗窃罪外,其结果行为又构成贩卖毒品罪,这就属于牵连犯。

2. 实施的数个行为触犯的是不同罪名。上面举的牵连犯例子,数个行为触犯的都是不同罪名。如果数个行为触犯的是同一罪名或同种罪名,那就不是牵连犯。这一点是牵连犯与连续犯的重要区别所在。后者是基于同一犯罪故意,连续数次实施犯罪行为,触犯同种罪名。例如,某甲因为恨他的妻子与某乙通奸,就蓄意杀死他的妻子和某乙而进行报复。一天下午,他在家里杀死妻子,晚上又潜入某乙家杀死某乙。这就是故意杀人罪的连续犯。连续犯触犯的是同种罪名,牵连犯就不是如此,它触犯的是不同罪名。所谓触犯不同罪名,是指牵连犯的数个行为分别具备不同犯罪的犯罪构成,至于这些犯罪构成都是完成形态的(既遂),还是其中也有未完成形态的(预备、未遂、中止),在所不问。例如,某甲为诈骗巨额财物而伪造公文、证件,后来使用伪造的公文、证件进行诈骗时因意志以外的原因而未得逞,这仍然成立牵连犯,不能因为一罪既遂、一罪未遂就排除在牵连犯之外。当然,如果实际情况表明,该未遂行为或预备行为情节显著轻微、危害不大,不构成犯罪,那便不是牵连犯的组成部分,仅按既遂之罪单独处罚,这是不言而喻的。还应指出,所谓不同罪名,从《刑法》分则条文表现形式来看,通常是不同条文规定不同的罪名,如《刑法》第 132 条规定的是故意杀人罪,第 134 条规定的是故意伤害罪,如此等等,这是一条一罪或单一式罪名;但是也有的一个条文规定数种罪名,如《刑法》第 151 条规定了盗窃、诈骗、抢夺三种罪名,第 157 条规定了妨害公务和拒不执行人民法院判决、裁定两种罪名,如此等等,这是排列式罪名。不论是一条一罪还是排列式罪名,都是性质不同的罪名,不能因为罪名存在的形式不同,而影响牵连犯的成立。但是,还有一种条文规定的是选择式罪名,例如,全国人大常委会《关于严禁卖淫嫖娼的决定》第 3 条规定的是引诱、容留、介绍他人卖淫罪。这里面包括三种供选择的行为,行为人只要实施其一,即可构成该种罪;即使三种行为都实施,既引诱又容留又介绍,也仍然只构成该种罪,而不能看成是牵连犯,因为这三种行为属于同一犯罪构成,是同一犯罪构成中三种供选择的行为。

牵连犯必须是数行为触犯不同的罪名,这一点在我国刑法学界是取得共识的。在我国台湾地区,绝大多数刑法学者也是这样主张的,但是也有个别学者持不同意见。例如,我国台湾地区学者郑健才认为:"方法行为触犯之罪名,是否与目的行为触犯之罪名相同,亦可不问。学者间有谓牵连犯所犯之数罪名,必系不相同者,容有误会。例如:为杀人而窃刀,所犯数罪名,固不相同(目的行为犯杀人罪;方法行为犯盗窃罪);但为杀人而杀人时(例如:乙为唯一能救治丙之人,甲为丙,而将乙杀死,使丙终因无人救治而死),则所犯数罪名,又为相同矣(目的行为与方法行为同为犯杀人罪)。"[1]这种观点是没有道理的。就甲杀人的案件而言,他只实施了一个杀人行为,不能形成牵连关系;退一步说,甲对乙是作为杀人,对丙是不作为杀人,那也只能认为是一个故意杀人罪杀死两条人命,或者认为是故意杀人罪的连续犯(先杀死乙,后杀死丙),但决不能认为是牵连犯。总之,触犯同种罪名的数行为是不能构成牵连犯的,牵连犯必须是数行为触犯不同的罪名。

3. 数个犯罪行为之间具有牵连关系。所谓牵连关系,是指行为人所实施的数个犯罪行为之间具有方法与目的或者原因与结果的密切关系,也就是说,数个犯罪行为表现为目的行为、方法行为或者结果行为,以目的行为为轴心,方法行为是为实现目的行为服务的,结果行为是由目的行为派生引起的。按时间顺序说,方法行为在前,目的行为在次,结果行为在后,这是对牵连关系的一个大致的描述。但是,到底如何认定数个犯罪行为之间是否具有牵连关系,在有些场合,也并不是很容易、很简单的。由于人们观察的角度不同,坚持的宽、严标准不同,对同一犯罪现象,所得出的结论就不尽相同。在刑法理论上,关于如何认定牵连关系,历来有主观说和客观说的争论。主观说认为,有无牵连关系应以行为人的主观犯意为根据,数行为如在行为人主观犯意上是统一的,就是有牵连关系,否则就没有牵连关系。客观说认为,有无牵连关系应以行为的客观事实为根据,数行为之间如有直接的密切联系,比如一个行为为另一行为的必要方法,或者一个行为为另一行为的当然结果,就是有牵连关系,否则,只是有间接的关系,或者不是必要的方法、不是当然的结果,就不是牵连关系。举个例子:甲意图强奸妇女乙而侵入乙的住宅,进入住宅以后,发现乙不在家,甲看到屋内有些财物,就把财物偷走了。这个案例,按客观说的标准,非法侵入他人住宅的犯罪行为与盗窃犯罪行为之间有牵连关系,因为不侵入住宅,该盗窃行为就无从完成。但按主观说的标准,侵入住宅的行为原来不是为了盗窃,盗窃是临时起意,并不包括在原来的犯意之中,因此该行为人所犯的非法侵入他人住宅罪和盗窃罪,不成立牵连关系。可见,持客观说和主观说,有时得出的结论是不一样的。

作为辩证唯物主义者,要坚持主客观相统一的原则。任何犯罪,都是主客观要件的统一,缺少主观或客观要件,犯罪就不能成立。这个原理也适用于牵连犯。观察数个犯罪行为之间有无牵连关系,应当把主客观两方面结合起来:客观上,数行为之间有密切的联系,即方法行为与目的行为或者原因行为与结果行为的事实联系;主观上,行为人对数行为有统一的

---

[1] 郑健才:《刑法总则》,台北,佳音印刷打字有限公司1985年版,第254页。

犯意,即为了实施一种犯罪,而采取某种方法行为,或者实施一种犯罪,后又采取某种结果行为,只有这两方面得到有机的统一,才能认为有牵连关系,仅仅抓住客观联系或者主观意图一个方面,是不能得出正确看法的。例如,某甲的亲属某乙犯了盗窃罪,某甲为了使某乙逃避刑事责任,先是为某乙窝藏赃物,继而在某乙被追查时,又把某乙窝藏起来,在法院审理中又作伪证。这样,某甲的数个行为分别构成窝赃罪、窝藏罪、伪证罪。尽管这三个罪在某甲的主观犯意上有联系,都是为了使某乙逃避刑事责任,也即犯罪动机是同一的,但因客观行为之间不存在方法行为与目的行为或者原因行为与结果行为之间的那种密切联系,所以不构成牵连犯。又如,甲男强迫乙女与其结婚,使用暴力将乙抢回家中,乙不从,甲知成不了亲,又起意强奸了乙。在这里,甲犯了暴力干涉婚姻自由罪和强奸罪,虽然客观上有一定的联系,因为没有前面的抢亲行为就没有后面的强奸行为,但因强奸行为是临时起意实施的,并不包括在原先的犯意之中,也即主观上缺乏一犯意,因此这也不构成牵连犯。总之,缺乏客观上的密切联系和缺乏主观上的同一犯意,都不能成立牵连犯。只有二者同时具备、有机统一,才能成立牵连犯。比如,甲非法拘禁乙,之后甲又把乙杀害了。对于这是否为牵连犯就不能一概而论。如果甲的杀人故意在非法拘禁乙的时候就已形成,拘禁是作为杀人的一个方法步骤,也即主客观相统一,当然是牵连犯;如果在非法拘禁之后,甲想想还不解气,又起意把乙杀了,也即主客观不统一,主观上并没有把非法拘禁作为杀人的方法步骤,那么就不是牵连犯。所以牵连意图总是产生于牵连行为之前,没有牵连意图就没有真正的牵连行为,也就不成立牵连关系,不构成牵连犯。

以上讲的三个特征,也是牵连犯的构成要件,是认定和鉴别是否为牵连犯的标准。

三、对牵连犯如何定罪量刑?

在讲牵连犯如何定罪量刑之前,首先要明确牵连犯的法律性质问题,即牵连犯是一罪还是数罪?牵连犯是由数个行为构成的,这数个行为都各自具备犯罪构成,都可以独立构成犯罪,从这点上说,牵连犯是实质的数罪,但是牵连犯不是一般意义上的数罪,由于数个犯罪行为互相依存,具有牵连关系,所以它们又被看作是形成统一的整体,在处理上往往被当作一个罪来对待。这就是牵连犯的二重性:实质上是数罪,但裁判上又当作一罪来对待。有人强调牵连犯是实质数罪,所以主张对牵连犯也要实行数罪并罚,理由是只有这样才能符合罪刑相适应的原则,不至于放纵犯罪,有利于刑罚目的的贯彻。但是也有人认为,牵连犯毕竟不是一般的数罪,而是数罪的特殊形态,由于数罪联系紧密,形成统一整体,所以表现为对社会的一次性侵害,其社会危害性比起实施数个完全独立的犯罪表现为对社会的二次性侵害或多次性侵害,程度要轻一些,所以主张对牵连犯不实行数罪并罚,而是“从一重处断”,即按重的罪来定罪量刑。这并不违背罪刑相适应的原则,恰恰是具体情况具体分析,更好地坚持了这个原则,更有效地达到刑罚的目的。

从我国刑法理论的传统观点来看,对牵连犯是主张从一重处断的,即按数罪中法定刑最高的那个罪来定罪量刑,在量刑时,由于考虑到行为人还犯有其他较轻的罪,所以一般按重罪的法定刑从重处罚。这个观点在我国编写出版的各种刑法学教材中几乎都得到了反映。[1]

我国《刑法》尽管在总则部分没有规定牵连犯的概念和处罚原则,但是从《刑法》分则个别条文规定的内容来看,实际上是体现了对牵连犯按重的罪从重处罚的原则精神的。例如,《刑法》第136条规定:"……国家工作人员对人犯实行刑讯逼供的,处三年以下有期徒刑或者拘役。以肉刑致人伤残的,以伤害罪从重论处。"在这里,目的行为是刑讯逼供罪,结果行为是故意伤害罪,按重的罪即故意伤害罪从重处罚。又如,《刑法》第191条规定:"邮电工作人员私自开拆或者隐匿、毁弃邮件、电报的,处二年以下有期徒刑或者拘役。犯前款罪而窃取财物的,依照第一百五十五条贪污罪从重处罚。"邮电工作人员利用管理邮件的职务上的便利窃取财物,这本身就是贪污行为,所以该条第2款规定的是破坏邮电通讯罪和贪污罪的牵连犯,前者是方法行为,后者是目的行为,后者比前者重,所以按贪污罪从重处罚。顺便说一下,过去有的书和文章把《刑法》第192条第2款当作结合犯的例子,实际上它不是结合犯,因为结合犯将两个本来独立的犯罪行为结合规定为另一个独立的犯罪,如果用公式来表示就是"甲罪 + 乙罪 = 甲乙罪"。例如,《日本刑法典》第241条规定的强盗强奸罪,我国台湾地区"刑法"第223条规定的强奸杀人罪,都是典型的结合犯,符合上述公式。我国全国人大常委会《关于严惩拐卖、绑架妇女、儿童的犯罪分子的决定》第2条第3款规定的绑架勒索罪,是由绑架行为和勒索行为结合而成的,也就是由非法剥夺他人人身自由罪和敲诈勒索罪结合而成的,所以它也符合上述公式,是结合犯。而《刑法》第191条第2款的罪不是如此,它不是由两个独立的犯罪结合成为贪污罪,而是由破坏邮电通讯罪加贪污罪成为从重处罚的贪污罪,用公式表示就是"甲罪 + 乙罪 = 从重处罚的乙罪",与上述的结合犯公式不相符,所以不是结合犯,至少不是典型的结合犯,把它当作关于牵连犯的法律规定的例子来看待似乎更合适一些。1992年9月4日,全国人大常委会通过的《关于惩治偷税、抗税犯罪的补充规定》第6条第2款规定:"以暴力方法抗税,致人重伤或者死亡的,按照伤害罪、杀人罪从重处罚,并依照前款规定处以罚金。"这又是一个有关牵连犯的规定。抗税罪是目的行为,伤害罪或者杀人罪是结果行为,结果行为比目的行为更重,所以按结果行为定罪并从重处罚。这里还提供一个立法例,那就是重罪没有附加的罚金刑,而轻罪有附加的罚金刑,按重罪定罪处罚的时候,能否并处轻罪的罚金刑?该条款作了肯定的回答:虽然按重的罪即伤害罪或者杀人罪从重处罚,但是还要并处轻罪即抗税罪的附加刑罚金。这个规定对我们来说是很新鲜的,但是在一些法律上规定有牵连犯的国家和地区像日本和我国台湾地区,刑法理论上早就有过这样的主张[2],个别法律条文也有类似的规定。[3] 我国刑法学者中也有人持这种主张。有的学者认为:"立法者设置附加刑是特殊预防和一般预防的刑罚目的的体现……所

---

〔1〕 例如,高等学校法学教材,参见高铭暄主编:《刑法学》,法律出版社1982年版,第281页;高等学校文科教材,参见高铭暄主编:《中国刑法学》,中国人民大学出版社1989年版,第223页;全国高等教育自学考试教材,参见高铭暄主编:《刑法学》,北京大学出版社1989年版,第257页;林准主编:《中国刑法教程》,人民法院出版社1989年版,第219页;等等。

〔2〕 参见蔡墩铭:《刑法总则争议问题研究》,台北,五南图书出版公司1988年版,第337~338页;蔡墩铭主编:《刑法总则论文选辑(下)》,台北,五南图书出版公司1984年版,第713页。

〔3〕 参见《日本刑法》第54条第22项。

以,根据牵连犯的法律性质,牵连犯轻罪存在附加刑时,即便重罪没有,也可以对该犯罪人判处附加刑……如果不容许判处轻罪的附加刑,不仅不利于打击犯罪,而且也割裂了牵连犯各罪罪与刑的一体性。"[1]笔者赞同这个意见。不过我国刑事立法上对牵连犯并不是都按"从一重处断"的原则来处理。有时条文中包含有牵连犯问题,但并不"从一重处断",而是数罪并罚。例如,全国人大常委会《关于惩治走私罪的补充规定》第10条第2款规定:"以暴力、威胁方法抗拒缉私的,以走私罪和刑法第一百五十七条规定的阻碍国家工作人员依法执行职务罪,依照数罪并罚的规定处罚。"全国人大常委会《关于惩治贪污罪贿赂罪的补充规定》第3条第3款规定:"挪用公款进行非法活动构成其他罪的,依照数罪并罚的规定处罚。"第5条第2款规定:"因受贿而进行违法活动构成其他罪的,依照数罪并罚的规定处罚。"第8条第3款规定:"因行贿而进行违法活动构成其他罪的,依照数罪并罚的规定处罚。"这些条款的规定说明,即使这些情况构成牵连犯,也要数罪并罚。有的主张对牵连犯要数罪并罚的学者,正是从这些条文的规定中找到立法根据的。可是刑事立法上的规定前后并不一致。比如,1990年12月28日全国人大常委会通过的《关于禁毒的决定》第2条第1款第4项所规定的"以暴力抗拒检查、拘留、逮捕,情节严重的"犯罪行为,当然包括以暴力方法抗拒缉查走私毒品的犯罪行为。其犯罪形态与《关于惩治走私罪的补充规定》第10条第2款"以暴力、威胁方法抗拒缉私的"牵连犯形态相同,但这里不是按走私毒品罪和妨害公务罪实行并罚,而是按严重的走私毒品罪论处。又如,1992年9月4日公布、1993年1月1日起施行的全国人大常委会《关于惩治偷税、抗税犯罪的补充规定》第4条规定:"纳税人向税务人员行贿,不缴或者少缴应纳税款的,按照行贿罪追究刑事责任,并处不缴或者少缴的税款五倍以下的罚金。"这条规定的是因行贿而进行偷税违法犯罪的情况,如偷税构成犯罪,即是牵连犯,但又不像前面引用的《关于惩治贪污罪贿赂罪的补充规定》第8条第3款那样实行数罪并罚,而是按重的罪即行贿罪定罪量刑,同时并处轻的罪即偷税罪的附加刑。这又是恢复"从一重处断"的原则了。

我国司法解释中也有类似情况。比如1984年11月2日公布并施行的最高人民法院、最高人民检察院《关于当前办理盗窃案件中具体应用法律的若干问题的解答》中明确指出,行为人出于盗窃的目的,毒死或者炸死大数量的鱼,将其偷走,未引起其他严重后果的,应定为盗窃罪;如果投毒行为、爆炸行为严重危害公共安全,致人重伤、死亡或者使公私财产遭受重大损失,应当定为投毒罪或者爆炸罪;如果还犯有非法制造、买卖、盗窃弹药、爆炸物等罪,可以按照其中的一重罪从重惩处。[2] 该解答还指出,如果因盗窃而破坏珍贵文物、名胜古迹,可以按照盗窃罪或者破坏珍贵文物或名胜古迹罪中的一重罪从重惩处。[3] 这里是表现了对牵连犯"从一重处断"的原则的。可是,也有的司法解释并不这样。例如,1984年3月31日颁布施行最高人民法院、最高人民检察院、公安部《关于当前办理拐卖人口案件中具体

---

〔1〕 详见《最高人民检察院公报》1993年第1期,第24页。
〔2〕 参见梁国庆主编:《新中国司法解释大全》,中国检察出版社1990年版,第40、56、57页。
〔3〕 参见梁国庆主编:《新中国司法解释大全》,中国检察出版社1990年版,第40、56、57页。

应用法律的若干问题的解答》中指出:“拐卖妇女、儿童的罪犯兼有强奸妇女、奸淫幼女、非法拘禁、伤害、强迫妇女卖淫等罪行的,应按刑法有关条款定罪,并按数罪并罚的规定处刑。”[1]这里面,有的显然不是牵连犯,也有的可能是牵连犯,如以非法拘禁的方法拐卖妇女、儿童就是牵连犯。而解答中不分析是否为牵连犯,一概都按数罪并罚的规定处刑。但是,1992年12月11日最高人民法院、最高人民检察院发布的《关于办理盗窃案件具体应用法律的若干问题的解释》第7条第4项又指出:“实施盗窃犯罪,造成公私财物严重毁损的,以盗窃罪从重处罚;同时构成其他犯罪的,择一重罪从重处罚……”这里又恢复对牵连犯“从一重处断”的原则了。

正因为刑事立法上和司法解释中对牵连犯没有一个始终一贯的态度,有时主张“从一重处断”,有时又主张数罪并罚,这样也就给牵连犯问题的研究带来一些困难。到底对牵连犯如何定罪量刑,没有一个统一的标准可资遵循,所以学者间的理论分歧也就难以避免了。

笔者主张,对牵连犯应当是按重的罪从重处罚。所谓从重处罚,当然不是一律判处法定最高刑,而是考虑到他毕竟还犯了其他的罪,应当在重罪的法定刑范围内适当从重。同时,重罪如果有几个法定刑幅度(罪刑单位),也应该根据重罪本身的情节,对号入座。重罪没有附加刑,而轻罪有附加刑的,从牵连犯的整体性考虑,在判处重罪的主刑的同时应附加适用轻罪的附加刑。在重罪的法定最低刑低于轻罪的法定最低刑时,不能判处低于轻罪的法定最低刑的刑罚,否则就有悖于“从一重处断”的原则。在牵连犯的全部犯罪事实中,无论是重罪还是轻罪的法定情节,在量刑时都应当综合地予以考虑。这样,对牵连犯的处罚,既和单纯的一罪有严格的区别,同时与一般的数罪并罚也有显著的不同。只要承认有牵连犯概念的存在,我认为这样的定罪处罚原则是比较恰当的。

四、牵连犯问题的前景如何?

牵连犯问题正面临严重的挑战。刑法学界有个别学者主张,牵连犯的概念应该取消。综合其理由主要包括:第一,从世界各国(地区)立法趋势来看,规定牵连犯的国家(地区)仅是个别的,如日本、我国台湾地区。日本在《修正刑法草案》(1974年)中已把牵连犯删去;我国台湾地区虽然在“刑法总则修正草案初稿”(1975年)中仍然保留,但有人认为“牵连犯之规定以其欠公平又难认定”,主张删除。第二,我国刑事立法和司法解释越来越倾向对牵连犯实行数罪并罚,这实际上等于不承认牵连犯。第三,所谓牵连犯,实际上或者是想象竞合犯,或者是吸收犯,或者就是数罪,取消牵连犯的概念,一方面可以避免烦琐和不必要的争论,另一方面有利于区分一罪与数罪,不至于将数罪当作一罪论处。

我认为这些所谓理由都是值得商榷的。首先,说取消牵连犯已成为一种“立法趋势”,这是夸大其词。明确地在刑法上规定牵连犯的,本来就只有个别国家和地区,现在这个别国家和地区并没有一个取消牵连犯的规定。虽然日本在1974年的《修正刑法草案》中未再设牵连犯,但这个草案从提出至今已19年,还未进入立法程序,无法确保它最终会施行。至于我国台湾地区,更没有打算取消,主张取消的仅是个别人的意见,不足为凭。牵连犯的概念

〔1〕 参见梁国庆主编:《新中国司法解释大全》,中国检察出版社1990年版,第40、56、57页。

是对数种犯罪行为之间具有牵连关系的犯罪形态的一种科学反映，只要实际中存在这种犯罪形态，在理论上就应当加以研究。在我国，从清末变法制定《大清新刑律》开始，牵连犯的概念至今已延续了80余年，在刑法学界，这是被公认的一个法律概念。只要这个概念反映客观实际的某种内容，就不是任意可以取消的。对待科学问题，既不能以行政命令的方式来解决，更不能持轻率鲁莽的态度。

其次，说我国刑事立法和司法解释越来越倾向于对牵连犯实行数罪并罚，这也是没有充分根据的。我们在前面已经分析过，我国刑事立法和司法解释对牵连犯没有一个始终一贯的态度，有时倾向于"从一重处断"，有时又倾向于数罪并罚。而且《关于禁毒的决定》《关于惩治偷税、抗税犯罪的补充规定》对牵连犯现象并不实行数罪并罚，而仍然倾向于"从一重处断"。因此，说我国刑事立法和司法解释越来越倾向于对牵连犯实行数罪并罚是不符合事实的，起码是观察不够全面，从而论断也不准确。当然，我们希望刑事立法和司法解释对牵连犯有一个明确的、肯定的、始终如一的态度，但这需要时间，需要在将来全面修改刑法时讨论解决。不过理论研究不能放松，如果削弱对牵连犯的理论研究，将来又以什么过硬的东西来作为统一思想的标准呢？岂非人云亦云，或凭"长官意志"办事，这对科学的发展又有什么好处呢？

最后，说牵连犯实际上或者是想象竞合犯，或者是吸收犯，或者就是数罪，这是混淆视听，是有意否定牵连犯概念本身的客观性和独立性。众所周知，牵连犯既不同于想象竞合犯，也不同于吸收犯，更不同于一般的数罪，它是一种具有自己独特内容的犯罪形态。关于牵连犯与想象竞合犯的区别，我们前面论述牵连犯的特征时已经作了分析，这里不再赘述。关于牵连犯与吸收犯的区别是一个比较复杂的问题，因为对吸收犯实施的数个犯罪行为，学者之间认识上有分歧。有的认为数个犯罪行为是指同种犯罪的不同犯罪构成形态，如盗窃实行行为与盗窃预备行为，盗窃主犯行为与盗窃从犯行为，重大盗窃行为与普通盗窃行为等等，只有它们之间才能真正有吸收与被吸收关系，从而成立吸收犯。也有的认为数个犯罪行为是指触犯不同罪名的行为，由于它们在观念和习惯上可以高度行为吸收低度行为（实行行为吸收预备行为，主行为吸收从行为，重行为吸收轻行为），所以构成吸收犯。对吸收犯的这两种不同的理解，如果是前者，那么它与牵连犯的区别是很明显的，因为牵连犯实施的数个犯罪行为触犯的是不同罪名，只有不同罪名之间才有发生牵连关系的可能；如果是后者，那么它与牵连犯有时就有交叉，不是很容易区别的。例如，非法侵入他人住宅实行强奸行为，可以说是牵连犯，但也可以说是吸收犯。不过认定为吸收犯，总是认为其中一种犯罪行为能为他种犯罪行为所吸收，而失去独立存在的意义，只以吸收的犯罪行为论罪科刑，而对被吸收的犯罪行为置之不论；而牵连犯不是如此，两种犯罪行为都在审判视野之内，只不过按重的罪来定罪，但处罚时仍要考虑到轻罪的存在，把轻罪作为对重罪量刑时从重处罚的情节，并且在轻罪有附加刑时可以在对重罪量刑时附加适用。因此，究竟以牵连犯对待还是以吸收犯对待，在二者有交叉时必须慎重作出抉择。当然，吸收犯实施的两个犯罪行为，一是高度行为，一是低度行为，高度行为明显地可以吸收低度行为，而当两个犯罪行为之间有目的行为与方法行为或者目的行为与结果行为之间的牵连关系，并且很难分清哪个是高度行为，哪个是低度行为时，那就只能认定为牵连犯，不能认定为吸收犯。再者，吸收犯中有一种吸收关系是主行为吸收从行为，而主行为与从行为的关系不是牵连关系，所以它也不会被认定为牵连犯。总之，按照对吸收犯的第二种理解，它与牵连犯是有一定交叉的，但是根据对罪行的分析和定罪量刑上区别对待的需要，还是可以作出正确认定的。此外，关于牵连犯与一般数罪的区别，一是数犯罪行为之间有牵连关系，一是数犯罪行为彼此独立，犯罪形态迥然有异，不应画上等号。

综上所述，牵连犯的概念和处罚原则，有其独立存在的意义和价值，我们应当对牵连犯继续加深研究。那种认为牵连犯的概念可以取消的观点，是轻率的、不科学的。

论结合犯*

结合犯的构成特征，是静态的法律构成特征与动态的实际构成特征的统一。其表现为：被结合之罪，必须是刑法明文规定的具有独立构成要件、性质各异的具体犯罪；结合之罪统一、独立的构成要件内，必然包含与原罪相对应且彼此相对独立的数个犯罪的构成要件；数个原罪必须基于一定程度的客观联系，并依刑法明文规定而被结合为一个新罪；必须以数个性质各异且足以单独构成犯罪的危害行为，触犯由原罪结合而成的新罪。作为犯罪形态与法条形态、一罪与数罪统一体的结合犯，其本质或内在属性为犯罪形态和一罪，其表象或外在特征为法条形态和数罪。基于制约设置结合犯罪的罪刑均衡规律，我国刑法无设置结合犯的必要。

所谓结合犯，是指基于刑法明文规定的具有独立构成要件且性质各异的数个犯罪（原罪或被结合之罪）之间的客观联系，并依据刑事法律的明文规定，将其结合成为另一包含与原罪相对应的且彼此相对独立的数个构成要件的犯罪（新罪或结合之罪），而行为人以数个性质不同且能单独成罪的危害行为触犯这一新罪名的犯罪形态。

一、结合犯的构成特征

（一）被结合之罪，必须是刑法明文规定的具有独立构成要件且性质各异的数罪

现行法明文规定的独立犯罪的整体，是构成结合犯的基本要素。刑法明文规定的特定犯罪的构成要素之一，不能作为结合犯的基本构成要素之一而存在；这种独立的犯罪，既可由单一行为构成，也可由复合行为（包含方法行为和目的行为）构成。此为原罪或被结合之罪的特征，也是构成结合犯的基本前提。结合犯的这一构成特征，具有以下几层含义：

1. 被结合之数罪，必须是现行刑事法律明文规定的。此为被结合

* 本文原载于《中国法学》1993年第3期，由高铭暄教授与黄京平合作完成。

之罪的法定性。它具有两方面的要素：其一，被结合之罪，必须由现行刑事法律明文规定；其二，被结合之罪，必须是法定的犯罪的整体，而不是法定犯罪的某一构成要素。

2. 被结合之数罪，必须具有独立的构成要件。此为被结合之罪的独立性。所谓独立性，是指被结合之罪的构成要件，必须独立于其他任何犯罪的构成要件，而不能是依附于其他犯罪基本构成要件或者由其他犯罪基本构成要件派生的加重构成要件。依附于某一犯罪基本构成要件的该种犯罪的加重构成要件，不具有独立性，故结果加重犯或情节加重犯，如我国《刑法》第134条第2款规定的故意伤害致人重伤或致人死亡的犯罪行为，不能作为结合犯的基本构成要素。

3. 被结合之数罪，必须是刑法明文规定的性质各异的犯罪。此为被结合之罪的异质性。所谓异质性，首先是指被结合之罪所侵犯的直接客体有所不同。具体而言，当被结合之罪的客体均为单一客体时，它们所侵犯的直接客体必须是不同的；当被结合之罪的客体为复杂客体时，其中的主要客体，或者由复合行为构成的犯罪的目的行为所必然直接侵犯或直接指向的客体，也应是有所不同的。其次，被结合之罪的异质性，通常还表现为被结合之罪的罪名不同。

4. 被结合之数罪，必须是刑事法律明文规定的具体犯罪，而不是类罪。此为被结合之罪的具体性。在我国刑法学界，有人主张我国刑法所规定的抢劫罪是结合犯，其论据之一为抢劫罪是侵犯财产权利罪与侵犯公民人身权利罪的结合。[1] 此种主张结合犯的基本构成要素为不同类罪的观点，显然是错误的。

(二)结合之罪的统一、独立的构成要件内，包含着与原罪相对应的且彼此相对独立的数个犯罪的构成要件

由数个原罪结合而成的一个新罪，必须含有与原罪相对应的且彼此相对独立的数个犯罪的构成要件，在此基础上，数个原罪的构成要件又依刑法之规定，被融合为一个统一的独立于数个原罪的犯罪构成。此为新罪或结合之罪的特征，也是结合犯的内部结构特征和基本形态。对于结合犯的这一构成特征，可从以下几方面加以把握：

1. 结合之罪，必须包含有与原罪相对应的、稳定不变的数个犯罪的构成要件(必要要件)，此为结合之罪构成要件的对应性和稳定性。结合之罪构成要件的对应性，主要是指结合之罪的构成要件兼有数个被结合之罪的构成特征，即新罪构成要件与数个原罪构成要件呈基本对应的状态。换言之，虽然结合之罪是与数个被结合之罪有别的新的独立犯罪，并且新罪在内部结构和罪名上也与数个原罪有所差异，但是由于新罪毕竟是依刑法之规定将数个原罪结合之后而形成的，原罪是新罪的基本构成要素，新罪是原罪的构成结果，新罪与原罪之间不可避免地存在一种构成要素与构成结果、部分与整体的关系，而这种关系决定了新罪构成要件中实际包含着与原罪基本相对应的数个犯罪的构成要件，或者说新罪构成要件的整体中包含着数个与原罪相对应的构成成分。

结合之罪构成要件的稳定性，是针对结合之罪的构成要素而言的。它主要是指结合之

---

〔1〕 参见高铭暄主编：《新中国刑法学研究综述(一九四九——一九八五)》，河南人民出版社1986年版，第621页。

罪构成要件的内容与被结合之数罪构成要件的内容是基本一致的，也即原罪构成要件中制约其性质的各个构成要素（如该种犯罪的直接客体等），均被吸收为新罪构成要件的必要组成部分，而未发生可能导致犯罪性质变化的任何更改。概言之，决定原罪成立的必要要件，仍然是决定新罪成立的必要要件；所不同的是，新罪的必要要件是数个原罪的必要要件的有机统一，或者是数个原罪的必要要件的总和而已。相反，若原罪之必要要件未被作为新罪之必要要件，那么所谓的“新罪”也就根本不具有结合犯的基本构成特征，不能作为结合犯对待。

2. 依据刑法关于原罪构成要件的规定（以其作为标准），可将结合之罪的构成要件分离为相对独立的数个犯罪的构成要件（所言数罪与原罪相同）。此为结合之罪构成要件的可分离性，也是由前述结合犯首要的内部结构特征派生出的第二性特征。对于该特征，可从以下几方面加以理解：

首先，结合之罪与被结合之罪之间存在一种内在的客观联系，这种客观联系表现为新罪的构成要件中实际包含着与原罪基本相对应的数个犯罪的构成要件。由此决定，若以刑法关于原罪构成要件的规定为标准，新罪的构成要件实际就可被分解成数个性质有别的犯罪的构成要件。新罪构成要件的这种可分离性，是刑法关于结合犯的规定造成的，是以刑事法律的规定为基础的，而不是依人的观念随意存在的。

其次，由结合之罪构成要件的可分离性所决定，人们可凭借刑法关于原罪构成要件的规定，在新罪统一的必要要件内部把握住彼此相对独立的数个犯罪的必要要件。

最后，新罪的必要要件内部存在彼此相对独立的数个犯罪的必要要件，是决定结合犯成立的必要法律条件。因为决定结合犯成立的具体条件，既包括静态的法律条件，也包括动态的实行条件。所谓静态的法律条件，是指数个犯罪依刑法规定而被结合成一个新的犯罪，此为决定结合犯成立的基本法律前提。无此，便根本不能成立结合犯；但有此，而无后述另一具体条件，也不可能构成结合犯。所谓动态的实行条件，是指行为人必须实施数个性质不同但却符合结合之罪构成要件的危害行为，此为决定结合犯成立的必备条件，或称决定结合犯实际形成的必要转化条件。若不具备此条件，法定的结合犯就无法成为实际存在的结合犯。据此可以认为，结合之罪的构成要件内存在数个性质有别且能够分离的犯罪构成要件，是数个性质截然不同的危害行为触犯一个罪名（结合之罪）的前提条件。否则，若在结合之罪的构成要件中根本无法分离出彼此独立的数个犯罪的构成要件，也就难以判明数个性质不同的危害行为是否构成结合犯，也根本无法解释数个性质不同的危害行为为何构成法定的一罪，而不构成实质数罪或牵连犯等犯罪形态。概言之，新罪之构成要件内所包含的数个犯罪的构成要件的相对独立性，是在司法实践中适用结合犯之条款定罪量刑的操作性前提。

3. 结合之罪的构成要件，虽然具有前述客观存在的对应性、稳定性和可分离性特征，但作为法律规定的一个新罪，又客观存在体现新罪本质的整体性、统一性和独立性特征。但这两类不同的构成特征，并不具有同等的地位或作用。其中，后者居于主导地位，而前者则是第二位的。这是因为，首先，结合之罪的构成要件，并不是数个原罪的构成要件的简单相加或组合，而是将数个原罪的构成特征融合为一体的法律结果，即以性质各异的数个犯罪的构成要件为基础，经由刑事法律的选择，最终构成了一个足以综合体现新罪本质特征的各个必要要件相互联系、彼此密不可分的有机统一的整体。把握新罪构成要件的这种整体性，须特别注意：第一，行为人实施的数个性质各异的犯罪行为构成结合犯，必须以齐备新罪的全部必要要件（组成犯罪构成统一体的一系列主观要件和客观要件）为前提。第二，仅符合新罪之中源于某一被结合之罪的构成要件（实为新罪必要要件中的部分构成要素）的犯罪行为，不能构成结合犯，只是有可能构成某一原罪。第三，原罪构成要件或其中的某一构成要素，通常在新罪构成要件中已被赋予了新的法律意义，或者经适当修正或调整后而被确定为新罪的构成要件。[1] 在这种条件下，新罪构成要件就成为一个不可任意割裂的稳固整体。

其次，虽然结合之罪的构成要件以所含原罪具体构成要件的复数性为特征，结合之罪的罪状也相应地以所包含的具体罪状的复数性为特征，但是根据现行刑法的规定，结合之罪的罪状及其法定刑实际已被统一于一个全新的罪刑单位之中，而绝不是分别归属或附属于数个原罪的罪刑单位。这是结合之罪统一性的体现。

最后，虽然结合之罪的构成要件源于各个被结合之罪，并且与被结合之罪的构成要件存在不可否认的内在客观联系，但刑法已将结合之罪的罪状及其法定刑作为一个新的罪刑单位予以规定，从而使其在法律上转化成一种独立于其他罪名的犯罪。这也是对于结合犯应按刑法规定以一罪论处的根据所在。

（三）数个原罪必须基于一定程度的客观联系，并依据刑事法律的明文规定而被结合为一个新罪

此为由被结合之罪转化为结合之罪所必须具备的条件，也是结合犯形成的必由途径和基本形式。结合犯的这一特征表现为关联性和法定性两个具体特征：

1. 决定结合犯形成的关联性特征，主要表现为作为结合犯基本构成要素的数个犯罪之间必须存在一定程度的客观联系，这是原罪结合成新罪的必要前提。没有一定客观联系的数个犯罪，根本不可能经由刑事法律的规定而转化为另一新的犯罪即结合之罪。被结合之罪转化为结合之罪的这个实质条件或事实前提表明，将刑法明文规定的数个性质各异的犯罪结合成另一刑法明文规定的新罪，必须受制于由其固有特性和行为人犯罪行为的主客观特征所决定的不同犯罪之间存在的客观联系。马克思曾指出："立法者不是在制造法律，不是在发明法律，而仅仅是在表述法律。"[2] 作为复杂罪数形态的结合犯也同样如此，它不是立法者臆造的纯粹的法律现象，而是客观存在的具有一定规律性的犯罪形态在刑事法律中的必然反映。结合犯形成的这种制约性，通常表现并被解释成在被结合之罪之间客观存在牵连关系、并发关系和因果关系。[3]

2. 制约结合犯形成的法定性特征，主要表现为数个原罪结合为新罪必须由刑事法律明

---

〔1〕 参见何鹏主编：《外国刑法简论》，吉林大学出版社 1985 年版，第 215 页。

〔2〕 《马克思恩格斯全集》（第 1 卷），人民出版社 1995 年版，第 183 页。

〔3〕 参见高铭暄主编：《新中国刑法学研究综述（一九四九——一九八五）》，河南人民出版社 1986 年版，第 389 ~ 390 页；喻伟：《结合犯新探——兼论完善结合犯的刑事立法》，载《中国法学》1990 年第 5 期。

文规定。这实际是由被结合之罪转化为结合之罪的形式条件和必经的法律途径。对此,可以从以下几方面理解:

首先,刑事法律的明文规定是判断被结合之罪是否合乎规律地转化为结合之罪的唯一标准。这是因为:其一,结合犯最突出的法律特征之一是,数个性质各异的犯罪行为触犯了法定的一罪,对其应以一罪论处。判断作为法定一罪的结合犯是否已经形成,若不以刑事法律的明文规定为标准,而是以其他因素作为判断标准,或者虽强调刑法明文规定的作用,但却赋予判断标准以某些具有不确定性的内容,其结果将会在理论上混淆法定一罪与非法定一罪等犯罪形态之间的界限。其二,判断结合犯成立的科学标准的实际意义在于,在刑事司法活动中准确区分与结合犯不同但却极易混淆的犯罪形态,并分别对其适用相应的处断原则。在刑法学界,有论者主张,可采用基于默示说、类似说、非典型说、一行为说的标准去判断某一犯罪是否是法定的结合犯。[1] 我们认为,这些有关结合犯判断标准的观点,都因其实际与结合犯固有的构成特征相脱节而失之偏颇。若用这些标准去判断某一犯罪是否属于结合犯,则必然导致将单纯一罪、牵连犯、结果加重犯、想象竞合犯、实质数罪等犯罪形态甚至法规竞合混同于结合犯,并由此而引起对这些犯罪形态适用不当的处断原则。

其次,刑事法律对结合之罪予以明文规定的方式,并不影响结合犯的形成,即无论采用何种具体方法,只要刑法明文规定的新罪符合前述结合之罪的构成特征,就可视作被结合之罪向结合之罪的转化已符合法定性的形式条件。

再次,即使数罪相互之间具有一定客观联系(前述具有牵连关系、并发关系或因果关系的数罪),只要未通过刑事法律明文规定为新罪,仍然不构成结合犯,对其应按牵连犯、实质数罪、结果加重犯、单纯一罪等犯罪形态予以论处。

最后,数个原罪被结合为一个新罪的基本表现形态,若以公式表达,只能是:“甲罪+乙罪=新罪”。至于某些人主张的其他表现形式,如“甲罪+乙罪=甲乙罪”“甲罪+乙罪=丙罪”“甲罪+乙罪=另一新罪(刑法未明文规定其罪名的新罪)”等[2],只是基本表现形态的派生形式或不同说法而已。也就是说,新罪的罪名,既可以表现为数个原罪罪名的简单复合,或者表现为由刑法另外规定一个不留原罪罪名痕迹的新罪名,也可以是根据刑法对新罪罪状所作的明文规定而经分析确定的罪名等。

(四)必须以数个性质各异且足以单独构成犯罪的危害行为,触犯由原罪结合而成的新罪

此为结合犯动态的实际构成特征,也是结合犯成立不可缺少的重要条件之一。对此,可从以下几方面加以理解:

1. 结合犯动态的实际构成特征,与结合犯静态的法律构成特征紧密相联,两者有机统一,才能构成完整的决定结合犯成立的条件。所谓结合犯静态的法律构成特征,是前述结合犯三个基本特征的总和或有机统一,其核心为数个法定的犯罪根据刑法的规定被结合成为

---

〔1〕 参见喻伟:《结合犯新探——兼论完善结合犯的刑事立法》,载《中国法学》1990年第5期。

〔2〕 参见喻伟:《结合犯新探——兼论完善结合犯的刑事立法》,载《中国法学》1990年第5期;顾肖荣:《刑法中的一罪与数罪问题》,学林出版社1986年版,第35页。

一个新的犯罪。它的功能在于,阐明结合犯形成的基本构成前提、内部结构特征和必由途径及基本表现形态,即只是着重从规定原罪与新罪的刑法规范的逻辑关系,以及原罪之构成要件与新罪之构成要件的固有特征及其相互关系方面,揭示了结合犯的部分构成条件,而且这些条件均以规定结合犯的静态刑法规范为表现形式。结合犯静态的法律构成特征,是决定结合犯成立的基本法律前提。所谓结合犯动态的实际构成条件,是指行为人必须实施数个性质不同但却符合结合之罪构成要件的危害行为。该条件也可称为决定结合犯实际形成的必要转化条件。它的基本功能在于,阐明行为人所实施的危害行为,在何种条件下才能实际构成结合犯。若不具备此条件,法定的结合犯就无法成为实际存在的结合犯,也即结合犯只能以法定形式得到表现,而根本不能转化为实际存在的犯罪形态。总而言之,在构成结合犯的全部条件中,结合犯静态的法律构成特征和结合犯动态的实际构成特征,缺一不可。但是,这两类构成特征,在结合犯完整的构成条件中并非处于相同的地位。它们彼此之间的关系表现为:结合犯静态的法律构成条件是前提和基础,而结合犯动态的实际构成条件则是受前者制约的第二性构成特征。

2. 行为人必须实施数个性质不同、但却符合结合之罪统一的构成要件的危害行为,也即因触犯结合犯条款而构成结合犯的危害行为,必须是数个足以单独构成犯罪的行为。以下几种危害行为,均不能构成结合犯:第一,一个危害行为,即使是可以单独构成犯罪的一个危害行为,也不能构成结合犯。第二,同时触犯数个不同罪名的一个危害行为,只能构成想象竞合犯,不能构成结合犯。第三,数个性质相同并可单独构成犯罪的危害行为,不能构成结合犯,应根据其特征认定为连续犯、实质数罪等犯罪形态。第四,数个性质各异的危害行为,若仅有其一可单独构成犯罪,甚至是与被结合之罪中某一犯罪的构成要件相符(与结合犯构成要件所含某一相对独立的犯罪的构成要件相符),而其他危害行为并不能单纯构成犯罪,或者虽能独立构成犯罪,但并不符合被结合之罪中另一犯罪的构成要件(不符合结合犯构成要件中所含另一相对独立的犯罪的构成要件),也决不能构成结合犯,而只能构成相应的犯罪或犯罪形态。

二、结合犯的性质和设置规律

科学认识结合犯的性质,不仅是正确理解结合犯构成特征所必然引起的理论结果,而且是探讨刑事法律设置结合犯条款的规律性、明确结合犯的处断原则的理论前提。

(一)结合犯的性质

结合犯的性质是通过法条形态与犯罪形态的统一,数罪与一罪的统一得以体现的。

1. 结合犯是法条形态与犯罪形态的统一。在这个统一体中,法条形态虽然表现为犯罪形态的形式前提,即无法条形态的存在便无结合犯的存在;但从本质而言,犯罪形态实际是法条形态的实质基础,是法条形态必然的合乎逻辑的结果,也即结合犯在总体上是以法条形态为表象性前提的犯罪形态。概言之,结合犯的实质是一种犯罪形态,而不是法条形态。也就是说,结合犯在一定程度上所具有的法条形态的属性,仅是结合犯本质的表象和居于次要地位的特征;而结合犯所具有的犯罪形态的属性,才是结合犯的本质所在和居于主导地位的特性。

具体而言,虽然结合犯最突出的特征之一是刑事法律明文规定的数个犯罪又根据刑事法律的明文规定而被结合为一个新的犯罪,从而造成了规定原罪的条款与规定新罪的条款之间发生竞合关系的结果,即表现出某种程度的法条竞合:规定新罪的刑法规范与数个规定原罪的刑法规范之间形成了一种包容关系;但是,如前所述,这种法条竞合关系,并不是依立法者的随心所欲可以任意形成的,而是以数个原罪之间存在一定程度的客观联系为现实基础的,并且只有当行为人实施的数个性质有别且独立成罪的危害行为,符合结合之罪统一的构成要件时,结合犯才能最终成立。况且,法条竞合是以行为人实施一个犯罪行为为特征,结合犯是以行为人实施数个性质不同并可单独构成犯罪的危害行为为特征,两者之间存在明显的差别,不能等同。所以,结合犯的本质或内在属性是一种犯罪形态,其表象或外在属性具有法条形态的特征。

2. 结合犯是数罪与一罪的统一。在这种统一体中,结合犯的数罪之特征表现为:结合之罪源自数个被结合之罪;结合之罪统一的构成要件中,包含着与原罪相对应并且彼此相对独立的数个犯罪的构成要件;实际构成结合犯的行为,必须是数个性质有别且独立成罪的危害行为。结合犯的一罪特征表现为:结合之罪的构成要件,是将原罪的构成特征融为一体的法律结果,呈现出有机统一的整体性;结合之罪中所包含的与原罪相对应的具有复数性的罪状,已被统一于一个全新的罪刑单位之中;经由刑事法律的明文规定,结合之罪已转化为独立于包括原罪在内的任何犯罪的犯罪。概言之,若以规定数个原罪的刑法规范为标准,结合犯形似数罪;若以规定新罪的刑法规范为标准,结合犯实为一罪。但是,在规定原罪的刑法规范和规定新罪的刑法规范中,后者集中地体现了立法者最终的、完整的立法决意,即将数个具有一定客观联系的原罪明文规定为一罪,以使此种犯罪形态受到符合罪刑相适应原则的惩罚。所以,以规定新罪的刑法规范及其所规定的新罪构成要件为标准,结合犯的本质当然应被理解为一罪,而不应理解为数罪。总之,结合犯的非本质的、外在的特性表现为数罪,而其内在的、终极的属性是一罪。

(二)设置结合犯的规律

制约刑法设置结合犯条款的规律,是罪刑之间的均衡关系。从表面上看,设置结合犯条款是将本应予以并罚或适用其他处断原则(如从一重处断)的数罪,由刑法明文规定为一罪;而在实质上,设置结合犯条款的目的是达到罪刑相适应的结果。设置结合犯条款应以罪刑相适应原则为标准而选择不同的做法或途径。若在刑法已规定的法定刑和相应刑罚制度(如数罪并罚制度)下,对于具有一定客观联系的犯罪,选择适用相应的处断原则可以达到罪刑相适应的要求,刑事法律便无设置结合犯条款的必要;若在刑法已有规定的条件下,对具有一定客观联系的犯罪,选择适用相应的处断原则(如数罪并罚或从一重处断等),可能或必然导致轻纵犯罪之弊,即难以达到罪刑相适应的要求,刑事法律便有设置结合犯条款的必要。近年来,我国刑法学界有学者提出立法建议,主张在我国刑法中应增设结合犯条款,其中包括抢劫重伤罪、抢劫杀人罪、强奸重伤罪、强奸杀人罪、侵入住宅抢劫罪、放火杀人罪

等,并且,被结合之罪应限于故意犯罪。[1] 笔者认为,这些建议值得商榷,理由如下:

首先,上述立法建议的意图之一在于从理论上,特别是从法律规定上,划清结果加重犯与结合犯的界限。然而,实际情况是,即便是在刑法未设置结合犯的条件下,只要科学地把握结果加重犯和具有牵连、并发等关系的犯罪形态(牵连犯、实质数罪等)的本质特征,仍然可以较为准确地将不同的犯罪形态区别开来。况且,若仅是为了便于区别结合犯或某些犯罪形态与结果加重犯的界限,就认为有必要增设结合犯,那么,刑法中设置的结合犯的条款,恐怕就不只是某些学者所设想的数量了。考察各国的刑事立法例,基于此目的而大量设置结合犯条款的实例也是根本不存在的。与此相应的刑法学理论,也无文献资料可证。所以,上述立法建议与刑事法律和刑法学理论的一般发展规律是不相符的。其次,按照我国现行刑法的规定,在上述立法建议主张设置的结合犯中,其被结合之罪,除非法侵入住宅罪的最高法定刑为三年有期徒刑外,其他犯罪即抢劫、杀人、重伤、强奸、放火、盗窃罪的最高法定刑都是死刑。在这种相当严厉的足以容纳严重犯罪并可使处刑结果符合罪刑相适应要求的法定刑条件下,将上述立法建议所提及的、实际具有牵连或并发关系的数个犯罪,解释为牵连罪、实质数罪和吸收犯等犯罪形态并适用相应的处断原则,不仅符合刑法的规定和已获普遍认同的刑法学理论,而且完全可以达到罪刑相适应的要求,根本不存在设置结合犯条款的必要性。况且,在上述立法建议主张设置的结合犯中,某些犯罪(如放火杀人罪)与结合犯的基本构成特征不符,应解释为想象竞合犯并适用相应的处断原则,根本不具有将其规定为结合犯的可能性。

总之,基于上述分析和判断准则,笔者认为,在我国现行的刑事立法状况下,我国刑法没有设置结合犯的必要。

---

[1] 参见喻伟:《结合犯新探——兼论完善结合犯的刑事立法》,载《中国法学》1990年第5期;张羽:《关于完善数罪并罚制度的几点建议》,载《广东法学》1989年第5期。

专题十一 刑事责任与刑罚

论刑事责任*

一

“刑事责任”是一个常见的法律术语。在我国《刑法》《刑事诉讼法》和其他法律中多处使用了“刑事责任”这个术语。

《刑法》192 个条文中，直接提到“刑事责任”术语的有 10 个条文，使用了 15 次之多。这 10 个条文是：第 7 条、第 8 条、第 9 条、第 11 条、第 12 条、第 14 条、第 15 条、第 17 条、第 18 条、第 22 条。此外，《刑法》总则第二章第一节的标题还直接冠以“犯罪和刑事责任”的字样。

《刑事诉讼法》164 个条文中，直接提到“刑事责任”术语的有 8 个条文，使用了 12 次之多。这八个条文是：第 11 条、第 12 条、第 28 条、第 61 条、第 94 条、第 96 条、第 100 条、第 119 条。

在一系列非刑事的单行法律中，为了加强同有关犯罪作斗争，也经常使用“追究刑事责任”或“依法追究刑事责任”的字样。例如，《商标法》第 40 条，《食品卫生法（试行）》第 41 条，《统计法》第 26 条，《专利法》第 63 条、第 66 条，《水污染防治法》第 43 条，《药品管理法》第 50 条、第 51 条，《森林法》第 34 条、第 35 条、第 36 条，《会计法》第 26 条、第 27 条、第 29 条，《计量法》第 28 条、第 29 条、第 30 条，《居民身份证条例》第 17 条，《外国人入境出境管理法》第 29 条，《公民出境入境管理法》第 14 条、第 16 条，《渔业法》第 28 条、第 29 条，《矿产资源法》第 39 条、第 40 条、第 41 条、第 43 条，《民法通则》第 49 条、第 110 条，《义务教育法》第 16 条，《土地管理法》第 48 条、第 54 条，《治安管理处罚条例》第 2 条、第 30 条、第 31 条、第 32 条、第 41 条，《企业破产法（试行）》第 41 条、第 42 条，《国境卫生检疫法》第 22 条、第 23 条，《邮政法》第

* 本文原载于《中国人民大学学报》1988 年第 2 期。

36条、第37条、第38条、第39条,《海关法》第47条、第55条、第56条,《大气污染防治法》第38条、第39条,《档案法》第24条,都是属于这样的情况。

法律条文在讲到刑事责任的时候,使用不同的提法,代表不同的意思。概括起来说可分五层意思:

第一层:“不负刑事责任”“不追究刑事责任”“不应追究刑事责任”。这些提法的意思是由于行为不构成犯罪,犯罪已过追诉时效期限,经特赦令免除刑罚,依照刑法告诉才处理的犯罪,没有告诉或者撤回告诉,被告人死亡等情况,司法机关应当不予立案,已立案的应当撤销案件;应当不起诉,已起诉的应当撤诉;不撤诉的,法院应当宣告无罪。

第二层:“不需要追究刑事责任”。这是《刑事诉讼法》第61条中的一个提法,针对两种情况不予立案:一是“没有犯罪事实”,二是“犯罪事实显著轻微”。前者应是“不追究刑事责任”的问题,后者应是“免予追究刑事责任”的问题。所以第二层意思实际上是第一层意思和后面第三层意思的一个混合。

第三层:“免予追究刑事责任”。《刑事诉讼法》第11条规定:“有下列情形之一的,不追究刑事责任,已经追究的,应当撤销案件,或者不起诉,或者宣告无罪:……(六)其他法律、法令规定免予追究刑事责任的。”从这条规定看,“免予追究刑事责任”的法律效果仍然是“不追究刑事责任”。那么,为什么使用“免予追究”的字样,而不直接使用“不追究”的字样呢?难道立法者不知道类似的情况比如“免予起诉”与“不起诉”,“免除刑罚”或“免予刑事处分”与“宣告无罪”是截然不同的意思吗?笔者认为,除非是立法者用词上的疏忽,否则,合理的解释只有一个,那就是“免予追究刑事责任”所指的是犯了罪但不以犯罪论处的情况。“不以犯罪论处”的提法在现行法律中只见于《惩治军人违反职责罪暂行条例》第22条:“在战时,对被判处三年以下有期徒刑没有现实危险宣告缓刑的犯罪军人,允许其戴罪立功,确有立功表现时,可以撤销原判刑罚,不以犯罪论处。”所谓“不以犯罪论处”,就是对本来的犯罪不当作犯罪来对待,也即对该犯罪主体不当作犯罪分子来对待。这比“免予起诉”、“免除刑罚”或“免予刑事处分”显得更加宽大。正因为“免予追究刑事责任”指的是这种情况,所以《刑事诉讼法》第11条规定,对这种情况也就“不追究刑事责任,已经追究的,应当撤销案件,或者不起诉,或者宣告无罪”。

第四层:“减轻、免除其刑事责任”。这个提法见于《刑事诉讼法》第28条:“辩护人的责任是根据事实和法律,提出证明被告人无罪、罪轻或者减轻、免除其刑事责任的材料和意见,维护被告人的合法权益。”这里所说的“减轻、免除其刑事责任”,实际上也就是减轻处罚、免除处罚的意思。

第五层:“应当负刑事责任”“追究刑事责任”“应当追究刑事责任”“需要追究刑事责任”“依法追究刑事责任”。这些提法的意思是:由于有构成犯罪的事实,应当立案,应当起诉,应当审判,应当作出有罪判决。例外的是《刑事诉讼法》第12条第2款规定:“对于享有外交特权和豁免权的外国人犯罪应当追究刑事责任的,通过外交途径解决。”这里虽然也使用“应当追究刑事责任”的字样,但不能理解为对该外国人“应当起诉,应当审判,应当作出有罪判决”,因为他享有外交特权和豁免权。其实这一款与《刑法》第8条是一个意思,即

“享有外交特权和豁免权的外国人的刑事责任问题,通过外交途径解决”。

以上说明,“刑事责任”的确是我国法律中广泛使用的一个名词概念,说明研究这个问题不是无关紧要的。

二

“责任”一词有两种含义:一种是积极的含义,一种是消极的含义。积极意义的责任是指职责、义务。例如,说“这个人工作很负责任”,就是赞扬他工作很认真,勤勤恳恳地履行职责,恪尽义务;说“这个人工作不负责任”,是指责他办事马虎,不尽心恪守职责、履行义务。在这里,“负责任”是好的,应受表扬的,而“不负责任”则是不好的,应受谴责的。消极意义的责任与此不同,它是指一个人做了某种不好的行为,要承担某种后果。比如,说某某“要负道德责任”,就是指他做了某种违反道德义务的行为,要在道德上承担某种后果。法律责任也是这样,它是指一个人做了某种违反法律义务的行为,要在法律上承担某种后果。法律责任有很多种,有民事责任、经济责任,还有行政责任,最严重的是刑事责任。消极意义的责任,当然不是受表扬的问题,而是受谴责、受制裁的问题,如道德谴责、舆论制裁、法律处分等。

法律对责任问题是很重视的。这是因为有没有责任,对于应不应承担法律后果(法律制裁)具有决定性的意义。也就是说,有责任,才承担法律后果;没有责任,则不承担法律后果。所以,责任也就是对违反义务的行为所引起的后果的一种应有的承担。法律责任就是对违反法律义务的行为所引起的法律后果的一种应有的承担。刑事责任就是对违反刑事法律义务的行为(犯罪)所引起的刑事法律后果(刑罚)的一种应有的承担。

从国家方面说,法律责任就是对实施违法行为的人的一种否定评价。刑事责任就是对实施刑事违法行为即犯罪行为的人的一种否定评价。在我国,所谓刑事责任,就是国家司法机关依照刑事法律规定,对实施犯罪的人所作的一种否定的道德政治评价。

刑事责任与其他法律责任的区别是:

(1)基础不同。被追究刑事责任的行为只能是犯罪行为,其社会危害性比被追究其他法律责任的行为的社会危害性大。也就是说,刑事责任只能由实施犯罪的人承担,而不能由任何其他人承担。罪责自负、反对株连是我国刑法的基本原则之一。这个原则要求,只有参与实施犯罪的人,才能成为刑事责任的主体,其他没有参与实施犯罪的人,不论他与犯罪人的关系如何,都不能令他承担刑事责任。

(2)程序不同。行为人是否承担刑事责任,只能由国家司法机关按照刑事诉讼程序来决定。其他法律责任,则不是通过刑事诉讼程序决定的。确定是否承担刑事责任,主要是国家审判机关的任务,但这不是绝对的,在某些情况下,公安机关、检察机关也可以解决刑事责任问题。例如,根据《刑事诉讼法》第 11 条的规定,当出现犯罪已过追诉时效期限或者被告人死亡的情况时,公安机关就可以作出不追究刑事责任的决定。根据《刑事诉讼法》第 101 条的规定,对于依照刑法规定不需要判处刑罚或者免除刑罚的犯罪分子,人民检察院可以作出免予起诉的决定。

(3)后果不同。对需要承担刑事责任的人往往随之而来的是给予刑罚处罚,这是最严厉的国家制裁方法。它不仅可以剥夺被判刑人的财产,还可以剥夺其人身自由、政治权利,甚至可以剥夺其生命。其他法律责任都不会引起刑罚处罚这种严厉的法律后果。

三

刑事责任介于犯罪和刑罚之间,对犯罪和刑罚的关系起调节作用。一个人实施刑法所规定的犯罪,只是这个人负刑事责任的基础;而只有当一个人对犯罪行为应当负刑事责任的时候,才能对他判处刑罚。例如,一个人犯了某种罪,过了很长时间没有被追究刑事责任,后来追诉时效过了,就不再承担刑事责任,也就不能再对他判刑了。所以,判刑是以行为人负刑事责任为前提的。受刑罚处罚的人,没有不负刑事责任的。

刑事责任与刑罚是两个联系非常密切但又有区别的概念。它们的联系可以这样来表述:第一,刑事责任的存在决定刑罚的存在,没有刑事责任就没有刑罚。刑事责任是刑罚的前提,刑罚是刑事责任的后果。一个人犯了罪,只要他的刑事责任问题还没有解决,司法机关就有权随时追究犯罪人的刑事责任,从而给他以刑罚处罚。

第二,刑事责任的大小是判处刑罚轻重的标准。审判机关在裁量刑罚的时候,要考虑行为人对犯罪所负的刑事责任的程度,责任重则刑罚重,责任轻则刑罚轻。为什么对已满14岁不满18岁的人犯罪,应当从轻或者减轻处罚(《刑法》第14条第3款),对又聋又哑的人或者盲人犯罪,可以从轻、减轻或者免除处罚(《刑法》第16条)?就是因为他们智力发展不成熟、不完全或者有障碍,所以不能令其对自己的犯罪行为负完全的责任。为什么对主犯应当从重处罚(《刑法》第23条第2款),对从犯应当比照主犯从轻、减轻处罚或者免除处罚(《刑法》第24条第2款),对胁从犯应当比照从犯减轻处罚或者免除处罚(《刑法》第25条)?就是因为他们在共同犯罪中所起的作用不同,因而对犯罪所负的责任程度也不同。

第三,刑罚是刑事责任的主要体现形式。刑事责任主要是通过刑罚来实现的。在大多数场合,一个人被追究刑事责任,落实下来就是按照他的责任程度,判处轻重适当的刑罚。

刑事责任与刑罚虽然关系密切,但毕竟不是一个概念。二者的区别表现在:第一,刑事责任的本质是刑事法律关系。也就是说,一个人犯了罪,从犯罪的时候开始,就与国家发生刑事法律关系:犯罪人有义务向国家交代自己的罪行,并接受国家司法机关对他依法进行的侦查、起诉、审判和制裁;他也有权要求司法机关必须按法律的规定来调查、确定和实现他应负的刑事责任,并保护自己的合法权益不受非法侵犯。与此相对应,国家司法机关则有权对犯罪人进行侦查、起诉、审判和制裁,但也负有义务使这种刑事追究活动严格依法进行,并保护犯罪人的一切合法权利。所以,刑事责任实质上也就是犯罪人与国家及其司法机关之间的权利义务关系。而刑罚则是这种权利义务关系的客体:国家司法机关有权对犯罪人适用刑罚,而犯罪人则有义务承受刑罚。

第二,刑事责任是犯罪人在国家面前承担的法律责任,刑罚则是法院以国家的名义对犯罪人适用的制裁方法。前者着重在观念形态上表现国家对犯罪分子的否定评价,因而比较抽象;后者是国家实际适用刑事制裁措施,内容明确具体。当比较抽象的刑事责任通过具体的刑罚方法得以体现时,人们就不限于在观念形态上来把握而是实实在在地体验到刑事责任的存在了。

第三,刑事责任通常伴以刑罚作为自己的法律后果和具体体现,但并不是绝对的。有时追究刑事责任,但结果并没有判刑。换句话说,虽然有的人犯了罪,应当负刑事责任,但在某些场合,由于具有某种条件,不一定就受到刑罚处罚。例如,依照《刑法》第 32 条的规定,犯罪情节轻微不需要判处刑罚的,可以免予刑事处分。依照《刑法》第 192 条的规定,国家工作人员犯渎职罪,情节轻微的,可以由主管部门酌情予以行政处分。又如,依照《刑法》第 7 条、第 16 条、第 17 条、第 18 条、第 19 条、第 21 条、第 24 条、第 25 条、第 63 条的规定,如果行为人具有免除处罚的情节,人民法院有权予以免刑。当然,依照刑法规定不需要判处刑罚或者免除刑罚的,人民检察院也有权免予起诉(《刑事诉讼法》第 101 条)。在上述这些场合,行为人没有受到刑罚处罚,但是否就否定了刑事责任呢?并不是。行为人犯了罪,在他的行为中具备刑法所规定的犯罪构成,他在国家面前就应当承担刑事责任。对他提起刑事诉讼,就是追究他的刑事责任。至于后来免予起诉或者免予刑事处分,那是对他的宽大,并不是对刑事责任的否定。当然,在这些场合,刑事责任并非通过刑罚来实现,而是通过免予起诉或者免予刑事处分获得解决。从这里可以看出,刑事责任的外延比刑罚要广。固然没有刑事责任就没有刑罚,但免除刑罚不等于就是否定刑事责任。

四

刑事责任从什么时间开始?这个问题在我国刑法学界还很少研究,在国外则有争论。大体上有三种意见:一是从行为人实施犯罪的时候开始;二是从检举行为人为被告的时候开始;三是从有罪判决发生法律效力的时候开始。

笔者认为,这三种意见都有一定道理,但都不很明确:到底是指应当负刑事责任的开始时间呢,还是指实际负刑事责任的开始时间呢?

刑事责任的开始时间,可以分为应当负刑事责任的开始时间和实际负刑事责任的开始时间。行为人实施了犯罪行为,就具备了负刑事责任的基础,所以这也就是他应当负刑事责任或者应当被追究刑事责任的开始时间,但还不是实际负刑事责任或者实际被追究刑事责任的开始时间;司法机关将行为人列为被告,对他进行追诉,这是行为人被追究刑事责任的开始时间,但也还不是实际负刑事责任的开始时间;只有人民法院作出的有罪判决发生法律效力,才是对行为人负刑事责任的问题作出确定的结论,这时才可以说是行为人实际负刑事责任的开始时间。

刑事责任的终结时间,应根据不同情况而定。一般来说,刑罚(包括主刑、附加刑)执行完毕之日就是刑事责任的终结时间。但是,如果是被判处拘役或者三年以下有期徒刑而宣告缓刑,则缓刑考验期满,刑事责任终结。对于在战时被判处三年以下有期徒刑而宣告缓刑、允许其戴罪立功的犯罪军人,如果确有立功表现,则从军事法院作出“撤销原判刑罚,不以犯罪论处”的裁定起,刑事责任终结。对于没有伴随刑罚的刑事责任来说,从人民检察院作出免予起诉的决定或者从人民法院作出的免予刑事处分的有罪判决发生法律效力的时候起,刑事责任终结。如果行为人在刑事诉讼或者刑罚执行过程中死亡,则刑事责任当然终结。如果行为人根本没有被依照刑事诉讼程序追究刑事责任,则从追诉时效期满的时候起,刑事责任也就终结了。

五

关于刑事责任的法律事实根据问题,也就是我们通常讲的(包括上文提到的)刑事责任的基础问题,是一个研究历史较长、争论较多的问题。资产阶级刑事古典学派的学者们一般都把犯罪构成作为刑事责任的基础,但他们在揭示犯罪构成时,人为地把犯罪的客观方面和主观方面割裂开来。他们往往把犯罪的行为和结果摆在犯罪构成的首位,置于核心的地位,而把行为主体及其主观心理态度(故意或过失)排斥在犯罪构成之外。这样,他们所主张的犯罪构成乃是偏重客观方面的犯罪构成,他们所说的刑事责任基础,实际上也就是指的犯罪行为及其造成的实际损害。与刑事古典学派不同,刑事人类学派和刑事社会学派重视的不是犯罪行为而是所谓的“犯罪人”。刑事人类学派提出“天生犯罪人”的主张,把犯罪人看成是在任何时间内、任何条件下都必然要实施犯罪的某种生物学上的东西存在。按照这种主张,犯罪行为仅具有次要的意义,它只是证明人的“天生犯罪本性”的外在征兆;即使没有实施犯罪行为,对“天生犯罪人”也可以追究刑事责任、适用刑罚。这实际上是以“天生犯罪人”来偷换犯罪构成作为刑事责任的基础。刑事社会学派把所谓人对社会的“危险状态”提到首位,认为主体比犯罪行为本身要危险得多,犯罪行为仅仅是“危险状态”的外在表现。追究刑事责任、适用刑罚不是根据犯罪行为,而是根据主体的“危险状态”。这样,主体的“危险状态”就代替了客观的犯罪构成而成为刑事责任的基础。

在苏联、东欧社会主义国家刑法学界,关于刑事责任的基础是什么这个问题,有种种说法。有的认为罪过是刑事责任的基础(有的学者所主张的罪过,是一个广泛的概念,包括犯罪主观方面以及对行为的评价等);有的认为依据对事物的认识而行动的能力(责任能力)是刑事责任的基础;有的认为实施犯罪是刑事责任的基础;大多数认为犯罪构成是刑事责任的基础(或唯一基础)。

在我们看来,把罪过的概念设定得过于宽泛,超过了犯罪主观方面的范围,是不合适的,也难以令人接受,罪过只是刑事责任的主观基础。说刑事责任能力是刑事责任的基础显然不合理,因为任何人只要达到法定年龄,没有精神疾病,就都有刑事责任能力,刑事责任能力是能够承担刑事责任的前提,但绝不是刑事责任的基础。说实施犯罪是刑事责任的基础,或者说犯罪构成是刑事责任的基础,是符合实际的,我们也持同样的主张。这两个提法本质上是一样的。说一个人实施犯罪,也就是指该人的行为中具有刑法所规定的某种犯罪构成。有人持不同意见,认为犯罪构成是法律概念,是科学抽象,抽象的东西不能作为刑事责任的基础,只能说犯罪行为是刑事责任的基础。这是把犯罪构成与犯罪行为对立起来,是不能令人信服的。

我国《刑法》总则第二章第一节“犯罪和刑事责任”,解决的就是刑事责任的基础和条件问题。《刑法》第10条规定的犯罪概念,从总体上解决了刑事责任的范围问题(具体场合的刑事责任范围是由《刑法》分则规定的具体犯罪构成确定的),即只有对符合第10条规定的犯罪行为,行为人才应负刑事责任。行为显著轻微危害不大的,不认为是犯罪,当然也不发生负刑事责任的问题。而且第10条还从总体上揭示了各类犯罪的客体,从而为把握行为的社会危害性指明了方向。以第10条为基础,联系第11条、第12条、第14条、第15条,就形成了犯罪构成的概念。犯罪构成简单说来就是刑法所规定的说明行为构成犯罪的一切主、客观要件的总和。第11条、第12条是犯罪构成的两大形态:故意罪的构成和过失罪的构成。犯罪的故意和过失,是犯罪构成主观方面的必备要件。犯罪除了客观上要有危害社会的行为外,主观上必须是出于故意或者过失。既非故意又非过失的,则属于第13条规定的情况,即不可抗力或者意外事件。这里面没有犯罪构成,从而也就缺乏负刑事责任的基础。第14条、第15条解决的是刑事责任年龄和刑事责任能力问题。刑事责任年龄和刑事责任能力是犯罪构成的必备要件,同时也是一个人承担刑事责任的前提条件。将第11条、第12条、第14条、第15条所规定的内容结合起来就可以明白:只有当一个人达到刑事责任年龄,具有刑事责任能力,并且是故意或过失地实施犯罪行为的时候,才应负刑事责任。这正说明,犯罪构成是负刑事责任的基础。此后,第16条是对刑事责任能力的补充。第17条、第18条规定的正当防卫和紧急避险,是排除社会危害性的行为,没有犯罪构成,所以不负刑事责任,但防卫行为、避险行为超过必要限度造成不应有的危害的,构成了某种犯罪,所以应当负刑事责任。

总之,从《刑法》第10条到第18条,都是有关刑事责任的规定。这些规定说明,犯罪构成是刑事责任的基础,而具体犯罪构成是由《刑法》分则规定的。《刑法》总则规定的是犯罪构成的一般要件,如危害行为、客体、责任年龄、责任能力、故意和过失等。这些要件也就是刑事责任的条件。

当然,刑事责任的基础和条件不仅是由《刑法》总则第二章第一节规定的,第二节、第三节也涉及这个问题。第二节规定的是犯罪的预备、未遂和中止,这是从故意犯罪发展形态上,也就是从纵的形式上来规定犯罪构成,从而解决刑事责任问题。第三节规定的是共同犯罪,这是从二人以上共同参加故意犯罪上,也就是从横的形式上来规定犯罪构成,从而解决刑事责任问题。预备犯、未遂犯、中止犯以及共同犯罪人负刑事责任的基础仍然是犯罪构成,这些犯罪构成是把分则有关条文规定的具体犯罪构成要件与总则规定的犯罪构成要件,特别是犯罪预备、未遂、中止以及共同犯罪的要件结合在一起组成的。所以对预备犯、未遂犯、中止犯以及共同犯罪人确定刑事责任,既要引用分则的条文,又要引用总则的相应条文。第二节、第三节有关预备犯、未遂犯、中止犯以及共同犯罪人的刑事责任的规定,是对第一节犯罪和刑事责任规定的完善和补充。

刑事责任的基础所要解决的是需要具备什么样的法律事实,才能追究一个人的刑事责任的问题,也就是解决刑事责任存在不存在、有无刑事责任的问题。如果刑事责任的存在有了基础,进一步就要解决刑事责任的程度大小问题。在司法实践中,一个人负什么样的刑事责任,总是与他们行为具备什么样的犯罪构成联系在一起的。具体的犯罪构成决定具体的刑事责任。比如,一个人犯了故意杀人罪,他就要负故意杀人罪的刑事责任;一个人犯了贪污罪,他就要负贪污罪的刑事责任;如此等等。犯罪构成不仅决定刑事责任的质,而且在很大程度上也决定刑事责任的量(大小)。当然,刑事责任的程度不仅取决于犯罪构成,还要考虑其他的事实因素。犯罪构成是刑事案件中最主要最基本的法律事实。但是,除了犯罪构成以外,案件中还存在其他一些事实因素,可能影响刑事责任的程度。比如,犯罪的动机,犯罪的手段,犯罪的时间、地点和环境,犯罪的对象,危害结果的大小,犯罪人的职务身份,犯罪人的精神障碍程度,以及犯罪前的一贯表现,犯罪后的态度等,都可能影响刑事责任的程度。因此,只有在研究刑事责任的基础的同时,也研究影响刑事责任程度的各种事实因素,才能全面解决刑事责任问题。

六

一个人犯了罪,为什么要他负刑事责任?这首先是因为犯罪行为侵犯了统治阶级的利益和统治秩序。列宁多次说过:“法律是统治阶级的意志的表现。”[1]“法律就是取得胜利、掌握国家政权的阶级的意志的表现。”[2]在我们国家,法律就是以工人阶级为领导的广大人民群众意志的表现。刑法是统治阶级手中最锐利的法律武器。它不仅规定什么是犯罪,引导人们采取顺应统治阶级意志和利益的行为,而且还规定刑事责任和刑罚,阻止危害统治阶级意志和利益的行为的发生。如果有人违反刑法规定,实施犯罪行为,刑法(当然是通过司法机关)就要作出反应,强制犯罪人承担刑事责任,接受刑罚处罚,从而维护统治秩序,保障统治阶级的利益不受侵犯。可见,刑事责任和刑罚,也同整个刑法一样,是具有鲜明的阶级性的。阶级的动机、统治阶级利益的需要是追究犯罪人刑事责任的根本原因。

研究刑事责任的哲学理论根据,不仅要注意刑事责任的阶级性,而且要注意行为人在主观上是否具有可责性。一个人只有在主观上有可以归责的地方,才能对他追究刑事责任,这样的追究活动才会有合理性。

有一种理论认为,人的意志是绝对自由的,它既不决定于教育和文化水平,也不决定于周围的自然和社会环境,而是决定于自身。一个人之所以犯罪,完全是由他自己决定的,是由于他怀有“邪恶的意念”,因而责任全在他自己身上。这种理论,我们称为唯心主义的无定论。它不承认存在决定意识,看不到意识、意志是对客观现实的反映,因而是反科学的。

还有一种理论认为,人的意识和意志是完全受客观世界支配的,毫无自由可言,人的犯罪是客观必然性注定的,与主观意志无关。追究刑事责任不是因为有自由意志,而是为了防卫社会。这种主张显然也是不科学的,我们称之为机械唯物主义的决定论。

与上述两种理论相反,马克思主义的决定论认为,世界上的一切事物都是受因果性支配的。作为客观世界组成部分的人类,也同样受因果性的制约,人的意识和意志作为心理现象,是由客观现实决定的,是对客观现实的反映;而人的行为,包括犯罪行为,则是由人的意识和意志支配的,是意识和意志的客观化即外部表现。

---

〔1〕《列宁全集》(第15卷),人民出版社1984年版,第146页。

〔2〕《列宁全集》(第13卷),人民出版社1984年版,第304页。

马克思主义的决定论,既与唯心主义的无定论划清界限,强调客观现实对人的意识、意志的决定作用;又与机械唯物主义的决定论划清界限,承认人能够反作用于客观现实,指出人有相对的意志自由。人的犯罪意识、意志的形成,是社会上犯罪现象、犯罪毒素所决定的,然而对于是不是实际走上犯罪的道路,他的意识和意志有选择的余地,有选择的自由。在同样的社会生活条件下,有的人形成有益于社会的意识和意志,选择符合社会要求的行为方式;有的人则形成反社会的意识和意志,选择违反社会要求的行为方式。可见,人的意识、意志不是消极的、被动的,而是有自觉能动性的。相对的意志自由是人的行为的直接决定者、支配者,人的行为是个人意识、意志自由选择的外在表现和结果。因此,人要对自己的行为负责。如果一个人置社会道德和国家法律于不顾,形成犯罪的意识和意志,选择犯罪的道路,实施犯罪的行为,他就要在国家和法律面前承担刑事责任,受到国家和人民强烈的谴责和否定的评价。

马克思主义的决定论,包括相对意志自由的观点,是我国刑法规定刑事责任的哲学理论根据。只有很好地掌握这样的理论,才能深刻地认识刑事责任问题。正如恩格斯所指出的:"如果不谈所谓自由意志、人的责任、必然和自由的关系等问题,就不能很好地讨论道德和法的问题。"[1]列宁也说过:"决定论思想确定人类行为的必然性,推翻所谓自由意志的荒唐神话,但丝毫不消灭人的理性,人的良心以及对人的行为的评价。恰巧相反,只有根据决定论的观点,才能做出严格正确的评价,而不致把一切推到自由意志的身上。"[2]这两段闪耀着真理光辉的指示,将引导我们深入地研究刑事责任理论,极大地丰富我国的刑法科学。

---

〔1〕《马克思恩格斯选集》(第3卷),人民出版社1972年版,第152~153页。

〔2〕《列宁选集》(第1卷),人民出版社1984年版,第26页。

论赔偿损失对刑事责任的影响*

犯罪行为与侵权行为并非完全没有交集，比如以公民的人身权、财产权及知识产权为客体的犯罪行为，从民事法律关系上说其性质属于侵权行为。这种情况下同一行为兼具犯罪行为和民事侵权行为双重性质。行为性质的双重性决定了法律责任的双重性，犯罪人不仅要承担刑事责任，也要承担民事责任，笔者曾把这种民事责任称为"犯罪的民事赔偿责任"〔1〕，这一称谓突出了民事责任与犯罪的关联性。

犯罪行为受到不同部门法的评价，产生了不同的法律责任，这种现象被称为法律责任的重合。根据我国《侵权责任法》的规定，侵权人可能对其实施的一个行为既承担侵权责任又承担刑事责任。〔2〕根据我国《刑法》第 36 条和第 37 条的规定，犯罪人承担了刑事责任之后，仍应承担民事赔偿责任。犯罪人在被判处刑罚的情况下并不能免除赔偿被害人的损失的义务。〔3〕

这种法律责任的重合在许多国家的法律中都有所体现，很多国家都规定了刑事加害人对刑事被害人的赔偿责任，但具体适用的程序有所不同，如法国、德国采取刑事附带民事诉讼的方式；英国、美国除采取赔偿令的方式外，还允许在刑事程序之外通过其他方式解决赔偿问题。联合国《为罪行和滥用权力行为受害者取得公理的基本原则宣言》规定："对于被害人的损失，要求犯罪人或有赔偿责任的第三方对被害人

---

* 本文原载于《现代法学》第 36 卷第 4 期（2014 年 7 月），由高铭暄教授与张海梅合作完成。

〔1〕 高铭暄：《中华人民共和国刑法的孕育诞生和发展完善》，北京大学出版社 2012 年版，第 217 页。

〔2〕 《侵权责任法》第 4 条第 1 款规定：侵权人因同一行为应当承担行政责任或者刑事责任的，不影响依法承担侵权责任。

〔3〕 《刑法》第 36 条规定：由于犯罪行为而使被害人遭受经济损失的，对犯罪分子除依法给予刑事处罚外，并应根据情况判处赔偿经济损失。承担民事赔偿责任的犯罪分子，同时被判处罚金，其财产不足以全部支付的，或者被判处没收财产的，应当先承担对被害人的民事赔偿责任。《刑法》第 37 条规定：对于犯罪情节轻微不需要判处刑罚的，可以免予刑事处罚，但是可以根据案件的不同情况，予以训诫或者责令具结悔过、赔礼道歉、赔偿损失，或者由主管部门予以行政处罚或者行政处分。

及其家属或受被害人扶养的人通过归还财产、赔偿损失、恢复权利、提供服务等方式作出公正的赔偿。"[1]

作为承担侵权责任主要方式的赔偿被害人损失与刑事责任是否存在关联呢？这个问题是法学界争论的一个焦点问题。反对论者认为民事责任不能转化为刑事责任，因为两种责任是截然不同的，不能相互转换。[2] 肯定论者认为民事责任与刑事责任发挥的功能不是截然不同的，因此赔偿可以对刑事责任产生影响，还可以作为刑罚的替代措施使用。[3] 笔者认为，在刑事案件中，若刑事加害人对被害人的损失进行了赔偿，能够表明刑事加害人真诚悔罪了，刑事加害人的再犯可能性降低，赔偿可作为酌定从宽情节减轻其刑事责任。本文拟分析赔偿影响刑事责任的现实合理性及理论、政策依据与法律依据，赔偿影响刑事责任的案件范围以及赔偿影响刑事责任的具体程序等问题。

一、赔偿影响刑事责任的正当性根据

（一）赔偿影响刑事责任的现实合理性

刑事加害人在真诚悔罪并积极赔偿了被害人的损失的情况下，可减轻其刑事责任，这对于被害人、刑事加害人以及社会都有积极意义。

1. 有利于实现被害人的赔偿诉求

细究刑事法律的发展史，刑事被害人的利益曾经不被重视，直到20世纪中叶，西方各国掀起了"重新发现被害人"的运动，被害人才重新回到了法学家的视野中。犯罪在侵害公法益的同时也会侵害私法益，例如故意杀人罪、故意伤害罪等犯罪中，被害人的生命、健康权利受到侵害是不争的事实。国家不应仅仅关注以刑罚惩罚犯罪人，而忽视被害人的赔偿诉求。正如刑事实证学派学者主张的，国家应对被害人的权利负责，并且使被害人的权利及时得到满足。[4]

在我国刑事被害人国家补偿与救助制度尚不健全的情况下，[5]被害人能否从刑事加害人那里及时获得赔偿款，对被害人来说意义重大。尤其是在被害人因刑事加害人的犯罪行为遭受身体伤害，但因经济困难无钱及时治疗的情况下，被害人有获得赔偿款用于治疗的迫切需要。在这种情况下对被害人而言，及时获得赔偿款满足现实需要可能比通过惩罚刑事加害人获得报应正义更为重要。然而受"罚了不赔、赔了不罚"的错误观念的支配，刑事加害人对赔偿被害人的损失经常持消极观望的态度，许多人不愿意积极赔偿被害人的损失，甚至故意将自己的财产隐匿或者转移，即使法院判赔，也难以执行，使法院的判决成为法律

---

[1] 唐文胜：《犯罪损害赔偿研究》，中国人民公安大学出版社2010年版，第79页。

[2] 参见杨忠民：《刑事责任与民事责任不可转换——对一项司法解释的质疑》，载《法学研究》2002年第4期。

[3] 参见刘东根：《刑事责任与民事责任功能的融合——以刑事损害赔偿为视角》，载《中国人民公安大学学报（社会科学版）》2009年第6期。

[4] 参见[意]恩里科·菲利：《犯罪社会学》，郭建安译，中国人民公安大学出版社2004年版，第282页。

[5] 刑事被害人国家补偿与救助制度，是指当刑事被害人或其家属，在无法通过刑事加害人的赔偿弥补其损失时，由国家通过法定程序给予一定补偿与救助的制度。目前，有不少国家设立了刑事被害人国家补偿与救助制度，如新西兰、英国、美国等国家均设立了此项制度。联合国《为罪行和滥用权力行为受害者取得公理的基本原则宣言》明确规定了当被害人无法从犯罪人处或者通过其他来源得到充分补偿时，缔约国应设法向其提供金钱上的补偿，并具体规定了补偿对象、方式、资金来源和补偿程序等。

白条。

面对被害人获得赔偿的迫切需要和刑事加害人赔偿不积极的现状,有效解决被害人获得民事赔偿难的问题其实也是实现司法正义的任务。如果能建立起民事赔偿义务的履行情况对刑事责任的影响机制,发挥以刑事加害人真诚悔罪为基础的赔偿被害人损失的酌定量刑情节的作用,那么刑事加害人为了获得从宽处理,其赔偿的积极性将大大提高,这无疑将有利于被害人赔偿诉求的实现,被害人有可能在案件被审判前就获得了赔偿款。

2. 有利于实现刑事加害人争取宽大处理的利益诉求

大多数犯罪人在犯罪后会希望获得宽大处理。法律应当为犯罪人提供请求宽恕和赎罪的可能性。世界各国在发现短期自由刑的弊端后,通过不起诉、缓起诉、缓刑、假释等制度为犯罪人提供"后退的金桥"。犯罪人犯罪后如果能积极赔偿被害人的损失并且真诚悔罪,将可能获得从宽处理。对犯罪人来说,获得从宽处理是一种实实在在的利益。所以,将赔偿作为影响刑罚的裁量与执行的因素,将鼓励犯罪人积极赔偿,争取宽大处理。

3. 有利于恢复受损的社会关系

在存在具体被害人的案件中,犯罪不仅侵害了国家、社会的利益,更直接侵害了被害人的利益。在恢复性司法理念的支配下,对司法的功能需要重新定位,司法的功能不仅仅在于惩罚,更重要的功能在于恢复。通过司法程序可在一定程度上恢复因犯罪而被破坏的加害人、被害人、社会之间的原有的正常关系。刑事加害人的赔偿可以弥补被害人的损失,对于改善刑事加害人与被害人的紧张关系具有重要意义。刑事实证学派学者加罗法洛、菲利等人认为,严格的赔偿比荒唐地判处短期的监禁更有效,主张将赔偿作为刑罚的一种替代措施。德国著名刑法学者克劳斯·罗克辛关注赔偿在实现刑罚目的和促使行为人重新社会化的功能,他认为:"赔偿已经不再是一个纯粹的民法问题。赔偿有利于行为人对自己的行为进行反省,认识自己的行为给被害人造成的损失,促使行为人与被害人协商达成和解。通过这种方式使已经紊乱的社会关系得以恢复,法和平得以重建,而且可以使本来应当受到刑事惩罚的人重新回归社会工作。"[1]韩国著名刑法学者金日秀教授强调,应该更多关注如何使国家让罪犯和被害人尽快脱离过去的犯罪悲剧并尽快携手并肩建设新生活,而不是让二者形成对立状态。这不仅能缓和当事人之间的关系,还能为刑事制裁适用于罪犯个人化和社会化打开新的大门。从个人化和社会化的观点来看,对违反规范的制裁不仅是对侵害规范的恢复,还具有协助个人重返社会的意义。[2] 赔偿通过对被害人损失的弥补,促进犯罪人对自己犯罪行为的悔过,认识自己的行为给被害人的家庭及自己的家庭带来的痛苦,努力弥合被损害的和谐关系。基于赔偿对于恢复社会关系的重要意义,有的国家的学者正在探讨能否将赔偿作为刑罚和保安处分之外的刑法的第三条道路。我国也有学者认同此观点。[3] 这种观点强调了赔偿对于缓解罪犯和被害者之间的紧张关系的价值。但是这种观点忽视了

---

〔1〕［德］克劳斯·罗克辛:《德国刑法学总论》(第1卷),王世洲译,法律出版社2005年版,第55页。

〔2〕参见［韩］金日秀:《国家刑罚的目的和意义》,载刑法网2012年6月22日,http://www.criminallawbnu.cn/criminal/info/showpage.asp? ProgramID = &pkID = 35586&keyword = % BD% F0% C8% D5% D0% E3。

〔3〕参见王振:《刑罚制度的三元架构探索》,载《前沿》2008年第5期。

犯罪行为侵害社会利益的特征。赔偿,尤其是不具有惩罚性质的赔偿,很难完全体现对国家和私人之间刑事法律关系的修复。因此,笔者不赞同在所有的犯罪中将赔偿作为刑罚的替代措施,在侵犯国家、社会法益的犯罪中,如恐怖主义犯罪、劫持航空器犯罪、黑社会性质犯罪等严重刑事犯罪中,刑事加害人对被害人的赔偿并不能修复受损的国家和社会法益。当然,我们不能忽视赔偿在主要侵害个人法益的犯罪中的恢复社会关系的意义。

(二)赔偿影响刑事责任的理论、政策依据

1. 罪责刑相适应原则

我国《刑法》第5条规定:“刑罚的轻重,应当与犯罪分子所犯罪行和承担的刑事责任相适应。”从这一规定可见,罪责刑相适应原则不是机械地强调刑事责任与犯罪行为的客观社会危害性的一一对应。单纯强调犯罪行为的社会危害性,是刑事古典学派主张的报应刑的体现。我国《刑法》规定的罪责刑相适应原则已经吸收了刑事实证学派的预防刑的观念,在定罪量刑时,不仅考虑犯罪行为的客观社会危害性,还要考虑犯罪人再犯可能性的大小,全面把握涉及犯罪行为及犯罪人犯罪前、犯罪时和犯罪后的各种情节。[1] 各国的立法也非机械地只关注犯罪行为的社会危害性,而是既考虑犯罪行为的社会危害性,同时也充分考虑可以反映犯罪人人身危险性的因素。

刑事加害人犯罪后能否积极赔偿被害人的损失在一定程度上反映了刑事加害人是否悔罪,这对于说明犯罪人的再犯可能性大小具有一定的意义。罪责刑相适应原则蕴含刑罚个别化思想,决定刑罚的轻重时应考虑犯罪人的再犯可能性的大小。因此,刑事加害人在犯罪后积极履行赔偿义务的,人民法院作为酌定量刑情节从宽处罚,这是罪责刑相适应原则在量刑阶段的体现;刑事加害人在行刑阶段积极赔偿被害人损失的,作为考虑对其适用减刑、假释的一个因素,这是罪责刑相适应原则在刑罚执行阶段的体现。

2. 目的刑论

目的刑论,强调刑罚的目的不是对恶行的报应,而是对犯罪的预防。古希腊哲学家柏拉图对目的刑思想有过经典表述,他认为,“没有一个聪明的人惩罚别人是因为他犯过错误,而是为他今后不再犯错误”。启蒙思想家格劳秀斯也认为:“刑罚的适用是为了实现一定的目的,并进一步提出惩罚的目的在于改造。”[2]刑罚目的理论在近代为刑事社会学派所发展。德国目的刑论的倡导者李斯特认为:“刑罚任务是改造罪犯成为一个对社会有用的人才(非天然的,人工社会适应的)。”[3]李斯特强调刑罚的特殊预防目的,他认为刑罚以预防犯罪人再次犯罪、防卫社会为目的。

从特殊预防的角度来看,监禁不一定有利于犯罪较轻的罪犯重返社会。2004年,北京市海淀区人民检察院的一项针对400多名被判处短期监禁刑的人员的实证调查表明:占56.2%的服刑人员对刑满后出去干什么表示忧虑;占53.6%的服刑人员表示监禁刑影响到

---

〔1〕 参见高铭暄、马克昌主编:《刑法学》(第5版),北京大学出版社、高等教育出版社2011年版,第28页。
〔2〕 [日]木村龟二主编:《刑法学词典》,顾肖荣等译,上海翻译出版公司1991年版,第12页。
〔3〕 [德]弗兰茨·冯·李斯特:《德国刑法教科书》,徐久生译,法律出版社2000年版,第6页。

了其心理健康,感到抑郁,更为严重的是导致人格扭曲;占49.3%的服刑人员表示服刑中容易受到不良影响。[1] 这项调研表明监禁刑在矫正服刑人的不良心理、重塑健康人格,以及培养职业技能,促进顺利回归社会方面的失败,甚至有可能导致更坏的结果:交叉感染。

基于监禁刑的缺陷,我们应改变对监禁刑的过度依赖,减少监禁刑的适用。犯罪后,如果罪犯悔罪,主动赔偿被害人的损失,显示犯罪人的人身危险性降低,特殊预防必要性降低。在这种情况下,量刑时应当从宽,对犯罪较轻的案件尽量扩大缓刑的适用范围,减少监禁刑的适用。对犯罪较重的刑事案件缩短刑期。在刑罚执行中适用减刑、假释制度缩短刑期,符合目的刑论者倡导的犯罪预防思想,也有利于犯罪人重归社会。

3. 恢复性司法理论

联合国经社理事会于2002年通过了《关于在刑事事项中采用恢复性司法方案的基本原则》。"恢复性司法"这个称谓被联合国国际文件所使用。除了这种称谓,还有其他一些不同的称谓,如在日本被称为修复性司法,在中国香港地区称为复合公义,在我国台湾地区被称为修复式正义。尽管称谓有所不同,但基本内涵大同小异,恢复性司法理论认为,犯罪造成了对被害人、加害人本人和社区的损害。被害人、加害人和社区都应当参与到刑事司法中来。[2] 刑事司法的目的是恢复而不是报复,恢复性司法理论认为司法的第一个目标是对被害人的赔偿与治愈;第二个目标是通过加害人对造成的损害的恢复和偿还来纠正加害人的错误;第三个目标是恢复被害人、加害人和社区的平衡关系。社区积极参与到纠纷的解决过程中来。社区司法注重谈判协商,非诉讼的解决方式,通常还包括赔偿。[3] 目前恢复性司法理论已经成为一项影响世界上大多数国家司法改革目标的理论,构成对传统的报应性司法理论的挑战,并且直接影响大多数国家的刑事立法与司法。联合国鼓励成员方开展恢复性司法改革运动。恢复性司法理念也已经在我国的刑事立法和司法中有所体现。我国2012年修正的《刑事诉讼法》中明文规定了刑事和解制度,可以说刑事和解制度是恢复性司法理念在我国刑事立法中的体现,刑事和解是恢复性司法的一个重要环节。在犯罪后,刑事加害人能否积极赔偿往往能够体现加害人是否真诚悔罪,而且赔偿往往是取得被害人谅解,恢复加害人与被害人之间受损的社会关系,双方达成和解协议的前提。有的学者甚至认为恢复性司法的主要责任形式就是损害赔偿,刑事加害人在犯罪后应当向被害人承担赔礼道歉、赔偿损失的责任。[4]

4. 宽严相济的刑事政策

刑法的静止性与社会生活的变动性是永恒的矛盾,这对矛盾决定了司法自由裁量权是必要的。美国著名刑法学家罗宾逊对此有精辟的表述:"再精致的刑法规范也无法使裁判者

[1] 参见刘承韪、吴宏耀等:《刑事和解的正当性追问》,载法制日报2009年7月13日。

[2] 参见吴宗宪:《恢复性司法述评》,载《江苏公安专科学院学报》2002年第3期。

[3] 参见[美]霍华德·泽尔:《视角之变:一种犯罪与司法的新焦点》,狄小华、张薇译,中国人民公安大学出版社2011年版,第179页。

[4] 参见刘东根:《恢复性司法及其借鉴意义》,载《环球法律评论》2006年第2期。

采用此措施来解决具体个案情况。”[1]积极的刑事政策能够对司法自由裁量权的行使发挥积极作用。宽严相济的刑事政策实际上为刑事司法中行使自由裁量权提供了指导，要求刑事司法在不违反法律规定的前提下，充分考虑犯罪行为和犯罪人的具体情况，区别对待，做到当宽则宽，该严则严，宽严相济，罚当其罪。笔者在几年前就认为，宽严相济的刑事政策能否实现的关键是，司法人员如何以这一政策为指导正确地行使司法自由裁量权，针对具体犯罪行为人定罪科刑。宽严相济刑事政策指导法官行使自由裁量权的重要桥梁与纽带就是酌定量刑情节。[2] 积极赔偿作为酌定从宽情节影响刑罚的裁量与执行，其政策依据就是宽严相济的刑事政策。

（三）赔偿影响刑事责任的法律依据

在实体法规范层面，我国《刑法》第36条和第37条规定了犯罪人对被害人应承担的赔偿被害人损失的义务。我国《刑法》并未对犯罪人积极赔偿被害人损失对刑事责任有何影响做出明确规定，但我们可以从《刑法》第61条的规定中间接找到将赔偿被害人损失作为酌定量刑情节的依据。该条中的量刑情节指的是能够影响犯罪行为的社会危害性程度和犯罪人的人身危险性程度的各种因素。赔偿情节应当属于该条规定的情节的范围，因为刑事加害人对赔偿问题是否持积极态度是其犯罪后是否悔罪的具体表现之一，对于说明犯罪人的人身危险性的大小具有意义。正如有的学者指出的，“犯罪人在犯罪后的态度如何，是反映人身危险性程度大小的一个重要因素；刑事加害人在犯罪后如果真诚悔罪、积极主动赔偿被害人的损失、积极退赃、退赔，较之拒不悔罪、隐匿财产、逃避罪责等表现，应当受到相对较轻的处罚”[3]。

在程序法规范层面，《刑事诉讼法》第99条规定了刑事被害人获得赔偿的途径之一：刑事附带民事诉讼程序。[4]《刑事诉讼法》第277条、第278条和第279条规定了刑事被害人获得赔偿的途径之二：刑事和解程序。《刑事诉讼法》第277条规定了可以刑事和解的案件范围和法定条件。[5]《刑事诉讼法》第279条规定了刑事和解协议对于刑事加害人的刑事责任的影响，根据该条规定，“对于达成和解协议的案件，公安机关可以向人民检察院提出从宽处理的建议。人民检察院可以向人民法院提出从宽处罚的建议；对于犯罪情节轻微，不需要判处刑罚的，可以作出不起诉的决定。人民法院可以依法对被告人从宽处罚”。从《刑事诉讼法》的相关规定我们可以看到，刑事加害人与被害人是否就赔偿问题达成协议是和解程序的一个重要环节，立法的这一规定实际上是司法实践状况的一种反映，在大多数案件中，刑事加害人积极赔偿被害人的损失是刑事加害人是否悔罪的一个重要判断标准，一般情况

---

[1] 姜敏：《刑事司法事实自由裁量权规制研究》，载《现代法学》2013年第6期。

[2] 参见高铭暄：《宽严相济刑事政策与酌定量刑情节的适用》，载《法学杂志》2007年第1期。

[3] 王瑞君：《赔偿作为量刑情节的司法适用研究》，载《法学论坛》2012年第6期。

[4] 《刑事诉讼法》第99条第1款规定：被害人由于被告人的犯罪行为而遭受物质损失的，在刑事诉讼过程中，有权提起附带民事诉讼。被害人死亡或者丧失行为能力的，被害人的法定代理人、近亲属有权提起附带民事诉讼。

[5] 根据《刑事诉讼法》第277条的规定，可以刑事和解的条件是，犯罪嫌疑人、被告人真诚悔罪，通过向被害人赔偿损失、赔礼道歉等方式获得被害人谅解，被害人自愿和解的，双方当事人可以和解。可以刑事和解的案件范围主要指因民间纠纷引起，涉嫌《刑法》分则第4章、第5章规定的犯罪案件，可能判处3年有期徒刑以下刑罚的；除渎职犯罪以外的可能判处7年有期徒刑以下刑罚的过失犯罪案件。

下只有刑事加害人真诚悔罪才能获得被害人的谅解,最终达成和解。因此,《刑事诉讼法》关于刑事和解的规定表明我国已经通过立法的方式肯定了在一定范围内的赔偿可以对刑事责任产生影响。但是我们也可以看到立法对于赔偿对刑事加害人刑事责任的影响采取了谨慎的态度。根据《刑事诉讼法》的规定,赔偿对刑事责任的影响是依附于刑事和解程序的,而刑事和解只能适用于法定的范围。因此,当然不能包括赔偿对刑罚的裁量和刑罚的执行的影响的全部情形。大量涉及赔偿的刑事案件中,赔偿能否以及如何影响刑事责任,仍然体现在现有的最高司法机关的相关司法解释中。

在司法解释层面,最高人民法院和最高人民检察院的相关司法解释将赔偿作为影响量刑和行刑的情节加以规定。第一,司法解释将赔偿被害人损失作为酌定量刑情节加以规定。根据2013年1月1日起施行的最高人民法院《关于适用〈中华人民共和国刑事诉讼法〉的解释》第157条的规定,被告人赔偿被害人物质损失的情况是认定其悔罪表现的根据之一,在量刑时作为量刑情节加以考虑。依据2010年2月8日印发的最高人民法院《关于贯彻宽严相济刑事政策的若干意见》第23条的规定,被告人案发后对被害人积极进行赔偿,并认罪、悔罪的,依法可以作为酌定量刑情节予以考虑。2013年1月1日起施行的最高人民检察院《人民检察院刑事诉讼规则(试行)》第520条规定,"人民检察院对于公安机关移送审查起诉的案件,双方当事人达成和解协议的,可以作为是否需要判处刑罚或者免除刑罚的因素予以考虑,符合法律规定的不起诉条件的,可以决定不起诉。对于依法应当提起公诉的,人民检察院可以向人民法院提出从宽处罚的量刑建议"。最高人民法院于2010年9月13日印发,自2010年10月1日起施行的《人民法院量刑指导意见(试行)》做出了更为具体的量化规定,依据该规定,对于积极赔偿被害人经济损失的,综合考虑犯罪性质、赔偿数额、赔偿能力等情况,可以减少基准刑的30%以下。第二,将赔偿被害人损失作为行刑情节加以规定。根据2012年7月1日起施行的最高人民法院《关于办理减刑、假释案件具体应用法律若干问题的规定》第2条第3款的规定,罪犯积极履行附带民事赔偿义务的,可视为有认罪悔罪表现,在减刑、假释时可以从宽掌握;确有执行、履行能力而不执行、不履行的,在减刑、假释时应当从严掌握。

综上可见,由于在我国刑法典中还未明确规定赔偿被害人损失情节对刑事责任的影响,因此赔偿情节还不是法定量刑与行刑情节,但是从上述这些司法解释可以看到,刑事司法实践中赔偿情节已经成为我国影响量刑、行刑的重要酌定情节。

二、赔偿影响刑事责任的案件范围

关于赔偿影响刑事责任的案件范围的争议焦点主要集中在重罪刑事案件中,刑事加害人积极赔偿被害人的损失能否获得从宽处罚的问题,在可能被判处死刑的重罪案件中争议更大。广东东莞市中级人民法院,在一起共同抢劫致人死亡案件中,对一名赔偿了被害人损失50,000元,并真诚悔罪的被告人,判处死刑缓期执行。这一判决一石激起千层浪,学术界和大众对法院的这种做法褒贬不一。[1] 观点的分歧反映了社会各界对重罪案件能否适用

---

〔1〕 参见佚名:《广东东莞尝试赔钱减刑,抢劫犯赔5万获轻判死缓》,载新浪新闻网,http://news.so-hu.com/20070131/n247943929.shtml。

"赔偿减刑"认识尚不统一。从人们对"赔偿减刑"的争议中,我们可以看到两类截然不同的观点。法学界对"赔偿减刑"制度适用范围的扩大甚至包括可适用于死刑的案件有不同观点,有的学者认为,只有严重危害国家利益的犯罪不能因赔偿影响死刑的适用,其他案件中都可以将赔偿作为酌定量刑情节加以考虑。[1] 有的学者则持反对观点,认为刑事和解扩至死刑案件在我国现行刑事司法模式下违反法理,不赞同通过刑事和解的方式减少死刑的适用。这种观点实际上也反对赔偿对死刑的适用产生影响。[2] 大多数普通民众对赔钱减刑的扩大持反对态度。[3]

从世界范围来看,随着恢复性司法运动的推进,很多国家扩大了可以刑事和解的案件范围,也意味着赔偿对司法的影响越来越大。例如,在德国,刑事和解不仅适用于轻微刑事案件,也适用于严重刑事案件。根据《德国刑法典》第46条a的规定,其并没有将严重刑事案件排除在外。[4]

我国刑事诉讼法对刑事和解的范围采取了谨慎的态度,将适用刑事和解的案件范围限定在轻罪案件中。从《刑事诉讼法》的规定来看,是将重罪案件排除在可以刑事和解的范围之外。那么能否以此推出在重罪案件中一概不能"赔偿从宽"的结论?我们认为赔偿对刑事责任的影响不限于《刑事诉讼法》规定的刑事和解的案件范围。从最高人民法院关于2012年修正后的《刑事诉讼法》适用的解释来看,也没有将赔偿损失作为酌定量刑情节对量刑的影响仅限于轻罪刑事和解的范围。[5]

我们认为,赔偿被害人损失影响刑事责任的案件范围的标准的确定,应当从分析民事责任与刑事责任的不同入手。赔偿被害人损失属于民事侵权责任的承担方式,赔偿被害人损失的功能在于补偿被害人因犯罪行为所受的损失,主要是对被害人的责任,属于私法责任;而刑事责任则是对国家的责任,属于公法责任。因此赔偿被害人损失责任义务的履行情况能否影响刑事责任的轻重应考虑具体犯罪侵害的法益主要是个人法益还是国家和社会法益。

如果犯罪人的犯罪行为侵害的主要是个人法益,即使是案情比较严重的犯罪,赔偿被害人损失义务的履行情况也能对刑事责任产生影响。原则上说,只要刑事案件主要涉及的是个人法益而非社会法益,在刑事加害人对被害人积极赔偿后,被害人受损的利益一定程度上能够得以弥补。因此,我们认为在比较严重的刑事犯罪案件中也不是一律不适用"赔偿从宽";对于可能判处死刑的案件也非完全排除赔偿被害人损失这一酌定量刑情节的作用。采

---

〔1〕 参见赵秉志、彭新林:《论民事赔偿与死刑的限制适用》,载《中国法学》2010年第5期。

〔2〕 参见梁根林:《死刑案件被刑事和解的十大证伪》,载《法学》2010年第4期。

〔3〕 参见张定益:《关于"赔钱减刑"现象的法律思考》,载正义网,http://www.jcrb.com/procuratorate/procuratorforum/201212/t20121211_1007337.html。网易网站对"赔钱减刑"制度做了一个调查,在参与投票的4078名网民中,83.35%的网民认为法律处罚不应该与金钱挂钩,"赔钱减刑"制度适用范围的扩大不合理;而只有6.38%的网民认为赔钱弥补了受害人的损失,是合理的;还有10.27%的网民则认为应该视具体的情况而定。

〔4〕 参见[德]米歇尔·凯尔希林:《德国恢复性司法的发展》,周遵友、刘仁文译,载《刑法论丛》2009年第1期。

〔5〕 2013年1月1日起施行的最高人民法院《关于适用〈中华人民共和国刑事诉讼法〉的解释》第157条规定,审理刑事附带民事诉讼案件,人民法院应当结合被告人赔偿被害人物质损失的情况认定其悔罪表现,并在量刑时予以考虑。

取“一刀切”的方法不符合具体情况具体分析的辩证方法。实际上,从司法实践来看,在处理重罪案件的时候,包括死刑案件在内,往往会考虑赔偿被害人损失这一酌定量刑情节。最高人民法院发布的指导性案例中的王志才故意杀人案和李飞故意杀人案中,法院均考虑了加害人及其亲属对被害人亲属的积极赔偿损失的情节。适用中应当注意的是犯罪行为侵害的主要法益,比如王志才故意杀人案和李飞故意杀人案都属于因民间矛盾引起的杀死一个人的案件,这种案件侵害的主要是个人法益。但是像发生在2014年3月1日的昆明火车站暴恐案,虽然也侵害了被杀、被伤的那些人的个人法益,但实际上这类案件主要是严重侵害了国家、社会法益,表现出极大的社会危害性和行为人极大的人身危险性,故而应当予以严惩,即使有赔偿也决不能因赔偿而从宽处罚。

只要犯罪人的犯罪行为侵害的是国家、社会法益,即使犯罪情节较轻、危害不大,也不宜适用“赔偿从宽”,因为公共利益不可放弃。危害国家安全的犯罪以及有组织暴力犯罪包括具有黑社会性质组织犯罪,由于严重侵害了国家利益和公共利益,没有适用“赔偿从宽”的余地。另外,国家机关工作人员基于履行职务违法造成的犯罪,如渎职犯罪,即使犯罪较轻,但由于侵犯了国家机关的正常管理活动,侵害了国家的、社会的公共利益。对这类犯罪不能通过刑事加害人对被害人进行赔偿修复私的法律关系来达到修复公的法律关系的目的,因此也不能适用“赔偿从宽”。

综上所述,重罪案件并不是一律排斥“赔偿从宽”,可能适用死刑的案件同样也不是一律排斥赔偿从宽。法定刑的轻重不是决定能否适用“赔偿从宽”的绝对标准,犯罪侵害了什么类型的法益才是适用时应当考虑的因素。对于主要因民间纠纷引起的主要侵害个人法益的可能判处死刑的案件量刑时也可以考虑赔偿情节的作用,这也符合限制死刑的刑事政策。

三、赔偿被害人损失影响刑事责任的适用阶段

赔偿对刑事责任的影响贯穿于刑事诉讼全过程以及刑罚执行阶段。

（一）审查起诉阶段的影响

从世界范围来看,在侦查和审查起诉阶段,刑事加害人和被害人就赔偿达成协议的,很多国家和地区规定了体现起诉便宜主义的不起诉和缓起诉制度,赋予检察官起诉裁量权。《日本刑事诉讼法》第248条规定,检察官可根据“犯罪后的情况”,视被害人与刑事加害人和解、修复的状况决定是否适用缓起诉处分。[1] 我国台湾地区现行“刑事诉讼法”第253条之2规定,检察官为缓起诉处分的,刑事被告于一定期间内必须履行向被害人道歉、立悔过书及向被害人支付相当数额之财产或非财产上之损害赔偿的义务。《德国刑事诉讼法》第153条a也规定了缓起诉制度:“在轻罪案件中,法院和被害人都同意的情况下,可以有条件地选择取消提起公诉,并要求被告人选择下述行为:(1)作出一定给付,弥补造成的损失;(2)向某公益设施或国库交付一定款额;(3)作出其他公益给付;(4)承担一定数额的赡养义

〔1〕 参见[日]大谷实:《刑事政策学》,黎宏译,法律出版社2003年版,第171页。

务”[1]。除了上述国家和地区以外,美国、比利时等国家以及我国的澳门地区也规定了缓起诉制度。从这些国家和地区的相关规定来看,在决定不起诉或暂缓起诉时,刑事加害人是否弥补被害人的损失都是一个考虑的重要因素。

在我国,在以起诉法定主义为原则的前提下兼采起诉便宜主义,现行《刑事诉讼法》虽然没有缓起诉的规定,但是有相对不起诉制度的规定。[2] 人民检察院在决定是否提起公诉时,刑事加害人是否赔偿了被害人的损失以及是否与被害人和解是考虑的重要因素。根据2012年修正的《刑事诉讼法》,对于当事人达成刑事和解协议的前提下,符合相对不起诉的条件的,人民检察院可以作出不起诉决定。刑事加害人与被害人在案件进入审判阶段之前就赔偿问题进行协商,就赔偿问题达成协议,是获得被害人的谅解,最终达成和解协议的重要途径。在大多数案件中,刑事加害人如不积极赔偿被害人的损失,很难获得被害人的谅解,因而无法达成和解协议。当然,赔偿并不是和解的唯一途径,赔偿也不等于和解,刑事加害人在弥补被害人物质损失的同时,还需通过真诚悔罪、赔礼道歉等方式抚慰被害人的精神创伤。对于侦查阶段刑事加害人和被害人已经达成和解协议的,公安机关可以建议人民检察院从宽处理。人民检察院对于犯罪情节轻微,不需要判处刑罚的案件,可以依法作出不起诉的决定。实践中,在侦查阶段和审查起诉阶段对于属于轻微刑事案件,例如,轻伤害案件、未成年人盗窃案件,在被害人真诚悔罪、积极赔偿后得到被害人谅解,达成和解协议的情况下,人民检察院在核实双方当事人的和解自愿合法、赔偿积极以及赔偿数额适当的情况之后,可以做出不起诉决定。[3] 对于刑事加害人虽然赔偿了被害人的损失,但不符合《刑事诉讼法》第173条第2款规定的相对不起诉条件的,人民检察院仍然会提起公诉,同时也可以向人民法院提出从宽处罚量刑建议。从我国《刑事诉讼法》的规定来看,刑事加害人与被害人是否和解是考虑是否提起公诉的重要因素,适用的案件限于《刑事诉讼法》第277条规定的范围。我们认为,将来可以适当扩大适用范围,比如,对于未成年人犯罪适用刑事和解的范围可以适当扩大,考虑到未成年人的特点,可以更多地适用相对不起诉,我国也有不少学者尝试构建未成年人缓起诉制度。[4]

(二)刑罚裁量阶段的影响

许多国家和地区将赔偿作为量刑情节加以规定,例如,《德国刑法典》第46条a(犯罪人——被害人和解、损害赔偿)规定,如果行为人“努力与被害人达成和解”,或者“被害人的补偿要求全部或大部分得到实现的”,可以减轻或者免除其刑罚。[5] 《挪威刑法典》第59条规定,行为人在得知其行为被怀疑以前,努力阻止了行为的损害结果的发生,或者赔偿了行为所造成的损失且彻底坦白的,可以将刑罚减轻至法定最低刑以下并且适用较轻的刑罚。

---

[1] 王世洲:《边缘构成加酌定起诉——关于德国刑法上一种划分罪与非罪方法的研究》,载《外国法译评》1996年第1期。

[2] 《刑事诉讼法》第173条第2款规定:对于犯罪情节轻微,依照刑法规定不需要判处刑罚或者免除刑罚的,人民检察院可以做出不起诉决定。

[3] 参见黄京平、张枚:《刑事和解的司法现状与制度构建》,载《国家检察官学院学报》2006年第6期。

[4] 参见任华哲、沈波:《未成年人刑事案件缓起诉制度之构建》,载《江汉论坛》2006年第9期。

[5] 参见徐久生、庄敬华译:《德国刑法典》,中国法制出版社2000年版,第56~57页。

如果其所犯的罪行属于轻罪并且法定刑只有罚金的，可以完全免除处罚。[1] 目前，在我国刑法中，赔偿被害人损失尚不属于法定量刑情节，但赔偿被害人损失可作为酌定量刑情节对刑罚的裁量产生影响。

赔偿影响量刑的程度应重点考虑如下因素：

第一，要考虑犯罪人的悔罪表现。只赔偿不悔罪的不能从宽处罚。因为只有悔罪才能表现出犯罪人人身危险性的降低，在此条件下才能从宽处罚。冯军教授指出，只有赔偿能表明行为人忠诚于法规范了，责任减轻了，才能刑事和解。如果刑法规定，在犯罪之后，赔了钱就回家，不赔钱就坐牢。这种规定不可能变成法治国家的法律明文，充其量只能成为有钱人心中的梦想或黑暗中肮脏的交易。[2] 是否悔罪的认定在实践中需要注意的是，不能因为有些犯罪嫌疑人、被告人赔偿被害人损失的动机是为了争取宽大处理就否定其悔罪。犯罪嫌疑人、被告人的争取宽大处理的动机并不影响悔罪的成立，这就如同不能因为犯罪嫌疑人自首是为了争取宽大处理而否定自首的成立。实际上，犯罪人犯罪后通过采取积极的措施减轻其行为的社会危害性，争取宽大处理，也是我国刑事政策所鼓励的。

第二，要考虑赔偿的积极性。只有犯罪嫌疑人、被告人自愿赔偿，才能表明犯罪嫌疑人、被告人自愿恢复因自己的行为而被破坏的社会关系，才可能获得从宽处罚。赔偿的自愿程度可结合赔偿的时间加以判断。一般情况下，犯罪后及时赔偿的，表明犯罪嫌疑人恢复受损的社会关系的积极性高，自愿程度高。如果因为赔偿能力有限，导致未能及时赔偿的，可以根据筹集赔偿款的积极性来判断赔偿是否积极。在犯罪行为发生后，犯罪嫌疑人、被告人或其亲属隐匿、转移犯罪嫌疑人、被告人财产的，即使对被害人的损失做了部分赔偿的，也不能认定为自愿赔偿而从宽处罚。

第三，要考虑赔偿数额与赔偿能力。一般来说，对被害人的损失全额赔偿或者超额赔偿，表明犯罪人悔罪的决心大，人身危险性降低，特殊预防的必要性降低，因此从宽处罚的幅度相对较大。考虑赔偿数额的同时还应考虑赔偿的能力。如果不考虑赔偿能力仅仅看数额，对赔偿能力弱的人不利，我们要防止"赔偿从宽"变成"有钱从宽"。我们要注意赔偿能否从宽主要考虑的是由赔偿所反映的悔罪心理，而非单纯以赔偿数额为标尺。积极赔偿但因赔偿能力有限未能全额赔偿被害人损失的仍可从宽。

因此，赔偿能否获得量刑上的从宽处罚，不能单纯看赔偿的数额，而要看刑事加害人是否真诚悔罪，是否积极赔偿。正如有的学者所言，重要的不是赔偿，而是为什么赔偿，以及为什么没能赔偿。一个农民在交通肇事后，为了赔偿被害人的损失，省吃俭用，甚至卖血，也只赔偿了被害人损失的极小部分，那么，尽管如此，也可以进行刑事和解。一个杀人恶魔在故意杀人之后，赔偿了被害人家属 100 万元，以便自己不被判刑，目的在于出狱之后继续杀害他人，那么，虽然这个恶魔赔了 100 万元，也不能进行刑事和解。因此，只有在刑事加害人确实真诚悔罪的前提下并积极赔偿被害人的损失，才可能在量刑时对其从宽处罚。

---

〔1〕 参见马松建译：《挪威一般公民刑法典》，北京大学出版社 2005 年版，第 16 页。

〔2〕 参见冯军：《刑法问题的规范理解》，北京大学出版社 2009 年版，第 37 页。

（三）刑罚执行阶段的影响

刑事实证学派学者认为在决定是否对犯罪人终身隔离或决定隔离的期限时，应考虑犯罪人重归社会的可能性。[1] 我们认为刑事实证学派的主张具有一定的积极意义，由刑罚的特殊预防的功能决定，实际执行刑期的长短与犯罪人的人身危险性的大小应当相适应。我国《刑法》规定的减刑和假释的条件是服刑人"确有悔改表现"。我国最高人民法院关于减刑、假释问题的司法解释中明确建立了服刑人积极赔偿被害人损失和减刑、假释的关系，可见，我国已经将赔偿作为一个行刑情节，影响减刑、假释的适用。从实践来看，犯罪人在监狱服刑的过程中若积极赔偿了因其犯罪行为给被害人造成的损失，可作为服刑人是否悔罪的因素加以考察，进一步判断犯罪人再次犯罪的可能性是否降低以及是否显著降低，从而决定对其是否适用减刑、假释。

适用中应当注意的是，在刑罚执行阶段，刑事加害人对被害人的民事赔偿义务的履行情况是作为行刑情节依附于"确有悔改表现"的。只有罪犯认罪、悔罪的，才有可能获得减刑、假释。罪犯不认罪、悔罪，即使履行了赔偿义务也不能对其减刑、假释，否则就会滑入"以钱赎刑"的泥淖，不能体现刑罚的公平性。

---

〔1〕 参见[意]恩里科·菲利：《犯罪社会学》，郭建安译，中国人民公安大学出版社2004年版，第282页。

刑事和解与刑法价值实现*

——一种相对合理主义的解析

近年来,基于对国家单方司法权力行使的反省和对刑事司法制度改革的展望,刑事和解制度进入人们的视野并逐渐成为法学界的热点话题。刑事和解作为一种解决刑事案件的程序性机制,在尊重受害人,促使被告人认罪悔罪、改过自新等方面显示了其优势。但是,刑事和解制度是否会影响刑事实体法价值的实现,也是人们担忧的问题之一。鉴于此,本文试图从相对合理主义的视角来回答这一问题。

一、刑事和解制度

所谓刑事和解制度(victim-ofender-reconciliation,VOR),是指在犯罪后,经由调停人的帮助,使加害者和被害者直接相谈、协商,解决纠纷或冲突的一种刑事司法制度。其目的是修复因犯罪人的犯罪行为而破坏的加害人和被害者原本具有的和睦关系,并使罪犯因此而改过自新,复归社会。[1]

该项制度产生的主要动因是传统的刑事司法的局限。在传统的司法制度理念看来,犯罪是个人与国家之间的冲突,犯罪侵犯的是国家利益,而不是个人利益,所以,对犯罪人的追诉权(或刑罚权),只能由国家行使,不允许进行调解。[2] 犯罪人与被害人之间的"私了"被认为是非法行为。刑事被害人在国家刑事法系统中失去了独立性,只是作为纯粹的被害方而存在,被害人失去了求刑权、量刑参与权。国家如何对待犯罪人也和被害人没有实质的关联。被害人被害后的一切事情完全由国家主导和解决。"从某种意义上说,犯罪行为开始被认为不仅仅是,甚至不是对被害人个人的侵害,而是对国家、社会秩序和公共利益

---

* 本文原载于《公安学刊(浙江公安高等专科学校学报)》2007年第1期(总第99期),由高铭暄教授与张天虹合作完成。

〔1〕 参见刘方权、陈晓云:《西方刑事和解理论基础介评》,载《云南大学学报(法学版)》2003年第1期。

〔2〕 参见刘凌梅:《西方国家刑事和解理论与实践介评》,载《现代法学》2001年第1期。

的危险或危害,国家俨然成为任何犯罪的受害者,起诉活动顺其自然地成为代表国家提起公诉而不是代表被害人提起公诉。”量刑不会考虑被害人的感受如何,“刑罚的执行活动更是以受刑人的复归社会可能性为标尺”。[1] “以国家追诉为标志的刑事司法模式和以监禁刑为中心的刑罚结构,虽然在法律效果上实现了对犯罪的惩处,彰显了社会正义,但在被害人损失的弥补、犯罪的矫正以及被破坏社会关系的恢复等社会效果上却渐显力不从心,带来了成本过高、改造效果不理想等一系列难题。”[2]换言之,传统刑事司法结构中,国家处于居高临下的地位,与犯罪人形成了不平等的制裁与被制裁关系,国家不仅自认为是社会利益、公共利益的保护人,而且“当然”是被害人权利的保护人。国家运用刑罚惩罚了犯罪人,就等于实现了社会正义,也就等于保护了被害人利益。这种单向度的司法运作,实际上明显地将被害人忽视了。

对传统刑事司法的反思的直接结果是刑事被害人学的产生以及恢复性司法理论的提出和实践。“和解”成为被害人学的重要概念。且从20世纪60年代起,美国、英国等国开始了对受到暴力犯罪行为侵害的被害人提供国家补偿的实践。[3] 而恢复性司法,则是通过调解、调和、会商和共同确定责任的方式,由受害人、罪犯以及其他相关人员共同参与解决因犯罪造成的问题的程序。恢复性司法确立的理论基础主要基于两个方面:其一,国家惩罚的无效果;其二,社会关系得以修复。无论是刑事被害人学理论,还是恢复性司法,其中所蕴含的和解精神是不言而喻的。

个人本位、社会本位而非国家本位是刑事和解的价值取向(其中包含着契约思想)。由此,刑事和解理论认为,刑罚权这种国家权力,来自人民的让渡。刑事上的冲突不仅体现于犯罪人和国家之间,而且大多数情况下体现于犯罪人和被害人之间,解决刑事冲突的方案是多样化的,而不仅仅是唯一的国家刑罚权的适用。既然如此,刑事和解当然能够满足解决现实中(有被害人)的刑事冲突和实现刑事诉讼最终目标(处理刑事案件并实现相对正义)的需要。被害人与加害人通过刑事和解这种契约形式达成相互谅解和经济上的赔偿,就能够在维护公共利益的同时,最大限度地兼顾被害人和犯罪人双方的利益。

二、通过刑事和解实现刑法价值

刑事和解虽然与其他刑事程序一样具有其独立价值,但将其视为实现实体法的价值工具也并不为过。那么,刑事和解能够实现刑法价值吗?

(一)刑法的价值

刑事实体法是规定犯罪、刑事责任和刑罚的法律规范,是确定犯罪成立标准或者条件,并在此基础上对已成立的犯罪配置相应法定刑的法律。在罪刑法定原则指导下的刑事实体

---

〔1〕 参见孙万怀、黄敏:《现代刑事司法和解精神的基础》,载《法学》2006年第4期。
〔2〕 傅达林:《刑事和解:从“有害的正义”到“无害的正义”》,载《社会观察》2005年第12期。
〔3〕 参见马静华、罗宁:《西方刑事和解制度考略》,载《福建公安高等专科学校学报》2006年第1期。

法,具有两方面的价值。[1] 其一,秩序价值。刑法以维护秩序为己任。从积极意义上看,刑法通过明确规定了犯罪的范围和对犯罪惩罚的措施,给公民以明确的行为指引,公民据此明确规定可以自由地作出行为选择,有利于对公民合法权益的保护;从消极意义上讲,刑法作为制裁犯罪行为的规范,通过司法机关的严格适用,对严重反秩序的罪行及时地定罪量刑,从而使被犯罪行为破坏的秩序得到恢复,实现国家长治久安。其二,安全价值。刑法一旦由立法机关制定并实施,就成为司法机关必须遵循的司法准则,司法机关只能依据《刑法》明文规定的罪刑规则行使权力,对犯罪行为进行定罪和量刑,而不能在法律之外运用刑罚,这样就为司法权的行使划定了明确的界限,有利于防止国家司法权的扩张可能导致的对刑法安定性的破坏,又有利于防止法官任意裁判,从而实现司法公正和对犯罪人合法权益的保护。[2]

刑法的价值,只能在相关的具体制度下通过对个案的有效处理予以实现。具体制度的合理性程度以及个案处理的效度,直接影响着刑法价值的实现程度。在传统的公法理论和以理性为指导的刑法理论看来,刑法属于国家法,是人民意志的体现,国家和社会秩序既可以通过刑法来维护,又可以通过刑法来创造。所以,刑法价值的实现在于严格地执行现行的刑法规范。

首先,刑法是公法。公法具有强制性特征,其基础或后盾是国家权力。因此,刑法的权威性不容置疑。严格贯彻刑法,既是对罪刑法定原则的注解,又是在刑法面前人人平等、实现刑法公正价值的体现。刑罚权属国家权力的重要部分。[3] 刑罚权由国家独占至少从实体法范围内是无可争议的,而国家权力具有不可交易性。从刑事法律关系的角度看,犯罪体现的是犯罪人与国家之间的权利义务关系。[4] 即使那些有明确被害人的犯罪,也不例外。而从刑事责任角度看,犯罪一旦实施或完成,犯罪人即与国家确定了永远不能摆脱的关系(除非已超过追诉时效期限),并且犯罪人对刑事责任的承担具有不可替代性、被强制性等特征。为了惩治犯罪,维护社会秩序,国家依法专门设立了追诉犯罪的司法机关。作为一种特殊的国家机关,在其职责范围内应严格适用法律,而不应允许犯罪人和被害人自行协商、拿国家法律当作交易的工具。否则就是失职,甚至可能构成新的职务犯罪(如徇私枉法罪等)。

其次,刑法规定了犯罪成立的标准和对犯罪人的惩罚尺度。司法机关也只有遵循这一尺度才能谈得上定罪的正确和量刑的适当,否则都是违法,这就保证了刑法的安定性。由于刑法适用权力只能由宪法确定的国家机关行使,也就自然地排除了其他任何组织和个人(包括受害人)利用、影响刑法适用的可能性,更不能容许犯罪人和被害人为了他们自己的私利

---

〔1〕 关于刑法的价值,有多种表述方式,如陈兴良教授认为刑法的价值构造为个人自由、社会秩序与公正的统一;康均心博士认为刑法的基本价值是秩序、正义与自由;谢望原教授认为刑法的价值是正义、自由和秩序。参见谢望原:《刑罚价值论》,中国检察出版社1999年版,第15~16页。本文认为:秩序和安全基本上可以涵盖刑法其他的价值内容。

〔2〕 参见张明楷:《外国刑法纲要》,清华大学出版社1999年版。

〔3〕 参见高铭暄:《刑法学》(第3卷),中国人民大学出版社1993年版。

〔4〕 参见赵秉志:《新刑法探索》,群众出版社1993年版。

而拿刑法作交易。这也就维护了刑法在社会、在广大公民中的权威性,严格执行刑法的结果就唤起了国民内心对刑法的尊重和信仰,奠定了构建良好法律秩序的基础。

最后,对犯罪严格地给予刑罚惩罚,不仅有利于维护既有的社会秩序,而且有利于实现刑罚目的。一方面,通过适用刑罚,使犯罪人或者遭受权利被剥夺的痛苦,或者丧失再犯罪的条件,实现刑罚的特殊预防(即防止其再犯),并通过对犯罪人的改造,使其尽快复归社会,重新做人;另一方面,通过刑罚适用,使社会大众认识到犯罪必然受到刑罚的惩罚,从心理上建立犯罪与刑罚的必然联系,从而培养公众对法规范的信赖和遵从,不去实施犯罪,实现刑罚的一般预防(防止初犯)。因此,任何重罪轻判,或者轻罪重判,都会损害刑罚的正当性,妨碍刑罚目的的实现,也不利于社会秩序的维护,无论刑法的秩序价值还是安全价值,都会因此而受损。

(二)实现刑法价值的相对性

在当今政治国家与市民社会并存的社会中,传统的国家权威受到了挑战,法律的确定性以及人们对法律的期望也远不如从前,即使被认为具有强烈国家法色彩的刑法,也因为后现代思潮的冲击、契约观念的影响和人们对刑事司法效果的普遍怀疑而风光不再,相对性则成了现今人们判断事物的基本价值诉求。尽管"睿智的"立法者总是期望通过刑法规范的司法适用实现其中蕴含的价值目标,尽管"忠实的"司法者也愿意为此付出(以身殉职的)代价,但是,现实总是和理想存在距离的。立法者的美好愿望并不总是能够实现的(而且有时情况可能更糟糕),司法人员虽然也极力维护法律的尊严,但有时总是感到事与愿违、力不从心。问题的根源在于法律事务本身的复杂性和人们认识能力的局限性,因而实现刑法价值只能具有相对性。

首先,刑法的制定是一个立法者通过立法程序对需要确立为犯罪的行为的理性的筛选过程。这一过程十分复杂,以致立法结果总是不能令人满意。其中,立法者对社会现象的把握程度、对被选为犯罪行为的社会危害性的认识准确度、其立法技术的成熟程度等,均会影响立法本身的质量。没有一个好的刑法,就不会有好的刑事司法实践,更不会存在刑事法治。

其次,实体法的价值能否实现往往取决于程序法的优劣。公正、合理、高效的刑事诉讼程序法设计,可以使刑法的价值有效地实现,也可能是相反,影响、制约,甚至阻碍刑法价值的实现。比如,我国《刑法》早在1988年就规定了单位犯罪,但是《刑事诉讼法》至今也没有相应的单位犯罪程序规则,司法实践只好依据刑事立法精神进行谨慎的摸索,这必然导致对单位犯罪要么追究不力,要么打击过剩的尴尬局面。

再次,刑事司法以立法为行动指南,定罪量刑不能超越法律的明文规定。但是,由于立法在形式上表现为用文字表述的规范(文字规范),因此,刑事司法实际上就是一种基于对成文法的文字含义的理解而处理社会生活事务的活动。而文字有着不同的含义,即使具有相同含义的文字,不同的司法人员基于不同的理解能力或者基于不同的立场,也会得出不同的结论。同样是根据罪刑法定原则,不同的人会对同一案件作出有罪或者无罪的判断,这种现象，无论在理论界还是在我国司法实践中都已经不再是新鲜之事。[1] 至于对被告人的量刑是否妥当，是否真正考虑到罪犯的改造、考虑到刑罚预防犯罪目的的实现，较之犯罪性质的认定而言可能更为混乱。[2] 在此状况下，司法机关对刑事案件的最终处理，必然使刑法的应有价值大打折扣。所以，即使有一部好的刑法，缺乏良好的刑法适用机制和公正、合理的程序制度，也不可能完全实现刑法的价值。

又次，刑法是裁判规范，更是行为规范。前者是规范司法人员行为的，后者是规范所有公民行为的。无论是司法人员还是普通公民，都是活生生的社会人，而并非古典刑事法学派所谓的“理性人”。他们有七情六欲，食人间烟火，形成了复杂的社会关系，有着不同的智力水平、心理素质和偏好，会偶尔犯错，也会自觉地做出不同的（包括犯罪的）行为选择。试图以既定的文字规范使其辖下的公民行为整齐划一，不过是一个美丽的梦幻而已。即使司法人员训练有素，秉公执法，由于其判断对象是复杂的公民行为，其对犯罪事实的判断是否全面、定罪是否准确、量刑是否适当，也都只是一个相对的概念。司法实践中，只要司法人员按照既定的司法程序和刑法规定，即使案件的定性和量刑最终被改变，也不能断言最初作出决定的司法人员就一定是错误的。刑事诉讼法关于立案、侦查、审查起诉、二审终审、审判监督程序等司法程序的设置，固然是为了避免出错，但其本身也蕴含着“司法会犯错误”的思想，所以，要保证司法结果的正确，就必须首先要保证司法程序的合理，通过将案件放入司法各个程序中进行一次次的过滤，淘汰错误，选择正确，实现司法公正（程序正义）和司法结果正确（实质正义）。这表明，刑法的实践过程是对刑法规范的一个“人为的”认识、选择、判断、不断试错的过程，客观上存在错误和正确两种结论。刑法价值的实现，也只不过是人们通过相对合理的程序，努力使其相对地实现的过程而已。

最后，刑法既是法律规范，同时又是社会规范，是社会生活的有机组成部分。刑法是社会生活的经验结晶，一个国家或者民族的刑法之所以具有特色，最根本的是由其特有的民族生活特征所决定的，所以“立法必须符合国情”。但同时，刑法必然受制于社会生活。社会生活对刑法的影响在刑法的实践中表现尤为突出。我国转型时期与市场经济体制极不相适应的社会生活环境，尤其是不利于刑事法治的政治环境、社会心理等，对刑法的实施及其效果产生了巨大的负面影响，其表现主要是“刑法工具论”和长期、过度的“严打”实践。所以，刑法价值的预期、刑法价值的实现及实现的程度是不能相提并论的，希冀刑法价值的绝对实现是极不现实的。

（三）通过刑事和解制度实现刑法价值

现实地看待一个制度，只要它对基本法的价值不存在重大的损害，或者说，相比较而言，它能较好地保障刑法价值的实现，即使其本身存在着一定的缺陷，也是有着生存必要的。刑事和解制度的正当性恰在于此。

---

〔1〕 学术界对龚建平吹“黑哨”案、刘海洋伤熊案的探讨和不同的结论，可见一斑。

〔2〕 理论界近年来对量刑问题的研究表明，量刑不均衡（或者量刑不公）、量刑随意性现象普遍存在，究其原因在于没有明确的量刑准则和量刑程序，缺乏对法官过大的量刑自由裁量权的限制。参见余剑：《量刑公正之程序保障》，载《人民司法》2004年第4期。

从对案件事实的认定和判断角度看,刑事和解制度并不纵容在案件事实认定上的“和稀泥”,而是“以案件事实已经查明为前提”。[1] 这里的案件事实已经查明,应该符合《刑事诉讼法》规定的对刑事案件的一般证明要求,即事实清楚、证据确凿充分。也正是案件的事实认定部分没有问题,作为被侵害的受害人一方,才有可能接受与加害方进行的“和解”。更何况刑事和解的开展,并非加害人与被害人之间的“私下行为”,而是由多方人士共同参与,尤其是司法机关积极参与的“共同活动”,所以,完全可以避免无原则私了现象的产生,从而避免对刑法价值的损害。

从对被告人的定罪看,刑事和解既然以案件事实已经查明为前提,案件事实决定犯罪性质,查明了案件事实,也就基本上决定了犯罪的性质和罪名,而犯罪性质的确定,就为解决犯罪人所应受到的刑罚惩罚的轻重奠定了基础,从而也就相应地决定了对该案件可否进行刑事和解。因此,所谓和解,并不是也不能就犯罪人所犯罪行的性质部分进行讨价还价,而仅仅是对量刑及民事赔偿部分进行的协商。所以,从这个意义上讲,刑事和解制度基本不会对刑法价值的实现构成威胁。

从对被告人的量刑看,刑事和解制度主张对被告人判处轻刑,这是基于被告人已经就被害人的经济补偿和精神安慰达成协议,并已履行了经济补偿的一种慎重、合理的选择。之所以这样评价,是因为其符合现代刑事政策的价值取向。现代刑事政策基于对犯罪产生原因复杂性的认识、对监禁刑的缺陷和罪犯改造艰巨性的考察,采取了两极化的政策,即重其重者,轻其轻者。能够进行和解的刑事案件,都是罪行轻微的案件,对犯轻罪的犯罪人适用更轻的刑罚,采取非监禁刑或者行刑社会化,有助于加速犯罪人复归社会的进程。当然,轻其轻者,似乎违反了刑法罪责刑相适应的原则和刑法平等的原则,但是,罪责刑相适应原则和刑法平等原则的贯彻也是为了更好地实现刑法的价值,与刑罚的目的是一致的。量刑是实现刑罚目的的基本手段,其侧重刑罚的特殊预防,即防止犯罪人再犯,消弭其社会危险性。而通过刑事和解、对犯罪人判处轻刑恰恰很好地做到了这一点。而且较之对犯罪人机械地、高成本地通过监禁来达到这一目的的做法,更具有积极意义。

从对被害人的安抚看,“刑事和解以被害人的利益保护为中心”,“极大地提高了被害人的诉讼地位,从而在传统的公共利益—被告人利益模式中增加了被害人利益的考虑,使现代刑事诉讼开始追求公共利益、被告人利益与被害人利益的三方平衡”。[2] “不但可以确保其实质利益,而且还能够弥补精神上的损害,有助于被害人之再社会化”。[3] 刑事和解的基础理论之一——“叙说理论”的焦点在于给被害人直接向那些介入其叙说过程的人讲述其被害经历的机会,通过叙说,适当地宣泄了对被告人的不满,倾诉了自己的冤屈,恢复了被犯罪破坏的心理秩序,达到了心理上的安慰和治疗。这对于平息被害人的报复情绪是极具刑法

---

〔1〕 参见马静华、陈斌:《刑事契约一体化:辩诉交易与刑事和解的发展趋势》,载《四川警官高等专科学校学报》2003年第4期。

〔2〕 参见马静华、陈斌:《刑事契约一体化:辩诉交易与刑事和解的发展趋势》,载《四川警官高等专科学校学报》2003年第4期。

〔3〕 刘凌梅:《西方国家刑事和解理论与实践介评》,载《现代法学》2001年第1期。

意义的。

从对罪犯的改造可能性看,一方面,案件的事实已经查清,犯罪性质已经确定,对犯罪人的量刑也基本可以作出决定,犯罪人在权衡自己行为法律后果与同被害人协商以换取更有利的结果之间的利弊后,选择和解方式,从形式上表明其接受法律对他的评价和社会对他的监督改造;另一方面,是否和解的决定权在于被害方,尤其在相关人员参与的和解过程中,被害人对自己被害过程(也就是对被告人加害过程)的叙说,足以使犯罪人的心灵受到震撼,产生身临"受害之境"的感受,从内心世界促使其改过自新。正如学者所言:犯罪人一方面通过与被害人的相谈,能够深刻认识自己的犯罪行为给他人带来的痛苦的程度,使其真诚悔悟并采取实际行动对被害人予以赔偿来建立和平的社会关系,从而提升了他的社会责任感。另一方面经由和解之践行,其被免予起诉、免予受刑之宣告或免于受刑之执行,可避免刑事追诉所形成之负面效应,减轻其回归社会适应之困难。[1]

综上,刑事和解制度反映并体现了新的刑事法观念,有利于贯彻和推动非监禁刑、行刑社会化等轻刑措施的实施,有利于实现刑法的价值目标。对此,我国完全可以借鉴。

三、刑事和解:"和"什么、怎样"和"

既然刑事和解有其合理性,接下来的问题便是"和"什么、怎样"和"。"'和'什么"是解决哪些案件或事项可以和解,而"怎样'和'"则是解决和解的程序性问题。

轻微刑事案件可以作为刑事和解的对象范围,这是没有争议的。但什么是轻微刑事案件,其范围怎样确定?并不是一个简单的问题。根据我国《刑法》《刑事诉讼法》的有关规定和刑事司法实践,一般情况下,以下三种情况可划入轻微刑事案件的范围:(1)最高法定刑为3年以下有期徒刑的罪案;(2)行为人所犯罪行可能被判处3年以下有期徒刑的罪案;(3)情节不严重的过失犯罪。但是,上述情形并非绝对地属于轻微刑事案件。比如《刑法》第294条规定的组织、领导、参加黑社会性质组织罪,如果不是情节严重,其法定最高刑为3年有期徒刑,但是,我们无论如何也不能承认该罪属于可刑事和解的轻微刑事案件。所以,前述三种情形仅仅属于一般的或者原则的标准。此外,由于刑事和解是充分尊重被害人的程序设计,在原则地掌握上述轻微刑事案件范围的同时,还需满足"有被害人"这一条件。这样,凡没有被害人的犯罪,无论多么轻微,都不是进行刑事和解的案件。

案件范围确定后,究竟是"和"罪还是"和"刑?我们认为,是否犯罪及犯罪的性质是绝对不能和解的,因为刑事和解毕竟不是无原则的"和稀泥",而是一项严肃的司法程序,那种认为刑事和解就什么都可以讨价还价,甚至可以牺牲刑法确定性的观点和做法是对法律和司法尊严的亵渎。当然,在此前提下,对于早已发生的、确实属于轻微的刑事案件,且当事人双方已经和解了事,没有再追究必要的,也可以不予追究。据此,进入刑事和解程序的,只能就刑罚轻重问题进行和解,当加害人认罪、服从处理且对被害人进行经济赔偿,从而取得被害人谅解后,是否向人民法院起诉或者人民法院是否适用刑罚处罚,是可以灵活地、酌情地处理的。这就必须从公正和效率两个角度进行考虑,怎样解决纠纷最有利于兼顾当事人和

---

〔1〕 参见刘凌梅:《西方国家刑事和解理论与实践介评》,载《现代法学》2001年第1期。

社会利益,实现法律的相对公正,就进行怎样的选择。据此,我们认为,检察机关适当扩大不起诉权限,对于轻微犯罪案件的及时处理,化解当事人之间的矛盾,缓解人民法院因司法资源严重不足带来的压力具有重要的意义。那么,人民法院对于重刑犯罪或者死刑案件的刑罚部分是否也可以进行和解以求得对被告人的轻刑处置?这实际上涉及"被害人谅解"这种酌定量刑情节的适用问题。我们认为,正如"被害人有明显过错"会影响死刑的适用一样,"被害人的谅解"也同样可以影响刑罚的适用,关键的问题是"被害人的谅解"是否足以影响量刑的变动。这需要司法者严格遵循诉讼规则、本着职业良心去进行判断,容不得丝毫的任意。

关于"怎样'和'",首先,是谁来决定案件进入刑事和解程序?是由法官决定,还是由被害人决定?在司法实践中,被害人可能基于各种考虑,如经济的或者受到威胁等而愿意进行和解,或者法官滥用自由裁量权而错误地决定进行和解。这些做法都会影响刑事和解的效果。我们认为,刑事和解制度是在不损害法律的基本价值的前提下,由被害人与被告人达成的新的协议或者契约,因此,案件是否进入刑事和解程序,决定权在于被害人,在于被害人对被告人发出的愿意和解的要约的回应或者承诺。而法官对此仅仅承担着一个传递信息、把握时机、确定可行性的角色。当然,为了维护被害人的利益,并促使被告人悔过自新,法官根据情况也可以鼓励被告人向被害人发出和解的要约,在被害人同意后促成该和解。但是,法官在和解程序中,绝不能充当命令者,而仅仅是协调人。其次,即使和解的刑事案件,也须遵循刑事证据规则,在查明犯罪事实、证据确实充分且对案件性质正确认定的基础上进行和解,无视证据规则和犯罪事实,在未查明案情时进行刑事和解,无异于对法律的背叛。我国有着悠久的调解的历史,司法实践中也积累了丰富的调解经验,这为刑事和解制度在我国的引进奠定了实践基础;同时,我国也有"厌讼"的文化传统,刑事和解中所蕴含的"和为贵"思想与我国传统的合和哲学理念不谋而合,这为刑事和解制度与我国司法制度的契合奠定了文化的根基。过去,司法机关把轻微刑事案件当作人民内部矛盾处理,采用较为缓和的方式,这与刑事和解在某些方面存在暗合,而当前,党和政府号召建设社会主义和谐社会,对待刑事犯罪明确提出"宽严相济"的刑事政策,这些都是刑事和解制度得以存在的良好制度环境,因此,引进刑事和解制度符合我国国情,也符合我国司法制度的基本价值取向。

中国死缓制度的三维考察*

如果要在我国刑罚体系中搜索"中国特色"的制度化因子的话,相信每一位刑法学人都会不假思索地俯首去捡拾"管制"和"死缓"。值得玩味的是,两者的命运轨迹又是如此的相似:它们都渊源于阶级斗争哲学和革命政治逻辑,流淌到今天却又都暗合了以宽缓为基调的现代刑事思潮,从而生成为当下法治文化长河中翻滚冲突的漩涡。而此二者,尤以死缓制度的挣扎为甚。同时,死缓制度的命运与死刑制度的归宿无疑是唇亡齿寒的关系,在逐步限制乃至最终废除死刑日益成为我国国民共识的大背景下,死缓制度的生存空间当然也受到不断的挤压与侵蚀。由是观之,死缓问题在当下乃是一个极具意义的话题。本文通过历史演绎、价值蕴含和技术操作三个维度对我国死缓制度展开较为全面的审视与剖析,希冀能够从中寻出些有启示性的话语供刑法学界同仁思考。

一、从政治策略到法律制度——关于死缓制度的历史考察

关于死缓制度的历史文化滥觞,我国刑法学界往往溯及明清两朝的朝审和监候制度。[1] 从法文化的历史绵延承续而言,这种观点是可以成立的。但是,同样也有一个不争的共识是:从制度建设角度而言,死缓制度是中国共产党人对中国乃至世界刑法制度的一项重大的创造性贡献。

据可考的党史文献资料,死缓制度的称谓,最早可追溯到土地革命战争时期的"死刑缓刑";而死缓制度的雏形,最早则可追寻至抗日战

---

* 本文原载于《政治与法律》2010 年第 2 期,由高铭暄教授与徐宏合作完成。

〔1〕 比较典型的如钱大群先生,早在 1983 年即在《江海学刊》发表《中国"死缓"制度的形成》一文,倡导此说。后其著《中国法律史论考》中又有《中国"死缓"制度的萌芽形式》一文,续倡此说。钱大群认为,明清两朝的死罪监候制度乃是中国死缓制度的萌芽形式。参见钱大群:《中国法律史论考》,南京师范大学出版社 2001 年版,第 190 ~ 198 页。我国刑法学界多认为钱大群先生为倡导明清死缓制度萌芽说的第一学人,而事实上,早在 20 世纪 50 年代我国死缓制度草创时期即有个别学者持此见解。如卢蔚乾先生即认为我国古代斩监候、绞监候的制度,是死刑缓期执行的史例,我国死缓制度是继承我国历史文化遗产而有所发展。参见卢蔚乾:《死刑的缓刑问题》,载《政法研究》1956 年第 6 期。转引自高铭暄主编:《刑法学原理》(第 3 卷),中国人民大学出版社 1994 年版,第 540 页。

争时期的“死刑保留”。所谓“死刑缓刑”,见诸1930年11月《关于苏区惩办帝国主义的办法的决议》。该决议规定,对外国人可适用“死刑缓刑”,即判处死刑后,缓刑若干时期暂时监禁,缓刑期限无定期。根据决议之规定,有“反革命犯之外国人,受监禁处分或非常刑罚(死刑)处分而缓刑者,可以‘交换俘虏’的惯例”。[1] 可见,彼时所谓的“死刑缓刑”,乃是立足于对敌斗争的形势,着眼于军事策略的需要,与当代死缓制度大异其趣。而所谓“死刑保留”,则见诸1944年3月的《晋冀鲁豫边区太行区暂行司法制度》。该项制度规定,对于应判处死刑而认为有可能争取改造者,可判处“死刑保留”,同时必须并处徒刑或者罚金。死刑保留期间的长短,根据具体情节,可定为1年至5年。在保留期间,如果重犯前罪或另犯他种更大罪行者,经法庭重新讨论决定,即执行枪决。如果过保留期限不再犯罪,其死刑即不执行,但须执行其原判之徒刑或罚金。[2] 可见,当时所谓的“死刑保留”制度的两个最鲜明特色是:以教育改造为目的诉求,保留期满后观效决定生死。这样,在价值取向和适用走向上其与当代死缓制度并无二致,故而可以认为其是当代死缓制度的雏形。

死缓制度的正式形成是在中华人民共和国成立初期的镇压反革命运动时期,其首要功劳应当归属于毛泽东同志。不仅死缓的名称确立,甚至死缓的制度设计,都是他的神来手笔。而从思想意识层面来看,毛泽东同志创造死缓制度,源于其“恤刑慎杀”的宽政思想,而这一思想则又从根本上源于其立志改造全人类的豪迈的无产阶级革命使命观。应当说,在党的第一代领导集体中,毛泽东同志是强调“恤刑慎杀”思想最为积极的领导人了。中华人民共和国成立前后,毛泽东同志关于“慎杀少杀”的论述非常丰富,如“杀人要少,但是绝不废除死刑”[3];“凡介于可杀可不杀之间的人一定不要杀,如果杀了就是犯错误”[4];“反动分子必须镇压,但是必须严禁乱杀,杀人愈少愈好”[5];“必须坚持少杀,严禁乱杀。主张多杀乱杀的意见是完全错误的,它只会使我党丧失同情,脱离群众,陷于孤立”[6]。毛泽东同志还以其无产阶级革命家特有的浪漫恬趣的语言表达了他对死刑的审慎态度:“一颗脑袋落地,历史证明是接不起来的,也不像韭菜那样,割了一次还可以长起来,割错了,想改正错误也没有办法。”[7]

根据我们的查考,可以确认的是,毛泽东同志正式书面提出死缓思想的文献是其1951年4月30日的批示。基于当时各地在镇反运动中杀人过多过火、激化社会矛盾的问题,他明确指出:“杀人不能太多,太多则会丧失社会同情,也损失劳动力。……凡无血债或其他引起民愤的重大罪行,但有应杀之罪者,例如某些特务或间谍分子,有些教育界及经济界中的反革命等,可判死刑,但缓期一年或二年执行,强迫他们劳动,以观后效。如他们在劳动中能

---

[1] 参见张希坡编著:《中华人民共和国刑法史》,中国人民公安大学出版社1998年版,第360页。
[2] 参见张希坡主编:《革命根据地法制史》,法律出版社1994年版,第494页。
[3] 《毛泽东选集》(第5卷),人民出版社1991年版,第459页。
[4] 《毛泽东选集》(第5卷),人民出版社1991年版,第40页。
[5] 《毛泽东选集》(第5卷),人民出版社1991年版,第40页。
[6] 《毛泽东选集》(第4卷),人民出版社1991年版,第1284页。
[7] 《毛泽东选集》(第7卷),人民出版社1999年版,第38页。

改造，则第二步可改判无期徒刑，第三步可改判有期徒刑。”[1]而毛泽东同志最早正式提出死缓名称的文献则是1951年5月8日由其亲自起草的《关于对犯有死罪的反革命分子应大部分采取判处死刑缓期执行政策的决定》，其中指出：“凡应杀分子，只杀有血债者，有引起群众愤恨的其他重大罪行如强奸妇女、掠夺许多财产者，以及最严重地损害国家利益者；其余，一律采取判处死刑，缓期二年执行，在缓刑期间内劳动改造、以观后效的政策。”随后，毛泽东同志又对第三次全国公安会议决议文件作出批示，继续阐明其关于死缓政策的基本立场，“关于杀反革命的数字”，“必须控制在一定比例之内”；“对于有血债的或其他最严重的罪行非杀不足以平民愤者和最严重地损害国家利益者，必须坚决地判处死刑，并迅即执行。对于没有血债、民愤不大和虽然严重地损害国家利益但尚未达到最严重的程度、而有罪该处死者，应当采取判处死刑，缓期二年执行，强迫劳动，以观后效的政策”[2]。在以后的文件中，关于死缓政策的积极价值，毛泽东同志也有扼要的阐释：“这个政策是一个慎重的政策，可以避免犯错误。这个政策可以获得广大社会人士的同情。这个政策可以分化反革命势力，利于彻底消灭反革命。这个政策又保存了大批的劳动力，利于国家的建设事业。因此，这是一个正确的政策。”[3]关于死缓政策的适用幅度，他也有精确的界定：“在上述党、政、军、教、经、团各界清出来的应杀的反革命分子中，有血债或有其他引起群众愤恨的罪行或最严重地损害国家利益的人只占极少数，大约不过十分之一二，而判处死刑缓期执行的人可能占十分之九，即可保全十分之八九的死罪分子不杀。”[4]这样，毛泽东同志就形成了其关于死缓政策较为完整清晰的思想轮廓和规则框架。

毛泽东同志的死缓政策，在司法界和立法界迅速获得了积极回应。从司法例来看，1951年5月22日，北京市军事管制委员会军法处判处了一批反革命罪犯，其中有47名罪犯被判处死刑缓期2年执行，这是死缓政策的第一次实际运用。从立法例来看，可谓相当踊跃。1951年6月，公安部发布的《关于各地量刑标准的综合通报》指出，对于抢劫、绑票、枪杀事主、严重破坏国家建设等严重犯罪分子，如果罪行较立即执行的程度较轻者或虽犯与立即执行的罪行相同，但有显著立功表现者，均执行判处死刑缓期2年，强迫劳动，以观后效。1951年10月，最高人民法院发布了《关于正确执行“判处死刑、缓刑两年、强迫劳动、以观后效”政策的通报》等一系列批复和复函，扩大了死缓政策的适用范围，不仅适用于反革命案件，也适用于普通刑事案件，并可予以减刑。1952年3月31日，政务院公布的《关于处理贪污、浪费及克服官僚主义错误的若干规定》指出：“有期徒刑、无期徒刑及死刑均得按情节轻重，宣告缓刑。”1952年4月，中央人民政府公布的《惩治贪污条例》第5条规定了贪污犯罪自首坦白等四种情形，得从轻或者减轻处刑，或缓刑，或免刑给予行政处分。该条例草案指出：“对于死刑、无期徒刑和有期徒刑，均得酌情予以缓刑。缓刑主要是适用于坦白悔改或有立功表现的犯人。死刑缓刑和无期徒刑缓刑均实行监禁，在监禁和强制劳动中加以考察，并根据其

---

〔1〕《毛泽东选集》(第4卷)，人民出版社1991年版，第121页。
〔2〕《毛泽东选集》(第5卷)，人民出版社1991年版，第39～41页。
〔3〕《毛泽东选集》(第5卷)，人民出版社1991年版，第43～44页。
〔4〕《毛泽东选集》(第5卷)，人民出版社1991年版，第42～45页。

在缓刑期间的表现,决定执行原判或于缓刑期满时予以减刑改判。"[1]1954 年 9 月 30 日,中央人民政府法制委员会制定的《中华人民共和国刑法指导原则草案(初稿)》第 10 条(死刑)第 2 款即规定了死缓制度:"对于判处死刑的罪犯,如果不是必须立即执行的,可以宣告缓期二年执行,在监管中劳动改造,以观后效。"此为后续刑法立法草案所延续采纳。

众所周知,死缓制度正式载入刑法典是在 1979 年。1979 年《刑法》(以下简称 79《刑法》)第 43 条第 1 款正式确立了死缓制度:"死刑只适用于罪大恶极的犯罪分子。对于应当判处死刑的犯罪分子,如果不是必须立即执行的,可以判处死刑同时宣告缓期二年执行,实行劳动改造,以观后效。"1997 年《刑法》(以下简称 97《刑法》)对死缓制度做了部分修正,其第 48 条第 1 款规定:"死刑只适用于罪行极其严重的犯罪分子。对于应当判处死刑的犯罪分子,如果不是必须立即执行的,可以判处死刑同时宣告缓期二年执行。"

回顾死缓制度历史演绎,我们可以获致的一个基本结论便是:新中国死缓制度经历了从政治策略形态向法律制度形态嬗变的进程。死缓政策是在烈火浓烟般的阶级斗争中孕育,又不断地在疾风暴雨般的阶级斗争中接受洗礼。就其生成旨趣而言,它旗帜鲜明地服务于惩办与宽大相结合的刑事政策,服务于区别对待敌对分子、分化瓦解敌对势力的斗争策略,服务于缓和社会矛盾、巩固新生政权的统治需要,政治色彩非常浓郁,政治品格极其显著。至其法典化之后,注重罪犯改造功能,突出死刑限制意义,成为中国特色刑事法律制度的一大亮点。

二、实践理性而非逻辑理性——关于死缓制度的价值考察

作为一项中国特色的刑罚制度,死缓制度走到今天可谓毁誉参半,褒贬交织。但是,关于死缓制度的价值争论,并非晚近始有。早在 20 世纪 50 年代中后期,我国完成社会主义革命任务进入社会主义建设时期,刑法理论界和实务界即在死缓政策问题上发生了激烈的观点交锋,形成了废止论和存留论的对立两派。死缓制度废止论者的理由主要是:(1)社会主义革命已经取得伟大胜利,死缓适用的政治形势发生变化,按照实行宽大政策的精神,过去适用死缓的反革命分子,都变为适用长期徒刑或无期徒刑的对象,死缓制度已没有继续存在的必要;(2)我国尚不具备完全废除死刑的客观条件,如果对于那些不能不处死刑的犯罪分子,还要给以所谓"人道主义"而适用死缓的话,实质上等于废除了死刑,放纵了犯罪,其结果是对广大人民的不人道;(3)死缓期间生死未卜,对犯罪分子精神压力过大,不符合刑罚人道主义的要求;(4)死缓属于死刑范畴,但又介于死与不死之间,显得不稳定,审判人员在具体掌握上有一定困难;(5)判处死缓的罪犯经过 2 年劳动改造后,有的减为有期徒刑,实际上比判无期徒刑还轻,因而有些被判处无期徒刑的犯人反而要求判处死缓,影响了死缓制度的严肃性;(6)判处死缓的经两年改造后执行死刑的很少,说明原来直接判处无期徒刑或长期徒刑也是可以的。相对地,死缓制度保留论者则认为:(1)政治形势的变化不影响继续保留死缓制度,死缓制度已经为相关立法所肯定;(2)死缓不能用无期徒刑或者长期徒刑来代替,被判处死缓的结果是最终执行死刑者极少,恰正说明了死缓制度收到了很好的效果;

---

[1] 高铭暄、赵秉志编:《新中国刑法立法文献资料总览》(上),中国人民公安大学出版社 1998 年版,第 109、116 页。

(3)死缓并非宽大无边,而有严格的条件限制;(4)死缓制度是逐步废除死刑的过渡办法,完全符合人道主义精神,符合我国在社会主义建设时期的刑事立法方向;(5)死缓还可以保留“活证”,也有利于犯罪分子戴罪立功。[1]

20世纪五六十年代那场关于死缓存留的论争,虽然已经淹没在历史的烟尘中,但是,我们今天重温那场论争,其意义却是不可低估的。“其一,这是自死缓制度产生并适用以来第一次较深入的理论探讨,初步形成了死缓制度的理论基础。这场讨论促使理论工作者和司法工作者都对死缓制度进行认真、深入的思考,比起讨论的结果来说,这种思考是更重要的。其二,通过讨论,使死缓制度本身的利弊都摆在了桌面上,并对怎样克服‘弊’,特别是防止在执行这一制度上可能出现的问题提出了建议。”[2]

改革开放以来很长一段时间,虽然死刑问题受到学界一以贯之的热烈关注,但是寄生死刑篱下的死缓制度的命运却颇为微妙,长期受到冷落。究其原因,在死刑价值受到持续拷问的背景下,作为死刑限制性、缓冲性手段的死缓制度自然折射其相对积极价值,其合正义性无法不被放大。因此,刑法学界几乎听不到死缓存废去留的争鸣声音,有的只是一边倒的死缓赞歌。

然而,这种局面在进入新世纪之后改变了。改变的原因来自两个方面:其一,在实行半个世纪之后,死缓制度的消极因素不断产生,负值效应日渐显现,严肃性与公信力大打折扣,使得刑法学界对死缓展开多方面的检讨[3];其二,死缓制度存续的正当根据乃是限制死刑适用数量,压缩死刑适用规模,实现死刑谦抑目标,而改革开放30年来,死刑(立即执行)适用获得大幅度削减,死缓的缓冲功能日益凸显“鸡肋”效应,这也促使学界重新审视死缓制度的价值。于是,废除死缓制度的声音重新响亮起来。当然,直至今日,主旋律仍然是保留死缓,只是同时掺入完善死缓的基调,并且,与死缓废止论截然对立的是,以死缓全面代替死刑适用即对所有死刑一体适用死缓的声音也异军突起。这样,在当代刑法学界,关于死缓价值的论争可以说是杂音多调。

笔者认为,关于死缓制度的价值剖析,可以从逻辑理性和实践理性两个层位加以展开。

死缓的逻辑理性,就是死缓制度的逻辑构造的严谨性和伦理关系的科学性。在这个问题上,死缓制度的确可以说是先天不足。我们从死缓的定性问题(实质上也是定位问题)出发来检讨死缓制度的逻辑理性。它所要解决的问题是:死缓的真实面目到底是什么?或者说,死缓在名义上是归属于死刑刑名还是缓刑制度?进言之,死缓在性质上是死刑的变种还是缓刑的另类?我国刑法学界在这个问题上见解林立。传统的主流观点实质上持前种见地,认为死刑缓期执行与死刑立即执行相对应,构成死刑的两种不同执行方式。根据这个逻

---

〔1〕 参见高铭暄主编:《新中国刑法研究综述(1949—1985)》,河南人民出版社1986年版,第424~426页;张正新:《我国死缓制度的产生、发展及思考》,载《中国刑事法杂志》2003年第5期。

〔2〕 高铭暄主编:《刑法学原理》(第3卷),中国人民大学出版社1994年版,第543页。

〔3〕 除了20世纪50年代学者对死缓制度的批判观点之外,晚近刑法学者对死缓制度的消极因素和负值效应认知主要可以归纳为:(1)死缓名不副实,权威性无法自足;(2)死缓客观上沦为死刑的抬手而催生出大量的死刑虚数,会引发死刑泡沫化危机;(3)死缓往往成为疑罪案件有罪判决的避风港,助长了法官的惰性;(4)死缓标准把握缺乏透明度,容易滋生司法腐败。

辑，死缓在性质上属于死刑的执行方式之一，判处死缓实质上仍然归属死刑判决。所以，早期大多数刑法教科书都将死缓理论主体部分置于刑罚种类死刑篇章之中加以叙述。笔者认为，虽然死缓制度是依托于死刑刑名而产生的，没有死刑刑名也就无所谓死缓制度，死缓与死刑之间确实存在唇齿相依、皮毛相附的关系。但是，依存或者附着关系并非等同于依归或者附属关系，从适用终极结果来看，死缓具有多种变数指向，并且在这些变数指向中，以适用自由刑为原则，适用死刑为例外，换言之，死缓的目的就是对死刑判决的有条件的转型豁免，而不是对死刑判决的附条件的延缓执行。坦率地说，死缓不是什么"缓死"。所以，认为死缓与死刑立即执行同属于死刑执行方式的传统见解实不足取。晚近刑法学界则对后一见地颇为青睐，即认为死缓属于缓刑的特殊方式。不论是从死缓制度的生成历史还是从死缓制度的构造机理角度考量，这种见地更具说服力。其一，从生成历史角度审视，我党法制史上最早的死缓即被冠名为"死刑缓刑"，这个称谓后来在新中国死缓制度推行进程中甚至刑法典之前的刑法草案数稿中也曾被多次适用；并且，在新中国成立初期，死缓制度往往与自由刑缓刑制度被一体论述和适用，如前引的1952年4月《关于中华人民共和国惩治贪污条例草案的说明》即明白表示："关于死刑、无期徒刑和有期徒刑，均得酌情予以缓刑。缓刑主要适用于坦白悔改或有立功表现的犯人。"可见，当时死缓与自由刑缓刑都属于缓刑的体系范畴加以认识。我国法学前辈卢蔚乾先生在20世纪50年代也曾撰文指出，"死刑的缓刑也是属于缓刑之一种"；"死缓并不是一种刑名，而是对于判处死刑的缓期执行的一种方法，不必规定在刑种的死刑里，应该规定在缓刑那一节里。换句话说，就是将缓刑分作两种：(1)死刑的缓刑，(2)普通的缓刑，同在一节内分别规定"[1]。其二，从构造机理而言，死缓实质上是对死刑的附条件的免除执行而非延缓执行，缓刑的实质也是对自由刑的附条件的免除执行，两者在这一点上并无二致。因此，有的学者就认为："缓刑制度应该是刑法学中刑罚适用论部分的一个基本概念，它是相对独立的属概念；死缓与有期徒刑、拘役的缓刑同属于缓刑制度的一部分内容。随着刑罚学的理论与实践的不断发展，将来还可能出现其他刑种的缓刑内容。"[2]的确，与战时缓刑制度一样，在价值共性上将死缓视为一种特殊的缓刑制度可能更为合适。因为，除非让死缓自立门户，如果一定要给它在我国刑法学体系中觅取一个安身立命的处所，缓刑制度这个归属无疑是最合适不过的了。但是，死缓与缓刑毕竟旨趣有异：其一，现代缓刑制度的基本旨趣乃是限制短期自由刑的适用，贯彻行刑社会化理念；死缓的存在根据则是限制死刑的适用，为最终废除死刑作出铺垫，在这一点上与缓刑制度显然难以契合。其二，缓刑的终极结果是对自由刑的免除执行，但是死缓的终极结果则是死刑易科为无期或者有期自由刑，在这一点上也与缓刑制度难以达成共识。故而，死缓的地位归属或者说名义界定的确存在无法解决的悖论。

死缓制度的实践理性，就是死缓制度对社会法治实践的合目的性意义。刑法学界长期以来对死缓制度的合目的性追问和思索为死缓制度提供了正面资产，也构成了死缓制度可

---

〔1〕 卢蔚乾：《死刑的缓刑问题》，载《政法研究》1956年第6期。
〔2〕 王忠毅：《我国死缓制度的法律性质初探》，载《法学研究》1991年第5期。

持续发展的坚实根据。[1] 当然,其中包括了来自政治学、社会学、伦理学和我们法律学的多维考量。笔者认为,在死缓制度日渐褪去其政治光环的今天,坚持以法律学为主体审视和构建死缓制度的实践理性应当是我们刑法学人对于死缓制度建设的首要任务。笔者认为,死缓制度实践理性最为基本的就是两点:刑罚个别价值和死刑谦抑价值。所谓刑罚个别价值就是死缓制度具有满足和实现刑罚个别化理念的价值。刑罚个别化理念作为近代学派行为人主义、主观主义、相对主义刑法观的成果,在现代刑事法学界已经深入人心,虽然其基本旨趣众说纷纭,但是我们认为还是有三点基本共识的:其一,刑罚个别化立足于刑罚个别预防目的;其二,刑罚个别化着眼于犯罪人人身危险性;其三,刑罚个别化入手于刑罚的教育、矫正和改善因素。传统观念根深蒂固地认为,与自由刑、财产刑和资格刑均不同,死刑作为对罪犯的永久性彻底化消灭手段,在适用幅度上没有裁量和斟酌空间,在适用结果上没有转圜余地,具有不可分割性和不可逆转性,没有也不可能容纳刑罚个别化机能,没有也不可能融合任何教育、改善、矫正等目的刑因素。换言之,死刑虽然也具有个别预防功能,但其个别预防功能的实现端赖于对犯罪人的一劳永逸的消灭使之完全丧失再犯可能,而不是借由教育改造手段化解其再犯可能,因而这种个别预防功能虽然是最彻底却也是最消极的。但是,死缓的出现,为死刑另辟蹊径,在死刑框架范围内促成了刑罚个别化目的实现,恢复了刑罚教育、改善和矫正机能,突破了死刑的制度瓶颈,是对数千年来死刑传统形象的革命性颠覆。就这一点来说,不能不说死缓制度乃是中国共产党人对刑事法治的杰出贡献。死缓的刑罚个别价值所衍生或者创造的即是死刑谦抑价值,也就是通过死缓制度设计确立了一种死刑分流机制,为死刑执行开辟了缓冲地带,为大多数死刑犯架设了通往生的金桥,也有效地敛缩了死刑的适用空间。数十年的司法实践证明,多数并且越来越多数罪该判处死刑的犯罪分子受到了死缓判决,而被判处死缓的犯罪分子几乎全都未实际执行死刑,而是减为无期徒刑甚或有期徒刑。死缓制度的产生,保全了许多人的生命。可以说,死缓制度所产生的死刑谦抑价值是难以估量并且是未可限量的。

瑕不掩瑜,相较于逻辑理性而言,中国特色的死缓制度在实践理性方面颇具光彩,这一点赋予死缓制度在当下乃至今后较长一段时间仍然具有正当根据和积极意义。死缓,在限制乃至最终废除死刑的刑事法治成长道路上任重而道远。

三、刚柔失衡——关于死缓制度的技术考察

关于死缓的技术操作规则,79《刑法》与97《刑法》大有区别。79《刑法》第43条第1款规定了死缓适用的对象条件:“死刑只适用于罪大恶极的犯罪分子。对于应当判处死刑的犯罪分子,如果不是必须立即执行的,可以判处死刑同时宣告缓期二年执行,实行劳动改造,以观后效。”第46条规定了死缓适用的结果取向:“判处死刑缓期执行的,在死刑缓期执行期

---

〔1〕 我国刑法学家马克昌教授对死缓积极意义的评价较为全面,其认为:(1)死缓是我们党和国家的“少杀慎杀”政策的体现,是限制死刑执行的有力措施;(2)死缓有利于集中力量打击最严重的犯罪分子,分化犯罪分子,是贯彻罪责刑相适应原则的刑罚制度;(3)死缓鼓励罪犯悔罪自新,有利于死缓罪犯加强改造,争取成为自食其力、有益社会的新人;(4)死缓符合世界限制适用死刑的趋势,表现了我国刑罚的特点,在国际上产生了良好的影响。参见马克昌:《论死刑缓期执行》,载《中国法学》1999年第2期。

间，如果确有悔改，二年期满以后，减为无期徒刑；如果确有悔改并有立功表现，二年期满以后，减为十五年以上二十年以下有期徒刑；如果抗拒改造情节恶劣、查证属实的，由最高人民法院裁定或者核准，执行死刑。”97《刑法》第48条第1款规定了死缓适用的对象条件：“死刑只适用于罪行极其严重的犯罪分子。对于应当判处死刑的犯罪分子，如果不是必须立即执行的，可以判处死刑同时宣告缓期二年执行。”第50条规定了死缓适用的结果取向：“判处死刑缓期执行的，在死刑缓期执行期间，如果没有故意犯罪，二年期满以后，减为无期徒刑；如果确有重大立功表现，二年期满以后，减为十五年以上二十年以下有期徒刑；如果故意犯罪，查证属实的，由最高人民法院核准，执行死刑。”

现行《刑法》关于死缓适用的技术规则存在以下两个基本缺陷。

其一，适用的对象条件设置刚性不足，不太符合罪刑法定原则。

死缓适用的对象条件包括前提条件和实质条件，前者就是79《刑法》所谓的“罪大恶极”和97《刑法》所谓的“罪行极其严重”，这也是死刑立即执行的适用条件，并非死缓制度设计所需特别考虑的问题；后者就是79《刑法》与97《刑法》共同使用的“不是必须立即执行”，这一点乃是死缓制度的合理内核，也构成了死缓适用操作的核心判断因素。

关于何谓“不必立即执行”，刑法学界见解纷纭。比较典型的如，由中国人民大学法学院刑法学研究团队编写的《刑法学原理》认为“不必立即执行”应从下述六个方面加以考虑：(1)从罪行严重程度考虑；(2)从量刑情节考虑；(3)从犯罪起因方面考虑；(4)从犯罪人本身情况考虑；(5)从分化共同犯罪人考虑；(6)从其他因素考虑。[1] 由武汉大学法学院刑法学研究团队编写的《刑罚通论》认为，是否属于“不必立即执行”应当考虑以下因素：(1)犯罪人的人身危险性；(2)受害人及其他人在本案中有无过错；(3)犯罪人是否在共同犯罪中起最重要作用；(4)犯罪人有无悔改或者自首立功表现；(5)是否“疑罪”；(6)是否有利于国际影响；(7)是否属于值得保存的“活证据”；(8)是否属于土地、山林、草场、水源等边界纠纷或者民族、宗教、宗派纠纷导致的犯罪；(9)是否属于少数民族、宗教人士、华侨、归侨和侨眷中的犯罪分子。[2] 最近还有刑法学者作出更为深入的探讨，如最高人民法院法官高憬宏、刘树德认为，“不是必须立即执行”所包括的情形具有广泛性，既应考虑犯罪的因素，又应考虑犯罪人的因素，还应考虑被害人的因素；既应考虑社会危害性的因素，又应考虑人身危险性的因素，还应考虑一般预防的因素；既应考虑犯罪个人的因素，又应考虑社会民众的因素，还应考虑国家的因素；既应考虑实体法律方面因素，又应考虑程序法律方面因素。从司法实践来看，下列因素均可能成为司法机关在个案中适用死缓的条件：犯罪人年龄的考虑；犯罪人智力的考虑；犯罪人系独生子女的考虑；犯罪人及其家属的积极民事赔偿的考虑；外交政策的考虑；宗教政策的考虑；民族政策的考虑；侨务政策的考虑；破案线索的考虑；犯罪证据方面的考虑；被害人过错的考虑；犯罪人周围群众呼声的考虑；犯罪人人身危险性方面的考虑；

---

[1] 参见高铭暄主编：《刑法学原理》(第3卷)，中国人民大学出版社1994年版，第554～556页。
[2] 参见马克昌主编：《刑罚通论》，武汉大学出版社1999年版，第433～455页。

等等。[1]

综上,关于“不必立即执行”的考量因素,整体上可以归结为三类:一是关于犯罪的因素,主要指犯罪行为的社会危害性;二是关于犯罪人的因素,主要指向犯罪行为人的人身危险性;三是关于犯罪外的其他因素,包括一切犯罪和犯罪人之外的伦理、政治、社会、法律等诸因素。可见,“不必立即执行”的潜台词蕴藏千绪,包罗万象,从某种意义上说,委实满足了“留人一命,何患无辞”的要求,具有强大的政治功能和社会功能。但是,“不必立即执行”终属语焉不详,缺乏规范质量和法实证主义的风格,不太符合罪刑法定主义关于刑法语言明确性的“形式侧面”和营造法秩序安定性和公民期待安全感的“实质侧面”,导致学术界和实务界在具体裁量和斟酌认定上见仁见智,随意性和随机性过大。因而,有必要以立法解释或者司法解释的形式发布对“不必立即执行”认定的指导性意见。[2]

其二,死缓适用的结果取向配置柔性不足,不完全符合刑法谦抑精神。

97《刑法》将死缓期满减为无期徒刑的条件由“确有悔改”修改为“没有故意犯罪”,将死缓期满执行死刑的条件由“抗拒改造,情节恶劣”修改为“故意犯罪,查证属实”,从而以死缓考验期间是否实施故意犯罪作为死缓结果取向的分水岭,避免了79《刑法》所谓“悔改”和“抗拒”概念之模糊性弊端,满足了罪刑法定主义关于明确性的要求。而且,其主观动机无疑是值得称赞的,因为“没有故意犯罪”的改判要求较之“确有悔改”显然降低了,这样有利于限缩死缓走向死刑的地带,拓宽死缓走向自由刑的路径,体现借由死缓遏制死刑的宗旨。但是,在客观上,也还有可能造成死刑适用的扩张,因为犯罪故意有直接故意和间接故意之分,有激情故意和预谋故意之别;故意犯罪有重罪与轻罪之分,有亲告罪与非亲告罪之别,其社会危害性、人身危险性殊异,应当区别对待、分类处理。而97《刑法》不加分辨,只要实施故意犯罪,一律启动死刑,显然不符合刑法谦抑精神。

综上,笔者认为,我国刑法关于死缓的技术规范存在刚柔失衡问题,在适用的对象条件设置上不太符合罪刑法定主义,缺乏刚性;而在适用的结果取向配置上则又不完全符合刑法谦抑精神,缺乏柔性。建议在后续立法中加以考虑并给予完善。

四、结语

死缓制度作为中国共产党人的政治智慧成果,乃是对刑事法律制度的一项杰出贡献。当前,死缓制度虽然面临多头困境,但是仍然蕴含不尽的活力。刑法学人应当以积极建设性的态度致力于死缓制度的完善工程。

---

〔1〕 参见高憬宏、刘树德:《死缓适用条件设置的四维思考》,载《当代法学》2005年第5期。

〔2〕 事实上,97《刑法》修订过程中,有相当部分学者包括全国人大常委会部分委员认为“不必立即执行”难以把握,主张在97《刑法》中对“不必立即执行”做出相对细化规定,但是,立法机关最终还是以“保持法律的连续性和稳定性”为由未加采纳。此后,刑法学界很多学者要求全国人大常委会和最高人民法院以立法解释或者司法解释的形式对“不必立即执行”给予量化规定,但是一直无果。

略论中国刑法中的死刑替代措施*

基于死刑一系列不可克服的缺陷,严格限制死刑已成为当今国际社会的共识;而废除死刑也成为一种强大的国际趋势。截至2007年8月31日,世界上已有89个国家(或地区)彻底废除死刑,9个国家废除普通犯罪的死刑,42个国家虽然在法律上保留死刑,但永久性地停止死刑适用。其他保留并适用死刑的国家,死刑适用比例也极低。[1] 在这样的背景下,中国刑法中宽泛的死刑罪名设置、庞大的死刑执行人数,就不能不受到国际社会的广泛关注并面临强大的国际压力了。不仅如此,即使是在国内,中国的死刑问题,也成为理论界一再诟病和社会中有识之士忧心的严重问题。可以说,在当前中国,死刑已不再仅仅是一个刑法问题,更是上升为一个重大的法治问题、社会问题。

当然,虽然种种迹象都显示,中国的死刑制度改革已是迫在眉睫、势在必行。但另一方面,我们又不得不正视的是,基于中国特殊的文化传统和特定的国情民意,目前在中国彻底废止死刑不能不说尚是一个遥远的梦想;更为切实可行的,毋宁说是保留并严格限制死刑。在此前提下,最需要研究的问题是,如何从立法上、司法上,多角度、多渠道地减少死刑罪名,限制死刑适用数量。由此,死刑替代措施作为限制死刑中不可或缺并被证明行之有效的重要方法,就逐渐提上议程并日益受到人们的重视了。

一、死刑替代措施的概念

顾名思义,死刑替代措施,简单来说,就是在不适用死刑的情况下,应该采取何种方法代替死刑。但具体而言,对死刑替代措施更深层的含义,还需要从以下几个方面加以阐发:

首先,死刑替代措施存在的前提,必须是"死刑",并且,这里的死刑在中国特指死刑立即执行,即出现了可能适用死州立即执行的罪名

---

* 本文原载于《河北法学》2008年第2期。

〔1〕 例如,保留死刑的美国、日本、韩国等每年平均执行死刑人数均为几人或十几人。

和可能判处死刑立即执行的罪犯时,如何从限制死刑的目的出发,以其他严厉刑罚措施来替代死刑。

其次,谈死刑替代措施,并不是讨论死刑全面废除的时候,取代死刑的刑罚措施,而是指在目前保留死刑的前提下,如何从立法与司法两个层面进一步限制死刑的适用。分别而言,在立法层面,死刑替代措施所要解决的是,如何在修改刑法立法、完善刑罚体系的视角下,以其他适当的刑罚措施来替代死刑立即执行;在司法层面,死刑替代措施指的是,在司法实践中,对于论罪本该处死的具体罪犯,如何尽可能不判处死刑立即执行,而代之以其他严厉刑罚措施。

最后,死刑替代措施,不是孤立地存在的,无论是在立法上,还是在司法中,死刑替代措施的设计及适用,都是与特定犯罪的性质及具体犯罪中的情节联系在一起的,这是保证死刑替代措施生命力的必要条件。死刑替代措施与特定犯罪性质的紧密联系,意味着当前主要应解决特定种类犯罪中的死刑替代问题。比如,非暴力犯罪特别是纯粹的经济犯罪中,如何尽可能不适用死刑,而代之以其他严厉刑罚措施。对此,赵秉志教授曾撰文指出,非暴力犯罪不涉及生命权利,民众报应要求不特别强烈;非暴力犯罪发生原因复杂,死刑威慑效应极为有限;非暴力犯罪,明确被国际人权公约排除在死刑适用范围之外。因而,"应逐步废止中国刑法中非暴力犯罪的死刑"[1]。笔者对此持相同的看法。对于当前我国《刑法》中除贪污受贿罪之外的其他绝大部分经济犯罪,死刑设置的必要性确实不大,因而可考虑在立法上加以修订,明确规定对这些犯罪不适用死刑,而代之以其他刑罚措施。此外,死刑替代措施与具体犯罪中情节的密切联系,则是指在司法中,对于特定的犯罪,出现了影响犯罪社会危害性和犯罪人人身危险性的某些法定、酌定从宽处罚情节时,不宜适用死刑立即执行,而应尽可能代之以其他刑罚处罚方法。对此,笔者曾专门探讨过如何以当前宽严相济的刑事司法政策为契机,进一步重视具体案件中的酌定量刑情节,以尽可能减少死刑适用。[2]

因此,总结以上三个方面,笔者认为,对死刑替代措施,可以完整地定义如下:所谓死刑替代措施,是指基于限制死刑适用的目的,对于立法上特定性质的犯罪,司法中特殊情况下的罪犯,不适用死刑立即执行,而代之以其他刑罚处罚方法。

二、死刑替代措施的意义

在明确死刑替代措施的含义后,随之必须思考的问题是:死刑替代措施在当前死刑制度改革中具有什么样的作用?为什么必须重视死刑替代措施?概言之,即死刑替代措施的理论价值、实践意义何在?对这一问题,笔者认为可以从以下几个方面加以分析回答。

(一)死刑替代措施符合我国"少杀""慎杀"的死刑政策

"少杀""慎杀"是我国一贯的死刑政策。毛泽东同志曾多次强调:"必须坚持少杀,严禁乱杀。主张多杀乱杀的意见是完全错误的,它只会使我党丧失同情,脱离群众,陷于孤立。"

[1] 赵秉志:《论中国非暴力犯罪死刑的逐步废止》,载《政法论坛》2005 年第 1 期。

[2] 参见高铭暄:《宽严相济刑事政策与酌定量刑情节的适用》,载《法学杂志》2007 年第 1 期。

"必须严禁乱杀,杀人愈少愈好。"[1]"少杀""慎杀"死刑政策的提出,充分体现了党的领导人在死刑问题上的智慧。几十年来,它一直是我国在死刑问题上的基本标尺。正是以"少杀""慎杀"的死刑政策为指导,我国进行了死刑复核权回收、死刑庭审方式完善等一系列死刑制度的重大改革。

而死刑替代措施的设计,将是贯彻、落实"少杀""慎杀"死刑政策的又一有力举措。正如前文指出的,死刑替代措施,意味着从立法和司法两个层面对死刑罪名和可能适用死刑的犯罪加以分析鉴别,这样,必然在既有死刑罪名、死刑罪犯中,剥离出相当一部分情形,代之以其他刑罚方法,最终,使得死刑圈进一步缩小,"少杀""慎杀"的死刑政策得到进一步彰显。

(二)死刑替代措施与刑罚目的兼容协调

虽然刑罚目的在当前可能还是一个存在争论、分歧的问题,但总的来说,刑罚目的,不外乎三个方面:报应、一般预防、特殊预防。各种观点不同的,只是对其中何者加以强调以及三者之间关系如何处理的问题。而在笔者看来,无论就哪一方面,死刑替代措施的设计,都不会与刑罚目的发生冲突,相反,死刑替代措施是与刑罚目的兼容协调的。

就报应而言,报应强调刑罚必须是对犯罪回复性、痛苦性的惩罚。但是,当今刑法理论的研究已充分说明,刑罚的报应,并不是康德提出的"以眼还眼、以牙还牙"式地强调刑罚与犯罪外在形式一致的等害报应,而是追求刑罚与犯罪之间轻重相对、罪刑相适应的等价报应[2]。既然如此,死刑替代措施的设计,实际上就是针对犯罪中的复杂情形,对可能判处死刑的严重犯罪,进一步作出了等级差别的划分,防止对严重犯罪不加区分地一律剥夺生命,显然更有利于实现罪刑之间精确的对应相称。

就一般预防和特殊预防而言,死刑替代措施同样是与两者协调统一的。一般预防强调的是通过刑罚的适用,震慑社会中的不稳定分子。而死刑替代措施,虽不剥夺罪犯的生命,但同样是极为严厉的刑罚,足以起到威慑预防的作用,因而不会有损于刑罚一般预防目的的实现。与之相对,特殊预防则是认为刑罚的施加,应尽可能消除犯罪人的人身危险性,防止其再次犯罪。相对于死刑立即执行一劳永逸地、消极地剥夺犯罪人的生命而言,死刑替代措施在保留犯罪人生命的情况下,对其加以长期的教育、改造,最终消除其犯罪恶性,促使其重新回归社会,虽然效率不如死刑立即执行那么快,但就效果而言,比死刑立即执行更佳,不失为一种更为积极、更为健康的特殊预防方略。

(三)死刑替代措施契合我国的国情民意

几乎所有人都承认,死刑问题,必须与一国的国情民意联系起来加以思考。而死刑替代措施的设计,恰恰很好地契合了我国当前复杂、多面的国情民意的要求。

死刑替代措施意味着不立即废除死刑,而是以其他严厉的刑罚措施逐渐代替死刑。这种渐进、务实的态度,符合当前我国政府希望通过死刑威慑犯罪、民众需要死刑满足报应欲

---

〔1〕《毛泽东选集》(第4卷),人民出版社1991年版。

〔2〕参见邱兴隆:《关于惩罚的哲学——刑罚根据论》,法律出版社2000年版,第10~19页。

望的双重需求。虽然有个别学者曾激进地提出在中国全面废除死刑[1],但毫无疑问,居高不下的重大恶性犯罪发生率,民众强烈的死刑报应观,社会中人权观念的根基浅薄等多方面因素,都使这种主张成为一种美好的幻想。而死刑替代措施则是在承认死刑制度的相对合理性,主张保留死刑的前提下,讨论限制死刑的问题。因此,这一方案的设计,是充分考虑了国情民意的承受能力的,能得到政治决策阶层的认可和普通民众的普遍接受。

不仅如此,在我国,民意也呈现出另一面。受传统儒家思想的熏陶,中国人历来也有"人命关天""慎刑恤刑"的观念,强调在社会事务、社会关系的处理中"以和为贵";而党中央更是立足国情,全面提出了"构建社会主义和谐社会"的宏伟目标。这样的背景下,杀人过多,显然难以为民众所认可,无益于社会主义和谐社会的建设。因而死刑替代措施的适时提出,必然在保留一大批罪犯生命的同时,极大地减少了死刑适用的消极影响,有利于弘扬民众朴素的人道主义情怀,有助于社会主义和谐社会的全面实现。

(四)死刑替代措施与国际人权公约的要求高度一致

国际人权公约包含了一系列规定,旨在促进死刑的废止与限制。其中,1966 年通过的《公民权利和政治权利国际公约》第 6 条第 1 项规定:"人人有固有的生命权。这个权利应受法律保护。不得任意剥夺任何人的生命。"紧接着,该公约同条第 2 项规定,"在未废除死刑的国家,判处死刑只能是作为对最严重的犯罪的惩罚"。何谓"最严重的犯罪",1984 年 5 月 25 日联合国经济与社会理事会第 1984/50 号决议指出,"最严重的犯罪"应为"有致人死亡或者其他极其严重的后果的故意犯罪"。由此可见,国际人权公约中对死刑适用范围是有极为严格的限制的。

我国已在 1998 年 10 月 5 日签署《公民权利和政治权利国际公约》,至今近十年,虽尚未完成批准手续,但这是早晚的事。对国际公约的签署和加入,必然意味着对国际义务的认可和承担。然而,目前在死刑方面,我国现实状况与国际人权公约的要求仍有较大的差距。在这样的情况下,重视死刑替代措施,进一步减少死刑罪名,限制死刑适用,不仅与国际人权公约的精神高度一致,更是我国准备应对和实际履行国际义务的必需。

三、死刑替代措施的具体设计

死刑替代措施的合理性已得到充分论证,但是,更重要的是,死刑替代措施的设计,还牵涉到死刑替代措施的种类、死刑替代措施的立法方式、死刑替代措施的司法适用等一系列具体问题。对这些问题,不能孤立地看待,而是必须立足整个刑罚体系调整的全局性视角,在世界刑罚改革趋势的大背景下,以发展的眼光加以分析和探讨。

(一)死刑替代措施的种类

目前,在我国《刑法》中作为死刑替代措施出现的,应当说仅有死刑缓期执行制度一种。死刑缓期执行不是独立的刑种,它属于死刑制度的范畴。但被判处死刑缓期执行的犯罪分子,95%以上最后都不会执行死刑,因此死刑缓期执行实际上也就成了法定的死刑替代措施。而笔者认为,在适当借鉴国外做法,总结我国实践经验的基础上,对死刑替代措施,可以

---

[1] 例如,邱兴隆教授、曲新久教授都曾有过这样的主张和建议。

从完善既有方式、探索新的途径两方面入手，概括出如下三种。

1. 作严厉化调整后的死刑缓期执行制度

死刑缓期执行，简称死缓，是指根据我国《刑法》规定，对于罪行极其严重，应当判处死刑的犯罪分子，如果不是必须立即执行的，可以判处死刑同时宣告缓期2年执行，2年考验期内，如果没有故意犯罪，则2年期满不再执行死刑的一种制度。

死缓制度是我国刑法中的一个重大创造。自1951年第一次镇反运动开始适用死缓以来，死缓制度对于减少死刑立即执行数量、限制死刑立即执行适用范围，起到了重要的作用，受到了学界的普遍好评甚至国际社会的高度赞赏。

但是，目前我国死缓制度仍存在一定的缺陷。具体来说，在通常情况下（不存在重大立功的情况下），根据《刑法》第50条的规定，判处死刑缓期执行的，在死刑缓期执行期间，如果没有故意犯罪，2年期满以后，减为无期徒刑。而无期徒刑可进一步减刑，根据《刑法》第78条的规定，判处无期徒刑的，减刑后实际执行的刑期不能少于10年。因此，理论上，死缓犯最少只需要执行12年刑期即可出狱[1]。而统计数据显示，实践中死缓犯被剥夺自由的年限，平均一般为17～18年。由此看来，死缓犯实际受到的处罚明显过轻。

鉴于此，当前有必要通过立法完善，对死缓制度作更为严厉的调整。对此，一些学者提出，在借鉴国外经验的基础上，将死缓改造为不得假释的终身监禁，“被判处死缓的，原则上关押终生。个别减刑或者假释的，最低应关押30年”[2]。这种观点的出发点是正确的，也有其一定的合理性。但可能带来的问题是，过于加大了刑罚的执行成本，不利于刑罚资源的节省性使用。而且更为重要的是，现代刑法理论和社会主义刑法观都承认，人总是可以被改造的。将犯罪人投之囹圄，不仅是惩罚的需要，更重要的是对其加以教育、改造，既然犯罪人总是可以经过一定时期改造好，那么，还有必要将其关押终身吗？

因此，笔者认为，当前死缓制度有必要作严厉化的调整，但并没有必要改革为不可假释的终身监禁。需要做的是，对死缓犯考验期满之后的无期徒刑，设置相对普通无期徒刑更为严格的假释、减刑期限。具体来说，普通的无期徒刑执行10年以上即可假释，但对死缓考验期满之后的无期徒刑，则可规定必须实际执行20年以上才可假释。而普通的无期徒刑，减刑后实际执行不能少于10年，但对死缓考验期满之后的无期徒刑，则可规定减刑后，实际执行的期限不能少于20年。这样，通过对被判死缓的犯罪分子设置相对于普通无期徒刑更为严格的假释、减刑期限，死缓犯关押的期限，上限将达到30年左右，通常应实际执行时间为25年左右，即使有立功等特殊情形，最少也需要执行20年才可重获自由。

2. 严格的无期徒刑

如果说死缓制度的问题是关押下限过低，那么，作为死刑替代措施，无期徒刑目前存在的问题则是关押上限过轻，“无期徒刑”有期化趋势过于明显。

---

[1] 当然，1997年11月8日最高人民法院《关于办理减刑、假释案件具体应用法律若干问题的规定》第9条第2款规定：“对死刑缓期执行罪犯经过一次或几次减刑后，其实际执行的刑期，不得少于十二年（不含死刑缓期执行的二年）。”这样，司法中死刑缓期执行的最低关押时间为14年。

[2] 陈兴良：《宽严相济刑事政策研究》，载《法学杂志》2006年第1期。

我国刑法固然没有对无期徒刑设置上限限制，理论上，无期徒刑可以关押终生。但是，根据1997年11月8日最高人民法院《关于办理减刑、假释案件具体应用法律若干问题的规定》第6条的规定："无期徒刑罪犯在执行期间，如果确有悔改表现的，或者有立功表现的，服刑二年以后，可以减刑。减刑幅度为：对确有悔改表现的，或者有立功表现的，一般可以减为十八年以上二十年以下有期徒刑；对有重大立功表现的，可以减为十三年以上十八年以下有期徒刑。"而"确有悔改表现"是实践中的常态，因此，无期徒刑的上限通常就是22年（2年加20年）。减刑次数还可以不止一次，在经过数次减刑后，根据《刑法》规定，实际执行的期限，只需不少于10年。实践中，被判处无期徒刑的犯罪分子，通常是被执行14～15年后，即可重获自由。不仅如此，根据《刑法》第81条的规定，被判处无期徒刑的犯罪分子，只要不是累犯及特定的暴力犯罪，实际执行10年以上，即可获得假释。在这样的情况下，犯罪人重获自由所必需的执行时间就更短了。

而从死刑替代措施的角度考察，无期徒刑同样是对严重犯罪适用的一种严厉刑罚。一旦立法上对某些犯罪中止死刑适用，随之而来，这些犯罪中的严重情形，就只能判处无期徒刑了，此时，无期徒刑作为死刑替代措施的重要性就突显出来。而如果无期徒刑过于轻缓，就有可能在特定情况下，难以完全实现刑法惩罚严重犯罪的功能和预防严重犯罪的目的。

因此，当前有必要改革无期徒刑，区分出严格的无期徒刑与一般无期徒刑，将严格的无期徒刑作为中止适用死刑的某些犯罪的切实可行的替代措施。

这种严格的无期徒刑与一般无期徒刑可以从减刑和假释两个方面进行区分：就减刑而言，严格无期徒刑的减刑，可以相对一般无期徒刑更为严格，数次减刑后，实际执行期限不得少于15年；就假释而言，严格无期徒刑的假释，不能仅仅是实际执行10年，而应至少是实际执行15年才可以获得假释。通过这样的调整，作为死刑替代措施的严格无期徒刑的关押期限，上限将达到25年左右，通常应实际执行时间为20年左右，即使有立功等特殊情形，最少也需要执行15年才可重获自由。

3. 附赔偿的长期自由刑

在涉及人身的犯罪，如故意杀人罪、故意伤害罪中，死刑适用的一个重要理由是，如果不判处死刑，无法平息被害人及其亲属的报复心理，无法抚平犯罪给被害方造成的精神痛苦。基于此，许多学者提出，在这样的案件中，如果犯罪人能给予被害人（包括其近亲属）巨额的金钱赔偿，那么在一定程度上，可使被害方要求判处犯罪人死刑的强烈心理有所缓和，从而，死刑适用即可得到控制。

这确实是现实情况。金钱不是万能的，但面对被害方激愤的心情，金钱却又未尝不是抚平被害方心灵创伤，弥补被害方物质损失的极好方式。因而就死刑替代措施而言，某些犯罪中，在充分尊重被害方意愿的前提下，可以以附赔偿的长期自由刑（例如15年以上20年以下有期徒刑）替代死刑立即执行。

不妨说，这种做法在一定程度上也为最高人民法院所容许。最高人民法院2007年9月14日发布的《关于进一步加强刑事审判工作的决定》中即规定，案发后真诚悔罪积极赔偿被害人经济损失的，一般不判处死刑立即执行。显然，"不判处死刑立即执行"就要寻求替代措施:判处死刑缓期执行?判处无期徒刑?抑或特殊情况下也可判处长期徒刑?如果后者也是一种选择,那么它就成了死刑的第三种替代措施。目前需要做的是,在理论上,对这种死刑替代措施加以进一步的研究和论证,充分发挥其合理性,剔除其可能具有的与刑法平等原则相冲突等瑕疵。

(二)死刑替代措施的立法方式

几百年来的刑法学发展历史证明,在刑法中,虽然犯罪论中的犯罪构成、犯罪形态等问题在理论上最受关注、研究最为深入,但在实践中,变革最为显著也最为迅速的,却是刑罚制度。因此,立法没有理由长期对刑罚制度改革持观望态度,而应积极地顺应世界潮流,适时地对刑罚制度作出修改调整。

就死刑替代措施而言,笔者建议,在理论探讨已十分充分的情况下,立法者可以以修正案的形式,对当前死刑制度改革、刑罚体系调整作一次全面、系统地修改、完善。

修正案目前已成为《刑法》修改补充最主要、最重要的方式。以修正案的形式对刑法加以修改补充,不打乱《刑法》条文的次序,有利于维护《刑法》的完整性、连续性和稳定性,同时,也有利于司法工作人员的操作和对《刑法》条文的援引。因而相对其他刑法修改方式来说,修正案具有极大的优势。但是,目前我国已出台的六个刑法修正案,都是针对《刑法》分则具体罪加以修正,尚未有针对《刑法》总则加以完善的修正案。而《刑法》总则中,问题最主要集中在死刑制度上,因此,笔者建议,可以专门针对死刑制度完善、刑罚体系调整问题,出台一个修正案,中止某些非暴力犯罪特别是单纯的经济犯罪的死刑适用,限制司法中某些特定情形下死刑的适用,并将死刑替代措施加以全面体现。

(三)死刑替代措施的司法适用

在立法没有修改之前,司法上重视死刑替代措施,随时注意贯彻限制死刑适用的理念,同样是极为必要的。

概括地说,当前司法中应当做的是,以宽严相济的刑事司法政策为指导,按照最高人民法院、最高人民检察院制定的有关死刑问题的一系列司法解释的要求,克服重刑主义的思维定式,随时注意死刑替代措施在限制死刑中的作用。在特定案件中,一旦出现影响犯罪社会危害性、犯罪人人身危险性或其他特殊的法定、酌定从宽处罚情节时,即使罪行十分严重,也应充分考虑是否可以不适用死刑立即执行,而代之以法律规定范围内尽可能严格执行的死缓、无期徒刑、附赔偿的长期徒刑等其他刑罚处罚措施,以利于切实贯彻实施"少杀""慎杀"的死刑政策。

论量刑的一般原则*

一

量刑是人民法院刑事审判工作的重要一环，是运用刑罚武器同犯罪作斗争的一种具体审判活动。它对于实现刑法打击敌人、惩罚犯罪、保护人民、保卫四化建设的任务，对于达到刑罚一般预防和特殊预防的目的，都具有重大的意义。只有正确地量刑，才能够准确地打击犯罪，有效地保护人民。也只有正确地量刑，才能够起到惩罚和改造犯罪分子，教育广大人民群众的作用。当前，为了维护社会治安，保护人民群众生命财产的安全，巩固和发展安定团结的政治局面，保障社会主义现代化建设的顺利进行，我们必须严厉打击杀人犯、放火犯、爆炸犯、投毒犯、强奸犯、抢劫犯、流氓犯罪集团、拐卖妇女儿童的人贩子、重大盗窃犯等严重刑事犯罪分子。特别是对那些极端凶残、民愤极大的罪犯，必须依法给以最严厉的制裁。

为了做到正确地量刑，需要有一定的原则作指导。我国《刑法》第57条规定的就是量刑的一般原则："对于犯罪分子决定刑罚的时候，应当根据犯罪的事实、犯罪的性质、情节和对于社会的危害程度，依照本法的有关规定判处。"这个量刑的一般原则是对我国人民法院长期以来量刑经验的科学总结，也是"以事实为根据，以法律为准绳"这一审判工作的指导原则在量刑上的具体体现。这个量刑的一般原则，实际上包括两个重要原则：一是量刑必须以犯罪事实为根据的实事求是原则；二是量刑必须以刑法为准绳的法制原则。这两个原则是紧密联系的。

二

犯罪事实是量刑的基础或根据。没有犯罪事实就谈不到量刑问

---

* 本文原载于《中国政法大学学报》1983年第3期。

题。犯罪是刑罚的前提,刑罚是犯罪的法律后果。犯罪的轻重决定刑罚的轻重。量刑必须坚决贯彻罪刑相适应的原则,做到重罪重判,轻罪轻判,罚当其罪。为此,就要实事求是地根据犯罪事实来量定刑罚。

犯罪事实,就是指客观存在的犯罪的一切实际情况的总和。犯罪事实这个概念比犯罪构成这个概念在外延上要广一些。但是犯罪构成是最基本的犯罪事实,是犯罪事实中最重要的部分。除了犯罪构成要件以外,还有别的一些情节,比如故意杀人罪中的时间地点、方法手段、动机起因等,也属于犯罪事实。弄清这些具体情节,对于确定犯罪的社会危害性程度,从而对于量刑,也是有意义的。

犯罪事实包括犯罪的性质、犯罪的情节和犯罪对社会的危害程度等几个方面。这几个方面是相互联系、紧密结合的。

所谓犯罪的性质,就是指犯的什么罪,是属于反革命罪,严重刑事犯罪,严重经济犯罪,还是属于一般违法犯罪;特别是要弄清它具备了《刑法》分则中哪个罪的犯罪构成,比如,犯的是故意杀人罪还是故意伤害罪,是放火罪还是失火罪,是贪污罪还是盗窃罪,是抢劫罪还是抢夺罪,是强奸罪还是流氓活动罪,是破坏集体生产罪还是厂矿重大责任事故罪,等等。这些犯罪具体性质都是不同的。我们说定性要准,就是说要把犯的什么罪搞准确,把罪名搞准确。这个问题在《刑法》公布施行以前,不容易说清楚,因为那个时候罪名分歧,除对少数罪有统一认识以外,有很多罪,甲地法院这样定,乙地法院那样定,谁是谁非,缺乏有力的法律文件作为判别的依据。现在有了《刑法》分则,有了全国人大常委会通过的《惩治军人违反职责罪暂行条例》《关于严惩严重破坏经济的罪犯的决定》《关于严惩严重危害社会治安的犯罪分子的决定》,在确定犯罪的性质上有了统一的标准可以遵循。《刑法》分则和上述条例、决定总共规定有一百几十种罪,这种罪和那种罪,各有各的具体犯罪构成要件,它们的具体性质都是不同的。具体性质不同,罪名不同,相应的法定刑就有所不同,量刑当然也有所不同。可见,弄清犯罪性质,也就是定性准确,对于量刑有着重大的意义。

所谓犯罪的情节,就是指表明犯罪的各种具体事实情况。同一性质的犯罪,情节可以不同。比如同是故意杀人罪,动机上,有的出于贪财,有的是为报私仇,有的是由于奸情;手段上,有的是枪杀,有的是绳子勒,有的是推到河里淹死,有的是用毒药毒死;后果上,有的造成严重后果,有的没有造成严重后果,等等。总之,犯罪的情节是各种各样的。犯罪的情节到底有多少,恐怕难以确切回答,因为《刑法》和有关法律中所规定的从重、加重、从轻、减轻和免除处罚的情节,只不过反映实践中许许多多、形形色色犯罪情节中的一部分;还有其他各种各样的情节则是法律没有加以列举,需要司法机关在办案过程中去调查、去分析、去掌握的。例如,犯罪的手段是不是特别残酷或狡猾;犯罪的动机是不是特别卑劣;犯罪的时间地点是不是足以造成恶劣的影响;被害人是不是孕妇、未成年人、处于孤立无援境地或从属地位的人;犯罪人与被害人平日的关系怎样;犯罪是不是预谋的,是不是一时精神受刺激引起的;等等。像这样一些犯罪的情节,尽管法律一般并没有加以规定,但由于它们和量刑有关,因此司法机关也是注意进行调查了解并予以斟酌考虑的。

犯罪的性质、情节决定犯罪的社会危害性程度。而社会危害性程度的大小决定着刑罚的轻重。因此,总体可以这样说,量刑的轻重是由犯罪的性质、情节和对于社会的危害程度所决定的。除此以外,对于犯罪分子的某些个人情况以及犯罪以后的态度是不是也要考虑呢?这一点在规定量刑原则的《刑法》第57条虽然没有明文讲到,但是联系累犯、惯犯等的规定(第61、62、152条等),联系未成年人犯罪的规定(第14条),联系又聋又哑的人和盲人犯罪的规定(第16条),联系自首的规定(第63条),可以看出这些也是与量刑有关的。犯罪分子的过去表现怎么样?是偶尔犯罪,还是屡犯、累犯、惯犯?犯罪分子犯罪后的态度怎么样?是自首立功、真诚坦白悔罪、积极退赃、主动赔偿损失、积极设法抢救被害人,还是负隅顽抗、拒不认罪、拒不退赃、订立攻守同盟、毁灭罪证?这些都反映出犯罪分子人身危险性程度和改造难易的程度,因此在量刑时是不能不加以考虑的。当然考虑犯罪分子的个人情况时,不能把出身成分也当作量刑的标准;考虑犯罪后的态度时,不能脱离罪行本身而片面加以强调。

总之,量刑必须以犯罪事实为基础,根据犯罪的性质、情节和对于社会的危害程度,参照犯罪分子的个人情况和犯罪后的态度来量定刑罚。只有这样实事求是地分析综合全部案情,才能做到公平合理的处罚,充分发挥刑罚的惩罚和教育的作用,达到一般预防和特殊预防的目的。

三

既然量刑的基础、根据是犯罪事实。那么面对犯罪事实如何量刑?这就要严格依照刑法的有关规定办事。我们这里讲的刑法是广义的,不光指《刑法》,也包括全国人大常委会所通过的有关犯罪和刑罚的一些条例和决定在内。刑法是定罪量刑的准绳,定罪、量刑都离不开刑法。定罪就是确定某种行为是否具备刑法所规定的犯罪构成的要件。具备了就是有罪,不具备就是无罪。具备了刑法哪一条规定的犯罪构成要件,就是触犯了哪一条罪。触犯了哪一条罪就要依照该条规定的量刑幅度来处理。一般说,量刑是在《刑法》相应条款所规定的量刑幅度内来选择刑种和刑度。即使具备从重处罚或者从轻处罚的情节,也是在法定刑幅度内量刑。但是,如果具备减轻处罚的情节,就适用低于法定刑的刑罚;如果具备免除处罚的情节,就予以免刑或者叫作免予刑事处分。如果具备加重处罚的情节,那就要高于法定刑来处罚。

从以上叙述可以得出以下几点认识:

第一,刑罚只能对具备刑法所规定的犯罪构成要件的行为人即犯罪人适用。对无罪的人判刑就是违反法制,破坏法制。

第二,对犯罪人只能适用刑法有关条文所规定的刑种和刑度。不遵守刑法有关刑种和刑度的规定也是违反法制,破坏法制。

第三,要严格遵守并切实执行刑法上有关从重、加重、从轻、减轻和免除处罚的规定。

上述几点,我认为也就是量刑必须以刑法为准绳的法制原则的基本含义。

从重、加重、从轻、减轻和免除处罚,这是直接体现量刑宽严的几种不同的处理原则。《刑法》第58条规定:“犯罪分子具有本法规定的从重处罚、从轻处罚情节的,应当在法定刑的限度以内判处刑罚。”这条规定的是从重、从轻处罚的原则。《刑法》第 59 条规定:“犯罪分子具有本法规定的减轻处罚情节的,应当在法定刑以下判处刑罚。犯罪分子虽然不具有本法规定的减轻处罚情节,如果根据案件的具体情况,判处法定刑的最低刑还是过重的,经人民法院审判委员会决定,也可以在法定刑以下判处刑罚。”这条规定的是减轻处罚的原则。《刑法》中原来没有关于加重处罚的规定。加重处罚是在第五届全国人大常委会 1981 年 6 月 10 日《关于处理逃跑或者重新犯罪的劳改犯和劳教人员的决定》和第六届全国人大常委会 1983 年 9 月 2 日《关于严惩严重危害社会治安的犯罪分子的决定》中补充规定的。前一决定中的加重处罚,按照全国人大常委会法制委员会所作的说明,“不是可以无限制地加重,而是罪加一等,即在法定最高刑以上一格判处”。如法定最高刑为 10 年有期徒刑的,可以判处高于 10 年直至 15 年有期徒刑;法定最高刑为 15 年有期徒刑的,可以判处无期徒刑;法定最高刑为无期徒刑的,可以判处死刑(包括“死缓”)。后一决定中的加重处罚,是指可以在《刑法》相应条文规定的最高刑以上处刑,直至判处死刑。至于免除处罚,因为含义明显,除了《刑法》第 32 条规定“对于犯罪情节轻微不需要判处刑罚的,可以免予刑事处分,但可以根据案件的不同情况,予以训诫或者责令具结悔过、赔礼道歉、赔偿损失,或者由主管部门予以行政处分”外,不需要专门解释。

无论是从重、加重处罚,还是从轻、减轻、免除处罚,都要有一个前提,这就是要有相应的情节。这些情节在现行《刑法》中不是集中地列举,而是采取分散性规定。分散规定的好处是可以根据情节的不同,条文叙述有详有简,比较清楚,比较准确。比如“自首”单独设一节,规定比较细;“累犯”一节用了两个条文,如果集中规定,就不能写得那么详细了。但是,分散规定也有其缺点。它散见各条,如果对条文不熟,运用起来容易顾此失彼。在一个案件里,可能同时存在几个从严、从宽的情节,情节多了,就不容易掌握。为了便于掌握运用,我认为有必要将《刑法》和有关法律中分散规定的情节加以排列。下面就是按照由严到宽的顺序所作的分类系统排列:

第一类,可以加重处罚,直至判处死刑的情节。根据 1983 年 9 月 2 日全国人大常委会《关于严惩严重危害社会治安的犯罪分子的决定》,对下列严重危害社会治安的犯罪分子,可以在《刑法》规定的最高刑以上处刑,直至判处死刑:(1)流氓犯罪集团的首要分子或者携带凶器进行流氓犯罪活动,情节严重的,或者进行流氓犯罪活动危害特别严重的(在《刑法》第 160 条法定最高刑上加重);(2)故意伤害他人身体,致人重伤或者死亡,情节恶劣的,或者对检举、揭发、拘捕犯罪分子和制止犯罪行为的国家工作人员和公民行凶伤害的(在《刑法》第 134 条法定最高刑上加重);(3)拐卖人口集团的首要分子,或者拐卖人口情节特别严重的(在《刑法》第 141 条法定最高刑上加重);(4)非法制造、买卖、运输或者盗窃、抢夺枪支、弹药、爆炸物,情节特别严重的,或者造成严重后果的(在《刑法》第 112 条法定最高刑上加重);(5)组织反动会道门,利用封建迷信,进行反革命活动,严重危害社会治安的(在《刑法》第 99 条法定最高刑上加重);(6)引诱、容留、强迫妇女卖淫,情节特别严重的(在《刑法》第 140 条、169 条法定最高刑上加重)。

第二类,应当从重或者加重处罚的情节:(1)劳改犯逃跑后又犯罪的(1981 年 6 月 10 日全国人大常委会《关于处理逃跑或者重新犯罪的劳改犯和劳教人员的决定》第2条第2款);(2)劳教人员、劳改罪犯对检举人、被害人和有关的司法工作人员以及制止违法犯罪行为的干部、群众行凶报复的(按照其所犯罪行的法律规定)。这是个分则性的情节,是对具体罪而言的。(同上决定第3条)

第三类,应当从重处罚的情节。总则性的情节五种:(1)主犯(《刑法》第23条);(2)教唆不满18岁的人犯罪的(《刑法》第26条);(3)累犯(《刑法》第61条);(4)劳改犯刑满释放后又犯罪的(1981年6月10日全国人大常委会上述决定第2条第2款);(5)劳教人员解除教养后3年内犯罪、逃跑后五年内犯罪的(同上决定第1条第2款)。

分则性的情节九种:(1)国家工作人员利用职务上的便利犯走私、投机倒把罪的(《刑法》第119条);(2)国家工作人员以肉刑致人伤残的(以伤害罪)(《刑法》第136条);(3)国家工作人员犯诬陷罪的(《刑法》第138条);(4)奸淫不满14岁幼女的(依照强奸罪)(《刑法》第139条第2款);(5)2人以上犯强奸罪而共同轮奸的(《刑法》第139条第4款);(6)非法拘禁他人或者以其他方法非法剥夺他人人身自由,具有殴打、侮辱情节的(《刑法》第143条);(7)邮电工作人员私自开拆或者隐匿、毁弃邮件、电报而窃取财物的(依照贪污罪)(《刑法》第191条);(8)国家工作人员利用职务犯《刑法》第118条走私、套汇、投机倒把罪,第152条盗窃罪,第171条贩毒罪,第173条盗运珍贵文物出口罪,情节特别严重的(按照1982年3月8日全国人大常委会《关于严惩严重破坏经济的罪犯的决定》第1条规定的从重处罚)[见该决定第一条(一)第二款];(9)战时军人犯偷越国(边)境外逃罪、私放他人偷越国(边)境罪、阻碍执行职务罪、盗窃武器装备或军用物资罪、破坏武器装备或军事设施罪的(《惩治军人违反职责罪暂行条例》第7、8、10、11、12条)。

第四类,可以从轻处罚的情节:犯罪以后自首的(《刑法》第63条)。

第五类,可以从轻或者减轻处罚的情节:(1)未遂犯(比照既遂犯)(《刑法》第20条);(2)被教唆的人没有犯被教唆的罪的教唆犯(《刑法》第26条)。

第六类,应当从轻或者减轻处罚的情节:已满14岁不满18岁的人犯罪(《刑法》第14条)。

第七类,可以从轻、减轻或者免除处罚的情节:(1)又聋又哑的人或者盲人犯罪(《刑法》第16条);(2)预备犯(比照既遂犯)(《刑法》第19条)。

第八类,应当从轻、减轻或者免除处罚的情节:从犯(比照主犯)(《刑法》第24条)。

第九类,可以减轻或者免除处罚的情节:(1)在国外犯罪,已在外国受过刑罚处罚的(《刑法》第7条);(2)犯罪以后自首,犯罪又较轻的(《刑法》第63条);(3)自首并且有立功表现的(《刑法》第63条)。

第十类,应当减轻或者免除处罚的情节:(1)正当防卫超过必要限度的(《刑法》第17条第2款);(2)紧急避险超过必要限度的(《刑法》第18条第2款);(3)中止犯(《刑法》第21条);(4)被胁迫、被诱骗参加犯罪的(比照从犯)(《刑法》第25条)。

第十一类,可以免予刑事处分的情节:犯罪情节轻微不需要判处刑罚的(《刑法》第32条)。

以上分 11 类共 37 种情节，其中总则性的情节 21 种，分则性的情节 16 种。这些情节都是法律规定的，叫法定情节。在排列的这些情节中，有的属于“应当”，有的属于“可以”。“应当”是硬性规定，人民法院必须这样做。“可以”是带有倾向性，但不是硬性规定，要不要这样做，由人民法院根据具体情况选择决定。

在上述从严的情节中，有的是加重处罚的情节，有的是从重处罚的情节，也有的既是从重处罚的情节，又是加重处罚的情节。加重处罚具有震慑性，是为了更有力地惩罚各种恶性犯罪，打击罪犯的嚣张气焰。当然这种打击不是随便的，而是既严肃又慎重的。

在上述从宽的情节中，除个别的外，有的既是从轻处罚的情节，也是减轻处罚的情节，比如未遂犯；有的既是减轻处罚的情节，也是免除处罚的情节，比如中止犯。甚至有的三者兼而有之，从轻直至免除，比如从犯、预备犯就是这样。对这种情况，究竟是从轻，减轻，还是免除合适？这也要由人民法院根据具体案情来决定。

当犯罪分子具有从重、从轻的情节时，该怎么量刑呢？有的同志主张在法定刑中画个中线，从重就是在中线以上判刑，从轻就是在中线以下判刑。例如某人犯的罪法定刑是 1 年以上 7 年以下，画中线就是 4 年。实践中有的法院竟然也这样掌握。我认为这样做不妥当，是不符合刑法精神的。理由有三：

第一，对犯罪分子判处刑罚，应当根据量刑原则，综合分析案件的各种情节，而不能只根据其中某个情节量刑。如果某案件整个案情是轻微的，不足以判处法定刑中线以上的刑罚，就不能因为它具有某个从重处罚的情节而判处中线以上的刑罚。反过来说，如果某案件整个案情是严重的，足以判处法定刑中线以上的刑罚，也不能因为具有某一个从轻处罚的情节而拉到中线以下。就是说，不能片面强调、夸大某一个法定的从重或者从轻处罚的情节，使它孤立地起决定性的作用，这与量刑原则是不相符合的。《刑法》第 57 条规定：量刑要根据犯罪的事实、犯罪的性质、情节和对社会的危害程度，依照《刑法》有关规定来判处。这是一个综合性的规定。我们一定要全面分析，综合考虑，而不能片面强调某一个情节。

第二，有些法定刑幅度，无法画出中线。例如，《刑法》第 106 条第 1 款、第 110 条第 1 款，法定刑是 10 年以上有期徒刑、无期徒刑或者死刑，像这样包括几个刑种，中线该划在哪里？于是主张画中线者不得不另立标准，说从重处罚就是判最重的刑种或者次重的刑种，从轻处罚就是判最轻的刑种或者次轻的刑种，结果不能自圆其说。如上例，无期徒刑算次重的刑种还是次轻的刑种？判无期徒刑算从重还是从轻？按照上述主张没法说清楚。我们还不妨举已满 16 岁不满 18 岁的人犯严重故意杀人罪为例。故意杀人罪，依照《刑法》第 132 条的规定，一般应处死刑、无期徒刑或者 10 年以上有期徒刑。但《刑法》第 14 条对未成年犯又规定应当从轻或者减轻处罚。姑且以从轻为例，那么，依照《刑法》第 132 条的法定刑幅度，判无期徒刑算从轻还是算从重？如果把无期徒刑算作从重，从轻自然就是判 10 年以上有期徒刑了；如果无期徒州算从轻，10 年以上有期徒刑就更是从轻了。试问，对这样一个已满 16 岁不满 18 岁的人，还能不能判死缓？如果按照上面无论哪种解释，对这个人都不能判死缓，这样，《刑法》第 44 条关于“已满十六岁不满十八岁的，如果所犯罪行特别严重，可以判处死刑缓期二年执行”的规定岂非落空？显然，是不能这样来理解的。

第三,如果同时具备几个从重处罚的情节或者同时具备几个从轻处罚的情节,该怎么画中线呢?既有从重处罚的情节,又有从轻处罚的情节,又怎么划呢?是否两者互相抵销?很明显,这种机械的、简单数字加减的办法是解决不了问题的。

基于以上理由,我认为,把从重、从轻机械地理解为就是法定刑中线以上、以下,或者理解为几个刑种当中最重、次重和最轻、次轻,都是不妥当的。《刑法》第58条规定:“犯罪分子具有本法规定的从重处罚、从轻处罚情节的,应当在法定刑的限度以内判处刑罚。”这里没有说中线以上、以下或者最重、次重、最轻、次轻。条文意思是说,有从重处罚的情节,或者有从轻处罚的情节,是在法定刑的限度以内,比没有这个情节相对要重一些或者相对要轻一些。有这个从重情节与没有这个情节相比,有这个情节要重;有这个从轻情节与没有这个情节相比,有这个情节要轻。但是,究竟是在法定刑中线以上,还是在法定刑中线以下?究竟是选定法定刑中的哪一个刑种和刑度?则要综合分析,全面考虑,根据整个案情而定。条文这样规定是符合辩证法,有利于司法实际工作的。

犯罪分子具有法律规定的减轻处罚情节应当怎么量刑?《刑法》第59条已作了明确的回答,即“应当在法定刑以下判处刑罚”。也就是说,减轻处罚是低于法定刑的最低刑判处刑罚。至于减轻多少,由人民法院酌情办理。不过也有一定的原则:同一个刑种减轻的,不能减轻到法律对这个刑种所规定的最低限度。比如法定刑是3年以上10年以下有期徒刑,可以减轻到2年、1年甚至6个月,但无论如何不能减到不满6个月,那样就不成其为有期徒刑了。减轻能不能减为另外一种更轻的刑种?法律虽没有明确规定,但在某些场合,逻辑上不能不这样理解。如过失杀人,法定刑一般是5年以下有期徒刑。要减轻只能减到拘役或管制多少时间。

《刑法》第59条规定的减轻处罚包括两种情况:一是犯罪分子具有法律规定的减轻处罚情节时的减轻;二是犯罪分子虽然不具有法律规定的减轻处罚情节,但根据案件的具体情况需要给予减轻时的减轻。通常把前者称为法定减轻,把后者称为酌情减轻。也有人称前者为一般减轻,后者为特殊减轻。后者到底是什么具体情况?不好说得太死。比如,一贯表现较好,偶尔犯罪,事出有因。如某汽车司机,一贯表现很好,因为加班太多,身体疲劳,结果出了事故。还有的是由于受被害人严重压迫或侮辱,在忍无可忍的情况下而犯罪的,群众对他(她)表示同情,对这种情况处理太重也不好。还有,犯罪以后真诚坦白,主动赔偿损失,努力消除危害后果的,等等。这些情况法律上并没有规定为减轻处罚情节;如果审判实践中认为有必要作为减轻情节,按照《刑法》第59条第2款的精神,也是可以的。当然,有一个限制,就是必须经人民法院审判委员会讨论决定,而不能由审判员或者合议庭说了算。作这样的限制是必要的,因为这些情节毕竟不是法律规定的。

论立功的成立条件*

1997年《刑法》第68条第1款规定："犯罪分子有揭发他人犯罪行为，查证属实的，或者提供重要线索，从而得以侦破其他案件等立功表现的，可以从轻或者减轻处罚；有重大立功表现的，可以减轻或者免除处罚。"根据1997年《刑法》和1998年最高人民法院《关于处理自首和立功具体应用法律若干问题的解释》，立功的主要表现形式有：犯罪分子到案后检举、揭发他人犯罪行为，包括共同犯罪案件中的犯罪分子揭发同案犯共同犯罪以外的其他犯罪，经查证属实；提供侦破其他案件的重要线索，经查证属实；阻止他人犯罪活动；协助司法机关抓捕其他犯罪嫌疑人（包括同案犯）；此外，具有其他有利于国家和社会的突出表现的，也应当认定为有立功表现。据此，立功是指犯罪人犯罪后揭发他人犯罪行为查证属实，或者提供侦破其他案件的重要线索查证属实，以及其他经确认的对国家和社会有利的突出表现的行为。本文所要探讨的是量刑制度的立功，所以减刑制度的立功与战时立功不是本文研究的内容。相对于其他量刑制度而言，立功是1997年刑法新规定的量刑制度，研究也相对薄弱。对立功成立条件的正确认识，是司法实践中正确认定立功，从而对有立功表现的犯罪分子准确量刑的前提，故对立功成立条件的探讨有助于司法实践。

一、关于立功成立条件的主要论争及分析

关于立功成立的条件，目前学界主要是根据《刑法》第68条的规定或（及）《关于处理自首和立功具体应用法律若干问题的解释》的规定进行归纳总结的，思考的角度不同，理解不同，对其成立条件的认识自然会有不同，主要具代表性的观点有：

二要件说，即立功的成立条件只需具备两个要件即可。二要件说又有两种不同的观点。一种认为立功要具备的二要件是客观要件与主

---

* 本文原载于《北京师范大学学报（社会科学版）》2006年第5期（总第197期），由高铭暄教授与彭凤莲合作完成。

观要件。客观要件是指立功必须是对国家、社会、人民和政治安定有利的行为,并且在我国法制建设和经济建设方面有突出表现的贡献。主观要件是指主观上必须有真诚悔罪的态度,这是立功的实质所在。[1] 另一种观点认为立功要具备主体要件与客观要件。从主体上讲,只能是犯罪分子;从客观方面讲,还必须具备两个条件:一是有揭发他人犯罪行为,并查证属实;二是提供重要线索,从而得以侦破其他案件。[2]

三要件说,即立功的成立包括三个方面的要件。三要件说也有两种不同的观点。第一种认为立功的成立需要主体要件、时间要件与行为(客观)要件。对主体要件、行为要件的认识学界基本是一致的,即立功的主体必须是犯罪分子,犯罪人有我国《刑法》规定的立功表现行为。而对时间要件的认识则分歧较大,有人认为立功时间通常在判决裁定生效之前;[3]有人认为立功行为发生在犯罪分子实施犯罪行为之后;[4]有人认为应将立功时间拓展至“到案”前。[5] 第二种观点认为立功的成立需要主体要件、行为要件与实质性结果要件。对主体要件与行为要件的认识与第一种观点基本相同。其实质性结果要件是指向司法机关提供的犯罪情况,必须导致案件的侦破和犯罪人的归案,其他对社会有重大贡献的行为,也必须有实质性成果。[6]

四要件说,即认为立功的成立必须具备四个方面的条件。至于是哪四个方面,则不完全一致。有观点认为,立功的成立条件包括:主体要件、时间要件、前提要件与实质要件。对主体要件、实质要件的认识与上面分析的相同,有的把前提要件称为确认要件,其内容都是指立功应当真实、有效。[7] 聚讼的焦点仍然集中在时间条件上,有的认为立功时间始于犯罪成立终于刑罚执行完毕;[8]有的认为是“到案至刑罚执行完毕”[9];有的认为是“到案后至判决生效前”[10];有的认为是“始于犯罪预备终于刑罚执行完毕”。另一种观点认为四要件是:主体要件、时间要件、主观方面与客观表现。主体要件与客观表现同上述分析基本相同。其对立功时间的认识不同,认为立功的时间是指立功表现发生的时间:开始时间以“到案”为宜,截止时间,不但包括判决生效前,也包括判决生效以后,既可以发生在侦查、起诉、审判阶段,也可以发生在服刑期间。[11] 认为立功的主观方面,可以是自愿,也可以是经教育后检举、揭发他人犯罪的行为。

以上诸种观点从不同的角度对立功的成立要件进行了分析界定,有可取之处,也有其局限。二要件说,以主观与客观为要件或者以主体和客观方面为要件,简洁明了,尤其是将客

---

[1] 参见于世忠:《立功问题的研究》,载《行政与法》1995年第3期。
[2] 参见杨敦先等主编:《新刑法施行疑难问题研究与适用》,中国检察出版社1997年版。
[3] 参见赵长青主编:《新编刑法学》,西南师范大学出版社1997年版。
[4] 参见解玉环:《关于自首和立功的几个问题的探讨》,载《辽宁公安司法管理干部学院学报》2000年第3期。
[5] 参见石泽中:《论刑法中的立功》,载《理论月刊》2004年第2期。
[6] 参见陈荣:《立功问题研究及其立法建议》,载《法律适用》1996年第8期。
[7] 参见莫洪宪:《论自首和立功》,载《法学评论》1996年第2期。
[8] 参见姜小川主编:《刑法学》,中国政法大学出版社2000年版。
[9] 廖焱清:《立功的成立条件再探》,载《人民检察》2001年第6期。
[10] 邵维国:《论立功》,载《吉林大学社会科学学报》1999年第5期。
[11] 参见郭书山:《立功制度若干问题研究》,载《河南公安高等专科学校学报》2004年第4期。

观方面作为立功要件之一可谓是抓住了问题的关键,就好比无行为则无犯罪一般,对立功而言,同样是无客观方面的行为则无立功。但是,由于忽视了时间要件,导致立功的范围实际上并未得到有效界定。二要件说的第二种观点在客观要件上要求犯罪分子同时具备:有揭发他人犯罪行为,并查证属实;提供重要线索,从而得以侦破其他案件。这一要求过于苛刻,又违背法意。因为不管是根据《刑法》第68条的规定,还是根据《关于处理自首和立功具体应用法律若干问题的解释》第5条的规定,都是只要具备其中之一即可认定为立功表现。三要件说的第一种观点肯定了时间要件,弥补了二要件说的重大缺陷,有其合理的一面。但是,该说没有明确有效性要件,使其在实践中的可操作性受到限制。三要件说的第二种观点虽注意到了立功行为的有效性条件,符合立功的本质要求,但是它与二要件说一样忽视了时间要件,使人分不出是量刑制度中的立功还是刑罚执行制度中的立功。相比之下,四要件说涵盖了立功认定中所要把握的主要方面,相对较为科学合理。其不足之处是:第一种观点时间范围的界定不够合理,有的失之于窄,有的失之于宽,有悖立法原意,实践中也缺乏可操作性;第二种观点没有强调立功成立的有效性要件,在时间上的界定也过宽。因此,在现有研究成果的基础上对立功成立的条件,有认真总结并进一步思考之必要。

二、关于立功成立条件的重构

我们分析、阐述立功条件时,在理论上要有内在的逻辑性,在实践中要有可操作性,如此对立功条件的探讨既具有理论意义,又具有实践意义。而立功是一种法定的量刑制度,因此对立功条件的分析归纳要源于法律的规定,忠于法律的规定,以此与其他的刑罚制度、刑罚执行制度相区别;作为一种量刑制度它必然要求具有较强的可操作性,因此对立功成立条件的重构要以便于司法操作为宗旨。基于这些考虑,我们将立功条件重构如下:

1.前提条件。立功的前提条件是犯罪分子实施了犯罪行为。在上述分析过的二要件说、三要件说、四要件说的诸种观点中大都把立功的主体即犯罪分子单独作为一个成立条件称为主体要件,我们认为刑法上的立功确实是针对犯罪分子而言的,与日常所言的荣立一等功、二等功是不同的,但我们同时认为,过于简单地归纳不便于司法操作,过于烦琐的设计也会降低司法效率,在立功的前提条件中已经能够揭示出立功的主体特征是犯罪分子,所以不必将其单列。不过,对这里的"犯罪分子""实施了犯罪行为"如何理解是需要说明的。

我国《刑法》中将实施了犯罪行为的人称为"犯罪分子",它是实体刑法上的概念,既不同于刑事诉讼法上的"罪犯"、也不同于刑事诉讼法上的犯罪嫌疑人与被告人。从另外的角度说,刑法上的犯罪分子,在诉讼法意义上,有时可以是罪犯,有时也可以是犯罪嫌疑人与(或)被告人。例如,《刑法》第65条第2款中规定"前款规定的期限,对于被假释的犯罪分子,从假释期满之日起计算",这里的"犯罪分子"就是指"罪犯";《刑法》第67条第1款第2句规定"对于自首的犯罪分子,可以从轻或者减轻处罚",这里的"犯罪分子"在诉讼法意义上以检察院依法提起公诉为界,之前是犯罪嫌疑人,之后至判决生效前是被告人。有人认为应将立功的主体具体化为"犯罪嫌疑人、被告、罪犯"[1]。我们认为,这种建议一来没有必

---

〔1〕 赵丹:《试述立功在司法实践中的界定》,载《检察实践》2003年第2期。

要;二来也欠妥。说没有必要是因为,犯罪嫌疑人、被告人、罪犯是对应不同诉讼阶段的程序法上的概念,其严格区分是为了有利于保障人权;犯罪分子是实体法上的概念,有较强的概括性,它在不同的场合可以与犯罪嫌疑人、被告人、罪犯相对应,它的使用并不妨碍保障人权。而且实体法与程序法各具独立品格,对相同或类似对象用不同的术语表达不是不可以的。说欠妥是因为,把诉讼法意义上的"罪犯"作为量刑情节的立功主体是违背法律规定的。《刑事诉讼法》第12条规定:"未经人民法院依法判决,对任何人都不得确定有罪。"而量刑情节的立功是人民法院量刑过程中适用的情节,在量刑时,行为人还是"被告"不是"罪犯"。所以,严格说来,立功的主体"犯罪分子"在诉讼法意义上是指犯罪嫌疑人、被告人,而不能是罪犯。当然,并不是说刑法上不能使用犯罪嫌疑人、被告人、罪犯的概念,例如,《刑法》第67条第2款规定:"被采取强制措施的犯罪嫌疑人、被告人和正在服刑的罪犯,如实供述司法机关还未掌握的本人其他罪行的,以自首论。"

"实施了犯罪行为",是指实施了《刑法》分则规定的犯罪行为。如果在实施《刑法》分则规定的犯罪行为过程中出现了犯罪的预备形态、未遂形态、中止形态,依法需要追究刑事责任的,也视为"实施了犯罪行为"。

2. 时间条件。从对立功成立条件主要观点的分析可以看出,立功成立的时间是争议最多、分歧最大的问题,仁智互见,莫衷一是。在界定立功成立的时间条件时,我们首先要弄清楚立功成立的时间是指什么,然后才能准确地界定其时间范围。我们认为,立功成立的时间是指立功表现发生的时间,或者说是立功行为实施的时间,不是指立功行为被有关机关或部门确认的时间。由于我国《刑法》既规定了量刑情节的立功行为,又规定了减刑情节的立功行为,所以清晰地界定量刑情节的立功行为的成立时间也是区分处于不同阶段的立功行为的需要,因为不同阶段的立功,其功能是有区别的。本文讨论的是量刑情节的立功,所以在刑法意义上,从把行为人贴上"犯罪分子"的标签到对之定罪量刑是表现为一个时间段或者说期间的。既然是一个时间段或期间,那么它就会有一个起始时间与一个截止时间。

关于起始时间,有人主张把它"拓展至到案前"〔1〕,有人主张"始于犯罪预备"〔2〕,有人主张以"到案"为宜。〔3〕第一种观点是富有启发性的,但是拓展至到案前的什么时间?是否可以拓展至实施犯罪行为前?论者没有给出"前限"的明确回答。第二种观点有一定的合理性,明确地给出了"前限",但其所指"犯罪预备"易生歧义,是指犯罪阶段还是指犯罪形态?如果是指犯罪阶段,根据我国犯罪理论,则罪尚未生成;罪尚未生成,则行为人不具有刑法上"犯罪分子"的身份;不具有犯罪分子的标签,则不具备立功成立的前提条件。第三种观点认为,到案前不可能构成立功,因为犯罪分子实施立功行为往往是为了将功折罪,在主观方面必须具备将功折罪的心理。只有其到案后,才会知道自己的罪行已被司法机关确认,才能基于将功折罪的心理实施立功行为。这一分析界定是否合适呢?《刑法》第68条本身

---

〔1〕 石泽中:《论刑法中的立功》,载《理论月刊》2004年第2期。

〔2〕 莫洪宪:《论自首和立功》,载《法学评论》1996年第2期。

〔3〕 参见朱军:《立功制度的理论与实践》,河南大学2002年硕士学位论文。

并没有"到案后"的规定,"到案后"出自《关于处理自首和立功具体应用法律若干问题的解释》第5条:"根据刑法第六十八条第一款的规定,犯罪分子到案后有检举、揭发他人犯罪行为……应当认定为有立功表现。"这里的"到案"包括两种情况:一是指被动归案,既可以是司法机关对犯罪人采取讯问、拘留、逮捕等侦查、强制措施使犯罪分子被动归案,也可以是群众扭送的被动归案;二是指犯罪分子自动投案。当然,不管是自动投案还是被动归案都不影响对立功的认定,但是把"到案"作为立功起始时间以及司法解释的这一规定是值得推敲的。理由如下:第一,犯罪分子从实施犯罪行为至到案也存在一个时间差,在这个时间差内,犯罪分子完全有可能实施《刑法》第68条与《关于处理自首和立功具体应用法律若干问题的解释》所规定的立功行为,在量刑时如果将这一时间差内实施的立功行为不作为法定的从宽处罚情节考虑,对犯罪分子是不公正的,亦与情理不合。第二,犯罪分子立功不一定是出于将功折罪的心理,可以是出于同情心、怜悯心(如舍己救人)甚或是正义感(如阻止犯罪活动)或是个人兴趣爱好(如技术革新)。第三,《刑法》第68条第2款规定:"犯罪后自首又有重大立功表现的,应当减轻或者免除处罚。"可见,刑法用语是"犯罪后",《关于处理自首和立功具体应用法律若干问题的解释》则偷换了概念或者说将其限制解释为"到案后",这实际上限缩了"犯罪后"的真实含义,对犯罪分子不利。所以,以"到案"为起点时间是不符合法律规定的。《刑法》第68条的"犯罪后",是指犯罪成立之后,所以我们认为,立功成立的开始时间应是犯罪成立之日,也就是追诉时效中所说的"犯罪之日"。如果是依法应追究刑事责任的预备犯,那么预备犯的成立之日即是犯罪之日。这样界定,既避免了第一种观点的没有指出"前限"的弊端,又避免了第二种观点易生歧义的毛病,也纠正了于情于理于法皆不合的第三种观点。

关于立功的截止时间,有人主张"终于刑罚执行完毕"[1],有人主张"至判决生效前"[2]。第一种观点,把量刑制度的立功与减刑制度的立功混为一谈了。第二种观点有其合理性,但也有局限性,因为在我国生效的裁判除了判决外,还有裁定,裁定同样是结案的一种法定方式。《刑事诉讼法》第208条规定:"判决和裁定在发生法律效力后执行。下列判决和裁定是发生法律效力的判决和裁定:(一)已过法定期限没有上诉、抗诉的判决和裁定;(二)终审的判决和裁定;(三)最高人民法院核准的死刑的判决和高级人民法院核准的死刑缓期二年执行的判决。"所以,在法定的上诉、抗诉期限届满之前,在二审判决、裁定作出之前,在死刑复核裁定作出之前,犯罪分子若有立功表现的,都应当认定为量刑情节的立功。

根据以上分析,我们认为把立功的时间跨度界定为"从犯罪成立之后至判决、裁定生效前"的时间段是合适的。

3. 行为条件。概括地说,立功的行为条件是犯罪分子实施了对国家和社会有益的行为,根据《刑法》第68条和《关于处理自首和立功具体应用法律若干问题的解释》第5条的规定,立功行为包括以下几种:

---

〔1〕 莫洪宪:《论自首和立功》,载《法学评论》1996年第2期。
〔2〕 邵维国:《论立功》,载《吉林大学社会科学学报》1999年第5期。

第一,检举、揭发他人犯罪行为,包括共同犯罪案件中的犯罪分子揭发同案犯共同犯罪以外的其他犯罪。"他人犯罪行为"是指立功者自己的犯罪行为之外的犯罪行为,所以他人对立功者实施的犯罪行为也应包括在内。此外,在适用《关于处理自首和立功具体应用法律若干问题的解释》时对合犯的情形值得研究。所谓对合犯,又称对应性犯罪,是指某一种犯罪的实施或者完成必须基于两个行为人双方之间的对应行为才能成立犯罪,缺乏其中一方的行为,这种犯罪就无法完成或无法实施。关于对合犯,在我国《刑法》中有的采取共同犯罪的立法形式,如重婚罪,但是,多数采取单独犯罪的立法形式,如受贿罪与行贿罪,拐卖妇女、儿童罪与收买被拐卖的妇女、儿童罪等。对合犯通常作为同案犯合并审理。所以,有人主张对合犯中的一方对其犯罪行为的供述,自然涉及相对一方的犯罪行为,因此,其性质属于供述,而非检举、揭发,不能构成立功。[1] 我们认为,既然立法上对某些对合犯采取了单独犯的形式,那它就不应是我国《刑法》上的共同犯罪,所以类似于行贿人检举、揭发受贿人的犯罪行为,只要符合立功的其他条件就应当是立功行为,这样理解,既符合我国《刑法》关于共同犯罪与单独犯罪的立法规定,也符合打击腐败犯罪的刑事政策要求。

第二,提供侦破其他案件的重要线索。"其他案件"是指不是立功者自己单独实施的以及共同实施的犯罪案件。"重要线索"是指其提供的能够据以侦破其他案件的相关信息,例如犯罪的时间、地点、犯罪行为、犯罪人、被害人等基本情况。

第三,阻止他人犯罪活动。阻止他人犯罪的行为可以有多种多样,既可以是语言表示,也可以是其他行为;既可以是亲自实施,也可以是借助其他人员或单位实施。

第四,协助司法机关抓捕其他犯罪嫌疑人,包括同案犯。所谓协助是指以实际行动配合司法机关抓捕其他犯罪嫌疑人(包括同案犯)的行为。如诱捕、指认犯罪嫌疑人、提供犯罪嫌疑人可能藏匿地点或引导侦查人员到犯罪嫌疑人藏匿地点抓捕等。

第五,具有其他有利于国家和社会的突出表现的行为。《关于处理自首和立功具体应用法律若干问题的解释》的这一规定依然具有概括性,对此该如何正确诠释?前面四种具体列举的情形都是与他人犯罪或其他犯罪人有关的,总之是与犯罪相关的,那这第五种概括性的规定是否也应该与犯罪相关?我们认为不一定要与犯罪相关联。《刑法》第78条第1款在列举"重大立功"作为减刑的适用条件时,其第6项就是"对国家和社会有其他重大贡献的";1997年最高人民法院《关于办理减刑、假释案件具体应用法律若干问题的规定》(以下简称《规定》)第1条中在解释立功表现时,在具体列举之后也用了"有其他有利于国家和社会的突出事迹的"表达方式。而在《刑法》第78条的具体列举中也举了"有发明创造或者重大技术革新的""在日常生产、生活中舍己救人的""在抗御自然灾害或者排除重大事故中,有突出表现的"几种情形,在《规定》的具体列举中也有"在生产、科研中进行技术革新,成绩突出的""在抢险救灾或者排除重大事故中表现积极的"情形。我们虽然主张要区分量刑制度的立功与减刑制度的立功,但是那是从各自不同功能角度来说的,就立功的实质而言,量刑制度的立功与减刑制度的立功是没有区别的,这从《刑法》第68条、《关于处理自首和立

---

[1] 参见王安、王立华:《立功若干问题研究》,载《人民司法》2004年第10期。

功具体应用法律若干问题的解释》对量刑制度的立功的规定与《刑法》第78条、《规定》对减刑制度的立功的规定之内容的重合上是可以得到证明的。所以《关于处理自首和立功具体应用法律若干问题的解释》中“具有其他有利于国家和社会的突出表现的”,可以参照《规定》关于立功表现的解释来理解。

有学者将主观方面作为立功成立的要件之一,如认为必须具有真诚的悔罪态度,[1]我们认为这一观点值得商榷。立功制度的立法本意是为了鼓励犯罪行为人实施有利于国家和社会的行为,以减轻自己的罪责,获得司法机关的宽大处理。立功不是犯罪行为人的犯罪情节,与犯罪行为人的主观恶性和悔罪表现关系不大,主要表现为一种客观事实状态,而不是行为人主观方面将功折罪的心理。因此,不必把将功折罪的心理作为立功的主观要件。不管出于什么心理、动机,只要其他条件吻合,都不影响立功的认定,所以没有必要将主观方面单列为立功的成立条件。

4.有效性条件。这是立功是否成立的关键性条件。这里有两个问题需要探讨:一是怎样才叫有效?二是谁有权确认立功是否有效?

第一个问题,我们就立功行为的不同表现逐一探讨。

检举、揭发他人犯罪行为,包括共同犯罪案件中的犯罪分子揭发同案犯共同犯罪以外的其他犯罪,要“经查证属实”。

提供侦破其他案件的重要线索,要“经查证属实”。《关于处理自首和立功具体应用法律若干问题的解释》规定的“查证属实”是对《刑法》第68条规定的“得以侦破其他案件”所作的限制解释,查证属实比侦破案件的要求低,它不需要以犯罪嫌疑人归案作为必要条件。所以,我们认为《关于处理自首和立功具体应用法律若干问题的解释》的规定比较科学,有利于有立功表现的犯罪分子,而刑法以侦破案件作为立功认定的标准对立功行为人来说过于苛刻,不利于立功的及时认定。[2] 因为案件是否能够侦破除了提供的线索真实有用之外,很大程度上依赖于侦查机关的工作能力与效率。

阻止他人犯罪活动,要有效地使犯罪活动停止。如劝说他人停止犯罪活动,但未能使犯罪活动停止的,不能认定为立功。“他人犯罪活动”是否必须经过法院判决并认定为有罪,在实践中有不同的观点。我们认为,无论阻止的是犯罪的任何形态,也无论法院是否已经对这一犯罪定罪量刑,只要阻止的是审判组织认可的犯罪活动,均可认定为立功。由于犯罪活动的最终确认需要经历侦查、起诉、审判各个阶段,而对阻止者则需要在法定审限内及时判决。法律并未要求对被阻止者判决之后,才对阻止者的行为是否构成立功作出判断,因此,认为“他人犯罪活动”必须经过法院判决认定为有罪才能对阻止者认定为立功的观点既不符合立法原意,也不符合实际,因而是不可取的。

协助司法机关抓捕其他犯罪嫌疑人(包括同案犯),要能捕获该犯罪嫌疑人。有一种观点认为,被抓捕到的犯罪嫌疑人要受到刑罚处罚,才能认定协助者的行为构成立功。这种观

---

〔1〕 参见于世忠:《立功问题的研究》,载《行政与法》1995年第3期。
〔2〕 参见邵维国、周学华:《论刑法中立功的发展趋势及其完善》,载《长春师范学院学报》1999年第6期。

点走得有点远了，因为被抓捕到的犯罪嫌疑人是否要受到刑罚处罚由法院判定，与协助者无关，且协助者当时也无法预见该犯罪嫌疑人是否要被定罪处罚。协助者只要协助司法机关抓获犯罪嫌疑人，从而查明了案情，就是对社会作出了贡献。所以，只要协助司法机关把犯罪嫌疑人抓捕归案，无论该犯罪嫌疑人最后是否被定罪判刑，均不影响对协助者立功行为的认定。

对"具有其他有利于国家和社会的突出表现的"，尽管《关于处理自首和立功具体应用法律若干问题的解释》没有规定"经查证属实"的要求，但毫无疑问也是需要经过调查确认的，并不是依据犯罪分子自己所言就能确认的。

第二个问题，实际上是谁来确认立功的问题。犯罪分子检举、揭发他人的犯罪行为，提供侦破其他案件的重要线索，阻止他人犯罪活动，协助抓捕犯罪嫌疑人，或者具有其他有利于国家和社会的突出表现的，均需查证属实，但要经过哪个机关的认定之后才可以确认构成立功？对此问题有人主张：应该以检察院为主，公安机关协助，由审判机关通过程序性审查作最终的确认。其理由有三：其一，检察机关与侦查机关关系密切，对侦查机关的工作情况也特别了解，同时检察机关根据法律的规定可以提前介入侦查机关的工作。其二，检察机关依法会对全案进行审查，对犯罪嫌疑人的立功行为进行全面的审查和分析，以做到最为公正的认定。其三，检察机关有对犯罪嫌疑人提起诉讼的职责，在将其起诉到法院时检察机关会根据自己认定被告人有立功情节要求审判机关在判处刑罚时作出从轻或减轻处罚的判决。[1] 这种方案及分析不无道理，但是其缺陷是明显的：首先，检察机关行使的是求刑权，量刑权是由法院行使的，作为量刑情节的立功如果是与他人犯罪有关的，法院不能只是作程序性审查，而应作实质性审查；其次，作为量刑情节的立功如果是与他人犯罪无关的，例如是在有关生产、科研中进行技术革新，成绩突出的，公安机关、检察机关就更无权确认了，此种情形在经过专利局或者其他部门确认后，法院只作程序性审查是可以的。但这一问题尚属立法空白，值得研究。

三、关于重大立功成立条件的简要分析

《关于处理自首和立功具体应用法律若干问题的解释》第7条对重大立功作了如下规定：犯罪分子检举、揭发他人的重大犯罪行为，经查证属实；提供侦破其他重大案件的重要线索，经查证属实；阻止他人重大犯罪活动；协助司法机关抓捕其他的重大犯罪嫌疑人；对国家和社会有其他重大贡献等表现的，应当认定为重大立功表现。并且规定了重大犯罪、重大案件、重大犯罪嫌疑人的标准，一般是指犯罪嫌疑人、被告人可能被判处无期徒刑以上的刑罚或者案件在本省、自治区、直辖市或在全国范围内有较大影响等情形。以上规定中的可能判处无期徒刑以上刑罚，是指犯罪行为的法定最高刑是无期徒刑以上的刑罚。可能判处无期徒刑以上刑罚不等于实际判处无期徒刑以上刑罚。如某犯罪分子检举了一起故意杀人案经查证属实，经过初步审查，被检举人可能判处无期徒刑以上刑罚，即可认定检举人的行为构成重大立功。即使后来查明被检举人具有数个法定从轻、减轻处罚情节，只判处了有期徒

[1] 参见赵丹：《试述立功在司法实践中的界定》，载《检察实践》2003年第2期。

刑,也不影响对检举人的行为认定为重大立功。否则,立功的标准难以适用,不利于鼓励犯罪分子立功。案件在本省、自治区、直辖市或全国范围内有重大影响,可从被检举人的身份、犯罪的性质、动机、手段、民愤大小及被害人的身份情况等方面考虑。[1] "对国家和社会有其他重大贡献等表现的"可以参照《刑法》第 78 条的规定,[2] 例如:有发明创造或者重大技术革新的;在日常生产、生活中舍己救人的;在抗御自然灾害或者排除重大事故中有突出表现的等。

重大立功与立功没有本质上的差异,只是程度上的不同,所以关于上述分析的立功成立的四个条件的原理对重大立功同样适用,只不过在程度的表述上稍作变更而已,故不再赘述。

---

〔1〕 参见韩强、张庆国:《立功适用若干问题探讨》,载《人民司法》2001 年第 9 期。
〔2〕 参见黄应生:《立功制度的适用》,载《人民司法》1998 年第 2 期。

论刑法禁止令的司法适用*

《刑法修正案(八)》自2011年5月1日正式施行,报刊、网络纷纷报道各地法院对罪犯宣告各种禁止令的新闻,为我们观察这一新制度提供了渠道。究竟这项自创立以来就伴随着肯定和担忧的新制度在实践中表现如何呢?我们拟结合司法实践予以分析,并在此基础上进一步辨析适用禁止令的条件、内容和违反禁止令的处罚,继而探讨适用禁止令应该秉持的立场,以期对实践有所助益。

一、各地法院适用禁止令的情况分析

从新闻报道的时间和频率来看,《刑法修正案(八)》甫一施行,各地法院纷纷对符合判罚条件的罪犯宣告禁止令,积极实践这一新制度,有关某地法院首发禁止令的新闻常常见诸各大报刊。我们通过搜索报纸杂志、新闻网页和中国审判法律应用支持系统,共搜集到55个适用禁止令的案件,地域涵盖了东中西部,具有一定的多样性。现就各地法院适用禁止令的情况分析如下。

(一)适用禁止令的案件类型和禁止内容

根据这55个案例的情况看,主要有以下几类案件中的犯罪人被宣告禁止令,禁止的内容根据犯罪原因、犯罪手段、个人一贯表现等情况的不同而有所区别。

1. 故意伤害案件

主要禁止罪犯与被害人接触;禁止罪犯进入夜总会、酒吧、迪厅、网吧等娱乐场所;禁止同案犯在禁止期限内相互接触;未成年的罪犯因模仿暴力网游持刀伤人,被禁止接触非适龄游戏;因酒后伤人未尽民事赔偿义务,被禁止购买房屋等不动产,不得出入高档酒店等高档消费场所,不得乘坐飞机。

---

* 本文原载于《南昌大学学报(人文社会科学版)》2013年第4期,由高铭暄教授与岳蓓玲合作完成。

2. 侵财类案件

根据不同犯罪动机，宣告不同禁止令，比如因沉迷于游戏厅手头拮据而盗窃的，禁止罪犯进入电玩城、游戏厅；因盗窃自己所在的工厂被禁止接触同案犯，未经同意被禁止进入原工作的工厂；未成年的罪犯因盗窃被禁止在外过夜；因无钱上网而抢劫的，禁止罪犯进入网吧、迪厅、歌厅、舞厅、台球厅、棋牌室、电子游戏厅等未成年人不适宜进入的公共娱乐场所；因辍学在家交友不慎被唆使抢劫的，被禁止主动与同案其余罪犯接触；因抢劫被禁止出入夜总会、酒吧、迪厅、网吧等娱乐场所的，禁止进入中小学、幼儿园及其周边区域；因诈骗的被禁止从事高消费活动。

3. 信用卡诈骗案件

主要禁止罪犯申领、使用信用卡和从事高消费活动。

4. 毒品犯罪案件

容留他人吸毒的，禁止罪犯进入夜总会、酒吧、迪厅等娱乐场所，禁止其接触有吸毒历史或者正在吸毒的人；因贩卖毒品的被禁止接触吸毒人群。

5. 利用职业便利犯罪的案件

针对利用不同职业便利犯罪的情况，发出相对应的禁业禁止令。比如，罪犯因犯伪造公司印章罪的被禁止在3个月内从事刻章经营活动；罪犯利用经营废品收购站的便利犯掩饰、隐瞒犯罪所得罪，被禁止从事废旧金属收购；罪犯因犯容留卖淫罪，被禁止从事按摩、美容等服务行业的经营活动；罪犯利用做会计的便利私吞、挪用单位资金，被禁止从事财务相关工作。

除此之外，还有因酒后犯罪的（比如犯妨害公务罪、寻衅滋事罪）被禁止酗酒，有因犯盗伐林木罪的被禁止进入林业区，有因犯赌博罪的被禁止开设棋牌室等。

（二）适用禁止令的对象

司法实践中被宣告禁止令的罪犯，多为未成年人。南京市中级人民法院专门出台了《关于未成年人刑事案件适用禁止令的实施意见》，进一步细化了对未成年犯罪人宣告禁止令的规范。另外，综合案件的具体情节来看，被宣告禁止令的罪犯人身危险性普遍不大，但其中多数具有一定的恶习。

（三）适用禁止令的刑种

这55个案件中被宣告禁止令的罪犯，其主刑大部分为有期徒刑缓刑，个别为拘役缓刑，尚未见被判处管制的情形。这表明在实践中禁止令主要作为缓刑执行的一种监管措施而被运用。由于管制犯和缓刑犯违反禁止令的结果大不相同，前者只需承担行政违法后果，后者有可能被撤销缓刑收监执行。从逻辑上而言，缓刑犯会更倾向于遵守禁止令，因为其违令行为承担的不利风险远大于管制犯。这也许是造成当前倾向于对缓刑犯适用禁止令的一个原因。就目前掌握的资料来看，尚无罪犯违反禁止令受到处罚的情形出现。

（四）适用禁止令的时间期限

就这55个案件的情形而言，法院宣告罪犯遵守禁止令的时间期限大多与缓刑考验期相同。由于实践中被判处缓刑的，主刑多为有期徒刑，因此缓刑考验期普遍长于1年，禁止令的时间期限也多长于1年,甚至有缓刑考验期为4年,禁止令时间期限也为4年的。除此之外,也有宣告禁止令时间期限短于缓刑考验期的,这种情形下,禁止令的时间期限基本在1年之内,6个月的较多,最短的为3个月。

仔细分析上述情况可以看出,司法实践中对如何适用禁止令已经积累了一些有益的经验。比如,对于某些案件类型,有了较为固定的适用禁止令的选择;被宣告禁止令的罪犯,大多为人身危险性不大但具有一定恶习的人;基于不同罪犯人身危险性的不同,确定禁止令的时间期限也有所不同,我们认为都是符合禁止令的立法精神的。但是,也有某些案件,宣告禁止令的理由和禁止内容并不具有多少说服力。有两个问题值得进一步研究,即禁止令的适用条件和禁止内容的确定。

二、禁止令的适用条件

最高人民法院、最高人民检察院、公安部、司法部(以下简称"两高两部")在《刑法修正案(八)》生效之际联合发布了《关于对判处管制、宣告缓刑的犯罪分子适用禁止令有关问题的规定(试行)》(以下简称《禁止令规定》),进一步细化了禁止令制度的相关内容,其中的第1条、第2条是关于禁止令适用条件的概括规定,即宣告禁止令应具有必要性和关联性。在司法实践中,如何把握这两个条件,可以结合既有案例作进一步界定。

(一)必要性

《禁止令规定》第1条:"……人民法院根据犯罪情况,认为从促进犯罪分子教育矫正、有效维护社会秩序的需要出发,确有必要禁止其在管制执行期间、缓刑考验期限内从事特定活动,进入特定区域、场所,接触特定人的……"可以同时宣告禁止令。由该条规定可见,宣告禁止令的出发点不是惩罚既有犯罪,判处的主刑和附加刑已经对犯罪行为进行了评价和处罚,禁止令更多的是一种预防性的管束措施。因此,适用禁止令的前提条件之一,就是确有强制矫正和保护社会的必要。

1. 强制矫正的必要

禁止令作为一种外在的强制约束,通过限制罪犯的某些行动来实现促进罪犯教育矫正的目的。这种强加于罪犯的不利负担,是以罪犯自我管控能力偏弱为前提的,如果罪犯能够有效地约束自己,遵守法律规定,没有再犯可能,对其宣告禁止令就缺乏必要性,既是对罪犯权利的不当剥夺,也是对司法资源的一种浪费。张军在2011年全国法院刑事审判工作座谈会上就曾指出:"对罪行虽然比较严重,但是几乎没有再犯可能的,就不需要,也不应当决定适用禁止令。"[1]认定是否有强制矫正的必要,应结合犯罪原因、犯罪手段、犯罪人一贯表现等情况综合考虑。对于事出有因的偶发性犯罪,犯罪人一向遵纪守法的,不宜对其宣告禁止令。实践中,有犯罪人一贯表现良好,无酗酒爱好,仅因偶然一次饮酒引发争执伤人,就被判处有期徒刑缓刑并禁止在缓刑期间饮酒。这种情况实质上缺乏强制矫正的必要,不宜宣告禁止令,因为犯罪人的综合情况并未显现出他缺乏稳定的自控能力、易陷于犯罪的倾向。

---

〔1〕 张伟刚、谢晓曦:《加强对适用禁止令监督指导》,载《人民法院报》2011年5月11日。

2. 保护社会的必要

禁止罪犯从事特定的活动，进入特定的区域、场所，接触特定的人，可以有效提高相关人的安全感，切实保护社会，这也是禁止令制度能够消除行刑社会化带来的不安全感，并被人们寄予厚望的一个原因。这种必要性可以从几个方面考虑：一是相关人的合理诉求，比如被害人对不监禁罪犯感到担忧，进而提出可以适用缓刑但不想再受到罪犯打扰的要求；二是社会的某些部门或行业对于相关人有严格的职业要求，一旦相关人犯罪使其职业信用降低，他就可能受到相关的职业限制，比如禁止伪造公司印章的罪犯在一定期限内从事刻章经营活动；三是出于保护社会特定群体和特定区域的需要，禁止罪犯的某些行动，比如某人抢劫学生财物，情节轻微的，基于保证学校周边安全的目的，在对其判处有期徒刑缓刑的同时，可以禁止其进入中小学校区及周边 200 米地区。

综上所述，在考量适用禁止令的必要性时要综合考虑强制矫正和保护社会的必要，不能偏废其一。在个案中，要具体地考虑罪犯的人身危险性和社会的安全需求，如果罪犯具有较好的自我管控能力、没有再犯可能，或者犯罪情节轻微，表征罪犯并不对特定行业、特定群体、特定区域产生安全威胁，则不宜宣告禁止令。比如，司法实践中多出现因恶意透支犯信用卡诈骗罪的，被禁止申领、使用信用卡，对于此类罪犯是否应一律宣告禁止其申领、使用信用卡，值得进一步研究。我们认为，对于恶意透支情节轻微的，可以不同时宣告禁止令，避免使禁止令扩大化变为一种变相的惩罚，有违制度设计的初衷，增加执法成本。

（二）关联性

《禁止令规定》第 2 条："人民法院宣告禁止令，应当根据犯罪分子的犯罪原因、犯罪性质、犯罪手段、犯罪后的悔罪表现、个人一贯表现等情况，充分考虑与犯罪分子所犯罪行的关联程度，有针对性地决定禁止……一项或者几项内容。"由该条规定可见，罪犯的相关情况与所犯罪行的关联性也是宣告禁止令的前提条件。在司法实践中，判断有无关联性应注意以下两个问题。

1. 关联性需要达到一定的度

引发犯罪的因素常常是多样的，其中很多因素具有偶发性，并不与犯罪有必然联系，比如恰巧在歌厅与人发生争执引发斗殴，就不能将歌厅这个偶然地点视为宣告禁止令的关联因素，从而禁止罪犯出入歌厅。判断关联性是否达到了"度"的要求，需要法官发挥主观能动性，综合考虑。绝对关联几乎不存在，事物的因果关系通常是复杂的，但就一般情况而言，这种关联性至少应该指向一种经常性的行为。只有那些经常发生的行为，才能充分反映出犯罪分子的行为倾向和习惯，因而从促进矫正和保护社会的目的出发，禁止那些经常性行为才具有关联性的合理根据。事实上，"两高两部"负责人就《禁止令规定》答记者问时所列举的几类可禁止行为也佐证了这一点，如禁止因网瘾而走上犯罪道路者进入网吧，禁止因在夜总会、酒吧沾染恶习而实施犯罪者进入夜总会、酒吧，禁止有酗酒习性且在酒后犯罪者饮酒等，其中，"网瘾""恶习""习性"等用语本身即表明犯罪分子的不良行为系经常发生。[1]

---

〔1〕 参见孙建保：《刑法"禁止令"：求解与质疑》，载《云南大学学报（法学版）》2012 年第 1 期。

2. 没有直接引发犯罪的恶习不具有宣告禁止令的关联性

关联性要求禁止令应指向直接引发犯罪的行为，而不能指向与犯罪行为仅有间接联系或者没有关系的恶习，因为犯罪的原因复杂多样，从犯罪学而言，犯罪人的品性、心理、行为倾向都与犯罪的发生有千丝万缕的联系，但是这些联系并不都具有刑法上的意义。禁止令虽然不是一种新的刑罚，只是对管制犯、缓刑犯具体执行监管措施的革新，[1]但是显而易见，禁止令加之于罪犯的不利负担与其日常生活密切相关，对罪犯影响较大。在宣告禁止令的时候应该秉持刑法谦抑的理念，不应禁止没有直接引发犯罪的不良行为，在保卫社会和保障人权之间寻找平衡点，避免过分介入罪犯的正常生活，以教育矫正和保护社会为名过多地剥夺罪犯的权利。比如，实践中有未成年人因无钱上网而抢劫的，法院宣告其禁止进入网吧、迪厅、歌厅、舞厅、台球厅、棋牌室、电子游戏厅等未成年人不适宜进入的公共娱乐场所。尽管未成年人进入这些娱乐场所容易受到不良影响，沉溺其中会养成恶习，但是引发犯罪的直接原因是犯罪人的网瘾，限制其进入其他娱乐场所显得关联性不够，有刑法家长主义之嫌，其正当性难免受到质疑。

三、禁止令的禁止内容

（一）禁止内容应具有明确性

为准确适用禁止令，《禁止令规定》分别列举了禁止从事特定活动，禁止进入特定区域、场所，禁止接触特定的人的具体内容。这种列举式的规定具有指引性质，法官在判决的时候可以参照适用，但是这不意味着照抄照搬，法官应该结合案件的具体情况将“特定活动，特定区域、场所，特定的人”予以具体化，且不限于《禁止令规定》列举的禁止内容，从而更好地发挥禁止令制度的特殊预防效果。这种明确性的要求是罪刑法定原则的当然之义。明确性原则除了要求犯罪的构成要件具体明确以外，还要求法律效果明确，禁止不定期刑。[2] 作为与特定刑罚配套的执行监管措施，禁止令也应该是明确的，只有这样，才能使罪犯有清晰的行动指南，从而避免因理解差异而违反禁止令。

实践中，有的判决按照《禁止令规定》的内容，直接宣告禁止罪犯从事高消费活动，禁止罪犯进入中小学、幼儿园及其周边区域，但在具体执行过程中，都存在标准模糊的问题，如何定义“高消费”“周边区域”，因人而异。我们认为，应在宣告时结合当地情况予以明确规定，比如将周边区域限定为学校周围200米内。关于禁止高消费活动，可以结合当地经济情况规定禁止从事高于多少额度的消费活动，如若标准不便确定，应谨慎宣告这类禁止令。缺乏明确性的禁止令，无论在执行环节还是在惩罚环节都面临着难题，最终会损害司法权威。另外，实践中还有宣告禁止未成年的罪犯接触非适龄游戏，禁止进入网吧、迪厅、歌厅、舞厅、台球厅、棋牌室、电子游戏厅等未成年人不适宜进入的公共娱乐场所。“非适龄游戏”“未成年人不适宜进入的公共娱乐场所”，都是含有价值判断的用语，其指涉的具体事物并不明确，这

---

〔1〕 参见胡云腾、周加海、喻海松：《〈关于对判处管制、宣告缓刑的犯罪分子适用禁止令有关问题的规定（试行）〉解读》，载《人民检察》2011年第13期。

〔2〕 参见邱忠义：《刑法通则新论》，台北，元照出版有限公司2007年版，第12页。

样的禁止令也会出现因人而异的不同理解，容易造成实践的混乱，因此应该避免宣告带抽象价值判断的禁止令。

（二）禁止内容应具有相当性

禁止令实质上是对罪犯权利的一种限制，被限制的权利包括人身自由权和从事特定职业的劳动权，这两类权利属于宪法规定的基本权利，限制基本权利应当符合比例原则。另外，禁止令作为刑罚执行过程中的配套监管措施，也应该符合罪刑均衡原则。在禁止令制度的具体适用中，这两项原则指向同一要求，即禁止内容应当具有相当性。质言之，禁止内容不能超过一定的度，禁止令的严厉程度应与罪犯的人身危险性相当，不能一味追求社会秩序和特殊预防而过多限制罪犯的合法权利，尤其当禁止内容与罪犯生活密切相关时，更应该慎重行之。

在司法实践中，确保禁止内容具有相当性要注意以下两个问题：

一是合理确定禁止令的时间期限。已搜集的案例表明，大多数已宣告的禁止令时间期限与缓刑考验期相同，多数长于 1 年，最长的达到了 4 年。尽管《禁止令规定》只对禁止令时间期限的下限做出了明确规定，没有限制其最长期限，也允许禁止令时间期限与缓刑考验期相同，但是不考虑禁止内容和罪犯人身危险性程度，径直宣告禁止令时间期限与缓刑考验期相同，不够谨慎尽责，未必符合比例原则和罪刑均衡原则。尤其是缓刑考验期超过 2 年的，应谨慎宣告禁止令的时间期限与缓刑考验期相同，毕竟如吸毒这样的严重瘾癖，《戒毒条例》规定的强制隔离戒毒的期限也仅为 2 年，对于其他有可能引发犯罪但本身并不具有违法性，且比毒瘾引发的社会不安全感轻得多的其他瘾癖，应该慎重宣告禁止期限，且不宜过长。

二是禁止内容不能影响罪犯的正常生活。禁止令的主要目的在于预防罪犯再次犯罪，并最大限度地发挥非监禁刑的益处，使罪犯在接受应有处罚的同时不至于与社会隔离，更好地实现再社会化。但是，当禁止的内容过分影响到罪犯的正常生活，则会产生适得其反的效果，有可能使其陷入孤立无援重新走上犯罪的道路。比如，当罪犯利用职业便利犯罪时，禁止其一定时间内从事该职业，既能预防这类职业犯罪，又能维护社会一般人对该职业的信任感，但如果禁止的职业范围过宽，使罪犯原先赖以谋生的某一行业完全对其关闭，造成其生活困难，则显得禁止过度。比如，罪犯利用做会计的便利挪用单位资金，被禁止从事财务相关工作，就显得过于严厉。作为一名会计，其赖以谋生的工作集中于财务类，被禁止从事的“财务相关工作”，外延过于广泛，其实根据犯罪的具体情况，禁止其从事会计工作即可，即禁止罪犯从事该行业内直接诱发再犯的具体工作或工种即可。[1]

（三）禁止内容应具有可行性

禁止令制度要发挥预期效果，其关键在于不折不扣地执行。由于相关的配套制度还在不断摸索建立中，法官在宣告禁止令的时候应考虑是否具有可行性。难以执行的禁止令，无疑会减损法律的权威，对这一新制度的发展完善将造成更大的困难。禁止内容的可行性主要体现在两个方面：

---

〔1〕 参见孙建保：《刑法禁止令司法适用探析》，载《人民司法》2012 年第 3 期。

一方面,禁止内容应当具有可操作性。这意味着禁止令的执行机构能够采取相应的措施去监督罪犯遵守禁止令,且不至于执法成本过高而难以为继。实践中,有罪犯因在公交车上盗窃被禁止乘坐公共汽车、出租车,这种禁止令实际上是难以监督执行的,因为不可能要求公共汽车、出租车对乘车人一一核查,也很难对罪犯的出行实行有效监督。这种在实践中不具有可操作性的禁止令,即使宣告也不能有效执行,最终会折损法律的权威。

另一方面,禁止的内容应当与其他法律规定不冲突。尽管我国《刑法》没有规定如国外刑法般种类多样的资格刑和保安处分,但是事实上,我国有许多散见于其他法律法规的规定,限制罪犯从事某些职业或者取得某些须经行政许可的资质。如果相关法律明确规定限制罪犯进入该职业或者限制罪犯取得某种特殊资质,法院宣告的禁止令就不应与之产生冲突。在实践中,这种冲突体现在限制内容、限制时间等方面,比如《道路交通安全法》第101条第2款规定,造成交通事故后逃逸的,由公安机关交通管理部门吊销其机动车驾驶证,且终生不得重新取得机动车驾驶证,但是,有法院对犯交通肇事罪且有逃逸情节的犯罪分子判处有期徒刑3年,缓刑4年,同时禁止其在缓刑考验期内驾驶机动车辆。尽管禁止令的内容看似没有错误,但是容易让人误以为罪犯在禁止令期限(4年)届满之后就可以重新驾驶机动车,这明显不符合《道路交通安全法》的规定。而且,"两高两部"有关负责人就《禁止令规定》答记者问时,明确指出对于有关法律法规已经明确禁止的内容,不能再通过禁止令的形式予以禁止。因此,法院宣告禁止令时应当注意与其他法律规定保持一致,避免自损权威。

四、违反禁止令的处罚

尽管实践中还没有出现违反禁止令受到处罚的情形,但是自《禁止令规定》出台以来,质疑该处罚合理性的声音时有出现。有论者认为,禁止令在管制与缓刑中规定的内容是完全一致的,但是其在管制和缓刑适用中所产生的违令后果却是不同的,甚至是失衡的。[1]在管制执行过程中,罪犯违反禁止令,按照《治安管理处罚法》第60条的规定,最多被行政拘留10日,并处最高500元罚款;在缓刑考验期,罪犯违反禁止令,将可能面临撤销缓刑被收监执行的后果,即被剥夺短则1个月、长则3年的人身自由,其严重性与管制执行过程中违令行为可能引致的处罚差异悬殊,实在难言具有合理性。有质疑声的同时,有学者从分析禁止令的法律性质的角度,论证了这种差异化处罚的合理性,认为"管制中的禁止令"与"缓刑中的禁止令"性质不同,两者发挥着不同的法律功能,前者起着加强管制的管束力度的作用,后者则是作为缓刑考验的规则而存在,两种差异化的法律功能是由禁止令所依附的刑罚制度的性质所决定的。[2]

我们认为,在管制和缓刑适用中违反禁止令产生的后果存在巨大差异,是客观存在不能忽视的,但是这种差异在现行的制度中有其合理性。《刑法》规定被判处管制的犯罪分子违反禁止令的,即要受治安管理处罚;而被宣告缓刑的犯罪分子违反禁止令的,只有情节严重

---

〔1〕 参见张凯伦、梁志波:《推行禁止令需要分析解决内在冲突》,载《检察日报》2012年2月20日。

〔2〕 参见李怀胜:《禁止令的法律性质及其改革方向》,载《中国刑事法杂志》2011年第11期。

的,才有可能被撤销缓刑,执行原判刑罚。[1] 这说明立法上对这种差异性已有预警。禁止令作为一种新制度,尚在发展完善中,其包含的内容、发挥的作用、承担的功能较为复杂。禁止令实际上作为一种综合性的处遇措施,涵盖了外国刑法中资格刑、保安处分等制度的某些内容,这种多样性与其依附适用的不同刑罚制度相结合,起着不同的作用,所以违反不同性质的禁止令产生不同的后果,似难避免。不过,这并不意味着我们不需要谨慎对待这种差异的处罚,尤其是当缓刑犯违反禁止令,在决定是否对其撤销缓刑时,应当审慎判断违令行为的严重程度,充分听取社区公众及罪犯本人的意见和诉求,只有公认确实达到"情节严重"的程度,方能决定撤销缓刑。

五、结语

本文结合已有的司法实践对禁止令制度的部分问题做了初步探讨,可以看到各地法院在宣告禁止令时,对适用条件、禁止内容的理解有一定差异,实际宣告的禁止令也多种多样。有的法院积极宣告禁止令,约束罪犯监外行为;有的法院担心监管难而较少宣告禁止令,有法官表示"禁止令很多情况下是适用于未成年人的,如果禁止网瘾很大的孩子进网吧的话,就很难保证他们不会违禁 3 次,一旦真的收监,那对孩子的影响就太大了",因而在对未成年的罪犯宣告禁止令的时候应该非常慎重。这些不同的心态反映了现实的矛盾,在配套制度没有完全建立起来的情形下,如何更好地适用禁止令是摆在每个法官面前需要思索的问题。"两高两部"有关负责人就《禁止令规定》答记者问时指出,应依法积极、稳妥地适用非监禁刑及相关的禁止令制度。申言之,对适用这一新制度的态度应该是积极的,符合条件的应宣告禁止令,但是在禁止内容、禁止期限、违令处罚等具体问题上应该稳妥谨慎,使得在充分发挥禁止令管束作用的同时不过分影响罪犯的正常生活,促进这项制度的良性发展。期待禁止令制度随着实践的深入不断完善。

---

〔1〕 被宣告缓刑的犯罪分子违反禁止令尚不属情节严重的,依照"两高两部"上述《规定》第 11 条,也要受治安管理处罚。

社区矫正写入刑法的重大意义*

随着行刑社会化的发展,社区矫正在世界各国被普遍采用。我国此次《刑法修正案(八)》将社区矫正正式写入刑法,使得"社区矫正"一词第一次正式出现在刑法条文的规定中。这是对社区矫正在我国试行7年以来积极意义的重要肯定,也是对我国刑罚轻缓化、行刑社会化发展的进一步考验。结合《刑法修正案(八)》中对社区矫正的相关规定,我认为社区矫正写入《刑法》有以下五方面的重要意义。

一、从刑事立法精神上有力地回应了国际社会行刑社会化的要求

首先,从刑罚目的上看,我国现行刑法理论在刑罚适用与执行上强调惩罚与改造相结合,但在司法实践中却常常与之相背。刑罚适用中更多地强调了惩罚,重刑主义长期盛行,公众特别是司法人员崇尚重刑,迷恋监禁刑的行刑方式。此次社区矫正明确在《刑法》中加以规定,从立法上明确确立了行刑社会化理念,使得社会化行刑有章可循,有法可依,有利于纠正司法实践中的报应刑主义和重刑主义的思想。

其次,从刑事政策来看,社区矫正的立法,也是贯彻落实我国"宽严相济"刑事政策的具体体现,充分体现了我国对犯罪分子"教育、感化、挽救"和"惩罚与改造相结合、教育和劳动相结合"的方针和政策;这是积极推进司法体制改革的迫切需要,也是对完善中国特色的刑罚执行制度的有益探索。

最后,社区矫正写入《刑法》顺应了国际社会行刑社会化的潮流。1955年在日内瓦举行的第一届联合国防止犯罪和罪犯待遇大会上通过了《囚犯待遇最低限度标准规则》,其中第61条明确指出:囚犯的待遇不应侧重于把他们排斥于社会之外,而应注重他们继续成为组成社会的成员。《联合国少年司法最低限度标准规则》即《北京规则》明确指出:"应当充分注意采取积极措施,这些措施涉及充分调动所有可能的资源,包括家庭、志愿人员及其他社区团体以及学校和社区机构,以

---

* 本文原载于《中国司法》2011年第3期。

便促进少年的幸福,减少根据法律进行干预的必要,并在他们触犯法律时对他们加以有效、公平及合乎人道的处理。”社区矫正此次写入刑法,无疑是我国在行刑社会化发展中的一次里程碑式的规定,是对联合国公约的积极回应,表明了我国负责任大国的态度。

二、确立了相辅相成的两大矫正体系

自由刑在执行中的最常见形式是监禁刑,不可否认,监禁刑在预防犯罪方面发挥了巨大的作用。但随着刑法理论的不断发展和人权思想的逐渐深入,人们逐渐认识到监禁矫正有其局限性,因此刑罚种类的轻缓化、处罚的轻刑化和开放化成为刑法发展进步的必然结果。〔1〕 在这种情形下,社区矫正随着行刑社会化的浪潮在世界各国广泛展开。

如果说以自由刑取代肉体刑是刑罚执行方式的第一次飞跃,那么,社区矫正制度又向人类社会的文明进步迈出了一大步,实现了刑罚执行方式由监禁刑向非监禁刑发展的第二次飞跃。社区矫正相对于监禁矫正来说有其巨大优越性。但这并不说明社区矫正可以取代监禁矫正。实际上,社区矫正与监禁矫正二者是相辅相成的关系。在我国刑事立法中明确规定社区矫正,必将促进两大矫正体系的进一步协作,从而在共同预防犯罪上取得重大效果。关于二者的关系,我认为有以下两点:

首先,社区矫正可以弥补监禁矫正的不足。

大家知道,监禁矫正在预防犯罪中有两大无法突破的难题。其一,监狱的相对有限与罪犯的相对无限的矛盾。从长远来看,监狱的建设是有限的,而人口是不断增长的,处于人口增长中的罪犯也是逐渐增多的,监狱矫正不可能成为预防犯罪的最终选择;从短期来看,社会某一时期,国家用于监狱投入的成本是有限的,仅就经济成本而言,全国30万监狱警察,关押超过150万犯人,从平均水平看,粗略估算每关押一个犯人的经济成本为1万至2万元,相当于一名中等水平职工的收入,而社区矫正的相应成本一般不超过监狱关押的20%。〔2〕 实施社区矫正更加节约司法资源。

根据实证犯罪学家菲利的犯罪饱和论,犯罪是不可避免的,我们不可能寄希望于消灭犯罪,而只能预防犯罪。在预防犯罪的选择中,我们必须分析犯罪的原因。社会法学派认为罪犯之所以犯罪是社会因素和个人因素所决定的。社会本身即是犯罪产生的一个诱因,选择将罪犯投入社会运用社会力量进行矫正正是“对症下药”,实现了对罪犯的社会内部消化,有效解决行刑资源有限性的难题。以矫正工作人员的队伍建设为例,矫正要求工作人员具备矫正罪犯心理与行为的矫正知识、矫正技术和矫正能力,但是,国家刑事执行的专门矫正官、缓刑官和假释官的资源是有限的。因此,实施社区矫正,可以依托和借助社区的各种矫正资源和服务力量,有效应对犯罪,这既是社区矫正与监狱矫正的根本区别,也是社区矫正较之监狱矫正最大的优势。把罪犯放在社区进行矫正不仅可以减少监狱的人力和财力负担,而且可以减少国家对监狱的经济投入,降低监禁行刑的成本,缓解监狱矫正的压力,使监狱能够集中人力、财力、物力去矫正那些主观恶性较大、社会危害性较大的罪犯。

---

〔1〕 参见蔡道通:《后现代思潮与中国的刑事法制建设》,载陈兴良主编:《刑事法评论》2000年第7期。

〔2〕 参见郭建安、郑霞泽主编:《社区矫正通论》,法律出版社2004年版,第85页。

其二,罪犯的监狱化与再社会化的矛盾。现代犯罪学研究成果表明,犯罪人之所以犯罪是由于其社会化进程未全面完成,而传统的监禁矫正,将罪犯投入监狱,使其隔离于社会之外,大大削弱了社会化的基本条件和环境,反而使得罪犯的社会化速度远远滞后于正常社会成员。我国学者储槐植教授和王平教授将这种情况概括为监狱行刑悖论,即罪犯监狱化与罪犯再社会化的矛盾,以及封闭的监狱同开放的社会的矛盾。不仅如此,将犯罪人囚禁于监狱中,还会使犯罪人无形中学到犯罪技术和技能,传播监狱亚文化,从而形成交叉感染。例如有些初犯经过一段时间的关押,人身危险性反而有增无减。

由此可以看出,虽然监狱的隔离功能对于具有高度社会危险性的罪犯而言是有积极作用的,但这种隔离并不能作为预防犯罪的最终手段,因为罪犯除判处死刑立即执行者外,最终仍然要回归社会。对罪犯而言,隔离的时间越长,隔离的程度越高,其再社会化的可能无疑越低,再次进入社会后犯罪的可能性更大。而社区矫正正好克服了监狱矫正的这一缺陷。社区矫正将罪犯置于社会化环境下生活,使罪犯能够最大可能地承担家庭和社会责任,并在此基础上对罪犯进行有针对性的心理引导和行为规范,促进罪犯形成健康的社会人格,实现再社会化,使罪犯最终能够以普通社会成员的身份,顺利回归社会,避免监禁矫正可能带来的以消极服从、自信心与进取心重度丧失为特征的"监狱人格""囚犯人格"的出现。

其次,监禁矫正是社区矫正的后盾和保障。

社区矫正确有优点,但适用上也有局限性。这是因为将罪犯放于社区,必然需要考虑社区的安全,只有在罪犯本身罪行较轻、人身危险性较小的前提下,才具有适用的可能。反之,如果将一些暴力犯罪等人身危险性较高的罪犯也放于社区,不但不能预防犯罪,反而是对犯罪的纵容。另外,为了保障社区矫正的效果,有必要建立起社区矫正与监禁矫正之间的桥梁,比如我国《刑法》对缓刑、假释罪犯违反规定的重新收监执行的规定。这不仅可以促进罪犯积极改造,而且可以使得社区矫正在适用中无"后顾之忧",大胆适用。

综上所述,矫正是理念,而矫正场所、矫正内容的选择直接体现着刑罚由重到轻的适用序列,存在着一个矫正方式上逐渐过渡的转移序列。社区矫正不是一个孤立的系统,也不是一个孤立发挥其矫正功能的措施,矫正目标的相同性显示社区行刑与监狱行刑是相关联的统一体。[1] 建立与监禁矫正相对的社区矫正,可以为预防犯罪提供更加广阔的空间。从监禁矫正和社区矫正的特点来看,监禁矫正是为罪犯关上了社会的大门,而社区矫正是给罪犯打开了社会的大门。在这一关一开之间,必须考虑到矫正的系统性、延续性和衔接性,使两大矫正体系之间相衔接,不断裂,通过二者相辅相成共同作用,使得行刑资源得到合理的配置,刑罚效能得以增强,行刑成本得以降低。

三、进一步促进了刑罚配置结构的合理化

《刑法修正案(八)》明确规定了社区矫正的适用类型,即管制、缓刑和假释。对此,华东政法大学刘宪权教授在2010年11月9日《检察日报》中指出:此次社区矫正写入《刑法》,意味着我国刑罚体系和执行制度上的重大变化,即将我国《刑法》中管制这种刑罚方式改造成

---

〔1〕 参见[美]大卫·E.杜菲:《美国矫正政策与实践》,中国人民公安大学出版社1992年版,第290页。

社区刑,从而以生命刑、自由刑、社区刑重构我国刑罚体系的主体部分;此外,以缓刑、假释作为连接社区刑与自由刑、生命刑的通道。

我认为,我国传统刑罚体系中并不存在社区刑,而此次社区矫正写入《刑法》是否可以认为创立了社区刑,并且使得社区刑成为与生命刑和自由刑并列的刑种仍有待进一步研究。

但社区矫正的引入的确促进了我国刑罚结构的合理化。以管制刑为例。管制作为非监禁刑罚,在司法实践中,其积极作用并未得到有效发挥,其规定虽然广泛(挂有管制的罪名约占罪名总数的1/4),但适用率却极低。从最高人民法院公布的数字来看,2003年全国法院给予刑事处罚的共计730,355人,其中判处管制的有11,508人,占1.58%;[1]2004年全国法院给予刑事处罚的共计752,241人,其中判处管制的有12,553人,占1.67%;[2]2005年全国法院给予刑事处罚的共计829,238人,其中判处管制的有14,604人,占1.76%。[3]其中的原因并不在于管制作为一种刑种本身不合理,而主要在于彰显管制刑本身的行刑内容出现了问题。根据我国《刑法》第39条的规定,被判处管制的犯罪分子仅有五项义务,而这五项义务都是将罪犯作为消极的客体来看待。作为一种限制自由的刑罚执行方式,简单的五项义务[4]的规定与严厉的监狱监禁形成了强烈的对比,难以有效体现管制的惩罚性,调动罪犯改造的积极性。

缓刑和假释的考察监督义务也同样存在不落实的问题,长期以来存在"无人监督""无人考察"等现象,甚至于许多人误认为被告人被判处管制、缓刑就"没事了"。而实际上,对缓刑犯的考察,既是正确执行缓刑制度的重要一环,也是维护良好社会秩序的重要一方面。[5]"监督""考察"的缺失,使得刑罚的"可感性"降低,难以对罪犯造成应有的心理压力和必要的行为约束。

以上这些立法缺陷最终导致管制、缓刑、假释成为司法机关不太愿意采取的刑罚手段,对于既可判处监禁刑又可判处管制刑的犯罪,一般都判处监禁刑,甚至对明显不必要判处监禁刑的犯罪也判处监禁刑,以致造成了罪刑结构的失衡。因此,为了充分发挥管制、缓刑、假释在矫正犯罪人和降低我国刑罚严厉性方面的积极作用,必须要在立法上对其内容加以完善。此次《刑法修正案(八)》明确规定对管制、缓刑和假释适用社区矫正,这就使得非监禁刑罚执行具备了实质内容,管制、缓刑、假释的适用效果也必将得到改善。从近几年社区矫正试点工作的成果来看,"缓刑没事"的局面已经逐渐有所改观。[6]

由此可见,社区矫正的立法化,将进一步促进我国刑罚结构的合理化,给我国宽严相济

---

〔1〕参见《最高人民法院公报》2004年第3期。

〔2〕参见《最高人民法院公报》2005年第3期。

〔3〕参见《最高人民法院公报》2006年第3期。

〔4〕从我国《刑法》第39条第1款中被判处管制的犯罪人应当遵守的具体规定来看,第1项中的"遵守法律、行政法规"本身就是每个公民应尽的义务;第2项规定"未经执行机关批准,不得行使言论、出版、集会、结社、游行、示威自由的权利",而这些权利对于普通公民来说其行使也不是任意的,不但要以不损害国家、集体和他人利益为限,而且多数也需要经过批准;第3项至第5项则更是形式化的规定。

〔5〕参见高铭暄主编:《刑法学原理》(第3卷),中国人民大学出版社1994年版,第474页。

〔6〕参见冯卫国:《论刑事执行权的合理配置》,载《法学论坛》2010第1期。

刑事政策的发挥提供更大的空间,将促使非监禁刑罚执行考察落到实处,真正发挥管制、缓刑、假释的作用,使得宽严相济刑事政策在非监禁刑罚执行中切实得到体现。

四、督促社区矫正配套立法的尽快出台

在开展社区矫正的国家,一般而言,在刑法和刑事诉讼法中均明确规定了社区矫正执行的刑罚种类、刑罚适用和执行制度,以及各种社区矫正措施适用的程序、步骤及刑事执行法律关系主体的权利和义务。自2003年社区矫正试点开展以来至今,我国既未在法律中明确规定社区矫正,也没有出台专门的"社区矫正法",仅有最高人民法院、最高人民检察院、公安部、司法部2003年7月10日联合发布的《关于开展社区矫正试点工作的通知》和2009年9月2日发布的《关于在全国试行社区矫正工作的意见》等文件,地方试点工作中则有《社区矫治工作细则》《社区矫治工作者手册》《社区矫治对象手册》《社区矫治志愿者手册》《社区矫治对象考核奖罚办法》等。例如,北京制定了《北京市社区矫正工作实施细则》,北京下面三个试点则根据其具体情况和矫正工作侧重点又分别制定了不同的实施办法。[1]

诚然,这些都为社区矫正在中国的建立和发展进行了有益的探索,并为社区矫正的立法化及更深入开展积累了一定的经验。但结合对国外相关制度和立法的比较研究,我们当前社区矫正的部门性规章或地方性规章远不能满足现实的需要,亟须对社区矫正的上位立法以及全面立法。

我个人认为我国社区矫正之所以迟迟未予正式立法,原因主要有两个。其一,国外社区矫正的实际情况并没有统一的说法,如美国的社区矫正,虽然从有关规定看,社区矫正是一种刑罚,但在实践中则更多地体现为一种非监禁执行方式。从目前美国的社区矫正项目来看,包括了审前转处、各种类型的缓刑和假释、社区劳役、家庭监禁、电子监控、中途训练所、日报告中心以及罚款、赔偿等项目。社区矫正的性质不仅是非监禁刑的刑罚执行,而且也包括了各种非监禁措施的落实及矫正项目的实施。不仅适用于已决犯,也适用于犯罪嫌疑人。而英国社区矫正是独立的刑种,包含了一系列社区矫正令。日本的社区矫正则是属于保安处分,主要是缓刑、假释和假释人员的安置帮教,缓刑、假释期间的监管、矫正与保护活动。

其二,受国外立法复杂多样的影响,国内学说纷纭,目前关于社区矫正性质的学说不下十来种。如"刑事执法活动说","非监禁式的行刑方式和处遇措施说"[2],"罪犯处遇新趋势说"[3],"行刑、矫正和福利性质说"[4],"保安处分及刑事政策说"[5],等等。理论研究上的众说纷纭,使得社区矫正的一些基本理论问题未能明晰,立法基础不太牢固。

因此我国在社区矫正的引入中并没有草率先予立法,而是采取"先实践后立法"的方针,根据实践中社区矫正的必要性和可行性来进行立法,这符合马克思主义"理论来自实践"的原理。根据7年来社区矫正在全国试行的具体情况,社区矫正作为管制、缓刑、假释等

---

〔1〕 参见孙晓芳:《刑事责任新视域》,北京大学出版社2003年版,第118页。
〔2〕 刘强:《社区矫正的定位及社区矫正工作者的基本素质要求》,载《法治论丛》2003年第2期。
〔3〕 冯卫国:《行刑社会化研究——开放社会中的刑罚趋向》,北京大学出版社2003年版,第181页。
〔4〕 王顺安:《社区矫正的法律问题》,载《政法论坛》2004年第3期。
〔5〕 赵东:《社区矫正的属性与价值分析》,中国政法大学2004年硕士学位论文。

的执行措施,有效地降低了罪犯的重新犯罪率,帮助罪犯复归社会,营造了和谐的社会氛围。至此,社区矫正作为管制、缓刑、假释执行措施的地位已经可以明确。所以,此次《刑法修正案(八)》将"社区矫正"写入《刑法》,是符合我国实际情况的,是对社区矫正性质的肯定。

将社区矫正写入《刑法》,从立法上全面肯定了社区矫正的刑法性质,必将推动社区矫正相关制度如具体项目设置以及社区矫正队伍建设等的配套立法完善。

以社区矫正的内容为例,根据最高人民法院、最高人民检察院、公安部、司法部于2009年9月2日联合发布的《关于在全国试行社区矫正工作的意见》,其中涉及社区矫正内容的规定可以归纳为三方面:第一,对社区服刑人员的教育矫正;第二,对社区服刑人员的监督管理;第三,对社区服刑人员的帮困扶助。

以上三方面虽然对社区矫正的内容提出了要求,但仍然是一种抽象的原则性规范,并不能表明社区矫正已经具备了具体明确的内容。因为无论是教育矫正,还是监督管理、帮困扶助都并非社区矫正的"专有性"内容,监禁矫正同样存在教育矫正和帮困扶助的要求,所以从内容上来看,除了执行场所的变更,关键在于内容上如何利用社区的力量。以如何利用社区力量为基础,对社区矫正的内容可以从两个方面来理解,一为"严",一为"宽"。对于从"宽",从开设学校教育等帮助性项目角度来讲,社区矫正应当是开放的体系,具体的立法完全可以由其他行政法予以补充。但是从"严",因其可能涉及"人身权利"的限制,社区矫正的项目还有待刑事立法的确认。例如目前司法实践中普遍进行了对社区矫正人员组织公益劳动,而社区劳动在国外有相关的社区服务刑的规定作为法律依据,但我国立法却没有类似的规定,因此劳动如何与矫正相结合,还需要进一步通过立法来明确。

总之,将社区矫正写入刑法,确立社区矫正的刑法地位,社区矫正的一系列配套措施才有可能紧锣密鼓地跟上,否则皮之不存,毛将焉附? 而刑法的规定,也必然需要配套措施的尽快出台予以配合,否则刑法的规定也只能是徒有其表了。所以,继刑法规定社区矫正制度之后,一部系统的"社区矫正法"势必令人引颈期待。

五、促进了行刑权的统一

《刑法修正案(八)》删除了公安机关作为管制执行以及缓刑考察、假释监督主体的规定,从立法的实然来看,社区矫正的执行主体尚处于"空白"状态。对该问题的解决需要结合我国社区矫正的特殊背景来解释。这根源于我国社区矫正试点工作中出现"双重主体"的现实,这一现象引发了实践中的许多现实问题,多为学者所诟病[1]。立法者此处的修改

---

〔1〕 最高人民法院、最高人民检察院、公安部、司法部2003年7月10日联合下发的《关于开展社区矫正试点工作的通知》规定:"司法行政机关要牵头组织有关单位和社区基层组织开展社区矫正试点工作,会同公安机关搞好对社区服刑人员的监督考察,组织协调对社区服刑人员的教育改造和帮助工作。街道、乡镇司法所要具体承担社区矫正的日常管理工作。监狱管理机关要依法准确适用暂予监外执行措施,对符合假释条件的人员要及时报请人民法院裁定假释,并积极协助社区矫正组织的工作。"这一规定确定了"司法行政机关牵头,基层司法所具体承担社区矫正日常工作,公安配合"的体制。但是这一体制运行已出现诸多难点,详见杨明、林宇虹:《对我国社区矫正机构设置的思考》,载《河南司法警官职业学院学报》2007年第1期。刘东根:《公安机关与社区矫正——兼论社区矫正执行机构的构建》,载《中国人民公安大学学报(社会科学版)》2006年第3期。王琪:《论我国社区矫正的执行主体》,载《中国司法》2007年第2期。周杏:《我国社区矫正执行主体的法律定位》,载《中国司法》2009年第4期。

之意应是对双重主体的模式给予了否定，但是具体由哪一主体来执行，目前理论上存在三种观点：由公安机关执行，由司法行政机关执行，抑或建设一个全新的机构。

我个人认为，公安机关作为国家公共安全的管理和保卫机关，任务繁重，不堪重负，再把社区矫正交其执行，实在困难很大。加之，从促进罪犯与社区联系的角度来看，公安机关的侦查性质决定了公安机关与犯罪人之间存在尖锐的情绪对立和矛盾冲突，罪犯会因为侦查人员的侦查、拘留、逮捕行为而产生强烈的排斥感。联合国向全世界推广缓刑制度并且建议成员方在对缓刑犯进行监督时，无论何时均不宜由警察监督，应由有关缓刑机构内的有资格的特别人员担任此项工作[1]。这个建议说明不太适宜由公安机关执行社区矫正。

根据目前对行刑权统一的研究，学者们多赞同统一由司法行政部门执行。也就是说，应当由司法行政机关执行社区矫正。理由是：首先，从理论研究来看，由司法行政机关执行社区矫正符合理论研究的结论。长期以来，在对刑事司法职能分配方面，大家已经达成这样的理论共识：侦查权、起诉权、审判权和执行权应当分别由公安、检察、审判和司法行政机关行使。由司法行政机关执行社区矫正，符合理论共识。其次，从实务状况来看，由司法行政机关执行社区矫正也符合中国现实情况。从我国司法行政机关职能职责的现状来看，我国司法行政机关本身具备刑罚执行职能，具有管理、矫正罪犯的资源和经验，无须从零做起、另起炉灶。长期以来，由于职权配置的不合理，司法行政部门出现“空置”的趋势，例如，随着司法行政机关主管的律师、公证工作等正朝着行业自律的社会化管理模式发展，司法行政机关的管理内容出现空缺，“普法宣传”工作也常常以运动性的方式而非日常性工作进行，司法行政机关的作用并没有得到充分发挥，而其大量的资源也处于闲置。而社区矫正的引入，迫切需要大量的资源以满足矫正的“技术性”“专业性”的要求，在此情况下，司法行政部门恰好为社区矫正的开展提供了广阔的平台。

另外，对于缓刑犯、假释犯而言，社区矫正面临着与监禁矫正链接的问题，两大矫正系统的统一有利于对服刑人员不间断的可持续的教育改造，能取得较好的矫正效益，体现系统的整体功效。基于此，世界各国行刑权都已逐渐走向统一。例如，2004 年英国将全国的监狱矫正系统与负责社区矫正的缓刑矫正系统统一合并为新式的全国罪犯管理服务机构。1998 年俄罗斯也将法院、监狱、侦查机关分享的刑事执行权统一至司法行政部门，建立起自上而下的专门的刑事执行机构。因此，赋予司法行政机关社区矫正执行权力，将监狱行刑工作与社区矫正工作整合于一个统一的权力系统之中，有利于加强二者之间的联结和互动，取得行刑效益最大化，也与我在前面所提到的确立两大矫正体系的观点相呼应。

当然，司法行政机关在实行社区矫正时，也需要得到公、检、法等机关的配合，这是自不待言的。

---

〔1〕 参见陈光中、[加]丹尼尔·普瑞方廷主编：《联合国刑事司法准则与中国刑事法制》，法律出版社 1998 年版，第 456 页。

关于在建党百年之际再次实行特赦之研讨*

一、前言

2021年上半年，党中央将对全面建成小康社会进行系统评估和总结，然后正式宣布我国全面建成小康社会；同时，2021年也是“十四五”规划的开局之年，我国将开启全面建设社会主义现代化国家之新征程。值此历史交汇的关键时刻，中国共产党即将迎来成立一百周年。全面建成惠及十几亿人口的更高水平的小康社会，是我们党进入新世纪后，在基本建成小康社会基础上提出的奋斗目标。在建党百年之际宣布小康社会全面建成，意味着我们党对人民的庄严承诺得以实现，可以为建党百年奉献厚礼。

而特赦是一项增进祥和喜庆氛围、充分展示领导人执政理念的宽大性质的法治措施。晚近十余年来，我们始终关注中国特色的特赦制度之构建，曾向中央政法领导机关提交多份相关的决策咨询报告，并在新时期的特赦实施过程中多次应邀参与咨询论证，在特赦施行后予以阐释、宣传和研究。[1] 我们认为，在中国共产党建党百年之际施行特赦是值得郑重考虑的为党献礼的重要举措。众所周知，为纪念中国人民抗日战争暨世界反法西斯战争胜利70周年以及中华人民共和国成立70周年，我国先后于2015年8月、2019年6月实行了自1975年以后的两次特赦，充分彰显了以习近平同志为核心的党中央依法治国与以德治国相结合的治国理政思想，体现了重大的政治意义和法治意义。[2] 如今又喜逢中国共产党成立百年，在深入考察前两次特赦实践、全面总结特赦经验的基础上再次行赦，不仅可以为建党百年献礼，

---

* 本文原载于《法学评论》2021年第1期，由高铭暄教授与赵秉志、阴建峰合作完成。

〔1〕 参见赵秉志、阴建峰编著：《新时期特赦的多维透视》，台北，新学林出版社2020年版。该书设立主题论坛、规范文本、官方意见、学界解读、新闻时评、咨询报告、理论研讨、历史文献、域外法治等不同栏目，全方位、多视角呈现了我国新时期特赦的不同侧面，以期为新时期特赦制度的常态化运作与法治化建设提供助力。

〔2〕 参见高铭暄、赵秉志：《新时期特赦的政治与法治意义》，载《检察日报》2015年8月30日。

充分展示党的执政能力和综合国力,增强民族凝聚力、提振国民士气,还可以弥补法律之固有不足,发挥特赦制度之平衡功能,推进特赦的制度化、法治化进程,促进国家治理体系和治理能力现代化,因而同样具有重要的理论与实践意义。

二、在建党百年之际实行特赦的时代价值

事实上,作为一项重要的刑事政策措施,赦免一般亦多是在国家重要节日、重大庆典或者政治形势发生重要变化时实施,这是有诸多国内外先例可循的。[1] 例如,2020 年 7 月 30 日,朝鲜最高人民会议常任委员会发布政令决定实施大赦,以纪念朝鲜劳动党建党 75 周年。而且,在建党百年之际再行特赦,不仅能够发挥赦免制度所固有的调节利益冲突、衡平社会关系、弥补法律不足之刑事政策功能,而且还能够凸显如下重要的时代价值:[2]

第一,可以彰显全面依法治国理念,有利于形成依宪执政、依宪治国的良好社会氛围。在 2020 年 11 月的中央全面依法治国工作会议上,习近平总书记再次强调,要坚持依宪治国、依宪执政。在建党百年之际再行特赦,不仅会是直接以宪法为依据的又一次重大宪法实践活动,也是实施宪法规范的最直接体现,有助于进一步弘扬依宪治国、依宪执政之法治理念,树立宪法的权威,强化其根本法地位,增强宪法的生命力与活力,充分发挥宪法在国家政治、经济、社会生活中的指导作用,充分体现以习近平同志为核心的党中央治国理政的新理念、新思想、新战略,从而推动社会主义法治国家建设不断迈向新水平。

第二,可以体现依法治国与以德治国的有机结合,有利于展示法安天下、德润人心的仁政思想。在中央全面依法治国工作会议上,习近平总书记重申,要坚持依法治国和以德治国相结合,实现法治和德治相辅相成、相得益彰。而特赦作为宪法性规范,具有重要的规范价值和法治功能。现代意义上的特赦是法治的产物,其以宪法和法律为圭臬,遵循法定的实体要求和程序规则,沿着法治的轨道运行。同时,特赦还具有内在的道德性和外在的感化性,可以发挥一定的德治功能。特赦蕴含着对于人的理解、对于人性的关怀,[3] 对被特赦者乃至其他在押服刑人员具有一定程度的教育感化功能。在建党百年之际实行特赦,可谓在依法治国基本方略指引下对慎刑恤囚、怜老恤幼、明刑弼教等德治传统的理性传承,既充分体现我国依法治国的基本方略,彰显法治的程序价值,也充分体现以德治国的仁政思想,必将成为我国又一次法治与德治有机结合的生动实践。

第三,可以凸显“国家尊重和保障人权”的宪法精神,有利于树立我国良好的国际形象。习近平总书记在中央全面依法治国工作会议上强调,推进全面依法治国,根本目的是依法保障人民权益。事实上,加强对人权保障和犯罪嫌疑人、被告人乃至罪犯的人权司法保护,是我国宪法和刑法、刑事诉讼法的基本原则。随着刑事司法改革的深化,人权司法保护观念日益深入人心。“人权入宪”这一我国人权保护的重大进步,更是给人权之刑法保护奠定了坚实的基础。而现代特赦制度具有救济司法误判、缓和刑罚严苛之功能,它的施行对于保护犯

[1] 参见高铭暄、赵秉志、阴建峰:《在新中国成立 60 周年之际实行特赦的时代价值与构想》,载《法学》2009 年第 5 期。

[2] 参见高铭暄、阴建峰:《新中国成立 70 周年之际实施特赦具有重大时代意义》,载《光明日报》2019 年 6 月 30 日。

[3] 参见彭凤莲:《依法特赦:法治与德治之结合》,载《马克思主义与现实》2016 年第 2 期。

罪嫌疑人、被告人乃至罪犯之合法权益具有重要意义。在建党百年之际适时对部分服刑罪犯予以特赦,是我国人权司法保障的一次具体体现,可以生动展现我国人权司法保障水平,有利于进一步树立我国开放、民主、法治、文明的国际形象,以事实化解和驳斥一些人对我国人权状况的误解与偏见。

第四,有助于切实贯彻宽严相济的刑事政策,促进社会的和谐与稳定。作为我国新时期应对犯罪的基本刑事政策,宽严相济刑事政策重在根据不同的社会形势、犯罪态势与犯罪的具体情况,对刑事犯罪采取区别对待之立场,科学、灵活地运用从宽和从严两种手段,并侧重强调"宽"的一面,注重"宽"与"严"之间的协调运作。宽严相济刑事政策的切实贯彻,有助于弘扬宽容精神,逐步树立科学的犯罪观和理性的刑罚观。而只有树立科学的犯罪观与理性的刑罚观,才能为特赦制度的常态化运行涤除观念障碍。反之,特赦制度的常态化运行也能从侧面反映出逐渐走向科学和理性的犯罪观与刑罚观。特赦作为一种刑罚消灭制度,侧重体现的是宽严相济之"宽"的一面。在建党百年之际实施特赦,正是贯彻宽严相济刑事政策的实际举措,可以体现宽严相济刑事政策区别对待之基本内核,是遵循"以宽济严"政策内涵的合乎逻辑的选择,[1]契合我国刑罚宽宥、人道、轻缓的精神,有利于充分发挥特赦的感召效应,鼓励罪犯悔过自新,强化刑罚教育改造效果,也有助于改变普通民众对严刑峻法的过度依赖,破除"刑罚万能"观念,最大限度地化消极因素为积极因素,促进社会和谐稳定。而且,新时期的特赦还可以对部分服刑罪犯明确设定排除适用之范围,这实际上也体现了从"严"的一面,同样彰显了宽严相济刑事政策的要求。

第五,有助于推动特赦的制度化、法治化建设,实现特赦制度的常态化运作。习近平总书记在中央全面依法治国工作会议上强调,要坚持在法治轨道上推进国家治理体系和治理能力现代化。而实现国家治理举措的制度化、法治化,无疑是其中极其重要的一环。赦免是国家治理的重要措施,发挥着衡平社会关系、调整利益冲突、弥补法律不足的刑事政策机能,为现代绝大多数国家所采用。特赦制度在我国历史悠久、源远流长,但在 1975 年以后长达 40 年的时间内,却长期沉寂、几近虚置。新时期重启特赦制度,并在四年内两次实行特赦,则再次激活了我国宪法中的特赦条款,使之由法律层面落到实践层面,也使特赦的决定和实施在实践中得到检验。而在建党百年之际再次行赦,不仅可以进一步实现特赦的常态化运作,也有助于促进特赦的实体要件与程序规则的规范化,推动特赦的立法化进程,加快特赦的制度化建设,从而对具有中国特色的赦免制度的法治化建设起到积极的推动作用。

三、在建党百年之际实行特赦的基本构想

赦免制度在我国新时期获得重生,有其特定的政治背景与社会根由。2015 年至 2019 年四年之内的两次特赦,不仅收到了良好的政治效果、法律效果和社会效果,也展示了我们党的执政能力和执政水平,体现了党的执政自信与制度自信,充分彰显了以习近平同志为核心的党中央治国理政的新理念、新思想、新战略,更是习近平法治思想的具体体现。而且,新时期的这两次特赦也是随着文明的人权观、科学的犯罪观与理性的刑罚观在我国得以逐步确

---

[1] 参见蒋娜:《宽严相济刑事政策下的死刑赦免制度研究》,载《法学杂志》2009 年第 9 期。

立的应时之策，是近年来我国刑事司法改革取得实效后的顺势之举。在建党百年之际，着眼于国家稳步发展的大局，审时度势、果断而慎重地再次行赦，可以最大限度地达成赦免制度维护国家、社会整体利益之初衷。在此，我们结合新时期第八次、第九次特赦的相关实践，就建党百年之际再次行赦提出如下初步构想和建言。

（一）适时制定"特赦法"

党的十八届四中全会提出，建设中国特色社会主义法治体系，必须坚持立法先行，发挥立法的引领和推动作用，抓住提高立法质量这个关键。我国特赦制度自1975年之后曾长期处于"休眠"状态，这与没有完备的特赦法律规范体系不无关系。以宪法为根据加强特赦制度立法，把新中国成立以来的特赦实践和经验上升为法律，及时制定"特赦法"，不仅有助于构建完备的特赦制度体系，规范特赦的实践工作，为特赦提供法律支持，促使特赦走向制度化、法治化轨道，也有助于形成维护宪法制度、尊重宪法权威的社会氛围，彰显"国家尊重和保障人权"之宪法精神。

为此，我们建议尽快将制定专门的特赦法纳入立法规划，及时制定"特赦法"，对于特赦的决定与颁布、适用对象与范围、适用条件、程序、承办单位等具体事项作出专门而详细的规定。具体而言，可以从如下两个宏观方面展开。

1. 关于特赦法的立法模式选择

综观世界主要国家和地区赦免立法实践，主要有两种立法模式：第一种是集中立法，又称专门立法模式，即制定一部全面、集中针对赦免制度的综合性法律，将与赦免有关的法律条文全部纳入该部法律之中，并冠以"赦免法""恩赦法"等称谓，采用该立法模式主要有日本、德国、韩国及我国台湾地区。如德国于1935年、韩国于1948年8月、我国台湾地区于1953年3月分别颁布了"赦免法"，日本于1947年3月颁布了《恩赦法》，作为各自实施赦免的规范依据。第二种是分散立法，又称混合立法模式，即有关赦免的法律规范散见于《宪法》《刑法》《刑事诉讼法》等相关法律之中，采取该立法模式的国家主要有法国、俄罗斯。

上述两种立法模式各有利弊。分散立法模式可以在不变更现行法律体系情况下，对赦免制度进行查漏补缺式的规定，弥补赦免运行中的规范空白，立法成本较低。集中立法模式有利于增强赦免法律制定的系统性、整体性和协调性，可以避免或减少法律冲突与漏洞。相对而言，集中立法模式优势更为明显，也必将为越来越多的国家所采用。当然，各国采取何种立法模式都是根据自身国情和历史形成的，并不是集中立法必然优于分散立法。适合本国国情、有利于制度意旨发挥的赦免立法模式才是最佳的立法模式。比如，法国并没有针对特赦的专门立法，而是通过宪法、刑法、刑事诉讼法等法律对特赦制度进行全面而细致的规定。尽管如此，但法国的特赦制度无论在实体层面还是在程序方面，均通过十分详尽的规定对特赦权的行使进行了严格的约束和规范。因此，有学者认为法国特赦立法"堪称世界范围内赦免制度的典范"[1]。

我们认为，根据具体国情及特赦实践状况，我国制定专门的特赦立法势在必行，通过采

---

[1] 刘宪权：《法国特赦：历史悠久制度完备》，载《法制日报》2014年4月8日。

用集中立法模式，对特赦的含义类型、权限配置、适用范围、法律效力、运行程序等内容进行明确规定，为特赦制度的高效、规范、常态运行提供坚实的规范依据和程序保障。

首先，采取分散立法模式须对《宪法》、《刑法》和《刑事诉讼法》同时进行修改，还要确保相关法律之间的协调性和系统性，修法工程量浩大，周期较长。目前，除《宪法》对特赦权限作出规定外，其他宪法条款及《刑法》和《刑事诉讼法》均未涉及特赦的实质性规定。因而，制定一部单独的特赦法，将有关特赦的规定全部纳入该法之中，可以保证特赦立法的系统性，不仅工作量相对较小，而且不牵扯《宪法》、《刑法》及《刑事诉讼法》的同步增删，相关法律之间协调起来更为简易。

其次，从宪法及刑法、刑事诉讼法性质来看，宪法属于国家根本大法，宪法规范对各项制度的规定本来就带有原则性，需要通过部门法或者宪法性法律予以具体化，将有关特赦的实体条件和程序规范规定于宪法之中，与宪法根本大法的性质不相协调。此外，特赦虽然涉及刑罚适用，但其却属于宪法制度，而且特赦权与司法权，特赦程序与刑事诉讼程序性质迥然有别，将特赦规范规定于刑事诉讼法之中名不副实。特赦法属于宪法性法律，现代各国的赦免制度一般由宪法或行政法所规定，而不在刑法中规定。[1] 正如有论者指出的，赦免制度既不可能在高度纲领性、概括性的宪法中作出详细的规定，也不可能在原则、程序毫不相容的刑事诉讼法中加以明确。要在具有悠久成文化传统的中国实现赦免行为法治化，必须制定单独的赦免法。[2]

此外，现在也有很多国家或地区将赦免的适用范围扩大到行政性处罚和纪律性制裁上来。比如，韩国就曾对因交通违章而被吊销或停用驾照者予以赦免。实践中，有些行政性处罚实际上是犯罪或其他行政处分的附随后果，其严苛性有时并不亚于本罚。如根据我国《律师法》第7条规定，对于受过刑事处罚的(过失犯罪除外)、被开除公职的等人一律不予颁发律师执业证书，不论其品行、学识及犯罪原因等因素，而且是终身禁业。这种从业禁止断绝了某些专业人士的生计，有时比刑罚或开除公职本身更为严厉，赦免的必要性可能更大。将这种“准赦免”规定到刑法或刑事诉讼法中都不妥当，理想的做法就是规定在专门的赦免法中。当然，这种对行政性处罚和纪律性制裁的赦免与对刑事制裁赦免有较大差别，是否采用可以进一步研究，但制定专门的赦免法可以为该情形的研讨预留立法空间。

综上，制定特赦法是我国实现特赦制度化、法治化的必然要求。

2. 关于特赦法的制定策略

制定特赦法是一步到位，还是分步实施，学界有不同的观点。有学者坚持赦免立法的两步走路径：第一步是以宪法性解释或宪法修正案的形式，对特赦的内涵、实施机构、权限配置等问题予以明确、细化。第二步是待时机成熟时，制定单独的赦免法，对于赦免权行使的限制性原则、赦免的专门机关、赦免的类型以及赦免的启动、审议、决定、发布、执行、监督等程序作专门规定。可先由全国人大常委会通过“关于《中华人民共和国宪法》中特赦规定的解

---

〔1〕 参见马克昌主编：《刑罚通论》，武汉大学出版社1999年版，第693页。

〔2〕 参见邓华平等：《论中国赦免制度的法典化》，载《西南政法大学学报》2004年第4期。

释”方式对特赦相关事项予以明确规定。[1] 也有论者提出,目前采取分散立法模式,待时机成熟时再制定单独的赦免法。[2]

我们认为,我国已经实行了9次特赦,形成了一定的赦免先例和惯常做法,可以考虑一步到位直接制定专门的特赦法,没必要再分步骤实施。而且,从现实操作来看,由全国人大常委会进行宪法性解释或者采取宪法修正案形式,并不比制定一部专门的特赦法更加简易。即便进行宪法性解释或采取宪法修正案形式,如果规定的特赦内容较少,势必需要多个宪法性解释或宪法修正案来接续规定,从而导致特赦立法的支离破碎;如果规定的特赦内容较多,则变成了没有特赦法之名而有特赦法之实的专门立法,这样还不如干脆直接制定一部特赦法。因此,我们建议可以直接草拟专门的特赦法,并在赦免实践中不断加以修订完善。

(二)附条件特赦形式之提倡

通过对我国新时期第八次、第九次特赦实践的考察,可以发现,这两次特赦虽然对于实质条件的设定有所差异,但均把“释放后不具有现实的社会危险性”作为判断能否特赦的实质性条件。相对而言,这一规定是基本妥当的。毕竟这两次特赦的对象范围相对不大,且获得特赦的大多是未成年犯,对其实质条件的把握的确不宜过严。不过,我们始终主张,为了更加充分地发挥特赦在新时期的功能与价值,可适当扩大特赦的对象范围。所以,对于建党百年之际的特赦,我们仍然持此一见解。而特赦对象范围的扩大,则意味着整个社会安全风险的增加,因此对特赦实质条件的考量就需要更加谨慎与契合实际。

事实上,由于所谓“社会危险性”之证明颇具特殊性,若无切实的再违法犯罪情况,单凭书面的格式化考核记录,很难准确推断罪犯释放后是否仍具有现实社会危险性。即使罪犯在服刑或者社区矫正期间没有违法犯罪,特赦后依然可能发生再犯的情况,甚至再犯性质相同之罪的比例也会很大,第八次特赦后的未成年人再犯情况即是明证。据我们从中国裁判文书网所收集的案例,第八次特赦后的未成年人再犯案件即有130件,其中前后罪性质相同的案件多达91件,特赦后多次再犯的案件为20件。这充分说明,特赦前的社会危险性评估具有一定的不确定性,且从罪犯的个人情况来看,其改造效果也是动态变化的,完全依靠事前的社会危险性评估并不能有效平衡宽恕服刑罪犯与保障社会安全之双重目的。相反,还可能引发两种极端现象:一是罪犯在获得特赦后,由于完全没有了服刑或者社区矫正条件的约束,再次走上犯罪道路;二是在社会危险性评估中,某些认为自己符合特赦条件的罪犯因未获特赦,产生不满情绪,进而排斥甚至放弃再改造。

因此,为尽可能避免对罪犯进行过分严苛的评估,并且最大限度保证其被释放后不致再危害社会,基于特赦前的社会危险性评估难以充分发挥作用之现实困境,我们主张对罪犯特赦后的行为给予某种限定,亦即确立附条件特赦制度。由此,特赦效果在实践中便有了事前社会危险性评估与事后行为限制的双重保障。具体而言,我们所提倡的附条件特赦,是指被特赦的人在一定的期限内不能再次故意犯罪,否则被给予的特赦应溯及既往予以撤销,并将

---

[1] 参见王娜:《刑事赦免制度》,法律出版社2008年版,第217页。

[2] 参见陈春勇:《赦免及其程序问题研究》,中国人民公安大学出版社2010年版,第224~225页。

新判决所确定的刑罚和原罪被特赦时剩余的刑罚一并执行。同时我们建议,出于和其他刑罚消灭制度之间相互协调的考虑,可将该期限限定为5年。

需要指出的是,有论者认为附条件特赦属于缓刑制度的一个类型,或可看作假释制度的一种创新或变异。这一观点实际上源于未能真正认识到附条件特赦的独特价值。特赦制度的价值在于调节利益冲突、衡平社会关系、救济法律不足,而普通缓刑往往受法律规定的条件限制,不能及时因应司法实践中出现的特定情形。准予特赦并附加一定条件,无非是传统特赦制度的改良,这种新的附条件特赦能够在灵活运用并发挥其独特价值的同时,在一定程度上收到防卫社会之功效。同样,刑法典所规定的假释制度亦有其适用条件的限制,会导致在某些情形下,犯人确有实据足以使人认为其可能不致再犯罪,而有提前予以释放之充分理由,但却碍于不合假释条件而无法得遂。而此时赦免制度的存在便可以恰当地起到弥补法律不足之功效。不过,若没有附条件赦免,径直予以特赦或免刑而不附加任何条件,则既有冒险之虞,又恐导致普通民众的反对,甚或致犯人因欠缺必要监督而不能自持而又犯罪。其结果,要么是因为欠缺附条件特赦,而斫杀诸多犯人自新之机会;要么是特赦制度被滥用,缺乏必要的监督,导致犯人重新犯罪,危及社会安全。其实,这也正是附条件赦免制度在欧美许多国家得到不断发展之缘由。

据此,我们建议,在建党百年之际行赦时,可以采用附条件特赦的形式,具体要求为:罪犯在被特赦后5年内不得再次故意犯罪,否则被给予的特赦应溯及既往予以撤销,并将新判决所确定的刑罚和原罪被特赦时剩余的刑罚一并执行。

(三)“现实社会危险性”之评估标准

我们认为,评估罪犯释放后具有“现实社会危险性”之基础事实需要予以明确。一方面,这是基于特赦制度化、法治化建设的考虑,较为明确的判断标准能够使特赦实践更加公平、公正,司法人员在评估罪犯社会危险性时也能够更加客观,同时也有利于促进特赦制度的常态化运作;另一方面,有助于在宽恕罪犯与保障社会安全之间达至均衡,既不过于宽泛地评估罪犯的社会危险性,湮灭许多犯人自新之机会,影响其继续改造的积极性,也不盲目对罪犯施行特赦,以防其欠缺必要监督而不能自持再次犯罪,危及社会安全。

但在采取附条件特赦的形式下,由于有了特赦后的条件保障,不宜再过于宽泛地界定可推定“现实社会危险性”的基础事实。原因有二:一则,如果过于宽泛地界定现实社会危险性,可能会导致特赦实质条件的严厉程度同缓刑、减刑、假释制度相差无几,甚至可能会超越这些制度。而特赦制度的功能本在于彰显国家德政、缓和刑罚严苛以及救济法律不足等,之所以认为其具有不可替代性,原因之一就在于当缓刑、减刑、假释等刑罚制度由于适用条件过于严苛而无法有效运作时,国家可以采取特赦来消灭犯罪人刑罚,实现上述价值。因此,如若特赦前过于宽泛地解释现实社会危险性的含义,加之特赦后所附的条件,会给特赦的实施添加诸多阻碍,从而无法最大化地发挥特赦制度的功能,有违其制度设计之初衷。二则,之所以提倡附条件特赦,主要就是因为推定罪犯存在“现实社会危险性”存在较大的难度。因此,相较于仅仅依赖于事前风险评估这种单一、可能误判的且存在权力滥用风险的防范措施,我们更倾向于采取事前风险评估与事后行为限定的双重保障。这在一定程度上可以将并不能足够推定罪犯释放后具有“现实社会危险性”的事由排除在此范围外，既可减轻司法人员的评估压力，也可降低其权力滥用风险，并能够使罪犯获得较为合理的特赦机会。

据此，对于不宜设定过严标准的特赦而言，应主要结合罪犯改造效果来推断罪犯释放后是否具有“现实社会危险性”。具体而言，罪犯释放后具有“现实社会危险性”，意味着罪犯教育改造效果的失败；而教育改造效果失败之最有力的证明，即是罪犯在服刑或者社区矫正期间再次实施违法犯罪行为。在我们收集的所有特赦后的未成年人再犯案件中，并未发现有在服刑或者社区矫正期间再犯被判刑，后被法院裁定特赦的情况。不过，存在被法院裁定特赦的未成年人罪犯，后又发现其于缓刑期间再犯，法院裁定不予特赦〔1〕以及检察院建议撤销特赦或法院撤回特赦裁定〔2〕的情况。这也说明，在我国新时期的两次特赦实践中，法院在裁定是否特赦时，已将服刑或者社区矫正期间再犯作为不予特赦的一个标准，亦即推定具有“现实社会危险性”的基础事实之一。在此，尚需明确的是，过失犯罪并不能充分证明罪犯的社会危险性，故应将罪犯在服刑或者社区矫正期间的过失犯罪排除在基础事实之外。此外，如果罪犯在服刑或者社区矫正期间违反治安管理处罚法，也可说明其未能取得较好的教育改造效果，但为了避免对罪犯过于严苛的评估，我们建议将违反治安管理处罚法的行为限定为“多次”。

值得一提的是，有学者建议，将罪犯具有“妨碍诉讼的可能”作为推定“现实社会危险性”之基础事实。〔3〕我们对此并不赞同。尽管逮捕之所谓“社会危险性”的具体判断标准中明确列举了这一情形，但在逮捕阶段犯罪嫌疑人毕竟系处于审判前的未决犯，其实施伪造、毁灭证据、打击报复证人等妨碍诉讼行为的可能性很大。然而特赦不同于逮捕，特赦所针对的均是已决犯，且一般是经过一段时间改造的服刑罪犯，其特赦后几乎没有再伪造、毁灭证据的必要，此种社会危险并不具有“现实性”。即便是打击报复证人之情形，往往也并非出于妨碍诉讼，完全可以通过附条件特赦或者其他法律规定予以防范或规制。

因此，我们建议，在建党百年的特赦中，可将服刑或者社区矫正期间再次故意犯罪或者多次违反治安管理处罚法作为推断罪犯释放后具有“现实社会危险性”的基础事实。

（四）赦免性减刑之适度恢复

赦免性减刑是相对于普通减刑而言的。两者在立足点上都在于减轻被判刑人的原判刑罚，其后果也都是使刑罚执行权部分消灭。但是，赦免性减刑属于赦免制度的具体形式，系外在于刑法的、基于弥补法律功能之不足而存在的一种制度，其本身不属于刑罚制度，也不由刑法加以规定；而普通减刑则是一种具体的刑罚执行制度，属于对服刑中确有悔改表现的

---

〔1〕 参见新疆生产建设兵团第十师中级人民法院刑事裁定书，(2015)兵十刑终字第14号。

〔2〕 参见陕西省洋县人民法院刑事判决书，(2017)陕0723刑初28号；重庆市梁平县人民法院刑事判决书，(2016)渝0228刑初233号；陕西省延安市中级人民法院刑事裁定书，(2016)陕06刑申17号；湖南省常德市武陵区人民法院刑事判决书，(2016)湘0702刑初60号。关于检察院建议撤销特赦、法院撤回特赦裁定的情况将在下文探讨。

〔3〕 参见卢建平、赵康：《作为特赦实质条件的“不具有现实社会危险性”》，载《国家检察官学院学报》2017年第3期。

犯罪人的回报和奖励,是司法机关的一项经常性的工作,是实现刑法有关规定的具体表现。[1] 两者之间在性质、适用主体、适用程序、适用条件和根据、适用对象、适用效果等诸方面均有明显的差异。

事实上,赦免性减刑既可以对某一犯罪人实行,也可以对数位犯罪人实行;可以对特定犯罪的犯罪人实行,也可以对被判特定刑罚的犯罪人实行;可以是减轻宣告刑,也可以是减轻执行刑。此处值得探讨的问题是,赦免性减刑在具体适用时能否附加条件?对此,学者们有不同的观点,各国、各地区的实践也多有不同。许多学者认为,作为一种赦免制度,赦免性减刑的实施并不以犯罪人的真诚悔罪为适用前提。因此,如果在赦免性减刑命令中为犯罪人规定具有实质内容的服刑条件或者悔过表现等条件,则其就不能再被理解为赦免性减刑,而在性质上已经向着普通减刑的方向发展,有可能异化为普通减刑。[2] 我们认为,由赦免权人主动实行的赦免性减刑,固然不必以犯罪人的真诚悔罪为前提条件,但显然也不能否定在犯罪人真诚悔罪的情况下也可以给予赦免性减刑。因为不真诚悔罪的尚且可以给予赦免性减刑,真诚悔罪者又怎能被排除在外?诚然,真诚悔罪者往往可以通过普通减刑之途径减轻其刑罚,但普通减刑的适用毕竟还要受到法律规定的限制,在某些不能适用普通减刑的情况下,当然不能排斥赦免性减刑的适用。而且,赦免性减刑除了由国家主动施行外,在很多国家还可以由受刑人本人提出申请,而这实际上也是相关国际公约的要求。如果国家主动施行,当然在整体上要考虑社会、政治形势等诸多因素,至于具体的受刑人是否真诚悔罪则非所问;但是,如果系受刑人向赦免权者申请,如果没有任何条件限制,岂不乱套?因此,在后一种情况下,受刑人是否真诚悔罪应该成为赦免权考虑能否给予赦免性减刑的前提条件之一。

具体到我国而言,虽然《宪法》及现行《刑法》都没有单独规定赦免性减刑制度,但是通常认为,新中国成立后前七次特赦中实际上包含了赦免性减刑的内容。[3] 例如,1959 年 9 月 17 日的首次特赦之中就规定,判处死刑缓刑 2 年执行的罪犯,缓刑时间已满 1 年、确实有改恶从善表现的,可以减为无期徒刑或者 15 年以上有期徒刑;判处无期徒刑的罪犯,服刑时间已满 7 年,确实有改恶从善表现的,可以减为 10 年以上有期徒刑。上述减刑是在特赦令中规定的,与赦免性减刑的内容基本一致,因而可以归诸赦免性减刑之行列。

以此为基础,我们认为,在建党百年之际的特赦中,可以通过将赦免性减刑纳入特赦的范畴,而适度恢复赦免性减刑之适用。换言之,特赦的效果并不只限于一概释放,还可以通过赦免性减刑免除部分刑罚的执行。对于曾为党和国家的建设做过较大贡献、被判处长期自由刑且已服刑 10 年以上的服刑罪犯,如果确已真诚悔罪,也可以通过赦免性减刑,在合理的幅度内缩减其服刑的刑期。必要时,可以借鉴欧美国家之做法,对赦免性减刑附加撤销减刑之后续性条件。从长远来讲,赦免性减刑的适度恢复也可以在减少死刑适用、构建死刑赦

---

[1] 参见高铭暄主编:《刑法学原理》(第 3 卷),中国人民大学出版社 1994 年版,第 683 页。

[2] 参见陈东升:《赦免制度研究》,中国人民公安大学出版社 2004 年版,第 130 页。

[3] 参见高铭暄主编:《刑法学原理》(第 3 卷),中国人民大学出版社 1994 年版,第 680 页;[日]木村龟二主编:《刑法学词典》,顾肖荣等译,上海翻译出版公司 1991 年版,第 461 页。

免制度、缓和终身监禁刑之严苛等方面发挥独特的作用。

(五)适用对象范围之适当扩大

1.既有适用对象之保留与延续

新时期两次特赦的适用对象可以分为以下三类:其一,曾为国家和人民做出过积极贡献的服刑罪犯。此类对象共有四种人,既包括参加过中国人民抗日战争、中国人民解放战争的服刑罪犯,也包括中华人民共和国成立以后参加过保卫国家主权、安全和领土完整对外作战的服刑罪犯,还包括中华人民共和国成立以后为国家重大工程建设做过较大贡献并获得省部级以上"劳动模范""先进工作者""五一劳动奖章"等荣誉称号的服刑罪犯,以及曾系现役军人并获得个人一等功以上奖励的服刑罪犯。其二,属于需要给予从宽待遇的特殊群体的服刑罪犯。此类对象包括年满75周岁、身体严重残疾且生活不能自理的服刑罪犯,犯罪的时候不满18周岁,被判处3年以下有期徒刑或者剩余刑期在1年以下的服刑罪犯,以及丧偶且有未成年子女或者有身体严重残疾、生活不能自理的子女,确需本人抚养,被判处3年以下有期徒刑或者剩余刑期在1年以下的女性罪犯。其三,基于司法实践以及犯罪人具体情况需要通过特赦予以补足的服刑罪犯。主要又包括两种情形:一是因防卫过当或者避险过当,被判处3年以下有期徒刑或者剩余刑期在1年以下的服刑罪犯;二是被裁定假释已执行1/5以上假释考验期的,或者被判处管制的服刑罪犯。[1]

我们认为,鉴于我国新时期的两次特赦均取得了良好的政治效果、法律效果和社会效果,上述既有的特赦适用对象在建党百年之特赦中还可以在整体上保留,并根据特赦的具体实践状况从以下方面适当予以调整:

(1)考虑到参加过中国人民抗日战争、中国人民解放战争的服刑罪犯本就寥寥无几,在第8次特赦中此类对象只有50人,而且鉴于此类对象并未附加排除适用之限制条件,随着这批人员被释放,实际上已没有符合这类条件的服刑罪犯。何况,此类对象已届耄耋之年,基本丧失了危害社会的能力和再犯可能性,因此尽管第9次特赦并未公布每一类特赦对象的具体人数,但想来符合条件的此类服刑罪犯几近于零。为了避免特赦制度流于形式,在建党百年之际的特赦中,可以不再将此类对象纳入特赦之范畴。

(2)就中华人民共和国成立以后参加过保卫国家主权、安全和领土完整对外作战的服刑罪犯来说,参加过20世纪50年代抗美援朝、援越抗法战争的,基本已年过八旬;参加过60年代中印边境自卫反击、中苏边境珍宝岛自卫反击、援越抗美、援老抗美战争的,大体已年过七旬;即便是参加过20世纪七八十年代中越之间战争的,至少已年过五旬,大部分则年过六旬。实际上,在第8次特赦中,符合条件的此类对象也只有1428人。而第9次特赦为此类对象设定了与第8次特赦一样的排除适用条件,即均将犯贪污受贿犯罪,故意杀人、强奸、抢劫、绑架、放火、爆炸、投放危险物质或者有组织的暴力性犯罪、黑社会性质的组织犯罪,危害国家安全犯罪、恐怖活动犯罪,有组织犯罪的主犯以及累犯排除在外。这也意味着,除非将

---

[1] 参见高铭暄、赵秉志、阴建峰:《新中国成立70周年特赦之时代价值与规范研读》,载《江西社会科学》2019年第7期。

此类对象的排除适用条件加以调整,否则几无符合条件的服刑罪犯。考虑到此类服刑罪犯曾为保家卫国做出过突出贡献,我们建议,将前两次特赦的排除适用条件取消,以便扩展建党百年之际特赦的适用范围。因为新时期的特赦均有“释放后不具有现实社会危险性”之实质性限定,而且,经过近年来的刑罚执行体制机制改革,我国已经实现了对罪犯“收得下、管得住、跑不了”的底线规则,对此类对象不设排除适用条件而全部予以特赦,相信并不会危及社会的安宁、和谐与稳定。

(3)为了彰显自古有之的“矜老”传统,承续刑事立法和司法实践亦已体现的对于老年犯从宽处罚之精神,我国新时期的两次特赦均将“年满75周岁、身体严重残疾且生活不能自理的服刑罪犯”纳入适用范围。不过,鉴于同时具备“年满75周岁”“身体严重残疾”“生活不能自理”这三个条件的服刑罪犯很少,第8次特赦中此类对象仅有122人,故而对老年服刑罪犯的特赦更多凸显的是宣示与象征意义。为了进一步延展特赦的惠及范围,我们认为,可考虑将此类对象的年龄降至70周岁。

2. 新的适用对象之拓展与增列

(1)在企业经营过程中因制度缺陷而犯罪的民营企业家。

改革开放之初,我国实行计划经济体制,重视对国有企业的产权保护而忽视民营企业。于夹缝中求生存的民营企业家,在创业初期可能采用了非常规手段经营发展企业,有的在不同程度上触犯了刑法,构成了人们所说的“原罪”。近几年的《中国企业家犯罪报告》也显示,民营企业家的犯罪多属于为降低经营成本、获取经营资金以缓解经营困难的“压力型”犯罪。相对于国有企业中企业家的“权力型”犯罪而言,这种罪名结构特征差异的背后,反映了制度设计层面对民营企业的不公平待遇。由此也刺激和诱发了某些民营企业家走向违法犯罪之路。[1] 尽管当前我国的产权保护制度以及刑法等相关立法也在不断革新与完善,但基于上述经济体制与法律的原因,先前被定罪处罚的民营企业家,目前仍有部分身陷囹圄之中。[2]

在2018年11月召开的民营企业座谈会上,习近平总书记充分肯定了民营经济的重要地位和作用,要求以发展的眼光看待民营企业历史上曾有过的一些不规范行为,并多次强调要甄别纠正一批侵害企业产权的错案冤案。本此精神,我们需要正视特定时期为冲破阻碍经济发展的旧有体制等原因而产生的企业“原罪”问题,并可考虑借助特赦制度来解决。

鉴于此,我们认为,很有必要在建党百年之特赦中,对民营企业以及民营企业家所谓“原罪”案件予以考察,特赦部分相关人员。当然,需要进一步明确可以特赦的民营企业以及民营企业家“原罪”之范围、起始时间乃至具体的犯罪类型。申言之,应当纳入特赦范围的只能是与民营企业以及民营企业家经营活动密切关联的逃税、行贿、非法集资等犯罪,而不应包括杀人、放火、强奸等侵犯人身权利、危害社会治安的罪行。

---

〔1〕 北京师范大学中国企业家犯罪预防研究中心课题组、张远煌:《民营企业家刑事风险分析与对策建议报告》,载《河南警察学院学报》2015年第4期。

〔2〕 阴建峰、刘雪丹:《民营企业平等刑法保护的多维透视》,载《贵州民族大学学报(哲学社会科学版)》2018年第1期。

(2)因新旧法律变更导致被判罪刑严重不均衡的服刑罪犯。

由于社会经济的持续发展,刑法及相关司法解释条文对于某些罪的定罪量刑标准也趋于提高。这就意味着,原先被认定为犯罪或重罪的行为,现行刑法已不再认为是犯罪或者仅认为是轻罪。例如"投机倒把"行为虽曾经被认定为犯罪,但现行《刑法》早已废除相关规定。还有一些罪名《刑法》虽尚未修改或废除,但已明显不适于当前时代,且前置法已作出修改。例如,2013 年修订后的《公司法》已经将公司注册资本实缴登记制改为了认缴登记制,并取消了最低注册资本限额的限制性规定,但《刑法》尚未对"虚报注册资本罪""虚假出资、抽逃出资罪"及时废除或者修改。再如,盗窃罪的定罪量刑标准经历过 1997 年《刑法》以及 2011 年《刑法修正案(八)》两次重大修改,并且在此期间相关司法解释也对盗窃罪的刑罚适用标准作出了较大幅度的提高,导致盗窃罪前后定罪量刑标准出现巨大差异。曾有行为人因于 1996 年盗窃价值 11 万元的财物被判处死缓[1],而如今盗窃 11 万元的量刑标准为 3 年以上 10 年以下有期徒刑。事实上,关于贪污贿赂罪的量刑标准的变更也属于此类情形。

而对于此类由于法律变更而导致的"同罪异罚"困境,特赦制度即是最好的解决之道。其可在尊重刑事判决、维护判决稳定性的基础上,补救法律之不足,修正刑罚之过分严苛,有效发挥其衡平功能。[2] 因此,我们认为,应当将由于法律变更而导致被判罪刑严重不均衡的罪犯纳入特赦的适用范围。

(3)为党的发展与建设做过较大贡献并曾获得省部级以上荣誉称号的服刑罪犯。

在当前和平年代,同战争年代参加正义战争的人士一样,那些曾为中华人民共和国成立、社会主义革命和建设、改革开放作出贡献的人士,同样应值得我们永远铭记与感激。即便是目前正在服刑的罪犯,他们曾经为国家和人民做出过的巨大贡献亦不能因其罪行而抹杀。因此,第 9 次特赦将新中国成立后为国家重大工程建设做过较大贡献并获得省部级以上荣誉称号的服刑罪犯纳入了对象范围。基于同样的道理,我们建议,将曾为党的建设与发展做出过突出贡献,并获得"全国优秀共产党员""全国优秀党务工作者"等省部级以上荣誉称号的服刑罪犯,纳入特赦的考察范围,进一步考量其所受表彰的级别、所犯罪行的种类以及剩余刑期等情况,以决定是否予以特赦。对此类为党的发展与建设做出过重要贡献的罪犯予以特赦,正与喜迎建党百年周年之主旨与氛围契合,表明党和国家对于他们既往贡献的认可和褒奖,也有助于彰显国家德政,展现与民更始的节庆气氛。

(4)引起我国与相关国家之间的外交纷争,已在国内判刑的犯罪人。

作为一项刑事政策工具,赦免制度的运用可以缓解国际矛盾,解决外交冲突。注重运用赦免制度此一功能的事例不胜枚举。例如,2020 年 9 月 7 日,菲律宾总统杜特尔特基于国家利益之考虑,宣布对因谋杀罪而被判处 10 年监禁的美国士兵约瑟夫·彭伯顿予以特赦。沙特阿拉伯当局 2003 年 8 月 9 日赦免 6 名涉嫌在两年前从事爆炸活动而被判刑的英国人,即

---

[1] 参见江苏省镇江市中级人民法院刑事判决书,(1996)镇刑初字第 124 号。

[2] 参见阴建峰、贾长森:《"刑变罚恒"的价值背离及其重塑》,载《法学杂志》2016 年第 2 期。

很好地改善了两国的关系。[1] 而俄罗斯总统普京2000年12月14日特赦美国前海军军官波普,亦为通过赦免制度来缓和国际矛盾、解决外交冲突的实例。波普因涉嫌窃取俄罗斯水下高速鱼雷机密于同年4月3日被俄安全部门拘捕。此后,时任美国总统的克林顿及有关方面以波普身患癌症为由,强烈要求俄方释放波普。2000年12月6日,莫斯科市法院以间谍罪判处波普有期徒刑20年。判决作出后,美国方面反响强烈。同年12月8日,波普致信俄总统普京请求赦免。普京随后将其赦免请求信转交俄总统特赦问题委员会讨论,并在该委员会的建议下做出赦免的决定,从而缓解了俄美之间因这一间谍事件而引发的外交风波。

具体到我国而言,我国近年来所面临的国际形势日益严峻复杂。随着中美关系的急剧恶化,我国与整个西方阵营的关系也急转直下,明显针对我国的美日印澳联盟呼之欲出。这意味着我国外交处于非常需要突破的局面。而目前在我国监狱中服刑的外籍人员日益增多,产生了很多颇为棘手的问题。相关资料显示,近年来我国境内的外籍罪犯人数增长迅猛。2004年以后的5年,平均每年增长31%,比全国同期押犯增长率高出27个百分点。截至2008年底,外籍罪犯人数已达4000人,尤其是国籍不明、无国籍罪犯、来自非洲地区的罪犯之人数增长速度较快,给监狱安全稳定带来较大压力。而且,外籍罪犯涉及84个国家,语言达20多种,宗教信仰涵盖世界五大宗教。涉毒罪犯占79%,10年以上有期徒刑罪犯占88.5%,无期徒刑、死缓罪犯占47.6%,文盲、半文盲罪犯占39.7%。[2] 这都给监狱管理和教育改造带来相当大的难度。何况,外籍罪犯的监管工作十分敏感,始终为诸多国家驻华外交人员所高度关注,有时甚至动辄指责我国监狱的一些做法"侵犯人权",给我国狱政部门施压。特别值得一提的是,我国近来与加拿大、澳大利亚等国还因部分外籍人员涉嫌犯罪被逮捕羁押,产生了较为尖锐的外交纷争,进一步恶化了我国的国际形势与外交环境。

在中央全面依法治国工作会议上,习近平总书记明确提出,要加快涉外法治工作战略布局;要强化法治思维,运用法治方式,有效应对挑战、防范风险。本此精神,我们认为,必要时可以考虑借助赦免制度所具有的缓解国际矛盾、解决外交冲突的功能,将部分可能关涉外交纷争的外籍服刑罪犯纳入特赦之范畴,从而通过强化涉外法治,为我国当前面临严峻形势的外交工作寻求一个可资突破的路径。

四、结语

借鉴新中国以往9次尤其是新时期两次特赦的实践,结合当下的现实需要与实际可行性,建党百年之际应再次行赦。这次特赦应侧重适用于犯罪性质不严重、犯罪情节相对较轻、宣告刑期与残余刑期不长,并且"释放后不具有现实社会危险性"的老年犯、未成年犯、女性罪犯、过失犯、初犯、偶犯等情形。同时,也可将曾为党和国家的发展、建设做过较大贡

---

〔1〕 2000年11月,在沙特首都利雅得发生了一起汽车炸弹爆炸事件,一位英国工程师遇害。沙特调查后认定,这是起黑帮火并事件,目的是控制在沙特境内的非法白酒交易,6名涉案英国人被判有罪。其中2名主犯被判死刑,但一直未被核准执行。其余4名从犯则被判处了18年监禁,并已开始服刑。但是,这6名英国人一直声称,他们是无辜的替罪羊,并且受到了虐待。英国情报部门认为,爆炸是宗教极端分子所为。英国政府为此多次与沙特政府进行交涉,并最终使这6个英国人获得了赦免。参见尚军:《查尔斯王子走后门,沙特当局赦免六名英国囚犯》载新浪新闻网,http://news.sina.com.cn/w/2003-08-12/0457547364s.shtml。

〔2〕 参见孙喜彬、陈帅:《对外国籍罪犯的狱情研判研究》,载《犯罪与改造研究》2013年第7期。

献的服刑罪犯纳入特赦之范畴,以契合迎接建党百年之主旨与喜庆氛围。当然,为了避免触及民众的安全感与稳定感,不致引起太大的社会震荡,仍可以为部分适用对象附加排除适用范围,对故意杀人、抢劫、强奸、绑架、放火、爆炸、投放危险物质或者有组织的暴力性犯罪,黑社会性质的组织犯罪,危害国家安全犯罪,恐怖活动犯罪,有组织犯罪的主犯以及累犯等不予特赦,并排除对被特赦后重新犯罪者再次特赦。从罪犯的服刑时间来说,可限制为2021年1月1日之前正在服刑的罪犯,从而为判断罪犯是否"不具有现实社会危险性"提供较为充裕的时间,也可避免"刚判即赦",以适度维护刑事判决的稳定性和严肃性。总之,在建党百年之际再次行赦,既有以往经验可鉴,也有诸多合理缘由,可以为我国特赦制度的常态化运作再次提供助力,进一步促进特赦的制度化、法治化构建。正所谓"没有宽恕,则没有未来",以宽恕之心、和合之道,逐梦筑梦,梦想可待,未来可期。[1]

〔1〕 光明日报评论员:《重启特赦,以宽恕之心迎接未来》,载观察者网,https://guancha.gmw.cn/2015-08/25/content_16794838.htm。

第三编
刑法分论

专题十二　危害公共安全犯罪研究

关于我国刑法中“恐怖活动犯罪”定义的思考*

一、前提性的思考

有关恐怖主义及恐怖活动犯罪的研究，无疑已成为近年来学术界的一大热点。

恐怖主义，不仅是一个备受关注的问题，而且，还是一个引起了多学科重视的问题。不同的学科已经立足各自不同的学科特点对恐怖主义展开了多方位的研究。例如，立足于犯罪学，进行了有关恐怖主义犯罪原因及对策的研究；立足于国际法学，展开了对国际恐怖主义问题的探讨；立足于政治学，开始了对恐怖主义政治根源的思考。而由于恐怖主义常常外化为一种触犯国家刑律的犯罪行为，因而，在对恐怖主义进行的研究中，刑法具有独特的、不可替代的地位。

然而，无论从哪个学科展开对恐怖主义的研究，首先面临的一个问题就是必须对恐怖主义及概念作出一个清晰的界定。在国内研究中，经常提到“恐怖主义”“恐怖活动”“恐怖活动犯罪”“恐怖主义活动”“恐怖主义犯罪”“国际恐怖主义”等一系列概念。在这些相关概念中，立足于刑法的角度，应当如何界定？有没有一个专属于刑法学科的中心概念呢？笔者认为，刑法作为一门规范学科，其研究必须以一国现行刑法典为起点和依据，而在我国《刑法》中，有关恐怖主义问题的一个中心概念就是“恐怖活动犯罪”。[1] 因此，立足刑法的角度对恐怖主义予以研究，必须围绕“恐怖活动犯罪”进行，而思考“恐怖活动犯罪”的定义，就是这种研究的前提。

二、刑法有无必要明确定义“恐怖活动犯罪”

我国《刑法》中多次出现“恐怖活动”一词，在分则许多罪名中，如

---

* 本文原载于《法学杂志》2006年第5期，由高铭暄教授与张杰合作完成。

[1] 在我国刑法中，提到了“恐怖活动”“恐怖活动犯罪”“恐怖活动组织”三个概念，笔者认为，这三个概念就定义而言，是彼此依附的，只要有一个被界定清楚，另外两个就不言自明了。因此，本文以“恐怖活动犯罪”为中心概念，着重探讨“恐怖活动犯罪”的定义问题。

第120条的组织、领导、参加恐怖组织罪,第120条之一的资助恐怖活动罪,第191条的洗钱罪等,都以恐怖活动或恐怖活动犯罪为基本的构成要素或前提条件之一,如果缺乏对恐怖活动犯罪的明确定义,这些罪的罪状就无法得到清晰的说明。不仅如此,基于国际国内反恐怖主义形势的需要,2001年12月29日全国人大常委会通过了专门针对恐怖活动犯罪的《刑法修正案(三)》,该修正案开宗明义地说明其目的就在于"惩治恐怖活动犯罪"。因此,如果恐怖活动犯罪的定义不明,修正案旨在打击恐怖活动犯罪目的的实现必然大受影响。

反观理论界,仅在1981年之前,西方理论界有影响的代表性主张就有109种之多,[1]我国学界也至少存在几十种有关恐怖主义的定义。如此纷争的理论解说,必然导致司法实践无所适从。

而从国外的立法情况来看,尽管存在理论上歧异丛生的局面,许多国家还是以刑事立法的形式,明确对"恐怖主义""恐怖行为罪""恐怖活动犯罪"等类似概念作出了定义。[2] 在我国刑事法律中,并没有出现"恐怖主义"这一用语,而是代之以"恐怖活动""恐怖活动犯罪",因此,基于国际反恐怖主义刑事领域合作的需要,并进一步明确宣示我国在反恐怖主义问题上的立场,当前,也迫切需要结合我国刑事立法的规定,对恐怖活动犯罪作出一个清晰、统一的定义。

三、如何立足刑法的角度定义"恐怖活动犯罪"

依据我国刑法理论,分析一个犯罪的定义,主要是从犯罪客体、犯罪客观方面、犯罪主体、犯罪主观方面四要件进行,对于"恐怖活动犯罪"的定义,这种思路仍然是可取的,实际上,当前一些学者也正是从这四个方面来界定"恐怖活动犯罪"的刑法学特征。[3] 然而,另一方面,笔者又认为,从这四个方面来分析恐怖活动犯罪的定义,似乎仍不能很好地突出恐怖活动犯罪的特点。需要做的是,从这四个方面再剥离出一些恐怖活动犯罪独有的构成要素,然后基于这些要素来分析恐怖活动犯罪的特征。笔者认为,从恐怖活动犯罪的目的、对象、手段、主体四个构成要素来探讨"恐怖活动犯罪"的定义是比较恰当的。

(一)目的

思考恐怖活动犯罪的目的,涉及两个层面的问题:第一,恐怖活动犯罪是否需要具有特定的目的;第二,如果恐怖活动犯罪需要具有特定的目的,那么,其目的是什么?

目前,在我国刑法学界,对于恐怖活动犯罪是否需要具有特定的目的以及其目的内容是什么,都还是争论。少数学者认为,恐怖活动犯罪不需要具有任何目的。[4] 但大部分学者

---

〔1〕 参见胡联合:《当代世界恐怖主义与对策》,东方出版社2001年版,第16页。如《法国刑法典》将恐怖主义定义为:旨在通过威吓或恐怖手段,严重干扰公共秩序的个人或集体的行为。

〔2〕 《俄罗斯联邦刑法典》规定:恐怖行为罪,是指为了破坏公共安全,恐吓居民或对权力机关作出决定施加影响,而实施爆炸、纵火或其他具有造成他人伤亡、重大财产损失或者其他危害社会后果的危险行为,或者为了同样的目的而以实施上述行为相威胁的行为。

〔3〕 参见莫洪宪、王明星:《论恐怖主义犯罪及其法律控制》,载北京师范大学刑事法律科学研究院编:《反恐立法问题学术研讨会论文集》,2005年12月刊印,第19~22页。

〔4〕 如王秀梅博士认为,恐怖主义只需要具有"目标的随意性,唯一的方法是暴行;结果的无预测性,唯一可预测的结果是在人群中产生直接的极大恐慌与震撼"。对主观目的并无特别要求。参见王秀梅:《论恐怖主义犯罪的惩治及我国立法的发展完善》,载《中国法学》2002年第3期。

认为正相反。对于恐怖活动犯罪的目的究竟是什么,则存在两种比较有代表性的观点:恐怖活动犯罪必须基于特定的政治目的;[1]恐怖活动犯罪的目的就是制造社会恐慌。[2]

笔者认为,对恐怖活动犯罪的目的,必须结合《刑法修正案(三)》通过的宏观立法背景和整个刑法体系协调的微观立法结构进行思考。而立足这两个方面,恐怖活动犯罪必须具有特定的犯罪目的,并且,这种犯罪目的应当是一种意识形态方面的政治目的。

从该修正案通过的立法背景看,2001 年 9 月 11 日,美国世贸大厦遭到"基地"组织恐怖主义分子的袭击,举世震惊,一时间,"反恐"成为全球瞩目的焦点;在国内,新疆等地的"东突"恐怖势力也频频制造事端,对当地人民的生命财产安全、社会政治经济秩序造成极大的威胁。[3] 因此,为加大对恐怖主义的打击力度,我国不仅迅速加入了《制止恐怖主义爆炸的国际公约》,签署了《制止向恐怖主义提供资助的国际公约》,而且,还作为上海合作组织的东道国,积极协助 APEC 成员共同缔结了《打击恐怖主义、分裂主义和极端主义上海公约》。而在国内立法上,一个最重要的表现就是由全国人大常委会通过了《刑法修正案(三)》,对有关恐怖主义的罪名做了大幅度的增加,并提高了相应犯罪的法定刑。因此,可以认为,《刑法修正案(三)》中所言的恐怖活动、恐怖活动犯罪,与恐怖主义具有直接的对应关系,甚至可以直接将其视为恐怖主义在刑事立法领域的一种表现。而正如我国许多学者所指出的,"恐怖主义本质上是一种思想、理念,属于精神层面的范畴","恐怖主义就是以通过制造社会恐慌来恐吓公众、要挟政府,以实现深层次的政治、民族、宗教等要求"。[4] 因此,将恐怖主义进行一种犯罪化处理,并确立为刑法中的恐怖活动犯罪后,其必然与恐怖主义一样,附随性地具有某种意识形态方面的政治目的。

而如果立足微观的刑法本身的罪名体系来看,虽然我们承认将恐怖活动犯罪的主观目的界定为"制造社会恐慌"的观点是具有启发性的,但如果不将恐怖活动犯罪的目的进一步收缩,而扩延至"制造社会恐慌",立即面临的一个问题就是:某些不具有意识形态方面政治目的而仅仅具有制造社会恐慌目的的行为,例如,行为人纯粹是出于精神空虚、寻求刺激产生制造社会恐慌的目的并进而实施了犯罪行为,造成了社会恐慌,也应当成为恐怖活动犯罪。这就使《刑法》分则中许多罪名都可能成为恐怖活动犯罪,从而使恐怖活动犯罪与其他普通刑事犯罪之间的界限趋于模糊,最终使国家专门针对恐怖主义进行立法的意义大打折扣。

因此,笔者认为,刑法中恐怖活动犯罪的目的应当是一种意识形态方面的政治目的。当然,在我国刑法中,犯罪目的,还有根本目的与直接目的之分。所谓根本目的,实际上也就是为刑法所承认的行为的动机;而直接目的,则是直接针对犯罪对象的目的。[5] 在恐怖活动

---

[1] 参见童伟华:《论恐怖主义犯罪的界定》,载《甘肃政法学院学报》2002 年第 4 期。

[2] 参见陈忠林:《我国刑法中"恐怖活动犯罪"的认定》,载《现代法学》2002 年第 5 期。

[3] 自 1999 年至 2001 年,境内外"东突"恐怖势力在我国新疆境内制造了 200 余起恐怖暴力事件,造成 162 人丧生,440 多人受伤。参见赵秉志主编:《惩治恐怖主义犯罪理论与立法》,中国人民公安大学出版社 2005 年版,第 3 页。

[4] 参见赵秉志、杜邈:《我国反恐怖主义立法完善研讨》,载北京师范大学刑事法律科学研究院编:《反恐立法问题学术研讨会论文集》,2005 年 12 月刊印,第 2 页。

[5] 参见高铭暄主编:《刑法学原理》(第 2 卷),中国人民大学出版社 1993 年版,第 120 页。

犯罪中,这种双重目的是完全存在的,行为人意识形态方面的政治性目的,从心理学上说,应当是一种行为动机,但同样为刑法所承认,并能够作为恐怖活动犯罪这一类罪的根本性犯罪目的。而在具体的恐怖活动犯罪行为如放火、爆炸等中,行为人又可能针对犯罪对象产生直接的放火、爆炸等犯罪目的。

(二)对象

在恐怖活动犯罪中,行为人必须具有根本的意识形态方面的犯罪目的,而由此带来的一个问题是,行为人这种深层次的犯罪目的,在刑事程序中如何认定?笔者认为,行为人的政治目的,属于犯罪主观方面的内容。在刑事程序中,它必须通过客观方面反映出来并进行认定,因而,行为人是否主观上具有意识形态方面的政治性目的,同样必须通过其在犯罪活动中表现出来的一系列客观要素进行认定。具体来说,这些要素可能包括行为人的身份特征、行为手段等许多方面,其中,行为所指向的犯罪对象是一个非常重要的方面。关于对象是否是界定恐怖活动犯罪内涵的必要条件以及恐怖活动犯罪的对象应当具有什么样的特征,在我国刑法学界还是一个观点纷纭的问题。一些学者认为,对象并不是界定恐怖活动犯罪内涵的标准之一;[1]也有一些学者虽然主张对象是界定恐怖活动犯罪的要素,但认为恐怖活动犯罪的对象是非武装人员及民用设施等非战斗性目标,并强调这是恐怖活动犯罪与战争的区别。[2]

笔者认为,在认定恐怖活动犯罪的主观目的时,犯罪对象起着重要的作用,因而,认为恐怖活动对象不是界定恐怖活动犯罪内涵标准之一的观点是不可取的。而认为恐怖活动犯罪的对象一定是非武装人员及民用设施等非战斗性目标,在一般情况下是可取的,但也有其他情况,恐怖活动犯罪人针对的目标就是武装人员,例如,车臣恐怖主义者将俄军士兵的头颅砍下当作足球嬉戏,并制成视频在网络上流传。这种行为,也构成恐怖活动犯罪。

因此,我国刑法学界关于恐怖活动犯罪对象的思考还需进一步深入。如果立足刑法的角度,将恐怖活动犯罪视为恐怖主义在刑法领域的一种体现,它的犯罪对象的特点在于:犯罪对象,在一般情况下是不特定的;如果是特定的,这种对象一定具有政治、宗教等象征意义。

我们在前文已经分析指出,恐怖活动犯罪可能出于社会、宗教等意识形态方面的政治目的,实施犯罪行为,造成社会恐慌的危害结果。就犯罪对象而言,行为人可能通过侵害不特定的对象来达到制造社会恐慌的效果,例如,持枪屠杀无辜平民。同时,行为人也可能通过侵害某些具有象征意义的人物如民族友好人士、外交官、新闻记者等,或某些具有政治、宗教、民族等象征意义的建筑如寺庙、碑塔、大使馆、领事馆等来实施恐怖主义行为,并实现造成社会恐慌的效果。因此,总体而言,恐怖活动犯罪的犯罪对象既可能是不特定的,又可能是特定的且具有某种象征意义。

---

〔1〕 参见莫开勤:《论我国刑法中恐怖活动犯罪的概念》,载北京师范大学刑事法律科学研究院编:《反恐立法问题学术研讨会论文集》,2005年12月刊印,第234页。

〔2〕 参见张旭、金玲玲:《国际恐怖主义犯罪再探》,载高铭暄、赵秉志主编:《当代国际刑法的理论与实践》,吉林人民出版社2001年版,第298页。

不仅如此，在恐怖活动犯罪中，行为人除了直接杀人、爆炸等犯罪目的之外，还存在深层的意识形态方面的政治目的。恐怖活动犯罪目的的这种层次性，同样必然在犯罪对象上反映出来。具体来说，恐怖活动犯罪直接针对的对象，与其希望施加影响的对象是分离的。例如，在新疆"东突"恐怖势力屠杀平民时，其直接针对的对象是平民，而意欲施加影响的，则是当地某些政治、宗教团体甚至地方政府、中央政府。从这一意义上，笔者认为，一些学者所提出的，恐怖活动犯罪具有犯罪对象与行为对象相分离特征的观点是十分中肯的。[1]

（三）手段

手段亦是我国学者在确定恐怖活动犯罪定义时经常提到的一个特征，并且多数学者还认为，恐怖活动犯罪的手段只能是"使用暴力或暴力威胁"，[2]或"使用放火、爆炸、暗杀、绑架等恐怖手段"。[3] 然而，一个显见的事实是，虽然恐怖活动犯罪，特别是国际恐怖主义势力，通常采用暴力性质的放火、爆炸、暗杀、绑架等手段，但还有相当部分的恐怖犯罪，却完全可能采用非暴力的手段实施。例如，行为人出于对现行政府不满，采用谣言传播散布恐怖信息；近年来行为人采用在网络上传播计算机病毒的方式实施恐怖主义行为，这些方式都不失为恐怖活动犯罪。

因此，仅仅从暴力或非暴力的角度，尚不能确定恐怖活动犯罪手段的最根本特征，必须撇开暴力或非暴力的局囿，转而寻找其他思路。

在笔者看来，恐怖活动犯罪，之所以被称为"恐怖"，从最表层的意义看，就在于这种行为足以引起人们极大的恐慌。而之所以能产生这种社会效果，其客观方面的犯罪手段显然具有非常重大的作用。因此，我们试着将恐怖活动犯罪的手段界定为"足以引起极大的社会恐慌的手段"。当然，这种界定可能还过于抽象，必须进一步思考的是，究竟什么样的手段会引起极大的社会恐慌，有没有一些客观因素可以比较具体地印证"足以引起极大的社会恐慌"这一相对主观的评价？

对此，笔者认为，首先是一个需要结合社会具体情境进行分析的问题。例如，在社会秩序正常、人心安定的情况下，给他人邮寄一小撮面粉，可能只会被人当作一种恶作剧。但是，如果在恐怖主义分子屡屡利用邮寄炭疽病毒制造恐怖事件、人心惶惶的情况下，给他人邮寄一小撮面粉，就可能引起人们极大的恐慌。因而，也就可能是一种足以引起社会恐慌的恐怖活动犯罪手段。更进一步思考还可以发现，一种犯罪手段足以引起人们极大的恐慌，有下面三个特征：(1)足以引起人们极大的恐慌，意味着这种犯罪手段针对的对象，应当是人们的生命、健康、人身安全、巨额公私财产、社会秩序等重大利益。(2)足以引起人们极大恐慌的犯罪手段，波及的范围应当是极为广泛的。例如，行为人采用在网络上传播病毒制造恐怖事件的行为，可能波及的范围，是全球或某些地区所有的计算机用户。(3)在暴力犯罪的情况下，足以引起人们极大恐慌的犯罪手段，常常是极为凶残、泯灭人性的。

---

[1] 参见陈忠林：《我国刑法中"恐怖活动犯罪"的认定》，载《现代法学》2002年第5期。

[2] 参见陈家林：《"恐怖活动组织"界定问题初探》，载《法律科学（西北政法学院学报）》1998年第2期。

[3] 参见王立民：《反恐立法述评》，载《犯罪研究》2003年第1期。

（四）主体

与所有犯罪一样，主体同样是确定恐怖活动犯罪定义时必须思考的一个重要方面。如果我们立足于刑法的角度思考恐怖活动犯罪的主体，首先有两点是可以得出结论的：（1）个人可以成为恐怖活动犯罪的主体；（2）国家不能成为恐怖活动犯罪的主体。

我国刑法贯彻的是个人责任原则，因而个人可以成为所有犯罪的主体，恐怖活动犯罪也不例外。不仅如此，在恐怖活动犯罪中，个人所具有的某种身份，如是否是民族激进分子、是否属于某些恐怖活动组织的成员等，常常可以辅助性地印证行为人主观上是否具有某种意识形态方面的政治目的。但特殊身份并不是个人构成恐怖活动犯罪的必要条件，行为人即使不具有某种特殊身份，也同样可以成立恐怖活动犯罪。相反，立足于国内刑法的角度，我国刑法从来也不可能将国家界定为一种犯罪的主体。因而，一些学者所讨论的国家能否成为国际恐怖主义犯罪主体的问题，〔1〕在本文的视域中，不成为问题。

此外，在恐怖活动犯罪的主体中，值得思考的问题还有：单位能否成为恐怖活动犯罪的主体？实践中，单位的法人代表完全可能出于某种意识形态深层的动机，并同时兼顾为本单位谋取利益的目的，协助恐怖主义分子或直接以单位名义实施某些危害行为。我国《刑法》第30条已明确规定："公司、企业、事业单位、机关、团体实施的危害社会的行为，法律规定为单位犯罪的，应当负刑事责任。"结合《刑法》分则的规定看，《刑法修正案（三）》已对一些典型的恐怖活动犯罪如资助恐怖活动罪规定了单位负刑事责任的情形，此外，一些既为普通刑事犯罪，又为恐怖活动犯罪的罪名，如洗钱罪，单位也可以构成，因此，立足于我国现行《刑法》的规定，单位可以成为该犯罪主体。

当然，在我国《刑法》中，单位犯罪中的"单位"，仅仅限于合法的公司、企业、事业单位、机关、团体；因而，如果某些已经被我国政府或国际社会宣布为恐怖组织、邪教组织的"单位"，以"单位"名义，出于"单位"利益实施恐怖活动犯罪，则不能认为成立单位犯罪，只能作为有组织犯罪或犯罪集团追究相关个人的刑事责任。

四、结语：以立法解释的形式对"恐怖活动犯罪"作出明确定义

在对恐怖活动犯罪的构成要素特征进行分析后，我们可以得出以下结论：首先，在界定恐怖活动犯罪定义时，同样应当从行为人主观方面的犯罪目的、客观方面的行为对象、犯罪手段、犯罪主体四个方面进行思考；其次，就恐怖活动犯罪与恐怖主义的关系而言，恐怖活动犯罪就是恐怖主义在刑法领域的一种犯罪化体现。据此笔者认为恐怖活动犯罪的定义如下：恐怖活动犯罪是指个人或单位基于意识形态方面的政治目的，针对不特定对象或某些具有政治、民族、宗教等象征意义的特定对象，以足以引起极大的社会恐慌的手段实施的危害行为。

正如本文第二部分指出的，立足于当前严厉打击恐怖活动犯罪的国际国内形势，刑法迫切需要对恐怖活动犯罪作出权威而又明确的定义。而实际上，在2001年《刑法修正案（三）》出台时，如果在修正案中增加一款对恐怖活动犯罪的明确定义，必然能够及时地给予

---

〔1〕 参见庞仕平、崔彬：《国际恐怖主义犯罪研究》，载《法学杂志》2002年第3期。

司法实践有力的指导，对整个修正案的贯彻实施都将大有裨益。然而，遗憾的是，直至今日，恐怖活动犯罪的定义问题仍在立法上付诸阙如，这不能不说是我国整个反恐立法中的一个重大缺陷。鉴于此，笔者建议，全国人大常委会应当尽快以立法解释的形式，明确恐怖活动犯罪的权威定义，这将是我国以刑法手段打击恐怖主义的一个重要举措。

刑事治理现代化背景下危害药品安全犯罪的治理转型*

自党的十六届四中全会以来，社会建设理念和模式经历了从“社会管理”到“社会管理创新”再到“创新社会治理的过程”的演变。在刑法不断强化参与民生犯罪治理的过程中，刑事治理的现代化对犯罪治理提出了更加严格的要求，尤其是对于食品、药品安全，习近平总书记提出了“最严谨的标准、最严格的监管、最严厉的处罚、最严肃的问责”的“四个最严”的工作要求。在这一背景下，2019 年《药品管理法》修订，2021 年《刑法修正案（十一）》生效实施，2022 年最高人民法院、最高人民检察院发布了《关于办理危害药品安全刑事案件适用法律若干问题的解释》（以下简称《2022 年药品犯罪司法解释》），这一系列密集的关于药品安全治理的法律规范性文件的出台，凸显的是危害药品安全犯罪治理的急切性和紧迫性。然而，无论是立法条文还是司法解释的具体规定，“徒法不足以行”，当前亟须检视刑法在危害药品安全犯罪治理中的实际功效，反思药品犯罪治理理念，从刑事治理能力的现代化出发，激活刑罚的有效性，真正实现刑法对人民群众健康的保护。

一、刑事治理现代化背景下我国危害药品安全犯罪的反思

党的十八大以来，重视并积极推进国家治理体系和治理能力现代化，是以习近平同志为核心的党中央领导集体总结中外治国理政实践后提出的重大施政措施。刑事治理作为国家治理的重要方面，国家治理现代化必然要求刑事治理现代化。刑事治理现代化强调在科学犯罪观指导下，根据犯罪原因和致罪机制的理性剖析，通过培育多元犯罪防治主体与媒介，调动公众参与犯罪防治的积极性，合理组织包括刑法、刑法前置法、伦理道德、教育以及医疗等犯罪控制手段，创新犯罪防治的模式与方法，最大限度地激活社会参与犯罪防治的活力，增进全社会

---

* 本文原载于《公安学研究》2022 年第 3 期，由高铭暄教授与陈冉合作完成。

犯罪防治的实际效能,表现出治理理念开放性、治理主体多元性、治理方式协作性,以及治理规则科学性。[1]

(一)我国危害药品犯罪刑法规制思路梳理

结合我国刑法对危害药品安全犯罪行为的刑法规制来看,在立法上经历了罪名严密化和处罚严厉化以及刑法干预早期化的发展过程。早在1979年刑法典就明确规定了制造、贩卖假药罪,该罪名位于刑法分则第六章"妨害社会管理秩序罪"[2]。我国1979年刑法典条文共192条,其中第116条到第130条是关于"破坏社会主义经济秩序罪"一章罪名的规定,主要规定了走私犯罪、知识产权犯罪以及环境犯罪等,对于市场中的伪劣商品行为并无专门规定,因此假药犯罪被规定在了"妨害社会管理秩序罪"一章,与"制造、贩卖毒品犯罪"并列于一章。这样的法条设置,虽然并非科学,但也从一定程度上说明了立法者对"假药"犯罪在公共安全和公民健康危害性上的打击重视。在立法条文的草拟过程中,首次出现对"假药"犯罪的规定是在1954年《刑法指导原则草案(初稿)》中,在"经济上的犯罪"一节第59条规定了"发行违反规定标准的食品、医药用品罪":"故意发行违反政府规定的食品、医药用品,严重危害或者可能严重危害人民生命健康的,判处三年以上十年以下有期徒刑;情节特别严重的,判处十年以上有期徒刑直至无期徒刑或者死刑。"[3]但在1956年刑法草案中,并未对食品安全犯罪进行专门规定,但对假药犯罪的规定予以了保留。此后的多次草案虽然也对药品犯罪的规定几经反复,但在最终通过的刑法典中仍然保留了对假药犯罪的规定。俗话说,"民以食为天",在危害食品安全犯罪行为尚未作出专门规定的情况下,立法首先对伪劣药品犯罪进行了规定,而且这也是涉及伪劣商品类犯罪立法唯一明确规定的一个罪名,足以体现我国在药品犯罪打击上的严厉立场。

根据1979年刑法典的规定,制造、贩卖假药罪在入罪条件上要求"危害人民健康",采取了"结果犯"的立法模式,而且法定刑设置较低,这导致该罪因果关系查明较为困难,实践中犯罪黑数较高。在1979年刑法颁布后,伴随市场经济的高速发展,药品犯罪行为日益猖獗,危害性也越发严重,1985年最高人民法院、最高人民检察院、公安部、司法部发布了《关于抓紧从严打击制造、贩卖、假药毒品和有害食品等严重危害人民生命健康犯罪活动的通知》,指出各级公安、检察、法院、司法行政部门要迅速行动起来,把从严打击制造、贩卖假药作为当前"严打"斗争的一项重点来抓,依法从严惩处。该重判的一定重判,决不能手软。但由于1979年刑法典中该罪的法定最高刑不超过7年,而且实践中使用药品的患者身体自身即有疾病,难以查明是否假药对人体健康造成危害,因果关系难以证明,使得该罪在司法上难以达到"从严"打击的效果,无法满足人民群众强烈要求惩处制售假药犯罪分子的现实需要。

为此,1993年7月2日第八届全国人大常委会第二次会议审查通过了《关于惩治生产、

---

[1] 参见高铭暄、傅跃建:《新时代刑事治理现代化研究》,载《上海政法学院学报(法治论丛)》2020年第4期。

[2] 1979年刑法典第164条规定:"以营利为目的,制造、贩卖假药危害人民健康的,处二年以下有期徒刑、拘役或者管制,可以并处或者单处罚金;造成严重后果的,处二年以上七年以下有期徒刑,可以并处罚金。"

[3] 高铭暄、赵秉志、商浩文:《新中国刑法立法沿革全书》,中国人民公安大学出版社2021年版。

销售伪劣商品犯罪的决定》,[1]该决定以单行刑法的形式将药品犯罪的规制范围扩充到劣药,同时规定了生产、销售假药罪和生产、销售劣药罪,并且将生产、销售假药罪从"实害犯"调整为"具体危险犯";法定刑也进行了较大程度的提高,从1979年刑法典的法定最高刑7年提高到了死刑。而对于新增加的生产、销售劣药罪的法定刑最高刑也配置了无期徒刑。这一单行刑法的规定后来也成为1997年刑法修订的重要参考。在1997年刑法的全面修订中,在第三章第一节第141条、第142条分别规定了生产、销售假药罪和生产、销售劣药罪。这一立法表述基本沿用了1993年《关于惩治生产、销售伪劣商品犯罪的决定》中关于药品犯罪罪名设置、罪状表述和法定刑的表述。[2] 此次立法修订纠正了1979年刑法典在制定中"宜粗不宜细"的做法,更加关注立法中现实问题的解决可能,将药品犯罪区分为假药犯罪和劣药犯罪,并从整体上设置了"具体危险犯"—"实害犯"的层进式刑法防线。这也标志着我国刑法在药品犯罪打击上逐渐走向精细化,而且基于1997年刑法修订中新增了"生产、销售伪劣商品罪",药品犯罪从规制上也着眼于立法的统一性,对药品犯罪进行了伪与劣的形式分类规制。

1997年刑法修订中将假药犯罪设置为"具体危险犯",希冀缓解司法中该罪因果关系判断的困难,但在具体的司法适用中,何谓"足以严重危害人体健康"仍然争议不断。为此,最高人民法院和最高人民检察院于2009年出台了《关于办理生产、销售假药、劣药刑事案件具体应用法律若干问题的解释》(以下简称《2009年假药劣药解释》),这一解释在第1条明确规定了"足以严重危害人体健康"的5种情形。[3] 这5种情形并未对具体的"人体损害"程度进行规定,而是从药品的性质、对象方面进行危险的拟制,也即根据司法适用中的具体情形推定了因果关系的成立。这在一定程度上降低了司法证明成本,缓解了司法认定的困难,但这一解释也受到了学界对其突破立法"具体危险犯"设置的质疑。为此,在2011年《刑法修正案(八)》的修订中,立法机关明确将生产、销售假药罪构成要件中的"足以严重危害人体健康"删除,将该罪明确调整为抽象危险犯,弥补了"危害人体健康"司法认定不足的困难,增加了"其他严重情节"的规定,开启了对药品犯罪规制,从直观的"药品—人身"到"药

---

[1] 全国人民代表大会常务委员会《关于惩治生产、销售伪劣商品犯罪的决定》第2条规定:"生产、销售假药,足以危害人体健康的,处三年以下有期徒刑或者拘役,并处罚金;对人体健康造成严重危害的,处三年以上十年以下有期徒刑,并处罚金;致人死亡或者对人体健康造成其他特别严重危害的,处十年以上有期徒刑、无期徒刑或者死刑,并处罚金或者没收财产。生产、销售劣药,对人体健康造成严重危害的,处三年以上十年以下有期徒刑,并处罚金;后果特别严重的,处十年以上有期徒刑或者无期徒刑,并处罚金或者没收财产。"

[2] 1997年《刑法》第141条规定"生产、销售假药,足以严重危害人体健康的,处三年以下有期徒刑或者拘役,并处或者单处销售金额百分之五十以上二倍以下罚金;对人体健康造成严重危害的,处三年以上十年以下有期徒刑,并处销售金额百分之五十以上二倍以下罚金;致人死亡或者对人体健康造成特别严重危害的,处十年以上有期徒刑、无期徒刑或者死刑,并处销售金额百分之五十以上二倍以下罚金或者没收财产。"第142条规定"生产、销售劣药,对人体健康造成严重危害的,处三年以上十年以下有期徒刑,并处销售金额百分之五十以上二倍以下罚金;后果特别严重的,处十年以上有期徒刑或者无期徒刑,并处销售金额百分之五十以上二倍以下罚金或者没收财产。"

[3] "足以严重危害人体健康"的5种情形分别为,"(一)依照国家药品标准不应含有有毒有害物质而含有,或者含有的有毒有害物质超过国家药品标准规定的;(二)属于麻醉药品、精神药品、医疗用毒性药品、放射性药品、避孕药品、血液制品或者疫苗的;(三)以孕产妇、婴幼儿、儿童或者危重病人为主要使用对象的;(四)属于注射剂药品、急救药品的;(五)没有或者伪造药品生产许可证或者批准文号,且属于处方药的"。

品—管理秩序—人身”的规制路径，对药品犯罪的危害规制不再硬性着眼于现实的“人身伤害”，而是以“药品管理”的秩序需求作为媒介实现对人身健康的刑法保护。

伴随药品犯罪规制路径从“实质危害”到“拟制危害”的演变，刑事司法政策也从“收紧”走向了“放开”，最为典型的现象就是司法实践中“假药犯罪”开始长期处于我国药品犯罪打击的“高频罪名”之列，其原因主要在于我国刑法在假药犯罪上“抽象危险犯”的设置，使得打击上过于依赖行政法的规定。尤其在《刑法修正案(十一)》出台之前，《刑法》对药品的规制主要体现在生产、销售假药罪和生产、销售劣药罪，同时法条明确规定了“假药、劣药”的规定参照《药品管理法》，此规定使得刑法并没有实质判断“假药”概念的空间。2017 年上海市检察机关所起诉的 199 件假药犯罪，虽然假药名称多样，但类型都集中于“形式”上容易判断的假药，即由药监部门认定为“依法必须批准而未批准生产、进口”，占比高达 98%。[1] 而在涉及实质判断的变质药领域，因“变质”这一属性认定困难，按照生产、销售假药罪定罪的相关案例，在裁判文书网上寥寥无几。[2]

基于《药品管理法》与刑法规制目的不同，而且《药品管理法》事实上对药品安全的规制不单纯体现在假药、劣药的范畴，客观上便产生了二者事实上不能完全等同认定的现实。尤其在刑法打击日益严厉化的背景下，在行政立法层面，为了顺应市场经济体制改革的逐步深入，《药品管理法》分别于 2013 年和 2015 年进行了两次修正，对药品生产领域逐步“放松管制”。在中医药领域，为了鼓励创新发展，《中医药法》于 2017 年正式实施，对一些民间偏方进行了专门的立法规定。对于危害药品犯罪行为的规制，能否以“秩序违反”拟制“人身危害”，尤其是“假药”认定范围的宽泛开始引起社会各界的关注。考虑到刑法的补充保障法地位以及法秩序统一的要求，最高人民法院和最高人民检察院于 2014 年颁布《关于办理危害药品安全刑事案件适用法律若干问题的解释》(以下简称《2014 年药品犯罪司法解释》)。其第 11 条第 2 款明确规定“销售少量根据民间传统配方私自加工的药品，或者销售少量未经批准进口的国外、境外药品，没有造成他人伤害后果或者延误诊治，情节显著轻微危害不大的，不认为是犯罪”。然而即便如此，伴随“陆勇案”等案件的发生，“假药”“劣药”在行政法和刑法认定上的问题引发了社会对假药犯罪打击的质疑。这种囿于“概念”认定的形式

---

〔1〕“形式”上的假药主要有以下四类：一是壮阳类性药，共 131 件 150 人，占比 65.8%。此类性药大多非法添加了西地那非、他达拉非，在生产或者进口中未取得国家药监部门的批准按假药论处。二是进口美容针、麻醉针等注射针剂，共 44 件 47 人，占比 22.1%。此类假药往往通过非正常途径从国外流入国内，未经我国药监部门批准进口，按假药论处。三是进口国外药品，共 15 件 25 人，占比 7.5%。此类药品没有进口批文，属于必须批准进口而未经批准进口，按假药论处。比如日本便秘治疗剂、眼药水、祛痘膏、德国感冒止咳药等。四是其他按假药论处类，共 5 件，占比 2.5%。此类假药属于依法必须批准生产而未经批准生产，按假药论处。比如自制药王酒、中药饮片等。以上四种类型假药均由药监部门认定为“依法必须批准而未批准生产、进口”，按假药论处之情形，属于形式上的假药。另外是实质上的假药，共 4 件，占比 2%。此类假药主要是违规自制药品或假冒品牌药品，经检测药品所含成分与国家药品标准规定的成分不符，属于实质上的假药。比如自制抗癌胶囊、冒牌东阿阿胶等。参见俞蕾、马珣：《生产、销售假药类案件实证研究——以上海市司法实践为视角》，载《上海法学研究》2019 年第 5 卷。

〔2〕虽然实践中司法机关在认定假药、劣药时可以根据地市级以上药品监督管理部门出具的认定意见等相关材料进行，必要时，可以委托省级以上药品监督管理部门设置或者确定的药品检验机构进行检验。但是由于我国尚未制定变质药品的技术判定标准，使变质药品的技术判定存在很大的困难，许多药品检验机构对于变质药品，不敢下该批药品属于变质药品的检验结论，因此难以将其定性为假药入罪。

判断与刑法在假药犯罪规制上"实质的危险"具有内在的相悖性。

面对刑法与行政法在药品管理司法实践中引发的问题,特别是发生的这些实质危害性缺乏的假药案件,不单纯是刑法层面,行政法领域也认识到"假药"认定不宜单纯行政拟制。在民众强烈的关注下,2019 年《药品管理法》再次迎来大规模的修订,第 98 条对于 2015 年的《药品管理法》第 48 条和第 49 条进行了较大的修订,这种调整删除了"按假药论处"或者"按劣药论处"的规定,而直接表明"假药""劣药"的情形。修订之前"按假药论处"的情形有六种,其中第一种情形为"国务院药品监督管理部门规定禁止使用的",主要是指按照 2015 年《药品管理法》第 42 条的规定,属于疗效不确定、不良反应大或者有其他原因危害人体健康的情形,被国务院药品监督管理部门撤销了药品批准文号或者进口药品注册证书的情形,第二至第五种情形即"未经批准""未经检验""变质""被污染"等情形,涉及的也是药品本身的成分安全问题,但其中既有程序不规范也有实质效果不良的情形。而修订之后的第 98 条,删除了"禁止使用""未经批准、检验""未取得批准文号""被污染"的类型,保留了"变质"的情形,从以上调整可以看出,在"假药"的认定上似乎更加重视实体效果。修订之后"按劣药"的情形是七种,但在具体规定上,以往的"被污染"假药认定情形降级为"劣药",而删除了"直接接触药品的包装材料和容器未经批准的",再次印证了"药品"规制的"限缩",对于程序上不规范行为并不一概而定为假药。

此外,药品监管的法律法规,一方面是对假药、劣药犯罪范围的限缩,而另一方面加强了针对药品风险的过程性管理,强化对药品链条的全程保护。比如,作为保护类型上最为特殊的药品——疫苗,在"长春长生系疫苗案"的发生后,2019 年《疫苗管理法》出台,以"对疫苗实行最严格的管理制度"为原则,将之前分散在多部法律法规中的疫苗研制、生产、流通、预防接种、异常反应监测、保障措施、监督管理、法律责任等规定进行了系统整合,法律责任涵盖疫苗管理的全流程。药品行政管理法律法规的完善,也促进了刑法的衔接性修订,2020 年《刑法修正案(十一)》出台,从科学治理的角度出发,删除了"按假药论处"和"按劣药论处"的规定,以药品质量功效为标准,回归假劣药的本质;增设了"提供假药罪""提供劣药罪""妨害药品管理秩序罪",将药品犯罪的刑法规制从生产、销售环节延伸到了药品许可文件的申请,以及临床试验阶段。《2022 年药品犯罪司法解释》第 7 条将"足以严重危害人体健康"的安全评价认定标准,扩展到"故意毁损原始药物非临床研究数据或者药物临床试验数据,或者编造受试动物信息、受试者信息、主要试验过程记录、研究数据、检测数据等药物非临床研究数据或者药物临床试验数据"。

(二)对危害药品犯罪行为规制"提前预防"的反思

从我国药品犯罪刑事立法的修订来看,从假药犯罪"实害犯"到"具体危险犯"再到"抽象危险犯"的演变,从对"假药""劣药"的规制到对"妨害药品管理"的全流程行为的过程规制,体现了刑法对药品犯罪的提前预防,而在解释刑法提前介入规制的原因时,大多观点都提及"风险社会"这一概念。

最早提出"风险社会"这个概念的是德国社会学家乌尔里希·贝克,他认为"风险社会指的是世界风险社会,它面对的挑战是无论从时间还是从空间上都无法从传统社会的角度进行界定的现代文明制造的风险"[1]。对于风险的社会治理,刑法作为社会治理的一种手段,自然也面临风险社会的检验,刑法中产生了将社会学中的风险刑法理论与刑法理论结合的风险刑法理论,又称安全刑法理论。最早尝试将贝克关于风险社会的思考应用于法学领域的是赖纳·沃尔夫。他认为,伴随风险社会问题的增加,在法律责任的归责中,因果关系和罪责这样的概念都将失去价值,为了有效应对风险,法律需要发展出一套"不依赖于罪责的风险平衡机制"来加以应对,如"足以产生危险的工作"或"严格责任"。[2] 对于风险社会的到来,多数国家在立法中开始尝试增设大量抽象危险犯,针对模糊的风险状况下非具体的损害进行规制。[3]

我国刑法学者对风险社会与风险刑法理论的态度不一,存在肯定说、否定说和折中说三种观点。但不可否认的是,在现实生活中,风险刑法的影子正在逐步加强,对于由不被容许的风险行为激发的公众怒气,如食品安全犯罪、信息安全犯罪以及生态、环境安全犯罪,刑事立法的回应都体现了防卫线前移的现实需求。[4]

从药品犯罪的规制来看,夹杂着自然风险到生物科技风险时代的到来,虽然药品犯罪的规制离不开"风险社会"的背景考量,但笔者认为,并不能将"风险社会"作为药品犯罪规制的当然起点,在人类进入风险社会之前,药品犯罪也当然受到刑法的规制。因此,不能将药品犯罪作为风险社会带来的新问题看待。对于药品犯罪来说,"风险"并非一个新名词,"是药均有三分毒"已经说明了药品本身的危险属性。药品本身工艺复杂,尤其是中药,从原材料到成品,其炮制方式的多种多样,对药品危害性的判断需要具有高度的专业性,药物的使用本身就具有危险性,如果完全以"风险社会"为背景,我们往往很容易模糊对"危险"的认识,对药品犯罪的规制不能为了"安全"而单纯以"危险"作为入罪根据,应当将风险社会的"风险"与药品自身"风险"区分开来,不能以单纯模糊的"风险"替代刑法中不合理危险。

在对药品犯罪进行规制时,不能过于强调刑法在"安全保障"上的工具价值,刑法固然属于社会性控制手段,但也难以奢望以刑法有效预防和消除风险。在国家治理现代化的发展路径上,刑法治理的现代化更需要对"风险"保持清醒的认识。即使我们必然要面对"风险社会"的现实,以此更好协调人类社会发展与工业化进程中的矛盾,也不要一味迎合风险治理的需要,因为这样会有瓦解刑法根基的极大风险。[5] 在运用刑法与风险斗争时,必须防止刑法走向工具主义和纯粹的功能主义,保护法益关系和其他法治国的归责原则。[6] 基

[1] [德]乌尔里希·贝克:《从工业社会到风险社会(上篇)——关于人类生存、社会结构和生态启蒙等问题的思考》,王武龙编译,载《马克思主义与现实》2003年第3期。

[2] 参见[德]乌尔里希·齐白:《全球风险社会与信息社会中的刑法》,周遵友、江溯译,中国法制出版社2012年版。

[3] 参见[德]乌尔斯·金德霍伊泽尔:《安全刑法:风险社会的刑法危险》,刘国良编译,载《马克思主义与现实》2005年第3期。

[4] 参见刘明祥:《"风险刑法"的风险及其控制》,载《法商研究》2011年第4期。

[5] 参见[德]乌尔里希·齐白:《刑法的边界——马普外国与国际刑法研究所最新刑法研究项目的基础和挑战》,周遵友译,载赵秉志主编:《刑法论丛》,法律出版社2008年版。

[6] 参见[德]克劳斯·罗克辛:《德国刑法学总论:犯罪原理的基础构造》,王世洲译,法律出版社2005年版。

于人权法治基本理念作为当今文明各国价值追求的普遍目标,对刑法谦抑性主义的信念也不能动摇。[1] 从药品犯罪的规制来说,"提前预防"的介入是为了实现"药品安全",但不能单纯以"风险社会"这一背景需求扩张药品犯罪的规制范围。以风险塑造刑法规范和理论,必然将公共政策带入刑法视野,涉及公共安全的危险犯大量产生。为了强化国民的遵法认同感与规范"合规"的意识,自由与安全的冲突进一步加剧,在这一过程应当坚守刑法"人权保障"的机能,坚守罪刑法定原则,维系自由与安全之间的权衡,不能无限扩大刑法立法权与司法权。[2] 为回应人民群众对药品安全的新期待、新要求,在积极主义刑法观指引下,刑事政策有必要逐渐转向对控制犯罪、保障安全、维护秩序的价值追求,刑法应当相对积极主动地介入社会生活,但必须脱离纯粹的事后惩罚犯罪、恢复社会秩序的理论预设,而是根据犯罪的生成机制,借助增设(抽象)危险犯、配置预防性制裁措施、完善社会性行刑处遇机制、建设刑事合规体系等预防性方法,有针对性地进行事前风险防控,阻断风险现实化的流程,积极追求将各类(重大)刑事风险消灭在萌芽状态的预防效果,从事后打击犯罪的报应惩治模式向事前管控风险的预防控制模式转型,探索科学的、现代的犯罪治理举措。[3]

(三)对药品犯罪规制中刑法"保障法"地位的反思

从我国对危害药品犯罪行为的规制来看,在发挥补充作用和保障作用时,可以从刑法与其他部门法的关系分析。从刑法立法和司法实践来看,其过于重视与行政法衔接,而忽视与民法衔接。

在刑法与行政法的衔接上,从我国刑法对药品犯罪打击的流程来看,重视静态的对象打击而忽视动态的过程风险防控,过于依赖"假药、劣药"的定性结论,而忽视药品研发、生产、包装、质检、贮藏、运输、销售、监管、召回等多个环节。在《刑法修正案(十一)》出台之前,对于药品研发、临床试验等环节违反药品管理法规的行为,缺乏刑事责任的补充规定。这一点也可以从刑法与民法的衔接不足中看出,在民事责任中"缺陷药品"类型的广泛性与刑法规制的单一性存在对接尴尬。民法中的缺陷药品包括了设计缺陷、制造缺陷、警示缺陷、观察缺陷等。这些类型是否都可以纳入刑法中假药、劣药的范畴?从目前刑法的条文来看,在假药、劣药的认定上,如果仍然坚持《药品管理法》的理解,那么一些缺陷药品无法被认定为假药、劣药,无法被追究药品安全刑事责任。我们以观察缺陷药品来说明,药品进入流通后,仍然需要观察其是否具有危险性,[4] 根据《药品管理法》第80条的规定,药品上市许可持有人对上市后的药品仍然需要进行不良反应监测,主动收集、跟踪分析疑似药品不良反应信息。在未履行观察义务的情况下,根据《产品质量法》的规定,该药品便属于具有客观危险的产

---

[1] 参见刘艳红:《"风险刑法"理论不能动摇刑法谦抑主义》,载《法商研究》2011年第4期。

[2] 参见高铭暄、孙道萃:《总体国家安全观下的中国刑法之路》,载《东南大学学报(哲学社会科学版)》2021年第2期。

[3] 参见高铭暄、曹波:《新中国刑事治理能力现代化之路——致敬中华人民共和国七十华诞》,载《法治研究》2019年第6期。

[4] 2019年修订的《药品管理法》第77至83条均为药品上市后观察义务的相关规定。

品,有承担民事责任的可能。根据刑法中假药、劣药的认定,刑法所规制的是制造缺陷的产品,那么"观察缺陷"是在生产之后的行为,所以客观上不可能成立药品犯罪。对此,我们以警示缺陷药品为例具体说明,存在警示缺陷的药品,是指对药品在流通时所具有的内在风险、不合理使用的风险等未向消费者如实告知,没有进行合理的警示,该类药品在性能上并不存在问题。那么存在警示缺陷的药品是否可以被认定为假药或者劣药?这种情况下,根据《药品管理法》第98条的规定,唯一具有相关性的便是"所标明的适应症或者功能主治超出规定范围"的情况,形式上属于生产者违反警示义务的情况,但法律规制的是"超出规定"的情况,而"警示缺陷"是未进行警示或未"充分警示"的情况。就药品本身的使用来看,"超出规定"证明药品不具有某种疗效却予以夸大,是将"无"说成"有",那么,我们将其理解为假药未尝不可。但如果只是警示标志有缺陷,则属于外包装上的问题,不能将此认定为药品自身的内在问题。因此,警示缺陷药品并不属于假药的范畴。那么其是否属于劣药的范畴?这里就存在对劣药认定情形中兜底条款"其他不符合药品标准"的理解。在我国,药品标准分国家标准、部颁标准与地方标准,这两类标准都包含了对药品说明书、适应症等警示内容的规定。这也赋予刑法介入规制的可能性,但笔者在中国裁判文书网并未找到任何因警示缺陷而被认定为劣药犯罪的案件。这也从一定程度上说明司法实践对假药、劣药的认定仍过于受限于《药品管理法》的明确规定,而忽视了可能更广泛存在于民事领域的"缺陷药品"入罪的可能。[1]

二、危害药品安全犯罪"源头治理"的理性预防

我国药品犯罪的刑事立法模式上呈现出的结果犯—危险犯—行为犯的发展脉络,体现出刑法保护层层前置的思想,但是立法的提前保护也并非无边无际,应该有一定的限度,否则规制风险的手段必将会产生新的风险。刑法从事后惩治转向事前预防,预防角色的转变,应当建立在对药品犯罪规律的溯及"犯罪原因"的基础上,而非对风险的绝对回避。

(一)立足于实质"法益"保护的预防观

在风险社会的影响下,刑事立法出现了针对某些领域的象征性立法,比如在环境污染、金融犯罪、恐怖主义犯罪等领域,刑法保护法益走向抽象化,产生了大量的抽象危险犯。对抽象危险犯是否还需要进行实质的危险判断,理论界存在不同认识,周光权教授曾指出:"抽象危险如果在司法上还要判断和限定,不管怎么判断,用什么方法判断,只要一判断和限定,抽象危险犯就无限接近具体危险犯了。"[2]但也有学者认为只要行为人实施了不被容许的风险行为,就可能成立风险犯,可能产生扩大刑事处罚范围的风险。由于被容许的风险行为与不被容许的风险行为在有些场合只有一线之差,因此很容易出现两者之界限难以划清的问题,在一些科技发展领域,扩大风险犯的处罚范围还会使人们丧失挑战风险的信心,从而

[1] 参见陈冉:《法秩序统一视野下危害药品安全犯罪的刑事责任重构》,载《中州学刊》2021年第4期。
[2] 梁根林主编:《当代刑法思潮论坛:刑法体系与犯罪构造》第1卷,北京大学出版社2016年版。

阻碍科学技术的发展。[1]

笔者认为,对药品犯罪的规制不宜打破传统的以具体内容为基础的“法益”概念。从我国刑法对药品犯罪的探讨来看,药品犯罪所侵害的法益,一般认为是国家对药品的监督、管理秩序和不特定人的生命健康安全。[2] 既包含秩序法益也包含健康法益,对于这两者之间的关系,有学者从主从关系出发,认为秩序法益是主法益,健康法益是次法益。[3] 有学者从表里关系分析,认为秩序法益为表,健康法益为里。[4] 笔者认为,药品犯罪作为公害犯罪,其规制的核心应当为“健康法益”,对秩序的保护是为了实现对健康法益的保护,秩序法益本身不具有纯粹的保护价值,也不能作为独立的保护法益。在“陆勇案”为代表的一系列“我不是药神案”之后我国假药、劣药认定标准的实质化确立,到妨害药品管理秩序罪具体危险犯的增设,说明刑法在药品犯罪规制上的目的是保护社会公众身体健康。

以假药犯罪的打击为例来讲,在2019年《药品管理法》修订后,以生产、销售假药罪认定的案件数量则呈现“断崖式”下跌。这暴露出我国药品犯罪打击单一化的特点,实践中2020年之前的案件大多是以“按假药论处”情形认定的,其中,未经批准生产、进口的药品占此类案件的最高比例。自2019年《药品管理法》实施以来,虽然明确了假药之“假”的关键在于功效的欠缺,需要进行危害的实质认定。但在《刑法修正案(十一)》出台之前,司法实践中以4种假药类型而明确入罪的比例仍然是较低的。有学者对2019年12月1日至2020年7月1日的案件进行检索,统计显示属于药品所含成份与国家药品标准规定成份不符情形的假药占2.5%,以非药品冒充药品或以他种药品冒充此种药品情形的假药占8.3%,未有一例涉及变质药品和所标明的适应症或者功能主治超出规定范围的药品的案件,有近70%的案件没有明确假药的具体类型。[5]

而在《刑法修正案(十一)》出台之后,关于假药、劣药的认定完全依照《药品管理法》的规定,客观看似赋予“假药、劣药”更广阔的认定空间,但我们应当认识到,刑法在“假药”的认定上,不是为了扩容而是为了限缩。为此,《2022年药品犯罪司法解释》第19条规定,对于刑法第141条、第142条规定的“假药”“劣药”,依照《药品管理法》的规定认定。对于依据《药品管理法》相关规定认定困难的,假药、劣药定性存在争议的,应当由省级以上药品监督管理部门设置或者确定的药品检验机构进行检验,出具质量检验结论,由司法机关根据认定意见、检验结论,结合其他证据作出认定。在第18条更是明确对“未造成他人伤害后果或者延误诊治的,或者不以营利为目的实施带有自救、互助性质的生产、进口、销售药品的行为”不再认定为犯罪。

《刑法修正案(十一)》对药品犯罪修订时,罪刑设置立足于违反《药品管理法》行为的现

[1] 参见刘明祥:《“风险刑法”的风险及其控制》,载《法商研究》2011年第4期。

[2] 参见张军主编:《刑法(分则)及配套规定新释新解》(第3版),人民法院出版社2013年版。

[3] 参见孙国祥、魏昌东:《经济刑法研究》,法律出版社2005年版。

[4] 参见梅传强:《危害药品安全犯罪的最新修订及其适用研究》,载《当代法学》2021年第5期。

[5] 参见刘娜、旷翔宇:《新〈药品管理法〉施行后制售假药案件认定的思路转向》,载《山东法官培训学院学报》2020年第5期。

实危害。比如针对未经批准的进口药品虽然不再属于拟制假药,但相关经营行为依然是被《药品管理法》所禁止的违法行为。在这一违法行为达到一定严重程度后,以刑法手段打击,符合行刑衔接的基本要求。[1] 而《药品管理法》在修订时也留出了打击空间,即《药品管理法》第114条规定“违反本法规定,构成犯罪的,依法追究刑事责任”。刑法修订中对这一行为独立规定为妨害药品管理罪,较之修订前刑法规定,明显限定了刑法的打击力度。在犯罪构成上,以“足以严重危害人体健康”为要件,将“行为犯”打击转型为“具体危险犯”打击;法定刑设置也明显减轻。

有学者认为,立法在修订时对《药品管理法》第124条所规定的情形进行选择,采取不同的处理方式并不妥当,因为第124条所规定的7种行为都属于违反药品监管秩序的行为,这些行为涵盖药品注册审批、原材料审批审评以及生产销售药品全过程。从性质上看,这几类行为都是违反药品安全生产经营程序性规范的行为,按照“假药”“劣药”认定均有一定的困难(假劣药标准是法定的,在特定情况下由于程序、标准等限制,无法得出假劣药的明确结论),但第124条规定的情形应当与第98条情形同等评价,否则就会造成刑法评价上的漏洞。[2] 对此观点,《刑法修正案(十一)》草案二审稿对相关情形进一步删除,给予了回应,一审稿的5种入罪情形,在二审时删除了“依法应当检验而未经检验即销售药品的”,从客观来看,这种情况下立法仍然要考虑刑法与行政法不同的机能,保持刑法的谦抑。《药品管理法》规定了多种程序违法情形,检验的客观后果既可能是真药,也可能是假药、劣药,甚至可能是无法鉴定出假劣药的情形,但不代表刑法不应当对这些情形区别处理,刑事立法要坚持“必要性”和实质的法益保护需要,不能单纯从秩序保障的需要出发。《2022年药品犯罪司法解释》对“足以严重危害人体健康”的编造生产、检验记录的情况,便明确附加规定了“影响药品的安全性、有效性和质量可控性的”方可入罪。这与我国在食品安全犯罪治理的思路也是一致的,在2021年最高人民法院和最高人民检察院联合发布新修订的《关于办理危害食品安全刑事案件适用法律若干问题的解释》中,较之修订前的司法解释,在认定违规添加和被国务院有关部门禁止添加物质是否有毒、有害时,增加了“因危害人体健康”的限定要素。

(二)风险预防的“过程化”治理

一直以来,我国刑法对药品安全的保护集中体现在第141条和第142条,而这两条都着眼于“药品”本身的真假、优劣,对药品风险的管控,缺乏了全程动态的过程风险控制评价。对药品犯罪的规制需要从不合理的危险出发,对从生产、销售到检验、申报注册等各个环节严格把关,因为各个环节的违法行为都存在着影响药品安全性和有效性的各种风险。

2019年修订的《药品管理法》第3条明确规定了药品风险的“全程管控”。从药品生产、流通的过程来看,大多违法行为如果在前段及时处理,可以有效预防药品危害事故的发生。

---

[1] 参见陆锋、张元金:《论〈刑法修正案(十一)草案〉涉“假药”犯罪案件的实践困境及解决路径》,载《上海法学研究》2020年第16卷。

[2] 参见张伟珂:《论〈刑法修正案(十一)(草案二审稿)〉药品犯罪立法完善建议》,载《人民法院报》2020年11月26日。

在生产安全事故的分析中便存在“海因里希安全法则”,有学者统计分析美国7.5万生产安全事故原因后发现:88%的事故是由人的不安全动作引起的,10%的事故是由物的不安全状态引起的,另外2%的事故因随机性太强而不易归类。[1] 据此,只要明确刑法的干预范围,有针对性地介入,阻断违法犯罪行为的继续,打破事故的致因链条,就可以避免安全事故的发生并实现保护法益的目的。[2] 对于药品犯罪来说,也存在违法行为前段及时处置的必要性,药品犯罪发生的时间、空间具有特定性,而违法原因和环节也具有相对明确性,故除了从实质的对象规制,还需要考虑药品安全的全部流程。我国药品生产管理规范(Good Manufacturing Practice,GMP)不但对生产企业硬件设施提出了要求,而且更强调生产过程的控制,《药品生产监督管理办法》明确了生产活动“全过程”“持续”合规检查,提出建立基于风险的药品生产动态检查制度,开展以风险为基础最严格监管。但从“全过程”规制来看,直到2017年最高人民法院、最高人民检察院《关于办理药品、医疗器械注册申请材料造假刑事案件适用法律若干问题的解释》才对临床数据造假行为做出相应规范。然而,以司法解释的方式扩大药品犯罪的监管范围,被批评为只是对销售行为和假药类别的逻辑性扩张,缺乏对违反药品监管程序类不法行为的充分考量。[3] 相较于域外对药品犯罪的严格规制,我国药品注册、上市、生产、销售、提供、使用等环节均有必要纳入刑法规制范畴,为此《刑法修正案(十一)》增设了妨害药品管理罪,将药品安全的保护从“静态”的对象规制延伸到“动态”的环环相扣的秩序保护。《刑法修正案(十一)》所新增的药品犯罪行为方式,其模式来自《药品管理法》第123条、124条的规定,实现了刑法与药品管理法的衔接,极大缓解了当前司法实践中对于妨害药品管理秩序行为的处置困境,符合“严密法网”的立法精神。

此外,药品安全的最终表现即为“用药”安全,但我国长期以来对“使用假药、劣药”的犯罪行为缺乏明确的规定,为了弥补1997年刑法规定的缺失,2009年最高人民法院、最高人民检察院《关于办理生产、销售假药、劣药刑事案件具体应用法律若干问题的解释》第4条针对使用假药、劣药的行为拟制为“销售”,而且惩罚对象仅限于医疗机构。这是司法实践中的一种不得已的妥协,“单纯使用”与“销售”行为性质存在明显差异,使得司法工作者也产生了犹豫。该解释出台后,司法打击效果并不明显。直至《2014年药品犯罪司法解释》将追诉范围限定为有偿提供假药劣药给他人使用的行为后,销售假药罪和销售劣药罪的刑事案件数量出现了一定的增长趋势。面对司法解释的权宜之计,药品犯罪治理的现实需求却日益迫切,也正是在这样的紧张关系下,刑事立法基于罪刑法定的原则,在销售假药、劣药罪之外重新考虑确立新的罪刑规范,通过增设新罪为有效惩治这类行为提供刑法上的依据。

(三)风险预防的针对性治理

基于药品本身的属性不同,药品因其种类不同“危险”呈现出不同特点,因此《药品管理法》第24条对西药、中药材、中药饮片规定了不同的审批管理部门。中药、西药以及生物制

---

[1] 参见傅贵:《安全管理学——事故预防的行为控制方法》,科学出版社2013年版。
[2] 参见宗玲:《惩罚与预防:安全生产之刑事规制》,载《江西社会科学》2018年第5期。
[3] 参见张伟珂:《论药品犯罪刑法规制的转型与司法回应》,载《中国刑事法杂志》2021年第2期。

药的生产、制造工艺不同,药品生产“技术性”差异产生了危险防控的不同需求,在药品犯罪立法和司法上都需要关注技术风险的针对性防控。有学者便提出我国在技术犯罪上缺乏科学性的理论指导,单纯以风险社会为背景主张预防的提前,有盲目扩大犯罪圈的嫌疑,应当立足犯罪行为技术性特点,分门别类研究科技犯罪行为之间的技术差异,增加刑事立法的适应性。[1]

在进行假药、劣药的危险评价尤其是风险防控时应采取不同的治理路径,应当将假药、劣药的认定标准与药品的概念相结合,而不是机械、孤立地适用《药品管理法》关于假药的规定。比如在认定中药是否为假药、劣药时,除了依据《药品管理法》第98条的规定外,还需要结合中药的特性和《中医药法》的规定。根据中医药理论,中药用药讲究辨证施治、一人一方。在监管要求上更为严格,也更为困难。《中医药法》第56条第2款规定,医疗机构应用传统工艺配制中药制剂未依照《中医药法》规定备案,或者未按照备案材料载明的要求配制中药制剂的,按生产假药给予处罚。[2] 在认定中药是否为假药、劣药时,要从中药本身的风险形成规律出发,2020年《中药注册分类及申报资料要求》正式发布,建立了符合中药特点的审评审批体系,中药注册按照中药创新药、中药改良型新药、古代经典名方中药复方制剂、同名同方药等进行分类审批注册。新注册分类遵循中药的研发规律,坚持以临床价值为导向,改革、完善中药资源评估机制。中药的种类多样,对其风险评估和确认往往需要多年的试点调研,比如,中药配方颗粒在我国的试点工作源于1993年,历经近20年的生产、使用,直到2021年药监局等部门发布《关于结束中药配方颗粒试点工作的公告》,明确将中药配方颗粒的质量监管纳入中药饮片管理范畴,《中药配方颗粒质量控制与标准制定技术要求》才正式公布。这就要求我们在认定中药犯罪时要充分考虑临床的安全性以及相关已有法律法规和药品标准的规定,不能单纯根据刑法进行判断。

再如“疫苗”类犯罪,疫苗是为预防、控制疾病的发生、流行,用于人体免疫接种的预防性的生物制品,通常接种疫苗的人群广泛,一旦发生质量问题,后果往往十分严重。国际上通行的惯例是对疫苗实施比普通药品更严格的监管程序。我国在2019年出台了《疫苗管理法》,对疫苗研制和注册、疫苗生产和签批发、疫苗流通、预防接种、异常反应监测和处理、疫苗上市后管理、保障措施、监督管理和法律责任进行了详细规定。而在此之前,由于《药品管理法》中缺乏对疫苗管理特殊性的考虑,在刑事责任中囿于假药、劣药的定性限制,涉及疫苗刑事案件在定性中最为常见的罪名即“非法经营罪”,而真正定性为假药、劣药犯罪的十分少见,并未体现疫苗的“药品犯罪”特性,使得疫苗犯罪的打击往往难以发挥针对性的效果。[3] 比如刘某非法经营疫苗案中,刘某销售给兰州市医疗机构药品数量共计5256份

[1] 参见熊波:《科技刑法技术性立法方法的缺失与技术归化》,载《刑法论丛》2019年第2卷。

[2] 参见冯军:《非法提供假药、劣药犯罪的罪名确定与罪状解读》,载《法治研究》2021年第2期。

[3] 有学者从中国裁判文书网梳理了2014~2018年涉疫苗刑事案件的主要犯罪事实、涉及的罪名、判处的刑罚等基本情况,输入关键词“人用疫苗”再点击“刑事案件”检索涉疫苗药品刑事案件,显示案件数22件,其中只有1件是销售假药罪,有2件是滥用职权罪,剩下的19件都是非法经营罪(有2件是同一个案件的一审、二审)。参见彭凤莲:《假劣疫苗刑法规制的回应性与整全性》,载《法学评论》2020年第1期。

(支、盒、瓶),合计金额27万元;销售给甘肃省各地州、县医疗机构药品数量共计19,784份(支、盒、瓶),合计金额217万余元;销售给个人2900份(支、盒、瓶),合计金额59万余元。在其公司及家中查扣药品66种1400份(支、盒、瓶)。[1] 法院审理中便面临疫苗"假药、劣药"认定的困难。兰州市食品药品监督管理局对于疫苗脱离冷链是否变质的答复中指出,疫苗脱离冷链后,药品质量是不可控的;疫苗脱离冷链后,存放药品区域的温度不同对药品质量的影响是不同的,越偏离规定的温度区间(-8度至2度),对药效影响越大;偏离时间越长对药效影响越大。[2] 基于该答复,只能推测疫苗很可能已经变质,检验机构对从刘某处提取的药品无法进行质量检测,难以证实其为变质药品,最终法院只能将其认定为非法经营罪。这种打击方式的妥协,并未从危害药品安全的角度进行独立判断,对疫苗违法行为的震慑也必然大打折扣。针对这一情况,有学者提出对没有按照保证疫苗品质规定要求储存、配送(如脱离冷链运输)的疫苗,在不存在假疫苗的情形下,直接以劣疫苗论处(因其有效性受到影响从而影响预防效果),更进一步提出应当单独设立疫苗犯罪,考虑与《疫苗管理法》的衔接,增设骗取疫苗研制、生产、流通、使用许可证件罪。[3]

对于是否有必要设立独立罪名,还需进一步考虑,但司法中对涉疫苗犯罪进行特殊考虑,却是必要的。尤其在疫苗犯罪危害性判断上,因为即便接种疫苗也未必能够发挥预防疾病的功效,故假、劣疫苗的危害性从传统理论来看与人身健康的因果关联并不强。实践中如何理解其危害性,我们可以参考最高人民法院2022年发布的典型案例,牛某某与同案被告人张某某在山东省单县以向针管内灌装生理盐水的方式生产假冒九价疫苗,再通过商标粘贴、托盘塑封等工艺,共生产假冒九价疫苗2.3万支。法院审理后认为,人乳头瘤病毒疫苗属于非免疫规划疫苗,九价疫苗是可预防人乳头瘤病毒种类最多的疫苗,最佳接种年龄为16岁至26岁。本案两名被告人以针管灌装生理盐水的方式生产、销售假冒九价人乳头瘤病毒疫苗,属于《药品管理法》规定的"以非药品冒充药品"的情形。法院审理后认定为假药。在解释其危害性时,法院明确此类犯罪不仅使消费者支付高价却无法得到相应的免疫效果,部分消费者还因此错过了最佳接种年龄和时机,社会危害严重。[4] 由此我们可以看出,在伪劣"疫苗"的危害性评价上,刑法没有固守对人身健康损害的评价,而将"错过接种"也作为危害评价的考量因素。

(四)"预防"需要的罪过推定

从刑事责任的产生发展来看,与现代意义上的责任主义原则不同,结果责任作为最早的

---

[1] 南茂林、杨利军:《非法经营疫苗,谁都别想跑》,载《检察日报》2018年4月25日。

[2] 依据《疫苗管理法》第37条第2款的规定,应当全过程处于规定的温度环境,冷链储存、运输应当符合要求,并定时监测、记录温度。对于疫苗脱离冷链后的安全性,在山东疫苗案发生后,时任国家食品药品监督管理总局药化监督司司长李国庆曾指出,一般来说,短期内脱离冷链条件不会产生安全问题。由于脱离冷链时间长短很难确定,因此对产品的有效性影响难以判断。从一般规律上来讲,安全性应该不会有大的影响。他介绍,据国家疫苗预防接种异常反应监测系统通过的系统报告来看,过去五年也未见异常,包括涉事问题疫苗比较突出的山东、河南两个省,报告数据也都在正常范围内,包括和往年及其他省,都没有异常。世卫组织对脱离冷链以后疫苗的安全有效性问题也做出了同样的评估结论。参见孟庆伟:《脱离冷链的疫苗是否安全有效?》,载搜狐网,2016年3月24日,https://www.sohu.com/a/66115320_119930。

[3] 参见彭凤莲:《假劣疫苗刑法规制的回应性与整全性》,载《法学评论》2020年第1期。

[4] 参见最高人民法院药品安全典型案例:《牛某某等生产、销售假药案——用针管灌装生理盐水假冒九价人乳头瘤病毒疫苗销售》,载最高人民法院网2022年4月28日,https://www.court.gov.cn/zixun-xiangqing-357261.html。

一种责任理论,重视危害结果的发生,而对行为人主观上的过错认识和意愿不多问;心理责任论认为,需要确定主观的心理联系;而规范责任论更加重视主观践行的可能性,以"期待可能性"理论为代表。而德国学者所提出的实质责任论是在规范责任论的基础上将规范责任论中的"罪责"注入实质的内涵而发展起来的,认为规范性罪责概念仅仅指出一种有罪责的举止行为是"可谴责的",但是这个概念仅仅具有形式上的性质,没有回答这种可谴责性取决于哪一些内容上的条件,这是一个关于实质性罪责概念的问题。

伴随风险社会的到来,在对食品、药品以及环境犯罪等公害犯罪进行刑事归责时,"规范违反"成了核心判断因素,这是因为在"安全"的价值追求背景下,这类犯罪的传统刑罚惩罚报复目标被抛弃,借用规范实现行为规制成为主流,逐步呈现"法定犯"化的趋势,罪过往往很难以故意或过失的模式进行判断,换句话说,传统过失犯罪中的"结果避免可能性"被"风险升高理论"冲击,行为人往往并未清楚认识到"因果关系",于是便出现了从归责的关联去发掘犯罪行为的不法元素,作为惩罚的客观条件,将行为不法设定为"应当避免不法实现但却并没有避免"。惩罚被延伸到人们的行为方式,只有是安全的行为才能被允许,否则便是刑法禁止的理由,故意或者过失不再成为归责的重点,由此产生了严格责任,在环境犯罪中便有观点提出不再污染环境罪的成立不需判断罪过。[1]

笔者认为,从"法定犯"的角度刻意强调"药品犯罪秩序"的保障,而忽视传统罪过判断的认识不可取。首先,不能将药品犯罪作为纯粹的法定犯来看待,从近代刑法的发展来看,刑事法领域中存在着"法定犯的刑事犯化趋向",尤其在公害犯罪领域,无论是食品犯罪还是药品犯罪、环境犯罪,法定犯与刑事犯的区分标准不明确。其次,对药品犯罪的规制,一方面需要从市场管理的角度考虑秩序,另一方面需要考虑此类犯罪对民众切身具体利益的损害。为此,有学者从法益保护的角度对经济犯罪作出"制度依存型经济刑法"与"权益保障型经济刑法"的区分,认为"制度依存型经济刑法"针对的犯罪只有通过该制度才能引申出个人法益,与传统意义上的个人法益在客观性与实效性方面不尽相同,而"权益保障型经济刑法"针对的仍然是侵害传统具体的个人法益的犯罪行为。[2] 而规制药品犯罪的刑法条文正是属于权益保障型的,在刑罚根据上仍然需要考虑传统的"道义违反性",因此,在刑事责任的追究上,仍然需要坚守"罪过判断",只是在罪过判断上,可能更多采取对"规范违反"的罪过推定。

此外,即便是坚持严格责任的学者,也无法否认行为人客观上存在罪过,而只是难以证明其罪过的存在。这是一个事实问题的法律选择问题。司法机关在调查、提取主观方面的证据时,往往需要消耗大量的司法成本,因此考虑到司法效率,司法机关不可能对每个案件的犯罪意图都进行彻底的调查,尤其是犯罪隐蔽、主观认定非常困难的案件。对于这种罪过认定困难的案件,完全可以通过推定罪过的方式判断。比如销售假药案件中,常有犯罪嫌疑人避重就轻否认明知销售的是假药,实践中一般通过没有购销渠道资质来推定其明知。

---

〔1〕 参见郑祖星:《环境犯罪中相对严格责任的引入与适用》,载《江西社会科学》2021年第1期;谷永超:《我国环境犯罪中引入严格责任的立法考量》,载《人民检察》2017年第12期。

〔2〕 参见张小宁:《经济刑法机能的重塑:从管制主义迈向自治主义》,载《法学评论》2019年第1期。

2022年司法解释也进行了专门规定，要求司法工作人员在办理药品犯罪案件时，对主观的认定可以采取推定的方式，明确列举了5种推定情形：药品价格明显异于市场价格的；向不具有资质的生产者、销售者购买药品，且不能提供合法有效的来历证明的；逃避、抗拒监督检查的；转移、隐匿、销毁涉案药品、进销货记录的；曾因实施危害药品安全违法犯罪行为受过处罚，又实施同类行为的。作为司法中的推定，在适用中应当允许反证，仍然要充分考虑行为人的从业经历、认知能力。

三、多元参与的刑法合作型治理

根据我国药品管理法律法规的规定，药品管理应当以人民健康为中心，坚持风险管理、全程管控、社会共治的原则。刑法在参与药品犯罪治理时既要坚持补充法、保障法的地位，同时也要发挥积极治理的机能。发挥刑法积极的治理功效，并不意味着贬低此外的社会治理手段，[1]要防止刑法（罚）在治理体系中“一家独大”，避免过分追求刑法的工具价值，树立现代刑事治理理念，把握刑事治理规律，积极引入社会力量，综合运用包括刑法在内的国家正式治理手段和民间社会自发形成的各种非正式治理手段，构建多元参与的刑法治理模式。[2]

（一）法秩序统一的多元治理基础

在强调犯罪的多元治理时，不能抛弃刑法本身的任务，需要认识到刑法自身与其他治理主体所存在的天然联系，即刑法的补充作用和保障作用。我国刑法中关于药品的规制主要体现在生产、销售假药、劣药犯罪，而民法对于药品一般作为产品追究缺陷产品责任，而行政法的规制则不仅包括假药、劣药还包括其他不符合进出口审批要求的药品等。三者对药品规制范围的不一致，使得法律的沟通和衔接产生了尴尬，也导致部门法之间难以形成足够的合力，有效规制危害药品安全的违法犯罪行为。

药品属于法律意义上产品的范畴，涉及药品安全的侵权责任规定在《民法典》第七编第四章“产品责任”中，具体以缺陷药品的内涵体现出来。[3] 根据我国《产品质量法》第46条对缺陷产品的规定，“缺陷”是指产品存在危及人身、他人财产安全的不合理的危险；产品有保障人体健康和人身、财产安全的国家标准、行业标准的，是指不符合该标准。那么缺陷药品便也具备了两个层次的理解：第一是实质意义上的“不合理危险”，第二是形式意义上不符合“法律标准”。然而根据我国《药品管理法》第24条的规定，除了未实施审批管理的中药材和中药饮片，在我国境内上市药品，都必须经过国务院药品监督管理部门批准，取得药品注册证书。换句话说，对于注册药品来说必须具有“形式合法性”。《药品管理法》第28条更是明确规定药品应当符合国家药品标准。这就客观上赋予了“药品”概念本

---

〔1〕 参见姚万勤：《国家治理现代化视域下刑法治理问题研究——以理念转换与模式建构为视角》，载《晋阳学刊》2016年第1期。

〔2〕 参见高铭暄、曹波：《新中国刑事治理能力现代化之路——致敬中华人民共和国七十华诞》，载《法治研究》2019年第6期。

〔3〕 事实上，我国在民法中也并没有严格的缺陷药品的概念，基于目前药品责任追究的困难，越来越多的民法学者呼吁在民法中引入缺陷药品的概念。

原上的“法律标准”。那么自然地对缺陷药品的理解也就变成了不符合国家标准的情况。这也体现在对缺陷药品追究责任时,根据《药品管理法》144 条的规定,按照特别法优先于一般法的原则,对于药品侵权案件药品生产经营企业、医疗机构只有在药品质量不符合《药品管理法》要求的情况下,才承担药品侵权责任,免除了《产品质量法》关于符合有关产品质量标准却仍然存在缺陷导致他人人身或财产损害的侵权责任。这样,受到《药品管理法》对药品上市的标准化规定,在市场中流通的药品大多符合国家标准,所以在认定缺陷药品时基本上排除了“不合理危险”标准的适用,成了单一性认定标准即“强制标准”。[1] 这种情况下,即使药品存在缺陷,致人损害,但只要它符合国家标准或行业标准这一最低安全要求,生产者就能以药品属于合格产品来对抗消费者的赔偿请求权。对此,民法学界也有质疑之声。在笔者看来,行政认定的标准难免具有地域性差异,但民法和刑法对人身健康的保护却不应当具有地域区别。比如曾经引发广泛关注的“拜斯亭”事件中,德国拜耳公司对因服用拜斯亭导致身体损害甚至死亡的欧美国家的消费者进行了高额的赔偿,但在我国,由于按照我国《药品管理法》的相关规定,拜斯亭符合我国他汀类药品的国家标准,属于合格药品;此药品在进口过程中严格遵守了我国关于进口药品的检验检疫等相关法律规定,也通过了北京市食品药品监督管理局的监督检查,在最终的诉讼中法院没有将这一药品认定为缺陷药品。[2]

民法、行政法和刑法在传统理论中被划分为私法和公法,各个部门法被赋予不同的任务,这种区分也一定程度上割裂了犯罪治理的内在协作力。但自 20 世纪开始,自由市场经济为代表的资本主义国家的经济危机,促进了国家干预理论的发展,公法与私法的划分理论被重新审视,公法与私法出现了融合现象。[3] 有学者指出,这是社会发展过程中的一种法现象,一方面,融合是法自身在调控社会事物时出现的一种客观规律,另一方面,融合也离不开人为的制度设计与观念的作用。[4] 在公法与私法的融合中,一方面出现了私法的公法化,比如民法中出现的惩罚性赔偿规定;另一方面出现了公法的私法化,传统的私法调整方式也被逐渐引入公法领域。有学者提出无论公法还是私法,在其作为国家法方面具有共通的性质。公法是私法的有力保障,私法是公法的适用前提,公法与私法之间的融合意味着刑法与民法相互影响,自然人权利的刑民一体化保护机制有望发展得更加成熟。[5] 在公私融合的背景下,刑法领域出现了恢复性司法、协商型司法。刑事制裁开始更加注重与其他部门法形成合力以及法规范的确认,但部门法的协作并不意味着模糊部门法界限,也不代表法律评价的完全一致。承担风险防控主要任务的行政法,在药品管理上的定性评价不能成为民事违法和刑事违法的当然认定根据。

---

〔1〕 参见张焕、邵蓉:《缺陷药品内涵与外延探析》,载《现代商贸工业》2013 年第 8 期。

〔2〕 参见张然:《全球唯一未获赔偿的天津拜斯亭受害人索赔 50 万》,载新浪新闻网 2003 年 7 月 8 日,http://news.sina.com.cn/c/2003-07-09/0808344574s.shtml。

〔3〕 参见熊亚文:《刑法私法化:现实图景与理论空间》,载《现代法学》2016 年第 4 期。

〔4〕 参见张淑芳:《私法渗入公法的必然与边界》,载《中国法学》2019 年第 4 期。

〔5〕 参见田喜清:《私法公法化问题研究》,载《政治与法律》2011 年第 11 期。

这里我们需要厘清一个前提,法秩序统一应当统一什么?从刑事责任的追究来看,刑法中大量犯罪的犯罪构成需要参考民事法律、法规予以补充或者解释。但基于使用法律领域不同,理解概念会出现不一致,便产生了法域冲突,[1]这种冲突是一种形式冲突,并非对法秩序统一的违背。我们需要选取一个角度进行统一与否的评判,统一并非全面"等同"。对于假药、劣药的问题,我们曾经长期存在"等同"的"统一性"认识误区。概念的统一与否固然是"统一"的评判标准,但并不值得选取,从功能主义角度出发,法秩序统一应当追求内在"目的"的一致。在此,我们需要明确法秩序的统一并不是法秩序的"同样化"而是追求"一致性",就如有观点提出的,适用某些法律条文时,同时也在适用法律全体,法官对具体案件进行的个别判断,要求其必须从全体法秩序的观点出发,这里的全体法秩序是一种法律内在价值追求的一致。[2]

从规范保护的角度来看,现实的法秩序是由宪法、民法、行政法、刑法以及其他法领域所组成的整体。法律虽然存在部门法之别,但从法律整体所追求的公平、正义的终极价值目标来看,具有目的的统一性,在法秩序统一的基础上,我们寻求的是规范价值评价的统一。从药品犯罪治理的现实需要来看,对涉及药品的违法行为进行追责并非刑法所独有的功能,应当重视刑法与行政法、民法在违法相对性基础上的统一性,立足于行为在整体法秩序下的违法状态与行为在特定法域中的法律后果的联系与区别,在"严而不厉"的治理理念指导下,肯定民法上的缺陷药品、行政法上不符合强制性药品标准的问题药品,都应当具有在刑法上予以评价的可能性,但在是否构成犯罪的具体认定上要坚持判断是否存在实质性的对公众健康的安全风险。[3]

在法秩序统一的基础上,刑事制裁要注意与其他制裁手段的合作,也要注意刑事制裁手段内部的协调,立足于恢复社会秩序和社会关系需要,发挥刑事制裁体系惩罚与威慑功能、教育与改造功能、保障与补偿功能、矫正与回归功能。[4]

(二)"激励型"自治的多元合作配合

存在于市场经济中的药品违法犯罪行为,对其治理需要结合我国经济犯罪的整体治理对策来审视,我国早在20世纪90年代便启动了经济体制的转轨工作,时至今日,我国的经济体制改革已经到了向更加自治且自律的市场体制迈进的关键时期,传统的对经济犯罪的事后"管控"型惩罚已经不能适应经济发展的需要,与经济体制的改革相适应,刑法在经济犯罪治理上的机制转型也到了关键时期。

---

[1] 参见于改之:《法域冲突的排除:立场、规则与适用》,载《中国法学》2018年第4期。这一概念是于改之教授在论文中提出的,来自"法律冲突"这个词汇。"法律冲突是指两个或两个以上的不同法律同时调整一个相同的法律关系,从而在这些法律之间产生矛盾的社会现象。"参见韩德培主编:《国际私法》,高等教育出版社2007年版。于教授将这一原本主要在国际私法领域使用的概念,延伸至横向法律冲突,定义了法域冲突,"不同法域中的法律规范对同一事项所作的规定不一致或者相抵触的情形"。

[2] 参见[日]京藤哲久:《法秩序的统一性与违法判断的相对性》,王释锋译,载《苏州大学学报(法学版)》2020年第1期。

[3] 参见陈冉:《法秩序统一视野下危害药品安全犯罪的刑事责任重构》,载《中州学刊》2021年第4期。

[4] 参见彭文华:《我国刑法制裁体系的反思与完善》,载《中国法学》2022年第2期。

传统刑法对经济犯罪的管制型规制，其弊端体现在以“维护秩序”为根据进行经济刑事立法，消费者或公民具体的个人利益被忽视，刑罚措施位居优先且主导的地位，非刑罚措施沦为陪衬。有学者在研究环境犯罪时便提出，以管制为主导的环境政策“过分依赖管制手段和方法及其工具理性，这往往不可避免地导致行政过程中对执法终极价值理性的忽视，甚至可能造成行政管制目的与行政管制手段之间的扭曲和异化”〔1〕。传统的希冀以惩罚带动刑罚一般预防目的实现的理论，正在被刑事司法中低下的破案率和潜在的犯罪黑数质疑，被经济行为的利益与成本计算操纵。在经济犯罪的治理中，法定犯色彩浓厚，依据传统道义责任为基础的惩罚，追求满足民众正义情感的需求，势必忽视此类犯罪往往并不强烈的“道德违反”特性，惩罚非但不能实现遏制犯罪，反而有可能激发更为严重的刑罚负面效应。〔2〕 这就有必要以其他更妥当的、新的制裁方式遏制犯罪。

现阶段，在社会改革逐步深化的背景下，基于犯罪治理能力和治理体系现代化需要，应当激发市场自治与自律机制的养成与完善，强化刑事制裁与其他制裁手段的协作，改变刑法“家长主义”的硬性作风。在涉及公共安全的经济犯罪治理中，刑法正义的实现不仅仅体现在惩罚、威慑、剥夺以及改造犯罪人，还体现在对被损害的利益的修复。在恢复被犯罪破坏的社会关系和社会秩序过程中，应当允许不同主体参与到对犯罪的刑事治理中，这也是实现刑法制裁效果的保证。〔3〕 对于药品犯罪来说，生产作业呈现出组织化、规模化特征，我国药品管理采取注册许可制，药品市场参与主体多为企业。从社会治理的效果来说，由于企业不同于自然人，我们不能期待其通过道义情感自省预防再犯，只能通过现实的补救来督促，进而预防再犯，而且对于大量公害犯罪的受害人而言，企业有效的补偿机制比起单纯使得企业消亡的判决似乎对受害人更为正义和有利。日本在 19 世纪 90 年代面对严重的疫苗问题，当时在如何治理的问题上，日本政府抛弃了仅凭事后惩治的旧理念，确立了“加强事前管控，完善事后补偿，辅以严刑峻法”的新型规制理念，对《国家赔偿法》进行了修订，以国家补偿、行政给付等方式确保受害人能够获得足够的补偿，通过这一方式实现了政府与国民最为实效的一次通力合作。〔4〕

以企业犯罪来说，威慑型刑事司法严重背离了企业守法这一基本目标，其在对违法对象的认识上具有严重的简单化、固定化倾向，对企业单一的、僵化的认识和定位无法与现阶段对纷繁多样的违法现象的治理需求相契合。有必要引入“刑事合规”的理念，对企业的行为进行矫正，将规制视角由外而内从司法为主的导向转向企业为主，调动企业的积极性。一个以企业守法为本位的执法和守法机制既有助于弥补威慑型执法流程中的预设缺位和逻辑裂缝，也将从根本上改变我国犯罪治理自上而下单打独斗的功利主义和“实用主义”思路。从国家层面对主动预防犯罪的企业予以正向激励，以此激发企业主预防犯罪的内生性需求，开

---

〔1〕 柯坚：《我国〈环境保护法〉修订的法治时空观》，载《华东政法大学学报》2014 年第 3 期。

〔2〕 经济犯罪中追诉中，有些企业在尚未被定罪的情况下，便因企业负责人被逮捕，企业运转失灵、破产，大量工人失业。

〔3〕 参见彭文华：《我国刑法制裁体系的反思与完善》，载《中国法学》2022 年第 2 期。

〔4〕 参见张小宁：《经济刑法机能的重塑：从管制主义迈向自治主义》，载《法学评论》2019 年第 1 期。

辟企业自主预防的新路径。2021年初,最高人民检察院下发《关于开展企业合规改革试点工作方案》,宣布第二期企业合规改革试点工作已启动。对于药品犯罪,传统刑法的单向制裁在发现犯罪、认定犯罪上的效率低,且以罚金为主的惩罚方式给企业带来严重的负社会效益影响。此外,严厉刑罚介入可能导致企业的破产、公众无疫苗可用。这也绝非刑法治理所期望看到的局面。以刑事合规的理念治理药品犯罪具有现实意义,通过企业合规计划的实施,实现刑罚对企业行为的"再改造"以及企业发展的客观需要。虽然与发达国家相比我国药品企业整体上数量多、规模小、分布散、集约化程度低。但相对于其他行业,总量2万多家的药品和医疗器械生产企业,其行业的集中度和规模化都远高于其他行业。为保障药品生产、经营的安全,国家还专门制定实施了《药品生产质量管理规范》(GMP)和《药品经营质量管理规范》(GSP),要求药品企业必须达到相关规范要求,甚至一度作为强制要求。这也为刑事合规的展开奠定了有利条件。

刑罚的有效性不在于其严厉性而在于其不可避免性,在现代企业管理中,"吹哨人"制度也是"合规"建立的一项重要指标,在美国司法部《量刑指南手册》中,针对企业合规提出了最低标准,其中一项关键指标即"创造阻止和发现犯罪行为的标准和程序"。有效的企业"合规"可以更好地保护企业的合法权益,企业应当建立内部举报制度,应当有内部发现违法犯罪行为的处理机制。因此,建立"吹哨人"制度对企业来说意义重大。对于药品犯罪来说,合规计划实施中"举报制度"的确立,必将有效改善药品犯罪由于技术性强带来的侦查困难。[1] 2019年,《国务院关于加强和规范事中事后监管的指导意见》明确提出"发挥社会监督作用。建立吹哨人内部举报人等制度,对举报严重违法违规行为和重大风险隐患的有功人员予以重奖和严格保护",这是国家层面对建立"吹哨人"制度作出的部署。"吹哨人"制度的建立是对传统政府监管的一种必要和有效的补充。考虑到公共利益的需求,鼓励内部知情人员及时发出"哨声",以便政府监管部门能够及时介入。2022年4月1日,国务院国资委发布了《中央企业合规管理办法》的征求意见稿全文,第26条规定,"健全合规举报制度,设立违规举报平台,对外公布首席合规官及职责、举报电话、邮箱和信箱。合规管理牵头部门按照职责受理违规举报,并就举报问题进行调查和处理,涉嫌违纪违法的,及时移交相关纪检监察机构处理"。从美国的吹哨人法案在药品领域的发挥来看,美国辉瑞制药公司在2009年就其销售4种药物过程中的虚假宣传和贿赂的违法行为认罪,并缴纳23亿美元罚款。案件的发现人正是该公司的医药代表,他在工作过程中,发现公司在消炎药伐地考昔、镇静药卓乐定、抗生素斯沃和镇痛药乐瑞卡的销售过程中存在虚假宣传和商业贿赂的违法行为,随后与4名同事与1名医生,共同搜集证据,发起吹哨人诉讼,经过6年诉讼,最终获得胜诉,6人依法分享高达1.02亿美元奖金。[2] 在这起认罪案件背后,我们看到,即便在美国规定了较为详尽的对吹哨人保护和高昂的奖励规定情况下,吹哨诉讼的成功仍然不易。

---

〔1〕 有研究发现,有些假药集团在进行假药犯罪的同时也从事合法贸易或者和正规企业有贸易往来,甚至有的工厂流水线一端出产合法药品,另一端出产假药,使得侦查变得异常困难。参见卢建平、贾一帆:《假药犯罪的国际化与法律对策研究》,载《中国人民公安大学学报(社会科学版)》2021年第2期。

〔2〕 参见钱琛、陈佳:《从胶囊壳铬含量超标事件看"吹哨人法案"对药品监管的启示》,载《中国药事》2015年第6期。

相比之下,我国《药品管理法》虽然也规定了对药品违法犯罪行为的举报,但从举报方式来看,仅提出药品监督管理部门应当公布本部门的电子邮件地址、电话,对举报人的保护上,只是笼统规定了"药品监督管理部门应当对举报人的信息予以保密,保护举报人的合法权益。举报人举报所在单位的,该单位不得以解除、变更劳动合同或者其他方式对举报人进行打击报复",尤其是在奖励上缺乏制度化的激励方案。这一规定与企业合规建立中的"吹哨人"制度相比,还缺乏系统性和完整性,亟须完善。

专题十三　经济犯罪研究

平台经济犯罪的刑法解释研究*

随着大数据、区块链、人工智能技术的发展以及智能手机的普及，平台经济逐渐成熟。平台经济以经济数字化与智能化为基础，以平台企业为主导，具有“颠覆式创新、多边市场、跨界竞争及线上线下能力整合等特征”[1]。具体来说，平台经济主要呈现出以下特征：第一，以平台为基础。平台经济的发展源于数字平台的生成、平台企业的崛起以及平台强大网络效应的发挥。平台通过提供网络交易通道，在广泛、分散、多元的需求与分散、灵活、低频的供给之间建立数字化对接，实现了资源有效整合与利用。平台通过网络交易组织管理，确保参与者彼此信任，规避交易风险，解决交易争端。第二，双边市场与网络外部性。平台又被称为双边市场，与单边市场不同，双边市场连接相互信任的双方并促成二者互动与交易而获得佣金，平台在其中扮演着交易中介的角色。网络外部性是双边市场的产物，指产品或服务的价值与用户数量相关，用户数量的增长会带来用户所得效用的几何级增长，即使用某种产品或服务的用户数量越多，用户可以从中获取的价值就越大。第三，规模经济与跨界经营。在平台经济时代，平台或者企业等市场主体竞争的关键在于需求端的规模经济。[2] 规模经济使企业在付出较低成本的同时收获较高的产量，具有较高的生产效率和竞争力。有了客户与数据，平台经营者很容易利用自己所掌握的客户与数据资源形成规模经济，打破传统市场的边界，实现跨界经营，甚至形成赢者通吃的局面。作为一种全新的经济模式，平台经济在推动经济增长的同时，也

---

* 本文原载于《法学杂志》2023 年第 1 期，由高铭暄教授与郭玮合作完成。

〔1〕 黄益平主编、北京大学平台经济创新与治理课题组著：《平台经济：创新、治理与繁荣》，中信出版集团 2022 年版，第 6 页。

〔2〕 参见李韬、冯贺霞：《平台经济的市场逻辑、价值逻辑与治理逻辑研究》，载《电子政务》2022 年第 3 期。

催生出诸多与传统经济犯罪不同的结构复杂、危害巨大的经济犯罪类型，为适应不断演变的经济犯罪类型，提升刑法治理效能，需重塑犯罪治理及刑法解释模式。

一、平台经济犯罪的治理模式

长期以来，受益于良好的创新环境与数字基础设施、巨大的人口与市场规模等便利条件，我国平台经济实现了迅猛发展。根据国家网信办发布的《数字中国发展报告（2021年）》，2021年中国数字经济规模达到45.5万亿元，总量居世界第二，占GDP的39.8%。〔1〕在新冠疫情期间，平台经济充分发挥了稳经济增长的功能，许多线下活动在线上正常进行，头部平台企业BAT（百度、阿里巴巴和腾讯）在疫情期间依然实现了利润的大幅增长。可以说，平台经济已成为我国经济发展的重要引擎，对于我国深度参与国际竞争，确保国内经济稳定增长意义重大。但随着平台生态系统成为人类活动的新领域，平台在聚合需求与供给，实现规模经济的同时，也日益成为各类经济犯罪产生与演变的温床。平台经济犯罪主要分为两类：第一类是基于平台的经济犯罪。犯罪人基于平台用户身份，在平台生态系统中实现了信息、资金与物质的流通，犯罪人之间、犯罪人与被害人之间的接触也均依托平台，由此在平台空间中产生了大量的经济犯罪，如伪劣商品犯罪、诈骗犯罪、赌博犯罪、传销犯罪、知识产权犯罪、非法集资犯罪、非法经营犯罪、虚假广告犯罪等。第二类是第三方平台犯罪。“快播案”为此类犯罪的标志性案例，拒不履行信息网络安全管理义务罪、非法利用信息网络罪、帮助信息网络犯罪活动罪对作为第三方平台的网络服务提供者的刑事责任作出了规定。在平台经济视域下，平台一方面作为用户监管、犯罪预防与治理的主体，另一方面自身也游走于犯罪的边缘，平台义务与责任亟须进一步明确。上述两种犯罪分别涉及个人责任与平台责任，当进入web3.0时代，网络科技的迭代升级及其对经济模式的重塑，推动平台经济犯罪治理逐渐从“国家—个人”模式向“国家—平台—个人”模式转变，即从以个人责任为中心向以平台责任为中心转变。

（一）从“避风港”到“看门人”

1998年，美国《千禧年数字版权法案》第512条首倡“避风港规则”，最初只是网络服务提供者的版权责任规则，后来也适用于版权责任之外的其他民事责任领域，并逐步走向世界。该规则具体是指网络服务提供者接到权利人通知后，若及时采取屏蔽、断开链接、删除等必要措施，就进入了“避风港”，免于承担民事责任。“避风港规则”建立了“通知—删除”的侵权处理程序，旨在督促、鼓励网络服务提供者发现并及时处理数字空间中存在的侵权行为，平衡信息网络传播利益与民事权益之间的关系。2006年，我国《信息网络传播权保护条例》第20条至第23条首次引进了“避风港规则”，之后《民法典》第1194条至第1197条对该规则作了进一步的规定，该规则在我国适用于所有民事侵权，成为“以通知规则（被动知道）和明知或应知规则为基础的过错归责条款”〔2〕。

---

〔1〕 参见《国家互联网信息办公室发布〈数字中国发展报告（2021年）〉》，载中国网信网，http://www.cac.gov.cn/2022-08/02/c_1661066515613920.htm。

〔2〕 李安：《智能时代版权“避风港”规则的危机与变革》，载《华中科技大学学报（社会科学版）》2021年第3期。

在应用过程中,“通知—删除”逐渐暴露出偏重网络服务提供者利益保护、可操作性欠佳,恶意通知救济途径狭窄等弊端。其根本原因在于,“避风港规则”建立在技术中立的预设之上,且认为当下的技术水平未能使网络服务提供者利用经济有效的方式去监管、删除网络空间中的侵权信息,这就导致网络服务提供者注意义务的门槛过高。当前,算法技术的发展使互联网加速实现更新迭代,算法能够批量、自动、高效地整理、筛选网络信息,识别、清除其中的侵权内容,这一技术进步使网络服务提供者超越了被动性、工具性和中立性特征,逐渐具备推荐、置顶、修改、删除、屏蔽特定信息的能力,颠覆了网络服务提供者的责任认定规则。在“代码即法律”[1]的背景下,平台的定位逐渐由“避风港”向“看门人”过渡,其价值拓展到犯罪治理领域。“看门人”是指“控制移动互联网生态关键环节,有资源或有能力影响其他个人信息处理者处理个人信息能力的互联网营运者”[2],能达到“看门人”标准的互联网营运者通常是具有强大经济地位和影响力,是连接业务和终端业务的重要门户,且在市场上形成稳固地位的超大平台。

无论是基于平台的犯罪,还是第三方平台犯罪,均与平台有着千丝万缕的联系,平台在经营数字经济的过程中掌握了海量数据资源与经济利益,在某种程度上实现了对用户的支配,在形成网络效应与规模经济的同时也成为经济犯罪滋生的温床。受平台模式启发,犯罪人的平台思维得以强化,尝试将多种线下犯罪转移至平台空间,一些违法犯罪平台如赌博平台、传销平台被开发出来,逐渐形成犯罪产业链条。此外,平台的双边市场特质使大量用户参与其中,甚至在不知情的情况下成为犯罪人的帮凶,[3]放大了犯罪的危害性。基于对用户的道德义务与数据信托关系,平台有义务从“网络服务提供者”向“网络犯罪监管者”转变,积极预防犯罪分子利用平台从事网络经济犯罪活动,保障用户的财产与人格利益。

(二)从单方治理到合作共治

平台身份与职能的转变,主要归功于平台看门能力的提升。看门身份的获取及看门能力的提升,直接改变了平台犯罪的治理模式,平台不仅掌握着海量用户数据,而且能够进行数据分析、数据应用和数据流通,数据资源和数据技术的双重加持使平台相较于政府具备了更强的网络违法风险识别和防控能力。这改变了传统犯罪治理结构,平台实际上成为“在国家能力有限情况下有能力修正用户行为的非国家机构”[4],塑造出“国家管平台,平台管用户”的犯罪治理模式,由国家对违法个体进行直接干预的单方治理模式逐步走向国家通过平台对违法个体进行间接干预的合作共治模式。

“国家管平台”主要体现在国家监管平台,直接对平台发出指令,平台被动处置。根据《互联网信息服务管理办法(修订草案征求意见稿)》第 21 条的规定,主管部门发现网络违法犯罪时,应当要求平台采取消除、制止等处置措施,停止相关服务,保存有关记录,并向主管部门报告。该条中的“发现网络违法犯罪时”应理解为立案之后,若主管部门在立案之前

---

[1] [美]劳伦斯·莱斯格:《代码 2.0:网络空间中的法律》,李旭、沈伟伟译,清华大学出版社 2018 年版,第 6 页。
[2] 张新宝:《互联网生态“守门人”个人信息保护特别义务设置研究》,载《比较法研究》2021 年第 3 期。
[3] 参见姜瀛:《“以网管网”背景下网络平台的刑法境遇》,载《国家检察官学院学报》2017 年第 5 期。
[4] 单勇:《论互联网平台的犯罪控制义务》,载《现代法学》2022 年第 3 期。

的初查阶段便可以指令平台采取处置措施，则意味着侦查权力的变相下放，平台有权利用所掌握的数据信息针对用户进行侦查，有破坏法治原则之虞。“平台管用户”主要体现在平台对用户信息进行积极审查。平台用户制作、发布、传播违法信息不仅本身属违法犯罪行为，还会引发网络诈骗、赌博、卖淫、非法集资、传销等违法犯罪活动，平台应尽到积极审查职责。为此，全国人大常委会《关于加强网络信息保护的决定》第5条规定：“网络服务提供者应当加强对其用户发布的信息的管理，发现法律、法规禁止发布或者传输的信息的，应当立即停止传输该信息，采取消除等处置措施，保存有关记录，并向有关主管部门报告。”《网络安全法》第47条规定，“网络运营者应当加强对其用户发布的信息的管理，发现法律、行政法规禁止发布或者传输的信息的，应当立即停止传输该信息，采取消除等处置措施，防止信息扩散，保存有关记录，并向有关主管部门报告”。例如，网约车平台在事前应对司法准入资格进行严格审查，规避可能的风险；在事中应及时发现违法犯罪行为，如行驶路线偏离、车辆录音录像异常等；在事后应尽力阻止犯罪后果发生。若平台严重违背监管职责，有可能触犯拒不履行信息网络安全管理义务罪。[1] 又如，直播平台应及时在线审核违规违法信息与不良信息，若明知或应知存在色情直播行为，依然为其提供技术支持与网络空间，则涉嫌组织淫秽表演罪。

二、平台经济犯罪的解释立场

网络犯罪整体上应持实质解释论立场，对于其中的平台经济犯罪而言，需要在实质解释论的基础上作进一步的诠释，具体来说，平台经济犯罪解释立场应实现以下三个转向。

（一）从“单一主体”到“多元主体”

传统刑法解释一直延续着“主客体”的认知与论证模式，无论是“法律客观精神”的探寻模式，还是“立法原意”的追溯模式，均发生在能动的法官与刑法条文之间。但论证的过程天然地排斥第三方在解释过程中的参与，导致创造性解释难以出现，且愈加无法适应网络社会形势。当前刑法解释机制的特征在于法官垄断解释权，但随着社会发展，人们逐渐认识到单凭法官的理性不可能保证裁决的客观性并实现规范目的，单向度的刑法解释结论已不再取得公众的信任。[2] 越来越多的学者意识到恰当的司法结论无法通过力学原理与“概念计算”得出，刑法最终归结于价值判断。鉴于价值判断的多变性，为了增强司法过程的回应性，确保裁判结论的正当性，必须通过合理的程序安排使其成为事实与规范对接的黏合剂，而合理程序安排的前提条件就是保证多元相关主体能够有效参与到解释进程中来。当前，我国的犯罪结构发生了极大转变，技术型犯罪逐渐取代暴力型犯罪，犯罪对象开始由个人向利益团体或社会秩序转变，作为公诉人的检察机关，其专业性通常不及技术领域的专家，在诉讼积极性上也很难取代被害人，被告人在利益格局多元化发展的情况下，也可能成为某种新型社会秩序的代表。在此背景下，有必要加强社会成员在刑事司法过程中的参与度，吸纳多元

---

〔1〕 参见刘彦辉、马浩予：《网约车平台监督过失责任之肯定——兼论对利用网约车平台犯罪的刑法规制》，载《学术交流》2022年第7期。

〔2〕 参见童德华：《从刑法解释到刑法论证》，载《暨南学报（哲学社会科学版）》2012年第1期。

主体参与刑事诉讼过程。[1]

在平台经济犯罪案件中,主体多元化表现得尤为明显。双边市场与网络外部性为平台集聚了海量的商家与客户,复杂的产业结构与利益格局促使平台经济犯罪治理模式由单方治理向多方共治转变。与此同时,刑法解释主体也要从之前的以法官为中心向法官、平台、用户多元主体共同参与转变。平台经济犯罪案件的主体多元化体现在:第一,平台用户的多元化。不同于传统经济犯罪,平台用户的多元化使平台经济犯罪主体呈现出规模海量化、结构复杂化的局面。如在基于短视频平台的网络传销案件中,金币与会员资格及权限紧密相关,会员在上传视频或直播之前必须先充值金币,平台鼓励会员通过直推发展下线,会员在邀请一定数量的好友后,可以升级达人等级,获得不同层次的奖励。与普通传销相比,此类传销中的下线与上级没有关系,无法简单地视为"层级隶属关系",传销活动的组织者、领导者较难确定。此外,若该短视频平台被公安机关查封,导致普通用户无法提现,能否赋予其被害人地位,是否能够参与刑事诉讼值得研究。第二,平台话语权的增强。平台在数据经济时代获取巨大管理职权,相应的,平台在刑事案件中的权重也逐步提升。如在制售网游外挂过程中,平台会将脚本制作模块交由个人撰写或修改,而后放入由平台控制的脚本引擎,最终制成网游外挂。其实,个人在其中发挥的作用仅限于脚本的撰写或修改,平台才是掌控网游外挂运行逻辑,主导网游外挂制售全程的主体,个人沦为平台的工具。[2] 在特定类型案件中,若没有平台的参与,甚至无法真正厘清行为人的刑事责任。如反向炒信行为造成平台商家营业额损失,在反向炒信行为与营业额损失后果之间通常会有平台的处置措施如错误认定虚假交易而实施搜索降权,在此情况下不能直接认定反向炒信行为造成了营业额损失的后果,需要结合平台的注意义务合理分配责任。可见,平台看门能力的增强、看门人地位及义务的确立,使其在犯罪治理过程中拥有了更大的发言权,为了合理划分不同主体的刑事责任,平台应积极参与到刑事诉讼活动中。

(二)从"概念"到"类型"

在很长的一段时期,概念法学盛行,概念法学以法律中的概念为中心,采取三段论的涵摄方式进行逻辑推理。但司法过程并非简单的三段论演绎,大前提并非提前预定而是需要法官主动去寻找,小前提的形成更加复杂,需要找出可能匹配的类型,进而与待决的案件事实进行比较与衡量。在此过程中,刑法的适用便不再是单纯的涵摄,而是至少要包括规范前提的寻找与筛选,规范意义的探寻,案件事实的纯化,超越立法的利益衡量与漏洞填补,所有这些操作均是以类比的方法将案件归于特定的规范类型之下。[3] 每一个具体罪名其实就是一种犯罪类型,立法者将生活中的行为类型打磨成规范中的犯罪类型,并尽量通过明确精准的语言将其表达出来供司法者适用。与立法过程不同的是,司法者需要透过法律概念看到背后的犯罪原型,并对概念作出适应时代的解释。由于概念具有定义性与封闭性,而类型

---

[1] 参见詹建红:《论我国刑事司法模式的回应型改造》,载《法学杂志》2020年第4期。

[2] 参见刘艳红:《人工智能时代网络游戏外挂的刑法规制》,载《华东政法大学学报》2022年第1期。

[3] 参见杜宇:《刑法解释的另一种路径:以"合类型性"为中心》,载《中国法学》2010年第5期。

具有描述性与开放性,后者能够以事物本质作为连接规范与事实的中介,具有一定的开放性,成为新兴的解释逻辑。

经济犯罪具有鲜明的类型性,有一些罪名的立法采用详细列举的方式对不法行为类型进行描述,如洗钱罪、贷款诈骗罪、保险诈骗罪,操纵证券、期货市场罪等,这种立法方式让司法者对行为类型一目了然,罪名适用较为便利。还有一些罪名的立法采用简单罪状、空白罪状或兜底条款的方式,如非法吸收公众存款罪、伪造货币罪、变造货币罪、非法经营罪等。对于这些罪名,司法者需要探寻规范条文本质、犯罪原型及所保护的法益,同时提炼待证事实的本质并尝试将其与规范本质对接。在解释兜底条款时,不仅要运用类型思维在规范与事实之间建立关联,还应运用类型思维对兜底条款与前条款作同质解释,确保兜底条款所涵摄的行为类型与前条款所涵摄的行为类型保持一致。在"王力军非法经营案"中,最高人民法院运用类型思维认定贩卖粮食的行为不属于非法经营罪前 3 款规定的行为类型,且不具有前 3 款行为的社会危害性,因此作出无罪认定。

在网络环境下,经济模式的改变与行为方式的网络异化使类型思维在平台经济犯罪解释中的应用成为必需,应重新定义规范本质与犯罪原型,建立平台环境下规范与事实的新关联。以正向刷单为例,"行为人首先设立网站或聊天群组作为从事虚假交易的平台,并通过网站或聊天群组召集网络商家或刷手加入。之后,有炒信需求的商家向行为人缴纳一定费用,在其网站或聊天群组中发布炒信指令,刷手接到指令后开始刷单,并在交易结束后给予商家好评,刷单结束"[1]。现有司法判决通常会将刷单炒信行为认定为非法经营罪,这引起不少学者的反对,认为非法经营罪设立的初衷在于禁止未取得特定资格的单位和个人违法从事经营活动,保护通过特定许可管理形成的市场经营秩序。非法经营罪成立的前提在于违反法律或行政法规,《互联网信息服务管理办法》虽然要求互联网信息服务经营者必须取得互联网信息服务增值电信业务经营许可证,但《互联网信息服务管理办法》仅为国务院令,并不属于法律或行政法规。《网络交易管理办法》虽然明确禁止了刷单炒信行为,但其只是部门规章,并非行政法规。事实上,目前还没有相应的法律或行政法规对刷单炒信行为作出专门规定。对于平台经济犯罪,需要以本质为中介建立规范与事实的妥当关联,为此我们需要从法益及规范保护目的的角度出发,判定刑法明文规定的行为类型的本质属性,待证事实中的行为若直接侵犯了法益,违背了规范保护目的,则与规范类型具有本质上的一致性,可以考虑入罪。[2] 对于非法经营罪而言,其承接与保留了投机倒把罪保护国家市场交易管理秩序的规范目的,尽管该罪兜底条款需与前条款作同质解释,但同质解释并不等于同等解释,而是更侧重强调不同条款在性质上的近似性和程度上的相当性,若满足这两个条件则视为二者在行为类型的本质上保持了一致。无论是破坏国家特许经营管理秩序还是市场准入秩序,其共同的本质均为对国家市场交易管理秩序同等程度的侵犯,若盲目坚持狭义法益说,则会导致理论与实践进一步撕裂,且于防止罪名滥用无实质意义。笔者认为,企图通

---

〔1〕 蒋惠岭主编:《网络刑事司法热点问题研究》,人民法院出版社 2016 年版,第 65 页。

〔2〕 参见姜涛:《经济刑法之"兜底条款"的解释规则》,载《学术界》2018 年第 6 期。

过狭义法益限缩非法经营罪的适用并不现实,我们应从三个方面着手:第一,严控“国家规定”范围,“国家规定”应限制在能够体现保护市场交易管理秩序的法律法规,或至少跟市场交易管理秩序相关;第二,灵活适用司法解释,对于违背罪责刑相适应原则的司法解释,应恪守刑法谦抑,避免机械适用;第三,全面评价“情节严重”,在网络环境下,数额标准不足以全面评价“情节严重”,应从商品是否流通、对象是否受损、市场失序原因等方面综合考察。如在有偿删帖情形中,对于专门从事非法删帖业务,破坏正常市场竞争秩序且牟利巨大的“网络公关公司”,有必要认定为非法经营罪。但对于多数合法设立的公关公司而言,删除来源不明、不属实甚至侵权的帖子是开展品牌维护和危机公关的重要手段,并未扰乱市场秩序,不应当认定为非法经营罪。此外,有必要将经济政策、产业政策、网络技术等规范外因素纳入“情节严重”的评价环节。与之同理,反向刷单行为也符合破坏生产经营罪的行为类型,不可仅将该罪的行为类型限定在“对生产工具的物理性破坏”。总而言之,类型思维的开放性与多元性有利于平台经济犯罪的惩治,对于平台经济犯罪案件占比较高的罪名,有必要基于实质解释的立场重新审视法益及规范保护目的,建立网络视域下规范与事实的新关联。

(三)从“结果导向”到“路径导向”

“结果导向”的解释理论主张提前预设好解释结果,并以自我拟定的解释立场指导解释过程,由此形成逻辑自洽的闭环。如桑本谦教授认为,与我们通常的认知不同,“解释结果”的产生先于解释方法,解释之前即预设好的“解释结果”引导着解释方法的选择与运用,对解释过程起到决定性作用。[1] 劳东燕教授提出“前瞻性分析法”,主张发挥刑法解释的立法功能或法律续造功能,对解释结论所可能产生的后果进行预判,进而形成合理的价值判断与解释规则。[2] 笔者不赞同“结果导向”的解释理论。首先,从逻辑上讲,解释结论所引发的深远影响已超出人类的理性认知范围,尤其是在价值多元的网络社会。价值多元与结果预见是一对基本矛盾,各种变量层出不穷且不断叠加、发酵,引发诸多意想不到的结果,凭借人类有限的理性立足于“上帝视角”所设计出的结果很可能是灾难性的。其次,结果的预见与选择依然属于价值判断范畴,问题在于,结果应由谁来决定?结果应当是什么样的?我们需要解释结论所达到的结果或效果到底应当侧重于哪一方面?在这个问题上,“结果导向”的解释理论只是含混地认为解释结论所产生的结果应当是合理与可接受的,但这个模糊的标准极难拿捏。从这个意义上,自诩与传统解释理论不同的“结果导向”的解释理论,实际上仍不免陷入自说自话的困境。对此,“结果导向”的解释理论想极力证明对结果的考察不仅是价值判断与利益衡量的过程,也是以客观判断制约主观意志以使其具有合理性的过程。[3] 所谓的“客观判断”看似是解释者对社会现实的筛选、认知与分析,实际上这些筛选、认知与分析又何尝不听命于解释者的主观意志?最后,“结果导向”解释理论的根本缺陷在于以貌似完美的逻辑掩盖解释结果专断性预设的事实,这使其根本无法承担保障解释结论

---

〔1〕 参见桑本谦:《法律解释的困境》,载《法学研究》2004年第5期。

〔2〕 参见劳东燕:《能动司法与功能主义的刑法解释论》,载《法学家》2016年第6期。

〔3〕 参见姜涛:《刑法解释的基本原理》,法律出版社2019年版,第74页。

合理性的重任，且极易成为权力的附庸。“结果导向”的解释理论企图使解释过程和方向看起来水到渠成，但由于解释结论的提前预设，解释过程和方向都是按照既定的程序进行的，充其量只是证成解释结论正当性与合理性的手段，这就决定了解释结论的正当性与合理性是大打折扣的。

相较于“结果导向”的解释理论，“路径导向”的解释理论杜绝了解释者肆意将自己的意志注入解释结果与解释方法的企图，减少了解释者个人倾向或偏见所带来的司法不公，将解释主体、解释对象、解释过程、解释结论等众多要素暴露在公众目光之下。这使公众清楚明白地看到解释逻辑的环节与过程，必然会打破“结果导向”解释理论所带来的司法神秘主义，使解释结论更加令人信服。在具体案件的解释中，一部分力相互叠加成为合力，另一部分力相互排斥进而互相抵消削减，在各种力的综合作用下，最终得出解释结论。通过预设好的解释路径，我们得出的解释结论只需要满足国民的预测可能性与规范的可能文义即可。

在平台经济犯罪案件中，由于多元主体的参与，类型思维的运用，经济模式急遽变革造成的前置法缺位或模糊不定，标准统一的解释路径无法形成，个案解释保留一定的独立性。此时若坚持“结果导向”的解释理论，将导致个案解释结论的说服力不足，增加随意解释与暗箱操作的可能性，犯罪预防效能也会被削弱。为此，需坚持“路径导向”的解释理论，衡量规范外因素对解释结论的影响，有条件地将规范外因素纳入解释过程中，形成逻辑清晰的解释路径。影响平台经济犯罪案件解释结论的规范外因素主要包括网络技术和刑事政策。通常情况下，网络技术对犯罪的实施至关重要，但有时也会披上貌似中立的“面纱”，我们需要考察网络技术的本质、功能以及在犯罪实施过程中所扮演的真实角色。对网络技术考察的结果会影响到行为人主观罪过的认定以及客观行为的影响，进而对其刑事责任的认定起到关键性作用。平台经济犯罪与国家的基本刑事政策、阶段性刑事政策、宏观经济政策、网络产业政策等关系密切，对刑事政策的考察也必不可少。以知识产权犯罪为例，一直以来，考虑到自身特殊国情，我国在知识产权保护方面一直秉持“适度保护”政策。随着利用平台侵犯知识产权行为巨大危害性与迅速扩张性日益显现，“适度保护”政策逐渐向“同等保护”政策倾斜。需要注意的是，平台经济犯罪个案解释的独立性也体现在对规范外因素选择性地采纳。“法律解释目标应逐案决定，不同的价值理想不存在一般性的优先次序，只能在个案中比较和权衡，对于解释立场来说，解释者必须结合个案的具体情境，通过考察不同价值理想的相对重要性以及可能受侵害程度来确定解释目标。”[1]例如，对于存在指导性案例的平台经济犯罪案件，在解释的过程中就必须将指导性案例的裁判规则纳入考察范围，对解释结论产生直接影响。

三、平台经济犯罪的解释规则

（一）基于范式性强弱调整语义位阶

德国学者伽达默尔认为，文字具有自我陌生性，文字一经产生就与其作者脱离干系，具有较强的外部性，对于文字的理解需要根据具体情境加以填充。传承之所以具有生命力，主

[1] 陈坤：《论法律解释目标的逐案决定》，载《中国法学》2022年第5期。

要在于新解释的不断涌现,新解释则要根据具体的语境做出。[1] 语言作为一种社会现象,必须随着时代变迁和社会发展进行相应的调整与变化,如此才能更好地发挥维系社会运转纽带的功能。互联网技术重塑了人们的认知与表达,导致语言内容的变异。语言内容的变异表现为特定语境中语义位阶的沉浮,即随着范式性的增强或减弱,语义的位阶也相应变动。因此,我们应以范式性的强弱建立解释对象与规范文本的实质联系,范式性的强弱随时间、空间及特定关系而不断变动,永远处于具体而非抽象状态。例如,网络社会中"财物"的语义已不局限于有形、排他的物品,无形且共时性的物品也具备了"财物"的属性与价值。如即便流量被劫持,也不影响流量所有人的使用;即便他人掌握了网游账号,也无法绝对地排除账号所有人的使用。互联网影响下共享经济的蓬勃发展,使强调财产权排他性、占有性、异时性的传统财产权观念日渐式微,人们愈加注重财产的共享性、流通性与共时性,新型的财产权观念已登上历史舞台。[2] 在此背景下,作为无形物品或共时性物品语义的范式性陡然增强,其在"财物"各语义中的位阶也必然有所提升,进而出现与"普通财物"范式性并驾齐驱的态势。在频繁修法无法实现的情况下,我们只能通过判断构成要件要素范式性的强弱来应对动态多变的网络犯罪。

对于平台经济犯罪的解释亦如此,长期以来,虚假广告刑事案件较为罕见,其原因主要包括入罪门槛过高、案件分流、主体难确定等。平台经济的发展与刷单炒信的盛行激活了虚假广告罪,使其成为惩治平台经济犯罪的利器,当前已出现以虚假广告罪惩治正向刷单行为的案例,[3]理论界亦多倾向于将正向刷单行为解释为"广告"。[4] 笔者认为,正向刷单案件中虚假广告罪的适用主要有以下原因:第一,未超出规范文义的可能范围。根据《广告法》第2条,广告是指商品经营者或服务提供者通过一定媒介和形式直接或间接地介绍自己所推销的商品或服务的商业活动。根据《反不正当竞争法》第8条与第20条,经营者通过组织虚假交易等方式帮助其他经营者虚假宣传的,由监督检查部门责令停止违法行为并处罚款,若属于虚假广告,依照《广告法》处罚。从上述规定可看出,广告的行为方式为"介绍",所追求的行为效果为"推销",二者均为广告成立的必要条件,通过虚假交易方式进行虚假宣传不必然属于广告,首先应考虑其行政违法性。有学者认为,虽然《广告法》中的广告含有"介绍"字样,但虚假广告罪中并不存在"介绍"的表述,而是"利用广告""虚假宣传",所以"利用广告"作为表现形式应归结于虚假宣传,虚构网络交易行为具有虚假宣传的特征,应属虚

---

[1] 参见[德]汉斯-格奥尔格·伽达默尔:《诠释学:真理与方法》,洪汉鼎译,商务印书馆2010年版,第549、556~559页。

[2] 参见马长山:《智能互联网时代的法律变革》,载《法学研究》2018年第4期。

[3] 被告人张某设立公司为不特定的淘宝店主提供刷单服务,通过虚假交易的方式提高淘宝店铺的交易量及好评度,以提升店铺信誉和成交量。张某组织刷单金额达1407万元,因刷单提取的佣金达14万余元,法院认定为张某成立虚假广告罪。详见福建省莆田市荔城区人民法院刑事判决书,(2020)闽0304刑初95号。

[4] 相关的文章主要有:王华伟:《刷单炒信的刑法适用与解释理念》,载《中国刑事法杂志》2018年第6期;王安异:《虚构网络交易行为入罪新论——以〈中华人民共和国电子商务法〉第17条规定为依据的分析》,载《法商研究》2019年第5期;周详、农海东:《刷单炒信样态的认识误区及刑法评价》,载《广西民族大学学报(哲学社会科学版)》2020年第1期;马永强:《正向刷单炒信行为的刑法定性与行刑衔接》,载《法律适用》2020年第24期。

假广告行为。[1] 此观点不恰当地扩大了刑法中“广告”的范围，事实上，即便在《广告法》中，虚假宣传也并非完全等同于广告，如餐厅雇佣多人排队属于虚假宣传，但并不属于广告，广告中须包含商业信息，即直接或间接地介绍产品或服务。从文义解释的角度，同时包含“介绍”与“推销”要件的正向刷单行为应被评价为广告行为。仅有虚假交易及虚构交易量的行为不可直接被认定为广告行为，同时还必须实质性地介绍推广商品或服务，如以文字、图片或视频虚构消费者好评。这种认定既兼顾到行刑衔接，也未超出虚假广告罪中“广告”的可能文义范围。第二，平台经济模式增强了正向刷单行为类型的范式性。以电子商务为代表的平台经济已成为主要的经济引擎，信用评价体系则成为电子商务健康发展的重要保障，刷单炒信严重危害了信用评价体系，已成为电子商务与平台经济发展的重大威胁。在平台经济兴起之前，虚假广告罪长期处于休眠状态，在为数不多的案件中，对于“广告”的认定争议不大。在平台经济时代，电子商务中的刷单炒信现象愈演愈烈，逐渐呈现出组织化、职业化、规模化、跨地域性等特点，形成网络刷单炒信的黑灰产业。[2] 对此，各地法院纷纷推出典型案例，最高人民法院也于2022年11月发布了刷单炒信不正当竞争纠纷案例，[3]将正向刷单认定为典型的网络虚假宣传行为。可以预见，正向刷单行为将逐渐成为虚假广告罪的主要行为类型，其范式性增强，位阶提升，为了保护平台经济下的市场交易秩序，应适度扩张“广告”的文义范围。

（二）注重解释的外部性

1. 技术中立。在认定第三方平台责任时，技术中立是无法绕开的考量因素，对技术中立的考察关系到罪与非罪的界限。我们需要从以下方面判断技术中立行为的可罚性：

首先，在主观上，技术中立行为人明知犯罪将要发生或正在发生，而持希望或放任的态度。对于明知标准的把握，可遵循两个路径，其一是以互联网行业的一般认知为标准，即如果根据互联网管理法规和互联网行业的普遍认知，某一技术行为是不被容许的，则可推定行为人对此是明知的。这种明知的推定较为简单，只需参照明文规定的互联网法规就能推定行为人对技术行为不法性的认知。其二是对技术行为风险的认知，若某一技术行为存在侵犯法益的明显或潜在的风险，即便该技术行为曾经被公认为合法甚至受到鼓励，行为人对于该种技术行为的运用也不可随心所欲，而应当尽到一定的注意义务。若满足特定的条件，可推定行为人对技术的风险具有明知。网络爬虫可谓是技术风险的典型代表，为了提高数据搜索效率，网络爬虫被不同主题需求的用户所运用，随着网络爬虫应用的领域越来越广泛，其技术中立的面纱也逐渐消退，刑事风险越来越高，若爬取公民个人信息、商业秘密和企业数据很可能触犯刑法。在这种背景下，互联网从业人员对网络爬虫技术应有起码的风险认知，不可以网络爬虫技术的中立属性进行抗辩。

其次，在主体方面，主要对技术中立行为人的注意义务进行考察，即判断其是否肩负一

---

〔1〕 参见王安异：《虚构网络交易行为入罪新论——以〈中华人民共和国电子商务法〉第17条规定为依据的分析》，载《法商研究》2019年第5期。

〔2〕 参见许海燕、洪叶：《重拳出击，对“刷单炒信”亮剑》，载《新华日报》2021年11月10日。

〔3〕 详见上海汉涛信息咨询有限公司诉四川金口碑网络科技有限公司不正当竞争纠纷案，(2021)川01民初913号。

定的审查与监控义务,以及是否具有审查与监控的能力。审查与监控的义务和能力必须同时满足,才能对技术中立行为人进行非难,否则将不当扩大刑法打击面。根据《互联网信息服务管理办法》等规定,网络服务商不得制造、复制、传播非法信息,若发现其网络平台所传输的信息属于非法信息,应马上停止技术支持并向国家机关报告,否则将会被追究刑事责任。应当说,得益于法律法规的明确规定,技术中立行为人的审查与监控义务较易把握,但对于其审查与监控的能力,则应谨慎认定。如在网络爬虫情境中,若行为人不仅实施了爬取网络数据的行为,也实施了对网络数据的整理、编辑与加工的行为,则应认为其具有审查与监控的能力。若行为人仅仅通过网络爬虫工具爬取网络数据,并没有与网络数据进行实质性接触,就不能要求行为人承担相应的注意义务。又如提供网络接入与传输服务的行为,该行为为网络的正常运行提供通信设备和日常上网服务,技术中立行为人仅仅是为网络信息传输提供了一条通道,无法对所传输的信息进行有效分辨与筛选,不具有审查与监控的能力。

最后,客观上的追责根据在于技术本身在正犯行为实施的过程中发挥了基础性与前提性作用,离开了技术支持,正犯行为根本无法实施。与传统的中立帮助行为相比,技术中立帮助行为对正犯行为的顺利实施乃至犯罪结果的发生产生了更大的推动作用。这也就要求我们在犯罪认定过程中,不得将仅发挥辅助作用,处于次要地位的技术中立帮助行为纳入犯罪圈。如正犯在多个网络平台上编造、传播谣言,其中既包括新浪微博、百度贴吧、粉丝众多的公众号等具有较高影响力的网络平台,也包括个人朋友圈、小众论坛等影响力较小的网络平台,二者在访问量、点击量、分享量、下载量等方面差异巨大。事后亦存在证据证明该谣言主要是通过具有较高影响力的网络平台传播,进而导致巨大的社会危害。对于这类情形,我们不能将每个网络平台运营商都一视同仁,而应主要追究具有较高影响力的网络平台运营商的刑事责任。

2. 刑事政策。经济犯罪具有明显的二次违法特征,深受经济政策及经济、行政法规影响,为动态协调非刑事法规与刑事法规的关系,实现解释过程中价值判断的规范化,应适时考虑刑事政策因素,使刑法规范演进与平台经济发展同步。迄今为止,平台经济的监管政策先后经历了四个阶段,即"默许发展期、包容审慎监管期、强监管期、常态化监管期"。[1] 起初,官方认为平台经济作为新经济,应对其多点包容和耐心。当平台经济出现市场垄断、资本无序扩张、大数据杀熟、用户隐私及安全等问题时,官方提出加强对平台经济领域的监管,阿里巴巴集团的垄断调查就是标志性事件。强监管的初衷在于建立健全平台经济的治理体系,但在强监管过程中,各部门竞相加入,颁布的规范性文件越来越多,"多龙治水"及运动式监管导致平台经济波动巨大,影响了平台经济的长远发展。2022 年以来,官方认识到对平台经济须坚持发展和规范并重,暴风骤雨式的强监管期结束,平台经济进入常态化监管阶段。作为社会政策、价值判断与刑法规范衔接桥梁的刑事政策,应以我国当前平台经济监管模式为基础,运用经济分析方法,构建符合平台经济发展规律的刑事政策。当前平台经济监

---

〔1〕 参见丁煌、梁健:《从话语到共识:话语如何影响政策制定——以平台经济监管政策为例》,载《公共管理与政策评论》2022 年第6 期。

管的核心为"在发展中规范,在规范中发展",[1]即通过完善立法与政策、协调执法配合等方式推动平台经济监管的规范化。与之相应,我们应坚持宽严相济刑事政策中宽缓的一面,克制刑法的发动,重视平台经济系统自身功能的发挥,优先通过平台经济的自我进化与规范监管处理经济越轨行为,规避犯罪风险。同时,经济刑法机能须从单纯维护经济秩序向兼顾经济秩序与平台权益转变,避免仅出于经济秩序维护或风险预防考虑动辄将经济越轨行为认定为犯罪,而应厘清政府与市场的关系,尊重经济模式创新与平台权益,预判刑事追究对平台经济发展的负面影响。

(三)采主体间性的解释模式

"法律适用并非单纯的消极包摄动作,而是一种创设行为。所有法律皆具有关系特征,其存在于人与人相互间或人与物间的关系中。"[2]刑法解释是通过论证说理达到说服效果的过程,论证说理需要权威而非权力,这种权威是基于认同的权威而非基于恐吓的权威,认同的形成则需要在对话与理解的基础上消除分歧形成共识。[3] 完整的刑法解释过程由审理与裁判组成,审理过程能够呈现多元解释结论,裁判过程则由法官权衡之后选择最合理的解释结论。[4] 但在我国刑事诉讼中,控辩双方缺乏充分表达刑法规范适用意见的机会,法官对控辩双方提出的关于刑法规范适用意见也没有给予充分的关注,致使法庭审理环节过于形式化。[5] 当前,刑法解释模式逐渐从主客观性向主体间性转变,主体间性模式认为,刑法规范的含义是解释者、民众和文本通过主体间对话所共同创造的产物,刑法解释结论是共识的体现。为提升解释结论的科学性与说服力,确认法规范的有效性,我们应采用主体间性的解释模式,引入多元主体参与刑法解释。在平台经济时代,平台功能与话语权的增强及其在网络犯罪中发挥的关键性作用,使其有效参与刑事责任分配成为必要。相较于传统经济犯罪,平台经济犯罪案件中的参与主体更加多元,已经超出了控辩审三方,平台既可以作为辩方,也可以作为受害方或者第三方参与刑事诉讼,无论是何种角色,均深刻影响着平台工具型犯罪或平台空间型犯罪的认定。

在平台用户犯罪案件中,平台看门能力与意愿的增强,以及"平台管用户"局面的形成,意味着在认定平台用户刑事责任的同时,需考察平台主观认知及意图、义务及能力范围,义务履行程度等。在此过程中,平台及用户均须有效参与刑事诉讼,积极回应司法机关的调查取证,通过对话为自身及对方刑事责任的认定提供参考。当前,由于司法实践执着于共犯"通谋"要件的具备,加之帮助信息网络犯罪活动罪适用的便利,导致共犯急遽限缩与帮助信息网络犯罪活动罪的"口袋化",将本应认定为共犯的行为认定为最高刑仅3年有期徒刑的帮助信息网络犯罪活动罪,违背了罪责刑相适应原则。为此,须加强平台及用户在刑事诉讼中的话语权,继续坚持"以庭审为中心"的刑事诉讼模式,实现犯罪认定与刑事诉讼模式的良性互动。

---

〔1〕 参见黄益平、邓峰、沈艳、汪浩:《超越"强监管"——对平台经济治理政策的反思》,载《文化纵横》2022年第2期。

〔2〕 [德]阿图尔·考夫曼:《法律哲学》(第2版),刘幸义等译,法律出版社2011年版,第51页。

〔3〕 参见姜涛:《刑法解释的基本原理》,法律出版社2019年版,第13页。

〔4〕 参见左坚卫、王帅:《论刑法解释的人权压制风险及其纾解》,载《法学杂志》2016年第3期。

〔5〕 参见张建军:《互动解释:一种新的刑法适用解释观》,载《法商研究》2016年第6期。

我国证券犯罪立法的本土化与国际化思辨*

一、引论:我国证券犯罪立法本土化与国际化的现实矛盾

历史法学派著名代表人物萨维尼曾精辟地指出:“法律深深地植根于一个民族的历史之中,而且其真正的源泉乃是普遍的信念、习惯和民族的共同意识。就像一个民族的语言、构成和举止一样,法律也首先是由一个民族的特性,亦即民族精神决定的。”[1]这就是说,“本土化”是任何国家的法律与生俱有的、首要的特征。一国法律的起源并非始于对域外法律的借鉴和移植,它是由该国特有的生产方式、历史传统、意识形态、道德规范等因素综合影响下的产物。各国在法制现代化进程中,要立足于现实国情与社会需要,从本国的传统法律文化中探寻法律精神的真谛,架构现代化法制,并可以此为根基,借鉴、移植域外的先进法律制度,而不简单、盲目的效仿。具体来说,法律本土化有两层含义:一是从本国固有的传统法律文化中挖掘可行的法律理念、法律制度,加以改造和继承,以实现自我完善和超越;二是从域外引进先进的法律理念、法律制度,加以内化和吸收,以完成自我进化与创新。

尽管法律呈现出浓厚的个体性、本土化特征,我们仍不能否认各国法律间共同性的客观存在。“随着社会经济文化的发展,交往的日益频繁,历史上存在的国家、民族以及地域间的堡垒,会越来越打开,从而法律文明的历史个性逐渐减弱。在法律文化的交流与传播过程中,各个民族或民族国家的法律制度之间相互沟通,相互渗透,相互吸收,从而逐渐成为一个协调发展、趋于接近的法律格局。”[2]这就是说,在一个开放的时代,各国法律都不可避免地会烙上“国际化”的印记。法制现代化不是孤立封闭的进程,也不是某个国家或者地区的个别现象,而是开放式的、国际性的发展过程。“一个开放式的交互性的法律文明

---

* 本文原载于《法学家》2008 年第 1 期,由高铭暄教授与王剑波合作完成。

〔1〕 [美]E. 博登海默:《法理学:法律哲学与法律方法》,邓正来译,中国政法大学出版社 1999 年版,第 88 页。

〔2〕 公丕祥:《国际化与本土化:法制现代化的时代挑战》,载《法学研究》1997 年第 1 期。

系统,才是富有生命和活力的有机系统,而闭关自守,盲目排外,必然导致法律文明进步张力的丧失。"[1]一国法律制度的形成与发展,起初主要受制于本土化因素,但随着各国的交流与沟通,其必定会超越本土界限而受到域外法律制度的影响,且在此基础上互相借鉴、有机融合。具体来说,法律国际化也有两层含义:一是在维持本国法律理念、法律制度的基础上,按照国际普遍规范和原则制定国内法律,以实现与国际接轨和交流;二是各国的法律制度相互协调、相互融合,进而形成一种相互依存、相互联结的国际性法律。

法律本土化和国际化是实现法制现代化的两条途径,但二者又存在现实的矛盾:法律本土化是各国法律发展的内在本质,是各国在其固有的人文积淀因素影响下的价值追求;法律国际化是人类法律发展的外在要求,是人类在其共同文明因素影响下的共同价值追求。简而言之,法律本土化强调法律要有本国特色,强调了法律的个体性、特殊性;法律国际化强调法律在各国间的交流与融合,强调了法律的共同性、普遍性。

就证券犯罪的刑事立法而言,其也存在本土化与国际化的矛盾:一方面,我国的证券市场与国外的证券市场有着质的区别,世界上市场经济比较发达的国家,证券市场的发展是一种自然必然性,然而我国的证券市场却是在经济转轨中由政府催生的,而且在相当长的一段时间里政府还将证券市场定位于为国有企业解困服务,这就使得市场功能表现出许多中国特色。[2] 证券市场的发展,对我国优化资源配置、深化金融体制改革、转换企业经营机制和建立社会主义市场经济体制起到了积极的作用。因此,证券法律规范的创设必须要考虑到我国发展市场经济的社会背景,证券犯罪的刑事立法必须要体现我国证券市场的个体性特征。另一方面,"市场经济作为一个国际化的经济运行模式,尽管可以根据各国的国情采取不同的模式,却无法摆脱统一的市场供求规律的支配,在这一规律的支配下,市场经济有强烈的同构性。一个国家的经济越走向世界,这种同构性就越强。而这种同构性的保障机制和表现形式则是法律。一个国家要实行市场经济,就必然面临在市场经济引导下的法制现代化与国际接轨的问题"[3]。

二、本土化:我国证券犯罪立法模式的选择

(一)各国证券犯罪立法模式的考察比较

纵观世界各国和地区,证券犯罪的立法模式不外乎以下三种:其一,刑法典规定型。这是指将证券犯罪的罪状及其法定刑在刑法典分则中予以明确规定。其二,单行刑法规定型。这是指以单独的刑事法律形式集中规定证券犯罪的罪状及其法定刑。其三,附属刑法规定型。这是指在其他非刑事法律中规定有关证券犯罪的罪状和法定刑,即在其他有关证券的法律诸如证券法、证券交易法等中,附带规定证券犯罪的罪状及其法定刑。[4]

一般来说,上述三种模式之间并不是相互排斥的,一个国家可以根据自己的国情选择最适合于自己控制证券犯罪需要的模式,也可以几种模式都采用。英美法系国家一般没有成

---

[1] 刘作翔:《法律文化论》,陕西人民出版社 1992 年版,第 113 页。

[2] 参见李茂生、苑德军主编:《中国证券市场问题报告》,中国社会科学出版社 2003 年版,第 9 页。

[3] 卢勤忠:《中国金融刑法国际化研究》,中国人民公安大学出版社 2004 年版,第 8 页。

[4] 参见祝二军:《证券犯罪的认定与处理》,人民法院出版社 2000 年版,第 165 ~ 167 页。

文的刑法典,因此多采用附属刑法与单行刑法相结合的模式。例如,美国在1933年《证券法》和1934年《证券交易法》之中以附属刑法规范对各种证券犯罪做出了规定,以后又在1984年《内幕交易制裁法》和1988年的《内幕交易与证券欺诈实施法》这两部单行刑法之中对特定证券犯罪做出了规定。大陆法系国家则多采用附属刑法模式。例如,日本在1948年《证券交易法》之中以附属刑法规范对各种证券犯罪做出了规定。

(二)我国证券犯罪立法模式的历史演进

一般认为,证券犯罪是一种法定犯,证券犯罪的刑事立法是随着社会经济的发展而不断变化的。随着我国证券市场的建立、发展和完善,证券犯罪的刑事立法也经历了一个逐渐发展演进的过程。

1. 1997年《刑法》修订前——附属刑法与单行刑法并行

证券犯罪是伴随着现代证券市场的成立与发展而出现的,是刑法介入证券市场,调整证券法律关系的产物。1979年《刑法》颁行之时,我国的经济生活正处于高度集中的计划经济体制之下,经济活动的自主性受到了极大的限制,证券市场难以建立,当然也就不可能存在证券犯罪。因此,我国1979年《刑法》并没有关于现代意义上的证券犯罪的规定。党的十一届三中全会以后,我国开始实行改革开放的基本国策,计划经济的坚冰开始消融,商品经济的各种要素破冰而出。1990年上海证券交易所、深圳证券交易所成立,从此我国的证券市场步入了正轨,在曲折中不断发展完善。但是,证券市场是商品经济高度自由化的产物,高回报与高风险相伴而生。在证券市场繁荣的背后,证券欺诈不断、操纵市场盛行、内幕交易严重。针对证券市场的这些失范行为,我国的立法机关审时度势,及时出台了一系列法律、法规来规范证券市场,严厉惩治证券违法犯罪活动。

1993年4月22日国务院发布《股票发行与交易管理暂行条例》(以下简称《暂行条例》),《暂行条例》针对证券发行、交易及相关活动中的内幕交易、操纵市场、欺诈客户、虚假陈述等行为做出了禁止性的规定,并分别不同情况,详细地规定了相应的民事责任和行政责任,且在第78条明确指出:“违反本条例规定,构成犯罪的,依法追究刑事责任。”1993年9月2日发布《禁止证券欺诈行为暂行办法》(以下简称《暂行办法》),《暂行办法》对上述几种证券违法行为做出了更为详尽的描述与界定,并在第26条指出:“对违反本办法的证券管理、监督人员,除依照本办法予以处罚外,证监会有权要求或者建议有关部门依法追究其行政、刑事责任。”1993年12月29日第八届全国人大常委会第5次会议通过了《公司法》,《公司法》在其第十章“法律责任”中首次以非严格意义上的附属刑法规范对在公司监管中可能出现的证券犯罪,如欺诈发行股票、债券罪,擅自发行股票、债券罪等犯罪做出了规定。具体规定模式为:“……构成犯罪的,依法追究刑事责任。”[1]

虽然《暂行条例》《暂行办法》《公司法》都对证券犯罪做出了规定,但这些规定仅限于证

〔1〕 从严格意义上讲,只有规定了罪状及其法定刑的刑法规范,才称得上完整的证券犯罪刑法规范。依此标准,我国的《刑法》与单行刑法规定了证券犯罪的罪状及其法定刑,属于完整的证券犯罪刑法规范。而我国的证券犯罪附属条款则不同,它只是在规定证券一般违法行为的处罚时,附带笼统地规定“构成犯罪的,依法追究刑事责任”,它只有具体的罪状而没有明确的法定刑的规定,因此我国的证券犯罪附属刑事条款并非严格意义上的证券刑法规范。

券犯罪的“罪状”,而缺乏明确的“法定刑”。同时,我国1979年《刑法》也没有与此相关的犯罪条文,内容上无法与之衔接,致使相关的证券犯罪没有得到应有的刑事处罚。为了摆脱这一困境,立法机关随即采取了发布单行刑法的方式使上述附属刑法规范的处罚确定化。1995年2月28日第八届全国人大常委会第十二次会议通过并实施了《关于惩治违反公司法的犯罪的决定》(以下简称《决定》),《决定》对欺诈发行股票、债券罪,擅自发行股票、债券罪等犯罪的法定刑做出了补充规定。

2. 1997年《刑法》修订后——刑法典为主,附属刑法为辅

1997年,历经17年风雨的1979年《刑法》完成了自己的历史使命。我国立法机关以“制定一部统一的、比较完备的刑法典”为指导思想,对1979年《刑法》进行了全面修订,将1979年《刑法》实施以来由全国人大常委会做出的有关《刑法》的修改补充规定和决定(单行刑事法律)研究修改后编入了《刑法》,并将一些民事、经济、行政等法律中“依照”“比照”1979年《刑法》有关条文追究刑事责任的规定(附属刑法规范),改为新刑法典的具体条款。[1] 这就完成了包括有关证券犯罪规定在内的单行刑法、附属刑法的法典化。

尽管如此,与证券市场的快速发展相比,我国证券法制建设明显滞后,证券犯罪刑事立法仍显不足,这在一定程度上影响和制约了证券市场的进一步发展。1998年12月29日第九届全国人大常委会第六次会议通过了我国证券市场的基本法律——《证券法》,《证券法》沿袭了《公司法》的立法模式,在其第十一章“法律责任”中以非严格意义上的附属刑法规范对证券犯罪做出了规定。《证券法》在保持与1997年《刑法》相应规范相互衔接的同时,又增加了一些证券犯罪,这些规定对惩治和预防证券犯罪有着很大的作用。但是,新的问题又出现了。《证券法》的第十一章“法律责任”中共有16条“……构成犯罪的,依法追究刑事责任”的规定,但1997年《刑法》中能够找到对应的罪刑条款的只有9条,另外7条(176、177、178、179、186、189、193条)则在《刑法》中无相应的规定,从而又陷入了有“罪”无“刑”的境地,在实践中根本无法适用。

为了摆脱上述困境,2005年立法机关修订《证券法》之时,对证券刑事责任的规定方式做了变动。2005年《证券法》改变了1998年《证券法》的做法,对于每一类型的证券违法行为只明确规定了民事责任或行政责任,而未规定承担刑事责任,只是最后在第231条规定:“违反本法规定,构成犯罪的,依法追究刑事责任。”这一仅有的证券犯罪“附属条款”消除了《刑法》条文与《证券法》条文之间互不照应、相互矛盾的状况,转而把认定证券犯罪的任务移交给了刑法,实现了刑法与证券法之间的协调统一。

(三)我国证券犯罪立法模式的理性评析

通过对我国证券犯罪立法模式历史演进的考察,我们可以看出,随着我国刑事立法技术逐步由幼稚走向成熟,证券犯罪的立法也趋向合理化。1997年《刑法》修订前,我国的刑事

---

[1] 王汉斌:1997年3月6日在第八届全国人民代表大会第五次会议上关于《刑法(修订草案)》的说明。

立法模式是刑法典、单行刑法与附属刑法共存,[1]证券犯罪的立法模式是附属刑法与单行刑法并行。1997年《刑法》修订后,为了维持刑法典的完整统一,我国基本上摒弃了单行刑法的刑事立法模式,[2]证券犯罪的立法模式也随之转变为以刑法典为主、附属刑法为辅。经过十余年的发展、完善,证券犯罪的这一立法模式已趋于稳定。

然而,鉴于我国的证券犯罪附属条款并非严格意义上的证券刑法规范,不少学者对上述证券犯罪的立法模式提出了质疑。有学者认为,由于我国《证券法》中的刑事责任条款缺乏明确的"法定刑",因而其并非附属刑法规范。所以,我国现行证券犯罪立法采用的是纯法典型的立法模式。这一模式稳定性较高,但适应性较差,无法满足及时抗制证券犯罪的需要;如果追求刑法抗制证券犯罪的适应性,频繁地进行改动,就会破坏刑法的稳定性和权威性。因此,这一模式弊端较大,鲜有国家采用,我国也应摒弃这一模式,宜借鉴国外采用纯附属刑法型立法模式。[3] 本文并不赞同上述学者的主张。法律从来就不是孤立的,"从最广泛的意义来说,法是由事物的性质产生出来的必然关系",[4]法律必须尽可能与其同时的生产关系保持一致。具体到证券犯罪刑事立法之中,各国对证券犯罪立法模式的选取,必须考虑到本国的刑事立法传统以及证券市场的实际需要。而我国现行的以刑法典为主、附属刑法为辅的证券犯罪立法模式呈现出了较为浓厚的"本土化"特征,其既是对我国传统的刑法典立法模式的继承和发展,又满足了我国证券市场稳定发展的实际需要,其存在既是必要的,也是合理的,具体理由如下。

1. "以刑法典为主"是对我国刑事立法传统的继承和发展

(1)"以刑法典为主"的立法模式是我国传统刑事法律理念在现代刑事立法领域的新体现。"一个社会与过去的纽带关系永远不可能完全断裂,它是社会本性所固有的,不能由政府法令或旨在专门立法的公民运动所创设。如果不在某种最小的程度上存在这种纽带,一个社会就不成其为社会了。"[5]刑法典作为刑事立法的"结晶",是刑事立法领域联结传统与现代的最牢固的"纽带"。在我国古代社会,刑法典是统治阶级治世之根本大典,历朝历代统治者对刑法典之威慑作用笃信不疑,都非常重视对刑律的修订。时至今日,统一、完备的刑法典不但受到了立法机关的信赖,而且因其方便适用而受到了司法机关的青睐,广大刑法学者对其功效也大为推崇。有学者认为,"以一部刑法典规定所有的犯罪及其刑罚,无疑具有以下优点:由于刑法典具有较大的威慑力,从消极的一般预防角度而言,有利于预防犯罪;由于刑法渊源集中、统一,从形式上看有利于司法机关适用"[6]。更有学者明确指出,"将经

---

[1] 从1979年《刑法》颁行至1997年《刑法》修订前,我国最高立法机关先后通过了25部单行刑法,并在107个非刑事法律中设置了附属刑法规范。

[2] 从1997年《刑法》颁行至今已10年有余,其间仅颁行了一部单行刑法,即1998年12月29日全国人大常委会《关于惩治骗购外汇、逃汇和非法买卖外汇犯罪的决定》。

[3] 参见祝二军:《证券犯罪的认定与处理》,人民法院出版社2000年版,第171~176页;卢勤忠:《中国金融刑法国际化研究》,中国人民公安大学出版社2004年版,第175~191页;苏彩霞:《中国刑法国际化研究》,北京大学出版社2006年版,第194页。

[4] 参见[法]孟德斯鸠:《论法的精神》(上),张雁深译,商务印书馆1959年版,第1页。

[5] [美]E. 希尔斯:《论传统》,傅铿、吕乐译,上海人民出版社1991年版,第427页。

[6] 张明楷:《刑事立法的发展方向》,载《中国法学》2006年第4期。

济犯罪行为规定于刑法典之中,使经济刑法具有刑法之外形,自然较易产生一般预防作用而且具有威吓经济犯罪之功能,……将经济刑法规定于刑法以外法规的立法方式,在一般预防效果上,似有较低犯罪威吓功能"[1]。因此,将证券犯罪归入刑法典之中,维持我国刑事立法的完整统一,符合我国的刑事立法传统,有利于犯罪的预防和司法的适用。

(2)"以刑法典为主"的立法模式在我国新时期证券犯罪刑事立法中承担着新的历史使命。"中国的法治之路必须注重利用中国本土的资源,注重中国法律文化的传统和实际"[2],但我们利用本土资源不是为了对法律传统进行简单的恢复,而是为了可以超越传统,建立与中国现代化相适应的法制。"以刑法典为主"的立法模式的确立,并不只是对我国刑事法律传统的简单传承,其在新时期承担着新的历史使命,即保持证券市场的稳定以利于我国市场经济的持续健康协调发展。一方面,我国的证券市场需要稳定发展。我国的证券市场成立于20世纪90年代初期,虽只有十多年的发展历史,但其已成为我国社会主义市场经济体系中非常重要的、不可分离的组成部分。证券市场的推进步伐必须与我国市场经济的发展相合拍而不能过于急进,"在稳定中求发展"应是我国证券市场发展的长期指导方针。否则,证券市场的动荡必然会对我国市场经济的发展造成不利的影响。曾任我国证券监督管理委员会首席顾问的梁定邦先生曾指出:"证券市场需要一种稳定性、可预测性。市场最可怕的就是不可预测……朝令夕改,不断地改变政策,不断地改变法律,往往造成投资者在无所适从的情况下的投机现象,因为投资者看不到远期有什么,只能看到眼前的东西。"[3]另一方面,证券犯罪立法模式的选择又会对证券市场的稳定发展起到不可忽视的作用。在我国,刑法是仅次于宪法的"基本法律",它本身的性质要求其具有一定的稳定性。由此,将证券犯罪归入《刑法》之中,事实上向证券从业者、管理者、立法者传递了一个这样的讯息:证券市场需要稳定,证券法律规范亦不能、也不会朝令夕改。总之,刑法典的稳定性,切合了新时期我国证券市场稳定发展的需要。

2."以附属刑法为辅"是对域外先进法律制度的内化和吸收

(1)"以附属刑法为辅"的立法模式在我国新时期证券犯罪刑事立法中的确立,是由证券犯罪的法定犯性质所决定的。一般认为,证券犯罪是一种法定犯。由法定犯的原理所决定:刑法所规定的证券犯罪必须以违反证券法律法规为前提。如果对证券犯罪仅有刑法规定,而没有证券法律法规的规定相对应,这样的立法是与通行的法定犯的原理相背离的,是不科学的。因此,以附属刑法规范规定证券犯罪是立法科学性的表现。此外,本文并不赞同我国《证券法》中的刑事责任条款并非附属刑法规范的观点。我国《证券法》中的刑事责任条款是在规定证券一般违法行为的处罚时,附带笼统地规定"构成犯罪的,依法追究刑事责任",它只有具体的罪状而没有明确的法定刑的规定,因而其并非严格意义上的证券附属刑法规范。但这并不能否定这些条款的附属刑法规范性质,这是因为:我国的《证券法》中仍

---

〔1〕 林山田:《经济犯罪与经济刑法》,台北,三民书局1981年版,第99~100页。

〔2〕 苏力:《法治及其本土资源》,中国政法大学出版社2004年版,第6页。

〔3〕 梁定邦:《梁定邦先生纵谈〈证券法〉与证券监管》,载《证券市场导报》1991年第1期。

有关于证券犯罪罪状的具体描述,对相关证券犯罪的法定刑我们完全可以依照《刑法》的规定来确定,《证券法》没有必要多此一举,只要《证券法》与《刑法》的规定相互照应、相互衔接即可。

(2)"以附属刑法为辅"的立法模式在我国新时期证券犯罪刑事立法中的确立,是对域外先进法律制度的内化和吸收。法国著名启蒙思想家孟德斯鸠曾经说过:"为某一国人民而制定的法律,应该是非常适合于该国的人民的;所以如果一个国家的法律竟能适合于另外一个国家的话,那只是非常凑巧的事。"[1]这告诉我们,完全移植他国的法律制度,成功率是极小的。无论域外的法律制度多么优越,都不能脱离本国的法律文化传统,都要经历内化和吸收的过程,否则将难以在本国的土壤中长久驻足。以我国本土刑事立法传统为基石,经过对域外附属刑法规定的内化和吸收,我国2005年《证券法》采用了概括性的方式对证券犯罪做出了规定。本文认为,这一规定具有积极的意义。一方面,这一规定有利于犯罪的预防。它使广大证券从业者、管理者认识到,违反《证券法》的行为会受到处罚,甚至会受到刑罚的严厉处罚,从消极的一般预防角度而言,这有利于预防证券犯罪。另一方面,这一规定有利于《刑法》与《证券法》的协调统一。它消除了《刑法》条文与《证券法》条文之间互不照应、相互矛盾的状况,转而把证券犯罪的认定任务交给了《刑法》,实现了现行《刑法》与《证券法》之间的协调统一。当然,《刑法》对证券违法行为也并非随意入罪,而必须参考《证券法》的相关规定,这也是法定犯的必然要求。

所谓"法有限,情无穷",立法者无论多么殚精竭虑、高瞻远瞩,都不可能对未来证券市场的发展做出详尽无遗的预见和判断。证券犯罪立法的稳定性与适应性之间的矛盾是始终存在的,无论我们采用何种立法模式,都不可能一劳永逸地解决适用性的问题。证券犯罪立法的稳定性是相对的,如果证券犯罪的立法明显滞后于证券市场的发展,难以实现公平、公正,那就应该在与相关证券立法保持一致的情形下修订《刑法》中关于证券犯罪的规定。本文认为,为了最大限度地保持《刑法》的稳定,修正案模式是比较理想的选择。采用刑法修正案的方式,既可保持刑法典结构和内容的完整性,又有利于维护刑法的统一性,便利司法的适用;既可保持刑法典的长期稳定性,又可对刑法典进行局部的修改补充,适应社会发展的需要。目前,我国已多次在刑法修正案中对证券犯罪做出了修改。[2]

三、国际化:我国证券犯罪存在范围的划定

(一)我国证券犯罪存在范围的划定标准

对于证券犯罪的存在范围,历来有广义说和狭义说之争。广义说认为,证券犯罪是指在证券领域内所发生的一切犯罪,既包括在证券发行、交易活动中发生的、直接危害证券管理秩序的犯罪,如内幕交易罪、操纵证券市场罪等,也包括其他与证券有关的犯罪,如发生在证券领域内的伪造、挪用、侵占、诈骗、贿赂等犯罪。狭义说则认为,证券犯罪仅指证券发行、交

---

[1] [法]孟德斯鸠:《论法的精神》(上),张雁深译,商务印书馆1959年版,第7页。

[2] 我国自1999年12月25日第九届全国人大常委会第十三次会议上首次以刑法修正案模式修改《刑法》以来,立法机关至今已经通过了6个刑法修正案。刑法修正案目前已经成为立法机关修正《刑法》的唯一模式。

易及相关活动中的犯罪，即指证券从业人员或者其他人员以获取非法利益为目的，违反证券管理法规，在证券发行、交易及相关活动中从事内幕交易、操纵证券市场、欺诈客户、虚假陈述等情节严重的行为。其最显著的特征是对证券市场管理秩序的破坏。[1]

本文认为，从证券犯罪类型化的功能来说，狭义说的主张更为可取，理由是：首先，将证券犯罪类型化，其目的在于帮助掌握证券犯罪的个体性特征，进而研究分析证券犯罪与其他犯罪之异同，以利于制定适当的刑事政策，预防证券犯罪的发生。而广义说却模糊了证券犯罪与其他相关刑事犯罪的界限，例如，利用证券作为工具的诈骗犯罪与违反证券市场管理秩序的犯罪，二者所保护的同类客体并不相同，且行为特征亦不相同。显然，广义说无法抽象出证券犯罪的独有特征，流于空泛，必然会减弱将证券犯罪类型化的功能。其次，狭义说将证券市场的管理秩序作为证券犯罪侵害的同类客体，并以此为"最显著的特征"，围绕这一基本特征界定证券犯罪的内涵和外延，使之与传统的财产犯罪或经济犯罪，如挪用、侵占、诈骗、贿赂等犯罪相互区别开来，并使其独立成为类罪。就此意义而言，狭义的证券犯罪说更可取。

（二）我国证券犯罪存在范围的立法沿革

1. 1997 年《刑法》修订前——证券犯罪零星分布

20 世纪 90 年代初，随着沪深两地证券交易所的成立，证券市场快速发展，证券失范行为亦随之泛滥。1993 年，我国先后发布了《暂行条例》与《暂行办法》，将证券发行、交易及相关活动中的内幕交易、操纵市场、欺诈客户、虚假陈述等行为入罪。但是，由于"法定刑"的缺失，上述证券犯罪行为并未得到应有的刑事处罚。

1993 年，《公司法》首次以附属刑法方式规定了在公司监管中可能出现的两种证券犯罪，即欺诈发行股票、公司债券罪（第 207 条）与擅自发行股票、公司债券罪（第 210 条），但并未规定"法定刑"。1995 年，《关于惩治违反公司法的犯罪的决定》的施行，使对欺诈发行股票、公司债券罪（第 3 条）与擅自发行股票、公司债券罪（第 7 条）的处刑明确化。

综上所述，1997 年《刑法》修订前，在司法实践中能够适用的罪名只有两个，即欺诈发行股票、公司债券罪与擅自发行股票、公司债券罪。

2. 1997 年《刑法》修订后——证券犯罪逐步扩张

1997 年，我国旧刑法迎来了全面的修订。对于证券犯罪，新刑法在保留、吸收、修改 1993 年的《暂行条例》《暂行办法》《公司法》与 1995 年的《决定》中有关证券犯罪规定的同时，根据我国证券市场的发展与证券违法行为的实际情况，增加了一些新的证券犯罪。具体来说，我国 1997 年《刑法》规定的证券犯罪有两大类共六个罪名：证券发行过程中的两个罪名，即欺诈发行股票、债券罪（第 160 条），擅自发行股票、公司、企业债券罪（第 179 条）；证券交易过程中的四个罪名，即内幕交易、泄露内幕信息罪（第 180 条），编造并传播证券交易虚假信息罪（第 181 条第 1 款），诱骗投资者买卖证券罪（第 181 条第 2 款），操纵证券交易价格罪（第 182 条）。

---

〔1〕 参见刘宪权：《证券期货犯罪理论与实务》，商务印书馆 2005 年版，第 48 页。

1998年,为进一步规范我国的证券市场,全国人大常委会通过了《证券法》。《证券法》在保持与1997年《刑法》相应规范相互衔接的同时,又增加了一些证券犯罪。具体来说,新增的证券犯罪共有七种:公司承销、代理买卖擅自发行的证券犯罪(第176条)、证券发行人不依法披露信息犯罪(第177条)、非法开设证券交易场所犯罪(第178条)、擅自设立证券公司经营证券业务犯罪(第179条)、非法融资融券交易犯罪(第186条)、证券交易虚假陈述、信息误导犯罪(第189条)、擅自处置客户证券犯罪(第193条)。

1999年,为了严惩破坏社会主义市场经济秩序的犯罪,全国人大常委会通过了《刑法修正案》。该修正案第3条对1997年《刑法》第174条进行了修改,把《证券法》规定的非法开设证券交易场所犯罪(第178条)与擅自设立证券公司经营证券业务犯罪(第179条)归入到擅自设立金融机构罪之中。

2001年,我国正式加入世界贸易组织,并在证券业方面做出了一系列承诺。[1] 为适应入世后的需要,1998年《证券法》被列入了修订的议程,并于2005年修订通过了新的《证券法》。但从表面上看,新《证券法》"蒸发"了1998年《证券法》关于证券犯罪的规定,仅采用了一个条文概括性的方式对证券犯罪进行了宣示,进而将证券犯罪的认定任务移交给了刑法。

2006年,全国人大常委会通过了《刑法修正案(六)》。该修正案第5条对1997年《刑法》第161条进行了修改,从而把《证券法》规定的证券发行人不依法披露信息犯罪(2005年《证券法》第193条)归入不依法披露重要信息罪之中;修正案第12条新增了金融机构擅自运用客户资产罪,从而把擅自处置客户证券罪(2005年《证券法》第211条)归入其中。

综上所述,1997年《刑法》修订后,证券犯罪在司法实践中能够适用的罪名共计9个,即1997年《刑法》规定了6个,两个修正案又增加了3个。

(三)我国证券犯罪存在范围的未来展望

通过对我国证券犯罪存在范围立法沿革的考察,我们可以看出,我国刑法规范对证券市场的介入是逐步深入的,我国证券犯罪的存在范围总体呈扩张趋势。但是,2005年新《证券法》却"不经意"地收缩了证券犯罪的存在范围。这就在新时期给我国证券犯罪的刑事立法提出了新的问题:证券犯罪的存在范围应当扩张还是收缩?我们应以此为契机,重新科学、合理地划定证券犯罪的存在范围,进一步完善证券犯罪的刑事法律体系,以保障我国证券市场的稳定发展。

1. 我国证券犯罪存在范围的收缩

(1)收缩的现状。"没有法律就没有犯罪、没有法律就没有刑罚"的罪刑法定原则,是我国刑法的基本原则之一。"善良的人们总是希望一切应当以犯罪论处的行为在现实中都以

---

[1] 根据我国加入世界贸易组织时的承诺,外国证券机构可直接(不通过中国中介)从事B股交易;自加入时起,允许外国服务提供者设立合资公司,从事国内证券投资基金管理业务;自加入后3年内,将允许外国证券公司设立合资公司,合资公司可从事(不通过中方中介)A股的承销、B股和H股及政府和公司债券的承销和交易、基金的发起。参见《中国加入世界贸易组织法律文件》,对外贸易经济合作部世界贸易组织司译,法律出版社2002年版,第737页。

犯罪论处,但罪刑法定原则使这一愿望难以实现。"[1]2005年《证券法》仅采用一个条文概括性的方式对证券犯罪做出了宣示,其目的是解决1998年《证券法》某些附属刑法条款无法适用的难题,以实现刑法与证券法之间的协调统一。事实证明,这一修订取得了良好的效果,消除了刑法条文与证券法条文之间互不照应、相互矛盾的状况。但这一修订也带来了某种不利的后果:由于罪刑法定原则的限制,可以追究刑事责任的证券违法行为就只能被局限于《刑法》所规定的那几种证券犯罪范围内。可见,2005年《证券法》的修订,在事实上缩小了1998年《证券法》所规定的证券犯罪的范围。

(2)收缩的评析。法律的制定和变动不应是率性的行为,"轻易地改变法律,实为一种削弱法律根本性质的方法"[2]。1998年《证券法》以非严格意义上的附属刑法规范将一些证券违法行为入罪,这些行为虽处于有"罪"无"刑"的境地,但无论是理论界还是实务界一般对这些行为的犯罪性质都未持异议。因此,这些规定客观上起到了预防犯罪的作用。随着2005年新《证券法》的修订,在我国证券法律体系中存在达7年之久的相关证券犯罪莫名其妙地"蒸发"了,更令人遗憾的是立法者对此未作任何说明。[3] 这似乎给我国的证券市场传达了一个不好的讯号:上述行为被"非犯罪化"处理。这显然不利于对证券犯罪的预防、惩治,不利于我国证券市场的稳定发展。

2. 我国证券犯罪存在范围的扩张

(1)扩张的依据。20世纪90年代初,我国证券市场成立不久,立法机关就开始着手证券法律规范的制定。由于当时我国的证券市场远不成熟,立法者对证券违法犯罪行为的理解也不深入,于是《证券法》在制定过程中大量借鉴国外的规定,其结构体系也与国外的证券法律基本一致。[4] 可以说,1998年《证券法》对证券犯罪的规定具有一定的"超前性"。而我国的刑事立法则在"成熟多少写多少"的立法思想指导下,[5]对1998年《证券法》的附属刑法规范并未做出积极回应,只是在之后的刑法修正案中逐步将一些严重危害证券管理秩序的证券违法行为入罪。本文认为,目前我国证券犯罪的存在范围应当进一步扩张,理由是:一方面,2001年入世之后,我国根据承诺逐步向国外开放了证券市场。外国证券机构的介入,不仅改变了我国证券市场的管理体制和经营理念,使我国证券市场的国际化程度进一步提高,而且使得证券发行、交易过程中的一些违法行为也凸显与国际接轨的趋势,手法新颖、危害严重。另一方面,随着2005年新《证券法》对我国证券犯罪存在范围的收缩,无论是与英美法系国家还是与大陆法系国家相比较,目前我国证券犯罪的存在范围都过于狭窄,这显然不利于对证券违法犯罪行为的预防和惩治,不利于我国证券市场的稳定发展。因此,我国证券犯罪的存在范围应该是扩张而不是收缩。

---

[1] 张明楷:《刑法格言的展开》,法律出版社2003年版,第39页。

[2] 武树臣:《亚里士多德法治思想探索》,载《法学》1985年第5期。

[3] 参见周正庆:2005年4月24日在第十届全国人民代表大会常务委员会第十五次会议上关于《证券法(修订草案)》的说明。

[4] 参见柳随年:1993年8月25日在第八届全国人民代表大会常务委员会第三次会议上关于《证券法(草案)》的说明。

[5] 参见《彭真文选》,人民出版社1991年版,第424页。

(2)扩张的限度。一方面,历史唯物主义精辟地指出,生产力决定生产关系,经济基础决定上层建筑,这是不依人的意志为转移的普遍的客观规律。作为上层建筑构成要素之一的法律,是一定社会生产力发展基础之上的社会经济关系的反映,有什么样的经济发展关系,就有什么样的法律,超越经济发展关系的法律,是不可能长存的。从世界范围来看,在可以预见的时期内,各国经济的发展都不可能平衡,这自然决定了各国法律发展的不平衡。因此,无论是凯尔森的"国际法律共同体"的激进观念,[1]还是罗迪埃的"世界法律统一主义"的浪漫理想,[2]都还只能是带有一定程度的乌托邦式的幻想。国际性证券法律的出现遥遥无期,对证券犯罪的国际统一认定还只能是镜花水月。所以,我国在划定证券犯罪存在范围之时决不能简单、盲目地效仿西方,而必须以本国最有利于遏制证券犯罪的需要和保障证券市场的良性运转为目标。另一方面,西方国家的证券市场已有数百年历史,已经形成了相当有效的法律运作机制,积累了相当丰富的证券犯罪立法经验。我国的证券刑事立法当然不能对反映社会发展规律的知识与经验视而不见,我们应在维持本国法律理念、法律制度的基础上,按照国际通行规范和原则划定我国证券犯罪的存在范围,以实现与国际接轨和交流。

综上所述,本文建议,立法机关可否结合新《证券法》的规定,在借鉴国外相关规定的基础上,以刑法修正案的方式一揽子增加下列证券犯罪:一是证券公司承销、代理买卖擅自发行的证券罪(2005 年《证券法》第 190 条);二是短线交易罪(2005 年《证券法》第 195 条);三是证券交易虚假陈述、信息误导罪(2005 年《证券法》第 207 条);四是私下接受客户委托买卖证券罪(2005 年《证券法》第 215 条);五是证券公司违法经营非上市证券罪(2005 年《证券法》第 216 条)。

四、结论:我国证券犯罪立法本土化与国际化的协调统一

面对滚滚而来的国际化发展潮流,我国要在法治道路上稳步前行,就不能只看到法律本土化与国际化之间的现实矛盾,更要看到二者的协调统一。法律发展的共性绝不是对法律发展个性的排斥,法制现代化进程中的国际化趋势也不意味着法律本土化特征的消亡。就我国证券犯罪的刑事立法而言,一方面,我国证券犯罪立法模式的选择,主要考虑的是本土化因素。这是因为,"以刑法典为主、附属刑法为辅"的立法模式能更好地预防犯罪,便利司法的适用,有利于证券市场的稳定发展。另一方面,承认我国证券犯罪立法的本土化特征,并不意味着对证券犯罪立法国际化趋势的否认。相反,在我国证券犯罪存在范围的划定上,我们应更多地考虑国际化因素,以实现与国际接轨和交流。总之,我国证券犯罪立法应实现本土化与国际化的协调统一,这是时代的选择,历史的潮流。

---

[1] 参见[奥]凯尔森:《法与国家的一般理论》,沈宗灵译,中国大百科全书出版社 1996 年版,第 357 页。

[2] 参见[法]勒内·罗迪埃:《比较法导论》,徐百康译,上海译文出版社 1989 年版,第 15 页。

论侵犯著作权犯罪*

著作权，也称版权，是作者或者其他著作权人依照法律对已经创作出来的文学、艺术和科学作品所享有的专有权利。著作权是知识产权的重要组成部分。为了保护著作权和与著作权有关的权益不受侵犯，调动知识分子创作积极性，促进社会主义文化和科学事业发展，促进社会主义精神文明和物质文明建设，完善我国知识产权法律制度体系，1990 年全国人大常委会通过了《著作权法》。但是，《著作权法》没有对侵犯著作权和与著作权有关权益的行为规定相应的刑事制裁条款，使著作权的法律保护存在欠缺，对一些严重侵犯著作权和与著作权有关权益的行为不能有效地予以惩治。鉴于此，1994 年 7 月 5 日全国人大常委会通过了《关于惩治侵犯著作权的犯罪的决定》（以下简称《决定》）。《决定》在我国刑事立法上首次规定了侵犯著作权犯罪，使我国对著作权乃至知识产权的法律保护达到了一个新的水准。本文拟就侵犯著作权犯罪的有关问题作一些探讨。

一、《决定》所规定的具体罪名

《决定》第 1 条和第 2 条规定了两种侵犯著作权的犯罪的罪状和法定刑，但没有明确具体罪名，因此需要在理论上予以研究确定，以便正确理解和适用《决定》规定。

《决定》第 1 条规定的罪名，有论者认为有 3 种可能的选择：(1) 侵犯著作权罪；(2) 非法复制发行他人作品或者制作、出售假冒他人署名的美术作品罪；(3) 盗版罪。论者认为第一种罪名不符合我国刑法学界和司法部门确定罪名的习惯，并很容易被误认为是《决定》所规定的全部犯罪行为，第二种罪名则过于累赘，第三种罪名符合国际上关于此类行为确定罪名时的习惯用法，因而应将《决定》第 1 条规定之罪称为“盗版罪”。[1] 我们认为，上述三种选择中，第二种罪名的确累赘，有失

---

* 本文原载于《法制与社会发展》1996 年第 1 期，由高铭暄教授与莫开勤合作完成。

〔1〕 参见张智辉：《试论侵犯著作权的犯罪》，载《法学家》1995 年第 2 期。

精练,殊不可取,但称之为“盗版罪”也并非最佳选择。且不说“盗版”还不能为多数普通人所理解,更主要的是“盗版”不能把《决定》第1条列举的第四种侵权情形包括进去。因为“盗版”是指以牟利为目的复制发行他人作品的行为,其对象是他人的作品,而“制作、出售假冒他人署名的美术作品”的行为对象并非他人作品(侵犯的客体无疑是他人的著作权),因而也称之为“盗版”行为似乎不很确切。相对而言,把《决定》第1条规定之罪称为“侵犯著作权罪”更为合适,理由是:(1)符合《决定》规定精神。《决定》第1条规定:“以营利为目的,有下列侵犯著作权情形之一,……处……”根据《决定》这样的用语,称之为“侵犯著作权罪”符合立法原意。(2)简明、概括,既完全包含了《决定》第1条列举的四种侵权情形,又不失精练。(3)通俗易懂,容易为司法人员和社会公众所理解和接受,有利于法律的正确适用。(4)并不违反确定罪名的通常习惯,以行为方式加客体确定罪名,符合以行为方式为主要标准的罪名确定方法。(5)不会被误认为是《决定》所规定的全部罪名。如与此相类似的“假冒注册商标罪”“生产、销售伪劣商品罪”罪名的使用,都未引起它们与其他相应罪名之间关系的误解。因此,《决定》第1条规定的罪名称为“侵犯著作权罪”是基本可行的。

《决定》第2条规定的罪名,根据《决定》用语,可以直接确定为“销售侵权复制品罪。”也有人认为该条规定之罪可以称之为“销售盗版商品罪”。[1] 如前所述,“制造、出售假冒他人署名的美术作品”行为不宜属于“盗版”行为,因而将此罪称为“销售盗版商品罪”就很难说是可行的。

二、侵犯著作权罪的构成特征、认定及处罚

(一)侵犯著作权罪的构成特征

根据《决定》第1条的规定,侵犯著作权罪是指以营利为目的,以擅自复制发行、出版他人作品或者制作、出售假冒他人署名的美术作品的方式,侵犯他人著作权和与著作权有关的权益,违法所得数额较大或者有其他严重情节的行为。

1. 侵犯的客体是国家的著作权管理制度以及他人的著作权和与著作权有关的权益。

关于本罪侵犯的客体,在理论上无非有三种选择:(1)国家的著作权管理制度;(2)他人的著作权和与著作权有关的权益;(3)国家的著作权管理制度以及著作权和与著作权有关的权益。我们认为,本罪当然直接侵犯了著作权人或其他著作权邻接人的著作权或与著作权有关的权益,而这种著作权和与著作权有关的权益又是受我国《著作权法》严格保护的。为了加强对著作权的管理,《著作权法》对作品范围、著作内容、归属及保护期限、侵犯著作权和与著作权有关权益的行为及法律责任等均作了明确规定,其目的是通过对著作权和与著作权有关权益的保护,鼓励人们积极创作并推动智力成果的传播,促进社会主义文化、科学事业发展繁荣。因此侵犯著作权和与著作权有关权益的行为已不仅仅具有民事侵权行为的性质,而且在严重情况下同时侵犯了国家和社会利益,具有刑事违法性,应受刑罚制裁。因此,本罪侵犯的客体应是国家著作权管理制度以及他人著作权和与著作权有关的权益的统一。

---

[1] 参见张智辉:《试论侵犯著作权的犯罪》,载《法学家》1995年第2期。

根据《著作权法》的规定，著作权包括以下五个方面的人身权和财产权：发表权、署名权、修改权、保护作品完整权、使用权和获得报酬权；与著作权有关的权益主要指出版者、表演者、录音录像制作者拥有的著作邻接权。侵犯著作权罪即是对上述著作权和与著作权有关权益的侵犯，并因此破坏了国家的著作权管理制度。

本罪的对象是他人的作品、图书、录音录像制品和假冒他人署名的美术作品。所谓作品，是指人们借以表现自己思想、情感的文学、艺术和科学方面的智力成果。作品一般须具备四个条件：独创性；客观表现性；文学、艺术、科学性；合法性。依照《著作权法》第3条规定，作品包括以下列形式创作的文学、艺术和自然科学、社会科学、工程技术等作品：(1)文字作品；(2)口述作品；(3)音乐、戏剧、曲艺、舞蹈作品；(4)美术、摄影作品；(5)电影、电视、录像作品；(6)工程设计、产品设计图纸及其说明；(7)地图、示意图等图形作品；(8)计算机软件；(9)法律、行政法规规定的其他作品。图书是指作品经出版者编辑加工、版式设计、封面设计等技术处理并排版、印刷、装订后予以发行的书刊出版物。录音录像制品是指任何声音的原始录制品或电影、电视、录像作品以外的任何有伴音或者无伴音的连续相关形象的原始录制品。假冒他人署名的美术作品即指在自己创作的作品上面冒署他人姓名的美术作品。如果侵犯的对象不属于上述范围则不构成本罪。

2. 犯罪的客观方面表现为侵犯著作权和与著作权有关权益情节严重的行为。

《著作权法》第45条、第46条规定了14种侵犯著作权和与著作权有关权益的行为，依《决定》规定，其中下述四种侵犯行为可构成本罪：

(1)未经著作权人许可，复制发行其文字作品、音乐、电影、电视、录像作品、计算机软件及其他作品的行为。

未经著作权人许可即指未经过著作权人的同意。著作权人一般指作者，也可能是其他依法享有著作权的公民、法人或非法人单位。根据《著作权法》规定，由法人或非法人单位主持，代表法人或非法人单位意志创作，并由法人或非法人单位承担责任的作品，法人或非法人单位视为作者，享有著作权；演绎作品著作权由演绎人享有，合作作品著作权由合作作者共同享有，如其中的作品可单独或分割使用的其作者可以单独享有著作权；电影、电视、录像作品的导演、编剧、作词、作曲、摄影等作者享有署名权，著作权其他权利由制片者享有，如果剧本、音乐等可以单独使用的其作者有权单独行使其著作权。未经上述人员同意使用上述作品的均属未经著作权人许可的行为。

根据《著作权法实施条例》规定，复制是指以印刷、复印、临摹、拓印、录音、录像、翻录、翻拍等方式将作品制作一份或多份的行为；发行是指为满足公众的合理需求，通过出版、出租等方式向公众提供一定数量的作品复印件。根据《决定》规定，复制与发行实际上成为紧密联系的整体行为，应同时具备才构成本罪，仅仅具备一个方面不符合本罪行为特征。当然，如果由不同的行为人分开行使，只要行为人之间有通谋，属于共同犯罪仍可构成本罪。

(2)出版他人享有专有出版权的图书的行为。

出版即指将作品编辑加工后，经过复制向公众发行，它实际上是一种特殊的复制发行行为。专有出版权则指出版者对著作权人交付的作品在合同规定的时间、地区以原版、修订版方式以图书形式出版的独占权利。专有出版权是出版者经著作权人授权而取得的一种重要的与著作权有关的权益,同样具有排他性,他人不得行使,否则构成侵权。

(3)未经录音录像制作者许可,复制发行其制作的录音录像的行为。

这也是一种侵犯录音录像制作者著作邻接权的行为。录音录像制作者即制作录音录像制品的人,由于其投入了独创性劳动、资金等,因而对其制作的音像制品享有许可他人复制发行并获得报酬的权利,他人未经许可复制发行的则是对其权利的侵犯。

(4)制作、出售假冒他人署名的美术作品的行为。

这是一种借他人之名非法牟利的行为。它不仅侵犯了他人的人身权(主要是署名权),而且必然会影响他人作品的销售和获酬从而间接侵犯他人的财产权。同时,这种行为欺骗了社会公众,对文化市场秩序具有相当的危害,因此,应予以惩治。

根据《决定》规定,上述四种情形还必须是违法所得数额较大或具有其他严重情节的才构成本罪。对于违法所得数额较大或其他严重情节的认定标准,目前尚无相应的立法规定或司法解释,我们认为可以暂时参照最高人民检察院《关于假冒注册商标犯罪立案标准的规定》,以销售收入2万元为违法所得数额较大的起点。其他严重情节可以考虑是指以下情形:受过行政处罚又实施上述侵权行为或多次实施的;组织多人实施的;公然抗拒有关部门和人员查处其侵权行为的;造成恶劣社会影响或国际影响的;等等。

3. 犯罪主体可以是自然人,也可以是单位。这里的单位不限于有法人资格的单位,也包括非法人单位。在现阶段向市场经济的转轨时期,一些单位为谋取非法利益而对他人作品予以非法复制发行等现象日渐严重,其造成的危害远重于个人侵权,理应予以有力惩处。

4. 犯罪主观方面表现为故意,并具有营利目的。如果行为人出于过失,如误认为他人作品已过保护期而复制发行,或虽系故意,但出于追求名誉等非营利目的的,则不能构成本罪。认定行为人的主观心理状态如何,应注意从行为人动机、对侵权后果的态度、行为时的客观条件等多方面进行考查,切忌片面性,避免定性错误。

(二)侵犯著作权罪的认定

1. 区分侵犯著作权罪与非罪的界限,应注意以下两点:

(1)把侵犯著作权罪与著作权纠纷区别开来。如因职务作品、委托作品发生权属争议而擅自复制发行作品,即使最后确定著作权归属他人也不宜以犯罪论处;又如因使用作品在报酬上发生争议的也只能按著作权纠纷处理。

(2)把侵犯著作权罪与一般侵权行为区别开来。首先,不属于《决定》列举的四种侵犯著作权和与著作权有关权益的行为不构成犯罪;其次,虽属四种侵权行为之一,但如出于业务活动、教学科研等需要而非出于营利的,即使大量复制发行并收取成本费也不构成犯罪;最后,违法所得数额未达较大程度又无其他严重情节的不构成犯罪。

2. 侵犯著作权罪与其他犯罪的界限。

(1)侵犯著作权罪与假冒注册商标罪、假冒专利罪的界限。两者区别主要在于:前者侵犯的客体是著作权管理制度以及他人的著作权和与著作权有关的权益,对象是他人作品、图书、音像制品或假冒美术作品;后者侵犯的客体主要是注册商标或专利管理制度,对象是注册商标或专利。前者要求行为人主观上有营利目的,后者不要求。前者客观上表现为复制发行、出版或制作、出售行为,后者表现为假冒行为。

(2)侵犯著作权罪与投机倒把罪的界限。两者易混淆之处主要是对非法出版行为的定性。1987年《关于依法严惩非法出版犯罪活动的通知》规定,从事非法出版物出版、印刷、发行、销售活动情节严重的以投机倒把罪论处。非法复制发行他人作品、音像制品,出版他人享有专有出版权的图书或制作、出售假冒美术作品在一定意义上也可视为非法出版行为,在《决定》颁布前虽然以投机倒把罪论处,但在《决定》颁行后上述行为构成犯罪的则应适用《决定》的规定。这是立法规定高于司法解释的题中应有之义。

(3)侵犯著作权罪与制作、复制、出版、贩卖淫秽物品罪的界限。两者除侵犯的客体不同外,主要区别在于犯罪对象不同,即前者的对象内容是健康的,对人们心理不会造成危害,不为法律所禁止;后者的对象内容则具有淫秽性,会毒害人们身心健康,因而为法律所禁止,谈不上享有著作权问题。

(三)侵犯著作权罪的处罚

《决定》规定,犯侵犯著作权罪的处3年以下有期徒刑、拘役,单处或者并处罚金;违法所得数额巨大或者有其他特别严重情节的,处3年以上7年以下有期徒刑,并处罚金。违法所得数额巨大的认定标准,参照其他相似犯罪,可以考虑以10万元为起点数额;其他特别严重情节可指违法所得接近数额巨大(如在5万元以上)又具有其他严重情节之一的情形。单位犯本罪的,对单位判处罚金,并对其直接负责的主管人员和其他直接责任人员,依《决定》的规定处罚。此外,对查获的侵权复制品、违法所得和属本单位或本人所有的主要用于侵犯著作权犯罪的材料、工具、设备或者其他财物,一律予以没收;造成被侵权人损失的,根据情况依法判处赔偿损失。

三、销售侵权复制品罪的构成特征、认定及处罚

(一)销售侵权复制品罪的构成特征

根据《决定》第2条规定,销售侵权复制品罪是指以营利为目的,销售明知是侵权复制品,违法所得数额较大的行为。销售侵权复制品罪的构成特征是:

1.侵犯的客体是国家的著作权管理制度以及他人的著作权和与著作权有关的权益,这与侵犯著作权罪侵犯的客体是相同的。所不同的是本罪的侵权具有间接性,即对他人著作权和与著作权有关权益的侵犯是由非法复制、出版或其他制作行为直接造成的,行为人的销售行为只不过是他直接侵权行为的延续,或者说是对直接侵权行为人的一种帮助。也正因如此,其危害性比侵犯著作权罪相对要小些,处罚也相应轻些。

本罪对象是侵权复制品。依《决定》规定,构成本罪对象的侵权复制品限于侵权作品、侵权图书、侵权音像制品和假冒他人署名的美术作品,除此之外的其他侵权复制品不能成为本罪对象。

2.犯罪客观方面表现为销售侵权复制品,违法所得数额较大的行为。如果行为人不是销售而是赠与、出借或收买自用等,均不符合本罪行为特征。如果行为人销售侵权复制品违法所得数额不大的也不构成犯罪。认定数额是否达到较大的标准仍可以适用前面所说的数额起点。

3. 犯罪主体可以是自然人,也可以是单位。但这里的自然人或单位应该是指侵权复制品作者以外的其他自然人或单位。如果是侵权复制品作者自己销售的,构成侵犯著作权罪而非本罪。当然销售侵权复制品的行为人还可能与制作者共同构成侵犯著作权罪而不构成本罪。

4. 犯罪主观方面出于故意,并具有营利目的,这就要求行为人必须明知自己所销售的复制品系侵权复制品,如果行为人出于过失而不知道的,不构成本罪。

(二)销售侵权复制品罪的认定

1. 销售侵权复制品罪与非罪的界限

判断销售侵权复制品行为是否构成犯罪,主要可从四个方面进行考察:(1)看行为人是否明知销售的属于侵权复制品,如果并不明知,即使存在严重过失也不构成犯罪;(2)看其销售对象是否属于《决定》规定的侵权复制品,不属于上述对象的不构成犯罪;(3)看行为人是否有营利目的,无营利目的不构成犯罪;(4)看其销售违法所得数额大小,如数额不大,即使有其他严重情节的也不构成犯罪。

2. 销售侵权复制品罪与侵犯著作权罪的界限

两者主要区别在于:(1)前者的主体只能是侵权复制品制作者以外的其他自然人或单位;后者的主体一般是制作者,有时可能是与制作者通谋的发行者或销售者。(2)前者客观方面表现为销售侵权复制品且违法所得数额较大的行为;后者行为方式可以是复制发行、出版,也可以是制作、出售,且除违法所得数额较大外,有其他严重情节的也可构成犯罪。

(三)销售侵权复制品犯罪的处罚

《决定》规定,犯销售侵权复制品罪的处2年以下有期徒刑、拘役,单处或者并处罚金;违法所得数额巨大的,处2年以上5年以下有期徒刑,并处罚金。违法所得数额巨大的认定标准仍可考虑以10万元为起点。单位犯本罪的,对单位判处罚金,并对直接负责的主管人员和其他直接责任人员,依《决定》第2条规定处罚。此外,对违法所得和属本单位或者本人所有的主要用于侵犯著作权犯罪的有关财物一律没收;造成被侵权人损失的,根据情况依法判处赔偿损失。

四、关于完善侵犯著作权的犯罪的立法建议

《决定》首次规定侵犯著作权犯罪,弥补了我国刑事立法在保护著作权方面的空白对于打击严重侵犯著作权和与著作权有关权益的行为,净化文化市场,完善著作权法律制度具有重大的意义。但由于立法条件、经验等因素的限制,《决定》还存在一些缺陷,应予以改进。

(一)罪名设置

《决定》规定了侵犯著作权罪和销售侵权复制品罪两个罪名。从科学、合理、全面性的角度考虑,似应规定以下几种侵犯著作权和与著作权有关权益的犯罪:(1)非法复制发行罪。该罪包括《决定》第1条列举的前三种侵权行为,但本罪对象除他人作品、图书、音像制品外,还应包括广播、电视节目。(2)假冒他人作品罪,即制作、出售假冒他人署名的作品,情节严重的行为。该罪包括了《决定》第1条列举的第四种侵权情形,但其对象外延应适当扩大,即不限于假冒他人署名的美术作品,也包括假冒他人署名的其他作品,因为在现实生活中,制作、出售假冒他人署名的其他作品的行为也时有发生,其社会危害性也不小。当然,为了使该罪设置于法有据,《著作权法》的相关规定应先作相应的修改。(3)剽窃作品罪,即将他人作品当作自己的作品发表,情节恶劣的行为。剽窃行为是侵犯著作权行为中最为常见的情形之一,对其中情节恶劣的,刑事立法理应有所规定,以弥补单靠民事、行政制裁措施的不足,加强惩治力度。(4)销售侵权复制品罪,即《决定》第2条规定的犯罪。

设置以上罪名,不仅可以解决《决定》第1条罪名确定上的难题,避免一个罪中包含几种互不协调的侵权行为,更重要的是使著作权和与著作权有关的权益得到全面、完整、有力的保护。

(二)罪状规定

《决定》第1条规定侵犯著作权须违法所得数额较大或有其他严重情节的才构成犯罪,第2条也把违法所得数额较大作为构成犯罪的条件。但对数额较大的标准未予以明确,对"其他严重情节"也未加具体化,这样必然使法律的执行陷于困难和滞后的境地,有损法律的严肃性。为此,我们主张对"数额较大"应作出量化规定,对"其他严重情节"也应予以具体化。我们在上文所述意见,只不过抛砖引玉而已。

(三)主观要素

《决定》规定以营利为目的侵犯著作权或与著作权有关权益的行为才构成犯罪。在实践中,虽然大多数侵权行为是以营利为目的的,但也存在不少并不以营利为目的的侵权行为,如为追求虚荣剽窃他人作品,为诋毁他人而制售假冒他人署名的作品,出于朋友义气或其他非营利目的销售侵权制品等。对这类行为情节严重的似乎也应该以犯罪论处。但依《决定》规定却因不具备主观要件而不构成犯罪。因此,可否取消"以营利为目的"作为侵犯著作权犯罪的主观方面的限制,值得立法机关进一步研究取舍。

(四)法定刑问题

《决定》规定构成侵犯著作权犯罪的可以判处罚金,但没有规定罚金的具体数额,在适用时会造成极度不统一,有的因难以掌握数额标准则会干脆不予适用,使法律规定形同虚设。对此,立法宜把罚金数额明确起来,如可以规定最低限或最高限,或同时规定最低、最高限。为了适应社会发展变化的需要,也可以考虑规定罚金数额为违法所得额的几倍以上或以下。这样规定既不失具体性,又体现灵活性,能适应客观情况的变化。

专题十四 财产犯罪研究

数字货币时代我国货币犯罪的前瞻性刑法思考*

一、数字货币时代的兴起与影响

(一)从电子支付、电子货币到比特币、法定数字货币

插在早市那堆土豆上的二维码支付标识,是近十年来我国民众支付方式变革的缩影。互联网的全面普及以及电子商务的蓬勃发展重塑了民众的消费模式和支付习惯。尽管电子支付〔1〕的使用群体仍集中于中青年人群,但中国人民银行2018年支付体系运行总体情况第一、二、三季度统计的数据显示,我国电子支付的交易总规模持续快速增长。〔2〕随着电子支付较现金支付越来越流行,作为支付媒介的电子货币也日益普及,除了传统上由银行业金融机构自身发行的银行卡类电子货币(包括借记卡、贷记卡、信用卡等),第三方支付平台推出的电子货币(如支付宝钱包、微信钱包、QQ钱包等)乘借电子商务之东风异军突起,近两年来手机移动终端支付在小额交易领域(指200元以下的交易)对现金支付的再一次"攻城略地",更是拓展了电子货币的巨大发展空间。

在这场世界范围内的支付方式大变革的浪潮中,2009年,日本的一位以"中本聪"为化名的程序设计员基于区块链技术发布了开源的第一版比特币(Bitcoin)客户端,将撬动世界经济的金融行业推向了数

---

* 本文原载于《刑法论丛》2019年第2期,由高铭暄教授与王红合作完成。

〔1〕 中国人民银行公布的《电子支付指引(第一号)》第2条第1、2款规定:"电子支付是指单位、个人(以下简称客户)直接或授权他人通过电子终端发出支付指令,实现货币支付与资金转移的行为。电子支付的类型按照电子支付指令发起方式分为网上支付、电话支付、移动支付、销售点终端交易、自动柜员机交易和其他电子支付。"

〔2〕 第一季度,全国共办理非现金支付业务455.85亿笔,金额930.60万亿元,同比分别增长36.60%和0.21%;第二季度,全国共办理非现金支付业务533.58亿笔,金额951.72万亿元,同比分别增长44.61%和0.20%;第三季度,全国共办理非现金支付业务579.85亿笔,金额925.46万亿元,同比分别增长33.31%和0.18%。截至该论文写作完成,第四季度的统计数据尚未在中国人民银行官网上公布。

字化转型的发展轨道。比特币是一种基于网络、密码、算法等技术开发的点对点全球通用加密数字支付系统，由于此类“货币”的发行与交易既不依赖政府支持和传统金融机构服务，也不与特定商品挂钩，[1]许多国家认为，如果允许此类“货币”合法交易，可能会导致国内经济失控以及全球经济的分散化。[2] 我国政府认为，比特币虽然被称为“货币”，但由于其不是由货币当局发行，不具有法偿性与强制性等货币属性，并不是真正意义上的货币。2013年12月，中国人民银行等五部委联合印发了《关于防范比特币风险的通知》，明确强调了比特币作为一种特定的虚拟商品，不具有与法定货币等同的法律地位，不能且不应作为货币在市场上流通使用。

我们知道，比特币最显著的特征就是“去中心化”，所谓“去中心化”，即不存在一个专门的独立机构负责发行这种“货币”，换言之，也就是这种“货币”由私人发行。由于没有国家主权信用背书，比特币存在币值不稳定、缺乏公信力等天然缺陷，未来数字货币的主流形态最有可能是由国家发行的法定数字货币。[3] 事实上，欧盟、美国、加拿大、瑞典、日本、新加坡等国家和地区的货币当局已经展开了对法定数字货币的研发设计。例如，欧洲中央银行和日本中央银行联合开展的“Stella 项目”，加拿大中央银行的“Jasper 项目”，新加坡金融管理局的“Ubin 项目”等。[4] 中国人民银行也专门成立了数字货币研究所，并且，由中国人民银行推动的数字票据交易平台已经于2017年春节前夕测试成功，中国人民银行发布的法定数字货币已在该平台上试运行，我国央行成为在全球范围内首个发行数字货币并开展真实应用的中央银行，[5]正式揭开了我国法定数字货币时代的序幕。

（二）去现金、无现金是数字货币时代的大势所趋

电子支付的流行以及法定数字货币的发行，无疑对实物现金的使用和流通造成了巨大的冲击。在过去相当长的一段时期内，现金是世界上每个国家几乎全部、最为主要的支付工具，民众也养成了使用现金的固定习惯。但是近年来，非现金支付方式发展迅猛，渐成主流。高达上千万元的大宗交易，低至几元几分的商品零售，民众越来越依赖将电子支付作为日常的支付手段。预计到2020年，全球数字支付交易量平均每年增长10.9%，新兴经济体交易量增幅将达19.6%，以中国和印度为首的亚洲新兴市场的非现金交易量更是预计将增长高达30.9%。[6]

为了降低各国央行发行纸币的成本，提高市场主体之间的交易效率，特别是减少利用现金进行的违法犯罪，如贪污贿赂犯罪、恐怖活动犯罪、毒品犯罪、走私犯罪、洗钱犯罪、货币犯罪等，“去现金化”在全球兴起，多国政府纷纷出台措施表示支持：一是废除大面额纸币。2014年，新加坡废止1000新元的纸币；2016年，印度废止500卢比和1000卢比的纸币；2018

---

〔1〕 参见谢杰、张建：《“去中心化”数字支付时代经济刑法的选择——基于比特币的法律与经济分析》，载《法学》2014年第8期。

〔2〕 参见张梅林：《保持谨慎态度加强立法监管——数字货币的“世界启示录”》，载《中国金融家》2018年第12期。

〔3〕 参见李冕：《无现金社会的演进、动因及展望》，载《武汉金融》2018年第4期。

〔4〕 参见姚前：《法定数字货币的经济效应分析：理论与实证》，载《国际金融研究》2019年第1期。

〔5〕 参见王兆峰：《数字货币时代来临》，载《互联网经济》2017年第3期。

〔6〕 参见梁凡：《“轻现金社会”在“敲门”》，载《工人日报》2018年3月2日。

年,欧洲央行停止发行500欧元的纸币。二是限制大额现金交易。法国、西班牙分别自2015年、2017年起规定本国居民购物通过现金支付不得超过1000欧元。三是建立现金携带报告和申报制度,欧盟要求携带超过10,000欧元现金出入欧盟国家必须向海关申报。[1] 瑞典原本是欧洲首个发行纸币的国家,但现在瑞典、丹麦已经开始建设"无现金社会"。目前瑞典1600多家商业银行中已有900多家表示不再提供现金服务,农村地区不再保留自动取款机,商业企业拒收现金已经合法化;2016年,瑞典的现金交易数量仅占所有支付的20%,现金交易金额的占比仅为2%,预计2020年这一比例将降至0.5%。[2] 丹麦中央银行更是于2017年1月宣布关闭境内全部印钞部门,以后不再印制丹麦克朗纸币。

放眼全球,民众正越来越适应和接受无现金的生活方式。荷兰国际集团2017年的调查显示,34%的美国受访者和21%的欧洲受访者表示生活中很少使用现金,超过1/3的受访者表示愿意接受无现金社会。[3] 无独有偶,益普索调研公司的一项问卷调查显示,26%的中国受访者表示出门只带不超过100元人民币的现金,14%的受访者表示已不再携带任何现金。[4] 现金作为支付手段的基本职能大为下降,"去现金"已经成为世界各国的普遍共识,"无现金"更是法定数字货币时代的大势所趋,而纸币作为传统的货币形态终将走向历史的终结,正如我国经济学家郭夏所预言的,"未来人类社会的主流货币将具有数字货币、电子货币、全球货币的特性""未来的世界货币必将是全球一致的数字货币体系"[5]。

二、我国现行货币犯罪体系的构造与建基

我国《刑法》关于货币犯罪的规定集中在分则部分第三章第四节破坏金融管理秩序罪之首,主要包括第170条的伪造货币罪,第171条第1款的出售、购买、运输假币罪,第172条的持有、使用假币罪和第173条的变造货币罪。这四个条文、七大罪名是我国现行货币犯罪体系的主体构造,基本形成了以伪造货币罪为基础,以出售、购买、运输假币罪和使用假币罪为补充,以持有假币罪为兜底,严格区分变造货币罪与伪造货币罪的格局形态。此外,《刑法》分则第三章第二节的走私罪中还游离了一个货币犯罪的罪名,即第151条第1款的走私假币罪。在整条货币犯罪链中,伪造货币罪和变造货币罪并列属于上游假币的非法制造;出售、购买、运输假币罪和走私假币罪位于中游,服务于假币的非法交易;持有、使用假币罪则是假币犯罪向下游惯性发展的必然结局。

(一)伪造货币罪

伪造货币罪位列货币犯罪体系之首,伪造货币是妨害主权国家货币管理秩序最基本、最主要的行为方式,也是社会危害性最严重、法定刑设置最严厉[6]的犯罪类型。明确伪造货

[1] 参见陈立宏:《"去现金化"已成为世界性潮流》,载《中央财经报》2018年1月20日。

[2] 参见王信、郭冬生:《去现金化的现状及思考》,载《中国金融》2017年第16期。

[3] 参见李冕:《无现金社会的演进、动因及展望》,载《武汉金融》2018年第4期。

[4] 参见梁凡:《"轻现金社会"在"敲门"》,载《工人日报》2018年3月2日,第8版。

[5] 郭夏:《解码经济——新生经济学导论》,经济科学出版社2010年版,第260页。

[6] 在《刑法》第170条于2015年修正以前,伪造货币罪的最高法定刑为死刑,是整个货币犯罪体系中法定刑设置最严厉的罪名。即便《刑法修正案(九)》第11条取消了伪造货币罪的死刑,伪造货币罪的法定刑设置也是整个货币犯罪体系中最严厉的之一,与出售、购买、运输假币罪一样,最高法定刑为无期徒刑,并处罚金或者没收财产。

币罪所保护的法益,对理解整个货币犯罪体系具有基础性的意义。

我国刑法理论一般认为,伪造货币罪侵犯的客体是国家的货币管理秩序。[1] 对此有学者指出,“犯罪客体应为具体的利益,所谓货币的管理制度过于抽象,不利于对本罪构成要件的理解”[2],于是将国外(主要是德日)刑法理论中关于货币的公共信用和国家的货币发行权的讨论引入。伪造货币罪的保护法益是货币的公共信用这一社会法益的观点随着资本主义生产关系的成熟已经被普遍承认,但是除此之外,是否还包括刑法学说史上最先强调的对国家货币发行权的侵害?[3]货币的公共信用一元论认为,伪造货币罪的保护法益仅限于货币的真正的公共信用,[4]理由是货币的发行权专属于国家,以国家的信用为担保才使得国家发行的法定货币具有公共信用,因此保护货币的发行权也是为了保护货币的公共信用,故仅将货币的公共信用作为本罪的保护法益即可。[5] 货币的公共信用与国家的货币发行权二元论认为,国家的货币发行权也是伪造货币罪的保护法益,理由是本罪的罪质具有对社会法益的犯罪和对国家法益的犯罪的两面性。对于社会而言,伪造货币罪是通过保护货币的公共信用以保障交易安全和经济秩序;对于国家而言,伪造货币罪包含保障国家货币发行权乃至所谓的货币主权的意思。[6] 因此,除了货币的公共信用外,有必要把国家的货币发行权作为第二位的保护法益。

本文认为,我国目前的通说存在的问题并不在于所谓的货币管理制度过于抽象,而在于“货币管理”这个概念本身与一国法定货币的发行管理与流通保护并不在同一个层面上。“货币管理的历史由来已久,数量调整是早期货币管理的主要手段,在金本位的废除以及黄金非货币化之后,货币管理主要是国家或者中央银行通过货币数量控制与利率调节等市场操作方式使货币价值合理地保持稳定,从而使整个经济的物价维持在合意的水平。”[7]从货币管理的历史与逻辑可知,货币管理在本质上其实是国家的一种宏观经济管理,它所关注的是国家中央银行对货币发行的数量控制和信贷控制,而不是货币的发行者以及货币的流通信用。此外,我国在1954年以后就分别实现了现金管理、金银管理、外汇管理、信贷管理、各类资金管理以及结算管理,而不再统称为货币管理。对于我国法定货币人民币的设计、印

---

〔1〕 参见高铭暄、马克昌主编:《刑法学》(第8版),北京大学出版社、高等教育出版社2017年版,第397页。

〔2〕 杜文俊:《货币犯罪的法律适用探析》,载《政治与法律》2011年第4期。

〔3〕 伪造货币罪最早强调对国家货币发行权的侵害,这与封建主义的生产关系以及贵金属的货币形态有关。历史上货币形态经历了从一般等价物到金属货币再到纸币的演进过程,金属货币其实是贝壳、龟壳、布帛等一般等价物的替代货币。我们知道,封建国家实现统一后基本上会统一境内的币制,规定由官方法定铸造金属货币,以维护封建阶级的经济、政治统治,但是民间力量也有能力获取金、银等贵金属私自铸币,只不过可能缺斤少两。因此,封建国家打击伪造货币罪的主要原因是伪造货币的行为侵害了国家的货币发行权,而伪造出来的缺斤少两的金属货币仍然可以作为替代货币进行流通,最多是替代的功能有所减损。

〔4〕 参见张明楷编著:《外国刑法纲要》(第2版),清华大学出版社2007年版,第662页。

〔5〕 参见张明楷:《刑法学》(第5版),法律出版社2016年版,第767页。

〔6〕 参见杨金彪:《伪造货币罪的保护法益》,载《中国刑事法杂志》2011年第3期。

〔7〕 李秀辉、方钦、韦森:《货币管理的历史与逻辑——一个基于货币制度史与货币思想史的回顾与展望》,载《学术界》2018年第6期。

制、发行、流通的管理，国务院制定了《人民币管理条例》[1]。据此，本文认为，将目前的通说"国家的货币管理秩序"修正为"国家对人民币的管理秩序"，可能更能体现伪造货币罪所保护法益的应有之义。

(二)变造货币罪

不同于境外大多数国家将伪造货币与变造货币的行为并列规定为伪造货币罪一罪或者作为一个选择性罪名并设置相同的法定刑，如德国、意大利、日本、俄罗斯只规定了伪造货币罪，法国、韩国规定了伪造、变造货币罪，我国刑法考虑到变造货币的行为社会危害性相对较小，单独规定了变造货币罪的构成要件和远低于伪造货币罪的法定刑。[2] 伪造货币罪与变造货币罪作为货币犯罪链上游假币制造环节的两个基础罪名，二者在构成要件上可以说是大抵相同，[3]但在法定刑设置上过于悬殊，这直接带来了一个十分棘手的问题，即如何明确伪造货币与变造货币的行为界限，以保障定罪量刑的公正。

伪造货币是指仿照真货币的图案、形状、色彩等特征非法制造假币，冒充真币的行为；变造货币是指对真币采用剪贴、挖补、揭层、涂改、移位、重印等方法加工处理，改变真币的形态、价值的行为。从上述司法解释给出的标准来看，伪造货币较变造货币显得更简单、直接，只要仿照真货币的式样进行1∶1的制作即可，而变造货币要求在真币的基础上进行细节的再加工。由此，区分伪造货币与变造货币的关键还在于明晰变造货币的具体行为方式。首先，变造货币必须是在真币的基础上进行再加工，这是变造行为区别于伪造行为最显著的特征，如果不存在真币，而是在伪造的货币、废止的货币上进行处理，仍是伪造而不是变造。其次，变造后的货币虽然改变了真币的形态，但必须与变造前的货币保持同一性，如果变造前后的货币不具有同一性，仍构成伪造货币罪。所谓货币的同一性，即货币的性质不能发生根本性的改变。例如，对真币日元进行加工处理后变成了欧元，变造后的欧元就与变造前的真币日元失去了同一性。最后，变造货币并不要求使真币的价值增加，使真币票面价值减少的也是变造，但事实上司法实践中并未实际出现过这种情况，因此有的国家(如德国、意大利)索性就直接规定变造的结果必须是使真币的价值升高。

虽然司法解释和刑法理论对伪造货币和变造货币的行为界限作出了明确的区分标准，但是司法实践在辨析二者的行为表现上经常是力有未逮，加之变造货币罪的法定刑远低于伪造货币罪，这导致在一段时期内变造货币罪的发案数量明显增多，不仅变造货币的数量和金额越来越大，变造货币的方式也越来越多样化、精细化。于是这种严格区分伪造货币罪和变造货币罪的二元化的立法体例招致了一些批判。有学者提出，应当将变造货币的行为纳入伪造货币罪的范畴，适用相同的刑罚幅度，以便更好地打击和惩治这类货币犯罪，[4]理由

---

〔1〕《人民币管理条例》第30条规定，禁止伪造、变造人民币。禁止出售、购买伪造、变造的人民币。禁止走私、运输、持有、使用伪造、变造的人民币。

〔2〕伪造货币罪的最高法定刑现为无期徒刑，而变造货币罪的最高法定刑为10年有期徒刑；伪造货币罪的法定刑为3年以上10年以下有期徒刑，而变造货币罪的最低法定刑为3年以下有期徒刑或者拘役。

〔3〕在国外，广义的伪造即包含了变造，伪造与变造在假币犯罪中属于同一构成要件内的行为，严格区分二者没有太大的实际意义。即便是在下级判例中将伪造误认为变造，上级法院也并不会因此而改判。

〔4〕参见蒋毅：《变造货币罪应纳入伪造货币罪范畴》，载《重庆文理学院学报(社会科学版)》2011年第4期。

如下:首先,无论是"以假制假"的伪造行为还是"以真制假"的变造行为,结果都足以使一般人误以为是真货币,都侵犯了货币的公共信用,二者犯罪本质相同;其次,《中国人民银行法》第19条、第42条明确规定了禁止伪造、变造人民币的行为,并对尚未构成犯罪的一般违法行为设置了统一的处罚幅度,并没有因为变造人民币的社会危害性较小而对其科处更轻的行政处罚。

(三)出售、购买、运输假币罪

出售、购买假币罪是一组反映交易双方有偿买(进)卖(出)假币的对向犯,卖方一般以低于伪造的货币的票面额将伪造的货币卖出,以换取真币或者实物,买方则明知是伪造的货币,仍以低于票面价值的价格买进。我们知道,行为人购买假币的,通常情况下是自己使用(伪造货币→出售假币→购买假币→使用假币),或者再次以高价出售(伪造货币→出售假币→购买假币→再次高价出售假币)。在此意义上,购买假币的行为不仅为伪造货币、出售假币提供了市场,还成了使用假币、再次出售假币的强大推力。另外,一般情况下,在"伪造假币→出售假币→购买假币"的犯罪链中,有时还需要借助汽车、火车、轮船等交通工具将伪造的货币从一个地方运送至另一个地方,即伪造货币(→运输假币)→出售假币(→运输假币)→购买假币(→运输假币)(→再次高价出售假币→购买假币),运输假币的行为独立衔接了假币的非法制造和非法交易。可以说,出售、购买、运输假币罪作为货币犯罪体系中游承上启下的罪名,不仅为上游假币的制造提供了市场和服务,还在整条货币犯罪链之间架起了一座桥梁(伪造货币罪→出售、购买、运输假币罪→使用假币罪)。

此外,出售、购买、运输假币罪在犯罪对象中明确剔除了变造的货币,"本罪的犯罪对象仅指伪造的货币,不包括变造的货币"[1],这无疑又给严格区分伪造货币罪和变造货币罪这种二元化的立法选择招致了新的批判。反对论者认为,我国刑法对作为上游犯罪的伪造、变造货币的行为都予以入罪化,但在其他假币犯罪中又将变造的货币予以出罪化,这无疑暴露了刑法内部假币犯罪体系的不协调性和不完备性,[2]并提出应当将出售、购买、运输假币罪和持有、使用假币罪条文中规定的"伪造的货币"作扩大解释,即包括伪造、变造的货币,理由如下:从立法论的角度考虑,《中国人民银行假币收缴、鉴定管理办法》第3条第2款规定:"本办法所称假币是指伪造、变造的货币。"将刑法其他假币犯罪中的"假币"解释为"伪造、变造的货币"有利于保持国家整个立法体系的协调一致性。从司法论的角度考虑,由于变造货币罪的法定刑远低于伪造货币罪,司法实践中变造货币的行为较伪造货币的行为多发,如果对出售、购买、运输大量变造货币的行为作无罪处理,不仅有放纵之嫌,而且与出售、购买、运输伪造货币的行为的处理过于悬殊,只有认为刑法其他假币犯罪条文中的"伪造的货币"包括变造的货币,才不至于形成法网的疏漏和罪刑的不均。

(四)持有、使用假币罪

持有、使用假币罪作为货币犯罪体系下游的兜底罪名和终局罪名,不仅彼此之间存在重

---

〔1〕 参见高铭暄、马克昌主编:《刑法学》(第8版),北京大学出版社、高等教育出版社2017年版,第399页。

〔2〕 参见张光君:《持有假币罪若干问题探究》,载《中国刑事法杂志》2009年第4期。

合、发展的关系,还与处于上、中游的货币犯罪相承接、相关联。具体来说,首先,持有假币的行为既是伪造货币、购买假币的必然结果,又是出售、运输、使用假币的必要前提,几乎贯穿了整个货币犯罪过程的始终。但是,持有假币罪同刑法规范中其他持有型犯罪一样,是在司法实务中有时难以查明所持物品的具体来源与用途,无法按照关联犯罪处理的情况下,为了严密法网,防止放纵犯罪,不得已就所查明的持有特定物品的事实追究刑事责任的一种补充性、堵截性构成要件。[1] 因此,只有在行为人明知是伪造的货币而大量持有,又缺乏足够的证据证明行为人所持有的假币是其通过其他上游行为——包括其他货币犯罪行为(如伪造货币,出售、购买、运输假币,走私假币,使用假币)、其他财产犯罪行为(如盗窃、抢劫、诈骗)和其他合法途径(如赠送、误收)——获得的情况下,才能认定行为人构成持有假币罪,此乃持有假币罪作为兜底性罪名的立法旨意所在。

其次,使用假币的行为可以称得上是整条货币犯罪链的终局目的。虽然我国刑法对于基础罪名即伪造货币罪的主观构成要件并未像德国、日本刑法明确规定了"以供流通或可能流通为目的"[2]或"以行使为目的"[3],亦未对位于中游的出售、购买、运输假币罪和兜底的持有假币罪的主观构成要件"明知"的故意内容作出"意图使伪造的货币进入流通"的限制理解,但是根据一般生活经验,已经被制造出来的假币,无论是伪造货币的行为人自己直接使用出去(伪造货币→使用假币),还是经由出售、购买、运输、走私等中间环节,假币的后来持有人将其使用出去(伪造货币→出售假币→运输、走私假币→购买假币→使用假币),假币的最终结局都是被当作真币使用出去,置于流通领域。仅从对货币的公共信用的侵犯角度来说,伪造货币罪,出售、购买、运输假币罪,持有假币罪都只是危险犯,而将假币作为真币置于流通领域的使用假币罪才是对货币的公共信用的真正侵害,亦即由危险犯发展到侵害犯。从这个意义上说,使用假币罪是伪造货币,出售、购买、运输假币,持有假币惯性向下发展的必然结果。

回顾与审视上述整条货币犯罪链,从假币的非法制造到假币的非法交易再到假币的非法持有与使用,伪造货币罪当之无愧地成为我国整个货币犯罪体系的基础与核心罪名,不仅同属于上游假币制造环节的变造货币罪与之相呼应,其他位于中下游的假币犯罪,要么以伪造的货币为犯罪对象,如出售、购买、运输假币罪和走私假币罪,要么以假币的存在为犯罪前提,如持有、使用假币罪。而我们知道,伪造货币又是以真实纸币的图案、形状、色彩等为仿照对象和制造基础的,因此,从这个意义上可以说,我国现行的货币犯罪体系实际上是在以纸币为国家法定货币的货币形态背景之下建构起来的。国家发行的纸币和民众使用现金的

---

[1] 参见陈洪兵:《持有型犯罪的立法扩张与司法限缩——基于法益保护与人权保障的平衡》,载《北方法学》2017年第2期。

[2] 《德国刑法典》第146条第1款规定:"实施下列行为之一的,处一年以下监禁:(1)以供流通或可能流通为目的而伪造货币,或以使票面价值增加为目的而变造货币;(2)以此种意图来获取伪造或变造的货币;(3)将在第1项或第2项条件下伪造、变造的货币或获取的伪造、变造货币作为真币使用。"参见《德国刑法典》,徐久生、庄敬华译,中国法制出版社2000年版,第133~134页。

[3] 《日本刑法典》第148条第1项规定:"以行使为目的,伪造或者变造通用的货币、纸币或者银行券的,处无期或三年以上惩役。"参见[日]西田典之:《日本刑法各论》,刘明祥、王昭武译,中国人民大学出版社2007年版,第253页。

习惯,一方面为行为人伪造货币、变造货币提供了犯罪的基础,另一方面为行为人出售、购买、运输假币和持有、使用假币滋生了犯罪的"温床"。

三、法定数字货币对现行货币犯罪体系的解构与前瞻

不同货币形式对应不同的生产力水平和商品经济发展的不同阶段,历史上货币形式先后经历了一般等价物、金属货币、纸质货币的漫长演变过程。然而,在当代社会,货币形式在互联网经济、数字化金融、区块链技术等的驱动下,可谓发生了突变,电子货币、数字货币成为不可逆转的时代潮流和发展趋势。面对货币形式这场"脱实向虚"的大变革,我国现行的以纸币为国家法定货币建构起来的货币犯罪体系即将面临一些冲击和挑战。

首先,虽然我国政府明确表示由私人发行的比特币等数字货币不具有货币地位,但从世界范围来看,纸币时代主权国家对货币发行权的垄断地位开始被打破,因此有必要在当前世界各国由传统纸币向法定数字货币转型的过渡时期,重新讨论伪造货币罪的优先保护法益。其次,伪造货币罪和变造货币罪作为货币犯罪体系上游假币制造环节的两个基础罪名,原本是要以真实的纸币为仿照对象和变造基础的,面对基于密码学知识、区块链技术开发的法定数字货币,两罪的客观行为方式必将发生新的变化。再次,出售、购买、运输假币罪的犯罪对象是伪造的货币,而我们知道,伪造的货币一般情况下是有形形态的实物纸币,法定数字货币的虚拟化、无形化无疑会动摇本罪继续存在的根基和依托。最后,法定数字货币的研发者对法定数字货币本身将不可被伪造的期待,可能导致法定数字货币在设计上缺乏真伪鉴定的标准和技术,从而给持有、使用假币罪在司法认定上带来新的困难。

(一)将国家的数字货币发行权作为数字货币犯罪的首要保护法益

"货币的公共信用一元说"以货币的发行权专属于国家为论据,认为货币的发行权与货币的公共信用具有合一性,"货币的公共信用与国家的货币发行权二元说"将货币的公共信用作为首要的保护法益,将国家的货币发行权作为第二位的保护法益,在现今私人发行比特币等数字货币进行违法犯罪活动日益猖獗,各国中央银行还在积极探索如何发行法定数字货币的混沌时期,这两种观点的不合理性和不适应性逐渐显现。

2013 年 8 月,德国宣布承认比特币的合法地位,并将其纳入国家监管体系,德国成为世界上首个承认比特币合法地位的国家;同年 12 月,加拿大也承认了比特币的货币地位,世界上首个比特币 ATM 在温哥华投入使用;2018 年 11 月,德国也引入了首台受法律认可的比特币 ATM。我们知道,以比特币为代表的虚拟货币实际上是由私人发行的数字货币,因此,至少在德国、加拿大等几个少数发达国家,数字货币的发行权就不再专属于国家,私人也被允许发行数字货币,货币的公共信用之产生不再唯一依赖于国家信用背书。事实上,国家信用是国家垄断货币发行权的基础,[1]国家的货币发行权与货币的公共信用并不是天然地具有合一性,必须借助强大的国家信用垄断货币的发行权。据此,本文认为,目前国外(主要是德日)的通说"货币的公共信用一元说"从货币的发行权专属丁国家出发,推导出货币的公共信用是货币犯罪的唯一保护法益,至少目前在几个少数允许私人发行数字货币的国家,特

---

〔1〕 参见盛松成、翟春:《货币非国家化理念与比特币的乌托邦》,载《中国金融》2014 年第 7 期。

别是在德国本国就开始存在不合理性。

对于“货币的公共信用与国家的货币发行权二元说”，本文首先赞成将货币的公共信用和国家的货币发行权作为货币犯罪保护法益的两个子方面，但提出在目前阶段有必要将国家的数字货币发行权作为首要的保护法益，这是由我国政府对数字货币所采取的双重态度决定的。一方面，我国政府对数字货币经历了从肯定比特币是特定的虚拟商品到严禁私人发行、交易比特币等数字货币的转变。2013 年，我国比特币交易进入了黄金时期，并一度垄断了全球90%以上的比特币交易，比特币价格飙升，最高达到1200 美元（接近一盎司黄金的价格）。为了向投资者提示风险，中国人民银行等五部委联合发布了《关于防范比特币风险的通知》，明确强调比特币不具有与法定货币等同的法律地位，不能且不应在市场上流通使用。2017 年，比特币价格再次暴涨，以比特币等数字货币为幌子的诈骗、洗钱、非法集资等违法犯罪活动日益猖獗，严重扰乱了国内正常的金融秩序，于是央行于 2017 年 9 月宣布禁止首次币发行（ICO）项目，关闭国内所有数字货币交易平台。另一方面，央行在否定比特币的货币属性、维护人民币的法定货币地位的同时，其自身一直对比特币的区块链技术有很强的好奇心，并开始着手探索研究法定数字货币。2014 年，央行数字货币研究小组成立，并于2015 年完成法定数字货币原型的两轮验证。2016 年，央行数字货币研讨会明确发行数字货币的战略目标，宣布将推出央行主导的数字货币，并于 2017 年成功测试基于区块链的数字票据交易平台并试运行数字货币。由此可见，我国虽然严令禁止私人发行、交易数字货币，但对区块链技术和数字货币本身还是认可的，只是强调必须由央行来主导数字货币的发行和交易，捍卫国家对数字货币的唯一发行权是当前我国政府鲜明而坚定的态度。因此，“货币的公共信用与国家的货币发行权二元说”仅将国家的货币发行权作为第二位的保护法益，逐渐显得不合时宜。

货币的发行权是关乎国家生存与发展的要津，[1] 在当下私人发行、交易数字货币严重扰乱世界金融经济的正常秩序，国家发行法定数字货币时机尚未完全成熟的两难下，本文认为，应当明确将国家的数字货币发行权作为首要的保护法益，这不仅是国家当前捍卫自身货币发行权的迫切需要，还可以帮助打开国家对比特币等数字货币犯罪刑事治理的新思路，即可以直接从数字货币犯罪的角度，从源头上打击由私人发行、交易比特币等数字货币引发的金融乱象。数字货币的发行权专属于国家，如果私人机构，包括单位和个人，继续私自发行其他非法定的数字货币，将直接侵犯国家的数字货币发行权，构成伪造数字货币罪。

（二）伪造数字货币罪新的行为方式以及与变造数字货币罪立法的统一

伪造货币罪和变造货币罪曾是货币犯罪体系中最为基础性的两个罪名，尤其是伪造货币罪，可以说其是其他假币犯罪赖以存在的前提。过去刑法理论关于它们的讨论几乎都缠绕在如何区分伪造货币与变造货币的行为方式，以及是否有必要单独规定变造货币罪的构成要件和法定刑上。伪造货币和变造货币的二元化不仅造成了司法实践长期陷入鉴别二者

---

〔1〕 参见周陈曦、曹军新：《数字货币的历史逻辑与国家货币发行权的掌控——基于央行货币发行职能的视角》，载《经济社会体制比较》2017 年第 1 期。

的困境,还在其他假币犯罪中形成了对假币应作如何理解的纠葛。法定数字货币的具体形态将从实物纸币进化成虚拟的数字,这不仅导致伪造货币罪原来仿照真实的纸币制作假币的行为方式将发生根本性的变化,而且变造数字货币在技术层面上与原来变造纸币的难度相比越来越不具有可行性。如果说在纸币时代还有区分伪造货币与变造货币的一点必要,那么在数字货币替代纸币成为法定货币后,伪造数字货币与变造数字货币的行为界限将变得越来越模糊。

首先,与实物纸币相比,我国央行发行的法定数字货币最大的变化在于货币形态和发行技术的数字化。未来的数字经济一定是加密数字经济,法定数字货币在技术维度上就是一种加密货币,加密技术是法定数字货币实现技术安全和可信的关键要素,具体而言,在法定数字货币本身的设计上,需要运用密码学理论知识设计法定数字货币特定的表达形式;在法定数字货币的交易过程中,需要运用加密技术、分布式账本技术、可信云计算技术和安全芯片技术来保证端到端的安全。[1] 从上述我国央行对法定数字货币的初步设计来看,法定数字货币的不可伪造性将完全依赖各种加密算法来保障,然而我们知道,区块链技术是尚未完全成熟的前沿性技术,并不是没有技术漏洞且不可攻破的,2018 年 1 月 25 日发生在日本的迄今为止全球最大的数字货币失窃案便是例证,黑客攻击了日本最大的比特币交易所"Coincheck",将客户价值 5.3 亿美元的数字货币转移至另一账户。区块链技术自身存在的不可避免的缺陷和漏洞不仅现在导致全球数字货币盗窃案频发,未来还有可能被行为人直接用来伪造数字货币。然而,不同于过去的是,行为人伪造数字货币将完全依靠黑客技术而不再是纸质仿真技术,或许只需购置一台电脑作为犯罪工具即可。

其次,若想继续探索行为人将来伪造数字货币可能采取的行为方式,就必须从法定数字货币的发行和管理模式入手。我国央行目前考虑在商业银行传统账户体系上,引入数字货币钱包属性,实现一个账户下既可以管理现有电子货币,也可以管理数字货币。[2] 银行将根据与用户的约定权限管理数字货币钱包,里面的数字货币必须有用户和银行两把钥匙才能打开。然而,用户的私钥和银行的公钥这对专属的密钥只能用来确保数字货币交易的安全,却不能用来保证数字货币本身的真实性。其实,我们谈到数字货币的真实性与其虚拟性的特点并不是完全不兼容的,难道虚拟、无形的数字货币就没有真假之分?数字货币的虚拟性是说,数字货币在表达方式上是加密的数字代码,而不像纸币是通过纸张、图案、颜色等来表达价值。数字货币的真实性关乎的是货币的品质,以前是对铸造金属货币、印制纸质货币的要求,现在则是对数字货币的设计开发要求。数字货币的真实性是说,加密数字代码本身必须是由国家运用各种特殊的加密技术设计开发出来的特定的表达形式。因此,如果有行为人窃取了国家在设计法定数字货币时所运用的特殊加密技术,然后仿照央行对法定数字货币本身的设计程序,开发与法定数字货币的特定表达方式一模一样的数字货币,这或将成为伪造数字货币罪的新的行为方式。此外,运用相同的加密技术,仿照相同的设计程序,从

---

〔1〕 参见姚前:《理解央行数字货币:一个系统性框架》,载《中国科学:信息科学》2017 年第 11 期。
〔2〕 参见姚前:《数字货币与银行账户》,载《清华金融评论》2017 年第 7 期。

无到有地伪造数字货币在技术上是行得通的,如果在原有的真实的数字货币上进行变造,即改变它的表达方式,使之与其他数字货币的表达方式一致,则有可能违背数字货币在技术层面上的不可逆性,与原来可以变造纸币的形状、图案、颜色、凹凸等技术手段相比,越来越不具有可行性。因此,本文认为,在法定数字货币全面发行后,是时候取消伪造货币罪和变造货币罪的严格区分,将变造行为纳入伪造行为的范畴,统一规定为伪造数字货币罪一罪,这样可以保持刑法规范面向未来的弹性。

(三)法定货币的数字化将使出售、购买、运输假币罪走向没落

出售、购买、运输假币罪和持有、使用假币罪原系《关于惩治破坏金融秩序犯罪的决定》对1979年《刑法》补充规定的犯罪,在1997年全面修订《刑法》时,两罪名经反复修改和调整后被写入其中。[1] 货币作为市场交易的重要媒介,是社会经济延存和运行的必要制度建构,可以说,将货币犯罪的犯罪圈扩大、延伸至中下游端与改革开放后我国社会主义市场经济领域关于现金犯罪的大爆发不无关系。然而,随着互联网对市场经济的强渗透和全覆盖,数字货币即将替代现金纸币成为市场交易的新媒介。法定货币的数字化不仅将完全改变伪造货币罪的行为方式,还可能直接导致出售、购买、运输假币罪走向没落。

首当其冲的便是运输假币罪,因为在直观上,本罪的运输对象必然是有形形态的伪造的纸币。即便理论上存在行为人将伪造的数字货币这一无形形态的货币从一个账户运送至另一个账户的假设,也不宜再将其认定为运输假币罪,原因有二:其一,互联网的高速性决定了这一运输行为持续的时间将极短,与以往利用汽车、火车、轮船等传统交通工具将大量伪造的纸币从一个地点运送至另一个地点的时空概念不可等同视之;其二,这一历时极短的运输行为作为手段方法或者必经阶段,必将从属于伪造数字货币,持有、使用假数字货币等其他犯罪行为,而不再像以前,大量伪造的纸币需要运输的体积大、路程远,运输假币的行为在整个货币犯罪链中具有相对独立的作用,是伪造货币向出售、购买假币进而向使用假币发展的重要一环。法定货币的数字化将直接使运输假币的行为失去运载的对象和独立处罚的意义。因此,本文认为,运输假币罪在数字货币正式成为我国法定货币后,有被废除的可能性,即便被保留下来,也将长期处于备而不用的“僵尸”状态。

出售、购买假币罪这组互为依存的对向犯,受行为人获利和避险选择的影响,也将失去处罚的基础和意义。首先,虽然出售假币和购买假币以对方行为的存在为必要,但从货币犯罪链的发展逻辑来看,出售假币的行为显得更为基础些,因为如果只是缺少购买者,行为人仍有兜售假币的空间,但如果缺少出售者,行为人即便是想购买假币也是无稽之谈。其次,行为人之所以选择出售假币,一方面是因为出售假币可以给行为人带来利益,无论是以假币换真币还是以假币换货物,或是以假币换假币(当然这种情况比较少见),都是出售人认为于他有价值的;另一方面(也是最重要的)是因为行为人出售假币比自己使用假币的风险更低,毕竟假币的购买者是知假买假,而使用假币是将假币冒充真币,存在被识破的风险。因此可以说,行为人出售假币是趋利和避险的双重结果。然而,我们知道,出售假币的获利空

---

〔1〕 参见高铭暄:《中华人民共和国刑法的孕育诞生和发展完善》,北京大学出版社2015年版,第381~383页。

间显然是小于自己直接伪造货币并使用假币的,在过去或受技术的制约或因避险的需要,行为人才会选择单独出售假币。但是,未来能够伪造数字货币的行为人必然是顶级黑客,他们在伪造数字货币后通常会选择将伪造的数字货币通过侵入并篡改个人账户的手段直接增发进自己的数字货币钱包,而不太会选择出售伪造的数字货币这一间接路径为自己带来利益。另外,出售伪造的数字货币将给行为人自身带来更大的风险。因为无论是行为人窃取法定数字货币的加密技术,还是侵入银行账户的数字货币钱包系统,都将是秘密、匿名进行的,出售、购买行为可能会增加犯罪行为被发现、追踪的风险。按照这样的逻辑推演下去,本文认为,出售、购买假币罪在数字货币正式成为我国法定货币后,可能也将失去处罚的基础和意义。

(四)法定数字货币的真伪鉴定与持有、使用假币罪在司法认定上将出现的新问题

持有假币罪作为整个货币犯罪体系的兜底罪名,旨在缺乏充分证据能够证明行为人所持有的大量假币的真实来源的情况下,仍能对这种威胁货币公共信用的危险行为科以处罚。本罪的司法认定有两大关键:其一,必须首先查获行为人持有大量有形形态的纸币;其二,这些被查获的纸币经法定鉴定机构鉴定为假币,人民币样币是鉴别人民币真伪的标准样本。然而,法定数字货币在货币形态和发行技术上的数字化将使鉴定数字货币的真伪成为重大障碍。“在法定数字货币本身的设计上,需要运用密码学理论知识设计法定数字货币特定的表达形式,保障数字货币的不可伪造性”[1]“在法定数字货币交易过程中,需要运用加密技术、分布式账本技术、可信云计算技术和安全芯片技术来保证端到端的安全,防止被窃取、篡改、冒充”[2]“非对称加密的特点则在于,从私钥很容易推导出公钥,但想从公钥推出私钥,被认为是不可能的。即便用世界上最强大的计算器去破解它,也可能需要一两百年,这对于攻击者而言,时间成本和资源成本是不可承受的,相当于无法破解”[3]。如果诚如目前法定数字货币的研发者所言,法定数字货币将具有不可伪造性,那么刑法规范也就无须再对数字货币犯罪进行规制了,但是对于攻击者的破解能力,我们还是不要轻易低估为好,毕竟现在很多的黑客在盯着数字货币。我们知道,纸币从诞生之日起就一直在与假币作斗争,世界各国钞票的防伪技术不断更新升级,如果法定数字货币的设计者在研发之初就如此自信地认为法定数字货币将不可被伪造,那么等到将来果真有行为人伪造了,这些数字货币的真伪将根本无从鉴定。从这个意义上说,持有假币罪能否继续发挥数字货币犯罪兜底罪名的作用,还将取决于我国央行对法定数字货币的最终设计、发行与管理方案,特别是鉴定法定数字货币真伪的标准。

在法定数字货币的真伪难以被鉴定的情况下,行为人如果使用数字货币钱包里伪造的数字货币进行交易,能否将该行为认定为使用假币罪,也将存在疑问。我们知道,使用假币罪原本就具有对社会法益的侵害和对个人法益的侵害的双重性,即行为人在对方不知情的

[1] 姚前:《理解央行数字货币:一个系统性框架》,载《中国科学:信息科学》2017 年第 11 期。
[2] 姚前、汤莹玮:《关于央行法定数字货币的若干思考》,载《金融研究》2017 年第 7 期。
[3] 姚前:《数字货币的前世与今生》,载《中国法律评论》2018 年第 6 期。

前提下将假币冒充真币而置于流通领域,在宏观上侵害了货币的公共信用,在微观上还侵害了对方的财产权。因此,使用假币罪与侵犯财产的犯罪一直就存在需要妥当厘清的关系。在刑法理论与司法实务中,我们曾讨论过“在ATM存假币取真币的行为”构成何罪的问题:一种观点认为,行为人通过ATM存入假币的行为构成使用假币罪,其后从ATM上取出真币的行为构成盗窃罪,应当数罪并罚;〔1〕另一种观点认为,用假币到ATM存款,其存入行为不是使用假币,而是利用假币使行为人账户内记载存款,这是一种秘密窃取,只要在账户上记载了存款,盗窃罪即既遂,此后的取真币行为也是一种不可罚的事后行为。〔2〕还有一种观点认为,存假币行为本身仅成立使用假币罪与盗窃罪的想象竞合,从一重处罚;存假币后取真币或者转账的,成立使用假币罪与盗窃罪,应当数罪并罚。〔3〕行为人使用数字货币钱包里伪造的数字货币进行交易,与在ATM存假币取真币的行为颇有相似之处:其一,ATM故障未能识别出假钞导致在银行后台形成真假钞票混同的局面,这与行为人数字钱包里真假数字货币混同的情况相似,结果都使行为人非法获得了银行的债权;其二,行为人后来取真钞或者消费与行为人使用数字货币钱包里伪造的数字货币进行交易相似,都侵害了银行的财产权。二者的不同之处在于,在ATM存假币取真币的行为可以分为存假币和取真币前后两个行为,学者们也主要是对于前行为即存假币的行为如何定性存在分歧,而对于后行为即取真币的行为,一致认为是侵害了银行的财产权,构成盗窃罪。恰好行为人使用数字货币钱包里伪造的数字货币进行交易只存在转账支付一个行为,从这个意义上说,在数字货币的真伪难以被鉴定的情况下,行为人使用数字货币钱包里伪造的数字货币进行交易的,在司法认定上可能会发生使用假币罪与盗窃罪的混同,即行为人使用伪造的数字货币进行交易显然是将假币置于流通领域,符合使用假币罪的构成要件,但由于数字货币的真伪难鉴,所以使用伪造的数字货币的行为实际上并未实质侵害数字货币的公共信用,而只是侵害了银行的财产权,构成盗窃罪。

四、结语与讨论:比特币等数字货币犯罪刑事治理的新思路

本文基于未来必将迎来的法定数字货币时代背景,前瞻性地讨论了法定货币的数字化对我国现行以纸币为建构基础的货币犯罪体系的冲击和解构。法定数字货币是由央行发行的替代目前纸币的法定货币,在法律属性上不存在任何争议。由国家发行的法定数字货币与由私人发行的比特币等一般数字货币的最大不同仅在于发行者与发行模式,其货币形态与发行技术是同源的。因此,从一定程度上可以说,以比特币为代表的一般数字货币是目前由纸币向法定数字货币过渡的时代产物。

当前涉及比特币等一般数字货币的刑事犯罪虽然尚未触及我国经济金融的根基即货币制度,但暴露出的问题也是层出不穷,有直接以比特币为犯罪对象的盗窃行为,有要求把比特币作为犯罪支付的绑架、敲诈勒索行为,有利用比特币作为犯罪工具的洗钱、逃汇行为,还

---

〔1〕 参见张明楷:《使用假币罪与相关犯罪的关系》,载《政治与法律》2012年第6期。

〔2〕 参见陈兴良:《在ATM机上存假币取真币的行为构成盗窃罪》,载《中国审判》2009年第6期。

〔3〕 参见杜文俊:《论使用假币罪与相关犯罪的关系——兼与陈兴良、张明楷二位教授商榷》,载《法学》2015年第5期。

有利用区块链、比特币名义圈钱的非法集资、诈骗行为。以比特币为代表的一般数字货币在经济学意义上究竟是不是真正的货币，不仅直接关系到法律对它们的定性，还将影响国家对比特币等数字货币犯罪的刑事治理策略。

马克思货币理论认为，“货币这个结晶，是商品交换的必然结果……商品不能自己走到市场上去自己交换，必须寻找它的监护人，那就是商品所有者……每一个商品所有者，都只愿意为那些有使用价值可以满足本人欲望的他种商品，换去自己的商品……从一个商品所有者的观点看，每一种商品，对于自己所有的商品，都是特殊的等价，自己所有的商品，对于其他一切的商品，则是一般的等价……他们必须以他们所有的商品，与别种当作一般等价物的商品发生对立的关系，然后他们的商品才能以等价物的资格，以商品的资格发生相互的关系。但一定的商品，必须经过社会的行为，才能成为一般等价物。把特定的商品搁在一边来表示商品全体的价值……它成了货币（Geld）”[1]。由此可见，货币是在商品交换的过程中从商品中分离出来被固定充当一般等价物的特殊商品，货币在本质上是商品，只不过在履行价值尺度、流通手段等特殊机能。从这个意义上说，比特币以其自身来表达其他商品的价值，并且可以用来支付以实现商品的流通，也算是承担了部分货币职能的特殊商品。“要了解货币是商品不难，但要了解这种商品如何、因何、由何变成货币，却是不容易的。”[2]“不过有一个发现，即货币是一种人人爱的商品。”[3]决定某种商品能否成为货币的关键还在于它的社会接受程度。金属货币时代，金银因具有质地均匀、体积小、价值大、便于分割、易于携带等自然属性而逐渐被人们普遍接受，固定地充当了一般等价物。[4] 信用货币时代，纸币因原材料丰富、数量不受限制、发行成本低，恰好解决了黄金储备无法满足社会商品价值总量不断增长的供需矛盾。比特币还不能成为货币的关键就在于此。虽然在小范围内，比特币可以履行货币的价值尺度和流通手段的基本职能，但是比特币去中心化的发行方式导致比特币的供应和价格极不稳定，这在很大程度上影响了人们将比特币等一般数字货币“固定地”充当一般等价物的认可度。因此，比特币等一般数字货币并未成长为经济学意义上真正的货币。

对于比特币等一般数字货币的法律属性，本文认为，无论是“货币论”还是“商品论”，二者并不是完全不兼容的，因为货币在本质上就是一种承担特殊职能的商品，所以以比特币为代表的一般数字货币的法律属性应当具有双重性，即履行了部分货币职能的特殊商品，至于到底应当如何确切地定性比特币，还将取决于比特币在刑事犯罪过程中所扮演的角色。例如，在以比特币为犯罪对象的盗窃案中，由于在犯罪分子眼里，此时的比特币更多是具有相当价值的物，所以将比特币定性为商品更为合适；又如，在要求支付比特币的绑架、敲诈勒索案中，比特币就相当于现金赎金，因此将比特币定性为货币更为合适。这也就要求我们在比特币等数字货币犯罪的刑事治理中注意厘清数字货币在犯罪行为中所侧重扮演的商品角色和货币职能，并根据不同的法律定性来进行定罪量刑。

---

[1] [德]马克思：《资本论》，郭大力、王亚南译，上海三联书店 2011 年版，第 39～41 页。

[2] [德]马克思：《资本论》，郭大力、王亚南译，上海三联书店 2011 年版，第 45 页。

[3] 罗雪尔教授的贡献。参见[德]马克思：《资本论》，郭大力、王亚南译，上海三联书店 2011 年版，第 45 页注释 1。

[4] 参见盛松成、蒋一乐：《央行数字货币才是真正货币》，载《中国金融》2016 年第 14 期。

论我国电信网络诈骗的司法应对*

一、问题的提出

在互联网时代，传统诈骗犯罪有了新的发展形式，电信诈骗问题乘虚而入，愈演愈烈，严重危害人民群众的财产安全。为此，我国最高司法机关出台了专门的司法解释即最高人民法院、最高人民检察院《关于办理诈骗刑事案件具体应用法律若干问题的解释》（以下简称《诈骗刑事案件解释》）。该解释第2条第1款第1项规定，通过发送短信、拨打电话或者利用互联网、广播电视、报刊杂志等发布虚假信息，对不特定多数人实施诈骗的，诈骗公私财物达到规定的数额标准，可以依照《刑法》第266条的规定以诈骗罪酌情从严惩处。同时，该解释第5条第2、3款规定，利用发送短信、拨打电话、互联网等电信技术手段对不特定多数人实施诈骗，诈骗数额难以查证，但符合法定的追诉标准，应当以诈骗罪（未遂）定罪处罚。《诈骗刑事案件解释》首次明确将利用互联网等作为犯罪工具的电信诈骗视为一种新型的诈骗犯罪形式，并按照诈骗罪论处；同时对法定的追诉标准、未遂形态问题等作出了明确规定，很好地解决了实践中对这类新型犯罪的定罪量刑问题。

近年来，利用通信工具、互联网等技术手段实施的电信网络诈骗犯罪活动持续高发，侵犯公民个人信息，扰乱无线电通信管理秩序，掩饰、隐瞒犯罪所得、犯罪所得收益等上下游关联犯罪不断蔓延。此类犯罪严重侵害人民群众财产安全和其他合法权益，严重干扰电信网络秩序，严重破坏社会诚信，严重影响人民群众安全感和社会和谐稳定，社会危害性大，人民群众反映强烈。这使《诈骗刑事案件解释》很快就无法满足我国严厉打击新型电信诈骗犯罪的现实需要。例如，备受关注的

---

* 本文原载于《警学研究》2019年第2期。

"徐某玉"案具有划时代的标签意义,[1]它不仅反映了我国电信诈骗借助互联网时代的发展变得更加猖獗的问题,也在客观上倒逼了立法与司法联动并采取高压的打击态势。在"徐某玉"案发生后,为依法惩治电信网络诈骗等犯罪活动,我国最高人民法院、最高人民检察院、公安部联合发布《关于办理电信网络诈骗等刑事案件适用法律若干问题的意见》(法发〔2016〕32号,以下简称《电信网络诈骗意见》),对追诉标准、相关罪名适用、共同犯罪、主观故意等基本问题作出规定,为解决新兴电信网络诈骗犯罪问题提供了强有力的规范支撑。

互联网正处于高速发展时期,中国正由"网络大国"走向"网络强国",特别是在互联网全面嵌入现有的生产生活方式之际,可以预见的是,电信网络诈骗犯罪形式仍将不断变化,并且趋于复杂与多变,司法实践需要继续面对一系列新问题、新情况。当前应当根据《刑法》《电信网络诈骗意见》等规范的规定,对罪名适用、共同犯罪以及主观罪过的证明等疑难问题予以探究。

二、电信网络诈骗的罪名适用

电信网络诈骗行为并非必然只表现为诈骗行为,它还可能包括其他关联行为,如获取公民个人信息等。相应地,在罪名适用上,也不应局限于诈骗罪。围绕电信网络诈骗行为的罪名适用问题,还涉及诈骗罪与其他相关犯罪的区分适用。对于犯罪竞合的情形,应当遵循从一重罪处罚原则。

(一)诈骗罪及关联罪名的适用

在电信网络诈骗中,实行行为或目的行为往往是诈骗行为,因而在定罪上,符合法定追诉标准的,一般应定为诈骗罪。但在犯罪竞合的情况下,需要根据"从一重罪处罚"原则,具体地决定应适用的罪名,并体现从严打击的精神。

1. 诈骗罪与招摇撞骗罪、信用卡诈骗罪。《刑法》第266条规定了诈骗罪,诈骗是指虚构事实、隐瞒真相,非法占有公私财物的行为。在电信网络诈骗中,非法获取财物往往是犯罪分子的目的所在。无论采取何种"骗术",以及如何"利用"电信网络作为犯罪工具,都是为了实现"非法占有目的"。因此,对于这类犯罪,首先通常可以按照诈骗罪论处,即利用电信网络技术手段诈骗公私财物的,构成诈骗罪。但是,这还需要达到法定的追诉标准,具体参照《电信网络诈骗意见》第1条。

同时,《刑法》第279条规定了招摇撞骗罪是指冒充国家机关工作人员招摇撞骗。还规定了对于冒充人民警察招摇撞骗的,依法从重处罚。冒充国家机关工作人员实施电信诈骗犯罪,不仅是对国家机关工作人员及其公务行为的公信力的一种损害,客观上也增加了"骗术"的成功率;冒充人民警察实施诈骗犯罪,则更进一步触碰了国家社会信用体系的底线,严重损害了社会公共秩序的信赖度,也有损人民警察的光辉形象。当前,在电信网络诈骗犯罪

---

〔1〕 2016年8月21日,刚接到大学录取通知书的山东省临沂市高三毕业生徐某玉接到诈骗电话,被告人陈某辉等人以发放助学金的名义,骗走徐某玉全部学费9900元,徐玉玉在报警回家的路上猝死。2017年6月27日,山东省临沂市中级人民法院一审公开开庭审理陈某辉等诈骗、侵犯公民个人信息一案,7名被告人均认罪悔罪。2017年9月15日,山东省高级人民法院裁定驳回上诉,维持原判。至此,7名被告人(上诉人)分别被判处诈骗罪、侵犯公民个人信息罪。2018年2月1日,该案入选"2017年推动法治进程十大案件"。

中,冒充国家机关工作人员或人民警察实施诈骗犯罪的,不仅屡见不鲜,而且屡试不爽。对此,冒充国家机关工作人员或人民警察实施电信网络诈骗犯罪,达到法定追诉标准的,应当认定构成招摇撞骗罪。如果同时构成诈骗罪和招摇撞骗罪,依照处罚较重的规定定罪处罚;对于冒充人民警察的,还应当从重处罚。例如,在"徐某玉"案中,山东省临沂市中级人民法院审理认为,被告人陈某辉等以非法占有为目的,结成电信诈骗犯罪团伙,冒充国家机关工作人员,通过拨打电话对不特定多数人实施诈骗,构成诈骗罪。[1] 该案的判决结果很好地解释了诈骗罪与招摇撞骗罪的区别所在,并对假冒特定身份的行为明确了从严打击的立场。

此外,在电信网络诈骗中,被害人的信用卡也成为犯罪分子关注的重点。犯罪分子通过各种非法方式获取他人信用卡,并用于实施电信网络诈骗犯罪。利用他人信用卡实施诈骗的,构成信用卡诈骗罪,同时符合诈骗罪的,应当从重处罚。对于非法持有他人信用卡,没有证据证明从事电信网络诈骗犯罪活动,符合《刑法》第177条之一第1款第2项规定的,以妨害信用卡管理罪追究刑事责任。而且,对于行为人实施诈骗或为他人实施诈骗提供取款帮助,还非法购入、持有信用卡,但缺乏证据证明其非法购入、持有信用卡系为了实施诈骗犯罪的,在同时构成诈骗罪和妨害信用卡管理罪的情况下,一般应当数罪并罚。[2] 这样一来,对于非法获取信用卡的"方法行为"这一前端部分,也予以了严格的刑法干预。

2. 诈骗罪与扰乱无线电通讯管理秩序罪。在实践中,通过"伪基站"发送诈骗短信实施诈骗是最常见的电信网络诈骗形式之一。之所以如此,是因为从犯罪方式看,"伪基站"具有便于携带、隐秘性高以及发送虚假短信量大、诈骗信息不易追踪等优势。

对此,《刑法》第288条规定了扰乱无线电通讯管理秩序罪是指违反国家规定,擅自设置、使用无线电台(站),或者擅自使用无线电频率,干扰无线电通讯秩序,情节严重的行为。它也可以是一个单位犯罪罪名。而且,根据《刑法修正案(九)》的修改内容,"伪基站"案件的本质就是干扰和占用公用信号,侵犯无线电管理秩序,完全符合扰乱无线电通讯管理秩序罪的罪质。[3]

对于在实施电信网络诈骗活动中,非法使用"伪基站""黑广播",干扰无线电通讯秩序,符合《刑法》第288条规定的,应当以扰乱无线电通讯管理秩序罪追究刑事责任。同时构成诈骗罪的,依照处罚较重的规定定罪处罚。例如,湖北省十堰市中级人民法院(2018)鄂03刑终72号刑事裁定书就指出,上诉人崔某、任某某使用"伪基站"设备为他人发送诈骗信息,对不特定多数人实施诈骗,其中上诉人崔某发送诈骗信息116.4万余条,上诉人任某某发送诈骗信息34.1万余条,均属具有其他特别严重情节,其行为均构成诈骗罪。从利用"伪基站"实施电信网络诈骗的特征和规律看,利用"伪基站"一般是方法行为,骗取他人财物才是最终目的。从理论上看,二者之间存在牵连关系,因而应当按照从一重罪处罚原则进行处理。在实践中,诈骗罪的处罚往往更重,因而以诈骗罪论处。

---

[1] 参见山东省临沂市中级人民法院刑事判决书,(2017)鲁13刑初26号。

[2] 参见吴成杰、陈雯:《电信网络诈骗案件中的疑难问题探讨》,载《法律适用》2017年第21期。

[3] 参见缐杰、卢宇蓉、杨建军:《〈关于办理扰乱无线电通讯管理秩序等刑事案件适用法律若干问题的解释〉理解与适用》,载《人民检察》2017年第18期。

3. 诈骗罪与侵犯公民个人信息罪。在电信网络诈骗的黑色犯罪利益链条中，非法获取公民个人信息往往是必经环节。因为获得公民个人信息后，犯罪分子可以在互联网上控制个人信息以及与之紧密绑定的财产，尤其是网络财产性利益等，进而可以更方便地非法获取被害人或被害单位的财物。因此，二者的犯罪竞合问题亦是常见情形。

《刑法》第253条之一规定了侵犯公民个人信息罪是指违反国家有关规定，向他人出售或者提供公民个人信息，情节严重的行为；或者违反国家有关规定，将在履行职责或者提供服务过程中获得的公民个人信息，出售或者提供给他人的行为，以及窃取或者以其他方法非法获取公民个人信息的行为。而且，本罪可以是单位犯罪，对于单位实施该犯罪的，按照“双罚制”论处。因此，违反国家有关规定，向他人出售或者提供公民个人信息，窃取或者以其他方法非法获取公民个人信息，符合《刑法》第253条之一的规定的，以侵犯公民个人信息罪追究刑事责任。同时，使用非法获取的公民个人信息，实施电信网络诈骗犯罪行为，构成数罪的，应当依法予以并罚。例如，在“杨某鸿、黄某河、吴某云诈骗，杨某鸿、黄某河侵犯公民个人信息”案中，2015年7月至9月9日，被告人杨某鸿单独或伙同被告人黄某河通过购买的方式非法获取公民个人信息2万余条，并雇佣被告人吴某云在福建省龙岩市武平县平川镇租住房等地，通过拨打上述公民个人信息中的手机号码，谎称可以向对方发放残疾人补贴、教育补贴等方式，诱骗被害人将钱款转入指定的账户。法院据此认为，被告人杨某鸿、黄某河、吴某云以非法占有为目的，采用虚构事实的方法，骗取公民财物，数额较大，其行为均已构成诈骗罪，属共同犯罪；被告人杨某鸿单独或伙同被告人黄某河通过购买的方式非法获取公民个人信息，情节严重，其行为均已构成侵犯公民个人信息罪，部分属于共同犯罪。[1] 该案不仅揭示了电信网络诈骗与侵犯公民个人信息之间的紧密性，也明确了实践中分别对方法行为与目的行为予以数罪并罚的从严做法。此外，在“徐某玉”案中，山东省临沂市中级人民法院审理后认为，被告人陈某辉还以非法方法获取公民个人信息，构成侵犯公民个人信息罪，应当数罪并罚。

需要指出的是，与在电信网络诈骗中同时构成扰乱无线电通讯管理秩序罪与诈骗罪的采取从一重罪处罚原则不同；同时构成侵犯公民个人信息罪与诈骗罪的，按照数罪并罚原则处理。之所以在相同的“牵连关系”中作出区别对待，是因为公民个人信息安全在网络时代尤为脆弱，“一旦失守、全城皆输”是其写照。为了能够严厉打击这些关联犯罪，同时从源头上遏制非法获取公民个人信息并通过公民个人信息实施电信网络诈骗的行为，采取数罪并罚原则更符合当前的现实需要。

4. 诈骗罪与妨害司法犯罪。电信网络诈骗有一个完整的黑色犯罪利益链，既包括前端的，也包括后端的。其中，后端的往往是协助犯罪赃物转移、变卖等行为。而且，后端的“帮助行为”往往非常隐秘，这不仅降低了实施电信网络诈骗行为的犯罪成本，也加大了侦查的难度。如果没有后端的“帮助行为”，电信网络诈骗犯罪也不会如此猖獗。

《刑法》第312条规定了掩饰、隐瞒犯罪所得、犯罪所得收益罪是指明知是犯罪所得及其

---

〔1〕 参见《最高人民法院发布六起惩治电信诈骗犯罪典型案例》。

产生的收益而予以窝藏、转移、收购、代为销售或者以其他方法掩饰、隐瞒的行为。而且,本罪可以是单位犯罪罪名。从共同犯罪的规定及其基本原理看,只要不是事前通谋的情形,那么事后实施转移赃物等行为的,就实质上严重妨害了司法活动。它不是一种共同犯罪行为,而应当单独成立犯罪。

因此,对于明知是电信网络诈骗犯罪所得及其产生的收益,通过使用销售点终端机具(POS机)刷卡套现等非法途径,协助转换或者转移财物的;帮助他人将巨额现金散存于多个银行账户,或在不同银行账户之间频繁划转的;多次使用或者使用多个非本人身份证明开设的信用卡、资金支付结算账户或者多次采用遮蔽摄像头、伪装等异常手段,帮助他人转账、套现、取现的;为他人提供非本人身份证明开设的信用卡、资金支付结算账户后,又帮助他人转账、套现、取现的;明显异于市场价格,通过手机充值、交易游戏点卡等方式套现,达到追诉标准的,应当以掩饰、隐瞒犯罪所得、犯罪所得收益罪追究刑事责任。但有证据证明行为人确实不知道的除外。此外,实施上述行为,电信网络诈骗犯罪嫌疑人尚未到案或案件尚未依法裁判,但已有证据足以证明该犯罪行为确实存在的,不影响掩饰、隐瞒犯罪所得、犯罪所得收益罪的认定。这样可以避免"从犯从属性"理论成为司法机关予以定罪的障碍,换言之,即使电信网络诈骗的主犯尚未定罪处罚,也不妨碍对其他的从犯予以定罪处罚,二者虽有关联,但不能混为一谈。

需要注意的是,实施上述行为,同时构成其他犯罪的,依照处罚较重的规定定罪处罚,法律和司法解释另有规定的除外。若是事前通谋,则是共同犯罪,一般根据主犯实施的实行行为予以定罪处罚,实践中主要是按照诈骗罪论处。

(二)电信网络诈骗与网络犯罪罪名的适用

《刑法修正案(九)》增加了三个纯正的网络犯罪罪名,这为解决电信网络诈骗的定罪难问题提供了新的规范依据。在适用时,既要强调新增罪名是新罪且属于特殊规定的一种罪,优先考虑"网络化定罪"的现实需要,又要在犯罪竞合的情况下遵循"从一重罪处罚"原则,以实现罪责刑相适应。

1. 拒不履行信息网络安全管理义务罪。电信网络诈骗之所以日渐猖狂、手段日益隐秘、成本不断降低,而且侦办难度日益增大,是因为部分信息网络服务提供商在明知的情况下,不依法履行《网络安全法》所规定的网络安全保障义务,致使信息网络被犯罪分子非法利用。例如,网络平台明知是虚假信息而不依规定及时删除等,导致诈骗信息在网络上传播、散布以及被害人由此受到损失。从控制电信网络诈骗犯罪的科学策略来看,严格督促信息网络服务提供商依法履行义务具有重要作用,既可以从源头上切断电信网络犯罪的"前端"黑色利益链条,又可以对网络服务提供者实现管控效应。但是,直到《刑法修正案(九)》增设的第286条之一生效之前,这类犯罪往往无法被追究刑事责任,这无疑是立法上的一个缺陷。

《刑法修正案(九)》新增了第286条之一,规定了拒不履行信息网络安全管理义务罪,即网络服务提供者不履行法律、行政法规规定的信息网络安全管理义务,经监管部门责令采取改正措施而拒不改正,致使违法信息大量传播,致使用户信息泄露并造成严重后果,致使刑事案件证据灭失且情节严重,以及有其他严重情节的。此罪也可以由单位构成。有上述行为,同时构成其他犯罪的,依照处罚较重的规定定罪处罚。这次新增的是纯正的不作为网络犯罪罪名。[1]

在实践中,对于网络服务提供者不履行法律、行政法规规定的信息网络安全管理义务,经监管部门责令采取改正措施而拒不改正,致使电信网络诈骗信息大量传播,或者用户信息泄露造成严重后果的,应当以拒不履行信息网络安全管理义务罪追究刑事责任。同时构成诈骗罪的,依照处罚较重的规定定罪处罚。当然,在认定网络服务提供者是否"拒不改正"时,仍需要依法审慎判断,防止过度化。

2. 非法利用信息网络罪与帮助信息网络犯罪活动罪。电信网络诈骗犯罪的重要特征之一,就是非法利用信息网络的虚拟性等技术优势,或者在其他技术控制(所有)主体的帮助与支持下,肆无忌惮地实施诈骗犯罪。例如,犯罪分子利用信息网络的便捷性,发布诈骗犯罪信息;网络服务提供者或网络参与主体明知是电信诈骗犯罪分子而为其提供网络技术支持、网络支付计算服务等帮助。对于这些犯罪分子非法利用信息网络的行为,或者帮助他人实施信息网络犯罪活动的行为,在《刑法修正案(九)》增设的第287条之一、第287条之二生效之前,是无法有效规制的。

《刑法修正案(九)》新增的第287条之一规定了非法利用信息网络罪,即利用信息网络,设立用于实施诈骗、传授犯罪方法、制作或者销售违禁物品、管制物品等违法犯罪活动的网站、通讯群组;发布有关制作或者销售毒品、枪支、淫秽物品等违禁物品、管制物品或者其他违法犯罪信息;为实施诈骗等违法犯罪活动发布信息且情节严重的行为。此罪也可以由单位构成。有上述行为,同时构成其他犯罪的,依照处罚较重的规定定罪处罚。同时,《刑法修正案(九)》新增的第287条之二规定了帮助信息网络犯罪活动罪,即明知他人利用信息网络实施犯罪,为其犯罪提供互联网接入、服务器托管、网络存储、通讯传输等技术支持,或者提供广告推广、支付结算等帮助,情节严重的行为。此罪也可以由单位构成。实施了上述行为,同时构成其他犯罪的,依照处罚较重的规定定罪处罚。由此可见,《刑法》第287条之一将一些高度危险的网络预备行为予以犯罪(实行)化,《刑法》第287条之二则将一些网络技术帮助行为予以正犯化,[2]剑指新型网络犯罪。

在此规定下,实施《刑法》第287条之一、第287条之二规定之行为,构成非法利用信息网络罪、帮助信息网络犯罪活动罪,同时构成诈骗罪的,依照处罚较重的规定定罪处罚。[3]例如,被告人黄某1为牟取非法利益,雇佣徐某、黄某2使用"伪基站"设备向不特定手机用户非法群发诈骗短信,非法获利26,211元。法院认为,在该案中存在行为方式的竞合关系,非法利用信息网络罪与诈骗罪则构成牵连犯,根据该案的事实和证据,应择一重罪处罚,应

[1] 参见谢望原:《论拒不履行信息网络安全管理义务罪》,载《中国法学》2017年第2期。
[2] 参见梁根林:《传统犯罪网络化:归责障碍、刑法应对与教义限缩》,载《法学》2017年第2期。
[3] 参见孙道萃:《非法利用信息网络罪的适用疑难与教义学表述》,载《浙江工商大学学报》2018年第1期。

以诈骗罪(未遂)定罪处罚。[1] 这就明确了金融机构、网络服务提供者、电信业务经营者等在经营活动中,违反国家有关规定,被电信网络诈骗犯罪分子利用,使他人遭受财产损失的,依法应当承担相应责任;构成犯罪的,依法追究刑事责任。

三、电信网络诈骗的共同犯罪认定

电信网络诈骗往往是由多人参与实施的规模大、组织性强的团伙犯罪。从规范层面看,电信网络诈骗通常表现为犯罪集团或一般共同犯罪等情形,在定罪处罚上也有需要注意的一些特殊问题,要准确把握共同犯罪人的刑事责任。

(一)共同犯罪人与共同犯罪形态的判断

从犯罪现象看,实施电信网络诈骗的通常人数众多、分工配合,涉及大量被害人,造成的危害结果非常大,涉及的区域或国家很多。例如,北京市海淀区人民法院审理的电信诈骗犯罪多为团伙作案。据统计,北京的法院有50%以上的电信诈骗案件系三人以上的诈骗团伙。戴某波等32人诈骗案,系近年来北京的法院受理的个案中被告人人数最多的跨国电信诈骗犯罪案件。[2]

但是,"团伙犯罪"并非《刑法》使用的规范表述,它其实应当是指共同犯罪或犯罪集团。《刑法》第25条规定了共同犯罪的概念,所谓共同犯罪,是指二人以上共同故意犯罪。二人以上共同过失犯罪不以共同犯罪论处,应当负刑事责任的,按照他们所犯的罪分别处罚。电信网络诈骗行为只能是故意行为,同时涉嫌构成的诈骗罪以及其他关联犯罪也都只能是故意犯罪,不可能是过失犯罪。在这点上,多人共同故意实施电信网络诈骗行为的,完全符合共同犯罪的成立条件。同时,《刑法》第26条对犯罪集团作出了相应的规定。对于高度组织化的电信网络诈骗集团,应当按照犯罪集团的有关规定予以定罪处罚。

关于电信网络诈骗的共同犯罪问题,实践中的难点之一是对共犯的认定,需要注意以下三个相关问题:(1)共犯的参与时间之认定。通常而言,在分工不同的情况下,共犯参与电信网络诈骗的时间起点应从犯罪嫌疑人、被告人着手实施诈骗行为时起算。这里的诈骗行为不能只限于实施诈骗罪的情形,实施与电信网络诈骗相关的方法行为的也应算在其内。(2)负责招募他人实施电信网络诈骗犯罪活动,或者制作、提供诈骗方案、术语清单、语音包、信息等的是帮助行为,应当以诈骗共同犯罪论处。(3)事前已经通谋,明知是电信网络诈骗犯罪所得及其产生的收益,实施予以转账、套现、取现等行为的,应当以共同犯罪论处。例如,在"陈某1、陈某2、陈某3诈骗"案中,法院认为,被告人陈某1、陈某2、陈某3明知他人进行电信诈骗,仍结伙对涉案诈骗款项实施取款并转移,致使被害人被骗款项无法追回,其行为已构成诈骗罪的共同犯罪,诈骗数额应当按照共同取款数额计算。三名被告人所实施的提取并转移被骗款项的行为,是诈骗集团成功控制诈骗款的最后一个环节,三人在整个

---

〔1〕 参见浙江省常山县人民检察院常检刑诉(2015)291号起诉书(指控罪名为破坏公用电信设施罪);浙江省常山县人民法院刑事判决书,(2015)衢常刑初字第195号。类案还有浙江省金华市婺城区人民法院刑事判决书,(2015)金婺刑初字第1296号;浙江省金华市中级人民法院刑事裁定书,(2016)浙07刑终572号。

〔2〕 参见罗书臻:《北京一半以上案件为团伙作案发送诈骗信息5000条即可获刑》,载《人民法院报》2016年10月8日。

电信诈骗的共同犯罪中仅有分工不同，并无主次之分。[1] 从中可见，事前通谋并根据事前分工具体负责销赃等行为的是共同犯罪行为，不是事后的销赃行为；而且，在主从犯身份上，一般不区分主次关系。需要注意的是，事前没有通谋，事后明知是电信网络诈骗犯罪所得及其产生的收益，实施转账、套现、取现等行为的，依照《刑法》第312条第1款的规定，以掩饰、隐瞒犯罪所得、犯罪所得收益罪追究刑事责任。

《刑法》第26条第2款规定，三人以上为共同实施犯罪而组成的较为固定的犯罪组织，是犯罪集团。因此，三人以上为实施电信网络诈骗犯罪而组成的较为固定的犯罪组织，应依法被认定为电信网络诈骗犯罪集团。例如，在“吉某燕等14人诈骗”案中，法院认为，14名被告人在境外集中居住于别墅内，共同参与电信诈骗活动，且分工明确，有一定的组织性，已形成固定的犯罪团伙，故最终对14名被告人全部判处了有期徒刑5年以上的重刑，两名主犯被判处12年有期徒刑，对电信诈骗犯罪案件形成了极大的震慑。[2] 当然，这里使用的“犯罪团伙”是实践中的通俗说法，按照《刑法》的规定，实质上是指“犯罪集团”。以犯罪集团这种高级共同犯罪形式出现的电信网络诈骗，往往造成的实际危害结果巨大，被害人数众多。在宽严相济基本刑事政策的指导下，基于从严打击电信网络诈骗的方针，既要对电信网络诈骗犯罪集团中的首要分子以及其他主犯予以从严处理，又要对从犯等予以从宽处理，理性地贯彻落实区别对待精神。

（二）共同犯罪人的刑事责任承担

在宽严相济基本刑事政策的指导下，对于电信网络诈骗犯罪，要区分是存在犯罪集团还是一般的共同犯罪形式，严格区分首要分子、主犯（及一般主犯）、从犯等犯罪主体的作用与地位差异，在刑事责任的承担上体现轻重的区别对待。

《刑法》第26条规定，组织、领导犯罪集团进行犯罪活动的或者在共同犯罪中起主要作用的，是主犯。对组织、领导犯罪集团的首要分子，按照集团所犯的全部罪行处罚。对于首要分子以外的主犯，应当按照其所参与的或者组织、指挥的全部犯罪处罚。同时，《刑法》第97条规定，首要分子是指在犯罪集团或者聚众犯罪中起组织、策划、指挥作用的犯罪分子。而且，《刑法》第27条、第28条、第29条分别对从犯、胁从犯、教唆犯的刑事责任作了明确规定。这些规定对追究电信网络诈骗共同犯罪的刑事责任具有规制意义。

在实践中，应注意以下几个方面：（1）对于主从犯的认定，一般应当根据各共犯人在犯意形成和实行共同犯罪中的地位作用及其造成客观危害结果中的原因力大小等方面综合评判。当然，鉴于电信网络诈骗犯罪往往存在诈骗共犯人先后到案以及分工合作层级分明等实际特点，实践中对于共同犯罪主从犯的区分，应结合案件中的组织架构、人员分工、作用大小等具体情况区别对待，并且不违背罪责刑相适应原则的要求。（2）对组织、领导犯罪集团的首要分子，按照犯罪集团所犯的全部罪行处罚。对犯罪集团中的组织、指挥、策划者和骨干分子依法从严惩处。（3）对犯罪集团首要分子以外的主犯，应当按照其所参与或者组织、

---

[1] 参见《最高人民法院发布六起惩治电信诈骗犯罪典型案例》。

[2] 参见《最高人民法院发布六起惩治电信诈骗犯罪典型案例》。

指挥的全部犯罪予以处罚。全部犯罪包括能够查明具体诈骗数额的事实,能够查明发送诈骗信息的条数、拨打诈骗电话人次数、诈骗信息网页浏览次数的事实。(4)多人共同实施电信网络诈骗,犯罪嫌疑人、被告人在其所参与的犯罪环节中起主要作用的,可以认定为主犯;起次要作用的,可以认定为从犯。例如,在"邓某桂、龙某燕、刘某艳、刘某英诈骗"案中,法院认为,被告人邓某桂、龙某燕、刘某艳、刘某英的行为均已构成诈骗罪,且犯罪数额特别巨大。但四被告人受纠集按照分工、互相配合共同实施诈骗犯罪,获利相对较少,起次要、辅助作用,是从犯,故予以减轻处罚。[1] (5)犯罪集团中起次要、辅助作用的从犯,特别是在规定期限内投案自首、积极协助抓获主犯、积极协助追赃的,应依法从轻或减轻处罚或者免除处罚。

此外,需要说明的是,虽然部分犯罪嫌疑人在逃未归案,但不影响对已到案的共同犯罪嫌疑人、被告人的犯罪事实作出认定的,可以依法先行追究已到案的共同犯罪嫌疑人、被告人的刑事责任,而不需要等全部犯罪分子归案后才启动程序。

四、电信网络诈骗的犯罪故意认定

在我国刑法理论中,主客观相统一是刑法的基本理念,是定罪的基本原则,追究刑事责任必须同时具备主客观方面的条件,并要求主客观方面条件的有机统一。从证据运用和证明责任看,刑事主观事实需要通过客观事实加以重构,电信网络诈骗的"非法占有目的"也需要通过整合诸多客观事实予以确认,电信网络诈骗共犯的主观故意亦是如此,而刑事推定的运用有特殊作用。[2]

(一)电信网络诈骗的非法占有目的之认定

在实践中,电信网络诈骗往往首先表现为财产型犯罪,即通过电信网络实施诈骗行为是为了非法占有他人财物。作为新型财产犯罪,非法占有目的是典型的主观要素或者主观事实。主观事实是指用来说明行为人内部心理要素的内容,如目的、动机和态度等;客观事实是指表现于外部的事实,如人的外在活动及结果、行为主体的年龄及身份、对象、手段、方法、时间、地点等。客观事实是可以通过人类感官被直接感知或认知的,而主观事实原则上只能通过外部活动进行间接判断。进言之,对于行为人的心理状态,只能根据其实施的行为、活动及其相关的情况来判断。在认定主观心理态度时,必须立足其实施的具体客观行为,综合各种可以查证的犯罪事实,运用严谨的逻辑论证来排除其他的可能性。

在实践中,非法占有目的作为典型的主观事实,不能仅仅通过直接证据单一证实或通过被告人的单一口供来加以证实,反而往往需要通过其他的间接证据形成完整的证据链,或依靠推论(推定)的方法加以辅助证实,并需要达到相应的证明标准。对此,有观点指出,"在查明故意、特定意图和动机等心理要素时会遇到很多很大的困难,只有从外部事实及心理学上法则进行多少是必要的反推,才有可能解决这些问题"[3]。在刑事证明理论体系中,考虑

[1] 参见《最高人民法院发布六起惩治电信诈骗犯罪典型案例》。

[2] 参见康怀宇:《刑事主观事实证明问题研究》,法律出版社2010年版。

[3] [德]冈特·施特拉腾韦特、[德]洛塔尔·库伦:《刑法总论Ⅰ——犯罪论》,杨萌译,法律出版社2006年版。

到主观事实的证明难度远远大于客观事实，除了依靠传统的直接证据认定方式，即从证据本身直接加以判断外，往往还要大量运用间接证据进行间接证明，频繁使用间接认定事实的非严格证明方法；此外，根据大量的证据材料与客观事实，运用推定所建立起的因果证明及其常理逻辑，也是实践中认定非法占有目的的常见手段。[1]

在认定电信网络诈骗中的非法占有目的时，也要遵循主客观相统一的基本理念，遵循上述要求加以认定。具体地讲，必须依据行为人的行为特征、其自身的条件以及其他已存在的客观情况进行综合分析。通过对行为人控制或者准备控制他人财物的行为进行分析，首先确认行为人具有非法占有目的的可能性。当行为人被确认为已经实施或者准备实施非法控制或支配他人财物的行为时，只表明其心理态度符合非法占有目的的前提条件，具有形成非法占有目的的可能性，却并非表明其必然具有非法占有目的，关键还要看其心理上对使财物完全脱离权利人的有效控制是否具有明确的追求。只有行为人已经实施使财物完全脱离权利人有效控制的行为，并因其意志以内的原因已造成权利人对财物失去控制的客观危害结果，才能完全确认非法占有目的之存在。

（二）对电信网络诈骗共犯的明知之认定

在电信网络诈骗中，往往参与人数众多，而且是有组织地实施，不同环节的分工不同。对于提供技术帮助等行为的，只要具有共同实施电信网络诈骗的意思联络，就应当作为共同犯罪来论处。但是，就电信网络诈骗而言，由于犯罪分子利用了互联网的虚拟性，犯罪分子实施犯罪的时空场所变成了电子信息社会，实施犯罪的“共同行为”的客观性与联系性变弱；相应地，主观上的意思联络的明确性与可视性等都有所下降。[2] 网络环境使共同犯罪意思联络具有突出的片面性、模糊性、间接性、偶发性等特征，这已经成为当前司法实践中的难点问题。

在电信网络诈骗的“明知”认定问题上，同样可以适当地适用刑事推定制度。实际上，刑事推定作为一种司法方法，已在相关司法解释中有所体现，并被司法实务部门实际承认和运用。当然，为了严防刑事推定的错误或不当，应当允许反证的运用。刑事推定仅是一种事实推定，是一种相对的证明，而不是绝对的认知判断，只要被告人可以证明自己并无非法占有的目的，就可以推翻推定的结论，司法解释也对此作出确认。而且，被告人此时应承担的证明标准为优势证据标准，而不应该是事实清楚、证据确实充分，否则有违刑事证明责任合理分配的公正标准。当前，反驳刑事推定的最主要内容的是通知程序，通知被告人属于被告人知情权的一部分。在庭审阶段，没有依法进行通知而推定是一种程序违法的行为，可能导致相应的诉讼行为无效；如果法官对是否推定有存疑情形，可以依职权进行庭审调查；如果辩方因意志以外的客观因素无法举证，法官也可以进行相应的调查取证，以化解推定和反驳相互对抗所可能导致的僵局现象，切实保护被告人的诉讼权益。

一方面，对于那些为电信网络诈骗提供帮助行为的，由于互联网的虚拟性，特别是意思

---

〔1〕 参见张明楷：《诈骗罪与金融诈骗罪研究》，清华大学出版社2006年版。

〔2〕 参见孙道萃：《网络共同犯罪的多元挑战与有组织应对》，载《华南师范大学学报（社会科学版）》2016年第3期。

联络等问题上出现了新的情况，以至于在认定共同犯罪的故意上存在新的挑战。对此，仍应当遵循由客观证明主观的基本规律，坚持主客观相统一，运用刑事推定等措施，综合地解决共同犯罪故意的认定难问题。总体来说，明知他人实施电信网络诈骗犯罪，具有下列情形之一的，以共同犯罪论处：(1)提供信用卡、资金支付结算账户、手机卡、通信工具的；(2)非法获取、出售、提供公民个人信息的；(3)制作、销售、提供"木马"程序和"钓鱼软件"等恶意程序的；(4)提供"伪基站"设备或相关服务的；(5)提供互联网接入、服务器托管、网络存储、通信传输等技术支持，或者提供支付结算等帮助的；(6)在提供改号软件、通话线路等技术服务时，发现主叫号码被修改为国内党政机关、司法机关、公共服务部门号码，或者境外用户改为境内号码，仍提供服务的；(7)提供资金、场所、交通、生活保障等帮助的；(8)帮助转移诈骗犯罪所得及其产生的收益，套现、取现的。但是，法律和司法解释另有规定的除外，即可以提出反证等情形的除外。而且，关于"明知他人实施电信网络诈骗犯罪"，应当结合被告人的认知能力、既往经历、行为次数和手段、与他人关系、获利情况、是否曾因电信网络诈骗受过处罚、是否故意规避调查等主客观因素进行综合分析认定。

另一方面，在电信网络诈骗中，除了诈骗犯罪的非法占有目的、共同犯罪的意思联络等证明难问题之外，对于与电信网络诈骗高度关联的犯罪，也涉及"明知"的认定。对此，同样可以遵循上述做法进行判断。例如，明知是电信网络诈骗犯罪所得及其产生的收益，仍实施了予以转账、套现、取现等行为的，即有下列情形之一的：一是通过使用销售点终端机具刷卡套现等非法途径，协助转换或者转移财物；二是帮助他人将巨额现金散存于多个银行账户，或在不同银行账户之间频繁划转；三是多次使用或者使用多个非本人身份证明开设的信用卡、资金支付结算账户或者多次采用遮蔽摄像头、伪装等异常手段，帮助他人转账、套现、取现；四是为他人提供非本人身份证明开设的信用卡、资金支付结算账户后，又帮助他人转账、套现、取现；五是明显异于市场价格，通过手机充值、交易游戏点卡等方式套现。对此，应当依照《刑法》第312条第1款的规定，以掩饰、隐瞒犯罪所得、犯罪所得收益罪追究刑事责任。但有证据证明行为人确实不知道的除外。

专题十五　环境犯罪研究

论我国环境犯罪刑事政策*

近年来，随着我国经济总量与综合国力的大幅提升，环境污染与生态破坏案件层出不穷，与地球资源的有限性形成了尖锐的矛盾，严重威胁到了社会的永续发展。在人类社会发展的早期，环境污染与生态破坏因被视为经济发展与文明进步所必须付出的代价而得到了一定程度的容忍。如今，随着环境污染与生态破坏的加剧，公众的价值观念逐渐发生变化，环境犯罪巨大的社会危害性以及代际公平理念基本成为人们的共识。在传统行政与民事手段收效甚微的情况下，刑法巨大的威慑性与惩罚性使其走上了环境保护的前台，成了环境保护的有效途径。宽严相济刑事政策作为党和国家打击、预防犯罪的基本方针与策略，为刑事立法与司法提供了指引，也是环境犯罪刑事政策的根基。作为具体的刑事政策，环境犯罪刑事政策的内涵与理念需要被进一步分析，"宽"与"严"的根据需要被进一步明确，以便更好地打击、预防环境犯罪，保护环境与生态法益。

一、我国环境犯罪刑事政策的形成环境与发展方向

作为应对环境犯罪的方针与策略，环境犯罪刑事政策既是基本刑事政策的下位概念，又是环境政策的组成部分，若要准确把握环境犯罪刑事政策，需要分别研究基本刑事政策与我国当前的环境政策。

（一）宽严相济刑事政策与环境犯罪刑事政策

"刑事政策一词起源于18世纪末的德国，但现在意义上的刑事政策始于费尔巴哈，他将心理学、实证哲学、一般刑事法及刑事政策作为刑事法的辅助知识，赋予了刑事政策的独立地位。"[1]费尔巴哈认为，刑事政策是国家据以与犯罪作斗争的惩罚措施的综合。经过较长的历

---

* 本文原载于《中国地质大学学报（社会科学版）》2019年第5期，由高铭暄教授与郭玮合作完成。

〔1〕［日］大谷实：《刑事政策学》，黎宏译，中国人民大学出版社2009年版，第8页。

史时期,刑事政策由初期的“打击和预防犯罪的策略”发展到“研究犯罪现象及其对策的科学”,且逐渐跨出刑法范畴,运用政治、经济、文化、宗教、道德等手段系统地解决犯罪问题。[1] 德国学者李斯特曾指出,“最好的社会政策就是最好的刑事政策”。法国学者米海依尔·戴尔玛斯-马蒂认为:“刑事政策就是社会整体据以组织对犯罪现象的反应的方法的总和,是不同社会控制形式的理论与实践。当然,刑法依然是刑事政策最重要的核心、最高压区和最亮点。但在刑事政策领域里,刑法实践并不是一枝独秀,而是被其他社会控制的实践所包围着,这些实践有非刑事的,有非惩罚性的,甚至也有非国家的。”[2]

我国的刑事政策肇始于清末刑律改革,但真正的发展在1949年之后。20世纪50年代,为了巩固人民政权、维护社会安定,党和国家根据新形势提出了“惩办和宽大相结合”的刑事政策,并以此为基础于1979年制定、颁布了《刑法》与《刑事诉讼法》。20世纪80年代以来,我国进入改革开放的新时期,价值替代滞后性与大量社会失控行为出现,严重危害社会治安的犯罪和严重经济犯罪猖獗。针对这种情况,党和国家提出了“依法从重从快打击严重危害社会治安的犯罪分子”和“依法从严惩处严重破坏经济的罪犯”的方针政策,并根据新时期各种犯罪的新情况,提出了“社会治安综合治理”方针。[3] 进入21世纪以来,社会主义市场经济体制逐渐完善,社会趋于稳定,人们开始反思与调整“严打”刑事政策。2004年,罗干同志在中央政法工作会议上明确提出了宽严相济刑事政策。2005年,罗干同志在全国政法工作会议上再次专门提及宽严相济刑事政策,并将其视为我国在维护社会治安的长期实践中形成的基本刑事政策。2006年,党的十六届六中全会作出《关于构建社会主义和谐社会若干重大问题的决定》,正式提出要实施宽严相济刑事政策,并一直贯彻至今。宽严相济刑事政策的主要内容是:当宽则宽,该严则严,轻中有严,重中有宽,宽严有度,宽严适时。其基本内涵在于“宽”、“严”与“济”。所谓“宽”,意味着“对犯罪情节轻微或具有从轻、减轻、免除处罚情节的,依法从宽处罚”;即使是严重的刑事犯罪,如果具有自首、立功等从宽处罚情节,也应当依法从轻或减轻处罚。同时,在“宽”的基础上,不能忽视“严”的要求,对于某些严重的刑事犯罪、惯犯、累犯,应当依法严惩,充分发挥刑罚的打击效果和威慑效应,维护国家安全、社会安定、人民权利。[4] “济”不是“宽”与“严”的简单结合,而是结合、配合、补充、渗透、协调、统一与和谐,即协调宽严相济刑事政策的宽松方面和严格方面,以实现二者的相互依存、相互协调、动态衔接与良性互动,避免失之于“宽”或“严”。这体现了我国传统的“中庸”思想,是辩证思维的深刻体现,也是宽严相济刑事政策的精髓所在,保证了其在各犯罪领域的灵活适用。

环境犯罪刑事政策是国家为了防治环境犯罪而制定并适用的总体策略、方针与原则,也是宽严相济刑事政策在环境领域的具体化,受宽严相济刑事政策的指导与制约。宽严相济

[1] 参见李梁、曾涛:《何以超越“灵魂”——刑事政策与刑法的冲突及其解决再探》,载《云南社会科学》2014年第2期。

[2] [法]米海依尔·戴尔玛斯-马蒂:《刑事政策的主要体系》,卢建平译,法律出版社2000年版,第1页。

[3] 参见卢建平:《刑事政策与刑法》,中国人民公安大学出版社2004年版,第135页。

[4] 参见高铭暄:《宽严相济刑事政策与酌定量刑情节的适用》,载《法学杂志》2007年第1期。

刑事政策的核心在于区别对待与宽严调和,环境犯罪刑事政策的确立亦应体现上述精神。一直以来,我国环境犯罪的治理相对宽松,没有很好地贯彻宽严相济刑事政策。在立法领域,刑法规范尚没有做到对环境犯罪种类的全方位覆盖,仍以1997年《刑法》所规定的罪名为主。多数环境犯罪为结果犯,这意味着没有造成法定重大损失,只造成重大威胁或一般损失的不构成犯罪,与风险社会理念相悖。环境罪名的法定刑较轻,自由刑期限较短,附加刑的功能也没有得到充分发挥。在司法领域,1997年之前,人们普遍认为刑法并非打击环境犯罪的主要手段,而应主要发挥威慑或宣示作用,这导致环境犯罪案件数量极少。1997年以来,环境污染与生态破坏的恶果显现,公众要求严厉惩治环境犯罪的呼声越来越高,司法机关开始着手改善环境犯罪打击不力的局面,并且出台了一系列司法解释,但环境犯罪打击不力的局面并未得到根本扭转。其原因是多方面的,如环境立法的缺陷、行刑衔接不畅、地方政府干预等。由于环保形势愈加严峻,环境犯罪过于宽松的刑事政策必须有所改观,适度从严将成为环境犯罪治理的一大趋势。在新型环境犯罪刑事政策的形成过程中,必须遵循宽严相济的基本刑事政策,从环境犯罪的特点出发,该严则严,当宽则宽,实现有针对性地犯罪化与非犯罪化,更加有效地保护生态环境。

(二)我国当前的环境政策与环境犯罪刑事政策

环境政策属于公共政策,公共政策是一种行为准则或行为规范,其规定对象应做什么和不应做什么。政策规定通常具有强制性,它必须为政策对象所遵守,行为规范和准则使政策具有可操作性,从而才能有效地调整各种社会关系,调动各方面积极性。[1] 改革开放以来,我国环境政策不断发展,开始强调人文关怀的回归,环保理念日益深入人心。一般认为,环境政策是一个国家为了保护生态,防治环境污染,立足于当时的发展阶段和实际情况出台的计划、方案和各种对策的总称。环境政策是开展环保工作的基础,也是制定环境犯罪刑事政策的重要依据,科学的环境政策对于环境犯罪惩治意义重大。我国环境政策历史悠久,古代已有了朴素的环保理念,如《秦律》规定:“春天二月,不准到山林中砍伐林木,不准堵塞水道。不到夏季,不准烧草作肥料,不准采集刚发芽的植物,或捉取幼兽、鸟卵和幼鸟,不准毒杀鱼鳖,不准设置捕捉鸟兽的陷阱和网罟,到七月解除禁令。”[2]改革开放以来,党和国家极其重视环境政策的制定与实施,关于环境政策的表述经历了“基本国策—可持续发展战略—科学发展观—生态文明”四个阶段。[3] 在党的十七大,建设生态文明作为全面建设小康社会奋斗目标的新要求,首次被写入党的政治报告,这标志着以生态文明为核心的环境政策的形成。党的十八大以来,生态文明建设被纳入“五位一体”总体布局,环境政策出台的速度加快、数量激增、质量改善,环境政策体系初步形成。总之,我国的环境政策经历了一个从适应社会主义计划经济走向适应社会主义市场经济,从人治走向法治,从以污染防治为主走向防治污染和生态保护相结合,从以工业文明为主导走向以生态文明为主导的发展历程。[4]

---

〔1〕 参见王传宏、李燕凌编著:《公共政策行为》,中国国际广播出版社2002年版,第8页。

〔2〕 韩非:《韩非子集释(上)》,陈奇猷校注,上海人民出版社1974年版,第541页。

〔3〕 参见李明华、陈真亮、文黎照:《生态文明与中国环境政策的转型》,载《浙江社会科学》2008年第11期。

〔4〕 参见蔡守秋主编:《环境政策学》,科学出版社2009年版,第127页。

如何理解生态文明,关系到我国当前环境政策以及环境刑事政策的定位。对此,曾经出现过生态中心主义,认为自然环境也是世界的主角,其本身具有独立的内在价值,将自然环境降低为实现人类需要的手段是武断和反科学的。生态中心主义是对人类中心主义的纠正,强调人类对自然也负有直接道德义务,应赋予自然存在物以法律的主体资格,人应当公平对待自然,否则在道义上应受到非难。[1] 但是,生态中心主义有矫枉过正之嫌。近代启蒙运动以来,人的自我价值逐渐受到重视,生产力不断得到解放,人类社会才实现了巨大发展,生态中心主义将自然体提升至与人同等的地位,势必会产生摩擦。我们提倡善待环境、尊重其他形式的生命,但不意味着承认将它们提升至与人同等重要的地位,甚至保护对人有害无利的生命形式,如天花病毒或害虫。其实,人类价值与生态价值是统一的,人类经济社会活动与生态环境保护是能够兼顾的。习近平总书记在党的十九大首次将“绿水青山就是金山银山的理念”(以下简称“两山论”)写入了党的十九大报告中,其具体阐述为:我们既要绿水青山,也要金山银山。宁要绿水青山,不要金山银山,而且绿水青山就是金山银山。“两山论”既要经济发展,又要生态保护,但强调经济发展要建立在生态保护的基础之上,实现可持续发展、绿色发展。在某种意义上,生态保护本身即意味着经济发展。为此,我们要实现经济生态化和生态经济化。一方面,经济增长不能以大量资源消耗和环境破坏为代价;另一方面,要把优质的生态环境转化成居民的货币收入,根据资源的稀缺性赋予它合理的市场价格,尊重和体现环境的生态价值,进行等价有偿的交易和使用。[2] 这种融合社会经济发展与生态环境保护的政策,为我们确定环境犯罪刑事政策提供了依据。

(三)“并行”刑事政策之提倡

在当前生态文明观的影响下,我们已经深刻地认识到,社会经济发展与生态环境保护并不冲突,而是相互促进、共同发展的,对生态环境的保护实质上意味着社会经济的长远发展。因此,我们需要树立环境犯罪的“并行”刑事政策。“并行”的字面意思为同时前进、相辅相成、互相促进,具体指社会经济发展与生态环境保护要并行不悖、互相促进、和谐发展。宽严相济刑事政策的核心就是区别对待,即做到该严则严,当宽则宽,宽严适度,效果良好。[3] 环境犯罪“并行”刑事政策是对宽严相济刑事政策的贯彻与落实,体现了辩证精神。具体来说,对于一定限度内的经济发展,虽然可能会产生一些污染,但仍要从宽处理,对于超出一定限度的过度发展,要严厉惩治,为此,需要结合我国当前生态文明的环境政策,科学把握环境犯罪的惩罚限度。相比以往的环境犯罪刑事政策,“并行”刑事政策的优越性主要体现在以下两方面:第一,恪守宽严相济刑事政策且体现其核心内涵,即宽严协调与区别对待。宽严相济刑事政策体现了对自由与秩序价值的兼顾,自由与秩序是当前社会公共政策的目标,也是刑法的功能所在。“并行”刑事政策的初衷也在于对自由与秩序价值的维护,力图实现经济发展与环境保护的良性循环而不偏于某一方。第二,“并行”刑事政策纠正了以往环境保

[1] 参见赵星:《环境犯罪论》,中国人民公安大学出版社2011年版,第51页。
[2] 参见黄承梁:《习近平新时代生态文明建设思想的核心价值》,载《行政管理改革》2018年第2期。
[3] 参见张军:《切实贯彻宽严相济刑事政策全力促进社会和谐稳定》,载《人民司法》2007年第21期。

护的极端态度。如人类中心主义不承认自然环境所具有的内在价值,认为自然环境只应满足于人类需求,这种理念过于夸大人类的主体地位,不能正确看待人类与自然环境的关系,进而导致逐步升级的生态危机。生态中心主义亦不可取,如有学者认为,针对我国生态环境不断恶化,形势已相当严峻的状况,应对生态犯罪采取从严治理的刑事政策。[1] 笔者认为,具体刑事政策作为基本刑事政策在各个领域的体现,必须贯彻宽严相济刑事政策的精神,即区别对待的辩证思想。从严治理的刑事政策使环境犯罪治理极端化、片面化,缺乏科学性,违背了宽严相济刑事政策的精神。环境问题也需要结合具体国情辩证地看待。我国仍处于社会主义初级阶段,虽然取得了举世瞩目的发展成就,但贫富差距较大,发展生产力仍是当前第一要务,环境问题的解决不能以牺牲生产力的发展为代价,而只能在生产力的发展过程中解决。为了发展生产力,我们要鼓励工业发展;为了保护环境,我们也要将工业发展限制在适度的范围内,使环境承载能力与工业发展相符,避免重走西方国家"先污染,后治理"的老路,兼顾经济发展与环境保护。冯·李斯特认为,作为刑法学家,不能就刑事政策谈刑事政策,而是要放眼社会政策,通过好的社会政策来实现预防犯罪的目的。[2] 对环境犯罪"一刀切"式的从严治理,片面依赖刑法惩治解决环境问题,脱离了当前的生态文明观,也与基本刑事政策相悖。

二、"并行"环境刑事政策的立法贯彻

在基本刑事政策以及环境犯罪"并行"刑事政策的指引下,我们需要通过立法贯彻落实宽严相济的精神,将"宽"与"严"相结合,兼顾社会经济发展与环境保护。在立法方面,"严"主要体现在认清当前环境刑法缺失与介入滞后的现状,扩大环境犯罪圈,实现刑法提前介入,及时消除危险因素。"宽"主要体现在减轻对刑罚的依赖与自由刑负担,采取多元化的处罚方式,着重弥补对大自然造成的损害。

(一)扩大环境犯罪圈

美国法哲学家E.博登海默指出:在一个变幻不定的世界中,如果把法律仅仅视为一种永恒的工具,那么它就不可能有效地发挥作用,我们必须在运动与静止、保守与创新、僵化与变化无常这些彼此矛盾的力量之间谋求某种和谐。作为使松散的社会结构紧紧凝聚在一起的黏合物,法律必须巧妙地将过去与现在关联起来,同时不忽视未来的迫切要求。[3] 当前,工业社会经由其本身系统制造的危险而身不由已地突变为风险社会。[4] 环境污染和生态破坏是风险社会的典型体现,为了回应日益严重的生态环境破坏问题,刑法作为保护环境的手段,已是无法避免的选项之一。[5] 我国刑法虽然在很大程度上扩展了环境犯罪圈,但与其他国家的环境刑事立法相比,我国环境犯罪圈仍较窄,对一些亟待保护的自然资源缺乏有力保护。生态系统具有整体性、多样性、层次性与开放性,对生态系统的保护要尽可能全面、

---

〔1〕 参见郭理蓉:《我国生态犯罪的刑事政策与刑法完善》,载《刑法论丛》2016年第1期。

〔2〕 参见[德]冯·李斯特:《论犯罪、刑罚与刑事政策》,徐久生译,北京大学出版社2016年版,第16页。

〔3〕 参见[美]E.博登海默:《法理学:法律哲学与法律方法》,邓正来译,中国政法大学出版社1999年版,第326页。

〔4〕 参见[德]乌尔里希·贝克:《世界风险社会》,吴英姿、孙淑敏译,南京大学出版社2004年版,第102页。

〔5〕 参见古承宗:《刑法的象征化与规制理性》,台北,元照出版有限公司2017年版,第152页。

系统,防止因对某一类环境的保护不力而影响到生态保护的整体效果。当前,刑法对于生态资源破坏行为打击面过小,只对破坏水产资源、野生动植物资源、农地资源、矿产资源、森林资源的行为进行规制,而对破坏草原资源、湿地资源等的行为缺乏规制。

草原是大自然的重要组成部分,对于防治水土流失、土地沙化作用巨大,但草原已经遭受了较为严重的破坏,这加剧了水土流失和土地沙化,危害到了生态平衡,甚至危及人们的生命与健康权益。虽然我国《草原法》规定了草原行政主管部门和其他有关国家机关工作人员的刑事责任,但对上述人员之外的其他人破坏草原的行为无法追究刑事责任。为此,我们建议增设"破坏草原罪",对两类行为予以禁止:其一,对非法开垦草原,或者在荒漠、半荒漠化和严重退化、沙化、盐碱化、石漠化、水土流失的草原,以及生态脆弱区的草原上采挖植物或者从事破坏草原植被的行为予以禁止;其二,对未经批准或者未按照规定的时间、区域和采挖方式在草原上进行采土、采砂、采石等活动,严重危害草原生态安全的行为予以禁止。[1] 对于破坏湿地的行为,同样需要刑法规制。湿地与森林、海洋并称全球三大生态系统。近几十年来,由于人口增加,人地矛盾日益尖锐,加上人们对湿地功能缺乏了解,使得人们保护湿地的意识淡薄,在短期利益的驱动下,违背自然规律进行不合理使用,导致湿地面积大幅缩小和功能退化。近几十年来,全国围垦湖泊面积达 130 万公顷以上,丧失湖泊调蓄容积约 350 亿立方米,因围垦而消失的天然湖泊近 1000 个,造成了巨大的生态灾难。因此,有必要将非法开垦、围垦和随意侵占湿地等行为纳入犯罪圈。

(二)刑法介入早期化

古典刑法理论以结果犯为基础,强调只有在行为人对他人权利造成实际侵害时,刑罚权才应介入。随着风险社会的来临,国家的任务被认为主要不是在侵害实际发生时进行制裁,而是在危险初露端倪时就能发现并通过预防措施加以遏制或去除,事后的制裁反而成为预防无效时才会动用的补充手段。[2] 环境污染与生态破坏是风险的主要来源,已经切实威胁到了不特定的多数人,该类风险所导致的后果具有隐蔽性,一般很难被估测和认定,如化学污染、辐射污染、转基因等。而且,一旦风险变成了现实,后果将是无法弥补的。环境犯罪的特殊性放大了以结果为中心的归责体系的无力感,加剧了人们的焦虑与不安。为了消除民众的不安感,遏制环境污染与生态破坏势头,刑法必须提前介入,将风险发生的可能性降至最低。危险犯在环境刑法中的适用已有诸多先例,如《日本关于处罚与人体健康有关的公害犯罪的法律》第 2 条规定:凡伴随工厂或事业单位的企事业活动而排放有损于人体健康的废物,给公众的生活或者身体带来危险者,应处 3 年以下有期徒刑或 300 万日元以下的罚金。[3] 《德国刑法典》第 326 条(未经许可的垃圾处理)、第 328 条(未经许可的放射性物质及其他危险物品的交易)、第 329 条(侵害保护区)等都是对危险犯的规定。[4]

---

〔1〕 参见赵秉志主编:《环境犯罪及其立法完善研究——从比较法的角度》,北京师范大学出版社 2011 年版,第 137 页。

〔2〕 参见劳东燕:《风险社会中的刑法:社会转型与刑法理论的变迁》,北京大学出版社 2015 年版,第 63 页。

〔3〕 参见吴献萍:《环境犯罪与环境刑法》,知识产权出版社 2010 年版,第 14 页。

〔4〕 参见魏汉涛:《刑法热点问题研究》,云南大学出版社 2014 年版,第 271 页。

纵观我国现行环境刑法，大多是“重大损失”“后果严重”“数量较大”等结果标准。虽然《刑法修正案（八）》对2009年《刑法》第338条所规定的重大环境污染事故罪作了修改，将“造成重大环境污染事故，致使公私财产遭受重大损失或者人身伤亡的严重后果”修改为“严重污染环境”，看似转变成了危险犯，但仔细考虑就会发现，这仍然是结果犯的处罚模式。原因在于：首先，本罪仍是过失犯罪，过失犯罪只有在造成一定危害后果的时候才能成立，过失危险犯理论在我国尚未有立法先例。其次，“严重污染环境”的表述与之前的“致使公私财产遭受严重损失或者人身伤亡的严重后果”无本质区别，只是表述方式的不同。2016年的《关于办理环境污染刑事案件适用法律若干问题的解释》第1条详细列举了应认定为“严重污染环境”的情形，从该条规定的表述中可以看出，污染环境罪的处罚模式仍为结果犯，如“致使三十人以上中毒”“致使公私财产损失三十万元以上”等。有学者认为，环境犯罪重在预防，若刑事立法只注重惩罚造成实害结果的犯罪，忽略了对环境造成严重危险状态行为的处罚，则不利于对环境的保护，因此将危险犯（包括故意危险犯和过失危险犯）引入刑法领域是极其必要的。[1] 笔者认为，若仅仅因为必要性而将过失危险犯盲目引入，则破坏了完整自洽的刑法理论体系，我们完全可以通过完善立法的方式解决问题。

基于环境犯罪的严峻形势，有必要将环境领域的刑法介入提前，具体危险犯或许是一种兼顾刑法明确性与惩罚性的良好选择。通过将危险状态作为构成要件要素而规定于刑法条款中，法官就具体之案情逐一审酌判断，而认定构成要件所保护之法益果真存在具体危险时，始成立犯罪之危险犯。[2] 具体而言，建议通过修法将污染环境罪转变为具体危险犯，可规定：只要违反国家相关规定，向土地、大气、水体排放、倾倒或者处置有放射性的废物、含传染病病原体的废物、有毒物质或者其他有害物质，对生态环境形成具体的危险时，即构成犯罪，若实际造成了危害后果，则加重处罚。对于如何认定“具体的危险”，可由最高司法机关通过司法解释的形式予以明确，避免刑法处罚范围的过度扩张。

（三）处罚措施多元化

目前，我国《刑法》对环境犯罪的刑罚措施与对其他类型犯罪的刑罚措施相同，即对自然人犯罪主要适用自由刑与财产刑，对单位犯罪实行双罚制，这些刑罚措施虽然对惩治、预防环境犯罪起到了相当大的作用，但以自由刑为主的刑罚措施较为严厉，更多地体现了刑法的惩罚功能，对于救济权利和恢复、弥补被损害的法益则明显不足。对于环境犯罪后果，只能由国家花费巨额资金去恢复生态环境，这给国家带来了沉重的负担。从环境犯罪治理的角度来看，刑罚辅助措施可以很好地弥补现有刑罚措施的不足。刑罚辅助措施是指审判机关根据案件的不同情况，对犯罪分子直接适用或建议有关主管部门适用的刑罚以外的其他处理方法的总称。[3] 美国法学家布莱克认为，法律的社会控制一般有刑罚控制、赔偿控制、治疗控制和和解控制等形式。在其他因素不变的情况下，一种社会控制以不同方式同其他

---

〔1〕 参见张瑞幸、郭洁：《过失危险犯与环境犯罪》，载《福建政法管理干部学院学报》2000年第4期。

〔2〕 参见林山田：《刑法通论》，台北，三民书局1986年版，第106页。

〔3〕 参见马克昌主编：《刑罚通论》，武汉大学出版社1995年版，第731页。

控制方式结合往往会提高整体的控制成效。[1] 环境犯罪虽多为轻罪,但造成的危害后果较大,刑罚辅助措施通过多种措施的综合运用,既减轻了刑罚的严厉性,又能够恢复被破坏的生态环境,满足处罚个别化的要求。刑罚辅助措施通常包括责令恢复原状、限期治理等处理方法,如《法国环境刑法》第514.49条第2款规定,在由于从事该条款第4项、第6项和第8项指出的违法行为被判刑的情况下,法庭可以下令将未被依法处理的废弃物损害的现场复原,并规定逾期罚款。[2] 我国也有适用非刑罚措施的尝试,2002年,湖南省临武县法院对滥伐林木的犯罪人王某英判处有期徒刑3年,缓刑4年,在缓刑期内要植树3024株,成活率要在95%以上,取得了良好的效果。

由于环境犯罪大多为贪利型犯罪,犯罪人主要是为了追求经济利益,所以应当对环境犯罪大量适用罚金刑。但是,我国当前的罚金刑数额没有固定标准且普遍偏低,缺乏威慑力,企业往往会为了谋取更大的经济利益而付出较小的罚金代价,致使罚金刑在环境犯罪治理方面的作用相当有限。与罚金刑相比,资格刑的运用如限制生产经营活动、限期整治、吊销营业执照、责令关停、解散法人组织等,[3] 使犯罪人暂时或永久性地失去实施犯罪的能力,有利于从根本上惩治和预防环境犯罪。因此,一些国家在刑法典中为环境犯罪设置了资格刑。如根据《俄罗斯联邦刑法典》第9编第26章的规定,大多数生态犯罪有关于5年以下或3年以下剥夺被判刑人担任一定职务或从事某种活动的权利的刑罚规定。[4]《越南刑法典》分则第17章破坏环境罪中的所有犯罪都规定可以判处"在1年至5年内禁止担任一定职务、从事一定的行业或者工作"的刑罚。[5] 为了克服罚金刑模糊不定及没收财产刑过于严厉的弊端,发挥刑法的预防作用,在我国现阶段有必要充分运用职业禁止手段,禁止企业或个人从事特定职业,从长远来看,更多种类资格刑的创制是根本途径。

三、"并行"环境刑事政策的司法贯彻

在司法过程中,以刑事政策为指导可以有效避免司法人员个人价值标准和个人好恶不同而导致的同案异判现象。虽然刑事政策是稳定、确定与统一的,但仍会结合具体情形灵活适用。正如黑格尔所言:法律绝非一成不变,依据时代习俗、国家制度性质、当前利益的考虑和应予矫正的弊风会有变动和起伏。正如天空和海面因风浪而起变化一样,法律也因情况和时运而变化。[6] "并行"的刑事政策为环境犯罪司法树立了标杆,要求在环境犯罪司法层面兼顾社会经济发展与生态环境保护,实现"宽"与"严"的有机结合。当前需要着力解决的问题,一方面是应当通过探索环境刑事公益诉讼机制,严密环境犯罪的刑事法网;另一方面是应当杜绝严格责任,坚持主客观相统一的犯罪构成理论。

---

〔1〕 参见[美]布莱克:《法律的运作行为》,唐越、苏力译,中国政法大学出版社1994年版,第5~6页。

〔2〕 参见赵国青主编,中新环境管理咨询有限公司编译:《外国环境法选编》(第1辑),中国政法大学出版社2000年版,第718~719页。

〔3〕 参见郭建安、张桂荣:《环境犯罪与环境刑法》,群众出版社2006年版,第454~455页。

〔4〕 参见《俄罗斯联邦刑法典》,黄道秀译,北京大学出版社2008年版,第128~130页。

〔5〕 参见《越南刑法典》,米良译,中国人民公安大学出版社2005年版,第81~85页。

〔6〕 参见[德]黑格尔:《法哲学原理》,范扬、张企泰译,商务印书馆1961年版,第7页。

(一)探索环境刑事公益诉讼机制

生态环境具有公共性,无法被个体化或私有化,属于全人类的财富。因此,生态环境利益又可被称为环境公益。由于人都有向外扩展自己生存空间与攫取更多资源的天性,公共利益处于无人照看的状态时,很容易成为众人侵害的对象。当下,环境公益因国家管理活动存在漏洞而处于保护真空状态,这导致环境危机逐渐升级,故需要得到更多的法律关注。传统法学理论认为,权利主体是个体,法律权利都是个体的权利,整体性的生态环境系统孕育的是整体性的环境公益,无法私有化的整体性环境公益决定了环境公益享有主体无法被个体化,也决定了环境公益无法通过传统个体权利形态获得保障。[1] 此外,大部分环境犯罪案件最初是环境违法案件,只有具备重大社会危害性的环境违法案件才会被环保等部门移送给司法机关,但事实上,环保部门向司法机关移送的刑事案件较少。其主要原因是地方保护主义,即造成污染的企业多为地方纳税大户,是地方财政、税收的主要来源,故而受到当地政府的庇护。可见,环境公益的法律保障面临障碍,亟待探索环境公益诉讼机制。

私人实施法律理论认为,在现代社会,政府被立法赋予越来越多的环保职责,而政府存在人力、财力的不足,相对短缺和滞后的政府管理资源不能完全满足实施法律的需求,不可避免地产生一些管理盲点。在这种情况下,公民可以自主、积极地参与到国家管理事务中,维护自身及公众的利益。[2] 根据该理论,我们可以通过放宽对环境刑事诉讼主体的限制,允许一些公民团体或环保民间组织(ENGO)参与到环境犯罪刑事诉讼中。美国对该理论的贯彻较为彻底,《美国清洁空气法》首创"公民诉讼条款",允许任何公民提起空气污染的诉讼。《英国污染控制法》也出现了"对于公害,任何人均可起诉"的规定。法国则允许环保团体提起环境公益诉讼。我国也在这方面作出了较大努力,国务院于2005年发布的《关于落实科学发展观加强环境保护的决定》明确宣示:发挥社会团体的作用,鼓励检举和揭发各种环境违法行为,推动环境公益诉讼。2009年,中华环保联合会与江阴市民朱某茂作为共同原告,向无锡市中级人民法院起诉江阴港集装箱有限公司环境污染侵权,在案件审理过程中,被告及时采取了一些污染防治措施,后经法院主持,原被告双方以调解结案。该案件虽然为民事侵权案件,但作为我国环境公益诉讼第一案,在社会上产生了巨大影响,也让我们看到了环保民间组织在环境刑事公益诉讼中的巨大潜力。环保部门和检察机关可以联手作为环境刑事公益诉讼的原告,环保部门技术性强、经验丰富,较为了解环境犯罪案件情况,检察机关则在法律适用方面优势巨大。环保部门调查取证后,可以由检察机关对案件进行定性分析,若涉嫌环境犯罪,则行使公诉职能出庭支持。

(二)杜绝严格责任的适用

严格责任犯罪源自英美国家,指某些对于特定行为的一个或多个行动要件不要求故意、轻率,甚至疏忽的犯罪,或者被称为"绝对禁止之罪"。支持者认为,如果法律禁止实施某些行为,将其仅仅限于基于邪恶预谋而实施的行为就是不合逻辑的。至少就一个行动的实际

---

〔1〕 参见刘清生:《论环境公益诉讼的非传统性》,载《法律科学(西北政法大学学报)》2019年第1期。

〔2〕 参见赵星:《环境犯罪论》,中国人民公安大学出版社2011年版,第140页。

后果而言,无论它是邪恶预谋的结果,还是疏忽的结果或纯粹的意外事件,禁止其发生的理由都是同样的。[1] 之所以要承认严格责任犯罪,是因为要节约司法资源,防止环境犯罪等侵害公众重大利益的犯罪逃避处罚,督促自然人与法人恪尽职守,尽到注意义务,避免危害结果发生。我国有学者认为,严格责任有利于实现一般预防与特殊预防,有利于实现诉讼过程的公平合理,有利于节约司法资源,实现惩治公害犯罪的及时高效,建议在我国公害犯罪认定中引入严格责任。[2] 笔者认为,严格责任不可贸然引入我国环境犯罪认定中,司法实践中不能忽视对行为人主观罪过的查证。

首先,英美严格责任多针对轻罪,在我国适用严格责任可能会混淆民事责任与刑事责任的界限。英美国家犯罪只有定性因素,行为只要违法,无论程度如何均可能构成犯罪,刑法涵盖面较广。《美国模范刑法典》虽然规定了严格责任,但将严格责任犯罪限于处罚金刑的犯罪,从实质上讲,适用严格责任的犯罪只是一种违法行为,这也是英美国家民众能够接受无过错严格责任的原因之一。在我国,犯罪是严重危害社会的行为,民众对犯罪人的谴责力度很高,大部分环境违法行为由环保相关部门处理,并没有进入刑事程序。一个由来已久的强烈共识是,轻微的环境违法行为应当由行政和民事的程序进行管制。在刑法是环境保护的特殊政策措施的观念下,对环境破坏行为进行刑事化应采取审慎和辨识的态度。[3] 若不考虑主观罪过,将违法且造成一定环境损害后果的行为认定为犯罪,将严重侵蚀环保部门的执法空间,模糊民事违法与犯罪的界限,浪费司法资源,有损我国的整体环境保护机制。

其次,适用严格责任会严重限制公民自由,阻碍社会进步,危害社会稳定。严格责任赋予了行为人较高的注意义务,在犯罪认定时却不考虑行为人的主观罪过,或者使行为人承担苛刻的证明义务,行为人即使事先按照相关规定对污染物作了处理,但只要出现了危害结果,就仍要承担刑事责任。这导致人们根本无法预测自己的行为后果,不能正常安排自己的生产活动,进而变得畏首畏尾。如今,工业社会经由其本身系统制造的危险而身不由己地突变为风险社会,工业的发展创造了众多的危险源,导致技术性风险日益扩散。[4] 但工业驱动的经济社会发展不可阻挡,若适用严格责任,将影响广大企业法人的生产积极性,有碍经济社会正常发展。同时,这种以牺牲经济社会发展为代价的环保方式明显违背了环境犯罪的并行刑事政策。所以,在环境犯罪的司法实务中,为了有效贯彻"并行"刑事政策,必须杜绝严格责任。

最后,严格责任违反主客观相统一的刑事归责原则。英国盎格鲁·撒克逊时代的法律不考虑被告人的内心,只要证明被告人的行为造成了客观损害后果就处以刑罚。经过艰难漫长的过程,"无犯意即无犯人"的责任主义原则才确立下来。我国刑法理论坚持主客观相统一的刑事归责原则,既反对主观归罪,也反对客观归罪,"无犯意即无犯人"的责任主义原则作为反对客观归罪的利器,也被我国刑法理论承认。根据责任主义原则,人应当受到尊

---

〔1〕 参见[英]J. C. 史密斯、[英]B. 霍根:《英国刑法》,马清升等译,法律出版社2000年版,第132~133页。

〔2〕 参见龙敏:《公害犯罪认定中严格责任适用之探析》,载《内蒙古大学学报(哲学社会科学版)》2011年第3期。

〔3〕 参见孙鸿烈主编:《中国生态问题与对策》,科学出版社2011年版,第30页。

〔4〕 参见卢永鸿:《中国内地与香港环境犯罪的比较研究》,中国人民公安大学出版社2005年版,第16页。

重,其本身即目的,不能将人当作实现目的的手段。将缺乏犯意的行为认定为犯罪的目的实际上是将人作为手段,防止此类犯罪再度发生,缺乏犯意的行为并非行为人主观意志的体现,这事实上否定了人的自由意志,也起不到刑法应有的威慑作用。然而,人的意志与责任密不可分,没有意志就没有责任,当人的意志能够选择为或不为某种行为时,意志的作用便是使人的行为受到称赞或责难的唯一因素。[1] 为了有效预防环境犯罪,增强人们对环境刑法的忠诚感,在环境犯罪的认定中必须坚持主客观相统一原则,杜绝严格责任。

总之,英美国家的严格责任既是结果责任的残余,也因应了当前的风险社会,旨在减轻证明负担以保护不特定公众的利益,但其显著缺陷在于反映了绝对的生态中心主义,有客观归罪和侵犯人权之虞,不符合我国环境犯罪刑事政策的平衡精神,故不可取。

---

〔1〕 参见[英]H. C. A. 哈特:《惩罚与责任》,王勇等译,华夏出版社 1989 年版,第 166 页。

专题十六　职务犯罪研究

论贿赂犯罪的贿赂"范围"*

腐败犯罪在当前比较多发,这不仅损害了政府的廉洁形象,也导致了政府公信力的降低,危害严重。打击腐败是当前的一大要务,我国一直致力于对腐败犯罪的打击,当前腐败现象呈现出落马贪官级别高、涉案金额大、"群蛀"现象及"裙带"现象严重等特点,我国反腐工作已经进入"深水区",腐败犯罪的惩治任重道远。贿赂犯罪是腐败犯罪的主要表现形式,随着社会的多元化发展,贿赂犯罪的形式也日渐多样化。

贿赂范围直接决定着一个国家或地区贿赂犯罪犯罪圈的大小,反映一个国家或地区打击贿赂犯罪的范围和力度,贿赂范围的规范对于区分罪与非罪有重要的意义。但是当前我国《刑法》中规定的贿赂犯罪因其范围较窄而备受质问,扩大贿赂犯罪范围的呼声较高。

一、贿赂犯罪范围的立法溯源与现状

贿赂犯罪在我国古已有之,最早可以追溯到夏朝刑律中的"墨"——收受别人的贿赂。后来,《汉书·刑法志》载:"……及吏坐受赇枉法,守县官财物而即盗之……"这里的"赇"是指财物。中华人民共和国成立前,各革命根据地纷纷制定规章条例打击贪腐行为。《晋冀鲁豫边区惩治贪污条例》将贿赂的范围限制为"财物"。[1] 中华人民共和国成立后,1952 年的《惩治贪污条例》中,贿赂犯罪的范围仍限定为"财物",我国 1979 年《刑法》第 185 条采用模糊的方式,将受贿罪的罪状表述为"国家工作人员利用职务上的便利,收受贿赂",但紧跟着写明"赃款、赃物没收,公款、公物追还",这说明贿赂的范围是"款""物",也就等于是"财物"。在 1988 年《关于惩治贪污罪贿赂罪的补充规定》(已失效)中,贿赂的范围仍确定为"财物",但是将经济受贿条款

---

* 本文原载于《法学杂志》2013 年第 12 期,由高铭暄教授与张慧合作完成。

〔1〕 参见肖介清:《受贿罪的定罪与量刑》,人民法院出版社 2000 年版,第 88 页。

纳入其中，即将经济往来中违法收受的“回扣”“手续费”纳入贿赂的范围。[1] 1997年《刑法》修订过程中虽然对贿赂犯罪的范围进行了广泛的讨论，“财产性利益”的呼声较高，但是为了防止界定面过宽所导致的打击面过大，[2]1997年《刑法》第385条最终还是将贿赂的范围限制为“财物”。1997年《刑法》经过多次修正，但该条文仍未改动。

二、当前贿赂犯罪的贿赂范围之辩

（一）关于贿赂外延的不同观点

刑法理论界关于贿赂犯罪的贿赂范围，争论比较激烈。对于贿赂外延的界定，主要有财物说、财产性利益说、利益说、财产性利益和部分非财产性利益说。财物说认为，贿赂犯罪的范围就只能限定为财物，不包括其他物质性利益和非物质性利益。持此观点的论者认为，从语义学来看，“财”是指金钱，“物”是指物品。我国自古就将贿赂范围限制为财物。根据罪刑法定原则，贿赂的范围必须稳定地限制为财物，这样才能有效反映“权钱交易”的特征，且财物便于量化，利于司法实践。财产性利益说将财物说加以扩大，认为贿赂的范围不仅仅局限为财物，还包括财产性利益，这里的财产性利益实质是可以直接用货币计算的利益。财产性利益实质上与财产没有差别，或者说其是当前经济条件下财物的延伸，可以将其纳入受贿的范围。利益说是最广泛的贿赂范围学说，利益说实质是从应然的角度分析问题，将所有好处都纳入受贿的范围，不仅包括财物、财产性利益，还包括非财产性利益。财产性利益和部分非财产性利益说是财产性利益说和利益说的折中观点，该观点以财产性利益为基础，并将有限的非财产性利益，例如某些资格、荣誉、“性贿赂”等纳入贿赂的范围。

（二）扩大贿赂范围的观点之争

当前，扩大贿赂的范围已成为学界共识，但是对于扩大到怎样的程度，学者们见仁见智。

1. 一步到位——将贿赂范围界定为“任何好处”

持此观点的学者站在应然的角度分析问题，认为应该将贿赂的范围扩大到“任何好处”，即采用利益说的观点，其理由如下。

首先，贿赂犯罪的本质决定了贿赂范围。贿赂犯罪的本质是制度缺失下的权力寻租，以权谋私，只要是符合权力寻租的行为就都可以被认定为受贿行为，贿赂的范围应该扩大到“任何好处”。“任何可以满足人需要的东西，都可以用来收买公职人员。所以任何可以满足人的需要的东西，都可以作为贿赂。”[3]反过来，贿赂犯罪的贿赂范围并不会对贿赂犯罪的本质产生影响，也就是说，将“任何好处”作为贿赂范围并没有影响贿赂犯罪以权谋私的本质。

其次，这是对域外经验的借鉴和加入国际反腐公约的要求。域外不少国家在贿赂犯罪的贿赂范围上与我国做法不同，采用的是广义上的贿赂范围。《德国刑法典》将公职人员在履职过程中“索取、接受他人允诺或收受他人利益的”认定为受贿罪。美国将受贿范围认定

---

〔1〕 参见高铭暄：《中华人民共和国刑法的孕育诞生和发展完善》，北京大学出版社2012年版，第607页。

〔2〕 参见曹坚、吴允锋：《反贪侦查中案件认定的疑难问题》，中国检察出版社2010年版，第132页。

〔3〕 张明楷：《法益初论》，中国政法大学出版社2000年版，第631页。

为“任何有价之物”。日本的刑事立法将受贿的范围界定为“贿赂”这一模糊的概念，但是在司法实践中，任何利益都可以作为贿赂范围。在国际反腐公约中，贿赂的范围是“任何好处”。我国只有将国内的贿赂范围调整为与其一致，才能符合国际反腐公约的要求，实现与国际的无障碍接轨，在国际反腐合作中掌握主动。[1]

2. 跳跃前进——将贿赂范围确定为“财产性利益和部分非财产性利益”

持此观点的论者实质上是将贿赂的范围主要认定为财产性利益，以此为基础，只是在有限的范围内承认某些非财产性利益的贿赂性质，例如信息、升职、学位、著作权、荣誉或某些资格等，这些在实践中多用来充当贿赂的非财产性利益可在一定范围内被认定为贿赂，并相应地设立“非财物贿赂罪”。[2] 从我国的国情和司法实践出发，持此观点的论者不赞成将贿赂范围扩大到任何“不正当好处”。如果将“所有的好处”均认定为贿赂，在司法实践中就会存在操作难的问题。

3. 循序渐进——将贿赂范围界定为包括“财产性利益”

持此观点的论者基于刑法谦抑性的考虑，认为不能将伦理规范任意地上升为刑法规定，贿赂的范围是“财物”。这里的财物不仅指金钱和物品，还应该包括财产性利益。[3]

笔者赞成第三种观点，补充理由如下。

首先，贿赂犯罪的贿赂范围需要调整。但是，这种调整需要充分考虑刑法的规制范围，如果刑法的规制范围过窄，就有可能放纵犯罪，刑法的后盾法、保障法功能就难以实现；如果刑法的规制范围过宽，“大刑法”观念盛行，就有可能打击面过宽，过多地侵犯民众的生活。将贿赂范围认定为包括财产性利益，能够有效地适应当前的反腐形势与反腐需要，既可以实现刑法的后盾法、保障法功能，又可以避免刑法对私生活的过多干预。

其次，认定贿赂范围包括财产性利益，能够量化，易于司法操作。我国《刑法》第386条规定：“对犯受贿罪的，根据受贿所得数额及情节，依照本法第三百八十三条的规定处罚。索贿的从重处罚。”贿赂犯罪的定罪量刑需要贿赂金额的量化，基于此，应该将贿赂的范围界定为包括能够量化的财产性利益。

最后，将贿赂范围认定为包括财产性利益有利于确保我国反腐体系、架构、机制的基本稳定，并且在一定程度上严密了我国的刑事法网，“有效区分刑事犯罪与一般违法违纪行为之间的界限，突出刑事打击重点，有利于确保贿赂范围的立法修改并最终在司法中落到实处”[4]。

---

〔1〕 参见阮传胜：《论我国贿赂犯罪的立法对〈联合国反腐败公约〉的应对——以国际刑法的国内化为视角》，载《河北法学》2006年第4期。

〔2〕 参见《性贿赂应入籍刑法》，载《检察日报》2001年3月9日。

〔3〕 1997年《刑法》修订研究过程中就有人主张，法条中不宜明确规定为“财产性利益”，因为“财物”实际上包含了“财产性利益”，其具体的含义可以通过司法解释加以解决。参见高铭暄、赵秉志编：《新中国刑法立法文献资料总览》（下），中国人民公安大学出版社1998年版，第2147页。

〔4〕 赵秉志主编：《贪污贿赂犯罪的惩治与防范》，中国人民公安大学出版社2010年版，第185页。

三、完善我国贿赂犯罪范围的实践图景

(一)贿赂犯罪范围完善的必要性取决于以下实际要求

1. 贿赂形式多样化的要求

随着社会的多样化发展,贪污腐败犯罪的犯罪方式日益多样化,新型腐败多发,贿赂的内容也有所变化,形式日渐多样化。例如会员卡、会所腐败问题,会所腐败由于其隐蔽性和高档性,成了贪官们追求奢侈享受的新途径;近来官员写书也成了某些官员隐蔽的腐败通道,著作权腐败、出书成本腐败和高价卖书腐败值得关注;“房爷”“房叔”“房婶”的出现,引发了大家对“房腐”“证腐”“号腐”等方面的腐败问题的关注。此外,还存在舌尖上的腐败问题、针对性强的期权兑现腐败问题等,这对刑事立法与司法提出了不小的挑战,如何治理新型的贿赂犯罪是值得考虑的问题。

2. 履行国际公约义务的要求

《联合国反腐败公约》是全面指导国际反腐败斗争的全球性文件。我国全国人大常委会于2005年10月27日表决通过关于批准该公约的决定。在《联合国反腐败公约》中,受贿的范围不限于财物,而是“不正当好处”。2013年5月30日,出席《联合国反腐败公约》实施情况审议组会议的中国代表团证实,审议组会议抽签确定,对中国实施该公约第三章(定罪和执法)和第四章(国际合作)的情况进行审议,这就对我国贿赂犯罪范围的调整提出了要求。完善贿赂犯罪的范围,不仅是打击国内新型贿赂犯罪的要求,也是在国际协作中掌握主动权的必然选择。但是国际公约的适用要在我国国情的基础上转化成国内法的形式,而不是生搬硬套。不考虑我国国情的拿来主义的做法恐怕是不可取的。贝卡里亚在其《论犯罪与刑罚》一书中曾指出,“刑罚的规模应该同该国的情况相适应”[1]。贿赂的范围决定了我国贿赂犯罪犯罪圈的大小和罪与非罪的界限,可以说,贿赂范围的界定对于贿赂犯罪的刑罚规模有十分重要的意义。出于刑法国际化和与国际接轨的考量,我们需要对我国贿赂犯罪的贿赂范围进行调整,但是必须从本国国情出发。

3. 刑法中规定的贿赂范围——“财物”有待明确解释的要求

我国《刑法》中规定的贿赂范围——财物是仅指金钱和物品,还是也包括财产性利益?刑法学界对此有不同的解读,亟须有权机关作出明确的解释。1993年9月2日,第八届全国人大常委会通过的《反不正当竞争法》第8条曾规定:“经营者不得采用财物或者其他手段进行贿赂以销售或者购买商品……”这说明该法认为贿赂不仅指财物,还包括其他手段。但何谓“其他手段”,并没有进一步阐明,况且该法生效在1997年《刑法》之前,而1997年《刑法》并未采用“其他手段”的规定。这就更需要对“财物”这个贿赂范围作出明确解释。这既是刑法学界广大学者的要求,更是刑事司法工作人员办案的要求。

(二)司法解释已将贿赂范围认定为包括财产性利益

虽然我国现行《刑法》规定贪污贿赂犯罪对象的范围是“财物”,但是相关的司法解释已将贿赂犯罪的对象范围扩大。2007年7月8日,最高人民法院、最高人民检察院公布《关于

---

[1] [意]切萨雷·贝卡里亚:《论犯罪与刑罚》,黄风译,北京大学出版社2008年版,第112页。

办理受贿刑事案件适用法律若干问题的意见》,针对关于以交易形式收受贿赂问题,关于收受干股问题,关于以开办公司等合作投资名义收受贿赂问题,关于以委托请托人投资证券、期货或者其他委托理财的名义收受贿赂问题,关于以赌博形式收受贿赂的认定问题,关于收受贿赂物品未办理权属变更问题等新型贿赂犯罪作了规定,这实质上将贿赂的范围扩大了,不仅包括金钱和可以用金钱计算的物品,还包括其他财产性利益。2008 年 11 月 20 日,最高人民法院、最高人民检察院又发布《关于办理商业贿赂刑事案件适用法律若干问题的意见》,同样将"贿赂"范围扩大,除了金钱与财物,还包括一些可以用货币来衡量的财产性利益。

以上举措均说明,司法实践中实务部门已经将贿赂的范围扩大至"财产性利益",举例示之:

案例一:被告人黄某原系某区街道办事处副主任,黄某向某房地产公司总经理杨某索要 100 万元以回报他为该公司在征地折迁过程中所做的关照。为了掩饰受贿行为,黄某将两幅画以 100 万元的价格卖与杨某,并指使其妻与杨某签订买卖合同。其后经物价局鉴定,此两幅画价值不过 3000 元。法院以受贿罪判处黄某有期徒刑 10 年 6 个月。

案例二:被告人马某原系某区副区长,其在任职期间多次与当地一些商人赴澳门赌博,在赌场上与他们"拼赌",赌资由商人们出,输了由商人们买单,赢了便"分红",马某坐享其成。马某因为参赌拼赌赢得赌资折合人民币 200 余万元,法院以受贿罪判处其无期徒刑。[1]

在上述两个案例中,犯罪人的受贿范围实质上已经扩大到"财产性利益",而不限于严格意义上的财物。

"财物以外的财产性利益,虽然不是财物,但是与财物并没有本质上的差别""索取或收受财产性利益,完全可以用金钱评估"[2]。因此贿赂的范围应该界定为包括"财产性利益",非财产性利益则不能纳入贿赂范围,这样界定的益处有如下几点。

1. 符合我国当前的社情、民情

中国是一个有几千年发展历史的国家,人与人之间特别重视人际关系的发展,在一定意义上可以说我国社会是一个人情社会。所谓人情社会,是指人与人交往中主要以人情为交换媒介的社会。在人情社会中,人们习惯用馈赠礼物、访问拜会等方式保持良好的社会人际关系。逢年过节相互赠送礼品,婚丧嫁娶也要赠送礼金,这些已经成为我国一项特有的文化——人情文化。文化是一种历史现象,是一定的群体之间的观念和行为模式发展成的一种相对稳定的状态。国家工作人员并不是游离于社会的独立的个体,而是生活在这一文化氛围中的成员,其不可避免地融入人情文化这个中国传统的特色中。此时就出现了贿赂范围与人情文化的区分问题。事实上,在人情社会中,好多"人情"的性质与贿赂的区分并不明显。如果将所有的好处都纳入贿赂的范围,那么在很多时候就无法区分贿赂与我国特有

〔1〕 参见钱塘:《下海官员获罪澳门赌博参赌只赢不输赚 300 多万》,载《第一财经日报》2006 年 1 月 6 日。

〔2〕 马克昌:《刑法理论探索》,法律出版社 1995 年版,第 264 ~ 265 页。

的人情文化。将贿赂的范围认定为“财产性利益”，而不是扩大到“任何好处”，符合我国特有的社情、民情，不会导致现实生活和司法上的混乱。

2. 便于量化，有利于司法实践

良好的法治应该至少包括两方面的含义，一是有制定完善的法律，二是制定完善的法律得到良好的贯彻实施。如果只是从应然的角度想当然地去制定一些看上去无懈可击的法律，而这些法律并不具有可行性，那么就没有什么意义。受贿罪的设置应该本着有利于司法实践的原则，而不是从应然的角度“想当然”。

我国现行《刑法》对受贿罪进行了量化规定，除此之外，2013 年 1 月 1 日起施行的《关于办理行贿刑事案件具体应用法律若干问题的解释》对行贿罪的定罪和量刑标准进行了明确。该解释规定，为谋取不正当利益向国家工作人员行贿，数额在 1 万元以上的，应按行贿罪追究刑事责任，处 5 年以下有期徒刑或者拘役。行贿数额在 20 万元以上不满 100 万元的，或者在 10 万元以上不满 20 万元，并具有四种特定情形之一的，〔1〕属于法律规定的“情节严重”；因行贿谋取不正当利益，造成直接经济损失数额在 100 万元以上的，应当认定为“使国家利益遭受重大损失”。犯行贿罪“情节严重”或者“使国家利益遭受重大损失”的，处 5 年以上 10 年以下有期徒刑。行贿数额在 100 万元以上的，或者造成直接经济损失数额在 500 万元以上的，或者行贿数额在 50 万元以上不满 100 万元，并具有四种特定情形之一的，〔2〕属于“情节特别严重”，处 10 年以上有期徒刑或者无期徒刑，可以并处没收财产。当前的刑事立法和相关司法解释都是坚持“按赃计罪”的贿赂量化处理手段，而贿赂范围决定了这一“按赃计罪”的手段能否得以贯彻。财物包括财产性利益的贿赂范围界定符合这一“按赃计罪”的处理方式。

3. 可以有效地解决某些新型贿赂犯罪

实践中，贿赂是腐败犯罪的主要表现形式，一直多发。不法分子为了规避《刑法》对“财物”的限制，绞尽脑汁找寻其他受贿手段，不少新型、隐蔽的贿赂方式出现，给刑事立法和司法实践提出了挑战。坚持固有的狭义贿赂范围会导致立法上的滞后，从而放纵大量的犯罪行为。这些司法实践中出现的新问题如何解决？其实，将贿赂范围的“财物”解释为包括“财产性利益”就可以有效地解决某些新型贿赂犯罪问题，而不会使其逃脱《刑法》的制裁。当前，在“老虎苍蝇都要打”的反腐理念下，中纪委要求纪检监察干部清退所收受的会员卡，这让“会员卡腐败”的治理再度引发关注，会员卡腐败问题也随之浮出水面。会员卡本来是一种身份识别卡，可用于进入高尔夫球场、健身美容中心、高档娱乐场所，是随着经济高度发展而产生的一种有效凭证。会员卡按其功能可以分为预付费会员卡、积分会员卡、打折会员

---

〔1〕 其一，向三人以上行贿的；其二，将违法所得用于行贿的；其三，为实施违法犯罪活动，向负有食品、药品、安全生产、环境保护等监督管理职责的国家工作人员行贿，严重危害民生、侵犯公众生命财产安全的；其四，向行政执法机关、司法机关的国家工作人员行贿，影响行政执法和司法公正的。

〔2〕 其一，向三人以上行贿的；其二，将违法所得用于行贿的；其三，为实施违法犯罪活动，向负有食品、药品、安全生产、环境保护等监督管理职责的国家工作人员行贿，严重危害民生、侵犯公众生命财产安全的；其四，向行政执法机关、司法机关的国家工作人员行贿，影响行政执法和司法公正的。

卡等。但是,一张小小的会员卡,背后隐藏的却是权力寻租的深层次问题。“中国出口信用保险公司原总经理唐某昕,因索贿、受贿300余万元,被判刑14年。经查实,光高尔夫球会员卡一项,价值就高达百万元”[1]。打击会员卡腐败问题需要多管齐下,除了加强权力约束、加强工商税务部门对会员卡的监管,还要注意刑法的规制。会员卡的腐败问题是一种变相的权钱交换,当其符合受贿罪的构成时即可用《刑法》加以规制,原因在于会员卡的财产性利益的性质。虽然利用会员卡是去享受服务、美食等,但是会员卡本身就是金钱的凭证,特别是预付费的会员卡以及一些高档娱乐消费场所的会员卡,其实质上就是一种财产性利益,完全可以用金钱加以评估。此外,“官员出书”近些年也成为被热议的一种新型的腐败手段,官员出书有可能涉及著作权问题、出书的成本费问题以及高价卖书的问题。著作权是人身权与财产权的统一,此处就可将著作权看作财产性利益,根据相关评估机构的评估结果认定是否构成贿赂犯罪。

4. 有利于刑法目的的实现

贿赂犯罪侵犯的客体是国家工作人员的职务廉洁性。“受贿罪是腐败的一种主要表现形式,禁止受贿是我国廉政建设的基本内容”[2]。我党向来重视廉政建设,当前的廉政建设已经实现制度化与体系化。党的十八大以来,廉政建设的力度进一步加大。“物必先腐,而后虫生”。习近平总书记要求深入推进党风廉政建设和反腐败斗争,更加科学有效地防止腐败,实现干部清正、政府清廉、政治清明的“三清”目标。而刑法自身的天然属性决定了它是我国的后盾法,是廉政建设的保障法。为了廉政建设的进一步发展,为廉政建设提供良好的后盾保障,贿赂犯罪的范围认定也应该“与时俱进”。但是刑法的后盾法性质又决定了不能无节制地扩大犯罪圈,所以不是所有的贿赂行为都要被纳入刑法的规制,刑法的谦抑性应该有所发挥,而不是空有其名。

笔者认为,对于其他的给予和接受非财产性利益的行为,可以由行政法律、法规等加以规范,而不必将其一律纳入刑法的规制中。《关于办理行贿刑事案件具体应用法律若干问题的解释》第11条第2款就规定,“因行贿犯罪取得财产性利益以外的经营资格、资质或者职务晋升等其他不正当利益,建议有关部门依照相关规定予以处理”。

(三)所谓“性贿赂”不宜列入贿赂范围

“性贿赂”实质上是一种权色交易,与一般的贿赂行为不同,此种形式提供的是不正当的性行为、性服务。从古代的美人计,到赖昌星的“红楼”,此种形式可以说一直都存在。但是“性贿赂”能否列入贿赂犯罪的范围在刑法学界存在争议。当前,随着雷政富、刘志军等案的出现,“性贿赂”入罪问题又成为热议话题。刑法学界有不少人表示反对,但是支持声也不断。

否定“性贿赂”入罪的学者主要从刑法谦抑性的角度和司法取证角度出发,认为“性贿

---

〔1〕《“会员卡”背后有哪些不能说的秘密?》,载新华网,http://news.xinhuanet.com/yuqing/2013-05/28/c_124775028.htm。

〔2〕高铭暄、马克昌主编:《刑法学》,北京大学出版社、高等教育出版社2007年版,第711页。

赂"不能被列入贿赂范围。"性贿赂"属于道德范畴的一种社会失范行为,这种个人隐私、失范行为应该与国家的法律相区隔。在实践中,"性贿赂"行为主要有以下三种表现形式:第一种是行为人直接实施"性贿赂";第二种是行为人出资提供性贿赂;第三种是行为人与第三人合谋,由第三人提供"性贿赂"。在上述三种"性贿赂"行为中,只有第二种的行为人为他人的性服务买单的行为有可能被认定为贿赂,[1]但也未必经得起推敲。

肯定性贿赂的论者对否定论者的观点进行了批驳,认为性贿赂符合贿赂犯罪的本质,而且在我国,性贿赂已呈泛滥之势,性贿赂的社会危害性严重,已查处的省部级高官中甚至每人都有情妇,不能用"红颜祸水"为某些贪官脱罪,主张性贿赂犯罪入刑有广泛的群众基础,是民意所向。2007 年的《公安消防部队四个严禁》也将性贿赂纳入其中。而且性贿赂入刑不存在量刑上的问题,可以考虑作为情节,归到贿赂罪中。[2]

当前我国"性贿赂"发生频率较高,问题的确很严峻。但是,笔者认为,当前"性贿赂"不宜列入贿赂犯罪的贿赂范围,理由如下。

1."性贿赂"在司法实践中难以认定和操作

首先,"性贿赂"有其自身的特点——隐蔽性强,这一隐蔽性特点使"性贿赂"存在认定上的困难。事实上在司法实践中,关于性的犯罪,如强奸罪,就存在难以认定、取证困难的问题。"性贿赂"由于其本身贿赂的特点,在司法实践中的认定就更加困难。在"性贿赂"中,如何区分"两情相悦"的情人关系和纯粹的"性贿赂"并不容易。而且实践中"性贿赂"的情况往往并不是那么纯粹,还存在更加复杂的情况,如情人关系与"性贿赂"二者兼有各占比例;或者先有"性贿赂",随后发展成"两情相悦"的情人关系;或是先有"两情相悦"情人关系,随后情感平淡而出现"性贿赂",这些情况如何认定,如何确定比例,如何界定时间点,在司法实践中都存在很大的困难。

其次,"性贿赂"在司法实践中往往还存在操作性差的问题。鉴于"性贿赂"的特点,有学者指出可以在量刑中将"性贿赂"作为情节因素予以考量,但是该种做法由于缺乏具体标准而在司法实践中难以规范操作。事实上雷政富案、刘志军案以及薄熙来案在公诉及庭审过程中并没有提及"性贿赂"情况,刑法并没有对此情况予以认定规制。

2.承认"性贿赂"可能衍生司法腐败

首先,"性贿赂"通常涉及个人隐私问题。出于对个人隐私的保护,我国《刑事诉讼法》第 183 条规定,人民法院审判第一审案件应当公开进行,但是有关国家秘密或者个人隐私的案件不公开审理。贿赂犯罪是贪腐的主要表现形式,广大民众往往比较关注此类案件,对其透明度的要求更高。但是,"性贿赂"案件涉及个人隐私,不开庭审理,这就使得一方面民众无法获得透明的司法信息,另一方面法官来自群众的监督缺失,极有可能导致司法腐败。"性贿赂"案件不公开审理,对法院的公信力也会产生负面影响。

其次,如果像某些学者所说的,将"性贿赂"作为情节因素考虑,那么又存在量刑上的自

[1] 参见莫洪宪、叶小琴:《贿赂的范围——以"性贿赂"为视角》,载《当代法学》2006 年第 3 期。

[2] 参见康均心:《新问题还是老问题:性贿赂的入罪与出罪》,载《法治研究》2013 年第 2 期。

由裁量权过大的问题。虽然当前主张量刑规范化的趋势有过度的嫌疑，去过度规范化的量刑主张日渐成形。但是，将“性贿赂”作为量刑因素予以考量并没有具体的标准，也没有先例可循，这就极易导致法官自由裁量权过大。自由裁量权本身是一把双刃剑，利用不好则弊端极大。当前我国司法队伍的水平尤其是法官的水平参差不齐，能否利用好如此大的自由裁量权让人怀疑，而且自由裁量权过大给贿赂犯罪的司法腐败问题埋下了隐患。

3. 承认“性贿赂”与我国文化相悖，侵犯女性尊严

受我国传统文化的影响，人们对于性关系一直讳莫如深，而且在我国，卖淫嫖娼行为是被严厉禁止的，我国一直不承认性交易的合法性，扫黄打非运动也一直不断。性权利是依附于行为人人身的一种自然属性，承认性贿赂的成立是否意味着变相承认性的可买卖性呢？这一方面与我国的传统文化尤其是性文化相悖；另一方面，这是对女性尊严的一种变相的蔑视和侵犯。而且，贿赂犯罪是典型的对向犯，既要惩罚受贿者，又要惩罚行贿者。在“性贿赂”中，处罚行贿者的依据是什么呢？

4. 当前手段足以规范“性贿赂”行为

第一，党纪政纪对性贿赂的规制。“性贿赂”问题的泛滥让人深恶痛绝，不少学者主张“性贿赂”入罪，主张增设“性贿赂犯罪”。但是事实上，“性贿赂”问题的根源是权力的过度膨胀，用党纪政纪规范限制权力，就可以在一定程度上解决这一问题。党纪即党的纪律处分，根据《中国共产党纪律处分条例》第10条的规定，对党员的纪律处分种类分为警告、严重警告、撤销党内职务、留党察看、开除党籍五种。“政纪”即行政纪律、行政处分。行政处分是指国家机关、企事业单位对所属的国家工作人员违法失职行为尚不构成犯罪，依据法律法规所规定的权限而给予的一种惩戒。根据我国《公务员法》第56条和《行政机关公务员处分条例》第6条的规定，行政处分分为六种：警告、记过、记大过、降级、撤职、开除。利用党纪政纪限制乃至剥夺行为人的权力，避免权力过度膨胀导致的权力失范以及不道德行为，就能在一定程度上处罚和限制“性贿赂”，而不必一定将其入罪。从刑法的谦抑性和罪刑法定原则两方面来考虑，这种做法是合理可行的。

第二，《刑法》对“性贿赂”的规制。在司法实践中，单纯的“性贿赂”案件比较少见，“性贿赂”往往与其他犯罪糅合在一起，如贪污罪、渎职罪等，“性贿赂”更多地表现为一种手段，或是一个情节因素，《刑法》对“性贿赂”的规制可以通过处罚贪污、渎职等行为来实现，而不必一定将“性贿赂”入罪。

贿赂犯罪的贿赂范围对于认定犯罪、划定犯罪圈、区分罪与非罪有十分重要的意义。笔者认为，当前贿赂犯罪的贿赂范围应该限制在财物包括“财产性利益”，非财产性利益包括“性贿赂”不宜被纳入贿赂范围。虽然最高人民法院和最高人民检察院已经在司法解释中将贿赂的范围加以明确，但是基于罪刑法定原则和刑法权威性的考虑，贿赂范围还有必要在《刑法》中进一步明确。

论利用影响力受贿罪司法认定中的几个问题*

为了有力打击贿赂犯罪,《刑法修正案(七)》进一步严密刑事法网,将一直游离于犯罪边缘的"裙带关系"纳入了刑法的视野,设立了"利用影响力受贿罪"。尽管该条规定自颁布以来在社会上叫好声一片,但在具体的司法定罪中还存在许多理论问题。本文从实践中的两则案例出发,对具体案件认定中的疑难问题进行解析,以期明确立法的本意,对司法实践有所裨益。

一、由两则案例引发的理论难题

案例一:江西李某利用影响力受贿案

李某为江西省萍乡市国土资源局局长刘某的司机。2008 年 9 月 27 日,萍乡市蓝波湾花园酒店有限公司(以下简称蓝波湾酒店)因违法用地被萍乡市国土资源局罚款 117 万余元。蓝波湾酒店副总经理邓某为减少罚款,经人介绍认识了李某,并送给李某 10 万元让其处理蓝波湾酒店土地违法罚款一事。随后,李某将这 10 万元用于房屋装修等个人支出。其后李某向领导提出请托,但被严词拒绝。2009 年 6 月 26 日,萍乡市国土资源局以蓝波湾酒店违法用地为由对其处以罚款 39 万余元。2010 年 1 月 12 日,李某到萍乡市安源区人民检察院投案。同年 2 月 2 日,李某在上海将 10 万元退回给邓某。

江西省萍乡市安源区人民法院经审理,认为李某构成利用影响力受贿罪,判处其有期徒刑 1 年 10 个月,缓刑 2 年,并处罚金 5 万元。

案例二:宜宾民警利用影响力受贿案

被告人衡某和王某均为宜宾市看守所民警。2008 年 11 月,焦某因涉嫌非法买卖爆炸物罪被羁押在宜宾市看守所。不久后,焦某亲属通过他人找到衡某,请求衡某对焦某予以"关照",并请求帮忙"做工作"使焦某能获缓刑。随后,衡某找到同事王某告知请托事宜,王某答应找其在法院工作的同学帮忙"做工作",为焦某争取缓刑。此后,衡某多

---

* 本文原载于《法学杂志》2012 年第 3 期,由高铭暄教授与陈冉合作完成。

次从焦某亲属处索要钱款共计20万元，并拿出其中的2.5万元给王某让其帮忙。2009年7月，衡某还接受因涉嫌抢劫罪而被判处有期徒刑4年的刘某的亲属的请托，收受刘某亲属2.5万元贿赂，意图通过王某再次找其法院同学帮忙为刘某减刑，并给了王某5000元现金。王某两次收款后直至案发均未找其法院同学帮忙。

四川省宜宾市翠屏区人民法院审理认为，衡某与王某共谋利用王某与国家工作人员的密切关系及该国家工作人员职权形成的便利条件，为请托人谋取不正当利益，收受请托人财物的行为已构成利用影响力受贿罪，分别判处该市看守所民警衡某、王某有期徒刑9年和有期徒刑3年，缓刑3年，并各处罚金2万元和5000元。

以上两则案例中的行为人最终均被认定为利用影响力受贿罪。但是认定过程中围绕行为人身份、客观方面是否达到利用影响力等问题的讨论分歧颇大。案例一中，辩护方在审判过程中一直以"李某"的"司机"身份为非密切关系人，不存在影响力为辩护理由。根据法律规定，利用影响力受贿罪要求行为人利用了其影响力，这就需要行为人客观上具备影响力而且利用了影响力。在本案中，由于立法对"密切关系人"并无具体的界定，也没有相关的立法解释和司法解释，所以如何确定其是否为"密切关系人"仍需要从法理上具体说明。

对于案例二，首先从犯罪主体的身份来看，王某和衡某为看守所民警，均为国家工作人员。而利用影响力受贿罪的出台主要是为了规制受贿罪不能规制的非国家工作人员，所以有观点认为该罪主体只能是非国家工作人员，[1]对此仍然有待澄清。其次，从客观方面来看，王某作为密切关系人，虽然收受了请托人的钱财，但两次收款后从未寻找其同学帮忙，这种行为是否涉及虚假承诺的问题？对于虚假承诺是否可以认定其符合相关条文中规定的"为他人谋取不正当利益"？最后来分析衡某的行为性质，本案中衡某本人并不属于"密切关系人"，衡某即生活中常见的"中间人"，其本人与国家工作人员之间并不存在影响力，却与具有影响力的密切关系人熟悉。衡某收受请托人的财产，实现请托人与密切关系人之间的连接，衡某的行为应当被独立评价为中介行为还是行贿或受贿的帮助行为，需要结合具体情形进行判断。

通过对以上两则案例的分析，笔者认为在利用影响力受贿罪的认定中，有以下四个问题需要解答：(1)如何界定"密切关系人"；(2)如何判断密切关系人的影响力；(3)如何处理行为人的虚假承诺；(4)如何看待影响力交易中的"中间人"行为。

二、如何界定"密切关系人"

受我国传统意义上的熟人文化的影响，社会生活中的人际关系极为复杂，而当这种复杂的关系面对刑法的介入时，如何具体进行认定就更加困难。利用影响力受贿罪在国际公约和其他多数国家的立法中均有规定，但在该罪的惩罚范围上鲜有针对犯罪主体的"关系"进行限制的。立法机关在设立该罪时，考虑到我国社会中存在的"人情""伦理"观念还颇重，对"关系"进行了限制性规定，即以列举加兜底的形式对本罪犯罪主体予以明确，即"国家工

---

[1] 对于该罪主体认定为非国家工作人员的观点，可参见雷安军：《利用影响力受贿罪若干问题研究——兼谈刑事判例制度》，载《湖北社会科学》2010年第2期。

作人员的近亲属或者其他与该国家工作人员关系密切的人"。其中"国家工作人员的近亲属"属于列举性规定,"其他与该国家工作人员关系密切的人"属于兜底性规定。这种以列举加兜底的形式明确概念的外延的方法在我国《刑法》中是多见的,但是这给司法实践中如何把握"其他"带来了许多困难。

何谓"密切关系",有学者认为"关系密切的人"主要存在于以下几种常见的关系中:亲戚关系(非近亲属)、情人关系、情感关系、经济利益关系、朋友关系、同事关系、同学关系、老乡关系等。[1] 还有学者认为"密切关系"至少可以包括以下几类:基于血缘产生的关系,即除了"近亲属"之外的其他亲属;基于学习、工作产生的关系,如同学、师生、校友、同事关系;基于地缘产生的关系,如同乡关系;基于感情产生的关系,如朋友、恋人、情人关系;基于利益产生的关系,如客户、共同投资人、合同、债权债务关系;在任何情况下相识并产生互相信任、互相借助的其他关系。[2]

我们可以看到以上对各种各样关系的列举仍然需要"等"来兜底,而且所列举的上述关系并不必然就是"密切关系",只是表明密切关系存在的可能性较大,而不能表明必然存在密切关系。它可以作为我们判断人与人之间是否存在密切关系的一个线索和依据,但是并不能作为判断人与人之间是否存在密切关系的一个充分的根据。对于密切关系人的理解必须从概念的内涵本身而非形式入手,即从关系的性质和关系的程度两方面来把握。

1. 对于该罪所规制的关系的性质,笔者认为应当是一种社会关系,并不存在合法或非法的法律判断。这一点可以从两个方面来论证,一方面,根据"列举"内容的指导作用来理解。在本罪中虽然明确了"近亲属"可以构成犯罪,但我国法律对近亲属的规定并不一致,我国《刑事诉讼法》第 82 条第 6 项规定,"近亲属"是指夫、妻、父、母、子、女、同胞兄弟姊妹。最高人民法院于 1988 年发布的《关于贯彻执行〈中华人民共和国民法通则〉若干问题的意见(试行)》第 12 条规定,《民法通则》中规定的近亲属包括配偶、父母、子女、兄弟姐妹、祖父母、外祖父母、孙子女、外孙子女。最高人民法院《关于执行〈中华人民共和国行政诉讼法〉若干问题的解释》第 11 条规定,《行政诉讼法》第 24 条规定的"近亲属",包括配偶、父母、子女、兄弟姐妹、祖父母、外祖父母、孙子女、外孙子女和其他具有扶养、赡养关系的亲属。

从立法上对《刑法修正案(七)》中的近亲属应当作什么样的理解呢?有学者认为,《刑事诉讼法》第 82 条第 6 项将祖父母、外祖父母、孙子女、外孙子女以及同父异母或同母异父的兄弟姐妹、养兄弟姐妹、继兄弟姐妹等非同胞兄弟姐妹等亲属排除出近亲属之列,不仅与我国民事、行政方面的法律规定及司法解释相矛盾,还与我国传统的亲属观念不相符合,也缺乏现实合理性。因此,考虑到传统的亲属伦理观念、现实合理性以及利用影响力受贿罪的立法目的在于惩治特定人员利用影响力受贿的行为等因素,对于利用影响力受贿罪中的"近亲属"而言,《刑事诉讼法》第 82 条第 6 项规定的"近亲属"的范围明显过窄,应予适当扩大,目前应以最高人民法院《关于贯彻执行〈中华人民共和国民法通则〉若干问题的意见(试

---

〔1〕 参见孙建民:《如何理解〈刑法修正案(七)〉中的"密切关系的人"》,载《检察日报》2009 年 5 月 5 日。

〔2〕 参见刘敬新:《刑法学博士解析离职人员及其关系密切人斡旋受贿》,载《中国纪检监察报》2009 年 4 月 17 日。

行)》所确定的“近亲属”[1]的范围为宜,[2]这也是目前多数学者的观点。笔者认为这种理解是正确的。民法作为调整平等主体之间关系的法律,所规定的社会关系最接近社会生活本身,所以关于近亲属这一理解本身的导向也表明了对“关系”属性理解的导向。

另一方面,从司法解释来理解。《关于办理受贿刑事案件适用法律若干问题的意见》对“特定关系人”的范围有明确规定:特定关系人是指与国家工作人员有近亲属、情妇(夫)以及其他共同利益关系的人。笔者认为,该意见中的“特定关系人”与《刑法修正案(七)》中的“关系密切的人”是一种包容关系,后者的范围可以容纳前者。作为“特定关系人”的“近亲属”被《刑法修正案(七)》明示规定为“关系密切的人”的一种,而“情妇(夫)”是与国家工作人员具有不正当男女关系和金钱包养关系的人。这种不道德关系同样可以被认定为“密切关系”,即便这种关系是非法的,也不影响对密切关系的认定。例如,当国家工作人员成为某黑社会性质组织中的一员时,其与组织内部其他成员的关系仍然可以作为密切关系的判断客体。法律术语的变化及司法解释的“特定关系人”到立法上的“关系密切的人”的转变,透露出了立法对关系的认定从侧重形式的认定转向重视实质的认定。此外,从时间来看,关系本身是长期的关系还是短期的关系并不重要,这只影响到影响力发挥作用的时间,并不影响关系的形成或认定。

2. 从关系的程度来说,“密切”是对“关系”程度上的限制。那么什么是“密切”呢?根据该罪设立的法律意义,相关条文所列举的“近亲属”只是一种立法上的判断,即便是被学者广为认可的“同学关系”“老乡关系”等也只是基于自然意义上的判断,血缘关系、地缘关系等可能使密切关系的形成更加容易,但这只是一种推测,仍然有待于实质的分析。

“密切”是一个社会学概念,不可能得到量化的客观标准,对其把握必须结合具体的环境和条件。笔者认为可以从以下几个方面来考察:第一,根据当事人的身份进行立法推定。为了方便司法实践的操作,除了立法中明确的“近亲属”关系,对于司法解释中的“情人关系”、有共同经济利益的“关系”,一般情况下也可以推定为具有密切关系。但如果是其他的身份关系如同学关系、老乡关系等,则不可以直接推定,只能将其作为是否存在密切关系的一个证据线索。第二,从当事人与国家工作人员交往的具体表现来看,包括相互联系的情况、信任程度、利益关联等,以此来把握双方亲疏程度。第三,从是否为请托人谋取不正当利益来判断。影响力是客观上的能力,所以如果国家工作人员事实上实施了为请托人谋取不正当利益的行为,无论是否达到目的,都可以表明具有密切关系。

---

〔1〕 由于《民法通则》对父母、子女的含义没有进一步的规定,所以可以参考我国《收养法》《继承法》的相关规定,《收养法》第23条第1款规定:“自收养关系成立之日起,养父母与养子女间的权利义务关系,适用法律关于父母子女关系的规定;养子女与养父母的近亲属间的权利义务关系,适用法律关于子女与父母的近亲属关系的规定。”《继承法》第10条第3、4、5款规定:“本法所说的子女,包括婚生子女、非婚生子女、养子女和有扶养关系的继子女。本法所说的父母,包括生父母、养父母和有扶养关系的继父母。本法所说的兄弟姐妹,包括同父母的兄弟姐妹、同父异母或者同母异父的兄弟姐妹、养兄弟姐妹、有扶养关系的继兄弟姐妹。”因此,民事法律体系中的近亲属包括配偶、父母(包括生父母、养父母和有扶养关系的继父母)、子女(包括婚生子女、非婚生子女、养子女和有扶养关系的继子女)、兄弟姐妹(包括同父母的兄弟姐妹、同父异母或者同母异父的兄弟姐妹、养兄弟姐妹、有扶养关系的继兄弟姐妹)、祖父母、外祖父母、孙子女、外孙子女。

〔2〕 参见赵秉志:《反腐新罪名不会成为贪官的“免罪符”》,载《法制日报》2009年4月7日。

以上都是从内涵上对密切关系人进行的界定，但对该罪的犯罪主体的身份，理论界还存在争议。从该罪名设立的初衷来看，该罪是为了对不具有国家工作人员身份的“影响力”寻租行为予以规制，所以非国家工作人员在符合该罪的犯罪构成时当然可以成立本罪，但国家工作人员是否可以成立本罪呢？

对此，学界存在不同认识。有人认为，本罪的主体只能限于非国家工作人员，国家工作人员有本罪行为的，则构成《刑法》第388条的斡旋受贿犯罪。[1] 对此，笔者认为尚需进一步分析。

本罪打击的是利用影响力受贿行为，从客观方面来看，“公职人员固然可以基于现任公职而产生影响力，但也并不能排除公职人员作为一般人而产生的影响力，因为公职人员作为一般人同样也存在与其他公职人员的一般关系”[2]。从实然来看，不论是国家工作人员的近亲属，还是其他关系密切的人，在概念的外延上都与国家工作人员存在交叉。在司法实践中，国家工作人员的近亲属或者关系密切的人具备国家工作人员身份的情况比较常见。公职人员在利用其非权力性影响力进行交易时，就应当被作为普通人犯罪来看待。例如，张三是警察，属于国家工作人员；她的丈夫李四是某政府机关的领导，自然也是国家工作人员。有人想求李四办事，认为张三在丈夫面前能说得上话，于是向张三行贿。这时如果张三受贿了，虽然她身为国家工作人员，但此时她利用的不是警察的职权，而是以“国家工作人员的妻子”的身份利用其对丈夫的影响力，那么，对她就应该以“利用影响力受贿罪”处罚。所以判断国家工作人员构成职务犯罪还是普通犯罪的关键在于判断行为人利用的是权力性影响力还是非权力性影响力。

当然，以上的理解前提是将“国家工作人员”理解为“形式”意义上的身份。事实上，国家工作人员这一称谓往往是在履行职务行为时才得以体现。从这一意义上来理解，当某人虽然身份为国家工作人员，但他所从事的行为是盗窃或者故意杀人等与职务毫无关系的行为时，就不能将其行为与身份相连接。同理，上文中有学者将利用影响力受贿罪的主体限定为非国家工作人员，从国家工作人员这一概念的实质内涵来看，这一理解与上文的观点是一致的，也并非错误，并不会导致司法实践中对主体身份认定的分歧。

但是在两种影响力交织即兼具权力性影响力和非权力性影响力的情况下，应当如何认定？例如，国家工作人员甲与国家工作人员乙之间既是情人又是上下级制约关系，甲接受他人委托并收受财物，请求乙作出相关职务行为为他人谋取非法利益，那么甲的行为是构成受贿罪还是利用影响力受贿罪呢？

在这种情况下，甚至当事人本人都很难确定利用的是什么关系，也不会过多考虑利用了什么关系，但在客观定罪时，我们必须弄清楚其行为究竟利用了什么关系才能确定具体成立何种犯罪。由于当事人本人在行为时不可能声明“利用何种关系”来办事，所以证据往往难以认定。这时我们就需要借助理论。从理论本身来看，“权力性关系”与“非权力性关系”相

---

〔1〕 参见王荣利：《详解〈刑法修正案（七）〉反腐新罪名》，载《法制日报》2009年4月3日。

〔2〕 汪维才：《论影响力交易罪的基本构造与转化适用》，载《安徽师范大学学报（人文社会科学版）》2008年第6期。

比较,非权力性关系往往是一种社会化的关系,是一种较为松散的关系。而权力性关系往往是一种法律上的关系。权力关系从本源意义上即赋予行为人更多的法律责任,而非权力。如父母子女之间的关系,往往是与亲情、伦理连接,即使背叛了这种关系,承担的也大多是道德的制裁,所以权力关系的判断应当具有优先性。在上述这种情况下,甲的行为应当成立受贿罪。

三、如何判断"影响力"

上文在讨论是否构成密切关系人时对"影响力"的判断已经有所涉及,在这部分笔者不再针对影响力的内容与"密切关系"做重复论述,而是对影响力判断的几个因素进行辨析。

(一)影响力判断是客观判断

《辞海》将"影响"解释为"言语、行为、事情对他人或周围的事物所起的作用"。"影响力"一词,顾名思义,即"一个人在与他人交往过程中,影响或改变他人心理和行为的一种能力"[1]。此观点是对"影响力"普通含义的阐释,具体到法律解读,笔者认为影响力的判断应当是一种客观判断。

试看国际公约中关于"影响力交易"的规定。《联合国反腐败公约》第18条规定分为两部分:第一部分规定"直接或间接向公职人员或者其他任何人员许诺给予、提议给予或者实际给予任何不正当好处,以使其滥用本人的实际影响力或者被认为具有的影响力,为该行为的造意人或者其他任何人从缔约国的行政部门或者公共机关获得不正当好处";第二部分规定"公职人员或者其他任何人员为其本人或者他人直接或间接索取或者收受任何不正当好处,以作为该公职人员或者该其他人员滥用本人的实际影响力或者被认为具有的影响力,从缔约国的行政部门或者公共机关获得任何不正当好处的条件"。第一部分是关于行贿的规定,第二部分是关于受贿的规定,而在影响力的描述上采用的是"实际"或"被认为具有",这两种判断都是客观的判断,并不以当事人的主观认识为转移。

结合上述案例一来看,李某在收受当事人财物时对自己是否具有"影响力"并没有确定的认识,而事实上在作出请托意向时也遭到了国家工作人员的拒绝,但这是否构成辩护方口中的"不具有影响力"呢?笔者认为,利用影响力之所以被规定为犯罪,是因为这种犯罪社会危害性巨大,给社会公众造成了"议亲"的嫌疑,所以在公众的眼中,"密切关系人"本身就是一个特殊的群体,他们因与国家工作人员的关系而具有的特殊能力,已经是被社会认可的一种灰色资源,这并不取决于其主观上是否认识到,也不取决于对其行贿的人主观上是否认识到,而是一种客观的存在。所以李某作为领导的司机,其与领导的关系在第三人眼里已经可以作为形成密切关系的基础,至于李某本人是否认识到,并不影响犯罪的成立。

需要说明的是,虽然影响力判断是客观判断,但是这种客观判断仍然需要判断主体的确立,即由谁来判断,笔者认为,应当以社会一般人的立场为判断标准。

(二)影响力判断是事前判断

仍然结合案例一来讨论,影响力是一种能力,其与完成一定的事情密切相关。李某在收

[1] 李德民:《非正式组织和非权力性影响力》,载《中国行政管理》1997年第9期。

受财物后，虽然向领导提出了请托，但遭到了拒绝，那么是否可以根据事后的拒绝证明李某本人并不存在影响力，不构成犯罪呢？

笔者认为，影响力的判断是一种事前的判断，即在行为人被认定为“密切关系人”时便已经作出了肯定影响力存在的判断。在行贿人提出请托时，当事人的“影响力”处于一种待启动的境地，此时的“影响力”与利用影响力获取请托目的的判断实质上并不具有联系。此时的影响力判断是对“密切关系”的一种深化的理解，例如，当事人与国家工作人员的近亲属关系就已经证明了这种影响力的存在，并不需要国家工作人员具体实施请托行为予以认证。如果还需要国家工作人员具体实施请托行为来证明，那我们将看到该罪在逻辑上的必然矛盾：从犯罪构成上来看，犯罪的既遂应当以当事人获取财物为既遂，而在获取财物之后，如果请托事项遭到拒绝，那么反而可以否定犯罪的成立，这无疑是荒唐的。所以对影响力的判断是一种事前的可能判断，是一种宏观的预测，而并非针对具体某次请托事务的事后判断。

但在具体的司法实践中，对于一些同学关系、老乡关系等一般关系，在判断是否具有影响力时，我们不得不依据平时“经验”来进行判断。例如行为人是否实施过请托行为，是否有过影响国家工作人员判断的经历，如果行为人与国家工作人员的关系并非近亲属或“特定关系人”等法律明确的关系，二者之间从来没有发生过请托事务或仅有一次即遭到拒绝，那么我们在判断时应当更加慎重，不应当断然肯定影响力的存在。虽然二者之间长期没有过请托事务，仅是一般关系，但请托事务得以完成，那么应当肯定影响力的存在。

（三）影响对象的判断

受贿罪的客观行为除索取或收受他人财物外，表现为下列两种情形之一：一是国家工作人员利用自己职务上的便利为他人谋取利益；二是国家工作人员利用本人职权或者地位形成的便利条件，通过其他国家工作人员职务上的行为为他人谋取不正当利益。

对于上述利用其他国家工作人员的情形，通说的观点是该国家工作人员对其他国家工作人员具有职务上或工作联系上的影响力。2003 年 11 月 13 日，最高人民法院印发《全国法院审理经济犯罪案件工作座谈会纪要》，对“利用本人职权或者地位形成的便利条件”作了具体的规定：《刑法》第 388 条规定的“利用本人职权或者地位形成的便利条件”，是指行为人与被其利用的国家工作人员之间在职务上虽然没有隶属、制约关系，但是行为人利用了本人职权或者地位产生的影响和一定的工作联系，如单位内不同部门的国家工作人员之间、上下级单位没有职务上隶属、制约关系的国家工作人员之间、有工作联系的不同单位的国家工作人员之间等。据此，只要被利用的国家工作人员与具体实施收受财物行为的国家工作人员之间存在上述关系而被该国家工作人员加以利用，就可以认定为“利用国家工作人员职权或者地位形成的便利条件”。

利用影响力受贿罪的情形无疑更为复杂，举例来说，国家工作人员甲的密切关系人乙接受丁的财物，通过甲的下属丙为请托人丁谋取不正当利益，这时，行贿人、受贿人之间的关系就不像受贿罪中那么简单。但是，客观来看，乙还是利用了对甲的影响力形成对丙的影响力，因而我们认为乙的行为也构成利用影响力受贿罪。

四、如何处理虚假承诺行为

虚假承诺是指国家工作人员具有为他人谋取利益的职权或职务条件,在他人有求于自己的职务行为时并不打算为他人谋取利益,却又承诺为他人谋取利益。由于这种情况下仍然给国民以职务行为可以收买的印象,导致国民丧失了对职务行为不可收买性的信赖,所以有学者认为对这类行为仍然应当按照受贿罪惩罚,这在国外刑法中也有相似处理,如在《日本刑法典》中,这类行为是作为诈骗罪和受贿罪从一重处罚。但由于我国《刑法》在受贿罪的犯罪构成中设置了"为他人谋取利益"的条件,所以通说认为在虚假承诺情形下,行为人并无为他人谋取利益的意图,其答应为他人谋取利益只是谎言,属于诈骗。[1]

那么这种理解是否适用于利用影响力受贿罪呢?笔者认为,受贿罪中的虚假承诺行为之所以可以作为诈骗罪认定,是因为受贿罪的本质在于"权钱交易",所以行为人的虚假承诺实质上不具备出卖权力的可能,"权钱交易"不成立,自然不成立受贿罪。那么利用影响力受贿罪是否符合该情形呢?

让我们分析一下利用影响力受贿罪。从时空的连续性来看,本罪涉及四个人:请托人、与国家工作人员"关系密切的人"(非国家工作人员)、与关系密切的人相对应的该国家工作人员、其他国家工作人员。本罪的犯罪过程可以解析如下:请托人甲送给与国家工作人员丙关系密切的人乙财物,乙利用其影响力,通过国家工作人员丙职务上的行为,或者利用丙职务和地位形成的便利条件,通过其他国家工作人员丁职务上的行为为甲谋取不正当利益。在这里,就甲、乙而言,请托人甲送出财物,收受财物的乙因不是国家工作人员而没有出卖公权力,其出卖的只是影响力。就甲、丙、丁而言,甲送出财物,而丙和丁作为国家工作人员尽管间接或者直接为甲谋取不正当利益,但均没有收受财物的行为(因本文分析单独构成利用影响力犯罪的问题,这里就当然排除了受贿共犯情形,如果丙、丁共谋或者知情或共同收受财物,对乙、丙、丁直接按受贿犯罪共犯处理即可),因此也谈不上出卖公权力,两人的行为只是滥用职权。也就是说,甲与丙、丁之间没有形成直接的钱权交易,这是因为被非国家工作人员乙阻断了。国家权力的正常行使受到影响并不是因为国家工作人员的受贿使然,甚至国家工作人员的行为可能在程序或形式上仍属正当行为,因为国家工作人员并没有与非国家工作人员共同犯罪,而是其近亲属或密切关系人的"吹风"所导致的渎职行为。所以,在"利用影响力"犯罪的整个过程中,并没有受贿犯罪本质体现的直接的钱权交易,也就没有侵害受贿犯罪所要求的犯罪客体——国家工作人员职务行为的廉洁性。

虽然利用影响力受贿罪并没有直接侵犯国家工作人员职务行为的廉洁性,但是立法将其放在与斡旋受贿紧挨的一个位置,其原因在于虽然利用影响力受贿没有直接侵犯国家工作人员的职务廉洁性,却破坏了公众对国家工作人员职务公正性的信赖,所以立法为了保证国家公务行为的公正,不仅要惩罚侵犯国家工作人员职务廉洁性的行为,也要惩罚这种对公务信赖造成破坏的行为。密切关系人在作出"承诺"时虽然还没有现实地侵害公务行为的公正性,但公众对公务公正的信赖已经遭到了破坏,根据承诺的具体情况,笔者将案例二分

---

〔1〕 参见高铭暄主编:《刑法专论》(第2版),高等教育出版社2006年版,第806页。

以下两种情形具体探讨。

情形一,王某收受财物之前或收受财物时既然不具有为请托人谋取不正当利益的目的,那么从主观方面和客观方面都可以证明王某的行为只是诈骗行为,并没有影响国家工作人员职务公正的可能,从而并不构成利用影响力受贿罪。

情形二,王某收受财物之前或收受财物时具有为请托人谋取不正当利益的目的,但之后并未利用与其关系密切的国家工作人员。这种情形从客观上来看,王某的行为并没有影响到国家工作人员职务的公正性,但是,正如受贿罪关于"为他人谋取利益"的理解只要允诺即可,利用影响力受贿罪也一样,王某只要有允诺即表示了将利用其影响力的意图,那么不管事后是否进行了具体的请托行为,哪怕事后行为人放弃为请托人谋取不正当利益的意图,对请托人蓄意进行欺骗,都不影响行为人当时的承诺,同样构成利用影响力受贿罪,因为在公众看来,国家工作人员职务的公正性已经受到质疑。

五、如何看待影响力交易中的"中间人"行为

该问题由案例二中衡某的行为引出。根据法律规定,行为人利用其影响力为请托人谋取不正当利益,只能通过国家工作人员进行,要么是该国家工作人员直接利用本人职权,要么是该国家工作人员利用本人职权或者地位形成的便利条件,通过其他国家工作人员的职权进行,中间不能有非国家工作人员的环节。那么如果中间存在非国家工作人员的环节,如何处理呢?

案例二中,请托人即通过衡某实现向王某的行贿,这也是实践中的多发情形,请托人只是把财物交给中间人,由中间人具体运作,其行贿的对象是不特定的,但这并不影响其向密切关系人行贿的事实。在这个阶段,如果作为中间环节且直接和国家工作人员发生关系的密切关系人有收受前一个环节的中间人财物的行为,则该密切关系人构成利用影响力受贿罪。而中间人的行为需要结合具体的情形来评判。如果中间人是单纯的中介,实现行贿人与密切关系人之间的财物收受,那么由于我国刑法所规定的介绍贿赂罪的对象只能是国家工作人员,所以这种并非利用权力影响力场合下的介绍不能被认定为犯罪。如果中间人存在共犯的可能,则需要具体讨论:若中间人是行贿一方的帮助者,那么由于行贿一方并没有被立法规定为犯罪,所以中间人也当然不构成犯罪;但若中间人是受贿一方的帮助者,则有可能成立利用影响力受贿罪的共犯。

问题的关键在于如何区分中介行为和共犯行为。从行贿罪、受贿罪与介绍贿赂罪的犯罪构成来看,三者具有以下明显的区别:主观上行贿罪、受贿罪的帮助犯认识到自己是在帮助行贿一方或者受贿一方,因而其行为主要是为一方服务;而介绍贿赂罪的行为人认识到自己是处于第三者的地位介绍贿赂,因而其行为主要是促成双方的行为内容得以实现。客观上行贿罪、受贿罪的帮助犯积极协助进行索取、收受贿赂或者向他人行贿;而介绍贿赂的只在国家工作人员与行贿人中间起牵线搭桥的作用,没有介入行贿、受贿以及为行贿人谋取利益的具体行为。

在案例二中,衡某接受请托人的财物时向王某提起了请托,从客观来看,请托人的金钱最终被衡某和王某占有,衡某帮助具有影响力的王某实现对请托人财物的索取和收受,所以,衡某和王某构成利用影响力受贿罪的共同犯罪,衡某作为帮助犯,成立利用影响力受贿罪。

此外,在中间人收受财物的情况下还存在中间人“劫贿”的情形,或称之为中间人截留行贿款。[1] 这主要是指介绍贿赂人在介绍贿赂的过程中侵吞部分贿赂财物的情形。对于介绍贿赂人“劫贿”行为的定性,学界分歧比较大。有观点认为构成侵占罪,与介绍贿赂罪实行数罪并罚;[2]也有观点认为介绍贿赂人“劫贿”行为不构成侵占罪,因为贿赂财物本身是赃物,不具有合法性,介绍贿赂人“劫贿”行为不符合侵占罪变合法持有为非法占有的特征。[3] 对于以上观点,笔者认为从法益保护的稳定性上来看,“赃物”的原所有权虽然不值得法律保护,但是“赃物”作为物同样具有所有权,而其所有权肯定不能归于“侵占”人,所以从这个角度来说,“劫贿”者并不具有所有权,其占有为非法占有,应当可以构成侵占罪。据此再来具体分析利用影响力受贿罪,其中也可能存在中间人“劫贿”的复杂情形:第一,中间人故意抬高贿赂数额,自己从中获取差额的,应当构成诈骗罪,因为行为人获得财物的手段属于虚构事实的诈骗手段,行贿人因为中间人的诈骗而多支出“贿赂”,受贿者因为行为人的诈骗而少收受“贿赂”,这部分差额被中间人骗取了。第二,中间人私自占有行贿者给予的贿赂时,实际上是中间人利用转送的机会侵占了行贿者的财物,应当构成侵占罪。第三,行贿者将财物交给中间人后反悔而予以追索却遭中间人拒绝的,同样应当认定为侵占罪。

利用影响力受贿罪是我国在对国际公约和其他国家立法借鉴的基础上设立的。如何在我国这样一个“人情社会”正确认定此罪是一个有不小难度的课题,除了上文所谈及的四个问题,该罪在认定中还有许多其他问题,例如,单位是否可以成为密切关系人,利用影响力受贿罪的未遂问题等。虽然目前有些学者不断提出从完善立法严密法网的层面实现对犯罪的打击,但从1997年《刑法》颁布以来,我国刑法修正案的出台已达8次,新罪名的增加也日益频繁。我们固然要谨记严密法网的重要性,但更需认识到“徒法不足以自行”,如何在司法上运用好具体的条文,也是一个值得考虑的问题。希望对实践中这两则具体案例的剖解能够使实务界在利用影响力受贿罪的认定上更加全面深入,更加符合法律精神。

---

〔1〕 参见陈增宝:《介绍贿赂罪认定中的疑难问题》,载《人民司法》2006年第9期。
〔2〕 参见周光权:《刑法各论讲义》,清华大学出版社2003年版,第544页。
〔3〕 参见肖中华:《贪污贿赂罪疑难解析》,上海人民出版社2006年版,第243页。

论科技人员业余兼职活动中罪与非罪的界限*

1992年年初，邓小平南方谈话发表以后，我国的经济建设进入了一个新的发展时期。在进一步改革、开放、加快经济建设中，新情况、新问题不断出现，有的界限清楚，有的不够清楚。科技人员业余兼职活动中罪与非罪的界限就是其中之一。应该如何看待、评价科技人员的业余兼职活动，如何划清科技人员兼职活动中罪与非罪的界限，从而更好地贯彻邓小平同志提出的“科学技术是第一生产力”“尊重知识、尊重人才”的战略思想，为科技人员充分施展自己的才干创造良好的法律环境，的确是近来司法实践中反映比较突出、理论上迫切需要解决的一个重要问题。本文拟就此问题作一些初步的探讨和研究。

一、评价科技人员业余兼职活动的总标准

在过去，我国长期实行的是产品经济，忽视市场作用；重视发扬风格，轻视价值规律，轻视等价有偿。因此，人们在观念上往往容易染上“左”的色彩，对科技人员完成本职工作后利用业余时间从事某种有益于社会的技术服务活动，总习惯性地认为这样的活动只有是无偿的义务劳动才是正当的，否则就是思想动机不纯，是“资产阶级世界观”的反映，进而从根本上否定这类活动。像这样的反映和评价，在产品经济逐渐让位于市场经济的今天看来，自然是不妥当的。但是这种“左”的思维定式在某些人的头脑中是否真正得以清除和克服，是值得认真反思、检查的。司法实践中在对科技人员业余兼职获取高额报酬的案件定性时，有些人总习惯于在如何惩处方面考虑得较多，对如何依法保护则考虑得较少，似乎科技人员得到的钱多了就一定有经济问题。这其实就是人们头脑中长期形成的“左”的观念的一种反映，即“左比右好”“严比宽好”“宁左勿右”。

诚然，一个科技人员如果在业余时间自愿从事某种无偿的科技服务活动，为社会做贡献（现实生活中不乏这样的实例），其风格应该说

---

* 本文原载于《法学家》1993年第1期，由高铭暄教授与钱毅合作完成。

是高尚的,对于这种为人民服务的思想和行为,应当鼓励,应当提倡。但是,我们同时应该看到,我国目前毕竟还处于社会主义的初级阶段,我国的经济是社会主义的市场经济,按劳分配、多劳多得是我们社会的一项基本分配原则,在这种现实社会基础上,如果一个人多劳不能多得,多劳不允许多得,否则就将其视为异端,或者将其所得视为非法所得,甚至当作犯罪来处理,那实际上就还是在以旧的产品经济观念、"吃大锅饭"的思想束缚人们的行动,其评价行为是非的标准从根本上就搞错了。也正是因为像这类"左"的错误倾向在我们党和国家历史上延续的时间很长,影响很深,而在当今加快改革开放和经济建设的步伐中,要更新观念,要开辟新的道路,要改变妨碍生产力发展的原有模式和一些传统做法时,阻力亦常常是来自"左"的方面。所以,邓小平南方谈话中特别指出,当前"要警惕右,但主要是防'左'""右可以葬送社会主义,'左'也可以葬送社会主义"。

那么,在对科技人员的业余兼职活动进行总体评价时,如何才能做到既防止右,又防止"左"呢?我们认为,应坚持邓小平南方谈话中提出的"三个有利于"(以下简称"三有利")的总标准,即评价某一事物或活动的性质时,应该主要看是否有利于发展社会主义社会的生产力,是否有利于增强社会主义国家的综合国力,是否有利于提高人民的生活水平,符合这个标准的,就是社会主义的或为现阶段社会主义所允许的,就应大胆地干,反之就是不符合社会主义的或为现阶段社会主义所不需要的,就坚决不干。从这样一个高度去考察、研究问题,对科技人员的业余兼职活动自然就应该持肯定的态度。

二、如何理解"三有利"的总标准、犯罪本质特征、犯罪构成三者间的关系

众所周知,犯罪的本质特征在于行为具有一定的社会危害性,这是区分罪与非罪界限的关键。而行为的社会危害性是一个历史的范畴,社会发展了,社会条件变化了,某些行为社会危害性的有无及其大小也随之发生变化,特别是在重大社会变革时期,哪些行为具有社会危害性,哪些行为不具有社会危害性,何为犯罪,何为非罪,在有些场合的确是极为复杂、一时难以分辨的。在这种情况下,判断某种行为是否具有一定的社会危害性,是否具有犯罪的本质特征,从总的宏观的角度看,我们认为,应以邓小平南方谈话中提出的"三有利"的总标准为指导,即从根本上来说,只有那些有碍于发展社会主义社会的生产力、有碍于增强社会主义国家的综合国力、有碍于人民群众生活水平提高的行为,才是危害社会的行为。而这种行为的危害亦只有达到一定程度触犯刑法时,才能被认定为犯罪。如果某种行为从总体上看是符合"三有利"的总标准的,则不仅不能将其视为危害社会的行为当作犯罪去处理,相反,应当肯定该行为是"社会主义的或为现阶段社会主义所允许的"。对这样的行为应当提倡、鼓励并加以保护,应当让行为者去"大胆地干"。譬如,科技人员利用业余时间为其他单位或乡镇企业提供技术服务而领取一定报酬的行为在《刑法》颁布前是被严格禁止的,这种行为被批判为"在单位内干社会主义,在单位外干资本主义"。《刑法》颁布之后,这种行为的性质一度也不甚明确,有的被视为受贿,有的被视为贪污,个别的甚至被当作犯罪处理。上海的助理工程师韩某一案起初就是以受贿罪定性的,后来纠正了,认为其无罪。武汉工程师韩某生受贿案、沈阳工程师赵某东贪污案、四川德阳工程师姜某发贪污案等大体上也是这样,先被认定为有罪,后来纠正了、平反了。1992年8月,浙江省检察机关根据最高人民检察院的决定,撤销了对高级工程师曹某中受贿案的立案侦查,此举在社会上产生了较大的反响,引起了社会各界的关注,也属于这方面的事例。对同一行为的定性之所以会发生这样大的变化,就是因为这种行为在今天看来是有利于发展社会主义社会的生产力,有利于增强社会主义国家的综合国力,有利于提高人民群众的生活水平的,它不具有社会危害性。由此可见,"三有利"的总标准对于认定犯罪的本质特征是具有重要的指导意义的,判断某种行为是否具有犯罪的社会危害性时,从根本上来说,应该看其是"三有利"还是"三有害"。

当然,我们说以"三有利"的总标准为指导,分析判断行为是否具有一定的社会危害性,是否具有犯罪的本质特征,这是就宏观的总体意义上而言的。解决某种具体行为的罪与非罪的界限问题还必须依靠犯罪构成,以刑法规定的犯罪构成为依据。那么,犯罪构成与犯罪本质特征之间的关系又当如何看待呢?

我们认为,犯罪构成从实质上来说与犯罪的本质特征是完全一致、统一的。因为犯罪构成本来就是刑法规定的,决定某一具体行为的社会危害性及其程度而为该行为构成犯罪所必须具备的一切主、客观要件的有机整体。这就是说,犯罪构成绝不是空洞的法律模式,它是以揭示和反映犯罪的本质特征为实质内容的。犯罪构成中的任何一个要件都是从不同的角度、方面来说明犯罪的社会危害性的。社会危害性是一个历史的范畴,它随着社会关系、社会条件的变化而变化,具有历史的易变性。因此,作为具有一定社会危害性的法律表现形式的犯罪构成,在具体内容上也不可能是一成不变的、静止的、僵化的,它亦随着社会关系、社会条件的变化而变化。这就要求我们不仅要从实质上去理解犯罪构成,而且要从动态的、发展变化的角度去认识、掌握和运用犯罪构成。要特别注意在党和国家现行政策的指导下,全面考虑刑法以及与刑法规定的犯罪构成内容密切相关的其他法律法规的有关规定及其变化,正确地分析、理解犯罪构成诸要件的具体内容,进而揭示和说明哪些行为是具有较大的社会危害性,构成犯罪的;哪些行为是不具有社会危害性或者危害不大,不构成犯罪的。只有这样,才能划清现实生活中某种具体行为(包括科技人员业余兼职活动)的罪与非罪的界限。

综上所述,行为是否具有一定的社会危害性,即是否具有犯罪的本质特征,是区分罪与非罪的关键。而分析、判断行为是否具有一定的社会危害性,从宏观上看,必须以"三有利"的总标准为指导,从微观上来说,则应坚持以刑法规定的犯罪构成为依据。这就是说,"三有利"的总标准、犯罪本质特征、犯罪构成这三者对于行为的正确定性来说,各具不同的功能,一环扣一环,由宏观到微观,由抽象到具体,由实质到形式,不可偏废其中任何一项,三者不可互相取代,而应将三者有机结合起来,统一予以把握。

三、科技人员业余兼职活动中罪与非罪的若干具体界限

科技人员业余兼职活动中罪与非罪的界限问题涉及的范围较广,情况也比较复杂,仅从罪名上看,就可能涉及受贿罪、贪污罪、泄露国家秘密罪、玩忽职守罪、盗窃罪、诈骗罪、投机倒把罪,等等。在此,我们并不准备就范围如此广泛的每个具体的罪与非罪的界限问题进行分析和探讨,仅想就当前科技人员兼职活动中较多发常见的、容易混淆的受贿罪、贪污罪与非罪的界限中的主要问题作些分析和说明,以供司法实践中在认定、处理这两类案件时作参考。

（一）科技人员兼职活动中受贿犯罪与非罪的界限

这方面主要需注意以下几点。

1.严格区分职务技术成果与非职务技术成果，正确认定科技人员在兼职活动中是否利用了职务上的便利。

依据受贿罪犯罪构成的要求，行为人客观上必须是"利用职务上的便利"，而科技人员兼职活动中"利用职务上的便利"究竟应如何认定是一个比较复杂的问题。对于同样的行为，有的认为是利用了职务上的便利，有的认为只是利用了科技人员自己的知识、技术，与职务无关，争议很大，似乎无法确定。对此，如果从区分职务技术成果与非职务技术成果入手，我们认为其不失为解决该问题的有效途径之一。

我国《技术合同法》第6条第1款规定："执行本单位的任务或者主要是利用本单位的物质技术条件所完成的技术成果，是职务技术成果。职务技术成果的使用权、转让权属于单位，单位有权就该项职务技术成果订立技术合同……"这就是说，本单位职务技术成果的参与人和非参与人都不享有职务技术成果的使用权和转让权。而《关于科技人员业余兼职若干问题的意见》（以下简称《兼职意见》）第4条第1款更具体、明确地规定："科技人员在业余兼职活动中应当维护本单位的技术权益，未经本单位同意，不得将通过工作关系从本单位获得的下列技术成果提供或者转让给兼职单位：（一）本单位准备或者已经申请专利的发明创造；（二）本单位准备或者已经申报发明奖、自然科学奖、科学技术进步奖的科技成果；（三）本单位准备转让或者已经转让的技术；（四）本单位在研究开发工作中取得的阶段性技术成果；（五）本单位职工或者本人执行本单位的任务，或者主要利用本单位的技术条件所完成的职务技术成果；（六）本单位明确规定不向外单位提供或者转让的未公开的关键性技术。"依据上述法律的规定，我们认为，兼职的科技人员（即便是本单位职务技术成果的参与人），只要明知是本单位的职务技术成果而在兼职活动中擅自使用或者提供给兼职单位或他人的，即应视为"利用职务上的便利"，兼职人员由此获得的"报酬"属于收受的贿赂，数额较大或情节严重的，应以受贿罪论处。反之，如果科技人员在兼职活动中利用的是自己的非职务技术成果，根据《技术合同法》第6条第2款的规定，由于"非职务技术成果的使用权、转让权属于完成技术的成果的个人，完成技术成果的个人有权就该项非职务技术成果订立技术合同"，对于在兼职活动中使用或者转让本人非职务技术成果的，不能视为"利用职务上的便利"，由此获得的报酬亦不属于收受的贿赂，不能以受贿罪论处。此外，《兼职意见》第4条第2款规定，科技人员"利用在本职工作中积累和掌握的知识、技术经验和信息为经济建设服务，不属本单位技术权益范围，不受限制"，由此获得的报酬自然也不属于收受贿赂，而是正当合法的兼职收入。

2.对兼职人员按协议领取了一定报酬又收受额外报酬的行为，须作具体分析，以区别对待。

根据《关于科学技术体制改革的决定》和《技术合同法》以及《兼职意见》的有关规定，科学技术人员在完成本职工作和不侵犯本单位的技术权益、经济利益的前提下，可以在其他单位业余兼职，从事技术开发、技术转让、技术咨询和技术服务等利用科学技术为经济建设服务的工作,并获得相应的报酬。这种业余兼职的劳动报酬及其支付方式一般由当事人在合同中约定。而司法实践中,有的兼职人员按协议领取了一定报酬又收受额外报酬的行为容易引起争议,对此须作具体分析。归纳起来,主要有以下三种情形。

(1)兼职协议本身不周密不完备,在技术指标、技术、知识的传授或指导等方面只确定了"度",而没有精确地定性定量。执行的结果是兼职人员付出的劳动与获取的报酬相比显失公平。在这种情况下,正确的解决办法应该是经当事人双方协商一致后修改原协议,合理增加劳动报酬。但实践中,有的兼职单位(聘请方)在不修改原协议基础上,采用"补助费""辛苦费""酬谢费"等形式予以补偿,使兼职人员在协议约定的报酬之外又获得一笔"额外"的报酬,这种解决问题的办法合理不合法,但因兼职人员由此获得的收入毕竟是应得的、正当的,故不能以犯罪论处。

(2)兼职协议约定的报酬与兼职人员付出的劳动基本相当,由于兼职单位对兼职人员的工作满意,效益增加,又主动在协议约定的报酬之外以各种名目给兼职人员一笔额外报酬的,这种额外报酬通常带有奖励的性质,属于兼职人员正当合法的收入。即使这种报酬数额过大,具有不合理因素,但因其对社会并无大的危害,故也不能将收受这种报酬的行为当作犯罪行为看待,可通过其他措施调节控制。

(3)兼职人员许诺将来可以为兼职单位提供或使用其所需要的本单位的职务技术成果,兼职单位则出于技术上长期合作的需要,担心兼职人员中止协议或不愿继续受聘,便主动在原协议约定的报酬之外进行所谓的"感情投资",以"补助费""辛苦费""酬谢费"甚至以给兼职人员的家属发"挂名工资"等形式给予其大笔额外报酬。在这种情况下,兼职人员收受额外报酬的行为具有事前受贿的性质。在外国刑法中(如日本刑法、西德刑法等),有的专门设立了"事前受贿罪"。在我国,对此情形,属于证据确凿、情节严重的,也应按受贿罪论处。

3. 对兼职人员在领取了合理报酬之外,又以掌握的技术相要挟和刁难,向兼职单位索取高额"酬金"的行为,应区分下述两种不同情况,作出不同处理。

(1)兼职人员领取的合理报酬与职务无关,而是利用自己的非职务技术成果,或者是自己在本职工作中积累和掌握的不属于本单位技术权益范围的知识、技术、经验和信息等而获得的。在此之外,兼职人员又利用其技术索取高额"酬金",这种行为显然是违法的,但因行为人没有利用职务上的便利,仅是利用自己的非职务技术成果等,故不能以受贿罪论处,原则上应按民事上的不当得利处理。

(2)兼职人员领取的合理报酬与职务有关,即利用的是本单位的职务技术成果,但事先已经过本单位同意,双方单位亦按规定订立了技术合同,行为人由此获得的报酬属于合法报酬。但在此之外,行为人仍凭本单位的技术成果向兼职单位索取高额"酬金"的就超出了合法的范围,且本质上亦是利用职务之便,对此行为,情节严重的应以受贿罪论处。

(二)科技人员兼职活动中贪污犯罪与非罪的界限

这方面主要需注意以下几点。

1. 把兼职人员利用职务上的便利侵吞公共财物的行为与未依照财经制度的有关规定擅

自提取合理报酬的错误行为区别开来。

根据《兼职意见》第6条的规定，科技人员在兼职活动中"履行合同所获得的收入，不涉及本单位技术权益的，归个人所有；涉及本单位技术权益的，由本单位与科技人员按照兼顾单位和个人利益的原则协商分配"，即"部分收入上交，部分收入归己"。在后一种情况下，兼职人员对本应交公的收入采用直接侵吞或瞒报收入额和设账外账等方法予以侵吞，属于贪污的性质，数额较大、情节严重的，应以贪污罪论处。但是，兼职人员履行合同后，按照事先同本单位达成的协议所规定的比例，擅自从自己经手的公款中提取自己应得的报酬，而后向单位如实报账的，其手续虽然违反了国家财经制度的有关规定，但兼职人员由此获得的收入本身毕竟是正当、合法的，故不能以犯罪论处。对其违背财经制度的错误行为，应予以批评、教育，严重的，可以给予纪律处分。

2. 把兼职人员利用本单位非保密性质的一般性技术成果作为基础，进一步改进、革新之后擅自转让给兼职单位或他人，从中获得技术转让费的行为，与利用职务上的便利，骗取、窃取本单位职务技术成果(包括技术秘密)出卖的行为区别开来。

在前一种情况下，兼职人员未经本单位同意擅自利用本单位职务技术成果显然是错误的。但兼职人员经过自己的技术改造或革新，最后转让出去的技术成果，毕竟不同于本单位原来的职务技术成果，而是职务技术成果与非职务技术成果的混合物。二者往往紧密交织在一起，很难分辨、界定其归属。在这种情况下，如果没有给本单位的技术权益、经济利益造成明显损失，可予以批评、教育，而不追究法律责任；如果给本单位的技术权益、经济利益造成了明显损失，因兼职人员侵权行为在先，且行为与损害结果之间有一定的因果关系，故按民事上的侵权行为处理为妥，但不宜按犯罪论处。

在后一种情况下，行为人往往是假借"审查""评估""改进""革新"技术之名，行骗取、盗卖技术秘密之实，有的也可能在本单位职务技术成果的次要环节作些微小的、无关紧要的改动，即冒充为自己的非职务技术成果出卖，以牟取非法利益。这类行为严重侵犯了本单位的技术权益和经济利益，具有明显的化公为私的贪污性质，数额较大、情节严重的自然应按贪污罪论处。

3. 对既担任本单位的行政领导职务，又在外单位兼职的科技人员，在本单位私分本应入账交公的兼职收入的行为，处理时要特别慎重。

司法实践中不乏这样的情形，即兼职人员不仅是科学技术人员，也是本单位的行政领导(亦称"双肩挑"人员)，他们在处理本应入账交公的兼职收入时，不按有关规定办理，以滥发奖金、福利补助或滥发实物等形式将其私分，这种行为属于假公济私、慷国家之慨的不正之风，是违反财经纪律的行为。由于这种行为通常涉及整个单位广大群众的利益，处理时需要慎重对待。情节一般的，可予以批评教育；比较严重的，可责令退赔，必要时对少数决策者可予以纪律处分，但不宜将其作为犯罪论处。确有个别兼职人员兼领导打着为群众谋福利的幌子，借机大肆侵吞、挥霍公共财物，以权谋私，情节严重的，则应以贪污罪论处。

职务犯罪的刑法对策*

一、职务犯罪的基本特点

职务犯罪是指依法从事公务的人员利用职权或违背职责的一类犯罪。职务犯罪有两个区别于普通犯罪的显著特征：一是行为主体是依法从事公务的人员，主要是国家机关、企事业单位的工作人员；二是行为方式是利用职务之便，如利用人事管理权、物资调配权、财产保管权、侦查审判权等，实施危害国家利益和人民利益的犯罪。因此，职务犯罪在犯罪现象方面呈现出如下具体特点。

1. 犯罪的隐蔽性，是指职务犯罪不易被人察觉。这是由两个因素决定的，其一，职务犯罪可以披着“执法”的外衣，这在非法拘禁、非法搜查等犯罪中表现得比较明显。其二，犯罪人极力掩饰自己的犯罪，例如贪污的罪犯一般会伪造单据、修改账目；受贿的罪犯往往在“一对一”的情况下不留任何痕迹地收受财物，作案比较狡猾。所以，除已披露的职务犯罪以外，职务犯罪的“黑数”比较大，严重腐蚀着国家的肌体。

2. 犯罪的连续性，是指职务犯罪的犯罪次数比较多，犯罪时间比较长。职务犯罪不同于激情犯罪或机会犯罪，大多连续进行犯罪，如贪污、贿赂等犯罪极为明显，有些罪犯作案几十起，甚至百余起，犯罪时间长达几年，用一般的制裁方法难以遏制。

3. 犯罪的传染性，是指职务犯罪像瘟疫一样容易蔓延。职务犯罪腐蚀性相当大，其带来的私利非常大，而遭受处罚的风险又比较小，所以，某些国家工作人员不惜以身试法。此外，人们对暴力、盗窃等犯罪是深恶痛绝的，而对职务犯罪的心理是矛盾的，有的人固然对职务犯罪造成的危害感到愤怒，但又对国家工作人员享有特权感到羡慕，甚至羡慕的成分大于愤怒。于是，一旦有机会，当他们掌握权力时，便容易模仿犯罪。

---

* 本文原载于《中国人民大学学报》1991 年第 5 期，由高铭暄教授与姜伟合作完成。

4. 危害的严重性,是指职务犯罪的社会危害程度远远超过普通犯罪。职务犯罪不仅损害国家的信誉和利益,妨碍国家的正常管理活动,还侵害公民的人身权利、民主权利和财产权利,甚至腐蚀国家的肌体,动摇社会的根基,容易激化干群关系,成为社会动乱的导因。职务犯罪的危害比同种性质的普通犯罪要大得多。

5. 侦查的困难性,是指在侦破职务犯罪的过程中遇到的困难比较大。职务犯罪的主体主要是国家工作人员,享有一定的威信,一旦案发,案内的当事人不愿作证,案外的证人不敢作证,这使侦查工作遇到很大阻力。此外,受"官官相护"的旧传统影响,职务犯罪中,有的领导会出面干涉,干扰司法工作的正常进行。

鉴于职务犯罪的危害性大,又不易强迫,还有传染蔓延的危险,所以刑法在惩治职务犯罪的斗争中将发挥重要的作用。

二、惩治职务犯罪的原则

在传统的社会观念中,人们一般认为,事前预防的意义大于事后的惩罚,防患于未然较惩治于已然更为重要。所以,对于预防职务犯罪,往往过于依靠道德力量,而忽视了法律的制裁,特别是刑法的惩治。在刑事立法及刑事司法中,对职务犯罪的处罚大多轻于普通犯罪。虽然近几年来,全国人大常委会颁行的几个单行刑事法律加重了职务犯罪的法定刑,但是对刑法的惩治功能仍然认识不足。人们曾形象地比喻我国刑法对职务犯罪的打击是"高高举起,轻轻落下",这种现象值得我们思考。

刑法以外的预防手段大多比较温和,只能预防部分激情犯罪或偶发犯罪,对职务犯罪的预防效果不佳。职务犯罪具有区别于普通犯罪的特点,非刑法手段一般不足以制裁。令人发指的腐败现象的滋生固然有诸多原因,但一个重要原因可以归于法律制度的不完善及刑法打击的不力。林语堂先生曾这样说过:"唯一能使官员们保持廉洁的办法是威胁说一旦劣迹暴露就要处以死刑。"〔1〕也许这一提法过于偏激,但毕竟以极端的形式道出了刑法在预防及惩治职务犯罪中的重要作用。

教育、感化对于预防犯罪也能起到一定的作用,但不能取代刑法的功能。刑法在预防犯罪的体系中居于特殊的地位,是打击职务犯罪的首要环节。只有坚决打击渎职的犯罪分子,才能起到震慑和抑制职务犯罪的作用,更好地发挥其他手段的效果,达到有效预防、减少犯罪的目的。刑法对于职务犯罪的处罚具有三个功能:一是规范行为的功能,使公务人员明辨是非,不以身试法;二是打击犯罪的功能,使犯罪的人受到追究;三是安定社会的功能,使广大群众对党和政府充满信心,保证廉洁,稳定社会秩序。因此,正视刑法惩治职务犯罪的基本原则,有助于完善刑事立法,强化刑事司法,理顺刑法与其他预防职务犯罪的措施之间的关系。

1. 从严惩处的原则。对职务犯罪的处罚应该重于普通犯罪,这是一个不辩自明的常理。事实已经证明,轻刑薄惩不足以达到肃贪倡廉的目的。不过,为了增强立法与司法的自觉性,我们针对职务犯罪的基本特点,略加阐释从严惩处的理论根据。其一,根据罪刑相适应

---

〔1〕 林语堂:《中国人》,浙江人民出版社1988年版,第187页。

的原则,鉴于职务犯罪的社会危害性大于普通犯罪,应该适用比较严厉的法定刑。例如贪污受贿的处罚应重于盗窃、诈骗,业务过失的处罚应重于普通过失,利用职务之便进行走私、投机倒把等犯罪的处罚应重于一般主体实施的同种犯罪。其二,根据权利义务一致性原则,依法执行公务的人员执法犯法的,应该"罪加一等"。国家赋予公务人员一定的权力,是要求他们全心全意为人民服务。然而,某些人凭借手中的权力侵害国家利益和人民利益,既然公务人员较普通公民更容易侵害社会,那么,与其较大的权力相对应,其应负的法律责任也应该重一些。较重的法定刑是公务人员利用权力犯罪的必然的法律后果。其三,根据刑罚预防犯罪的目的,针对职务犯罪连续性、传染性的特点,只有适用较重的刑罚,才能遏制职务犯罪,不仅使犯罪人本人不敢再犯罪,也可以使其他不稳定的分子不敢利用职权实施犯罪。事实已经证明,轻刑薄惩不足以抵消职务犯罪造成的危害或给犯罪人带来的利益,预防职务犯罪的效果不佳。

2. 坚持预防的原则。探讨职务犯罪的刑法对策的目的在于防止职务犯罪。在刑事立法中对各种职务犯罪设置定刑固然可以起到一般预防的作用,在刑事司法中对实施具体犯罪的公务人员追究刑事责任也可以起到特别预防和一般预防的作用。不过,运用刑法手段预防职务犯罪,尚有一些问题值得研讨。

首先,如何确定职务犯罪的范围,这是困惑立法者的问题之一。凡由刑事立法规定的职务犯罪都是公务人员禁止实行的行为,这一是非界限非常明确,可以昭示于世人。在此意义上讲,把职务犯罪的种类规定得越详尽、越具体,越能堵塞犯罪的漏洞,预防犯罪的效果就越好。但是,种类繁多的职务犯罪又会带来执法的困难,给司法实践带来巨大的压力。如果实践中行不通,就会使法律形同虚设,丧失权威,使预防犯罪的效果减弱。面对这一矛盾,若走向另一极端,把职务犯罪规定得比较简单,虽有助于司法,但漏洞百出,不足以预防职务犯罪。所以,在职务犯罪的立法上,一直有"简而重"与"密而轻"之争,各国立法者都处于两难之中。我们认为,解决这一矛盾的唯一办法便是立足实际,调查分析各种违反职务的行为对社会的危害,把那些危害比较严重又便于追究的行为规定为犯罪。某些行为虽对社会有一定危害,但将其作为犯罪追究,也许条件还不成熟,或者在司法中难以追究,可以暂不规定为犯罪,由其他方法处理。例如,关于贿赂的内容,有人主张扩大到非财产性利益,鉴于在司法实践中不便设定统一的认定标准,可暂不采取。如果在理论上概括一个设定职务犯罪的立法原则,应该是疏密相济、严此宽彼、突出打击重点的。刑法规定的职务犯罪应该主要包括三方面的内容:一是贪污贿赂的犯罪;二是利用特权的犯罪;三是玩忽职守的犯罪。

其次,规定职务犯罪的方式也是预防措施的一种。刑法功能不仅仅表现在纠偏性和惩治性方面,更表现在指导性和预防性方面。刑法规定各种职务犯罪,就是对公务人员设定各种义务。刑法主要设定两种义务,一是要求人们抑制一定的行为,适用于禁止性规范;二是要求人们履行一定的行为,适用于指导性规范。我国刑法大多采用禁止性规范规定职务犯罪,其实,在一定条件下,指导性规范对于预防犯罪具有更为重要的意义。鉴于职务犯罪不易被发现的特点,在刑法中设置监督机制,要求公务人员不仅要独善其身,还要履行义务监督他人,避免权力滥用,如对国家工作人员规定知情不举罪、不如实申报财产罪等指导性规范,将有利于监督国家工作人员,有助于及时揭露犯罪,预防职务犯罪的效果会更好。

再次,职务犯罪的法定刑也是预防手段之一。事实上,对犯罪分子适用一定的刑罚就剥夺了其实施犯罪的能力。针对职务犯罪的特点,凡是实施职务犯罪的,一般应该附加剥夺政治权利,对于贪利性的职务犯罪还可以并处罚金或没收财产。这不仅是对职务犯罪的惩处,更是对职务犯罪的预防。

最后,追究职务犯罪的司法实践是实现预防犯罪的重要途径。应该指出,承办职务犯罪的某些司法人员预防犯罪的观念还比较弱,特别是忽视了职务犯罪的一般预防,对职务犯罪的处理往往过于宽大,一是不追究刑事责任的比重较大;二是判处"缓刑"的较多,这就不足以威慑其他有犯罪意图的公务人员。

3. 保证协调的原则。职务犯罪是一种复杂的社会现象,惩治与预防职务犯罪也是由诸多因素构成的。因此,协调各种关系应该引起我们的重视。应该承认,我国刑法关于职务犯罪的有关规定缺乏科学预测和通盘考虑,应急性的规定较多,头痛医头、脚痛医脚,给人以堵窟窿的感觉,整体性较差。协调原则要求职务犯罪的刑法对策不仅要在刑法内部相协调,还要在刑法外部与非刑法手段间相协调。

其一,立法精神与立法规定相一致。这在我国的立法实践中似乎有些错位,根据我国刑法的有关规定,立法者是力主严惩职务犯罪的。例如 1979 年颁布《刑法》时,贪污罪的构成要件无数额的要求,而且其法定刑(最高刑为死刑)重于盗窃、诈骗的法定刑(最高刑为无期徒刑)。近几年来,随着贪污腐败现象的激增,全国人大常委会又先后颁布了《关于严惩严重破坏经济的罪犯的决定》《关于惩治贪污罪贿赂罪的补充规定》等单行刑事法律,其锋芒所向也主要是职务犯罪。但是,分析有关规定的立法内容后,却得出这样一个不可思议的结论,就是立法的实际规定没有体现出对职务犯罪从严惩处的立法意图,对职务犯罪的处罚反而轻于普通犯罪。例如,盗窃只需 200 元便可以定罪,诈骗只需 500 元便可以定罪,而贪污、受贿一般需 2000 元才能定罪,这事实上放纵了公务人员。

其二,立法规定与诉讼实践相协调。这项要求有两方面的含义,一方面要求立法者在立法时考虑法律规定的可行性。如果立出的法在诉讼中无法执行,不仅效果不好,也有损法律的严肃性和权威性。另一方面要求实践中有法必依,执法不能走样。对于法律与执法的关系,有人曾比喻说,"经是好经,就是被和尚念歪了",这形象地说明了执法不严的问题。

其三,刑事立法与其他法规相协调。刑法首先要反映宪法的基本要求,贯彻宪法的根本精神。宪法规定的"任何组织或者个人都不得有超越宪法和法律的特权""社会主义的公共财产神圣不可侵犯"等都要在刑事立法与刑事司法中有所体现。其次,刑法应与某些行政法规相协调。职务犯罪的某些行为属于行政犯,其罪状的内容由行政法规进行说明。如果某些行政法规缺乏或规定不清,便难以认定某些职务犯罪。例如,玩忽职守罪是与工作职责密切相关的,这说明职责范围是认定犯罪的关键之一。又如,隐瞒境外存款罪便以财产申报制度的存在为前提,若无此项制度,该罪的处理便会遇到许多问题,不仅在理论上会受到诘难,在实践中也难以执行。

其四,刑法措施与非刑法措施相协调。刑法对于惩治职务犯罪固然重要,但不能企望采用刑法手段杜绝职务犯罪,“以此为术,足以使天下惧于贪,而未足以使天下乐于廉”[1]。所以,刑法不应也不可能把一切违背职责的行为都规定为犯罪。同时,我们要健全并完善廉政建设的法规,从各方面堵塞职务犯罪的漏洞。

三、完善职务犯罪的立法规定

我国刑法关于职务犯罪的规定基本上是可取的,对打击职务犯罪发挥了积极的作用。但是也应该指出,职务犯罪的立法结构还需调整,尚有一些问题值得探讨。现在,执法中存在的许多矛盾都可以追溯到立法的不科学、不完善。

1. 某些职务犯罪不仅在理论上存在争议,在实践中也难以适用。例如巨额财产来源不明罪受到的诘难比较多,此罪确与一些法律原则不协调,而且缺乏财产申报等配套制度,有人主张将此罪改为拒不申报财产罪或不如实申报财产罪,不失为一个可供选择的方案。

2. 应该增设若干新罪名,以加强打击职务犯罪。与外国刑法规定的职务犯罪相比,我国刑法中的职务犯罪比较疏简,且有遗漏,不仅不利于打击犯罪,也不利于预防犯罪。

滥用职权罪已是各国职务犯罪的通例,我国刑法没有规定,这是一大缺憾。现在,一些学者力主增加这一犯罪,是完全必要的。

知情不举罪在《关于严惩严重破坏经济的罪犯的决定》中已有规定,但规定得比较烦琐,不便执行。该规定指出:对犯罪人员和犯罪事实知情的直接主管人员或者仅有的知情的工作人员不依法报案和不如实作证的,分别比照《刑法》第188条、第190条所规定的渎职罪处罚。分析这一规定,有几个弊端:其一,何谓“仅有的知情”,难以认定;其二,举报的范围宽泛,包括盗窃、贩毒等与职务无关的犯罪,这不适当地加强了国家工作人员的责任。我们认为,知情不举罪不是不能规定,问题在于如何规定。知情不举罪作为监督机制的一个环节,有利于揭发和预防职务犯罪。权力如果缺乏监督,必然导致腐败,对职务犯罪的监督由行为人工作环境中的其他人进行是最直接、最有效的。规定知情不举罪并不意味着职务犯罪的株连责任。事实上,依法从事公务的人员都有责任维护国家利益和人民利益不受他人的侵害,这是由其所享有的国家权力派生而来的义务。因此,公务人员知道他人利用职权实施犯罪不予举报的,便是失职。既然知情不举罪以行为人的“明知”为前提,便与株连责任有本质之别。知情不举罪远在古代便有先例,现在,某些国家的刑法也有规定。借鉴有关的立法例,我国刑法若设知情不举罪,应限制范围:首先,主体应是依法从事公务的人员;其次,举报的内容只限于职务犯罪,即利用职权的犯罪,非利用职权的犯罪不在举报之列;最后,举报的对象非一切人,只应是举报人工作单位的人员,如主管人员对部属的举报,部属对主管人员的举报以及同事之间的举报。对本单位以外的人员,不应赋予相关人员举报的法律义务。

3. 梳理职务犯罪与普通犯罪的罪刑关系。我国刑法内部某些犯罪之间罪刑关系失调,

---

〔1〕《历代名臣奏议》。

比较突出的是贪污罪与盗窃罪的问题。按照刑法的规定,本来贪污罪的处罚重于盗窃罪,但根据有关规定,却适得其反,这是不公平的。美国一个诈骗者形容刑法说:“法律就好像是蜘蛛网,它是为了所谓的苍蝇及小昆虫而编织的,可是却让大黄蜂飞穿而过。”[1]我国的刑法不应留下这样的口实,我们建议理顺贪污罪与普通犯罪的关系。一些学者主张,肢解贪污行为,在盗窃罪、诈骗罪及将来设置的侵占罪后面各附一款,即国家工作人员利用职务之便犯盗窃、诈骗、侵占等罪的,从重处罚。这种立法不仅简化了许多理论问题,而且统一了量刑原则,贯彻了对职务犯罪从严惩处的立法宗旨,可以缓和并解决各罪之间罪刑关系的矛盾。

4. 严格限制职务犯罪的主体。如果在刑法中坚持从严惩处职务犯罪的原则,便不能随意扩大主体的范围,加重普通公民的刑事责任。我国刑法为求简明,某些特殊主体的犯罪也适用于普通主体,这是不尽合适的。贪污罪的主体逐渐扩大则属于另一个问题。从形式上看,贪污罪的主体范围越广,其打击面越宽,但从实质上看,由于贪污罪的立案数额远远大于盗窃等犯罪,所以,贪污罪的主体越广泛,其保护和放纵的犯罪就越多。

5. 增加适用职务犯罪的附加刑。我国刑法对职务犯罪较少适用附加刑,这对打击和预防犯罪都是不利的。剥夺政治权利应该是与职务犯罪联系最为紧密的刑罚之一,令人费解的是,《刑法》渎职罪一章只有第186条泄露国家机密罪规定了单处剥夺政治权利。职务犯罪既然大多是行为人利用职权实施的,那么,惩治及预防职务犯罪的最有力的措施之一就是剥夺行为人利用职务的资格,使行为人在一定时期内不能从事公务。

对于贪利性的职务犯罪,我国《刑法》的有关规定只要求“追缴赃款赃物或责令退赔”,较少规定附加财产刑。这样一来,犯罪分子通过职务犯罪获取的经济利益很大,一旦案情败露,并无经济损失,不利于打击和预防犯罪。外国刑法对贪利性职务犯罪无一例外地都规定了附加财产刑,这值得我们借鉴。

四、强化对职务犯罪的司法措施

把惩治职务犯罪纳入法律轨道是一个方向,也是一个过程。刑事立法固然重要,但如何运用刑法打击职务犯罪,发挥刑罚的最佳效果,在某种意义上更为重要。为了增强执法的自觉性,我们愿意提出下列问题加以探讨。

1. 坚持违法必究。运用刑法武器惩治职务犯罪,最积极的意义在于昭示法律的不可侵犯性,使人们感受到法律的尊严,避免触犯刑律。如果一个人犯了罪却未受到法律制裁,就会强化轻视法律的观念,继续实施犯罪;其他人也容易模糊是非界限,抱侥幸心理,模仿进行犯罪。而且,职务犯罪影响很大,群众反映最强烈,是否处理,处理是否公正,直接影响到社会风气和民众心理,关系到社会的稳定。预防犯罪的最有效的方法就是对职务犯罪毫无例外地绳之以法,使人们及时感受到实施犯罪受到刑法处罚的不可避免性,增强法制威严在抑制犯罪中的作用。

坚持违法必究,就是要对已经发现的职务犯罪一律予以追究,不能姑息迁就。当前,在追究职务犯罪时,主要有如下问题:其一,司法机关的独立工作原则往往受到干扰。凡是职

---

[1] 林山田:《经济犯罪与经济刑法》(第3版),台北,三民书局1981年版,第39~40页。

务犯罪的案件，总有一些组织、单位或个人（包括领导）出面干涉，主张“大事化小、小事化无”。久而久之，司法机关在处理职务犯罪时便形成一个不成文的惯例，总要征求犯罪人所在单位的意见。单位主张处罚的，便予追究；单位认为不需处罚的，便不追究或处罚较轻。事实上，各单位基于“家丑不外扬”的心理，大多保护自己的干部（有些干部犯罪就是为单位谋利益），致使后者被追究得较少，这是不严肃的。司法机关应该坚持法制原则，独立侦查、独立审判，不允许任何组织或个人凌驾于法律之上。其二，司法机关要增强破案的主动性。职务犯罪的“黑数”较大，其原因之一是有的单位即便发现本单位的人员实施了犯罪也不愿报告。司法机关也自然产生“官不举，法不究”的心理，这种状况也是应该纠正的。司法机关应该主动出击，发现案情，不管是什么单位、什么人员，都要排除干扰，一查到底。其三，由司法机关统一行使职务犯罪的追诉权。我们认为，凡是达到犯罪程度的案件，各有关部门（包括工商、监察、税务等）不得擅自处断，应一律移送司法机关，统一处理，以维护法律的严肃性和统一性。现在，相当一部分职务犯罪由监察部门调查，但移送司法机关的较少，这使一些职务犯罪逃避了刑事追诉，这种以行政处罚代替刑事处罚的做法已引起人们的诘难。有关部门可以考虑制定一个移送职务犯罪及其他犯罪案件的具体规定，应移送而不移送者应负一定的行政纪律责任。由司法机关统一行使职务犯罪的追究权，才能保证每个犯罪的人都受到刑事追究。

2. 保证执法必严。这是社会主义法制原则的基本要求，执法不严也会削弱刑罚预防职务犯罪的效果。

为保证执法必严，应做好这样几项工作：其一，提高执法人员的素质，增强斗争的自觉性。执法人员的政治素质和业务素质是执法的关键，要加强和扩大司法队伍，并努力为司法人员业务水平的提高创造条件。其二，加强司法业务督导工作，保证执法的统一性。现在，各地处理职务犯罪遇到的一些问题，如玩忽职守的含义和形式，某些疑难案件的处理等，上级司法机关要分情况予以指导。对于常见多发的问题，可以考虑制定司法解释；对于疑难问题，可以采取批复的方式；对于典型的案例，可以公布，供各地法院参考；还可以编印业务文件及召开司法工作会议等，交流经验，总结教训，提高办案质量。其三，注意研究新问题。职务犯罪往往披着“合法”的外衣，打着“集体”的旗号，犯罪隐蔽，不易侦破。处理职务犯罪时，司法人员不能被一些假象模糊了视线，而要透过现象看本质，对那些为满足个人利益或小团体的利益而不惜严重侵害国家利益的犯罪，不能心慈手软。

3. 堵塞犯罪漏洞，任何职务犯罪都是利用管理缺陷实施的犯罪。司法机关在处理职务犯罪时，应注意犯罪分子作案时管理体制的漏洞，并及时通过司法建议通知该单位或利用传播媒介提请社会注意，堵塞犯罪分子可钻的漏洞，扩大一般预防的效果。此外，司法人员还要注意顺藤摸瓜，利用职务犯罪连带性、并发性等特点，侦破新的罪案。当然，利用各种形式宣传大案、要案的处理结果也会扩大影响，形成惩治腐败的声势。

专题十七　军人违反职责罪研究

军人违反职责罪的认定*

《惩治军人违反职责罪暂行条例》已自1982年1月1日起施行了。该条例的施行，对于加强军队的法制建设，正确惩罚军人违反职责的犯罪行为，教育广大指战员严格遵守国家法律，巩固与提高部队战斗力和把人民解放军建设成一支有效保卫四化建设的现代化的革命军队，都具有十分重要的意义。

《惩治军人违反职责罪暂行条例》是《刑法》的补充和续篇，它所涉及的范围仅限于《刑法》分则中没有列入的军人违反职责罪的定罪量刑问题。凡不属于违反军人职责的犯罪，如杀人、放火、强奸、重婚等都未列入；有的虽与军人职责有关，但刑法分则中已有规定的犯罪，如交通肇事、贪污、走私等也未列入。对于这些未列入的犯罪，《惩治军人违反职责罪暂行条例》第23条专门作了规定："现役军人犯本条例以外之罪的，依照《中华人民共和国刑法》有关条款的规定处罚。"这样可使该条例较好地体现出军人违反职责罪的特点，并避免与《刑法》重复。

什么是军人违反职责罪？《惩治军人违反职责罪暂行条例》第2条规定："中国人民解放军的现役军人，违反军人职责，危害国家军事利益，依照法律应当受刑罚处罚的行为，是军人违反职责罪。但是情节显著轻微、危害不大的，不认为是犯罪，按军纪处理。"这是军人违反职责罪的法定概念，也是划分军人违反职责罪与违反军纪行为之间界限的法律依据。

军人违反职责罪侵犯的客体是国家军事利益。军事就是一切直接有关武装斗争的事，如国防建设、作战行动、军事科学研究，都包括在军事这个范畴之内。危害国家军事利益，这是军人违反职责罪区别于《刑法》分则各类犯罪的最本质的特征。如果相关行为对国家军事利

---

* 本文原载于《法学》1982年第2期。

益没有任何的危害性,就不构成军人违反职责罪。

军人违反职责罪的客观方面表现为违反军人职责、危害国家军事利益的行为。中共中央军委和中国人民解放军各总部、各军兵种颁发的各种条令、条例,如《内务条令》《纪律条令》《战斗条令》《舰艇条令》《飞行条令》《保守国家军事机密条例》等,都分别规定了有关军人的职责,要求军人认真、忠实地履行自己的职责。而军人违反职责罪,或逃避军事义务,或利用职务方便实施犯罪,或对自己担负的职责极端不负责任,都是直接违反上述条令、条例所规定的军人职责的。

研究军人违反职责罪的客观方面决不能忽视犯罪的时间、地点对于这类犯罪的重要意义。在《惩治军人违反职责罪暂行条例》中,一系列犯罪是以"战时""在战场上""在战斗中""在军事行动地区"为其构成要件的。例如第 13 条的战时自伤罪和第 14 条的战时造谣惑众罪以"战时"为构成要件;第 15 条的遗弃伤员罪和第 19 条的自动投降敌人罪以"在战场上"为构成要件;第 17 条的违抗作战命令罪以"在战斗中"为构成要件;第 20 条的掠夺、残害战区无辜居民罪以"在军事行动地区"为构成要件。可见在上述这些犯罪中,查明犯罪的时间、地点是定罪所不可缺少的。在另外一些犯罪中,条文规定军人在战时犯罪的,处罚要严于平时。属于这种情况的有第 4 条的泄露或遗失军事机密罪;第 5 条的擅离职守或玩忽职守罪;第 6 条的逃离部队罪;第 7 条的偷越国(边)境外逃罪;第 8 条的私放他人偷越国(边)境罪;第 10 条的阻碍执行职务罪;第 11 条的盗窃武器装备或军用物资罪;第 12 条的破坏武器装备或军事设施罪。因此,对于这些犯罪来说,查明犯罪的时间是在战时或平时在量刑上具有重要的意义。

军人违反职责罪的主体是中国人民解放军的现役军人,这是这类犯罪区别于《刑法》分则各类犯罪的又一重要特征。现役军人就是指入伍取得军籍以后尚未退伍、复员或转业的军人。现役军人担负着保卫祖国、保卫四化建设的光荣职责,他们必须自觉地接受军队有关条令、条例的约束,否则就是违反军人职责,情节严重、触犯《惩治军人违反职责罪暂行条例》的,就构成军人违反职责罪。至于退伍军人、复员军人、转业军人,因为他们已经退出现役,就不再作为本罪的主体。如果他们在服役期间犯了军人违反职责罪,而在退役之后才被发现,只要未过追诉时效,仍须依照该条例惩治;相反,如果在服役之前犯了《刑法》分则规定的某条罪名,而在服役之后被发现,当然就不发生依照该条例治罪的问题。

现役军人作为军人违反职责罪的主体,这是一个原则,但是还有补充,就是《惩治军人违反职责罪暂行条例》第 25 条的规定:"军内在编职工犯本条例之罪的,适用本条例。"所谓"军内在编职工",是指在军队编制序列内服务的职员工人;所谓"适用本条例",是指在编职工犯该条例之罪的,可按照该条例规定的原则、罪名和量刑幅度处理。

非现役军人和非军内在编职工不能作为军人违反职责罪的主体,但是他们可能成为犯罪军人的共犯。例如公民某甲教唆现役军人某乙盗窃军用枪支若干支,某乙照着去做。这样甲、乙两人就成立了共同犯罪。某乙犯了《惩治军人违反职责罪暂行条例》第 11 条规定的盗窃武器装备罪,而某甲是这条罪的教唆犯,对某甲应根据《惩治军人违反职责罪暂行条例》第 11 条和《刑法》第 26 条的规定追究刑事责任。

军人违反职责罪的主观方面,就《惩治军人违反职责罪暂行条例》规定的多数犯罪来说是出于故意;但是也有少数犯罪如第3条的武器装备肇事罪、第4条的遗失军事机密罪、第5条的玩忽职守罪等是出于过失。

军人违反职责罪与违反军纪行为的界限应当严格加以区分。区分的关键就在于弄清行为对国家军事利益的危害性是否达到了依法应受刑罚处罚的程度。这点在《惩治军人违反职责罪暂行条例》的许多条文中已有明显的体现。例如,对于武器装备肇事行为,依照《惩治军人违反职责罪暂行条例》第3条的规定,只追究那些严重违反武器装备使用规定,因而发生重大责任事故的人员的刑事责任,对一般责任事故或者入伍不久的战士由于没有熟练掌握武器性能而发生的事故,则不追究肇事者的刑事责任;对于阻碍执行职务行为,依照《惩治军人违反职责罪暂行条例》第10条的规定,只追究以暴力、威胁方法,阻碍指挥人员或值班、值勤人员执行职务的犯罪分子的刑事责任,对一般顶撞领导,不服从管理教育的,则视为违纪行为,不追究刑事责任;对于自伤身体行为,依照《惩治军人违反职责罪暂行条例》第13条的规定,只追究在战时实施这种行为,逃避军事义务的人的刑事责任,在平时则作为违纪行为,不追究刑事责任。《惩治军人违反职责罪暂行条例》第2条还对情节显著轻微、危害不大的违反职责的行为总地作了明确规定:“……不认为是犯罪,按军纪处理。”这样就将军人违反职责的犯罪行为同一般违反军队纪律的行为严格地区别开来,明确了罪与非罪的界限,防止扩大化。

军人违反职责罪的各种具体表现形式规定在《惩治军人违反职责罪暂行条例》第3条至第21条。其中第3条至第12条规定的是平时、战时均能构成的军人违反职责罪;第13条至第21条规定的是战时或在战斗状态、军事行动地区构成的军人违反职责罪。在《惩治军人违反职责罪暂行条例》规定的各项罪名中,有一部分罪名与《刑法》分则的罪名是有交叉的。例如,《惩治军人违反职责罪暂行条例》第3条的武器装备肇事罪与《刑法》第115条的违反危险物品管理规定肇事罪;《惩治军人违反职责罪暂行条例》第4条的泄露或遗失军事机密罪与《刑法》第186条的泄露国家机密罪;《惩治军人违反职责罪暂行条例》第5条的玩忽职守罪与《刑法》第187条的玩忽职守罪;《惩治军人违反职责罪暂行条例》第7条的偷越国(边)境外逃罪与《刑法》第176条的偷越国(边)境罪;《惩治军人违反职责罪暂行条例》第10条的阻碍执行职务罪与《刑法》第157条的妨害公务罪;《惩治军人违反职责罪暂行条例》第11条的盗窃武器装备或军用物资罪与《刑法》第151条、第152条的盗窃罪及第112条的盗窃枪支弹药罪;《惩治军人违反职责罪暂行条例》第12条的破坏武器装备或军事设施罪与《刑法》第105条、第106条、第109条、第110条、第111条的各种破坏罪等,它们之间的关系概括起来,就是特殊与一般的关系。这就是说,虽然已有《刑法》分则的这些规定,但根据军内的实际情况和特点,立法者认为有单独规定或从严处罚必要时,仍在《惩治军人违反职责罪暂行条例》中作了规定。这样一来,根据特别法优先于普通法适用的原则,凡现役军人或军内在编职工犯上述前者各罪的,自然适用《惩治军人违反职责罪暂行条例》的有关规定,而不再适用《刑法》分则的相应规定。

中国人民解放军是人民民主专政的坚强柱石,担负着保卫祖国、保卫四化建设的历史使命,其一切工作都要立足于随时准备打仗。为了保证这一基本任务的完成,《惩治军人违反职责罪暂行条例》依照惩办与宽大相结合的政策,把惩办的重点放在对国防能力和军事利益危害重大的犯罪行为上。比如,对于为敌人或者外国人窃取、刺探、提供军事机密的;以暴力、威胁方法阻碍指挥人员或值班、值勤人员执行职务的;盗窃武器装备或军用物资的;破坏武器装备或军事设施的;造谣惑众,动摇军心的;畏惧战斗,临阵脱逃的;在战斗中违抗命令的;故意谎报军情或假传军令的;贪生怕死,自动放下武器投降敌人的;掠夺、残害战区无辜居民的,《惩治军人违反职责罪暂行条例》都规定了较重的刑罚,直至规定情节特别严重的可以判处死刑。这样规定体现了罪刑相适应的原则,对于巩固部队战斗力,保障作战的胜利是必要的。同时,中国人民解放军是有高度觉悟的人民军队,有坚强的政治思想工作。对于少数犯罪分子的惩办,只是治军的一种辅助手段。《惩治军人违反职责罪暂行条例》除体现从严惩办的一面外,也充分体现宽大的一面。《惩治军人违反职责罪暂行条例》对不属于危害重大的犯罪都规定了较轻的刑罚;对在战时被判处 3 年以下有期徒刑没有现实危险的犯罪军人,规定了战时缓刑的办法,允许其戴罪立功,确有立功表现时,可以撤销原判刑罚,不以犯罪论处。规定这项制度是一个创造,这样做有利于化消极因素为积极因素,同样是巩固部队、保障作战胜利所必需的。

第四编
外向型刑法

专题十八 国际刑法研究

国际刑法的历史发展与基本问题研究*

"犯罪已不再是区域性的,或一个国家内的现象,而是一种国际(international)现象"[1]。从学科角度分析,国际刑法汇集了宪法、国际法、比较法、刑法及刑事程序法中一些最新颖的问题。国际刑法是国际公法中的第二大分支,而且已经成为所有公法中最令人瞩目和最具有争议的学科之一。从国际现实发展角度看,自第二次世界大战结束后,国际、跨国和国内犯罪事件和罪犯的数量持续增加,那么如何区分不同类型的犯罪事件和罪犯就显得非常紧要,因为任何刑事审判都应依照具体的法律,因此,国际刑法的建构愈发迫在眉睫。从法治发展要求的角度来看,国际社会同样需要拥有一部合乎时宜,而且能够详细说明国际犯罪构成要素的国际刑法典。在当今世界多元化、经济一体化和信息网络化的氛围下,国际刑事审判体系必须是一种进步、和谐以及具有公认法治原则的法律体系。因此,基于维护世界和平与安宁之目的,国际刑法的研究已经成为当今法学研究的热点之一。本文拟就国际刑法的历史发展、概念特性以及国际犯罪的界定问题初步加以探讨。

一、国际刑法的历史发展

一个多世纪以来,许多哲学家、法学家、社会学家、经济学家和政治家们为维护人类和平、安全与发展作出了不懈的努力,虽然这些努力远没有达到人类所期望的结果,但毕竟在维护和平的进程中取得了一些成绩,如联合国(United Nations)、国际法院(International Court of Justice)等国际性特殊机构,以及一些区域性机构,如欧洲共同体(European Communities)和欧盟(European Union)等机构的建立。特

---

* 本文原载于《中国刑事法杂志》2001年第1期,由高铭暄教授与王秀梅合作完成。

[1] Task Force Report, *American Bar Association*, *Section of International Law and Practice*, *Section of Criminal Justice*, Report of the ABA Task Force on Teaching International Criminal Law, The Ternational Lawyer, Summe, 1994.

别是历经两次世界大战的洗劫之后,国际社会惩治国际犯罪的意识更为浓烈,国际刑法得到了前所未有的繁荣。在国际法委员会起草编纂国际刑法典草案的同时,国际社会及时组织审判了第二次世界大战中各种危害人类的犯罪行为,并且形成了一些具有示范效应的国际刑法基本原则,如个人刑事责任原则、国家之间刑事司法合作与协助条约及协议原则等,这些原则至今仍有其现实作用。由此观之,国际刑法的发展历程实际上是国际刑事实体法和国际刑事程序法的演进史,或者是国际刑事法典编纂和国际刑事审判发展的演进史。这一历史进程总体上沿着一条从高潮到低谷再到高潮的曲线发展,在总体发展趋势下分析国际刑事实体法和程序法,两者的发展又非同步进行。

(一)国际刑法发展的肇端(1919 年以前)

从实体上考察,国际社会对国际犯罪的认识肇始于 17 世纪习惯国际法对海盗罪(piracy)的认识,"海盗一直被认为是逐出法外之人,一种'违反人类的罪行者'。按照国际法,海盗行为使海盗丧失了其本国的保护,因而丧失其国家属性;他的船舶,或者飞机,虽然过去可能具有悬挂某一国家旗帜的权利,有海盗行径后也丧失了这种权利。国际法上的海盗行为是一种'国际罪行';海盗被认为是一切国家的敌人,他可以被'落入其管辖权的任何国家'加以法办"[1]。1841 年至 1982 年,国际社会制定了一系列可适用于海盗罪的国际性法律文件,虽然当时海盗罪行少有发生。1937 年 9 月 14 日的《尼翁协议》(Nyon Arrangement)认为"海盗"是一种"恐怖主义"的行为,并将该罪行列入国际犯罪种类之中,使之成为国际社会最早认同的典型的国际犯罪。因此,在以后界定国际犯罪种类时常以海盗罪作为蓝本,即考察犯罪行为是否具有严重性和国际谴责性。[2] 此后,贩卖奴隶行为[3]和战争行为[4]应受国际谴责的特征逐渐显露出来,因而成为国际社会谴责的对象。这些罪行不仅危及国家利益,而且威胁着国际社会的和平与安宁,然而,这一时期国际社会尚未考虑从事国际罪行法典的编纂工作。

从程序上考察,国际社会对国际刑法的认识可以追溯到 1474 年,当时 27 名圣罗马帝国法官审理了皮特·冯·哈根巴士(Peter Von Hagenbush)允许其军队实施强奸、杀害和掠夺无辜平民财产的行为,并因这种行为侵犯了"上帝和人道法"(Laws of God and Man)而认定其有罪。[5] 这次审判尝试被国际社会视为国际刑事审判的序幕。然而,由于当时国际刑事审判机构以及其他国际性审判或司法机构均未诞生,所以这项审判属于在"非正式"场所中

---

[1] [英]詹宁斯、瓦茨修订:《奥本海国际法》(第 1 卷,第 2 分册),王铁崖等译,中国大百科全书出版社 1998 年版。

[2] 这里国际谴责性中的"国际"成分,"是有关行为的犯罪构成达到了危害国际社会的程度……",参见 Rupa Bhattacharyya, *Establishing a Rule-of Law International Criminal Justice System*, *Symposium on Humanitarian Intervention and International Justice*, Texas International Law Journal, (1996)。

[3] 自 1815 年至 1982 年共有 27 部法律文件中包含了奴役和与奴役行为有关的内容,参见 M. Cherif Bassiouni, *International Criminal Law Conventions and Their Penal Provisions*, Transnational Punishers, Inc., 1997, p. 730 – 733。

[4] 在 1854 年至 1998 年的有关法律文件中涉及战争行为的共计 70 多部,以及 30 余部可适用的法律文件,参见 M. Cherif Bassiouni, *International Criminal Law Conventions and Their Penal Provisions*, Transnational Punishers, Inc., 1997, p. 501 – 504。

[5] See M. Cherif Bassiouni, *The Time Has Come for an International Criminal Court*, Indiana International and Comparative Law Review, (1991).

进行的审判活动。在第一次世界大战爆发之前,卡内基国际和平基金会建立了一个唯一具有国际特色的非政府委员会,该委员会负责调查1912年第一次巴尔干战争和1913年第二次巴尔干战争中针对平民和战犯实施的那些应受指控的暴行。在第二次巴尔干战争开始时,为了向西方国家提供一个"受影响地区正在发生事件的清晰的、可靠的画面",该委员会调查了冲突的整个过程及个人行为。巴尔干委员会组织了几个事实调查团,在事后根据他们发现的事实作出了实质性的报告,并于1914年7月递交了这些报告。同年8月,第一次世界大战爆发,该报告的作用便成为历史的缩影。[1]

因此,从形式上看,国际社会对国际刑事程序法的认识似乎早于实体法。尽管实体意义上的国际刑法或程序意义上的国际刑法都没有进入规范化的过程,即既没有进行国际罪行实体法的编纂,也没有从事正规的国际性刑事审判,但这一时期国际刑法的雏形已露端倪,特别是在19世纪60年代和70年代,国际刑法完全呈现出一种独立发展的态势,并且努力试图形成一种集中立法和审判机构的模式。这种发展态势显示了基于国家调查和执行的多边法律文件或机构的增长,与国际领域犯罪作斗争的政治必要性相比,法律在这一领域的独立发展已经有力地说明一般国际刑法的发展。[2] 多边公约的增长赋予国际刑法广泛的内涵,使国际刑法摆脱了仅适用于危害人类罪方面典型案件的局限性。一些新的国际公约已经涉及非普通的国际犯罪、长期存在的焦点问题、引渡制度等,特别是那些真正具有高度国际政治寓意的国际犯罪。

(二)国际刑法发展的第一次高峰(1919~1954年)

两次世界大战爆发给人类社会带来灾难的同时,也推动了国际刑法的发展,这一期间是国际刑法发展的第一个高潮。

第一次世界大战的爆发是国际刑法进入发展高潮的直接诱导因素。此时,国际刑法在实体和程序上的发展并驾齐驱。从实体上讲,人类社会认识到战争罪行和反人道主义罪行的严重危害结果,进一步明确战争罪和违反人道主义罪属于严重的国际犯罪;从程序上讲,第一次世界大战之后,法国、英国、美国、意大利等战胜国经过多方妥协最终达成《凡尔赛条约》,建立了世界上第一个正式的战争发起者责任与刑罚委员会。该委员会提出895名应受指控的战争罪犯名单,并希望通过协约国军事法庭进行一次较为正式的国际刑事审判,即根据1907年《海牙公约》序言中马顿斯条款的规定,起诉1915年在土耳其境内实施大规模屠杀亚美尼亚人的土耳其官员以及其他实施"违反人道主义罪行"的个人。[3] 尽管由于当时

---

[1] See M. Cherif Bassiouni, *From Versailles to Rwanda in Seventy-five Years: The Need to Establish a Permanent International Criminal Court*, Harvard Human Rights Journal, Vol. 10, (1997).

[2] See Paul D. Marquardt, *Law Without Borders: The Constitutionality of an International Criminal Court*, Columbia Journal of Transnational Law, (1995).

[3] 对土耳其官员进行起诉的根据,是1920年协约国与土耳其签订的《塞夫勒条约》(Treaty of Sevres),根据该条约规定,土耳其罪犯有可能受到"违反人道主义法罪行"的审判,但是,《塞夫勒条约》并没有获得批准,其条款也始终没有投入使用,相反1923年的《洛桑条约》(Treaty of Lausanne)取代了《塞夫勒条约》。《洛桑条约》不仅没有规定任何起诉的条款,反而在其未公开的附件中同意赦免土耳其官员。土耳其政府和专家也一致否认在土耳其境内曾经发生过这样的大屠杀,相反,他们提出在亚美尼亚人和土耳其人之间存在种族冲突,并由此导致了双方伤亡事件的发生。M. Cherif Bassiouni, *The Time Has Come for an International Criminal Court*, Indiana International anc Comparative Law Review, (1991); M. Cherif Bassiouni, *From Versailles to Rwanda in Seventy-five Years: The Need to Establish a Permanent International Criminal Court*, Harvard Human Rights Journal, Vol. 10, (1997).

政治等多方面的因素,协约国的审判活动没有成为现实,特别是莱比锡的审判。[1] 因此,有学者指出,第一次世界大战后,政治家们短浅的目光和对陌生事物的恐惧倾向,已经使国际刑法的发展受到一定的阻碍。[2] 但这一时期国际社会所作的努力已经表明国际社会惩治严重危害人类和平与安全犯罪的强烈愿望,从而使国际刑法呈现急速发展的趋势。

第二次世界大战的爆发促使国际刑法的发展达到第一个巅峰,同时也为国际刑法的进一步发展奠定了基石。这一时期,实体法上除了强调战争罪、违反人道罪、危害人类罪及侵略罪等严重国际犯罪以外,还肯定了灭绝种族罪等其他国际犯罪。从程序上讲,纽伦堡审判[3]和东京审判[4]不仅在社会意识上获得了成功,而且满足了民众期盼和平与惩治战犯的渴望。《纽伦堡国际军事法庭宪章》及其审判活动,以革新的方法创制了解决武装冲突的法律,创设了新的国际法原则——纽伦堡原则(其中包括著名的个人责任原则)。[5] 尽管纽伦堡国际军事法庭确立的个人刑事责任原则属于事后的立法行为(ex post facto legislation),没有依据当时国际社会广泛崇尚的罪刑法定原则(nullum crimen sine lege, nulla poena sine lege)。[6] 但是纽伦堡审判的合法性却毋庸置疑。因为在纽伦堡审判之前,国际社会已于1928年订立了旨在通过和平方式解决国际争端的《关于废弃战争作为国家政策工具的一般条约》,即《凯洛格—白里安条约》或称《巴黎条约》。在签署条约的国家包括德国、意大利和日本,这些国家作为缔约国对条约的内容及宗旨显然有明确的认识。虽然《凯洛格—白里安条约》中没有刑事罚则的规定,但纽伦堡审判恰好弥补了该公约的这一缺陷,这也正是纽伦堡审判发展国际法的功绩所在。虽然东京审判略晚于纽伦堡审判,但远东国际军事法庭在

---

[1] 莱比锡审判,是协约国根据《凡尔赛条约》第227条关于"协约国将组织特别法庭审判德国皇帝威廉二世,并治之以破坏国际道德和条约尊严的最大罪状"的规定,试图从事对战争罪犯的首次正式国际审判。但是,由于威廉二世以退位的方式逃到荷兰寻求庇护,规避受到审判,使得莱比锡审判的愿望没能实现。Sandra L. Jamison, *A Permanent International Criminal Court: A Proposal that Overcomes Past Objections*, Denver Journal of International Law and Policy, (1995).

[2] See M. Cherif Bassiouni & Christopher L. Blakesley, *The Need for an International Criminal Court in the New Internationa World Order*, Vanderbilt Journal of Transnational Law, (1992).

[3] 1945年8月8日,英国、美国、法国和苏联在伦敦签署了关于起诉和惩处欧洲轴心国首要战犯的《伦敦协定》(London Agreement),该协定包含的《伦敦宪章》第1条规定:"依照德国管制委员会的决定应建立国际军事法庭以对战犯进行审判,对其所犯罪行不存在特定的地域性,不论其作为个人或者作为组织或集团成员的身份。"

[4] 东京审判的根据是1946年1月19日同盟国正式通过的《远东国际军事法庭宪章》的规定,该宪章第1条规定:"为求远东主要罪犯之公正与迅速的审判及处罚,兹设立远东国际军事法庭。"

[5] 第二次世界大战后,1946年12月11日联合国大会确认并通过了《纽伦堡国际军事法庭宪章》及该法庭应适用的国际法原则。纽伦堡原则的内容包括七个方面:其一,任何人凡从事构成国际法上的犯罪行为的,应对此行为负责并受到处罚。其二,国内法对构成国际法上的犯罪行为不处以刑罚的事实,不能免除从事该行为的人在国际法上的责任。其三,从事构成国际法上犯罪行为的人是作为国家元首或政府负责官员而采取行动的事实,不能免除其在国际法上的责任。其四,根据政府或上级命令采取行动的事实,如属此人实际上可能进行道义上的选择的,不能免除其在国际法上的责任。其五,任何人由于犯了国际法上的罪行而被追究刑事责任时,有权受到依据事实和法律的公正审判。其六,以下规定的罪行应作为国际法上的罪行受到处罚:(1)破坏和平罪:(a)计划、准备、发动或从事侵略战争或违反国际条约、协定或保证的战争;(b)参加为完成第a项所述的任何一种战争的共同计划或阴谋。(2)战争罪,即违反战争法规或惯例——包括谋杀、为奴役或为其他目的而虐待或放逐占领地平民、谋杀或虐待战俘或公海上的人员、杀害人质、掠夺公私财产、恣意破坏城镇或乡村,或非基于军事上必要而使它们不正常地荒芜。但是不限于这些。(3)违反人道罪,即对任何平民施行谋杀、歼灭、奴役、放逐及其他任何非人道行为,或基于政治的、种族的或宗教的理由的迫害,这种行为或迫害是作为完成任何一种反和平罪或任何一种战争罪,或者同这些有关联而从事的。其七,犯有原则六所规定的反和平罪、战争罪或危害人类罪的共犯,是国际法上的犯罪。

[6] 因为当时的《纽伦堡宪章》中没有规定侵略罪是应受处罚的行为。

传统国际法基础上审判那些违反战争法规或习惯的普通战争犯罪与纽伦堡国际军事法庭相同,而且还确立了破坏和平罪和违反人道主义罪的审判实例,然而,这些原则的确立是对纽伦堡原则的扩展,特别是有关"共同阴谋"进行侵略的理论,东京审判较纽伦堡审判进行了更为深入的探讨。

纽伦堡审判和东京审判不仅把国际刑法的发展推向高峰,其深远意义还表现在另外两个方面:一是促使联合国将注意力转移到建立一个常设国际刑事法院问题上。1948 年召开的联合国大会要求国际法委员会(International Law Commission)[1]研究建立国际刑事法院的价值性和可行性,联合国大会在审查了该委员会的报告后得出结论,建立这样一个法院既值得又可行,并决定由联合国 17 个成员方组成一个国际刑事司法协会,筹备建立国际刑事法院的具体事宜。该协会于 1951 年提交了一份规约草案,1953 年委员会第二次修订这一草案。1953 年规约草案规定建立一个常设法院,法院将对任何"自然人"(natural persons)包括国家元首和其他政府机构人员所犯"国际法公认"的罪行(这些罪行通常认为是在《惩治危害人类和平与安全罪行法典草案》中规定的具体犯罪)具有管辖权。[2] 法院将根据罪行发生地国家以及罪犯的国籍国,根据"公约、特殊协定或单方声明"授予法庭的管辖权来行使属人管辖。二是促进有关国际罪行法典的编纂工作。有学者指出,历史上编纂罪行法典的设想总是与建立国际刑事法院的设想相伴而行。假如国际刑事法院没能建立,那么国际刑法典便无处施行。通过国家之间合作或依赖地方诉讼的"间接执行",很难化解公众对严重违法行为的愤慨。[3]

我们认为,两次世界大战结束后的这段较短期间,之所以被誉为国际刑法发展的一次高峰,是因为这一时期的国际刑事实体法与程序法的发展相辅相成。国际社会由第一次世界大战后对国际刑事审判的希冀,步入第二次世界大战后的国际刑事审判实际操作,进而转入呼吁常设国际刑事法院的建立,这种思维变迁业已表明国际刑法在程序上的行进步伐,在此期间进行的国际刑法典编纂工作同样说明国际刑事审判对实体刑法的迫切需求。自 1924 年以来,国际刑法学协会一直致力于筹建国际刑事法院和编纂国际罪行法典,直至纽伦堡审判时,方始加快实现这种愿望的进程。1946 年第一届联合国大会期间,确认了"纽伦堡宪章和国际军事法庭判决书中所承认的国际法基本原则"[4]。1947 年联合国大会指令国际法编

---

〔1〕 国际法委员会,是 1947 年联合国第 2 届大会通过决议成立的作为联合国大会的附属机构(subsidiary organ),其成员要求"以个人资格参加的著名的国际法学家组成,而且确能代表世界各大文化及各主要法系"(《联合国大会第 174〔II〕号决议》),委员会工作的宗旨是促进国际法的逐渐发展和编纂工作。

〔2〕 参见 1953 年规约草案第 26 条规定。1947 年联合国大会授权国际法委员会制定纽伦堡宪章和纽伦堡审判中确认的国际法原则,以及筹备起草危害人类和平与安全罪行法典草案。1991 年基本上通过了该草案,并开始考虑 1994 年各国政府提出的各项建议,1996 年再次修订了联合国危害人类和平与安全罪行法典草案。该草案的公布与施行,为国际刑事法院有效地运作提供了充分和具体的法律依据,为罪刑法定原则的实现提供了现实可能。

〔3〕 See Edward M. Wise, "*International Crimes and Domestic Criminal Law*", *Report Submitted by the American National Section*, AIDP DePaul Law Review, (1989).

〔4〕 巴西奥尼:《危害人类和平罪行法典草案》(1993 年)。

纂委员会(国际法委员会的前身)[1]制定一部总的关于违反人类和平与安全的罪行法典。[2] 决议授权进行工作的内容包括:(1)制定纽伦堡法庭宪章和法庭判决中所承认的国际法的一些原则;(2)起草一部关于违反人类和平与安全的罪行法典,明确指出与第一部分提及的内容相一致的地方。[3] 两年后,国际法委员会遵照决议的精神开始制定"纽伦堡法庭宪章中的基本原则",并起草"违反人类和平与安全的罪行法典草案。"[4]委员会下设一个附属委员会,任命一名专门的报告起草人,起草违反人类和平与安全的罪行法典草案。[5] 1954 年草拟的法典草案虽然仅有 5 个条款,列举了 13 种独立的国际罪行,但是国际罪行法典草案的积极编纂和国际刑事审判的成功进行,共同构筑了这一时期国际刑法的繁荣景象。

(三)国际刑法发展的低谷(1955~1991 年)

如果说是国际性历史事件推动了国际刑法的发展,那么自国际社会审判第二次世界大战国际战犯之后,国际社会似乎度过了一段虚假平和时期。然而,由于这一时期没有所谓巨大的历史事件发生,所以国际刑法的发展亦随之处于低迷阶段。

在此期间,国际社会基本上没有进行任何国际性的刑事审判,国际法委员会仍在继续从事一些有关国际罪行法典的编纂工作。正如国际法委员会在 1984 年的报告中所说,"委员会编纂国际刑法试图遵循的程序是:详审认为构成国际犯罪的违反国际制度(公约、宣言、决议等)的行为,选择其中一些最为严重的行为,因为并不是所有的国际犯罪都会对国际和平与安全产生危害。"[6]而且国际法委员会还在国际罪行法典草案中,将"offence"译为"crime",[7]目的在于增强对犯罪行为严重程度的认识;由于侵略罪的定义迟迟没有定论,影响了整个法典的编纂进程。

这几十年中,尽管国际社会在编纂国际法和创建国际法院方面的兴趣较低,但有关国际犯罪种类的界定却发生了重大变化。国际社会关注的焦点逐渐从战争罪、危害人类罪等极其严重的国际犯罪转向一些新型的犯罪,诸如侵略罪、种族灭绝罪、种族隔离罪、国际恐怖主义罪行以及非法贩运毒品罪等。1990 年国际社会已经着手处理出现的两类新型的国际犯罪,即环境犯罪[8]和盗窃核武器和核材料罪。[9] 这一时期,联合国仍在认真努力编纂国际

---

[1] G. A. Res. 174 U. N. SCOR. 2st Sess. p. 105 - 110, U. N. Doc. A/519(1947 年).

[2] G. A. Res. 177 U. N. SCOR. 2st Sess. p. 9, U. N. Doc. A/CN. 4/4(1947 年).

[3] G. A. Res. 177 U. N. SCOR. 2st Sess. p. 9, U. N. Doc. A/CN. 4/4(1947 年).

[4] 《国际法委员会年鉴》,第 1 辑,第 6 页(1949 年),参考《174 号决议》和《第 95 号决议》。

[5] 1950 年完成了第一份报告,《国际法委员会报告》(1950 年)。

[6] Rupa Bhattacharyya, "*Establishing a Rule of Law International Criminal Justice System*", *Symposium on Humanitarian Intervention and International Justice*, Texas International Law Journal, (1996).

[7] See M. C. Bassiouni, *International Crimes; Digest/Index of International Instruments 1815 - 1985*, 1985, volume 2.

[8] 出于对人类共同生存空间条件及后代生存可能性考虑,国际社会逐渐认识到环境犯罪的危害性,并将该种犯罪纳入国际犯罪之列。John B. Anderson, *An International Criminal Court—An Emerging Idea*, 15 Nova L. Rev. 443 - 444, 960 - 961.

[9] 1980 年 3 月 3 日通过的《核材料实体保护公约》要求各国将个人故意非法获得核材料或盗窃、使用核材料的行为规定为犯罪。国际社会同样认识到核作为科技进步的产物,非法使用会给人类带来灾难,因而应将该种犯罪视为国际犯罪。M. Cherif Bassiouni, *A Comprehensive Strategic Approach on International Cooperation for the Prevention, Control and Suppression of International and Transnational Criminality*, 15 NovaL. Rev. 353, 1991.

罪行法典,并积极筹划国际刑事法院建立,尽管“冷战”阻碍了这一进程的推行,但自1990年以来国际刑法已逐渐走出低谷。

(四)国际刑法发展的第二次高峰(1992~1998年)

1991年以来前南斯拉夫境内发生了严重违反国际人道主义法的武装冲突,1994年卢旺达境内的武装冲突中也出现了灭绝种族罪和严重违反国际人道主义法行为的事件,这些事件的发生再次推动国际刑法朝着一个新的峰值迈进。这一时期国际刑法发展的显著特点可以归纳为三个方面:

其一,国际刑事特设法庭的建立。1992年10月6日安理会正式通过第780号决议建立前南斯拉夫调查战争罪行专家委员会,这个专家委员会负责对前南斯拉夫冲突中的“严重违反《日内瓦公约》和其他违反国际人道主义法的行为”的调查和取证工作。[1] 1993年2月22日,继专家委员会递交第一份临时报告后,[2]安理会第808号决议明确规定,“设立一个国际法庭来起诉应对1991年以来前南斯拉夫境内所犯的严重违反国际人道主义法行为负责的人。”1993年5月25日前南斯拉夫国际刑事法庭(以下简称前南法庭)在海牙正式成立。继前南法庭建立之后,1994年7月安理会通过第935号决议,旨在调查卢旺达内战期间严重违反国际人道主义法的行为,并建立了卢旺达调查违反国际人道主义法专家委员会,其中包括调查可能实施种族灭绝行为的专家委员会。同时安理会第995号决议批准了卢旺达法庭规约和审判机制。

我们认为,前南法庭和卢旺达法庭的建立及运作是国际刑法在程序方面的重大发展,这两个法庭的建立从本质上巩固和发展了纽伦堡、东京审判中确立的国际法基本原则。这些进展主要表现为三个方面:一是法律渊源上的进展。两个法庭都是联合国安理会依照《联合国宪章》的规定并根据安理会决议设立的国际特设法庭,因而两个法庭对及时有效地解决当时历史条件下发生的严重违反人道主义法行为发挥了积极的功效。[3] 二是拓展了国际法原则。两个法庭在纽伦堡法庭和远东法庭基本原则的基础上,突破原先只由冲突一方承担刑事责任的限制,只要行为人实施了违反国际人道主义法行为,无论其为冲突任何一方均应承担刑事责任。三是进一步糅合国际法和刑法的基本理论。在诉讼活动中,两个法庭合理使用的一些原则延展了国际刑法基本原则的内涵,诸如并行管辖权的行使问题、[4]一罪不二审原则的明确适用、[5]强调司法独立的原则、[6]犯罪嫌疑人及被告人权利保障和国际司法协助等。

其二,罪行法典草案的编纂与草案的通过。经过国际法委员会、国际刑法学协会等国际

---

〔1〕 安理会第780号决议(1992)。

〔2〕 依照联合国安理会1992年第780号决议建立专家委员会的临时报告,附件第20页(1993年)。

〔3〕 以决议创制的法庭比以条约形式创造的法庭其优点是突出了及时性和有效性,而以条约形式建立的法庭其缺陷表现为将花费大量的时间拟订文书,并须获得法定数目的国家批准方能生效,即便如此,也不能保证应成为条约缔约国国家的批准,以确保条约的切实有效性。

〔4〕 参见《前南法庭规约》第9条。

〔5〕 参见《前南法庭规约》第10条。

〔6〕 参见《前南法庭规约》第16条。

性机构积极努力，危害人类和平与安全国际罪行法典草案的编纂和颁行工作顺利完成。1991年《惩治危害人类和平与安全罪行法典草案》的文本正式形成，联合国综合各方提出的意见不断对草案进行分析修订，并于1996年正式通过了《惩治危害人类和平与安全罪行法典草案》。该法典草案是历史上确定国际犯罪种类最多的一次，共包含了26种国际性犯罪。[1] 这部法典的制作摆脱了原有国际公约不含刑罚特征的弊端，吸收了现代国际公约及国际刑法发展中逐步形成的有关刑罚适用的规定和特点，如《纽伦堡国际军事法庭宪章》确立的个人刑事责任原则，以及应受到国际刑事审判的国际犯罪等。同时，该法典还充分展示了国际犯罪行为的固有特征：(1)构成国际罪行禁止性行为的明确规定，或依照国际法构成的国际犯罪；(2)通过确立禁止、预防、起诉和惩罚及类似的义务，来间接认可行为的刑罚性；(3)禁止性行为的犯罪化；(4)起诉的义务；(5)惩罚实施禁止性行为的义务；(6)引渡的义务；(7)在起诉、惩罚(包括刑事诉讼程序的司法协助)方面的合作义务；(8)刑事管辖根据的建立(刑事管辖的理论或刑事管辖的优先)；(9)国际刑事法院或国际刑事法庭的建立；(10)取消上级命令的辩护理由。[2]《惩治危害人类和平与安全罪行法典草案》的编纂与通过不仅满足了国际刑事审判活动的法治需求，而且还为常设国际刑事法院的建立提供了属物管辖的选择空间。

其三，《国际刑事法院罗马规约》的诞生。1992年11月25日联合国大会一致通过一项决议，要求国际法委员会开始根据1992年国际法委员会组成的工作组的建议，起草国际刑事法院规约。1994年国际刑事法院规约草案出台，国际社会于是加快了建立国际刑事法院的进程，1995年联合国成立了建立国际刑事法院筹备委员会，1996年10月28日筹备委员会向联合国第51届大会递交了报告，请求扩大筹备委员会的工作范围，并决定于1998年完成统一的公约文本、规约和附加议定书。1998年6月15日至7月17日在意大利罗马举行的世界外交官大会上《国际刑事法院罗马规约》(Rome Statute of the International Criminal Court)被正式通过。《国际刑事法院罗马规约》的诞生是国际刑法发展的里程碑。这一方面是国际社会各学术机构和国际法委员会积极努力的结果，另一方面是在世界各国渴望和平、安全与发展的共同期待下，克服各种文化观念和价值观念之间的差别，求大同存小异的结果。从规约制定的过程及其内容上看，国际法委员会希望尽可能地体现不同的法律文化和价值观念。作为创立国际刑事法院依据的主要法律文件确立了严格的诉讼机制和行政机制，其细微之处囊括了国际刑事法院的各个环节。这不仅为国际刑事法院的有效运行提供了极大便利，而且是国际法在实体和程序上有效结合的典范。

---

〔1〕 侵略罪，灭绝种族罪，反人道罪，战争罪，攻击联合国人员和有关人员罪，非法持有、使用或放置武器罪，偷窃核材料罪，充当外国雇佣兵罪，隔离种族罪，奴役及与奴役相关的犯罪，酷刑及其他残酷方式的犯罪，非人道或有辱人格的待遇或刑罚的犯罪，非法进行人体实验罪，海盗罪，劫持航空器和危害国际航空安全的犯罪，危害航海和公海平台安全的犯罪，威胁和使用武力危害国际被保护人员的犯罪，劫持人质罪，破坏国际邮政秩序罪，国际贩卖毒品及与毒品相关的犯罪，毁坏兼或偷盗国家珍贵文物罪，危害受国际保护的特定环境因素的犯罪，国际贩卖淫秽出版物罪，伪造、仿造货币罪，非法干扰国际海底电缆罪，贿赂外国官员罪。

〔2〕 See M. Cherif Bassiouni, *The Sources and Content of International Criminal Law*, section The Penal Characteristics of Conventional International Criminal Law, (1999).

罪行法典草案和《国际刑事法院罗马规约》的诞生足以表明这一时期国际刑法发展的丰硕成果。那么,此后国际刑法将如何发展,是平稳直线发展,抑或有所振荡,则取决于国际关系格局以及社会发展变化的影响。

二、国际刑法的概念及特性

从国际刑法的发展历程清晰可见,国际刑法自诞生至顶峰时期一直受到历史发展进程的影响,而且在程序法与实体法的交错或并行中发展,这表明了国际刑法是实体法与程序法、国际法与国内法有机结合的产物。

(一)国际刑法的概念

虽然国际社会研究国际刑法的学者不断增加,但有关国际刑法这一术语的精确定义却始终缺乏普遍一致的认识,目前主要存有六种不同观点:其一,国际刑法是指独立主权国家适用于其国民实施的犯罪行为,或由外国人在其领域外实施的犯罪行为的规范。其二,国际刑法是由双边或多边条约或国际习惯法建立的依照本国刑法处罚某些犯罪行为的义务。国家有义务依照条约或公约处罚某些罪行的典型事例是对战争罪犯的处罚。一国武装部队成员违反战争规则的行为会因其被俘虏之前的非法行为受到处罚。其三,国际刑法是根据犯罪的特性决定,受到大多数文明国家处罚的行为规范。这类犯罪是指违反国家法律的罪行。其四,国际刑法指国家之间的合作方式为审判活动提供协助。[1] 引渡条约即为其典例。其五,国际刑法是国际公约中旨在制裁国际犯罪、维护各国共同利益的各种刑事法律规范的总称,主要由国际社会共同制定的国际公约中有关规定和惩罚国际犯罪、进行国际刑事合作的规范性条款组成。[2] 其六,著名国际刑法学家巴西奥尼教授认为,从国际法的刑事角度分析,国际刑法是指“通过国际法律义务调整由个人(以私人身份或以代表身份)或者集体所实施的违反国际禁止性规范,并应受刑罚处罚行为的国际法律制度。”从刑法的国际视角分析,国际刑法是指“调整包括对触犯一国刑法的个人进行制裁在刑事方面进行合作的国际和国内法律制度”[3]。

上述学者均从不同的角度揭示了国际刑法的实质特征,但还不够完整。第一种和第三种认识强调了国际刑法的实体性,特别是第一种理解更多地强调国际刑法规范无论是本国公民,还是外国人实施的犯罪行为;第二种和第五种认识强调了国际刑法的国际性,即国际刑法体现的是多边条约或国际公约中规定的义务;第四种认识强调的是国际刑法的程序性,突出了国际司法协助与合作的内容;巴西奥尼教授虽然较为细致地分析了国际刑法国际性和国内性的双重属性,同时从国内刑法的角度提出了程序上的国际合作,但这种提法似乎不如笼统地陈述有关国际合作的内容,即从国际法的角度加以分析,同样不能缺少国家的合作,特别是在国际性刑事审判活动中,国家的积极配合对国际刑事审判活动的顺利进行起到一定的主导作用。

---

〔1〕 上述第一至第四种观点,参见 Gerhard O. W. Mueller & Edward M. Wise eds., *International Criminal Law*, p. 5 – 12, 1965。

〔2〕 参见张智辉:《国际刑法通论》,中国政法大学出版社 1999 年版。

〔3〕 M. Cherif Bassiouni, *International Criminal Law*, Martinus Nijihoff Publishers, The Natherlands, 1980, p. 22.

我们认为,从定义本身的简洁性以及国际刑法涉及的诸多因素考虑,国际刑法是指规范国际犯罪、加强国际刑事司法协助与合作的国际公约、条约等国际性法律文件的总称。该定义中的"国际性"体现为实体上国内法律的国际化,国际法的刑法化以及国际性法律规范对国际犯罪的调整;而该定义中的"程序性"则表现为国际与国内之间,各国之间的司法协助与合作。因此,国际刑法的概念是两个双重性的交织,即国际法的刑法化和国家刑法的国际化的有机融合,以及实体法和程序法的交叉互动。

(二)国际刑法的特性

国际刑法与其他学科相比具有明显的多元性,这使该学科一直是诸多学科中争议较大的学科之一。正如国际刑法的内涵一样,国际刑法是国际、区际和国家刑事实体法及程序法的集合体,同时还附带拥有相关法律学科的内容。

国际刑法特性之一是发展性。由于国际刑法是历史发展的产物,特别是受到第一次世界大战和第二次世界大战以及新的世界格局的影响,国际刑法法治化的进程也在不断地增添新的内容,最明显的是国际犯罪种类的增加,国际刑法基本原则的确定,国际刑事司法协助与合作制度被普遍接受,以及随着国际刑法发展范围的不断延伸,现今的国际刑法内容不只停留在"刑事"领域,确切地说还应包括国际、区际和国家的人权保护以及国际人道主义法的某些内容。追溯国际刑法发展变化的原因,除受到历史的影响以外,还受到国际、区际和不同国家法律制度的影响,这些制度在立法技巧、存在模式、结构等方面的近似或不同,以及它们之间的相互作用,同样使国际刑法处于不稳定的发展状态。

国际刑法的特性之二是学科多元性。如前所述,国际刑法是实体法和程序法的有机结合,实体法中包含的罪行,既包括了国际犯罪和跨国犯罪,[1]还包括法律的基本原则,如罪刑法定原则和个人刑事责任原则等,这些内容构成了国际刑法的实体部分。程序法中包含了国际刑法的执行方式,诸如外国刑事判决的承认与执行、引渡、刑事司法协助与共助,刑事诉讼程序移转,被判刑人移转,以及查封和没收非法收益等程序,这些形式不仅适用于国际或跨国犯罪,还适用于国家之间需要合作的国内犯罪。

国际刑法显著特性之三是结合性。国际刑法的本质属性反映了国家之间、国家与国际机构之间的具体合作形式,以及程序与实体结合的形式,因此,从某种程度上说,如果缺乏这种结合形式,国际刑法将失去其有效执行的方式。这种结合内容体现的范围较为广泛,诸如明确依照国际法规定构成国际犯罪的禁止性行为;通过确立法律义务的方式,从刑事特性上作出明确规定予以禁止、预防、起诉和处罚的行为;起诉构成国际犯罪行为的权利或义务;引渡的权利或义务;起诉、处罚(包括司法协助)中合作的权利和义务;以及国际刑事法院或国际刑事特设法庭确立基础的共识等。

三、国际犯罪的界定

国际犯罪的概念可以追溯到古代,希腊人和罗马人认识到制约战争的方法,这些制约方

---

〔1〕 从1815年至1988年,国际范围内和区际范围内制定的国际公约或多边条约中阐释跨国犯罪和国际犯罪共计315个,这些文件共包含了22种国际犯罪行为。随着国际刑法的发展,截至1996年《惩治危害人类和平与安全罪行法典草案》统计的国际犯罪种类共计26种。

法的运用形成了欧洲基督教教义上诉诸的战争权和战争原则,以及今天的战争法规。国际社会依照现有条约和国家实践于国际法中已经规定的犯罪,包括严重违反战争法、危害人类罪、国家支持的酷刑、灭绝种族、贩卖奴隶、海盗、大规模国际贩运毒品、某些恐怖主义行为等。因此,有的学者认为,国际犯罪行为包括那些“震动了国际社会的良知,或者那些由于犯罪行为间接地严重威胁世界和平与安全的行为”[1]。还有学者认为,国际犯罪,是指国际社会通过国际公约的形式予以明文禁止,并确认其实施者应当受到国际制裁的行为。[2] 尽管两个学者的表述不尽相同,但都从不同角度阐明了这种犯罪对国际社会整体利益的侵害以及应当受到国际性制裁的特征。还有学者认为,国际犯罪,既可以指那些导致特别严重后果的国际违法行为,即使这一术语仅适用于双边关系,犯罪实施地国与受影响国之间的违反行为,也可以指那些非直接受到犯罪行为影响的国家被赋予某些权利或被授权采取某些措施制裁违法行为的事实。[3] 这种理解在某种程度上容易导致国际犯罪和跨国犯罪的界限混淆。那么,如何界定国际犯罪的范畴,划分国际犯罪、跨国犯罪及国内犯罪应采用何种标准,以及应用何种理论作为基础都是当前亟待解决的课题。

(一)国际犯罪界定的理论基础

早期的希腊和罗马哲学家指出界定国际犯罪的两套法律准则。一是法律存在于寻求使每个人可以共存的关系中。国际社会确定某种行为有罪,是因为该行为损害了国家之间的关系,或威胁了相互的实际利益。二是自然法体系为个人提供绝对道德和公正的引导。国际社会认为某种行为有罪,是因为该行为违反了道德和公正的基本理念,这种行为震撼着国际社会的良知,或者威胁世界和平与安全。[4] 早期的哲学家们认可这两套引导个体和国家行为的法律规范。亚里士多德区分了自然公正与传统公正,传统公正包含那些成文规范,即政治社会为他们自身的需要建立的那些规范。自然公正包含所有人民必须遵循自然的共同规则,这些规则即使没有成文仍可感知,因为每个人都有对公正的理解。古希腊哲学家柏拉图进一步清晰地说明了自然法的观念,并将其界定为不变的、永恒的、源于自然秩序的规则,自然法能够引导人们的最终慈善,只要个人符合自然生存的真理,便可以发现协调和公正。罗马政治家西塞罗追随希腊哲学家主导的假设自然法体系存在理论;事实上,存在一个真正的规则,即正当的前提,根据自然法,该前提适用于所有人类,并且不可改变及永恒……无论是参议员还是民众均不可宣布免除依照自然法承担的责任……[5]

在这种哲学理论的引导下,国际社会最早确定海盗罪为国际犯罪,其理论基础就是冒犯

---

〔1〕 Rupa Bhattacharyya, "*Establishing a Rule of Law International Criminal Justice System*", *Symposium on Humanitarian Intervention and International Justice*, Texas International Law Journal, (1996).

〔2〕 参见张智辉:《国际刑法通论》(增补本),中国政法大学出版社 1999 年版。

〔3〕 See Joseph H. H. Weiler, Antonio Cassese & Marina Spinedi, *International Crimes of State: A Critical Analysis of the ILC's Draft Article* 19 *on State Responsibility*, Walter de Gruyter & Co., Berlin, 1988, p. 156.

〔4〕 Barbara M. Yarnold, *Doctrinal Basis for the International Criminalization Process*, Temple International and Comparative Law Journal, (1994).

〔5〕 See Barbara M. Yarnold, *Doctrinal Basis for the International Criminalization Process*, Temple International and Comparative Law Journal, (1994).

了人类的共存关系，违反了公共道德和公正的理念。至于其他国际犯罪，例如毒品犯罪，因其行为的危害结果引起国际社会的广泛关注，也被纳入国际犯罪的行列。尽管有些犯罪表现得默无声息，但由于其曾在国际舞台上引起一定的影响，目前仍被视为国际犯罪并保留在国际刑法之中，如干扰海底电缆罪。

刑事实证学派代表人物加罗法洛指出："犯罪一直是一种有害行为，但它同时又是一种伤害某种被某个聚居体共同承认的道德情感的行为。"[1]加罗法洛关于犯罪的阐述在某种程度上更加接近国际犯罪的特点。国际社会作为各国及其民众的聚居体，不可能像国家那样依靠制定强制性的法律维护统治，国际社会秩序的维护更多采用自愿遵守的准则，即根据各国在行为、道义和道德等方面达成的共识制订公约、条约等国际性法律规范加以约束。

巴西奥尼教授通过分析国际犯罪的类型指出，"在国际犯罪化进程中，存在着两个共同的条件，一是法定的行为；二是行为必须包含国际或跨国的因素以符合国际犯罪的类别。"国际因素是指"所涉及的行为构成达到了危害国际社会的程度"；而跨国因素则表现为无论何时"行为实施的影响不仅限于一个国家的利益"[2]。可见，作为国际犯罪类别所禁止的行为必须包含国际因素，间或包含跨国因素，但巴西奥尼教授认为，"国际刑法学说并没有进一步界定跨国或国际的含义"[3]。基于有关国际犯罪文献和习惯法，以及学者著述考察，人们可以提炼出国际犯罪的模式及其构成因素。因国际因素产生的国际犯罪行为，是指出现一种或两种行为因素的犯罪行为，这些因素包括：行为必须构成对世界和平与安全的直接威胁；行为必须"震撼着国际社会的良知"，或犯罪的严重性对国际社会的和平与安全构成了间接威胁。当犯罪行为不只影响一个国家的利益，犯罪行为包括不止一国公民，或者犯罪行为包含的手段或方法超越了一国疆界时，就能反映这种因素的存在。[4]

在20余种国际犯罪类别中多数国际犯罪带有国际或跨国因素，但也存有缺乏国际或跨国因素而被认定为国际犯罪的行为，例如，酷刑就缺乏明显的国际或跨国因素，但却被界定为国际犯罪。[5] 国际社会已经认识到某些具有国际必要性犯罪类型的存在，为了有效控制这些犯罪，就必须确定哪些行为属于国际程度的犯罪，而且禁止性规定的强制执行应依赖于两个或更多国家的合作及努力，因为一个国家的单独行为常常难以成功。

（二）国际犯罪的界定要素

通过对现有国际犯罪类别的分析，我们认为，国际犯罪是指国际公约所规定的，严重威胁世界和平与安全、震撼国际社会良知，应受刑事处罚的行为。这种行为被界定为国际犯

---

〔1〕［意］加罗法洛：《犯罪学》，耿伟、王新译，中国大百科全书出版社1996年版。

〔2〕M. Cherif Bassiouni, *The Penal Characteristics of Conventional International Criminal Law*, 15 Case W. Res. J. Int'l L. 27, p. 28－29, (1983).

〔3〕M. Cherif Bassiouni, *The Penal Characteristics of Conventional International Criminal Law*, 15 Case W. Res. J. Int'l L. 27, p. 29, (1983).

〔4〕See M. Cherif Bassiouni, *International Norms and Standards in International Criminal Law, presented to the Meeting of the Committee of Experis at the International Institute of Higher Studies in Criminal Justice*, in connection with the Seventh United Nations Congress on the Prevention of Crimes and the Treatment of Offenders, p. 4－5(1983).

〔5〕See Barbara M. Yarnold, *Doctrinal Basis for the International Criminalization Process*, Temple International and Comparative Law Journal, (1994).

罪,除明显具备国际性因素以外,还部分地包含跨国性因素和国际必要性因素。有学者指出,罪行法典的编纂主要是依据亚里士多德指出的“习惯公正”,即那些由政治社会中的公民依照他们各自的特殊需要建立的成文规则。[1] 当某种犯罪行为不止影响一个国家的利益,即具有跨国因素时,其中包括不止一个国家的公民或穿越一个国家的疆域,该行为便处于个别国家之间惩罚犯罪行为人并抑制未然违法行为的合作之中。当犯罪行为人可能从行为实施国家转移到一个或更多的其他国家,或者引发其他更多的国际必要性时,该行为则处于国际之间惩治和阻止未然犯罪人的最佳合作之中。

由于犯罪行为震撼着国际社会的良知,或者威胁着世界的和平与安全,在某种程度上,国际社会已然在追寻自然法哲学家们的思想,某些国际法准则已经涉及国际刑事禁止性规定的方式并以此维护这些准则。在“准则”引导下的国际犯罪,或称具有国际性因素的国际犯罪,主要是指涉及国家或政府政策支持或默认的犯罪。例如战争罪、危害人类罪、侵略罪、灭绝种族罪和种族隔离罪、非法使用武器罪、非法进行人体实验罪和奴役罪等。

不容否认的是,在诸多国际犯罪的种类中不乏一些事实上是跨国的犯罪,或因存在一定的国际必要性而将部分非明显具有国际性或跨国性的犯罪界定为国际犯罪的罪行。如果在国际犯罪之中存有跨国因素,或者依照国际必要性将某些行为界定为国际犯罪时,国际社会制定的惩治危害人类和平与安全犯罪的“政策”便是不容忽略的内容。由政策驱动产生的国际犯罪类别可以视为国际社会中每个单位集体的利己行为。同样,当道德和人类利益没有受到重视时,其实际利益也会引起关注。例如,阻止伪造货币犯罪行为国际化的唯一有效的方法是通过多国的合作,因此,国家在相互利己中发现了惩治国际禁止性行为共同合作的有益之处。对货币利益的保护更突出的是实际需要而不是道德。对国家而言,保证国家的货币价值是突出经济要求的考虑。政策引导下的犯罪主要是具有跨国因素或国际必要性的“个人犯罪”,即个人在没有国家“介入”的情况下实施的犯罪,诸如海盗罪、劫持航空器罪、绑架外交人员罪、劫持人质罪、非法使用邮件罪、毒品犯罪、[2]伪造变造货币罪、盗窃国家珍贵文物罪、盗窃核材料罪、[3]贿赂外国公务员罪、干扰海底电缆罪和贩运淫秽出版物罪、环境犯罪[4]等。

---

[1] See Charles S. Edwards, Hugo Grotius, *A Study in Political and Legal Thought* 30(1980), The Miracle of Holland.

[2] 毒品犯罪是典型的具有跨国性的国际犯罪,1990年11月11日《联合国禁止非法贩运麻醉品和精神药物公约》生效,世界上2/3的国家拥护该公约,条约丰富的规定内容加强了国家之间抵制毒品犯罪的合作成果,特别是条约中规定允许装有毒品的货船进入或通过某些国家,以便追踪这些毒品的购买者,消除毒品犯罪的避风港。

[3] 盗窃核材料罪是典型的既不具有国际性因素,也不具有跨国因素的国际犯罪,但由于这种行为对人类社会存在的潜在威胁,国际社会认为为有效防止这种行为的实施,有必要加强国家之间的合作,因此,正是这种国际必要性使该罪纳入国际犯罪的行列。

[4] 环境犯罪是另一个不具有国际性因素和跨国因素的国际犯罪,将该罪界定为国际犯罪的主要依据亦是国际必要性因素。国际协约试图保护环境资源,例如捕鱼行业中的捕鲸行为已经受到一定的规范,在公海渔场的捕鱼活动,以及对大马哈鱼和金枪鱼的捕捞活动也都受到规范。其他各种保护野生动植物的协约亦同,包括濒临灭绝的物种,迁徙的鸟类,极地熊和海豹。同时国际协约还规定禁止个人污染海洋的行为。所有这些行为可能只影响一国公民或国家的利益,而没有跨越国家的疆界,因此,这些有关环境的犯罪缺乏明显的跨国因素。同样,个人的污染行为既不会直接也不会间接威胁世界和平与安全,从而不存在国际因素,但是,同核材料犯罪一样,环境犯罪潜在地威胁着整个人类社会乃至后代的生存,因此,正是国际必要性理论将该罪界定为国际犯罪。

因此,有学者指出,就目前国际社会认可的20余种国际犯罪而言,无论是依照准则,还是依照政策确立的都拥有共同的特征。依据准则界定的国际犯罪包含了国际因素,旨在维护世界和平和保护国际社会共同分享的利益。因此,国际犯罪化进程必定涉及学说的基础,即行为或包含国际因素,或部分包含跨国因素,或国际必要性使得犯罪化符合国际标准。[1]以政策为中心界定的罪行包含了跨国因素或国际必要性因素,其目的是保护个别国家的利益和"维护国际社会内所有人类共同生存的基础"[2]。我们认为,相对于依据准则的国际犯罪而言,目前被界定为国际犯罪的更多是根据政策的行为。究其原因是,具有国际性因素的国际犯罪几乎停留在早期发展阶段,没有增添新的内容;而依据政策确立的具有跨国性或国际必要性因素的国际犯罪,在数量上不仅远远超过单纯具有国际性因素的犯罪,而且随着科技的进步,社会文明的发展,还会有更新鲜的内容。

需要进一步说明的是,目前对于构成国际犯罪行为的解释应当规范化。"法无明文不为罪,法无明文不处罚"作为刑事法律的核心格言,其不仅要求在没有法律明确规定的前提下,不可以定罪处罚,而且还要求做到明确性和普遍性。对那些严重的犯罪行为应予严格的解释,并且不能从不利于适用对象的角度溯及既往。"罪刑法定"原则引入国际刑事法律体系后,特别是《惩治危害人类和平与安全罪行法典草案》吸纳了300余部国际公约、条约或协定中的禁止性行为,并将这些行为界定为国际犯罪,对国际犯罪的性质和程度作了解释,那么国际犯罪的解释更应作严格的限制。

总之,我们认为,应将国际犯罪的解释聚焦在国际公约明确禁止的,具有国际性、跨国性和国际必要性因素的犯罪行为上,因为这些行为震动了国际社会的良知,严重(直接或间接)威胁了世界和平与安全,犯罪结果影响了不止一个国家或其公民的利益,而且犯罪的方法和手段超越了国家边界。只有对国际犯罪进行严格的解释,才符合法治的要求。

---

〔1〕 See Barbara M. Yarnold, *Doctrinal Basis for the International Criminalization Process*, Temple International and Comparative Law Journal, (1994).

〔2〕 M. Cherif Bassiouni & Ved P. Nanda, *A Treatise on International Criminal Law*, Crimes and Punishment, p. 66, (1973).

国际刑法渊源合法性论要*

一、国际刑法渊源的基础

“法律永远是社会的最高权威”[1]。法律的合法性是法治和政治权威契合及互动的一个基本关节点。在法治国家中,“合法性”所面临的重大问题是政治权威,这也是国际社会法治所面临的重大课题。“合法性反映了一种认识上的一致,这种一致赋予领导者和国家以权威,合法性也反映了对个别领导者、机构和行为规范的尊重和承认。”[2]国际刑法作为一门崭新的交叉学科,包含了国际法、刑法和程序法三个方面的规定。至今尚无普遍认可的国际刑法概念,这为国际刑法的合法性带来了严峻的挑战。本文试图对国际刑法渊源进行探讨,进而说明国际刑法蕴含的合法性原理。

法律渊源是指法律原则、规则和制度第一次出现的地方,国家法的渊源是立法、习惯和法理,[3]这在《国际法院规约》第38条的规定中得到了充分的说明。[4] 国际法的渊源是国际刑法渊源的基础,同时,国际刑法的渊源有别于国家法和国际法的渊源。国际刑法形成与发展的方式不同于国家刑法,其合法性不可能只满足某个国家政治和法律上的需求,也不可能以国家为主体调和国家之间产生的争端,在国际刑法进化和发展的过程中,国际刑法自身的法律渊源揭示并廓清了其存在的合法性。

国际刑法作为国际法的分支,其渊源与国际法的渊源大体上同出一辙。国际法学家通常认为,1945年的《国际法院规约》是国际法渊源

---

* 本文原载于《吉林大学社会科学学报》2002年第5期,由高铭暄教授与王秀梅合作完成。

〔1〕[英]约翰·弥尔顿:《为英国人民声辩》,何宁译,商务印书馆1958年版。

〔2〕[美]杰克·普拉诺等:《政治学分析辞典》,胡杰译,中国社会科学出版社1986年版。

〔3〕参见王铁崖主编:《国际法》,法律出版社1995年版。

〔4〕参见[英]詹宁斯、[英]瓦茨修订:《奥本海国际法》(第1卷、第1分册),王铁崖等译,中国大百科全书出版社1995年版。

的权威宣示,它不仅说明国际条约、国际习惯和一般法律规则是国际法的渊源,而且将国际公法学学说和司法判例作为辅助性国际法渊源,国际组织的决议一般也被视为一种辅助性国际法渊源,[1]因此,国际刑法作为国际法组成部分,其渊源通常也被认为是由公约、习惯和法的一般原则三部分组成。也有学者认为,国际刑法来源于法的一般原则形成的公约和习惯,以及学者用来解释公约和习惯的著述。

国际刑法在适用中与国际法存在诸多不同,但国际刑法与国际法的渊源中都存在具有约束力的直接渊源和通过其影响发挥效力的间接渊源,而且蕴含着国际法和国内法在成为国际刑法时互为补充。但是,这种互补性曾被视为管辖权的概念而不是一个独立的概念。作为管辖权的概念,它被描述为在任何单一国家控制之外从事法律执行的机构之间对特殊犯罪行使管辖权的资格。国际刑法是多种规范的集合体,这些规范的性质、渊源、方法、主体和内容又与国际法各不相同。因此,国际刑法是一种复杂的法律规范,而且在法律渊源上具有多元性。

二、国际刑法的直接渊源

国际法学家在论证国际法的渊源时,提出了各不相同的观点。李浩培教授认为,国际条约是国际法的主要渊源,或称第一位渊源。[2] 奥本海则认为,习惯是国际法以及一般法律的最古老和原始的渊源。条约要以国际习惯法为背景加以解释,而且国际习惯法包含了强制法规则的内容,在条约与之相抵触的情况下将优于条约。历史上看,条约是国际法的第二个渊源。[3] 但是,《国际法院规约》第38条第1款已经确立了国际法渊源的基本次序,即条约(公约)、习惯和法的一般原则。

从国际刑法的纵向发展分析,国际刑法渊源的顺序应是先有习惯,后有公约和法的一般原则,但从国际组织与国家、国家与国家之间横向协调的需要上分析,为合理协调国际刑法的适用,国际刑法的渊源应以公约为首要渊源,习惯和一般法律原则作为国际刑法直接渊源的组成部分更为合理。因为立法一向是法律的主要渊源,国际公约则可视为由国际社会共同制定,至少大多数国家认可的具有约束力的国际立法。国际犯罪虽然源于国际公约、国际习惯法和一般法律原则三个部分,但源于公约规定的犯罪更能够体现"法无明文规定不为罪"的罪刑法定原则,因此,这三个部分是以公约为首的国际刑法的直接渊源。

(一)公约

公约是指在许多国家或国际组织的主持或赞助下或在国际会议上为解决某个或某些重大问题经谈判而订立的专门规定事项的多边条约。[4] 国际公约中涉及的具体内容是国际刑法最主要的渊源,在公约规定的基础上,通过"法无明文规定不为罪,法无明文规定不处罚"的原则更直接地满足了合法性原则的需求,而且得到世界各国的认可。1998年7月国

---

〔1〕 参见周鲠生:《国际法(上)》,商务印书馆1976年版。

〔2〕 参见李浩培:《国际法的概念和渊源》,贵州人民出版社1994年版。

〔3〕 这里奥本海先生将公约视为具有条约同样性质的法律文件。参见[英]詹宁斯、[英]瓦茨修订:《奥本海国际法》(第1卷、第1分册),中国大百科全书出版社1995年版,第15、19页。

〔4〕 参见周忠海等:《国际法学述评》,法律出版社2001年版。

际外交官大会通过的《国际刑事法院罗马规约》确定了国际刑事法院管辖的核心罪行均为国际公约明示的犯罪,如灭绝种族罪(crime of genocide)。灭绝种族(genocide)一词始见于1944年波兰法学家R.莱姆金(R. Lemkin)出版的著作——《轴心国在沦陷欧洲的统治》中,而且灭绝种族一词高度概括了第二次世界大战期间德国纳粹分子在其统治区内肆意杀戮80万本国人和外国人,尤其是犹太人的罪行,[1]但是,灭绝种族罪的条文化和法典化始于1948年12月9日订于巴黎的《防止及惩治灭绝种族罪公约》(Convention on the Prevention and Punishment of the Crime of Genocide),该公约是目前唯一惩治灭绝种族罪行的公约。除此之外,还有三个相关的国际性法律文件涉及灭绝种族罪,即1993年的《前南斯拉夫国际刑事法庭规约》、1994年的《卢旺达国际刑事法庭规约》和1986年的《危害人类和平与安全治罪法草案》。

(二)国际习惯法

习惯法是习惯运动的进程,通常是指经国家承认、具有法律效力的社会习惯。作为国际刑法渊源的习惯应当是国际社会普遍承认的国际社会的习惯。习惯法是得到国家法律接受和遵循的一般习惯,并从法律义务知识角度建立国际习惯法准则。1987年《美国对外关系法第三次重申》第102条第2款精辟地指出,国际习惯法"产生于国家一般的和一致的惯例,这些惯例所遵循的是法律义务的观念"。在编纂人道主义法律文件时,反复重申的习惯性准则最主要和最显著的意义是以该法律文件约束非缔约国的准则。当然,这些习惯性准则不是条约准则,却具有同一文本并约束这些国家的习惯准则。此外,由于国际人道主义法律文件没有说明所有的相关规则,对缔约国而言,辨别可适用的习惯规则也变得非常重要。同时,国际习惯法尖锐地引发了国际刑法渊源的合法性问题。在具有刑法性质的国际公约形成之时或之后,有时整体或部分地反映了国际习惯法。那些曾经仅约束缔约国的国际协定,随后则可能成为约束所有国家的一般习惯法部分。国际习惯法得到国家司法裁判的承认并在国家法适用中同样扮演着重要的角色。传统观点认为,习惯取决于国家的同意;有的学者认为,习惯取决于国际社会的普遍认可。[2] 1907年《关于陆地战争法规和习惯的日内瓦第四公约》的序言明确说明了普遍认可的这一精神,1949年在日内瓦签署的涉及战争和武装冲突的《日内瓦公约》同样表达了这种精神。

我们认为,国际习惯法原则上不应产生国际实体意义上的犯罪,且由于国际习惯法不可能始终符合国家刑法适用的合法性要求,因而在将国际习惯有系统地编纂为公约或条约形式之前,不宜将其作为国际刑法的直接渊源。可是,从国际法的历史渊源上看,国际习惯法在创制实体国际刑法、确定国际犯罪类型上确实发挥着重要的作用。因此,那些具有法律约束力、得到国际社会普遍认可的习惯可以被视为国际刑法的直接渊源之一而适用。

---

〔1〕 参见[奥]菲德罗斯等:《国际法(下册)》,李浩培译,商务印书馆1981年版。

〔2〕 该观点得到美国一些典型裁决的确认。See M. Cherif Bassiouni, *A Functional Approach to "General Principles of International Law"*, 11 MCH. J. INTL. L 7681(1990).

（三）一般法律原则

一般法律原则是指在所有或大多数国家法律体系中占有一定地位，自然为各国所称许而在国际法律体系中加以适用的法律原则。国际公约和国际习惯并非国际刑法的唯一渊源，《国际法院规约》强调“一般法律原则为文明各国所承认”[1]。与具有针对性的制定法或国际公约及国际习惯法相比，一般法律原则属于尽可能得到国内法认可并加以适用的普遍性原则。在具体适用中，一般法律原则的普遍性应以国内法律和程序为背景，这样便可体现出一般法律原则的本质是国内法归纳过程的结果，从而说明一项原则是许多国内法律体系特殊规则所依据的原则，而且这些一般原则在适用中很可能包含了“人道主义的基本考虑，在平时比战时更为严格”[2]。

我们认为，一般法律原则可以成为国际刑法的渊源之一有以下原因，其一，这些原则的合理性首先得到了文明国家的明确认可；其二，国际刑法的一般法律原则及其合法性可以通过国际法加以确认，国际法提高了一般法律原则的标准。然而，我们也不否认一般法律原则作为国际刑法的渊源之一最易缺乏满足合法性原则的要求。为此有学者指出，一般法律原则更适合作为确定国际刑法某些方面的法律渊源，诸如管辖权理论、解决管辖权冲突的标准、刑事责任的原则和免责条件（国际刑法的总则部分）、法律程序公正原则和刑事诉讼中被告人的基本权利。由此可见，一般法律原则作为国际刑法的渊源与法律禁止性规定相比，国际刑法的禁止性规定应为众所周知的，或者普遍具备使每个普通人了解关于国际刑法内涵及具体犯罪假设或推定的合理理由；而国际刑法的一般原则更多是在国际刑法领域发挥解释和划分国际法律义务和国际习惯法的作用。

除此之外，一般法律原则的国际刑法作用还表现为国际犯罪、国际犯罪构成要件的界定，以及国际刑罚的适用。这些作用在纽伦堡国际审判中针对“反人道罪（危害人类罪）”的认定和处罚最为显著，在其后的规范性国际刑事法律文件进一步重申危害人类罪是应受国际社会否定性评价的严重国际犯罪，而且为明确一般原则界定国际犯罪的合法性，这类犯罪已经在国际法委员会编纂的《危害人类和平与安全治罪法草案》中予以明确规定。国际罪行法典的编纂过程是一般法律原则作为国际刑法渊源并具有合法性的必然途径。最后需要说明的是，国际习惯法和一般法律原则作为国际刑法渊源在成为具有约束力的法律标准适用之前，必须得到充分的论证。

三、国际刑法产生的间接渊源

国际刑法渊源的多重性决定了国际刑法除具备直接渊源外，还具有附加的间接渊源，即国际和区域人权法、世界大多数法律制度公认的刑法的一般原则以及国际犯罪学和刑罚学方面出现的法律规范。因此，可以将国际刑法的间接渊源归纳为以下几种：(1)国际和区际人权法；(2)国家间刑事合作的标准；(3)国际犯罪学和刑罚学中涉及的内容。

---

[1] [英]詹宁斯、[英]瓦茨修订：《奥本海国际法》(第1卷、第1分册)，王铁崖等译，中国大百科全书出版社1995年版。

[2] [英]詹宁斯、[英]瓦茨修订：《奥本海国际法》(第1卷、第1分册)，王铁崖等译，中国大百科全书出版社1995年版。

（一）国际和区际人权法

国际和区际人权法的效力不亚于国际习惯法和一般法律原则，甚至与具有刑事性质的国际公约具有适用于一切个人的同等效力，并获得了大多数国家的支持和认可。如《世界人权宣言》只是国际社会提出的一种没有法律效力的权利主张，但这种主张为《联合国宪章》倡导人权和基本自由的内容提供了"一个共同认识"的注脚，"作为所有人民和所有国家努力实现的共同标准"。一些国家将《世界人权宣言》的内容不同程度地纳入国家宪法部分，用来指导国家部门法包括刑法和程序法的制定。

从程序意义上看，人权法的准则主要包括公正和迅速审判的权利及上诉权利，以及免受双重审判的权利等；从实体意义上看，人权法的准则主要包括生存自由和人身安全的权利、法律面前受到公认及平等保护的权利、罪刑法定和无罪推定的权利等。因此，涉及人权方面的国际或区际公约的适用及其法律效力在一定程度上起到国际刑法所具有的约束力作用。

（二）国家间刑事合作的标准

国际刑事法院应当是以国际合作与司法协助为追求的机构，而不是作为现行国内和国际机构的替代者，国际刑事法院作为法律实施的援助者，是适用于解决国家之间有关国际刑法领域内问题的另一个选择的工具。在惩治严重国际犯罪的法律适用中，国家间的合作蕴含在国际公约、国际法律性文件和区际公约的规定中，国家间的合作的标准是国际刑法间接执行的法律依据之一，是国际刑法直接执行模式的基础。国际刑法直接执行制度的最理想模式不仅应包括审判组织，还应包括所有要件完整的综合性国际刑事审判制度，即调查、起诉、审判、处罚和执行。纽伦堡国际军事法庭和远东国际军事法庭就是这种全面、综合及直接执行制度的代表，国际刑事法院是这种制度的完美体现。纽伦堡国际军事法庭、远东国际军事法庭、前南斯拉夫国际刑事法庭和卢旺达国际刑事法庭，以及 2002 年 7 月 1 日生效的《国际刑事法院罗马规约》[1]均确立了明确的国家间刑事合作标准。

国际刑法的间接执行制度依赖国家刑事审判制度公正有效地调查、逮捕、起诉和审判其管辖范围内的被指控人以及处罚认定有罪之人的能力，依赖国家自愿引渡并在案件调查或者逮捕被指控人或者犯有国际犯罪之人时，诚信、有效和公正地向其他国家提供法律协助。当前国家间刑事合作的主要形式有以下几种：引渡、获得证据的相互法律协助、刑事程序的移转、被判刑人的移转、刑事判决的承认与执行、查封并没收犯罪所得。

（三）国际犯罪学和刑罚学中涉及的内容

从古典刑事法学派视角分析刑事责任主体，道义责任论的立论基础以意志自由为依托，强调具有自由意志的犯罪行为及危害结果的刑事有责性，这种理论导致国际刑法确立刑事责任承担的主体只能是自然人。对自然人适用刑罚的实质可以表明国际犯罪学和刑罚学内

〔1〕 2002 年 4 月 11 日，在原有 50 个国家已经批准加入《国际刑事法院罗马规约》的基础上，又有 10 个国家加入，使加入国超出了该规约规定的最低数量，并按照该规约第 126 条的规定，在第 60 个国家批准的第 60 天后，该规约开始生效，2002 年 7 月 1 日，《国际刑事法院罗马规约》将正式生效，目前国际社会正在紧张地筹备国际刑事法院法官和检察官的遴选工作。

容被纳入国际刑法的过程,国际刑法中的刑罚是不确定的,不过在其发展过程中仍形成了适用的指导原则和程序保障。

在《联合国罪犯待遇最低标准》、《世界人权宣言》、《公民权利和政治权利国际公约》以及1969年的《美洲人权公约》和1981年的《非洲人权和民族权宪章》中,国际人权法援引的有关规定如对羁押中个人的处罚和待遇不能是"酷刑、非人道或者有辱人格",以及有可能禁止适用死刑和肉刑等问题都有所体现。国际刑法和刑罚学说禁止适用死刑、酷刑的内容已经发展为国际刑法渊源遵循的准则。对实施国际犯罪之人施加死刑的问题突出了人权法律对国际刑法的影响,死刑曾经被认为是适用于所有战争罪犯的恰当刑罚,继第二次世界大战后,国际军事法庭对12名被告人适用了死刑。[1] 随着时间的流逝,对战争罪和其他严重罪行适用死刑作为恰当刑罚的愿望已经消失,《前南斯拉夫国际刑事法庭规约》和《卢旺达国际刑事法庭规约》不再允许适用死刑,只允许判处监禁的刑罚。同样,《国际刑事法院罗马规约》也只包含了有期徒刑和罚金的刑罚方法。

源于多方面法律渊源的国际法律制度除国家同意向某国际建立机构提交的特性外,不具有超越国家制度的特点。国家在执行其主权、采取认可和与国际建立机构进行合作的事实,通过它们的同意证明没有必要说明这些机构超越国家的特点。因此,国际刑法的体制本质上是国家之间的体制,即使某些机构具有超越国家的特点。国际刑法的直接渊源与间接渊源在国际刑法发挥效力的过程中互为补充。

四、结语

"合法性"理论的主要奠基人马克斯·韦伯把对合法性的信仰视为"可靠的统治"的一个不可缺少的因素,他指出,"一切经验表明,没有任何一种统治自愿地满足于仅仅以物质的动机或者仅仅以情绪的动机,或者仅仅以价值合乎理性的动机,作为其继续存在的机会。毋宁说,任何统治都企图唤起并维持它的'合法性'的信仰"[2]。

国际法和国家法都有自身的高级法律渊源,坚持各自法律渊源产生的技术和方法、具体存在方式、执行模式,并影响各自现行制度的有效运行。国际法与国家刑法和程序法之间相互作用及相互影响的关系形成了具有综合性的部门法学科,即国际刑法学科。作为国际刑法形成基础的国际法、国家刑法和程序法自身存在的合法性已经得到了司法实践的充分证明。国际刑法作为国际法的一个分支,其形成的基础首先是合法的,其次,其构成国际刑法渊源的自身合法性亦得到了国际社会的普遍认可。国际刑法在力图实现跨国或者全世界范围内的和谐与合作,建立有序与和平的国际组织中发挥至关重要的作用。《从人类学角度看人的侵略性》一文指出:"法律在遏制有组织的群体内部的斗争方面要比其他控制这种群体之间的战争方面更为行之有效。"[3] 回首国际刑法发展的历史,国际法通过公约、习惯法和一般法律原则的刑事内涵确立了国际犯罪、刑事责任要素和执行模式,不断解决程序和执行

---

〔1〕 参见李浩培:《国际法的概念和渊源》,贵州人民出版社1994年版。

〔2〕 [德]马克斯·韦伯:《经济与社会》(上卷),林荣远译,商务印书馆1997年版。

〔3〕 [美]博登海默:《法理学——法哲学及其方法》,邓正来、姬敬武译,华夏出版社1987年版。

模式方面出现的问题,并延伸和涵盖了刑事管辖权理论及其范围,以及历史上绝对属于国家刑法总则部分的内容,特别是自纽伦堡审判之后,国际刑法在范围、内容、适用和执行上都得到了迅猛的发展,重申并发展了国际刑法的一系列原则,如个人刑事责任原则,确实在国际社会内部调和了一些冲突,发挥了其行之有效的作用,充分展示了国际刑法存在和发展基础的合法性。

当代国际刑法的新发展*

国际刑法是国际法律制度与国家法律制度相融合的产物，又是国际法、区域法、刑法和刑事诉讼法等部分法学的集合体，是国际公法中的第二大分支，而且已经成为所有公法中最令人瞩目和最具多元性的颇有发展前途的新兴学科。20世纪初期，一些国际律师认为根本不存在国际刑法，因为实体国际法并没有建立国际刑法的基本要素。但是，随着国际法和国际人道法的发展，特别是第一次世界大战和第二次世界大战后国际刑法规则与原则的初步确定，国际刑法的局面便开始不断改善，不仅形成了国际刑事法律制度，其存在还使国际社会整体法律秩序得到了保障。〔1〕 国际刑法的发展与完善为国际社会编织起一个严密的法网，使国际犯罪行为人在国家法院或者国际法庭均可受到刑事审判，从而实现国际刑法惩治国际犯罪的基本目标。

一、国际刑法的概念及发展进程

一个多世纪以来，许多哲学家、法学家、社会学家、经济学家和政治家们为维护人类和平、安全与发展作出了不懈的努力，这些努力过程就是国际刑法的概念、基本原则从无到有的发展脉络和完善进程。

（一）国际刑法的概念

随着研究国际刑法的热情的增长，国际社会研究国际刑法的学者也不断增加，但有关国际刑法这一术语的界定始终没有普遍一致的认识。目前主要存有六种不同观点：其一，国际刑法是指独立主权国家适用于其国民实施的犯罪行为或由外国人在其领域外实施的犯罪行为的法律规范。其二，国际刑法是由双边或多边条约或国际习惯法建立的依照本国刑法处罚某些犯罪行为的义务规范。国家有义务依照条约或公约处罚某些罪行的典型事例是对战争罪犯的处罚。其三，国际刑法

---

* 本文原载于《法律科学·西北政法学院学报》2006年第2期，由高铭暄教授与王秀梅合作完成。

〔1〕 See Farhad Malekian, *The Monopolization of International Criminal Law in the United Nations: A Jurisprudential Approach*, Uppsala University Reprocentralen HSC, 1995.

是大多数文明国家根据犯罪的特性实施处罚的行为规范，这类犯罪是指违反国家法律的罪行。其四，国际刑法是指国家之间的合作方式为审判活动提供协助，[1]引渡条约即其例证。其五，国际刑法是国际公约中旨在制裁国际犯罪、维护各国共同利益的各种刑事法律规范的总称，主要由国际社会共同制定的国际公约中的有关规定和惩罚国际犯罪、进行国际刑事合作的规范性条款组成。[2] 其六，著名国际刑法学家巴西奥尼教授认为，国际刑法从国际法的刑事角度分析，是指"通过国际法律义务调整由个人（以私人身份或以代表身份）或者集体所实施的违反国际禁止性规范，并应受刑罚处罚行为的国际法律制度"。从刑法的国际视角分析，国际刑法是指"对触犯一国刑法的个人进行制裁，在刑事方面进行合作的国际和国内法律制度"[3]。

国际刑法的概念应体现国际法与国家法、实体法与程序法的结合。国际刑法定义中的"国际性"体现为实体上国内法律的国际化，国际法的刑法化以及国际性法律规范对国际犯罪的调整；定义中的"程序性"则表现为国际与国内之间，各国之间的司法协助与合作。因此，国际刑法的概念体现了两个双重性的交织，即国际法的刑法化和国家刑法的国际化的交织，以及实体法和程序法的交织。

（二）国际刑法的发展进程

国际社会在历经两次世界大战的洗劫之后，惩治国际犯罪的意识与决心更为强烈，这种惩治国际犯罪的强烈意识推动了国际刑法的发展，并达到前所未有的繁荣。总体上说，国际刑法的发展大致经历了以下四个发展阶段。

第一阶段，国际刑法的诞生（1919 年以前）。早在第一次世界大战爆发之前，国际刑法的发展就已初见端倪。一方面体现在 16 世纪习惯国际法对惩治海盗罪（piracy）达成的共识，[4]并成为国际社会其后界定和发展国际犯罪种类的蓝本。另一方面，国际社会对违反"上帝和人道法"行为的审判揭开了国际刑事审判的序幕。[5] 这一时期，尽管实体意义上的国际刑法或程序意义上的国际刑法都没有进入规范化的过程，既没有进行国际罪行实体法的编纂，也没有从事正规的国际性刑事审判，但已形成国际刑法的雏形，并呈现出一种独立发展的态势。

第二阶段，国际刑法发展的第一次高峰（1919～1955 年）。两次世界大战爆发给人类社会带来灾难的同时，也推动了国际刑法的发展，这一期间是国际刑法发展的第一个高潮。人

---

〔1〕 See Gerhard O. W. Mueller & Edward M. Wise eds. ,*International Criminal Law* at 5 - 12,1965 p. 5 - 12.

〔2〕 参见张智辉：《国际刑法通论：增补本》，中国政法大学出版社 1999 年版。

〔3〕 M. Cherif Bassiouni, *International Criminal Law*, Martinus Nijihoff Publishers,1980.

〔4〕 "海盗一直被认为是逐出法外之人，一种'违反人类的罪行者'。按照国际法，海盗行为使海盗丧失了其本国的保护，因而丧失其国家属性；而且他的船舶，或者飞机，虽然过去可能具有悬挂某一国家旗帜的权利，但现在也丧失了这种权利。国际法上的海盗行为是一种'国际罪行'；海盗被认为是一切国家的敌人，他可以被'落入其管辖权的任何国家'加以法办。"参见[英]詹宁斯、[英]瓦茨修订：《奥本海国际法》（第 1 卷，第 2 分册），王铁崖等译，中国大百科全书出版社 1998 年版，第 174 页。

〔5〕 1474 年，当时 27 名神圣罗马帝国法官审理了 Peter Von Hagenbush 允许其军队实施强奸、杀害和掠夺无辜平民财产的行为，并因这种行为侵犯了"上帝和人道法"（laws of god and man）而认定其有罪。See M. Cherif Bassiouni, *The Time Has Come for an International Criminal Court*, Indiana International and Comparative Law Review, 1991.

类社会认识到战争罪行和危害人类罪行的严重危害结果，进一步明确战争罪和危害人类罪属于严重的国际犯罪。并且在实践中，法国、英国、美国、意大利等战胜国经过多方妥协最终达成《凡尔赛条约》，建立了世界上第一个正式的战争发起者责任与刑罚委员会[1]。尽管莱比锡审判夭折，但这一时期国际社会所做的努力已经表明了国际社会惩治严重危害人类和平与安全犯罪的强烈愿望，从而使国际刑法呈现出急速发展的趋势。第二次世界大战的爆发促使国际刑法的发展达到第一个巅峰，也为国际刑法的进一步发展奠定了基石。这一时期，实体法上除了强调战争罪、危害人类罪等严重国际犯罪以外，还肯定了灭绝种族罪等其他国际犯罪。从国际审判实践的角度分析，纽伦堡审判[2]和东京审判[3]不仅在社会意识上获得了成功，而且满足了民众期盼和平与惩治战犯的渴望。《纽伦堡法庭宪章》及其审判活动以革新的方法创制了解决武装冲突的法律，创设了新的国际法原则——纽伦堡原则（其中包括著名的个人责任原则）。

第三阶段，国际刑法发展的相对平稳期（1955～1992年）。此期间虽然国际局部地区发生危机和动荡现象，如越战、海湾战争等，但国际刑法似乎没有给予足够的关注或作出明显的反应。然而，有关国际犯罪种类的界定发生了重大变化。国际社会关注的焦点逐渐从战争罪、危害人类罪等极其严重的国际犯罪转向一些新型犯罪，如侵略罪、种族灭绝罪、种族隔离罪、国际恐怖主义罪行以及非法贩运毒品罪等。1990年，国际社会已经着手处理出现的两类新型国际犯罪，即环境犯罪[4]和盗窃核武器及核材料罪[5]。这一时期，联合国仍在认真努力编纂国际罪行法典，并积极筹划国际刑事法院建立进程，尽管“冷战”阻碍了这一进程的推行，但自1990年以来，国际刑法的发展已逐渐走出低谷。

第四阶段，国际刑法发展的里程碑（1992年至今）。1991年以来，前南斯拉夫境内发生了严重违反国际人道法的国际性武装冲突，1994年，卢旺达境内的武装冲突中也出现了灭

---

[1] 该委员会提出了895名应受指控的战争罪犯的名单，并希望通过协约国军事法庭进行一次较为正式的国际刑事审判，即根据1907年《海牙公约》序言中马顿斯条款的规定，起诉1915年在土耳其境内大规模屠杀亚美尼亚人的土耳其官员以及其他实施“违反人道主义罪行”的个人。对土耳其官员进行起诉的根据是1920年协约国与土耳其签订的《塞夫勒条约》（Treaty of Sres），根据该条约规定，土耳其罪犯有可能受到“违反人道主义法罪行”的审判，但是，《塞夫勒条约》并没有获得批准，其条款也始终没有投入使用，相反，1923年的《洛桑条约》（Treaty of Lausanne）取代了《塞夫勒条约》，《洛桑条约》不仅没有规定任何起诉的条款，反而在其未公开的附件中同意赦免土耳其官员。土耳其政府和专家也一致否认在土耳其境内曾经发生过这样的大屠杀，相反，他们提出在亚美尼亚人和土耳其人之间存在种族冲突，并由此导致了双方伤亡事件的发生。See M. Cherif Bassiouni, *The Time Has Come for an International Criminal Court*, Indiana International and Comparative Law Review, 1991. M. Cherif Bassiouni, From Versailles to Rwanda in Seventy-five Years: The Need to Establish a Permanent International Criminal Court, Harvard Human Rights Journal, Volume Ten, 1997.

[2] 1945年8月8日，英国、美国、法国和苏联在伦敦签署了关于起诉和惩处欧洲轴心国首要战犯的《伦敦协定》，该协定包含的《伦敦宪章》第1条规定：“依照德国管制委员会的决定应建立国际军事法庭以对战犯进行审判，对其所犯罪行不存在特定的地域性，不论其作为个人或者作为组织或集团成员的身份。”

[3] 1946年1月19日同盟国正式通过的《远东国际军事法庭宪章》第1条规定：“为求远东主要罪犯之公正与迅速的审判及处罚，兹设立远东国际军事法庭。”

[4] 出于对人类共同生存空间条件及后代生存可能性的考虑，国际社会逐渐认识到环境犯罪的危害性，并将该种犯罪纳入国际犯罪之列。See John B. Anderson, *An International Criminal Court—An Emerging Idea*, 15 Nova L. Rev. 443－444.

[5] 1980年3月3日通过的《核材料实体保护公约》要求各国将个人故意非法获得核材料或盗窃、使用核材料的行为规定为犯罪。国际社会在认识到核作为科技进步的产物，非法使用同样会给人类带来灾难的同时，将该种犯罪视为国际犯罪。See M. Cherif Bassiouni, *A Comprehensive Strategic Approach on International Cooperation for the Prevention, Control and Suppression of International and Transnational Criminality*, 15 Nova L. Rev. 353(1991).

绝种族罪和严重违反国际人道法行为的事件，这些事件的发生再次推动国际刑法朝着一个新的峰值迈进。首先，前南斯拉夫国际刑事法庭和卢旺达国际刑事法庭的建立明确了对严重违反国际人道法负有责任之人予以起诉的审判机制。[1] 其次，经过国际法委员会、国际刑法学协会等国际性机构的积极努力，《危害人类和平与安全治罪法典草案》（以下简称《治罪法草案》）的编纂和颁行工作顺利完成。[2] 这部法典的制作摆脱了原有国际公约不含刑罚特征的弊端，吸收了现代国际公约及国际刑法发展中逐步形成的有关刑罚适用的规定和特点，充分展示了国际犯罪行为的固有特征。最后，国际刑事法院规约诞生。1998 年 6 月 15 日至 7 月 17 日在意大利罗马举行的世界外交官大会上正式通过的《国际刑事法院罗马规约》（以下简称《罗马规约》）是迄今为止最具综合性国际刑法典象征的国际法律文件，特别是近两年来，国际刑事法院开始处理刚果、乌干达和中非国家提交的情势以及联合国安理会提交的苏丹情势调查，从理论和实践层面将国际刑法的发展推向一个新的巅峰。

二、国际犯罪的演进与《治罪法草案》的编纂

虽然国际犯罪的产生可以追溯到古代希腊人和罗马人认识到制约战争的手段和方法，这些制约方法的运用形成了欧洲基督教教义上所说的战争权和战争规则，但国际社会最先认可的国际犯罪是海盗罪。1841 年至 1982 年，国际社会制定了一系列适用于海盗罪的国际性法律文件，如 1937 年 9 月 14 日的《尼翁协议》（Nyon Arrangement）认为“海盗”是一种“恐怖主义”的行为，并将该罪行列入国际犯罪种类之内，使之成为国际社会最早认同的典型的国际犯罪。此后，贩卖奴隶行为[3]和战争罪行[4]逐渐受到国际社会的谴责，[5]并通过对习惯国际法的认可逐渐演变为国际公约规定的国际犯罪。[6]

（一）国际犯罪种类的演进

国际犯罪种类的变化不仅体现为国际公认的犯罪数量的逐渐增加，还体现为将严重震撼人类社会良知的犯罪行为提交国际刑事法庭审判的共识。

继海盗罪之后，国际社会依据犯罪行为是否对世界和平与安全构成直接的威胁，是否

---

[1] 联合国安理会 1993 年 2 月 22 日第 808 号决议第 1 段决定“设立一个国际法庭来起诉应对 1991 年以来前南斯拉夫境内所犯的严重违反国际人道法行为负责的人”；联合国安理会通过第 995 号决议，旨在设立一个国际法庭调查和起诉卢旺达内战期间严重违反国际人道法行为之人。

[2] 1991 年，《治罪法草案》的文本正式形成，联合国综合各方提出的意见不断对该草案进行分析修订，并于 1996 年正式通过了《治罪法草案》。

[3] 1815 年至 1982 年共有 27 部法律文件中包含了奴役和与奴役行为有关的内容。See M. Cherif Bassiouni, *International Criminal Law Conventions and Their Penal Provisions*, Transnational Punishers, 1997, p. 730 – 733.

[4] 1854 年至 1998 年的有关法律文件中涉及战争行为的共计 70 多部，其中有 30 余部可适用的法律文件。See M. Cherif Bassiouni, *International Criminal Law Conventions and Their Penal Provisions*, Transnational Punishers, 1997, p. 501 – 504.

[5] 这里国际谴责性中的“国际”成分“是有关行为的犯罪构成达到了危害国际社会的程度”。See Rupa Bhattacharyya: *Establishing a Rule-of-Law International Criminal Justice System*, Symposiun on Humanitarian Intervention and International Justice, Texas International Law Journal, 1996.

[6] 目前有 274 个国际公约或法律文件涉及 27 种国际犯罪的内容。See M. Cherif Bassiouni, *International Criminal Law Conventions and Their Penal Provisions*, Transnational Punishers, 1997.

“震撼着国际社会的良知”,或犯罪的严重性是否对国际社会的和平与安全构成了间接的威胁以及是否影响不止一个国家的利益或不止一国公民,或者犯罪行为的手段、方法是否超越了国家的疆界为标准,界定某行为是否构成国际犯罪。[1] 巴西奥尼教授通过分析国际犯罪的类型指出:“在国际犯罪化进程中,存在两个共同的条件:一是法定的行为;二是行为必须包含了国际或跨国的因素以符合国际犯罪的类别。”

随着人权法的内容逐渐被纳入国际刑事法律规范,许多侵犯有关他人生命、自由、个人尊严与人身安全的基本人权准则的行为均通过国际刑法予以犯罪化。例如关于危害个人生命、身体安全和健康的犯罪:侵略罪,灭绝种族罪,危害人类罪,战争罪,攻击联合国和有关人员罪,种族隔离罪,奴役及奴役相关的习俗罪,酷刑和其他残忍、不人道和有辱人格待遇的处罚罪,非法人体试验罪,海盗罪,劫持航空器罪,危害航海安全和公海固定平台安全罪,威胁和使用武力危害国际被保护人员罪,劫持人质罪和破坏国际邮政秩序罪。影响社会、文化和经济利益的犯罪同样涉及人权的范围。这些犯罪包括非法贩卖毒品罪、破坏兼或盗窃国家珍贵文物罪、危害受国际保护的特定环境因素罪、国际贩卖淫秽物品罪、伪造和变造货币罪、贿赂外国官员罪以及盗窃核材料罪和非法干扰国际海底电缆罪等均成为国际刑法调整的犯罪。

虽然实在法即一些国际公约通过其有效性而具有约束力,如1948年的《防止及惩治灭绝种族罪公约》等,但是,仍有部分公约仅对国际刑法的发展具有激励作用,而不具有约束力。如巴西奥尼教授于1980年提交给联合国的关于《防止及惩治非法人体试验公约草案》对特定行为就不具有约束力。[2] 虽然这些不具有约束力的国际公约规定的行为当时尚未上升到独立的国际犯罪的程度,但根据实施这些行为的具体背景,如在武装冲突或者战争期间,或者在广泛地、有系统地实施危害人类罪的过程中,实施非法人体试验的行为因其严重性,足以构成战争罪和危害人类罪。

在上述罪行演进过程中,部分犯罪已经达到强行法(jus cpgens)调整的犯罪的法律地位,以及源于具有强行法性质的对一切人义务(obligatio erga o mnes)的法律适用范畴。强行法是指某些国际犯罪达到的法律程度,而对一切人的义务是指某种国际犯罪具有强行法的特征而产生的法律适用,两个概念虽各不相同,却是一个事物相互依托的两个方面。2002年生效的《罗马规约》管辖的灭绝种族罪、危害人类罪和战争罪既是国际刑事法院管辖的核心罪行,也是强行法上的犯罪。[3] 而且这些犯罪均或者直接与战争和武装冲突有关,或者实施了违反《日内瓦公约》、严重侵犯人权的行为,或者实施了严重违反人道主义法的行为。

---

〔1〕 See M. Cherif Bassiouni, Working Paper on “International Norms and Standards in International Criminal Law”, presented to the Meeting of the Committee of Experts at the International Institute of Higher Studies in Criminal Justice (Siracusa), in connection with the Seventh United Nations Congress on the Prevention of Crimes and the Treatment of Offenders 4 - 5 (Jan. 10 - 15, 1983).

〔2〕 See Draft Convention for the Prevention and Suppression of Unlawful Human Experimentation (U. N. Commission on Human Rights), 13 August 1980, U. N. Doc. E/CN. 4/Sub. 2/NGO/80(1980).

〔3〕 由于国际社会目前尚无对侵略罪的统一定义,所以目前国际刑事法院管辖的核心罪行尚不包括侵略罪。

此外，在国际犯罪演进过程中，最突出的是依据《日内瓦公约》第3条的规定，将国内性武装冲突视为国际犯罪，且在前南斯拉夫和卢旺达国际特设法庭的实践中已经得到进一步确认，并已经成为国际刑事法院未来审理的罪行范围。

（二）《治罪法草案》的编纂

国际刑法最新发展的显著成就是国际社会认可了20余种国际犯罪，即《治罪法草案》的编纂。

自1924年以来，国际刑法学协会一直致力于筹建国际刑事法院和编纂国际罪行法典的工作，直至第二次世界大战后的纽伦堡审判，《治罪法草案》的起草和修订工作提上联合国的议事日程。1947年，联合国大会指令国际法编纂委员会（国际法委员会的前身）制定一部治罪法草案。1951年，联合国大会成立特别委员会，决定起草《治罪法草案》。1954年，国际法委员会将《治罪法草案》提交联合国大会，为数不多的条款详细列举了有关国际犯罪的定义。[1]《治罪法草案》的最后文本于1991年完成，联合国综合各方提出的意见再次对该草案进行分析修改，摆脱了原有国际公约不含刑罚特征的弊端，吸收了现代国际公约与国际刑法发展中逐步形成的有关刑罚适用问题的详尽规定及特点，于1996年通过了《治罪法草案》，《治罪法草案》是历史上确定国际犯罪种类最多的一次，共包含最严重的5种犯罪，即侵略罪、灭绝种族罪、危害人类罪、战争罪、攻击联合国和有关人员罪，并成了一部既包括国际犯罪又涵盖跨国犯罪的综合性法典。

三、国际刑事司法实践的发展与完善

国际刑事审判最初的尝试可追溯到1474年，当时27名圣罗马帝国法官审理了Peter Von Hagenbush允许其军队实施强奸、杀害和掠夺无辜平民财产的行为，并因这种行为侵犯了“上帝和人道法”（laws of god and man）而认定其有罪。[2] 这是国际刑事审判史上第一次“非正式”的审判活动。第一次世界大战爆发之前，卡内基基金会建立了一个唯一具有国际特色的非政府委员会，该委员会负责调查1912年第一次巴尔干战争和1913年第二次巴尔干战争中针对平民和战犯实施的那些应受指控的暴行。在第二次巴尔干战争开始时，为了向西方国家提供一个“受影响地区正在发生事件的清晰的、可靠的画面”，该委员会调查了冲突的整个过程及个人行为。该委员会组织了几个事实调查团，在事后根据他们发现的事实作出了实质性的报告，并于1914年7月递交了这些报告，同年8月，第一次世界大战爆发，这些报告的作用便成了历史的缩影。[3]

---

〔1〕 See M. Cherif Bassiouni, *From Versailles to Rwanda in Seventy-five Years: The Need to Establish a Permanent International Criminal Court*, Harvard Human Rights Journal, Volume Ten, 1997.

〔2〕 See M. Cherif Bassiouni, *The Time Has Come for an International Criminal Court*, Indiana International and Comparative Law Review, 1991.

〔3〕 See M. Cherif Bassiouni, *From Versailles to Rwanda in Seventy-five Years: The Need to Establish a Permanent International Criminal Court*, Harvard Human Rights Journal, Volume Ten, 1997.

(一)国际刑事审判的历史经验

自1919年至国际刑事法院建立之前,国际社会先后设立了五个调查委员会[1],四个特别法庭和一个常设国际刑事法院[2]。这些调查委员会的工作不仅便利了国际刑事诉讼活动的顺利展开,而且特别法庭的审判实践为建立常设国际刑事法院起到了很大的铺垫作用,并进一步推动了国际刑法的新发展。

1919年协约国军事法庭(inter-allied military tribunals)根据《凡尔赛条约》第227条的规定进行莱比锡审判,但协约国的兴趣不在审判威廉二世身上。协约国一方面放弃建立国际刑事法院的设想,另一方面同意德国通过国内审判程序起诉战犯。[3] 事实上,一些主要国家的领导人更多关注欧洲未来的和平问题,而不是真正追求公正的审判,这是莱比锡审判的主要障碍,这一例证表明协约国为达到其政治目的而不惜葬送莱比锡审判的公正性。[4]

1945年和1946年继第二次世界大战后建立的纽伦堡国际军事法庭[5]和远东国际军事法庭[6]的审判虽然在社会意识上获得了成功,满足了民众期盼和平与惩治战犯的渴望,而且纽伦堡原则与该原则强调的个人责任原则正是透过一定形式将适合法律的实质性内容赋予现存的刑法法规,这种形式的有益尝试为探索常设国际刑事法院建立的可行性提供了理论指导与现实的借鉴作用。但是,这种国际刑事审判成功的尝试仍不能掩饰第二次世界大战后的国际刑事审判带有战胜国对战败国战犯进行审判的"以法律手段"进行复仇的色彩。

---

[1] 五个调查委员会分别为:(1)1919年的战争发起者责任与刑罚委员会(the 1919 Commission on the Responsibilities of the Authors of War and on Enforcement of Penalties);(2)1943年的联合国家战争罪行委员会(the 1943 United Nations War Crimes Commission);(3)1945年的远东委员会(the Far Eastern Commission);(4)为调查前南斯拉夫战争罪行和其他违反国际人道法罪行,依照《安理会第780(1992)号决议》于1992年建立的专家委员会(the Commission of Experts);(5)为调查卢旺达境内严重违反国际人道法行为,依照《安理会第935(1994)号决议》于1994年建立的卢旺达专家委员会(the Rwanda Commission of Expert)。

[2] 四个特别法庭分别为:纽伦堡国际军事法庭(the International Military Tribunal at Nuremberg)、远东国际军事法庭(the International Military Tribunal for the Far East Tokyo)、前南斯拉夫国际刑事法庭(the International Criminal Tribunal for the Former Yugoslavia)和卢旺达国际刑事法庭(the International Criminal Tribunal for Rwanda);一个常设国际刑事法院即目前坐落在海牙的国际刑事法院。

[3] 协约国仅从1919年战争罪行发起者责任与刑罚委员会最初提供的895名战犯名单中移交给德国最高法院45名战犯。但德国最高法院最终仅起诉了12名军官,而且这些被认定的罪行都不应轻于实际所判处的。See M. Cherif Bassiouni, *The Time Has Come For an International Criminal Court*, Indiana International and Comparative Law Review, 1991; M. Cherif Bassiouni, *Crimes Against Humanity in International Criminal Law*, Published by Martinus Nijhoff Publishers, 1992, p. 36 – 37.

[4] See M. Cherif Bassiouni, *Crimes Against Humanity in International Criminal Law*, Published by Martinus Nijhoff Publishers, Netherlands 1992.

[5] 纽伦堡法庭审理的24名战犯中,22人受到有罪起诉,其中戈林、里宾特洛甫、罗森堡等12人被判处绞刑,3人被判处无期徒刑,2人被判处有期徒刑20年,1人被判处有期徒刑15年,1人被判处有期徒刑10年,巴林等3人被宣告无罪。See M. Cherif Bassiouni, *Crimes Against Humanity in International Criminal Law*, Published by Martinus Nijhoff Publishers, 1992, p. 18 – 47.

[6] 法庭指控25名被告犯有破坏和平罪、普通战争罪,其中东条英机等7人被判处死刑,本户幸一等16人被判处无期徒刑,东乡茂德等2人被判处有期徒刑。See M. Cherif Bassiouni, *From Versailles to Rwanda in Seventy-five Years: The Need to Establish a Permanent International Criminal Court*, Harvard Human Rights Journal, Volume Ten, 1997.

1993年和1994年,联合国安理会通过决议,建立前南斯拉夫[1]和卢旺达国际特设法庭[2],突破了旧有国际刑事审判罪行管辖范围的僵化模式,为国际刑法的发展作出了较大的贡献,表现在以下三个方面:一是法律渊源上的进展。两个法庭都是联合国安理会依照《联合国宪章》的精神,并根据联合国安理会决议设立的国际特设法庭,因而这两个法庭对及时有效地解决当时历史条件下发生的严重违反国际人道法的行为发挥了积极的功效。[3]二是拓展了国际法原则。两个国际法庭在纽伦堡国际军事法庭和远东国际军事法庭基本原则的基础上,将只由冲突的某一方承担刑事责任的理论发展为刑事责任的承担不受冲突某一方的限制,只要行为人实施了违反国际人道法行为之一的,无论其为冲突哪一方,均应承担刑事责任。三是进一步糅合了国际法和刑法的基本理论。两个国际法庭在诉讼活动中合理使用一些原则沿展了国际刑法的基本原则,如并行管辖权的行使问题[4],一罪不二审原则的明确[5],强调司法独立的原则[6],犯罪嫌疑人和被告人权利的保障以及国际司法协助等。依照《联合国宪章》建立的国际刑事法庭在很多国际刑法基本原则中得到印证,如国际关系间禁止使用武力原则、国际政策对战争罪犯的谴责、个人与集体自卫权的保护等。

上述国际刑事法庭无论是以条约形式或非条约形式建立的纽伦堡国际军事法庭和远东国际军事法庭,还是以联合国安理会决议的方式建立的前南斯拉夫法庭和卢旺达法庭,都属于一种临时性的国际军事法庭或者国际特设法庭,且目标单一。如纽伦堡国际军事法庭和远东国际军事法庭的设立显然是出于"军事"目的;前南斯拉夫法庭和卢旺达法庭的建立是为了平息武装冲突。这些特设法庭的创设在某种程度上均带有地域或事件的局限性,不仅不具有普遍的国际性特征,在诉讼程序上还存在难以解决的问题,如卢旺达国家法院和卢旺达国际特设法庭对卢旺达境内发生的灭绝种族罪行具有并行的管辖权,从而导致同一事实法律适用的标准截然不同,进而导致法律的公正适用受到贬损。国家法院行使国际刑法管辖权起诉和审判国际犯罪在一定程度上削弱了国际刑法的价值;同时,国际犯罪行为人并不经常被引渡到请求国接受指控的事实也淡化了国际刑法的功能。因而,惩治震撼人类良知的犯罪行为的历史使命最终落到了国际刑事法院的肩上。

(二)国际刑事法院的建立与国际刑法的发展

早在联合国建立之初通过的两个重要法律文件就突出了国际刑法保障人权的基本理念,

---

[1] 1993年5月25日,继专家委员会递交第一份临时报告之后,联合国安理会《第808(1993)号决议》明确规定:"决定建立一个国际刑事法庭,旨在起诉凡自1991年以来,在前南斯拉夫领域内实施的严重违反国际人道法负有责任之人。" S. C. Res. 808 U. N. SCOR. ,48th Sess. U. N. Doc. S/RES/808(1993).

[2] 根据《联合国宪章》第七章的规定及联合国安理会《第995(1994)号决议》的精神,国际社会决定设立一个国际特别法庭,负责起诉1994年1月1日至1994年12月31日在卢旺达境内实施种族灭绝和其他严重违反国际人道法行为的责任者,以及在邻国境内实施种族灭绝和其他违法行为的卢旺达公民。See Larry D. Johnson, *The International Tribunal for Rwanda*, International Review of Penal Law, Vol. 67:1-2, p. 501(1996).

[3] 以决议创制的法庭与以条约形式创造的法庭相比,其优点是突出了及时性和有效性,而以条约形式建立的法庭的缺陷表现为将花费大量的时间拟订文书,并须获得法定数目的国家批准方能生效,即便如此,也不能保证获得条约缔约国的批准,以确保条约的切实有效性。

[4] 《前南斯拉夫国际法庭规约》第9条。

[5] 《前南斯拉夫国际法庭规约》第10条。

[6] 《前南斯拉夫国际法庭规约》第16条。

如1948年的《世界人权宣言》和1948年的《灭绝种族罪公约》分别体现了个人受到公正审判的权利和建议发展国际战争罪法庭审判实施危害人类罪之人。联合国大会设立了一个国际刑事法院问题委员会,该委员会于1951年拟定了一份规约草案并于1953年提出了一份订正规约草案。其后几十年,国际社会一直为建立完善的国际刑事审判机构而不懈努力。

1989年12月,联合国大会根据特立尼达和多巴哥共和国的请求,请国际法委员会重新就国际刑事法院的问题进行工作。1994年,国际法委员会完成了起草国际刑事法院规约草案的工作,并将该规约草案提交给联合国大会。为了审议该规约草案所引起的重大实质性问题,联合国大会设立了"设立国际刑事法院问题特设委员会",在1995年开了两次会。联合国大会在审议了该特设委员会的报告后,又设立了"设立国际刑事法院预备委员会",负责拟订一份能够被广泛接受的综合案文草案,提交给将要举行的外交会议。该预备委员会从1996年至1998年举行了几届会议,最后一届会议于1998年3月至4月举行,完成了案文起草工作。1998年6月15日至7月17日在意大利罗马外交官大会上通过了《罗马规约》。目前已有139个国家签署、99个国家批准《罗马规约》。迄今为止,国际刑事法院已经接受《罗马规约》缔约国和联合国安理会提交的情势,并开始对乌干达、刚果、中非和苏丹境内发生的情势展开调查。

联合国秘书长安南指出,国际刑事法院的建立是"对未来一代希望之馈赠,并在通向普遍的人权和法治进程中迈出的巨大一步"。[1] 谈判活动的加拿大执行主席菲利普·克什(Philippe Kirsch)先生指出:"外交官大会已经建立了基础稳定的对未来一代产生重要影响的机构。"[2]时任意大利外交部长的兰伯托·迪尼(Lamberto Dini)先生强调,国际刑事法院将减少人们之间不稳定的共存关系,并"将标志国际社会不仅是政治而且是道德的进步"[3]。罗马外交官大会起草委员会主席巴西奥尼教授认为,国际刑事法院代表始于第一次世界大战后国际历史发展的顶点。从来没有人能够想象得到国际刑事法院规约是最完善的,他们迎接的是最先进地兼容了国家平等原则、程序公正以及今天存在的国际管辖。[4] 罗马外交官大会通过的《罗马规约》和国际刑事法院的建立成为国际刑法发展的里程碑和国际司法制度发展中至关重要的转折点。

四、国际刑法基本原则的确立

国际刑法的基本使命是维护国际法律秩序,以推动国家间有效的合作与和谐。根据巴西奥尼教授的观点,国际刑法的目的是维护国际法律秩序,包括维护国际和平、战争或者武装冲突期间的人道主义保护以及禁止适用某些武器,保障人权的基本原则,惩治各种形式的

---

〔1〕 Bruce Broomhall, *The International Criminal Court: Overview, and Cooperation with States*, A. I. D. P. NOUVEL ETUDES PENALES, 1999, p. 13.

〔2〕 Bruce Broomhall, *The International Criminal Court: Overview, and Cooperation with States*, A. I. D. P. NOUVEL ETUDES PENALES, 1999, p. 13.

〔3〕 Bruce Broomhall, *The International Criminal Court: Overview, and Cooperation with States*, A. I. D. P. NOUVEL ETUDES PENALES, 1999, p. 13.

〔4〕 See Bruce Broomhall, *The International Criminal Court: Overview, and Cooperation with States*, A. I. D. P. NOUVEL ETUDES PENALES, 1999, p. 13.

恐怖暴力,维护各国的社会利益和文化遗产,保护环境、维护经济利益和各种交流方式。[1] 正是基于这些考虑,国际刑法才有了自己的教育、威慑、惩治、预防、起诉、改造和惩罚的政策。[2] 这些内容构成了国际刑法的基本体系,在该体系发展的历程中形成了诸多国际条约或习惯,并逐渐演变为具有真正法律性质的一些规则,如第二次世界大战后,1946 年 12 月 11 日联合国大会确认并通过的"纽伦堡国际军事法庭宪章及该法庭判决书中所包括的国际法原则"[3]。其后随着国际刑法理论和实践的深入发展,逐渐形成了国际刑法的基本原则。

（一）合法性原则

合法性原则即要求法律规范界定一个清晰和明确的禁止性行为,以防止可能出现的司法权滥用和任意适用法律的风险。合法性原则是司法公正的核心。国际刑法的管辖对象虽然是个人的严重国际犯罪行为,但涉及国际法庭与国家法庭,以及若干国家间法庭关系的复杂情况,因而对合法性的要求更高。如国际刑法法律渊源和国际犯罪的禁止性规定,虽然部分产生于习惯法,但大多数由国际公约创设,满足了合法性原则的要求。

此外,国际刑法的合法性原则还包括法无明文规定不为罪(null u m cri men si ne lege),法无明文规定不处罚(nulla poena si ne lege)[4];法律适用不溯及既往(no ex post facto);一罪不二审原则[5];以及无罪推定原则[6]。这些原则无疑共同构建了国际刑事司法的基本准则。这些通过国际公约、规约和习惯国际法确立的重要原则,充分体现了国际刑事司法以人为本的理念,即打击犯罪与维护人权并驾齐驱。该理念不仅是国际刑法发展的一大飞跃,也引领了国家刑事司法的潮流。

（二）补充性管辖原则

国际刑法的管辖权与国家的管辖权的内容非常近似,但国际刑法的管辖权更加突出国家批准国际公约这个前提,即在属地管辖权和属人管辖权行使的基础上更加突出普遍管辖权。但不容否认的是,现实中适用普遍管辖权的案件微乎其微。即便第二次世界大战后,国际社会普遍接受了对灭绝种族罪、危害人类罪和战争罪以及劫持航空器罪等严重危害国际和平与安全的犯罪适用普遍管辖权,但以色列通过绑架阿道夫·艾希曼的方式使其在耶路撒冷接受审判,同样引发了国家主权与普遍管辖权之间的冲突,使成功的审判大打折扣。

在建立国际刑事法院的几十年过程中,关于国际刑事法院的管辖权问题也存在很大争论,诸如国际刑事法院的管辖权应为强制管辖权、优先管辖权、平行管辖权、补充管辖权、复审管辖权或者诉讼移转的管辖权。最终,《罗马规约》采纳了补充性管辖权原则,即国际刑事法院对国内刑事管辖权起补充作用。如此规定既可以达到有效惩治国际犯罪的目的,又不易造成国家主权与国际刑事管辖权之间的冲突,在尊重国家主权的基础上更容易获得国

---

[1] See Cherif M. Bassiouni, *A Draft International Criminal Code*, p. 55 – 6.

[2] See Cherif M. Basssouni, *Charatcteristics of International Criminal Law Convention*, in *Bassionuni* (*ed.*). *International Criminal Law* (*1986*).

[3] 日本国际法学会编:《国际法辞典》,世界知识出版社 1985 年版。

[4] 参见《罗马规约》第 22 条和第 23 条。

[5] 参见《罗马规约》第 20 条。

[6] 参见《公民权利和政治权利国际公约》第 14 条第 2 款。

家对国际刑事管辖权的支持。这在国际刑事管辖权史上无疑是个巨大的进步。

(三)个人刑事责任原则

国际法领域很早就承认个人刑事责任原则,特别是在经历了第一次世界大战和第二次世界大战后的纽伦堡和东京战争罪审判过程中,这个原则更是得到了认可。[1] 其后在一系列国际公约和法律文件中,这个原则得到进一步肯定,如1948年的《灭绝种族罪公约》、1949年关于战争法及规则的《日内瓦公约》及其1977年的附加议定书、1973年的《禁止种族隔离罪公约》,不仅确认了国际刑法领域的个人刑事责任原则,而且这些类型的犯罪已经毫无疑问地成了国际强行法中的犯罪。

具有综合性国际刑法典象征的《罗马规约》进一步发展了个人刑事责任原则,即国际刑事责任适用于以下个人:(1)年满18周岁的自然人;(2)在共同犯罪中无论共犯的地位和作用如何,只要参与实施国际刑事法院管辖的罪行,就应以共同犯罪人的身份承担个人刑事责任;(3)个人对各种故意犯罪形态下的行为都应负刑事责任,共同犯罪人无论在何种形态中参与的行为都应承担刑事责任,但是中止犯罪并有效防止犯罪结果发生的除外;(4)无论犯罪行为人是否属于共犯,在确定承担国际刑事责任之前,均应有足够的证据证明当事人主观上存有故意;[2] (5)个人刑事责任与官方身份无关(irrelevance of official capacity),即国家元首或政府首脑、政府成员或议会议员、选任代表或政府官员的官方身份在任何情况下都不得免除个人根据该规约所负的刑事责任,其本身也不得构成减轻刑罚的理由。[3] 个人刑事责任原则更加突出法律面前人人平等的国际刑事司法法治原则。

(四)国际合作与司法协助原则

国际刑法的适用通常通过两种方式:一是直接适用,即国际刑法可以直接通过国际社会建立刑事司法机构得以贯彻执行,如历史上的纽伦堡和东京审判,以及前南斯拉夫和卢旺达国际刑事特设法庭等都是直接执行国际刑法的模式;二是间接适用,即国际刑法通过国家刑法立法化的方式,在国家刑事司法体系中得以贯彻实施。但是,无论是直接执行还是间接执行,均离不开国家的合作与司法协助,特别是国际刑事法院的补充性管辖权更加突出了国家在国际刑事司法中的合作与协助的义务。

联合国大会第8届联合国预防犯罪和罪犯待遇大会通过了一系列措施(1990年8月

---

〔1〕 纽伦堡法庭总检察官罗伯特·杰克逊在其公开演讲中强调:"如果国际法能对维持和平提供真正帮助,那么,个人责任原则如同逻辑发展一样是必需的……处罚仅对个人行为,予以平和地、有效地强制……主张一个国家……实施犯罪行为是幻想。犯罪总是由人来实施的。"See M. Cherif Bassiouni, *The Time Has Come For An International Criminal Court*, Indiana International and Comparative Law Review, 1991.

〔2〕 1996年《治罪法草案》第2条第3项规定:"个人应对其实施该草案第17、18、19条所规定的罪行承担刑事责任,只要:(1)故意实施这种犯罪;(2)命令实施这种犯罪,而事实上该罪既遂或已经着手;(3)在第6条规定的情形中,不能防止和抑制这种犯罪行为的实施;(4)在实施这种犯罪过程中,直接地、具体地、明知地帮助、教唆或者以其他方式协助,包括为实施该种犯罪提供工具;(5)直接地参与计划、预谋实施这种犯罪,而该种犯罪事实上既遂;(6)直接地、公开地煽动其他个人实施这种犯罪,而该种犯罪事实上既遂;(7)已经采取着手实施某种犯罪的行为,企图实施此种犯罪,而前一罪行由于意志以外的情形而事实上未遂。"

〔3〕 参见《罗马规约》第27条规定。

至9月,哈瓦那):国际合作预防犯罪和刑事审判的措施[1]、模范引渡条约[2]、刑事互助模范条约[3]以及刑事程序移转模范条约[4]。这些模范条约为国际刑事司法合作与协助提供了一个有益的框架,但不十分完整。《罗马规约》在其缔约国和联合国安理会提交情势,以及检察官自行调查情势和进行调查方面,在逮捕犯罪嫌疑人、获得证据、证人出庭与证人保护、判决的执行等方面都详尽地规定了国家司法机关的合作与协助义务。这进一步说明国际刑事法院是努力追求国际合作与司法协助的机构,而不是作为现行国内和国际机构的替代者。国际刑事法院作为法律实施的援助者,是适用于解决国家之间有关国际刑法领域内问题的另一个选择的工具。

五、余论

在国际刑法发展的历史长河中,《联合国宪章》虽然不直接具有国际刑事法律文件的功能,但某些规定及条款却涉及国际刑法或者包含某些国际刑法的内容,并对国际刑法的立法发展起到了直接的作用,如关于人民自决权的规定可被广泛地解释和适用于政府严重违反国际人权法基本原则的行为(种族隔离、灭绝种族、酷刑等)。《联合国宪章》还明确规定国际关系间禁止使用武力、[5]侵略[6]等。

此外,愈来愈多的法学家认为,联合国决议具有法规的性质,联合国大会通过的决议[7]以及联合国安理会通过的部分决议体现的“规则的创制”、“价值的实现”和“法律宣言”不仅具有法律观点(opinion juris)的性质,而且具有“准立法”的性质,对习惯国际法的形成与发展作出了极大的贡献,[8]特别是最近几十年来,国际公法学家认为,联合国决议在国际法律领域为国家创制了强制义务——需要这些国家履行一定的法律条件。联合国大会对习惯规则和一般法律原则的认可和正式说明构成了合理合法(juris et de jure)的规则,该规则或者原则成为了国际实体法和国际刑法的一部分。

---

[1] See G. A. Res. 45/107, U. N. GAOR(1990).

[2] See G. A. Res. 45/116, U. N. GAOR(1990).

[3] See G. A. Res. 45/117, U. N. GAOR(1990).

[4] See G. A. Res. 45/118, U. N. GAOR(1990).

[5] 参见《联合国宪章》第2条第4款。

[6] 参见《联合国宪章》第39条第2款第4项和第1款第1项。

[7] 通常认为联合国大会的决议涉及三个方面的内容:一是行政事务;二是法律的一般事务;三是国际刑法事务。

[8] 最杰出的实例是第二次世界大战后起诉战争罪犯的决议,即1946年12月11日联合国大会通过的第95号(Ⅰ)决议,该决议的内容是“确认《纽伦堡宪章》确立的国际法原则和国际法庭的判决”。

论国际反腐败犯罪的趋势及中国的回应*

——以《联合国反腐败公约》为参照

腐败犯罪是当今国际社会的公害，它不仅使发展中国家社会进步举步维艰，还对发达国家的经济制度、法律体系构成了潜在的威胁。近年来，随着经济全球化进程的加快，腐败犯罪越来越呈现出跨国化、组织化的特征。基于腐败犯罪的巨大危害及蔓延态势，当前国际社会普遍表现出了对打击腐败犯罪的高度重视，并成功地探寻出了一些惩治腐败犯罪的基本策略。

2003 年第 58 届联合国大会通过的《联合国反腐败公约》可谓世界各国反腐败犯罪共同智慧的结晶。它集中反映出了当前国际社会反腐败犯罪的基本趋势，宣示了国际社会在打击腐败犯罪问题上的态度和决心。《联合国反腐败公约》的制定、通过，必然极大地促进反腐败的国际合作，有力地加大国际社会打击腐败犯罪的力度。

一、国际反腐败犯罪的历程回顾

从历史上看，各国早期对腐败犯罪的处罚一般是相当严厉的。古罗马《十二表法》第九表中规定："经长官委任的承审员或仲裁员，在执行职务中收受贿赂的，处死刑。"[1]美国则直至 19 世纪末 20 世纪初还制定了大量严厉的法律对腐败犯罪进行打击。[2]"二战"后特别是 20 世纪 70 年代以来，随着政治文明的加强、法治水平的提高，人们开始越来越以理性的目光看待腐败犯罪，并越来越倚重法律特别是刑事法律的手段综合治理腐败犯罪。直至今日，许多国家已经建立了全面而富有特色的反腐败法律体系。

由于腐败犯罪犹如贩毒、瘟疫一般具有极强的流通性和蔓延性，且各国法律制度的差异常常成为腐败分子逃避打击、转移资金的天然屏

---

* 本文原载于《政治与法律》2007 年第 5 期，由高铭暄教授与张杰合作完成。

〔1〕 周枏：《罗马法原论》，商务印书馆 1994 年版，第 10～16 页。

〔2〕 参见张宇燕、富景筠：《美国历史上的腐败与反腐败》，载《国际经济评论》2005 年第 3 期。

障,所以单纯在一个主权国家内进行反腐败斗争往往捉襟见肘,并不能取得最佳效果。20世纪90年代,各国便开始寻求反腐败犯罪的国际合作,并缔结了一系列公约。其中,1996年《美洲国家组织反腐败公约》是国际上第一个专门的反腐败公约。继该公约后,欧盟于1997年5月通过了《欧洲委员会打击欧洲共同体官员和欧洲联盟成员国官员腐败公约》,随后又在1999年进一步签署了《欧洲委员会反腐败刑法公约》《欧洲委员会反腐败民法公约》;此外,2001年11月,亚太地区十多个国家会聚东京,在第二次亚太地区反腐败会议上制定了《亚太地区反腐败行动计划》;非洲也于2003年7月的非洲联盟第二届大会上最终通过了《非洲联盟预防和打击腐败公约》。一时间,寻求惩治腐败犯罪国际合作,制定反腐败全球公约的呼声一浪高过一浪。

在国际反腐败合作中,联合国一直扮演着重要而特殊的角色。早在20世纪70年代,联合国即通过了第3514(×××)号决议,"谴责跨国公司及其中间人违反所在国法律进行贪污贿赂的行径"。20世纪90年代以后,联合国进一步关注反腐败犯罪的国际立法,先后以联合国决议的形式通过了《反腐败的行动》等一系列文件。其中,2000年11月15日第55届联合国大会第56/61号决议通过的《联合国打击跨国有组织犯罪公约》具有特别重要的地位。该公约对各缔约国政府在预防、调查和惩治公职人员腐败方面的措施、惩治腐败机构的设立及运作、腐败行为的定罪处罚等问题的处理上都作了全面的规定。但是,鉴于腐败犯罪的严峻形势,联合国认为仅仅通过该公约力度还不够,有必要制定一个独立、全面的反腐败公约。因此,2001年12月14日,联合国决定设立特设委员会制定一个全球性的反腐败公约。2002年1月至2003年10月,该特设委员会共举行了7届会议,经过两年多的谈判,最终在2003年9月第七次会议上通过了一项能够被各方普遍接受的《联合国反腐败公约(草案)》,并于同年10月31日第58届联合国大会上审议通过,2003年12月9日至11日在墨西哥梅里达召开的高级别政治会议上开始签署。

从国际反腐败犯罪历程的简要回顾中可以看出,《联合国反腐败公约》可谓目前世界上涉及国家最广、通过时间最近的专门的全球性反腐败公约,因而,《联合国反腐败公约》集中反映了世界各国在反腐败问题上的诉求,可谓联合国及世界各国惩治腐败犯罪经验及智慧的结晶;同时,由于其通过时间最为晚近,所以也可认为《联合国反腐败公约》全面地反映出了国际反腐败犯罪的最新发展趋势。

二、国际反腐败犯罪的发展趋势

以《联合国反腐败公约》为参照,结合一些先进国家的法律规定及实践经验,借鉴其他相关国际公约的内容,可以看出当前国际反腐败犯罪具有以下一些基本的发展趋势。

(一)高度重视腐败犯罪问题

腐败对人类社会的危害是不言而喻的,正如时任联合国秘书长的安南在《联合国反腐败公约》通过后的发言中所指出的:腐败是一种对社会产生广泛腐蚀作用的"隐性恶疾",它破坏民主与法治,扭曲市场,助长有组织犯罪和恐怖主义,危害正常生活。所有国家,不管大小和贫富,都存在腐败这一现象,且腐败对发展中国家尤具破坏性,是阻碍脱贫和经济发展的重要因素。[1]

鉴于腐败犯罪造成的巨大危害,当前世界各国及联合国均表现出对腐败问题的高度重视。许多法治国家已建立起健全的反腐败法律体系和独立的执法机构;而深受腐败之害的发展中国家更是倾尽全力试图堵截腐败犯罪的浊流。在此背景下,《联合国反腐败公约》的通过可谓整个国际社会的共同愿望,是当前国际社会高度重视腐败犯罪问题的集中体现。

(二)主张建立健全的腐败犯罪预防监督机制

就具体措施而言,当前国际社会在反腐败实践中普遍表现出了对建立健全的腐败犯罪预防机制的关注。原因是明显的,对腐败的预防是遏制腐败犯罪的苗头,防止其最终造成对社会的危害;而对腐败的惩戒只是在危害发生之后的一种补救措施,因而,预防是积极主动的,惩戒则是消极被动的,从深层意义上说,预防才能治本,而惩戒仅能治标。

重视建立健全的腐败犯罪预防监督机制,既是国际社会反腐败以往成功经验的总结,又是近年来反映在国际立法中的一个普遍性趋势。以新加坡为例,早在1985年,新加坡便制定了专门的《预防贪污贿赂法》,对可能导致腐败发生的各个领域、各种行为、各类人员都进行了细密的规定;[2]法国也在1993年通过《反贪污法》,并批准设立跨部门的"预防贪污腐败中心",树立了反腐败以预防为主的指导方针。[3] 此外,近年来通过的一些国际组织反腐败公约都将预防措施作为重要内容。例如,《联合国打击跨国有组织犯罪公约》第31条、欧洲理事会《打击贪污腐败二十项指导》第1项、美洲国家组织《美洲反腐败公约》第3条等都设有专门的章节条款规定腐败犯罪的预防监督机制。

当然,毫不例外的是,在《联合国反腐败公约》中,对腐败犯罪的预防监督更是表现出高度关注。《联合国反腐败公约》第二章"预防措施"共设10条规定了腐败犯罪的预防监督措施。此外,在其他条款中,注重预防的精神也时有体现。总体而言,《联合国反腐败公约》所规定的预防监督机制可以概括为以下五个方面:(1)预防监督机制的建立应当以法律制度、政策法规的健全为前提。[4] (2)预防措施意味着完善的公务员制度的建立。[5] (3)预防腐败既需要专门的国家机构,又应当动员全社会广泛参与。[6] (4)积极预防腐败还需要一系列监督措施。[7] (5)《联合国反腐败公约》还强调,在私营部门中同样应当制定和采取措施,加强会计和审计标准,防止涉及私营部门的腐败(第12条)。此外,同样作为预防措施,《联合国反腐败公约》认为,应当对"银行和非银行金融机构……建立全面的管理和监督制度",防止与腐败有关的洗钱行为发生(第14条)。

---

〔1〕 参见杨志望、郭立军:《联合国反腐败公约通过贪官非法所得无处可藏》,载新华网,http://news.xinhuanet.com/world/2003-11/01/content_1154246.htm。

〔2〕 参见周密主编:《新加坡共和国反贪倡廉成文律选》,北京大学出版社2005年版,第221页。

〔3〕 参见闻斋:《法国反贪污腐败以预防为主》,载《党建》2004年第6期。

〔4〕 《联合国反腐败公约》第二章第5条、第8条、第9条、第11条等。

〔5〕 《联合国反腐败公约》第7条、第8条对公务员及其行为守则进行了规定。

〔6〕 《联合国反腐败公约》序言、第6条、第13条等条文中均有体现。

〔7〕 《联合国反腐败公约》第9条"公共采购和公共管理"、第12条"私营部门"等条款都强调了监督的重要性。而第10条"公共报告"更是规定了各国应当"提高公共行政部门的透明度",包括"组织机构、运作和决策过程"等方面都应当提高透明度,以便有效地对之进行监督。

(三)严密腐败犯罪的刑事法网

与事先预防措施相对,腐败行为一旦发生,就必须对其进行事后的追诉处罚,对此,当前国际社会反腐败犯罪的一个重要趋势是普遍织就严密的刑事法网,尽可能防止任何形式、任何领域的腐败行为成为漏网之鱼,在这方面,《联合国反腐败公约》可谓典范。《联合国反腐败公约》在第三章"定罪与执法机制"中确立了11项刑事犯罪,[1]在行为方式、犯罪主体、责任承担等方面均十分完备,并在某些方面已超越现行一些国家和国际刑法的理论和实践,成为最新的国际立法。

《联合国反腐败公约》就腐败犯罪规定了严密的法网。

首先,在贿赂犯罪方面就十分具体、详细。就贿赂的范围,《联合国反腐败公约》规定的是"不正当好处",这就意味着不仅包括财物、财产性利益,还包括性、特权、优惠、便利等一切物质与非物质、财产与非财产性利益。而对于贿赂的行为方式,根据《联合国反腐败公约》第15条的规定,既包括直接的给予与索取、收受,又包括间接的给予与索取、收受,既包括实际给予,又包括许诺给予、提议给予,可谓涵盖了一切行为方式。此外,就行贿的目的而言,《联合国反腐败公约》第15条、第18条规定,既包括直接收买公职人员执行公务的行为,又包括利用公职人员影响力的行为。还值得注意的是,在贿赂犯罪的对象、主体方面,除包括向本国国内公职人员行贿及国内公职人员收受、索取贿赂之外,《联合国反腐败公约》第16条还特别规定了向外国公职人员、国际公共组织官员行贿以及外国公职人员、国际公共组织官员索取、收受贿赂的行为。

其次,特别引人注目的是,根据《联合国反腐败公约》第21条、第22条的规定,《联合国反腐败公约》不仅打击政府机关等公务部门中的腐败行为,还将经济、金融或商业等私营部门中的腐败行为纳入制裁范畴。这些内容反映出了当前国际社会反腐败犯罪中的另一个重要趋势,即越来越看重行为是否侵犯了职务的廉洁性,主体是否具有公职身份则渐居次要地位。

再次,《联合国反腐败公约》对腐败犯罪法网的严密还体现在其不仅涵盖了几乎所有形式的直接的腐败行为,还就一切与腐败有关的附随性犯罪作出了规定。就直接的腐败行为而言,《联合国反腐败公约》在第15、16、17、18、19、20条等条文中,分别规定了贿赂、贪污、挪用或者以其他类似方式侵犯财产,影响力交易,滥用职权,资产非法增加等各类犯罪。就其他附随性犯罪而言,《联合国反腐败公约》在第23条对与腐败有关的洗钱行为作出了规定;第24条对与腐败有关的窝赃行为作出了规定;第25条对查处腐败犯罪中可能实施的干扰执行公务、妨害司法行为进行了规定。

最后,《联合国反腐败公约》不仅就腐败犯罪规定了自然人责任,还规定了法人责任。《联合国反腐败公约》明确认为"法人参与根据本公约确立的犯罪应当承担责任""法人责任

---

[1] 具体包括贿赂本国公职人员,贿赂外国公职人员或者国际公共组织官员,公职人员贪污、挪用或者以其他类似方式侵犯财产,影响力交易,滥用职权,资产非法增加,私营部门内的贿赂,私营部门内的侵吞财产,对犯罪所得的洗钱行为,窝赃,妨害司法。

可以包括刑事责任、民事责任或者行政责任”。并且,对于法人犯罪的处罚,《联合国反腐败公约》倾向于双罚制,认为对法人的处罚不能免除自然人的责任。

(四)针对腐败犯罪的特点设置特殊的诉讼规则和处罚措施

相对于其他刑事犯罪,腐败犯罪具有隐蔽性高、涉及面广、涉案人员往往掌握一定的国家权力等特点,因而,实践中腐败犯罪的侦查追诉具有极大的难度。基于此,国际社会在总结以往反腐败犯罪经验的基础上,对腐败犯罪的追诉处罚设置了一系列特殊的诉讼规则和处罚措施。

具体来说,《联合国反腐败公约》针对腐败犯罪设置的特殊的程序规则及处罚措施表现在如下几个方面:(1)诉讼规则的设置应当有利于腐败犯罪的追诉。《联合国反腐败公约》中有关诉讼规则的设置明显地反映出便宜追诉、强调效率的倾向。例如,《联合国反腐败公约》第29条、第30条第2款、第31条第7款以及第40条银行保密、第41条犯罪记录、第42条管辖权等条文中,均反映出便宜追诉的态度。(2)腐败犯罪的追诉应注重保护相关参与人的利益。除强调诉讼效率之外,《联合国反腐败公约》的许多内容还对腐败犯罪中相关诉讼参与人的利益保障进行了详细的规定。例如,第31条,第32条第1款、第3款,第33条,第35条的内容均体现十分明显。(3)腐败犯罪的追诉应当实现各机关的通力合作、协调配合。腐败犯罪往往涉案人员众多、波及面较广,对腐败犯罪进行查处追诉时,常常需要行政执法机关、监察部门、商业银行等相关部门的配合。《联合国反腐败公约》充分考虑到腐败犯罪查处的特点及难度,在第36条规定应设立打击腐败犯罪专职机关的基础上,进一步在第37、38、39条中规定了查处腐败犯罪时,司法机关应与执法机关、其他国家机关、私营部门通力合作、协调配合。(4)结合腐败犯罪的特点对犯罪人进行制裁处罚。腐败犯罪不同于暴力犯罪等其他刑事犯罪的一个重要方面在于,腐败犯罪的犯罪人往往具有高智商,在被追诉前拥有较高的社会地位。因而,在日益重视刑事处罚个别化的今天,国际社会也结合腐败犯罪的特点设置了具有针对性的刑事处罚措施。既应当保证犯罪人受到严厉的制裁,又应当考虑在对腐败犯罪分子进行处罚后,确保其能重新融入社会。对此,《联合国反腐败公约》第30条第1款、第5款、第10款对此作出了缜密的规定。

(五)强调打击腐败犯罪中的国际合作

强调与促进反腐败犯罪中的国际合作可谓《联合国反腐败公约》通过的最根本原因之一,而有关反腐败中国际合作的内容,也成为《联合国反腐败公约》最重要、最富有特色的部分。《联合国反腐败公约》第四章“国际合作”几乎涵盖了当前国际上通行的所有种类的国际刑事司法合作内容,[1]而且,该公约第48条还将国际合作扩充至民事、行政领域的执法合作,同时,该公约第6章规定的技术援助、信息交流实际上也可视为广义的国际合作的内

---

〔1〕 根据联合国有关国际公约及国际刑法学界的观点,传统的刑事司法合作形式主要有司法协助、引渡、刑事诉讼移交、被判刑人移管和外国刑事判决的承认与执行。而《联合国反腐败公约》在刑事司法合作方面确立了引渡、被判刑人移管、司法协助、刑事诉讼移交四种形式。

容。[1] 因而,我们从以下三个方面探讨反腐败犯罪中的国际合作问题。

1. 国际刑事司法合作

对于腐败犯罪中的国际刑事司法合作,《联合国反腐败公约》在第四章第43条第1款规定:"缔约国应当依照本公约第44条至第50条的规定在刑事案件中相互合作。"因而,刑事合作的内容是各缔约国明确的、有约束力的义务。具体来说,《联合国反腐败公约》在第44条至第47条分别规定了引渡、被判刑人移管、司法协助、刑事诉讼移交四项刑事司法合作的内容,[2]并在各条中明晰地规定了各种刑事司法合作的实施步骤、贯彻原则、体现精神。其中,许多规定构成了对现行国际法理论的创新,反映出国际社会反腐败犯罪的最新立法动态。[3]

2. 执法合作

与国际刑事司法合作相对,根据《联合国反腐败公约》第43条第1款后半段的规定,反腐败中民事、行政领域的执法合作是任择的、无强制力的。《联合国反腐败公约》第48条以三款规定了打击腐败犯罪中国际执法合作的具体内容。《联合国反腐败公约》首先强调,在"符合本国法律制度和行政管理制度的情况下",各国应密切打击腐败犯罪执法行动中的合作。至于合作的内容,《联合国反腐败公约》在第48条作出了详细的规定。

3. 培训、援助和信息交流

《联合国反腐败公约》首先在第60条第1款以10项内容详细地规定了反腐败国际合作中的各类培训,表现出联合国对打击腐败犯罪人员素质的高度重视。这些培训内容既包括"预防、监测、侦查、惩治和控制腐败"的各个领域,又包括行政执法、刑事司法中的各类人员,可谓全面而系统。其次,《联合国反腐败公约》还确立了反腐败犯罪中国际援助的原则,这些援助主要包括技术援助、物质援助、财政援助三个方面。最后,《联合国反腐败公约》第61条还强调了反腐败犯罪中信息交流的重要性。

(六)注重腐败犯罪中的资金追回

诚如上文谈到的,一旦腐败犯罪中侵吞了大量国家、私人合法财产的犯罪分子外逃,就必须通过国际合作,采取各种措施,将其绳之以法,加诸惩罚。但是,在惩罚的同时,面对大量外流的资金,国家又不得不采取务实的态度,希望尽可能通过国际合作的方式,追回外流的赃款。然而对于资金流入国特别是发达国家而言,其更为关注的是流入的资金可能对本国金融秩序、社会安定带来的影响,对于资金返还则不感兴趣。因而,在国际社会打击腐败犯罪中,对于资金的追回,一开始就存在两个利益不尽一致的集团。由此,资金返还也成了打击腐败犯罪中一个十分关键而又异常敏感的问题。

总体而言,近年来,国际社会对于腐败犯罪中的资金返还越来越表现出关注和重视。较

[1] 实际上,有关赃款追回的内容也可被视为国际合作的内容,但由于其地位具有特殊性,所以笔者将单独对其进行论述。

[2] 此外,《联合国反腐败公约》第49条"联合侦查"、第50条"特殊侦查手段"也可被视为刑事司法合作方面的规定。

[3] 最典型的如《联合国反腐败公约》对双重犯罪原则的规定。

早的区域性反腐败国际公约中通常没有资金追回的内容,直至《联合国打击跨国有组织犯罪公约》才出现相关规定。而在《联合国反腐败公约》中,资金的追回更成为该公约五大机制之一,且是五大机制中最具强制性的部分,由此可见国际社会对资金追回的逐渐认可和重视。

《联合国反腐败公约》在第九章"资金的追回"中以9个条款规定了资金返还的具体内容及实施步骤,其中第51条是一般性条款,它规定,返还资产是该公约规定的一项基本原则,缔约国应当在这方面相互提供最广泛的合作和协助。随后,该公约第52条至第57条规定了实现资金返还的具体方式,第58条规定的"金融情报的机构"和第59条规定的"双边和多边协定和安排"则属于补充性条款。

三、顺应国际趋势,完善中国反腐败刑事法治

正如前文指出的,《联合国反腐败公约》是打击腐败犯罪通过时间最为晚近、涉及范围最为广泛的第一项反腐败全球性公约,它的许多内容直接代表国际社会反腐败犯罪最新的立法动向和发展趋势。而我国反腐败刑事法制是以1997年修订通过的《刑法》为主体,加之其他一些法律法规、司法解释构建而成的,其中一些方面已不能完全适应当前瞬息万变的打击腐败犯罪的需要。在这种情况下,顺应国际反腐败犯罪的趋势,以《联合国反腐败公约》为参照,全面审视我国反腐败犯罪的刑事立法与刑事司法,正视其中的不足并加以完善,不仅是履行《联合国反腐败公约》所规定的国际义务的需要,也是治理中国腐败问题的当务之急。

(一)刑事立法方面

将《联合国反腐败公约》与我国刑事法律比照来看,《联合国反腐败公约》中的绝大部分内容在我国刑事立法中均有所体现,存在差距并亟待改进的主要是以下三个方面。

1. 加强预防性立法,建立公务员财产申报制度

《联合国反腐败公约》体现出国际社会在打击腐败犯罪中重视预防的思想,综观世界各国,许多反腐败较为成功的国家都有健全的预防腐败立法。而我国在这方面基本上还处于空白状态,预防腐败主要依靠的是党规政纪及道德教育。然而,完善的立法不仅可以彰显出国家反腐败的决心,还可以对公职人员起到积极的警示作用。因而,我们认为,当前我国应当加强反腐败的预防性立法,而切实可行的第一步就是建立公务员财产申报制度。[1]

公务员财产申报制度可谓当前世界上许多国家通行的做法。我国虽然也于1995年由中共中央办公厅、国务院办公厅联合发布了《关于党政机关县(处)级以上领导干部收入申报的规定》,但该规定并不属于严格的国家立法,而且,实践中其执行情况并不理想。由于缺乏有效的公务员财产申报制度,许多腐败案件往往要等到其他刑事案件的牵连才能最终得以曝光,更遑论将其消灭在萌芽状态。公务员财产申报制度的缺位还使刑法中许多罪名如巨额财产来源不明罪、隐瞒境外存款罪等执行起来十分困难。因而,出于有效地预防腐败犯

---

〔1〕 财产申报制度并不完全属于刑事立法的内容,但基于其重要意义及其与反腐败犯罪的密切联系,本文在此一并予以论述。

罪的需要,当前应尽快建立起适合中国国情的公务员财产申报制度。

2. 修改腐败犯罪的构成要件,严密刑事法网

我国《刑法》中的腐败犯罪主要集中在第八章贪污贿赂罪和第九章渎职罪,此外,第三章破坏社会主义市场经济秩序罪中也有一些罪名对应《联合国反腐败公约》的内容。总体而言,除个别罪名外,《联合国反腐败公约》中的大部分犯罪在我国刑法中能找到相应的规定。目前的问题主要是《联合国反腐败公约》就腐败犯罪规定的一些构成要件、处罚范围与我国刑法并不完全一致,为实现与《联合国反腐败公约》的衔接,应当对我国刑法中这些犯罪的构成要件适当加以修改。

就贿赂罪而言,存在以下主要问题:首先,就贿赂的范围而言,《联合国反腐败公约》规定的是“不正当好处”,而我国刑法中规定的是“财物”,因此,该公约的范围明显大于我国刑法;其次,就贿赂的对象而言,《联合国反腐败公约》规定了贿赂外国公职人员或国际公共组织官员罪,而我国刑法中缺乏相应的规定;最后,就主观目的而言,我国的受贿罪除索贿外,收受贿赂、斡旋受贿分别需要出于“为他人谋取利益”和“不正当利益”的目的,行贿罪则必须出于“谋取不正当利益”的目的,而这些主观限制条件在《联合国反腐败公约》中并不存在。

就渎职罪而言,我国刑法规定的渎职罪主体是国家机关工作人员,而《联合国反腐败公约》规定的是公职人员,类似于我国的国家工作人员。因此,我国刑法中渎职罪的主体范围比《联合国反腐败公约》狭窄。更重要的是,在我国刑法中,渎职罪的构成一般以“使公共财产、国家和人民利益遭受重大损失”为必要条件,但这在《联合国反腐败公约》中是不存在的。

除此之外,在针对腐败的洗钱行为、私营部门的腐败行为等一些犯罪中,我国刑法的规定也不乏与《联合国反腐败公约》不相协调之处,因此,出于严密刑事法网的需要,有必要借鉴《联合国反腐败公约》较为宽泛的成罪规定,适当调整我国刑法中相应罪名的犯罪构成条件,以适应当前打击腐败犯罪的需要。

3. 改进死刑立法,促进腐败犯罪中的引渡合作

正如前文指出的,当前国际社会在反腐败犯罪中越来越表现出了重视国际合作的趋势,国际合作的方式也是多渠道、多领域的。其中最为重要、最具有实质性内容的就是引渡制度。

当前世界上存在只承认以条约(或协定)为引渡前提的国家和不以条约为引渡前提的国家两种类型。而根据《联合国反腐败公约》第44条的规定,即使是对以条约为引渡前提的国家,缔约国也可直接以《联合国反腐败公约》为法律依据对腐败犯罪进行引渡,对于不以条约为引渡前提的国家,则更应当承认腐败犯罪为相互之间可以引渡之罪。我国属于不以条约为引渡前提的国家,因而,加入《联合国反腐败公约》对于我国打击腐败犯罪,更好地实现引渡合作,无疑是大有助益的。然而,当前横亘在腐败犯罪引渡合作中的一个主要障碍是:许多国家可能援引“死刑不引渡原则”拒绝对腐败犯罪的引渡。[1]

---

〔1〕《联合国反腐败公约》第44条第8款规定:“引渡应当符合被请求缔约国本国法律或者适用的引渡条约所规定的条件,其中包括关于引渡的最低限度刑罚要求和被请求缔约国可以据以拒绝引渡的理由等条件。”因而,缔约国援引死刑不引渡原则拒绝引渡是符合该公约规定的。

如何解决这一问题？我们认为，期望立法机关在短期内废除腐败犯罪中的死刑规定是不现实的。当前能做的是，如何对腐败犯罪中的死刑规定作适当的修改，以既能促进腐败犯罪中引渡合作的展开，又不会造成太大的波折。

对此，我们注意到，死刑不引渡原则可以区分为死刑绝对不引渡和死刑相对不引渡。绝对不引渡是指当请求国可能对被请求引渡人判处死刑时，被请求国完全拒绝对被请求人的引渡，而不附加任何条件进行变通；相对不引渡是指当请求国可能对被请求引渡人判处死刑时，被请求国在要求请求国作出承诺，不对被引渡人判处死刑，或即使判处死刑也不执行的条件下，可以接受引渡请求。当前，大多数国家采取的是相对不引渡原则。[1] 因此，只要我们在反腐败犯罪引渡合作中作出“不对被请求引渡人判处死刑，或即使判处死刑也不执行死刑”的承诺，大多数情况下，腐败犯罪中的引渡合作是可以实现的。以此为立足点，反观我国刑法，腐败犯罪中的死刑立法最主要是集中于贪污罪与受贿罪，并且，两罪的规定都是“情节特别严重的，处死刑”，属于绝对性死刑立法。这样一来，如果我们在贪污、受贿“情节特别严重”的情况下，仍对国际社会作出不判处死刑的承诺，就会明显与我国刑法的规定相冲突。为解决这样的难题，我们建议，在贪污、受贿罪“情节特别严重的，处死刑”中加入“可以”二字，将两罪中的绝对死刑立法修改为相对死刑立法。这样就能较好地解决前面的问题，使我国在腐败犯罪引渡合作中具有更大的回旋余地。[2]

（二）刑事司法方面

1. 建设专职的反腐败犯罪机构

《联合国反腐败公约》要求各国设立专职的反腐败机构。在我国，反腐败的机构主要是人民检察院（具体是人民检察院内部的反贪局）、行政监察机关及党的纪律检查委员会，某些情况下公安机关的经济犯罪侦查局、税务机关、海关等也在反腐败犯罪中发挥一定的作用。这些机构分别行使不同性质的权力，针对不同领域、不同对象的腐败行为，对腐败犯罪的监控总体而言是比较全面的。但是，客观地说，也存在权力过于分散、监督制约难以落实到位等弊端。因此，为实现与《联合国反腐败公约》的接轨，应当进一步建立专职的反腐败机构。

我国政府已经意识到这个问题，在第十届全国人大会议上，中纪委副书记夏赞忠明确表示将成立国家预防腐败局，作为专门的反腐败犯罪宣传、教育、预防性机构。这将是我国认真履行《联合国反腐败公约》所规定的义务、加大反腐败犯罪预防力度的一项重大举措，值得理论界高度重视，应当以此为契机，进一步研究完善反腐败犯罪专职机构建设的相应问题。

2. 完善反腐败刑事司法中的证人制度

证据制度是刑事诉讼的灵魂。《联合国反腐败公约》对腐败犯罪中的证明责任、证明标

---

〔1〕 参见成良文：《刑事司法协助》，法律出版社2003年版，第94页。

〔2〕 当然，这样修改后，可能会使两罪的处罚出现不平等的一面，但这是保留腐败犯罪死刑前提下不得已的折中选择。

准作了一些特殊的、适当降低的规定,但我国刑事诉讼中历来并不存在证明标准过高的问题,因此,《联合国反腐败公约》这方面的规定在我国刑事司法中并不成为太大的问题。值得注意并应认真解决的是腐败犯罪中的证人保护及污点证人不起诉制度的建立与完善问题。

基于腐败犯罪隐蔽性高等特征,证人出庭作证对于腐败犯罪的侦破与认定具有非常重要的意义。然而,当前我国刑事诉讼法对证人出庭作证方式、证人出庭作证的保护等一系列问题的规定都非常笼统,这使证人出庭指证犯罪顾虑重重。因此,有必要借鉴国外经验,并参照《联合国反腐败公约》的规定,完善证人出庭作证方面的保护措施。

此外,对于腐败犯罪中愿意与警方合作、主动充当污点证人的犯罪人,国际社会一般都规定了酌定不起诉制度。我国刑法中虽然存在立功制度及行贿罪、介绍贿赂罪中"主动交代行贿、介绍贿赂行为的,可以减轻处罚或者免除处罚"的规定,但刑事诉讼法中并无具体体现。当前应将腐败犯罪中充当污点证人可视为酌定不起诉的情节规定在刑事诉讼法中,以鼓励犯罪人迷途知返,主动揭发犯罪,配合国家打击腐败犯罪的司法活动。

3. 健全涉外资产追回机制

资产追回机制是《联合国反腐败公约》的核心部分,但也是我国反腐败刑事司法中较为薄弱的环节。而其中最为棘手的问题又表现为:在犯罪人已潜逃国外后,如何在其未被最终定罪的情况下尽快地追回腐败资金,以尽可能减少损失?

根据我国现行《刑事诉讼法》的规定,犯罪人在逃或失踪的情况下,不能对其进行起诉,即使已经起诉、开庭审理的,也只能中止审理,而不能进行缺席审判,更不能作出有罪判决。[1] 然而,根据《联合国反腐败公约》的相关规定,缔约国执行另一国的没收令不以生效判决为前提,但是,要实现腐败资金的返还,必须存在请求缔约国的生效判决。这就使我们在追回涉外腐败犯罪资金中面临这样的难题:在犯罪人外逃的情况下,即使法院发出了没收令并被他国执行,也因缺乏生效判决而不能实现腐败资金的回收。

为走出这一困境,一些学者提出了建立刑事缺席审判制度的建议。[2] 我们认为,在犯罪人不到庭的情况下,径直对其作出有罪判决,不仅会使其诉讼中重要的辩护权无法实现,还会导致许多重要的案件事实无法查清。因此,建立刑事缺席审判制度并不是解决问题的最佳途径。根据笔者不成熟的思考,建议采取这样的措施:将被告人的定罪问题暂时搁置,但是,对涉案资金根据相对分离的程序,在不定罪的情况下,作出没收的生效判决,以促进腐败资金的迅速回收;一旦被告人到庭,即可开启刑事定罪程序,如果最终判决印证没收判决无误,则自然可将腐败资金收归国库;即使最终判决证明没收判决存在失误,也可对没收判决进行撤销改判,对被告人作出返还财产、赔偿损失的处理。

---

〔1〕 参见《人民检察院刑事诉讼规则》第246条第3款;最高人民法院《关于执行〈中华人民共和国刑事诉讼法〉若干问题的解释》第181条。

〔2〕 参见杨宇冠、吴小军:《〈联合国反腐败公约〉资产追回机制与我国刑事诉讼法的完善》,载《当代法学》2005年第1期。

欧共体金融利益的刑法保护*

为了实现欧洲一体化过程中对各成员方利益的协调,欧洲联盟不仅是一个政治实体,而且首要的是一个经济实体,欧盟通过财政预算体系以及货币金融政策而实现以欧盟国家整体为单位的经济宏观调控。如同自然国家的情形一样,宏观的经济政策必然伴生以其制度缺陷为土壤的不端行为,对此,欧盟这个超国家的经济政治实体也无可避免。对这些不端行为的预防与规制在自然国家中是由一个有着严格层级的法律体系来调整,在这个体系中刑法是最后的手段。与此不同的是,对于欧盟这个超国家实体而言,它所能使用的法律手段远非如此简单明快。当经济性制裁与行政性制裁已不足以达到预防和控制那些不端行为时,欧盟为了保障这个超国家实体存在的必要经济基础,为了保障这个超国家实体在泛欧洲层面的经济宏观调控机制,是否应该动用刑法这个法律体系最后保障的规制手段,是否有权动用以及如何运用这个手段?一系列的问题从深层来说,不仅仅是法律层面的问题。然而对于惩治违规行为这样迫切的问题来说,法律的解决至少是一个临时的出路。

在本文开始之前,首先需要对标题的用语加以说明。国内目前在涉及欧洲联盟的问题时似乎更爱用“欧盟”这一称谓,而在本文标题中之所以坚持使用“欧共体”这样的用语,是因为虽然自1993年《马斯特里赫特条约》开始使用欧盟(EU)的称呼以来,欧洲联盟在大多数情况下取代了通常使用的欧洲共同体的称呼,但是在讨论此之前的问题时,使用欧共体或更早的欧洲经济共同体的称呼更准确些,而且欧共体仍是欧洲联盟首位的、最重要的基础,因此欧共体的称谓仍然使用。本文所讨论的主题涉及对金融欺诈的刑法应对,这一问题在《马斯特里赫特条约》签订以前就一直存在,而且是属于欧洲联盟三大支柱之一的

---

* 本文原载于《中国法学》2006年第2期,由高铭暄教授与吴玉梅合作完成。

欧洲共同体领域[1]的问题,这一问题与欧共体对统一大市场的宏观调节有关,因此,本文中用"欧共体的金融利益"这样的用语是准确的。

一、欧共体的收支体系及其金融利益

当前欧共体财政预算的金融体系以关于共同体自有资金体系的94/728理事会决议(EGEURATOM)为根据。欧共体的自有资金由以下几个部分组成:(1)成员国根据其国民生产总值而按比例上缴给欧共体的款项;(2)成员国的增值税收入按比例上缴的部分;(3)提留款和其他捐税特别是来自与其他非成员国之间的商品流通中的捐税;(4)以共同体关税税则为根据的关税所得。这些资金全部由成员国征收、由欧共体委员会支配使用。由于这些资金的种类和规模不取决于成员国的其他意愿,所以在这方面确保了欧共体的某种自主权。与此相对应的是,不上缴提留款和关税就会直接地减少欧共体的财政收益。[2] 除了所谓的自有资金外,欧共体还有一些容易受到忽略的其他所得,这部分的收入来自欧共体的其他工作成果,比如说由欧共体机构执行的罚款和强制处罚金等。[3]

欧共体的支出主要涉及的是补贴和其他以各种方式与各种名义提供的津贴。除了社会基金、区域性基金和研究基金外,总体上服务于农业领域的干预与出口退税的农业欧洲支付基金和保障基金也有非常重要的意义。因为这些基金对于欧共体农业政策所具有的功能,所以这些基金具有很大的规模。在这些领域所出现的不法地获取津贴和补助的行为直接加重了欧共体的财政负担。惩治这些与欧共体收入与支出有关的不端行为不仅必须由欧共体机构,即欧洲议会、欧洲理事会以及欧共体委员会完成;而且也需要由成员国一起来共同通过预防性的和威慑性的措施特别是通过刑法的介入。

农业和渔业在由关税和提留款组成的欧共体直接收入中处于突出地位,对于欧共体以补贴和津贴形式所发放的支出,农业和渔业也同样处于前列。因为在农业方面成员国已经把所有的权力转让给了欧共体,所以由欧共体调节市场状况。为确保成本高昂的欧洲农产品在国际市场上保持其竞争力,为向农产品生产者提供最低价格保证,欧共体在农产品的进口中征收提留款,在农产品的出口上给予补贴。事实已证明,在出口方面给予的出口退税和在货物进口时给予的提留款易于引起犯罪,所以近几年来开始给予农业生产者直接的收入津贴。

除了上述列举之外,所有那些由欧共体管理或委托其管理的收入与支出,虽然没有在欧共体的财政预算中被指明,但应纳入欧共体金融利益的保护范围。

二、损害欧共体财政的欺骗行为之表现及其所导致的后果

(一)欺骗行为之表现

对欧共体财政造成负担的欺骗行为主要与申请补贴和其他津贴有关以及不缴纳税赋,

---

[1] 欧洲联盟是建立在三大支柱之上的:第一支柱是共同外交与安全政策;第二支柱是欧洲共同体包括欧洲经济共同体、欧洲煤钢共同体、欧洲原子能共同体;第三支柱是司法与内政事务领域的合作。

[2] Gerhard DanneckerStrafrechtlicher Schutz der Finanzinteressen der Europäischen Gemeinschaft gegen Täuschung ZStW1996S. 577.

[3] Griese Antonia, Die Finanzierung der Europäischen Union, EuR1998, S. 462, ff.

由此破坏了欧共体对农业政策的调控，而这些调控措施是通过大量的规范来实现的。这些不法行为具体表现为：

1. 货物进口欧共体时不缴纳捐税。这种情形下的典型方法是在货物进口时不进行登记，或者是对货物的数量、重量以及在那些关系到货物种类和质量的数据上进行虚假登记。还有一种情况就是对于货物的原产地进行虚假陈述，采取这种方式的主要是那些产品销往欧共体地区就会被授予优先权的国家。同样，当捐税的高低取决于产品的用途时，对货物用途的虚假说明也能导致偷逃税赋的结果。

2. 货物出口第三国时骗取补贴。这种情况下所采取的手段和货物进口时逃避捐税的方法有相应性，也是通过对货物数量、种类以及原产地的虚假说明来进行的，只不过在进口货物时将高质量的产品，伪称为较低质量的产品或者报低货物的数量，目的是不必支付所有的提留款项；货物出口时则相反，将低质量产品申报为高质量产品或者登记更多的出口数量，以便获取更高的出口退税。此外，还有对货物目的地国家进行虚假登记，因为出口某些国家会享受到更高的出口退税待遇，所以对目的地的虚假登记也会给出口商带来非法财富。最后，对于出口货物使用用途的虚假说明也能导致不正当的出口退税。

3. 在欧共体内部骗取补贴和不缴纳税收。在农业领域影响到欧共体经济利益的违规行为不仅仅限于与第三国的交易上，因为在欧共体内部也有大量的津贴和优惠，这些措施主要涉及农产品的生产加工领域。例如，对烘焙和冰激淋生产所用的黄油给予优惠权，给牛羊肉的生产者提供额外津贴等不法行为特别易于出现在这些领域。

4. 其他“灰色（grauzone）地带”范围内的行为。在一份关于欧共体对农产品出口津贴的报告中，提及那些针对欧共体的明显欺诈情形，如为同一产品多次申请津贴。除此之外，有些行为是处于所谓“灰色地带”的，例如，无确凿理由而绕道发货以改变利率的行为。这种灰色行为的表现形式可以分为两类：一类是虚假交易，这种情况是指，要么根本就没有行为存在，要么所实施的行为是要遮掩另一个行为；另一类是规避式交易，这类行为的特殊性在于，当法律存在漏洞时，或者法律条文中法律规则的表述与全文协调不好的情况下，对法律反其意而用之。规避法律的判断不仅在欧共体层面棘手，而且在成员国中也是相当棘手的。欧洲法院（European Court of Justice）在其判决中并没有就滥用规则的情形确定一个一般性的法律原则，而是在法律条文允许的条件下选择了扩张性解释，当然这种解释要在禁止类推的范围内划定其界限。对于规避情况的理解，各成员国有其各自不同的调节模式。在英国，以法律的规避（evasionoflaw）来看，规避式交易是具有可罚性的；而在希腊情况则相反，以希腊宪法所保证的类推禁止为根据，规避行为的可罚性受到了否定。在德国，可以用税法和补助金法的一些特别规则来说明，对德国金融财政负担所造成的损害，在刑法上具有评价的意义；在《西班牙民法典》第6.4条中有规避规则的规定，可以肯定这个规则对于所有非刑法的法律领域都有效力。当西班牙的宪法法院对这个规则在刑法中的适用作出了否定性解释的同时，最高法院于1993年在一个附带性的注释中却得出结论，《西班牙民法典》第6.4条至少对于财产犯罪是可适用的。对于利用法律漏洞的情况，各国的规避性法律规则在欧共体的层面上是不可适用的，因此，不可能在欧共体层面上说明规避行为的可罚性。因为这里涉及的并非程序性规范,而是实体性规范,所以国家的有关规避的规则在欧共体的层面不产生影响。由此,只要是针对欧共体税赋的规避行为缺乏超国家的规则,那么规避行为在大多数成员国里也不能受到制裁。[1]

(二)欺骗行为所导致的后果

根据欧共体委员会2001年12月11日所公布的《保护欧共体金融利益和建立欧洲检控机关的绿皮书(Grunbuch)》,仅仅在1999年,故意欺诈犯罪方面所造成的损失额就有41,300万欧元。正如欧共体委员会1999年保护共同体金融利益的年度报告所表明的,1999年由成员国查明的违规行为和欺诈行为的案件共有4912件,这些行为仅仅在农业领域共造成大约10亿欧元的损失,占欧共体财政的2.5%。根据专家们的一致看法,近年来这种损失的规模实际上更高,至少达到了共同体财政的10%~20%,相应地所耗费的欧共体钱财的数量每年绝对达到了大约60亿欧元~120亿欧元。虽然对于欺诈给欧共体所造成的实际损失规模有不同的估计,然而却足可以断定欺诈在欧洲的猖獗程度。[2]

(三)欺诈行为形成的原因分析

这些给欧共体造成天文数字损失的欺诈之所以形成有多重原因,一是欧共体财政预算的缺陷成为欺诈与违规行为的"温床"。人们认为,欺诈行为多是由欧共体的计划性经济体系,特别是在农业领域里的计划性造成的。因此,有观点主张应采取有效的预防措施,比如消除补贴诈骗的特定原因,这个原因就在于发放补贴的政策,因为这个政策是违背自由竞争的,所以应取消。[3] 但这种观点遭到了一些人的反对,他们认为惩治欺诈并不是欧共体的唯一目标。二是共同体详细而复杂的规制技术。法律的规定越复杂,难以把握的参数就越大,相对地被发现的风险也就越小,以至于对经济主体而言,欺诈所获得的利益远远高于其所遭受的微不足道的风险。这一点对于前述所提及的规避法律的情况尤其如此。规避法律情况的出现往往取决于立法以及规则制定的技术。基本上是规则越详细,规避的可能性也就越大。欧共体的法律在其规制技术上达到了法国式立法的详细程度,本来应该能保障各成员国的行政机构在规则的使用上没有裁量的空间,然而欧共体的法律却反而特别容易受到规避。简化与欺诈相关的规则在可预期的时间内几乎是不可行的,因为这些复杂的规则从根本上来说主要是源于成员国之间的政治妥协。三是对于行为人而言,没有显而易见的受害人存在。

三、成员国刑法对欧共体金融利益保护的现状

各国的刑事制度对欧共体金融利益的保护反映了一种原则上的两分法:分别从进口欧共体时的补贴和出口第三国时的退税这两方面来进行刑事制度的处理。通过税收刑法和关税刑法来规制有关缩减收入的行为,通过规定补贴的构成或一般性的欺诈构成要件来规制对于支出的欺骗行为。然而,不论是在实体刑法方面还是在执行方面,各成员国之间却存在

---

〔1〕 Gerhard Dannecker Strafrechtlicher Schutz der Finanzinteressen der Europäischen Gemeinschaft gegen Täuschung ZStW1996, S. 580.

〔2〕 Ingo Erasmus FromDer strafrechtliche Schutz der Finanzinteressen der EGSpring-Verlag2004. S. 11.

〔3〕 F · A. 205. 05. 1999S17.

巨大的差异。

(一)对于制裁违反共同体法律的行为成员国所负有的义务

为保护欧共体金融利益而赋予成员国的义务来自有历史性意义的1989年“希腊玉米案”,该案涉及的是在希腊公职人员的参与下,与农业提留款有关的欺骗行为。因此,就成员国对违反共同体法律所负有的制裁义务这一问题,这个判决具有核心性的意义。[1] 欧洲法院在此判决中得出结论,由于希腊共和国针对那些参与实施和掩盖偷逃提留款行为的人没有规定刑法或纪律惩戒的程序,所以希腊共和国违反了《欧洲经济共同体条约》第5条(Art. 5EGV)。就此而言,成员国有义务制定措施,以确保共同体法律的适用和效果。这样的原则同样要求,对于违背共同体法律的行为,应该与违背具有同样性质的国家法一样,以相似的实体性规则和程序规则加以制裁,虽然成员国仍然保留有选择制裁方式的权力,但是,对于违背共同体法律的行为,成员国有义务适用与同类违背国家法行为一样的制裁。这就是所谓的等置义务(Gleichstellungsverpflicht-ung)或同化义务(Assimilationsverpflichtung)。而且这样的制裁无论如何必须是有效的、合比例的和有威慑力的,即所谓“最少的三重性”(Mindesttrias)。[2] 欧洲法院在此判决中主张欧共体成员国所负有的义务,不仅使得成员国保护本国法益的那些法律规范在欧共体的金融利益上适用;而且在保护欧共体金融利益的目标被妨碍时,为了达到对国家金融利益和欧共体金融利益的同等保护,成员国必须重新创制或调整有关的国内规范。

自这个判决作出以后呈现出如下改变:国家犯罪构成的保护方式被扩展到欧共体金融利益的保护上。然而,是否把国家金融利益的刑法保护和欧共体金融利益的刑法保护置于同等地位,以在欧共体层面实现充分的协调,这一点还尚有争论。

(二)对收入的保护

只要成员国的税收犯罪和关税犯罪的法律规定可以适用于欧共体所得,那么,对欧共体所得的刑法保护就是通过各成员国税收刑法和关税刑法来进行的。关税刑法和税收刑法是对付偷逃进出口捐税的典型模式,特别是通过对走私犯罪构成的规定。然而,关税刑法和税收刑法领域的法律状态在各成员国中是各不相同的。德国、意大利和西班牙对所有形式的逃偷关税和其他税收的行为制定了统一的犯罪构成。而其他国家,如法国和比利时,则除了税收刑法规定外,还有特别保护进出口捐税的关税刑法。在法国和西班牙,走私犯罪不仅指秘密输入和输出货物的行为,还包括通过虚假说明而不缴纳进出口税的行为。[3]

国家的关税刑法和税收刑法原则上限于对本国关税和税赋收益的保护,因此,需要有明确的规则将欧共体的提留款纳入保护范围之内,这些规则在各成员国的法律制度中也有所规定。例如在德国法律中将欧共体关税规则的关税和提留款置于与德国国内税赋同等的地

---

〔1〕 法律事实见:EuZW1990S. 99。

〔2〕 GröblinghoffDie Verpflichtung des deutschen Strafgesetzgebers zum Schutz der finanziellen Interessen der Europäischen Gemeinschaften1996S. 13.

〔3〕 Gerhard DanneckerStrafrechtlicher Schutz der Finanzinteressen der Europäischen Gemeinschaft gegen Täuschung ZStW1996, S. 99.

位。《德国税收通则》第 370 条(370AO)中规定了不缴纳税款而构成犯罪的成立条件,其中第 6 款(Abs. 6)规定:“如果行为涉及那些由欧共体其他成员国所管理的进口税收那么 1 ~ 5 款也适用。”[1]这样的规定使得对金融利益的国家刑法保护不仅仅延伸至欧共体层面,而且还延伸到其他成员国。意大利法律认为,其对于偷逃捐税所规定的特殊犯罪构成,对欧共体的金融利益也适用。

将欧共体的金融利益纳入国家刑法规范的适用范围之内,或者更确切地说是包含进特殊的刑事犯罪构成规定的适用之中,这样的同化条款就欧共体收益的保护来说其必要性已经得到了认可。然而,不同法律制度之间存在多样性,而且在法律追究结果上各国也有所区别,通过同化原则而对欧共体金融利益的保护就是因为这种国别法之间的差异而面临着困难。例如,对于过失的不缴纳捐税的行为,刑法上的对待在共同体成员国之间就有所不同。在西班牙和意大利,要求这种犯罪的构成必须是故意性行为;而在法国,对于故意性的证明不是必需的,而且也不承认作为犯罪排除理由的错误。在德国,不纳捐税的疏忽行为不受到刑罚处罚,而轻率行为可作为违规行为而受到制裁。另外,对于未遂行为的可罚性也存在差异。在法国和意大利,未遂的走私和既遂的行为具有同样的法律后果;而在德国,不缴纳税收的未遂行为根据《德国税收通则》第 370 条第 2 款(370Abs. 2AO),具有刑法上的可罚性。[2]

(三)对支出的保护

在对欧共体支出的保护上,从犯罪构成设置、被保护法益以及可罚行为的角度来看,成员国的法律制度对欺诈的规定主要有两种不同的模式:一种是法国法上的欺诈构成模式,另一种是德国法上的欺诈构成模式。除此之外,还有很大程度上与德国模式相吻合的英国法上的欺诈构成模式。

1. 法国法上的欺诈构成模式。根据 1944 年《法国刑法典》第 313 - 1 条欺诈的成立必须具备造成损害这一后果。此外,欺诈只有通过积极的作为实施,不作为不能成立欺诈。行为方式的“欺骗性伎俩”这一概念被宽泛地加以解释。自从 1863 年的修正案实施以来,在法国刑法中,未遂受到与既遂同样的刑罚,这一点是法国刑法不同于比利时刑法和荷兰刑法之处,虽然后两个国家的刑法典都是以 1810 年法国刑法为蓝本而制定的。在主观方面,《法国刑法典》第 313 - 1 条并不要求有为自己或为第三人谋取非法财产性利益的特别意图。在这一点上,法国刑法的规定和荷兰刑法完全相反。法国刑法对欺诈构成的规定接近于由于不适当地或不按条件地使用已获得的补助和津贴而违反补贴发放目的这样的边界。除了一般性的欺诈犯罪构成要件的规定外,法国刑法中没有对骗取补贴或骗取其他有义务支付的款项进行特别的犯罪构成规定。

2. 德国法上的欺诈构成模式。第二种欺诈的构成要件模式源自《德国刑法典》第 263 条,除了德国外,在刑法制度上,丹麦、希腊、意大利、葡萄牙和西班牙也采用此类模式。这类

[1] http://bundesrecht. juris. de/bundesrecht/ao - 1977/index. htm.
[2] http://www. Delchn. cec. eu. int/cn/eu-guide/F&Q. htm#EU/EC.

模式中欺诈的构成要件要求,在连续的因果关系中有欺骗行为、错误的唤起、财产的支配和被骗方的财产损失或一个处于相当密切关系中的第三人的财产损失。在意大利刑法中,如同德国法一样,财产的支配被作为一个未写明的构成要件特征;而在丹麦、意大利、葡萄牙和西班牙刑法中,财产的支配则在相应的规定中被明确加以述及。

英国法上对欺诈行为的要求与德国模式基本相符合,此外,还必须有损害的开始以及故意性行为,这些规定在针对欧共体金融利益进行侵犯的情况下也可适用。

上述两种模式之间的区别具有重要意义。按照德国法的模式,财产遭到损害是犯罪既遂的前提条件,而且未遂所受的刑罚轻于既遂;此外,欺骗行为不仅可以由作为实施,而且也可由不作为实现;最后行为人必须是出于为自己或为他人谋取非法利益的目的而故意地行事,由此,如果行为人对于所转移的财产实质上有合法权利,那么就排除了其欺骗行为的可罚性,在这些方面,德国模式与法国模式有所不同。

3. 设立专门的补贴诈骗犯罪构成。那些采纳了德国法模式的国家,在对那些以伪造、不符合实际情况、或不完整的说明所实施的补贴诈骗或成果骗取行为进行刑法规制时碰到了论证上的困难。这个实践中的困难导致德国率先引入了对补贴诈骗的专门性构成规定,随后,西班牙等国也引入了有关补贴诈骗的特别规定。《德国刑法典》第 264 条规定的犯罪构成,放弃了对损害结果出现的要求,并且已经把对补贴事实的欺骗纳入犯罪,将对普通性诈骗犯罪构成的可罚性规定前置(该法第 263 条)。由此在欺骗行为、错误唤起、财产控制和财产损失之间那个难以证明的因果关联就不再成为必需的要件。该法第 264 条第 7 款明确地将根据欧共体法律而从公共资金中支出的经费纳入了保护范围。由此,那些在农产品出口中所支付给第三国的出口补贴,以及那些从社会基金或地区性基金中提供给企业的补助,也明确属于该法第 264 条的保护范围之内。

在意大利,对欧共体财政的补贴诈骗所适用的是特别刑法的规定,根据 1986 年 898 号法案第 2 条(Art. 2desGesetzes898/1986)的规定,进行虚假的、不正确的和不完整的说明,以获取那些完全地或部分地由欧洲农业保障基金所提供的补助、退税和津贴的,处以不超过 3 年的自由刑;而一般的欺诈则可能被处以不超过 5 年的自由刑。可见,在意大利刑法上,对于欺骗欧共体补贴的行为是有所"优待"的。

葡萄牙也是以特别刑法的方式规定了补贴诈骗的犯罪构成,而且将其作为实害犯来对待。一般的欺诈犯罪最多处以不超过 3 年的自由刑;而对补贴诈骗的犯罪则规定了 1 到 5 年的自由刑;对于补贴违反其目的之使用,则规定了不超过 2 年的自由刑。

(四)证件刑法(Urkundenstrafrecht)

与保护欧共体金融利益免受偷逃提留款和骗取补贴行为的损害相关联的其他犯罪,可以被称为证件犯罪(die Urkundendelikte)。对此类犯罪,各国的法律规定也显示出相当大的区别。虽然在涉及外国的案件中,除了国内官方证件外,有关的法规也将外国的文书和超国家的官方证书考虑了进去,但是,分歧特别存在于涉及内容不正确的说明和书面的虚假陈述时的可罚性问题。当证件的使用会导致第三人受损害时,比利时、法国、葡萄牙、西班牙和荷兰的刑法典将所有对证件的伪造或不正确的制造都规定了进去,而德国、丹麦、英国、爱尔兰和希腊的证件刑法的规定则较为简单,没有将那些特殊的书面性的欺骗包括进去。

（五）法人的可罚性

法人的可罚性问题在欧共体成员国间也完全没有统一的规定。在法国、丹麦、英格兰和苏格兰以及荷兰,对法人规定有刑事处罚的同时,德国、意大利和葡萄牙则认可罚款,而在希腊和西班牙,则是对企业进行行政处罚。

为统一企业的刑事责任,在欧共体文献中,有观点主张采用超国家的罚款。鉴于成员国在把刑事权能转交给欧共体时所持有的极其克制的态度,所以有观点主张在共同体法中对罚款的构成加以规定。这种共同体法上的罚款在欧共体的卡特尔法(EG-Kartellrecht)中已经存在,并且成功地适用于企业。然而,迄今为止,欧共体委员还不会考虑采纳针对法人的刑事法律。[1]

四、欧共体条约中所确立的反欺诈规范

长期以来,通过基本性立法来保护共同体的金融利益并不是理所当然的。对于违背共同市场规则的行为确定刑事制裁的基本条件,这种想法最早萌生于20世纪60年代,一个制定关于刑法协调的协定草案由于法国政府政治上的反对而无果而终,直到20世纪70年代,欧共体的机构才重新倡议,在欧共体条约中给予欧共体金融资金的保护以适当的位置。

（一）《欧共体条约》第280条的内容介绍

《欧洲经济共同体条约》(EGV)第209a条经阿姆斯特丹条约重新表达,在欧共体条约(EG)中重新编号为第280条,这一条款所致力于解决的是对共同体金融利益造成损失的欺诈行为。

该条约第1款规定:“根据本条,共同体和成员国以具有威慑性且在成员国中产生有效保护的措施来防止欺诈和其他针对共同体金融利益的违法行为。”该条约第280条第2款和第3款规定了成员国所应采取的措施,其中第2款规定:“成员国对那些针对共同体金融利益的欺诈行为所采取的措施与针对自己国内金融利益的欺诈行为而采取的措施相同。”其第3款规定:“尽管有其他的条约规定成员国为保护共同体的金融利益免受欺诈要使其行动协调一致。为了这个目的,成员国借助于专门的委员会来共同维持主管当局之间紧密而定期的合作。”而该条约第4款则第一次包括了对欧洲理事会的权能规定:“为了在成员国中确保有效且等值的保护,理事会在审计署听证之后,按照第251条规定的程序来决定,对那些针对共同体金融利益的欺诈进行预防和打击的必要措施。成员国刑法和成员国刑事裁判权的行使不受这些措施的影响。”相比较而言,该条约第280条第5款具有从属性的意义,“在与成员国的合作过程中委员会每年向欧洲议会和理事会呈交一份关于这些被采取的措施对本条贯彻实行情况的报告”,这一条款中所提及的所谓“报告义务”符合于到目前为止欧共体委员会在工作方案和年度报告中的动议和反欺诈活动的实践。[2]

---

〔1〕 Gerhard Dannecker Strafrechtlicher Schutz der Finanzinteressen der Europäischen Gemeinschaft gegen Täuschung ZStW1996, S. 592.

〔2〕《欧共体条约》第280条的内容译自欧盟网址 http://Europa. eu. int/eur-lex/lex/; KONSOLIDIERTE FASSUNG DES VERTRAGS ZURGRÜNDUNG DER EUROP? ISCHEN GEMEINSCHAFT; Artikel280.

（二）《欧共体条约》第280条第4款中的授权性内容

《欧共体条约》第280条中尤其引人注意的是第4款的规定。因为从文义来看该条款赋予了欧洲理事会对欺诈“采取措施”的权力。一个现实性的问题是，欧洲理事会在以该条款规定为依据的程序范围内，是否被授权制定特有的保护金融利益的欧洲刑法规范？对此问题欧洲联盟机构所持的立场也有分歧：欧洲议会认为，《欧共体条约》第280条第4款构筑了对欧共体金融利益进行有限度刑法保护的基础，欧共体通过该条而被授予了特定领域的刑法设置权能。欧洲议会在其2000年5月6日被通过的一份《欧洲议会就保护共同体金融利益和惩治欺诈委员会的1998年度报告所做出的决定》中再次重申：要求委员会根据修改后的《欧共体条约》第280条第4款惩治欺诈的规范，对于联盟的财政引入刑法性的保护手段。[1] 欧洲审计署的观点与欧洲议会有所不同。《欧洲经济共同体条约》第209a条经过阿姆斯特丹条约扩展，确保了对共同体金融利益的威慑性保护。凭借《欧共体条约》第280条第4款的规定而进行的联盟性的制裁，有可能使各成员国的刑法典互相协调。但是，这种共同体的制裁并不改变成员国对这一领域所享有的唯一管辖权。欧洲审计署认为，《欧共体条约》第280条第4款走上了协调各成员国刑事犯罪构成的道路，主张欧共体机构在保护共同体利益，打击欺诈方面享有指令权（Anweisungskommpetenz），也就是说，共同体的权能远非原生性的共同体刑法权能。[2]

欧共体委员会对将来以《欧共体条约》第280条第4款为根据而获得支持的法律文件的属性持非常克制的态度。虽然欧共体委员会也清楚，为了有效地惩治欺诈，需要那种必然包含有刑法性质的威慑性制裁，但是，《欧共体条约》第280条第4款是否就意味着对刑法性立法的正式授权，欧共体委员会认为这一点还是悬而未决的。欧共体委员会的观点是，《欧共体条约》第280条澄清了在金融利益的保护上共同体和成员国之间的一般性管辖权分配的问题，然而，对于刑法保护领域的管辖权具体该如何划分，则对此没有说明。这条规定，使得现有的法律框架有扩充的可能。根据目前的职权分配情况，委员会不认为欧共体机构对于局部性的刑法规范有管辖权。欧共体委员会明确表示：目前制定欧洲刑法是不允许的，因为根据《欧共体条约》第280条第4款国家刑法仍然不受影响。[3] 可见，委员会对此问题的态度并不是恒定的，尽管委员会认为引入刑法规范打击欺诈是值得追求的，但是，根据现行有效的《欧共体条约》第280条第4款的文义，欧共体委员会认为，对这种性质的规范而言没有实现的机会。

对于通过阿姆斯特丹协定而可能引入的共同体刑法制定权能的问题，欧洲理事会目前没有正式的表态。欧洲理事会认为，欧共体在金融利益的刑法保护方面，重点仍然是成员国和欧洲联盟之间的合作，可以通过成员国主管当局之间更为紧密的合作以及通过推动欧共体委员会和成员国之间的信息交流，在惩治欺诈方面加以改进。对于打击欺诈的刑事措施，

---

〔1〕 http://Europa. eu. int/eur-lex/lex/；Europäisches Parlament Dok. A5 – 0116/2000Ziff. 3.

〔2〕 http://Europa. eu. int/eur-lex/lex/；Amtsblatt der Europäischen Gemeinschaften1998C230.

〔3〕 http://Europa. eu. int/eur-lex/lex/；Mitteiling der KommissionKOM(2000).

欧洲理事会认为,传统上第三支柱(欧洲联盟的司法和民政事务政策)的法律基础是合适的,在这一点上,欧洲理事会的观点和欧共体其他机构的看法完全相反。因为在后者看来,保护金融利益的第三支柱性法律文件总体上是失败的。由此可以看出,在利用刑法打击欺诈方面欧洲理事会认为只有成员国才对此享有权能。[1]

对《欧共体条约》第280条第4款如此不统一的解释,不仅存在于欧共体各机构之间,而且在同一个组织的内部也同样存在。

(三)《欧共体条约》第280条中所确立的两个目标

《欧共体条约》第280条第4款授予了共同体就反欺诈问题立法,这个授权的基础性规定所要实现的是该条约第280条所确立的两个目标。

第一个目标是对欧共体金融利益的有效保护。这种有效性包括有效率、有效果和有成效的含义。为实现此目标,主管的欧共体机构制定了什么样的准则,还处于令人观望的状态。如果欧共体的立法者认为,取得有效的成果要从消减犯罪原因上入手,那么就会在预防性的法律规定上做文章,例如通过简化补贴的规定,从而取得消减各种规避可能性的效果。除了消除犯罪吸引力以外,这个目标还可以通过强化对经济主体的控制,从而在降低损害规模方面取得成果。如果欧共体的立法者把有效的威慑作为其努力的核心,那么,欧共体那些没有制裁内容的超国家措施就显得没有存在价值,而那种泛欧洲的惩罚性控制欺诈的规范就会受到欢迎。在实现有效性这一目标上,欧共体机构有责任进行选择是扩大行政制裁,还是采取刑事手段。如果欧共体机构在保障共同体法益的刑法保护上采用的方式、方法以尊重国家主权为优先考虑,那么欧共体的立法者可以利用原则方针来实现指导性的调整技术。在这种情况下,根据《欧共体条约》第280条第4款所制定的法律文件都以原则方针为限,然后由成员国将它们移植到本国法中,将国内法对内国法益的保护延伸至超国家的法益保护。如果欧共体立法者将刑事司法的合作置于优先的地位,那么,首先会考虑是那些促进官方合作和法律援助的规范。为消除由于各国对欺诈构成的不同规定而导致的对经济主体刑罚上的不平等性,采用什么方式才能最大可能地确保同等效果的可罚性,这对于欧共体的立法者而言还是一个悬而未决的问题。

第二个目标是等价值保护。这个目标的确立是以这样的认识为根据的,对共同体金融利益的保护实质上是由成员国来承担的,这种保护方式充满了不协调性和缺陷,仅仅在《欧共体条约》第280条第2款中规定等置原则(Gleichstellungsprinzip)不能防止对共同体利益的保护在成员国中形成各自分化和矛盾的状况,因此,需在通过无区别保护的原则来对此加以补充。然而,对这种等价值保护标准的判断是困难的,因为可罚性的后果还要受到成员国刑法总则中的规定以及程序法的影响,所以,也许只有通过超国家的、欧共体自己所立的刑法规定,才可以保障那种无差别的刑事处罚。[2]

根据过去的经验,这两个目标并未达成,因此可以在事后得出这样的判断结论:《欧共体

---

〔1〕 http://Europa. eu. int/eur-lex/lex/:Amtsblatt der Europäischen Gemeinschaften1995C316.

〔2〕 Ingo Erasmus FromDer strafrechtliche Schutz der Finanzinteressen der EGSpring-Verlag2004. S. 129 - 131.

条约》第280条的目标本可以在共同体层面更好地得以实现,更何况在对事态的判断方面,欧共体机构有权享有一个宽泛的评判空间。

五、对于保护欧共体金融利益的超国家刑事措施的论争

欧洲经济共同体的金融体系通过1970年4月21日的理事会决议过渡为自有资金筹措体系(Eigenmittelfinanzierung),与此相关联的就是对欧共体自有资金进行保护的必要性,这两个因素成为考虑对欧共体金融利益引入刑法式保护的基础。而且,通过阿姆斯特丹条约对《欧共体条约》加入的第280条第4款,带来了为反欺诈而创制法律的新可能性。然而,《欧共体条约》第280条也引起了如上所述的争议,问题的焦点就在于:除了通过给欺诈行为设置阻碍这种预防性的措施以外,在这些预防措施的基础之上是否也可颁布局部领域内的超国家刑事法律?对此问题的争议,实质上就是如何看待欧共体机构立法权能的范围和程度的问题。

(一)反对超国家刑法保护方法的主张

对于欧共体金融利益的保护,在欧共体层面所能做的只是对各成员国刑法的协调与促进各国司法机构的合作,而不能制定一个泛欧洲的、适用于特定领域的刑事法律规范,理由是:

1. 主权的不可转让性。欧共体机构不应享有超国家刑法权能的最主要的一个原因就是,成员国不会放弃它们的主权,而且它们把刑事法律方面的权力视为其国家主权的固有核心,[1]它们担心刑事权能的转移将使其丧失民族国家的独立存在价值。

2. 欧盟存在结构性的民主赤字。共同体成员国拒绝把设置刑事法律的部分权能转移给共同体机构的另一个原因在于,对此实际负责的不是由成员国人民直选的议会,而只是通过多次间接选举形成而被授予权力的欧共体理事会。欧盟的法律制定程序不符合西方的民主理论,无论是欧盟的机构运转,还是政策的出台及其执行过程,普通民众都难有机会参与。作为目前欧盟中唯一由民众直接选举产生的欧洲议会,事实上仅相当于欧盟的一个执行监督和咨询机构,距离民主政治理论中的民选机构的核心地位还相距甚远,不论是在立法权还是对行政机构的选举、监督权方面,欧洲议会的权力目前都十分有限。在立法方面,欧洲议会不但不能提出法律草案,甚至部分法案的生效都无须欧洲议会的批准。到目前为止,仅有70%左右的欧盟法律是需要由欧洲议会批准才得以生效的。即使目前的欧洲宪法条约能够生效,也仍将有20%的欧盟法律不需要欧洲议会批准便能生效,且与欧盟整体相关的共同外交和防务政策方面的法律法规,仍将继续留在欧洲议会的控制范围之外。如果深入分析可以发现,造成欧盟这种"民主赤字"现象的背后,正是成员国由于对本国利益的顾虑而产生的对自身权力的贪恋。[2]

对于保护欧共体金融利益而必须予以考虑的授权根据,反映出欧洲议会所具有的参与权力相当有限,最多只参与听证程序。在这种参与权的范围内,理事会不必遵循欧洲议会所

---

〔1〕 Schünemann BerndEin Gespenst geht um in Europa——Brüsseler "Straftrechtspflege" intra murosGA2002S. 501.

〔2〕 参见张卓:《欧洲一体化连接受挫"大欧洲梦"危机探源》,载《新京报》2005年6月19日。

发表的看法，这样就使得欧洲议会不可能贯彻其主张。这种情况下，法律的制定就完全由一个间接性民主授权的机构——欧洲理事会来决定。虽然原则上法律文件也可由立法机关间接制定，如同在国际组织中常有的一样，但是，由于在对市民社会的干涉上刑法处于最尖端的地位，所以，制定刑法的立法机关必须是直接民主选举的机关。因此在刑法文件的制定上，需要欧洲议会——这个在欧共体层面唯一直接选举产生的法律制定机构的充分参与。

3. 欧共体不存在刑法权限。由刑法基本原则"法无明文规定不为罪，法无明文规定不处罚"(nullum crimen, nulla poena sine lege)而推导出共同体不存在刑法权限。刑法是属于欧盟第三支柱的内容，和第一支柱相反的是，成员国在第三支柱之上是不会放弃其主权的。此外，共同体的真正刑法，哪怕是对部分领域所规定的犯罪构成，也违反了欧盟条约的一项基本性原则，即附属性原则(Subsidiaritätsgrundsatz)。《欧盟条约》第3条(b)款规定：对于共同体专属权限范围外的事项，共同体只有在行动的范围显示共同体参与更有利于完成时才会采取行动。[1] 此外，由于刑法是如此严厉的措施，以至于只有在明确地述及刑法的欧共体条约中规定有授权根据，才能赋予制定刑法规范的权限。那种对所有"必要措施"的授权，不能同理地用于刑法性授权。[2] 此外，从纯粹实务上的角度考虑，在欧洲层面还缺乏能执行相应刑罚的刑事法院，从这个理由出发，真正的刑法也被排斥于共同体法的适用领域之外。

(二)欧共体享有特定领域的刑罚权能是必需的和应然的

第一，通过控制犯罪原因预防性的或行政法上的措施，虽然对共同体公民的自由干涉较少，但常常不能达到如同刑法规范一样的有效且等价值的保护效果。对于那些破坏欧共体金融利益的经济主体，超国家的制裁终究是非常重要的。欧洲委员会近年来针对那些损害欧共体金融利益的行为，已经采取了一些强有力的制裁措施，比如，退还不当所得的补贴、补缴关税、罚款和取消有关企业将来的补贴等。但对此有些成员国则提出了反对意见，其理由是：欧共体委员会没有取消未来之补贴的权能，因为那样的制裁，含有对有关经济主体在刑法上的无价值判断。这种判断作为刑法的组成部分，只有成员国保留此权力。欧洲法院不赞成这样的观点，并且在1992年的一个裁决中赞同欧洲委员会有与此相关的超国家权能。欧共体委员会把这种制裁描述为："给那些违法地获得利益或不遵守规定义务的经济主体造成消极的财政或经济影响的措施。"[3]

刑事法律的功能具有末位性。因此，人们意识到，在欧洲层面的反欺诈优先，需要的是建构预防性的措施。犯罪学的知识已经证明，那些温和的制裁方式并不足以防止行为人实施欺诈行为。仅仅是扩展对经济主体的控制范围和设置行政法上的制裁，并不能对欺诈者起到足够的威慑效力，欺诈者在行为时会将欺诈所得款项的偿还和适度的罚款金额考虑在

---

[1] 参见袁发强译：《不列颠法律袖珍读本(欧盟法)》，武汉大学出版社2003年版，第17页。

[2] Helmut SatzgerAuf dem Weg zu einem europäischen Strafrecht -Kritische Anmerkungen zu dem Kommissionsvorschlag für eine "Richtlinine überden straftrechtlichen Schutz der finanziellen Interessen der Europäischen Gemeinschaft"ZRP 2001 S. 549.

[3] Vorschlag der Kommission einer Verordnung des Ratesüber Kontrollen und Sanktionnen im Rahmen der Gemeinsamen Agrar- und Fischereipolitkvom21. 5. 1990ABL. 1990C137S. 10. http://europa. eu. int/eur-lex/lex/.

内,并且还希望其行为不被发现。因此刑事制裁、威慑是必要的。为保障共同体的财政利益,需要一个统一的刑法,特别是对于那些不断迅速扩展的黑手党辛迪加组织,只有借助于刑法的手段,才足以对其有威慑力。将来在那些很严重的案件中,例如,对欺诈行为除了损害共同体金融利益之外,还危及其他人生命与健康的法益,会采取超国家层面的刑法措施。

第二,刑法一直以来就是处于国家主权强制力的中心地位,但是,从法律的角度来看,成员国对于丧失刑法权力的这种担心是多余的。一方面,在逐步一体化的进程中,欧洲法院没有接受成员国在刑法上绝对主权保留的立场,国家主权强制力的垄断地位也不会为了保护欧共体钱箱(EG-Kassen)的中心地位而被限制,特别是在惩治那些破坏欧共体财政的欺诈行为的情况下,所涉及的是欧共体本身的特定利益,为保护这些利益,欧共体也必须有切实的途径可循。那些反对将刑法领域的权能转移给欧共体的成员国,它们所主张的理由是:刑法在历史上受到民族价值观念和文化底蕴的影响。而从涉及保护欧共体金融利益这样的原生性超国家法益的角度来看,这样的论点是不可理喻的。[1]

另一方面,成员国对丧失其国家主权独立性中核心领域的这种担心是不必要的,因为国家主权只有在从前曾经拥有,而随后不再被允许行使的情况下,才能被视为丧失,而经阿姆斯特丹条约重新修订后的《欧共体条约》第280条第4款中第二句规定了不触及条款,[2]该条款的意义和目的在于:保证成员国对所有直接可适用的犯罪事实的构成特征以及适用范围,拥有抉择上的垄断地位。这一条款的存在已经预防了这里所说的主权丧失情形的出现。另外,成员国们针对欧共体的局部性刑法权能而提出的异议也显得非常矛盾,因为共同体已经拥有了超国家行政处罚的一般性权能,这些行政处罚的严厉程度通常远远超过了那些属于传统刑法领域的措施,如罚金刑。此外,人们担心与刑法主权的丧失相联系的就是主权国家的不复存在,但是,由于所转让的仅仅是经济刑法和附属刑法中部分范围内的权能,所以,这样的担忧不能成为辩解的理由。而且,显著改善惩治经济欺诈方面的状况,这终究也是符合成员国利益的,因为对于欧共体财政的损失,终究也必须由成员国来负担。

第三,考虑到刑法的特性,从"法无明文规定不为罪"的刑法基本原则中推导不出对欧共体刑法权限的严格解释。国家所享有的刑法权能,这是属于一个国家宪法性的问题。同理,欧共体是否享有刑法方面的权能,这是一个属于欧共体基本法上的问题,而欧盟的基本性立法正是欧盟法律制度所建立的宪法性基础。不能拿基本性立法本身来衡量罪刑法定意义上的确定性原则。是否"罪刑法定"的基本原则应该被作为共同体和成员国之间权限划分的标准,对于这一点,尽管原则上还有所怀疑,但是,这个原则并不能排除共同体以《欧共体条约》第280条IV第一句(At. 280IV1EG)为依据,为保护欧共体的金融利益而享有部分的刑法创设权,因为欧共体条约从法律渊源上看是属于基本性立法之范畴。

---

〔1〕 Ingo Erasmus FromDer strafrechtliche Schutz der Finanzinteressen der EGSpring-Verlag2004. S. 331.

〔2〕 http://europa. eu. int/eur-lex/lex:KONSOLIDIERTE FASSUNGDES VERTRAGS ZUR GRüNDUNG DER EUROP?ISCHEN GEMEINSCHAFT:Artikel280(4)Die Anwendung des Strafrechts der Mitgliedstaaten und ihre Strafrechtspflege bleiben von diesen Maβnahmen unberührt. 所谓的不触及条款是指本条款第二句所说的:成员国刑法和成员国刑事裁判权的行使不受这些措施的影响。

第四,欧洲联盟条约第三个支柱(司法与民政事务政策)中的“刑事方面的警察和司法合作”的存在,表明并不反对欧共体机构就设置特定领域的刑法而享有部分的权能。而且从基本性立法的情况看,并不能必然得出基本性法律排斥刑法规范的结论。在《欧共体条约》第280条(A.280EG)中所使用的术语,特别是在个别条款中所适用的“措施”(MaGahmen)这个概念,并没有和刑法规范的允许适用相冲突。也就是说,从《欧共体条约》第280条的概念用语来看,并不排斥适用刑法规范。合并了阿姆斯特丹条约的《欧共体条约》文本第83条Ila和第229条(At.83ta,A.229EG)以及欧洲原子能共同体条约(EACV)和欧洲煤钢共同体条约(EGKSV)中的特别制裁规定并没有暗示,除了这些制裁外,其他共同体法的惩罚性制裁都是被禁止的。从合并了阿姆斯特丹条约的《欧共体条约》文本第83条a中也不能推断出,作为示范性而列举的制裁方式就是共同体法所允许的最严厉的制裁方式。从这些规定可以得知,在建立共同体的情况下,人们已经看出,迫切需要在共同体的规定中通过真正的刑法措施来保障命令和禁令的遵守。[1]

第五,虽然至今还没有欧共体刑事法院和属于欧共体自身的刑罚执行机构,但是,欧洲整体化刑事法庭的不存在并非就此决定了欧共体刑法制定权的缺乏。因为,对于刑罚的施加与执行,欧共体可以利用成员国的当局机构。必须将刑法的规制权限和对刑罚制裁的施加与执行权限加以严格区别。

第六,通过协调成员国法律以及促进成员国之间的合作,并不能充分保障共同体的金融利益,这是主张采取超国家刑法规制手段的一个重要理由。

虽然在“希腊玉米案”中所确立的同化义务被撰入《欧洲经济共同体条约》的第209a条(Art.209aEGV)中,借此,欧共体条约在其马斯特里赫特文本中第一次证实了惩治给共同体造成损害的欺诈是条约中独立的目标设定。但是,《欧洲经济共同体条约》(EGV)第209a条所规定的成员国的同化义务,以及欧共体机构的指导性技术,都不能保障欧共体金融利益在成员国中得到平稳的保护。成员国之间的合作拙劣而漫长,不能为将来打击欺诈提供合适的程序和方法。这种合作不力局面的形成有一个重要的原因,那就是对欧共体金融利益进行的完善保护,并不会由此而给成员国带来国家利益,因为成员国会希望本国享有竞争的优势,或者成员国有保护本国国民的意愿。因此,只要是控制有丰富刑法制裁体系的成员国法律制度本身不能充分保障对共同体金融利益的有效且等值的刑法保护,那么,最终还是有“刑法绿洲”存在的危险,这将导致令人难以容忍的违法者不受惩罚的情况出现。这里所涉及的问题实质上是成员国个别利益与欧共体整体利益的矛盾与冲突。

这种状况也为欧洲委员会、欧洲议会和欧洲审计署所认识。欧共体委员会和欧洲议会曾经建立过一些专门的机构来处理在惩治欺诈方面共同体和成员国的合作问题,这样的机构甚至被认为是建立欧洲检控机构的中间步骤。把反欺诈机构转变为欧盟检控机构(EU-Staatsanwaltschat)的倡议至今还是受到成员国的强烈反对。因此取而代之的就是,在尼斯条约中,于第三支柱的框架内建立“欧洲司法合作部门”[die Europäischen Stelle für justizielle

---

〔1〕 Ingo Erasmus FromDer strafrechtliche Schutz der Finanzinteressen der EGSpring-Verlag 2004. S. 330.

Zusammenarbeit（Eurojust）］以此而就政府权能方面的内容取得了统一。[1] 而这个机构在保护共同体金融利益方面应该享有什么样的权能，以及是否这个机构就近似于欧洲检控机构这些方面目前都还完全不明确。这个应该主要用以对恐怖主义和最严重犯罪进行跨境追诉的超国家机构，在多大的程度上会成为揭露欺诈欧共体利益的欧洲检控机构的前身，这一点还处于令人观望中。

此外，这种协调各成员国有关法律的努力就其本身而言并不是值得追求的。成员国不愿意将惩治欺诈的法律文件转化为内国法，这种缺乏支持的态度对于有效地保护共同体金融利益来说只是问题的一个方面。另一方面，这种协调还存在一个实质性、根本上的障碍：针对刑法典分论的个别规定而采取的法律协调措施，实际上并不能阻止对欺诈行为刑罚不统一的情况，因为对个体的刑罚总是受到总论中的规则以及刑事程序法的影响，而各成员国在这些方面的内容也是相当不一致的。[2] 而且，成员国在将共同体的法律转化为内国法时，只要有充分的转化活动余地，欧共体成员国就可以自行决定如何遵守这些准则，统一制裁的目标由此而陷入险境，最终共同体的法律准则只能在所要达成的目标方面对成员国产生约束力。

总之，在通过成员国的刑法制度对欧共体金融利益的保护上，存在难以调和的国别差异，并且这样的保护也是非常不充分，且有很多漏洞的。以此为根据证明了附属性原则（Subsidiaritätsprinzip）只不过是一个反对欧共体享有部分领域刑法制定权的托词。

不可否认的是，为保护欧共体金融利益而在欧洲层面规定特有的刑事犯罪构成，唯一存在的障碍就是存在议会保留（Parlamentsvorbehalt）这个一般性的法律原则。由于欧洲议会在“外部”与“内部”都存在一种所谓“结构上的民主赤字”（strukturelle Demokratiedefizite）状况，因此，欧洲议会目前不会使那些制定特别严厉的法律规定的要求得到满足。因此，“没有来自于议会的法律授权不能惩罚”（nulla poena sine lege parlamentaria）的基本原理，使那些旨在保护超国家法益的特定领域的刑事法律规范被排除在外。从目前的状况可以断定，在欧共体机构缺乏刑法权限这一问题上，阿姆斯特丹条约对此也没有起到任何改变的作用。

但是，如果关注一下对欧共体条约的最新修订可以发现，在欧洲层面的民主赤字正逐步减少，这显示出欧共体缺乏刑法性权能的情况必定不会持久。另外，自从在美国发生恐怖袭击事件后，欧共体国家的主管部长们（zuständigen Ministern）在欧盟的内部政策和外交政策方面的思想发生了改变，欧盟通过了一些着眼于全球性反恐需要的公约，虽然这些公约所规定的应对措施主要所涉及的是刑事追诉当局的合作，这种合作与欧共体的刑法权能只有间接的关系，然而在刑法领域有更进一步推进的必要性。全欧反恐法律本身也许可被视为在刑法领域促使主权行为转移的先导，这样的看法似乎越来越多地得到承认。由此迈出了消除一些成员国对于超国家刑法性解决措施所具有的担忧的第一步。对于其他犯罪类型，比

〔1〕 关于欧盟条约尼斯文本草案第29条（Artikel29des Entwurfs des Vertragsüber die Europäische Union in der Fassung von Nizza）。

〔2〕 Zieschang FrankChancen und Risiken der Europäisierung des StrafrechtsZStW2001S. 255.

如像破坏欧共体财政的欺诈行为,引入刑法的控制手段,在什么样的程度上这些规定会发挥效用,这一点还是不能预见的。但是,由于那些恐怖主义的袭击和欧共体对此而做出的激烈反应,从而引起刑法领域的大量共同体化,这样的情况也绝不是不可能的。在这种趋势下,欧共体对恐怖袭击的反应在可预见的时间内(这取决于条约的修改)也可能会导致一个对欧共体金融利益的原生性刑法保护的产生。[1]

六、结语

总而言之,随着欧洲一体化的发展,欧共体在经济上和法律上都成为一个具有独立性的超国家实体。当这个实体自身的财政金融利益受到危害时,必然会寻求适当而有效的法律保护手段,当既有的经济制裁与行政制裁不足以达到充分的保护效果时,就呈现出直接使用刑事处罚来保护欧共体利益的实际需要。然而,与自然国家以刑法手段保护金融利益的便捷性与当然性不同的是,这种需要的满足在欧盟层面遇到了相当大的困难。因为欧盟是多个国家在经济、政治与外交等多方面妥协的产物,这个超国家实体的权限来源于成员国国家主权的让渡。因此,欧盟权能的范围实质上取决于欧盟和成员国之间整体与部分的利益分配,同时也取决于成员国之间的利益协调。欧盟的产生首先是以经济上的共同体为基础的,相应的欧盟所享有的规制权能也以经济上的调控手段为首要,但是,如同国家法上的"出民而入刑"的规律一样,刑法是所有法律制度不可缺少的保障线,因此,随着泛欧洲一体化的逐步深入,对超国家刑法的需要是必然的。

然而刑法的权能并不是产生于民权至行政权再到刑法权这样一个"自下而上"的过程,作为公法的刑法,首先需要的是一个宪法上的公权力划分基础。因此,欧共体层面超国家刑法权的问题,实质上是欧盟宪政上公权力分配的问题。由于欧盟宪法条约目前在欧洲接连受挫,可以肯定的是,在欧共体金融利益的刑法保护上,实际需要与制度根据之间的矛盾还将继续存在,同样可以肯定的是,这对于欧盟和成员国来说都必定是一个不可回避的矛盾。而目前在对欧共体金融利益的保护上,还不得不保留成员国国家刑法各自为政的不协调状态,同时,为保护欧共体自身的金融利益欧共体,一方面,努力发挥其对成员国的协调性功能;另一方面,试图扩充其在刑法领域的权能。

---

〔1〕 Ingo Erasmus FromDer strafrechtliche Schutz der Finanzinteressen der EGSpring-Verlag2004. S. 337.

专题十九　外国刑法与比较刑法研究

中日两国刑法典总则若干问题比较研究*

中国现行刑法典制定于1979年，全面修订于1997年。1997年至今，又先后进行了9次部分修订，最后一次修订生效于2015年11月，总则由5章、103个条文构成。日本现行刑法典制定于1907年，生效于1908年，百余年来历经数十次修订，最后一次修订于2016年6月，总则由13章、84个条文构成。虽然中日两国的刑事立法都深受大陆法系刑法传统的影响，但是由于制定法典之际的参照对象、时代背景以及基础思想等方面存在差异，二者还是有着许多明显的不同之处。本文选择如下8个基本问题，就中日两国刑法典总则的相关规定予以比较。

一、宏观结构

日本刑法典总则由规定管辖权等事项的第1章通则、规定刑罚种类的第2章刑罚、第3章期间计算、第4章缓刑、第5章假释、第6章行刑时效和刑罚消灭、规定正当化事由和刑事责任的第7章不成立犯罪的情形和刑罚减免、第8章犯罪未遂、第9章并合罪、第10章累犯、第11章共犯、第12章酌量减轻和第13章加重减轻构成。显而易见，这一章节结构是沿着由刑罚到犯罪的逻辑设计的。与此相对，中国刑法典总则第1章规定的是刑法的任务、基本原则和适用范围，第2章规定的是犯罪的概念、刑事责任、犯罪形态等问题，第3章规定的是刑罚问题，第4章规定的是刑罚的具体运用，第5章是对特殊用语等具体问题的解释，是沿着从犯罪到刑罚的逻辑前进的。那么，为什么中日刑法典总则在结构与逻辑上会存在如此大的区别呢？

原因在于中日两国刑法典制定的时代背景不同。法律总是时代的产物。日本现行刑法典制定于明治晚期。1868年，随着末代幕府将军迫于讨伐压力向天皇奉还大政，日本进入了近代时期，并随即在政治、

---

* 本文原载于《刑法论丛》2017年第3期。

经济、教育和军事等社会各个领域展开了改革。因为这些改革都是以建立天皇制的近代中央集权国家为目的,有着强烈的封建和专制色彩,所以带来了大量的社会矛盾与冲突。例如,在教育领域,明治政府在引入美国教育思想与法国教育制度的同时,要求原本就已经不堪赋税重负的地方居民承担教育费用,因此招致了普遍反对,不得不靠强力推行下去。再如,日本在19世纪末期已经开始走上对外侵略扩张的道路,但是日本国内的社会运动随着西方民主思想的运动日渐高涨,进一步激化了阶级矛盾。[1] 激烈的社会矛盾与阶级冲突为日本政府在19世纪末期倒向新派刑法思想埋下了根源。

中国现行刑法典制定于1979年。经过中华人民共和国成立之后30年的历程,人民民主专制在我国已经确定,阶级冲突已经不复存在,人民群众日益增长的物质文化需求与社会生产力相对落后成了主要社会矛盾。所以如何有力保障人民民主,有序发展社会经济成了当时的主要的首要任务。为此,“必须加强社会主义法制,使民主制度化、法律化,使这种制度和法律具有稳定性、连续性和极大的权威,做到有法可依、有法必依、执法必严、违法必究”[2]。这一宏观社会背景决定了中国现行刑法的任务不是镇压阶级矛盾,而是“保卫国家安全,保卫人民民主专政的政权和社会主义制度,保护……财产,保护公民的……权利,维护社会秩序、经济秩序,保障社会主义建设事业的顺利进行”。

时代背景的不同决定了指导思想与参考对象的不同。日本现行刑法典是明治维新时期制定的第二部近代法典。为了配合新的中央集权政治制度,也为了解决西方国家强加在日本之上的治外法权问题,1868年开始的明治维新将法律修订放在了施政的重要位置,并在初期接连出台了三部法律:1868年颁布的《暂定刑律》;1870年取代《暂定刑律》成为裁判规定的《新律纲领》;在总结对《新律纲领》的追加规定以及改正事项的基础上,于1873年颁布的《改正律例》。但是这三部法律总体上仍然是封建思想的延续,而且严重背离日本当时从封建主义社会向资本主义社会转变的社会现实相背离,因此明治政府很快就开始引进西欧的刑法思想。

受当时社会条件与对外交往情况的影响,日本最初接纳的是具有的进步性、中庸性以及现实性的特征,在当时的法国占据主导地位的折中主义思想,并以法国拿破仑刑法典为基础,参考意大利、比利时等国的刑法制定了第一部近代刑法典,即1880年刑法典。[3] 但是,19世纪末期,随着资本主义在日本急速发展、犯罪上升的背景下,从新派刑法理论出发针对旧刑法与折中主义刑法理论的批判的日趋严厉,认为“法国法中的自由主义倾向不适应日本社会”[4]的声音进入了立法机关。与此同时,日本政府为确立天皇制国家,颁布实施了以普鲁士宪法为模范的明治宪法,日本的法律制度走上了脱离法国法走向德国法的改组之路。在此背景下,日本政府很快就将包含有人权与民主思想元素的折中刑法思想放在了一边,转而追求更为注重权威主义的新派刑法思想,吸收其精髓,以1871年的德意志帝国刑法典为

[1] 参见周振杰:《日本刑法思想史研究》,中国法制出版社2013年版,第61页以下。

[2] 高铭暄编著:《中华人民共和国刑法的孕育与诞生》,法律出版社1981年版,第4页。

[3] 参见周振杰:《日本刑法思想是研究》,中国法制出版社2013年版,第79~80页。

[4] 山中敬一『刑法総論』(成文堂,2008年)35頁参照。

主要参考对象,[1]制定了日本现行刑法典。因为新派思想相对更强调刑罚目的与矫治犯罪人,日本学者宫本英修甚至提出了“爱的刑法观”,[2]所以在这一思想指导下制定出来的刑法典大致呈现从刑罚到犯罪的逻辑结果也是可以理解的。

日本现行刑法典迄今已经实施100余年,虽然其间日本历经了重大的社会变革,尤其是在“二战”之后废除了天皇制的国家制度,代之以民主主义制度,并经历了数十次刑法改革,但是由于并没有制定新的刑法典,所以其总体框架与逻辑结构并没有发生变化。

中华人民共和国成立之初,立即废除了国民党的六法全书,在延续“刑期于无刑”等中国传统刑法思想的基础上,[3]全面借鉴了苏联的刑法理论。有的学者甚至认为,“由于中华人民共和国和苏联同属社会主义国家,在这种意识形态相同的历史背景下中华人民共和国全面移植了苏联的刑事立法和刑法理论”[4]。因此,虽然中国的刑法起草工作,肇始于1954年,其间几多周折,修改了30余稿,25年后才得以通过,但是并没有完全脱离苏联的刑法理论与立法结构的深刻影响,总则沿袭了由犯罪到刑罚的逻辑结构。1997年修订刑法之际,虽然经过将近20年的改革开放,中国的刑法理论有了可观的发展,其基本框架可以说是在借鉴大陆法系刑法思想的基础上形成的折中理论,但是仍然没有摆脱苏联犯罪构成理论的影响。与此同时,虽然1997年的新刑法总则部分进行了重要的改革,例如明确罪刑法定原则、增加了单位犯罪的规定等,但是总体结构并没有发生变化,保持着从犯罪到刑罚的逻辑。

二、法人犯罪

中国《刑法》总则第30条与第31条明确规定,公司、企业、事业单位、机关、团体实施的危害社会的行为,法律规定为单位犯罪(法人犯罪)的,应当负刑事责任,对单位判处罚金,并对其直接负责的主管人员和其他直接责任人员判处刑罚。与此相对,日本虽然早在20世纪初期就规定了法人处罚,例如,根据1900年颁布的《关于法人租税与烟草专卖相关犯罪行为法》(法人において租税及び葉煙草専売に関し事犯ありたる場合に関する法律)的规定,如果法人的代表人或者其他雇员在开展业务过程中因为实施违法行为需要承担刑事责任,那么法律条文中的罚则规定同样适用于法人,而且在特别刑法与行政刑法中规定有大量的法人处罚规范,但是其刑法典并无规定法人犯罪,总则中规定的“人”也通常被解释为不包括法人的自然人。日本的刑法理论只是在处罚法人的刑法规范已经存在的情况下,才不得不承认法人处罚作为例外,具有合法性,就如山口厚教授所言:“只要处罚法人的规定存在,其就可以成为罚则的主体。”[5]中日两国刑法典总则的这一差异,其根源在于两国刑法理论对刑事责任本质的不同理解。

---

〔1〕［德］卡尔·路德维格·冯·巴尔:《大陆刑法史:从古罗马到十九世纪》,周振杰译,法律出版社2016年版,第251~253页。

〔2〕山中敬一『刑法総論』(成文堂,2008年)36頁参照。

〔3〕参见周密:《中国刑法溯源》,载《法律学习与研究》1989年第2期。

〔4〕参见董玉庭、龙长海:《也论我国刑法知识的去苏俄化——兼论构建我国犯罪构成理论的原则》,载《学术交流》2008年第6期。

〔5〕山口厚『刑法総論』(有斐閣,2001年)35頁参照。

中国的刑法理论通常认为,"刑事责任就是指对行为人违反刑事法律义务的行为所引起的刑事法律后果能提供衡量标准的、体现国家对行为人否定的道德政治评价的刑事实体性义务"[1],其强调的并非单纯的道德评价,因此对于不具有身体和意志的法人的刑事责任并不绝对排斥。与此相对,在日本的刑法理论中,认为责任的本质是道义上的非难可能性的观点仍然相对有力,所以对于并非道德存在的法人的刑事责任存在内在的抵触,因为"法人没有自己的身体与精神,而刑法规定身体活动与心理要素是犯罪的成立要件,法人的性质与刑法的处罚要件相矛盾"[2]。所以,如果要将以道义非难可能性为核心、以个人责任为前提的责任主义贯彻到底,结论是法人刑事责任是违反责任主义的。[3]

与此同时,虽然日本法律规定法人处罚与中国刑法规定法人犯罪的背景非常类似,都是在法人违法行为,尤其是公害犯罪行为频发的背景下的政策选择,[4]但是两国处罚法人的原则是不同的。在日本,主张"关于雇员的违法行为,可以推定法人主体未能尽到预防违法行为所必需的选任/监督义务,只要法人主体不能证明已经尽到了上述义务,则不能免于处罚"的过失推定说,自 1957 年以来就在法人处罚实践中占据支配地位,置而言之,即"法人的处罚根据在于未能尽到防止违法行为的必要责任,而且只要不能证明无过失,就可以进行处罚"[5]。而中国刑法处罚法人的原则类似于代理责任,在司法实践中,通常只要能够确定直接责任人员的个人刑事责任,就可以追究法人的刑事责任。

虽然日本刑法尚未规定法人犯罪,但是随着对法人行为的规制需要日渐增大,从社会非难的角度肯定法人犯罪能力的日本学者逐步增多,例如,曾根威彦教授认为:"从来的判例与通说都以如下理由否定法人的犯罪能力,第一,在法人之中,不存在作为意志体现的身体动静,所以没有像自然人一样的行为能力(意思活动);第二,法人不能做出理论决定,所以没有犯罪能力;第三,现行刑罚的中心是自由刑,这样是现行刑法没有规定犯罪的佐证。但是,首先,如果以社会行为论为基础,将行为理解为社会生活中的实体存在,将分担法人企业的机关(自然人)的行动视为法人的行为是可能的;其次,如果将责任理解为社会非难可能性,而不是道义的、伦理的非难可能性,对于法人,通过刑罚加之以法的、社会的非难是十分可能的,尤其是在违反具有强烈的合目的性特征的行政管理法规的犯罪(行政犯、法定犯)的场合,肯定法人的犯罪能力具有更大的合理性;最后,自由刑的确是针对自然人设定的刑罚,但是罚金刑可以适用于法人,在特别刑法中,也规定了适合处罚法人的高额罚金刑。总而言之,应该肯定法人的犯罪能力。"[6]井田良教授也认为:"只要认为刑法的本质,是通过规范(社会准则)影响行为意志,并进而实现行为统制,就没有理由将与自然人并列的法人(以及其他团体)排除于犯罪主体之外。"[7]

---

[1] 高铭暄主编:《刑法专论》(上编),高等教育出版社第 2002 年版,第 475 页。

[2] 樋口亮介『法人処罰と刑法理論』(東京大学出版会,2009 年)2 頁参照。

[3] 山中敬一『刑法総論』(成文堂,2008 年)579 頁参照。

[4] 参见周振杰:《比较法视野中的单位犯罪》,中国人民公安大学出版社 2012 年版,第 15 页以下。

[5] 山口厚『刑法総論』(有斐閣,2001 年)36 頁参照。

[6] 曾根威彦『刑法総論』(弘文堂,2006 年)70 頁。

[7] 井田良『講義刑法学・総論』(有斐閣,2008 年)97 頁。

尤其应该指出的是,现在中日两国都有学者提出,应该以企业社会责任为前提,将企业合规计划的制定与实施作为法人刑事责任的基础要素之一,以提高法人本身发现、制裁内部违法行为的积极性,有效预防法人犯罪。[1] 所以,虽然中日刑法典总则在法人犯罪的态度方面截然不同,但是在理论上存在一定的相似之处。

三、共同犯罪

中国《刑法》总则在第25条至第29条、《日本刑法典》总则在第60条至第65条都对共同犯罪进行了详细规定。中日刑法典总则关于共同犯罪的规定,存在一定的相似之处,例如二者都规定了从犯、教唆犯,并且都规定对从犯从宽处罚。但是,二者在如下几方面的区别也是非常明显的。

第一,关于共同犯罪人的分类,中国刑法典总则根据犯罪人的不同作用,将共同犯罪人分为主犯、从犯、胁从犯与教唆犯四类,日本刑法典总则主要根据参与犯罪的行为方式将之分为正犯、从犯与教唆犯三类。当然,从行为支配说的角度出发,可以认为中国《刑法》总则第26条规定的组织、领导犯罪集团进行犯罪活动的或者在共同犯罪中起主要作用的主犯与日本刑法理论中的"直接正犯"加上"间接正犯"的范围在实质上有一定的相同之处,二者都是在共同犯罪中发挥"支配作用"的行为人。

第二,关于过失共犯,日本刑法典总则中并无关于过失共犯的规定,但是因为日本最高法院在1953年有过肯定过失共犯的判例,在下级法院虽然存在否定的案例,但是也存在肯定的案例,所以刑法理论界就过失共犯存在争议。[2] 中国《刑法》第25条第2款明确规定,二人以上共同过失犯罪,不以共同犯罪论处,应当负刑事责任的,按照各自的犯罪分别处罚。最高人民法院2000年颁布的《关于审理交通肇事刑事案件具体应用法律若干问题的解释》第5条第2款规定,"交通肇事后,单位主管人员、机动车辆所有人、承包人或者乘车人指使肇事人逃逸,致使被害人因得不到救助而死亡的,以交通肇事罪的共犯论处"。有的学者据此提出,中国也存在过失共犯。但是从中国刑法典的规定出发,过失共犯是不存在的,这一解释的规定,实际上就是根据中国《刑法》第25条第2款作出的解释。

第三,关于教唆犯的处罚原则,中国《刑法》第29条规定,教唆他人犯罪的,应当按照他在共同犯罪中所起的作用处罚,即既可能处以主犯的刑罚,也可能处以从犯的刑罚。《日本刑法典》总则第61条与第62条分别规定,教唆他人实施犯罪的,处以正犯的刑罚,教唆从犯的,处以从犯的刑罚。同时,特别规定,教唆犯的,也处以正犯的刑罚。显而易见,对于教唆犯处罚的基础,中国刑法典重视的是教唆犯本身的作用,日本刑法典重视的是其教唆的对象的作用。

同时,中国《刑法》总则第29条规定,教唆不满18周岁的未成年人犯罪的从重处罚。如果被教唆的人没有犯被教唆的罪,对于教唆犯,可以从轻或者减轻处罚。这里的"被教唆的

---

〔1〕 甲斐克則「企業犯罪刑事責任と適法計画」田口守一=甲斐克則=今井猛嘉=白石賢編著:『企業犯罪と適法計画』(商事法務,2007年)105頁以下参照。周振杰:《比较法视野中的单位犯罪》,中国人民公安大学出版社2012年版,第117页以下。

〔2〕 山中敬一『刑法総論』(成文堂,2008年)845頁参照。

人没有犯被教唆的罪"包括如下几种情形:(1)被教唆人拒绝了教唆犯的教唆;(2)被教唆人接受了教唆,但是其后又打消了犯意;(3)被教唆犯接受教唆后,实施了被教唆的犯罪之外的犯罪。也就是说,即使被教唆人没有实施任何刑法分则规定的实行行为,其教唆行为本身就具有可罚性。日本刑法理论通常认为,根据共犯从属说的观点,处罚教唆犯,应以被教唆者的行为具有可罚性为前提,如果被教唆者对教唆予以拒绝,没有实施任何违法行为,则对教唆者也就没有可罚的基础。[1]

第四,关于片面共犯,在日本的刑法理论中,存在从犯罪共同说出发的否定观点与从行为共同说出发的肯定观点,在司法实践中,就片面共犯,尤其是片面共同正犯,同时存在肯定片面其犯与否定片面其犯的案例,在理论上,有的观点也提出,至少从行为共同说的立场出发,是不存在否定片面共犯的理论根据的。[2] 而中国刑法理论通常认为,从《刑法》总则第25条"共同故意"的要求出发,"片面教唆犯和片面实行犯是不可能发生的"[3]。

第五,就轻微犯罪的教唆犯与从犯的处罚,《日本刑法典》总则第64条规定,对于仅处以拘留或者科处罚金的犯罪的教唆犯与从犯,如果没有特别规定,不予处罚。中国刑法典总则中虽然没有类似规定,但是根据其第27条对于从犯"应当从轻、减轻或者免除处罚"的规定,以及其第13条"情节显著轻微危害不大的,不认为是犯罪"之规定,对于轻微犯罪的帮助行为,根据中国刑法典总则的规定,也存在不予处罚的空间。

第六,关于共犯中的身份问题,《日本刑法典》总则第65条规定,对以犯罪人的身份为构成要件的犯罪进行加功的,即使不具有身份,也可以构成共犯;因身份而加重、减轻刑罚的,对于不具有身份者,处以通常的刑罚。中国刑法典总则中没有类似规定,对于某些以身份为构成要件或者加减情节的犯罪,主要是通过如下两个途径解决:第一,通过司法解释进行规定。例如,在以前,就不具有国家工作人员身份的人是否可以构成受贿、贪污等以国家工作人员的身份为构成要件要素的犯罪,在理论上存在很大的争议。最高人民法院、最高人民检察院2007年发布的《关于办理受贿刑事案件适用法律若干问题的意见》第7条明确规定,国家工作人员利用职务上的便利为请托人谋取利益,授意请托人以本意见所列形式,将有关财物给予特定关系人的,以受贿论处。特定关系人与国家工作人员通谋,共同实施前款行为的,对特定关系人以受贿罪的共犯论处。[4] 特定关系人以外的其他人与国家工作人员通谋,由国家工作人员利用职务上的便利为请托人谋取利益,收受请托人财物后双方共同占有的,以受贿罪的共犯论处。第二,在分则条文中作出具体规定。例如《刑法》分则第238条规定对国家机关工作人员利用职权实施非法拘禁行为的,从重处罚。

第七,关于日本刑法典总则没有规定,由"1958年的练马案"等刑事判例确立、发展的共谋共同正犯,即"二人以上就实施一定的犯罪进行共谋,如果其中一部分共谋者实施了上述

〔1〕 山口厚『刑法総論』(有斐閣,2007年)317頁参照。

〔2〕 山中敬一『刑法総論』(成文堂,2008年)841頁参照。

〔3〕 高铭暄、马克昌主编:《刑法学》,北京大学出版社、高等教育出版社2011年版,第166页。

〔4〕 此处的特定关系人,根据该意见第11条的规定,是指与国家工作人员有近亲属、情妇(夫)以及其他共同利益关系的人。

共谋的犯罪,对于所有参加共谋者都以共同正犯追究责任的共同犯罪形式”[1],中国刑法典总则中没有类似规定,司法实践中也没有类似概念。对于参加共同犯罪谋议,没有继续实施进一步行为但是需要处罚者从中国刑法典总则的现有规定出发,存在三种处理方法:(1)对于积极教唆他人犯罪的,作为教唆犯处罚;(2)对于在教唆过程中起到帮助作用的,作为从犯处罚;(3)对于符合《刑法》分则第295条规定的“传授犯罪方法罪”构成要件的,以该罪独立进行定罪处罚。总体而言,中国刑法对于大多数仅仅参加谋议而后没有发挥作用的教唆犯的处罚范围相对较小、力度也相对较轻。一方面,对于大多数仅仅参加谋议而后没有发挥作用的教唆犯,在中国刑法中是作为从犯处罚,而非正犯处罚;另一方面,对于这部分犯罪人也不是必定要处罚,还存在根据《刑法》总则第13条的“但书”规定予以出罪的可能性。

四、正当化事由

中国《刑法》总则在第20条与第21条规定了正当防卫与紧急避险两项正当化事由,《日本刑法典》总则在第35条、第36条与第37条规定了法令与正当业务行为、正当防卫与紧急避险三项正当化事由。两国刑法典总则的相关规定存在诸多的相同之处,例如,二者都规定紧急避险不适用于业务上有特定责任的人、对于避险过当行为与防卫过当行为应减轻或者免除处罚。需要特别予以说明的是:

第一,中国刑法典总则并没有规定法令或者正当业务行为,而是在其他法律中予以规定,例如对于拘留与逮捕行为,在《刑事诉讼法》、《行政诉讼法》以及《民事诉讼法》中都有规定;对于医疗行为等业务行为,《执业医师法》等卫生法规进行了规定。

第二,在紧急避险与正当防卫的构成要件中,就二者的目的,中国《刑法》总则规定可以为了“国家、公共利益”进行紧急避险或者正当防卫,《日本刑法典》总则仅规定“为了自己或者他人的权利”。但是在理论上,这里的“他人”,被认为包含作为法益主体的国家,例如可以对侵犯国家财产的行为进行防卫,在司法实践中,也存在允许对侵犯公共利益的行为进行防卫的判例。[2] 所以虽然法条表述不同,中日两国刑法典总则关于防卫目的与避险目的的立场在本质上是非常靠近的。

第三,中国《刑法》总则第20条第3款规定了特殊防卫权,即对正在进行行凶、杀人、抢劫、强奸、绑架以及其他严重危及人身安全的暴力犯罪,采取防卫行为,造成不法侵害人伤亡的,不属于防卫过当,不负刑事责任。从防卫的必要性出发,防卫人在生命面临紧迫危险之际,为了保护自己的生命而造成侵害人死亡的,也可以认为是在防卫的相当性程度之内,所以这一款的规定,可以认为是对防卫程度的强调性规定。

第四,关于超法规的违法阻却事由。在日本的刑法理论中,存在“超法规违法阻却事由”的概念,即没有明文规定,但是可以例外的阻却违法的事由,包括宪法权利、被害人同意等。例如,在1952年的东京大学戏剧社学生对便衣警察的暴行案中,东京地方法院在一审裁判认为学生的行为是维护宪法规定的大学自治的权利,即代表国民与社会利益的宪法秩

---

[1] 川端博:『共犯理論』(成文堂,2008年)4頁。

[2] 山口厚『刑法総論』(有斐閣,2007年)121頁参照。

序，这与警官的个人法益相比，价值要大得多，因此裁决学生无罪，东京高等法院在二审也维持了一审的判决。[1] 中国的刑法以及指导性案例虽然都没有明确使用这一概念，但是从司法实践中被害人同意、被害人与犯罪人等酌定情节也是影响定罪量刑的重要因素出发，也不能说在中国的刑事法治领域完全不存在超法规的违法阻却事由。尤其应该指出的是，宪法规范也逐渐开始在中国的诉讼中发挥作用，例如，2001 年的山东省齐某苓基本教育权利纠纷案、[2] 2016 年的四川省中国银行成都高新技术产业开发区支行信用卡滞纳金纠纷案，[3] 人民法院都是引用宪法条文作出了合理判决。因此，宪法规范在未来进入中国刑法领域并发挥超法规阻却事由的作用也并未完全没有可能。

五、犯罪的未完成形态

中国《刑法》总则在第 22 条、第 23 条与第 24 条分别规定了三种犯罪的未完成形态：犯罪预备、犯罪未遂与犯罪中止；《日本刑法典》总则第 43 条与第 44 条也对犯罪的未完成形态进行了规定。比较二者的规定，可以发现：

第一，《日本刑法典》总则第 43 条规定的未遂犯，包括已经着手实施犯罪，但是并未达到既遂状态的（障碍未遂），与根据自己的意志而停止犯罪（中止未遂）的两种情形，这其实包括了中国《刑法》总则第 23 条规定的犯罪未遂与其第 24 条规定的犯罪中止。而且，二者对于障碍未遂与中止未遂的处罚原则也非常类似：对于前者，都可以减轻；对于后者，既可以减轻也可以免除。

第二，就未遂犯的处罚范围，《日本刑法典》总则第 44 条的态度是“以不处罚为原则，以处罚为例外”，即分则有规定的才处罚。虽然中国刑法典总则没有类似规定，在理论上可以认为对于所有的未遂犯都需要予以处罚。但是，中国刑法具有“定性加定量”的特点，《刑法》分则规定了大量的情节犯与数额犯，在通常情况下，具备法定的情节、达到法定的数额即构成犯罪（既遂）；不具备法定的情节、未达到法定的数额则达不到立案标准，当然也就不构成犯罪。所以，在实践中，对于未遂行为并不一概认定为未遂犯，更不是一律予以刑事处罚。

第三，就预备犯，日本刑法典总则中并没有规定对预备犯进行处罚，对于特别严重的犯罪，是在分则进行了特别规定，例如《日本刑法典》第 78 条规定的内乱预备罪、第 93 条规定的私战预备罪、第 108 条规定的对现住建筑物放火的预备罪、第 201 条规定的杀人预备罪。中国《刑法》总则第 22 条规定：“为了犯罪，准备工具、制造条件的，是犯罪预备。对于预备犯，可以比照既遂犯从轻、减轻处罚或者免除处罚。”从这条规定出发，在理论上可以认为中国刑法采取的是“以处罚为原则以不处罚为例外”的立场，但是在实践中，与上述未遂犯的情况类似，对一般性犯罪的预备行为并不认定为预备犯予以处罚，只有对少数严重犯罪，如故意杀人罪等的预备犯才认定为预备犯予以处罚。

---

[1] 山中敬一『刑法総論』（成文堂，2008 年）437 頁参照。

[2] 参见齐某苓与陈某琪等以侵犯姓名权的手段侵犯宪法保护的公民受教育的基本权利纠纷案，《最高人民法院公报》2001 年第 5 期。

[3] 参见四川省成都市高新技术产业开发区人民法院民事判决书，（2015）高新民初字第 6730 号。

六、刑罚的种类与执行

(一)刑罚的种类

如附表所示,在主刑方面,中国刑法典总则与日本刑法典总则虽然都规定了针对生命的刑罚(死刑)、针对自由的刑罚(中国刑法典中的管制、拘役、徒刑;日本刑法典中的禁锢、惩役、拘留)。虽然中国刑法典总则并没有规定针对财产的主刑,但是考虑到中国《刑法》总则第34条第2款"附加刑也可以独立适用"的规定,将罚金实际上作为主刑适用的情况也是存在的。

应该指出的是,中国《刑法》第48条在规定死刑时,规定了死刑缓期执行的制度,即对于应当判处死刑的犯罪分子,如果不是必须立即执行的,可以判处死刑同时宣告缓期2年执行。同时在其第49条对特殊的犯罪对象的死刑问题进行了明确规定,即犯罪的时候不满18周岁的人和审判的时候怀孕的妇女,不适用死刑。审判的时候已满75周岁的人,不适用死刑,但以特别残忍手段致人死亡的除外。这是中国刑法对《公民权利和政治权利国际公约》中有关死刑国际义务的回应,也是近年来中国落实宽严相济刑事政策的举措。

《日本刑法典》总则第10条就刑罚轻重的比较,进行了相对详细的规定。虽然这里面有日本刑法典总则所规定的刑罚种类比较复杂的因素,但是这一条的规定,对于司法实践与民众理解刑罚的轻重具有重要的意义,值得我们借鉴(见表1)。

表1　中日刑法典总则中的刑罚比较

刑罚种类		中国《刑法》总则	《日本刑法典》总则
主刑	生命刑	死刑(第33条)	死刑(第9条)
	自由刑	管制、拘役、有期徒刑、无期徒刑(第33条)	惩役、禁锢、拘留(第9条)
	财产刑		罚金、科料(第9条)
附加刑		罚金、剥夺政治权利、没收财产(第34条)、驱逐出境(针对外国人,第35条)	没收

(二)刑罚的执行

就刑罚的执行而言,中日两国刑法典总则规定的不同之处甚多,其中有两个方面尤其值得我们关注:

第一,关于死刑的执行,《日本刑法典》总则第11条规定,死刑在刑事设施内以绞首的方式执行。中国关于死刑的执行方式,不是在刑法典,而是在《刑事诉讼法》第252条进行了规定,即死刑可以在刑场或者指定的羁押场所内,采用枪决或者注射等方法执行,执行死刑不应示众,但是应当公布,而且应该通知家属。很明显,中日两国死刑的执行方法、执行的地点以及是否公开都有很大的不同。

第二,《日本刑法典》第18条规定有"刑罚易科"制度,即对于不能交纳罚金、科料者,可以将之留置于劳役场,例如对于不能交纳罚金的,可以在1日以上,2年以下的期间内将犯罪人留置于劳役场,对于不能交纳科料的,可以在1日以上,30日以下的期间内将犯罪人留置于劳役场。目前,在中国的司法实践中,罚金刑的执行是一个老大难的问题,日本刑法典规定的这一制度对于我们具有一定的借鉴意义。中国学者也早已提出了参考包括日本在内相关国家的规定,引入刑罚易科制度的建议,[1]但是由于中国幅员辽阔、经济发展不平衡,如何在实践中公平、公正地落实这一制度还需要进行进一步的探讨与研究。

七、缓刑制度

《日本刑法典》总则在第25条至第27条之七规定了两种缓刑制度,即其第25条至第27条规定的全部缓刑制度,与其第27条之二至第27条之七规定的部分缓刑制度。中国《刑法》总则第72条至第77条规定的缓刑制度,仅仅相当于日本刑法典总则规定的全部缓刑制度。

在全部缓刑制度方面,中日两国刑法典总则的规定存在一定的差异,例如,就适用对象,中国《刑法》总则第72条规定的缓刑适用对象中不包括被判处罚金的犯罪人,而《日本刑法典》总则第25条规定,对于被判处50万日元以下罚金的,也可以宣告缓刑;中国《刑法》总则第72条规定对于符合缓刑条件的未成年人、孕妇与已满75周岁的老龄犯,应该予以缓刑,日本刑法典总则并无相似规定。再如,就缓刑期间的监督考察,中国《刑法》总则第76条规定对于被宣告缓刑的犯罪人一律实行社区矫正;根据《日本刑法典》总则第25条之二的规定,不是对所有被宣告缓刑的犯罪人都必须附加保护观察。此外,中国《刑法》总则第72条规定,可以根据犯罪情况,对缓刑犯颁布禁止令,禁止其在缓刑考验期限内从事特定活动,进入特定区域、场所,接触特定的人,而日本刑法典中并无类似的明文规定。

在实质意义上,中日两国刑法典总则规定的全部缓刑制度也有着诸多相同之处,例如二者都规定缓刑不适用于累犯、仅适用于被判处3年以下刑期的犯罪人、在缓期期间对犯罪人进行监督矫正、对于违反法定条件者或者在缓刑期间再实施新罪的可以取消缓刑等。

部分缓刑是日本2016年6月1日开始实施的《刑法等部分法律修正案》(刑法等の一部を改正する法律)与《使用药物罪犯部分缓刑法》(薬物使用等の罪を犯した者に対する刑の一部の執行猶予に関する法律)作为"全部实刑与全部缓刑的中间制度"而增设的刑罚执行制度。[2] 根据《刑法等部分法律修正案》的规定,如果被判处3年以下惩役或监禁的犯罪人,符合下述条件之一,考虑犯罪的轻重、犯罪人的境遇及其他情节,在认为防止累犯所必需而且相当之际,法官可以对犯罪人的部分刑期在1年至5年内的考察期间内宣告缓刑:(1)没有被判处监禁以上刑罚的;(2)虽然曾经被判处监禁以上刑罚,但是被宣告全部缓刑的;(3)虽然曾经被判处监禁以上刑罚,但是在刑罚执行完毕或者赦免之日起5年内,没有被判处监禁以上刑罚的。部分缓刑,从未被缓期的刑期执行完毕之日起计算。对于被宣告部分缓刑的,可以附加保护观察。《使用药物罪犯部分缓刑法》为了"防止使用药物等的罪犯再次实施犯罪,考虑到在刑事实施之内的矫正完成之后,继续在社区中针对其特点进行矫

---

〔1〕 参见龚明礼:《论易科处罚——完善中国刑罚制度之管见》,载《宁夏社会科学》1997年第3期;王小丰:《易科制度基础研究》,载《黑龙江省政法管理干部学院学报》2004年第2期。

〔2〕 参见[日]永田宪史:《部分缓刑制度引入导致的刑罚细分化——从缓刑制度存在意义角度的论述》,载《刑事法杂志》2010年第23期。

正,有助于改善其对管制药物的依赖"[1],特别规定对于实施自己使用、持有管制药物的犯罪的,即使不符合《日本刑法典》第27条之二规定的前科条件,也可以在1年至5年内的期限内,对其部分刑期宣告缓刑。但是,对于这部分犯罪人,在缓刑期间必须附加保护观察,而且在保护观察期间,犯罪人需要参加矫正药物依赖的专门项目,并定期接受简易药物检查。如果犯罪人同时符合药物犯罪部分缓刑与刑法规定的部分缓刑的要件,优先适用刑法规定部分缓刑。

日本规定部分缓刑制度的背景主要是刑事设施中的过度关押问题严重,假释率与欧美国家相比较低,而且自1998年之后呈下降趋势,导致保护观察的时间不足,难以发挥其矫正与帮扶的功能,只剩下了形式意义,在过度关押、保护观察时间不足的影响下,被假释出狱与刑满释放的犯罪人,尤其是违反管制药物规定的犯罪人的累犯率居高不下。[2] 自1997年以来,中国刑法一直在扩大犯罪圈,"理论上仍有相当学者主张我国未来刑事立法应继续实行犯罪化,立法者对于犯罪化的趋势也似无停止之意,"[3]所以,犯罪圈继续扩大的基本方向暂时不会改变。如此,就出现了两个我们必须予以严肃对待的刑事政策难题:第一,随着在押服刑人员的增多,刑罚成本持续增加;第二,随着短期服刑人员的增多,交叉感染、犯罪人标签、脱离社会等短期自由刑的负面影响不断扩大。而且这两个难题之间紧密关联,相互作用:短期自由刑负面影响的扩大,可能导致更多的违法犯罪行为,进而增加在押服刑人员的数量;在新增的在押服刑人员之中,有大部分又是被判处短期自由刑的。

虽然日本刑法典总则规定的部分缓刑制度的效果还有待于实践证明,但是与部分缓刑制度有异曲同工之妙的美国肯塔基、印第安纳、乔治亚、德克萨斯、阿拉巴马、爱荷华、缅因、加利福尼亚等州自20世纪60年代开始实施的震慑缓刑(shock probation),已经被证明在降低非暴力犯罪人的再犯率、降低刑罚成本方面,有着积极的价值。[4] 而且日本规定部分缓刑制度的背景与中国当前面临的问题具有很大的相同之处,所以有的中国学者也提出了扩大缓刑适用,以及参照美国的震慑缓刑(shock probation)和日本的部分缓刑制度的建议,[5]从刑罚目的、宽严相济刑事政策以及当前中国社区矫正实践出发,对此问题有进一步研究的必要。

八、时效制度

刑事法中的时效有两种,一是追诉时效,即刑法规定的司法机关追究犯罪人刑事责任的有效期限。犯罪已过法定追诉时效期限的,不再追究犯罪分子的刑事责任;已经追究的,应当撤销案件,或者不予起诉,或者宣告无罪。二是行刑时效,即刑事法律规定的,对被判刑的

---

[1] 《使用药物罪犯部分缓刑法》第1条。

[2] 森久智江「部分執行猶予制度について」立命館法学第56期(2012年)。今福章二:「更生保護と一部執行猶予」更生保護学研究第3期(2013年)。

[3] 刘艳红:《我国应该停止犯罪化的刑事立法》,载《法学》2011年第11期。

[4] 参见周振杰:《美国的震慑缓刑制度及其借鉴》,载《环球法律评论》2007年第1期;See Mark Motivans, *Federal Justice Statistics 2010*, http://www.bjs.gov/content/pub/pdf/fjs10.pdf.

[5] 参见周振杰:《美国的震慑缓刑制度及其借鉴》,载《环球法律评论》2007年第1期;问朝楼:《对缓刑立法的修改建议》,载《海南大学学报(社会科学版)》1993年第1期。

人执行刑罚有效期限的制度。犯罪人被科处刑罚后,只有在行刑时效期内,刑罚执行机关才有权对犯罪人执行所判处的刑罚。行刑时效期间内所判处的刑罚未执行,超过行刑的时效,便不能再对犯罪人执行所判处的刑罚。行刑时效完成,是刑罚执行权消灭的一项重要事由。中国《刑法》总则第 87 条至第 89 条规定了追诉时效制度。根据中国《刑法》第 87 条之规定,犯罪经过下列期限不再追诉:(1)法定最高刑为不满 5 年有期徒刑的,经过 5 年。(2)法定最高刑为 5 年以上不满 10 年有期徒刑的,经过 10 年。(3)法定最高刑为 10 年以上有期徒刑的,经过 15 年。(4)法定最高刑为无期徒刑、死刑的,经过 20 年。如果 20 年以后认为必须追诉的,须报请最高人民检察院核准。在日本,追诉时效是规定在《刑事诉讼法典》,第 250 条,而非刑法典总则之中。日本刑法典总则规定的是行刑时效。根据《日本刑法典》总则第 31 条与第 32 条之规定,除死刑判决外,在判决确定之后,如果在下述期间内刑罚没有执行,则予以免除:无期徒刑或者禁锢,30 年;10 年以上有期惩役或者禁锢,20 年,3 年以上 10 年以下惩役或者禁锢,10 年;3 年以下惩役或者禁锢,5 年;罚金,3 年;拘留、科料以及没收,1 年。

虽然中国刑法典总则规定对于可能判处无期徒刑、死刑的案件,如果 20 年以后认为必须追诉的,须报请最高人民检察院核准,但是在实践中目前还没有先例。日本刑事立法直接废除了死刑案件的追诉时效与行刑时效,就此而言,是严于中国刑事立法的。日本刑法典总则与刑事诉讼法中关于时效的规定,是 2010 年 4 月 27 日开始实施的《刑法、刑事诉讼法改正案》(《刑法及び刑事訴訟法の一部を改正する法律案》)修订的。由于如下两个因素,该法案从审议到成立仅用了史无前例的 4 周时间:第一,许多在日本国内造成重大影响的凶杀案件,如 1978 年发生在东京足立区的某小学教师被杀、遗体被抛弃案,1988 年发生在福冈县北九州市的某公司职员被杀案等,虽然公诉时效已过,但是凶手并没有查明,社会各界对此普遍不满;第二,"全国犯罪被害人会"以及"杀人案件被害人遗属会"等民间组织积极开展以废除、延长相关时效为目的的活动,获得了广泛的社会支持。[1] 概括而言,日本刑事立法中追诉、行刑时效的废除、延长,在一定程度上是受到了公众舆论的左右,尤其是在将延长、废除公诉时效的规定适用于已经发生的刑事案件方面,在日本学界是存在反对的声音的。[2]

日本关于时效规定的修改,是刑罚民粹主义影响刑事法治的具体体现之一。在许多国家,这种影响都是存在的,在中国刑事立法扩大犯罪圈的过程中,也存在质疑甚至反对的声音。[3] 例如,有的学者认为:"中国刑法一直沿着犯罪化的轨道作单轨运行。这主要是由于作为非犯罪化思想基础的自由主义、刑法谦抑主义、经济主义和法益保护主义在中国并未真

---

〔1〕 藤本哲也『公訴時効の廃止、延長及び執行時効に関する考え方』罪と罰第 47 巻第 3 期(2010 年)42 - 52 頁。

〔2〕 川出敏裕「公訴時効制度改正論」刑事法雑誌第 18 期(2009 年)。三島聡:「逆風の中の公訴時効ー見えにくい利益の保護を中心に」法律時報第 81 巻第 9 期。

〔3〕 参见陈兴良:《犯罪范围的合理定义》,载《法学研究》2008 年第 3 期;刘艳红:《我国应该停止犯罪化的刑事立法》,载《法学》2011 年第 11 期;郑丽萍:《犯罪化和非犯罪化并趋——中国刑法现代化的应然趋势》,载《中国刑事法杂志》2011 年第 11 期;陈璐:《犯罪化如何贯彻法益侵害原则》,载《中国刑事法杂志》2014 年第 3 期;刘强:《我国适当扩大犯罪圈的必要性及思路》,载《青少年犯罪问题》2014 年第 5 期。

正生根开花，而权力本位、万能主义刑法观尚根深蒂固。以现代价值理念反思中国刑法规定的一些犯罪并非应然地是必须以犯罪论处的行为。”[1]从刑法应以法益保护为任务，以及刑法谦抑原则等角度出发，我们对于刑罚民粹主义应该保持清醒的认识与足够的警惕。

九、结语

刑法是社会治理的重要工具，在一定意义上也是人权的大宪章。虽然各国有着不同的法律传统、文化背景与社会现实，但是保障权利、尊重自由与维护秩序，是各国刑法的重要价值所在。中日两国在文化方面有着长久的渊源，在刑法传统方面都有着大陆法系的特征，在刑事司法方面有着内在的和合性。所以，中日两国刑法典总则虽然某些基本问题上有着不同的规定，但是不少规定在实质上有着相同之处。此外，随着全球化的发展，在诸如反恐怖主义、反腐败、公害犯罪等许多世界各国都面临的问题上，基于共同利益的考虑，各国刑法在基本立场上还会有进一步的协调与靠近，我想中日刑法也不会例外。这些基本问题，应该成为我们下一步重点研究的课题。

---

〔1〕 郑丽萍：《犯罪化和非犯罪化并趋——中国刑法现代化的应然趋势》，载《中国刑事法杂志》2011年第11期。

《罗马规约》与中国刑法犯罪故意之比较*

《罗马规约》关于犯罪故意的条款是引人注目的，尤其是在对《犯罪要件》的研拟和谈判中，该规约第 30 条规定的犯罪心理要件的贯彻与表达深为各个代表团所关注。《罗马规约》第 30 条第 1 款规定：除另有规定外，只有当某人在蓄意（intent）[1]和明知（knowledge）的情况下实施犯罪的物质要件（materialelements），该人才对本法院管辖权内的犯罪负刑事责任，并受到处罚。在该条随后的两款中，《罗马规约》对蓄意和明知的含义作了概念性界定。中国《刑法》虽然没有对犯罪故意直接作出规定，但由其第 14 条第 1 款对故意犯罪的规定可知，所谓犯罪故意，是指明知自己的行为会发生危害社会的结果，并且希望或者放任这种结果发生的心理态度。在本文中，我们拟以上述规定为基础，对《罗马规约》和中国刑法中的犯罪故意之认识因素、意志因素以及适用上的异同作一比较分析。

一、犯罪故意认识因素之比较

（一）《罗马规约》中犯罪故意的认识因素

根据《罗马规约》第 30 条第 1 款规定，只有当某人在蓄意和明知的情况下实施犯罪的物质要件的，该人才对国际刑事法院管辖内的犯罪负刑事责任。由于犯罪的物质要件是在行为人蓄意和明知的心理支配下实施的，所以犯罪故意的成立，必须要求行为人对作为犯罪的物质要件的事实情况有所认识。结合《罗马规约》及《犯罪要件》的规定，所谓明知，首先是指意识到存在某种情况。由于《罗马规约》第 30 条第 3 款明确规定“意识到事态的一般发展会产生某种结果”的亦为明知，所以，这里的“某种情况”自然不包括行为之结果，但可以理解为包括除

---

* 本文原载于《法学家》2005 年第 4 期，由高铭暄教授与王俊平合作完成。

[1] 《罗马规约》的英文文本使用了“intent”，对于“intent”，中文文本将其译为“故意”，并与“明知”并列在一起构成了国际刑事法院所管辖的犯罪的主观心理要件。我们认为，这种译法容易与中国《刑法》第 14 条规定的故意犯罪中“故意”相混淆，并且会产生“故意”与“明知”究竟是什么关系的疑惑，因此，参考国内的习惯译法，在本文中，根据语境的需要，我们将“intent”译为“蓄意”或者“意图”。

行为结果以外的所有物质要件要素。概而言之,这种物质要件要素大体上包括:一是《罗马规约》及《犯罪要件》禁止的作为或不作为。无论是大陆法系,还是英美法系,无行为即无犯罪都是一条公认的原则,危害行为是犯罪成立的最基本要件,因此,故意犯罪的成立,必然要求行为人对其实施的行为之性质有所认识。二是情节要件。这类情节要件要么与一定的事实有关,如受害人不满15周岁;要么具有一定的法律评价性质,如受害者系日内瓦公约保护的人。对于这些要件,犯罪故意的成立,要求行为人对其具有一定的认识。另外,根据《罗马规约》的规定,所谓明知还包括行为人对法律禁止的行为所产生的结果的认识。从《罗马规约》和《犯罪要件》的规定来看,这种结果的规定方式有两种:第一,实害结果,这是危害结果的最常见的规定形式。例如,《犯罪要件》第8条第2款第2项第7目-1规定的不当使用休战旗罪。本罪的成立,在客观方面要求行为人使用休战旗以假装有意谈判,而实际并无此意,并因该行为致使人员死亡或重伤;在主观方面要求行为人知道该行为会致使人员死亡或重伤。第二,危险结果,即某种结果产生的危险。例如,《犯罪要件》第8条第2款第1项第2目-1规定的生物学实验罪。本罪的第二个要件是实验严重危及这些人的身体或精神健康或完整性。在主观方面,要求行为人对自己的行为能产生这些危险性有认识。

关于故意犯罪行为人的主观认识内容,有以下的问题值得研究:

第一,犯罪故意的成立,是否要求行为人对涉及价值判断(value judgment)的要件有认识?从《罗马规约》的规定来看,这类涉及价值判断的要件主要有"所有权"、"严重"、"不人道"以及"侵占"等。对于这类要件,一般只要行为人对作为价值判断基础的事实要件有认识即可,而不要求行为人对行为是否性质严重、行为的不人道性等作出判断。对此,《犯罪要件》在一般性导言中也指出,在心理要件方面,涉及价值判断的要件,如使用"不人道"或"严重"等用语的要件,除另有规定外,不要求行为人亲自完成有关的价值判断。

第二,犯罪故意的成立,是否要求行为人对特定犯罪成立所要求的背景要件的具体细节有所认识?所谓"背景要件"(contextual element),是指特定犯罪所要求的描述特定行为发生时的必要背景情况。例如,危害人类罪的成立,要求行为人所实施的行为属于"广泛或有系统地对平民人口进行的攻击的一部分";某些战争罪要求发生在国际武装冲突中,国际武装冲突这一背景即属这些战争犯罪成立所要求的背景要件。在《犯罪要件》的研拟过程中,对于犯罪故意的成立是否要求行为人对这些背景要件有认识,存在争议。有的代表团认为,这些背景要件属于司法裁断性质(jurisdictional nature)的要件,因而不需要行为人认识。[1]然而,从立法上看,似乎倾向于把这些背景要件当作特定犯罪的物质要件。例如,根据《罗马规约》及《犯罪要件》之规定,危害人类罪的成立,在主观上要求"行为人知道或者有意使该行为属于广泛或有系统地针对平民人口进行的攻击的一部分",但同时规定,这一要件不应被解释为"必须证明行为人知道攻击的所有特征,或国家、组织的计划或政策的细节"。再如,《犯罪要件》第8条战争罪的导言部分指出,关于为每项犯罪开列的最后两个要件:不要

---

〔1〕 See Roy S. Lee(ed.), *The International Criminal Court: Elements of Crimes and Rules of Procedure and Evidence*, Transnational Publishers, Inc. p. 28.

求犯罪行为人对是否存在武装冲突,或对冲突系属国际性质还是非国际性质作出法律评价;在这方面,不要求犯罪行为人知道确定冲突的国际性质或非国际性质的事实,仅要求知道据以确定存在武装冲突的事实情况。

第三,犯罪故意的成立,是否要求行为人对其实施的行为之违法性具有认识?对此,《罗马规约》第32条第2款规定,关于某一类行为是否属于本法院管辖权内的犯罪的法律错误,不得作为排除刑事责任的理由。法律错误如果否定构成犯罪所需的心理要件,或根据《罗马规约》第33条[1]的规定,可以作为排除刑事责任的理由。据此可知,犯罪故意的成立原则上并不要求行为人对自己所实施的行为是否违法具有认识,只有对行为的违法性具有的错误认识可以否定犯罪成立的心理要件时,或者根据特别的规定,才要求行为人具有对行为违法性的认识。

总之,犯罪故意的成立,必须要求行为人的犯意与犯罪的物质要件在内容上相一致,也就是说,犯意应当是与犯罪的相关物质要件相匹配的精神状态。如果行为人对作为犯罪的物质要件的事实情况产生错误认识时,根据《罗马规约》第32条第1款规定,可以否定构成犯罪所需的心理要件,并因此可构成排除刑事责任的事由。

(二)中国刑法中犯罪故意的认识因素

从认识因素上看,犯罪故意的成立,要求行为人明知自己的行为会发生危害社会的结果。所谓明知,是指对犯罪构成要件的事实的认识,至于对构成要件以外的事实认识与否,并不影响故意的成立。然而,故意犯罪行为人应对哪些构成要件事实有认识,学者间存在分歧。但通说认为,行为人应对以下三个方面的事实有认识:第一,对行为本身的认识,即对刑法规定的危害社会行为的内容及其性质的认识。一个人只有认识到自己所要实施或者正在实施的行为危害社会的性质和内容,才能谈得上进一步认识行为之结果问题。因此,要明知自己的行为会发生危害社会的结果,首先就必须对行为本身的性质、内容与作用有所认识。第二,对行为结果的认识,即行为产生或将要产生的危害社会结果的内容与性质的认识。由于具体犯罪中的危害结果就是对直接客体的侵害,因而这种对危害结果的明确认识,也包含了对犯罪直接客体的认识。第三,对危害行为和危害结果相联系的其他构成要件事实的认识,这一方面的认识主要包括行为人对特定的犯罪对象、时间、地点和方法等因素的认识。[2]

犯罪故意的成立,是否要求行为人对自己行为的违法性有认识?对于这一问题,中国刑法学界存在较大的分歧。但通说认为,一般不要求行为人对自己行为的违法性有认识,但也有一种例外情况,这就是某种行为一向不为刑法所禁止,后来在某个特殊时期或某种特定情况下为刑法所禁止,如果行为人确实不知道法律已禁止而仍实施该行为的,难以认定行为人

[1] 《罗马规约》第33条规定:"(一)某人奉政府命令或军职或文职上级命令行事而实施本法院管辖权内的犯罪的事实,并不免除该人的刑事责任,但下列情况除外:1.该人有服从有关政府或上级命令的法律义务;2.该人不知道命令为不法的;3.命令的不法性不明显。(二)为了本条的目的,实施灭绝种族罪或危害人类罪的命令是明显不法的。"

[2] 参见高铭暄主编:《刑法专论》(上编),高等教育出版社2002年版,第260~263页;王作富主编:《刑法》,中国人民大学出版社1999年版,第88页;高铭暄主编:《新编中国刑法学》(上册),中国人民大学出版社1998年版,第172页以下。

具有犯罪的故意。[1]

二、犯罪故意意志因素之比较

(一)《罗马规约》规定的蓄意

如果说明知揭示了故意犯罪行为人行为时的认识状况,那么,蓄意则表明了行为人行为时的意志态度与意志努力。根据《罗马规约》第30条第2款规定,为了本条的目的,有下列情形之一的,即可以认定某人具有蓄意:就行为而言,该人有意(mean to)从事(engage in)该行为;就结果而言,该人有意造成该结果,或者意识到事态的一般发展会产生该结果。据此可知,以下的三种情形成立犯罪的蓄意:第一,就行为犯而言,行为人认识到自己的行为性质而决意实施,即使由于意志以外的原因而未能实施终了的,也不影响蓄意的成立。第二,就结果犯而言,危害结果与行为人的目的具有一致性,即危害结果是行为人追求的目标,在这种情况下,行为人对危害结果的发生就是蓄意的。以上两种情形被英美法系的学者们称为"直接蓄意",[2]相当于中国刑法中的直接故意。第三,虽然危害结果与行为人的目的不具有一致性,即危害结果虽然不是行为人的追求目标,但只要行为人意识到事态的一般发展会产生该结果而决意实施该行为的,仍成立犯罪的蓄意。这种情况在英美法系称为"间接蓄意",[3]相当于中国刑法中的间接故意。

(二)中国刑法中犯罪故意的意志因素

从意志因素上看,直接故意与间接故意行为人对危害结果发生的心理态度存在明显的区别。直接故意行为人对危害结果的发生持希望态度。所谓希望,就是行为人对危害结果抱着积极追求的心理态度,该危害结果的发生,正是行为人通过一系列犯罪活动所达到的犯罪的目的。[4] 间接故意行为人对危害结果的发生则持放任态度。所谓放任,在中国刑法学界存在不同认识,但通说认为,放任是指行为人在明知自己的行为可能发生特定危害结果的情况下,为了自己的既定目的,仍然决意实施这种行为,对阻碍危害结果发生的障碍不去排除,也不设法阻止危害结果的发生,而是听之任之,自觉听任危害结果的发生。[5]

三、犯罪故意概念适用之比较

(一)《罗马规约》第30条的适用

《罗马规约》第30条第1款规定:"除另有规定外,只有当某人在蓄意和明知的情况下实施犯罪的物质要件,该人才对本法院管辖权内的犯罪负刑事责任,并受到处罚。"这一规定说明,《罗马规约》关于故意的概念在适用时作了一定程度的保留。那么,如何理解这一例外

---

[1] 参见高铭暄主编:《新编中国刑法学》(上册),中国人民大学出版社1998年版,第173页以下;王作富主编:《刑法》,中国人民大学出版社1999年版,第88页。

[2] 参见[英]罗杰·吉里:《刑法基础》(第2版),武汉大学出版社2004年版,第15页。

[3] 当然,在英美法系国家,对间接蓄意的认定标准也经历了一个发展的过程。概括而言,大体上有"高概率说(high probability)"、"自然结果说(natural consequence)"和"实际确定说(vitual certainty)"。参见[英]罗杰·吉里:《刑法基础》(第2版),武汉大学出版社2004年版,第16~18页。依照不同的标准,得出的判断结论有可能不同。例如,对于行为人意识到结果很有可能发生仍决意实施该行为的,若采用"高概率说",行为人成立犯罪的"间接蓄意";但若采用"实际确定说",则不成立犯罪的"间接蓄意"。

[4] 参见高铭暄主编:《新编中国刑法学》(上册),中国人民大学出版社1998年版,第174页。

[5] 参见高铭暄、马克昌主编:《刑法学》(下编),中国法制出版社1999年版,第208页。

规定呢？我们认为，可以从以下方面加以把握：

首先，因为《罗马规约》所列举的大多数犯罪的定义中都有其"镶嵌式"(built-in)的犯罪心理要件，所以，就这些犯罪而言，要求蓄意或明知才能构成犯罪这个一般原则几乎是不必要的。[1] 例如，种族灭绝罪被界定为意图毁灭某一受保护群体而实施的可罚的行为；危害人类罪被界定为明知自己的攻击行为是广泛或有系统地针对任何平民人口进行的攻击的一部分而实施；在《罗马规约》第8条关于战争罪的规定中多处使用了"故意"(willful)"恣意"(wantonly)"阴险"(treacherously)"蓄意"(intentionally)等表明行为人主观心态的字眼。对此，有的国际刑法学者认为，《罗马规约》对具体犯罪成立所要求的犯罪心理要件，有的低于故意成立所要求的条件，如wantonly的意志因素与reck-lessly较为接近但低于intent。而有的则高于《罗马规约》第30条规定的故意成立所要求的条件，如willfully，pur-posefully以及treacherously。[2] 显然，这里的例外规定首先应该是指《罗马规约》对具体犯罪的规定。

其次，从《罗马规约》关于刑法的一般原则的规定来看，有些犯罪的成立并不需要"蓄意和明知"同时具备。例如，该规约第28条关于指挥官责任的条款将主观要件规定为：该军事指挥官或该人知道，或者由于当时的情况理应知道(should have known)，部队正在实施或即将实施这些犯罪。"理应知道"并非"事实上的明知"，而是推定的明知(constructive knowledge)，它存在于一个人虽不知道但他应该知道的情况中。[3] 其本质含义乃是指被告人事实上具有"明知的义务"。只要上级指挥官明知或者理应明知特定事实的发生，就要依法承担刑事责任，至于其对特定事实的发生作了什么样的意志努力、持什么态度在所不问。

最后，根据《罗马规约》第21条第1、2款的规定，[4]这一例外规定从逻辑上还有可能包括其他国际性法律文件的特别规定，甚至包括相关国家国内法中的一般法律原则所推导出的特别要求。

(二)中国《刑法》第14条的适用

刑法总则与刑法分则是抽象与具体、一般与个别、普遍性与特殊性的关系。因此，作为一个总则性规范，中国《刑法》第14条规定的故意犯罪的概念，无一例外地对刑法分则具体犯罪构成要件的阐释以及具体犯罪的认定具有指导和制约作用。这里的"刑法分则"，不仅指刑法典的分则部分，而且包括中国全国人大常委会颁布的有关惩治某种或某些犯罪的单行刑事法律以及在经济、行政管理等非刑事法律中有关某种行为的刑事责任条款。

---

[1] See William A. Schabas, *An Introduction to the Intemational Criminal Court*, 2nd edition, Cambridge University Press, p. 108.

[2] See Antonio Cassese, Paola Gacta & John R. W. Jones(ed.), *The Rome Statute of the International Criminal Court: a Commentary*, Oxdford University Press, 2002, p. 898.

[3] 参见[英]鲁珀特·克罗斯、菲利普·A.琼斯：《英国刑法导论》，赵秉志等译，中国人民大学出版社1991年版，第42页。

[4] 《罗马规约》第21条第1、2款规定，本法院应适用的法律依次为：适用本规约、《犯罪要件》和本法院的《程序和证据规则》；视情况适用可予适用的条约及国际法原则和规则，包括武装冲突国际法规确定的原则；无法适用上述法律时，适用本法院从世界各法系的国内法，包括适用当时从通常对该犯罪行使管辖权的国家的国内法中得出的一般法律原则，但这些原则不得违反本规约、国际法和国际承认的规范和规则。

四、比较分析结论

以上的比较分析表明,《罗马规约》与中国刑法相关立法在以下方面存在相同之处:第一,从犯罪故意的种类来看,无论《罗马规约》还是中国刑法,都可以将犯罪故意分解为犯罪的直接故意和间接故意。第二,从犯罪故意的内部构造来看,在认识因素方面,均以对构成犯罪客观要件的事实的认识作为犯罪故意的必要要件,如果对作为犯罪成立客观方面要件的事实产生错误认识,则阻却犯罪故意的成立;都认为违法性的认识一般不是犯罪故意的必要要件,因此在法律认识错误的场合,一般不阻却犯罪故意的成立。在犯罪故意的意志因素方面,都认为决意实施某种行为或者决意造成某种结果的,成立犯罪故意;明知事态的一般发展会产生某种结果而有意不理会的,成立犯罪的故意。

《罗马规约》和中国刑法的有关规定也存在一些区别,主要表现在:第一,关于确定故意的标准。《罗马规约》采用了多元的标准来认定故意,即以行为人对事态、行为或者结果的认识和意志为标准来确定是否构成犯罪的故意。而中国刑法则主要以行为人对危害社会的结果的认识和意志为标准来确定是否构成故意。

第二,关于认识错误。《罗马规约》对认识错误的分类以及处理原则作出了规定,而对事实和法律的认识错误如何处理,在中国是由刑法理论加以探讨的。

第三,在《罗马规约》对蓄意和明知所下的定义中,故意的成立只要求行为人对特定的事态、特定的行为或其产生的结果有认识即可,而不要求对行为或结果的危害社会的属性进行评价;在中国刑法中,从字面上看,要求行为人对自己行为所产生的结果的危害社会的属性进行评价。

第四,对犯罪故意概念的适用要求不同。《罗马规约》第30条只有在没有其他特别规定的情况下才适用,而中国刑法中的犯罪故意的概念没有任何例外地适用于刑法分则的所有故意犯罪。

综上所述,《罗马规约》与中国刑法在对犯罪故意的规定及解释方面既有共识也有分歧。对犯罪故意的规定及解释方面的共识揭示了法律文化的贯通性,而分歧则体现了因价值判断标准、思维方式的不同而造成的多样性。无论是《罗马规约》,还是中国刑法,都应当实事求是地认真研究这种分歧,以期更好地实现国际或者国内法治化的目标。

附　录

索引

我是怎样喜欢上刑法学的*

高铭暄

我从事刑法学教学和研究工作已逾半个世纪，但对我怎样喜欢上刑法学这门学科，我却从来没有形诸文字。

说来话长，童年在故乡（浙江省玉环县鲜迭村）上小学时，我就听人说我的父亲在上海做“官”，至于当的什么官，我并不知道。后来稍稍长大一些，才知道他是在上海特区地方法院当书记官。这件事给自己思想上多多少少打下了一点烙印，觉得自己是“法”门子弟，与“法”字天然有点联系。当然，那时对什么是“法”，我一无所知，不过感性上感觉得到：法院就像古代的衙门，是打官司的地方，打官司就得去法院。之后去温州读中学，从初中到高中，亲眼看到过法院门口挂的牌子，也看到过不少律师事务所的牌子，报纸上也有一些有关的报道，我的升学志愿就形成了。我立志将来考大学要报考法律系。

1947 年高中毕业时，我按自己的志愿去办，先后报考了南方的三所著名大学即浙江大学、复旦大学、武汉大学的法律系，有幸都被录取了。因为那时我的父亲在杭州工作，任杭州市地方法院推事（法官），我想借父亲的一点“光”，将来求职容易一些，同时也想图个生活方便，就选择了浙江大学法学院法律系就读。

当时浙江大学法学院院长是李浩培。李先生是被浙江大学校长竺可桢从武汉大学法律系系主任岗位上聘任过来的。李先生早年留学英国，是国内著名的国际法专家。说来也巧，我入学后第一学年的刑法总则课就是李先生讲授的。据李先生后来讲，当时没有聘请到刑法教授，他就亲自上阵，他一辈子也就讲过这一次刑法课。李先生的讲课分析细致、条理清晰、娓娓动听，对我产生了强烈的震撼，引起我极大的兴趣。我本来就对他仰慕，此时就更肃然起敬了。所有的课，我最喜欢听的是李先生讲的刑法课。刑法学的对象明确，体系完整，内容生动，逻辑严密，并且所见所闻与实际生活距离非常之近，听起来毫无枯燥之感。所以听了李先生讲的这门课之后，我就暗地下了决

* 本文原载于宫本欣主编：《法学家茶座》（第 1 辑），山东人民出版社 2002 年版，第 143～145 页。

心:好好学习刑法这门课。当时模模糊糊地也意识到将来选择职业也许就在这一方面呢!

我上了大学之后,父亲有一次对我作了明确的表态:“我不管有什么困难,一定供给你到大学毕业。至于毕业以后,你是出洋留学,还是将来当大学教授,那就看你自己的了。”这段话给我留下难忘的印象。首先是激励我必须很好地完成大学学业。这个强烈愿望在下述一件事上表现得尤为明显。1949 年 5 月杭州解放,其后不久浙江大学法学院即被当时的省军管会文教部撤销(可能与废除旧“六法全书”有关吧)。同学们纷纷参加当时省里举办的人民干部学校,以便接受短期培训后去从事革命工作。但我坚持要完成大学学业。既然浙大法学院宣布撤销,我就在李浩培教授的帮助下,想方设法转到北京大学法律系继续就读。在解放后的北大,我接受了革命传统教育、马克思主义理论教育和法律专业教育,其中还听到了著名刑法学家蔡枢衡教授的刑法课和黄觉非教授的刑事政策课,进一步提高了我对刑法学的兴趣。

1950 年,新中国第一所新型的正规的大学——中国人民大学宣告成立,该校聘请了大批前苏联专家任教。这对我有很大的吸引力,令我心驰神往。当 1951 年 7 月我在北大毕业,法律系领导征求分配去向志愿时,我就毫不犹豫地提出愿意去中国人民大学法律系当刑法学研究生。法律系领导经过研究批准了我的志愿。这样,从 1951 年 8 月起我就被保送到中国人民大学法律系当了刑法学研究生。在两年研究生学习期间,我先后接受贝斯特洛娃、达马亨、尼可拉耶夫、柯尔金四位前苏联专家的专业教育,对刑法学有了更全面、更系统、更深入的了解,研究的兴趣也越来越浓。这就为我的专业思想奠定了坚实的基础。我一再沉思,我已与刑法学结下不解之缘,今后我恐怕只有吃刑法学这碗“饭”了。果不其然,研究生毕业之后,我就被留校任教,而且一干就是 50 年。我已由一名青年变成老者,如今还在“老骥伏枥”。

回顾我走过的路程,可以用三句话来概括:一是父亲的叮咛激励我完成大学学业,我没有辜负他的遗愿;二是李浩培教授的讲课使我对刑法学产生浓厚的兴趣,决定了我的人生走向;三是三所大学(浙大、北大、人大)的教育奠定了我的专业基础,使我对母校哺育之恩永志不忘。就我自己来说,我只是有股傻劲而已,认准了刑法学,就执着地追求,专业思想自始至终没有动摇,既不想当官,也不想经商,就想做一名合格的教授。平凡如此者,也就没有资格再啰嗦什么了。

高铭暄教授的人生历程及其学术贡献*

赵秉志　陈　冉

2019年9月,新中国成立70周年前夕,91岁高龄、德高望重的法学家和法学教育家高铭暄教授获得"人民教育家"国家荣誉称号,这是我国法学界、法律界的唯一殊荣。时至今日,95岁高寿的高铭暄教授已在法学教学研究岗位上为祖国和人民勤奋工作了70年,这位当之无愧的学术大师,谱写了人生和事业的双重长青乐章。学术大师的学术精神和学术思想是祖国和人民应当珍视、传承与弘扬的精神宝库。全国人大常委会2019年9月《关于授予国家勋章和国家荣誉称号的决定》号召,要"以国家勋章和国家荣誉称号获得者为楷模,大力宣传他们的卓越功绩,积极学习他们的先进事迹"。学术大师高铭暄先生的辉煌人生和道德文章,都值得我国法学界尤其是刑法学界予以了解、研究、传承和颂扬。

一、基本情况

高铭暄,中国当代著名法学家和法学教育家,新中国刑法学的主要奠基者和开拓者,新中国培养的第一代法学家,唯一全程参与新中国1979年刑法典起草和1997年刑法典修订工作的学者,"人民教育家"国家荣誉称号获得者。为新中国刑法学事业和刑事法治建设作出了不可磨灭的卓越贡献。

高铭暄1951年毕业于北京大学法律系,1953年毕业于中国人民大学法律系刑法研究生班,日本早稻田大学名誉法学博士学位(2016年授予)。1953年起任教于中国人民大学法律系(现为法学院),历任讲师(1956年)、副教授(1980年)、教授(1983年)。1983~1986年担任中国人民大学法律系主任。1984年经国务院学位委员会批准,成为新中国刑法学专业第一位博士研究生导师。1984~2001年担任中国法学会刑法学研究会总干事(会长),1985~2003年担任国务院学位

* 本文原载于《河北法学》2023年第11期,由赵秉志与陈冉合作完成。

委员会第二、三、四届学科评议组成员暨法学评议组召集人,1986～2003年担任中国法学会副会长,1996～2011年担任国际刑法学协会中国分会主席,1999～2009年担任国际刑法学协会副主席,2003～2013年担任中国法学会学术委员会副主任。2005年被聘为北京师范大学刑事法律科学研究院名誉院长、特聘教授、博士生导师,2006年被聘为北京师范大学法学院特聘教授。2009年被评为中国人民大学荣誉一级教授。2015年被聘为北京师范大学"京师首席专家"。2012年被中国法学会授予"全国杰出资深法学家"称号。2014年被中国刑法学研究会评定为"资深刑法学家"并列于首位。2014年被聘为国家教育考试指导委员会委员。2021年被聘为全国师德师风建设专家委员会总顾问。1991年起享受国务院政府特殊津贴。曾获得国家级"有突出贡献的中青年专家"(1984年)、"全国优秀教师"(1995年)、"全国师德先进个人"(2001年)、"切萨雷·贝卡里亚奖"(国际社会防卫学会2015年授予)、全国"最美奋斗者"(2019年)等荣誉称号。其家乡浙江省玉环市于2023年建立"高铭暄学术馆"。

现任中国人民大学荣誉一级教授,北京师范大学"京师首席专家"暨刑事法律科学研究院名誉院长、特聘教授、博士生导师;兼任中国刑法学研究会名誉会长,国际刑法学协会名誉副主席暨中国分会名誉主席。

主要教学研究领域为刑法学、刑事政策学、国际刑法学等。曾指导培养了一大批高层次刑法理论与实务人才。研究成果丰硕并有广泛的学术与实务影响,出版个人著作9部,主编、合著(译)专业书籍近百部,发表文章近400篇。部分著作曾获得国家图书奖、教育部人文社会科学研究优秀成果奖一等奖、全国普通高等学校优秀教材特等奖或一等奖、司法部优秀教材一等奖等奖励。

二、人生历程

(一)受父亲影响投身法学

高铭暄于1928年5月24日出生于浙江省玉环县(现玉环市)鲜迭村。1934年起先后就读于玉环县鲜迭小学和温州市瓯海中学、温州中学。高铭暄年幼时,毕业于浙江法政专门学校的父亲高鸣鹤,当时在上海特区法院担任书记官。1937年抗日战争全面爆发,其父亲不愿为日本侵略者卖命,愤然弃官回乡,赋闲在家。抗战胜利后,高鸣鹤先后到浙江省高等法院和杭州地方法院任刑事法官。

高铭暄走上法学之路受到了父亲高鸣鹤的直接影响。父亲高鸣鹤一直希望子承父业,从事法律职业,因此自小就谆谆教诲,引导他在少年时代就阅读了一些法律书籍,加上受父亲的职业影响,他自小就在脑海中打下了法律烙印,认为自己是"法"门子弟,与"法"有缘。在温州读高中时,高铭暄经常从法院和律师事务所门口经过,耳濡目染,再加上经常从报纸上看到有关案件和不公平事情的报道,正义感油然而生,用法律维护正义的想法也随之产生,从事法律职业的种子慢慢在他心中萌发,他时常想将来自己也是要像父亲那样当一名刑事法官的。1947年高中毕业后,他果然报考了法学专业,并以优异成绩被浙江大学、复旦大学和武汉大学三所大学法学院同时录取,他选择了家乡省份的浙江大学法学院。

(二)受教于名师学业优异

1947年秋,高铭暄进入浙大法学院读书,从此走上了法学之路。在那里他受教于诸多名师,受到了严格的法学训练。他大学一年级的刑法总则课即由时任浙江大学法学院院长的李浩培教授讲授。高铭暄教授回忆说,李浩培先生讲的刑法课条理清晰,逻辑严密,内容生动,贴近实际,听起来毫无枯燥之感,从而引起高铭暄极大的兴趣,也为他日后从事刑法学研究打下了基础。40多年后,当李浩培先生看到昔日学生高铭暄所取得的学术成就时,曾多次自豪地对人说:"高铭暄的刑法课是我教的!"〔1〕

中华人民共和国成立前夕,因浙江大学法学院停办,经李浩培院长向时任北京大学法律系主任费青教授推荐,1949年9月,将要读大三的高铭暄告别父母,怀揣着浙江大学开具的通行证,北上转学到北京大学法律系继续读书。〔2〕在那里,他怀着新时代"法治"社会的崇高理想,自由遨游在法学的海洋里。

1951年7月,高铭暄从北京大学法律系毕业,在被征求其分配志愿时,年方23岁的高铭暄竟然颇有见地地选择了继续深造,从而被保送到中国人民大学法律系成为一名刑法专业研究生,师从当时在人大法律系任教的苏联著名刑法学家贝斯特洛娃教授、达玛亨教授、尼古拉耶夫教授和柯尔金教授等,得以成为较早系统学习和研究苏联刑法理论的中国青年刑法学者。〔3〕

1953年8月,经过将近20载的寒窗苦读,高铭暄的学生时代画上句号,他选择了留校任教作为其人生的新起点。他知道,选择学术道路也就意味着选择了艰难、清贫和寂寞,但他对这一选择从未后悔过。从此,高铭暄走上了一条跋涉之路,他将数十年的心血和宝贵年华都交给了沿途的风风雨雨,身后则留下了学术道路上一串串深深的脚印和一个个鲜明的标识。

(三)参与新中国刑法典创制矢志不渝

新中国成立之初,当时的中央人民政府法制委员会就开始了起草刑法典的准备工作。从1950年到1954年9月,先后草拟出两部刑法草案:一部是《刑法大纲草案》,另一部是《刑法指导原则草案(初稿)》。遗憾的是这两部立法草案都没能提上立法程序,也没有公开向社会征求过意见。1954年9月,《宪法》和《全国人民代表大会组织法》等五个组织法通过,新中国刑法的制定也开始被立法机关提上日程。刑法起草班子由全国人大常委会办公厅法律室负责组建。〔4〕经中国人民大学及法律系领导推荐,当时26岁、风华正茂的青年刑法教师高铭暄有幸去到立法机关参加刑法典起草班子的工作。〔5〕从1954年到1979年,从第1稿到第38稿,其中较为正常进行刑法典起草工作的约有10年光阴,在这10年的立法生涯中,高铭暄倾注了自己的全部学识、热情、心血和汗水,成为自始至终参与新中国第一部刑法典创制的唯一学者。这10年间,他曾负责汇编各类立法资料,包括解放区和中华民国的法

〔1〕参见赵秉志、王俊平:《高铭暄 新中国刑法学的开拓者》,载《中国审判》2007年第9期。
〔2〕参见赵秉志、王俊平:《高铭暄 新中国刑法学的开拓者》,载《中国审判》2007年第9期。
〔3〕参见高铭暄口述、傅跃建整理:《我与刑法七十年》,北京大学出版社2018年版,第273~277页。
〔4〕参见高铭暄、赵秉志:《中国刑法立法之演进》,法律出版社2007年版,第39~40页。
〔5〕参见张雪、张伟:《新中国刑法铭刻他的心迹——访刑法学家高铭暄》,载《检察风云》2009年第13期。

律以及苏联、东欧、法国、德国等国的刑法立法,还包括收集最高人民法院从新中国司法机关当时一万多起刑事案件总结出来的司法经验材料,以有助于规定罪名、刑种和量刑幅度;他也曾提出了大量刑法立法意见和建议。虽然历经“文化大革命”10年动乱,其间中国人民大学被撤销,高铭暄当初交给法律系内部资料室保存的刑法典多个草案稿及相关法律意见汇集等珍贵资料被“军宣队”因无知而付之一炬,他本人也先后被下放到京郊炼油厂和江西余江“五七”干校劳动锻炼,但高铭暄始终心系新中国刑法典的起草工作。后来,在1978年十一届三中全会作出全面建设社会主义法制的决策和部署之后,新中国刑法典的起草工作终于又被提上国家立法工作日程,并于1979年7月1日由第五届全国人民代表大会二次会议表决通过《刑法》,从而结束了新中国没有刑法典的历史。当时,高铭暄作为参与刑法典修订工作的专家学者在北京人民大会堂守候待命,当年的芳华青年如今已成半百中年,他感慨万千又满心喜悦,这部刑法典多么地来之不易,刑法典的颁行让他感到自己立志法学的人生价值得到了体现,从此祖国的刑事法制将步入正途,这也让他看到了自己从事的我国刑法学事业的希望和未来。[1]

(四)攀登法学高峰,致力于刑法学教育

党的十一届三中全会吹响了改革开放和社会主义现代化建设的号角。1979年刑法典出台后,由于当时刑法学界尚未从“文化大革命”冲击形成的学术荒芜状态中走出来,为了促使刑法典的精神和条文内容更好地被人们所理解,高铭暄教授作为唯一全程参与1979年刑法典创制的学者,及时编著了《中华人民共和国刑法的孕育和诞生》一书,在该书中详细记述了刑法立法过程中的各种不同意见,客观忠实地阐释了1979年刑法典各条文的立法原意,对理论界和实务界准确理解与正确适用刑法提供了重要帮助。该书被高铭暄教授的恩师、著名法学家李浩培先生评价为“我国刑法学界的一部重要著作,任何人欲谙熟中国刑法,是必须阅读的”[2]。

面对百举待兴的法制建设,全国各地相继恢复的政法院系和政法机关,亟须一套系统而权威的法学教材,来满足法学教育和司法实务的需要。1981年,一批在全国刑法学界享有声望的刑法学者云集北京,他们受司法部委托,要共同编写新中国第一本高等学校法学统编教材《刑法学》,高铭暄教授被推举为该书主编。经过他和其他作者的共同努力,“文化大革命”10年动乱后第一部权威的刑法教科书——《刑法学》,于1982年由法律出版社正式出版,并于1984年作局部修订后再版,前后发行达百余万册。该书在新中国刑法学发展史上起到了奠基和承前启后的重要作用,并因其突出的学术贡献而获得1988年国家级优秀教材一等奖和司法部优秀教材一等奖的双重殊荣。

1983年5月,经国务院有关部门批准,高铭暄先生晋升为教授。1984年1月,经国务院学位委员会批准,高铭暄教授成为新中国刑法学专业第一位博士生导师,从而结束了新中国不能培养刑法学博士的历史。1984年,他获得国家级“有突出贡献的中青年专家”荣誉称

---

〔1〕 参见高铭暄口述、傅跃建整理:《我与刑法七十年》,北京大学出版社2018年版,第36~38页。
〔2〕 参见赵秉志、王俊平:《高铭暄 新中国刑法学的开拓者》,载《中国审判》2007年第9期。

号，并当选为中国法学会刑法学研究会总干事。1986年，他当选为中国法学会副会长。1986年11月，他带领几位优秀弟子通力编著的《新中国刑法学研究综述(1949—1985)》面世，这是新中国法学领域第一部全面系统的学科文献性著作，该书的问世系统总结了我国刑法学的理论研究状况，并对我国刑法学的开拓和深化起到了强有力的引导作用，也为我国法学各学科研究综述的写作和出版树立了典范。

为适应日益发展的刑法学教学和科研的需要，在当时的国家教委的组织下，高铭暄教授又于1987年受命主持编写了一部供高等院校法学专业适用的新教材，这部名为《中国刑法学》的教科书于1989年面世，1992年11月荣获第二届全国高等学校优秀教材特等奖。1993年至1994年，高铭暄教授主编的作为国家哲学社会科学“七五”规划重点项目最终研究成果的大型专著《刑法学原理》三卷本先后出版，这部巨著作为中国刑法基础理论领域的重要成果，以其高品位的学术水平和突出的实用价值在1995年荣获“全国高等学校首届人文社会科学研究优秀成果奖”一等奖，1996年荣获国家图书最高奖项——第二届“国家图书奖”。从1981年至1996年，高铭暄教授共主编过本科、自学高考、业大、电大等不同层次的全国性刑法学教材6种，是我国这一时期主编刑法学教材层次最高、数量最多的学者。在1997年新刑法典修订通过后，短短的3年时间里，他又主编修订出版了全国高等教育自学考试法律专业指定教材《刑法学(新编本)》、普通高等教育“九五”国家级重点教材《新编中国刑法学》、高等学校法学教材《刑法学》、全国高等学校法学专业核心课程教材《刑法学》等四种重量级教材，为新刑法典背景下刑法学理论的繁荣与发展作出了突出的贡献。他还受教育部研究生工作办公室的委托主编了全国第一本刑法专业研究生教学用书《刑法专论》，促进了我国刑法学专业高层次人才的培养。

除教材编写外，高铭暄教授还十分注重实务中具体问题的研究。2000年，面对当时经济犯罪的严重态势，高铭暄教授主编的国家社科“九五”规划重点项目成果《新型经济犯罪研究》出版，这部专著全面、系统、深入、细致地对某些特定经济犯罪的司法适用和立法完善问题进行了研究，成为经济犯罪研究方面的精品力作。

更令人钦佩的是，即便年逾古稀，他仍经过数年的积累和不懈努力，在2012年84岁高龄时出版了85万字的鸿篇巨制《中华人民共和国刑法的孕育诞生和发展完善》，该书对中国刑法典中五百多个条文的来龙去脉进行了具体的阐述，并进行了客观而理性的评论，被我国政法机关负责人和学界认为是“解读刑法精神的教科书”“刑法立法的理由书”，是阐释新中国刑法立法的“扛鼎之作”。[1] 该书问世当年，即被评为2012中国十大影响力法学理论研究成果，并荣获“国家图书奖”的提名奖，又于2014年12月荣获第三届“中国法学优秀成果”专著类一等奖。该书还被译成德文和俄文，先后在德国和俄罗斯正式出版发行，为传播中国法治与法学作出了积极的贡献。

---

〔1〕 参见蒋安杰：《高铭暄：30年磨一剑——85万字刑法学巨著出版引反响》，载《法制日报》2012年10月10日；赵秉志、阴建峰：《新中国注释刑法学的扛鼎之作——试评高铭暄教授著〈中华人民共和国刑法的孕育诞生和发展完善〉》，载《刑法论丛》2013年第2卷。

(五)推进中国刑法学走向世界,蜚声海内外

身处改革开放的年代,高铭暄教授十分注重引领中国刑法学界走向国际舞台。他曾出访美国、英国、德国、意大利、法国、奥地利、日本、俄罗斯、瑞士、澳大利亚、新西兰、荷兰、比利时、西班牙、韩国、土耳其、埃及等国,从事讲学、考察及学术交流活动,积极宣传中国特色社会主义法治,借鉴吸纳发达国家的先进经验。[1]

1987年,受中国法学会的指派,高铭暄教授参加了当年5月在意大利举行的国际死刑问题学术研讨会,在会议期间除发表中国刑法学界看待死刑的主流观点外,还专门向时任国际刑法学协会秘书长的巴西奥尼教授表达了中国刑法学界拟申请加入国际刑法学协会的意愿,得到了该协会领导的首肯,之后由中国法学会报请国务院领导批准,中国刑法学界于1988年正式加入国际刑法学协会并成立中国分会,这一举措对于中国刑事法学界走向现代化和国际化,作出了非常重要的贡献。他于1999~2009年,连续两届担任国际刑法学协会副主席(并于1988~2011年,先后担任中国分会副主席、主席),且在任期内受到国际刑法学协会的信任,在中国法学会的领导和支持下,领导国际刑法学协会中国分会于2004年在北京与中国法学会共同成功举办了第17届国际刑法大会,受到国内外的高度评价,对于中国刑事法学界走向国际舞台产生了广泛而深刻的影响。

按照国际刑法学协会的规定,自2009年伊斯坦布尔第18届国际刑法大会举办时,高铭暄教授因已连续两届担任该协会副主席而需卸任,但因中国分会的地位暨高铭暄教授的威望,他在卸任副主席后随即被该协会聘请为名誉副主席。在高铭暄教授的鼎力支持下,他的几位学生则在国际刑法学协会第18届大会上担任了重要职务:中国刑法学研究会会长暨中国分会常务副主席赵秉志教授当选为新一届国际刑法学协会副主席,中国分会副主席张智辉教授当选为该协会理事,中国分会秘书长卢建平教授连任该协会执委会委员和副秘书长。本届大会选举,中国分会在保留原有的副主席暨执行委员兼副秘书长这两个职位的基础上,又增加了名誉副主席和一位理事这两个职位,从而进一步巩固和加强了中国刑事法学界在国际刑法学协会中的地位与影响。

伟大出于平凡,成就来自坚持。高铭暄教授曾在年近八旬时撰文回顾自己的刑法学之路:“回顾我走过的路程,可以用三句话来概括:一是父亲的叮咛激励我完成大学学业,我没有辜负他的遗愿;二是李浩培教授的讲课使我对刑法学产生浓厚的兴趣,决定我的人生走向;三是三所大学(浙大、北大、人大)的教育奠定了我的专业基础,使我对母校哺育之恩永志不忘。就我自己来说,我只是有股傻劲而已,认准了刑法学,就执着地追求,专业思想自始至终没有动摇,既不想当官,也不想经商,就想做一名合格的教授。”[2]

三、学术研究和重要贡献

高铭暄教授的学术研究主要围绕国家法治完善与公民权利保障,研究方向涉及中国刑法学、国际刑法学、刑事政策学等学科,颇多建树和贡献。他还系统梳理了新中国刑法学研

---

〔1〕 参见赵秉志主编:《中国资深刑法学家》,法律出版社2015年版,第4页。

〔2〕 高铭暄:《我是怎样喜欢上刑法学的》,载《法学家茶座》第1辑,山东人民出版社2005年版。

究发展繁荣的脉络和足迹，填补了新中国刑法学研究史的空白。[1]

(一)主要研究领域和学术贡献

通览高铭暄教授多年来的研究领域和研究方向，刑法基本理论和刑法立法一直是他最为关注的重要领域，在这两个领域，他提出了诸多影响深远的重要理论主张。

1. 关于刑法基本理论问题研究

重视刑法基本理论的研究是高铭暄教授学术生涯的一个特色，他曾将自己的刑法理论主要观点概括为“八个坚持”，这八项基本都是属于刑法基本理论方面的内容。[2] 他在我国刑法学界最早提出应将犯罪、刑事责任和刑罚视为三个彼此独立的概念，并以此为起点展开刑法学的体系性研究。[3] 这是我国刑法学理论的一个创举。

其一，关于刑法新观念。高铭暄教授早在20世纪90年代即根据时代特点和中国刑法学的研究状况，归纳和提出了应当树立的与时俱进的十大刑法新观念：经济刑法观、法制刑法观、民主刑法观、平等刑法观、人权刑法观、适度刑法观、轻缓刑法观、效益刑法观、开放刑法观、超前刑法观。[4]

其二，关于犯罪概念。高铭暄教授详细地揭示了中国刑法中犯罪概念的基本属性，即“三特征说”：行为的社会危害性、刑事违法性、应受刑罚惩罚性。并且进一步地明确了这三个特征之间的内在关系，认为犯罪的三个特征是紧密结合的：一定的社会危害性是犯罪最基本的属性，是刑事违法性和应受刑罚惩罚性的基础；社会危害性如果没有达到违反刑法、应受刑罚处罚的程度的，也就不构成犯罪。因而这三个特征都是必要的，是任何犯罪都必然具有的。[5] 这一看法和见解已经成为我国刑法学基础理论的基本支柱。

其三，关于社会危害性理论。作为我国刑法学理论的基本范畴，社会危害性理论从一开始就有所争议。面对诸多质疑，高铭暄教授主张刑法理论界应摒弃偏见，溯及问题的本源，对社会危害性概念这个问题作出中肯、客观的阐释。他认为，对社会危害性概念进行阐释要树立两个基本立场：一是必须面对犯罪事实；二是必须尽量朝着合目的的方向进行解释。他主张对社会危害性功能的解释要站在有利于被告人的立场厘清社会危害性与犯罪构成的关系，既要与我国通行刑法理论保持一致，又要充分发挥社会危害性理论阻却犯罪、保障人权的功能。[6]

其四，关于犯罪构成理论。近年来，中国刑法学界出现了关于犯罪构成理论模式的重大争论，即犯罪构成理论模式是应坚持既有的四要件理论，还是要照搬德日的三阶层理论模式？在这一重大争论的背景下，高铭暄教授对犯罪构成理论予以重点研究，秉持坚持犯罪构

---

[1] 参见高铭暄主编：《新中国刑法科学简史》，中国人民公安大学出版社1993年版；高铭暄、赵秉志编著：《新中国刑法学研究历程》，中国方正出版社1999年版；高铭暄、赵秉志编著：《新中国刑法学研究60年》，中国人民大学出版社2009年版；高铭暄、赵秉志、袁彬编著：《新中国州法学研究70年》，中国人民人学出版社2019年版。

[2] 参见高铭暄口述、傅跃建整理：《我与刑法七十年》，北京大学出版社2018年版，第119页。

[3] 参见高铭暄：《论刑事责任》，载《中国人民大学学报》1988年第2期。

[4] 参见高铭暄、赵秉志等：《1993年刑法学研究的回顾与展望》，载《法学家》1994年第1期。

[5] 参见高铭暄：《刑法总则要义》，天津人民出版社1986年版，第81～86页。

[6] 参见高铭暄、陈璐：《论社会危害性概念的解释》，载《刑法论丛》2012年第3卷。

成四要件理论的基本立场，认为主张取消四要件犯罪构成理论、推翻现行中国刑法学体系的观点是不可取的，指出四要件犯罪构成理论是一种历史性的选择，具有历史合理性；符合中国国情，具有现实合理性；逻辑严密、契合认识规律、符合犯罪本质特征，具有内在合理性；与德日三阶层犯罪论体系相比，相对稳定、适合中国诉讼模式，具有显著的优势。他还进一步分析指出，中国刑法学犯罪构成理论同样能够反映定罪过程，兼容出罪功能。[1] 他的深入研究和鲜明立场，对巩固我国现行犯罪构成理论的地位及促进其发展完善，起到了至关重要的作用。

其五，关于正当行为理论。对于正当化事由的范围，高铭暄教授认为，我国现行刑法中只对正当防卫和紧急避险加以规定，而其他正当行为（如执行命令、执行职务、执行业务、经权利人同意以及自救行为等作为超法规的正当行为）同样应当被立法所肯定。对于正当化事由的刑法学体系定位，他指出，我国通行的刑法理论认为其既不符合犯罪概念，也不具有犯罪构成，正当行为是否纳入犯罪构成理论体系，是无关紧要的。刑法学总论体系上，在犯罪概念和犯罪构成之后，独立设置专章对正当行为加以论述，这是最佳的选择。[2]

其六，关于刑事责任理论。高铭暄教授是我国刑法学界最早关注刑事责任理论的学者之一。他认为，刑事责任是介于犯罪与刑罚之间的桥梁和纽带，其功能就在于对犯罪和刑罚的关系起调节的作用。从这个意义上说，犯罪是“因”，刑事责任是“果”。也就是说，刑事责任既是犯罪的后果，又是刑罚的先导。“罪—责—刑”的逻辑结构，乃是整个刑法内容的缩影。刑事责任根据必须体现在具体的犯罪构成上，才能成为确定刑事责任的基础。他主张中国刑法学应坚持“罪—责—刑”的体系，同时指出应改变静态的研究方法，加强刑事责任理论的探索，注重具体问题的解决。[3] 这些观点对我国刑事责任理论的宏观框架、基本立场、主要内容的确立乃至刑法学体系的完善都产生了广泛而深刻的影响。

其七，关于共同犯罪人的分类。关于共同犯罪人的分类，从各国刑法立法例和刑法理论的主张看，基本上有“分工分类法”和“作用分类法”两种主张。在新中国第一部刑法典的起草过程中，对于共同犯罪人如何分类颇有争议，除有“分工分类法”与“作用分类法”之争外，还有“以分工分类为主”“基本上按作用分类”和“分为集团性共犯与一般共犯”等不同的主张。经过反复比较研究，1963 年 10 月的《刑法草案》第 33 稿最后确定采取了“基本上按作用分类”的方案，即以共同犯罪人在共同犯罪中的作用为主，并适当考虑共同犯罪人的分工情况，来建立共同犯罪人的分类体系。据此将共同犯罪人分为主犯、从犯、胁从犯和教唆犯四种。[4] 这一抉择后来为 1979 年刑法典所采纳，也为 1997 年修订的刑法典所维持。高铭

---

〔1〕 参见高铭暄：《论四要件犯罪构成理论的合理性暨对中国刑法学体系的坚持》，载《中国法学》2009 年第 2 期；高铭暄：《对主张以三阶层犯罪成立体系取代我国通行犯罪构成理论者的回应》，载《刑法论丛》2009 年第 3 卷；高铭暄：《关于中国刑法学犯罪构成理论的思考》，载《法学》2010 年第 2 期。

〔2〕 参见高铭暄：《对主张以三阶层犯罪成立体系取代我国通行犯罪构成理论者的回应》，载《刑法论丛》2009 年第 3 卷；高铭暄：《关于中国刑法学犯罪构成理论的思考》，载《法学》2010 年第 2 期。

〔3〕 参见高铭暄：《论刑事责任》，载《中国人民大学学报》1988 年第 2 期；高铭暄主编：《刑法专论》，高等教育出版社 2006 年版，第 442 ~ 476 页。

〔4〕 参见高铭暄：《中华人民共和国刑法的孕育诞生和发展完善》，北京大学出版社 2012 年版，第 28 ~ 32 页。

暄教授在1979年刑法典颁行后不久即撰文解析和论述了这个问题，指出我国刑法在对共同犯罪人分类方法上以共同犯罪人的作用为主并兼顾分工的方法，具有一定的独创性，体现了区别对待的刑事政策，便于解决共同犯罪人的刑事责任。同时，由于教唆犯的情况比较复杂，不宜简单地列入主犯或从犯的范围，故按照其在共同犯罪中的地位和作用处罚。[1] 我国两部刑法典均采纳的关于共同犯罪人的这种分类法，经受了长期的司法实践检验，对司法机关妥当处理共同犯罪案件起到了良好的指导作用。

2. 刑法立法问题研究

从血气方刚、风华正茂的青年，到两鬓染霜、年逾古稀的资深刑法学家，高铭暄教授一生积极热情投身于国家刑法立法的创制和完善活动中，为中国刑法立法工作可谓呕心沥血，正如他所热衷的京剧选段《洪羊洞》中的一句唱词所描绘的那样："为国家哪何曾半日闲空。"而在参与刑法立法的过程中，基于对民主与法治的热爱和信仰，他发表了诸多真知灼见，对国家的刑法立法工作产生了深远的影响。

其一，关于刑法立法的根据。高铭暄教授认为，制定和修改刑法，至少应该具有四方面根据：一是宪法根据，即刑法的规定不能与宪法相抵触，而必须贯彻宪法的基本原则和基本精神；二是实践根据，即刑法立法必须从实际出发，立足于本国的国情、民情和罪情，注意总结和反映我国同犯罪作斗争的成功经验，防止可能出现的漏洞和失误；三是政策根据，即刑法立法要体现我国基本刑事政策，并用这一政策去指导和协调立法内容；四是理论根据，即刑法立法要讲究科学，以政治理论、经济理论、法学理论作指导。[2]

其二，关于刑法立法的原则。高铭暄教授认为，在刑法立法工作中，必须坚持几项重要的原则：一是立法权限的集中性原则。刑事法律的立法权，必须由全国人大及其常务委员会行使。二是立法思想的一致性原则。无论是制定刑法典，还是修改补充刑法典，都必须使立法思想保持内在的统一性。三是立法内容的必要性原则。刑法立法的内容必须是成熟的、必不可少的，对不该规定的，要坚决舍弃；对应该规定的，即使具有一定的超前性，也不能遗漏。四是立法方式的多样性原则。刑事立法可以包括刑法典、单行刑法和附属刑法条款等多种形式。[3]

其三，关于刑法立法的技术。高铭暄教授认为，刑法立法是一门高深的学问，光有政策的指导和理论的贯通是不够的。在制定和修改刑法中，立法技术也相当重要。根据参与刑法立法的多年经验，他提出，在刑法立法技术方面，要注意四个问题：一是表述要明确；二是术语要统一；三是界限要分清；四是内容要可行。[4] 在全面修改刑法典的研究过程中，他还进一步指出，新中国1979年刑法典由于受当时历史条件和立法经验的限制，在立法技术上

[1] 参见高铭暄：《论共同犯罪人的分类及其刑事责任》，载《法学论集》，北京市法学会1981年编印。

[2] 参见高铭暄：《刑事立法工作的宝贵经验　　学习〈彭真文选〉摘记》，载《法学杂志》1993年第4期。

[3] 参见高铭暄：《刑法问题研究》，法律出版社1994年版，第77～83页。应当指出，关于刑事立法形式的多样性观点，是高铭暄教授在很不完备的1979年刑法典背景下的认识；后来随着比较完备的1997年刑法典的出台和立法机关确立以刑法修正案的形式局部修改刑法典，高铭暄教授也适时地更改为主张刑法典统一性和以修正案直接修改刑法典为宜的观点。

[4] 参见高铭暄、姜伟：《刑法特别法规的立法原则初探》，载《法学评论》1986年第6期。

采取了“宜粗不宜细”“宁疏勿密”的做法。在全面修改刑法典时,应当从中吸取经验教训,在立法技术上要有一个较大的改进。具体而言,刑法典无论在体系结构还是条文用语表述上都应讲究科学性,该繁则繁,该简则简,繁简得当,尽可能做到明确、具体、严谨,便于实际运用。[1]

其四,关于刑法立法的经验。高铭暄教授在诸多著述中谈到中国刑法立法取得的显著成绩,并细心将刑法立法经验予以梳理,归纳为以下九点:一是刑法立法要从中国实际出发,立足于本国国情;二是刑法立法要有理论依据、宪法依据和政策依据;三是刑法立法只宜规定成熟的东西,不成熟的不要定,能写多少写多少,逐步完备;四是刑法立法要能适应形势发展的需要,便于执行;五是要做好立法前的充分准备工作;六是实行民主的立法程序;七是要吸收各方面的专家参加立法工作;八是要密切注意法律执行中的问题,适时进行修改、补充;九是为搞好刑法立法,必须学习相关法律、学习相关的政治和法学理论。[2]

其五,关于刑法立法修改完善的理念。高铭暄教授认为,刑法的修订是一项严肃的工作,不能草率从事,必须做大量的调查研究,尤其是在修改刑法的指导思想上,必须强调四个方面:一是要适应建立社会主义市场经济新秩序的需要,保护各种所有制经济的正当发展,惩治破坏各种经济成分的犯罪活动;二是要跟上社会主义民主政治的建设步伐,运用刑法手段铲除中国政治生活中的各种弊端及腐败现象,使中国的政治制度和政治生活更趋民主化和科学化;三是要总结刑法典施行以来的丰富经验,将其吸收到刑法典中;四是要注意世界各国刑法改革的总趋势,借鉴和吸收国外刑事立法的成功范例和刑事司法的有益经验。[3]

其六,关于刑法立法完善的方向。高铭暄教授认为同样应当注意把握四个方面:一是在刑法的打击锋芒上,应着重于惩治严重经济犯罪和严重危害社会治安的犯罪;二是在定罪量刑的基础上,应当由行为社会危害性中心论,转向以行为社会危害性为主、兼顾罪犯的人身危险性;三是在刑罚制度上,应由较严厉的和较封闭的刑罚,适当地向缓和开放的刑罚转变;四是在犯罪的适用范围上,应当由只注重国内犯罪,向同时也注重国际犯罪和跨国、跨地区犯罪的转变。[4]

其七,关于局部修订刑法典的方式。对于局部修改补充刑法典,高铭暄教授在新刑法典之前就主张最好是采取修正案的形式。[5] 新刑法典颁行后,他更加鲜明地主张局部修改刑法典应采取刑法修正案的方式,认为刑法修正案可以不打乱刑法典条文次序而直接修改补充刑法典条文,这样既可保持刑法典的长期稳定性,又能不失时机地适应社会发展需要而对刑法典进行局部的修改补充,使我国统一的刑法典得以不断完善。[6] 针对近年来我国刑法学界又有人主张在修正案形式之外还可以采取单行刑法和附属刑法修法方式的观点,高铭

---

[1] 参见高铭暄:《我国十五年来刑事立法的回顾与前瞻》,载《法学》1995 年第 1 期。

[2] 参见高铭暄主编:《刑法专论》,高等教育出版社 2006 年版,第 36～40 页。

[3] 参见高铭暄:《略谈刑法修改的指导思想》,载《法学》1989 年第 3 期。

[4] 参见高铭暄、赵秉志等:《中国刑事立法十年的回顾与展望》,载《中国刑法》1989 年第 2 期。

[5] 参见高铭暄、赵秉志等:《中国刑事立法十年的回顾与展望》,载《中国刑法》1989 年第 2 期。

[6] 参见高铭暄:《20 年来我国刑事立法的回顾与展望》,载《中国法学》1998 年第 6 期。

暄教授支持国家立法机关局部修正刑法典采用刑法修正案形式，他分析了采用单行刑法和附属刑法的弊端，指出刑法修正案方式有利于维护法治统一、有助于限制权力而杜绝“法出多门”、有利于公民认知与司法适用法律并兼顾了刑法典的灵活性与稳定性，认为这种修法方式应予以坚持和完善。[1] 高铭暄教授还进一步对刑法修正案模式的完善提出一些建议：一是可改由全国人大通过刑法修正案；二是立法机关要优化刑法修正案的立法技术；三是要建立完整的刑法修正案的立法评估体系；四是要做好实验性立法。[2]

其八，关于单位犯罪的立法完善。高铭暄教授指出，中国1997年刑法典上规定的单位犯罪的罪种不少，而司法实践中判定单位犯罪的案例却较为少见。这至少说明中国刑法立法上对单位犯罪的规定还不够完善。他认为，要想将单位犯罪纳入法制化的轨道，运用刑罚的手段加以惩治，至少要解决以下五个方面的问题：一是要对单位犯罪加以明确界定；二是要对单位犯罪的罪种范围加以限制；三是要对单位犯罪一律采取“双罚制”；四是对单位犯罪应采用总则与分则相结合的立法模式；五是对单位犯罪如何追究刑事责任，应当在刑事诉讼法上作出相应的规定。[3] 同时他还指出，中国刑法规定的单位犯罪，是把国家机关与企业、事业单位、团体放在一起，列为单位犯罪的主体之一，这是不科学的，也是行不通的，因为追究国家机关的刑事责任在司法操作上具有极大的困难，也会招致严重的恶果，立法上应当将国家机关排除在犯罪主体之外。[4]

（二）法律教育与人才培养

1. 关于如何学好刑法学

高铭暄教授结合其丰富的教学经验，科学总结了学习刑法学的方法，为有志于学好刑法学的青年指明了方向，也为促进刑法学教育作出了贡献。他认为，总的来看，学习和研究刑法学同学习研究其他社会科学一样，要坚持用辩证唯物主义和历史唯物主义的方法去研究相关问题，综合运用阶级分析的方法、历史的方法、理论联系实际的方法、分析和比较的方法等多种方法。[5] 结合刑法学的自身规律和具体特点，高铭暄教授认为初学刑法学者，一要注意认真研究中国刑法立法；二要深入钻研刑法理论；三要注意实际运用。[6]

2. 关于如何培养博士研究生

高铭暄教授是新中国刑法学专业第一位博士研究生导师，也是我国刑法学界的第一位

---

〔1〕 参见高铭暄、吕华红：《论刑法修正案对刑法典的修订》，载《河南省政法管理干部学院学报》2009年第1期；高铭暄、郭玮：《我国刑法修正模式辨正》，载《法学杂志》2018年第12期；高铭暄：《新中国刑法立法的变迁与完善》，载《人民检察》2019年第Z1期。

〔2〕 参见高铭暄、吕华红：《论刑法修正案对刑法典的修订》，载《河南省政法管理干部学院学报》2009年第1期；高铭暄、孙道萃：《97刑法典颁行20年的基本回顾与完善展望》，载《华南师范大学学报（社会科学版）》2018年第1期；高铭暄、孙道萃：《我国刑法立法的回顾与展望——纪念中国共产党十一届三中全会召开四十周年》，载《河北法学》2019年第5期；高铭暄：《习近平法治思想指导下中国特色刑法学高质量发展论纲》，载《中国应用法学》2023年第2期。

〔3〕 参见高铭暄：《试论我国刑法改革的几个问题》，载《中国法学》1996年第5期。

〔4〕 参见高铭暄、彭凤莲：《论中国刑法中单位犯罪的几个问题》，载《经济刑法》2004年第2期。

〔5〕 参见高铭暄主编：《刑法学》，法律出版社1984年版，第11～15页；高铭暄、马克昌主编：《刑法学》，北京大学出版社、高等教育出版社2022年版，第4～6页。

〔6〕 参见高铭暄：《寄语刑法学初学者》，载《电大法学》1986年第1期；赵秉志：《怎样学好刑法学》，载《法学杂志》1988年第2期。

博士后合作导师，自1984年迄今，他精心指导和培养的刑法学博士和博士后共有八十余人，其中可谓人才辈出，有些已成为学界名流，有些是实务界领导和精英。高铭暄教授始终把培养合格的人才视为自己的神圣职责，对所指导的博士研究生既不是"放鸭式"的撒手不管，也不是"填鸭式"的机械培养。经过多年的摸索，他创造性地总结了"三严"（对博士生要严格要求、严格管理、严格训练）、"四能"（要培养博士生的读书能力、翻译能力、研究能力、写作能力）、"五结合"（使博士生做到学习与科研相结合、理论与实践相结合、全面掌握与重点深入相结合、研究中国与借鉴外国相结合、个人钻研与集体讨论相结合）的培养人才之道，并在培养博士研究生的过程中强调抓住"三个重点"（抓政治方向、抓专题讨论和科学研究、抓学风建设），注重打基础、长能力、正学风，全面培养博士研究生的综合素质。[1]

由于他对教学工作认真负责，教学研究方法恰当实用，使学生学有所获，受益匪浅，英才辈出。例如，他指导的新中国首届两位刑法学博士赵秉志和陈兴良，都被评为全国十大杰出青年法学家并双双入选教育部长江学者特聘教授，曾分别担任中国刑法学研究会会长和副会长，成为刑法学界的领军人物。尔后早期的几届博士也都成长为著名的专家学者：姜伟博士，曾任中央政法委员会副秘书长、最高人民法院副院长，兼任中国人民大学法学院教授、博士生导师，并曾担任中国刑法学研究会副会长；王勇博士，曾任广东省高级人民法院副院长、广州市中级人民法院院长；赵国强博士，曾任澳门大学法学院教授、博士生导师，澳门刑事法研究会会长；张智辉博士，曾任最高人民检察院检察理论研究所所长、司改办主任，湖南师范大学法学院教授、博士生导师，其博士论文《刑法理性论》获全国百篇优秀博士学位论文殊荣；黄京平博士，中国人民大学法学院教授、博士生导师，曾担任中国刑法学研究会副会长；邱兴隆博士，入选第四届全国十大杰出青年法学家，曾任湘潭大学法学院院长、教授、博士生导师；王秀梅博士，G20反腐败追逃追赃研究中心主任，北京师范大学刑事法律科学研究院教授、博士生导师，并担任国际刑法学协会副主席暨中国分会秘书长；齐文远博士，曾任中南财经政法大学党委副书记、教授、博士生导师，并曾担任中国刑法学研究会副会长。仅从这些佼佼者身上便可见，高铭暄教授培养指导博士研究生的质量确实是值得称道的。

高铭暄教授认为，法治的发展完善离不开法学的引导和推进，国家有必要进一步重视法学，尤其是法学的外向型研究亟待加强。早在20世纪80年代，在我国法学界对国际刑法的认识和研究还相当匮乏之时，高铭暄教授就开始力倡中国的国际刑法学研究。他较早为刑法学硕士生开设了国际刑法专题，激发了部分研究生从事国际刑法研究的热望，并培养了新中国早期的国际刑法学方向的博士研究生。

（三）投身法治建设业绩显著

高铭暄教授数十年来为国家的刑事法治建设献计献策，对中国法律家在刑法的创制和

---

〔1〕 参见高铭暄：《"严"字当头　抓住重点培养博士生》，载国务院学位委员会办公室、国家教委研究生工作办公室编：《博士生培养纵横谈》，河南大学出版社1998年版，第74～77页；高铭暄：《谈谈如何指导培养博士研究生的点滴体会》，载《法学杂志》2005年第2期。

发展中的作用、国家政治决策与刑法的变革、社会管理创新中的刑事法治问题、刑法学术在社会建构中的作用等问题,做了开拓性、有深度的探讨,不少创见被立法工作机关和有关司法部门所吸纳,对中国法治建设的发展作出了显著的贡献。

1.心系立法建言献策

刑法立法是法治建设的基础工程之一,刑法典的制定与完善更是一国刑事法治建设基础中之基础。高铭暄教授从1954年起参与了新中国第一部刑法典(1979年刑法典)的起草工作。1981~1995年,不同程度地参与了全国人大常委会先后通过的25部单行刑法的创制活动。1988~1997年,作为参与刑法典修改研拟工作的主要专家学者之一,除撰文深入探讨刑法修改完善问题以外,还多次应邀参加国家立法机关的刑法修改研讨会、座谈会及立法起草、咨询等事宜,提出了一系列涉及刑法修改完善的宏观与微观的问题及建议,受到国家立法机关的高度重视。

其一,关于罪刑法定原则的法典化。由于时代和认识的限制,中国1979年刑法典没有规定罪刑法定原则,并在其第79条规定有与罪刑法定原则相悖的有罪类推制度。在1997年刑法典修订研拟过程中,对于应否在修订的刑法典中确立罪刑法定原则,当时刑法学界存在不同的意见。高铭暄教授旗帜鲜明地主张应当在刑法典中明确规定罪刑法定原则、废止类推制度,并指出在法典中明文规定罪刑法定原则的三项重大意义:一是严正地表明中国是社会主义法治国家;二是有助于更全面地保护公民的合法权利;三是适应国际上的进步潮流,以更好地与国际接轨。[1]

其二,关于刑法分则罪名体系的完善。高铭暄教授十分重视分则罪名体系的严密化和规范化,对于社会形势变化所引发的新型犯罪行为,他都及时关注、深入研究,从1979年刑法典规定的129个罪名,到1997年新刑法典规定的412个罪名,再到经12次局部修订刑法典迄今总计的483个罪名,[2]他基本上都有所点评。他所撰著的有关刑法分则罪名及其完善的论文有近50篇,其中一些完善立法的观点对立法产生了重要影响。如他是我国法学界较早关注军人违反职责罪的专家,并在1997年刑法典修改时积极建议应将军人违反职责罪纳入刑法典,以保持刑法典体系的完整性。[3] 该建议后被国家立法机关所采纳,军人违反职责罪得以纳入1997年刑法典分则作为第十章。

其三,积极推动了死刑罪名的部分废除。死刑罪名过多一直以来使得中国在国际社会饱受非议,面对各国日益高涨的废除死刑的呼声,高铭暄教授认为,我们既不能盲从,也不能漠视,而必须从中国的实际出发,并关注世界死刑发展的趋势。他认为,根据中国现实的国情、民情和罪情,决不能立即废除死刑。但是,必须坚决贯彻"坚持少杀,防止错杀,严禁乱

---

〔1〕 参见高铭暄:《略论我国刑法对罪刑法定原则的确立》,载《中国法学》1995年第5期;高铭暄:《试论我国刑法改革的几个问题》,载《中国法学》1996年第5期。

〔2〕 1997年新刑法典颁行以来,我国立法机关先后通过1个单行刑法和11个刑法修正案,对刑法典进行了12次的局部修正。这些局部修正多涉及对分则具体犯罪的修改补充,包括罪名的增设。迄至2023年4月,我国现行刑法典中的罪名为483个。参见赵秉志主编:《刑法新教程》,中国人民大学出版社2023年版,第14~17页。

〔3〕 参见高铭暄:《我国十五年来刑事立法的回顾与前瞻》,载《法学》1995年第1期。

杀”的死刑政策，尽可能减少死刑，并慎重地适用死刑。[1] 高铭暄教授对中国死刑改革问题非常关注、研究成果颇丰，在死刑问题上从宏观到微观、从理论到现实、从本土到国际多视角多层次展开研究，为中国死刑刑事立法和司法的改革完善提供了重要而丰富的理论支撑。

在高铭暄教授等我国刑法学界有识之士的积极推动下，2011 年我国《刑法修正案（八）》第一次实现了对部分死刑罪名的废除，所废除的 13 个非暴力、经济性死刑罪名均属于高铭暄教授一直以来所倡导的应当废除死刑的范畴。他主张在死刑罪名废除的选择上，应当以非暴力、经济性犯罪为切入口，对单纯的经济犯罪（贪污罪、受贿罪不在其列）原则上不应设置死刑；但对于同样是非暴力犯罪的贪污受贿犯罪而言，考虑到国情民意及惩治、防范犯罪的现实需要，应将其置于非暴力犯罪死刑废除的最后阶段予以考虑。[2]

2. 关注实践推动司法改革

其一，参与司法实践答疑解难。在重视刑法基础理论研究的同时，高铭暄教授也非常重视研究刑法分则中的具体问题与司法实务中的疑难问题，形成了具有务实性、前瞻性的研究风格。鉴于他精湛的专业造诣，他常常受邀参与最高人民法院、最高人民检察院疑难刑事案件的探讨和司法解释的草拟，每年探讨论证案件达数十件，所参与研究的司法解释包括了盗窃罪、贪污罪、抢劫罪、寻衅滋事罪等罪名的认定以及减刑、假释的规范等。

其二，推动中国特色判例制度的建立。对于如何协调刑事立法与刑事司法之间的关系，高铭暄教授认为，应该对刑事立法与刑事司法的权限重新界定，可以考虑借鉴英美国家判例法的经验，建立具有中国特色的判例制度，作为成文法的适度补充。这样，可以赋予司法机关更强的应变能力，以弥补刑事立法滞后之不足。[3] 2010 年 11 月，最高人民法院发布了《关于案例指导工作的规定》，旨在探索建立具有中国特色的案例指导制度。

其三，力倡量刑规范化。高铭暄教授认为，定罪是否准确固然重要，量刑是否适当也具有同等重要的意义，两者不可偏废。随着民主与法制的发展，司法经验的积累，量刑的精确化问题应该提上议事日程，予以充分重视。[4] 2007 年，最高人民法院正式启动量刑规范化改革，这也印证了高铭暄教授早在 1993 年就提出相关建议的前瞻性。

其四，研究并呼吁国家实行特赦。早在 2009 年中华人民共和国成立 60 周年之际，高铭暄教授就与赵秉志教授和阴建峰教授一起向国家政法领导机关和立法机关递交了有关主张我国实行“特赦”的研究成果，对激活我国特赦制度进行了具有开拓性的探索。他们指出，特赦是我国宪法规定的制度，不能长期悬而不用。1959 年中华人民共和国成立 10 周年时就实行过特赦，取得积极效果，此后至 1975 年我国又实行过六次特赦，但都是针对战犯的。他们建议在中华人民共和国成立 60 周年大庆之际应再实行一次特赦，适用于犯罪性质不严重、犯罪情节相对较轻的未成年犯、过失犯、初犯、偶犯等情形；就原判刑罚和残余刑期而言，

---

〔1〕 参见高铭暄：《我国的死刑立法及其发展趋势》，载《法学杂志》2004 年第 1 期。

〔2〕 参见高铭暄：《试论我国刑法改革的几个问题》，载《中国法学》1996 年第 5 期；高铭暄：《略论我国死刑制度改革中的两个问题》，载《法学家》2006 年第 1 期。

〔3〕 参见高铭暄、陈兴良：《挑战与机遇：面对市场经济的刑法学研究》，载《中国法学》1993 年第 6 期。

〔4〕 参见高铭暄、陈兴良：《挑战与机遇：面对市场经济的刑法学研究》，载《中国法学》1993 年第 6 期。

宜限定为宣告刑不超过5年有期徒刑且已经执行原判刑期1/3以上者;从排除适用范围上讲,对累犯以及杀人、爆炸、抢劫、强奸、绑架等严重危及人身安全的暴力性犯罪不宜特赦;从犯罪主体角度看,年满70周岁或者因身患严重疾病而丧失危害社会能力的犯罪人,则可以作为前述情形之例外而适用特赦。[1] 他们当时提出的有关实行特赦的研究和建议引起了社会上的巨大反响,在人们心理上起到了启蒙的作用,也得到了国家政法和立法领导机关的重视,为我国未来实行特赦奠定了法理基础。终于,法学界高铭暄教授等关于我国应实行特赦的研究与建议得到了党和国家的重视和采纳。国家于2015年纪念中国人民抗日战争暨世界反法西斯战争胜利70周年前夕,以及2019年庆祝中华人民共和国成立70周年前夕,两次实行特赦,取得了良好的法律效果和社会效果。在2015年这次特赦筹备过程中,高铭暄教授等曾参与有关部门的针对性研讨;在2019年这次特赦之前,高铭暄教授等曾再次向国家有关领导机关递交建议实行"特赦"的研究报告,对实行特赦的必要性、可行性和实施方案进行了研究;在这两次特赦的决定出台之后,高铭暄教授等又及时发表文章,对特赦的时代价值、法律规范及重要意义进行解读与宣传。[2] 2020年11月,在中国共产党即将迎来建党百年前夕,高铭暄教授等再度向国家有关领导机关提交了"关于在建党百年之际再次实行特赦的研究报告",并于此后发表研讨专论。[3] 高铭暄教授主持进行的这几次关于建议国家积极实行特赦的研究建言,推动了国家特赦制度的激活和运行,也促进了法学界立足人权保障对赦免制度的重视。

四、主要论著

高铭暄教授从事教学研究70年,著述颇丰。自1957年首次在《光明日报》发表论文[4]以来,六十多年坚持从事学术研究,尤其是在改革开放以来四十多年间笔耕不辍,截至2023年7月,他出版个人著作9部,主编教材、合著书籍近百种,发表论文和文章近400篇。其中代表性的著作有:

1.《中华人民共和国刑法的孕育和诞生》个人编著,法律出版社1981年版(系改革开放以后我国的第一本法学专著,2008年荣获首届"中国法学优秀成果奖"专著类二等奖)。

2.《刑法学》(高等学校法学试用教材,主编),法律出版社1982年版;1984年修订版(荣获1988年国家级优秀教材一等奖和司法部优秀教材一等奖)。

3.《新中国刑法学研究综述(1949—1985)》(主编),河南人民出版社1986年版(系我国法学界第一本综述性著作)。

4.《刑法总则要义》,天津人民出版社1988年版。

5.《新中国刑法的理论与实践》(高铭暄、王作富主编),河北人民出版社1988年版。

---

[1] 这一关于特赦的研究成果后来载于法学刊物。参见高铭暄、赵秉志等:《关于在新中国成立60周年之际实行特赦的时代价值与构想》,载《法学》2009年第5期。

[2] 参见高铭暄、赵秉志:《我国新时期特赦的政治与法治意义》,载《法制日报》2015年8月31日;高铭暄、阴建峰:《新中国成立70周年之际实施特赦具有重大时代意义》,载《光明日报》2019年6月29日;高铭暄、赵秉志等:《新中国成立70周年特赦之时代价值与规范研读》,载《江西社会科学》2019年第7期。

[3] 参见高铭暄、赵秉志等:《关于在建党百年之际再次实行特赦之研讨》,载《法学评论》2021年第1期。

[4] 参见高铭暄:《〈刑法典〉在建国后三五年内能颁布吗?》,载《光明日报》1957年10月22日。

6.《中国刑法学》(高等学校文科教材,主编),中国人民大学出版社 1989 年版(1992 年荣获第二届中国普通高等学校优秀教材特等奖)。

7.《刑法学》(全国高等教育自学考试教材·法律专业)(主编),北京大学出版社 1989 年版。

8.《刑法学原理》(三卷本,主编),中国人民大学出版社 1993～1994 年版(为国家哲学社科“七五”规划重点项目成果,1995 年荣获“全国高等学校首届人文社会科学研究优秀成果奖”一等奖;1996 年荣获第二届国家图书奖)。

9.《新中国刑法科学简史》(主编),中国人民公安大学出版社 1993 年版。

10.《刑法问题研究》,法律出版社 1994 年版。

11.《大陆六法精要(3)刑法》(高铭暄、赵秉志、鲍遂献著),台北,月旦出版社 1994 年版。

12.《刑法学》(新编本,全国高等教育自学考试教材·法律专业)(主编),北京大学出版社 1998 年版。

13.《新编中国刑法学》(上、下册,普通高等教育“九五”国家级重点教材)(主编),中国人民大学出版社 1998 年版。

14.《刑法学》(上、下册,高等学校法学教材)(高铭暄、马克昌主编),中国法制出版社 1999 年版。

15.《刑法学》(全国高等学校法学专业核心课程教材,普通高等教育国家级规划教材)(高铭暄、马克昌主编),北京大学出版社、高等教育出版社联合出版(2000 年第 1 版,2022 年第 10 版)。

16.《新型经济犯罪研究》(主编),中国方正出版社 2000 年版(为国家社科“九五”规划重点项目成果)。

17.《刑法专论》(研究生教学用书,主编),高等教育出版社 2002 年 10 月第 1 版,2006 年 4 月第 2 版(2009 年获司法部第三届全国法学教材与科研成果奖一等奖)。

18.《刑法肄言》,法律出版社 2004 年版。

19.《中国刑法立法之演进》(高铭暄、赵秉志合著,中英文对照本),法律出版社 2007 年版。

20.《高铭暄自选集》,中国人民大学出版社 2007 年版。

21.《中华人民共和国刑法的孕育诞生和发展完善》,北京大学出版社 2012 年版(荣获国家图书奖提名奖,2012 中国十大影响力法学理论研究成果,2014 年 12 月荣获第三届“中国法学优秀成果”专著类一等奖)。

22.《刑法续言》,北京大学出版社 2013 年版。

23.《高铭暄、王作富刑法学文选——九十华诞自选集》(合作著作),法律出版社 2017 年版。

24.《我与刑法七十年》(高铭暄口述,傅跃建整理),北京大学出版社 2018 年版。

25.《当代刑法前沿问题研究》(主编),人民法院出版社 2019 年版。

26.《新中国刑法学研究70年》(上、下册,“十三五”国家重点出版物出版规划项目)(高铭暄、赵秉志、袁彬编著),中国人民大学出版社2019年版。

27.《中华人民共和国刑法的孕育诞生和发展完善(精编本)》(入选教育部中小学生阅读指导目录2020年版),北京大学出版社2020年版。

28.《新中国刑法立法沿革全书》(国家出版基金项目成果)(高铭暄、赵秉志、商浩文编著),中国人民公安大学出版社2021年版。

五、结语

2015年4月15日,在卡塔尔首都多哈召开的联合国第十三届预防犯罪与刑事司法大会期间,在国际刑法学协会前后三任主席、国际犯罪学会主席、国际社会防卫学会主席及中国参会代表团等的共同见证下,作为全球性四大刑事科学团体之一的国际社会防卫学会隆重授予高铭暄教授“切萨雷·贝卡里亚奖”。这是国际社会防卫学会在刑事法领域设立的一项极有分量的国际性大奖,旨在表彰全世界在刑事法律领域为推动实现法治精神与人道关怀作出巨大贡献的贤达之士,素有刑事法领域的“诺贝尔奖”之称。高铭暄教授是首位获此殊荣的亚洲人士。国际社会防卫学会主席发表了热情洋溢的颁奖词,阐述了颁奖给高铭暄教授的主要理由:一是他在中国建设现代法治中丰硕的法学研究成果及其重要影响;二是他在培养高层次法学人才、培育学术团队方面所做出的突出成绩;三是他在推动中国刑法学和中国刑事法治国际化发展方面所做出的杰出贡献。颁奖词高度评价说,“高铭暄教授的一生是奉献于刑法学教学与研究的一生”。“高铭暄教授的肩上汇集了前人的最高品质,他极富成果地将其一生贡献给了刑法科学和刑事法制的发展进步以及人道主义刑事政策的传播普及。”〔1〕国际刑事法学界上述关于高铭暄教授的评价全面、客观而公允,令人赞叹和赞同。行文至此,笔者也不由想到几年前我们学术团队在庆贺高铭暄教授执教65周年和人生90华诞时的贺词:传道授业解惑之楷模,立德立功立言的典范。这一贺词与上述的颁奖词不谋而合,皆为高铭暄教授平凡而伟大一生的真实写照。“高山仰止,景行行止。虽不能至,然心向往之。”〔2〕这是我们弟子学生仰望恩师时的心情。

---

〔1〕 参见《国际社会防卫学会颁奖辞》(国际社会防卫学会主席路易斯·阿罗约·萨巴特罗教授),http://epaper.legaldaily.com.cn/fzrb/content/20150422/Articel09004GN.htm。

〔2〕《史记·孔子世家》。

“人民教育家”高铭暄教授的刑法学术立场和学术方法*

赵秉志

一、前言

我是高铭暄先生指导培养的首届硕士生(1984 届)和首届博士生(1987 届),非常荣幸能够代表高铭暄教授的弟子学生在这次学术盛会上发言。2023 年是我国实行改革开放政策的 45 周年,2023 年也喜逢我们敬爱的恩师、“人民教育家”高铭暄先生执教 70 周年暨 95 华诞。高铭暄教授是新中国培养的第一代法学家的杰出代表,他于新中国成立不久走上法学教学研究道路 70 年来,始终与我们共和国的曲折前行同呼吸、共命运,在参与立法、教学研究、人才培养、引领学科建设、组织领导全国刑法学术活动暨促进区际、国际学术交流诸方面都贡献卓越、成就斐然,因而于 2019 年中华人民共和国成立 70 周年前夕获得“人民教育家”国家荣誉称号,这是国家和人民的至高褒奖,也是我国法学界、法律界的唯一殊荣。我们为恩师感到无上荣光！在这里,请允许我代表高铭暄教授指导培养的诸位弟子学生,乃至曾直接或间接受教于高铭暄教授的我国法学界、法律界的众多晚辈同人,热烈祝贺高铭暄教授执教 70 周年暨 95 华诞,衷心祝愿恩师寿比南山,学术之树长青！

2023 年是高铭暄教授的又一个高光之年。前不久即 2023 年 4 月 7 日,在恩师的家乡美丽的海滨之城浙江省玉环市,我们参与和见证了“高铭暄学术馆”圆满的开馆仪式及相关学术活动。“高铭暄学术馆”是我国法学界第一个以法学家名字命名的学术馆,这个学术馆的开馆对高铭暄教授和我国刑法学界乃至法学界而言,都是一件可庆可贺的大事、盛事和喜事！其意义正如中国人民大学党委书记张东刚先生所言,“学术馆是研究和传承高铭暄先生的法学思想的重要载体,是展现

---

* 本文由赵秉志在 2023 年 5 月 20 日中国刑法学研究会等单位举办的“面向未来的刑法学:理论发展与方法创新国际学术研讨会”上的发言基础上整理而成。

我国刑法学孕育诞生与发展完善的直接窗口,是弘扬我国法学研究及法学教育事业丰硕成果的重要渠道";亦如中国刑法学研究会会长暨上海市高级人民法院院长贾宇教授所言,"学术馆的收藏展示了高铭暄先生的学术生涯、学术贡献和重大学术成果,是对高铭暄先生学术思想很好的总结和发扬光大,必将成为中国刑法学研究的新坐标、中国法治建设成果的新名片"[1]。

尊师重教是我们人大和北师大刑法学术团队乃至刑法学界的中青年同人们所一贯倡导、所一直坚持的学术精神。高铭暄教授和王作富教授是同龄人,二人同为新中国培养的第一代刑法学家且同为其中的佼佼者,二人同为新中国刑法学的奠基人和开拓者且数十年一直在同一个单位从事同一专业的工作,二人共同培育和发展了我们的刑法学术团队和学术事业,二人是公认的我们学术团队的旗帜。而两位先生数十年精诚合作的同事情谊,多年来被赞誉为"我国法学界学术友谊的不老神话"。我们曾于1993年以举办学术活动和出版学术成果的方式庆贺了高铭暄教授、王作富教授联袂执教40周年暨65华诞,开创了我国法学界此种学术庆贺形式之先河,获得社会的广泛好评和法学界的竞相仿效。后来,我们又以这种学术形式,分别于1998年、2003年、2007年、2013年和2017年,先后五次庆贺了高铭暄、王作富两位恩师联袂执教45周年暨70华诞、联袂执教50周年暨75华诞、联袂执教55周年暨80华诞、联袂执教60周年暨85华诞和联袂执教65周年暨90华诞。通过这样的学术庆贺活动,弘扬了我国刑法学界两位泰斗学者的学术贡献和学术精神,表达了我们弟子学生对两位先生大师风范的敬仰之情和人生华诞的恭贺之意,增进了我们学术团队的凝聚力。恩师王作富教授因病于2022年12月不幸逝世(我们无限缅怀),使人大刑事法律科学研究中心原本筹备的庆贺两位先生联袂执教70周年暨95华诞的活动改变为主角只有高铭暄先生一人,但活动举办者和我们参加者尊师重教、传承与弘扬两位恩师的治学精神和崇高品德的初心依然。

2022年10月的党的二十大报告中提出了"加快构建中国特色哲学社会科学学科体系、学术体系、话语体系"的任务。法学是重要的社会科学门类,作为法学重要部门的我国刑法学经过改革开放以来45年的创建与发展,已经基本形成了具有中国特色的刑法学知识体系。但近年来随着社会变迁和犯罪治理形势发展变化以及外来刑法学理论等的影响,也给坚持、发展与完善具有中国特色的刑法学学术体系和话语体系带来了新的挑战、新的任务和新的机遇。在这样的背景下,认真学习、研究、传承和弘扬以高铭暄教授为主要代表的老一辈刑法学家创建与发展中国特色刑法学体系的学术立场和学术方法,继往开来,就显得特别重要和有意义。以庆贺高铭暄教授执教70周年和95华诞为契机,中国人民大学刑事法律科学研究中心联合中国刑法学研究会和国际刑法学协会中国分会主办,并得到中共玉环市委、玉环市人民政府和中国人民大学出版社等单位支持协办,举办题为"面向未来的刑法学:理论发展与方法创新"国际学术研讨会,就近现代刑法学发展的历史逻辑和方法论以及信息

[1] 参见崔梦婷:《"人民教育家"高铭暄学术馆开馆》,载人民网,http://edu.people.com.cn/n1/2023/0410/c1006-32660554.html。

网络时代、数字经济时代和新型科技背景下的犯罪治理与刑法变革等重要议题和新型问题展开探讨，可谓既贴近现实又立意高远。

高铭暄教授一贯坚持的创建与发展中国特色刑法学体系的学术立场和学术方法，我的体会主要有三个方面：一是立足本国国情开展自主性研究的基本学术立场；二是理论联系实际的一贯研究风格和方法；三是放眼全球的学术视野和走向国际舞台的学术志向。下面分别予以论述。

二、立足本国国情开展自主性研究的基本学术立场

高铭暄教授的学术立场和学术方法之一，是立足本国国情开展自主性研究的基本学术立场。

高铭暄教授曾结合自己数十年参与刑法立法工作的体会，把“刑法立法要从中国实际出发、立足于本国国情”视为我国刑法立法工作应当予以肯定和坚持的首要经验，[1]并将这一条作为基本的学术立场贯穿于刑法理论研究中。这里的“中国实际和中国国情”，高铭暄教授认为，包括我国的社会主义国家性质，包括我国历史悠久、幅员辽阔、人口众多、民族众多和不同地区政治、经济、文化的发展很不平衡的现实国情，包括改革开放给刑事法治和刑法学研究带来的犯罪治理和社会发展的新需要，包括我国法治建设要有一个从不完备到逐渐完备的过程。[2] 高铭暄教授认为，从刑法立法工作上讲，坚持一切从实际出发的实事求是原则，这是我国刑事立法工作的根本指导原则。但这并不是排斥吸取历史上和国外的成功立法经验，它们的某些立法技术和同犯罪作斗争的某些方法是可以借鉴的，但根本的还是要坚持从我国现实国情出发的实事求是原则，这样才能保证我国刑法的中国特色。[3] 而从我国刑法学理论上讲，中国刑法学不同于外国刑法学或者比较刑法学，中国刑法学属于国别刑法学，所以它只能以研究中国的刑法及其所规定的犯罪、刑事责任和刑罚为主，而不能喧宾夺主，大讲外国刑法和刑法学的内容。当然，为了了解刑法和刑法理论的沿革，以及在某些理论问题和制度问题上有所比较和借鉴，适当介绍一些外国刑法的理论、立法和司法情况是需要的，但是只能占中国刑法学教材较小的一部分，而且对这类内容要有必要的分析甚至批判。总之，我国刑法学必须以本国现行刑法为主来确定研究对象范围，要紧密围绕研究对象开展理论研究，阐述概念，讲清原理，分析和解决实际问题，以形成具有中国特色的社会主义刑法学，贡献于我国社会主义法治建设事业。[4]

本着立足于中国国情这个实际开展自主性研究的基本学术立场，高铭暄教授多年间卓有成效地开展了我国刑法学的学术研究，主持创建了具有中国特色的我国刑法学的学科体系和话语体系。例如，高铭暄教授在应邀阐述如何编写好高等学校文科教材《中国刑

---

〔1〕 参见高铭暄主编：《刑法专论》，高等教育出版社2006年版，第36页。

〔2〕 参见高铭暄：《刑法肄言》，法律出版社2004年版，第85页；高铭暄：《关于中国刑法理论若干问题的思考》，载《刑法论丛》第1卷，法律出版社1998年版。

〔3〕 参见高铭暄：《毛泽东同志关于刑法问题若干论述的指导意义》，载《政法丛刊》1987年第1期。

〔4〕 参见高铭暄：《略论刑法学研究的对象和方法》，载《中央政法管理干部学院学报》1992年创刊号。

法学》[1]这部教材的体会时写道:《中国刑法学》所建立的以我国现行刑法的规定为基础并兼顾刑法学的学理性的这一科学体系不同于任何其他国家的刑法学体系,而是立足于我们本国立法和司法实际,具有中国自己的特色,因而这一体系成为当前我国法律院系刑法学中最具有代表性的学科体系。[2] 高铭暄教授所主编的普通高等教育"十一五"国家级规划教材《刑法学》[3]等全国性刑法学教材进一步坚持和完善了具有中国特色的我国刑法学体系。

在涉及我国刑事法治和刑法学理论的一些重大问题的研究和抉择上,高铭暄教授也特别注意坚持立足于中国国情开展自主性研究的基本学术立场。

例如关于倡导罪刑法定原则的确立。我国1979年刑法典并没有明文规定罪刑法定原则,同时还规定了有悖于罪刑法定原则的有罪类推制度。在这样的立法背景下,高铭暄教授在其主编的我国第一部刑法学统编教材中,没有形式主义地看问题,而是认为我国刑法典对于犯罪和刑罚从总则到分则有一系列规定,有罪类推制度的适用条件极为严格而只能是极个别案件,因此可以说我国刑法基本上是实行罪刑法定原则的,类推制度只是罪刑法定原则的补充或例外。[4] 这就从我国初创刑事法制的实际出发在刑法理论上肯定和确立了罪刑法定作为刑法基本原则的地位,并为罪刑法定原则的理念弘扬乃至未来的立法化打下了基础。在我国立法机关对1979年刑法典进行修订的过程中,应否在立法上明确罪刑法定原则成为存在争议的重大问题之一,高铭暄教授旗帜鲜明地主张新刑法典中要明确规定罪刑法定原则并废止类推制度,认为这是我国建设社会主义法治国家和全面保护人权的需要,也是适应国际进步潮流之举。[5] 在各方面的共同努力下,1997年刑法典终于明确规定了罪刑法定原则并废除了类推制度,从而在刑事法治领域迈出了依法治国的重要步伐。正如高铭暄教授所言,我国1997年刑法典中以罪刑法定原则为代表的刑法基本原则的法定化,是我国刑法理论研究直接推动的结果。[6]

再如关于坚持和完善四要件犯罪构成理论的主张。犯罪构成理论或犯罪论体系是近现代刑法基本理论的基石,近十多年来,刑法学界出现了以德日阶层式犯罪论体系取代我国长期通行的四要件犯罪构成理论的主张("推倒重来论")。在赞同学术争鸣的基础上,对事关我国刑法理论的基础及其未来发展方向的这一重大理论问题,高铭暄教授结合我国四要件犯罪构成理论产生与发展的历史和现实进行了针对性的研究,指出我国四要件

---

〔1〕 高铭暄教授主编的高等学校文科教材《中国刑法学》于1989年由中国人民大学出版社出版,该书于1992年11月获第二届全国高等学校优秀教材特等奖。

〔2〕 参见高铭暄:《谈谈如何编好刑法学教材的几点体会》,载罗国杰主编:《学者谈艺录》,中国人民大学出版社1992年版,第83~84页。

〔3〕 由高铭暄教授和马克昌教授共同主编的《刑法学》由北京大学出版社、高等教育出版社于2000年出版第1版,该书荣获2002年全国普通高等学校优秀教材一等奖,至2021年已推出第10版。

〔4〕 参见高铭暄主编:《刑法学》,法律出版社1984年版,第38页。

〔5〕 参见高铭暄:《略论我国刑法对罪刑法定原则的确立》,载《中国法学》1995年第5期;高铭暄:《试论我国刑法改革的几个问题》,载《中国法学》1996年第5期。

〔6〕 参见高铭暄口述、傅跃建整理:《我与刑法七十年》,北京大学出版社2018年版,第71页。

犯罪构成理论的形成是一种历史性的选择,具有历史必然性;该理论也经受住了历史的考验,具有历史合理性。再从现实的维度、理论内在逻辑和犯罪论不同体系的比较来看,四要件犯罪构成理论也都具有其合理性。而否定四要件犯罪构成理论的"推倒重来论"漠视和曲解了四要件犯罪构成理论的现实合理性,其主张的三阶层犯罪成立体系也存在诸多矛盾、冲突之处而不宜采纳,奉行"推倒重来论"必然会把中国刑法学引向歧途,造成我国刑法理论和司法实务的混乱。总之,四要件犯罪构成理论立足于中国国情,凝聚了我国老一代刑法学家的集体智慧,虽其也存在若干需要发展完善之处,但其基本合理,绝非完全经不起任何推敲的政治性产物,因而推倒重来是完全错误的、不明智的折腾之举,必须予以否定。〔1〕

又如关于完善刑法典应当采取的立法模式或途径问题。针对修改完善刑法典应采取刑法修正案模式还是多元化模式(包括刑法修正案、单行刑法与附属刑法条款)的不同观点,高铭暄教授坚定地支持采用刑法修正案模式的主张和立法实践,指出采取修正案模式修改刑法典是我国立法机关经过长期立法实践所选择确定的正确途径,这种模式有利于保持刑法典的统一性和完整性,也有利于司法实务和公民守法,而不应再走已被我国法治实践检验过有诸多弊端的多元化立法的回头路。〔2〕

再如关于我国死刑制度改革的主张。死刑制度改革是当代中国刑事法治领域的重大现实问题之一,关乎我国法治和人权事业的重大进步,因而也为我国刑法学界所重点关注。高铭暄教授在1997年刑法典通过之前即已开始关注我国死刑制度的改进问题,指出基于我国特定的国情民意,目前在我国彻底废止死刑尚不现实,但立法者必须认识到死刑的弊端及其作用的有限性,应当随着社会的发展和治安的好转,尽量减少死刑的适用,而对于非暴力的财产犯罪和经济犯罪,原则上不应配置死刑。〔3〕 在国家立法机关研拟修订刑法典的过程中,在1996年11月于北京召开的刑法修改大型座谈会上,高铭暄教授在大会发言中,针对刑法修订草案中死刑立法改革力度不大的状况,从历史经验、死刑价值、"少杀"刑事政策以及国际交往需要等多个维度,旗帜鲜明地提出了刑法典修订应再努力削减死刑的建议,给人鼓舞和启迪。〔4〕 近十多年来,在我国死刑制度迈开司法改革与立法改革步伐的法治背景和我们学术团队聚焦于死刑制度改革研究的氛围下,高铭暄教授也当然地加强了对我国死刑制度改革问题的关注,其研究涉及历史与现实、国际与国内、刑事实体法与程序法、人道与预

---

〔1〕 参见高铭暄:《对主张以三阶层犯罪成立体系取代我国通行犯罪构成理论者的回应》,载《刑法论丛》2009年第3卷;高铭暄:《论四要件犯罪构成理论的合理性暨对中国刑法学体系的坚持》,载《中国法学》2009年第2期;高铭暄:《关于中国刑法学犯罪构成理论的思考》,载《法学》2010年第2期。

〔2〕 参见高铭暄:《20年来我国刑事立法的回顾与展望》,载《中国法学》1998年第6期;高铭暄:《新中国刑法立法的变迁与完善》,载《检察日报》2019年第Z1期。

〔3〕 参见高铭暄:《毛泽东同志关于刑法问题若干论述的指导意义》,载《政法丛刊》1987年第1期;高铭暄:《试论我国刑法改革的几个问题》,载《中国法学》1996年第5期。

〔4〕 参见赵秉志、彭凤莲:《高铭暄教授刑法立法思想要览》,载赵秉志、郎胜主编:《和谐社会与中国现代刑法建设——新刑法典颁行十周年纪念文集》,北京大学出版社2007年版,第5页。

防等多维度,凝聚了"坚持从中国国情出发,严格控制和慎重适用死刑,逐步减少死刑,直至最后废除死刑"的基本主张和相关的学术见解,起到了丰富、深化、启迪我国死刑制度改革理论研究和支持、推动相关法治改革的作用。[1]

可见,高铭暄教授在上述这些重大刑法理论问题的研讨与抉择上,都鲜明地体现了其立足于中国国情开展自主性研究的基本学术立场。

三、理论联系实际的研究风格和方法

高铭暄教授的学术立场和学术方法之二,是理论联系实际的一贯研究风格和方法。

理论联系实际是中国共产党始终坚持的正确思想路线,是老一辈马克思主义法律学者治学立身的根本,也是高铭暄教授70年来一以贯之的治学执教理念与学风,是其作为人民教育家的鲜明本色。[2]

早在20世纪80年代初高铭暄教授主编的我国第一部全国统编《刑法学》教材中,在刑法学的研究方法一节,就提出要坚持"理论联系实际"的研究方针,使我国刑法学始终不脱离实际,始终为实践服务。[3] 在1989年高铭暄教授主编的高等学校文科教材《中国刑法学》中,高铭暄教授执笔撰写的"刑法学的研究方法"部分中,把理论联系实际作为刑法学的重要研究方法之一予以论述,指出刑法学是一门实践性很强的应用学科,需要理论联系实际地学习研究,要认真研究我国刑事立法,深入钻研刑法理论,并注意实际运用。[4]

在20世纪90年代初的一篇论文中,高铭暄教授对理论联系实际的刑法学研究方法作了专门阐述。他说,理论联系实际是科学研究的普遍方法,也是刑法学研究的基本方法。刑法学是一门理论性、实践性都很强的法律学科。丰富的刑事立法和司法实践是刑法理论的源泉,正确的刑法理论又能直接为刑事立法和司法实践服务。刑法学研究中一定要吃透刑事立法精神,并予以充分的阐发;同时要善于发现问题,提出进一步完善刑事立法的建议。刑法学者把法律的精神加以弘扬,并正确地传达给司法工作者,使他们正确地掌握和运用法律武器,这就是对司法实践最大的帮助。同时,刑法理论应当非常注意反映司法实践经验,特别是执行刑法的经验。要不断发现新情况,总结新经验,解决新问题。刑法学者在广泛深入倾听实践呼声的同时,应当独立思考,勇于探索,敢于创新,要具有高度的科学信念。[5]

---

〔1〕 参见高铭暄、李文峰:《从〈公民权利和政治权利国际公约〉论我国死刑立法的完善》,载高铭暄、赵秉志主编:《21世纪法学新问题研讨》,中国人民公安大学出版社2001年版;高铭暄:《从国际人权公约看中国部分非暴力犯罪的死刑废止问题》,载《法制日报》2003年6月26日;高铭暄:《我国的死刑立法及其发展趋势》,载《法学杂志》2004年第1期;高铭暄、朱本欣:《论二审死刑案件的公开审理》,载《现代法学》2004年第4期;高铭暄:《略论我国死刑制度改革中的两个问题》,载《法学家》2006年第1期;高铭暄:《略论中国刑法中的死刑替代措施》,载《河北法学》2008年第2期;高铭暄:《新中国死刑立法的变迁与展望》,载《文史参考》2010年第5期;高铭暄等:《从此踏上废止死刑的征途——〈刑法修正案(八)(草案)〉死刑问题三人谈》,载《法学》2010年第9期;高铭暄、黄晓亮:《削减死刑罪名的价值考量》,载《法学杂志》2010年第12期;高铭暄、赵秉志等:《关于取消组织卖淫罪、集资诈骗罪死刑的立法建议》,载赵秉志主编:《刑事法治发展研究报告(2009—2010年卷)》,中国人民公安大学出版社2011年版;高若辰、高铭暄:《清代秋审与当代中国死刑复核程序的比较研究》,载《法治研究》2016年第4期;高铭暄口述、傅跃建整理:《我与刑法七十年》,北京大学出版社2018年版,第119页;等等。

〔2〕 参见徐宏:《"人民教育家"高铭暄先生法学教育思想研究》,载《法学》2020年第3期。

〔3〕 参见高铭暄主编:《刑法学》,法律出版社1984年第2版,第13~14页。

〔4〕 参见高铭暄主编:《中国刑法学》,中国人民大学出版社1989年版,第5~7页。

〔5〕 参见高铭暄:《略论刑法学研究的对象和方法》,载《中央政法管理干部学院学报》1992年创刊号。

高铭暄教授不但将理论联系实际融于自己的刑法学理论研究中，而且特别注意将理论联系实际的研究作风和方法贯彻于他对博士生的培养指导中。他在总结培养博士生的经验时曾谈到这一点："刑法学是一门理论性和实践性都很强的法律学科，不在理论和实践两方面同时下功夫，不可能有深邃的造诣。我经常提醒博士生，既要掌握坚实宽广的马克思主义法学基础理论和系统深入的刑法学知识，注意理论研究，加强理论思维，又要时刻关心我国刑事立法和司法实践的进展，善于发现新情况、新经验、新问题，不断积累材料，注意面向实际，作出理论说明。不联系实际，单纯搞抽象的所谓理论研究，对刑事立法和司法实践是不会有帮助的；但是缺乏理论分析，仅仅就事论事，那也是没有说服力的，对刑事立法和司法实践同样是没有帮助的。正确的做法是理论紧密联系实际，从我国的刑事立法和司法实际出发，遵循实践—认识—再实践—再认识的规律，提出问题，分析问题，解决问题。也就是说，一切结论都力求来自实践，并反过来服务于实践。关于理论联系实际问题，我是不厌其烦地反复强调。所有刑法学博士生都知道导师对这一条是严格要求、毫不放松的。"〔1〕他指出，博士生培养无论是学习还是科研，我们都强调理论联系实际。研究刑法理论，主要是为了解决刑事立法和司法实践中的问题，给实践以指导和理论支持。无的放矢，为理论而理论，追求玄而又玄的所谓"学问"，这是我们刑法学导师所不赞成、不提倡的。这点我经常告诫我的学生，如此一代传一代，所以在我们刑法学科队伍里，理论联系实际蔚然成风。在这样的理论联系实际的学风里培养出来的人才，综合素质过硬，自然比较受有关部门的欢迎。〔2〕

简言之，高铭暄教授所倡导和强调的理论联系实际的刑法学研究方法，同时提升了刑法学的学术性与实践性，也提高了刑法学高层次人才的培养水平。

四、放眼全球的学术视野和走向国际舞台的学术志向

高铭暄教授的学术立场和学术方法之三，是放眼全球的学术视野和走向国际舞台的学术志向。

身处改革开放和全球化的时代，作为我国刑法学界的领军者，高铭暄教授充分认识到了我国刑法学和刑法学界需要有放眼全球的学术视野和走向国际舞台的学术志向，认为我国刑法学界加入国际刑法学协会有益于中国刑法学融入国际刑法潮流，也有益于国际社会了解中国刑法学的发展，因而这是中国刑法学学术事业发展中的大事。〔3〕 本着全球化的视野和胸怀，高铭暄教授尽其所能地在人才培养、学术研究、域外学术交流合作、加入国际学术组织诸方面促进我国刑法学研究放眼全球，引领我国刑法学界走向国际舞台。

高铭暄教授是最早的我国国际刑法学研究的提倡者和研究者，是中国刑法学界与国际刑事法学界开展学术交流与合作的开拓者。20世纪80年代他率先给研究生开设了国际刑法专题课程；他最早招收培养新中国刑法学科国际刑法方向的博士研究生；他于1993年创

---

〔1〕 高铭暄：《高铭暄教授谈：培养博士生的一些体会》，载《学位与研究生教育》1995年第3期。

〔2〕 参见高铭暄：《谈谈如何指导博士研究生的点滴体会》，载《法学杂志》2005年第2期。

〔3〕 参见高铭暄口述、傅跃建整理：《我与刑法七十年》，北京大学出版社2018年版，第144页。

建了我国第一个国际刑法研究机构——中国人民大学国际刑法研究所，并组织领导这个研究所进行了卓有成效的外向型刑法学术研究和学术交流活动；他组织、领导刑法学术团队与美国、英国、德国、日本、法国、意大利、俄罗斯、韩国等法治发达国家及我国港澳台地区刑法学界和法律实务界进行了广泛的学术交流合作；他支持北师大刑事法律科学研究院加入联合国预防犯罪和刑事司法机构网络，成为其第15个国家成员单位。国际刑法学协会是全球刑事科学领域历史悠久且最有影响的非政府性学术组织，在联合国经济与社会理事会享有咨商地位。[1] 加入国际刑法学协会无疑是推动中国刑法学界走上国际舞台的重要举措。高铭暄教授在中国法学会的支持下，几经努力，终于于1988年带领中国刑法学界加入了国际刑法学协会并组建和领导了中国分会；高铭暄教授曾作为国际刑法学协会副主席和中国分会主席在多年间参加了国际刑法学协会的多个国际性学术活动，尤其是促成国际刑法学协会和中国法学会共同主办、国际刑法学协会中国分会承办的第十七届国际刑法大会于2004年9月在北京成功举办，他并且参与了这次大会的组织和领导工作，这次大会有来自世界各国和地区的近千名代表出席，盛况空前，是国际刑法学协会成立近百年来首次在亚洲国家举办的国际刑法大会，也是我国法学界承办的最大规模的国际性会议，会议取得圆满成功，被国际刑法学协会领导人称为“国际刑法学协会历史上最为重要的一次会议”，被大会组委会主席、中国法学会会长称为“刑事法领域国际交流与合作的新的里程碑”，如此等等，高铭暄教授的学术贡献卓著。

对于引领中国刑法学和刑法学界走上国际舞台的学术志向，高铭暄教授曾坦言，我不甘心落后，想把中国刑法学搞上去，要跻身于世界民族之林，让世界承认中国刑法学是有它的特色和独到之处的。我们要有道路自信、理论自信、制度自信、文化自信，立足本国的国情、社情，在继承本民族优秀的文化传统、注重刑法本土化建设、兼收并蓄外国刑法先进合理的文明成果的基础上，审慎剖析，形成具有中国特色的社会主义刑法理念，使我国刑法朝着更为科学、文明和人道的方向发展，推进中国的法治经验走向世界，增强中国法学和中国法治的国际影响力，这对于推动我国刑事法治建设的发展是极具现实意义的。我认为只要我们国家富强，有影响力、有吸引力，刑法学就会做大做强，不会矮人一截，不会跟在西方的屁股后面亦步亦趋，这点志气我是有的。[2]

由于他在引领中国刑法学界走向国际舞台诸方面所作出的杰出贡献，高铭暄教授在国际上享有极高声望，并实至名归地获得了两项重要褒奖：

一是2015年荣获国际社会防卫学会所授予的“切萨雷·贝卡里亚奖”。国际社会防卫学会是全球性四大刑事科学团体之一，在联合国经社理事会享有咨商地位。[3] “切萨雷·贝卡里亚奖”是国际社会防卫学会在刑事法领域设立的一项极具分量的国际性大奖，旨在表彰全世界在刑事法律领域为推动实现法治精神与人道关怀作出巨大贡献的贤达之士，素有

〔1〕 参见杨春洗、高铭暄等主编：《刑事法学大辞书》，南京大学出版社1990年版，第207页。
〔2〕 参见高铭暄口述、傅跃建整理：《我与刑法七十年》，北京大学出版社2018年版，第221～222页。
〔3〕 参见杨春洗、高铭暄等主编：《刑事法学大辞书》，南京大学出版社1990年版，第205页。

刑事法方面的“诺贝尔奖”之称。高铭暄教授是首位获此殊荣的亚洲人士。2015年4月15日,在卡塔尔首都多哈的国际会议中心,在联合国第十三届预防犯罪与刑事司法大会期间,在国际刑法学协会前后三任主席、国际犯罪学会主席、国际社会防卫学会秘书长及中国参会代表团等的见证下,国际社会防卫学会授予了高铭暄教授“切萨雷·贝卡里亚奖”,其颁奖理由是高铭暄教授“在中国基于人权保障与人道主义刑事政策发展现代刑法学所取得的巨大成就”。高铭暄教授认为,这项大奖既是对其本人的肯定和鼓励,也是对中国刑法学者多年来在刑法国际化方面不懈努力的充分肯定,反映了国际社会对中国刑事法治走向科学化、民主化、现代化和国际化进程的高度关注与普遍认同。[1]

二是2016年荣获日本早稻田大学名誉博士学位。早稻田大学是蜚声国内外的当今日本乃至全球的名校,也是长期致力于中日友好文化交往的名校。早稻田大学的名誉博士学位入选标准非常严格,主要是授予在国际上负有盛名、有杰出成就的政治家、社会活动家和学术大师。[2] 2016年11月22日,日本早稻田大学举行隆重的仪式,授予高铭暄教授名誉博士学位,以表彰高铭暄教授多年来对中日刑法学术交流的杰出贡献,88岁高龄的高铭暄教授遂成为最年长的“法学博士”。

四十余年来,伴随着国家改革开放的步伐,我国刑事法和刑事法学领域的科学化、现代化和国际化也相互影响与促进,取得了长足的进展。其中国际化的进展也颇为显著,这既包括我国刑法立法的国际化发展,包括我国刑法学体系对国际化因素的吸纳和我国刑法学界对外向型刑法理论(涉及国际刑法学、外国刑法学、比较刑法学和中国区际刑法学)的研究,也包括我国在刑事法治国际化方面的发展和进步,如缔结和加入联合国暨区域性刑事公约,缔结双边性引渡和刑事司法协助条约,开展双边性引渡和刑事司法协助活动,进行域外追逃追赃刑事法治活动,等等。高铭暄教授所倡导的全球化的刑法学研究视野及其所引领的我国刑法学界积极走向世界舞台的步伐,紧密配合和有力支持了我国刑事法治和刑事法学领域的国际化进展。

五、结语

以上是我对于高铭暄教授坚持的创建与发展中国特色刑法学体系的学术立场和学术方法三个方面的粗浅勾勒与体会。我认为,重视考察、研究、传承和弘扬“人民教育家”高铭暄教授的学术立场和学术方法,必将有助于发展与完善具有中国特色的刑法学体系。在此基础上,我们还应当结合对高铭暄教授的学术立场和学术方法的考察与把握,进一步梳理和研究高铭暄教授博大精深的刑法学思想,尤其是其最重视、最专长的刑法立法领域和刑法基础理论领域丰富而重要的学术思想。这是新中国刑法学事业的瑰宝,我们理当予以珍视和弘扬。

---

〔1〕 参见高铭暄口述、傅跃建整理:《我与刑法七十年》,北京大学出版社2018年版,第211~213页。

〔2〕 参见高铭暄口述、傅跃建整理:《我与刑法七十年》,北京大学出版社2018年版,第216页。

编后记

2023年是我国实行改革开放基本国策的45周年,2023年也喜逢我们敬爱的恩师、"人民教育家"高铭暄先生执教70周年暨95华诞。高铭暄教授是新中国培养的第一代法学家的杰出代表,他于新中国成立不久走上法学教学研究道路70年来,始终与我国的曲折前行同呼吸、共命运,在参与立法、教学研究、人才培养、引领学科建设、组织领导全国刑法学术活动暨促进区际、国际学术交流合作诸方面都贡献卓越、成就斐然。他既往70载一以贯之、坚持不懈的学术生涯,是个人工作和贡献于社会的非凡事例,也是新中国刑法学和刑事法治建设事业曲折发展的一个缩影;他迄今95年寒来暑往、风雨兼程的人生历程,贯穿着一步一个脚印的平凡和豁达人生的不平凡,也是"大德者必得其寿"[1]的一个写照。他作为老一辈法学家的翘楚于2019年中华人民共和国成立70周年前夕获得"人民教育家"国家荣誉称号,这是国家和人民的至高褒奖,也是我国法学界、法律界的唯一殊荣。我们为恩师感到无上荣光!

一个国家学术事业的发展和传承,离不开学术大师,学术大师的学术精神和学术思想是国家和人民应当珍视、传承与弘扬的精神宝库。全国人大常委会2019年9月《关于授予国家勋章和国家荣誉称号的决定》号召,要"以国家勋章和国家荣誉称号获得者为楷模,大力宣传他们的卓越功绩,积极学习他们的先进事迹"。诚如著名教育家陶行知先生所言,"学高为师,德高为范"。学术大师高铭暄先生的辉煌人生和道德文章都值得我国法学界尤其是刑法学界加以学习、研究、传承和颂扬。尊师重教、研究和弘扬老一辈刑法学家的学术思想,是我们刑法学术团队乃至我国刑法学界所一贯倡导、一贯坚持的学术精神。在既往以学术活动方式庆贺高铭暄教授执教40周年(1993年)暨之后逢5、逢10周年的历次庆贺活动中,我们学术团队也会协助恩师编辑、出版

---

〔1〕《中庸》曰:"故大德必得其位,必得其禄,必得其名,必得其寿。"

了数本其个人文集,[1]旨在帮助恩师梳理不同时期的学术成果,并为刑法学界提供便利研究其学术思想的学术载体。值此恩师执教70周年之际,为方便进一步系统研究和大力弘扬高铭暄教授的刑法学学术思想,作为在恩师身边工作多年的弟子暨晚辈同事,经过半年多的认真筹备和仔细甄选,我们编辑了这本旨在作为高铭暄教授70载学术生涯代表作的刑法学文选。

高铭暄教授的这本刑法学代表性文选取名为《刑法学70年之求索——人民教育家高铭暄先生文选》,由北京师范大学刑事法律科学研究院赵秉志教授和阴建峰教授负责编选。赵秉志教授自本科阶段便直接受教于高铭暄教授,系高铭暄教授指导培养的首届刑法学硕士,更是高铭暄教授成为我国刑法学界首位博士生导师后指导培养的我国首届两位刑法博士之一,之后,自1988年起赵秉志教授始终在高铭暄教授身边与其一同从事刑法学教学研究工作,迄今在高铭暄教授身边学习和工作长达44年;阴建峰教授系高铭暄教授的再传弟子,在高铭暄教授身边学习和工作的时间迄今也长达32年。二人都直接或间接受教于高铭暄先生,又长期在高铭暄教授身边工作,并且都参加乃至主持了以往多次庆贺高铭暄教授执教若干周年的学术活动,非常了解和熟悉高铭暄先生的学术成果及学术思想,因而这次由二人负责编选高铭暄先生70载学术生涯的代表性文选,得到了先生的充分信任和认可。从一定意义上也可以说,二人是作为高铭暄先生众多弟子的代表,承担了编选先生这本代表性文选的具体工作。研究、弘扬和传承高铭暄先生的学术思想乃是先生弟子们的共同心愿。

高铭暄教授这本刑法学代表性文选,经反复甄选收入先生在不同时期发表的70篇刑法学术论文,先生从事教学研究70载选取其70篇代表作,意在更直观地表达对其70年学术生涯的庆贺与纪念之意。70篇入选论文均经高铭暄教授本人认真审核与认可。为保证这本文选所辑录论文的代表性,经与先生商议,在甄选、编辑、整理、审核、校对该书文稿时,我们注意遵循了以下三项原则:

其一,全面性。由于时代的原因,高铭暄教授的近四百篇论文和文章中,绝大多数是我国迈入改革开放时代以后40多年来发表的,本书本着全面反映高铭暄教授学术生涯的初衷,注意选择了他在不同时期有代表性的作品。入选的70篇论文中,属于21世纪之前的有20篇,属于21世纪以来的有50篇,大体上客观地反映了高铭暄教授在不同时期的学术研究情况,并呈现了先生在年逾古稀后20余年来仍笔耕不辍的令人敬佩的学术风貌。全面性的另一层含义是入选论文比较全面地覆盖和反映了先生论题所涉及的领域暨分量,入选的70篇论文中,属于刑法立法领域的有14篇,属于刑法总论领域的为36篇,属于刑法分论领域的为13篇,属于外向型刑法领域的有7篇,基本上反映了作者重点关注刑法基础理论和刑法立法问题并兼顾其他领域的学术特色。再者,在高铭暄教授的学术论文中,有一部分是他与中青年学者(主要是其弟子学生)合作的作品,这是他指导、培养和扶持弟子学生的一种重要而有效的途径。本书入选论文中包含了先生个人的论文及其合作论文两个部分,而且

---

[1] 这些文集包括高铭暄:《刑法肆言》,法律出版社2004年版;高铭暄:《刑法续言:高铭暄刑法学文集》,北京大学出版社2013年版;高铭暄、王作富:《高铭暄王作富刑法学文选——九十华诞自选集》,法律出版社2017年版。

入选论文合作者尽可能地广泛,这也可以说是全面性的体现。

其二,代表性。代表性是本书入选论文的最重要的原则。所谓代表性,我们认为是指入选论文要能够代表作者在当时的学术见解、学术水准、学术分量和学术影响,而且一般说来这种学术见解对作者而言具有基本的稳定性和成熟性。也只有这样的学术论文,才能够成为反映作者学术思想的作品。因此,我们在甄选论文中努力贯彻了代表性的要求。

其三,原貌性。尊重论文原貌是历史唯物主义的态度,也是编辑文集的一项基本原则,该原则也一向为高铭暄教授在其文集编选工作中所称道和遵循。[1] 本书入选论文贯彻遵循原貌原则,保持论文发表时的观点和基本内容,以历史地、客观地反映作者发表论文时的学术见解和有关情况;对入选论文主要是根据出版社要求进行规范性、技术性的编辑整理和校对,必要时以编者注释的形式予以补充说明。

本书入选的70篇论文大体按照其论题和内容分为四编19个专题:第一编为刑法立法问题,具体区分为刑法立法理念与原则、刑法立法的发展与回顾、刑法改革与修订、死刑的立法改革、刑法立法的新发展等5个专题;第二编为刑法总论问题,具体分为刑法理念与基本原则、犯罪概念和犯罪构成、正当行为、共同犯罪、罪数、刑事责任与刑罚等6个专题;第三编为刑法分论问题,具体分为危害公共安全犯罪研究、经济犯罪研究、财产犯罪研究、环境犯罪研究、职务犯罪研究、军人违反职责罪研究等6个专题;第四编为外向型刑法问题,具体分为国际刑法研究、外国刑法与比较刑法研究2个专题。这四编和19个专题的编排,大体上遵循学科体系,并反映了高铭暄教授数十年间刑法学学术研究的视野和视角。本书以高铭暄教授2023年12月的新作《我的基本刑法理念》为代序言。在本书正文之后,除了本编后记,我们还安排了三个附录,一是高铭暄教授所写《我是怎样喜欢上刑法学的》,二是赵秉志教授和陈冉副教授所写的《高铭暄教授的人生历程及其学术贡献》一文,三是赵秉志教授的新近文稿《"人民教育家"高铭暄教授的刑法学术立场和学术方法》,以帮助读者更加全面地了解高铭暄教授的生平及其刑法学研究历程。

最后,衷心感谢恩师高铭暄教授的信任和对我们编选、出版本书的认可;感谢参与本书编校工作的北京师范大学法学院博士生周恺、周鑫淼、张印以及硕士生聂一雄、万珂逸、盛诗雯、焦梓铭的辛勤劳动;感谢法律出版社有关领导和高级策划编辑张岩博士对本书列项出版的支持,感谢责任编辑卓有成效的工作。

赵秉志　阴建峰　谨识

2023年7月

---

〔1〕 参见高铭暄:《刑法问题研究》,法律出版社1994年版,"自序"第2页;高铭暄:《刑法肄言》,法律出版社2004年版,"小序"第1页;高铭暄:《刑法续言:高铭暄刑法学文集》,北京大学出版社2013年版,"前言"第1页。